Taschenbuch der Informatik

Dritte neubearbeitete Auflage
des Taschenbuches der Nachrichtenverarbeitung
In drei Bänden

Unter Mitwirkung zahlreicher Fachleute
herausgegeben von

K. Steinbuch   W. Weber

Redaktion T. Heinemann

Band III
Anwendungen und spezielle Systeme
der Nachrichtenverarbeitung

Springer-Verlag Berlin Heidelberg New York 1974

Dr.-Ing. Karl Steinbuch
o. Professor an der Universität
Karlsruhe

Dr.-Ing. Wolfgang Weber
o. Professor an der Ruhr-Universität
Bochum

Dipl.-Ing. Traute Heinemann
Fachhochschule Rheinland-Pfalz, Abteilung Trier
Fachrichtung Elektrotechnik
Trier

Mit 302 Abbildungen

ISBN-13:978-3-642-65589-0   e-ISBN-13:978-3-642-65588-3
DOI: 10.1007/978-3-642-65588-3

Library of Congress Catalog Card Number 73-80607

Gesamtherstellung: Universitätsdruckerei H. Stürtz AG, Würzburg

Vorwort

Seit der letzten Auflage des von *K. Steinbuch* herausgegebenen Taschenbuchs der Nachrichtenverarbeitung im Jahre 1967 war eine Überarbeitung dieses Werkes wiederum dringend notwendig geworden, um die dynamische Entwicklung dieses Gebietes in einem „Zeitschnitt" einzufangen.

Autoren, Herausgeber und Verlage solcher Werke leiden wie diese selbst natürlich unter dem Zwang, ein in Bewegung befindliches Gebiet immer nur in gewissen Zeitabständen darstellen zu können, zumal bei der Drucklegung manche Beiträge schon wieder ergänzungsbedürftig sind, aus verlegerischen und organisatorischen Gründen jedoch die Festlegung eines rechtzeitigen Abgabetermines erforderlich ist, gerade bei einem derart umfangreichen Unternehmen mit dieser großen Anzahl von Einzelautoren.

Nach wie vor war das Ziel bei der Gestaltung dieses Nachfolgers des Taschenbuchs der Nachrichtenverarbeitung, ein Nachschlagewerk für die Grundlagen und die Technik der Nachrichtenverarbeitung zu schaffen, das dem Ingenieur, Systemanalytiker, Organisationsfachmann, Informatiker, Mathematiker und Physiker eine rasche Übersicht schafft, die wichtigsten Tatsachen unmittelbar darstellt und für spezielle Fragen Quellenhinweise gibt.

In dieser Hinsicht ist der Charakter des ursprünglichen Werkes gewahrt geblieben. Gänzlich neu ist jedoch die begriffliche Gliederung des Gesamtstoffes und die Aufnahme neuer Themenkomplexe und damit die Beteiligung zusätzlicher Autoren für Einzelbeiträge, wobei eine Reihe früherer Beiträge aus Gründen der Beschränkung auf einen vernünftigen Umfang fortgelassen oder gekürzt werden mußten.

Neu hinzugekommen sind insbesondere größere Abschnitte über die Programmierung und über die Anwendung von EDV-Systemen.

Die Herausgeber sind dabei von dem Wunsch ausgegangen, durch eine hierarchische Stoffeinteilung eine möglichst große Übersichtlichkeit für den Benutzer zu erreichen, wie sie bei dieser Stoffülle durch ein einfaches Nebeneinanderstellen des nur grob vorsortierten Stoffes nicht zu erreichen gewesen wäre. So ergibt sich eine erste Information über die inhaltliche Gliederung der drei Bände des Taschenbuchs der Informatik aus der auf S. XVI abgedruckten Übersicht.

Die in der zweiten Auflage des Taschenbuchs der Nachrichtenverarbeitung erschienenen Beiträge wurden, soweit sie vom Themenkomplex her hier wieder mit gleichen oder ähnlichen Titeln aufgenommen werden konnten, von den Verfassern fast generell wesentlich ergänzt oder neu geschrieben.

Ihnen und in gleicher Weise auch den neu hinzugetretenen Autoren sei hier herzlich gedankt für die für alle Beteiligten diffizile und Geduld erfordernde Gemeinschaftsarbeit, die dann gelohnt hat, wenn dieses Werk allen unseren Fachkollegen, Studenten, Ingenieuren und Wissenschaftlern eine nützliche Hilfe für ihre Arbeit ist.

An den Schluß unseres Vorwortes möchten wir den Dank an unsere Redakteurin und an Verlag und Druckerei stellen. Die redaktionelle Arbeit wurde von Frau Dipl.-Ing. T. Heinemann in mehrfachem Durchgang mit Sorgfalt und terminlicher Promptheit bewältigt. Dem Springer-Verlag sei für die saubere und einwandfreie Herstellung der Bücher besonders gedankt.

K. Steinbuch   W. Weber

Vorwort zu Band III

Der abschließende Teil III des „Taschenbuch der Informatik" enthält eine Auswahl der wichtigsten Anwendungen von EDV-Systemen.

Zunächst wird hier nach den drei großen Hauptanwendungsgruppen

> Kommerzielle Datenverarbeitung
> Technisch-wissenschaftliche Datenverarbeitung
> Prozeßdatenverarbeitung

unterschieden. In diese drei gliedernden Oberbegriffe sind dann einerseits so wesentliche Teilkomplexe wie z.B. maschinelle Dokumentation, rechnergesteuerte Vermittlungstechnik, Teilnehmer-Rechner-Systeme und Datenfernverarbeitung, andererseits spezielle Anwendungen wie z.B. industrielle und numerische Steuerungen, Verkehrssteuerungen und digitale Filter, Zeichenerkennung, Spracherkennung, Sprachverarbeitung, synthetische Sprache und Lehrautomaten eingeordnet.

Mit einem abschließenden Kapitel über „Nachrichtenverarbeitung im Menschen" ist dann die Grenze der technischen Informatik erreicht und gleichzeitig ein Hinweis auf die übergreifende Wirksamkeit informationstechnischer Begriffsbildungen gegeben.

Karlsruhe und Bochum   K. Steinbuch   W. Weber
im Frühjahr 1974

Mitarbeiterverzeichnis

Endres, Werner, Prof. Dr. rer. nat., Fernmeldetechnisches Zentralamt, Darmstadt

Ertel, Martin, Dipl.-Ing., i. H. Siemens AG, ZFE FL SYST, München 70

Feldmann, Hans-Helmut, Dr.-Ing., Neu-Isenburg

Fleischer, Dietrich, Dipl.-Ing., Berlin

Frank, Helmar G., Prof. Dr. phil., Direktor des Instituts für Kybernetik GmbH und des FEOLL-Instituts für Kybernetische Pädagogik, Paderborn

Futh, Horst, Dipl.-Kfm., Wuppertal

Giloi, Wolfgang, Prof. Dr.-Ing., Fachbereich Angewandte Mathematik und Informatik II der Universität des Saarlandes, Saarbrücken

Kazmierczak, Helmut, Dr.-Ing., Dipl.-Phys., Direktor des Forschungsinstituts für Informationsverarbeitung und Mustererkennung, Karlsruhe

Küpfmüller, Karl, Prof. Dr.-Ing. E.h., Darmstadt

Kussl, Volkmar, Dipl.-Ing., i. H. BBC/ZAF, Mannheim

Noack, Wolfgang, Dipl.-Ing., Wiesbaden

Oettinger, Anthony G., Prof. Dr., The Computation-Laboratory of Harvard University, Cambridge/Mass.

Pletschacher, Bernd, Dipl.-Math., Mannheim

Reger, Walter, Dipl.-Ing., i. H. Siemens AG, Fs TA Üb, München

Schmitt, Alfred, Prof. Dr., Institut für Informatik, Universität, Karlsruhe

Simon, Wilhelm, Prof. Dr.-Ing., Berlin

Syrbe, Max, Dr. rer. nat., Institut für Informationsverarbeitung in Technik und Biologie der Fraunhofer-Gesellschaft, Karlsruhe

Steffens, Franz, Prof. Dr., Universität Mannheim, Lehrstuhl für allgemeine Betriebswirtschaftslehre, Organisation und Informationssysteme, Mannheim

Stulle, Peter, i. H. IBM Deutschland, Stuttgart

Vollmeyer, Werner, Dr.-Ing., i. H. Siemens AG, ZT ZFE FL, München 70

Waibel, Bruno, Dipl.-Ing., i. H. Siemens AG, ESTE, Karlsruhe

Weigl, Werner, Dipl.-Ing., Ingenieurbüro für Datenverarbeitung und Programmierung, Bad Hersfeld

Wimmer, Walter, Dipl.-Ing., i. H. Siemens AG, D, Sg SVT, München

Inhaltsverzeichnis

10. Kommerzielle Datenverarbeitung

11. Technisch-wissenschaftliche Datenverarbeitung

12. Prozeßdatenverarbeitung

13. Spezielle Aufgaben der Nachrichtenverarbeitung

14. Datenübertragung

15. Nachrichtenverarbeitung im Menschen

Von *K. Küpfmüller*, Darmstadt

Band I : Grundlagen der technischen Informatik

> **1** Allgemeine Grundlagen

> **2** Bauelemente

> **3** Digitale Schaltungen Baugruppen und Wandler

> **4** Digitale Speicher

Band II : Struktur und Programmierung von EDV-Systemen

> **5** Grundlagen

> **6** Organisation und Wirkungsweise von EDV-Anlagen

> **7** Leit-,Rechen-und Ein-Ausgabewerke

> **8** Peripheriegeräte

> **9** Programmierung digitaler Datenverarbeitungssysteme

Band III : Anwendungen und spezielle Systeme

> **10** Kommerzielle Datenverarbeitung

> **11** Technische wissenschaftliche Datenverarbeitung

> **12** Prozeß-datenverarbeitung

> **13** Spezielle Aufgaben der Nachrichtenverarbeitung

> **14** Nachrichtenverarbeitung im Menschen

10. Kommerzielle Datenverarbeitung

10.1 Grundbegriffe des Einsatzes von EDV-Anlagen

H. Futh

10.1.1 Voraussetzungen für den Einsatz von EDV-Systemen

10.1.1.1 Organisatorische und personelle Voraussetzungen. Immer wieder läßt sich feststellen, daß die Einführung eines EDV-Systems in quantitativer und qualitativer Hinsicht völlig unterschätzt wird. Man übersieht, daß es sich um eine Vielzahl von Vorgängen handelt, die außerordentlich vielschichtig sind und sowohl betriebswirtschaftlich-organisatorische als auch verfahrenstechnische Probleme beinhalten, und verkennt die starke Interdependenz zwischen den Arbeitsgebieten. Auch genügt nicht der Einsatz einer leistungsfähigen EDV-Anlage, um eine wirtschaftliche und sinnvolle EDV im Unternehmen aufzubauen. Zunächst müssen geeignete organisatorisch-betriebswirtschaftliche Voraussetzungen geschaffen werden. Diese erstrecken sich sowohl auf die Aufbau- als auch auf die Ablauforganisation im Unternehmen, wofür nachstehend einige Beispiele genannt seien:

Die vorhandenen Schlüssel (Artikelnummer, Kundennummer, Personalnummer usw.) sind auf ihre EDV-Zweckmäßigkeit zu überprüfen und gegebenenfalls zu ändern.

Mit der Einführung einer EDV sollten Ausnahmefälle, Konditionsarten, Varianten, Kombinationsmöglichkeiten usw. überprüft und reduziert werden.

Zusammen mit einer EDV-Umstellung sollten moderne betriebswirtschaftliche Methoden (wie beispielsweise eine Plankostenrechnung) eingeführt werden.

Statistische Zahlenfriedhöfe sind durch aussagefähige Informationen und betriebswirtschaftliche Kennziffern zu ersetzen.

Das neue EDV-System sollte sich am Datenfluß und nicht an den Abteilungshierarchien orientieren. Konventionen und Traditionen sollten überprüft werden, ob sie auch noch im Zeitalter der EDV Bedeutung haben.

Die EDV-Abteilung selbst sollte zweckmäßig aufgebaut und in die Unternehmensorganisation eingegliedert sein.

Die EDV-Umstellung sollte mit Hilfe von Projektanträgen geplant und überwacht werden.

Auch in personeller Hinsicht sind geeignete Maßnahmen zu treffen. Diese beziehen sich:

auf das EDV-Personal (Organisatoren, Programmierer und Operateure)

Für die Einführung einer EDV muß eine ausreichende Anzahl erfahrener Fachkräfte zur Verfügung stehen. Als Hinweiszahlen können gelten:

für eine kleine EDV-Anlage: 1 bis 2 Organisatoren, 3 bis 4 Programmierer, 2 Operateure,

für eine mittlere EDV-Anlage: 3 bis 4 Organisatoren, 5 bis 6 Programmierer, 2 Operateure,

für eine große EDV-Anlage: mehr als 6 bis 8 Organisatoren, mehr als 10 bis 12 Programmierer und mehr als 3 bis 4 Operateure.

In der Regel sind die Mietekosten für die EDV-Anlage und die EDV-Personalkosten gleich hoch.

auf die Mitarbeiter in den Fachabteilungen

Bei der Einführung eines EDV-Systems bedarf es immer der Aktivität und Zusammenarbeit von EDV-Fachkräften und Mitarbeitern der betreffenden Fachabteilungen. Dies setzt voraus, daß die Beteiligten der Fachabteilungen die notwendigen betriebswirtschaftlichen oder technischen Qualifikationen besitzen und mit den Grundzügen der EDV und ihrer Einführungstechnik vertraut sind.

auf die Führungskräfte

Anstelle von Duldung und Wohlwollen müssen beim Management Kenntnisse und Verstehen der EDV-Technik treten. Das Management muß die Forderungen und Ziele der EDV formulieren und die Einführung überwachen. Auch diese Tätigkeit setzt Grundkenntnisse voraus.

10.1.1.2 Technische und wirtschaftliche Voraussetzungen. Wohl kaum eine EDV-Aufgabe ist schwieriger zu lösen als die Auswahl der für ein Unternehmen am besten geeigneten EDV-Anlage. Die Größe und Ausrüstung der EDV-Anlage sowie die dazugehörenden Datenerfassungs- und Datenübertragungsgeräte können nur durch eine Problemanalyse der zu lösenden Aufgaben einerseits und einer Analyse der auf dem Markt angebotenen Mitteltechnik andererseits richtig gewählt werden. Voraussetzung hierfür ist, daß Analyse und Auswahl durch erfahrene Fachkräfte erfolgen.

Die Ansicht, daß die EDV unwirtschaftlich und unrentabel sei und als eine Art Tribut an den Fortschritt angesehen werden müsse, ist genauso verbreitet wie falsch. Richtig ist vielmehr, daß die EDV eine wirtschaftliche und rentable Investition sein muß, die sich wie jede andere Investition erst in späteren Jahren verzinst. Bei Einsatz einer EDV-Anlage müssen deshalb gegenwärtiges und geplantes Verfahren einander gegenübergestellt und die Minder- oder Mehrkosten des neuen Verfahrens ermittelt werden. Die Kostenarten der EDV sind:

Maschinenkosten: Miete oder Abschreibungsrate der EDV-Anlage, der Datenerfassungsgeräte und Übertragungseinrichtungen,

Personalkosten: Gehälter und Sozialkosten für Organisatoren, Programmierer, Operateure, Datatypistinnen und Hilfskräfte,

Materialkosten: Kosten für Tabellierpapier, Lochkarten, Magnetbänder, Magnetplatten usw.,

Einrichtungskosten: Raumkosten, Kosten der Klimatisierung und Stromversorgung,

Anlaufkosten: Verteilung der Einmalkosten vor Installation der Maschinen,

sonstige Kosten: Ausbildung usw.

Sehr wichtig ist, daß die Kosten von gegenwärtigem und geplantem Verfahren auf einen gemeinsamen Zeitraum bezogen werden. Am besten wird eine Kostengegenüberstellung für die nächsten 5 bis 8 Jahre angefertigt, wobei die Anlaufkosten verteilt und sich gegebenenfalls ändernde Datenmengen berücksichtigt werden müssen. Außer den bewertbaren Kosten müssen auch die immateriellen Vor- und Nachteile in den Vergleich einbezogen werden. Vorteile dieser Art können beispielsweise eine bessere Transparenz, eine größere Genauigkeit, aussagefähigere Informationen und schnellere Durchlaufzeiten sein. Von Ausnahmefällen abgesehen, sollte eine EDV-Anlage nur installiert werden, wenn mittel- oder langfristig Einsparungen und Vorteile zu erzielen sind.

10.1.2 Problemanalyse

10.1.2.1 Aufnahme und Darstellung des Ist-Zustandes. Abb. 10.1-1 zeigt eine Übersicht über die Planung, Entwicklung und Einführung eines EDV-Systems.

Wie ersichtlich, besteht jede EDV-Umstellung aus den 8 Tätigkeiten:

1. Problemanalyse.
2. Entwurf des neuen EDV-Gesamtsystems.
3. Projektplanung.
4. Entwicklung der Datenflußpläne.
5. Ausarbeitung der Detailorganisation.
6. Programmierung.
7. Übernahme auf die EDV-Anlage.
8. Durchführung der Abschlußarbeiten.

1. Problemanalyse	2. EDV-Gesamtsystem	3. Projektplanung	4. Datenflußpläne
Durchführung der Problemanalyse mit: Aufnahme und Darstellung des Ist-Zustandes, kritische Beurteilung des Ist-Zustandes, Formulierung der Forderungen und Ziele	Entwurf des neuen EDV-Gesamtsystems mit Festlegung des gesamten Daten- und Informationsflusses	Projektplanung mit Ausarbeitung des Projektantrages sowie der Aufgaben- und Personalplanung	Entwicklung der Datenflußpläne mit Grob- und Feinabläufen

5. Detailorganisation	6. Programmierung	7. Übernahme	8. Abschlußarbeiten
Ausarbeitung der Detailorganisation mit: Ein-/Ausgabedaten, Speicherorganisation, Verarbeitungsregeln, Datensicherung, Testbeispielen	Durchführung der Programmierung mit: Programmvorbereitung, Programm-Ablaufplänen, Programmverschlüsselung, Programmtesten	Umstellung auf die EDV-Anlage mit: Systemtesten, Planung und Vorbereitung der Umstellung, Systemanlauf	Durchführung der Abschlußarbeiten mit: Starthilfe, Dokumentation, Projektüberprüfung

Abb. 10.1-1. Planung, Entwicklung und Einführung eines EDV-Systems

Die Untersuchung des Ist-Zustandes sollte im Hinblick auf den Einsatz einer EDV-Anlage immer zweckorientiert sein, d.h. sich weniger auf die Art der gegenwärtigen Durchführung als auf den Sachinhalt der Aufgaben beziehen. Es sind also nicht das Verfahren des heutigen Ablaufs von Bedeutung, sondern die organisatorischen Tatbestände, wie Datenmengen, Rechenformeln, Verarbeitungstermine, Gesetze, Bestimmungen und betriebliche Erfordernisse. Die Problemanalyse wird in gemeinsamer Arbeit zwischen EDV-Organisatoren und den Sachbearbeitern der betreffenden Abteilungen durchgeführt.

Für die Aufnahme des Ist-Zustandes hat es sich bewährt, die Mitarbeiter und Führungskräfte der Fachabteilungen an ihren Arbeitsplätzen zu befragen. Dies geschieht am besten so, daß die EDV-Organisatoren anhand vorbereiteter Erfassungsbögen die Daten und weitere interessierende Einzelheiten aufnehmen. Die einzelnen Arbeitsgänge werden fortlaufend numeriert und bezeichnet, während die Darstellung des Sachinhalts der erwähnten Zweckorientierung folgt, in dem alle Daten nach Eingang, Verarbeitung (unter Verwendung der benötigten Karteien) und Ausgang erfaßt werden. Die Aufteilung nach Eingang, Verarbeitung und Ausgang entspricht in ihrer Systematik den geplanten EDV-Abläufen mit Eingabe, Verarbeitung (unter Verwendung von Speicherdateien) und Ausgabe. Die letzte Spalte des Erfassungsbogens sollte dann zur Aufnahme ergänzender Angaben, wie Ausnahmefälle, Varianten und Bedingungen sowie zum Festhalten erster Zielvorstellungen für die künftige Neugestaltung des Ablaufes mit Hilfe der EDV dienen.

10.1.2.2 Kritische Beurteilung des Ist-Zustandes. Der Aufnahme und Darstellung des Ist-Zustandes muß sich die kritische Beurteilung anschließen, mit der die Organisatoren die schwachen Stellen und Engpässe der untersuchten Arbeitsabläufe herausheben. Nicht selten zeigt sich, daß bei der Untersuchung festgestellte Mängel und Schwierigkeiten durch Sofortmaßnahmen beseitigt oder gemildert werden können. Dies ist schon deshalb von Bedeutung, weil in der Regel $1^1/_2$ bis 2 Jahre bis zur Umstellung auf die EDV vergehen.

Immer sollten bei der Durchleuchtung und Beurteilung des Ist-Zustandes die folgenden Organisationsregeln berücksichtigt werden:

Gleichförmigkeit und Standardisierung.
Lückenlosigkeit.
Anpassungsfähigkeit.
Unterscheidbarkeit.
Schnelligkeit und Einfachheit, Klarheit und Übersichtlichkeit.
Kontrollierbarkeit mit Messung der Tätigkeiten und Leistungen.
Einmaligkeit zwecks Vermeidung von Doppelarbeiten.
Verantwortlichkeit und Tätigkeiten klar abgrenzen zu können.

10.1.2.3 Formulierung der Forderungen und Ziele. Bevor nun als nächster Schritt das EDV-Gesamtsystem entworfen wird, müssen die Forderungen und Ziele fixiert werden. Hierbei handelt es sich einmal um Forderungen, die an das neue EDV-System gestellt werden, und zum anderen um unternehmerische Zielsetzungen.

Als Beispiele für Forderungen und Ziele können genannt werden:
die Straffung und gleichzeitige Vereinfachung des Verwaltungsablaufs,
eine Verkürzung der innerbetrieblichen Durchlaufzeiten und eine beschleunigte Abwicklung der Geschäftsvorfälle,
die allgemeine Verbesserung des Berichts- und Informationswesens,
die qualitative und quantitative Durchleuchtung des Betriebsgeschehens zur Erhöhung der Transparenz,
eine bessere Einhaltung der Termine,
eine beschleunigte Bereitstellung von Unterlagen für wirklichkeitsnahe Entscheidungen,
eine bessere Dispositionsmöglichkeit und optimale Lagerhaltung, eine Kostensenkung in der industriellen Produktion durch bessere Arbeitsvorbereitung,
Einsparung von Vertriebskosten durch maschinelle Marktanalysen,
die Verminderung der Personalabhängigkeit und der Überstunden in der Verwaltung,
eine schnellere Rechnungsprüfung, um Skonti ausnutzen zu können,
Schaffung von Anwendungsmöglichkeiten für neue Verfahren, beispielsweise auf dem Gebiet der Unternehmensforschung,
Freisetzung von Mitarbeitern durch Verlagerung von Massen- und Routinearbeiten auf die EDV-Anlage.

Je nach betriebswirtschaftlich-organisatorischem Reifegrad und Struktur des Unternehmens können die Forderungen und Ziele betriebsindividuell verschieden sein. Da die Einführung eines EDV-Systems hohe Investitionen verursacht und das Unternehmen langfristig organisatorisch und verfahrenstechnisch bindet, ist die Präzisierung der Ziele und Forderungen durch die Unternehmensführung unerläßlich. Nur so ist gewährleistet, daß das neue System zum integrierten Bestandteil der Unternehmenspolitik wird.

10.1.3 Entwurf des EDV-Gesamtsystems

Bei der Einführung einer EDV sollte heute immer von einer umfassenden Gesamtkonzeption ausgegangen werden. Dies bedeutet, daß nicht mehr einzelne Arbeitsgebiete als Insellösungen und isoliert auf die EDV umgestellt werden. Statt dessen wird zunächst ein Gesamtsystem entwickelt, das sich über Abteilungs- und Bereichsgrenzen hinweg am gesamten Daten- und Informationsfluß orientiert und die Interdependenzen zwischen den Arbeitsgebieten berücksichtigt. Ein solches integriertes Gesamtsystem wird dann in Teilsysteme aufgelöst. Nicht nur die Daten- und Informationsströme in allen Ebenen des Unternehmens, sondern auch das Angebot an leistungsfähigen Techniken auf den Gebieten der Datenerfassung, Datenübertragung und Datenverarbeitung fordern eine solche ganzheitliche Betrachtungsweise.

Welche Faktoren müssen nun beim Entwurf eines EDV-Gesamtsystems berücksichtigt werden? Ausgehend von den Tatbeständen und Plänen des Unternehmens und unter Beachtung der fixierten Forderungen und Ziele ist ein Gesamtsystem zu entwickeln, dessen Rahmen durch die beiden nachstehenden Leitgrundsätze gebildet wird:

1. Grundlage eines neuen EDV-Systems muß die Schaffung einer modernen, rationellen betriebswirtschaftlich-organisatorischen Konzeption und eines entscheidungsorientierten Informationssystems sein.

2. Es sind Abläufe zu entwickeln, die die moderne Mittel- und Verfahrenstechnik bestmöglich nutzen.

Bei einer umfassenden Rationalisierung mit Hilfe der EDV kann es niemals Sinn und Zweck sein, an jahrzehntealten und überlieferten Traditionen festzuhalten. Abgesehen von der Weiterentwicklung der Betriebswirtschaftslehre selbst, besteht ein enger Zusammenhang zwischen Sachinhalt und Mitteltechnik. Dies bedeutet, daß Leistungsfähigkeit und Kapazität moderner Computer die Anwendung neuer Verfahrenstechniken, wie beispielsweise der Unternehmensforschung (Operations Research), gestatten und damit die Voraussetzungen für eine Änderung im Bereich der Betriebswirtschaft selbst schaffen. Im Vordergrund der Darstellung des Gesamtsystems steht der Daten- und Informationsfluß innerhalb und zwischen den Teilsystemen, wobei es jedoch nicht auf eine Detaillierung der einzelnen Abläufe ankommt.

10.1.4 Entwicklung und Einführung eines EDV-Teilsystems

10.1.4.1 Projektplanung. Wie aus Abb. 10.1-1 hervorgeht, beginnt die Entwicklung eines Teilsystems mit der Projektplanung einschließlich der Aufgaben- und Personalplanung. Der Projektantrag entsteht in Zusammenarbeit zwischen EDV-Abteilung, Betriebsorganisation, betriebswirtschaftlicher Abteilung, der Revision und den Fachabteilungen, die von der Umstellung unmittelbar betroffen sind.

Unter der Voraussetzung, daß eine gemeinsame Erörterung der genannten Abteilungen zu dem Ergebnis kommt, eine Projektidee zu verwirklichen, wird gemeinsam ein Projektantrag formuliert und der Geschäftsführung zur Entscheidung vorgelegt. Der Projektantrag enthält:

die Beschreibung des Projektes,
die Aufzählungen der Einsparungen und Vorteile,
das Ergebnis der gemeinsamen Besprechung und die vorgeschlagene Lösung,
der geschätzte erforderliche Aufwand und die erwartete Belastung der EDV-Anlage.

Die Geschäftsführung wird den Projektantrag ablehnen oder genehmigen, wobei sie gewünschte Änderungen hinzufügt. Außerdem wird sie für die Verwirklichung des Projektes eine Priorität festlegen. Der genehmigte Projektantrag ist dann gleichbedeutend mit einem schriftlichen Organisationsauftrag der Geschäftsführung.

Entsprechend diesem Auftrag hat der Leiter der EDV-Abteilung das Projekt verantwortlich abzuwickeln.

Bevor nun mit dem Entwurf der Datenflußpläne begonnen wird, ist eine Aufgaben- und Personalplanung auszuarbeiten. Liegt der Umstellungstermin des Projektes aufgrund einer Entscheidung der Geschäftsführung bereits fest, so wird eine retrograde Zeitrechnung ergeben, wie viele Mitarbeiter für das Projekt einzusetzen sind. Steht demgegenüber die Anzahl der einsetzbaren Mitarbeiter fest, so wird man nur über eine progressive Zeitrechnung den voraussichtlichen Fertigstellungstermin errechnen können. Nicht selten gerät man bereits dadurch in eine kritische Situation, daß sowohl der Fertigstellungstermin als auch die verfügbare Mitarbeiterzahl in Organisation und Programmierung feste Größen sind, die nicht miteinander in Einklang gebracht werden können. Die Abb. 10.1-2 und 10.1-3 zeigen je eine Aufgaben- und Personalplanung für die Abwicklung eines Teilsystems.

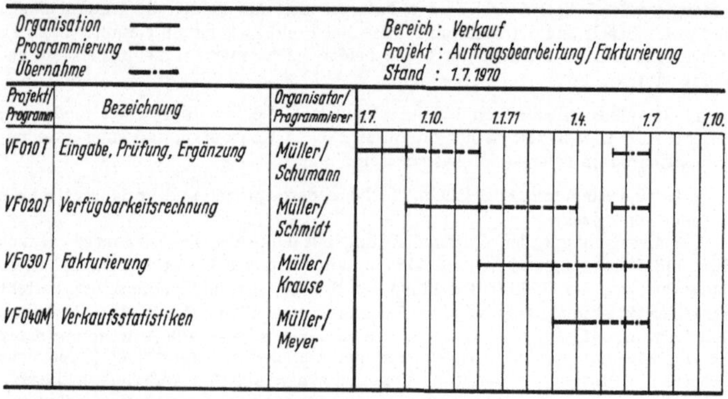

Organisation
Programmierung
Übernahme
Bereich: Verkauf
Projekt: Auftragsbearbeitung/Fakturierung
Stand: 1.7.1970
Projekt/Programm
Bezeichnung
Organisator/Programmierer
1.7.
1.10.
1.1.71
1.4.
1.7
1.10.
VF010T
Eingabe, Prüfung, Ergänzung
Müller/Schumann
VF020T
Verfügbarkeitsrechnung
Müller/Schmidt
VF030T
Fakturierung
Müller/Krause
VF040M
Verkaufsstatistiken
Müller/Meyer

Abb. 10.1-2. Aufgaben-Planung

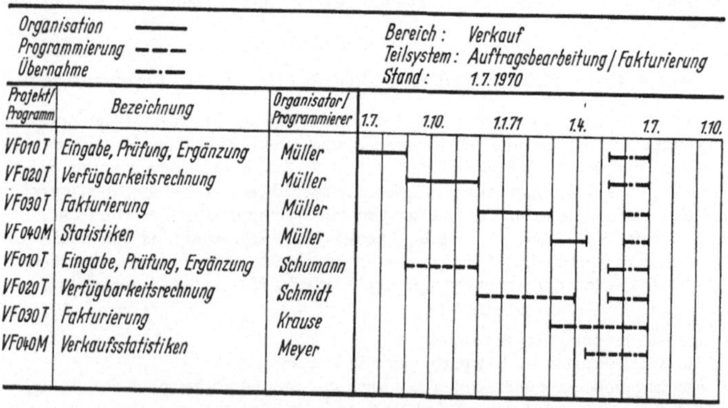

Organisation
Programmierung
Übernahme
Bereich: Verkauf
Teilsystem: Auftragsbearbeitung/Fakturierung
Stand: 1.7.1970
Projekt/Programm
Bezeichnung
Organisator/Programmierer
1.7.
1.10.
1.1.71
1.4.
1.7.
1.10.
VF010T
Eingabe, Prüfung, Ergänzung
Müller
VF020T
Verfügbarkeitsrechnung
Müller
VF030T
Fakturierung
Müller
VF040M
Statistiken
Müller
VF010T
Eingabe, Prüfung, Ergänzung
Schumann
VF020T
Verfügbarkeitsrechnung
Schmidt
VF030T
Fakturierung
Krause
VF040M
Verkaufsstatistiken
Meyer

Abb. 10.1-3. Personal-Planung

Für die Errechnung des Zeitbedarfs für Organisation und Programmierung gibt es keine speziellen Verfahren. Deshalb muß der Leiter der EDV-Abteilung für jedes Projekt eine auf den vorhandenen Ist-Zustand und das angestrebte Soll abgestimmte Zeitbedarfsrechnung aufstellen, wozu ihm Erfahrungsgrößen aus anderen Betrieben und bereits durchgeführten Projekten als Durchschnittswerte dienen können. Als Richtgrößen für eine solche Zeitbedarfsrechnung können die nachfolgend genannten Prozentsätze gelten:

Vorbereitung und Entwurf der Arbeitsabläufe = ca. 15 %,
Ausarbeitung der Detailorganisation = ca. 30 %,
Programmierung einschließlich Programmteste = ca. 40 %,
Übernahme auf die EDV-Anlage und Abschlußarbeiten = ca. 15 %.

Bei den genannten Zahlen handelt es sich jedoch nur um Richtgrößen, die sich je nach Umfang und Schwierigkeitsgrad eines Projektes schwerpunktmäßig zur Detailorganisation oder Programmierung verschieben können. Auch sollte der Zeitbedarf für die Umschulung der Mitarbeiter und die Einführung in den Fachabteilungen nicht unterschätzt oder vergessen werden. Aus den geschätzten Manntagen für die einzelnen Projektphasen lassen sich die erforderlichen Kalenderwochen und — bei Berücksichtigung der festgelegten Prioritäten — auch Beginn und Ende des Projektes als Sollgrößen ermitteln. Eine solche Rechnung ist aber nur möglich, wenn der Fertigstellungstermin nicht bereits eine feste Größe ist, deren Einhaltung dann nur durch einen entsprechenden Personaleinsatz ausgeglichen werden kann. Es sollte berücksichtigt werden, daß die Anzahl an Organisatoren und Programmierern für ein Projekt nicht beliebig erhöht werden kann, weil die einzelnen Aufgaben nicht voll teilbar sind.

10.1.4.2 Entwicklung der Datenflußpläne. Im Gegensatz zum Entwurf des Gesamtsystems, bei dem der Daten- und Informationsfluß im Vordergrund steht, sind bei der Ausarbeitung der Datenflußpläne für ein Teilsystem alle Einzelheiten aufzuführen: Von der Erfassung der Daten über ihre Speicherung und Verarbeitung bis hin zur Auswertung der Ergebnisse ist jeder Vorgang graphisch und verbal darzustellen. Diese Tätigkeit bedingt eine genaue Kenntnis von Aufbau und Ausrüstung der eingesetzten EDV-Anlage, damit die neuen Arbeitsabläufe in ihrem maschinellen Teil so festgelegt werden, daß die Anlage günstig genutzt werden kann.

Es empfiehlt sich, zunächst einen Grob-Datenflußplan anzufertigen. Erst danach werden Detailflußpläne entwickelt, die jetzt bereits alle einzelnen, zu diesem Arbeitsgebiet gehörenden Programme einschließlich der angesprochenen Ein-/Ausgabeeinheiten und externen Speicher einschließen. Dies bedeutet, daß der betreffende Teil des Gesamtsystems, der vorher noch einen gewissen Abstraktionsgrad besaß, unter Ausweis aller Einzelheiten und Angaben in die einzelnen Arbeitsschritte aufgelöst wird. Hierzu gehören auch alle der EDV vor- und nachgelagerten Tätigkeiten. Abb. 10.1-4 zeigt das Beispiel für eine Auftragsbearbeitung und Fakturierung mit Hilfe einer EDV-Anlage, die mit Magnetbandgeräten ausgerüstet ist. Zum besseren Verständnis wird die graphische Darstellung durch Kurztext ergänzt.

10.1.4.3 Ausarbeitung der Detailorganisation. Die Ausarbeitung der Detailorganisation besteht in der Festlegung der EDV-Abläufe, im einzelnen der Ein-/Ausgabesätze, der Speicherorganisation, der Verarbeitungsregeln und der Datensicherung, sowie der Ausarbeitung der Testbeispiele. Insgesamt gesehen, handelt es sich um die Anfertigung der Programmvorgaben für die sich anschließende Programmierung. Die Programmvorgaben sind für jedes einzelne Programm auszuarbeiten und enthalten detaillierte Beschreibungen mit allen Einzelheiten. Zur Detailorganisation gehört auch die Festlegung aller der EDV vor- und nachgelagerten Tätigkeiten einschließlich der Beleg- und Formularentwürfe. Die Phase der Detailorganisation bildet neben der Programmierung den zeitlich umfangreichsten Abschnitt der Aufgaben bei der EDV-Umstellung.

Die Vorgaben für jedes einzelne Programm sind wie folgt zu gliedern:

1. Grundinformationen
  1.1 Überblick über die Einzelaufgabe mit Hinweis auf die Funktion dieser Einzelaufgabe im gesamten Arbeitsablauf
  1.2 Funktionsschema mit Ein- und Ausgabeübersicht (Maschinendiagramm)

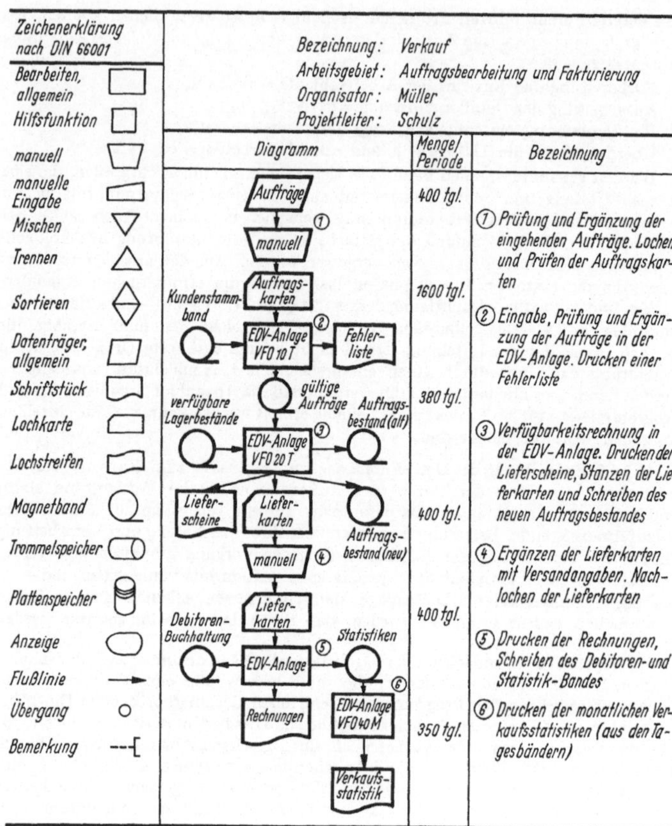

Abb. 10.1-4. Arbeitsablauf

2. Verbale Beschreibung des Programms

2.1 Eingabe (input)

Lochkarten- oder Lochstreifeneingabe

Magnetbandeingabe

Magnetplatteneingabe

direkte Belegeingabe

Konsoleingabe

andere Direkteingaben

2.2 Ausgabe (output)

Lochstreifen- oder Lochkartenausgabe

Magnetbandausgabe

Magnetplattenausgabe

Druckausgabe

Konsolausgabe

andere Ausgaben (z. B. optische Anzeiger oder Sprachausgabe)

10.1.4.4 Programmierung. Die vom EDV-Organisator ausgearbeitete Programmvorgabe mit allen Angaben und Einzelheiten bildet die Grundlage für die sich anschließende Programmierung. Außer der Programmvorgabe hat der Programmierer Größe und Ausrüstung der eingesetzten EDV-Anlage sowie generelle Programmierungsrichtlinien zu beachten.

Jede Programmierungsarbeit beginnt mit dem Entwurf des Programmablaufplans, der die Reihenfolge der einzelnen Programmschritte unter Beachtung aller logischen Verzweigungen in schaubildlicher Weise darstellt. Wie am Beispiel in Abb. 10.1-5 gezeigt, entwickelt der Programmierer zunächst einen Grob-Programmablaufplan. Jedes Programm beginnt in START mit dem Vorprogramm, das das Programm einleitet und die benötigten Dateien eröffnet. Es folgt das Hauptprogramm, das die Programmschritte für die Verarbeitung jedes einzelnen Datensatzes umfaßt und dementsprechend für jeden Datensatz einmal durchlaufen wird. Erst wenn der letzte Datensatz eingelesen ist, wird in das Schlußprogramm verzweigt, das die Dateien abschließt und das Programm bei ENDE stoppt. Ein Grob-Programmablaufplan stellt immer nur das Strukturprogramm dar, das neben logischen Verzweigungen eine Reihe von Unterprogrammen enthält, die innerhalb des Strukturprogramms angesprochen werden. Jedes Unterprogramm wird nun im Fein-Programmablaufplan bis zu jedem einzelnen Programmschritt aufgelöst. Während also das Strukturprogramm (im Grob-Programmablaufplan dargestellt) nur das Programmskelett enthält, in dem die einzelnen Unterprogramme aufgerufen werden, weist erst das Unterprogramm die einzelnen Programmschritte aus.

Nachdem alle Programmablaufpläne entwickelt und sorgfältig geprüft sind, folgt als nächster Schritt der Programmierung, die Programmverschlüsselung, in der Praxis meist als Codierung bezeichnet. Die Codierung besteht in der Auflösung und Übertragung der Programmablaufpläne in die einzelnen Programmschritte, wie sie später in der Maschine ablaufen sollen. Welche Programmsprache der Programmierer benutzt, hängt von der eingesetzten EDV-Anlage und dem verfügbaren Programmsystem ab. Nicht selten werden in der Praxis auch 2 bis 3 unterschiedliche Programmsprachen bei einer Anlage benutzt. Während jedoch kleinere und mittlere EDV-Anlagen meist in einer maschinenorientierten Symbolsprache (Assembler) oder mit Hilfe von Generatoren programmiert werden, stehen für größere EDV-Anlagen auch problemorientierte Programmsprachen, wie COBOL, FORTRAN und PL/I, zur Verfügung. Ist die Programmierung in einer problemorientierten Sprache möglich, so gilt, daß die Programmierung selbst zwar weniger aufwendig ist, dagegen jedoch eine etwas höhere Laufzeit des Programms und ein größerer interner Speicheraufwand in Kauf genommen werden müssen.

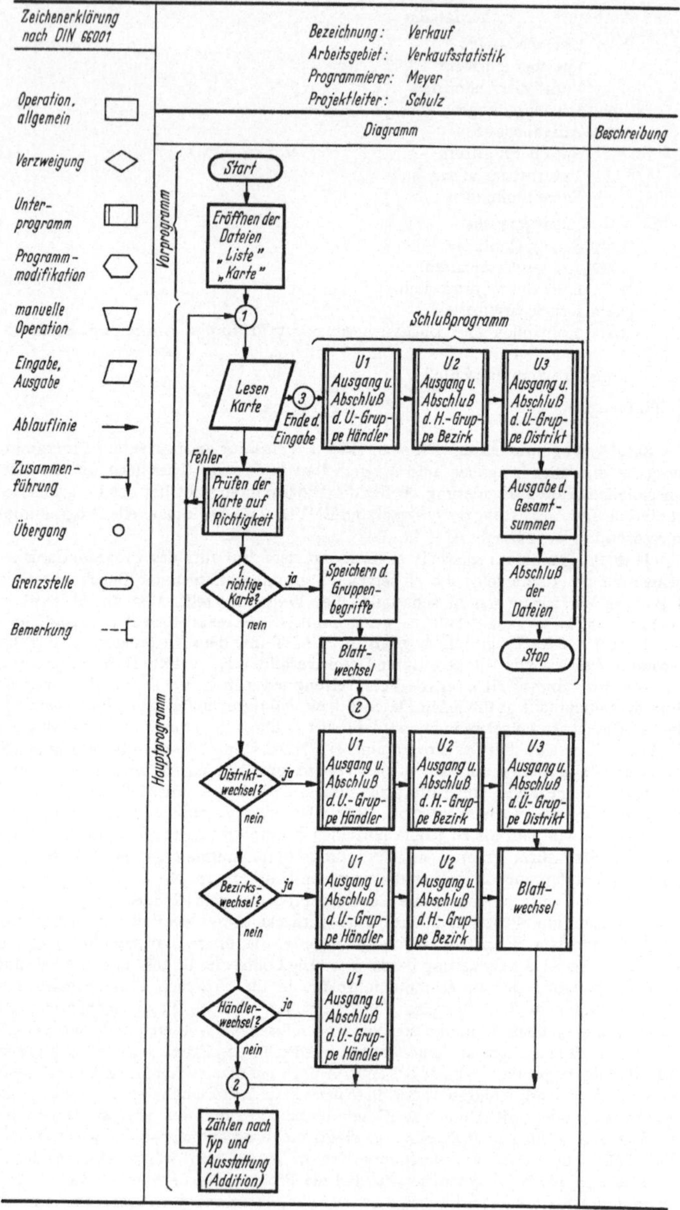

Abb. 10.1-5. Programm

Nach einer Überprüfung der Codierung werden die Codierblätter zum Ablochen gegeben. Beim Lochen entsteht aus jeder Zeile des Programmschemas eine symbolische Programmkarte. Da auch die Seiten- und Zeilennummern der Codierblätter mitgelocht werden, können die Karten anschließend mit Hilfe einer Sortiermaschine in die richtige Reihenfolge gebracht werden. Die gelochten, geprüften und sortierten symbolischen Programmkarten sind jetzt zur Umwandlung in das eigentliche Maschinenprogramm bereit. Mit Hilfe eines Umwandlungsprogramms werden nun die symbolischen Programmkarten eingelesen und in das Maschinenprogramm übersetzt. Während der Umwandlung druckt die Maschine eine Umwandlungsliste, die sowohl das symbolische als auch das umgewandelte Maschinenprogramm enthält. Gleichzeitig werden die Instruktionen im echten Maschinencode in Lochkarten gestanzt oder auf Magnetbänder oder Magnetplatten geschrieben. Außerdem führt das Umwandlungsprogramm eine Vielzahl formaler Fehlerprüfungen durch und druckt die entsprechenden Fehlerbemerkungen mit auf die Umwandlungsliste.

Selbst bei sorgfältigster Programmverschlüsselung und trotz gewissenhafter Überprüfung ist es der Regelfall, daß ein Programm nicht frei von Fehlern ist. Deshalb sollen durch einen folgenden Programmtest alle Fehler des Programms ermittelt werden, die der Programmierer dann anschließend berichtigt. Da alle formalen Fehler bereits bei der Umwandlung entdeckt wurden, kann es sich hier nur um sachliche Fehler handeln, die die Eingabe, die Verarbeitung und die Ausgabe der Daten betreffen. Immer wird der Programmtest mit Hilfe bestimmter Testbeispiele durchgeführt, die der Programmierer vorher auszuarbeiten hat. Eine Reihe verschiedener Testhilfen, von den Herstellern als Standardprogramme zur Verfügung gestellt, erleichtern dem Programmierer die Testarbeit und die Suche nach Programmfehlern. Das Testen der Programme sollte im Closed-Shop-Betrieb vor sich gehen, d.h. nicht durch den Programmierer selbst, sondern durch den Operator durchgeführt werden. Diese Methode spart Maschinenzeit und zwingt den Programmierer, die Testergebnisse sorgfältiger zu prüfen und die Fehlerkorrekturen gewissenhafter durchzuführen. Die Maschinenteste werden so oft wiederholt, bis das Programm frei von Fehlern ist.

10.1.4.5 Übernahme auf die EDV-Anlage. Rechtzeitig und parallel mit den Organisations- und Programmierungsarbeiten muß die Übernahme der neuen Arbeitsabläufe auf die EDV geplant und vorbereitet werden. Ziel dieser Maßnahmen ist es, das betreffende Arbeitsgebiet möglichst reibungslos vom alten auf das neue Verfahren umzustellen. Hierbei ist anzustreben, dieses Ziel innerhalb einer kurzen Übergangszeit bei geringem Personaleinsatz und möglichst niedrigen Umstellungskosten zu erreichen. Es müssen ferner alle Maßnahmen ergriffen werden, den Verwaltungsablauf während der eigentlichen Übernahme nicht zu stören und zu beeinträchtigen.

Von dem betreffenden Arbeitsgebiet hängt es ab, ob direkt auf das neue Verfahren umgestellt wird oder aber altes und neues Verfahren eine Zeitlang parallellaufen. Der Vorteil einer direkten Übernahme liegt in der organisatorischen Einfachheit und den geringen Kosten. Voraussetzung ist jedoch, daß der Organisationsablauf funktioniert und die neuen Programme richtig und sicher arbeiten. Da eine solche Annahme nur in wenigen Fällen voll zutrifft, kann die Methode der Direktübernahme nur bei nicht termingebundenen Arbeiten angewandt werden. Handelt es sich dagegen um streng termingebundene Abläufe oder um Arbeiten, die dem Geschäftsverkehr mit außerbetrieblichen Stellen dienen, so ist die Methode der Direktübernahme ungeeignet. An ihre Stelle tritt der Parallellauf. Vorteile des Parallellaufs sind die hohe Sicherheit und die guten Kontrollmöglichkeiten. Tauchen innerhalb des neuen Verfahrens Fehler auf, so kann auf die Ergebnisse der Bearbeitung nach dem alten Verfahren zurückgegriffen werden.

Um die Übernahme reibungslos abzuwickeln, ist es notwendig, allen Mitarbeitern, die mit der Übernahme betraut sind, genaue Informationen und Anweisungen zu erteilen. Zu diesem Zweck sollten schriftliche Arbeitsanweisungen und Musterbeispiele ausgearbeitet werden. Außerdem muß gewährleistet sein, daß sich die

Übernahme nach den Weisungen des mit der Umstellung beauftragten Projektleiters vollzieht. Ziel aller dieser Maßnahmen ist es, vom Übernahmebeginn an sowenig wie möglich zu improvisieren und statt dessen bereits nach festen organisatorischen Richtlinien zu arbeiten.

Zu den Übernahmearbeiten gehört auch die Durchführung der Systemtests. Sinn und Zweck dieser Testläufe ist es, die Verknüpfung der einzeln getesteten Programme innerhalb des Teilsystems zu prüfen. Dies geschieht am besten mit Hilfe von simulierten, der Praxis entsprechenden, Daten. Um alle Mißverständnisse und Fehlinterpretationen, die sich zwischen den Beteiligten während der Umstellung ergeben haben könnten, aufzudecken, müssen die Beispiele für den Systemtest von der betreffenden Fachabteilung unter Mitwirkung der EDV-Abteilung zusammengestellt werden. Auch die erwarteten Ergebnisse aus den Testläufen sind vorher zu ermitteln.

Nach Abschluß aller Vorbereitungs- und Testarbeiten erfolgt die eigentliche Übernahme der Arbeitsläufe zum vorgesehenen Termin. Hierzu gehört, daß die betreffenden EDV-Organisatoren, Programmierer und delegierten Mitarbeiter der Fachabteilungen das Anlaufen des neuen Verfahrens überwachen und kontrollieren, ob die Arbeiten dem Plan und den Anweisungen gemäß ausgeführt werden.

10.1.4.6 Abschlußarbeiten. Nach Übernahme der neuen Arbeitsabläufe kommt es darauf an, daß

das neue Verfahren in allen seinen Teilen reibungslos und fehlerfrei funktioniert und die Anlaufzeit so kurz wie möglich ist und

das Rechenzentrum und die betroffenen Fachabteilungen die neuen Abläufe übernehmen und sie eigenverantwortlich handhaben können.

Während der Übergangszeit ist sicherzustellen, daß alle Mitarbeiter des Umstellungsteams das Anlaufen des EDV-Systems überwachen und bereitstehen, um bei Schwierigkeiten, Fehlern und Programmabbrüchen sofort eingreifen zu können.

Sofort nach Abschluß der Umstellungsarbeiten muß die Ausarbeitung der Dokumentation erfolgen. Die Dokumentation dient der Sicherstellung aller Unterlagen und Programme. Sie soll gewährleisten, daß Ablaufpläne und andere Unterlagen jederzeit verfügbar sind, wodurch auch der Änderungsdienst vereinfacht und beschleunigt wird. Aufbauend auf den Organisationsunterlagen und Programmvorgaben stellen EDV-Organisatoren und Programmierer die Dokumentation zusammen: Sie bringen die bereits vorhandenen Unterlagen auf den neuesten Stand und ergänzen sie um fehlende Angaben. Jede Dokumentation hat aber nur dann einen Sinn, wenn alle Programmänderungen und Ergänzungen ebenfalls dokumentiert werden.

Neben der Dokumentation gehört auch die Überprüfung der im Projektantrag enthaltenen Angaben zu den Abschlußarbeiten. Diese Maßnahme dient dazu festzustellen, ob die damals aufgestellten Plandaten und Zielsetzungen erreicht wurden. Erkenntnisse aus Soll-/Istvergleichen zwischen Projektplanung und -realisierung sind für künftige EDV-Projekte von großer Bedeutung.

10.2 Datenverarbeitung für kommerzielle Aufgaben

P. Stulle

10.2.0 Einleitende Betrachtung

Hinsichtlich der Zahl der installierten EDV-Systeme gehört die Bundesrepublik Deutschland seit Jahren zu den führenden Ländern der Erde. Daher drang und dringt in zunehmendem Maße die elektronische Datenverarbeitung in immer neue

Anwendungsgebiete ein. Das Spektrum der Anwendungen ist außerordentlich breit; es kann daher im folgenden nur ein sehr unvollständiges Aufzeigen der EDV-System-Einsatzgebiete erfolgen; eine auch nur annähernde Vollständigkeit würde den Rahmen des Handbuches sprengen. Dabei ist zu erwähnen, daß erstens in der Regel ein zentrales betriebliches *Rechenzentrum* als eine Art neutraler Dienstleistungsbetrieb die Datenverarbeitung der einzelnen Unternehmensbereiche durchführt und damit zwangsläufig eine immer mehr zunehmende Integration und Verflechtung der *EDV-Anwendungen* zu beobachten ist (umfassende *Datenbanken, Informationssysteme*) — zweitens je nach *Konfiguration*, Größe und Betriebsweise (z.B. *Multiprogramming*) des Systems sehr unterschiedliche Lösungsmöglichkeiten gegeben sind.

Als Schluß dieser Einleitung dient folgendes Zitat: [1]

Der *Computer* (EDV-Anlage) ist ein technisches Instrument, das alle denkbaren logischen Aufgaben zu bewältigen imstande ist, wenn es dem Menschen vorher gelang, die zu lösende Aufgabe logisch geschlossen als Anweisung zu beschreiben.

Dies drückt zweierlei aus:

1. Der Computer kennt bei der Ausführung von Aufgaben im logischen Bereich keine Grenzen. Seine technische Perfektion sagt lediglich etwas über die Wirtschaftlichkeit seines Einsatzes für konkrete Anwendungsgebiete aus.

2. Der Computer kann nichts aus sich selbst. Seine Leistungsgrenze liegt nicht in seinen technischen Voraussetzungen, sondern in der Formulierbarkeit von Aufgaben. Wer also Probleme hat, kann sich des Computers in dem Maße bedienen, wenn es ihm gelingt, in intellektueller Anstrengung seine Probleme zu beschreiben, Lösungsalgorithmen zu formulieren und diese in der Computersprache zu programmieren.

10.2.1 Verwaltung

Unter Verwaltung sei hier insbesondere das *Finanz- und Rechnungswesen* verstanden. Hier finden wir z.B. die Anwendungen [2]:

Lohn- und Gehaltsverrechnung,
Materialverrechnung,
Anlagerechnung (kalkulatorisch und bilanzmäßig),
Kostenarten, Kostenstellen,
Plankostenrechnung,
Kostenplanung,
Kostenträger- und Erfolgsrechnung,
Preisbildung und Beitragsdeckungsrechnung,
Kreditoren- und Debitorenverwaltung (Buchhaltung),
Finanzverwaltung und Liquiditätsrechnung,
Jahresbilanzen usw.

Als weiter erläuterndes Beispiel dieser kommerziellen Aufgaben sei die *Debitorenbuchhaltung* in verschiedenen Varianten betrachtet:

Die *Debitorenbuchhaltung* stellt in den meisten Unternehmungen mit Rücksicht auf den Arbeitsumfang ein selbständiges Arbeitsgebiet dar. Ihre Aufgabe ist es, sich mit der Entstehung und dem *Zahlungsausgleich von Kundenforderungen* zu beschäftigen. Grundlage der Buchungen sind die Ausgangsrechnungen und die Belege über den Zahlungseingang. Abb. 10.2-1 zeigt den Ablauf, wie er mit *Lochkartenmaschinen* automatisiert werden kann (s. auch Abschnitt 8.5).

Sozusagen als „Abfallprodukt" lassen sich *Provisionsabrechnungen* und *Verkaufsstatistiken* gewinnen (s. auch Abschnitt 11.2).

Der *Zahlungsausgleich* ist im folgenden Ablauf dargestellt:

Abb. 10.2-3 zeigt einen vollständig anderen Ablauf der Buchung von Zahlungen. Hier dient nicht die Lochkarte als Speicher, sondern die Debitorendaten werden auf einem *Randomspeicher (Plattenspeicher)* eines speicherprogrammierten EDV-Systems gespeichert.

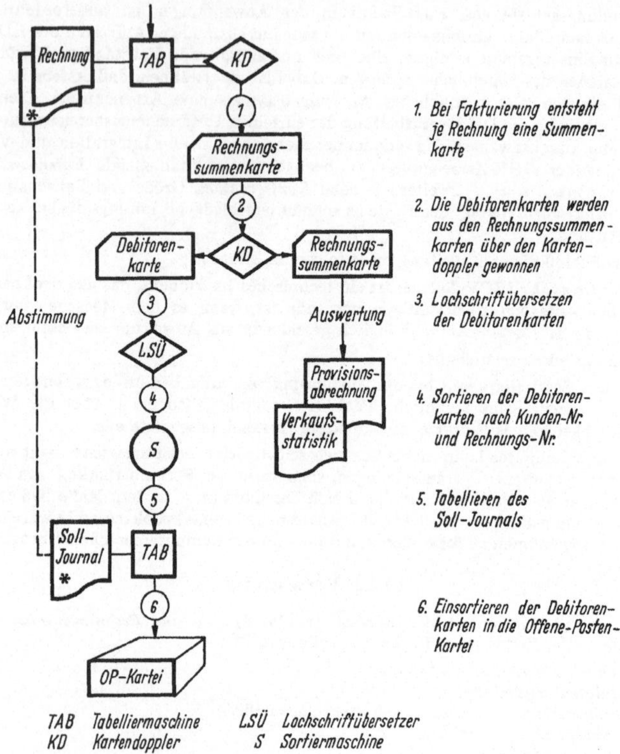

Abb. 10.2-1. Buchung der Rechnungen bei einer Debitorenbuchhaltung mit Lochkarten

Überblick über die Anwendungsmöglichkeiten im betrieblichen Rechnungswesen in Verwaltung und Finanzbereich gibt die in Abb. 10.2-5 dargestellte Skizze
der Abläufe aus einem graphischen Betrieb.

Wieweit die *Integration der Anwendungen* allein im Finanzbereich und der Verwaltung bereits möglich sein kann, zeigen die Abb. 10.2-6 und 10.2-7 (s. dazu auch
die Abschnitte 10.3 und 10.4).

Abb. 10.2-6 zeigt eine grobe Übersicht über die in einem Rechnungswesen auftretenden Aktivitäten, Abb. 10.2-7 ein *Datenbankdiagramm*, das das Zusammenspiel der
einzelnen Dateien widerspiegelt (vgl. [3]).

10.2.2 Einkauf und Lagerverwaltung

Abb. 10.2-8 ist die Darstellung eines Beispiels der Organisation des Wareneingangs.

Zunehmend werden EDV-Systeme auch zur *Disposition von Waren* eingesetzt.
Die bekannte Forderung ist: zum richtigen Zeitpunkt genau die richtige Menge
Ware im Hause zu haben. In der Lagerbestands-Fortschreibung und im Bestell-
wesen entstehen aus den Arbeiten, die der Computer erledigt, Informationen für

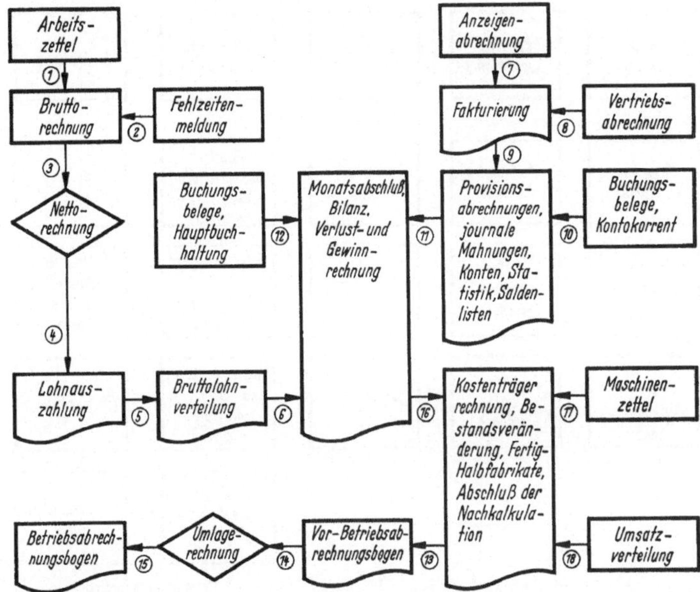

1 Erfassen der Arbeitszettel
2 Erfassen der Fehlzeitenmeldung
3 Maschinelle Nettorechnung
4 Schreiben der Lohnbelege
5 Lohnverteilung auf Kostenstellen nach Kostenarten
6 Übernahme der Lohnabrechnung auf Hauptbuchkonten
7 Anzeigenfakturierung
8 Vertriebsfakturierung
9 Übernahme der Anzeigen- und Vertriebsumsätze auf Kontokorrent
10 Sonstige Buchungen zur Abwicklung des Kontokorrents
11 Übernahme der Kontokorrentumsätze auf Hauptbuchkonten
12 Übernahme der Hauptbuch-Umsätze auf Hauptbuchkonten
13 Tabellierung des Vor-Betriebsabrechnungs-bogens aus Umsätzen der Kontenklasse 4
14 Maschinelle Umlagerechnung
15 Schreibung des Betriebsabrechnungsbogens
16 Fertiglohn, Material- und Sonderkosten
17 Daten der Maschinenzettel
18 Umsatzverteilung

Abb. 10.2-5. Rationeller, wirtschaftlicher Arbeitsablauf im Rechnungswesen

Bestellpunkt. Wird bei der Überprüfung der Bestandssituation festgestellt, daß der verfügbare Bestand auf oder unter den Bestellpunkt gefallen ist, wird eine Bestellung ausgelöst. Eine zweite Lagerhöhe wird berechnet, bis zu der der Bestand maximal aufgefüllt werden soll. Diese Kontrollzahl heißt *Bestellgrenze.* Die Größe und die Anzahl der aufgegebenen Bestellungen sind eine Funktion des Bestellpunktes und der Bestellgrenze.

Das Kontrollsystem verwendet die oben beschriebenen Kontrollzahlen zur Überwachung des Lagers. Die täglichen *Lagerbewegungen* (Verkäufe, Wareneingänge, Inventuren, Rücksendungen usw.) werden verarbeitet und der *Lager und Bestellbestand* nachgeführt. Der verfügbare Bestand wird mit dem Bestellpunkt und der Bestellgrenze verglichen, um zu entscheiden, ob eine Bestellung erzeugt, und wenn ja, wieviel bestellt werden soll.

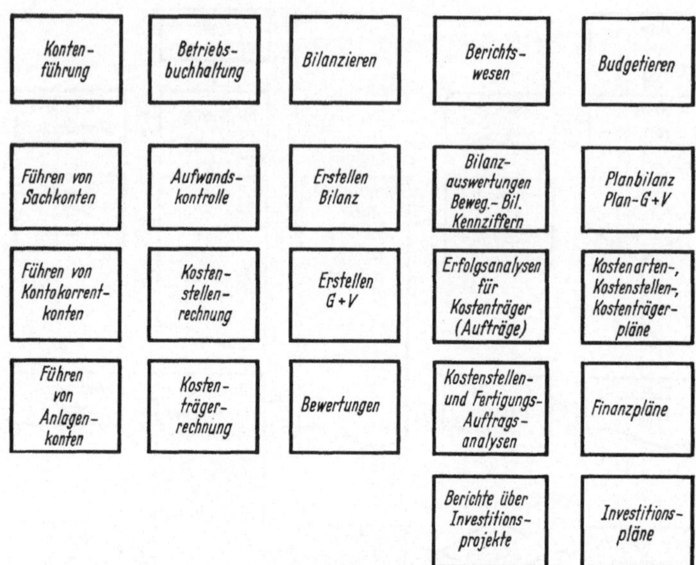

Abb. 10.2-6. Integration der Anwendungen im Finanz- und Verwaltungsbereich

10.2.3 Vertrieb

Abb. 10.2-9 zeigt eine sehr rationelle Methode der *Auftragserfassung*.

Die *Auftragsdaten* werden im Auftragsbüro auf *Markierungsbelege* erfaßt. Die Belege werden mit Hilfe eines *Beleglesers* (IBM 1231) direkt in ein EDV-System eingelesen. Durch die bereits gespeicherten *Kundendaten und* ergänzenden *Artikeldaten* lassen sich nun die gesamten *Lieferungsdaten* zusammenstellen, die später zur *Lieferscheinschreibung*, zum Schreiben von *Ladelisten*, der *Rechnungen* usw. dienen. Zur Speicherung der einzelnen Dateien dienen zweckmäßigerweise *Random-Speicher*, also Speicher mit direktem Zugriff zu den gespeicherten Daten.

Abb. 10.2-10 zeigt einen Überblick über die verschiedenen *Dateien* im Vertriebsbereich eines Unternehmens und auch, wie die *Vertriebsdaten* mit den Dateien anderer Unternehmensbereiche, z.B. Finanzbereich, verknüpft sind.

Abb. 10.2-10 macht auch deutlich, welche vielfältigen Analysen bei entsprechendem *Dateiaufbau* durch leistungsfähige und entsprechend ausgerüsteten Computern *programmiert* werden können.

10.2.4 Produktion

Der Computer hilft dem *Produktionsbereich* bei der Erreichung folgender Ziele:

Termintreue Lieferung.
Einhaltung strenger Qualitätsmaßstäbe.
Flexibilität gegenüber Marktwünschen.
Optimale Kapazitätsauslastung.
Fertigung zu vertretbaren Kosten.

Dazu bieten die meisten EDV-Hersteller sogar vorgefertigte Computerprogramme, die nach Anpassung an die spezifischen Gegebenheiten der Unternehmung folgende Aufgaben lösen:

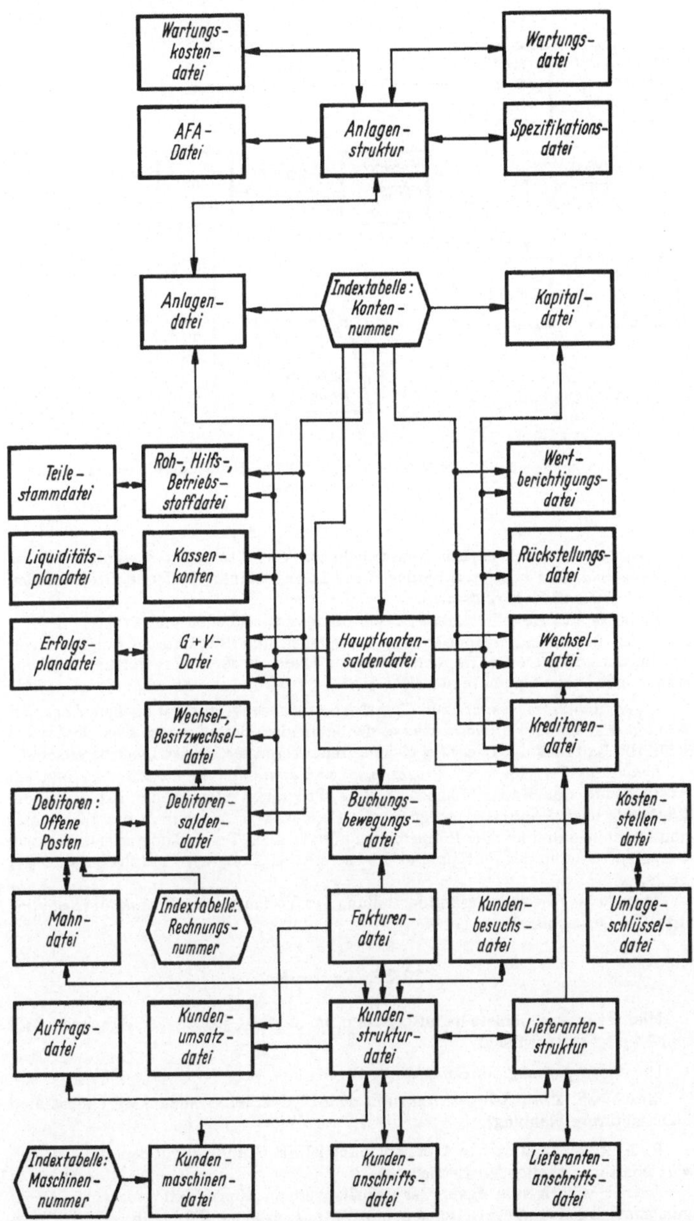

Abb. 10.2-7. Zusammenspiel der einzelnen Dateien im Finanz- und Verwaltungsbereich

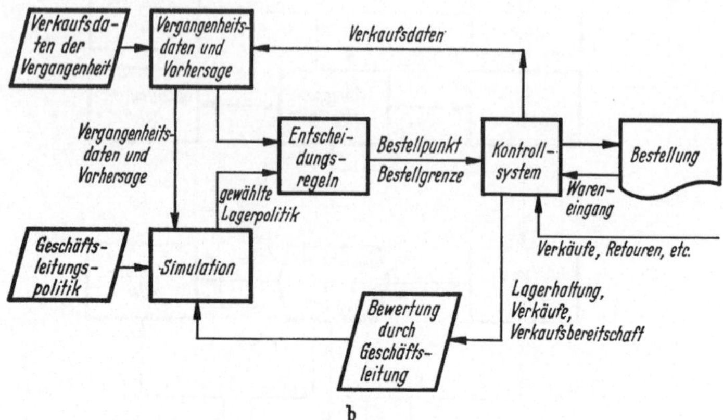

Abb. 10.2-8a u. b. Organisation des Wareneingangs. a) BFS = Bestandsfortschreibung; b) Denkmodell Dispositionssystem

Stücklisten-Processoren, zur wirtschaftlichen Verwaltung der *Ausgangsdaten für Planung und Steuerung*, z.B. Stücklisten, Lagerbestände, laufende Bestellungen, *Arbeitspläne und Kapazitätsdaten.*

Bedarfs- und Bestellrechnung: Programme, zur schnellen und exakten Errechnung des Bedarfs an Gruppenteilen, Einzelteilen und Rohmaterial aufgrund von Produktionsplänen oder Kundenaufträgen. Dabei werden vorhandene Lagerbestände und Vorlaufzeiten berücksichtigt.

Lagerhaltungsprogramme, zur Lagerbestandsführung, zur rationellen *Lagerdisposition* und zur *Terminüberwachung* der laufenden Bestellungen. Das Programm senkt die Bestände der Lager bei gleichzeitiger Verbesserung der Lieferbereitschaft.

Kapazitäts-Terminierung: Programme zur *Terminplanung der Aufträge* und zur Abstimmung des Kapazitätsbedarfs. Das Programm steuert die Arbeit in der Werkstatt nach Prioritäten, sorgt für die gleichmäßige Auslastung der Mitarbeiter und Maschinen und löst die Probleme bei auftretenden Terminänderungen. Kürzere Durchlaufzeiten in der Fertigung und bessere Abwicklung der Produktion sind die Folge.

Abb. 10.2-11 ist eine Gesamtdarstellung der Verfahren der *Produktionssteuerung* der IBM Deutschland.

10.2.5 Technik

Hier seien zwei Gebiete herausgegriffen, im übrigen jedoch auf Abschnitt 11.1 und Kapitel 12 verwiesen.

Die *Arbeitsplanung mit Computer*, z.B.:

Maschinelle Arbeitsplanerstellung mit dem IBM-Arbeitssystem AMP (Automated Manufacturing Planning).

Eine aktuelle und exakte Arbeitsplanung ist die Grundlage für den rationell und wirtschaftlich arbeitenden Betrieb.

An der wichtigen Aufgabe der Arbeitsplanung, Konstruktionsdaten in Fertigungsunterlagen und Anweisungen umzusetzen, arbeitet darum in jedem Unternehmen ein großer Stab von Ingenieuren der verschiedensten Spezialrichtungen. AMP wird ihre Aufgabe erleichtern.

Ware
Speicherung der
Bestellunterlagen
bis Ware eingeht
Annahme
Rampe
Ablage
Eingangs-
karte
Bestell-
kopie
Menge zählen
Ziehen Bestell-
unterlagen
Ergänzen d. Ein-
lagerungskarte
Eingangsmenge; laufende WE-Nr.;
Warenannahmeschlüssel (Teil-oder
Vollieferung); Datum
Restmenge
Dispositions-
zwischenlager
ja
in
Ordnung?
nein
Stichprobe
prüfen
Doppeln
Doppeln der Eingangskarte
Eingangskarte
(Original)
Eingangskarte
(Duplikat)
BFS
off-line
Terminal
Lager
off-line
Terminal
BFS
Ausgabe-
liste
Sperrlager
Inspektionskarte
Einlagerungs-
karte
Vorabmel-
dungskarte
Prüfplanung
und
Beschaffung
Dispositions-
entscheidung
Schrott
Nacharbeit
im Haus
Rückgabe an
Lieferanten
Bestellbestand
wird gelöscht,
neuer Auftrag
Nacharbeits-
auftrag
Bestellbestand
bleibt offen, nur
neuer Termin
Lager
Schrottkarte
ungeplante
Entnahme zur
Nacharbeit
Bestandsberichti-
gungskarte mit Rück-
lieferungsmenge
Einlagerungs-
karte
Einlagerungs-
karte
Einlagerungs-
karte
Einlagerungs-
karte
BFS
Verarbeitung des
Lagerzuganges
BFS
BFS
Ausgabe-
liste
Einlagerungs-
karte
Beschaffer

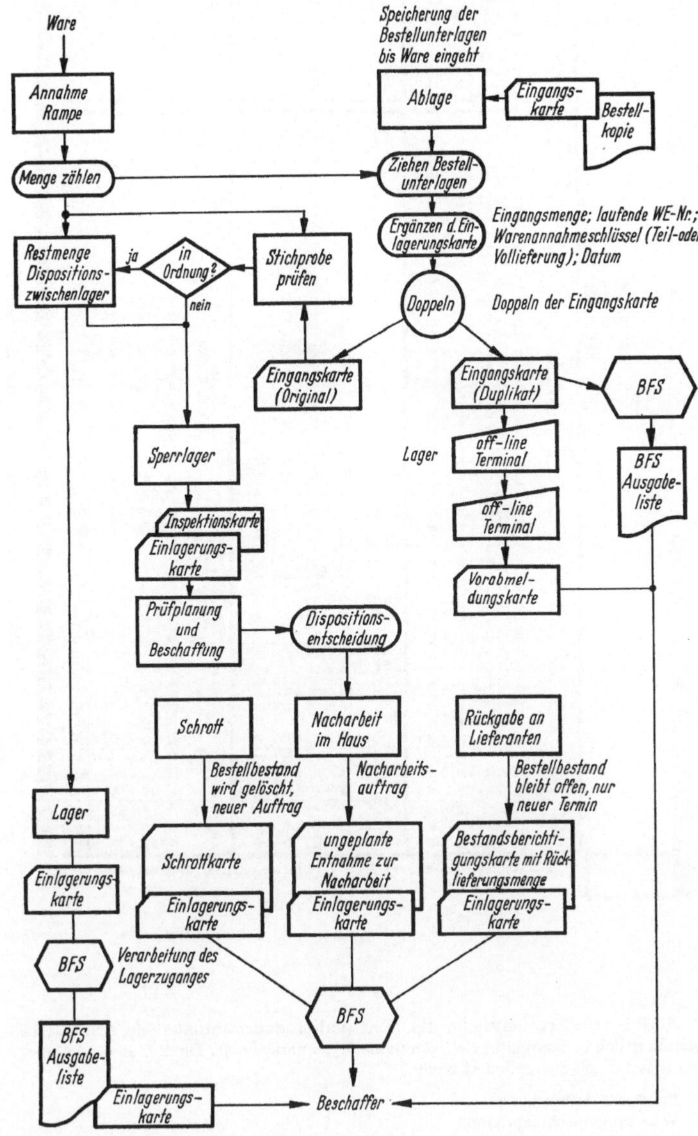

a

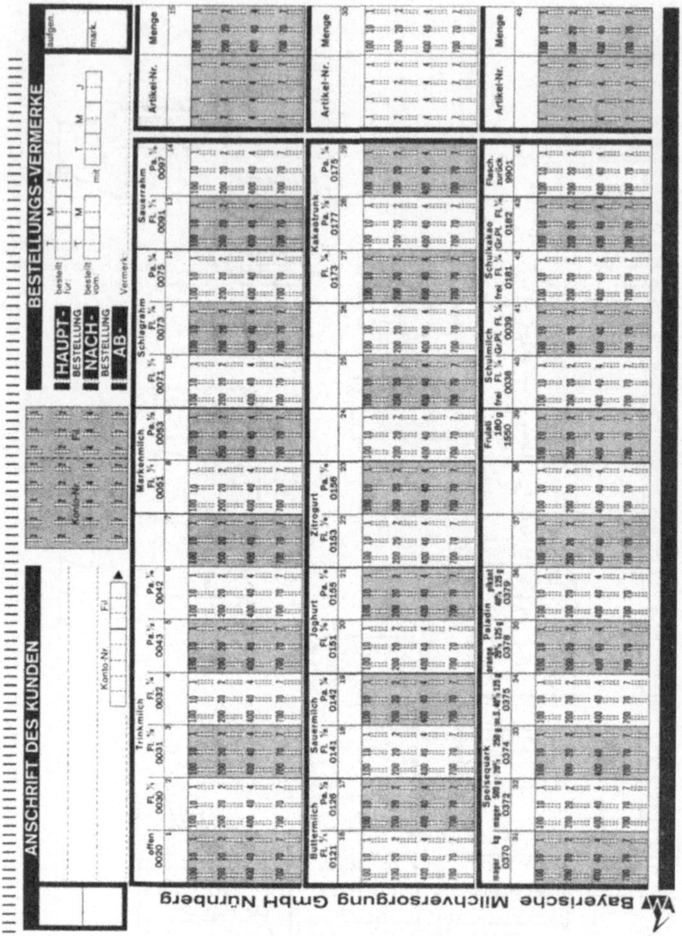

Abb. 10.2-9. Markierungsbeleg zur Auftragserfassung

AMP ist ein Arbeitssystem, das Konstruktionsdaten automatisch, schnell und wirtschaftlich in komplette *Fertigungsunterlagen* umwandelt. Diese Unterlagen werden maschninell aufgegliedert nach

Folge der Arbeitsgänge,
Werkzeugmaschinendaten,
Arbeitsmethoden,
Vorgabezeiten,
Werkzeugen und Vorrichtungen.

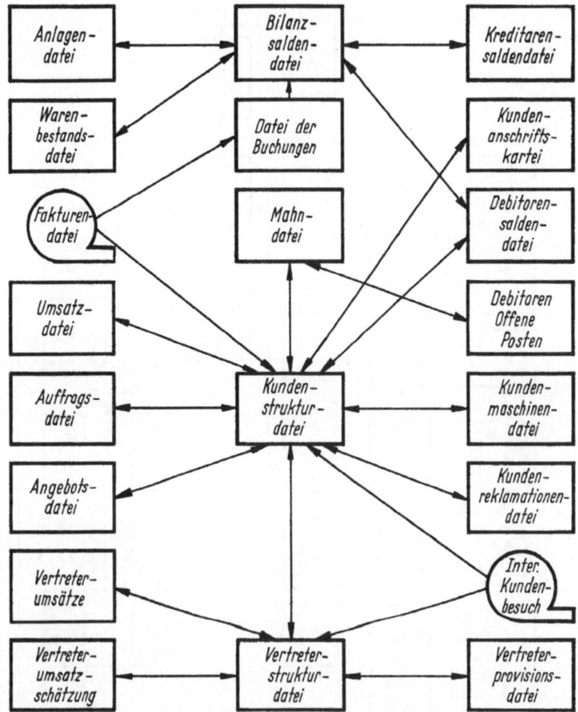

Abb. 10.2-10. Überblick über die verschiedenen Dateien im Vertriebsbereich

Anwendungsgebiete

AMP eignet sich besonders für Betriebe mit *Variantenfertigung*, bei der das Produktionsprogramm sogenannte „Teilefamilien", also Einzelteile oder Teilegruppen gleicher Charakteristik, aber unterschiedlichen Eigenschaften, z. B. verschiedenen Abmessungen, enthält.

Beispiele dafür sind: Zahnradherstellung, Pumpenfertigung, Getriebebau, Kugellagerfertigung, Motoren- und Transformatorenbau.

Der Aufbau eines AMP-Systems

Damit aus den *Konstruktionsdaten* der Arbeitsplan abgeleitet werden kann, sind im Computer die Entscheidungs-, Rechen- und Auswahlschritte des Arbeitplaners gespeichert. Sie bilden die genau definierte Planungslogik, die alle Schritte umfaßt, die bei Erstellung eines Arbeitsplanes vorkommen können.

Die Arbeitsweise

Der Arbeitsplan selbst wird nicht gespeichert. Diesen erstellt das IBM-System aufgrund der Planungslogik zusammen mit allen anderen Fertigungsunterlagen in wenigen Minuten für jeden Bedarfsfall neu. Das bedeutet: rasche Antwort auf Kundenanfragen, Verkürzung der Durchlaufzeit von Aufträgen, einfacher und rascher Änderungsdienst, Entlastung der Arbeitsplaner von Routinearbeiten.

Abb. 10.2-12 zeigt ein Beispiel der *Drucker-Ausgabe* des AMP-Systems.

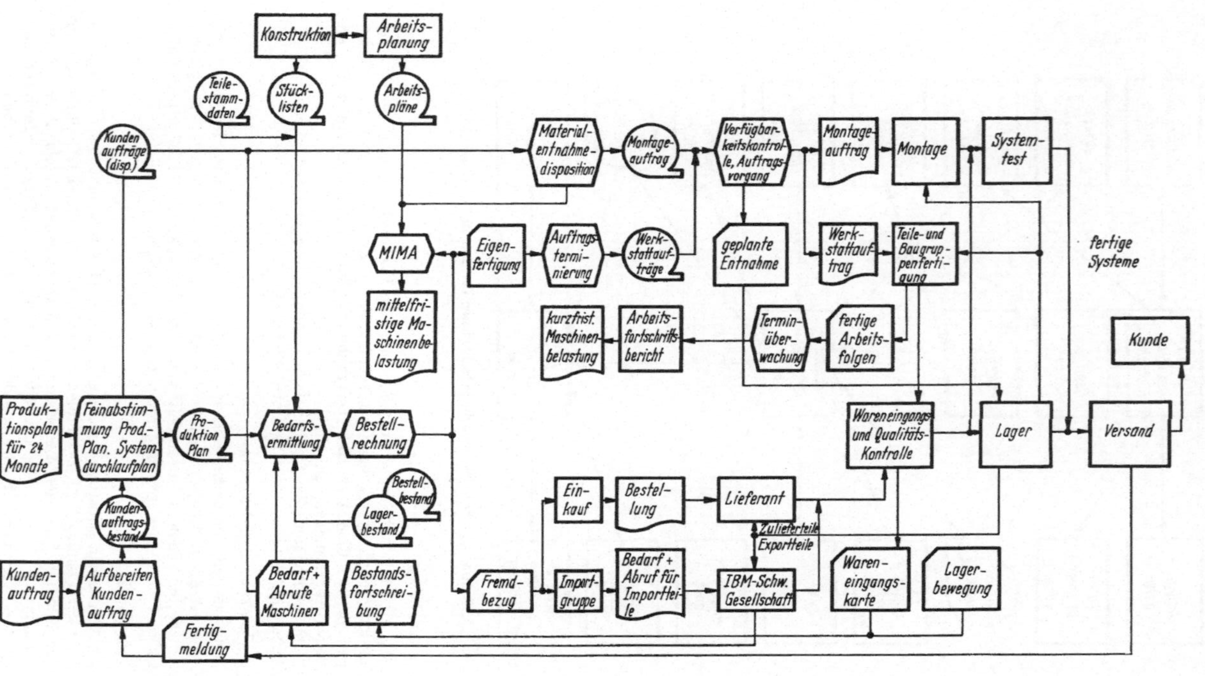

Abb. 10.2-11. Gesamtdarstellung der Verfahren der Fertigungssteuerung bei der IBM Deutschland

Teil		186 517		STIRNRAD F.TRANSPORTROLLE		Typ	0	AP.-Reg. 10	Blatt 1
0	6	12	18	24	32	8	9	13	24
	KA 100	ABT 614			WERKSTOFF RUNDSTAHL MN ST 5	WST-NR 792733	0	LGMM/ST 21,5	GWKG. 12,000
	102				30 DMR				
	KA 300				REFERENZ-MATERIAL DD	REF-NR 186517		ANZAHL 1	
AFO	KA	ABT	MSCH	ARBEITS-BESCHREIBUNG		WKZ-NR	B	AM RUST	STUECKZ.
005	500	501	0000	WERKSTOFF BEREITSTELLEN			1	–	
010	500 505	614	2030	DREHEN,ZENTRIEREN,BOHREN NABE,FERTIG AUF DMR U.LAENGE			1	4– 1,5	0,00930
	510 515			AUSSEN DMR M.0,3 ZUGABE,AB-STECHEN M.0,5 ZUGABE,KANTEN					
	520 525			BRECHEN. N=375/960 U/MIN.TMA=100 SEK.					
	600 605			ZENTR.-BOHRER 2,5 DMR SPIRALBOHRER 9,0 DMR					
	610 700			KURVENSATZ BEHAELTER	437803 4226012			3	120
				OHNE BES.HILFSMITTEL GEORDNET					
015	500	617	8720	VERGUETEN			1	1– 0,3	0,00150
020	500 505 510	610	1120	DREHEN,AUSDREHEN BOHRUNG M.ZUGABE,PLAN AUF FERTIGE LAENGEN,KANTEN BRECHEN.			1	1– 0,5	0,02500

Abb. 10.2-12. Druckausgabe des AMP-Systems

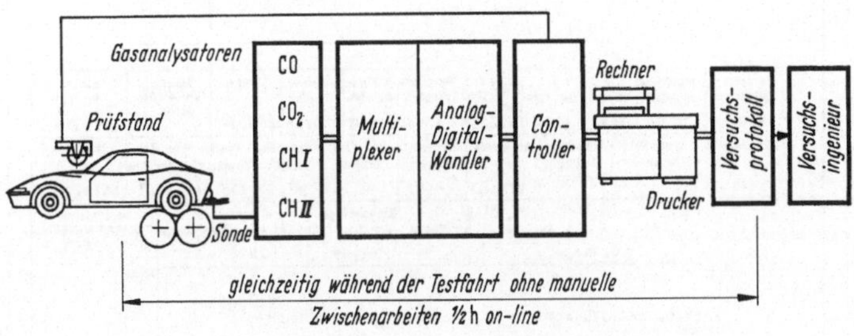

Abb. 10.2-13. Computeranwendung zur Abgasanalyse

10.2.6 Forschung, Meßtechnik

In nahezu allen Forschungsbereichen wachsen zunehmend die Zahlen der Aufgabenstellungen, die sich rationell nur noch mit Hilfe von Computern lösen lassen. Der zunehmende Trend zu Großcomputern im *Teilnehmerbetrieb* wird die herkömmlichen Tischrechner und kleineren EDV-Anlagen durch Datenstationen ersetzen, die Zugriff zu großen EDV-Systemen haben. Das bedeutet für Forscher und Ingenieure eine Erhöhung des Wirkungsgrades, der Sicherheit, der Geschwindigkeit.

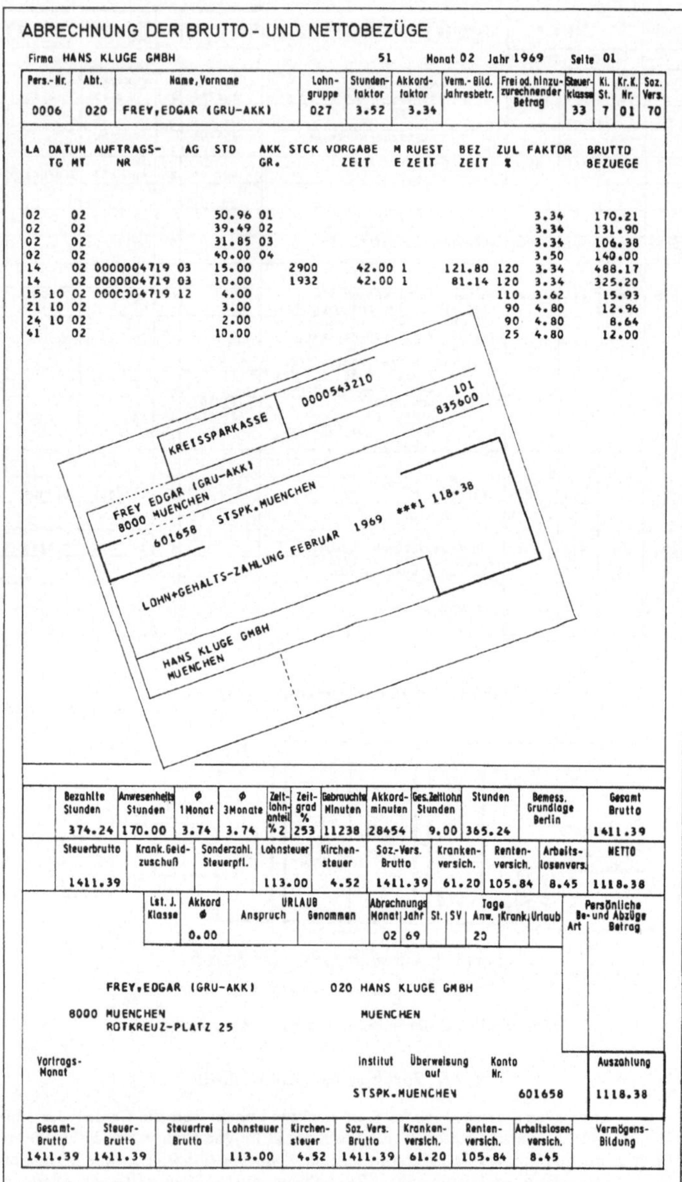

ABRECHNUNG DER BRUTTO - UND NETTOBEZÜGE

Firma HANS KLUGE GMBH   51   Monat 02 Jahr 1969   Seite 01

Pers.-Nr.	Abt.	Name, Vorname	Lohn-gruppe	Stunden-faktor	Akkord-faktor	Verm.-Bild. Jahresbetr.	Frei od. hinzu-zurechnender Betrag	Steuer-klasse	Ki. St.	Kr. K. Nr.	Soz. Vers.
0006	020	FREY,EDGAR (GRU-AKK)	027	3.52	3.34			33	7	01	70

LA	DATUM TG MT	AUFTRAGS-NR	AG	STD	AKK GR.	STCK	VORGABE ZEIT	M E ZEIT	RUEST BEZ ZEIT	ZUL %	FAKTOR	BRUTTO BEZUEGE
02	02			50.96	01						3.34	170.21
02	02			39.49	02						3.34	131.90
02	02			31.85	03						3.34	106.38
02	02			40.00	04						3.50	140.00
14	02	0000004719 03		15.00		2900	42.00 1		121.80	120	3.34	488.17
14	02	0000004719 03		10.00		1932	42.00 1		81.14	120	3.34	325.20
15 10	02	000C304719 12		4.00						110	3.62	15.93
21 10	02			3.00						90	4.80	12.96
24 10	02			2.00						90	4.80	8.64
41	02			10.00						25	4.80	12.00

Bezahlte Stunden	Anwesenheits Stunden	⌀ 1 Monat	⌀ 3 Monate	Zeit-lohn-anteil	Zeit-grad %	Gebrauchte Minuten	Akkord-minuten	Ges. Zeitlohn Stunden	Stunden	Bemess. Grundlage Berlin	Gesamt Brutto
374.24	170.00	3.74	3.74	%2	253	11238	28454	9.00	365.24		1411.39

Steuerbrutto	Krank.Geld-zuschuß	Sonderzahl. Steuerpfl.	Lohnsteuer	Kirchen-steuer	Soz.-Vers. Brutto	Kranken-versich.	Renten-versich.	Arbeits-losenvers.	NETTO
1411.39			113.00	4.52	1411.39	61.20	105.84	8.45	1118.38

Lst. J. Klasse	Akkord ⌀	URLAUB Anspruch	Genommen	Abrechnungs Monat	Jahr	St.	SV	Tage Anw.	Krank.	Urlaub	Persönliche Be- und Abzüge Art	Betrag
	0.00			02	69			25				

FREY,EDGAR (GRU-AKK)   020 HANS KLUGE GMBH

8000 MUENCHEN   MUENCHEN
ROTKREUZ-PLATZ 25

Vortrags-Monat	Institut Überweisung auf	Konto Nr.	Auszahlung
	STSPK.MUENCHEN	601658	1118.38

Gesamt-Brutto	Steuer-Brutto	Steuerfrei Brutto	Lohnsteuer	Kirchen-steuer	Soz. Vers. Brutto	Kranken-versich.	Renten-versich.	Arbeitslosen-versich.	Vermögens-Bildung
1411.39	1411.39		113.00	4.52	1411.39	61.20	105.84	8.45	

Abb. 10.2-14. Druckausgaben der Brutto/Netto-Lohnabrechnung

ABRECHNUNG DER BRUTTO - UND NETTOBEZÜGE

Firma							Monat	Jahr		Seite			
Pers.-Nr.	Abt.	Name,Vorname	Lohn-gruppe	Stunden-faktor	Akkord-faktor	Verm.-Bild. Jahresbetr.	Frei od. hinzu-zurechnender Betrag	Steuer-klasse	Kl. St.	Kr.K. Nr.	Soz. Vers.

```
      ZWISCHENSUMME ABTEILUNG

      GESAMT BRUTTO              4966.50
      SOZIAL BRUTTO             4900.50
      STEUER BRUTTO             4834.62
      LOHNSTEUER                 337.80
      ERGAENZUNGSABGABE
      EV KIRCHENSTEUER             7.16
      RK KIRCHENSTEUER            14.34
      SO KIRCHENSTEUER
      KRANKENVERSICHERUNG        168.02
      RENTENVERSICHERUNG         204.74
      ARBEITSLOSENVERS.           17.02
      NETTO                     4217.42
      ABZUEGE                     95.00
      AUSZAHLUNG                4312.42
      VERM-BILDUNG                36.00-
      ABT.-DURCHSCHNITT          124.00
```

ABRECHNUNG DER BRUTTO - UND NETTOBEZÜGE

Firma							Monat	Jahr		Seite			
Pers.-Nr.	Abt.	Name,Vorname	Lohn-gruppe	Stunden-faktor	Akkord-faktor	Verm.-Bild. Jahresbetr.	Frei od. hinzu-zurechnender Betrag	Steuer-klasse	Kl. St.	Kr.K. Nr.	Soz. Vers.

```
      ENDSUMMEN FUER FIRMA        51
      HANS KLUGE GMBH


      GESAMT BRUTTO              4966.50
      SOZPFL BRUTTO             4900.50
      STEUERPFL BRUTTO          4834.62
      LOHNSTEUER                 337.80
      ERGAENZUNGSABGABE
      EV-KIRCHENSTEUER             7.16
      RK-KIRCHENSTEUER            14.34
      SO-KIRCHENSTEUER
      KRANKENVERSICHERUNG        168.02
      RENTENVERSICHERUNG         204.74
      ARBEITSLOSENVERSICHERUNG    17.02
      NETTOLOHN                 4217.42
      ABZUEGE                     95.00
      AUSZAHLUNG               4312.42
      VERM-BILDUNG                36.00-
```

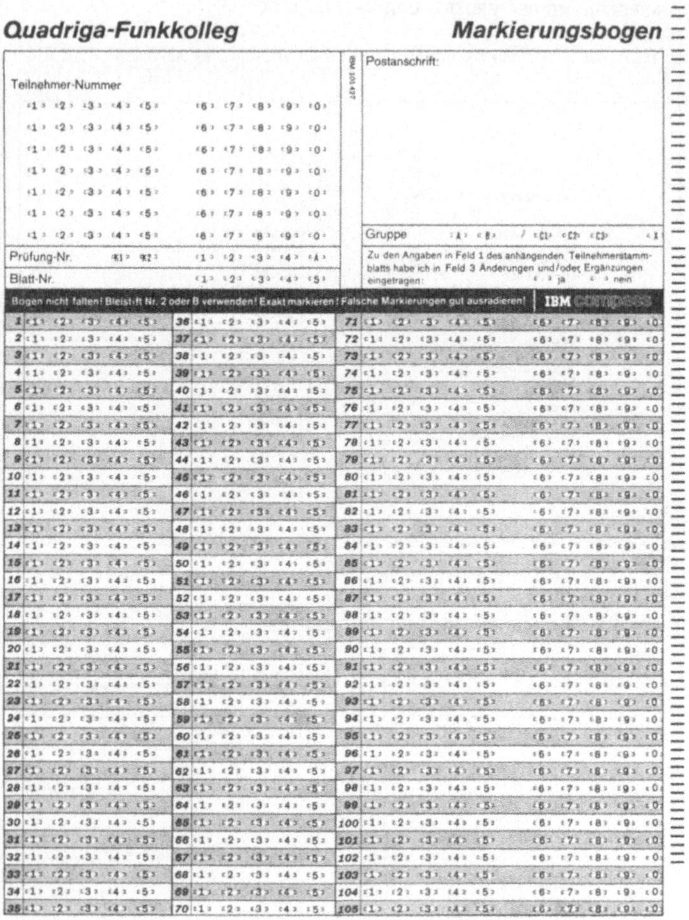

Quadriga-Funkkolleg   **Markierungsbogen**

Postanschrift:

Teilnehmer-Nummer

Prüfung-Nr.

Blatt-Nr.

Gruppe

Zu den Angaben in Feld 1 des anhängenden Teilnehmerstammblatts habe ich in Feld 3 Änderungen und/oder Ergänzungen eingetragen: ja nein

Bogen nicht falten! Bleistift Nr. 2 oder B verwenden! Exakt markieren! Falsche Markierungen gut ausradieren! IBM

Abb. 10.2-15. Markierungsbeleg Quadriga-Funkkolleg

Dasselbe gilt für die Anwendungen des Computers in der Meßtechnik und Meßwertanalyse. Zur näheren Erläuterung hierzu ein Beispiel:

Die geltenden Bestimmungen zur Reinerhaltung der Luft, die von Jahr zu Jahr verschärft werden, bedeuten für die Kraftfahrzeugindustrie steigende Kosten bei der Motorenkonstruktion und einen ständig zunehmenden Aufwand in der *Meßtechnik*, zur *Analyse der Abgase* und *Auswertung der Aufzeichnungen*. Eine sehr rationelle und schnelle Lösung zeigt Abb. 10.2-13 (vgl. [5]).

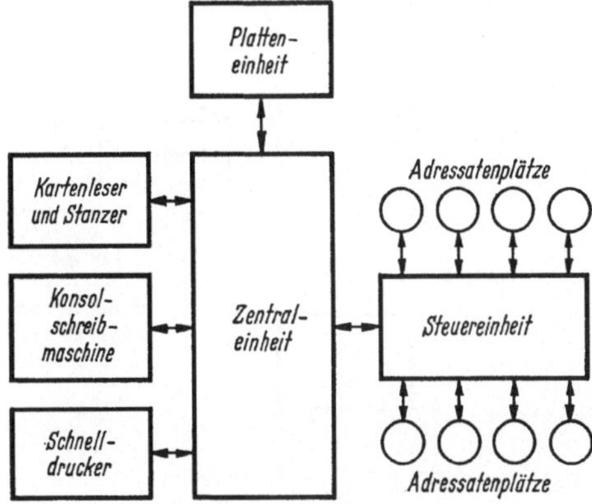

Abb. 10.2-16. CAL-Maschinenkonfiguration

10.2.7 Personalwesen

Als „klassische" Anwendung ist hier die *Lohn- und Gehaltsabrechnung* zu nennen. Zweck ist die Ermittlung der Bruttobezüge für jeden Arbeitnehmer und die Errechnung der Nettobeträge unter Berücksichtigung aller Zuschläge und Abzüge. Voraussetzung dafür ist eine *Personaldatei* mit allen Stammdaten wie Personalnummer, Name, Lohn- und Gehaltsdaten, Abwesenheitsdaten.

Als Eingabe dienen die eingehenden *Leistungsnachweise* (Stempelkarte, Akkordleistungen). Damit wird die Lohn- und Gehaltsabrechnung auf dem Computer durchgeführt. Ausgabe sind:

Abrechnung der Brutto- und Nettobezüge je Mitarbeiter.
Abrechnung der Brutto- und Nettobezüge je Abteilung und Kostenstelle.
Überweisungsträger.
Abb. 10.2-14 zeigt Muster dieser Ausgaben.

Werden die *Personalstammdaten* ergänzt um:
Ausbildungsangaben,
medizinische Daten,
Arbeitsvertragsbedingungen,
Angaben über persönliche Neigungen,
Spezialkenntnisse,

so läßt sich damit bereits eine *Personaldatenbank* aufbauen, die als Basis für Aktivitäten wie *Personalförderung, Personalfortbildung* und *Personalsteuerung* dienen kann. Ausblick gibt diese *Personaldatenbank* auf Datenbanken aller Einwohner einer Gemeinde, eines Landes, eines Staates [6].

10.2.8 Bildung/Ausbildung (vgl. [4])

Der Computer ist nicht nur Gegenstand des Unterrichts, sondern auch Hilfsmittel der Verwaltung und Instrument zur Auswertung von Prüfungs- und Übungsarbeiten. Abb. 10.2-15 zeigt den Markierungsbeleg des Quadriga-Funkkollegs, der für die Prüfung Verwendung fand und maschinell ausgewertet wurde.

Die Verfahren, computerunterstützt zu lernen, werden unter dem Oberbegriff *CAL (Computer Assisted Learning)* zusammengefaßt. CAL kann in allen Unterrichtsfällen unabhängig vom Unterrichtsgegenstand angewendet werden.

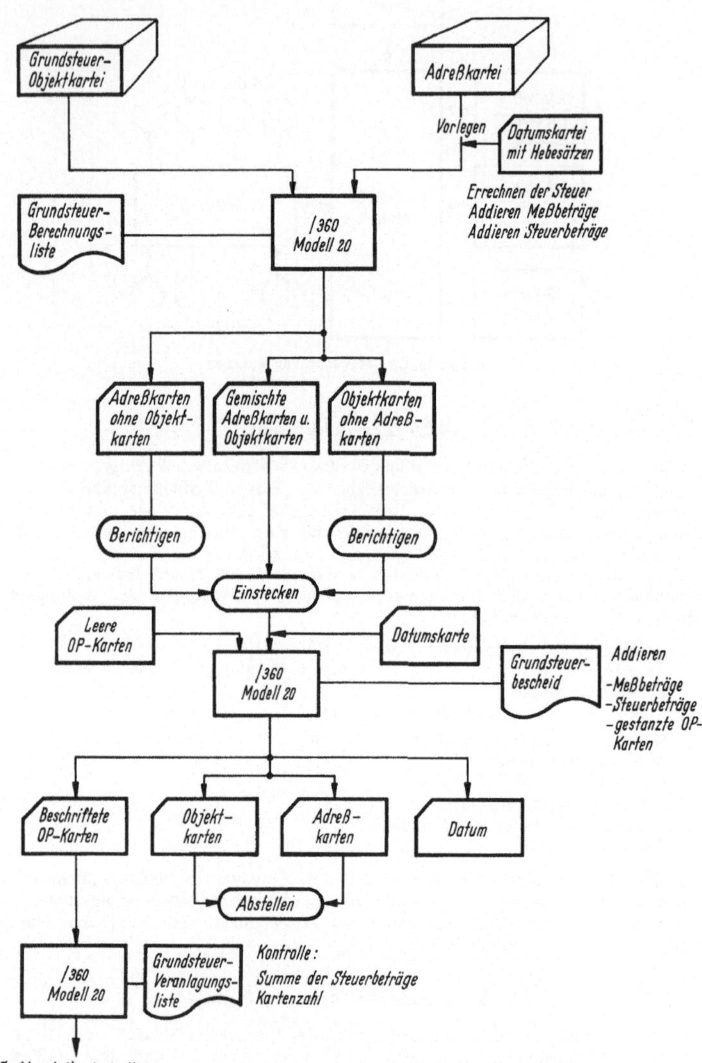

Abb. 10.2-17. Grundsteuerveranlagung mit einem Kartensystem

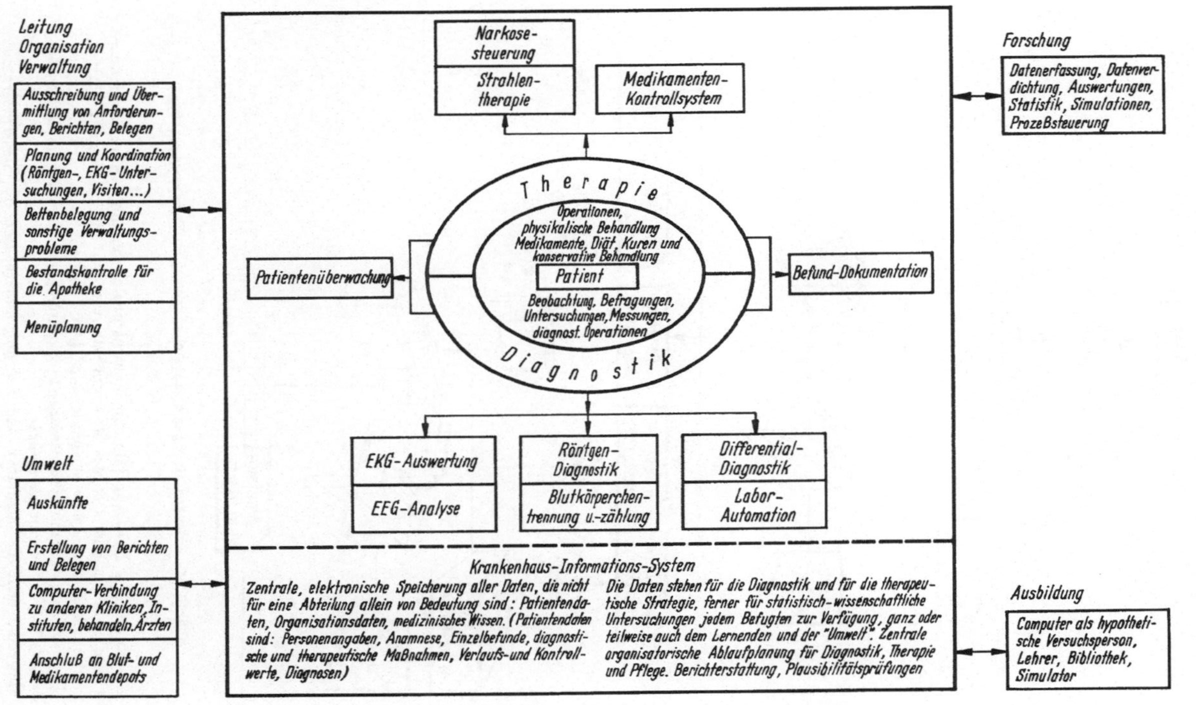

Abb. 10.2-18. Computer-Anwendungen im Klinikbetrieb. (Jeder Kasten symbolisiert eine oder mehrere Anwendungen)

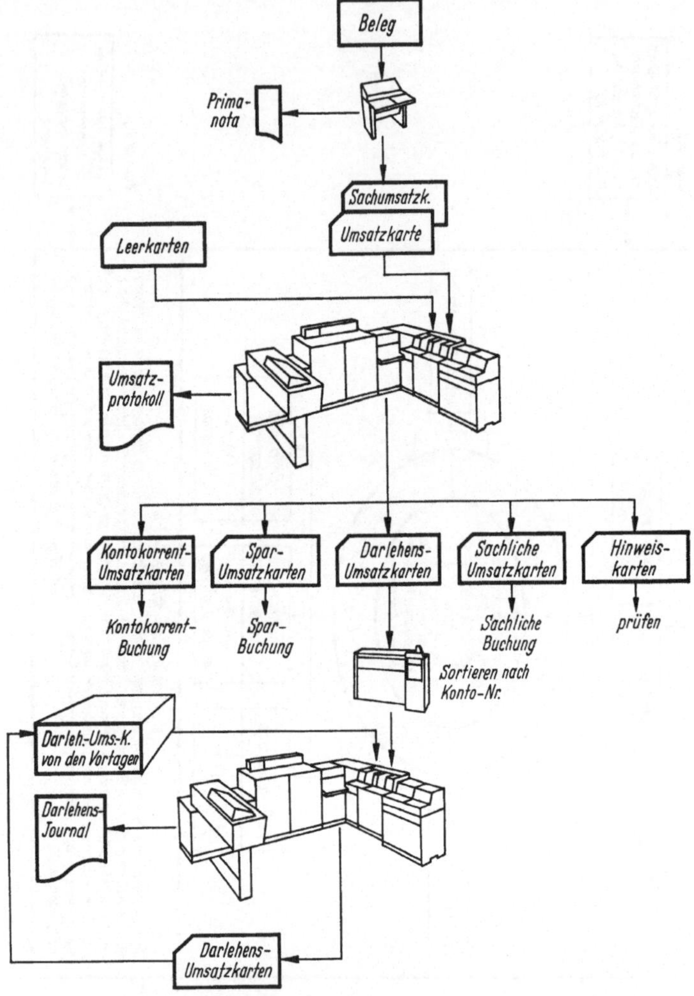

Abb. 10.2-19. Umsatzerfassung und Protokollschreibung im Darlehensgeschäft

Es umfaßt an *Hardware* (Maschinenausrüstung) sogenannte Adressatenplätze (Schreibmaschinen oder *Optische Anzeigen* mit Anschluß audiovisioneller Medien, die mit einem *Zentralrechner* verbunden sind (Abb. 10.2-16).

Die *Software* umfaßt *systemorientierte Steuerprogramme* und eine *unterrichts-orientierte höhere Programmiersprache*.

Sie ermöglicht das Schreiben von *Lehrprogrammen*, und die *Steuerprogramme* sorgen für die ordnungsgemäße Überwachung der Programmabläufe und für die

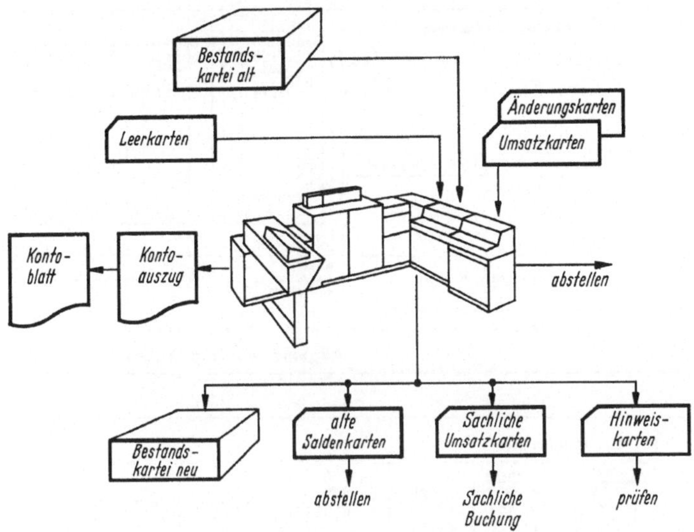

Abb. 10.2-20. Buchung der Umsätze

Speicherung von Schülereingaben. Diese Daten können jederzeit ausgewertet werden, wenn man Auskunft über bestimmte Adressaten wünscht oder der Programmautor ein Lehrprogramm aufgrund der Antworten, die die Adressaten gegeben haben, noch einmal überarbeiten oder verbessern will. Der Lehrer kann sich Statistiken über die Leistungen und den Ausbildungsstand seiner Schüler automatisch erstellen und ausdrucken lassen. Er selbst kann geschriebene Programme laufend verbessern, und er kann diese Arbeiten an einem Lehrprogramm sogar durchführen, während seine Schüler gleichzeitig an anderen Programmen arbeiten.

Das *CAL-Betriebssystem* gestattet eine optimale Anpassung der Hardware an alle speziellen Wünsche und Bedürfnisse. Die Arbeitsplätze können mit programmgesteuerten Diaprojektoren und Kopfhörern ausgerüstet werden. Als externe Speicher werden *Platteneinheiten* mit auswechselbaren Plattenstapeln verwendet. Hier sind die Steuerprogramme und der Lehrstoff gespeichert. Auf ihnen werden auch Schülerprotokolle und statistische Informationen festgehalten.

Die Zentraleinheit verbindet die einzelnen Arbeitsplätze mit den gespeicherten Programmen, sie überträgt Fragen vom Speicher zum Arbeitsplatz, führt die *programmabhängige Diagnose* der Schülerantworten durch und besorgt die vorgeschriebenen *Programmverzweigungen*.

Die Steuereinheit steuert den *Datenanfall* so, daß an allen Arbeitsplätzen gleichzeitig ohne *Wartezeiten* oder gegenseitige Störungen gearbeitet werden kann.

An den Arbeitsplätzen können die Autoren ihre Programme eingeben und bei Bedarf verbessern, während die Schüler oder Adressaten mit anderen Programmen arbeiten.

10.2.9 Kommunalverwaltung

Hier ist besonders das kommunale Finanzwesen zu erwähnen. Der skizzierte Ablauf (Abb. 10.2-17) zeigt die Abwicklung der *(Grund-) Steuerveranlagung* mit einem *Kartensystem*.

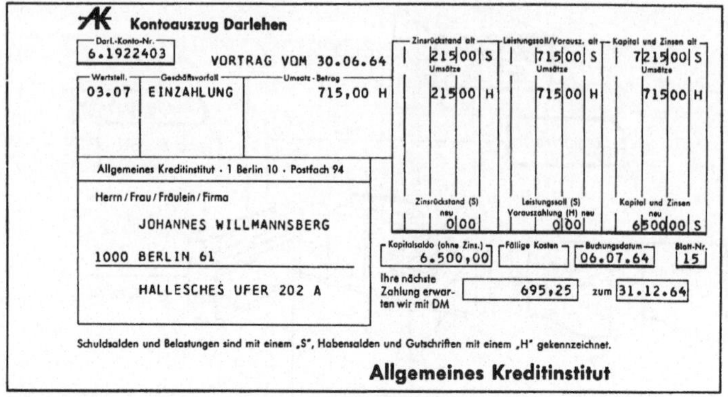

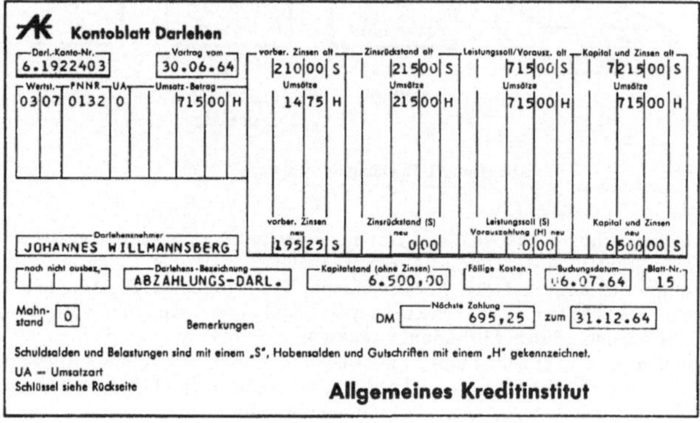

Abb. 10.2-21. Kontoauszug und Kontoblatt

Doch auch im Verwalten von *Liegenschaften*, des *Einwohnermeldewesens*, der Verwaltung städtischer *Bibliotheken*, der Verwaltung der *Kraftfahrzeuge*, in der *Stadtplanung*, der *Verkehrsplanung*, im *Hoch-*, *Tief-* *und Straßenbau* findet der Computer Anwendung.

Auch ein *Krankenhaus* kann mit den Augen eines Betriebswirtes betrachtet werden und erscheint so als eine besondere Art eines Dienstleistungsbetriebes. Abb. 10.2-18 zeigt Computeranwendungen im Krankenhausbetrieb.

10.2.10 Kreditinstitute und Versicherungen

In den Kreditinstituten werden folgende *Computeranwendungen* durchgeführt:

Kontokorrent, Sparverkehr, Darlehensgeschäfte, Wertpapiergeschäft, Verwaltung von Bausparkonten, Teilzahlungsgeschäfte, Kreditgeschäfte, Gelddisposition, Mindestreservenplanung, Kostenrechnung, maschinelle Korrespondenz, maschinelle Bilanzanalyse, Renditenanalyse usw.

Stellvertretend für alle sei hier die maschinelle Abwicklung des *Dahrlehens-geschäftes* beschrieben. Abb. 10.2-19 zeigt den Ablauf der *Umsatzerfassung* und die Weiterverarbeitung der *Darlehensumsätze* zur Schreibung des *Darlehensjournals*.

Die *Buchung der Umsätze* erfolgt am Buchungstag, wie in Abb. 10.2-20 aufgezeigt.

Eine *Kartenzuführung* der *Mehrfunktionskarteneinheit* der hier verwendeten Anlage nimmt die gesamte *Bestandskartei* auf, die nach aufsteigender Kontonummern-Folge *sortiert* ist; die *zweite Kartenzuführung* enthält *Leerkarten* für das *Stanzen* neuer *Saldenkarten* bzw. *Hinweiskarten*.

Für jedes Konto stellt das System fest, ob Umsätze oder Änderungen vorliegen. Umsätze werden in Abhängigkeit von der Umsatzart und dem Vorzeichen des Vertrages gebucht. Der eingelochte Betrag (Eingabekarte) kann mit folgenden Positionen verrechnet werden:

Kapital + Zinsen, Leistungssoll/Vorauszahlung, Zinsrückstand, fällige Kosten, noch nicht ausbezahlter Darlehensbetrag.

Jeder Umsatz, der eine Veränderung des Kapitalsaldos auslöst, wird außerdem bei den vorberechneten Zinsen der laufenden Abrechnungsperiode entsprechend berücksichtigt.

Über Änderungskarten eingegebene Änderungen werden vom System in neue Bestandskarten übernommen.

Abb. 10.2-21 zeigt die *Ausgabe des Buchungslaufes*. Auf ähnliche Verarbeitungsweise erfolgt die Sollstellung und auch die Mahnungsschreibung.

Literatur

[1] *Wahl, M. P.:* Grundlagen eines Management-Informations-Systems. Berlin: Luchterhand.
[2] *Wache, G., Englisch, D., Kreuzweg, W.:* IBM-Modular-Programme als Teil eines integrierten Systems. IBM-Nachrichten 188 (1968) 117. — [3] *Lutz, T., Miottke, P.:* Der Weg zu einem MIS. IBM-Nachrichten 193 (1969) 539. — [4] *Zielinski, J.:* Perspektiven des Einsatzes von Computern im Bereich des öffentlichen Erziehungs- und Bildungswesens. IBM-Nachrichten 185 (1967) 646—652.
[5] *Treber, D.:* Abgasanalysen mit digitalen Rechnern. IBM-Nachrichten 201 (1970) 212. —
[6] *Alan, F., Weslin:* Der Mensch und seine Privatsphäre. IBM-Nachrichten 202 (1970) 280.

10.3 Maschinelle Dokumentation

D. Fleischer

10.3.1 Gegenstand und Aufgaben. Grundbegriffe

Problem und Notwendigkeit der Dokumentation sind durch die Tatsache gekennzeichet, daß allein im Bereich des wissenschaftlichen Publikationswesens die Zahl der in aller Welt jährlich erscheinenden Veröffentlichungen gegenwärtig auf etwa 2 Mill. geschätzt werden muß. Durch zunehmende Ausweitung vieler Forschungs- und Wissensbereiche (z.B. Elektronik, Raumfahrt, Kerntechnik, Chemische Technologie) mit steigender Zahl der in ihnen Tätigen nimmt auch die Menge der Veröffentlichungen, mit jährlichen Steigerungsraten zwischen 5 und 8%, weiter zu, so daß sich die Gesamtmenge des einschlägigen Fachschrifttums je nach Expansionsgeschwindigkeit eines Fachgebiets im Zeitraum von 8 Jahren verdoppelt haben kann [1].

Unter diesen Umständen ist niemand mehr in der Lage, die Entwicklung eines größeren Fachbereichs noch mit den herkömmlichen Mitteln hinreichend zu verfolgen, und unvermeidlich werden immer wieder beträchtliche Investitionsmittel vertan, weil Forschungs- und Entwicklungsergebnisse, die bereits vorlagen und veröffentlicht waren, gar nicht oder zu spät bekannt geworden sind.

Da eine moderne Industriegesellschaft heute und in Zukunft nur konkurrenz-fähig ist, wenn ihre Wissenschaft, Forschung, Wirtschaft und Verwaltung umfassend und zur richtigen Zeit über die notwendigen Informationen verfügen, kommt der gezielten Erschließung und Vermittlung von Informationen durch *Dokumentation* immer größere Bedeutung zu [2].

Als Informationen in diesem Sinne können Aussagen, Sachverhalte oder Fakten zur Wirkung kommen, die zuvor in irgendwelchen Kommunikationsmitteln fixiert worden sind. Bücher, Zeitschriften, Forschungs- und Statusberichte, Patentschriften u. dgl. sind die wesentlichsten. In ihnen werden thematische Zusammenhänge jeweils geschlossen (z. B. Zeitschriftenaufsatz) und mit geläufigen Ausdrucksmitteln („natürliche" Sprachen, Schrift) präsentiert. Generell jedoch sind auch beliebige andere Trägermedien (Film, Magnetband usw.) zu berücksichtigen. Da thematisch zusammenhängende Darstellungen in der Regel zugleich physische Einheiten bilden (Zeitschriftenaufsatz, Patentschrift), bezeichnet man sie allgemein als *Dokumente*. Sie müssen als Träger von informativen Angaben den Benutzern bekanntgemacht und bei Bedarf, besonders unter sachlichen Fragestellungen, gezielt ausgewählt und zur Verfügung gestellt werden können.

Die Aufgaben der Dokumentation umfassen:

laufendes und gründliches Beobachten des Informationsmarktes,

Auswählen und Erfassen der fachlich einschlägigen Dokumente für die Dokumentation,

sachkundiges und dokumentationsgerechtes Erschließen aller relevanten Informationen,

Ordnung und Speicherung nach interessenspezifischen Merkmalen,

Weitergabe von Informationen zur möglichst genauen und vollständigen Unterrichtung.

Die Elemente des Dokumentationsprozesses stehen in enger Beziehung zueinander und bilden eine geordnete Gesamtheit. Daher wird auch von *Dokumentationssystem*, Informations- und Dokumentationssystem oder häufig einfach von Informationssystem gesprochen.

Ein Dokumentationssystem informiert nicht eigentlich, indem sachbezogene Fragestellungen direkt und erschöpfend beantwortet werden. Es unterrichtet den Fragesteller vielmehr über Vorhandensein (oder Nichtexistenz) von relevanten Dokumenten und deren Fundstellen (Literaturdokumentation).

In einem *Recherchesystem*, auch *Information Retrieval System (IRS)*, können entweder volle Dokumenttexte oder Surrogate davon (z. B. informative Referate) oder bibliographische Beschreibungen (Titel-, Inhaltsangaben) recherchiert werden. Ein Recherchesystem, das auf sachbezogene Anfragen schließlich volle Dokumenttexte liefert, ist ein *Dokument-Recherchesystem* (Document Retrieval System), ein System, das Literaturnachweise verfügbar macht, ein *Nachweis-Recherchesystem* (Reference Retrieval System). In praktizierten Systemen werden Rechercheergebnisse gewöhnlich in verschiedenen Stufen: zuerst Dokumentnummern, dann bibliographische Angaben, schließlich Volltextdokumente, gewonnen. Die letzte Stufe betrifft dabei in der Regel den traditionell bibliothekarischen Bereich (Spezialbibliothek). Dokumentation und Bibliothek bilden also auch hier keine unabhängigen oder konkurrierenden Arbeitsbereiche: benutzerorientierte und leistungsfähige Informationssysteme ergeben sich aus dem Zusammenspiel und der gegenseitigen Ergänzung beider.

Im Unterschied zur Literaturdokumentation sollen durch *Datendokumentation* und *Daten-Recherchesysteme* statt Fundstellen von Sachverhalten die relevanten Fakten selbst bereitgestellt werden. Solche Systeme sind realisierbar für Daten, die sich nach Inhalt und Wert formal eindeutig beschreiben, ordnen und speichern lassen.

Beispiele sind mathematische Tafel- und (betriebs-)statistische Zahlenwerte, Daten zu Fahr-, Flug- oder Stundenplänen, zu Lagerhaltung und Platzbuchung usw., mit Einschränkungen Materialkennwerte, Normen, medizinische Befunde

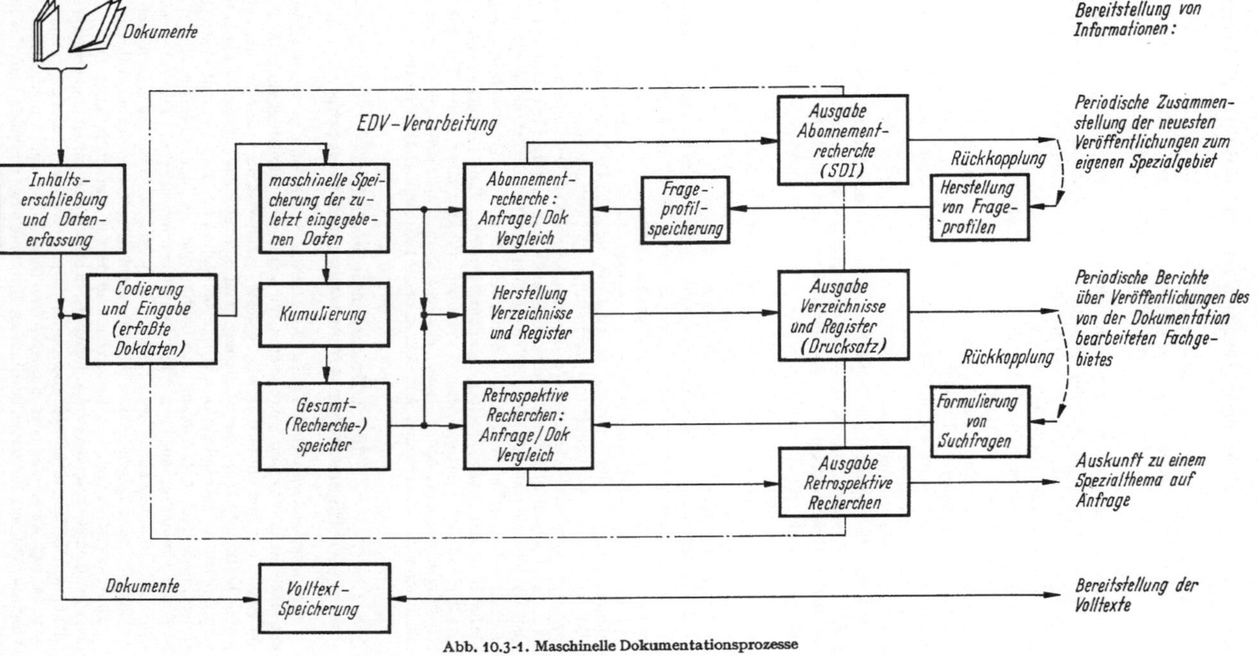

Abb. 10.3-1. Maschinelle Dokumentationsprozesse

u. dgl. Die Betrachtungen dieses Abschnitts beschränken sich auf die Literaturdokumentation.

Maschinelle Dokumentation umfaßt die Einsatzverfahren und den Einsatz maschineller Organisations-, Speicher- und Verarbeitungsmittel, dabei insbesondere von EDV-Anlagen, zur Unterstützung von Dokumentationsarbeiten. Wesentliche Einsatzgebiete sind:

Verwaltung und Kontrolle der Bibliotheksbestände. Hierzu gehören Erwerbung mit Bestellwesen, Bestellkontrolle und Abrechnung, Zugangs- und Bestandskontrolle (Zeitschriftenakzession und -verzeichnisse, Verwaltungskataloge), Ausleiheverbuchung und statistische Auswertungen (Bestands-, Zugangs- und Benutzungsstatistiken). Da dieser Komplex für die Literaturdokumentation am Rande liegt, wird er hier nicht weiter verfolgt.

Herstellen von gedruckten Verzeichnissen. Hierzu gehören besonders sachlich geordnete Referatedienste, Bibliographien und Kataloge mit maschineller Eingabe, Aufbereitung und Schriftausgabe bzw. Satzherstellung sowie verschiedenen Arten von Registern als Recherchehilfen (KWIC-, KWOC-, Schlagwort-, Autorenregister usw.) und deren Kumulierungen.

Maschinelle Speicherung und Recherche (Information Storage and Retrieval, ISR). Hierzu gehören sowohl fallweise (retrospektive) Recherchen aufgrund sachspezifischer Einzelanfragen, die eine Selektion des gespeicherten Gesamtmaterials bedingen (Retrieval), als auch sogenannte *Abonnementrecherchen* (Selektion des im letzten Zeitabschnitt hinzugekommenen Speichermaterials) aufgrund von gespeicherten *Interessenprofilen* zum Zwecke der selektiven Informationsvermittlung an einzelne Interessenten (Selective Dissemination of Information, SDI). Die Zusammenhänge sind in Abb. 10.3-1 wiedergegeben.

Rationalisierung und EDV-Einsatz erfordern die integrierte Bearbeitung möglichst vieler Elemente eines angewandten Systems. Die zu behandelnden Anwendungsbereiche sind daher im Zusammenhang zu sehen.

Entwicklung und Anwendung von maschinellen Methoden und Techniken in der Dokumentation reichen zurück bis zum Beginn des Lochkartenanlagen- und EDV-Einsatzes in Wirtschaft und Verwaltung. In Deutschland gingen für sie seit etwa 1958 wesentliche Impulse von der Atomkernenergie-Dokumentation (ZAED) beim Gmelin-Institut für Anorganische Chemie und Grenzgebiete und seit 1964 auch von der Zentralstelle für maschinelle Dokumentation (ZMD) aus [3]. Inzwischen hat die maschinelle Dokumentation, besonders in den USA, außerordentliche Verbreitung und hohen Leistungsstandard erreicht. Ihre Entwicklungen haben entscheidend zur Systematisierung sowie zur Bildung eines neuen Fachgebietes beigetragen, der *Informations- und Dokumentationswissenschaft* (in den angelsächsischen Ländern „Information Science", in der UdSSR und DDR „Informatik") [4].

10.3.2 Dokumentationsdaten.
Eigenschaften, Organisation und Erfassung

Recherchespeicher, Suchmerkmale. Die Literaturdokumentation hat es allgemein mit einer Sammlung von Dokumenten (im weiteren in der Abkürzung: Dok) auf der einen Seite und andrerseits mit Fragestellungen von Benutzern zu tun, auf die jeweils bestimmte Dok-e der Sammlung inhaltlich zutreffen können. Dok-e in ihrer ursprünglichen Erscheinungsform (Originale, Volltexte), die insgesamt meist große Unterschiede nach Art, Umfang und häufig sogar Medium aufweisen, sind in der Sammlung immer nur an einem definierten Platz unterzubringen. Dementsprechend können sie auch nur nach einem Merkmal (z. B. Magazin-Standnummern) geordnet werden. Fragen dagegen können vielfältige und komplexe Aspekte berühren.

Um Fragestellungen von Benutzern und darauf etwa zutreffende Dok-e nach allen möglichen, besonders inhaltlichen Gesichtspunkten miteinander vergleichen zu können, bedarf es infolgedessen eines dafür geeigneten, besonderen Speichersystems, des *Recherche-* oder *Suchspeichers* (search file). Im Unterschied zu der durch die Volltext-Einheiten bestimmten Sammlung der Originale muß das Suchspeichersystem nach Merkmalen orientiert sein, die sowohl Dok-e und ihre Inhalte als auch Fragestellungen und deren Inhalte möglichst genau und eindeutig charakterisieren. Beim Rechercheprozeß dienen sie als Kommunikationsmittel zum Vergleichen auf Übereinstimmung (matching). Die Recherche nach Dok-en eines bestimmten Verfassers kann z.B. in einem nach dem Merkmal „Verfassernamen" orientierten (d.h. meist: geordneten) Suchspeicher geschehen. Dabei müssen die zugehörigen Dok-e mit dem Suchmerkmal verknüpft sein, indem sie, wie z.B. im Bibliothekskatalog durch Standnummer oder Signatur, mindestens durch eine eindeutige Referenznummer und gegebenenfalls durch weitere Angaben vertreten werden.

Verfassernamen sind nur eine einzelne *Kategorie* von suchrelevanten Merkmalen. Weitere Möglichkeiten ergeben sich für Angaben etwa über Art (Buch, Patentschrift, Zeichnung usw.), Umfang, Herkunft und Erscheinungsort von Dok-en. Auch sie gehören als sogenannte Formalangaben zur bibliographischen Beschreibung (bibliographic description). Im Vordergrund für Benutzerfragen stehen jedoch Angaben über die vielfältig auftretenden sachlich-inhaltlichen Aspekte. Sie werden in Form von Notationen (Systematiknummern) oder Deskriptoren bzw. Schlüssel- oder Schlagwörtern (descriptors, key words) dargestellt (Im weiteren wird für sie die Abkürzung SW [Schlag-, Suchwörter] gebraucht). Analyse und Zuordnung von SW werden als Indexieren (indexing) bezeichnet, das wegen seiner Bedeutung für den Dokumentationsprozeß im nächsten Abschnitt besonders behandelt wird.

Dokumentbeschreibungen, Datenkategorien. Angaben, die Recherchefunktionen erhalten können, sind in jedem Fall aufgrund der Originalvorlage zunächst in besonderen Arbeitsgängen zu isolieren und in ordnungsfähiger Form darzustellen. Da ihre Herleitung, mindestens aus publiziertem Schrifttum, vorläufig nicht auf automatischem Wege zu realisieren ist, werden die entsprechenden Daten vor der Einspeicherung geschlossen erfaßt und zusammengestellt. Wegen der erforderlichen Eingabecodierung dienen hierzu meist besonders entwickelte Aufnahmebogen. Als Ergebnis entstehen einheitliche Dok-Beschreibungen (document descriptions, bibliographic records) oder „Dokumentbeschreibungseinheiten" (im weiteren: DBE). Damit ihr Aussagewert für den Benutzer unmittelbar erhalten bleibt, ist wesentlich, daß ihre Datenelemente möglichst unverschlüsselt, d.h. in direkt verständlicher Form, wiedergegeben sind. Daraus folgt auch für EDV-Einsatz, daß überwiegend sprachliche Bezeichnungen und damit variabel lange Ketten von Zeichen mit meist umfangreichen Alphabeten verarbeitet werden müssen. Man spricht daher auch von *alpha-* und *nichtnumerischer Datenverarbeitung.* Wegen der den „natürlichen" Sprachen eigenen Mehrdeutigkeiten haben die Angaben darüber hinaus den Charakter von sogenannten *weichen Daten* (vgl. im Abschnitt 10.3.3 unter Systemparameter).

Während im manuell bearbeiteten Alphabetischen Bibliothekskatalog (AK) die DBE meist auf bloße Titelangaben von Dok-en beschränkt und als SW einzig Merkmale zu ihrer alphabetischen Einordnung und Suche verwendet sind, eröffnet der EDV-Einsatz rationelle Verfahren des parallelen Aufbaus mehrerer Suchspeicher über unterschiedliche Aspektkategorien sowie von Recherchen in ihnen durch kombinierte, serielle oder simultane Operationen. Im Rahmen des INTREX-Projekts [5, 6, 7] z.B. wurde daher vorgeschlagen, die Daten herkömmlicher Literaturzitate durch 18 weitere Kategorien, darunter Angaben über den oder die Verfasser (Titel, Institut, Ort), die auftraggebende Stelle, Nachträge und Anhänge, das Inhaltsverzeichnis und, neben umfassenden Inhaltsanalysen (Referat, Deskriptoren, kritischer Literaturbericht), die im Text zitierten sowie den Text zitierende Literaturzitate zu ergänzen [8, 9]. Bedingung ist, daß Angaben zu allen für Speicherung und Recherche vorzusehenden Kategorien zunächst erschlossen und bereitgestellt, aber auch für den Input codiert werden müssen. Da diese Arbeiten im Systemganzen zwangsläufig den überwiegenden Anteil mit Kosten bis in die Größenordnung von durchschnittlich 100 DM je Dok bilden, werden Auswahl und Umfang der einzelnen Beschreibungselemente für die Praxis sorgfältig nach Zweck und Funktion innerhalb des Informationssystems zu bemessen sein und daher, abhängig von der jeweiligen Aufgabenstellung, auch unterschiedliche Ausprägungen annehmen können.

Datenerfassungsschema. Für spezielle Vorhaben sind Auswahl und Umfang von Beschreibungselementen Gegenstand des sogenannten *Datenerfassungsschemas* (DE-Schema), das die einzelnen Elemente zugleich mit einer Strukturvorschrift für die EDV verbindet. Die Struktur ihrerseits ergibt sich aus der anzuwendenden Datenerfassung (DE) und -speicherung. Das DE-Schema ist damit Voraussetzung auch für eine maschinengerechte oder *strukturierte Datenerfassung.*

Grundbausteine des DE-Schemas sind einzelne Datenfelder zur Aufnahme von Einzelangaben zu bestimmten Kategorien. Für Kataloge von Monographien kommen z. B. Felder für Verfasserangaben, Sachtitel, Erscheinungsvermerk und Sachverhalte sowie eine Reihe von Verweisungsangaben in Betracht. Mehrere Datenfelder (z. B. in der Verfasserkategorie für mehrere Namen) können zu Datensätzen zusammengefaßt werden. Die Menge aller Sätze einer logischen DBE bildet, auch ihrer physischen Form nach, einen *Block.* Bei Speicherplatzbeschränkungen muß die logische DBE auf mehrere Blöcke, vergleichbar mit der Fortsetzung des Textes auf Folgekarten einer Kartei, aufgeteilt werden.

Seit mehreren Jahren laufen intensive Anstrengungen zur Standardisierung von DE-Schemata. Erste Ergebnisse liegen vor im MARC II Format (Machine Readable Catalog) der Library of Congress, das die „American Cataloging Rules" berücksichtigt [10, 11], und in Deutschland im sogenannten DFG-Schema zur Aufnahme von nach den „Regeln für die alphabetische Katalogisierung" (RAK) zu behandelnden Daten [12, 13], dessen wichtigste Kategorien Abb. 10.3-2 in Auswahl wiedergibt. Darüber hinaus wurde ein umfassendes, alle möglichen Datenelemente tief gliederndes Schema von *Meyer-Uhlenried* [14] vorgestellt. Diese Bemühungen sind letztlich auf den Aufbau von bibliographischen Datenbanken und die maschinelle Datenerfassung an einer zentralen Stelle sowie den Datenaustausch gerichtet [15]. Für aktuelle Vorhaben der Praxis mit spezifischen Informationsaufgaben können sie als Auswahlkataloge dienen.

Kate- gorie- kennung	Inhalt
051	Identifikationsnummer
067	Signatur
072	Veröffentlichungsart, Form
090	Internat. Standard-Buch-Nr. (ISBN)
110	Verfasser-, Herausgebername
117	Funktion für 110 (z. B. „Verfasser" „Herausgeber")
210	Körperschaftsname
217	Funktion für 210
310	Sachtitel
319	Untertitel
400	Auflagebezeichnung
510	Verlagsort
511	Verlag
512	Erscheinungsjahr
520	Bandaufzählung, Seitenzahl
535	Titel z. B. einer übergeordneten Serie
540	Bibliographische Zusätze
901	1. Schlagwort (Deskriptor)
902	2. Schlagwort
⋮	⋮
950	1. Notation
951	2. Notation
⋮	⋮
999	Verknüpfungsrelator

Abb. 10.3-2. Kategorien im DFG-Schema (Auswahl)

Formalstrukturen von DBE-Daten. Für Datenerfassung und -speicherung sind Datenstrukturen mit fester und variabler Länge (formatierte und nichtformatierte Dateien) und Mischformen zu unterscheiden. Festlange Folder und Sätze, wie sie in der Lochkartentechnik und bei EDV-Anwendungen in der Verwaltung vorkommen, bilden die einfachste Struktur. Abb. 10.3-3 zeigt ein DE-Schema für Lochkarteneingabe zur Katalogherstellung [16]. Für variabel lange Daten wie Verfassernamen, Sachtitel, Referatetexte ergibt sich bessere Speicherplatzausnutzung durch variable Felder (und Sätze), aber innerhalb festlanger Blöcke. Da hier Anfangs- und Endposition der einzelnen Felder von Block zu Block wechseln, sind Markierungen für die jeweiligen Trennstellen erforderlich, auf die bei der Verarbeitung geprüft werden kann. Komplexe Strukturen ergeben sich bei durchweg variablen Einheiten für Felder, Sätze und Blöcke. Sie sind erforderlich, wenn Daten innerhalb eines Blockes nicht zwangsläufig auftreten, aber doch, und dann auch mehrfach, vorkommen können. Zum Beispiel können Dok-e einen oder mehrere Verfasser, aber keinen „korporativen" Verfasser, andere nur korporative Verfasser haben usw.

Spalten	Inhalt
1. Karte:	Verfasserkarte:
1	Kartenart (1)
2	Kartennummer
3—12	Signatur
13—56	Verfassername, Schreibform
57—64	Verfassername, Sortierform
65—72	Sortiermerkmal für Sachtitel
73—80	Systematiknummer
2. Karte:	Titelkarte:
1	Kartenart (2)
2	Kartennummer
3—12	Signatur
13—56	Sachtitel
57—80	wie bei 1. Karte
3. Karte:	Karte für Erscheinungsvermerk:
1—12	entspr. wie 1. und 2. Karte
13—56	Erscheinungsvermerk
57—80	wie bei 1. Karte
4. Karte:	
1—12	entsprechend wie 1.—3. Karte
13—56	Sachverhalte
57—80	wie bei 1. Karte

Abb. 10.3-3. DE-Struktur für Lochkarten zur Katalogherstellung

Hier müssen nicht nur Anfang und Ende eines Feldes, sondern auch sein Inhalt eindeutig gekennzeichet sein. Die Kennzeichnungen werden, numerisch oder alphabetisch, im DE-Schema als Kategoriekennzeichnungen (tags) vorgegeben. Abb. 10.3-4 zeigt den Auszug aus einer DBE für 8-Kanal-Lochstreifenerfassung zur Herstellung eines Referateorgans mit verschiedenen Registern im Photosatz [17]. Die variablen Blöcke sind durch Blockmarken, die Sätze durch Kategoriekennungen am Zeilenanfang und die Felder durch Sonderzeichen (z. B.: @) begrenzt.

Zeichenvorräte. Falls wie im letzten Beispiel, zugleich der Drucksatz maschinell herzustellen ist, sind unterschiedliche Zeichenvorräte, intern und extern von EDV-Anlagen, zu berücksichtigen. Dabei können nicht nur fremdsprachige Texte in nichtlateinischen Schriften (Japanisch, Chinesisch, Hebräisch, Kyrillisch), die transskribiert, transliteriert bzw. übersetzt werden müssen, sondern bereits Schriften mit lateinischem Alphabet zu Schwierigkeiten führen, wenn Sonderbuchstaben und -zeichen in beträchtlichem Umfang und gegebenenfalls bei wechselnder Bedeutung

⋮

10 4-01- t0027
40 Identification of the major components of nutmeg oil by gas chromatography and mass
    spectrometry.
55 # 1967 # (38) 1279—80
58 [Dept. of Food Sci. § 375 Technology, Univ. Amherst, Mass. USA]
61 /?Gas chromatography?; ?mass spectrometry?/ of ?nutmeg? /?oil?
71 = ; = ; = ; oils ;

⋮

Abb. 10.3-4. DE-Struktur zur Referateblatt- und Registerherstellung (Auswahl)

vorkommen. Dies gilt insbesondere, wenn deren Ordnungsrang bestimmten Regeln unterliegt. EDV-Anlagen mit interner Byte-Darstellung kommen zwar gegebener Zeichenvielfalt entgegen. Meist ist jedoch keine Zuordnung 1:1 möglich, da die 256 verfügbaren Codes durch ihre innere Wertigkeit in der dezimalen Rangfolge 0 bis 255 bestimmt sind. Dieser Ordnungsfolge der Zeichen entspricht ihre durch externe Ordnungsregeln festgelegte Rangfolge meist nur partiell. Zum Beispiel werden in Verzeichnissen die deutschen Umlaute allgemein ihren Auflösungen gleichgeordnet. Das kann durch Auflösung auch ihrer Codierungen für die interne Sortierung erreicht werden, wobei die Eingabeform zugleich beibehalten wird [18]. Entsprechendes gilt für Sonderbuchstaben mit diakritischen Zeichen [19]. Nach der Duden-Ordnung werden die Umlaute jedoch bei Eigennamen ausnahmsweise den Grundbuchstaben gleichgeordnet. Für diese Sonderregel ist also eine Unterscheidung erforderlich. Sie kann durch entsprechende Kategoriekennung im DE-Schema realisiert werden. Ähnlich sind nach den „ABC-Regeln" [20] Firmennamen mit und ohne Zusätze vor Familiennamen, bei denen wiederum bestimmte Namensbestandteile zu übergehen sind, geordnet. Bei Aufzeichnung solcher Daten innerhalb der gleichen Kategorie sind besondere Kennzeichnungen vor der Eingabe notwendig (zusätzliche Leerstellen und/oder Sonderzeichen mit Steuerfunktion). Hierüber handelt ausführlicher [21]. Die Möglichkeiten und Grenzen der Zeichenverwendung, d.h. der Abstimmung externer und interner Zeichenvorräte, werden formal wesentlich durch Tastaturen und Codierung der Erfassungsgeräte sowie Codierung und Zeichenvorräte der Ausgabegeräte bestimmt.

Datenerfassung und Eingabe. Alphanumerische Tastaturen haben normalerweise 44 Schreibtasten mit 88 lesbaren Schriftzeichen. Hinzu kommen sechs zugleich formatbildende Tasten (Leerstelle, Start nächste Zeile, Umschaltung Groß-, Rückschaltung Kleinschrift, Rückschritt und Tabulator). Während die Schreibtastenbelegung dieses Zeichenvorrats in Grenzen speziellen Bedürfnissen angepaßt werden kann, ist Zeichendarstellung darüber hinaus erreichbar durch: 1. Geräte mit erweiterten Tastaturen [22, 23] und 2. Codierung durch dafür reservierte Einzelzeichen zusammen mit einem Tabellenwert für das jeweilige Spezialzeichen [24].

Für Auswertung und Informationsweitergabe sind umfangreiche alphanumerische Daten mit zusätzlichen Strukturmerkmalen in jedem Falle mindestens einmal manuell zu schreiben und auf digitale Träger zu überführen. Einfache Titelaufnahmen z.B. für Bibliothekskataloge umfassen durchschnittlich $0,5 \times 10^3$ Zeichen je DBE [25, 26]. Mit weiteren Angaben (Deskriptorketten, korporative Verfasser, Zitate) kann sich dieser Umfang verdoppeln bis verdreifachen, mit Referatetexten sogar leicht vervierfachen. Für eine mittlere Fachdokumentation mit 10^4 Dok-en Jahreszugang sind danach 5 bis 20×10^6 Zeichen/Jahr manuell zu erfassen. Da dieser Vorgang wegen der mitzuliefernden Datenstruktur besondere Aufmerksamkeit verlangt, sind durchschnittliche Leistungswerte von 3 bis 4×10^3 Zeichen/h je Tastaturplatz kaum zu überschreiten. Daneben erfordert seine Fehleranfälligkeit besondere Maßnahmen der Datenprüfung. Bedingt durch den Textcharakter der Daten ist hierfür das Loch-/Prüfverfahren der numerischen Erfassung ungeeignet. Daher treten an seine Stelle programmierte Formalkontrollen auf Umfang, Inhalt und Reihenfolge von Zeichenketten, Datenfeldern, -sätzen und -blöcken. Durch sie erübrigt sich jedoch nicht ein zusätzliches „intellektuelles" Korrekturlesen der

Eingabetexte anhand von Korrekturprotokollen. Es wird meist an Zeilenausdrucken mit in Sprüngen steigend numerierten Zeilen vorgenommen, über deren Nummern Austausch und Löschung sowie Einschübe auf unbesetzte Zeilennummern erfolgen. Da das Prüfen von Schnelldruckerprotokollen jedoch mit deren Transport verbunden und überdies durch vielfach notwendige Zeichenumcodierungen erschwert ist, versucht man andererseits, es möglichst auf in der Nähe der Eingabeseite anfallende Schreibprotokolle zu beziehen. Voraussetzung ist, daß 1. die Tastaturgeräte als Blattschreiber (Schreibmaschinen) ausgebildet sind und 2. die Übertragungswege zum EDV-Speicher (Datenträger und Konverter) verläßliche Fehlerfreiheit besitzen.

Die Erfassungsdaten selbst bedürfen weitgehender Formalisierung in bezug auf Umfang, Reihenfolge, Schreibweise und Zeichenverwendung [27, 28]. Für häufig sich wiederholende Angaben, wie normierte SW, Zeitschriftentitel, Institutionen- und Ländernamen, Sprachbezeichnungen usw., kommen dabei auch codierte Angaben durch vorzugsweise prüfbare Codes in Betracht [29]. Insgesamt orientieren sich alle datenseitigen Vorkehrungen, Maßnahmen und Tätigkeiten an Regelwerken mit umfassenden, klaren und eindeutigen, sowohl Aufgabenstellung und Verfahren eines Dokumentationssystems als auch die darin eingesetzten Anlagen und Geräte berücksichtigenden Richtlinien [30, 31, 32].

Für den Einsatz von Erfassungsgeräten ist nach verwendeten Trägermedien bzw. nach Übertragungsmethoden von (langsamen) Eingabetastaturen zu (schnellen) Externspeichern der EDV zu unterscheiden zwischen Off-line-Erfassung (Lochkarten, Lochstreifen, Magnetband) und On-line-Erfassung (unter programmierten Kontrollen im Teilnehmerbetrieb und über Klarschriftleser). Die Vorzüge der Off-line-Erfassung liegen in der leicht einrichtbaren Nähe zum Datenursprung und auf der Kostenseite [33, 34]. Dabei haben Lochstreifenschreibmaschinen und Lochstreifen Vorteile gegenüber Kartenlochern und Lochkarten, die den Anforderungen an Zeichenvorrat und variable Formate weniger entgegenkommen. Direkte Codierung durch Schreibmaschinentastaturen über kleine Pufferspeicher auf EDV-gängige Magnetbänder erfordern meist die gesonderte Ausgabe ihres Inhalts als Vorlagen zum Korrekturlesen. Die Entwicklung scheint daher zum Einsatz von Magnetbandgeräten zu tendieren, die über einen frei programmierbaren Kernspeicher zur Schreibunterstützung und Datenprüfung, eine Bildschirmanzeige zur Eingabeprüfung und -korrektur sowie eine Schreibmaschine zur direkten Datenausgabe verfügt. Solche Geräte werden auf dem Markt mit Magnetbandkassetten als Zwischenträger und leichter Konvertierungsmöglichkeit auf EDV-Bänder als Datenerfassungsstationen angeboten [35]. Meist können mehrere Stationen zu einem System verbunden werden. Über On-line-Erfassung von Dokumentationsdaten im Teilnehmerbetrieb liegen bisher kaum Erfahrungen vor; der Einsatz von Klarschriftlesern für unterschiedliche Maschinenschriften, die relativ teuer sind, bedingt ebenso wie andere Verfahren fehlerfrei und strukturiert mit Maschinen geschriebene Vorlagen.

Datenausgabe. Ihre Aufgabe ist es, alle maschinell gespeicherten und verarbeiteten Angaben in einer für den Menschen direkt und einfach zu rezipierenden Form, d.h. in gewohnter, leicht und ohne zusätzliche Hilfsmittel lesbaren Schrift, bereitzustellen. Die technischen Möglichkeiten dafür sind hoch entwickelt. Neben Schnelldruckern mit erweiterten Zeichensätzen (120-Zeichen-Kette) können lochstreifen- und magnetbandgesteuerte Geräte zur automatischen Herstellung von Drucksatz für Hoch- und Flachdruck (Bleisatz, Photooffset- und Lichtsatz) eingesetzt werden, wobei praktisch unbegrenzte Zeichenvorräte zur Verfügung stehen. Ausführliche Darstellungen, auch über Verfahren mit dem Zwischenträger Mikrofilm (Computer Output Microfilm, COM) finden sich in [36 bis 39].

10.3.3 Indexierungssprachen im Dokumentationssystem

Indexieren ist das Auszeichnen sachlich-inhaltlicher Aspekte von Dok-en einerseits sowie von Benutzerfragen oder -interessen andererseits durch Merkmale (SW), mit deren Hilfe Frage- und Dok-Beschreibungen formal verglichen und auf Über-

einstimmung geprüft werden können. Es hat entscheidende Bedeutung für das
Funktionieren eines Dokumentationssystems. Inhaltlich ist es ein Prozeß der Bildung von Begriffsklassen oder -kategorien, um gleiche Sachverhalte zusammenzuführen. Dabei sind zwei Phasen zu unterscheiden: Zuerst ist der Gegenstand von
Dok-en bzw. Anfragen zu analysieren, dann ist diese Analyse in Symbolsprache
bzw. durch deren Bezeichnungen (SW) zu ersetzen. Im Prinzip stehen drei Wege
offen: Klassifikation, Schlagwortvergabe (subject headings) und Begriffsgleichordnung (coordinate indexing).

Klassifikation. Hier dient zum Indexieren ein vorliegendes *Schema*, in dem
alle Sachen und Aspekte des jeweiligen Fachgebiets vorher konzipierten Kategorien
systematisch zugeordnet und mit *Notationen* versehen sind. Es gibt hierarchische
Klassifikationsschemata für alle Gebiete des Wissens. Bekannte Beispiele sind die
1876 zur systematischen Buchaufstellung in Bibliotheken eingeführte „Dewey
Decimal Classification" und die daraus Anfang dieses Jahrhunderts weiter entwickelte
„Dezimalklassifikation" (DK) [40, 41, 42]. Bei der DK ist das Einteilungsprinzip
gegründet auf eine Zuordnung aller Fachgebiete zu zehn Hauptabteilungen. Jede
davon ist in zehn Unterabteilungen, jede von diesen in zehn Kategorien usf. unterteilt, wodurch von der höchsten bis zur feinsten Klasse je nach Bedarf bis zu 15
oder mehr Ausgliederungen entstehen. Außerdem sind mehrere Standardunterteilun-
gen für bestimmte Aspekte (Sprache, Form, Ort, Zeit, Gesichtspunkt) ausgearbeitet,
deren Notationen an die „Hauptzahlen" angehängt werden können (Anhängezah-
len). Schließlich können mehrere Notationen zur Abbildung komplexer Sachverhalte kombiniert werden.

Der Vorteil solcher Systeme liegt in der Leichtigkeit, mit der Suchprozesse
von jeder Ebene der Hierarchie aus durchführbar sind: Führt die Abfrage auf einer
speziellen Ebene nicht zum Erfolg, so kann sie auf der nächst höheren fortgesetzt
werden usw., bis das gewünschte Ergebnis gefunden ist. Die unvermeidliche Starrheit durch Fixierung der Begriffe in der Hierarchie kann jedoch diesen Vorteil
aufheben. Außerdem benötigen Klassifikationsschemata Sachwortregister, mit denen
Notationen aufgefunden werden können, so daß der Suchprozeß über zwei Stufen
laufen muß. Ein weiterer Nachteil liegt in der Inflexibilität jeder auf der Grundlage
einer fixierten Wissensordnung konzipierten Systematik. Nur selten passen aktuelle
Begriffe genau in dieses Begriffsnetz. Meist sind sie verstreut auf verschiedene,
jedoch eng verwandte Kategorien. Um z.B. zum Begriff „Schutz" Dok-e zu finden,
müßte unter Kategorien wie Polizei, Kriminalität, Alarmeinrichtungen usw.
gesucht werden. Der Indexierer steht damit vielfach vor der Schwierigkeit einer
„richtigen" Zuordnung sowie der Frage, ob nicht andere Unterteilungen nötig und
damit die Gesamtstruktur des Schemas zu ändern wären. Die Schwierigkeiten
werden desto größer, je rascher sich ein Fachgebiet und neue Begriffe in ihm entwickeln. Gleichwohl sind auf der Basis der in der Dokumentation besonders verbreiteten DK mehrere maschinelle Rechercheverfahren ausgearbeitet [43 bis 46].

Um die Starrheit eindimensionaler Schemata zu überwinden, wurden *Facetten-
systeme* entwickelt, die innerhalb eines Musters von Aspektkategorien (Facetten)
relativ freizügige Kombinationen erlauben. Das Verfahren geht auf *Ranganathan*
und seine „analytisch-synthetische" Klassifikation zurück. Besonders in England
wurde es für einige Fächer, darunter Elektrotechnik [47], weiterentwickelt und
ausgebaut [48, 49, 50].

Das Grundprinzip besteht darin, daß im hierarchischen Schema keine komplexen Begriffe eingebaut, sondern zu deren Bildung eine Reihe von Facetten vorgegeben sind. Sie werden aus Analysen jeweils engerer Fachgebiete und ihrer
Literatur bestimmt (Facettenanalyse). Da verschiedene Benutzer je nach Interessen
unterschiedliche Facetten ansprechen können, müssen ihre Notationen im Suchspeicher permutiert werden. Die Zahl S aller möglichen Kombinationen bei gegebener Facettenzahl n beträgt dabei $S = n!$ Das ergibt für 6 Facetten schon 720 Ein-
träge. Es ist daher sinnvoll, die Facettenbildung beim Indexieren (= Speicherung)
sowie bei der Formulierung von Suchfragen in fester Abfolge vorzunehmen, z.B.
Gesamtheit — Art — Teil — Material — Eigenschaften — Prozesse — Verfahren —

Einflußgrößen. Darüber hinaus können Facetten bei begrenzter Zahl (4 oder 5) durch alphabetische Schlagwortreihungen ergänzt werden.

Schlagwortsysteme. Hier wird jeder Begriff durch ein einzelnes Wort, eine Kombination von Substantiven oder eine Kette aus mehreren Wörtern bezeichnet. Alle Bezeichnungen werden in ein Alphabet sortiert. Daher ist der Zugriff für den Benutzer direkt und auch für spezifische Begriffe einfach. Außerdem können leicht neue Bezeichnungen hinzugefügt und überholte ersetzt und/oder gelöscht werden. Der Vorteil der reinen alphabetischen Reihung führt jedoch zu dem Problem, daß bei der Suche eine Richtschnur über hierarchische Zusammenhänge fehlt. Zugleich bestehen undefinierte Eingänge über Synonyme, Quasisynonyme, Überschneidungen usw. Für korrekte Recherchen müssen die begrifflichen Vorstellungen und das Vokabular von Indexierer und Benutzer einigermaßen übereinstimmen. Zur Verbesserung dieser Übereinstimmung werden daher gewisse hierarchische Beziehungen und ein Netz von Verweisungen auf benachbarte, synonyme und quasisynonyme Begriffe bzw. ihre Bezeichnungen vorgesehen.

Als präkonzipierte Systeme haben sowohl Klassifikations- als auch Schlagwortsysteme den Nachteil von Mehrdeutigkeiten als immanente Eigenschaft [51, 52]. Da eine Indexierungssprache mit dem Wissensstoff bzw. den Dok-en eines Fachgebiets mitwachsen muß, sind außerdem Schlagwörter für spezifischere Begriffe neu einzuführen. Daraus ergeben sich zusätzliche Mehrfacheintragungen, in deren Folge neue Querverweisungen usf. Da Klassifikations- und Schlagwortsysteme jeweils einen zurückliegenden Erkenntnisstand repräsentieren, ist exaktes Indexieren gegenwärtiger Dok-e, um sie für zukünftige Nutzung verfügbar zu machen, vielfach nicht möglich.

Begriffsgleichordnung. Dieses Verfahren ist eine besonders für Maschineneinsatz entwickelte Indexierungs- und Dokumentationsmethode. Sie versucht, die feste Zuordnung zu präkonzipierten (präkoordinierten) Begriffskategorien zu vermeiden, indem erst bei der Recherche Begriffskategorien für gesuchte Dok-e gebildet werden, deren Merkmalen man die indexierten der gespeicherten Dok-e gegenüberstellt. Für die Selektion sind mehr mengentheoretische als inhaltliche Beziehungen von Bedeutung. Beim Indexieren wird jedem Dok, abhängig von Umfang und Tiefe seines Inhalts, eine Menge zwischen 5 und 20 Deskriptoren (SW) zugeordnet. Jedes SW eröffnet für sich den Zugriff auf den entsprechenden Inhaltsaspekt. Umgekehrt stehen über ein bestimmtes SW alle damit indexierten Dok-e zur Verfügung. Um Dok-e zu recherchieren, wird zunächst eine Wörtermenge so kombiniert, daß der gesuchte Begriff möglichst genau wiedergegeben ist. Beim Rechercheprozeß wird die SW-Kombination für den gesuchten Begriff mit den beziehungslos aneinandergereihten Dok-SW verglichen, woraufhin diejenigen Dok-e ausgegeben werden können, deren SW die Suchkombination treffen. Hier geht es also nicht primär darum, z. B. die Begriffskategorie „Indexierungsprachen" (Thema dieses Abschnitts) oder auch Dok-e wiederaufzufinden, die dieses Thema behandeln. Vielmehr werden alle Dok-e angesprochen, denen das Merkmal „Indexierungsprachen" zugeordnet wurde. Die Bildung und Darstellung von Begriffskategorien der Suchfrage geschieht durch Verknüpfung entsprechender SW mit Hilfe der booleschen Beziehungen *Konjunktion, Disjunktion* und *Negation.*

Sind in der Suchfrage zwei SW A und B, als Deskriptoren für die Begriffe A' und B', durch Konjunktion $A \wedge B$ verknüpft, so werden bei der Recherche alle Dok-e ausgegeben, bei denen A und B *zugleich* vorkommen (Intersection). In Abb. 10.3-5 ist X die Menge aller Dok-e, A die Menge der Dok-e, in der A, und B die Menge der Dok-e, in der B, vorhanden sind.

Sind A und B durch Disjunktion $A \vee B$ verknüpft, erhält man alle Dok-e, in denen A oder B vorkommen, also auch A und B gemeinsam. Sind A und B durch Negation von B verknüpft, so erscheinen alle Dok-e, in denen A vorkommt, ausgenommen A und B sind zugleich vorhanden.

Verknüpfungen zwischen Dok-en und SW (Deskriptoren) für alle Dok-e im Speicher lassen sich durch die Dok/SW-Matrix nach Abb. 10.3-6 verdeutlichen, in der 1 $\cdots$ 6 Dok-e (Identifikationsnummern) und $A \ldots F$ zugeteilte Ordnungswörter bedeuten. Zugleich ist eine gegenüberzustellende Suchfrage dargestellt. Werden in ihr z.B. die SW B, C, D, F durch die Beziehung: $B \lor (C \land D \land F)$ verknüpft, so ergeben sich als Antwort die Dok-e 1 und 5. Ausführlichere Darstellungen befinden sich z.B. bei [53, 54].

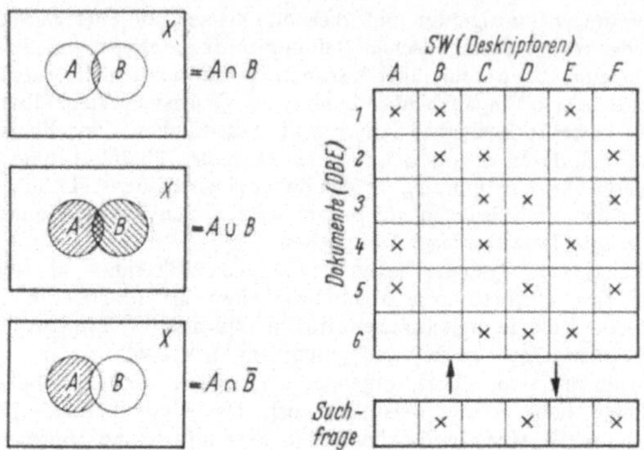

Abb. 10.3-5.
Boolesche Verknüpfungen von SW (A, B)

Abb. 10.3-6. Dok/SW-Matrix

Ähnlich anderen Indexierungsverfahren treten auch mit dieser Methode Probleme auf. Sie betreffen unterschiedliche Gesichtspunkte zwischen Indexierer und Benutzer und Mehrdeutigkeiten bei der Wortauswahl, die Schwierigkeit generischer Recherchen über hierarchische Verbindungen und den Mangel an syntaktischen und semantischen Beziehungen. Unzutreffende Wortzuordnungen und falsche Rechercheergebnisse sind die Folge. Durch Einführung eines Netzes von syntaktischen und semantischen Relatoren in das für Indexierung und Anfrageformulierung benutzte Vokabular (Thesaurus) werden sie weitgehend überwunden.

Thesaurus. In jedem maschinellen System ist das Indexierungsvokabular sorgfältig zu entwickeln und zu kontrollieren. Seine Kompilation zu einem Thesaurus kann in Stufen auf folgende Weise geschehen: Bezeichnungen zur groben Charakterisierung von Dok-en werden nach Kategorien wie Zweck (Studie, Experiment, Forschungsarbeit, statistische Auswertung, Übersicht, Literaturbericht usw.), Wissenschaftsbereich (Mathematik, Elektronik, Informatik usw.), Hauptsachkategorien (Statistik, Linguistik, EDV-Anlagen usw.) und Sachen (Geräte, Programme, einzelne Systeme, Thesaurus usw.) zusammengestellt. Nach ihnen werden etwa 200 bis 300 Dok-e frei indexiert. Anschließend kontrolliert ein Stab von Fach- und Thesaurusexperten die benutzten Wörter, prüft auf die Häufigkeit ihrer Verwendung und trifft Zuordnungen von Synonymen und Quasisynonymen sowie von hierarchischen (generischen) Beziehungen mit gegenseitigen Verweisungen. Das resultierende Wörterbuch ist Grundlage für aktuelles Indexieren. In dieser Phase werden neue, auch für „tiefes“ Indexieren geeignete Wörter vorgeschlagen und festgehalten. Sie werden vom Thesaurusstab ebenso geprüft und der ersten Liste hinzugefügt. Da hierbei eine normierte Indexierungssprache mit gleichem Inhalt für Indexierer und Benutzer entstehen soll, sind folgende Gesichtspunkte von Bedeutung:

1. Bildung von logischen Kategorien: Viele Begriffe gehören mehreren Kategorien an, z.B. Alkohol den organischen Verbindungen, aber auch Getränken, Antiseptika usw. Da die hierarchische Stellung sich je nach Zugehörigkeit ändern kann (Alkohol hat z.B. bei Getränken eine andere als bei organischen Verbindungen), sind eindeutige „Klassen“ zu bilden.

2. Bildung hierarchischer Kategorien: Jeder Begriff ist Teil eines Stammbaumes und impliziert engere und weitere Begriffe. Dabei ist gegebenenfalls zwischen generischen (abstrakt-hierarchischen) und partitiven Relationen (Verbands- und Teilbegriffe) zu unterscheiden. Zum Beispiel steht „Kolbenmotor" in generischer Beziehung zu „Verbrennungsmotoren", hat aber seinerseits partitive Beziehungen zu den Teilbegriffen „Zylinder", „Kolben", „Vergaser" usw.

3. Verknüpfung semantischer Beziehungen: Semantik befaßt sich mit inhaltlichen Zusammenhängen zwischen Wörtern und Begriffen. Die Probleme liegen in der exakten Abbildung von Begriffen durch Wörter. Im Theaurus ist die Zahl von Deskriptoren (mit denen indexiert wird) möglichst gering zu halten. Daher sind Synonyme (z. B. Auto, Kraftfahrzeug) und Quasisynonyme (z. B. Mechanisierung, Automatisierung) jeweils auf Vorzugsdeskriptoren zusammenzuführen und gegenseitig zu verweisen („benutze ..." bzw. „benutzt für ..."), ebenso verwandte Begriffe (z. B. Unterricht, Ausbildung) durch besondere Verweisungen aufeinander zu beziehen und Homonyme (z. B. „Amtsleitung") durch ihre Darstellung zu unterscheiden.

4. Beachtung syntaktischer Regeln: Syntax befaßt sich mit Bedeutungsunterschieden aufgrund der Darstellungsstrukturen von Sätzen, Phrasen und Wörtern. Zum Beispiel hat „Dokumentationsprogramm" anderen Inhalt als „Programmdokumentation". Für solche Fälle werden meist Bezeichnungen aus mehr als einem Wort gewählt, oder es sind entsprechende Hinweise nötig (z. B. „Brandbekämpfung" benutze Brand + Bekämpfung). Auch Fragen unterschiedlicher Schreibweise (Komputer, Computer), von Abkürzungen (EDV, IRS) und von Wortformen (Substantiv/Adjektiv, Singular/Plural) gehören hierher und sind einheitlich zu regeln.

Die genannten Gesichtspunkte sind Gegenstand von Regeln, die je nach Aufgabenstellung, Dokumentationsmaterial und Benutzerbedarf eines Systems spezifische Anwendung verlangen. Ein EDV-unterstütztes System zur Thesaurusentwicklung mit speziellen Richtlinien wird für die deutsche Chemiedokumentation z. Z. erprobt [55]. Rahmenrichtlinien sind bei UNESCO und ISO/TC 46 sowie beim DNA ausgearbeitet [56, 57]. Bibliographien befinden sich in [58, 59], über den maschinellen Thesaurusaufbau handelt [60].

Ein Thesaurus ist nur dann wirksames Indexierungsmittel, wenn sein Vokabular kontinuierlich getestet und mit den in Dok-en und Suchfragen auftretenden Begriffen abgestimmt wird. Erst nach mehreren tausend zufriedenstellend indexierten Dok-en wird er ein gewisses Gleichgewicht annehmen und Zusätze, Änderungen und Löschungen nur noch selten nötig machen. Darüber hinaus müssen Einheitlichkeit und Gleichmäßigkeit der Anwendung beim Indexieren durch Regeln, Aus- und Fortbildung sowie häufige Tests sichergestellt werden. Dies gilt übrigens auch für das Anfertigen von Zusammenfassungen, bei denen zwischen „indikativen" Referaten mit allgemeineren Aussagen über den Inhalt ohne qualitative und quantitative Angaben, „informativen" als komprimierte Wiedergaben der wichtigsten Überlegungen, Methoden, Daten und Folgerungen und „kritischen" als kondensierte Beurteilung von Wert und Brauchbarkeit, Zielgruppe und Entwicklungsstand, auch im Vergleich mit anderen Arbeiten, unterschieden wird [61, 62].

Systemparameter. Das Indexieren der Sachverhalte von Dok-en und Anfragen hat, wie gesagt, entscheidende Bedeutung für das Antwortverhalten eines Recherchesystems, d. h. für die Qualität gewonnener Ergebnisse für den Benutzer. Eine Betrachtung des Systemverhaltens und seiner Parameter spiegelt diese Qualität und zugleich die wesentlichen Merkmale eines Literaturdokumentationssystems im Unterschied zur Datendokumentation wider:

Der Benutzer ist an Dok-en interessiert, die seinen Informationsbedarf erfüllen. Falls z. B. Patente gespeichert sind, mit denen der Neuheitsgrad von Geräten oder Materialien zu bestimmen ist, genügt als Antwort schon ein einzelnes Dok, wenn es die zu prüfende Neuheit ausschließt. Ist es entdeckt, kann die Suche abgebrochen werden. Andererseits muß z. B. zur Vorbereitung neuer Forschungsprojekte soviel wie möglich relevante Literatur wiedergefunden werden. Für die Forderung, „relevante" Dok-e zu recherchieren, bestehen also unterschiedliche Voraussetzungen. Relevant ist ein Dok, das den aktuellen Benutzerbedarf erfüllt. Die Systemeigenschaft, relevante Dok-e auszugeben, wird als *Recall* (Wiedergewinnungseigenschaft) bezeichnet. Sie gilt als wichtigster Parameter, da das System in jedem Fall relevante Dok-e bereitstellen soll. Der Recall wird quantitativ durch das *Recallverhältnis* (recall ratio) als Anteil des Speichers von relevanten wiedergefundenen Dok-en ausgedrückt. Hierfür gilt die Beziehung:

$$R = \frac{d_r}{d_c} \cdot 100\%,$$

wobei d_r die Zahl der ausgegebenen relevanten Dok-e und d_c die Zahl aller relevanten Dok-e im Speicher bedeutet. Sind für eine Frage z.B. 10 relevante Dok-e im Speicher und werden bei der Recherche 8 wiedergefunden, ergibt sich ein Recallverhältnis von 80%.

Zweck des Suchspeichers ist es, soviel wie möglich unzutreffende Dok-e auszusondern, gleichzeitig aber so wenig wie möglich zutreffende zurückzuhalten. Damit wirkt er wie ein Filter, der die Zahl auszugebender Dok-e (DBE) reduziert, dabei aber auch einen hinreichenden Anteil relevanter DBE durchläßt. Der Recall R ist das Maß für die Durchlässigkeit des Filters. Für sich allein ist R jedoch ohne Aussage, da maximales R (100%) durch Ausgabe des gesamten Speicherinhalts immer erreichbar ist. Der Recall ist daher zu ergänzen durch ein Maß für die Sperrfähigkeit des Filters, unerwünschte Dok-e auszuschließen. Als solches Maß ist das *Genauigkeitsverhältnis* (precision ratio) als Anteil der Ausgabe von wiedergewonnenen relevanten Dok-en eingeführt worden. Hierfür gilt:

$$P = \frac{d_r}{d_{r+n}} \cdot 100\%,$$

wobei d_r die Zahl der ausgegebenen relevanten Dok-e und d_{r+n} die Gesamtzahl der ausgegebenen Dok-e (relevant und nichtrelevant) bedeutet. Gibt es z.B. 10 relevante Dok-e im Speicher, von denen 8 recherchiert wurden, betrug R 80%. Wurden diese 8 unter insgesamt 100 Dok-en recherchiert, sind 92 unzutreffend. P beträgt demnach 8%.

Darüber hinaus reflektiert P den notwendigen Aufwand, um ein bestimmtes Maß von R zu erreichen. Bei großem Aufwand können immer 100% R, jedoch bei relativ niedrigem Wert von P, erreicht werden. Die Möglichkeit von 100% R wird desto geringer, je weniger Dok-e überhaupt ausgegeben werden und umgekehrt. Wird eine bestimmte Anfrage allgemeiner formuliert und werden damit 100 Dok-e recherchiert, so ist R zweifellos höher als bei spezifischerer Formulierung und nur 20 Dok-en Output. Da die spezifischere Anfrage sicher präziser beschrieben ist als die allgemeinere, kann angenommen werden, daß aufgrund der spezifischeren auch ein größerer Outputanteil relevant ist als aufgrund der allgemeineren. Dies impliziert eine Tendenz zum inversen Verhältnis zwischen R und P: Je mehr Dok-e aufgrund einer allgemein gehaltenen Anfrage gefunden werden, desto mehr relevante werden darunter sein, allerdings auf Kosten auch vieler nicht relevanter. Umgekehrt werden, je spezifischer die Suchfrage, desto weniger unzutreffende Dok-e ausgegeben, allerdings auf Kosten eines Verlustes an zutreffenden.

Da Suchfragen sich verschieden spezifisch formulieren lassen, können für eine vorgegebene Menge von Anfragen jeweils Suchformulierungen in Ebenen von unterschiedlicher Spezifität ausgearbeitet und im Suchspeicher recherchiert werden. Aus allen Einzelergebnissen wird zu jeder der Ebenen die Relevanz geprüft und durch R- und P-Werte festgelegt. Die zu den Ergebnissen von Suchfragen einer „mittleren Spezifität" gehörenden Werte ergeben als Punkte in einem gemeinsamen R, P-Diagramm eine Kurve, die als Recall-Precision-Kurve das Systemverhalten des Suchspeichers bzw. des Dokumentationssystems unter Benutzerrecherchen dieser Spezifität kennzeichnet.

Für eine bestimmte Sammlung von Dok-en und eine bestimmte Gruppe von Recherchen, deren Ergebnisse von einer bestimmten Bedarfslage von Benutzern auf Relevanz beurteilt wird, ergibt sich eine gewisse „Optimalkurve". Ihre Lage wird bestimmt durch a) die Eigenschaften der Indexierungssprache und b) die Spezifität der Anfragen. Bei Datendokumentation mit eindeutigen Werten wie etwa Zahlen kann sie sich rechts oben im Diagramm nahe 100 % R und 100 % P befinden. Ein System auf der Basis von DBE dagegen wird sich mehr oder weniger weit links von diesem Idealfall bewegen. Je präziser und unzweideutiger die Fachsprache eines Gebietes und damit die Indexierung ihrer Sachverhalte, desto besser die Systemeigenschaften. Andererseits ist die Lage der Kurve auch vom „Relevanzstandard" der Systembenutzer abhängig. Für Benutzer von Abonnementrecherchen, die laufend allgemeinere Hinweise zu ihrem Interessengebiet wünschen, wird er, mit R, P-Werten mehr im rechten Teil des Diagramms, niedriger liegen als für Benutzer retrospektiver Recherchen mit ihren weit spezifischeren Bedürfnissen. Abb. 10.3-7 zeigt eine R, P-Kurve, wie sie für naturwissenschaftlich-technische Literaturdokumentation vorkommen kann [63, 64]. Im übrigen hat die Berechnung von R- und P-Werten Bedeutung für Systeme, bei denen Recherchen iterativ im Dialogbetrieb durchgeführt und Anfragen schrittweise spezifiziert werden können (vgl. Abschnitt 10.3.4).

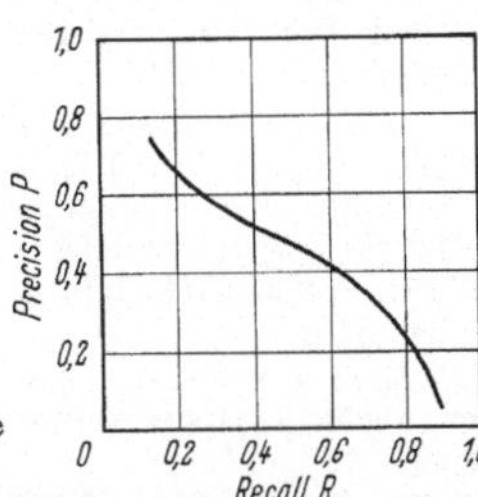

Abb. 10.3-7. Recall-Precision-Kurve

Indexieren mit semantischen und syntaktischen Codes. Bei der Methode der Begriffsgleichordnung werden die SW den Dok-en normalerweise gleichrangig, d.h. ohne Beziehung zueinander, zugeordnet. Dies kann bei der Recherche zu unerwünschten „Treffern" (Ballast) führen. Behandelt ein Dok z.B. die Themen (1) „Indexieren mittels Klassifikation" und (2) „Herstellung von Thesauri", so wird als Antwort auf die entsprechende Suchfrage sowohl die Kombination Herstellung ∧ Klassifikation als auch Indexieren ∧ Thesauri als Ballast anfallen. Man schafft für solche Fälle Abhilfe, indem die zu einem Thema gehörenden Aspekte schon beim Indexieren verknüpft, d.h. ihre SW jeweils mit gleichen Buchstabensymbolen („Links") zusätzlich ausgezeichnet werden. Derart werden bei der Recherche Dok-e ausgeklammert, deren Deskriptoren anderen semantischen Gehalt verkörpern als die der Suchfrage.
Ähnlich können SW-Kombinationen zu Rechercheballast führen, wenn sie verkehrte syntaktische Beziehungen ansprechen. Zum Beispiel wird ein Dok über „manuelles Indexieren für maschinelle Recherchen" auch auf Fragen nach „manuelle Recherchen" und „maschinelles Indexieren" mit anfallen, denn in beiden Fällen decken die Suchwörter die Dok-Wörter (Sichtlochkarten-Effekt). Um derartigen Ballast zu vermeiden, werden Dok-SW beim Indexieren zusätzlich mit numerischen Rollenindikatoren (role indicators), die aktive oder passive Rollen von Sachverhalten wie Eingangsgröße, Prozeß, Ausgangsgröße, Ursache, Wirkung usw. im jeweiligen Zusammenhang definieren, ausgezeichnet [65, 66]. Schließlich können Deskriptoren auch noch Gewichtungen für ihre Bedeutung im thematischen Zusammenhang erhalten. Diese aufwendigen intellektuellen Verfahren verlieren jedoch desto mehr an Bedeutung, je umfassendere und wirkungsvollere maschinelle Textanalysemethoden angewendet werden können (vgl. Abschnitt 10.3.5).

10.3.4 Speicherorganisation und Rechercheverfahren

Dokumentationsspeicher bilden allgemein eine Sammlung von Dok-en. Um Recherchen zu ermöglichen, werden für sie logische DBE gespeichert, in denen die jeweiligen suchrelevanten Aspekte durch ordnungsfähige Merkmale (SW) gekennzeichnet sind (vgl. Abschnitt 10.3.2). Die *Speicherorganisation* ist Gegenstand der inneren Struktur der zu speichernden Datenelemente, mit der Aufgabe, in Beziehung zueinander stehende, benachbart (oder verknüpft) und gleichartige, je nach Verwendungszweck, möglichst einheitlich zu speichern. Außerdem ist ein Gleichgewicht zwischen Speicherplatz- und Suchzeitaufwand zu finden. Werden nämlich alle vorkommenden Kategorien von SW in jeweils eigenen Ordnungen gespeichert, kann die Suchzeit herabgesetzt werden, was allerdings auf Kosten des Speicherplatzes geschieht. Wird dagegen nur nach einem Suchgesichtspunkt geordnet, lassen sich bestimmte Recherchen kaum oder gar nicht durchführen. Daher kann der parallele Aufbau mehrerer Dateien sinnvoll sein. Mehrfachdateien sind jedoch nicht nur speicherplatzaufwendig, sondern auch schlecht auf dem laufenden zu halten (zu pflegen), wenn häufig neue DBE oder einzelne Elemente an bestimmte Plätze gebracht oder zu löschende entfernt werden müssen. In der Praxis werden meist verschiedene Speicheranordnungen miteinander verbunden, um Suchzeit und Pflegeaufwand zu optimalisieren.

Recherchieren beinhaltet den schrittweisen Vergleich zwischen Anfrage-SW und Dok-SW. Dabei erfordert jeder Vergleich einen Speicherzugriff. Die Effektivität eines Suchprozesses heißt „Suchlänge" (Search length) und bemißt sich nach der Zahl der erforderlichen Vergleiche und Speicherzugriffe. Entscheidend ist, daß vor dem Suchlauf nicht durch einfache Parameter angegeben werden kann, wo im Speicher sich ein gesuchtes Objekt befindet (speicherunabhängiges Suchen). Unter Berücksichtigung von Suchlänge und Pflegeaufwand können Rechercheverfahren unterschieden werden nach:

Sequentiellen Recherchen, wobei die Speichereinheiten (DBE) im Grunde ungeordnet sein können. Nachteilig ist der Aufwand an Suchzeit, da der gesamte Speicher geprüft werden muß.

Recherchen in geordneten Dateien, wobei Vergleichsoperationen nur mit bestimmten Elementen des Speichers durchgeführt werden. Daher verkürzen sich die Suchzeiten; aber es muß ein Verzeichnis mitgeführt und -gepflegt werden, das die Verbindung zu den Speichereinheiten herstellt.

Recherchen in „verketteten" Dateien, wobei innerhalb beliebiger Speicherordnung Beziehungen zwischen Einheiten und Elementen und jeweils untereinander durch sogenannte Zeiger verknüpft werden. Verschiedene Verkettungsmethoden sind möglich. Verkettete Dateien sind relativ leicht zu pflegen, liefern aber gewöhnlich weniger effektive Suchläufe.

Sieht man die DBE mit allen ihren Angaben als Speichereinheiten, die durch ihre Dok-Nummern (als Charakteristika der Gesamtheiten) und jeweils durch eine Anzahl von SW (als Charakteristika der verschiedenen Suchaspekte) repräsentiert werden, so ergibt sich die Dok/SW-Matrix nach Abb. 10.3-6. Mit ihr treten zugleich die beiden grundsätzlichen Möglichkeiten der Speicherordnung mit entsprechenden Voraussetzungen für maschinelle Suchprozesse in den Vordergrund [67]:

1. nach Dok-en (bzw. -nummern), zusammen mit den zugehörigen SW (Reihen der Matrix) und weiteren Angaben einerseits und

2. nach SW, zusammen mit den ihnen zuzuordnenden Dok-Nummern und weiteren Angaben (Spalten der Matrix) andererseits.

Da Dok-e primär in der Form 1. auftreten, werden Speicheranordnungen nach ihr als Dokument- oder Direktspeicherung (Dokspeicherung) und Speicheranordnungen nach 2., die eine Umkehrung der Matrix beinhalten, als invertierte oder Umkehrspeicherung, hier SW-Speicherung, bezeichnet.

Dokspeicherung. Bei dieser Speicherorganisation werden die DBE geschlossen gespeichert und sequentiell abgearbeitet. Das bedeutet, daß nacheinander jede

DBE und jedes SW geprüft wird. Liegt schon eine bestimmte Abfolge vor, wie z.B. beim Magnetband, so ist nur sequentieller Zugriff und damit auf direktem Wege auch nur sequentielles Suchen möglich. Andererseits kann auch in Speichern mit wahlfreiem Zugriff (Randomspeichern) sequentiell gesucht werden. Die Dok-Speicherung eignet sich besonders für Stapelverarbeitung, da in einem Durchlauf leicht eine größere Anzahl von Anfragen beantwortet, zugleich aber auch unterschiedliche Kategorien von SW wie Deskriptoren, Verfassernamen, Veröffentlichungsdatum usw. angesprochen werden können. Andererseits entstehen lange Suchzeiten, da die Recherche erst nach Durchlauf des gesamten Speichers abgeschlossen ist. Im einzelnen werden die SW der Anfrage auf Identität mit den gespeicherten geprüft und zweckmäßigerweise auch mit der Zahl von DBE, in denen sie vorkommen, markiert. Bei Systemen, die logische Verknüpfungen von SW durch UND, ODER, NICHT zulassen, müssen zusätzlich entsprechende Operationen durchgeführt werden, um Übereinstimmungen zwischen Anfrage-SW und Dok-SW aufzufinden. Da eine Datei in Dokspeicherung vor Antwortausgabe vollständig durchlaufen sein muß, ist letzlich keine besondere Speicherordnung nötig. Sinnvoll ist jedoch eine Ordnung nach Dok-Nummern, durch die neue Dok-e am Schluß angefügt werden können. Dokspeicherung verlangt keine besonderen Programme zur Speicheraufbereitung; auch die Pflege ist einfach.

SW-Speicherung. In dieser Speicherorganisation wird nach SW, normalerweise den Deskriptoren der Dok-e, geordnet. Alle SW werden in absteigender Folge, also A vor B, B vor C usw. gespeichert. Dabei ist normalerweise jede Dok-Nummer so oft, wie sie mit einem SW vorkommt, bei diesem geführt. Typisch ist die Anordnung von Dok-en nach ihren letzten Ziffern. Sie kann für jedes SW in Listen oder auf Karten („Unitermkarten") ausgedruckt werden, die das gleichzeitige Vorkommen von Dok-Nummern bei verschiedenen SW und damit konjunktive Verknüpfungen erkennen lassen [65].

Bei der Recherche werden die mit den Anfrage-SW korrespondierenden SW-Dateibereiche herausgezogen. Die Dok-Nummern müssen dann noch besonders auf vorgegebene SW-Kombinationen geprüft werden. Die Prozedur der Recherche ähnelt den Verfahren bei Tabellenabfragen: Ist die Datei strikt nach SW sortiert, kann schrittweise durch Vergleiche auf $>$, $<$, $=$ abgefragt werden. Dabei treten das einzelne SW, die Menge mit höheren und die Menge mit niedrigeren Ordnungswerten zueinander in Beziehung. Der Suchlauf ist optimal, wenn diese beiden Mengen gleich groß sind. Dies setzt eine monoton abfallende Folge voraus, so daß die Gesamtmenge beim ersten Schritt in zwei gleiche Teile, jede Untermenge dann wieder in zwei gleiche Teile usf. unterteilt werden kann, bis das gesuchte Element (SW) gefunden ist. Bei einer Gesamtmenge von $N = 2^n - 1$ Elementen würde der erste Schritt zum Element 2^{n-1} führen. In den folgenden Schritten würden die zu prüfenden Restmengen sukzessive von 2^{n-1} auf 2^{n-2}, ..., 4, 2, 1, abnehmen (binäre Tabellensuche). Wird die Gesamtmenge in mehrere Teile m_i geteilt, so kann jeweils innerhalb der Teilmengen binär gesucht werden. Der Vorgang ist ebenfalls optimal, wenn die Teilmengen gleich groß sind (m-Wege-Suche). Bei verschiedener Größe der abzufragenden Teilmengen verlängert sich die Suchzeit. Das Verfahren wird zur sequentiellen Abfrage, wenn eine der Teilmengen leer ist (Abfrage von oben nach unten auf $<$ oder $=$).

Verwandt mit der m-Wege-Abfrage ist die Blocksuche, bei der die geordnete Gesamtmenge in Teilmengen von n Elementen unterteilt wird. Der erste Vergleich wird mit dem letzten Element des ersten Blockes gemacht. Ist dessen Ordnungswert größer, wird das letzte Element des zweiten geprüft usf., bis ein Element mit kleinerem Ordnungswert gefunden ist. Die Elemente dieses Blockes können anschließend z.B. sequentiell geprüft werden. Eine Datei mit N Elementen, geteilt in Blöcke von n Elementen, umfaßt N/n Blöcke. Die Gesamtzahl von Suchschritten s beträgt für alle Elemente N:

$$s = \frac{N(N + n^2)}{2n}$$

und die mittlere Zahl

$$\bar{s} = \frac{N + n^2}{2n}.$$

Der Suchlauf ist optimal, wenn die Blocklänge $n = \sqrt{N}$ beträgt. Verglichen mit der sequentiellen Abfrage nimmt der Suchaufwand dementsprechend mit steigendem N ab [68].

Die SW-Speicherung eignet sich besonders bei Einsatz von Random-Speichern (Platten, Trommeln, Streifen), wo die Zugriffszeit kaum vom Speicherplatz abhängt. Dabei wird zweckmäßigerweise ein Kontrollblock mitgeführt, der bei jedem SW die Adresse des zugehörigen Speicherbereichs in demjenigen Sekundärspeicher angibt, in dem die betreffenden DBE gespeichert sind. Meist gehören viele DBE zu einem SW. In diesem Fall kann ein Verzeichnis oder eine Liste von Adressen (Adressenverzeichnis, AV), unter denen die verschiedenen DBE gespeichert sind, zur Verknüpfung dienen, oder im Kontrollblock steht die Adresse eines Adressenverzeichnisses, das die Speicherplätze der DBE enthält, oder er enthält die Adresse der obersten zugehörigen DBE, mit welcher alle übrigen DBE verkettet sind. Die Suche beginnt dann im AV, ehe die zugehörigen DBE und Dok-Nummern herausgezogen werden. Auf diese konzentrieren sich dann die Vergleichsoperationen.

Für neue DBE wird erst der Speicherbereich zugeordnet, dann das AV aufgebaut. Das Up-dating beinhaltet Aufnahme neuer DBE unter Veränderung des AV oder entsprechende Löschungen. Für Speicher mit häufigen Änderungen ist es relativ aufwendig. Sind nur relativ kurze DBE-Anhänger, etwa in Form von Dok-Nummern z.B. auf Plattenspeicherspuren, unterzubringen, kann die zweistufige Abfrage auf Real-time-Basis erfolgen. Die Adressierung der Speicherbereiche hat dabei besondere Bedeutung, da es möglich ist, die Anordnung so zu treffen, daß jeder gleich schnell, oder aber die wichtigen leichter erreichbar sind [69, 70]. In der Praxis werden jedoch meist längere Dok-Anhänger vorkommen, so daß die Suchzeiten für Einzelanfragen kaum günstiger sind als bei Stapelverarbeitung.

Systeme mit Begriffsgleichordnung können auch mit einfachen *Lochkartenkarteien* realisiert werden. Als manuelle Systeme mit Dokspeicherung sind Rand- oder Schlitzlochkarten bekannt [71, 72]. Bei Maschinenlochkarten folgen einem Nummernfeld für die Dok-Nummer auf einer oder mehreren Karten festlange Felder mit codierten SW, die mit Kartenmischern durch Vergleich mit einer vorgelochten Anfragekarte oder mit Hilfe von Sortiermaschinen mit Mehrspaltensuchern abgefragt werden können. SW-Speicherung wird in manuellen Systemen durch die „Sichtlochkartei" realisiert. Hier steht eine einzelne Karte mit aufgedrucktem Nummernraster für ein SW. Durch Lochung eines Nummernfeldes wird das mit gleicher Nummer gekennzeichete Dok zugeordnet. Mehrere SW-Karten des gleichen Dok-s können zusammengelegt und an der gleichen Stelle gemeinsam gelocht werden. Bei der Suche nach bestimmten SW werden die entsprechenden SW-Karten gezogen und auf die in ihrem Rasterfeld gelochten Dok-Nummern geprüft. Konjunktive Verknüpfungen ergeben sich, wenn die entsprechenden Karten deckungsgleich übereinander gegen das Licht gehalten werden und dabei nur Nummern der Dok-e, bei denen das SW gleichzeitig vorkommt, sichtbar werden („Sichtlochkarten"). Bei Maschinenlochkarten sind je SW eine oder mehrere Karten und für jede Dok-Nummer ein bestimmtes Lochfeld vorgesehen. Sie können, z.B. ebenfalls in Sortiermaschinen mit Mehrspaltensuchern, abgefragt werden. Außerdem kann, wie bei der manuellen Sichtlochkarte, eine feste Lochposition für eine bestimmte Dok-Nummer vergeben werden, wodurch eine normale Lochkarte 600 oder 800 Dok-Nummern aufnehmen kann. Der Herstellungsgang ist so, daß vorgelochte Dok-Nummernkarten in einer Handkartei bei allen betroffenen, mit SW-Nummern ebenfalls vorgelochten SW-Karten vorangestellt werden. Nach Aufsammeln der 600 oder 800 Nummernkarten eines Satzes werden deren Dok-Nummern-Löcher durch Doppeln in die SW-Karten gestanzt, die Nummernkarten eliminiert und die SW-Karten nach ihren Nummern sortiert [73, 74]. Mit Hilfe von Spezialgeräten kann außerdem nach Ansammlung von Sätzen mit bis zu 12 Loch-

karten pro SW für jeden eine 6000er bis 10000er manuelle Sichtlochkarte hergestellt werden [75, 76]. Das Zuordnen von Dok-Nummern zu SW-,,Karten" kann
auch durch maschinelles Einmischen, etwa mit Trommel- oder Plattenspeichern
und SW-Speicherung erfolgen, wobei ein AV mit den Speicherbereichen der zugehörigen Dok-Nummern geführt wird.

Recherchen mit SW-Speicherung (Tabellensuchvorgänge) sind normalerweise
effektiver als sequentielle Recherchen mit Dokspeicherung. Dabei ermöglicht der
Einsatz von Random-Speichern Suchzeiten auf Real-time-Basis. Andererseits wird
SW-Speicherung normalerweise nur für eine einzelne SW-Kategorie (z.B. Deskriptoren) geführt, so daß nicht gleichzeitig nach unterschiedlichen SW-Kategorien
gefragt werden kann.

In praktischen Systemen, sowohl in Dok- wie SW-Speicherung, werden vielfach
auch Codierungen für SW in einzelnen Feldern überlagert (Überlagerungscodes)
[77]. Die Recherche geschieht ebenfalls durch Vergleich von Anfragecodierungen
mit gespeicherten SW-Codierungen. Dabei können auch unzutreffende Antworten
entstehen. Außerdem können einzelne überlagerte SW-Codes mit dem vollständigen
Inhalt aller identisch sein. Man vermeidet dies, indem man Einzelcodes speziell
kennzeichnet oder unterschiedliche Beziehungen zwischen überlagerten Codes entsprechend ausdrückt. Meist entstehen jedoch keine wirklichen Schwierigkeiten, da
schon durch die Codeliste dafür gesogt sein kann, daß falsche Verknüpfungen nur
aus Begriffen entstehen, die praktisch nie gemeinsam abgefragt werden, so daß
falsche Antworten bei der Recherche leicht entdeckt werden können.

Kombinierte Dok- und SW-Speicherung. Dok- und SW-Speicherung besitzen jeweils für sich den Nachteil, daß häufig erst ein großer Teil des Gesamtspeichers
durchsucht werden muß, ehe DBE endgültig als zutreffend erkannt sind. Bei
Dokspeicherung muß gewöhnlich der gesamte Speicherinhalt abgesucht werden.
Im SW-Speicher ist die Zahl der nötigen Vergleichsoperationen von der Zahl der
Anfrage-SW abhängig: Je mehr SW eine DBE enthält, desto umfangreicher wird
der zu prüfende Anteil des Speichers, obwohl doch durch konjunktive Verknüpfungen die gewünschte Dok-Zahl sinken soll. Daher kann man, allerdings auf

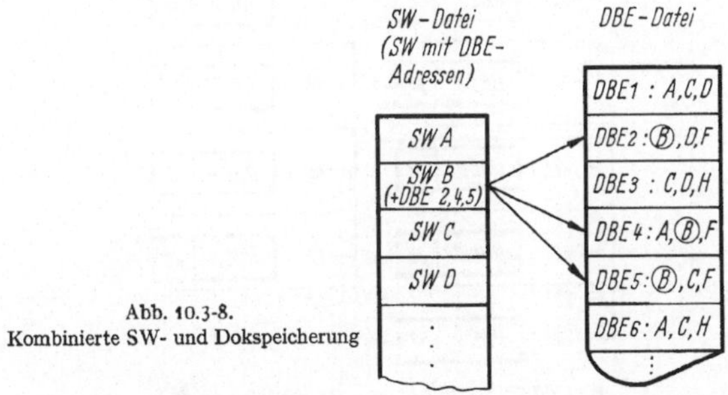

Abb. 10.3-8.
Kombinierte SW- und Dokspeicherung

Kosten des Speicherplatzes, die Suchzeit verringern, wenn sowohl eine SW-Datei
(nach Deskriptoren) zusammen mit allen betroffenen Dok-Nummern als auch eine
DBE-Datei mit allen nötigen bibliographischen Daten geführt wird. Eine aus den
SW: $A \wedge B \wedge C$ gebildete Suchfrage wird dann schrittweise recherchiert: Aus der
invertierten SW-Datei wird zunächst das SW mit der niedrigsten Zahl von Dok-
Nummern (z.B. SW B) aufgesucht. Anschließend werden aus der DBE-Datei alle
DBE von B extrahiert und auf gleichzeitiges Vorkommen auch der SW A und C
geprüft, wie Abb. 10.3-8 zeigt [78]. Ein Vergleich der erforderlichen Manipulationen
bei verschiedenen Speichermethoden zeigt folgendes Beispiel: In einer Sammlung
von 2 Mill. DBE umfasse jede DBE 10 Zeichen für ihre Adresse und durchschnitt-

lich 100 Zeichen für alle SW einschließlich Adresse. SW A sei mit 60000, B mit 2000 und C mit 38000 DBE verknüpft. Bei der Suche nach $A \wedge B \wedge C$ müssen abgefragt werden:

Bei sequentieller Recherche im Dok-Speicher: 2 Mill. DBE mit je 100 Zeichen = 200 Mill. Zeichen,

bei normaler Tabellenabfrage im SW-Speicher: 20000 Adressen für SW A, 2000 für SW B und 10000 für SW $C = 10\,(60000 + 2000 + 38000) = 1$ Mill. Zeichen,

bei kombinierter Dok- und SW-Speicherung: Zuerst Abfrage von 2000 DBE-Adressen für SW B, dann 2000 Abfragen der zugehörigen DBE im DBE-Speicher = $2000 \times 10 + 2000 \times 100 = 220000$ Zeichen.

Wie die normale SW-Speicherung erfordert auch kombinierte Dok-/SW-Speicherung umfangreiche zusätzliche Speicher für die übrigen Daten der gespeicherten DBE, die jeweils für sich auf dem laufenden gehalten werden müssen.

Speicherung mit Adressenverkettung. Sind im Speicher häufig Änderungen nötig, so werden die gespeicherten Daten (DBE oder auch SW) zweckmäßig nicht in fortlaufenden Speicherbereichen geführt, sondern durch Adressenverkettung verknüpft. Das Verfahren besteht darin, daß bei jedem Element die Adresse des ihm folgenden oder mit ihm im Zusammenhang stehenden gespeichert wird. Die einzelnen Elemente oder Datensätze bilden Glieder einer Kette. Einfügungen können dann leicht dadurch erfolgen, daß die Kette an einer bestimmten Stelle aufgebrochen und nach Einfügen des neuen Elements wieder geschlossen wird. Ebenso leicht sind Löschungen möglich (Abb. 10.3-9). Die einfachste Struktur hat die offene Kette. Als Anfangsadresse („Anker") dient ein Satz oder Feld, dessen Inhalt voraussichtlich keinen Änderungen unterliegt. Erhält das letzte Kettenglied die Adresse des

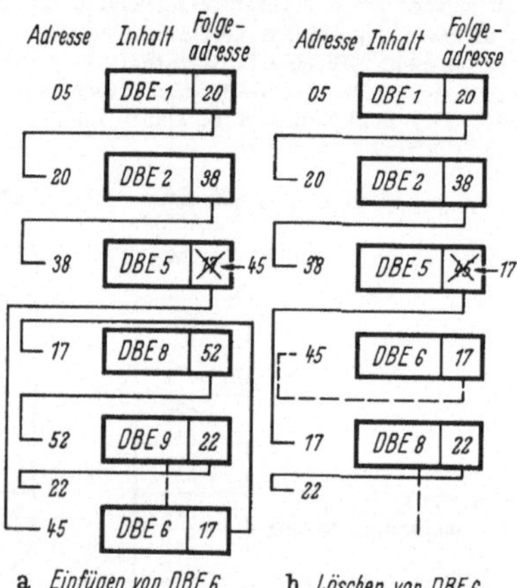

Abb. 10.3-9. Einfügen (a) und Löschen (b) mit Adressenverkettung

ersten, so entsteht eine geschlossene Kette. Im übrigen kann jedes einzelne Glied einer Kette sowohl Ausgangspunkt oder Anker als auch Glied weiterer Ketten sein [79]. Häufig werden Doppelketten zur Darstellung abstrakter Baumstrukturen verwendet, indem für einen Knotenwert zwei Adressen gespeichert werden, die erste etwa für den nächst höheren und die zweite für den nächst niedrigeren Wert („Rückwärtskette"). Beim Suchvorgang kann derart nach „rechts" oder „links" bzw. „oben" oder „unten" geprüft werden. Strukturen mit Doppelverkettungen benötigen gegenüber einfachen Listenanordnungen doppelten bis dreifachen Speicherplatz, sind aber für Suchprozesse ebenso wie für die Pflege besonders gut geeignet [80, 81].

Wird z. B. im SW-AV nur die Adresse der ersten DBE geführt, und sind alle übrigen mit dieser verkettet, so kann ein „Multilisten-System" entstehen [82]. Beim Speicheraufbau werden zunächst die DBE mit Adressen versehen und nach diesen sortiert. Anschließend wird das SW-AV mit den Adressen der jeweils obersten DBE und einer Information über die Länge der Kette generiert und nach SW sortiert. Nun müssen Zeiger (pointer) zwischen den einzelnen, jedem SW zugehörigen DBE generiert und anschließend ebenfalls nach DBE-Adressen sortiert werden, um sie mit den sortierten DBE entsprechend zu verknüpfen. Dadurch brauchen die DBE nicht mehr bei jedem SW immer wieder, sondern jede nur einmal geführt zu werden [83]. Das Verfahren arbeitet am besten mit begrenzter Zahl von SW und auch relativ kurzen DBE-Ketten bei jedem der SW. Sind dagegen längere Ketten mit teilweise ungleichmäßiger Verteilung vorhanden, können sich auch relativ lange Suchzeiten ergeben.

Für größere Dok- und SW-Mengen, die überdies in komplizierten logischen Verknüpfungen abzufragen sind, führt sowohl die Dok- als auch die SW-Speicherung zu langen Suchläufen. Daher ist eine Speicherorganisation anzustreben, die Suchläufe mit kleineren Untermengen des Gesamtspeichers durchzuführen und gleichzeitig eine Vielzahl von Anfragen parallel zu beantworten erlaubt.

Recherchen mit Untermengen des Speichers. Unterteilungen des Recherchespeichers sind durch Bildung von Clustern (Bündeln, Schwärmen) aufgrund statistischer Gegebenheiten der gespeicherten Sammlung möglich (vgl. Abschnitt 10.3.5). Jedes Dok läßt sich durch einen Eigenschaftsvektor darstellen, der auf der Grundlage des statistisch gleichzeitigen Vorkommens von SW in verschiedenen Dok-en Aussagen über die Ähnlichkeit von Paaren von Dok-en liefert (Assoziationsfaktoren). Durch Vergleich der Eigenschaftsvektoren verschiedener Dok-e können Cluster dadurch gebildet werden, daß die Ähnlichkeit zwischen Paaren von Dok-en innerhalb eines bestimmten Clusters größer ist als zwischen Dok-en in verschiedenen. Um Größe von Clustern und Zahlen der Dok-e in ihnen unter Kontrolle zu halten, damit nicht die Bildung sehr großer Cluster mit kleiner Dok-Zahl oder umgekehrt entsteht, werden entsprechende Parameter gebildet. Das sind sogenannte Klassifikationsvektoren, die die mittleren Eigenschaftswerte aller Dok-Vektoren innerhalb eines Clusters ausdrücken [84]. Sie können für zweidimensionale Dok-Vektoren als Kreisvektoren und für vieldimensionale als räumliche Vektoren für den geometrischen Mittelwert der betrachteten Dok-Vektoren dargestellt und berechnet werden. Sind sie für alle Cluster errechnet, kann der Suchprozeß folgendermaßen ablaufen: Zunächst wird die Suchfrage gegen die Klassifikationsvektoren jedes der gebildeten Cluster, anschließend gegen die einzelnen Dok-e derjenigen Cluster, deren Vektoren hohe Korrelationswerte mit der Anfrage ergeben haben, geprüft (Zwei-Ebenen-Recherche). Für Systeme mit sehr hoher Clusterzahl können aus Dok-Vektoren von Clustern gebildete Klassifikationsvektoren ihrerseits zu Clustern mit eigenen räumlichen Bestimmungsvektoren führen. Damit kann der Suchprozeß über drei Ebenen, nämlich 1. Vergleich der Suchfrage mit Bestimmungsvektoren von Clustern von Klassifikationsvektoren, 2. Vergleich mit Klassifikationsvektoren, die besonders große Ähnlichkeit reflektieren, und schließlich 3. Vergleich einzelner Dok-e aus Clustern mit hoher statistischer Signifikanz [85, 86].

Iterative Recherchen. Sie bedeuten, daß der Benutzer vom System aufgrund von Anfragen gelieferte Rechercheergebnisse schrittweise prüfen und seine Anfrageformulierungen verbessern bzw. dem System anpassen kann, um schließlich möglichst zutreffende und zugleich umfassende Ergebnisse zu erhalten. Alle Methoden gründen auf der Voraussetzung, daß eine anfängliche Suchformulierung vorliegt, die aufgrund von Ergebnissen umformuliert werden kann. Die Neuformulierung kann mit verschiedenen Hilfsmitteln von außen oder auch durch vollmaschinelle Methoden erfolgen. Zum Beispiel können die im System gespeicherten SW als Wörterbuch dienen, das dem Benutzer neue und andere, im Zusammenhang mit Wörtern der Anfrage vorkommende Wörter liefert, etwa durch Abfrage eines mit generischen, synonymen oder sonst assoziativen Beziehungen gespeicherten Thesaurus oder auch, indem in gelieferten DBE vorkommende, aber in der Anfrage nicht verwendete SW nachträglich hinzugefügt werden.

Wichtigster Indikator ist dabei immer die Angabe der Häufigkeit der SW-Benutzung, wobei zu berücksichtigen ist, daß häufig vorkommende SW weniger spezifisch sein können als seltene. Daher sollten SW-Bewertungen je nach Spezifität für den Benutzer geändert und damit erneute Recherchen durchgeführt werden können. Iterationsverfahren, die den Benutzer weitgehend entlasten, benutzen Relevanz-Feedback. Dabei wird nach Anstoß eines Suchlaufs zunächst eine gewisse Menge von Ergebnissen geliefert, zu denen der Benutzer jeweils nur angibt, ob sie relevant (R) sind oder nicht (N). Mit diesen Angaben werden nach einem Verfahren der Maximierung des Korrelationsabstandes zwischen Frage- und Dok-Vektoren SW der gespeicherten Anfrage, die in R-Antworten vorkommen, höher und solche in N-Antworten niedriger bewertet. Daraufhin wird die Recherche erneut gestartet. Sind deren Ergebnisse noch nicht zufriedenstellend, kann die Prozedur wiederholt werden [86, 87].

10.3.5 Maschinelle Inhaltserschließung

Seit Beginn des EDV-Einsatzes in der Dokumentation wird versucht, gespeicherte Dok-Texte maschinell zu analysieren, um derart 1. als Suchmerkmale geeignete Angaben zu gewinnen und 2. redundante Texte auf informationsfähige Surrogate zu kondensieren (Inhaltserschließung). Voraussetzung für diese Verfahren sind Eingabecodierung und Speicherung der Texte in verarbeitbarer Form. Schwierigkeiten ergeben sich, neben semantischen und syntaktischen Gegebenheiten, für Texte in unterschiedlichen Sprachen, die überdies durch verschiedene Schriftalphabete dargestellt sein können. In diesem Fall bestehen enge Beziehungen zur maschinellen Sprachübersetzung. Je mehr jedoch Dok-Texte, z.B. zum Zweck maschineller Druckvorbereitung, auf Datenträgern der EDV erfaßt werden, desto größere praktische Bedeutung werden auch Methoden der maschinellen Inhaltserschließung erhalten.

Die Entwicklung wurde eingeleitet durch die genialen Arbeiten von *H. P. Luhn,* dessen KWIC-Index (Key word in context) zunächst für ausgedruckte Sachwortregister aus Titelwörtern vorgesehen war [88], wie sie auch heute noch, z.B. für Schnellinformationen, in großem Umfang hergestellt werden [89]. Andere Ausgabeformen des KWIC-Index sind der KWOC-(Key word out of context-) und der KWAC-(Key word and context-)Index [90] (Abb. 10.3-10).

Für maschinelle Recherchen ist der KWIC-Index die einfachste Form eines Suchspeichers, bei dem alle nichtaussagefähigen Wörter wie Artikel, Präpositionen usw., die zuvor in einer *Stopliste* gespeichert wurden, übergangen und die übrigen als SW alphabetisch sortiert sind. Sein Wert ist jedoch weitgehend abhängig von der Aussagefähigkeit der von den Verfassern vorgegebenen Sachtitel [91, 92, 93]. Daher sind Referate- und Volltexte zur Abbildung von Dok-Inhalten im Suchspeicher geeigneter.

Inhaltserschließung mit statistischen Methoden. Die Bestimmung von Textwörtern als SW beginnt, wie beim KWIC-Index, damit, daß nichtaussagefähige Wörter übergangen werden. Ein typischer Text enthält etwa 50 % nicht als SW geeignete Wörter, darunter Pronomina, Artikel, Konjunktionen, Adverbien, Hilfsverben und quantitative Adjektive. Ihr Umfang liegt etwa bei 150 bis 200 [94]. Sie werden als Stopliste gespeichert mit der Aufgabe, im Text auftretende gleiche Wörter zu ignorieren bzw. zu löschen. In bestimmten Fällen können auch allgemeinere Wörter (z.B. „Recherche" im Fach Dokumentation, „EDV" im Fach Informatik usw.) als Stopwörter aufgenommen werden. Anschließend ist es sinnvoll, Wörter mit gleichen Wortstämmen (z.B. Abbiegung, biegsam, Biegsamkeit, Biegung, durchbiegen auf den Stamm bieg) zusammenzuführen. Nach Eliminierung von Stopwörtern und Bestimmung gleicher Wortformen wird alphabetisch sortiert. Zugleich wird die Häufigkeit des Vorkommens jedes Wortes gezählt. Ebenso kann die Häufigkeit

```
                                                   * DE    81 517
STEUERGROESSEN FUER DIE HAUPTSYSTEME*AEUSSEREN BELASTUNGEN   76 723
ATENVERARBEITUNG AUSSER HAUS   STICHW Z REF-13 S        * D  70 113
                IM HAUSE KRAUSS-MAFFEI AG MUENCHEN SD        78 241
UECKLISTENAUFLOESUNG IM HAUSE MAN WERK MUENCHEN  BROSCH-42 S 78 164
RHLD *  AUFSTELLUNG DES HAUSHALTPLANES DER STADT OBERHAUSEN/ 81 558
R KOMMUNALVERWAL*EDV IM HAUSHALTS KASSEN U RECHNUNGSWESEN DE 71 446
STICHW U ABB*IBM DV IM HAUSHALTS KASSEN UND RECHNUNGSWESEN   70 124
        EINSCHLIESSLICH HAUSHALTSRECHNUNG REF-9 S           *0 528
    ACCOUNTANT WHO THINKS HE IS TOO SMALL FOR AN IBM SYSTEM 520-1539
   PROJECT CONTROL SYSTEM HEADER CARDS  FORM D44-2 S   * 1440 X20-1721
ART CODING SHEET  CHART HEADER 1 BLOCK LAYOUT 2      AUTOCH  X28-6771
IN OUTPATIENT REPORTING HEADQUARTERS  FIFTH US ARMY WITH     K50-0016
      AT J HILLIS MILLER HEALTH CENTER UNIVERSITY OF FLORIDA K20-0070
              HELFEN BEI DER IDENTIFIZIERUNG VON            78 198
    ICHKEITSTRANSFORMATION HELMERT DP ANW-16 S      * AEHNL   80 682
   ORMATION RAEUMLICHE * HELMERT TRANSFORMATION AFFIN TRANSF 80 022
          AT THE MIAMI HERALD PUBLISHING COMPANY  APPLI-24   K20-0140
   EINZEL * SCHALTUNG ZUM HERAUSSUCHEN VON NUMMERNKREISEN ODER 79 263
MENGESTELLT VON DKFM DR HERBERT KRAUS  REF-6 S      * ZUSAM  *0 533
ON STATUS AND SCHEDULI* HERCULES POWDER COMPANY INC PRODUCTI K20-0344
NSTRUCTION COST CONTROL HERITAGE HOMES APPLI-10 S    HOME CO K20-0144
LAREN * RICHTLINIEN ZUR HERSTELLUNG UND GESTALTUNG VON FORMU 79 114
UER *   RICHTLINIEN ZUR HERSTELLUNG VON FORMULARVORDRUCKEN F 71 197
        QUALITAET VON HEUTE RUF VON MORGEN DV IM TECHNISCH   71 529
INEN UND INFORMATIONEN, HEUTE UND MORGEN  SD-24 S     MASCH  78 200
ERSION TABLE SYSTEM/36* HEXADECIMAL AND DECIMAL INTEGER CONV X20-8047
       DECIMAL HEXADECIMAL CONVERSION CHART   FORM           X26-3569
```

Abb. 10.3-10. KWIC-Index (Ausschnitt)

des Vorkommens zweier oder mehrerer Wörter, die weniger vieldeutig sind als Einzelwörter, sofern sie unmittelbar nebeneinander im Text (Mehrfachwörter) und in signifikanter Häufigkeit vorkommen, gezählt werden. Ergebnis ist eine nach Häufigkeiten geordnete Liste der Einzel- und Mehrfachwörter. Wörter mit entsprechend großer Häufigkeit werden als SW gespeichert. Die Schnittstelle kann entweder durch eine feste Zahl je Dok oder durch einen bestimmten Anteil am Gesamttext (1 bis 3 %) vorgegeben werden. Schließlich werden die SW zusammen mit der betreffenden Dok-Nummer im Suchspeicher gespeichert.

Das gleiche Verfahren kann eine maschinelle Surrogatherstellung einleiten: Nach Ausscheiden von Stopwörtern und Bestimmung gleichartiger Wortformen wird nach Häufigkeit sortiert. Die mit Häufigkeiten oberhalb einer definierten Trennstelle vorkommenden Wörter gelten als signifikant. Diese werden nun außerdem auf gleichzeitiges Vorkommen innerhalb ihrer ursprünglichen Sätze geprüft. Dabei wird angenommen, daß zwei Wörter innerhalb eines Satzes in Beziehung zueinander stehen, wenn weniger als $h-1$ Wörter dazwischen liegen (z.B. $h=4$). Für diese signifikanten Wortgruppen (clusters) wird nun ein „Signifikanzfaktor" bestimmt. Dabei gilt die Beziehung

$$S_i = \frac{P_i^2}{q_i},$$

wobei P_i die Zahl der signifikanten Wörter des Clusters und q_i die Gesamtzahl aller Wörter im Cluster bedeutet. Zum Beispiel seien

$$A\ \bar{B}\ C\ \bar{D}\ E\ F\ \bar{G}\ \bar{H}\ I\ J\ \bar{K}\ L\ M\ N\ O\ P\ Q\ R\ S$$

Wörter eines Satzes. Die quer gestrichenen seien signifikante Wörter. Dann ist B bis K ein Cluster mit 5 signifikanten Wörtern bei einem Clusterumfang von 10 Wörtern. Für den Satz von A bis S ist also $S = 2,5$. Enthält ein Satz verschiedene Cluster, so kann S_s entweder vom höchstbewerteten oder von der Summe aller Cluster abgeleitet werden. Schließlich werden die mit hohem S_i vorkommenden Sätze in ihrer Reihenfolge im Text ausgedruckt und bilden das Surrogat [95, 96].

Nachteilig ist, daß bestimmte allgemeinere Wörter normalerweise im Text zwar häufig, aber ohne besondere Signifikanz, in ganz bestimmten Zusammenhängen jedoch mit großer Signigikanz vorkommen können. Umgekehrt kann ein seltenes, sehr spezielles Wort für ein Dok besonders signifikant sein, würde aber mit niedrigem Signifikanzfaktor versehen. Deshalb werden praktisch zunächst Wörterlisten zu mehreren Schwerpunkten kumuliert und jeweils in absteigender Folge von Worthäufigkeiten sortiert. Unabhängig davon werden die speziellen Textwörter eines eingelesenen Dok-s gegen eine nach Häufigkeit geordnete Gesamtliste aller Allgemeinwörter gecheckt und signifikante Wörter durch Vergleich der auftretenden Häufigkeiten ermittelt. Die aus dieser Operation bestimmten Wörter werden gegen die Häufigkeitslisten der Schwerpunkte verglichen und als SW solche bestimmt, die in ihnen eine festgelegte Häufigkeitsgrenze übersteigen.

Daneben können Wörter aus wichtigen Textteilen, wie Sachtitel, Referat, Zusammenfassung, mit einer zusätzlichen Gewichtung als signifikante zugeteilt werden.

Zur Bestimmung der Signifikanz s_i von Wörtern werden folgende Funktionen der relativen Häufigkeit r_{ws} von Wörtern in einer größeren Textsammlung und der relativen Häufigkeit f_{wd} von Wörtern in einem Dok angegeben [97]:

$$s_1 = f - r; \quad s_2 = \frac{f}{r}; \quad s_3 = \frac{f}{f+r}; \quad s_4 = \frac{\log f}{r};$$

wobei

$$f_{wd} = \frac{\text{Zahl des Vorkommens von Wort } w \text{ im Dok } d}{\text{Gesamtzahl aller Wörter im Dok } d}$$

und

$$r_{ws} = \frac{\text{Zahl des Vorkommens von Wort } w \text{ in der Sammlung } s}{\text{Gesamtzahl aller Wörter in der Sammlung } s}$$

bedeutet.

Inhaltserschließung mit nichtstatistischen Methoden. Verfahren dieser Kategorie sind mehr als Ergänzung statistischer Methoden anzusehen. Vielfach setzen sie solche sogar voraus. Man kann nach Schlüsselwörtern mit besonderem Erfolg suchen, wenn diese innerhalb dichtgedrängter thematischer Aussagen (Schlußfolgerungen, Zusammenfassungen usw.) stehen. Außerdem können sie hier auch aufgrund von Analysen struktureller Textzusammenhänge gewonnen werden. Untersuchungen haben nämlich ergeben, daß Verfasser von Referaten zur Wahl von Sätzen mit wenigen bestimmten Strukturmerkmalen, darunter Präpositionalsätzen, neigen. Daher wurde vorgeschlagen, zur Analyse solche *Präpositionalphrasen* heranzuziehen und sie zur Indexierung von Dok-en zu verwenden. Nach Duden ist die Aufgabe der Präposition, ein von ihr abhängiges Substantiv an ein anderes Wort anzuknüpfen. Dieses Wort ist im allgemeinen ein Verbum, ein Substantiv oder Adjektiv. Beispiel: Das Buch liegt *auf* dem Tisch. Im Deutschen unterscheidet man Präpositionen des Raum-, des Zeit-, des Modal und des Kausalverhältnisses. Im ganzen gibt es etwa 120 verwendete Präpositionen. Für die maschinelle Indexierung ist außerdem von Bedeutung, daß substantivische und adjektivische Modifikatoren sich häufig bereits als Mehrfachwörter eignen. Nach dieser Grundidee werden die ersten vier einer Präposition (ab, abseits usw. bis zunächst, zwischen) folgenden Wörter als potentielle SW betrachtet, außer es folgt eine weitere Präposition oder ein Satzzeichen. Die am häufigsten vorkommenden Einzel- und Mehrfachwörter werden schließlich nach statistischen Methoden als SW ausgewählt. Präpositionen können nicht nur wegen ihrer begrenzten Anzahl, sondern auch, weil sie nur selten mit anderer Funktion auftreten, leicht maschinell aufgefunden werden.

Neben Präpositionalphrasen können als besonders relevant für wichtige Sachverhalte Textteile angesehen werden, bei denen Substantive am Satzanfang häufiger vorkommen als im Durchschnitt, ein Sachverhalt, der auf Wortstämme ausgeweitet werden kann. Weiterhin kann es sinnvoll sein, Wörter nur aus den ersten und letzten Sätzen von Abschnitten oder Unterabschnitten zu analysieren, da meist der erste Satz eines Abschnitts und vielfach auch der letzte die wichtigsten Aussagen zum Thema enthält. Ebenso können Sätze nach Wörtern wie „Einführung", „Zusammenfassung", „Schlußfolgerungen" u.ä. überdurchschnittlich

repräsentative Aussagen liefern. Das gleiche gilt für Abschnittsüberschriften selbst
und für Bild- und Tabellenunterschriften. Schließlich können auch in Versal-,
Kursiv- und/oder Sperrschrift wiedergegebene Angaben bedeutsam sein, obgleich
deren Eigenschaften von Fall zu Fall wechseln können.

Inhaltserschließung unter Verwendung von Syntax. Eine Reihe von Untersuchungen befaßt sich mit der Herstellung von Surrogaten, die den Inhalt von Dok-en
möglichst genau widerspiegeln sollen. Voraussetzung dafür ist nicht nur das
Vorhandensein bestimmter Wörter im Text, sondern auch das von generischen,
spezifischen und syntaktischen Beziehungen zwischen ihnen. Die Anregung für
diese Untersuchungen stammen hauptsächlich von *Chomsky, Carnap* und *Harris*
[88, 99, 100], wobei Verfahren der maschinellen Strukturanalyse englischsprachiger
Sätze auf Indexieren und Surrogatherstellung angewendet werden. Man geht davon
aus, daß Strukturgebilde von Sätzen als Indikatoren für die Relevanz des Satz-
inhalts verwendet werden können. Nach einem Programm zur maschinellen Syntax-
analyse (Satzzergliederung) werden strukturelle Bedingtheiten und Abhängigkeiten
zwischen Wörtern im Satz bestimmt mit dem Ziel, mittels bestimmter Transformationen den Gesamttext auf eine Anzahl von „Minimalsätzen" zu reduzieren. Die
Kondensierung der Dok-Texte auf Satzskelette (Kernsätze) geschieht mittels stan-
dardisierter Wörter sowie durch Eliminierung von Modifikatoren, Präpositionalphrasen, abhängigen Satzgliedern und anderen untergeordneten Elementen. Die
reduzierte syntaktische Struktur kann entweder als abstrakter Baum oder als
Graph gespeichert werden, wobei jedes Wort im Baum als Knoten und die syntaktischen Abhängigkeiten als Zweige repräsentiert werden [101, 102]. Auf die reduzierten syntaktischen Bäume kann eine vereinfachte „semantische" Analyse angewendet werden, wodurch die „Rolle" einer gegebenen Aussageeinheit in einem Satz
bestimmt und etwa das semantische Problem der Homonymie gelöst werden kann.
Innerhalb der Baumstruktur werden Markierungen für Beziehungen hergestellt,
um „funktionale" Wörter zu ersetzen. Sie erhalten die gleiche Funktion wie Rollenindikatoren [102]. Syntaktische Beziehungen können explizit durch graphische
Verbindungen ausgedrückt werden. Knoten bedeutet in etwa das Prädikat oder ein
Argument eines Prädikats (Komplement), und Zweige oder Verbindungen verknüpfen ein Prädikat mit seinen Argumenten. Ein vereinfachtes Beispiel, abgeleitet
von dem Satzskelett (z.B. Sachtitel) „Kennzeichnen von Inhalt in Dokumenten
und Anfragen durch Suchwörter" zeigt Abb. 10.3-11.

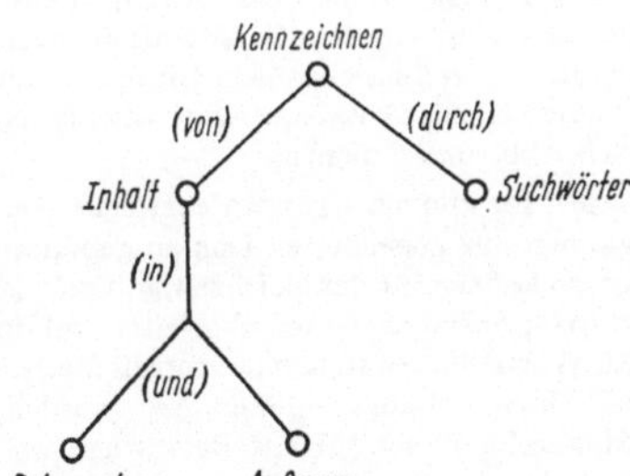

Abb. 10.3-11.
Syntaktische Wortbeziehungen einer Phrase

    Die Rollen von Argumenten in bezug auf Funktionen wie von, in, durch
werden durch eine begrenzte Anzahl von Rollenindikatoren ausgedrückt.

    Für Recherchen in einem strukturierten Speicher mit Baumstruktur werden
eingehende Anfragen in Baumstruktur transformiert und mit den gespeicherten
verglichen. Ergebnis sind entweder graphische Isomorphie (vollständige Übereinstimmung), Subgraphen, partielle Graphen oder partielle Subgraphen. Textsegmente
mit der größten Übereinstimmung des Vokabulars und seiner Relationen unterein-

ander mit dem Vokabular einer Anfrage und dessen Relationen werden als geeignete Rechercheergebnisse angesehen [104].

Möglichkeiten der Volltext-Verarbeitung. Sind volle Dok-Texte maschinell gespeichert, so können anstelle verschlüsselter Anfragen solche auch im Klartext verarbeitet werden. Zu diesem Zweck wird zunächst jedes Wort und Wortpaar gegen einen gespeicherten Thesaurus geprüft, wobei bedeutungslose, im Thesaurus nicht gespeicherte Wörter übergangen werden, und den entsprechenden Thesauruseinträgen zugeordnet. Dabei sollten ihnen zugleich Gewichtungen für ihre Eignung als Indexwörter (SW) zugeordnet werden [105, 106]. Damit können der Wert der inhaltlichen Relevanz eines Dok-s durch Summierung der Gewichte, insoweit sie mit denen der Anfrageformulierung übereinstimmen, bestimmt und die auszugebende Liste von Dok-en in absteigender Folge ihrer Relevanzwerte geordnet werden. Bei vollständigen Textrecherchen kann zunächst nach vorgegebenen Verknüpfungen von zwei Deskriptoren sortiert werden. Sodann können aufgrund eines der Wörter alle Sätze mit Wörtern, die mit diesen in Verbindung stehen, ausgegeben werden. Dadurch erhält der Anfragende die Möglichkeit, Verknüpfungen mit seinem Startdeskriptor vorgestellt zu bekommen. Eine derartige Suchhilfe ist auch ein KWIC-Programm, angewendet auf die Einzel- oder Mehrfachwörterkonkordanz mit dem Thesaurus. Hierdurch kann unmittelbar jede signifikante Phrase mit ihrem Kontext ausgegeben werden.

Sind umfangreichere Texte suchfähig gespeichert, so können auf Einzelanfragen auch einzelne Sätze ausgegeben werden. Falls keiner der gespeicherten Sätze für die Antwort direkt zutrifft, wird die nächst kleinere Untermenge recherchiert und ausgegeben [107]. Eine solche Untermenge ist als Kette zu verstehen, durch die jeder Satz durch eine oder mehrere Wortverknüpfungen mit Folgesätzen vom Speicher verbunden ist. Über solche Adressenverkettung kann auf Anfrage etwa des Inhalts „Gibt es Literatur über Adressenverkettung?" eine Untermenge von Sätzen ausgegeben werden wie „Adressenverkettung ist ein Begriff der Informatik"; „Informatik ist Gegenstand der Literatur"; „Literatur erscheint in Form von Büchern"; „Es gibt Bücher über Informatik" usw.

Assoziative Recherche. In jeder Sammlung gibt es Dok-e bzw. DBE, die auf bestimmte Fragen zutreffen könnten, dafür aber nicht genügend spezifiziert sind. Gegenüber einer Anfrage können die einen durch Synonyme, andere durch hierarchische Entsprechungen, weiter oder enger, indexiert sein. In Thesauri für intellektuelles Indexieren sind die Deskriptoren durch Relatoren verknüpft, woraus sich die Struktur eines „Klassifikationsschemas" oder eines Verweisungsnetzwerks ergibt. In vollmaschinellen Systemen sind derartige Strukturen maschinell zu generieren. Als Ausgangspunkt solcher Klassenbildung kann die Dok/SW-Matrix nach Abb. 10.3-6 dienen.

Mit ihr können Gruppen entweder von Dok-en mit ihren SW oder von SW zusammen mit zugehörigen Dok-en gebildet werden. Geht man von der ersten Form aus, so können für das gleichzeitige Vorkommen zweier SW innerhalb der Sammlung Korrelationskoeffizienten abgeleitet und durch Faktorenanalyse aus der resultierenden Wort/Wort-Matrix eine empirische Klassifikation gewonnen werden [108, 109]. Bei Untersuchungen dieser Art wurden SW zunächst nach unterschiedlichen „Hierarchien" sowohl mit Booleschen wie monohierarchischen Beziehungen gruppiert. Anschließend wurden durch Vektoranalyse mit der Wort/Wort-(ähnlichkeits-) Matrix „Assoziationen" hergestellt. Die Koeffizienten der Wort/Wort-Matrix von der Dimension $w \times w$ bezeichnen das gleichzeitige Vorkommen von Wörtern entsprechend dem Verhältnis: Zahl der Dok-e, in denen Wörter gleichzeitig vorkommen, zu Zahl der Dok-e, in denen mindestens ein Wort vorkommt. Daraus ergeben sich Cluster von in Beziehung zueinander stehenden Wörtern: eine Wörtermenge bildet dann ein Cluster, wenn die Summe der Beziehungen jedes Wortes zu den anderen Wörtern der gleichen Menge größer ist als die Summe seiner Beziehungen zu Wörtern außerhalb dieser Menge [110, 111]. Das Ergebnis kann zu sog. assoziativen Recherchen benutzt werden (vgl. auch Abschnitt 10.3.4): Das Verfahren gründet auf der

Überlegung, daß, wenn Wort A und Wort B in einem Dok immer gleichzeitig vorkommen, es gleichgültig ist, welches von beiden bei der Anfrage benutzt wird.

Im Gesamtnetzwerk sind die SW je nach Häufigkeit gleichzeitigen Vorkommens mehr oder weniger eng verknüpft. Die Verknüpfung wird durch Assoziationsfaktoren bestimmt [112]. Während der Assoziationsfaktor bei *Stiles* [108] an der Verschiedenheit zwischen beobachteter und erwarteter Gleichzeitigkeit orientiert ist, schlägt *Doyle* [110] dafür die Beziehung

$$c_a = \frac{f}{A + B - f}$$

vor, wo f das Übergewicht von SW A und SW B in einem Dok, A das Übergewicht nur von A und B das von B bedeutet: Zwei Merkmale mit enger Verknüpfung im assoziativen Netz besitzen demnach „gemeinsame Berührungspunkte" (contiguity relationship). So können die als Anfrage eingegebenen SW auf Dok-e treffen, die gar nicht mit ihnen indexiert, deren SW vielmehr nur statistisch mit ihnen assoziiert sind. Ein solches Recherchesystem liefert dementsprechend Dokumente mit „wahrscheinlicher Relevanz".

Maschinelle Klassifikation. Solche „Klassifikation" zielt auf Gruppierungen von assoziierten Wörtern ab, wie sie etwa in einem Thesaurus vorkommen. Die Gruppierungen können einzeln oder auch mit Relationen untereinander vorkommen. Beziehungen generischer Art zwischen Wörtergruppen führen zu einer hirarchischen Klassifikation, im übrigen können sie in zweidimensionalen Gebilden dargestellt werden (association map) [113]. Für solche Gruppenbildungen werden in der Literatur mehrere Verfahren behandelt, einschließlich Faktorenzerlegung, Eigenwert-Matrizenanalysen usw. [114 bis 118].

Verknüpfungen mit Zitaten (bibliographic coupling). Ist ein Dok A für die Anfrage X relevant, kann gefolgert werden, daß andere Dok-e des Autors von A für die Frage X ebenfalls relevant sind. Das gleiche gilt für Dok-e, die das Dok A zitieren, und solche, bei denen eine oder mehrere Literaturangaben mit denen von A übereinstimmen. Besonders diese Beziehungen sind Grundlage von Rechercheverfahren, die die Methoden des „Citation Indexing" verwenden [119].

Insgesamt verfügt die maschinelle Inhaltserschließung über eine Vielfalt von Möglichkeiten, wobei zusammenfassend als Outputergebnisse erscheinen können:
1. Dok-e aus direktem Übereinstimmungsvergleich zwischen Frage- und Dok-SW,
2. Dok-e, deren SW mit den Frage-SW statistisch assoziiert sind, 3. Dok-e, deren SW denen anderer recherchierter ähneln, 4. Dok-e mit einem oder mehreren gleichen Literaturzitaten, 5. Dok-e des gleichen Verfassers wie andere recherchierte, 6. Dok-e, die von anderen recherchierten Dok-en zitiert sind, und 7. Dok-e, die andere recherchierte Dok-e zitieren.

10.3.6 Eigenschaften betriebsfähiger Dokumentationssysteme

Die heute als Informations-„Systeme" bezeichneten maschinellen Systeme lassen sich in zwei Gruppen teilen. Die eine besteht im wesentlichen aus von einschlägigen Firmen für Kunden hergestellten Programmpaketen zur Verwaltung großer Datenmengen (Ordnung, Speicherung, Up-dating) sowie Durchführung spezifischer Suchläufe mit bestimmten Typen von EDV-Systemen („Datenbanksystem", file management software). Sie sind unabhängig von spezifischen Dokumentationsaufgaben mit ihren jeweiligen Daten konzipiert und empfehlen sich als Universalsysteme. Beispiele aus dieser ständig wachsenden Gruppe sind: ADABAS (Adaptierbares Datenbanksystem) der Software AG [120], DIRAC (Direct Access) der Stanford University [121], GOLEM (Großspeicherorientierte listenorganisierte Ermittlungsmethode) der Siemens AG [122], INFOL (Information oriented language) der Control Data Corporation [123], MARS VI (Multi-Access Retrieval System) der Control Data Corporation [124], STAIRS (Storage and Information Retrieval System) der IBM [125], TDMS (Time-shared Data Management System) der System Development Corporation [126] und TELDOK (Telefunken Dokumentationssystem) der AEG-Telefunken AG [127]. Bei der anderen, hier im Vordergrund stehenden Gruppe (etwa 200 Vorhaben in aller Welt) sind die „Systeme" aus der Aufgabenstellung gewachsen, für Informationsbenutzer spezifische Arbeiten mit vorhandenen Dokumentationsdaten durchzuführen. Bekannte Beispiele mit weltweiter Wirkung sind CAS (Chemical Abstracts Service), DIALOG/RECON (Remote Console Service), INIS (International Nuclear Information System) und MEDLARS (Medical Literature Analysis and Retrieval), um nur einige wichtige zu nennen. Vergleichende Untersuchungen von gemeinsamen Komponenten und Eigenschaften, bisher erst am Anfang und noch selten, spiegeln im gewissen Umfang den gegenwärtigen Stand und künftige Tendenzen der Entwicklung wider [128, 129].

Charakteristisch für diese Systeme ist allgemein, daß sie vornehmlich im Bereich der Naturwissenschaften und Technik angesiedelt, in ihrer Mehrheit von wissenschaftlichen Organisationen bzw. Institutionen sowie mit staatlicher Unterstützung aufgebaut sind und daß sie bisher noch keinen Endzustand ihrer Entwicklung erreicht haben. An praktischen Aufgaben ergeben sich für etwa 100 vergleichbare Vorhaben Schwerpunkte für die Aktivitäten: Durchführung von retrospektiven Recherchen ohne maschinelle Ausgabe ausführlicher Dok-Beschreibungen (37 %), darüber hinaus von Abonnementrecherchen (9 %), weiterhin mit zusätzlicher maschineller Bereitstellung von DBE (25 %), ausschließliche Abonnementrecherchen (17 %) und Herstellung von Referatediensten und Bibliographien mit Registern (12 %).

Datenorganisation. Bei nahezu allen Systemen werden die Eingabedaten auf besonderen Formblättern festgehalten. Hiervon werden sie auf Lochstreifen oder Lochkarten und in jüngerer Zeit zunehmend direkt auf Magnetband übertragen. Daneben laufen Versuche mit Datenferneingabe über Sichtgeräte unter programmierten Kontrollen. Als Eingabedaten dienen mindestens alle bibliographischen Angaben und indexierte Deskriptoren. In vielen Fällen kommen Referatetexte hinzu. Selten werden ausschließlich Dok-Nummern und Deskriptoren gespeichert. Fast alle Speicherdaten sind auf die englische Sprache normiert. Die (meist aus externen Quellen stammenden) Volltextdokumente (Zeitschriftenaufsätze, Berichte, Patentschriften) werden vielfach auf Mikrofilm oder Microfiche (Mikroplanfilm) gespeichert.

Indexierung. Das Verfahren der Begriffsgleichordnung, überwiegend mit kontrolliertem Thesaurus, wird am meisten verwendet. Dabei werden, fast ausschließlich anhand der Volltexte, meist zwischen 5 und 15, in einigen Fällen 20 und mehr Deskriptoren vergeben. Syntaktische und semantische Deskriptorverknüpfungen sind selten. Jedoch werden Dok-e häufig zusätzlich nach einem mehr oder weniger groben Schema klassifiziert, um sie in gedruckten Referateorganen entsprechenden Gruppen zuzuordnen. Vollmaschinelle Methoden der Inhaltserschließung sind in einigen Fällen in Versuch und Erprobung.

Retrospektive und Abonnementrecherchen. Bei den meisten Systemen werden die, vielfach auf Formblättern zugehenden, Anfragen von Systemspezialisten für den Maschinenlauf übersetzt. Zur Verknüpfung dienen bei retrospektiven Recherchen fast immer boolesche Funktionen, bei Abonnementrecherchen darüber hinaus Gewichtungen, zusätzliche „links" und „roles", Verfahren der Wortstammbildung und andere. Die Ergebnisse werden meist als Titelangaben auf Schnelldruckerpapier oder Karteikarten maschinell ausgedruckt. Hinzu kommen von Mikroträgern kopierte Referate oder manchmal auch Volltexte. Etwa je zur Hälfte kommen Dok-Speicherung mit sequentiellen Suchläufen und SW-Speicherung zur Anwendung, wobei in der Mehrzahl der Fälle neben Deskriptoren auch nach Autorennamen, Zeitschriftentiteln, Publikationsdaten und -orten gefragt werden kann. Bei vielen Systemen liegt die Zahl der zur Formulierung eines Benutzerprofils verwendeten SW zwischen 30 und 60. Abonnementrecherchen werden zu etwa je einem Drittel in wöchentlichem, 14tägigem oder monatlichem Turnus durchgeführt. Die Anpassung von Frageprofilen an spezifische Benutzerinteressen (Rückkopplung), die entweder aufgrund von Befragungen, von Benutzerbewertungen der Ergebnisse oder der Auswertung der nachfolgenden Bestellungen von Originalen geschieht, wird bisher fast ausschließlich von Systemspezialisten vorgenommen, kaum auf vollmaschinellem Weg. Jedoch ist bei vielen Systemen für die Zukunft geplant, mehr und mehr der bisher von Menschen auszuführenden Tätigkeiten maschinellen Abläufen zu übertragen. Die Durchführbarkeit solcher Vorhaben scheint möglich durch ermutigende Erfolge von Forschungsarbeiten an den amerikanischen Universitäten Harvard und Cornell, in deren Rahmen das vollmaschinelle Textanalyse- und Recherchesystem SMART entwickelt wurde [86].

Das Recherchesystem SMART. Es verarbeitet sowohl maschinenlesbare Dok-e als auch Anfragen in natürlicher Sprache. Deren Inhalt wird erschlossen, und die Antworten werden in der Reihenfolge ihres Übereinstimmungsgrades mit den Anfragen ausgegeben. Besondere Systemkomponenten sind:

Verfahren zur Trennung von Stämmen und Anhängen von englischsprachigen Wörtern, die dadurch auf Wortstämme reduziert werden.

Ein Synonym-Wörterbuch oder „Thesaurus", mit dem signifikante Wortstämme durch Deskriptornummern (concept numbers) für Klassen von jeweils verwandten Wortstämmen ersetzt werden.

Eine Hierarchiestruktur, mit der für jeden Deskriptor im Thesaurus hierarchisch höhere, gleiche und niedrigere Ebenen bzw. deren Deskriptoren (Eltern, Söhne, Brüder) sowie weitere Verbindungen erreicht werden können.

Statistische Assoziationsverfahren, um zwischen Wörtern, Wortstämmen oder Sachverhalten Ähnlichkeitskoeffizienten zu bestimmen, die als zusätzliche Relevanzindikatoren für Dok-e und Anfragen dienen.

Syntaktische Analysemethoden zur Bestimmung von Phrasen als Inhaltsmerkmale, die aus verschiedenen Wörtern mit jeweils spezifischer syntaktischer Beziehung zueinander bestehen.

Statistische Erkennungsmethoden von Phrasen aus einem dafür ausgearbeiteten Phrasenwörterbuch.

Übereinstimmungsprüfung zwischen Anfragen und Dok-en unter Verwendung verschiedener Korrelationsmethoden einschließlich Abgleich von Gewichtungen und Anpassung der Länge von zu analysierenden Texten.

Das System besitzt Flexibilität der Anfragebeantwortung nach mehreren verschiedenen Methoden. Außerdem ist es für iterative Recherchen ausgelegt, so daß ein Anfragender seine Fragestellung nach und nach auf einen Schwerpunkt konzentrieren oder sie auch, je nach ausgegebenen Resultaten, abändern kann.

Folgerungen. Trotz dieser ermutigenden Möglichkeiten mit bereits entwickelten technischen Voraussetzungen wird maschinelles Indexieren und Recherchieren von Volltexten vorläufig kaum auf wirtschaftlicher Basis zu realisieren sein. Das liegt besonders an der Notwendigkeit, die Texte auf maschinelle Träger zu überführen und sie damit in jedem Fall noch einmal abzuschreiben. Vollmaschinelle Inhaltserschließung und Recherche wird erst dann wirtschaftlich arbeiten, wenn alle Texte von Dok-en außer in gedruckt vervielfältigter Form auch auf maschinellen Trägern oder wenn geeignete maschinelle Buchtextlesegeräte entwickelt und verfügbar sein werden. Beide Voraussetzungen scheinen jedoch in absehbarer Zeit kaum erfüllbar.

Literatur

Während in der 2. Auflage noch eine nahzu vollständige Literaturübersicht vermittelt wurde (*H. Körner* in: Taschenbuch der Nachrichtenverarbeitung. 2. Aufl. Berlin: Springer 1967, S. 1229—1268), ist die Zahl der Publikationen inzwischen kaum noch zu übersehen. Auch aus Platzgründen sind die Hinweise im Text daher auf grundsätzliche und die wichtigsten weiterführenden Veröffentlichungen beschränkt. Ihnen seien jedoch einige wenige, zur Einführung und Vertiefung geeignete, Monographien vorangestellt.

Weitere Literatur, auch zu Detailproblemen, vermittelt auf Anfrage das Dokumentationszentrum für Informationswissenschaften (ZDoK), 6 Frankfurt (Main), Westendstr. 19.

Allgemeine Texte (Auswahl)

Becker, J., Hayes, R. M.: Information storage and retrieval. Tools, elements, theories. New York: Wiley 1963. — *Bourne, C. P.:* Methods in information handling. New York: Wiley 1963. —

Hayes, R. M., Becker, J.: Handbook of data processing for libraries. New York: Becker and Hayes 1970, 900 S. — *Laisiepen, K., Lutterbeck, E., Meyer-Uhlenried, K.-H.:* Grundlagen der praktischen Information und Dokumentation. München-Pullach: Dokumentation 1972, 670 S. — *Lancaster, W.:* Information retrieval systems. Characteristics, testing, and evaluation. New York: Wiley 1968, 222 S. — *Meadow, C. T.:* The analysis of information systems. A programmers introduction to information retrieval. New York: Wiley 1967, 316 S. — *Michailow, A. I., Cernyi, A. I., Giljarewskij, R. S.:* Grundlagen der wissenschaftlichen Dokumentation und Information. 2 Bde. Köln, Opladen: Westdeutscher Verlag 1970, 628 S. — *Salton, G.:* Automatic information organization and retrieval. New York: McGraw-Hill 1968, 522 S. — *Samuelson, K.* (Hrsg.): Mechanized information storage, retrieval, and dissemination. Proc. FID-IFIP Conf., Rome, June 14—17, 1967. Amsterdam: North-Holland 1968, 729 S. — Saracevic, T. (Hrsg.): Introduction to information science. New York: Bowker 1970, 775 S. — *Schneider, K.* (Hrsg.): Die ZMD in Frankfurt am Main. Berlin: Beuth 1969, 207 S. — *Vickery, B. C.:* Techniques of information retrieval. London: Butterworth 1970, 262 S.

Zitierte Literatur. [1] *Vickery, B. C.:* Statistics of scientific and technical articles. J. Doc. 24 (1968) 3, S. 192—195.— [2] Gemeinschaftsausschuß der Technik GDT: Inform. und Dok. in Wissenschaft und Technik. Düsseldorf: GDT, Nov. 1969. 56 S. (= GDT-Schriften, Nr. 1). — [3] *Schneider, K.* (Hrsg.): Die ZMD in Frankfurt am Main. Berlin: Beuth 1969, 207 S. — [4] *Schober, H.-W., Wersig, G.:* Informations- und Dokumentationswissenschaft. Nachr. f. Dok. 19 (1968) 4, S. 116—124. — [5] *Licklider, J. C. R.:* Libraries of the future. — Cambridge, Mass.: MIT Press 1963. — [6] *Overhage, C. F. J., Harmon, R. J.* (Hrsg.): INTREX. Cambridge, Mass.: MIT Press 1965. — [7] Project INTREX. Semi-Annual Activity Reports (March-September) 1966. — [8] *Cooper, W. S.:* The potential usefulness of catalog access points other than author, title, and subject. J. Amer. Soc. Inform. Sci. 21 (1970) 2, S. 112—127. — [9] *Maron, E. M., Shoffner, R. M.:* The study of context: An overview. Inst. Library Res. Univ. of California. Berkeley, Jan. 1969. — [10] Anglo-American Cataloging Rules. North American Text. Chicago, Ill.: Amer. Library Assoc. 1967. — [11] *Avram, H., et al.:* The MARC II Format. — Washington, D. C.: Library of Congress 1968. — [12] Entwurf eines Kategorienschemas zur Erfassung bibliographischer Daten. 2. Aufl. Berlin: Arbeitsstelle f. Bibliothekstechn., 1. 2. 1971, 26 S. (=Informationen. 3.) — [13] Entwurf eines Ablochschemas zur Datenerfassung für Monographien. Berlin: Arbeitsstelle f. Bilbiothekstechn., 1. 10. 1971, 47 S. (unveröff. Mskr.). — [14] *Meyer-Uhlenried, K.-H., Krischker, U.:* Die Entwicklung eines Datenerfassungsschemas für komplexe Informationssysteme. München-Pullach: Verlag Dokumentation 1971 (=Studiengruppe für Systemforschung, Bericht 98). — [15] Das Informationsbankensystem. Bd. 1. Ber. der interministeriellen Arbeitsgr. beim BMI an die Bundesregierung. Bd. 2: Materialband. — Bonn: Carl Heymanns-Verlag 1971, 158, 420 S. — [16] *Cline, C.:* Procedures for developing Timberland's Book Catalog. Pacific Northwest Library Assoc. Quart. 28 (1964) 1, S. 128—132, 136. — [17] Food science and technology abstracts (Intern. Food Inform. Serv. IFIS). Shinfield, 1 (1969)ff. — [18] *Bernhardt, R.:* Ein Verfahren zum Sortieren alphanumerischer Texte in beliebiger Sortierreihenfolge. IBM-Nachrichten 17 (1967) 183, S. 540—541. — [19] *Schneider, K, Holl, L.:* Behandlung von Sonderbuchstaben. Berlin: Beuth 1968 (=ZMD-A-8). — [20] DIN 5007. Regeln für die alphabetische Ordnung (ABC-Regeln). Berlin: Deutscher Normenausschuß 1948. — [21] *Hahn, A.:* Alphanumerische Datenverarbeitung. München: Siemens AG 1967 (=Schriftenreihe Data Praxis). — [22] *Pattay, W. v.:* Fernschreiber 106, eine Lochstreifenschreibmaschine mit erhöhtem Zeichenvorrat für Bibliotheken. Nachr. f. Dok. 18 (1967), S. 72—75. — [23] Anweisungen für Datentypistinnen am Fernschreiber 106. Regensburg: Universitätsbibliothek Regensburg 1970, 31 S. — [24] *Schneider, K.:* Protypen als Intermedien für Sonderbuchstaben und Sonderzeichen bei der Datenerfassung. Berlin: Beuth 1968 (=ZMD-A-12). — [25] *Niewalda, P.:* Die elektronische Datenverarbeitung im Bibliothekswesen. München-Pullach: Dokumentation 1971, 136 S. — [26] Ablochschema der Deutschen Bibliothek ab 1. 1. 1972 (Stand 15. 8. 1971), nebst Erläuterungen zum Ablochschema und zur Katalogisierungstechnik. Frankfurt (Main): Deutsche Bibliothek 1971, 47 gez. Bl. — [27] *Mrachacz, H.-P., Bauer, R.:* Daten optimal erfassen. München: Moderne Industrie 1970, 264 S. — [28] *Mertin, C.-O.:* Datenerfassung. München: Oldenbourg 1971, 95 S. — [29] INIS Reference Series, No. 5: Terminology and codes for countries and international organizations. No. 6: Authority list for corporate entries. No. 11: Authority list for journal titles. Wien: Intern. Atomic Energy Agency. — [30] Standard for descriptive cataloging of Government Scientific and Technical Reports (Rev. 1). Washington, D. C.: COSATI 1966. 26 S. (=PB 173314). [31] Descriptive cataloging guide. Springfield: National Bureau of Standards 1966. 80 S. (=TID-4577 Rev. 2). — [32] INIS Ref. Ser. No. 1: Descriptive cataloguing rules. No. 2: Descriptive cataloguing samples. No. 7: Magnetic and punched paper tape codes and character sets. No. 8: Paper tape specifications and record format. No. 9: Magnetic tape specifications and record format. Wien: Internat. Atomic Energy Agency. — [33] Maschinengerechte Erfassung von Titelaufnahmen mit Lochstreifenschreibmaschinen. Frankfurt (Main): Zentralstelle für masch. Dokument. 1968, 35 S. (=ZMD-A-17). Nebst Anhang: Korrekturen mittels Computer, 4 S. — [34] Datenerfassung mit Magnetbandschreibmaschinen. Frankfurt (Main): Zentralstelle für masch. Dokumentat. 1969, 35 S. (=ZMD-A-19). — [35] Gier 2200 Data Point. Programmierhandbuch. Hannover: Gier Electronics GmbH 1971. 79 gez. Bl. (=GE-RZ 15). — [36] *Philipps, A.:* Computer peripherals and typesetting. London: Her Majesty's Stationery Office 1968, 665 S. — [37] *Kuney, J.:* Publication and distribution of information. In: *Cuadra, C. A.* (Hrsg.): Annual Review of Inform. Sci. and Techn. Bd. 3. — Chicago: Encyclopädia Britannica Inc. 1968, S. 31—59. — [38] *Luxenberg, H. R.* (Hrsg.): Display Systems. New York: McGraw-Hill 1968. — [39] Proc. Conf. "Where is technology leading Communications" (Washington, D.C., Feb. 1969). In: IEEE Trans. Eng. Writing and Speech, EWS-12 (1969) 2. — [40] Dewey decimal classification and relative index. 17. Ed. New York: Forest Press 1965. — [41] DK-Handausgabe. Intern. Mittlere Ausgabe der Universellen Dezimalklassifikation (FID 396). Berlin: Beuth. Bd. 1 Systematische Tafeln. 1967, DIN A4, 440 S.; Bd. 2 Alphabetisches Sachverzeichnis. 1968, 261 S. — [42] *Fill, K.:* Einführung in das Wesen der Dezimalklassifikation (FID 300). 3. Aufl., Berlin: Beuth 1969, DIN A5, 102 S., brosch. — [43] *Koch, K.-H.:* Internationale Dezimalklassifikation (DK) und elektronische Datenverarbeitung. Berlin: Beuth 1967, 67 S. (=ZMD-A-14). — [44] *Russel, M., Freemann, R. R.:* Computer-aided indexing of a scientific abstracts journal by the UDC with UNIDEK: A case study. (AIP/DRP UDC-4) New York: Amer. Inst. of Physics, April 1, 1967, 26 S. — [45] *Freemann, R. R., Atherton, P.:* AUDACIOUS — an experiment with an on-line, interactive refence retrieval system using the Universal Decimal Classification as the index language in the field of nuclear science. (AIP/UDC-7) New York: Amer. Inst. of Physics, Apr. 1968, 34 S. — [46] *Caless, T. W.* u.a.: Strategies for manipulating Universal Decimal Classification relationships for computer retrieval. Washington: George Washington University 1970. V, 40 S. — [47] Thesaurofacet. A thesaurus and faceted classification for engineering and related subjects. Hrsg.: *Aitchison, J., Day, P.* Whetstone/England: The English Electric Co. 1970. XXV, 491 S. — [48] *Ranganathan, S. R.:* Classified catalog code with additional rules for a dictionary catalog code. New York: Asia Publ. House, 1964. — [49] *Ranganathan, S. R.:* Colon classification. Rutgers Seminars on Systems for Intellectual Organization of information. New Brunswick, N. J.: Rutgers 1964. — [50] *Vickery, B. C.:* Facetted Classification. A guide to construction and use of special schemes. London: ASLIB 1960. — [51] *Coates, E.J.:* Subject Catalogs. Heading and structure. London: The Library Association 1960. — [52] *Foskett, A. C.:* The subject approach to information. London: Clive Bingley 1969, 310 S. — [53] Documentation, Inc.: The State of the art in coordinate indexing. Washington, D.C.: Nat. Sci. Found. 1962. — [54] *Costello, J. C.:* Coordinate indexing. Rutgers State Univ. Graduate School of Library Sci., 1966 (=Rutgers Series on systems for the intellect. organiz. of inform., Bd. 7). — [55] *Meyer, E.:* Das IDC-Thesaurus-System. Vortr. auf der 14. Jahrestag. des Ausschusses Patentdokument., München 4.—5. Mai 1972 (unveröff. Manuskript). — [56] UNESCO: Guidelines for the establishment and development of monolingual thesauri for information retrieval. Dok.-Nr. SC/WS 500. Paris: Unesco 1971 (limited). — [57] Deutscher Normenausschuß: Richtlinien für die Erstellung und Weiterentwicklung deutschsprachiger Thesauri. Entwurf DIN 1463. Berlin: DNA 1971, 24 S. (unveröff.). — [58] *Blagden, J. F.:* Thesaurus compilation methods. A literature review. ASLIB Proceedings 20 (1968) S. 345—359. — [59] *Barske, I.-L., Tschache, L.:* Thesauren und ähnliche Begriffslisten. Dresden: T. U. 1969, 134 S. (=Bibliogr. Arbeiten. 4.). — [60] *Surace, C. J.:* The display of a Thesaurus. Santa Monica: Rand Corporation 1970. 37 S. — [61] IAEA-INIS-4: Instructions for submitting abstracts. Wien: Internat. Atomic Energy Agency 1969, 10 S. — [62] IAEA-INIS-12: Manual for Indexing. Wien: Internat. Atomic Energy Agency 1970. 66 S. — [63] *Cleverdon, C., Keen, M.:* Factors determining the performance of indexing systems. Vol. 2: Test results. Cranfield/Engl.: ASLIB Cranfield Research Project, 1966. — [64] *Lancaster, F. W.:* Evaluation of the MEDLARS Demand Search Service. Bethesda, Md.: Nat. Library of Medicine 1968. — [65] *Costello, J. C.:* Storage and retrieval of chemical research and patent information by links and roles in Du Pont. American Documentation 12 (1961) 111—120. — [66] *Artandi, S., Hines, T. C.:* Roles and links, or forward to Cutter. Amer. Doc. 14 (1963) 74—77. — [67] *Heilmann, H.:* Maschinelle Dokumentation mit Lochkarten- und elektronischen Datenverarbeitungsanlagen. ADL-Nachr. (1964) 34, 11 S. — [68] *Salton, G.:* Automatic information organization and retrieval. New York: McGraw Hill 1968, S. 66ff. — [69] *Ghosh, S. P., Abraham, C. T., Ray-Chaudhuri, D. K.:* File organization schemes based on finite geometrics. Rep. RC 1459, IBM Res. Center 1965. — [70] *Chien, R. T., Preparata, F. P.:* Search strategy and file organization in computerized information retrieval systems with mass memory. FID/IFIP-Conf. on Mechan. Doc., Rom, Juni 1967. — [71] *Laisiepen, K.,* u.a.: Grundlagen der praktischen Information und Dokumentation. München-Pullach: Dokumentation 1972, S. 372ff. — [72] AWV: Die Handlochkarte. Frankfurt (Main): AWV 1958 (=Schriftenreihe Nr. 146). — [73] *Heilmann, H., Schiro, H., Sieber, E.:* Der Selektive Informationsringtausch. Sindelfingen: IBM 1964. 20 S. (=IBM Form 74725-1). — [74] *Fleischer, D.:* Dokumentationsverfahren mit Lochkartenmaschinen. In: Aufgaben, Möglichkeiten und Verfahren der Dokumentation. Berlin: Berliner Arbeitskreis der DGD 1970, S. 59—65. — [75] *Hauser, D., Herrlich, K. H.:* Die maschinelle Herstellung von Sichtlochkarten größerer Kapazität. In: [3], S. 173—178. — [76] *Jonker, F.:* The new Termatrex line of I.R. Systems: The Minimatrex line of I.R. Systems. Amer. Doc. 14 (1963) 276—282. — [77] *Leitch, I., Billewicz, W. Z.:* A scheme for classification of information on nutrition coded for machine retrieval. Aberdeen: Commonwealth Bureau of Animal Nutrition 1963. 227 S. (=Technical Communication, 24). — [78] *Warheit, I. M.:* The direct access search system. Proc. of the Fall Joint Comp. Conf., Las Vegas 1963. — [79] *Walter, H. R., Fischer,*

R. A.: Informationssysteme in Wirtschaft und Verwaltung. Berlin: de Gruyter 1971, 402 S. — [80] *Wettstein, H.:* Suchverfahren im Speicher elektronischer Rechenanlagen. Elektronische Datenverarbeitung (1962) 3. — [81] *Skronn, H.-J.:* Ein Konzept zum schnellen Wiederauffinden von nichtnumerischen Daten durch Rechenanlagen. In: Vorträge der Fachtagung Inform. Retrieval Syst. (IRS) Stuttgart: 9.—11. Dez. 1970. Stuttgart: Ges. f. Informatik 1970. — [82] *Hibbard, T. N.:* Some combinatorial properties of certain trees with applications to searching and sorting. J. ACM 9 (1962) 1, S. 13—28. — [83] *Prywes, N. S., Gray, H. J.:* The multilist system for real-time storage and retrieval. Proc. IFIP Congress. Amsterdam: North-Holland 1963. — [84] *Gottlieb, C. C., Kumar, S.:* Semantic clustering of index terms. J. ACM 15 (1968) 4. — [85] *Tague, J. M.:* Statistical measures of term association in information retrieval. Phil. Diss., Western Reserve Univ., School of Library Sci. 1966, 108 S. — [86] *Salton, G.* (Hrsg.): The SMART Retrieval System. Experiments, in autom. doc. processing. Englewood Cliffs, N. J.: Prentice Hall 1971, 556 S. — [87] *Vaswaui, P., Cameron, J. B.:* The National Physical Laboratory experiments in statistical word associations and their use in document indexing and retrieval. Teddington: National Physical Laboratory 1970, 65 S. — [88] *Luhn, H. P.:* Keyword-in-context index for technical literature. Amer. Doc. 11 (1960) 288—295. — [89] *Schneider, K.:* Fünf Jahre KWIC-Indexing nach H. P. Luhn. Nachr. f. Dokumentation 14 (1963) 4, S. 200—205. — [90] *Schneider, K.:* Die Herstellung von Stichwortregistern. Nachr. f. Dokumentation 17 (1966) 5, S. 175—176. — [91] *Bernard, J., Shilling, C. W.:* Accuracy of titles in describing content of Biological Sciences Articles. Washington, D. C.: Inst. of Biological Sci. 1963. — [92] *Papier, L.:* Reliability of scientists in supplying titles: Implication of Permutation Indexing. ASLIB Proc. 15 (1963) 11, S. 333—337. — [93] *Cleverdon, C. W.:* Report on the testing and analysis of an investigation into the comparative efficiency of indexing systems. Cranfield: College of Aeronautics 1962. — [94] Zentralstelle für maschinelle Dokumentation: Zweiter Entwurf einer Liste der Nicht-Stichwörter im Deutschen. Berlin: Beuth 1968, 45 S. (=ZMD-A-18). — [95] *Luhn, H. P.:* The automatic creation of literature abstracts. IBM J. Res. and Dev. 2 (1958) 2. [96] *Edmundson, H. P., Wyllys, R. E.:* Automatic abstracting and indexing. Survey and recommendations. Communications of the ACM 4 (1961) 5. — [97] *Damerau, F. J.:* An experiment in automatic indexing. IBM Res. Paper RC. 894 (Febr. 1963). — [98] *Chomsky, N.:* Syntactic Structures. Den Haag: Mouton 1957. — [99] *Carnap, R.:* The logical syntax of language. Paterson, N. J.: Littlefield, Adams 1959. — [100] *Harris, Z. S.:* String analysis of sentence structure. Den Haag: Mouton 1962. — [101] *Salton, G.:* Manipulation of trees in information retrieval. Comm. ACM 5 (1962) 2, S. 103—114. — [102] *Lesk, E. M., Salton, G.:* Information analysis and dictionary construction. Rep. ISR-11. Cornell University 1966. — [103] *Salton, G.:* Hierarchical models for automatic document retrieval. Amer. Doc. 14 (1963) 3. — [104] *Razar, M.:* The tree matching program-match. Rep. ISR-9, Harvard Comp. Lab., Aug. 1965. — [105] *Swanson, D. R.:* Interrogating a computer in natural language. Proc. IFIP Conf. München 1962. Amsterdam: North-Holland 1963. — [106] *Jones, P. E., Giuliano, V. E., Curtice, R. M.:* Automatic language processing, Part. I—III. Detroit: Amer. Data Process. Inc. 1969. VIII, 481 S. — [107] *Clapp, L. C.:* Chaining technique for associative sentence retrieval. ACM National Conference 1962. Digest of Papers, 114 ff. — [108] *Stiles, H. E.:* The association factor in information retrieval. J. ACM 8 (1961) 2. Ders.: Machine retrieval using the association factor. In: Machine indexing, progress and problems. Washington, D. C.: American University 1961, 192—206. — [109] *Stone, D. C.:* Word statistics in the generation of semantic tools for information systems. Philadelphia, Pa.: Pennsylvania Univ. 1967, 87 S. (=AD 664915). — [110] *Doyle, L. B.:* Indexing and abstracting by association. Amer. Doc. 13 (1962) 4. — [111] *Giuliano, V. E., Jones, P. E.:* Linear associative information retrieval. In: Vistas in information handling. Bd. 1. Washington, D. C.: Spartan 1963, 30—54. — [112] *Spiegel, J., et al.:* Statistical association procedures for message content analysis. Bedford, Mass.: Mitre Corpor. 1962. — [113] *Doyle, L. B.:* Is automatic classification a reasonable application of statistical analysis of text? J. ACM 12 (1965) 4. — [114] *LeSchack, A. R.:* The determination of clusters by matrix analysis. Rep. ISR-7, Harvard Computation Lab., 1964. — [115] *Needham, R. M.:* Applications of the theory of clumps. Mechanical Translation 8 (1965) 3/4. — [116] *Borko, H., Bernick, M. D.:* Automatic document classification. J. ACM 10 (1963) 2, S. 151—162. — [117] *Bonner, R. E.:* On some clustering techniques. IBM J. Res. and Dev. 8 (1964) 1. — [118] *Rocchio, J. J.:* Document retrieval systems. Optimization and evaluation. Rep. ISR-10, Kap. 4. Harward Computation Laboratory 1966. — [119] *Kessler, M. M.:* Bibliographic coupling extended in time. Cambridge, Mass.: MIT 1962. Ders.: Comparison of the results of bibliographic coupling and analytic subject indexing. Cambridge, Mass.: MIT 1963. Ders.: Bibliographic coupling between scientific papers. Amer. Doc. 14 (1963) 1, S. 10—25. — [120] Begleittext zum Seminar ADABAS. Darmstadt: aiv 1970. — [121] *Vallee, J. F., Ludwig, H.:* The DIRAC language. Concepts and facilities. Report No. 1 Stanford Univ. (USA): Computation Center 1970. — [122] PBS 4004 GOLEM. Programmsystem zur Speicherung und Wiedergewinnung von Informationen. Beschreibung. München: Siemens AG 1971 (Best.-Nr. D 14/4159). — [123] *Olle, T. W.:* INFOL: A general language for information storage and retrieval applications. In: Schecter information retrieval (1966) 177—190. — [124] MARS VI. Multi-access retrieval system. Preliminary Reference Manual. Control Data Corpor., Publ. No. 44 625500 (1969). — [125] IBM System/360 and System/370 (OS) Storage and Information

Retrieval System. General Information. Program Product 5734-XR 3. Stuttgart: IBM Deutschland 1971, 33 S. (=GH 12-5107-0). — [126] CODASYL: A survey of generalized data base management systems. Techn. Rep., May 1969, 325—361. — [127] TELDOK 440. In: Datenverarbeitung. Bibliotheksautomatisierung. Konstanz: AEG-Telefunken 1969, 23—35. — [128] *Blackney, A. B., Scatcherd, M.:* Information Retrieval in the USA. London: Ministry of Technology 1970. 164+37S. [129] *Graml, H., Wimmer, K.:* Maschinelle Informationssysteme für die Dokumentation. Bonn: Dokumentationszentrum der Bundeswehr 1971, 314 S. (=Forschungsberichte aus der Wehrtechnik 71—11).

10.4 Aufbau und Organisation von Datenbanken

B. Pletschacher und F. Steffens

Die Entstehung von Datenbankkonzeptionen muß aus der historischen Entwicklung der elektronischen Datenverarbeitung (EDV) verstanden werden. Diese Entwicklung weist zwei Phasen auf. Die erste Phase ist durch den Einsatz der EDV zur Lösung von periodisch wiederkehrenden Standardproblemen aus Unternehmung und Verwaltung, wie z.B. zur Durchführung von Lohn- und Gehaltsabrechnungen, Rechnungsschreibungen und Stücklistenauflösung, charakterisiert. Die zweite Phase führt prinzipiell zu einer Erweiterung des Anwendungsbereichs, indem die EDV nun zu einem Instrument der Steuerung, d.h. der Planung und Kontrolle in Unternehmung und Verwaltung ausgebaut wird. Die Entstehung der Datenbankkonzeption fällt in den Übergang von der ersten zur zweiten Phase. In welcher Weise die Datenbankkonzeption diesen Übergang unterstützt, geht aus den Abschnitten 10.4.1 und 10.4.4 hervor.

Die jüngste Entwicklung hat zu einer Reihe von Datenbankkonzeptionen geführt, die zwar in weiten Teilen übereinstimmen, jedoch in zahlreichen Einzelheiten voneinander abweichende Lösungen enthalten. Der vorliegende Beitrag bezieht sich mit Schwergewicht auf *eine* der heute im Einsatz befindlichen Konzeptionen [3, 4, 5]. Ein umfassender und aktueller Überblick über zahlreiche Datenbankkonzeptionen findet sich in [7]. Ein Vorschlag zur Standardisierung der Datenbankkonzeption ist in [8] dargestellt.

Die Datenbankkonzeption wird erläutert, indem die *Komponenten*, aus denen das Datenbanksystem besteht, und die Hauptprobleme, die bei seinem *Betrieb* auftreten, dargestellt werden. Die Beschreibung der Komponenten im Abschnitt 10.4.2 folgt einer statischen Betrachtungsweise und stellt den Zusammenhang zwischen Anwendungen und Dateien im Rahmen eines Datenbanksystems dar. Der im Abschnitt 10.4.3 behandelte Betrieb des Datenbanksystems wirft in dem Sinne dynamische Probleme auf, daß sich einerseits der Datenumfang laufend ändert und andererseits eine Datenbank über ein Kommunikationsnetz angesprochen wird.

10.4.1 Grundzüge einer Datenbankkonzeption

Das Verhältnis zwischen Anwendungen und Dateien spielt die entscheidende Rolle für die Datenbankkonzeption. Dieses Verhältnis wird vor allem durch die Begriffe Zugriffszeit, Aufwand für Programmwartung und Bedarf an externem Speicherplatz gekennzeichnet.

10.4.1.1 Das Verhältnis zwischen Dateien und Anwendungen im Rahmen der konventionellen Datenverarbeitung. Die Realisierung einer Problemlösung mit Hilfe der EDV führt zu zwei Teilen: Dem Anwendungsprogramm und einer oder mehrerer Dateien. Im Rahmen der konventionellen Datenverarbeitung bilden beide Teile in bezug auf die individuelle Anwendungsaufgabe eine Einheit. Das will heißen:

1. Die Beschreibung der Dateiorganisation(en) befindet sich im Datenteil des Anwendungsprogramms. 2. Die im Instruktionenteil des Anwendungsprogramms benutzten Zugriffsmakros und Parameter entsprechen der (den) Dateiorganisation(en). 3. Die Zuordnung eines physischen Satzes der Datei zu einem logischen Satz wird im Anwendungsprogramm vorgenommen (vgl. Abb. 10.4-1).

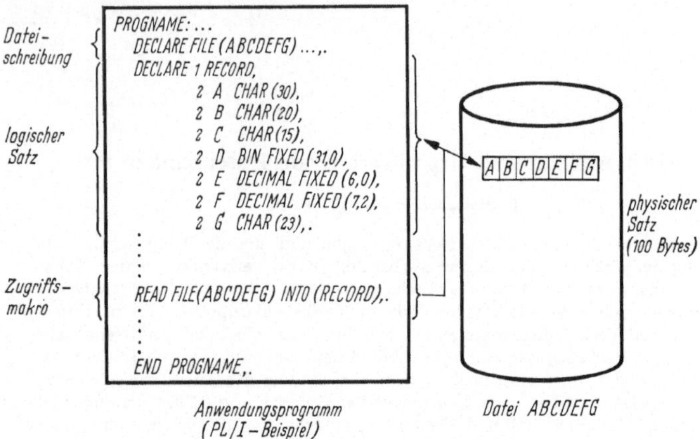

Abb. 10.4-1. Abhängigkeit zwischen einem Anwendungsprogramm und seiner Datei

　　Einem gegebenen Bestand an Anwendungen entspricht eine Anzahl von Dateien, die bestimmte Organisationsformen aufweisen. Eine Änderung dieses Bestandes kann zu unterschiedlichen Ergebnissen führen, die in Abb. 10.4-2 schematisch zusammengestellt sind.

　　Wenn einem Bestand von Anwendungen neue Anwendungsprogramme hinzugefügt werden, dann kann zunächst noch der Fall eintreten, daß die neuen Programme keine Datenelemente aus den vorhandenen Dateien benötigen. Unter dieser Voraussetzung lassen sich die Datenelemente, die von den neuen Programmen verarbeitet werden sollen, in neuen Dateien organisieren, ohne daß die bereits bestehenden Dateien davon berührt werden. Dieser Fall kann aber nur für die Anfangsphase dieses Wachstumsvorganges erwartet werden.

　　Mit dem Fortschreiten des Wachstumsvorganges muß zunehmend damit gerechnet werden, daß die von den neuen Programmen benötigten Datenelemente bereits ganz oder teilweise in den bestehenden Dateien enthalten sind. In diesem Fall, der früher oder später mit Sicherheit eintritt, bieten sich grundsätzlich zwei Wege, die neuen Anwendungen zu implementieren.

　　Der erste Weg zeichnet sich dadurch aus, daß diejenigen Dateien aus den bestehenden Dateien, die bereits Datenelemente für die neuen Programme enthalten, unter Einbeziehung neuer, in den alten Dateien noch nicht enthaltener Datenelemente zu neuen Dateien organisiert werden. Aus dieser Vorgehensweise folgt allerdings ein unter Umständen beträchtlicher Aufwand für die Umprogrammierung bereits vorhandener Anwendungsprogramme. Die Umprogrammierung erstreckt sich im wesentlichen auf die Beschreibungs- und Zugriffsinstruktionen der alten Programme.

　　Auf dem zweiten Weg wird grundsätzlich darauf verzichtet, vorhandene Dateien zu erweitern und zu reorganisieren. Wenn man diesen Weg einschlägt, dann bieten sich zwei Möglichkeiten, die neuen Anwendungen zu implementieren.

Eine Möglichkeit besteht darin, daß die neuen Anwendungsprogramme aus bereits vorhandenen Dateien die jeweils benötigten Datenelemente extrahieren. Daraus folgt in der Regel ein stark überhöhter Programmieraufwand für die neuen Programme und ebenfalls ein überhöhter Aufwand für die Ausführung dieser Programme, da sich die Zugriffszeiten spürbar verschlechtern.

Bei der letzten Möglichkeit, die noch verbleibt, muß eine redundante Datenspeicherung mit allen ihren Nachteilen in Kauf genommen werden. Hier werden die bereits in den Dateien vorhandenen und von den neuen Programmen benötigten Datenelemente in neue Dateien übertragen bzw. neu erfaßt und gegebenenfalls zusammen mit neuen Datenelementen organisiert. Aus dieser Vorgehensweise folgt ein überhöhter Aufwand für externe Speicherung zufolge steigender Datenredundanz und außerdem ein doppelter Aufwand für Änderungsdienste, damit die permanente Übereinstimmung gleicher Daten gesichtert ist. Diesem Anspruch wird jedoch in der Praxis oft nicht genügt, woraus dann eine erhebliche Unsicherheit bezüglich der Aktualität und Richtigkeit der Daten folgt.

Mit Rücksicht auf diese Folgen sind der steigenden Ausweitung des Bestandes an Anwendungen Grenzen gesetzt. Die Erfahrung hat gezeigt, daß diese Grenzen

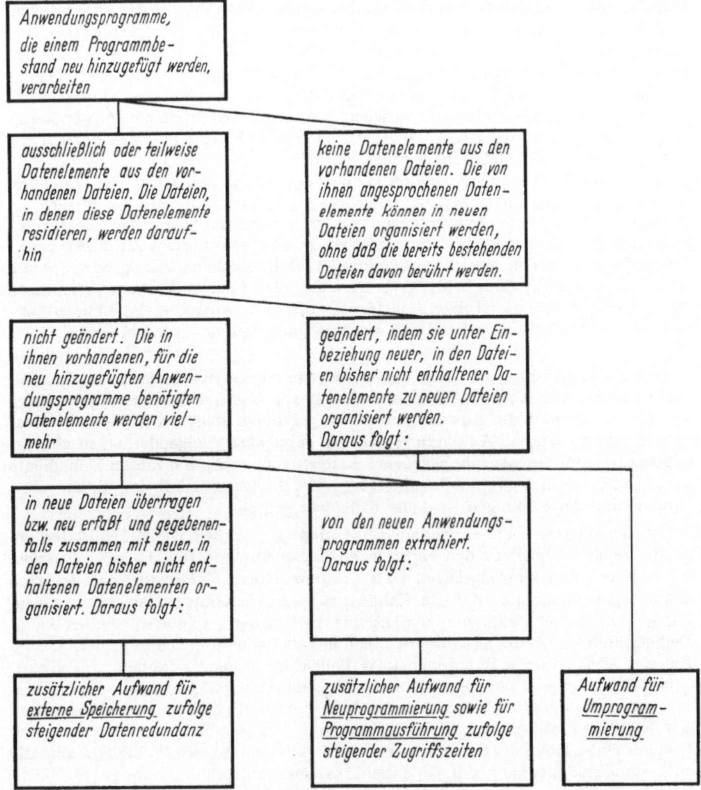

Abb. 10.4-2. Fallunterscheidung bei Variation des Bestandes an Anwendungsprogrammen

sehr schnell erreicht werden, wenn umfassende Planungs- und Kontrollaufgaben mit Hilfe der EDV gelöst werden sollen oder der Wunsch nach Datenfernverarbeitungs-Anwendungen auftritt. Daraus folgt die Notwendigkeit, eine neue Konzeption zu entwickeln, die diese Grenzen aufhebt: Die Datenbankkonzeption.

10.4.1.2 Datenbanksysteme als Bindeglied zwischen Dateien und Anwendungen. Das Ziel einer Datenbankkonzeption besteht darin, das Verhältnis zwischen Anwendungen und Dateien aus der in 10.4.1.1 beschriebenen Bindung zu lösen und eine größere Unabhängigkeit zwischen beiden herzustellen. Dadurch soll erreicht werden, daß der Wartungsaufwand für bestehende Programme, der durch Änderungen verursacht ist, weitgehend reduziert und *gleichzeitig* redundante Datenspeicherung vermieden wird. Diese für eine Datenbankkonzeption typischen Ziele werden auf folgende Weise verwirklicht.

1. Die Beschreibung der Dateiorganisation befindet sich nicht mehr im Anwendungsprogramm, sondern in einem Bereich des Datenbanksystems, wo sie *zentral* für jede Datei genau einmal vorgenommen wird. 2. Die dateiorganisationsspezifische Zugriffssprache wird durch eine symbolische Zugriffssprache ersetzt, die von allen in einem Datenbanksystem möglichen Dateiorganisationen unabhängig ist. Eine der Aufgaben des Datenbanksystems ist es, den symbolischen Zugriff des Anwendungsprogramms zu interpretieren und den Zusammenhang mit der Dateiorganisation herzustellen. 3. Die Zuordnung eines physischen Satzes der Datei zu einem logischen Satz wird flexibler, indem der logische Satz segmentiert wird. 4. In Abhängigkeit von der Sprache, die für die Programmierung einer Anwendung benutzt wird, werden die Datenelemente des logischen Satzes im Datenteil des Anwendungsprogrammes (ASSEMBLER, COBOL, PL/I) oder in einem zentralen Bereich des Datenbanksystems (IQF, GIS) definiert [4, 6].

Durch die Datenbankkonzeption können die für die konventionelle Datenverarbeitung beschriebenen Grenzen aufgehoben werden. Nun wird es möglich, in großem Umfange neue Anwendungen zu implementieren, ohne daß die für die konventionelle Datenverarbeitung typischen Nachteile auftreten. Zu diesen neuen Anwendungen werden vor allem Planungs- und Kontrollaufgaben gehören, deren Automatisierung die Entscheidungsprozesse auf allen Ebenen der Unternehmungen und Verwaltungen unterstützen soll. Ihre Realisierung wird in erster Linie zu umfassender, aktueller und rechtzeitiger Informationsversorgung führen.

10.4.1.3 Abgrenzung zu Datenbanken für Dokumentationssysteme. Die geschilderte Datenbankkonzeption konzentriert sich auf den Gesichtspunkt wachsender Vielfalt und Anzahl von Anwendungen. Demgegenüber stellt ein Dokumentationssystem *eine* spezifische Anwendung dar, die gegenwärtig folgendermaßen charakterisiert ist: Für eine Anzahl gegebener Kriterien sollen die relevanten Dokumente aufgefunden werden (vgl. Abschnitt 10.3). Die besondere Problematik zwischen Dateien und Anwendungen ist daher hier nicht gegeben.

In den meisten Dateien werden neben den eigentlichen Daten Hilfsdaten geführt, die den Zugriff zu den eigentlichen Daten unterstützen. Es wird zwischen formatierten und unformatierten Daten unterschieden. *Unformatierte Daten* sind dadurch gekennzeichnet, daß im Rahmen eines Dokumentationssystem aus einem Datenelement nicht auf seine semantische Bedeutung geschlossen werden kann. Demgegenüber sind die *formatierten Daten* gerade dadurch gekennzeichnet, daß im Rahmen eines Systems ihre semantische Bedeutung eindeutig festliegt. Die eigentlichen Daten eines Dokumentationssystems sind zum Teil formatiert, zum überwiegenden Teil jedoch unformatiert. Außerdem enthält ein Dokumentationssystem eine Reihe von Hilfsdateien, die formatiert sind. Die Organisation der formatierten Dateien eines Dokumentationssystems wirft eine Reihe von Problemen auf, die auch im Zusammenhang mit Datenbanksystemen auftreten. Heute ist es üblich, Dokumentationssysteme und Datenbanksysteme getrennt zu realisieren. Es ist aber grundsätzlich denkbar, ein umfassendes System zu entwickeln.

10.4.2 Die Komponenten eines Datenbanksystems

Die Komponenten eines Datenbanksystems sind die Programmbeschreibung, die Datenbankbeschreibung und die Programmiersprachen. Ihnen fällt eine wichtige Rolle in den Beziehungen zwischen Anwendungen und Dateien zu.

10.4.2.1 Die Programmbeschreibung. Für jedes Anwendungsprogramm muß ein Rahmen festgelegt werden, in dem es sich bewegen darf. Dieser Rahmen ist durch Datenstrukturen, Kommunikationsstrukturen und durch systembezogene Angaben abgesteckt. Die Einhaltung dieser Grenze überwacht das Datenbanksteuerungssystem (vgl. Abschnitt 10.4.3.4). Der in diesem Sinne festgelegte Rahmen wird außerhalb des Anwendungsprogramms in der Programmbeschreibung spezifiziert.

Die anwendungsbezogene Datenstruktur. In diesem Teil der Programmbeschreibung werden, jeweils für eine Anwendung, die logischen Einheiten und ihre strukturellen Verknüpfungen definiert. Die kleinste logische Einheit bildet das *Segment*, das aus einem oder mehreren formatierten Datenelementen besteht. Segmente, die in derselben Weise aus Datenelementen aufgebaut sind, bilden einen *Segmenttyp*. Im Hinblick auf eine gegebene Anwendung bilden die von der Anwendung benutzten Segmenttypen eine oder mehrere *Segmenttypenstrukturen*.

Grundsätzlich können beliebige Segmenttypenstrukturen für die Kennzeichnung von Abhängigkeiten zwischen Segmenttypen zugelassen werden. Im folgenden soll jedoch von *Baumstrukturen (hierarchischen Strukturen)* ausgegangen werden.

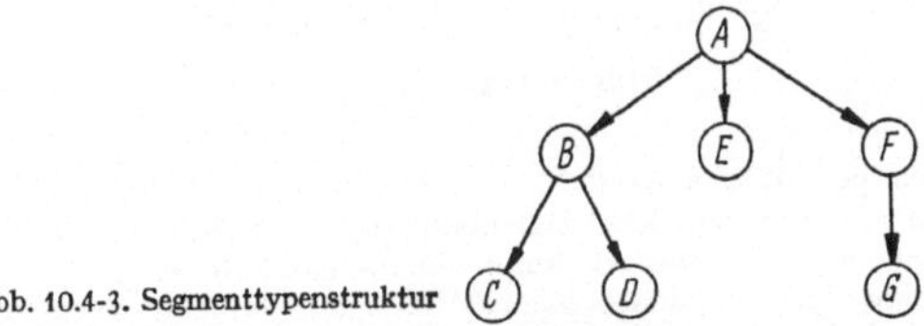

Abb. 10.4-3. Segmenttypenstruktur

In Abb. 10.4-3 bezeichnen die Knoten Segmenttypen. Ein Segmenttyp kann einem anderen unmittelbar untergeordnet werden. Dies wird durch einen Pfeil, der zum untergeordneten Segmenttyp weist, ausgedrückt. In diesem Sinne ist der Segmenttyp D dem Segmenttyp B unmittelbar untergeordnet. B heißt auch *Elter* von D, während D *Kind* von B genannt wird. Der Segmenttyp A, der keinen Elter hat, heißt *Kopfsegmenttyp*. Die Segmenttypen $B, ..., G$ heißen schließlich *abhängige Segmenttypen*. Jeder abhängige Segmenttyp hat genau einen Elter.

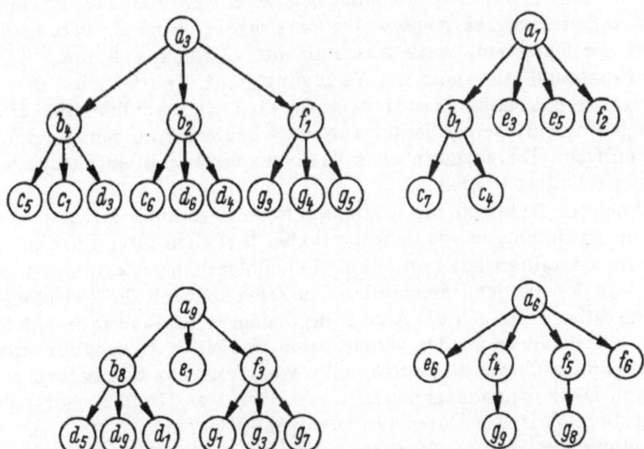

Abb. 10.4-4. Segmentstruktur (die Indices entsprechen den Hauptordnungskriterien)

In Übereinstimmung mit der Elter-Kind-Relation lassen sich ähnliche Beziehungen zwischen Segmenten herstellen. Dies wird durch folgende Regel bestimmt: Betrachtet seien zwei Segmenttypen, die in Elter-Kind-Relation stehen. Jedem Segment des Eltersegmenttyps ist eine Menge von Segmenten des Kindsegmenttyps zugeordnet. (Diese Menge kann auch leer sein.) Mit Hilfe dieser Regel wird jedem Segment des Kopfsegmenttyps genau eine *Segmentstruktur* zugeordnet (vgl. Abb. 10.4-4).

Aus zugriffstechnischen Gründen ist es sinnvoll, jede Segmentstruktur in eine lineare Anordnung zu überführen. Dazu ist es notwendig, daß je Segmenttyp einer Segmenttypenstruktur ein Datenelement als Hauptordnungskriterium ausgezeichnet wird. In jeder Segmentstruktur werden die Segmente desselben Types, denen außerdem dasselbe Eltersegment zugeordnet ist, entsprechend dem Hauptordnungskriterium angeordnet. Dadurch ist es möglich, jede Segmentstruktur in eindeutiger Weise als Folge von Segmenten darzustellen (vgl. Abb. 10.4-5). Eine solche Folge soll *logischer Datenbanksatz* heißen. Die logischen Datenbanksätze einer Segmenttypenstruktur können ihrerseits entsprechend dem Hauptordnungskriterium des Kopfsegmenttyps angeordnet werden. Diese Folge von logischen Datenbanksätzen heißt *logische Datenbank*.

$$a_1 \quad b_1 \quad c_4 \quad c_7 \quad e_3 \quad e_5 \quad f_2$$
$$a_3 \quad b_2 \quad c_6 \quad d_4 \quad d_6 \quad b_4 \quad c_1 \quad c_5 \quad d_3 \quad f_1 \quad g_3 \quad g_4 \quad g_5$$
$$a_6 \quad e_6 \quad f_4 \quad g_9 \quad f_5 \quad g_8 \quad f_6$$
$$a_9 \quad b_8 \quad d_1 \quad d_5 \quad d_9 \quad e_1 \quad f_3 \quad g_1 \quad g_3 \quad g_7$$

Abb. 10.4-5. Logische Datenbanksätze

Das oben geschilderte Vorgehen — Festlegung von Segmenttypenstruktur, Segmentstruktur und logischem Datenbanksatz — eröffnet Möglichkeiten, die in der konventionellen Datenverarbeitung nicht gegeben waren.

Eine symbolische Zugriffssprache, deren Zugriffsobjekte Segmente seien, löst folgende Funktionen aus. Die Funktion *retrieve* bedeutet, daß eine Anwendung ein extern gespeichertes Segment zwar lesen, aber dort nicht verändern darf. Die Funktion *replace* besagt, daß eine Anwendung Datenelemente eines schon gespeicherten Segmentes verändert. Die Funktion *delete* entfernt ein Segment aus der Segmentstruktur, während die Funktion *add* ein Segment hinzufügt. Die drei letzten Funktionen werden unter der Bezeichnung *update* zusammengefaßt.

In der Programmbeschreibung wird festgelegt, welche Funktionen in bezug auf welche Segmenttypen ausgeführt werden dürfen. Dadurch wird für jede Anwendung festgelegt, in welcher Weise sie mit ihren Segmentstrukturen arbeiten darf.

Die anwendungsbezogene Kommunikationsstruktur. Eine Forderung der Praxis lautet, daß die Datenbank nach Abschluß ihrer Aufbauphase ihren Teilnehmern durch ein Kommunikationsnetz zur Verfügung steht. Es ist auch hier wünschenswert, eine relative Unabhängigkeit zwischen dem Kommunikationsnetz und den Anwendungen herzustellen. Allerdings ist man heute von diesem Entwicklungsziel noch weit entfernt. Die anzustrebende Unabhängigkeit soll jedoch durch folgendes Beispiel kurz erläutert werden.

Die Teilnehmer benutzen zur Kommunikation bestimmte Datenstationen. Jede Datenstation ist durch gewisse Spezifikationen bezüglich ihrer Ein- und Ausgabemöglichkeiten charakterisiert (vgl. Kapitel 8). Solche Spezifikationen legen in Abhängigkeit von der Art der Datenstation den Zeichenvorrat, die Zeilenlänge und bei Datensichtgeräten zusätzlich die Anzahl der Zeilen je Bildschirm fest. Die Art und Weise, wie ein Benutzer an der Datenstation mit einer Anwendung arbeitet und wie die Anwendung darauf antwortet, sollte von diesen Spezifikationen unabhängig sein können. Diese Unabhängigkeit ist vor allem im Hinbilck auf den raschen technischen Fortschritt bei Datenstationen wünschenswert.

Die anwendungsbezogenen Systemspezifikationen. Die in diesem Teil der Programmbeschreibung enthaltenen Angaben dienen der Steuerung des Anwendungsprogramms durch das Datenbanksystem. Das Datenbanksystem läßt zu, daß die Anwendungen in verschiedenen Programmiersprachen geschrieben werden. Daher ist die Spezifizierung der für eine Anwendung gewählten Programmiersprache notwendig.

Weitere Angaben, die der Steuerung dienen, beziehen sich auf die Ausführungszeitpunkte eines Anwendungsprogramms, die beispielsweise permanent, stündlich, täglich gefordert werden können. Diese Angaben sind vor allem bei automatisierten Informationssystemen notwendig. Außerdem können sogenannte Aktivierungspunkte definiert werden, auf die in Abschnitt 10.4.3.2 näher eingegangen wird.

Die Ressourcen eines Datenbanksystems sind in ihrer Kapazität begrenzt. Daraus folgt, daß zu einem gegebenen Zeitpunkt nur eine bestimmte Anzahl von Anwendungsprogrammen aktiv sein kann. Diese Tatsache führt zu zwei Problemen: 1. Muß festgelegt werden, nach welchen Prioritätsgesichtspunkten die Kapazität des Systems auf die aktiven Programme verteilt wird. 2. Wenn zu diesem Zeitpunkt eine größere Anzahl von Anwendungsprogrammen über das Kommunikationsnetz angefordert wird, bildet sich eine Warteschlange nicht aktiver Programme, für deren Aufarbeitung ebenfalls eine Prioritätsregel aufgestellt werden muß. Die Gesamtheit der Prioritätsregeln bilden wieder Systemspezifikationen. Der Umfang der anwendungsbezogenen Systemspezifikationen wird weitgehend durch den für ein Datenbanksystem geforderten Komfort bestimmt.

Im Rahmen eines Datenbanksystems besteht die Aufgabe der Programmbeschreibung darin, das Anwendungsprogramm auf die eigentliche Problemlösung zu reduzieren. Dadurch wird ein Höchstmaß an Unabhängigkeit zwischen Daten, Teilnehmern und System einerseits und Anwendungen andererseits hergestellt.

10.4.2.2 Die Datenbankbeschreibung. Unter den Komponenten des Datenbanksystems spielt die Datenbankbeschreibung die zentrale Rolle. Das Datenbanksystem benutzt die Datenbankbeschreibung, um einen logischen Datenbanksatz in physischen Bereichen auf externen Speichern zu lokalisieren.

Die Integration mehrerer Segmenttypenstrukturen zu einer Datenbankstruktur. Zu einem Zeitpunkt verfügt das Datenbanksystem über viele Segmenttypenstrukturen. Es ist der Fall denkbar, daß kein Segmenttyp in mehr als einer Segmenttypenstruktur vorkommt. In diesem sehr einfachen Fall stellt — wie unten gezeigt wird — jede Segmenttypenstruktur eine *hierarchische Datenbankstruktur* dar. Im Regelfall werden jedoch Segmenttypen auftreten, die in mehr als einer Segmenttypenstruktur enthalten sind. Außerdem kann der Fall eintreten, daß ein Segmenttyp in einer Segmenttypenstruktur mehrfach auftritt. In den beiden letzten Fällen tritt das Problem der Redundanz auf.

Eine sehr einfache Lösung des Redundanzproblems liegt dann vor, wenn aus mehreren Segmenttypenstrukturen durch Aufeinanderlegen gleicher Knoten und Kanten wieder eine Baumstruktur entsteht. Wird dieses Verfahren auf die Gesamtheit der Segmenttypenstrukturen, die beispielsweise durch die Graphen der Abb. 10.4-6a bis 10.4-6f gegeben sei, angewandt, dann läßt sich eine kleinstmögliche Anzahl von Baumstrukturen finden, die im Beispiel durch die Bäume der Abb. 10.4-7a und 10.4-7b dargestellt ist. Aus dieser Menge von Baumstrukturen werden jene Bäume ausgewählt, die keinen Segmenttyp enthalten, der noch in einem anderen Baum oder in einem Baum mehrfach vorkommt (vgl. Abb. 10.4-7a). Solche Bäume heißen *hierarchische Datenbankstrukturen.*

Bei diesem Auswahlprozeß werden jedoch in der Regel Bäume übrigbleiben, in denen weiterhin Segmenttypen mehrfach vorkommen. Diese Bäume sollen *intermediäre Baumstrukturen* heißen (vgl. Abb. 10.4-7b). Das Redundanzproblem, das hier vorliegt, muß auf einem neuen Weg endgültig gelöst werden. Gleiche Segmenttypen werden zu einer Segmenttypenmenge zusammengefaßt. Auf diese Weise wird die Menge aller Segmenttypen in disjunkte Teilmengen zerlegt. Nun wird von der Möglichkeit Gebrauch gemacht, zwischen Knoten einer Knotenmenge neue Kanten einzuführen. Diese Kanten werden als *Referenz* zwischen gleichen Segmenttypen interpretiert. Eine Referenz besitzt die Eigenschaft, daß jedes Segment des einen

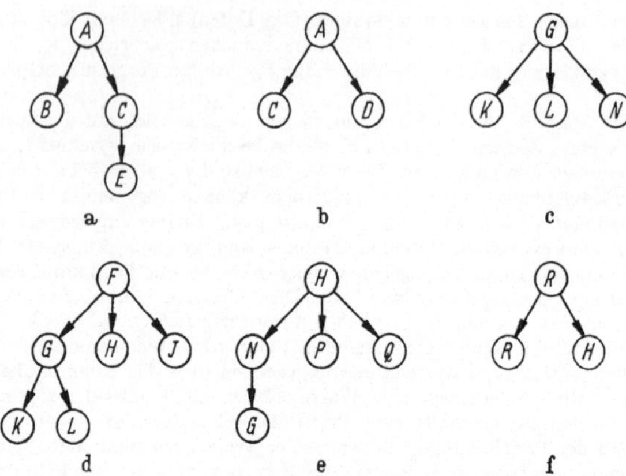

Abb. 10.4-6. Segmenttypenstrukturen

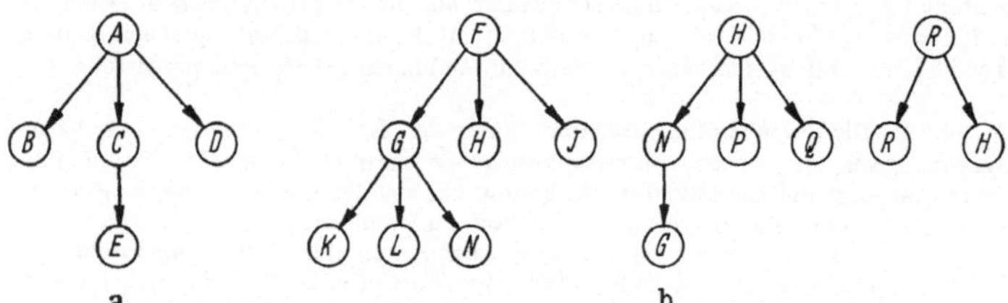

Abb. 10.4-7a. Hierarchische Datenbankstruktur entstanden aus 10.4-6a, b

Abb. 10.4-7b. Intermediäre Baumstrukturen, entstanden aus 10.4-6c bis f

Segmenttyps genau einem Segment des anderen zugeordnet ist. Darin besteht ein wesentlicher Unterschied gegenüber der Elter-Kind-Relation. Wenn von einem Segmenttyp nur Referenzen weggehen, dann soll er *symbolischer Segmenttyp* heißen. Wenn dagegen zu einem Segmenttyp nur Referenzen hinweisen, dann wird er *echter Segmenttyp* genannt. Führen zu einem Segmenttyp Referenzen hin und gehen von ihm Referenzen aus, dann handelt es sich um einen *gemischten Segmenttyp*. In jeder Knotenmenge müssen mindetstens so viele Referenzen eingeführt werden, so daß dort ein zusammenhängender Graph entsteht. Wenn in einer solchen Knotenmenge bereits eine Elter-Kind-Relation vorhanden ist, muß eine Referenz in entgegengesetzter Richtung eingeführt werden. Diese Technik macht es möglich, eine redundanzfreie Speicherung zu verwirklichen. Die dadurch aus den gegebenen Bäumen entstandene neue Struktur heißt *verknüpfte Datenbankstruktur* (vgl. Abb. 10.4-8).

Die Zerlegung einer Datenbankstruktur in Dateistrukturen. Das Datenbanksystem besitzt zu einem Zeitpunkt eine oder mehrere (hierarchische oder verknüpfte) Datenbankstrukturen. Bei der Zerlegung einer Datenbankstruktur in *Dateistrukturen* sind folgende Regeln zu beachten: 1. Wenn ein Knoten einer Dateistruktur zugewiesen wird, dann müssen auch alle von ihm wegführenden Kanten (Elter-Kind und Referenz) in dieser Dateistruktur enthalten sein. 2. Jeder Knoten gehört genau einer Dateistruktur an. Diese beiden Regeln sind sowohl auf hierarchische als auch auf verknüpfte Datenbankstrukturen anwendbar. Für die Zerlegung von

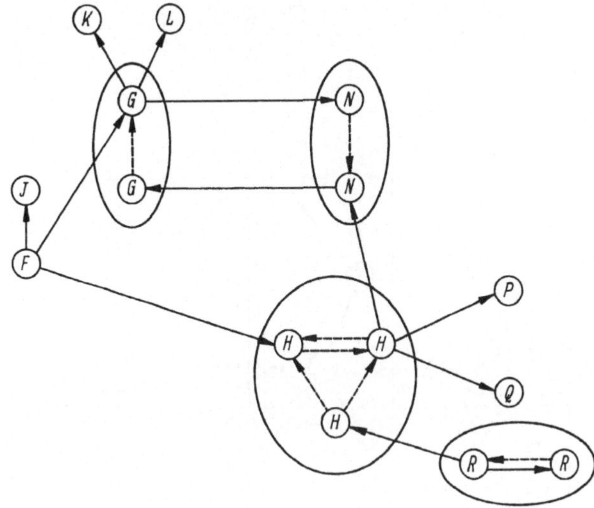

Abb. 10.4-8. Verknüpfte Datenbankstruktur, entstanden aus 10.4-7b

verknüpften Datenbankstrukturen gilt zusätzlich eine dritte Regel: Zwei Knoten (symbolischer, echter oder gemischter Segmenttyp), die derselben Knotenmenge angehören, dürfen nicht derselben Dateistruktur zugeordnet werden, es sei denn, zwischen ihnen besteht eine Elter-Kind-Relation. Echte Segmenttypen einer Dateistruktur sind dadurch gekennzeichnet, daß sie die eigentlichen Datenelemente enthalten. Demgegenüber sind symbolische Segmenttypen einer Dateistruktur dadurch charakterisiert, daß sie nur Verweise auf echte Segmente darstellen. Dadurch ist gezeigt, wie eine redundanzfreie Speicherung zu verwirklichen ist. Die geschilderten Regeln erlauben es, eine Datenbankstruktur auf verschiedene Weise und verschieden fein zu zerlegen. Die Abb. 10.4-9a und 10.4-9b zeigen beispielhaft eine mögliche Zerlegung der Datenbankstrukturen der Abb. 10.4-7a bzw. 10.4-8.

Jeder Dateistruktur, die auf diese Weise entsteht, ist zufolge der Segmentstrukturen eine bestimmte Menge von Segmenten zugeordnet. Diese Menge von Segmenten zusammen mit den zugehörigen Kanten, die außerdem einer Dateiorganisation unterworfen wird, heißt *Datei*.

Für bestimmte Funktionen des Datenbanksystems bilden die Dateien die kleinsten, steuerbaren Elemente. Als wichtigste Funktionen sind hier die *Reorganisation*, die sich aus dem quantitativen Wachstum einer Datei ergibt[1] und die Gewährleistung der *Datensicherheit* (vgl. Abschnitt 10.4.3.2) zu nennen. Die Zerlegung in Dateistrukturen muß u. a. so vorgenommen werden, daß alle Funktionen in günstiger Weise ausgeführt werden können. Es ist jedoch zu beachten, daß mit fortschreitender Untergliederung einer Datenbankstruktur in immer kleinere Dateistrukturen der Speicherplatzaufwand zunimmt, da der Verwaltungsaufwand ansteigt. Die endgültige Beantwortung der Frage, welche der möglichen Zerlegungen ausgewählt werden soll, kann nicht ohne Berücksichtigung der Dateiorganisation erfolgen.

Die Gesamtheit der Dateien, die sich durch Zerlegung einer Datenbankstruktur ergibt, soll *Datenbank* heißen. Es sei an dieser Stelle hervorgehoben, daß sich in den Anwendungsprogrammen keinerlei Informationen darüber befinden, wie eine Datenbank aufgebaut ist. Die Angaben über ihren Aufbau befinden sich vielmehr

---

[1] Siehe S. 81: Reorganisation von Dateien.

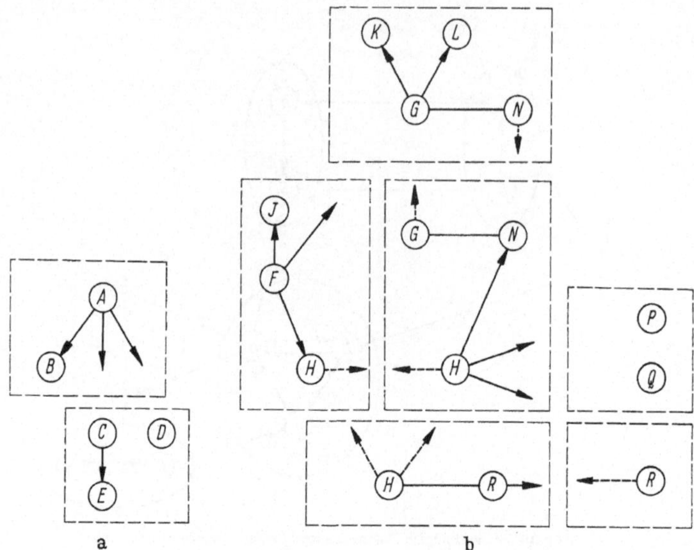

Abb. 10.4-9a. Zerlegung der Datenbankstruktur 10.4-7a
Abb. 10.4-9b. Zerlegung der Datenbankstruktur 10.4-8

in der Datenbankbeschreibung, in der eine Datenbankstruktur definiert, eine bestimmte Zerlegung in Dateistrukturen festgelegt und jeder Dateistruktur eine Dateiorganisation zugeordnet ist.

Prinzipien der Dateiorganisation. In der konventionellen Datenverarbeitung sind drei Grundprinzipien der Dateiorganisation bekannt: sequentielle, index-sequentielle und direkte Organisation [1, 9]. Zufolge der Tatsache, daß sowohl der logische Satz in einem Datenbanksystem segmentiert ist, als auch die Dateien einer Datenbank voneinander abhängig sind, müssen von den Dateiorganisationen eines Datenbanksystems zusätzliche Eigenschaften gefordert werden.

Eine Datei, die sich auf einem externen Speicher befindet, besteht aus einer bestimmten Anzahl von physischen Blöcken. Der einzelne Block bildet diejenige Einheit, die von der Hardware gelesen oder geschrieben werden kann. Jeder Block besteht aus einer bestimmten Anzahl von physischen Sätzen, die innerhalb eines Blockes alle gleich lang sein sollen. Die durch die Knoten und Kanten einer Dateistruktur repräsentierten Informationen werden in Blöcken gespeichert. Ein logischer Datenbanksatz, der selbst variabel lang sein kann, wird aus physischen Sätzen aufgebaut. Hierin kommt eine wesentliche Eigenschaft des Datenbanksystem zum Ausdruck.

Die einer Dateistruktur zugeordneten Segmenttypen können Kopfsegmenttypen und abhängige Segmenttypen sein. In Abhängigkeit davon wird die Anordnung der Segmente innerhalb des Segmenttyps durchgeführt. Im Fall des Kopfsegmenttyps werden die Segmente bezüglich ihres Hauptordnungskriteriums angeordnet. Bei abhängigen Segmenttypen bestehen zwei Möglichkeiten der Anordnung: 1. Für jedes Eltersegment eines gegebenen abhängigen Segmenttyps werden die in der Segmentstruktur zugeordneten Kindsegmente bezüglich ihres Hauptordnungskriteriums angeordnet. Dieses Vorgehen ist bereits aus der Definition des logischen Datenbanksatzes bekannt. 2. *Alle* Segmente eines gegebenen abhängigen Segmenttyps werden bezüglich ihres Hauptordnungskriteriums angeordnet.

Die hardwarebedingte Adressierungstechnik bewirkt eine natürliche Anordnung der physischen Sätze. Es ist das Bestreben jeder Dateiorganisation, bei der Speicherung der Segmente einer Datei eine Entsprechung zwischen der natürlichen Ordnung der physischen Sätze und der oben beschriebenen, möglichen Anordnung von Segmenten herzustellen. Bei quantitativen Änderungen einer Datei wird diese Entsprechung immer stärker durchbrochen. Das hat zur Folge, daß die Zugriffszeiten oder der Speicherplatzaufwand zunehmen[1].

Die Information, die durch die Kanten repräsentiert wird, muß in geeigneter Form gespeichert werden. Es ist bereits bekannt, daß Kanten unterschiedliche Interpretationen besitzen. Einerseits stellen sie die Elter-Kind-Relation zwischen Segmenttypen, andererseits die Beziehung zwischen symbolischen und echten bzw. gemischten Segmenttypen (derselben Knotenmenge) dar. Für die Speicherung der Elter-Kind-Relation gibt es folgende *spezielle* Lösung: Die Elter-Kind-Beziehung wird dadurch zum Ausdruck gebracht, daß die Segmente in der Reihenfolge, die durch den logischen Datenbanksatz gegeben ist, auch gespeichert werden. Dies hat folgende Konsequenzen: 1. Für jedes Segment muß eine Identifikation gespeichert werden, aus der hervorgeht, um welchen Typ es sich handelt. 2. Beim Einfügen eines neuen Segments muß dafür gesorgt werden, daß es physisch an der richtigen Stelle gespeichert wird. Daraus folgt in der Regel ein Verschieben bereits gespeicherter Segmente.

Die Information, die durch eine Kante repräsentiert wird, soll *Zeiger* heißen. Diese Information muß bei dem Segment, von dem aus verwiesen wird, gespeichert werden. Für die Speicherung der Elter-Kind-Relation gibt es mehrere Möglichkeiten: 1. Werden pro Eltersegment so viele Zeiger gespeichert, wie Kindersegmente vorhanden sind. 2. Werden pro Eltersegment Zeiger zum ersten und letzten Kindsegment aller Kindsegmenttypen gespeichert und gleiche Kindsegmente, die zum selben Eltersegment gehören, werden verkettet. 3. Werden die Segmente in der durch den logischen Datenbanksatz gegebenen Reihenfolge verkettet. Bei der Referenz-Beziehung wird pro Segment eines symbolischen bzw. gemischten Segmenttyps genau ein Zeiger gespeichert. Der Inhalt eines Zeigers kann das Hauptordnungskriterium jenes Segments sein, auf das verwiesen wird. In diesem Fall soll von einem *symbolischen Zeiger* gesprochen werden. Der Zeigerinhalt kann aber auch aus einer Hardware-Adresse bestehen, die auf unterschiedliche Weise definiert sein kann. Im letzten Fall wird von *Adreß-Zeiger* gesprochen.

Bisher wurde die speichertechnische Realisierung von Datenbankstrukturen besprochen. Nun soll die Problematik behandelt werden, die dann auftritt, wenn ein Anwendungsprogramm Segmente in einer zeitlichen Folge anfordert. Für jeden logischen Datenbanksatz, der vom Programm benötigt wird, gibt es ein Segment, das zeitlich zuerst angefordert wird. Während alle Segmente eines Datenbanksatzes, die zeitlich unmittelbar nach dem zuerst angeforderten verlangt werden, mit Hilfe der bekannten Datenbankstruktur lokalisiert werden, bleibt die Frage offen, wie das zuerst angeforderte Segment gefunden wird.

Für die Lösung dieser Frage bieten sich eine Reihe bekannter Methoden an: sequentielles Suchen, Aufsuchen mit Hilfe einer Indextabelle und direkter Zugriff [1, 9]. Für den Fall der Verwendung von Indextabellen sollten die Dateiorganisationen eines Datenbanksystems über folgende Möglichkeiten verfügen. 1. Kann ein Index für das Hauptordnungskriterium eines Segmenttyps aufgebaut werden. Ein solcher Index soll *Hauptindex* heißen. 2. Kann für jedes beliebige Datenelement, das nicht Hauptordnungskriterium ist, ein sogenannter *Sekundärindex* aufgebaut werden. 3. Kann ein *hierarchischer Index* für eine hierarchische Datenbankstruktur bzw. für eine intermediäre Baumstruktur aufgebaut werden. Der hierarchische Index besitzt dieselbe Struktur wie die zugehörigen Bäume. Im Index entspricht dabei jedem Segment des Baumes das Hauptordnungskriterium und die Hardware-Adresse. In der Datei kann daher auf die Speicherung der Elter-Kind-Relation verzichtet werden. Ein wichtiger Unterschied zwischen Haupt- und Sekundärindex

---

[1] Siehe S. 81: Reorganisation von Dateien.

einerseits und hierarchischem Index andererseits besteht darin, daß sich die ersteren immer auf *eine* Datei beziehen, während der letztere über Dateigrenzen hinweggreifen kann. Die Indexbereiche, die zufolge der Dateiorganisation für eine Datei aufgebaut werden, sind Teil der Datei.

Das Problem der Auswahl optimaler Dateiorganisationen. Die Auswahl der Dateiorganisation muß im Hinblick auf ein bestimmtes *Anwendungsprofil* getroffen werden. Das Anwendungsprofil bezieht sich immer auf eine bestimmte Periode und ist durch die Menge der Anwendungsprogramme, durch den Datenumfang, durch die Ausführungsdauer und die Ausführungshäufigkeit der einzelnen Anwendungen gegeben. Die Ausführungsdauer wird hier als eine vom Anwender festgesetzte Soll-Zeitspanne angesehen. Die Kosten des Anwendungsprofils bilden das Auswahlkriterium. Die Hauptkomponenten dieser Kosten sind die Kosten des Rechnersystems und die Kosten der externen Speichereinheiten. Diese Kostengrößen sind nicht nur von der Dateiorganisation, sondern u. a. auch von der Rechen- und Kommunikationsintensität des Anwendungsprofils abhängig. Damit ist die Auswahl der Dateiorganisation in den Rahmen eines umfassenderen Optimierungsproblems gestellt.

Für die Auswahl der Dateiorganisation sind folgende Zusammenhänge zu beachten: Die einem Anwendungsprofil entsprechenden Datenbanken müssen in Dateistrukturen zerlegt werden. Für jede Dateistruktur ist eine Dateiorganisation auszuwählen. Dabei muß beachtet werden, daß die im Anwendungsprofil festgelegten Ausführungsdauern eingehalten werden. Dieses Problem wird allerdings zusätzlich durch die Leistung des Rechnersystems beeinflußt. Durch dieses Vorgehen können mehrere zulässige Alternativlösungen abgeleitet werden. Jede Alternative ist mit einem bestimmten Speicherplatzaufwand und einer bestimmten Konfiguration von Rechnersystem und externen Speichereinheiten verbunden. Daher ist es möglich, jene Alternative zu bestimmen, die das Anwendungsprofil zu den geringsten Kosten realisiert. Die Formulierung und allgemeine Lösung des umfassenden Optimierungsproblems, in dessen Rahmen die Auswahl optimaler Dateiorganisationen zu erfolgen hat, stehen heute noch aus.

10.4.2.3 Die Programmiersprachen. In diesem Abschnitt wird die Grundproblematik sowohl einer symbolischen Zugriffssprache als auch einer Abfragesprache erläutert. Die *Zugriffsobjekte* der erstgenannten Sprache werden Segmente sein. Demgegenüber hat die andere Sprache Datenelemente selbst zu Zugriffsobjekten. Beide Sprachen setzen die bisher dargestellte Datenbankkonzeption voraus.

Symbolische Zugriffssprachen. Eine Sprache, deren Zugriffsobjekte Segmente sind, besteht aus vier Sprachelementen: *Funktionscode, Name des Ein-Ausgabebereichs, Segmenttypenstrukturname, Segmentidentifikation.* Die Segmentidentifikation setzt sich wiederum aus zwei Teilen zusammen: *Segmenttypenname* und *Vergleichsargument.* Das Vergleichsargument ist seinerseits aus *Datenelementname, Vergleichsoperator* und *Wert des Datenelementes* aufgebaut.

Die eingeführten Sprachelemente sollen einer bestimmten Syntax genügen, durch die festgelegt ist, in welcher Reihenfolge und in welcher Häufigkeit die einzelnen Sprachelemente in einem Satz auftreten dürfen. Der Funktionscode und der Name des Ein-Ausgabebereichs müssen genau einmal auftreten. Der Segmenttypenstrukturname darf höchstens einmal auftreten, während die Segmentidentifikation höchstens so oft auftreten kann, wie die Segmenttypenstruktur Segmenttypenstufen enthält. Für den Aufbau der Segmenttypenidentifikation gilt folgende Regel: Der Segmenttypenname, der an erster Stelle steht, darf höchstens einmal auftreten. Außerdem können die Vergleichsargumente mehrfach auftreten, indem sie durch boolesche Operatoren (UND, ODER, NICHT) verknüpft werden.

Die Mächtigkeit der Sprache wird vor allem durch die Vielzahl ihrer Funktionscodes bestimmt. Während es für die Funktionen replace, delete und add sowie für den erstmaligen Zugriff zu einem logischen Datenbanksatz (*retrieve unique*) jeweils einen Funktionscode gibt, stehen für das Suchen innerhalb eines logischen Datenbanksatzes zahlreiche Funktionscodes zur Verfügung, auf die im folgenden eingegangen wird.

Diese Funktionscodes werden vom System nur dann sinnvoll interpretiert, wenn zuvor bereits eine Retrieve-Funktion ausgeführt worden ist, die ein bestimmtes Segment eines logischen Datenbanksatzes fixiert hat. Durch geeignete Funktionscodes ist es möglich, ausgehend von dem fixierten Segment in beiden Richtungen des logischen Datenbanksatzes ein neues Segment zu lokalisieren. Wenn das neue Segment im Sinne der Ordnung des logischen Datenbanksatzes hinter dem fixierten Segment liegt, dann werden die entsprechenden Funktionscodes durch *retrieve forward* gekennzeichnet. Im umgekehrten Fall werden die Funktionscodes durch *retrieve backward* charakterisiert. Retrieve forward und retrieve backward sind also lediglich Code-Bestandteile, die die Richtung des Suchvorganges anzeigen. Offen bleibt daher die Frage, welches Segment in der einen oder anderen Richtung zu lokalisieren ist. Die Beantwortung dieser Frage ist unabhängig von der tatsächlich gewählten Richtung.

Der Funktionscode *retrieve forward twin* lokalisiert das nächstfolgende Segment, das vom selben Typ wie das fixierte ist. Der Funktionscode *retrieve forward within parent* lokalisiert das nächstfolgende Segment, das denselben Elter wie das fixierte Segment besitzt. Der Funktionscode *retrieve forward twin within parent* lokalisiert das nächstfolgende Segment, das vom selben Typ wie das fixierte ist und außerdem denselben Elter besitzt.

Schließlich soll der Funktionscode retrieve forward die Lokalisierung des unmittelbar nächstfolgenden Segmentes bedeuten; dabei ist es auch möglich, von einem logischen Datenbanksatz zum nächsten überzuwechseln. Entsprechende Funktionscodes lassen sich auch für retrieve backward-Vorgänge festlegen. Die dargestellten Funktionscodes werden am Beispiel eines logischen Datenbanksatzes in Abb. 10.4-10 erläutert.

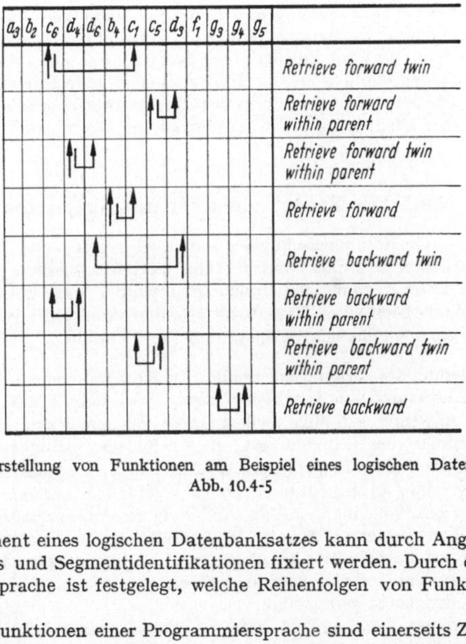

a_3	b_2	c_6	d_4	d_6	b_4	c_1	c_5	d_3	f_1	g_3	g_4	g_5	
													Retrieve forward twin
													Retrieve forward within parent
													Retrieve forward twin within parent
													Retrieve forward
													Retrieve backward twin
													Retrieve backward within parent
													Retrieve backward twin within parent
													Retrieve backward

Abb. 10.4-10. Darstellung von Funktionen am Beispiel eines logischen Datenbanksatzes von Abb. 10.4-5

Jedes Segment eines logischen Datenbanksatzes kann durch Angabe geeigneter Funktionscodes und Segmentidentifikationen fixiert werden. Durch die Syntax der Spezifikationssprache ist festgelegt, welche Reihenfolgen von Funktionscodes zulässig sind.

Die Hauptfunktionen einer Programmiersprache sind einerseits Zugriff und andererseits Manipulation von Datenelementen. Die symbolische Zugriffssprache kann von den bekannten Programmiersprachen (ASSEMBLER, COBOL, PL/I) genutzt werden. Dafür bieten sich zwei Realisierungsmöglichkeiten an. Im ersten Fall werden die Programmiersprachen um die Sprachelemente der symbolischen Zugriffssprache erweitert. Eine in diesem Sinne angestrebte Erweiterung ist für COBOL in [8] vorgeschlagen worden. Im zweiten Fall wird die symbolische Zugriffssprache mittels der Unterprogrammtechnik in den Programmen der Programmiersprachen benutzt. Als eine besondere Realisierungsmöglichkeit bietet sich außerdem die Neukonzeption einer höheren Programmiersprache an, in die die symbolische Zugriffssprache integriert wird. Dieser Weg ist bei der Entwicklung von GIS [6] beschritten worden.

Abfragesprachen. Zu einem Zeitpunkt ist ein bestimmter Bestand an Anwendungen in einem Datenbanksystem realisiert. Jederzeit treten aber neue Informationsbedürfnisse auf, die bisher nicht durch Anwendungsprogramme im Datenbanksystem realisiert sind. Die Implementierung der neuen Anwendung, die die gewünschte Information liefern soll, kann dann in der dargestellten Weise vorgenommen werden. Die Erfahrung zeigt indessen, daß dieser Weg oft zu lange dauert. Die Situation verlangt in vielen Fällen eine schnelle Bereitstellung der Information. Für diesen Fall muß im Rahmen eines Datenbanksystems ein entsprechendes Instrument zur Verfügung gestellt werden: *eine Abfragesprache.* Die Realisierung von Abfragesprachen, die dem Anspruch genügen, nur noch die symbolischen Namen der Datenelemente als Zugriffshinweis zu verwenden, hat sich als sehr schwierig erwiesen. Als ein erster Schritt in diese Richtung kann die Interactive Query Facility [4] angesehen werden.

Die Tatsache, daß Abfragesprachen über ein Kommunikationsnetz eingesetzt werden können, führt zu zwei unterschiedlichen Formen. Die erste Form einer Abfragesprache ist dadurch charakterisiert, daß die Anwendung in einem Schritt vollständig formuliert wird. Die zweite Form nutzt die Möglichkeit des Kommunikationssystems voll aus, indem die Anwendung schrittweise formuliert und gelöst wird. Die schrittweise Formulierung und Lösung vollzieht sich, indem das Datenbanksystem bei jedem Schritt eine bestimmte Anzahl von Sätzen interpretiert, entsprechend reagiert und anschließend der Benutzer mit der Formulierung weiterer Sätze fortfahren kann, wobei die Informationen der vollzogenen Schritte im System erhalten bleiben. Die erste Form der Abfragesprache erweist sich aufgrund sprachtheoretischer Überlegungen als Teil der zweiten Form, die dialogfähige Abfragesprache genannt werden soll.

10.4.3 Der Betrieb eines Datenbanksystems

Bisher wurden die Komponenten eines Datenbanksystems und die Beziehungen zwischen ihnen dargestellt. Diese Betrachtung trägt überwiegend statischen Charakter. Nun soll unter dynamischen Gesichtspunkten die Frage untersucht werden, wie der laufende Betrieb eines Datenbanksystems sowohl ein unverändertes Anwendungsprofil als auch ein sich veränderndes Profil bewältigt.

10.4.3.1 Änderung des Anwendungsprofils. Zunächst sei davon ausgegangen, daß sich das Anwendungsprofil im Zeitablauf ändert. Das bedeutet, daß mindestens ein Parameter des Anwendungsprofils variiert. Diese Parameter sind: Menge der Anwendungsprogramme, der Datenumfang, die Ausführungshäufigkeit und die Ausführungsdauern der Anwendungen. Aus Abschnitt 10.4.2.2 ist bekannt, wie für ein gegebenes Anwendungsprofil optimale Dateien gefunden werden. Ein wichtiges Problem, das im Zusammenhang mit der Änderung des Anwendungsprofils auftritt, besteht darin, die in bezug auf das alte Anwendungsprofil optimalen Dateien in für das neue Profil optimale Dateien zu überführen. Die Architektur des Datenbanksystems ist so ausgelegt, daß die Auswirkungen, die von Änderungen im Anwendungsprofil ausgehen, möglichst gering sind.

Reorganisation von Dateien. Eine Datei ist gekennzeichnet durch Dateistruktur, Dateiorganisationsprinzip und Dateiorganisation (im engeren Sinne). Letzteres bezeichnet den Ordnungszustand der Datei in einem bestimmten Zeitpunkt. Zunächst sei davon ausgegangen, daß eine für das alte Anwendungsprofil optimale Dateistruktur identisch ist mit einer Dateistruktur, die im Hinblick auf das neue Profil optimal ist. Die Aufgabe besteht darin, die auf einem externen Speicher residierende alte Datei in eine strukturgleiche neue zu überführen. Dieser Vorgang soll *Reorganisation der Datei* heißen. Die Reorganisation ist unter Beibehaltung des alten Organisationsprinzips oder durch Einführung eines neuen Prinzips durchführbar. Die Reorganisation von Dateien wird notwendig, weil bei Änderung des Datenumfangs einer Datei die Entsprechung zwischen der natürlichen Ordnung der physischen Sätze und der Ordnung von Segmenten immer stärker durchbrochen wird. Ein Hilfsprogramm des Datenbanksystems führt die Reorganisation zu einem Zeitpunkt durch, der durch gewisse Kriterien definiert ist. Solche Kriterien sind: Ablauf einer bestimmten Zeitdauer, Ausführung einer bestimmten Anzahl von Delete- und Insert-Funktionen, Überschreiten einer bestimmten Speicherplatzausnutzung.

Die Dateien einer Datenbank sind zufolge der Elter-Kind-Relationen oder Referenzrelationen voneinander abhängig. Falls diese Relationen durch Adreßzeiger realisiert sind, müssen zusammen mit der zu reorganisierenden Datei alle jene Adreßzeiger auf den neuesten Stand gebracht werden, die auf diese Datei verweisen. Damit wird deutlich, daß zwischen der Frage, wie die Kanten realisiert werden, und der Reorganisationsproblematik ein enger Zusammenhang besteht. Außerdem muß die Frage, ob für eine Datenbankstruktur ein hierarchischer Index oder mehrere Hauptindices gewählt werden, im Zusammenhang mit der zu erwartenden Reorganisationshäufigkeit gesehen werden.

Veränderung von Dateistrukturen. Die Überführung der für das alte Anwendungsprofil gegebenen Dateien in neue Dateien, die nun im Hinblick auf das veränderte Profil optimal sind, kann die Veränderung von Dateistrukturen einschließen. Unter dieser Voraussetzung ist der Aufbau der neuen Datei schwieriger, als oben geschildert. Die Änderung von Dateistrukturen kann entweder gleichbleibende oder veränderte Datenbankstrukturen zur Folge haben. Im ersten Fall ist es dem Datenbanksystem möglich, unter Angabe der neugewählten Zerlegung die neuen Datenbanken aus den alten aufzubauen. Dabei kann auch eine Änderung der Dateiorganisationsprinzipien vorgenommen werden, wenn das unter Optimierungsgesichtspunkten angezeigt ist. Ein Hilfsprogramm des Datenbanksystems führt diese *Reorganisation von Datenbanken* aus.

Der zweite Fall kann im einzelnen mit Wachsen oder Schrumpfen einer hierarchischen Datenbankstruktur, mit Zusammenwachsen von hierarchischen Strukturen zu verknüpften Datenbankstrukturen und schließlich mit Zu- oder Abnahme von verknüpften Datenbankstrukturen gleichbedeutend sein. In allen diesen Möglichkeiten werden die neuen Datenbanken nicht nur aus den alten Datenbanken aufgebaut. Vielmehr werden dem Datenbanksystem zum Zeitpunkt des Aufbaus der neuen Datenbanken zusätzliche Segmente, Elter-Kind-Relationen oder Referenzbeziehungen zur Verfügung gestellt. Auch hier ist die Unterstützung durch spezielle Hilfsprogramme denkbar. Selbst dann, wenn sich die Datenbankstrukturen durch die Aufnahme neuer Anwendungsprogramme in das Anwendungsprofil ändern, ergibt sich keinerlei Wartungsaufwand für die bereits bestehenden Anwendungsprogramme.

10.4.3.2 Die Gewährleistung der Datensicherheit. Für alle weiteren Betrachtungen sei von einem konstanten Anwendungsprofil ausgegangen. Der Datenumfang, der diesem Profil entspricht, repräsentiert zu jedem Zeitpunkt den Zustand der durch die Anwendungen erfaßten Sachverhalte. Die auf externen Speichern geführten Dateien sind ein Spiegelbild dieses Zustandes. Entsprechend der permanenten Änderung der erfaßten Sachverhalte ändern sich laufend die Inhalte der Dateien. Da technische Fehler auftreten können, durch die es unmöglich wird, die in einer Datei gespeicherte Information richtig und vollständig wiederzugewinnen, muß ein Datenbanksystem Wege vorsehen, auf denen die Integrität der Datei wiederhergestellt werden kann. Die von diesem Problem der technischen Sicherheit der Daten unterschiedene Frage, wem welche Daten zugänglich gemacht werden dürfen, ist Gegenstand von Abschnitt 10.4.3.3.

Hardware-bezogene Fehler. Aufgrund technischer Mängel oder fehlerhafter Behandlung eines externen Speichermediums kann der Fall auftreten, daß der Lesemechanismus nicht mehr in der Lage ist, die gespeicherten Informationen einwandfrei zu lesen. In solchen Situationen muß die fehlerhafte Datei ganz oder teilweise rekonstruiert werden. Voraussetzung dafür ist folgendes: 1. Muß eine Kopie von einem früheren, wohldefinierten Zustand der betroffenen Datei auf einem geeigneten Speichermedium (in der Regel auf Magnetband) vorhanden sein. 2. Muß das Datenbanksystem vom Zeitpunkt der letzten Kopieerstellung ab permanent alle von *update* betroffenen Segmente in eine besondere Systemdatei (*Logbuch*) schreiben. Das bezieht sich im einzelnen auf Segmente, die durch die Funktionen *add*, *delete* und *replace* hinzugefügt, gelöscht bzw. bezüglich ihres Inhaltes verändert wurden. (Bei der Replace-Funktion wird nur der veränderte Inhalt des Segmentes in das Logbuch geschrieben.) Außerdem werden zusammen mit jedem Segment systemspezifische Informationen, wie z.B. Segmenttypidentifikationen oder Name des Anwendungsprogrammes gespeichert. 3. Muß das Datenbanksystem ein Hilfsprogramm bereitstellen, das die fehlerhafte Datei aus ihrer letzten Kopie mit Hilfe des Logbuches rekonstruiert. Dies geschieht dadurch, daß alle Update-Funktionen des betroffenen Zeitraums wiederholt werden. Dabei wird vorher in der Regel eine Umordnung des Logbuches vorgenommen. Die Sicherheit, die hierdurch gewonnen wird, wird durch die zusätzlichen Kosten für das Kopieren von Dateien und durch eine geringfügige, zusätzliche Belastung des Rechnersystems erkauft. Die geschilderte Situation kann dadurch erschwert werden, daß zum gleichen Zeitpunkt, in dem der Hardware-Fehler vom Datenbanksystem bemerkt wird, Anwendungsprogramme aktiv sind, die Update-Funktionen in einer vom Fehler betroffenen Datei ausführen. Die betroffene Datei wird dann in bezug auf die letzten Aktivierungspunkte der betroffenen Anwendungsprogramme rekonstruiert. Solche Aktivierungspunkte könne jedem Anwendungsprogramm zugeordnet werden und kennzeichnen den Beginn eines neuen Programmzyklus. Ein trivialer Aktivierungspunkt ist der Startpunkt eines Programms.

Software-bezogene Fehler. Es treten Fehler auf, die zu einer nicht normalen Beendigung eines Anwendungsprogramms führen. In diesem Zusammenhang sollen hier nur solche Anwendungsprogramme interessieren, die Update-Funktionen auslösen. Zum Zeitpunkt der Beendigung ist unbekannt, wieweit das abgebrochene Anwendungsprogramm bereits ausgeführt ist. Daraus folgt eine Unsicherheit über den Zustand der Dateien. Ein Datenbanksystem muß in der Lage sein, diese Unsicherheit zu beseitigen.

Zu diesem Zweck werden gewisse Vorkehrungen getroffen: 1. Muß ein Logbuch in der oben beschriebenen Weise geführt werden, jedoch mit dem Unterschied, daß Segmente, die durch Replace-Funktionen geändert wurden, in ihrem ursprünglichen Zustand im Logbuch gespeichert werden. 2. Werden dem Anwendungsprogramm Aktivierungspunkte zugeordnet. Unter diesen Voraussetzungen ist das Datenbanksystem in der Lage, die vom *update* betroffenen Dateien in denjenigen Zustand zurückzuversetzen, der beim letzten Aktivierungspunkt des abgebrochenen Anwendungsprogramms gegeben war. Dies geschieht auf folgende Weise: Segmente, die durch *add* hinzugefügt worden sind, werden gelöscht. Segmente, die durch *delete* gelöscht wurden, werden wieder hinzugefügt. Schließlich werden Segmente, die durch *replace* verändert wurden, in ihren alten Zustand zurückversetzt. Nachdem dann der Fehler, der den Programmabbruch ausgelöst hat, lokalisiert und behoben ist, kann das Anwendungsprogramm nun an dem Aktivierungspunkt reaktiviert werden.

10.4.3.3 Die Gewährleistung der Geheimhaltung von Daten. Geheimhaltung im absoluten Sinne ist nicht möglich. Die offiziellen Benutzer eines Datenbanksystems sollen in der Regel nur zu bestimmten Daten Zugang haben. Die Aufgabe der

Geheimhaltung besteht darin, einem Benutzer den Zugriff zu anderen als den seinem Zuständigkeitsgebiet entsprechenden Daten zu verwehren. Da die Benutzer eines Datenbanksystems unterschiedliche Kenntnisse und Fähigkeiten auf dem Gebiet der Datenverarbeitung besitzen, müssen die Maßnahmen der Geheimhaltung abgestuft werden. Hier sollen nur einige Ansatzpunkte für solche Maßnahmen dargestellt werden. Zunächst wird das Ziel von Sicherheitsmaßnahmen darin bestehen, die unbefugte Benutzung von Anwendungen zu verhindern. Das kann dadurch geschehen, daß der Aufruf einer Anwendung nur mit einem *Schlüsselwort* möglich ist. Im Fall der Datenfernverarbeitung kann zusätzlich festgelegt werden, auf welchen Datenstationen eine bestimmte Anwendung durchgeführt werden darf. Diese Schutzmaßnahmen können durch Kontrolleinrichtungen wirksam ergänzt werden, indem das System jeden untauglichen Versuch einer unbefugten Benutzung von Anwendungen protokolliert. Solche Sicherheitsvorkehrungen reichen in der Regel auf der Ebene der Benutzer von Datenstationen aus.

Die Erweiterung und Abänderung der im Datenbanksystem enthaltenen Programmbeschreibungen sollte nur von einem eng begrenzten Personenkreis vorgenommen werden dürfen. Auf diese Weise kann verhindert werden, daß im größeren Kreis der Anwendungsprogrammierer unzulässige Anwendungsprogramme geschrieben werden.

Bei der Benutzung von Abfragesprachen ist die Gewährleistung der Geheimhaltung besonders schwierig und aufwendig, weil zufolge der Syntax einer Abfragesprache der Zugriff zu den einzelnen Datenelementen möglich ist. Hier gibt es eine zusätzliche Sicherungsmöglichkeit, die darin besteht, daß die Benutzung bestimmter Datenelemente in einer formulierten Abfrage nur unter Angabe von Schlüsselwörtern möglich ist.

10.4.3.4 Die Steuerung eines Datenbanksystems. Die Steuerung eines Datenbanksystems kann durch Angabe eines Ablaufschemas dargestellt werden. Die Logik eines solchen Ablaufschemas unterscheidet sich nur unwesentlich von den entsprechenden Schemata anderer Steuerungssysteme. Aus diesem Grunde sollen hier nur die besonderen Aspekte der Steuerung erläutert werden, die im Hinblick auf ein Datenbanksystem Bedeutung haben.

Die Steuerung im normalen Betrieb. Anhand eines Beispiels sollen die spezifischen Schwierigkeiten, die bei der Steuerung eines Datenbanksystems auftreten, dargestellt werden. Betrachtet seien zwei Anwendungsprogramme, die durch Ausführung der Replace-Funktion dasselbe Datenelement verändern können. Dieses Datenelement sei der Lagerbestand eines bestimmten Artikels, der 30 Stück beträgt. Die beiden Anwendungsprogramme möchten von diesem Bestand 10 bzw. 5 Stück abbuchen.

Zu diesem Zweck muß zunächst der aktuelle Bestand in Höhe von 30 Stück durch Ausführung einer Retrieve-Funktion aus der Datei gelesen werden. Es kann nun die Situation eintreten, daß die Abfolge von Retrieve- und Replace-Funktion beider Programme überlappt stattfindet. Ist das der Fall, dann wird der aktuelle Lagerbestand von 30 Stück durch beide Programme gelesen und die in Bezug auf diesen Bestand ermittelten neuen Lagerbestände in Höhe von 20 bzw. 25 Stück zurückgeschrieben. Der neue, aktuelle Lagerbestand würde dann in Abhängigkeit von dem zuletzt vorgenommenen replace entweder 20 oder 25 Stück anstelle von 15 Stück betragen. Das Auftreten einer solchen Situation muß durch die Steuerung verhindert werden. Die Steuerung muß in diesem Fall eine bestimmte Reihenfolge der von den überlappt arbeitenden Anwendungsprogrammen ausgelösten Funktionen erzwingen. Im Beispiel müssen zuerst die Retrieve- und Replace-Funktionen des einen und anschließend die des anderen Programms ausgeführt werden. Für den schwierigeren Fall, daß die beiden Anwendungsprogramme noch ein anderes Datenelement verändern wollen, muß das Datenbanksystem verhindern können, daß sich die beiden Anwendungsprogramme gegenseitig sperren.

Die Steuerung in Sonderfällen. Ein Datenbanksystem steuert eine Vielzahl verschiedenartiger Systemkomponenten, die in bestimmter Weise voneinander abhängig sind. Ein Steuerungssystem muß in der Lage sein, eine Systemkomponente, die ausgefallen ist, und alle weiteren davon betroffenen Systemkomponenten für die Zeitdauer ihres Ausfalls so zu isolieren, daß sie nicht mehr im Steueralgorithmus einbezogen sind. Während dieser Zeitdauer arbeitet das Steuersystem mit den restlichen Systemkomponenten kontinuierlich weiter.

Im Extremfall ist es denkbar, daß alle Systemkomponenten, mit denen das Steuersystem arbeitet, ausfallen. In dieser Situation ist aber das Steuersystem selbst noch intakt und wartet auf die Wiederfreigabe von Systemkomponenten. Eine völlig andere Lage ist gegeben, wenn das Steuersystem selbst ausfällt. Zum Zeitpunkt, in dem das Steuersystem ausfällt, können Anwendungsprogramme aktiv gewesen sein und update-Funktionen ausgeführt haben. Dann ist die Integrität von Dateien nicht mehr gewährleistet. In dieser Situation müssen folgende Vorkehrungen getroffen werden, um die Integrität der Dateien wiederherzustellen. 1. Das Datenbanksystem führt zu bestimmten, festgelegten Zeitpunkten (*Prüfpunkte*, die mit Aktivierungspunkten aller aktiven Anwendungsprogramme zusammenfallen müssen) einen „Schnappschuß" seiner Steuerblöcke durch, der auf einem externen Speichermedium festgehalten wird. Die Steuerblöcke enthalten Informationen über die aktiven Systemkomponenten und ihren Zustand im Prüfpunkt. 2. Müssen alle von update-Funktionen betroffenen Segmente seit dem letzten Prüfpunkt permanent im Logbuch aufgezeichnet werden. 3. Für den neuen Start des Datenbanksystems wird der „Schnappschuß" des letzten Prüfpunktes benutzt, um das System in den diesem Prüfpunkt entsprechenden Zustand zu versetzen. 4. Müssen alle zwischen dem letzten Prüfpunkt und dem Zusammenbruch des Systems erfolgten update-Funktionen rückgängig gemacht werden. Nach Abschluß dieser Maßnahmen und Behebung der Fehlerursache kann das Datenbanksystem mit dem normalen Betrieb fortfahren.

10.4.4 Die Konsequenzen der Datenbankkonzeption für die Anwendungen

Aus den in den Abschnitten 10.4.2 und 10.4.3 dargestellten Eigenschaften eines Datenbanksystems folgt, daß Veränderungen eines Anwendungsprofils einfach vollzogen werden können. Eine starke Erweiterung und Umschichtung des Anwendungsprofils wird vor allem in jenen Unternehmungen und Verwaltungen eingeleitet, die zur Verwirklichung umfassender Steuerungs-, d.h. Planungs- und Kontrollmechanismen übergehen. Veränderungen des Anwendungsprofils verursachen im Rahmen eines Datenbanksystems Änderungen, ohne daß dabei bereits realisierte Anwendungen in ihrer Einsatzmöglichkeit beeinträchtigt werden. Durch die Realisierung von Anwendungen, die Planungs- und Kontrollaufgaben lösen sollen, werden den damit befaßten Sachbearbeitern und Führungskräften Informationen zur Verfügung gestellt, die ihre Verwendbarkeit im Zeitablauf sehr rasch verlieren. Die Aufnahme solcher Anwendungen in das Anwendungsprofil führt also zu einer Akzentuierung des Zeitmoments. Unter dem zeitlichen Gesichtspunkt bedeutet die technische Möglichkeit der Datenfernverarbeitung sowie schnelle und große Datenspeicher eine wesentliche Voraussetzung für einen sinnvollen Einsatz von Datenbanksystemen. Außerdem wird diese Entwicklung durch sinkende Kosten für Datenstationen und Massenspeicher entscheidend begünstigt. Datenbanksysteme selbst bilden aber keine technische Voraussetzung für die Realisierung umfangreicher, neuer Anwendungen, sie rücken allerdings das schnelle Wachstum von Anwendungsprofilen in den Bereich des wirtschaftlich Sinnvollen.

Literatur

[1] *Dodd, G. G.:* Elements of data management systems. Computing Surveys 1 (1969) 117—133.
[2] *McGee, W. C.:* File structures for generalized data management. In: Information Processing 68. Proc. IFIP Congr. 1968. Amsterdam: North-Holland 1969, 1233—1239. — [3] IBM: Information management system/360 Version 2. General Information Manual. IBM Form-Nr.: GH 20-0765. —

[4] IBM: Interactive query facility (IQF) for IMS/360 Version 2. General Information Manual. IBM Form-Nr.: GH 20-1074. — [5] IBM: Information management system/360 Version 2. Application Design Guide. IBM Form-Nr.: SH 20-0910. — [6] IBM: Generalized information system version 2 (GIS/2). Application Description Manual. IBM Form-Nr.: GH 20-0892. — [7] CODASYL Systems Comittee: Feature analysis of generalized data base management systems. IFIP Data Processing Group Stadhouderskade 6, Amsterdam 1013, Netherlands, May 1971. — [8] CODASYL DATA Base Task Group Report: IFIP Administrative Data Processing Group Stadhouderskade 6, Amsterdam 1013, Netherlands, April 1971. — [9] *Wedekind, H.:* Datenorganisation. Berlin 1972. — [10] *Codd, E. F.:* A relational model of data for large shared data banks. Comm. ACM 13, No. 6, June 1970. — [11] *Merten, H.:* Datenbankorganisation. Köln-Braunsfeld 1972.

11. Technisch-wissenschaftliche Datenverarbeitung

11.1 Datenverarbeitung zur Berechnung und Konstruktion

H. H. Feldmann

11.1.1 Analyse des Konstruktionsprozesses

In einer in Großbritannien vom „Ministry of Technology" durchgeführten Untersuchung wurde festgestellt, daß die Produktivität im Fertigungsbereich gegenüber dem Jahre 1900 um 1000 % gestiegen ist, während im Konstruktionsbereich nur eine Steigerung von 20 % erreicht wurde [1].

Gegenüber dem hohen technischen Entwicklungsstand in der Fertigung, der durch den Einsatz hochautomatisierter Maschinen wie Bearbeitungszentren und Transferstraßen gekennzeichnet ist, sind im Konstruktionsbereich keine vergleichbaren neuen Konstruktions- und Organisationsmittel erkennbar. Es wurde bislang auch kaum versucht, den Konstruktionsbereich in die gesamtbetrieblichen Rationalisierungsbestrebungen einzubeziehen. Da die Produkte zunehmend komplexer und in vielen Fällen auch kurzlebiger werden, führte diese Entwicklung in vielen Unternehmen zu einem Engpaß in der Konstruktion und damit zu einer Verlängerung der Entwicklungszeit. Die Lieferbereitschaft eines Unternehmens kann hierdurch entscheidend verschlechtert werden [2].

In den letzten Jahren sind aus diesen Gründen die Bemühungen zur Rationalisierung der Konstruktionsarbeit beträchtlich verstärkt worden. Besonders erfolgversprechend ist der Einsatz von Datenverarbeitungsanlagen. Sie bieten Möglichkeiten zur Entlastung des Konstrukteurs von zeitraubenden Routine- und Rechenarbeiten.

Unter dem Begriff „Computer aided design (CAD)" wurden Methoden entwickelt, die einen unmittelbaren gegenseitigen Informationsaustausch zwischen Konstrukteur und Computer ermöglichen und so den Konstrukteur auch in den schöpferischen Phasen seiner Arbeit unterstützen können. Gelegentlich wird dieser Begriff heute aber auch angewendet, wenn Teilarbeiten bei der Konstruktion vom Computer übernommen werden (rechnergestützte Konstruktion).

Um die Möglichkeiten für den Einsatz von EDV-Anlagen im Konstruktionsbereich erkennen zu können, ist es zweckmäßig, den Konstruktionsablauf zu analysieren. In Abb. 11.1-1 ist der Konstruktionsprozeß in vereinfachter Form durch ein Flußdiagramm dargestellt. Ausgehend von den im Pflichten- oder Lastenheft geforderten Eigenschaften wird das Produkt in aufeinanderfolgenden Stufen bis zur Fertigungsreife entwickelt und gestaltet. Der Konstruktionsprozeß endet mit der Erstellung der Fertigungsunterlagen. Mehrfach lösen sich hierbei Phasen geistig-schöpferischer Tätigkeit mit Phasen zeitraubender manuell-schematischer Tätigkeit gegenseitig ab (in Abb. 11.1-1 stark ausgezogen).

Kennzeichnend für alle Konstruktionsabläufe — besonders jedoch für jene, bei denen optimale Produkte angestrebt werden — sind die durch Schleifen im Flußdiagramm angedeuteten rekursiven Prozesse der schrittweisen Verbesserung. Nicht selten ist dabei von entscheidendem Einfluß der Informationsaustausch mit den Entwicklungslaboratorien und Fertigungsbereichen.

Die durch geistig-schöpferische Tätigkeit gekennzeichneten Arbeitsabschnitte bleiben dem Konstrukteur vorbehalten. Für die Phasen der manuell-schematischen

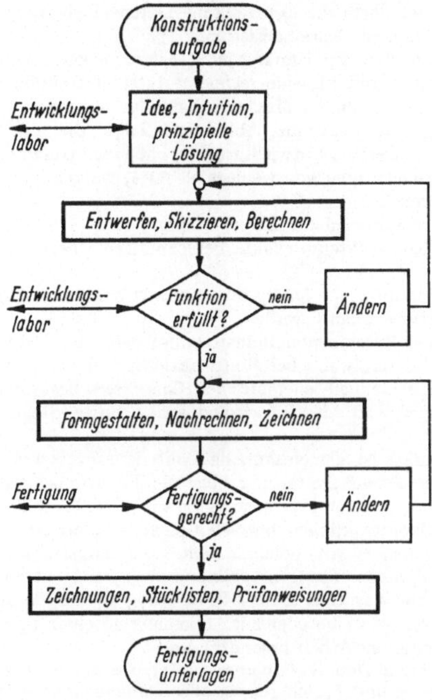

11.1-1. Ablauf eines Konstruktionsprozesses

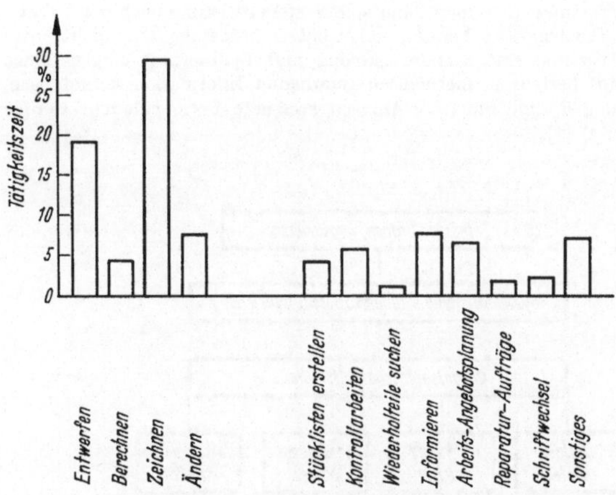

11.1-2. Verteilung der Konstruktionstätigkeiten

Tätigkeiten dagegen bietet vor allem die elektronische Datenverarbeitung in zunehmendem Maße Möglichkeiten zur Rationalisierung.

Um Aufschluß zu erhalten über den Umfang jener Konstruktionsarbeiten, die für eine Programmierung und damit für eine rechnergestützte Durchführung geeignet sind, wurde in 15 Unternehmen der Maschinenbauindustrie eine statistische Erhebung durchgeführt [3], deren Ergebnis Abb. 11.1-2 zeigt. Die mit geistig-schöpferischen Merkmalen durchsetzten Entwurfsarbeiten haben am Gesamtarbeitsaufwand der Konstruktion einen Anteil von weniger als 20 %, während der Anteil an Zeichenarbeit fast 30 % erreicht.

Erstaunlich gering ist der Aufwand für Berechnungsarbeiten (5 %). Man darf daraus schließen, daß viele Konstrukteure exakte Berechnungen scheuen und sich mit Schätzungen begnügen.

Die Zeitersparnis hierbei muß jedoch häufig durch unwirtschaftliche Auslegungen infolge Überdimensionierung erkauft werden.

Die Ergebnisse dieser in der Maschinenbauindustrie durchgeführten statistischen Erhebungen zeigen, daß der Zeitaufwand bei Konstruktionsprozessen in überwiegendem Maße durch Arbeiten manuell-schematischen Charakters bestimmt wird. Bei anderen Industriezweigen, z.B. der Elektroindustrie, dürfte dieser Anteil eher noch höher liegen.

Allen Konstruktionsabläufen ist gemeinsam, daß mit dem Fortschreiten der Konstruktionsarbeit von der Produktgestaltung über die Baugruppengestaltung bis zur Einzelteilgestaltung der Anteil an Routinearbeiten zunimmt. Einzelkonstruktionen und vor allem Optimalkonstruktionen, bei denen mehrere Alternativlösungen entwickelt werden, haben einen relativ hohen Anteil an geistig-schöpferischen Arbeiten. Variantenkonstruktionen dagegen gehen von bereits vorhandenen Konstruktionslösungen aus und variieren diese z.B. in bezug auf Größe und Leistung zur Entwicklung einer Typenreihe oder zur Anpassung an einen Spezialfall. Hier ist der Anteil an schematischer Arbeit besonders groß.

Die Leistungen elektronischer Datenverarbeitungsanlagen liegen hauptsächlich in der Aufnahme, Aufbereitung und Speicherung großer Datenmengen. Die wichtigste Voraussetzung zur Rationalisierung im Konstruktionsbereich ist daher die systematische Aufbereitung aller auftretenden Informationen und Tätigkeiten in eine für EDV-Anlagen geeignete Form.

Der erste Schritt zur Rationalisierung im Konstruktionsbereich ist das Erfassen, Ordnen und Registrieren aller vorhandenen Daten und Informationen des Entwicklungsprogrammes. Es erfolgt dann eine Systematisierung nach den Gesetzmäßigkeiten des Konstruktionsablaufes, wobei unter Auslassung aller nicht funktionsbedingter Varianten eine Standardisierung und Typisierung vorgenommen wird. Das Ergebnis besteht in methodisch geordneten Informationssammlungen, die zur Speicherung in eine für EDV-Anlagen geeignete Form gebracht werden müssen (Abb. 11.1-3) [3].

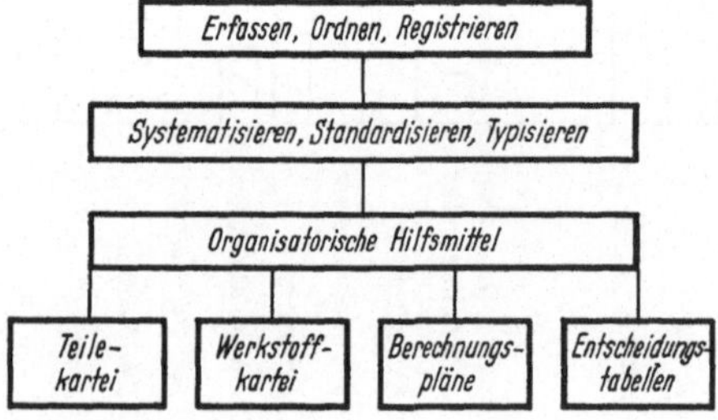

11.1-3. Systemanalyse zur Aufbereitung der vorhandenen Datenbestände

11.1.2 Methoden und Geräte zur Datenverarbeitung in der Konstruktion

11.1.2.1 Dialog- und Stapelverarbeitung. Abb. 11.1-4 veranschaulicht die technischen Möglichkeiten, welche die EDV für die vorliegende Aufgabe bietet. Dem Rechner stehen neben den Operationsspeichern eine Anzahl von Großraumspeichern wie Magnetbandeinheiten, Magnetplatten- oder Magnettrommelspeicher zur Verfügung. Neben ihrer Aufgabe als Zwischenspeicher bei der Aufbereitung von Daten ermöglichen sie die Archivierung großer Datenmengen in Dateien (s. Abschnitt 10.4). Die einer Datei zugrunde gelegten Ordnungsschemen sollen einen möglichst schnellen Zugriff zu dem jeweils gewünschten Datenbündel gestatten. Darüber hinaus muß ein flexibler Änderungs- und Erweiterungsdienst gewährleistet sein.

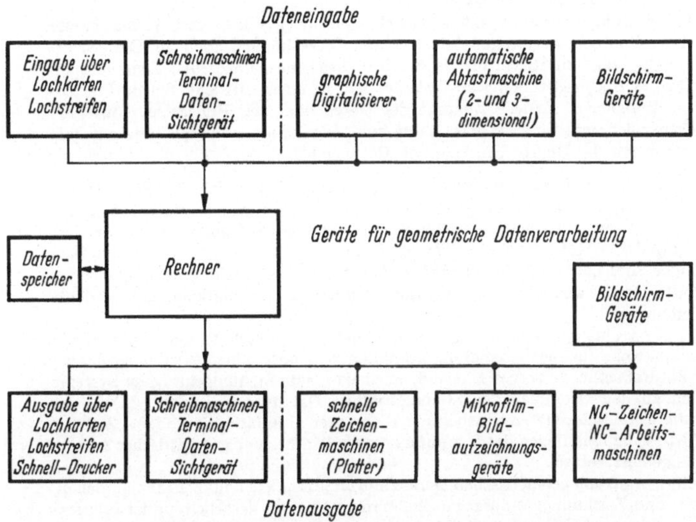

11.1-4. Technische Anlagen für die Datenverarbeitung im Konstruktionsbereich

Die für die Dateneingabe und Datenausgabe vorgesehenen Geräte können als periphere Geräte neben dem Rechner aufgestellt und mit diesem verbunden sein (On-line-Betrieb). Entkopplung hinsichtlich Ort und Zeit bietet der Datenverkehr über Lochkarten, Lochstreifen oder Magnetbänder (Off-line-Betrieb). Die dritte Möglichkeit, die zunehmend an Bedeutung gewinnt, ist die Datenfernübertragung über Leitungen, gegebenenfalls unter Einsatz von Anschlußgeräten zur Datensicherung (s. Abschnitt 14. 3). Voraussetzung hierfür ist ein besonderes Betriebssystem des Rechners (Time-sharing-Betrieb), über das z.Z. jedoch nur wenige Großrechenanlagen verfügen (s. Abschnitt 11.2). Der direkte Datenfluß in beiden Richtungen ermöglicht den Dialogverkehr. Dieser ist immer dann von Vorteil, wenn bei der Lösung einer Aufgabe Unbekannte, die nicht präzise abgeschätzt werden können, vorhanden sind, wenn die Eingabe mit hoher Wahrscheinlichkeit fehlerbehaftet ist und Eingriffe zur Korrektur verlangt, oder wenn die Rechnerdienstleistung sofort benötigt wird. Daher ist der Dialogverkehr für jene Aufgaben aus dem Konstruktionsbereich besonders geeignet, deren Lösung ein ständiges Wechselspiel zwischen Fragestellen und Antwortgeben verlangt. Es sind dies die in Abb. 11.1-1 in den Rückführungsschleifen angeführten Aktivitäten, über die in vielen Durchläufen eine Verbesserung des Produktes angestrebt wird.

Der weitaus größte Teil aller Rechenzentren ist z. Z. noch für die Stapelverarbeitung (batch processing) eingerichtet, weil dieser den größten Durchsatz ermöglicht. Die Stapelverarbeitung — mit oder ohne Möglichkeit zur Multiprogrammierung — ist die Betriebsform einer Datenverarbeitungsanlage, bei der eine Aufgabe vollständig gestellt sein muß, bevor mit ihrer Bearbeitung begonnen werden kann, und vollständig abgewickelt sein muß, bevor eine neue Aufgabe gestellt werden kann. Diese Voraussetzungen erschweren den Rechnereinsatz im Konstruktionsbereich und begrenzen ihn auf solche Fälle, wo sich umfangreiche Teilaufgaben lückenlos definieren lassen. Der Trend geht heute zu Betriebssystemen, die gemischte Dialog- und Stapelverarbeitung zulassen [4].

Eine Datenverarbeitungsanlage für Stapelverarbeitung ist im allgemeinen mit einer Ein- und Ausgabe für Lochkarten und Lochstreifen ausgestattet sowie mit einem Schnelldrucker für die Datenausgabe.

Ein auf alphanumerische Daten beschränkter Dialogverkehr wird normalerweise über Schreibmaschinenterminals abgewickelt. Diese können auch als Datensichtgeräte (Alfascope) zusätzlich mit Bildschirm, Zeichengenerator und Zwischenspeicher für die Bildwiederholung ausgestattet sein (s. Abschnitt 8.8). Solche Einrichtungen ermöglichen schnelle Ausgabe der Daten über den Bildschirm sowie die Zwischenspeicherung eingegebener Daten zum Zwecke ihrer Überprüfung auf dem Bildschirm vor der Übertragung auf den Rechner [5].

11.1.2.2 Geometrische Datenverarbeitung. Die Zeichnung ist die Sprache des Ingenieurs. Graphische Informationen sind für den Ingenieur wesentlich aussagekräftiger als rein verbale Beschreibungen. Schöpferische Konstruktionsarbeit ist ohne graphische Hilfsmittel wie Skizzen, Entwürfe, Zeichnungen, Pläne und Darstellungen funktioneller Zusammenhänge nicht denkbar. Auch wäre ohne sie die Übermittlung der durch die Konstruktion erarbeiteten Informationen außerordentlich erschwert.

Bei der rechnergestützten Konstruktion nehmen deshalb Datenverarbeitungssysteme, welche für die Behandlung graphischer — oder allgemeiner — geometrischer Zusammenhänge vorgesehen sind, eine bevorzugte Stellung ein. Diese Systeme gehören zu dem Komplex der „Geometrischen Datenverarbeitung" (GDV), der auch die graphische Datenverarbeitung (Computer Graphics) einschließt. Ziel der GDV ist es, die Leistungen des Computers für die Bearbeitung geometrischer Zusammenhänge einzusetzen.

Häufig muß von geometrischen Darstellungen (räumlichen und ebenen Modellen, Skizzen und Zeichnungen) ausgegangen werden. Für die Verarbeitung ist es erforderlich, diese zu „digitalisieren" (Dateneingabe). Wenn es sich um mathematisch beschreibbare Geometrien handelt, insbesondere um solche, die aus Flächen bzw. Kurven 1. und 2. Ordnung zusammengesetzt sind, ergeben sich hierfür keine prinzipiellen Schwierigkeiten. Es empfiehlt sich jedoch bei komplizierteren Geometrien aus Gründen der Zeitersparnis und der Sicherheit gegen Fehleingaben für die Beschreibung eine problemorientierte Programmsprache zu verwenden.

Geometrische Darstellungen, die mathematisch nicht beschreibbar sind, können nur durch eine Vielzahl von Punkten näherungsweise definert werden. Hierbei richtet sich die Punktmenge nach der geforderten Genauigkeit.

An die Datenaufnahme schließt sich die Datenaufbereitung im Rechner an, wobei im ersten Schritt aus den eingegebenen Elementen ein mathematisches Geometriemodell aufgebaut wird.

Aus der Vielfalt der Möglichkeiten bei der nachfolgenden Verarbeitung seien nur einige wesentliche herausgegriffen:

Änderung des Maßstabes.
Durchführung einer Koordinatentransformation.
Darstellung in gewünschter Perspektive.
Einfügung von Elementen aus Dateien.
Herstellung von Auszügen (Schnitte, Risse, Teilansichten).
Umsetzung der Daten für die nachfolgende Datenwiedergabe.

Dateneingabe. Für die manuelle Abtastung von graphischen Darstellungen zum Zweck der numerischen Auswertung sind Geräte entwickelt worden, die als graphische Digitalisierer (Digitizer, graphic data tablet) bezeichnet werden [6]. Die einfachsten Geräte dieser Art bestehen aus Laufwagen-Zeichenmaschinen mit inkrementalen Positionsgebern für beide Koordinaten. Beim Durchfahren einer abzutastenden Kurve mit der am Laufwagen befestigten Fadenkreuzlupe werden die durchlaufenen Weginkremente in ihrer Folge unverschlüsselt auf ein Magnetband geschrieben. Die eigentliche Digitalisierung, also die Umsetzung in numerische Koordinatenwerte, erfolgt bei der Verarbeitung.

Bei Geräten für die Erfassung diskreter Punkte aus graphischen Darstellungen sind digitale Zusatzeinrichtungen vorgesehen, welche die jeweiligen Koordinatenwerte der Fadenkreuzlupe einschließlich weiterer Zusatzinformationen zu numerischen Sätzen zusammenfassen und auf Lochstreifen ausgeben. Gegebenenfalls erfolgt in diesen Einrichtungen auch eine Aufbereitung der Daten durch Aufrundung der Koordinatenwerte auf Rastereinheiten und ihre Umrechnung in einen anderen Maßstab.

Das manuelle Positionieren des Laufwagens, der beim Abtasten ständig einen Teil der graphischen Vorlage verdeckt, ist anstrengend und zeitraubend. Es gibt deshalb Geräte, bei denen zum Abtasten ein freibeweglicher Stift vorgesehen ist. Der Laufwagen ist auf der Unterseite des Eingabefeldes angebracht und trägt ein in den beiden Koordinatenrichtungen ansprechendes Empfangssystem für magnetische Wechselfelder. Durch Servoanordnungen an beiden Koordinatenachsen wird der Laufwagen ständig unter dem Abtaststift gehalten, da dieser über eine Spule an seiner Spitze magnetische Wechselfelder aussendet, die auf das Empfangssystem einwirken.

Mit Geräten, bei denen die Positionen des Abtaststiftes über akustische oder elektrische Felder ermittelt werden, können höhere Abtastgeschwindigkeiten erzielt werden, da massebehaftete Positioniereinrichtungen nicht vorhanden sind.

Es ist ein Gerät bekannt, dessen Prinzip auf der Messung der Laufzeit von Schallwellen beruht. An zwei senkrecht aufeinandertreffende Kanten des Eingabefeldes sind Linearmikrophone angebracht. Diese nehmen beim Abtasten Schallimpulse auf, die von einer Funkenstrecke an der Spitze des Abtaststiftes ausgehen.

Es gibt auch Geräte, bei denen in das Eingabefeld eine elektrisch leitende homogene Schicht eingebettet ist, die über Kontakte an den Rändern an Wechselstromquellen angeschlossen ist, deren Phasenlage so gewählt ist, daß die Potentialverteilung in der Schicht einer Wanderwelle entspricht [7]. Auf die Spitze des Stiftes wird beim Abtasten kapazitiv ein Wechselspannungssignal übertragen, dessen Phasenlage Aufschluß über die Positionen des Stiftes gibt.

Alle diese Geräte beruhen auf einer analogen Erfassung des Abtastpunktes. Die Umwandlung in digitale Positionswerte erfolgt in einem nachgeschalteten Analog-Digital-Umsetzer (s. Abschnitt 8.1).

Geräte mit direkter digitaler Erfassung der Position des Stiftes tragen auf dem Eingabefeld ein Raster aus Leiterbahnen. Die in äquidistantem Abstand angeordneten Leiterbahnen der X- und Y-Koordinate sind in zwei Ebenen übereinander nach Art eines Kreuzschienensystems angeordnet.

Bei dem in [8] beschriebenen Gerät sind 1 024 × 1 024 Leiter über ein kapazitives Koppelsystem mit einer Anzahl von Pulsgeneratoren in solcher Weise verbunden, daß jeder Leiter mit einer Pulsfolge erregt wird, die seiner Lage — im Gray-Code verschlüsselt — entspricht. Die Impulsfolgen werden beim Abtasten kapazitiv auf die Spitze des Abtaststiftes übertragen und in der angeschlossenen Auswerteelektronik in Positionskoordinaten des Stiftes umgesetzt. Ihre Abspeicherung erfolgt, sobald beim Aufsetzen ein Druckkontakt im Stift anspricht.

Ein in [9] beschriebenes Gerät hat den Vorteil, daß zum Abtasten ein beliebiger Stift, z.B. ein Bleistift, benutzt werden kann und damit eine zuverlässige Kontrolle gegen Fehleingaben durch Markieren der eingegebenen Orte beim Abtasten ermöglicht wird. Das Gerät, dessen Aufbau Abb. 11.1-5 zeigt, ist für die Programmierung von Entwurfsskizzen vorgesehen, die im 5-mm-Raster gezeichnet sind. Das

Eingabefeld trägt unter einer Deckfolie ein Kreuzleitersystem, das im Bereich von
3×3 mm an jedem Kreuzungspunkt druckempfindlich ist. Beim Abtasten der
Entwurfsskizze, die ausgerichtet auf dem Eingabefeld aufgespannt wird, erfolgt
ein Abspeichern der Ortskoordinaten. Diese werden nach Umrechnung auf den gewünschten Maßstab zu numerischen Sätzen ergänzt und über Lochstreifen ausgegeben. Zusatzinformationen, die zur Auswertung des Lochstreifens im Rechner
oder in numerisch gesteuerten Zeichen- oder Arbeitsmaschinen benötigt werden,
können über die alphanumerische Tastatur und über das Bedienungsfeld eingegeben
werden.

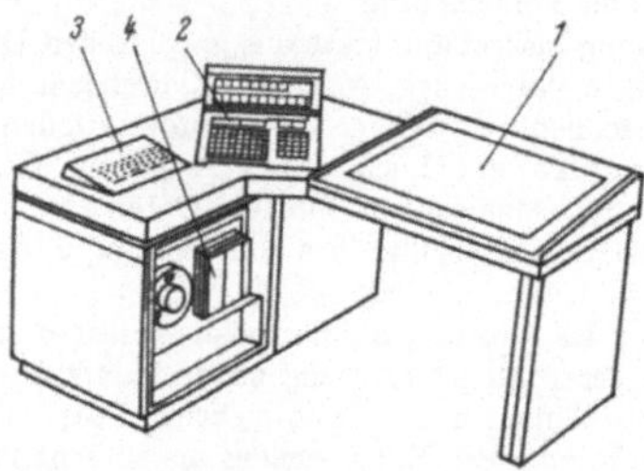

11.1-5. Abtasteinrichtungen für gerasterte Skizzen: *1* Eingabefeld, *2* Bedienungsfeld, *3* alphanumerische Tastatur, *4* Lochstreifenstanzer

Wenn für die digitale Erfassung von Zeichnungen und Modellen eine große Zahl
von Punkten mit hoher Genauigkeit aufgenommen werden muß, kommen automatische Abtastmaschinen zum Einsatz [10, 11]. Bei zweidimensionalen Abtastmaschinen wird im allgemeinen ein Abtastkopf mit rotierendem oder schwingendem
optischen System benutzt, der ein Fehlersignal erzeugt, sobald die abzutastende
Linie von der optischen Achse des Kopfes abweicht [12]. Dieses Fehlersignal
steuert das Servosystem einer der beiden Koordinaten in einem Lageregelkreis. Die
Verfahrgeschwindigkeit der anderen Koordinate wird vorgegeben unter Berücksichtigung weiterer Größen, beispielsweise der Verfahrrichtung. In ähnlicher Weise
werden auch die Zeitpunkte bestimmt, an denen jeweils ein Abspeichern der Ortskoordinaten erfolgt.

Abtastmaschinen für Geometriemodelle arbeiten grundsätzlich nach dem gleichen Prinzip. Der Abtastkopf kann in drei senkrecht zueinander stehenden Achsen
über Servosysteme verfahren werden. Er trägt einen weich gelagerten Fühler, dessen
relative Lage zum Kopf über meist analog arbeitende Lagemeßsysteme erfaßt
wird. Seine Lageabweichung wird zum Steuern der Vorschubantriebe benutzt. Die
Verhältnisse sind denen bei der Abtastung von Zeichnungen analog, wenn eine der
drei Koordinaten konstant gehalten wird. Wegen der meist kugelförmigen „Spitze"
des Fühlers nimmt die Maschine eine Kurve auf, die nicht exakt der Kontur des
Modells entspricht. Eine Korrektur kann in dem nachfolgenden Verarbeitungsprozeß der abgetasteten Daten vorgenommen werden.

Datenausgabe. Bei den Geräten zur Ausgabe graphischer und geometrischer
Darstellungen ist zu unterscheiden zwischen schnell, aber relativ ungenau zeichnenden
Geräten (Plottern) und langsamer, aber sehr präzise arbeitenden numerisch gesteuerten Maschinen (NC-Zeichenmaschinen). Ausführlich werden diese NC-Zeichenmaschinen in Abschnitt 12.3 beschrieben.

Bei den schnellen Zeichenmaschinen sind die bewegten Massen klein gehalten.
Meist werden zur Führung des Zeichenstiftes Laufwagen benutzt, die über Seil-
oder Bandzüge von Schrittmotoren, Wechselstrom- oder Gleichstromservomotoren
angetrieben werden. Als impulsgesteuerte Motoren benötigen Schrittmotorantriebe
keine Wegmeßsysteme. Bei den Servoantrieben sind häufig Ring- oder Linear-
potentiometer hierfür vorgesehen. Die Aufzeichnung erfolgt auf Papier mit Spezial-
Tinten- oder -Kugelschreibern.

Der Trend zur Mikrofilm-Dokumentation hat auch den Mikrofilm-Bildauf-zeichnungsgeräten Auftrieb gegeben [13]. Bei diesen Geräten werden die digitalen Zeichnungsinformationen in Steuerspannungen einer Oszillographenröhre umgesetzt, auf deren Schirm das Bild vom Elektronenstrahl in sehr kurzer Zeit gezeichnet wird. Ein Projektionsobjektiv überträgt dieses auf einen Film, der nach der Belichtung automatisch entwickelt und fixiert wird. Zur Erleichterung der Archivierung wird der Film meistens in eine Lochkarte eingesetzt.

In einigen Fällen, z. B. bei der Kartographie und bei der Herstellung von Foto-masken für Leiterplatten und Halbleiterbauelemente werden sehr hohe Anforderun-gen an die Genauigkeit der Zeichnungen gestellt. Hier setzt man numerisch gesteu-erte Zeichenmaschinen ein (s. Abschnitt 12.3). Diese können mit einem Licht-zeichenkopf ausgerüstet sein, der auf lichtempfindlichen Film zeichnet. Die Hellig-keit wird durch ein Servosystem der Verfahrgeschwindigkeit angepaßt. Hinsichtlich Kontrast, Konturschärfe, Genauigkeit und Zeichengeschwindigkeit ist dieses Ver-fahren allen anderen überlegen. Hinzu kommt die große Flexibilität durch Steuer-barkeit der Strichstärke in Verbindung mit Möglichkeiten zur Einblendung von Zeichen und Symbolen.

Das Spektrum numerisch gesteuerter Zeichenmaschinen reicht heute von kleinen, kompakten Maschinen hoher Dynamik bis zu Anlagen mit Zeichenflächen von 2 m Breite und 10 m Länge [14]. Verfahrgeschwindigkeiten bis über 10 m/min sind erreichbar, während die Genauigkeit so gesteigert werden kann, daß der maximale Zeichenfehler bei kleinen Maschinen $\pm 10\ \mu$m kaum übersteigt.

Im Zusammenhang mit der rechnergestützten Konstruktion sollten numerisch gesteuerte Arbeitsmaschinen (s. Abschnitt 12.2) als Geräte für die Datenausgabe nicht unerwähnt bleiben, weil in einigen Fällen die Erzeugung der Steuerprogramme mehr dem Aufgabenbereich der Konstruktion als dem der Arbeitsvorbereitung zugerechnet wird. Das trifft u. a. für Bohrprogramme von numerisch gesteuerten Leiterplattenbohrmaschinen und im Schiffbau für Steuerprogramme von NC-Brennschneidmaschinen zu.

11.1.2.3 Bildschirmgeräte. Die Rationalisierung des Konstruktionsprozesses durch den Einsatz von EDV-Anlagen ist unvollkommen, solange die iterativen Prozesse zur schrittweisen Verbesserung wegen zu langer Antwortzeiten hiervon ausgenommen werden. Voraussetzung für einen umfassenden und wirksamen Ein-satz ist deshalb ein Dialogsystem zwischen Konstrukteur und Rechner, das natur-gemäß für visuelle Kommunikation über graphische Darstellungen vorgesehen sein muß [15, 16]. Es besteht kaum Zweifel darüber, daß sich in Zukunft hierfür Bildschirmgeräte im interaktiven Betrieb zur Ein- und Ausgabe graphischer und alphanumerischer Informationen durchsetzen werden (interactive graphic display). Diese Geräte sind in Abschnitt 8.8 ausführlich behandelt, so daß sich eine Beschrei-bung auf das Wesentliche beschränken kann.

Es sind verschiedene Systeme für diese Aufgaben entwickelt worden [17, 18]. Allen ist gemeinsam, daß das darzustellende Bild — aufgelöst in seine Elemente (Punkte und Verbindungen zwischen Punkten) — in einem Bildwiederholungs-speicher abgespeichert wird, dessen Inhalt repetierend ausgelesen und in Steuer-größen für die Bildröhre umgesetzt wird. Die Wiederholungsfrequenz des vom Elektronenstrahl gezeichneten Bildes wird so hoch gewählt, daß bei der Betrachtung kein störendes Flackern empfunden wird. Die Auflösung des Bildes ist durch die kleinste Schrittweite des Elektronenstrahles gegeben. Sie liegt bei den heutigen Geräten bei maximal 1 024 × 1 024 Linien. Wesentlich ist, daß der Inhalt des Bild-wiederholungsspeichers und damit die Darstellung auf dem Bildschirm verändert werden kann.

Hierfür stehen zur Verfügung:

Lichtgriffel, Rollkugel oder extern anzuschließender graphischer Digitalisierer für die Markierung oder Identifizierung eines Ortes auf dem Bildschirm.

Alphanumerische Tastatur für die Einfügung von Zeichen.

„Programmierbare" Funktionstastatur für den Aufruf von Programmen. Durch eine übergelegte Bezeichnungsmaske werden den Tasten die Programme zugeordnet, die in der EDV-Anlage abgespeichert sind.

Das Arbeiten mit dem Lichtgriffel kommt der manuellen Zeichentechnik am nächsten. Mit der lichtempfindlichen Spitze des Griffels kann man auf dem Schirm unter Benutzung der Funktionstasten z.B. Punkte und Zeichen setzen, Striche ziehen, Bildelemente und Bildkomplexe verschieben, verdrehen, in Größe und Form verändern, oder auch Bildelemente oder Bildkomplexe löschen. Da hierbei der Lichtgriffel nur zur Markierung oder Identifizierung eines Ortes auf dem Schirm dient, kann er ersetzt werden durch einen extern angeschlossenen graphischen Digitalisierer oder einen als „Rollkugel" bezeichneten Positionsgeber, durch den eine Lichtmarke auf dem Schirm verschoben werden kann.

Die Leistungsfähigkeit des Systems ist durch die Datenverarbeitungsanlage gegeben, mit der das Bildschirmgerät gekoppelt ist, durch den Vorrat an gespeicherten Programmen und Daten und den Zugriffsmöglichkeiten zu diesen [19, 20].

Wegen des beträchtlichen Aufwandes an Geräten und Programmen ist der Einsatz von Bildschirmgeräten im Dialogverkehr mit einem Großrechner heute noch auf eine begrenzte Zahl von Anwendungsfällen beschränkt. Der Einsatz ist lohnend, wenn beispielsweise bei graphischen Entwürfen ständig auf große Mengen von Programmen, Daten und Rechenergebnissen zurückgegriffen werden muß, wie das bei der Komposition von Masken für integrierte Schaltungen der Fall ist [21].

Das Feld für einen wirtschaftlichen Einsatz wächst in dem Maße, wie sich die Möglichkeiten des direkten Zugriffs zum Großrechner verbessern. Neben den anspruchsvollen Systemen wird auch an kleineren Anlagen der mittleren Datentechnik für den Einsatz auf speziellen Gebieten gearbeitet [22 bis 25].

Die Entwicklungen in der Hard- und Software haben zum Ziel, dem Ingenieur die Leistungen des Rechners so zur Verfügung zu stellen, daß dieser davon umfassend Gebrauch machen kann, ohne gezwungen zu sein, sich Programmierkenntnisse anzueignen. Es ist zu erwarten, daß sich hier in den nächsten Jahren eine ähnlich expansive Entwicklung anbahnen wird wie vor einigen Jahren auf dem Gebiet der Datenerfassung und Datenregistrierung [26, 27].

11.1.3 Anwendung der Datenverarbeitung in Entwicklung und Konstruktion

Der Einsatz von Datenverarbeitungsanlagen beschränkt sich in den meisten Konstruktionsbüros zur Zeit noch auf einzelne Komplexe:

Einsatz von Datenverarbeitungsanlagen in der Verwaltung von Unterlagen (Lagerlisten, Bauteillisten, Stücklisten, Zeichnungen).

Ausführung von umfangreichen wissenschaftlichen Berechnungen nach speziellen Programmen zur Bestimmung einzelner, aber wesentlicher Konstruktionsgrundlagen.

Einsatz von problemorientierten Programmsprachen für größere Teilkomplexe.

Einsatz von Programmen und Geräten für die Erstellung hochgenauer Zeichnungen oder Fertigungsmittel.

Die Einsatzmöglichkeiten der Datenverarbeitung in der Konstruktion sind in den einzelnen Industriezweigen sehr unterschiedlich. Es erscheint angebracht, einzelne Beispiele genauer zu betrachten.

11.1.3.1 Maschinen- und Anlagenbau. *Problemorientierte Programmsprachen.* In den letzten Jahren sind für verschiedene Gebiete des Ingenieurbereiches problemorientierte Programmsprachen geschrieben worden. Sie erleichtern dem Ingenieur die Programmierung durch eine exakte und für den Rechner eindeutige Beschreibung der Aufgabe in einer leicht erlernbaren Sprache, die sich eines beschränkten Vokabelschatzes und einer Anzahl einfacher und sinnfälliger Sprachregeln bedient.

Auf dem Gebiet des Maschinenbaues zwang die aufstrebende Technik der numerischen Fertigungsverfahren zur Entwicklung der NC-Sprachen wie APT und EXAPT [28]. Die in diesen Sprachen benutzten Methoden zur Beschreibung geometrischer Zusammenhänge haben Anregungen gegeben zur Entwicklung von Sprachen für den Konstruktionsbereich.

Interessant ist ein Sprachmodell für den Maschinenbaukonstrukteur, das in [3] beschrieben ist. Dieses Modell, das für den interaktiven Betrieb vorgesehen ist, soll durch Berücksichtigung der Denk- und Arbeitsweise des Konstrukteurs die Kommunikation mit dem Rechner erleichtern. Maschinenteile werden bei der Konstruktion nicht aus Linienelementen zusammengesetzt, sondern — wie in der Vorstellung des Konstrukteurs — aus geometrischen und technischen Grundkörpern. Die Sprache ist kompatibel zu EXAPT, so daß aus den Konstruktionsergebnissen Steuerprogramme für numerisch gesteuerte Werkzeugmaschinen abgeleitet werden können.

Entwicklungsarbeiten an Systemen für den *interaktiven* Betrieb sind kostspielig und setzen die Verfügbarkeit einer Großrechenanlage mit Time-sharing-System voraus. Sie werden vornehmlich betrieben an Hochschulinstituten und Forschungs- und Entwicklungsabteilungen der Großindustrie, insbesondere der Automobil- und Flugzeugbranche [29, 30, 31]. Obgleich die Ergebnisse zu großen Erwartungen berechtigen, darf nicht verkannt werden, daß noch auf Jahre hinaus viele Betriebe keinen Gebrauch von den sich anbahnenden Möglichkeiten werden machen können.

Festigkeitsrechnungen. Wesentlich günstiger sind in dieser Hinsicht die Verhältnisse bei Programmen für Stapelverarbeitung. Eine Vielzahl von Programmen ist in Benutzung für die Berechnung statischer und dynamischer Belastungen im Stahlbau [32] und im Maschinenbau. Beträchtliche Zeitersparnis bei der Berechnung sowie Kostensenkung durch Materialeinsparung haben hier die Frage nach der Wirtschaftlichkeit des Rechnereinsatzes längst entschieden.

Die Forderungen nach Steigerung der Produktivität haben auf dem Gebiet der Werkzeugmaschinen den Prinzipien der numerischen Steuerungsverfahren zu breitem Durchbruch verholfen. Die Produktivität und Genauigkeit dieser Maschinen hängt aber in hohem Maße von ihrem statischen und dynamischen Verhalten unter der Einwirkung der Arbeitskräfte ab. Unter dem Titel „Berechnung von Maschinenelementen auf Digitalrechnern" wird in [33] eine Programmfamilie beschrieben, die das statische und dynamische Verhalten von Ständern und Spindeln an Werkzeugmaschinen zu berechnen gestattet.

Für die Berechnung komplizierter Querschnitte wurde das Programm QUERA geschrieben, das aus der Geometrie des Querschnittes die für eine nachfolgende Festigkeits- und Verformungsrechnung benötigten geometrischen Eingangsdaten ermittelt: Querschnittsfläche, Flächenmomente, Trägheitsmomente, Hauptachsenmomente und gegebenenfalls auch Massenmomente. Es beruht auf der Anwendung des Gaußschen Integralsatzes. Zur Beschreibung der Schnittfläche muß die Berandung so umfahren werden, daß sich das „Fleisch" stets auf der linken Seite befindet. Dabei darf das Material durchdrungen werden, jedoch sind Kreuzungen unzulässig. In Abb. 11.1-6 ist an dem Querschnitt eines Maschinenständers das Umfahren der Berandung durch Pfeile veranschaulicht (aus [33] entnommen). Aus den Koordinaten der durch Ziffern gekennzeichneten Eckpunkte errechnet QUERA die geometrischen Eingangsgrößen.

Aus diesen Größen kann über das Programm MESTA 1 die Verformung unter dem Einfluß von Kräften berechnet werden. Programme aus der DYNA-Serie geben Aufschluß über das dynamische Verhalten. Auch bei konischer Form des zu berechnenden Maschinenteiles sind die Programme anwendbar, indem eine Aufteilung in Stufensegmente vorgenommen wird.

Entsprechen die errechneten statischen und dynamischen Eigenschaften nicht den Forderungen, so muß die Iterationsschleife zur schrittweisen Verbesserung so oft durchlaufen werden, bis befriedigende Übereinstimmung erzielt ist.

Bei Maschinenständern und Maschinenkörpern sind die Variationsmöglichkeiten in der Geometrie zur Verbesserung der Eigenschaften außerordentlich mannigfaltig.

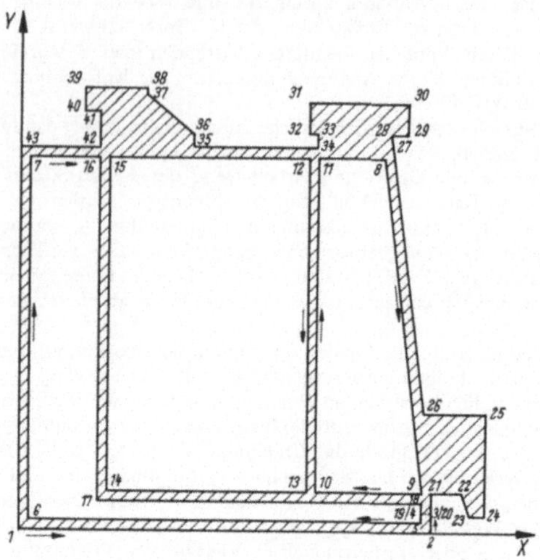

11.1-6. Querschnitt eines Maschinenständers

Neben den Änderungen der Abmessungen, Formen und Wandstärken sind oft zusätzliche Maßnahmen erforderlich, wie das Einfügen von Rippen- und Zwischenwänden [34]. Hier muß der Konstrukteur entscheiden, wie geändert werden soll. Es ist nicht zu erwarten, daß bei so komplexen Verhältnissen in absehbarer Zeit auf die Intuition des Menschen verzichtet werden kann.

Bei einfachen Maschinenteilen dagegen bestehen Aussichten, Änderungen der Konstruktion vom Rechner generieren zu lassen, so daß die Iterationsschleife zur schrittweisen Verbesserung automatisch abläuft. Es gibt bereits Rechnerprogramme für die Konstruktion von Wellen, die aus den zugrundeliegenden Eingangsgrößen wie statischer und dynamischer Belastung, Anordnung der Lager usw. die Welle selbständig bis in alle Details konstruieren [35]. Dabei werden die Abmessungen von Norm- und Wiederholteilen berücksichtigt. Als Ergebnis der automatischen Konstruktion wird neben den Maßzeichnungen auch ein Lochstreifen zur numerischen Fertigung der Welle ausgegeben.

Prinzip- und Variantenkonstruktion. Gute Voraussetzungen für eine umfassende integrierte Datenverarbeitung bieten Prinzip- und Variantenkonstruktionen [36]. Sie gehen von einer bereits vorhandenen Konstruktionslösung aus und variieren diese zur Anpassung an die Auftragsbedingungen.

Bei Maschinen und Anlagen, die streng nach einem Baukastenprinzip konstruiert sind, versucht man die Auftragsbedingungen durch möglichst günstige *Kombination* der in *Form* und *Größe* festliegenden Bauteile und Baugruppen zu erfüllen („Varianten-Auswahlverfahren“).

Ein anderer Fall der Variantenkonstruktion liegt vor, wenn neben der *Form* auch die *Kombination* der Bauteile festliegt, während ihre *Größe* angepaßt werden muß. In diesem Fall wird zur Vermeidung von Zeichnungsarbeit von fertigen Zeichnungssätzen ausgegangen, in die vom Rechner die ermittelten Maße eingetragen werden („Prinzip-Zeichnungsverfahren“). Wenn zusätzliche Änderungen erforderlich sind, werden diese von Hand ausgeführt („Prinzip-Konstruktionsverfahren“).

Unter dem Begriff „Entscheidungstabellen-Technik“ wird ein Varianten-Auswahlverfahren verstanden, bei dem die Auswahl der Bausteine nach Entscheidungstabellen erfolgt, in denen „wenn-dann"-Beziehungen aufgezeichnet sind (z. B. in der Weise: wenn die Welle … m lang ist und wenn das Drehmoment … mkp beträgt, dann ist Teil Nr. … zu verwenden). Da die Beziehungen als logische Gleichungen vorliegen, können die Regeln der Logik — etwa die Algorithmen der Booleschen Algebra — darauf angewendet werden.

Prinzip- und Varianten-Konstruktionen ermöglichen auch bei Stapelverarbeitung einen umfassenden Rechnereinsatz, der sich von der Auftragsbearbeitung über die Erstellung der Fertigungsunterlagen bis zur Ausstellung der Arbeitspapiere erstrecken kann. Typische Anwendungsfälle sind Großtransformatoren, Großmaschinen [37] und Schaltwarten [38] in der Elektrotechnik, Lastwagen und Omnibusse im Fahrzeugbau, Fertigungs- und Verpackungsmaschinen im Maschinenbau und Brücken und Laufkräne im Stahlbau.

Mathematisch nicht beschreibbare Geometrien. Im Schiffbau, im Autokarosseriebau und auf einigen anderen Gebieten treten Flächen auf, die mathematisch nicht beschreibbar sind. Für die Darstellung solcher Flächen werden Maßstabsmodelle benutzt, oder man gibt eine Schar von Konturen an, die sich durch planparallel geführte Schnitte der Flächen ergeben. Die Konturen wiederum werden entweder durch genaue Maßstabszeichnungen (Schablonen) dargestellt oder durch eine Anzahl von Punkten beschrieben, aus denen die Kontur z. B. mit Hilfe elastischer Lineale ermittelt werden kann (Straken). Da diese Verfahren zeitraubend und ungenau sind, wird nach Möglichkeiten zur numerischen Behandlung solcher Flächen gesucht.

Grundlage für diese Arbeiten sind mathematische Methoden zur Generierung von Flächen aus Punkten. In der Praxis hat sich eine von Coons angegebene Methode bewährt, bei der die Flächen durch ein Netz aus zwei Scharen von Kurven in Teilflächen zerlegt werden [39]. Jede Teilfläche ist durch die vier Eckpunkte und die Ableitungen der Berandungskurven in den Eckpunkten definiert. Solche Methoden der numerischen Flächenbeschreibung sind Basis für:

Glättungsprogramme, durch welche Unebenheiten der Oberfläche beseitigt werden können, die beispielsweise durch ungenaue oder fehlerhafte Eingabepunkte entstehen.

Interpolationsprogramme, durch die zwischen den Kurven in beliebiger Dichte weitere Kurven generiert werden können.

Programme zur Berechnung der Schnittkurven bei der Durchdringung mit mathematisch beschreibbaren und mathematisch nicht beschreibbaren Flächen.

Programme zur perspektivischen Darstellung mit Möglichkeiten zur Ausblendung von Teilflächen und zur Unterdrückung „unsichtbarer Linien".

NC-Programme zur Herstellung solcher Flächen auf numerisch gesteuerten Fräsmaschinen unter Berücksichtigung der Form des Fräsers (z. B. zur Herstellung von Preßwerkzeugen).

Anwendung finden diese Verfahren vorwiegend in der „Karosserie-Datenverarbeitung" der Automobilindustrie, die unter dem Zwang steht, die Entwicklungszeit neuer Modelle zu verkürzen, um diesen bessere Marktchancen sichern zu können. Hier werden die Stützpunkte für die numerische Behandlung der Karosserieflächen durch dreidimensionale Abtastmaschinen von Holzmodellen abgenommen [40].

Ähnliche Verfahren der geometrischen Datenverarbeitung werden bei der Entwicklung von Strömungskörpern (Schiffskörpern, Propellern, Turbinenschaufeln) angewendet. Die Stützpunkte der Flächen werden auch hier, wenn sie nicht nach den Gesetzen der Strömungslehre berechenbar sind, von empirisch optimierten Strömungskörper-Modellen abgenommen [41].

Isometrie von Rohrleitungen. Bei großen Produktionsanlagen der Chemie und der Erdölindustrie entfällt ein beträchtlicher Teil der Baukosten auf das Rohrleitungssystem. Einsparungen an Zeit und Geld sind möglich, wenn alle Bauteile des Rohrleitungssystems vorgefertigt zur Baustelle angeliefert werden. Zur Erarbeitung der hierzu benötigten Unterlagen sind verschiedene Programmsysteme entwickelt worden. Sie reichen von einfachen Programmen zur Stücklistenerstellung über problemorientierte Programmsprachen zur Beschreibung der Geometrie und Technologie bis zu interaktiven Systemen mit Bildschirmgeräten [42, 43].

Obgleich alle Rohrleitungen parallel zu den Achsen eines rechtwinkligen Koordinatensystems verlegt werden, ist die zeichnerische Erfassung bei großen Anlagen schwierig. Oft wird der Bau eines Maßstabsmodells vorgezogen, von dem die benötigten geometrischen Daten mit Hilfe einer optischen Vermessungseinrichtung entnommen werden können.

Auf der Grundlage einer ausführlichen Datei aller vorkommenden Bauelemente kann der Rechner aus den geometrischen und technischen Eingangsdaten alle benötigten Fertigungsunterlagen erarbeiten. Diese können neben Zeichnungen und Stücklisten auch Unterlagen zur Erleichterung der Montage enthalten (perspektivische Leitungspläne).

11.1.3.2 Entwicklung elektrischer Anlagen. Hinsichtlich des konstruktiven Aufbaues sind Anlagen, bei denen der elektrische Strom als Energieträger dient, nur wenig verwandt mit Anlagen, die den elektrischen Strom als Träger von Informationen benutzen. Die in Abb. 11.1-7 dargestellte Systematik in bezug auf die Typen- und Kombinationsvielfalt der Bauteile gilt für fast alle Anlagen der Elektrotechnik.

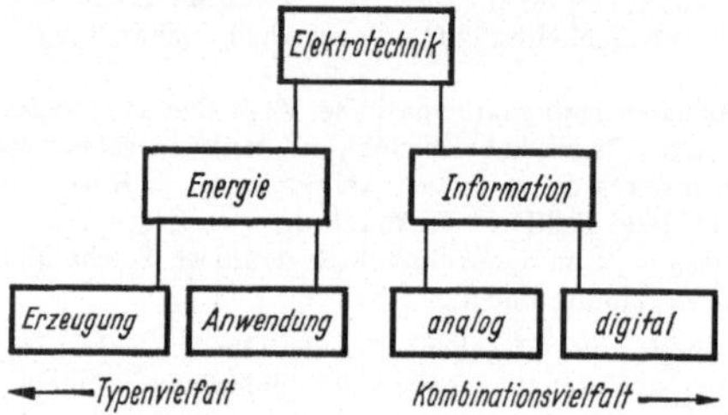

11.1-7. Anlagen der Elektrotechnik in der Typen- und Kombinationsvielfalt der Bauteile

Anlagen der Energieerzeugung und zum Teil auch der Energieanwendung bestehen aus einer großen Zahl sehr unterschiedlicher Bauteile. Sie sind hinsichtlich des Konstruktionsablaufes Anlagen aus dem Maschinenbau ähnlich, so daß sie hier übergangen werden können.

Anlagen der analogen und insbesondere der digitalen Informationsverarbeitung dagegen sind aus einer geringen Anzahl von Bauteiltypen aufgebaut. Aber es liegt hier eine so ungewöhnliche Menge und Vielfalt an Kombinationen vor, daß andere Methoden als die der Variantenkonstruktion des Maschinenbaus angewendet werden müssen.

Netzwerkanalyse. Für die Entwicklung elektrischer Netzwerke stehen nur in Ausnahmefällen (z.B. für passive elektrische Filter) Syntheseprogramme zur Verfügung. Gewisse mathematische Ansätze sind zwar vorhanden [48], doch wird bei der Entwicklung analoger und digitaler Schaltungen noch auf Jahre hinaus der iterative Prozeß der schrittweisen Verbesserung nicht zu umgehen sein. Nach Vorgabe einer Anfangsstruktur mit einer meist überschlägigen Dimensionierung wird die Schaltung in sich gegenseitig ablösenden Test- und Korrekturphasen optimiert. Hierfür steht eine Vielzahl von Analyse- und Simulationsprogrammen zur Verfügung [44].

Eine kurze Beschreibung mit einer tabellarischen Gegenüberstellung der in den USA benutzten Analyseprogramme bringt [45], darunter auch das von der IBM entwickelte sehr verbreitete Programm ECAP (Electronic Circuit Analyses Program).

Das Netzwerk wird in diesen Programmen durch Zweige beschrieben, die über Knoten verknüpft sind. Die Zweige dürfen Kapazitäten, Induktivitäten und Widerstände enthalten, außerdem Strom- und Spannungsquellen, die gegebenenfalls von anderen Größen gesteuert werden. Nichtlinearitäten können bei einigen Programmen durch Schalter und geknickte Kennlinien angenähert werden. Die meisten Programme ermitteln das stationäre und instationäre Übertragungsverhalten für Gleich- und Wechselstrom, darüber hinaus Ströme in den Zweigen, Spannungen zwischen den Knoten und die Verlustleistung einzelner Elemente. Sehr nützlich für die Festlegung der Toleranzen ist die in einigen Programmen vorgesehene statistische Toleranz-Analyse. Mehrere Programme sind für den interaktiven Betrieb über Bildschirmgeräte vorgesehen [46, 49], einige auch für verschiedene Betriebsarten.

Neben diesen allgemeinen Analyseprogrammen sind für spezielle Netzwerke beispielsweise aus der Mikrowellentechnik eigene Programme entwickelt worden [47]. Breite Anwendung haben Simulations-Programme gefunden, die nicht auf elektrische Netzwerke beschränkt sind. Sie ermöglichen die Behandlung kontinuierlicher Systeme auf dem Digitalrechner (digitale Simulation kontinuierlicher Systeme) [50, 51, 52].

Simulation logischer Schaltnetze. Bei der Entwicklung logischer Schaltnetze bestehen Aussichten, in absehbarer Zeit in gewissen Fällen Syntheseprogramme einsetzen zu können. Diese Programme sollen aus der Kombination der Eingangssignalzustände, der Vorzustände und der gewünschten Ausgangszustände die algebraische, nichtredundante Boolesche Funktion minimaler Länge ermitteln. Diese Funktion beschreibt das erforderliche Netzwerk. Sie berücksichtigt aber nicht physikalische und technische Bedingungen wie Schaltzeiten der Verknüpfungsglieder, Belastungen der Ausgänge, Abstimmung auf marktgängige Schaltkreise usw.

Beim Entwurf logischer Netzwerke wird man auch in Zukunft nicht auf die menschliche Intelligenz verzichten. Eine wirksame Hilfe ist aber gegeben, durch den Einsatz von logischen Simulationsprogrammen, welche Logikfehler im Entwurf aufzeigen, das Zeitverhalten des Schaltnetzes ermitteln, die Belastungen der Gatterausgänge überwachen usf. In Abwandlung sind diese logischen Simulationsprogramme auch als Prüfprogramme für das Prüffeld von Digitalanlagen geeignet.

Elektronische Digitalanlagen. Größere Digitalanlagen (Schaltwerke) sind sowohl im logischen Plan als auch im konstruktiven Aufbau in hierarchischer Ordnung gegliedert. Man strebt an, daß sich beide Ordnungen decken, weil dies eine wesentliche Voraussetzung für konsequente Baugruppengestaltung ist. Diese erfordert zwar gelegentlich größeren Materialaufwand, bringt aber neben der besseren Überschaubarkeit wirtschaftliche Vorteile in Fertigung, Prüfung, Lagerhaltung und Service.

Ob in Zukunft Computer von Computer selbständig entwickelt werden können, ist nicht generell zu beantworten [53]. Die Wahrscheinlichkeit ist gering, daß dies ein wirtschaftlicher Weg wäre.

Für die Automatisierung der Entwicklung von Digitalanlagen existieren neben einer Fülle von Einzelprogrammen für die verschiedenen Entwicklungsstufen auch umfassende Programmsysteme für den gesamten Prozeß [55]. Durch modularen Aufbau und zweckmäßige Parametrisierung wird bequeme Erweiterungsmöglichkeit und leichte Anpassung angestrebt. Gute Eingriffsmöglichkeiten und einheitliche Konventionen für den Benutzer sind von großer Bedeutung. Für die Beschreibung der logischen und technischen Sachverhalte ist eine benutzerorientierte Beschreibungssprache erforderlich, die sich für die Verarbeitung und Archivierung großer Informationsmengen eignet.

Die Entwicklung einer größeren Digitalanlage soll an Abb. 11.1-8 erläutert werden. Die Aktivitäten in den einzelnen Entwicklungsstufen sind durch Kreise veranschaulicht, die erreichten Stufen durch Kästchen.

Grundlage der Entwicklung sind die im Pflichtenheft zusammengestellten Anforderungen an die Anlage. Die erste Aktivität, hier mit Synthese der Digital-

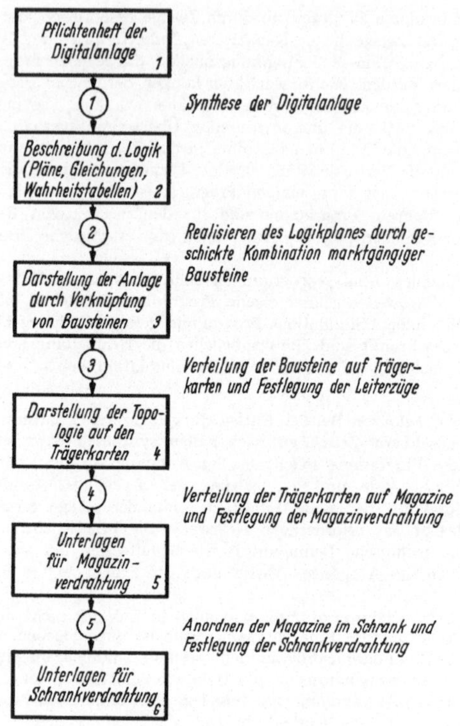

11.1-8. Entwicklungsablauf einer Digitalanlage

anlage bezeichnet, legt die Funktionsgruppen fest und liefert eine Beschreibung der
Logik in Form von Plänen, Gleichungen und Wahrheitstabellen. Dieser unter einer
Vielzahl von Einflußgrößen stehende langwierige Entwicklungsprozeß wird von
Experten ausgeführt, wobei logische Simulationsprogramme zur Unterstützung
dienen.

In der zweiten Entwicklungsstufe wird der Logikplan durch Verknüpfen von
Bausteinen realisiert, wobei viele Randprobleme zu berücksichtigen sind, um zu
technisch zuverlässigen und wirtschaftlichen Lösungen zu kommen. Je vielfältiger
und komplexer die in Betracht zu ziehenden Bausteine sind, um so weniger befriedi-
gen die zur Verfügung stehenden Programme.

Das gilt in besonderem Maße auch für die dritte Aktivität, bei der die Bausteine
auf Trägerkarten verteilt werden. Es sind Plazierungsprogramme in Benutzung,
welche die Anordnung der Bausteine auf den Trägerkarten hinsichtlich der Leiter-
führung optimieren [56, 57, 58, 63]. Die hierbei benutzten Strategien streben in
erster Linie minimale Gesamtleiterlänge an. Für die „Nanosekunden-Technik"
müssen noch zusätzliche Randbedingungen erfüllt werden, wie Einhaltung vorgegebener Maximallänge jedes Leiters oder einer Gruppe von kritischen Leitern.

Nach der Plazierung der Bausteine auf der Trägerkarte folgt die Festlegung der
Leiterzüge. Bei ebenengebundenen Verdrahtungen wird an Leiterkreuzungen, die
keine Verbindung darstellen sollen, über metallisierte Bohrungen (Tauchpunkte)
auf eine andere Ebene übergewechselt. Aus Gründen höherer Wirtschaftlichkeit

werden als Trägerkarten meistens Leiterplatten in Zweiebenen-Technik benutzt, obwohl Mehrebenen-Technik wegen des höheren Freiheitsgrades die Automatisierung wesentlich erleichtern würde.

Programme zur Generierung der Leiterstrukturen sollen anpassungsfähig sein hinsichtlich der Zahl der Verdrahtungsebenen, der Vorgabe von Vorzugsrichtungen, von Tauchpunkten und von speziellen Leitungen. Sie sollen die Vertauschbarkeit logisch gleichwertiger Bausteineingänge ausnutzen und imstande sein, Leitungen mit definiertem Wellenwiderstand (z.B. Dreibandleiter) zu erzeugen.

Einige Programme gehen in ihren mathematischen Grundlagen von der Graphen-Theorie aus [54]. Bei Programmen für Stapelverarbeitung sind im allgemeinen Möglichkeiten vorgegeben, Leiterzüge, die dem Programm Schwierigkeiten bereiten, nachtragen zu können. Wesentliche Vereinfachung und wirksame Datenreduktion wird durch die Beschränkung auf ein Rastersystem erzielt. Neben Fertigungsunterlagen wie Bausteinlisten, Bestückungsplänen und Steckerbelegungsplänen liefern die meisten Programme auch Steuerlochstreifen für numerisch gesteuerte Zeichenmaschinen (Lichtzeicheneinrichtungen) zur Herstellung der Fotomasken für die Leiterplattenfertigung. Gleichzeitig werden auch Steuerlochstreifen für numerisch gesteuerte Leiterplattenbohrmaschinen erzeugt.

Die beiden letzten Entwicklungsstufen in Abb. 11.1-8 lassen sich weitgehend automatisieren. Wird die Magazin- bzw. Schrankverdrahtung in ebenengebundener Technik (Mehrlagentechnik) ausgeführt, so entsprechen die Arbeiten der Aktivität 3. Bei nicht ebenengebundener Verdrahtung werden Steuerlochstreifen für numerisch gesteuerte Verdrahtungsmaschinen erstellt, oder es werden Verdrahtungslisten für manuelle Verdrahtung gedruckt.

Trotz großer Fortschritte, die in den letzten Jahren in der Entwicklungsautomatisierung erzielt worden sind [54, 56, 57, 58, 62, 63, 64], gibt man heute noch in vielen Fällen halbautomatischen Verfahren den Vorzug, z.B. bei der Herstellung

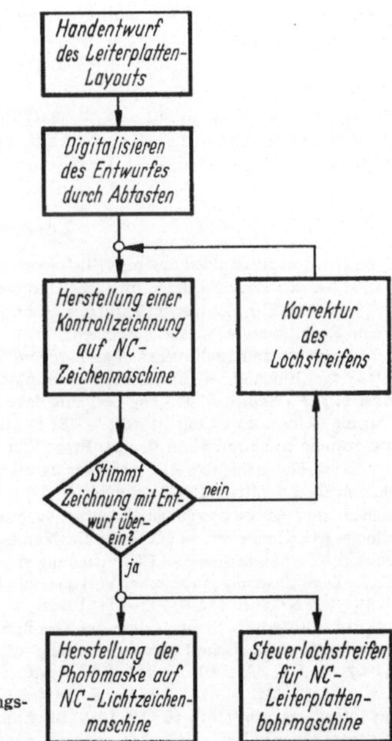

11.1-9. Halbautomatische Herstellung der Fertigungsunterlagen für eine Leiterplatte

der Fertigungsunterlagen von Leiterplatten. Den Arbeitsablauf des halbautomatischen Verfahrens zeigt Abb. 11.1-9. Man geht hierbei von einem handgezeichneten Entwurf aus, der auf einem Grundraster die Bausteine mit den Anschlußpunkten und die im Raster geführten Leiterbahnen enthält. Durch Abtasten dieses Entwurfes auf einem graphischen Digitalisierer [9] wird der für numerisch gesteuerte Maschinen benötigte Steuerlochstreifen erzeugt, wobei unter Umständen mehrere Durchläufe zur Fehlerkorrektur erforderlich sind [59, 60]. Bei komplizierten Layouts mit sich wiederholenden Strukturen kann die Entwurfs- und Programmierarbeit durch das Zwischenschalten eines Rechnerlaufes erleichtert werden [61].

Integrierte Schaltungen. Bei der Entwicklung integrierter Schaltungen ist der Einsatz von Datenverarbeitungsanlagen unumgänglich. Die Entwicklungsphasen sind denen bei der Entwicklung elektronischer Anlagen sehr ähnlich. Viele Programme können direkt übernommen werden. Die Entwicklung beginnt mit dem Entwurf der Schaltung und Optimierung mit Hilfe von Simulationsprogrammen. Es schließen sich an: Erarbeitung der Topologie des Maskensatzes, Erarbeitung von Prüfprogrammen und Erstellung der Fertigungsunterlagen. Halbautomatische Verfahren für die Erarbeitung der Topologie der Masken werden schon heute durch interaktive Systeme mit Bildschirmgeräten abgelöst. Diese ermöglichen in Verbindung mit umfangreichen Programmbibliotheken und topologisch-technologischen Dateien eine Komposition der Masken auf dem Bildschirm [65, 66, 67].

11.1.4 Entwicklungstendenzen der rechnergestützten Konstruktion

Durch den starken Zwang zur Rationalisierung wird die rechnergestützte Konstruktion zunehmend an Bedeutung gewinnen. Diese Entwicklung wird gefördert durch den Strukturwandel auf dem Computermarkt. Während auf dem Großrechnergebiet der Trend von der Stapelverarbeitung zum Vielbenutzersystem (Time-sharing) geht, zeichnet sich gleichzeitig eine starke Expansion der mittleren Datentechnik ab [68]. Dies wird die Entwicklung interaktiver Systeme fördern und somit zu einem wesentlich effektiveren Einsatz des Rechners in der Konstruktion beitragen.

Die Datenverarbeitung in der Konstruktion erleichtert die Einbeziehung des Konstruktionsbereiches in das gesamtbetriebliche Rationalisierungsbestreben, das auf eine umfassende, integrierte Datenverarbeitung gerichtet ist.

Literatur

[1] *N. N.:* Computer aided design NEL-Report 242, (Aug. 1966) Ministry of Technology, U. K. [2] *Opitz, H., et al.:* Rationalisieren im Konstruktionsbereich. Ind. Anz. 90 (1968) Nr. 67, S. 222—235. — [3] *Simon, R.:* Rechnerunterstütztes Konstruieren. Dissertation 1968. — [4] *Fischer, U.:* CP-67, eine Realisierung virtueller Maschinen (Teil 1). IBM-Nachr. 20. Jg., S. 261—265. — [5] *Parslow, R.:* Techniques and applications of alphascopes. Intern. Symp. Computer graphics 70 (14. April 1970) Uxbridge, England. — [6] *Patton, R.:* Graphic data tablets. Electronic Eng. (Nov. 1969). — [7] *Teixeira, J. F., Sallen, R. P.:* The Sylvania data tablet. A new approach to graphic data input. Proc., Spring Joint Comp. Conf. (1968). — [8] *Davis, M. R., Ellis, T. O.:* The rand tablet. A man machine graphic communication device. Proc. Fall Joint Comp. Conf. (1964). — [9] *Pabst, W..* Die graphische Dateneingabe RPE, ein neuartiges Programmiergerät zur Auswertung von Entwurfsskizzen. Techn. Mitt. AEG-Telefunken (1969) 5. Beiheft Datenverarb. S. 22—27. — [10] *Boese, P.:* Zeichen- und Abtastmaschinen. Fachtagungsbroschüre Elektronik (1967) Deutsche Messe- u. Ausstellungs-AG, Hannover. — [11] *Götz, E.:* Numerische Steuerung und Messung bei Koordinatographen und Koordinatenlesern. AEG-Mitteilungen 54 (1964) 5/6, S. 376—381. — [12] *Walcher, H., Süß, K.-J.:* Digitalisierung graphischer Vorlagen durch automatische Kurvenabtastung. Steuerungstechnik 3 (1970) Nr. 4, S. 114—119. — [13] *Dyer, B., Wellman, F.:* Techniques and applications of graph plotters. Internat. Symp. Computer Graphics 70 (14. April 1970) Uxbridge, England. — [14] *Hartwig, R.:* Graphische Datenverarbeitung mit Präzisionszeichenanlagen. Elektron. Rechenanl. 9 (1967) H. 4, S. 185—193. — [15] *Sutherland, I.:* Computer displays, Scientific Amer. Bd. 222 (1970) H. 6, S. 57—81. — [16] *Waever, J.:* Interactive computer aided design. Proc. Techn. Programme, Inter/Nepcon 69 (14.—16. Oct. 1969) Brighton/England, S. 389—396. — [17] *Sutherland,W.:* Computer assistance in the layout of integrated circuit masks. IEEE Internat. Convention New York

(1968) 4A-2. — [18] *Malakoff, J.:* Computer graphics as a tool for engineering development and design. IEEE Internat. Convention New York (1968) 5C-2. — [19] *Dam, A. van, Bergeron, R.:* Software Capabilities of the adage graphics terminals. Internat. Symp. Computer Graphics 70 (15. April 1970). — [20] *Cooper, B.:* Computer aided design, the new faithful servant. The Engineer 230 (1970) 5949, S. 20—22. — [21] *Kessler, J.:* Wanted: easy-on-the-eye displays. Electronic Design 26 (1969), 56—63. — [22] *Sherr, S.:* Digital television a low cost approach to multi terminal graphics. Internat. Symp. Computer Graphics 70 (14. April 1970) Uxbridge, England, — [23] *Pertington, G.:* A direct approach to computer graphics. Internat. Symp. Computer Graphics 70 (15. Apr. 1970) Uxbridge, England. — [24] *Dam, A. van, Michener, J.:* Storage tube graphics: A comparison of terminals. Internat. Symp. Computer Graphics 70 (16. Apr. 1970) Uxbridge, England. — [25] *Elliott, W., Jenkins, A., Jones, C.:* An interactive graphical system using computers linked by voice grade line. Internat. Symp. Computer Graphics 70 (15. Apr. 1970) Uxbridge, England. — [26] *Hantman, L.:* Interactive graphics—a brief overview. Internat. Symp. Computer Graphics 70 (14. Apr. 1970) Uxbridge, England. — [27] *Lunday, P.:* The lessons of the "60's".-Internat. Symp.Computer Graphics 70 (16. Apr. 1970) Uxbridge, England. — [28] *Boese, P.:* Die äußere Datenverarbeitung bei numerisch gesteuerten Werkzeugmaschinen. Regelungstechnik 13 (1965) 3, S. 124—133. — [29] *Pascoe, G.:* Numerical control at Ford Motor Company. Automotive Engineering Congress (10.—14. Jan. 1966) Detroit. — [30] *Chasen, S.:* Applications of man-computer graphics. Internat. Symp. Computer Graphics 70 (14. Apr. 1970) Uxbridge, England. — [31] *Lavick, J.:* Computer aided design at Mc Donnell Douglas. Internat. Symp. Computer Graphics 70 (15. Apr. 1970) Uxbridge, England. — [32] *Protte, W.:* Elektronisches Rechnen im Stahlbau. IBM-Nachrichten, 20. Jg., S. 247—254. — [33] *Döpper, W., et al.:* Berechnung von Maschinenelementen auf Digitalrechnern. Ind.-Anz. 90 (1968) Nr. 67, S. 235—242. — [34] *Klings, E., et al.:* Gesichtspunkte für die konstruktive Gestaltung von Werkzeugmaschinen. Ind.-Anz. 90 (1968) Nr. 67, S. 242—253. — [35] *Newlin, J. K., et al.:* An integrated computerized shaft design system. IEE, Internat. Conf. Comp. Aided Design (15.—18. Apr. 1969) Southampton S. 239—248. — [36] *Brankamp, K., Wiendahl, H.-P.:* Datenverarbeitung in der Konstruktion. Ind.-Anz. 92 (1970) Nr. 24, S. 507—508. [37] *Brankamp, K., Claussen, U., Wiendahl, H.-P.:* Die elektronische Datenverarbeitung — ein Hilfsmittel der Rationalisierung im Konstruktionsbereich. Konstruktion 22 (1970) Nr. 4, S. 132—142. — [38] *Decker, A.:* Maschinelle Datenverarbeitung in der Konstruktion. Feinwerktechnik 73. Jg. (1969) Nr. 8, S. 343—347. — [39] *Coons, S. A.:* Surfaces for computer-aided design of space figures. Technical Rep. MIT Electronic Systems Laboratory (Jan. 1964). — [40] *Houge, W.:* Computer aided design in body engineering. Automotive Engineering Congress (10.—14. Jan. 1966) Detroit. — [41] *Götz, E., Horn, G.:* Geometrische Datenverarbeitung im Schiffbau. Jahrb. Schiffbautechn. Ges. (1966) 262—267. — [42] *Henry, P., Mountford, D.:* Production of pipeline isometric drawings using a digital computer and an incremental plotter. Information Processing 68 (1969) Amsterdam: North-Holland, S. 1422—1426. — [43] *Daniel, P.:* Integrated process plant design. Internat. Symp. Computer Graphics 70 (15. Apr. 1970) Uxbridge, England. — [44] *Lowenstein, M. L.:* For design, the program is the thing. Electronic Design 23, Nov. 8 (1969) C8—C9. — [45] *Lowenstein, K. L.:* Analyses of circuits become routine. Electronic Design 23, Nov. 8 (1969) C 10— C 15. — [46] *Magnuson, W., et al.:* Gina — A computer graphics analysis system. IEEE Trans. Circuit Theory, CT 16, Nr. 3 (1969) 389—391. — [47] *Emery, F., Policky, G.:* Computer aided design of microwave circuits. Electronic Eng. 41 (1969) 502, S. 41—45. — [48] *Marshall, T.:* Synthesis of RLC ladder networks by matrix tridiagonalization. IEEE Trans. on Circuit Theory, CT 16 Nr. 1 (Feb. 1969) 39—46. — [49] *Maclean, M., Bown, H.:* Interactive graphical input for circuit analysis. Internat. Symp. Computer Graphics 70 (14. Apr. 1970) Uxbridge, England. — [50] *Jentsch, W.:* Digitale Simulation kontinuierlicher Systeme. München, Wien: Oldenbourg 1969. — [51] *Jud, W.:* Aufbau des ASIM-Programmsystems für die digitale Analogsimulation. Elektron. Datenverarb. 9 (1967) 416—428. — [52] *Jentsch, W.:* ASIM, ein Programmsystem für die Analogsimulation mittels Digitalrechner. Elektron. Datenverarb. 4 u. 5 (1967) 173—179, 191—198. — [53] *Kaye, D.:* Can a computer design another computer? Electronic Design 23 (1969) 25—30. — [54] *Bapeswara Rao, V. Murti, V.:* Enumeration of all circuits of a graph. Proc. IEEE (Apr. 1969) 700—701. — [55] *Hummel, H.:* LOTSE, ein Programmsystem zur Automatisierung der Entwicklung von Schaltwerken. Datenverarb. AEG-Telefunken 3 (1970) Nr. 1, S. 37—49. — [56] *Fisk, C., Caskey, D., West, L.:* Taking the puzzle out of p—c design. Electronics, September 4 (1967) 72—82. — [57] *Atiyah, J., Wall, P.:* Practical layout of printed circuit boards using interactiv graphics. Internat. Symp. Computer Graphics 70 (14. Apr. 1970) Uxbridge, England. — [58] *Moore, R.:* Planning printed circuit board design for maximum benefits from automation. Proc. Techn. Programme. Inter/ Nepcon 69 (14.—16. Oct. 1969) Brighton/England, S. 397—416. — [59] *Atherton, B. G., Rushman, H.:* Practical solutions for optical automated drawing for printed circuit and allied artworks. Proc. Techn. Programme. Inter/Nepcon 69 (14.—16. Oct. 1969) Brighton/England, S. 374— 382. — [60] *Robillard, D., Harris, T.:* Fringe benefits of automatic artwork generation. Proc. Techn. Programme. Inter/Nepcon 69 (14.—16. Oct. 1969) Brighton/England, S. 383—388. — [61] *Götz, E., Pabst, W.:* Automatisierte Herstellung von Unterlagen zur Leiterplattenfertigung für elektronische Schaltungen. Werkstatt und Betrieb 101 (1968) 10, S. 597—602. — [62] *Mikami, K.,*

Tabuchi, K.: A computer program for optimal routing of printed circuit conductors. Inform. Processing 68. Amsterdam: North-Holland 1969, 1475—1478. — [63] *Brown, J., Cesa, L. J., Sawicki, J.J.:* Design automation and the wrap system, interconnection process. Proc. 5th Annual SHARE-ACM-IEEE, Design Automation Workshop (15.—18. July 1968) Washington, USA. — [64] *Klemetsmo, R., Minturn, G., Wright, A.:* Graphic display techniques in the automated interconnection process. Proc. 5th Annual SHARE-ACM-IEEE, Design Automation Workshop (15.—18. July 1968) Washington, USA. — [65] *Atiyah, J., Pearce, N.:* Interactive graphic display techniques in circuit layout. Proc. Techn. Programme. Inter/Nepcon 69 (14.—16. Oct. 1969) Brighton/England, S. 140—145. — [66] *Hazlett, L.:* Computer graphics for integrated circuit design. Intern. Symp. Computer Graphics 70 (15. Apr. 1970) Uxbridge, England. — [67] *Hanne, J.:* Computer-aids speed discretionary wiring. Electronic Design 24 (1968) C11—C16. — [68] *Mallebrein, R.:* Die Zukunft der Datensichtgeräte hat begonnen. Datenverarb. AEG-Telefunken 3 (1970) 2, S. 53.

11.2 Teilnehmer-Rechensysteme

A. Schmitt

11.2.1 Zielsetzung der Teilnehmer-Rechensysteme

Der Teilnehmer-Betrieb ist eine kommunikationsorientierte Methode für die Benutzung einer Digitalrechenanlage. Es ist eine Technik, die gleichzeitigen Zugriff zu einer Anlage durch zwei oder mehrere Benutzer zuläßt. Der Zugriff zu den Dienstleistungen, die die Anlage den Benutzern anbietet, ist in der Regel auch von entfernt installierten Außenstationen aus möglich. Jeder Benutzer eines Teilnehmer-Rechensystems (TRS) soll die Möglichkeit haben, Daten in das System einzuspeichern, aus dem System Daten abzufragen und sie zu verändern, ohne daß dabei unzumutbare Wartezeiten entstehen. Außerdem soll es möglich sein, daß der Benutzer eigene im Speicher aufgebaute Programme starten, mit Parametern versorgen und Ergebnisse entgegennehmen kann. Bei Programmen mit großer Ausführungszeit wird erwartet, daß der Benutzer von der Außenstation den Programmlauf verfolgen und das Programmende abwarten kann [20, 28, 38, 57, 62, 63].

Der Begriff Teilnehmer-Betrieb (time sharing) wurde erstmals 1959 von *G. Strachey* [59] geprägt und beinhaltete ursprünglich jede Form der scheinbar gleichzeitigen Bearbeitung verschiedener Aufgaben durch einen Digitalrechner. Insbesondere der überlappte Ablauf verschiedener langsamer Eingabe-Ausgabe-Operationen mit der internen Fortsetzung des Benutzerprogrammes im Arbeitsspeicher — heute vielfach durch die Technik des cycle stealing und unabhängig vom Leitwerk arbeitende Kanäle realisiert — wurde als Time Sharing bezeichnet. Inzwischen wird der Begriff Time Sharing mehr und mehr dazu verwendet, um auszudrücken, daß der zentrale Rechner scheinbar gleichzeitig eine Vielzahl von Benutzerprogrammen bearbeitet. Der Teilnehmer-Betrieb hängt daher eng mit der Betriebsform *Multiprogramming* zusammen und wird gelegentlich auch durch den Ausdruck Vielfach-Zugriffs-Betrieb (multi access mode) charakterisiert.

Abgesehen von einigen Entwicklungen in den Jahren bis 1960, die meist sehr spezielle Ziele verfolgten (z. B. militärische Überwachungs- und Führungssysteme, Lagerhaltung für Warenhäuser) kann etwa das Jahr 1960 als der Startpunkt für die Entwicklung der ersten TRS veranschlagt werden.

Die ersten Systeme hatten zunächst noch einen stark experimentellen Charakter. Es fehlte ja insbesondere noch die praktische Erfahrung, wie TRS strukturmäßig aufgebaut sein müssen, um nützliche Arbeit für den einzelnen Benutzer zu leisten. Eine führende Rolle spielte vor allem das Compatible Time Sharing System (CTSS), das am MIT im wesentlichen von einer Gruppe um *F. J. Corbato* [8] entwickelt wurde. Dieses System lief bereits Ende 1961 in einer vorläufigen Version [7] und wurde danach laufend verbessert.

Das System CTSS des MIT, das später vom Project MAC (Multi Access Computer oder Machine Aided Cognition) betreut und weiterentwickelt wurde, besteht in seinem Kern aus einem IBM-Rechner 7094, der jedoch in vielfacher Weise von der serienmäßigen Ausstattung abweicht, um den besonderen Erfordernissen des Teilnehmer-Betriebes gerecht zu werden.

Weitere in der Anfangszeit entwickelte TRS sind das System von Bolt, Beraneck and Newman Inc. auf der Basis einer PDP1 der Digital Equipment Corporation [39], das System des MIT Research Laboratory of Electronics auf der Basis einer PDP1, das System JOSS der Rand Corporation auf der Basis einer PDP1 [1, 3, 54] und das System TSS der System Development Corporation auf der Basis eines IBM-Rechners AN/FSQ-32 [53]. Inzwischen werden TRS auch kommerziell angeboten.

Ein wesentliches Ziel des TRS besteht darin, einer Vielzahl von Benutzern einen schnelleren und bequemeren Zugang zur Digitalrechenanlage und ihren Dienstleisungen zu verschaffen, als dies bei einem herkömmlich organisierten Rechenzentrum (Stapelverarbeitung der Benutzerprogramme) möglich ist. Dies geschieht dadurch, daß man an den zentralen Rechner eine größere Anzahl von Außenstationen (z.B. Fernschreiber) anschließt, durch die auch über größere Entfernungen unmittelbarer Kontakt zum Rechner hergestellt werden kann. Der zentrale Rechner verwaltet einen großen Tertiärspeicher (meist Plattenspeicher hoher Kapazität), auf dem für jeden Benutzer eigene geschützte Speicherbereiche zur Verfügung stehen. In direktem Dialog kann der Benutzer mit dem zentralen Rechner in Verbindung treten und so z.B. ein Programm eintippen, das zunächst in seinem privaten Speicherbereich abgelegt wird. Durch Dialog mit dem System kann der private Datenbereich inspiziert, abgeändert und ergänzt werden. Wenn der Benutzer auf diese Weise in seinem privaten Speicherbereich ein Programm fertig entwickelt hat, wozu häufig mehrere Arbeitssitzungen an der Außenstation erforderlich sind, so kann er den zentralen Rechner beauftragen, das Programm auszuführen und die Ergebnisse an der Außenstation auszugeben. Von der Außenstation aus kann das laufende Programm mit Parametern versorgt werden, es kann aber auch vom Benutzer durch direkten Eingriff abgebrochen werden, wenn die Ergebnisse dies nahelegen. Besonders beim Austesten eines Programmes, also bei der Eliminierung syntaktischer und semantischer Fehler, wird so ein hohes Arbeitstempo für den einzelnen Benutzer möglich, da er während einer Arbeitssitzung von vielleicht 2 Std sein Programm mehrfach im Probelauf rechnen lassen und nach jedem Probelauf Verbesserungen anbringen kann.

Die Leistungsfähigkeit eines größeren Digitalrechners ist so hoch, daß ein einzelner Benutzer die Anlage nur zu einem ganz geringen Bruchteil auslasten kann. Durch geeignete Vorkehrungen gelingt es, daß der Rechner vielleicht 30 und mehr Benutzer zur gleichen Zeit bedienen kann, ohne daß bei der Abfertigung des Einzelnen lästige Wartezeiten entstehen.

Wenn der Benutzer jedoch ein Programm startet, das eine Rechenzeit von vielleicht 2 Std erfordert, so kann natürlich nicht mit einer sofortigen Rückmeldung vom System gerechnet werden. In einem solchen Fall speichert der zentrale Rechner zweckmäßigerweise die Ergebnisse in dem privaten Speicherbereich des Benutzers, der dann durch die Außenstation erfahren kann, wann sein Programm beendet ist. Auch bei Programmen mit größeren Rechenzeiten erweist sich also der direkte Kontakt über die Außenstation als vorteilhaft.

Einige der Vorteile, die ein TRS den Benutzern bietet, liegen also darin, daß keine Lochkartenstapel usw. im Rechenzentrum abgegeben werden müssen und daß bei kurz laufenden Programmen nur eine relativ geringe Zeit zwischen Programmstart und Vorliegen der Ergebnisse verstreicht. Außerdem ist das Neuschreiben und Abändern von Informationen wesentlich erleichtert, da in einem TRS für diesen Zweck besondere Dienstleistungsprogramme, sogenannte Ediersysteme, zur Verfügung stehen.

11.2.2 Aufbau von Teilnehmer-Rechensystemen

Die Erfahrung hat gezeigt, daß fast auf jeder Digitalrechenanlage gewisse Formen des Teilnehmer-Rechenbetriebes realisiert werden können, wenn die notwendigen Speicherkapazitäten und Außenstationen zur Verfügung stehen. Dies betrifft jedoch nur die prinzipielle Möglichkeit der Realisierung. Im Einzelfall kann ein ohne ausreichende technische Vorkehrungen aufgebautes TRS sehr unökonomisch arbeiten. Der Konstrukteur eines TRS hat insbesondere die Gesamtanlage so zu dimensionieren, daß ein möglichst gutes Verhältnis zwischen Aufwand und Nutzen erreicht wird.

Die Beschäftigung mit diesem Problem in den vergangenen Jahren hat eine Reihe von Standard-Lösungen gebracht [6, 14, 17, 18, 32, 23 bis 26, 29, 40, 42, 44]. Im folgenden soll die Beschreibung eines gedachten Systems gegeben werden, das die wichtigsten strukturmäßigen Eigenheiten widerspiegelt, die herkömmliche TRS aufweisen bzw. aufweisen sollten [10, 57].

a) Der *Rechnerkern*, bestehend im wesentlichen aus dem Leitwerk und dem Rechenwerk, stellt die zentrale Schaltstation des Systems dar. Der Rechnerkern bearbeitet Programme, die sich im Arbeitsspeicher befinden, und kontrolliert die vielfältigen Umspeicherprozesse und Eingabe-Ausgabe-Operationen.

b) Der E/A-Prozessor (Außenstationen-Steuereinheit) sammelt die von den Außenstationen einlaufenden Informationen und sendet Ausgaben vom System an die Außenstationen. Häufig ist der E/A-Prozessor ein eigener kleiner Digitalrechner mit eigenen Arbeitsspeichern und Multiplex-Einrichtungen zur Versorgung der Außenstationen. Der E/A-Prozessor übernimmt in manchen Systemen bereits eine Vorverarbeitung der einlaufenden Nachrichten und wickelt evtl. notwendige Umcodiervorgänge ab. Außerdem werden kurzzeitige Zwischenspeicherungen ausgeführt [46].

c) Der Arbeitsspeicher, physikalisch meist in mehrere Blöcke, d.h. unabhängig voneinander arbeitende Einheiten, unterteilt, ist meist ein Kernspeicher. Jedes Programm, das ausgeführt werden soll, muß sich im Arbeitsspeicher befinden. Ein wesentlicher Teil des Arbeitsspeichers ist meist fest vergeben für das Supervisorprogramm, das die Gesamtkontrolle über das System durchführt und oberste Verwaltungsinstanz für die Betriebsmittel ist.

d) Der Sekundärspeicher oder Hintergrundspeicher hat im TRS eine außerordentlich vitale Bedeutung für den Betriebsablauf. Er stellt im Prinzip eine direkte Erweiterung des Arbeitsspeichers dar. In ihm befinden sich im Normalfall alle Programme und Datenbereiche, die von den Benutzern, die gerade an den Außenstationen aktiv sind, bearbeitet werden. Falls etwa 30 Benutzer aktiv sind und etwa die gleichen Anforderungen an das System stellen, so kann es zweckmäßig sein, jedem Benutzer pro Sekunde etwa 100 ms Rechenzeit zuzuteilen. Um dies zu realisieren, muß der Supervisor das Programm, dem er die Regie oder die Rechenzeit zugeordnet hat, vom Sekundärspeicher in den Arbeitsspeicher laden, diese Programme starten und nach etwa 100 ms wieder abbrechen, um sich einem anderen Programm zuzuwenden.

Ein abgebrochenes Programm wird mit einer entsprechenden Statuskennzeichnung versehen, in den Sekundärspeicher zurückübertragen, um dort auf das nächste ihm zugeteilte Zeitsegment (time slice; Bearbeitungsintervall) zu warten. Dieser laufende Umspeicherprozeß zwischen Arbeitsspeicher und Hintergrundspeicher muß mit möglichst hohen Wortfrequenzen erfolgen und sollte die Ausführung des gerade an der Regie befindlichen Programmes möglichst wenig beeinflussen. Der Sekundärspeicher besteht meist aus einem Trommelspeicher mit relativ kurzen Zugriffszeiten (vgl. jedoch [34]). Die Strategien, nach denen das Umtauschen aktiver Programme und die Regieverteilung erfolgt, haben Einfluß auf die Arbeitsleistung, also den Durchsatz des Teilnehmer-Rechensystems (vgl. Abarbeitungsstrategien).

e) Der Tertiär- oder Langzeitspeicher enthält alle Programme und Daten sämtlicher Benutzer des Teilnehmer-Rechensystems, die nicht aktiv sind. Dies kann bei 1000 und mehr autorisierten Benutzern des Teilnehmer-Rechensystems eine sehr umfangreiche Informationsmenge darstellen, die sich in der Größenordnung von 1000 Millionen Zeichen bewegen kann. Durch den Langzeitspeicher wird ein relativ schneller Zugriff zu allen Benutzerprogrammen und -daten ermöglicht, wodurch sich z. B. eine sonst dem Benutzer übertragene Vorratshaltung seiner Programme und Daten in Gestalt von Lochkartenstapeln erübrigt. Wenn ein Benutzer z. B. an einer Außenstation eine Arbeitssitzung beginnt, indem er sich bei dem Supervisor anmeldet, so hat er die Möglichkeit, eigene Programme und Datenbereiche, die sich im Langzeitspeicher befinden, in den Aktivitätsstatus zu erheben. Dadurch werden diese Programme und Daten vom Langzeitspeicher in den Sekundärspeicher übertragen und können dann kurzfristig für Programmläufe u. ä. an die Regie gelangen. Als Langzeitspeicher eignen sich Magnetplatten und Magnetkartenspeicher, jedoch nur in Ausnahmefällen Magnetbandspeicher.

f) Die Standard-Peripherie (z. B. Zeilendrucker, Lochkarten- und Lochstreifengeräte, Magnetbandeinheiten, Konsol-Schreibmaschinen usw.) ist an sich für ein reines TRS von untergeordneter Bedeutung und sogar weitgehend entbehrlich. Für die Systempflege sowie für spezielle Wünsche der Benutzer ist es jedoch zweckmäßig, diese zusätzlichen Eingabe-Ausgabe-Möglichkeiten für Informationen zur Verfügung zu haben. Außerdem stellt die Verwaltung eines laufenden Systems bestimmte Anforderungen, und es wird hin und wieder der Wunsch auftreten, den Rechner nicht nur im reinen Teilnehmer-Betrieb, sondern daneben auch im Stapelverarbeitungsmodus arbeiten zu lassen.

g) Durch die Außenstationen tritt der Benutzer mit dem TRS in Kontakt. Im einfachsten Fall besteht die Außenstation aus einem Fernschreiber, der räumlich in der Nähe des Rechners aufgestellt, der aber auch durch Fernleitungen, durch das Telefonnetz oder das Fernschreibnetz mit dem Teilnehmer-Rechensystem verbunden sein kann [15]. Die Benutzer eines Systems können also über weite Entfernungen hinweg die Dienste des Systems in Anspruch nehmen. Neben Fernschreibern als Außenstationen kommen z. B. auch Sichtschirm-Arbeitsplätze (alpha-numerische Sichtschirme, Sichtschirme mit graphischen Darstellungsmöglichkeiten), Fernschreiber zusammen mit Lochstreifen- bzw. Lochkartengeräten und im Extremfall auch ganze Satellitenrechner in Frage. Der Betrieb des Satellitenrechners

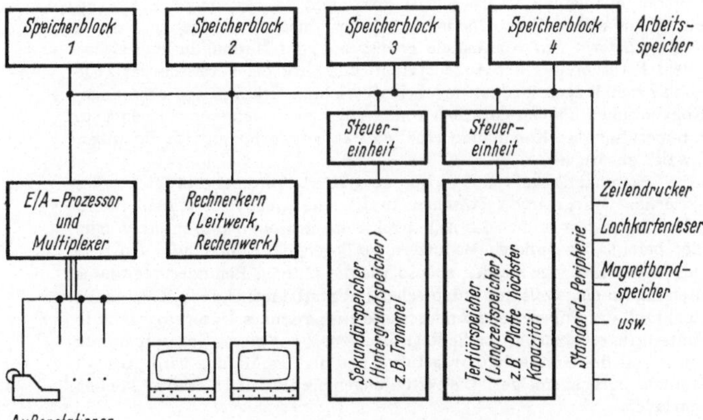

Abb. 11.2-1. Struktur eines Teilnehmer-Rechensystems

kann so erfolgen, daß kleinere Probleme erst gar nicht an das große TRS weitergegeben werden. Nur die größeren und aufwendigen Aufgaben werden dem großen Rechner übertragen. Auch die Datenerfassung z. B. von physikalischen Experimenten kann so umfangreiche Vorkehrungen erfordern, daß zunächst im kleinen Rechner eine Datenerfassung und -vorverarbeitung durchgeführt wird und sodann diese Daten zur Sammlung und Bearbeitung an das TRS weitergegeben werden. Dadurch kann die hohe Rechenkapazität des TRS und insbesondere die flexible Programmierung voll zur Geltung gebracht werden.

Der oben beschriebene strukturmäßige Aufbau eines TRS kann als ein erster Anhaltspunkt dienen. Im speziellen Fall kann es sich als zweckmäßig erweisen, die eine oder andere Einrichtung zu verdoppeln. Mehrprozessor-Anlagen verfügen z. B. nicht nur über einen, sondern über mehrere Rechnerkerne, die weitgehend unabhängig voneinander Programme im Arbeitsspeicher bearbeiten können. Auch Sekundär- und Tertiär-Speicher können im Einzelfall in mehrere voneinander unabhängig arbeitende Einheiten zerfallen, was beim Arbeitsspeicher bereits in unserem Strukturdiagramm angedeutet ist. Die Arbeitsleistung eines TRS kann durch eine oder mehrere solcher Maßnahmen erheblich gesteigert werden. Eine in diesem Zusammenhang besonders kritische Größe ist die Kapazität des Arbeitsspeichers, die bei einem TRS erfahrungsgemäß deutlich größer sein sollte als bei einer vergleichbaren Anlage für Stapelbetrieb.

11.2.3 Kommandosprache

Die oberste Sprachebene in einem TRS ist die Ebene der Kommandosprache. Sie erlaubt es dem Benutzer, seine Anforderungen und Wünsche an das System zu formulieren und andererseits vom System Informationen abzufragen. Über die Kommandosprache tritt der Benutzer mit dem Supervisor in Verbindung. Der Supervisor verfügt über sämtliche Betriebsmittel, er kann Informationen umspeichern, Programme laden, ausführen, unterbrechen und verfügt zu jedem Zeitpunkt über vollständige Informationen über alle Vorgänge innerhalb des TRS.

Im folgenden sollen in Anlehnung an die erste Version des Teilnehmer-Rechensystem CTSS des MIT [8] einige Kommandos erläutert werden. Auf eine detaillierte Spezifikation muß naturgemäß verzichtet werden.

Kommandos, die der Benutzer an der Außenstation eingibt, sind stets an den Supervisor gerichtet, niemals an das eigene Programm des Benutzers. Ein Kommando besteht aus einem Kommandonamen (einer Buchstabenfolge) und daran angefügten Parametern. Ein Kommando beansprucht im Normalfall eine eigene Zeile (auf dem Fernschreiber der Außenstation) und wird bei Verlassen der Zeile durch Anschlag von Wagenrücklauf und Zeilenvorschub wirksam. Die eben angegebenen Konventionen können natürlich von System zu System verschieden sein. Wenn der Supervisor das Kommando erhalten hat, antwortet er dem Benutzer, indem er „wait" ausdruckt.

Wenn das Kommando vom Supervisor ausgeführt wurde, bestätigt er dies durch Ausdrucken von „ready". Zwischen „wait" und „ready" geschieht intern folgendes: Der Supervisor ordnet das neu angekommene Kommando in die Warteschlange der bereits von anderen Benutzern vorliegenden Kommandos ein. Die Kommandos in der Schlange werden ebenso wie die aktiven Benutzerprogramme in Prioritätenklassen eingeteilt und entsprechend abgearbeitet. Um ein Kommando abzuarbeiten, muß der Supervisor normalerweise ein passendes Unterprogramm in den Aktivitätsstatus erheben und an die Regie bringen. Wenn dieses Unterprogramm abgearbeitet ist, ist das Kommando ausgeführt, und als Bestätigung wird „ready" an den Benutzer zurückgemeldet. Die Mitteilungen „wait" und „ready" können natürlich entfallen.

Erläuterung einiger gebräuchlicher Kommandos:

login t193 fano

Wirkung: Der Benutzer mit Namen Fano und der Benutzernummer t193 teilt dem TRS mit, daß er eine Arbeitssitzung an der Außenstation beginnen möchte [20].

listf α, β, γ

(α, β, γ Parameter, z. B. Namen, Zahlen usw.)

Wirkung: Der Benutzer kann mit diesem Kommando eine Auflistung seiner privaten Datenbereiche anfordern. Ein einzelner privater Datenbereich (file), z. B. ein Programm, ist stets gekennzeichnet durch die Nummer des Benutzers, den Namen sowie den Typ des Datenbereichs. Ein einzelner Benutzer kann über mehrere private Datenbereiche verfügen. Das Kommando listf (listfile) zusammen mit geeigneten Parametern α, β, γ gestattet es also dem Benutzer, sich eine Übersicht über seine Datenbereiche zu verschaffen.

input

Wirkung: Der Supervisor wird durch „input" aufgefordert, für den Benutzer einen Datenpuffer bereitzustellen. Dieser Puffer kann anschließend vom Benutzer Zeile für Zeile aufgefüllt werden. Zu Beginn jeder einzutippenden Zeile setzt der Supervisor eine Zeilennummer, die automatisch bei jeder neuen Zeile erhöht wird. Durch das Numerieren der Zeilen wird das Verbessern und Korrigieren von Schreibfehlern erleichtert. Bereits während des Schreibens der Eingabe stehen dem Benutzer Möglichkeiten zur Korrektur oder Abänderung des Puffers offen.

file α β

(α Name, β Klasse)

Wirkung: Mit dem Kommando „file α β" beauftragt der Benutzer den Supervisor, die im Input-Puffer aufgebauten Daten in den Status eines eigenen Datenbereichs zu erheben. Der Datenbereich, der in die Privatbibliothek des Benutzers eingereiht wird, soll den Namen α tragen. β gibt an, von welchem Typ die Daten sind. β kann z. B. eine im System verfügbare Programmiersprache sein (ALGOL, FORTRAN, Assembler usw.), es sind aber auch andere Datentypen denkbar, z. B. geordnetes Zahlenmaterial, freier Text usw. Gerade der Typ „freier Text" kann gelegentlich vorteilhaft sein, z. B. um einen wissenschaftlichen Aufsatz oder oft zu revidierende Informationen mit Hilfe des Teilnehmer-Rechensystems zu redigieren und auf den jeweils neuesten Stand zu bringen.

edit α β

Wirkung: Mit „edit α β" kann der Datenbereich mit dem Namen α und dem Typ β zur Bearbeitung durch den Benutzer aufgerufen werden. Es können zusätzliche Zeilen eingefügt, Tippfehler korrigiert, Worte oder Zeilen gelöscht werden. Für diese einzelnen Maßnahmen stehen entsprechende Unterkommandos zur Verfügung.

print α β γ

Druckt den Datenbereich mit Namen α und Typ β ab Zeile Nr. γ an der Außenstation aus, womit der Benutzer sich von seinen Datenbereichen Abdrucke herstellen kann.

fap α

Wirkung: Dieses Kommando bewirkt, daß der Datenbereich mit Namen α vom Typ *fap* (Programm in Assemblersprache) in den Interncode der Maschine übersetzt wird. Die übersetzte Fassung ist ein Binärdeck, das als Datenbereich mit Namen α und Typ *bss* (unmittelbar ladefähiges Programm in Maschinensprache) in die Privatbibliothek des Benutzers aufgenommen wird. Hinzu tritt ein weiterer Datenbereich mit Namen α und Typ *symtb* (Symboltabelle). Entsprechende Übersetzungskommandos gibt es für alle im System verfügbaren Programmiersprachen.

load $\alpha_1 \alpha_2 \alpha_3 \dots \alpha_n$

Bewirkt das Laden der Programme mit Namen α_1, α_2, α_3, $\dots$, α_n (Typ *bss*).

start

Startet das mit dem vorhergegangenen „load"-Kommando aufgebaute Programm.

logout

Mit diesem Kommando beendet der Benutzer seine Arbeitssitzung an der Außenstation. Das Kommando bewirkt gewisse Abschlußarbeiten, z.B. Abrechnung der benutzten Rechenzeit und Abrechnung der Zeit für die Benutzung der Außenstation.

Weitere Kommandos, die hier nicht im einzelnen aufgeführt werden sollen, dienen der Fehlersuche in Programmen [19, 39], der Umbenennung, Zusammenfassung und Löschung privater Datenbereiche. Eine Reihe von Kommandos gestattet es dem Benutzer, vom Supervisor Informationen abzufragen, z.B. über die gegenwärtige Auslastung des Systems und über Neuerungen in der Systemsoftware. Weiter kann der Benutzer Auskunft über den Gesamtstatus des TRS bzw. über den Status seines gerade laufenden Programmes erhalten. Von der Reichhaltigkeit und Ausdrucksfähigkeit der Kommandosprache hängt der Gebrauchswert eines TRS wesentlich ab [16].

11.2.4 Der Supervisor

Das reibungslose Funktionieren eines Teilnehmer-Rechensystems erfordert erhebliche Vorkehrungen in bezug auf die Datenhaltung, die Überwachung aller ablaufender Programme und die systemdienliche Führung des Gesamtprozesses [60]. Da während des Betriebes keine — oder nur minimale — Eingriffe von seiten des menschlichen Operateurs möglich sind, muß die gesamte Verwaltung und Führung des Betriebes in sich abgeschlossen sein. Diese Aufgabe übernimmt der Supervisor, der im wesentlichen ein weiterentwickeltes Betriebssystem ist [48]. Es handelt sich um einen meist verhältnismäßig umfangreichen Programmkomplex, der in seinem wesentlichen Kern ständig im Arbeitsspeicher weilt (residenter Teil), damit er schnell aktiviert werden kann. Nicht selten beansprucht der residente Teil des Supervisors die Hälfte des verfügbaren Arbeitsspeichers.

Der Supervisor als ein Gesamtsystem zerfällt in eine Anzahl mehr oder weniger voneinander abhängiger Untersysteme (Abb. 11.2-2).

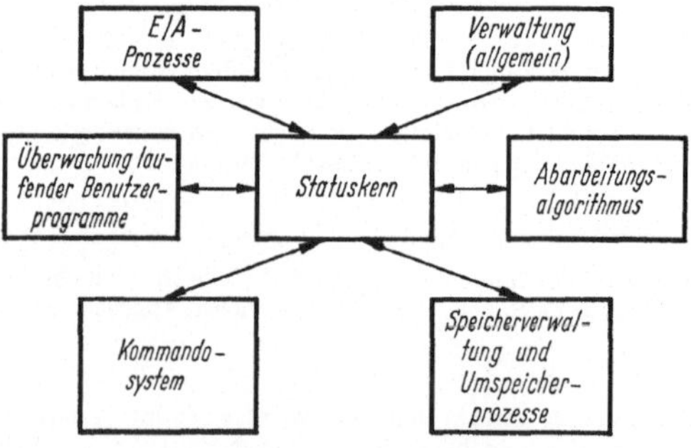

Abb. 11.2-2. Aufbau eines Supervisors

a) Der Statuskern

Der Statuskern hat die Aufgabe, alle von den übrigen Untersystemen einlaufenden Informationen, meist initiiert durch Rücksprünge in den Statuskern, logisch zu verarbeiten. Er analysiert außerdem die hardwaremäßig ausgelösten Unterbrechungssignale, wenn dies nicht bereits einem Untersystem überlassen bleibt. Er verteilt die verfügbaren Betriebsmittel der Anlage, indem er die Untersysteme für die jeweils notwendigen nächsten Maßnahmen anstößt und z. B. die Ausführung der anliegenden Benutzerkommandos veranlaßt.

b) Speicherverwaltung

Der Speicherverwalter führt Buch über die jeweils aktuellen Belegungen aller dem System zugänglichen Speicher. Besonders die kurzfristigen Veränderungen im Arbeitsspeicher bzw. Sekundärspeicher müssen genau verfolgt werden, damit z. B. Programme verschiedener Benutzer nicht in den gleichen Speicherbereich abgelegt werden und sich so gegenseitig zerstören. Außerdem muß über den freien oder frei gewordenen Arbeitsspeicher genau Buch geführt werden. Diese Probleme werden besonders kritisch, wenn sich mehrere Benutzerprogramme gleichzeitig im Arbeitsspeicher befinden (vgl. Bd. II, 6.1) [11, 12, 45].

Die Speicherverwaltung stößt z. B. auch Umspeicherprozesse an, die häufig von Kanalprozessoren selbständig ausgeführt werden, insbesondere dann, wenn vom Sekundär- bzw. Tertiärspeicher in den Arbeitsspeicher (Primärspeicher) oder zurück umgespeichert werden muß.

c) Kommandosystem

Das Kommandosystem führt die von den Benutzern über den Statuskern einlaufenden Kommandos aus. Jedem Kommando ist ein eigenes Unterprogramm zugeordnet (Kommandoprogramm). Die Kommandoprogramme werden bei Bedarf vom Statuskern mit evtl. notwendigen Parametern versorgt und in die Kette der auf Abfertigung wartenden Benutzerprogramme eingereiht. Compiler und sonstige umfangreiche Kommandoprogramme müssen meist aus dem Sekundär- oder Tertiärspeicher herangeschafft werden, wenn sie gebraucht werden.

d) Überwachung laufender Benutzerprogramme

Benutzerprogramme, die an der Regie sind, d. h. die sich im Arbeitsspeicher befinden und vom Rechnerkern Befehl für Befehl abgearbeitet werden, müssen auf ordnungsgemäßen Lauf überprüft werden, um die Gesamtfunktion des TRS nicht zu gefährden. Wenn ein Benutzerprogramm versucht, einen sogenannten privilegierten Befehl (z. B. Aktivierung eines E/A-Kanals, Abändern spezieller Register im Rechnerkern usw.) auszuführen, der nur durch den Supervisor benutzt werden darf, so muß das Benutzerprogramm abgebrochen werden, und der Überwacher tritt in Aktion. Dies wird meist durch einen Interrupt bewirkt, der bei der Befehlsanalyse ausgelöst wird.

Ähnliche Vorkehrungen müssen getroffen werden, wenn das Benutzerprogramm einen Bereich des Arbeitsspeichers lesen oder überschreiben will, der ihm nicht zugeteilt ist (Speicherschutz). Auch in diesem Fall muß das Überwacherprogramm tätig werden und das Benutzerprogramm abbrechen, allerdings nicht ohne noch Informationen über den Stand des Programmes zu retten. Ein vollständiger Speicherschutz ist unbedingt erforderlich, da sich sonst die laufenden Programme bei Fehlern gegenseitig zerstören würden, wobei auch der Supervisor stark in Mitleidenschaft gezogen werden könnte, da er ebenfalls zum Teil im Arbeitsspeicher liegt. Schließlich hat die Programmüberwachung die Aufgabe, die für das Benutzerprogramm erforderlichen Eingabe- und Ausgabeoperationen zu veranlassen. Falls das überwachte Benutzerprogramm Eingaben anfordert oder einen Block von Ausgaben abliefern möchte, so wird es zweckmäßigerweise unterbrochen, damit die langsamen E/A-Vorgänge nicht die Weiterbearbeitung anderer rechenfähiger Benutzerprogramme blockieren (vgl. Bd. II, 6.1).

e) Eingabe-Ausgabe-Prozesse

Diesem Teil des Supervisors fällt die Kommunikation mit den angeschlossenen Außenstationen zu. In regelmäßigen Abständen werden alle von den Arbeits-Konsolen einlaufenden Informationen (in der Hauptsache alphanumerische Zeichen) gesammelt, den verschiedenen gerade aktiven Benutzern zugeordnet und gepuffert. Dabei kann bereits eine gewisse Vorverarbeitung durchgeführt werden, z. B. um

Kommandos zu erkennen bzw. einfache Kommandos auszuführen. Der umgekehrte Informationsstrom vom Supervisor bzw. Benutzerprogramm zu den einzelnen Außenstationen erfordert ebenfalls noch gewisse Routinearbeiten wie Umcodiervorgänge usw., für die ebenfalls das Untersystem E/A-Prozesse zuständig ist. In einigen TRS hat man die Abwicklung der E/A-Prozesse einem eigenen Rechner (Satellitenrechner) übertragen, wodurch fühlbare Entlastungen für den Supervisor möglich sind.

1) Abarbeitungsalgorithmus (scheduling algorithm)

Der Supervisor muß während des Betriebes laufend die Entscheidung fällen, welche der möglichen Einzeltätigkeiten als nächste in Angriff genommen wird. Im wesentlichen handelt es sich darum, in welcher Reihenfolge die ausführungsfähigen, auf Regie wartenden Benutzerprogramme abgearbeitet werden sollen. Eine Forderung, die nicht für das Multiprogramming, wohl aber für das TRS aufgestellt werden muß, besagt, daß das auf Ausführung wartende Programm eines gerade an einer Außenstation arbeitenden Benutzers nicht über längere Zeit unbearbeitet bleiben darf, weil sonst das Arbeiten an den Außenstationen wegen Verärgerung sinnlos werden kann. Diese Forderung wird durch das Zeitscheiben-Verfahren (time slicing) erfüllbar. Dabei wird jedem Benutzer ein angemessener Bruchteil der verfügbaren CPU-Zeit (CPU = central processor unit, Rechnerkern) zugeteilt. Im einfachsten Fall wird der Elementarzyklus von vielleicht 2000 ms bei 20 aktiven Benutzern in 20×100 ms aufgeteilt, wobei jedem Benutzer also alle 2 sec eine Zeitscheibe (Rechenzeit) von 100 ms eingeräumt wird. Die Zuteilung konstanter Zeitscheiben an die einzelnen Benutzer kann Nachteile mit sich bringen.

Dem Abarbeitungsalgorithmus obliegt es, die verfügbaren Zeitscheiben in einer befriedigenden Weise an die wartenden Programme zu verteilen. Gewöhnlich geschieht dies dadurch, daß den wartenden Programmen Prioritäten, also Dringlichkeitsstufen zugeordnet werden. Dies ist die eigentliche Aufgabe des Abarbeitungsalgorithmus. Das Programm mit der jeweils höchsten Priorität wird als nächstes an die Regie gebracht.

Über die Vergabe von Prioritäten können folgende Faustregeln aufgestellt werden: Je länger ein Programm auf Ausführung wartet, um so höher wird seine (augenblickliche) Priorität. Kurze Programme und Programme mit geringer Rechenzeit erhalten einen Prioritätsbonus. Kommunikationsintensive Programme (häufiger Austausch von Informationen mit dem Benutzer an der Außenstation) erhalten einen Prioritätsbonus gegenüber Programmen, die nur selten mit dem Benutzer kommunizieren. Programme, deren Lauf nicht vom Benutzer an der Außenstation verfolgt wird, erhalten geringe Priorität (Hintergrundaufgaben, Lückenfüller). Da längere Programme einen erheblichen Aufwand für das Umladen zwischen Sekundär- und Arbeitsspeicher erfordern, gibt man ihnen seltener die Regie, teilt ihnen dabei aber eine größere Zeitscheibe zu. Wenn einem Programm die Regie erteilt wurde, so wird seine Priorität angemessen herabgesetzt, damit es nicht ständig andere Programme von der Regie verdrängen kann. Einzelnen Benutzern kann a priori ein zusätzlicher Prioritätsbonus zugeteilt werden.

Eine weitere Möglichkeit zur Formulierung eines Abarbeitungsalgorithmus besteht darin, daß jeder Aktion des Supervisors und jeder Zeitscheibe, die einem Benutzerprogramm zugeordnet wird, ein Nutzen angeheftet wird (vgl. *Jessen* in [28]). Bei dieser Vorgehensweise sind die Benutzer gezwungen, für jeden Auftrag an den Supervisor einen Einsatz zu leisten (etwa einen Geldbetrag zur Verfügung zu stellen, wenn das Programm gerechnet wird). Der Supervisor versucht dann, möglichst rasch möglichst viel zu „verdienen".

Der Abarbeitungsalgorithmus teilt dem Statuskern auf Anfrage mit, welches Programm zum Zeitpunkt der Anfrage die höchste Priorität hat und demgemäß die Zuteilung der nächsten zu vergebenen Zeitscheibe beanspruchen kann. Bei einem Teilnehmer-Rechensystem wird man den Abarbeitungsalgorithmus und die Prioritätenvergabe so wählen müssen, daß besonders die Kommunikation der Benutzer mit dem System begünstigt wird. Die Programmerstellung, das Austesten und Edieren sollten besonders bevorzugt werden, weil gerade dadurch der spezifische Vorteil eines TRS zu Geltung kommen kann.

g) Allgemeine Verwaltung

Dieser Teil des Supervisors führt z.B. Buch über alle Benutzer, ihre Rechenzeiten, zugeteilten Speicherbereiche, Prioritäten usw. und schreibt gegebenenfalls auch Rechnungen aus. Er erfaßt statistische Daten, kontrolliert die Auslastung der Anlage, erfaßt überhaupt alle die Informationen, die für Abrechnungszwecke usw. gewünscht werden. Über das Verwaltungsprogramm können z.B. Nachrichten zwischen verschiedenen Benutzern ausgetauscht (message file), oder es können Bekanntmachungen an alle Benutzer durchgeführt werden (z.B. bei Änderungen in der Kommandosprache).

Obwohl oben der Supervisor durch funktionelle Einheiten charakterisiert wurde, muß angemerkt werden, daß es im Einzelfall schwierig sein kann, die Schnittstellen zwischen den einzelnen Untersystemen zu definieren bzw. überhaupt zu sehen. Ein wesentliches organisatorisches Problem besteht auch darin, ein störungsfreies Zusammenwirken der verschiedenen Untersysteme des Supervisors zu erreichen [9]. Wesentliche Schwierigkeiten können dadurch entstehen, daß z.B. das Untersystem A vom Untersystem B Informationen verlangt und gleichzeitig das Untersystem B vom Untersystem A zur Beantwortung der Anfrage Daten zugreifen muß (deadlock problems) [27].

11.2.5 Maßnahmen zur Erhöhung der Arbeitsleistung eines Teilnehmer-Rechensystems

11.2.5.1 Zeitanalyse. Beim Betrieb eines TRS ist — verglichen mit Stapelverarbeitungssystemen — die Gefahr besonders groß, daß sich die vielfach quasi nebeneinander ablaufenden Programme so stark behindern, daß nur noch ein kleiner Bruchteil der Zeit wirklich für die Ausführung von Benutzerprogrammen zur Verfügung steht.

Wenn I ein Zeitintervall (z.B. 1 Woche oder 1 Monat) ist, in dem das TRS betrieben wird, so setzt sich I zusammen aus:

$I_t =$ Leerzeit des Systems (das System hat kein ausführungsfähiges Benutzerprogramm vorliegen, alle Kommandos sind abgearbeitet und neue Kommandos liegen nicht vor).

$I_s =$ Supervisorzeit: Gesamtzeitdauer, während der Interrupts oder Supervisorbefehle im Rechnerkern zur Ausführung kommen (Verwaltungsaufwand).

$I_b =$ Benutzerzeit: Gesamtzeit, während der Benutzerprogramme und Kommandoprogramme an der Regie sind (kurzzeitige Unterbrechungen des Benutzerprogramms durch Zugriffe von E/A-Kanälen zum Arbeitsspeicher müssen genau genommen zu I_s geschlagen werden).

Es darf bemerkt werden, daß der zeitgeschachtelte Ablauf von Umspeicher- und Rechenprozessen auf Mikroprogrammebene die Bestimmung und exakte Definition der Zeitanteile I_t, I_s und I_b fast unmöglich macht [47].

Es soll $I = I_t + I_s + I_b$ gelten.

Die Verhältniszahlen

$$\eta = \frac{I_s + I_b}{I} = \text{Auslastung des Systems,}$$

$$\nu = \frac{I_b}{I_s + I_b} = \text{Nutzungskoeffizient (Systemeffektivität),}$$

$$1 - \nu = \frac{I_s}{I_s + I_b} = \text{Verwaltungskoeffizient (system overhead) und}$$

$$\varrho = \frac{I_b}{I} = \text{relativer Nutzen}$$

sind wichtige Größen, mit denen die Wirtschaftlichkeit eines TRS in erster Näherung charakterisiert werden kann. Die Größe ν ist nicht ganz unabhängig von der Auslastung η. Wenn η in die Nähe von 1 rückt, was einer Vollbeschäftigung des TRS entspricht, so kann sich ν erheblich verringern. Abb. 11.2-3 gibt eine Schätzung für die qualitative Abhängigkeit beider Größen wieder. Bei einem idealen TRS würde ν sehr nahe bei 1 liegen. Aber praktisch können für ν alle Werte zwischen 0 und 1 auftreten [41, 43, 51, 55, 58].

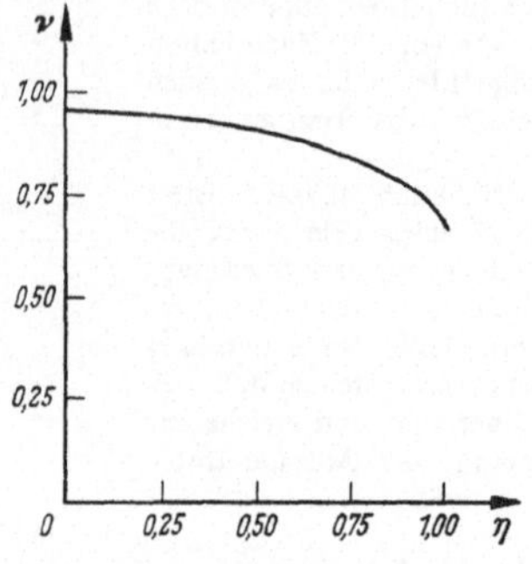

Abb. 11.2-3. Qualitative Abhängigkeit zwischen Nutzungskoeffizient ν und Auslastung η (geschätzt)

11.2.5.2 Wartezeit aus der Sicht des Benutzers. Die Effektivität eines TRS kann natürlich nicht allein daran gemessen werden, wie hoch der Nutzungskoeffizient ν ist. Den einzelnen Benutzer, der an einer Außenstation arbeitet, interessiert weniger die Arbeitsleistung insgesamt als vielmehr der Nutzen, den das System für ihn selbst abwirft. Für ihn ist ausschlaggebend, wie schnell und bequem er sein Problem, z. B. das Lösen eines Gleichungssystems, mit Hilfe des TRS erledigen kann. Für ihn sind z. B. die Wartezeiten wichtig, die nach der Eingabe eines Kommandos von der Außenstation aus entstehen, bis das System das Kommando ausgeführt hat. Auch die Flexibilität und Durchdachtheit des Kommandosystems kann für den Benutzer eine wesentliche Hilfe darstellen, die schwer meßbar ist. Hier kommt natürlich eine psychologische Komponente wesentlich ins Spiel. Verzögerungen im Bereich von Minuten für die Ausführung jedes Kommandos wird der Benutzer kaum in Kauf nehmen wollen. Der Abarbeitungsalgorithmus muß also auch diese psychologischen Gesichtspunkte in Rechnung stellen. Glücklicherweise ist die Betreuung eines Benutzers, der ein neues Programm schreibt, ediert und austestet, nur mit verhältnismäßig geringem Rechenaufwand möglich, so daß die kommunikationsintensiven Tätigkeiten, bei denen Wartezeiten besonders hemmend sein können, mit hoher Priorität erledigt werden können. Falls der Benutzer jedoch größere Anforderungen an Rechenkapazität stellt, so können besonders bei voller Auslastung des Systems erhebliche Wartezeiten entstehen [5].

Eine theoretisch denkbare Abarbeitungsstrategie, bei der die Summe der Wartezeiten der einzelnen Benutzer möglichst klein gehalten wird, garantiert keineswegs auch ein Optimum in der mittleren „psychologischen" Zufriedenheit der Benutzer des Systems. Zum Beispiel kann es psychologisch gesehen für den einzelnen Benutzer zweckmäßig sein, wenn der Supervisor eine volle Auslastung des Systems ($\eta = 1$) dadurch verhindert, daß er neu sich beim System anmeldende Benutzer zurückweist [36]. In einem Bereich von etwa $\eta = 0{,}9$ ist ϱ zwar geringer als im Falle $\eta = 1{,}0$; durch die unwesentlich verringerte Auslastung werden aber die Wartezeiten der gerade arbeitenden Benutzer erheblich gesenkt, diese Benutzer werden mit dem System sehr zufrieden sein.

Der Grund hierfür ist, daß die mittlere Wartezeit der einzelnen Benutzer sehr wesentlich von der Auslastung η der Anlage abhängt (vgl. Abb. 11.2-4). Unter bestimmten Voraussetzungen läßt sich nämlich theoretisch nachweisen, daß der Fall $\eta = 1{,}0$ zu unendlich langer mittlerer Wartezeit führt. Im Normalfall wird diese nur theoretisch berechenbare Katastrophe durch den Supervisor abgeblockt, indem er keine neuen Benutzer für Arbeitssitzungen annimmt, wenn die Auslastung einen bestimmten Wert knapp unterhalb 1,0 zu überschreiten droht.

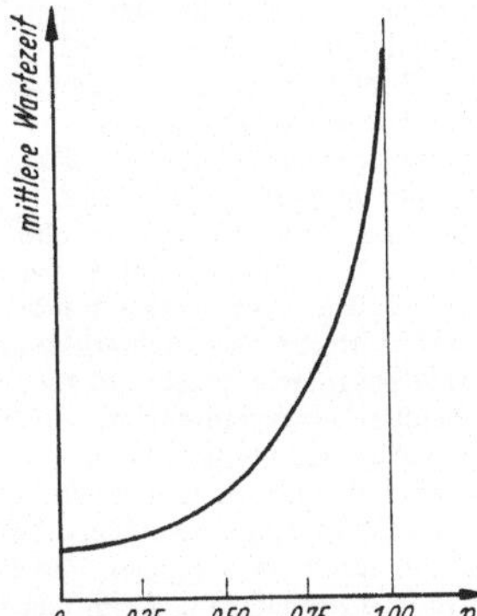

Abb. 11.2-4. Qualitative Abhängigkeit der mittleren Wartezeit (aktive Benutzer an Außenstationen) von der Auslastung η (geschätzt)

11.2.5.3 Hardware-Maßnahmen. Wegen der vergleichsweise hohen Kosten, die die Installierung und Unterhaltung eines TRS verursacht, muß versucht werden, möglichst günstige Werte für den Nutzungskoeffizienten ν zu erzielen. Dies gelingt durch den Entwurf effektiv arbeitender Supervisor sowie durch geeignete Gesamtkonfigurationen und Hardware-Maßnahmen. Besonders durch zusätzliche Hardware-Maßnahmen, die bei einem Rechner für Stapelverarbeitung oftmals nicht notwendig sind, kann sich eine fühlbare Entlastung des Supervisor-Systems ergeben. In diesem Zusammenhang wurde bereits das Problem der Überwachung laufender Benutzerprogramme behandelt.

Eine günstige Lösung des Problems läßt sich durch folgende Maßnahmen erreichen: Der Rechnerkern verfügt über zwei Betriebsmodi, den Benutzermodus (B-Modus) und den Supervisormodus (S-Modus). Im Benutzermodus werden die privilegierten Befehle nicht ausgeführt, sondern es erfolgt automatisch ein Rücksprung in den Supervisor. Nur im S-Modus kann (etwa durch Setzen eines Flipflops) in den B-Modus umgeschaltet werden. Um das Benutzerprogramm vom Lesen und Überschreiben von Speicherzelllen zu hindern, die ihm nicht zugeteilt sind, werden im Rechnerkern sogenannte Grenzregister oder Zuordnungsregister bereitgestellt, in denen der Supervisor vor dem Start eines Benutzerprogramms den für das Benutzerprogramm zulässigen Speicherbereich einträgt. Es kann sich z. B. um die Anfangs- und Endadresse des Benutzerprogramms oder um die Seitenbelegung des Benutzerprogramms handeln (vgl. Bd. II, 6.1). Bei der Ausführung eines Lese- oder Schreibbefehls prüft der Rechnerkern automatisch, ob das laufende Benutzerprogramm seinen Speicherbereich zu verlassen versucht. Diese Prüfung kann so schnell erfolgen, daß der Befehlszyklus nicht oder im Mittel nur unwesentlich verlangsamt wird. Wird eine Bereichsverletzung festgestellt, so wird die Ausführung des Befehls unterdrückt, und es erfolgt ein Rücksprung in den Supervisor, der hardwaremäßig ausgelöst wird.

Das laufende *Umspeichern* der aktiven Benutzerprogramme zwischen dem Arbeitsspeicher und dem Sekundärspeicher muß möglichst so realisiert werden, daß der Rechnerkern parallel zu diesen Vorgängen für die Ausführung von Benutzerprogrammen verfügbar ist. Dies wird einmal durch die spezielle Struktur des

Arbeitsspeichers erreicht, der zweckmäßigerweise in einige unabhängig voneinander arbeitende Speicherblöcke aufgegliedert sein sollte. Die Umspeichervorgänge können von speziell dafür eingerichteten Kanalprozessoren übernommen werden. Der Supervisor setzt z. B. im Kanalprozessor gewisse Register, die den Quellen- und Zielbereich der umzuspeichernden Informationen charakterisieren und überläßt dem Kanal vollständig die Durchführung der Umspeicherprozesse. Der Kanalprozessor verschafft sich durch Unterbrechungssignale jeweils kurzfristig Zugriff zum Arbeitsspeicher. Wenn der Kanalprozessor und der Rechnerkern in verschiedenen Speicherblöcken arbeiten, ist eine Unterbrechung des Rechnerkerns nicht einmal notwendig. Nach Abschluß der Umspeicherung verständigt der Kanalprozessor den Supervisor durch die sogenannte Fertigmeldung.

Da ein einzelnes Benutzerprogramm während seiner Abarbeitung oftmals zwischen Arbeitsspeicher und Sekundärspeicher hin- und hergeschoben werden muß (Zeitsegmentierung), ändert sich häufig seine Lage im Arbeitsspeicher. Dies bedingt beim Ladevorgang eine Umrechnung der relativen Adressen in absolute Adressen, die die Ladegeschwindigkeit erheblich veringern kann. Die Umrechnung von Adressen muß also vermieden werden, was sich ebenfalls durch zusätzliche Vorkehrungen im Rechnerkern bewerkstelligen läßt, z. B. mit einer Seitenadressierung und dazu passendem Paging [2, 33] (vgl. Bd. II, 6.1).

Da die Benutzerprogramme beim Teilnehmer-Rechenbetrieb im Interesse einer gleichmäßigen Abarbeitung jeweils nur für beschränkte Zeitsegmente an die Regie kommen sollen, muß der Supervisor die Möglichkeit haben, nach einer gewissen Zeitspanne das an der Regie befindliche Benutzerprogramm zu unterbrechen. Dies geschieht meist durch ein spezielles *Uhr-Register*, das Zeitimpulse zählt, die mit konstanter Frequenz einlaufen. Wenn das Register überläuft, so wird eine Unterbrechung des Benutzerprogramms und ein Sprung in den Supervisor ausgelöst. Vom Supervisor aus kann das Register auf jeden gewünschten Anfangswert gesetzt werden. Das Uhr-Register sollte bei einem größeren Teilnehmer-Rechensystem wenigstens alle 100 µsec um 1 erhöht werden, damit auch noch sehr kurze Zeitspannen vom System erfaßt werden können. Dies dient insbesondere dem Ziel, zuverlässige Statistiken über die Arbeitsweise des Supervisors und des Gesamtsystems zu erstellen (Meßtechnik). Neben dem Uhr-Register soll jedoch auch eine *Realzeituhr* verfügbar sein, die Datum und Tageszeit auf die Sekunde genau liefert, was für die Gesamtverwaltung des Systems sehr wichtig sein kann.

11.2.6 Betriebsbereitschaft und Betriebssicherheit

Ein TRS kann als ein Dienstleistungsbetrieb aufgefaßt werden und sollte demgemäß eine möglichst hohe Verfügbarkeit für den einzelnen Benutzer aufweisen. Ein täglicher 24-Std-Betrieb ist also das Ideal, besonders dann, wenn die Außenstationen weit verstreut und auch in den Nachtstunden zugänglich sind.

Ein 24-Std-Betrieb zusammen mit einer On-line-Versorgung von Benutzern wirft eine Reihe von Problemen auf, die bei einer Stapelverarbeitungsanlage nicht so schwerwiegend sind. Die Anlage muß während des Betriebes gewartet werden, auch der Supervisor verlangt erfahrungsgemäß eine laufende Wartung, um sporadisch auftretendes Fehlverhalten zu korrigieren und Detailverbesserungen anzubringen. Falls also Eingriffe in den Supervisor bzw. Wartungs- und Reparaturarbeiten erforderlich sind, sollte dennoch die Möglichkeit bestehen, einen Notdienst aufrechtzuerhalten. Eine zufriedenstellende Lösung dieses Problems ist im allgemeinen nur durch einen streng modularen Aufbau sowohl des Supervisors [61] als auch der Maschinenkonfiguration möglich. Der modulare Aufbau beinhaltet eine weitgehende Austauschbarkeit von Untersystemen, die durch genormte Anschlußbedingungen mit dem Gesamtsystem verbunden sind. Im Falle des Supervisors sollten die Untersysteme so strukturiert sein, daß jedes für sich stillgelegt werden kann, ohne daß das Gesamtsystem dadurch vollständig zusammenbricht. Die Funktionen eines Untersystems müssen also notfalls von den übrigen Untersystemen miterfüllt werden können. Man wird also zweckmäßigerweise einen „redundanten" Aufbau des Supervisors anstreben.

Ähnlich sollte es sich mit dem Aufbau der Anlagenkonfiguration verhalten. Zum Beispiel sollten einzelne Blöcke des Arbeitsspeichers, einzelne Einheiten des Sekundär- und Tertiärspeichers stillgelegt werden können, wenn Wartungs- und Reparaturarbeiten (z.B. auch Verbesserungen, Anhängen neuer Geräte) erforderlich sind. Der Supervisor muß dann zunächst auf Software-Ebene den betreffenden Anlageteil aus dem System ausgliedern und sodann seinen Betrieb ohne dieses Teil fortführen.

In letzer Konsequenz bedeutet dies, daß alle unbedingt notwendigen Anlagenteile mehrfach vorhanden sein müssen, insbesondere sollte also wenigstens ein zweiter Rechnerkern vorhanden sein (Mehrprozessor-Anlagen, vgl. Bd. II, 6.1).

Trotz aller Vorkehrungen muß stets mit der Möglichkeit gerechnet werden, daß das System durch unvorhersehbare Hardware- oder Softwarefehler zusammenbricht. Für den einzelnen Benutzer des Systems können dadurch schwere Verluste entstehen, indem er z.B. seine in monatelanger Arbeit aufgebaute Privatbibliothek mit wichtigen (ausgetesteten) Programmen und Ergebnissen auf einen Schlag verliert. Im CTSS des MIT schützte man sich gegen solche Vorkommnisse, indem man täglich einen Generaldump (Abzug aller im System gespeicherten Information, Sekundär- und Tertiärspeicher inbegriffen) vornahm. Die Magnetbänder mit diesen Informationen werden sorgfältig behandelt und zum Teil über Wochen und Monate aufbewahrt. Sie gestatten es, die gesamte Systemkonfiguration mit allen gespeicherten Informationen wiederherzustellen, falls dies notwendig werden sollte. Insbesondere kann so ein vollständiger Verlust privater Datenbereiche mit extrem hoher Sicherheit vermieden werden. Denkbar sind eigentlich nur noch Verluste, die die Arbeit eines Tages oder einiger weniger Tage betreffen.

Zur Sicherung privater Informationen und Daten gegen mißbräuchliche Benutzung [30] und Abänderung (Vandalismus einzelner Benutzer) schützt man sich durch Codewörter (Paßwort), die dem einzelnen Benutzer als Ausweis seiner Identität gegenüber dem System dienen. Das Paßwort kann eine komplizierte Zeichenkette sein, die jeder einzelne Benutzer geheimhalten soll. Es dient als Schlüssel zu den im System gespeicherten Informationen und privaten Datenbereichen.

11.2.7 Typische Anwendungen

Die Struktur eines TRS begünstigt besonders Kommunikationsvorgänge zwischen Benutzer und Rechner. Vordergründig tragen hierzu die an vielen Orten zugänglichen Außenstationen sowie der für jeden Benutzer verfügbare Langzeitspeicher bei. Zunächst kaum sichtbar, aber von eminenter Bedeutung ist natürlich auch der Supervisor bzw. sind die durch ihn stets verfügbaren Dienstleistungen. Ein TRS kann grundsätzlich fast für jede Aufgabe oder Anwendung eingesetzt werden, für die ein Rechner ohne Vielfach-Zugriff geeignet ist. Die speziellen Eigenheiten eines TRS gestatten jedoch auch Anwendungen, für die ein Rechner z.B. ohne Außenstationen nur äußerst unökonomisch eingesetzt werden kann. Stichwortartig sollen die wichtigsten Einsatzmöglichkeiten der TRS aufgelistet werden.

a) Entwickeln von Programmen

Hier ist vor allem der Möglichkeit des Programmedierens besonderes Gewicht beizumessen. Mit Hilfe des Editors können Programme geschrieben, abgeändert und modifiziert werden, ohne daß Lochkarten usw. notwendig sind. Der Editor stellt Suchprozeduren usw. zur Verfügung, Einschübe in fertige Programme können sehr schnell durchgeführt werden [49, 50].

b) Entwickeln von System-Software

Insbesondere der große Hintergrundspeicher gestattet die Entwicklung auch umfangreichster Programme, ohne daß kaum zu bewältigende Stapel von Lochkarten bearbeitet werden müssen. Eine ständige Verfeinerung und Verbesserung der

Kommandosprache sowie andere Systemverbesserungen können so also bereits mit den vorhandenen Mitteln des Systems durchgeführt werden.

c) Programmtests

Das Austesten von Programmen im Dialog ist wesentlich effektiver, als dies im Stapelbetrieb möglich ist. In einem ausgebauten TRS stehen besondere Debugging-Systeme (Hilfen zur Fehlersuche in Programmen) zur Verfügung, die nur im Dialogbetrieb voll zur Geltung kommen können [19].

d) Programmläufe

Die Beobachtung der von Programmen gelieferten Resultate ermöglicht eine ständige Zwiesprache mit dem gerade laufenden Programm, was unter Umständen sehr erwünscht sein kann, z.B. dann, wenn menschliche Geschicklichkeit in den Rechenprozeß integriert werden soll. Bei unerwünschten Resultaten kann das Programm z.B. sofort gestoppt werden, ehe es unnütz wertvolle Rechenzeit verbraucht.

e) Entwicklung und Vervollständigung von Datenbanken

Der Hintergrundspeicher kann zum Aufbau größerer Datenmengen (z.B. Lagerhaltung, Buchhaltung, Kundenkartei, Geschäftsvorgänge) herangezogen werden, die dann an jeder Außenstation verfügbar sind. Der Rechner kann aber nicht nur speichern und manipulieren, er kann auch aktiv werden und gezielt — an einzelne Personen — Mitteilungen machen, z.B. wenn ein wichtiger Eintrag in eine Datenbank erfolgt ist. Gerade die weit verstreuten Außenstationen gestatten einem größeren Personenkreis, gemeinsam an einer Datenbank zu arbeiten bzw. die Datenbank in einer gemeinsamen Anstrengung aufzubauen (vgl. Abschnitt 10.4).

f) Entwurfsarbeiten im Dialog

Hierunter fällt im weiteren Sinne natürlich auch der Programmentwurf, aber auch der Entwurf von elektronischen Schaltungen, Bauwerken, speziellen Formen usw. erfordert in ganz erheblichem Maße einen Dialog zwischen Mensch und Entwurfsprogramm [56]. Hier ist im allgemeinen eine Außenstation mit Bildschirmeinrichtung erforderlich, damit Zeichnungen usw. angemessen wiedergegeben und abgeändert werden können. Auch der reine Textentwurf ist hier einzureihen.

g) Unterricht

Der Einsatz eines Rechners zur Betreuung eines oder weniger Schüler ist natürlich nicht wirtschaftlich, das TRS ermöglicht jedoch im Prinzip die gleichzeitige Unterrichtung einer Vielzahl von Personen, und es zeigt sich, daß bei angemessen hohen Schülerzahlen die einzelne Unterrichtsstunde auch zu einem angemessenen Preis angeboten werden kann [52]. Der Rechner kann Schülerantworten analysieren und korrigieren, Lösungen von gestellten Aufgaben überprüfen und Zusatzinformationen zur Verfügung stellen, falls dies gewünscht wird. Neben der systematischen Vermittlung (programmierter Unterricht) und Einübung (Festigung von Lehrstoffen) [21] kommt auch der Simulation (z.B. Braunsche Molekularbewegung auf dem Bildschirm, Wurfparabel, gedämpfte Schwingung usw.) von Vorgängen zur Vermittlung der Anschauung in Zukunft erhebliche Bedeutung zu. Zum Beispiel kann der Schüler durch Einstellen von Parametern die Simulation beeinflussen und die Wirkung dieser Maßnahmen auf dem Bildschirm verfolgen (vgl. Abschnitt 13.4).

Literatur

[1] *Baker, C. L.:* JOSS: Introduction to a helpful assistant. Memorandum RM-5058-PR RAND Corporation 1966. — [2] *Brawn, B. S., Gustavson, F. G.:* Program behavior in a paging environment. AFIPS Conf. Proc. 33 (1968) 1019—1032. — [3] *Bryan, G. E.:* JOSS: 20000 hours at a console—a statistical summary. AFIPS Conf. Proc. 31 (1967) 769—777. — [4] *Butler, R. V.:* The Langley research center remote computing terminal system: implementation and first year's

operation. Proc. of 21st Nat. Conf. ACM (1966) 139—148. — [5] *Coffman, E. G., Wood, R. C., Jr.:* Interarrival statistics for time-sharing systems. Com. ACM 9 (1966) 500—503. — [6] *Comfort, W. T.:* A computing system design for user service. AFIPS Conf. Proc. 27/1 (1965) 619—626. — [7] *Corbató, F. J., Daggett, M. M., Daley, R. C.:* An experimental time-sharing system. AFIPS Conf. Proc. 21 (1962) 335—344. — [8] *Corbató, F. J., Dagett, M. M., Daley, R. C., Creasy. R. J., Hellwig, J. D., Orenstein, R. H., Korn, L. K.:* The compatible time-sharing system. A Programmer's Guide. Cambridge, Mass. 1963. — [9] *Corbató, F. J., Saltzer, J. H.:* Some considerations of supervisor program design for multiplexed computer systems. Proc. IFIP Congress 1968, 315—321. — [10] *Corbató, F. J., Vyssotsky, V. A.:* Introduction and overview of the MULTICS system. AFIPS Conf. Proc. 27/1 (1965) 185—196. — [11] *Daley, R. C., Dennis, J. B.:* Virtual memory, processes, and sharing in MULTICS. Com. ACM 11 (1968) 306—312. — [12] *Daley, R. C., Newmann, P. G.:* A general-purpose file system for secondary storage. AFIPS Conf. Proc. 27/1 (1965) 213—229. — [13] *David, E. E., Jr., Fano, R. M.:* Some thoughts about the social implications of accessible computing. AFIPS Conf. Proc. 27/1 (1965) 243—247. — [14] *Dennis, J. B., Glaser, E. L.:* The structure of on-line information processing systems. Proc. Second Congr. Inform. System Sci. (1965) 5—14. — [15] *Dolotta, T. A.:* Functional specifications for typewriter-like time-sharing terminals. Computing Surveys 2 (1970) 5—31. — [16] *Dolotta, T. A., Irvine, C. A.:* Proposal for a time sharing command structure. Proc. IFIP Congress 1968, 493—498. — [17] *Drew, D. L.:* The LACONIQ Monitor. Time sharing for online dialogues. Com. ACM 10 (1967) 765—771. —[18] *Dunn, T. M., Morrissey, J. H.:* Remote computing. An experimental system. Part 1: External Specifications. AFIPS Conf. Proc. 25 (1964) 413—423. — [19] *Evans, Th. G., Darley, D. L.:* On-line debugging techniques—A Survey. AFIPS Conf. Proc. 29 (1966) 37—50. — [20] *Fano, R. M., Corbató, F. J.:* Time-sharing on computers. Scientific American, Sept. 1966. — -[21] *Fenichel, R. R., Weizenbaum, J., Yochelson, J. C.:* A program to teach programming. Com. ACM 13 (1970) 141—146. — [22] *Fife, D. W.:* An optimization model for time-sharing. AFIPS Conf. Proc. 28 (1966) 97—104. — [23] *Fisher, R. O., Shepard, C. D.:* Time sharing on a computer with a small memory. Com. ACM 10 (1967) 77—81. — [24] *Forgie, J. W.:* A time- and memory-sharing executive program for quick-response on-line applications. AFIPS Conf. Proc. 27/1 (1965) 599—609. — [25] *Gibson, Ch. T.:* Time-sharing in the IBM System/360, Model 67. AFIPS Conf. Proc. 28 (1966) 61—78. —[26] *Glaser, E. L., Couleur, J. F., Oliver, G. A.:* System design of a computer for time-sharing applications. AFIPS Conf. Proc. 27/1 (1965) 197—202. — [27] *Habermann, A. N.:* Prevention of system deadlocks. Com. ACM 12 (1969) 373—377. — [28] *Händler, W.* (Hrsg.): Teilnehmer-Rechensysteme. Vorträge der Fachtagung der Nachrichtentechn. Gesellschaft im VDE (NTG) in Erlangen 1967. München, Wien 1968. — [29] *Harrison, M. C., Schwartz, J. T.:* SHARER, a time sharing system for the CDC 6600. Com. ACM 10 (1967) 659—665. — [30] *Hoffmann, L. J.:* Computers and privacy— A survey. computing surveys 1 (1969) 85—103. — [31] *Hoover, E. S., Eckhart, B. J.:* Performance of a monitor for a real-time control system. AFIPS Conf. Proc. 29 (1966) 23—35. — [32] *Keller, J. M., Strum, E. C., Yang, G. H.:* Remote computing—An experimental system. part 2: Internal Design. AFIPS Conf. Proc. 25 (1964) 425—443. — [33] *Kuehner, C. J., Randell, B.:* Demand paging in perspective. AFIPS Conf. Proc. 33 (1968) 1011—1018. — [34] *Lauer, H. C.:* Bulk core in a 360/67 time-sharing system. AFIPS Conf. Proc. 31 (1967) 601—609. — [35] *Lichtenberger, W. W., Pirtle, M. W.:* A facility for experimentation in man-machine interaction. AFIPS Conf. Proc. 27/1 (1965) 589—598. — [36] *Linde, R. R., Chaney, P. E.:* Operational management of time-sharing systems. Proc. of 21st Nat. Conf. ACM (1966) 149—159. — [37] *Marcotty, M. J., Longstaff, F. M., Williams, A. P. M.:* Time-sharing on the Ferranti-Packard FP 6000 computer system. AFIPS Conf. Proc. 23 (1963) 29—40 — [38] *Martin, J.:* Programming real-time computer systems. 2. Aufl. Englewood Cliffs, N. J., 1965. — [39] *McCarthy, J., Boilen, S., Fredkin, E., Licklider, J. C. R.:* A time-sharing debugging system for a small computer. AFIPS Conf. Proc. 23 (1963) 51—57. — [40] *McCullough, J. D., Speierman, K. H., Zurcher, F. W.:* Design for a multiple user multiprocessing system. AFIPS Conf. Proc. 27/1 (1965) 611—617. — [41] *McKinney, J. M.:* A survey of analytical time-sharing models. Computing Surveys 1 (1969) 105—116. — [42] *Mendelson, M. J., England. A. W.:* The SDS SIGMA 7. A real-time time-sharing computer. AFIPS Conf. Proc. 29 (1966) 51—64. — [43] *Nielsen, N. R.:* The simulation of time sharing systems. Com. ACM 10 (1967) 397—412. — [44] *Oestreicher, M. D., Bailey, M. J., Strauss, J. I.:* GEORGE 3—A general purpose time sharing and operating system. Com. ACM 10 (1967) 685—693. — [45] *Oppenheimer, G., Weizer, N.:* Resource management for a medium scale time-sharing operating system. Com. ACM 11 (1968) 313—322. — [46] *Ossanna, J. F., Mikus, L. E., Dunten, S. D.:* Communications and input-output switching in a multiplex computing system. AFIPS Conf. Proc. 27/1 (1965) 231—241. — [47] *Pinkerton, T. B.:* Performance monitoring in a time-sharing system. Com. ACM 12 (1969) 608—610. — [48] *Rosin, R. F.:* Supervisory and monitor systems. Computing Surveys 1 (1969) 37—54. — [49] *Ryan, J. L., Crandall, R. L., Medwedeff, M. C.:* A conversational system for incremental compilation and execution in a time-sharing environment. AFIPS Conf. Proc. 29 (1966) 1—21. — [50] *Schatzoff, M., Tsao, R., Wiig, R.:* An experimental comparison of time sharing and batch processing. Com. ACM 10 (1967) 261—265. — [51] *Scherr, A. A.:* An analysis of time-shared computer systems. Cambridge, Mass., 1967. — [52] *Schmitt. A.:* Über Teilnehmer-Rechensysteme für programmierten

Unterricht. Elektron. Rechenanl. 11 (1969) 143—150. — [53] *Schwartz, J. I., Coffman, E. G., Weissman, C.:* A general-purpose time-sharing system. AFIPS Conf. Proc. 25 (1964) 397—411. — [54] *Shaw, J. C.:* JOSS: A designer's view of an experimental on-line computing system. AFIPS Conf. Proc. 26 (1964) 455. — [55] *Smith, J. L.:* An analysis of time-sharing computer systems using markov models. AFIPS Conf. Proc. 28 (1966) 87—95. — [56] *Smith, L. B.:* The use of inter-active graphics to solve numerical problems. Com. ACM 13 (1970) 625—634. — [57] *Spies, P. P.:* Teilnehmer-Rechensysteme. Elektron. Rechenanl. 9 (1967) 117—122. — [58] *Stimler, P.:* Some criteria for time-sharing system performance. Com. ACM 12 (1969) 47—53. — [59] *Strachey, C.:* Time-sharing in large fast computers. Proc. of the Intern. Conf. on Inform. Processing, UNESCO, Paris 1959, 336—341. — [60] *Vyssotsky, V. A., Corbató, F. J., Graham, R. M.:* Structure of the MULTICS supervisor. AFIPS Conf. Proc. 27/1 (1965) 203—212. — [61] *Wichmann, B. A.:* A modular operating system. Proc. IFIP Congress 1968, 548—556. — [62] *Wilkes, M. V.:* Time-sharing-Betrieb bei digitalen Rechenanlagen. München 1970. — [63] *Ziegler, J. R.:* Time-sharing data processing systems. Englewood Cliffs, N. J., 1967.

12. Prozeßdatenverarbeitung

12.1 Automatische Prozeßsteuerung

M. Syrbe

12.1.1 Einführung, Abgrenzung von Begriffen

Als *automatische Prozeßsteuerung* wird heute im Alltagssprachgebrauch jede
Einrichtung bezeichnet, die einen Teil der bisher von Menschen ausgeübten Steuerungsfunktionen übernimmt. Jedoch bildet sich zur Zeit im technisch-wissenschaft-
lichen Sprachgebrauch eine Begriffsabgrenzung heraus, die enger gefaßt ist. Als
Prozeß wird hier jede Einrichtung bezeichnet, die in einer durch ihre Eigenschaften
bestimmten, quantitativ und qualitativ beschreibbaren Weise Energie und/oder
Stoffe transportiert und/oder umformt [1]. Solche Prozesse sind z.B.:

der Transport von Rohöl einer Ölquelle über Rohrleitungen durch Pumpen und
Ventile in das Tanksystem einer Hafenanlage;

die Erzeugung elektrischer Energie aus chemischer Energie durch Verbrennung
von Kohle im Feuerraum eines Dampfkessels zur Erzeugung von Dampf zum
Antrieb einer Turbine mit gekoppeltem, elektrischem Generator;

das Fräsen eines Zahnrades durch Bewegen des Schlittens und des Fräsers einer
Werkzeugmaschine.

Die quantitative und qualitative Beeinflussung dieser Prozesse erfolgt durch
Stellglieder(Abb. 12.1-1). Diese sind in den genannten Beispielen:

Ventile und Pumpen;

Kohlezuführung, Gebläse und Ventile;

Schlitten- und Fräserantrieb.

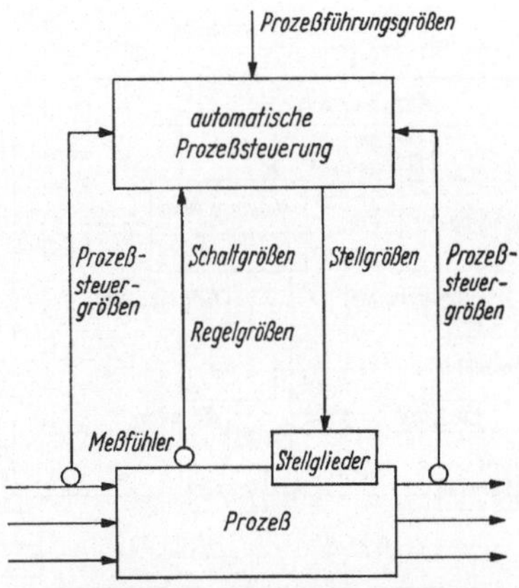

Abb. 12.1-1. Allgemeines Blockschaltbild einer automatischen Prozeßsteuerung

Mit Hilfe dieser Stellglieder läßt sich der Prozeßablauf *steuern*. Der Begriff *Steuern* ist hier im Sinne von *führen* gebraucht [2]. Automatische Prozeßsteuerung heißt selbsttätige Prozeßführung. Sie setzt eine genügend weite Mechanisierbarkeit der Prozesse voraus. Die automatische Prozeßsteuerung greift über die Regelungstechnik hinaus. Regler halten aufgrund fortlaufender Messungen Größen auf einem vorgegebenen Sollwert. Sie sind ihrer Natur nach auf eine Größe, die Regelgröße, ausgerichtet. Nur in Sonderfällen (Wechselregelung [3], direkte digitale Regelung [4, 5]) arbeitet ein Regler für mehrere Regelgrößen. Ein selbsttätig geführter Prozeß beinhaltet im Normalfalle aber viele zu regelnde Größen. Außerdem gibt es Größen mit Grenzwerten, die bei deren Über- oder Unterschreiten zu einer Änderung der Prozeßführung zwingen. Also machen erst eine Summe von Meß-, Regel- und Rechenfunktionen eine automatische Prozeßsteuerung aus, wobei ihr Ziel immer auf das Beherrschen des Gesamtablaufes des Prozesses in allen Betriebszuständen ausgerichtet ist. Bei sehr großen Prozessen sind meist abgrenzbare Teilprozesse vorhanden, die allein mit einer automatischen Prozeßsteuerung ausgerüstet werden können. Hier sollte man richtig abgrenzen:

Eine Einrichtung zum automatischen Anfahren, Betreiben und Abfahren einer Turbine ist z.B. eine *teilautomatische Prozeßsteuerung* eines Kraftwerkes, aber eine automatische Prozeßsteuerung einer Turbine.

Allgemeingültig kann nunmehr formuliert werden: Eine automatische Prozeßsteuerung liefert den *Informationsfluß*, der zur Steuerung der Energie- und Massenflüsse von Prozessen notwendig ist.

Die Grenze zwischen Prozeß und Steuerung bilden die Meßfühler und die Stellglieder (Abb. 12.1-2). Regler und Schaltwerk bilden eine erste Ebene der Informationsverarbeitung [6]. Darüber liegt eine zweite Ebene, bestehend aus einfachen Führungsgrößenrechnern und Programmgebern. Eine dritte Ebene enthält einen oder mehrere Prozeßleitrechner, die die Optimierung des Prozesses im Normalbetrieb und in außerordentlichen Betriebsfällen (Störungsfällen) übernehmen.

Mit Hilfe einer direkten, digitalen Steuerung und Regelung können auch alle drei Ebenen durch einen prozeßgekoppelten, programmierbaren Digitalrechner (Prozeßrechner) zusammengefaßt werden. Die Ebenen werden dann in dem Programmierungssystem des Digitalrechners aufgebaut.

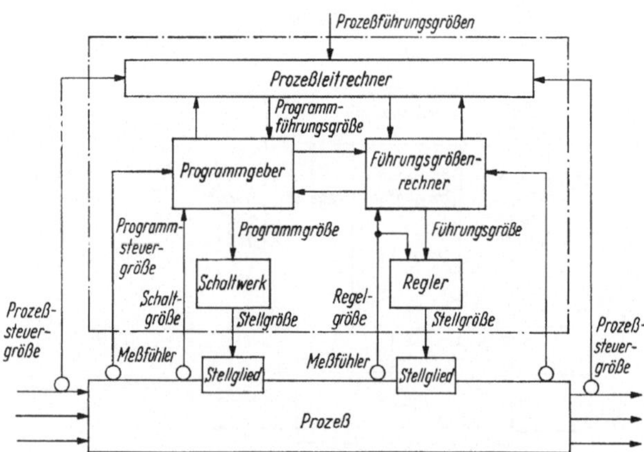

Abb. 12.1-2. Aufteilung der automatischen Prozeßsteuerung nach den drei Ebenen der Informationsverarbeitung

12.1.2 Gerätebaugruppen

Die Funktionen einer automatischen Prozeßsteuerung werden mittels Gerätebaugruppen (Hardware) und Programmierungsbausteinen (Teilprogramme, Software) aufgebaut. Die Gerätebaugruppen werden entsprechend der drei Ebenen der Informationsverarbeitung eingeteilt. Dabei soll nur zwischen der Signalverarbeitung analoger und binärer Größen unterschieden werden. Analoge und digitale Größen werden als gleichwertig betrachtet, da sie jederzeit durch A/D-Umsetzer oder D/A-Umsetzer ineinander überführt werden können (s. Abschnitt 8.1).

In der untersten Ebene liegen Regler und Schaltwerke. Ihre Ausgänge steuern die Stellglieder mit analogem oder binärem Eingang.

12.1.2.1 Regler. Der Regler im *einläufigen Regelkreis* erhält die Führungsgröße w und die Regelgröße x zugeführt und liefert am Ausgang die Stellgröße y. Zwischen y und $x - w$ besteht ein Zusammenhang, der als Zeitfunktion oder als Frequenzgang angegeben werden kann (P-, I-, PI-, PD-, PID-Regler) (s. Abschnitt 1.4).

Bei *vermaschten Regelkreisen* erfaßt der Regler außer der Regelgröße x auch noch eine Hilfsregelgröße x_h, die geringere Zeitverzögerung gegenüber der Stellgröße y hat. Es wird ein unterlagerter Hilfsregelkreis für x_h aufgebaut, dessen Führungsgröße der Ausgang des Hauptreglers ist. Damit ist zugleich noch eine Begrenzung der Hilfsregelgröße möglich. Weitere Möglichkeiten dieser Begrenzungsregelung sind Parallelregelung und Wechselregelung [7].

Eine *Mehrfachregelung* liegt vor, wenn mehrere voneinander abhängige Größen als Regelgrößen auf vorgegebenen Sollwerten gehalten werden sollen (z. B. Frequenz und Spannung einer Turbine mit gekoppeltem, elektrischem Generator). Auch hier wird für jede Regelgröße ein Regelkreis aufgebaut, die jedoch nicht voneinander unabhängig sind. Ein besonderes Problem bildet daher die Entkopplung, durch die erreicht werden soll, daß bei Änderung einer Führungsgröße auch dynamisch sich nur die eine zugehörige Regelgröße ändert [8].

Abtastregler erhalten die Regelabweichung nur in bestimmten Zeitintervallen durch einen Abtaster zugeführt. Im allgemeinen wird dem Abtaster noch ein Halteglied nachgeschaltet, um die getastete Regelabweichung zu glätten. Ein als Regler eingesetzter Digitalrechner arbeitet als Abtastregler, da er für die Ausführung seiner Rechenoperation eine gewisse Zeit benötigt und innerhalb dieser Zeit keine neue Information verarbeiten kann (s. Abschnitt 1.5).

Bei der *direkten digitalen Regelung* (Direct Digital Control, abgekürzt DDC) wirkt ein Digitalrechner als Regler in mehreren Regelkreisen. Über einen Meßstellenumschalter fragt er nacheinander die Regelabweichungen der einzelnen Regelkreise ab und gibt über einen zweiten Meßstellenumschalter Verstellbefehle an die entsprechenden Stellglieder (s. Abschnitt 1.5).

12.1.2.2 Schaltwerk. Das Schaltwerk verarbeitet die binären Programmgrößen über die erforderlichen Verriegelungen und gibt binäre Stellgrößen aus. Zur Durchführung der Verriegelungen dienen:

Verknüpfungsglieder zur Durchführung der in schaltalgebraischer Schreibweise darstellbaren Verknüpfungen (s. Abschnitt 5.1.1) [9].

Speicherglieder zur Speicherung binärer statischer oder dynamischer Signale mit den Funktionen dominierend speichern oder dominierend löschen [12].

Zeitglieder zur Verzögerung eines binären Signals (Verzögerungsglied für Vorderflanke, Hinterflanke oder beide) oder zum Festhalten einer Eingangsänderung für eine bestimmte Zeit durch differenzierenden Eingang (Signalblocker oder Zeitkipper).

In der mittleren Ebene arbeiten Führungsgrößenrechner und Programmgeber.

12.1.2.3 Führungsgrößenrechner. Der Führungsgrößenrechner arbeitet vorwiegend als Digitalrechner aber auch als Analogrechner und gibt die Führungsgrößen für die Regelkreise vor. Geeignet sind *Betriebsanalogrechner* zur Berechnung bestimmter anlagebedingter Probleme. Mit den Grundgeräten Additionsverstärker, Integrierverstärker, Produkt- und Quotientenbildner, Funktionsgeber machen sie einen relativ großen Bereich von Aufgaben einer Berechnung zugänglich (s. Abschnitt 3.2) [10].

12.1.2.4 Programmgeber. Programmgeber arbeiten mit vorwiegend digitalen Signalen und geben binäre Programmgrößen an die Schaltwerke und digitale Programmgrößen an die Führungsgrößenrechner oder direkt an die Regelkreise aus. Ein Programmgeber enthält einen Datenspeicher und einen Programmspeicher.

Der *Datenspeicher* enthält die in den einzelnen Programmschritten benötigten binären oder digitalen Programmgrößen. Als Datenspeicher kommen in Frage: Lochkarten, Lochstreifen, Flipflop-Speicher, Schieberegister, Kernspeicher. Als analoger Datenspeicher sei das Motorpotentiometer erwähnt.

Der *Programmspeicher* enthält die Verknüpfungen der Schaltgrößen, Programmsteuer- und -führungsgrößen zum Abrufen der einzelnen Programmschritte. Er setzt sich zusammen aus Schaltwerken, Zähler und evtl. noch Taktgebern zur Zeitmessung.

Eine Kurvenscheibe, deren Radius abgetastet wird und eine Führungsgröße darstellt, z.B. für die Drehzahl bei einem Hochofenschrägaufzug, ist Programm- und Datenspeicher zugleich.

12.1.2.5 Prozeßleitrechner, Prozeßrechner. Für Prozesse, deren optimaler Ablauf stark von den eingesetzten Energie- und/oder Massenqualitäten, dem Zustand des Prozesses und/oder den Qualitäten und Quantitäten der Produktionslose abhängen, ist es zweckmäßig in einer übergeordneten dritten Ebene noch einen *Prozeßleitrechner* einzusetzen, der die Programmführungsgrößen ermittelt und ausgibt (Abb. 12.1-2). Hierfür kommt aufgrund der meist sehr komplexen Zusammenhänge nur ein programmierbarer Universal-Digitalrechner (s. Abschnitt 6.1) in Frage. Als zusammengefaßte Programm- und Datenspeicher werden hier Kernspeicher als Arbeitsspeicher und bei großen Programmen und Datenmengen Platten-, Trommel- oder Magnetbandspeicher (s. Abschnitt 4.8) als Nachschubspeicher verwendet.

Aufgrund der zunehmenden Betriebssicherheit von programmierbaren Digitalrechnern und speziellen Ergänzungen für prozeßgekoppelten Betrieb (vor allem Analog- und Binärsignal-Ein/Ausgabe, Unterbrechungssystem für Echtzeitbetrieb, Programmrangfolgen) können Prozeßleitrechner auch gleichzeitig die Funktionen des Programmgebers und Führungsgrößenrechners übernehmen. Darüber hinaus werden, wie in der Einführung erwähnt, in Fällen sehr hoher Betriebssicherheit (u.a. durch Systemredundanz und gut ausgebildete Wartungsgruppen) auch noch die Funktionen des Schaltwerkes und der Regler dem Digitalrechner übertragen. Er wird dann *Prozeßrechner* [5] genannt. Aufgrund der im Prozeßrechner verfügbaren Datenmengen und seiner universellen Programmierbarkeit werden ihm auch Funktionen übertragen, die die Handhabbarkeit der automatischen Prozeßsteuerung verbessern: z.B. Plausibilitätskontrolle der Meßwerte, Adaption an Systemänderungen, System- und Störungsüberwachung u.a. mit Bildschirmdarstellung, Bilanzierung von Prozeßdaten [34].

Für die Wirkungslinien zwischen den einzelnen Blöcken sind passende Begriffe zu finden, die sich in den drei Ebenen nahtlos aneinanderfügen [11]. Für die untere Ebene sind die Begriffe in DIN 19226 festgelegt. Die Eingänge der Stellglieder des Prozesses sind die analogen oder binären Stellgrößen. Über Meßfühler werden die den Prozeß kennzeichnenden Prozeßgrößen erfaßt und in entsprechende elektrische Spannungen verwandelt. Die Regelgrößen werden als analoge Größen, die Schaltgrößen als binäre Größen erfaßt. Eine Unterscheidung zwischen analog und digital ist nicht nötig, da sich die Funktion eines digitalen Reglers nicht von der eines analogen Reglers unterscheidet und eine Umsetzung digitaler Größen in analoge und umgekehrt durch D/A-Umsetzer bzw. A/D-Umsetzer jederzeit möglich ist. Von einzelnen analogen Größen, die nicht in einem Regelkreis erfaßt werden.

interessieren nur bestimmte Grenzwerte. Die Über- oder Unterschreitung eines jeden Grenzwertes wird durch einen Signalbereichsmelder erfaßt und als binäre Größe gemeldet. Die Ausgangsgrößen der Signalbereichsmelder zählen daher zu den binären Größen.

Die untere Ebene erhält ihre analogen oder digitalen *Führungsgrößen* oder binären *Programmgrößen* vom Führungsgrößenrechner bzw. Programmgeber der mittleren Ebene. Der Programmgeber kann über Einschalttore oder D/A-Umsetzer auf den Führungsgrößenrechner einwirken oder auch direkt Führungsgrößen ausgeben. Die Bezeichnung Programmgeber und Führungsgrößenrechner bezieht sich dabei auf die Funktion der entsprechenden Blöcke.

Die dem Programmgeber vorgegebenen Führungsgrößen werden als *Programmführungsgrößen* bezeichnet. Im Zusammenwirken mit den vom Prozeß zurückgemeldeten *Programmsteuergrößen* bewirken sie das Ablaufen des Programmes, bis der durch die Programmführungsgrößen angegebene Zustand erreicht ist.

Bei Vorhandensein eines Prozeßleitrechners gilt das entsprechende für die Begriffe *Prozeßführungsgröße* und *Prozeßsteuergröße*. Der Prozeßleitrechner vermag aufgrund theoretischer Kenntnisse des Prozesses die Programmführungsgrößen zu berechnen. Zur Rechnung benutzt er die Eingangs- und die Ausgangsgrößen des Prozesses oder beide, also die Rohstoffe und Energien, die dem Prozeß zugeführt und das Erzeugnis, das vom Prozeß abgegeben wird. Daher greifen die Prozeßsteuergrößen außerhalb des eigentlichen Prozesses an.

Während mit Prozeß der Vorgang bezeichnet wird, in dem Rohstoffe zu einem Endprodukt verarbeitet oder an ein Ziel transportiert werden, bedeutet *Programm* den zeitlichen Ablauf der wesentlichen, den Prozeß charakterisierenden Regelgrößen und Schaltgrößen.

12.1.3 Programmierungsbausteine

Die generelle Gliederung der Programmierung digitaler Rechner in maschinenorientierte und problemorientierte Sprachen, Übersetzer und Betriebssysteme sowie deren Aufbau und Eigenschaften sind in Kap. 9 behandelt. Hier sei anhand eines Übersicht-Programmablaufplanes (Abb. 12.1-3) die typischen Programmierungsbausteine (Teilprogramme) eines *Programmes zur direkten, digitalen Steuerung und Regelung (direct digital control = DDC)* dargestellt. Hierbei sei darauf hingewiesen, daß der Begriff Programm hier in zweifacher Bedeutung verwendet wird: *Programm* des Ablaufes der Prozeßsteuerung und *Programm (Programmierung)* des Digitalrechners. Beide Begriffsinhalte sind überwiegend deckungsgleich. Ein Teil des Prozeßablaufes kann aber mit der Geräteschaltung festgelegt sein und fehlt deshalb im Rechnerprogramm. Umgekehrt enthält das Rechnerprogramm Teile, die nur dem Betrieb des Rechners dienen und mit dem Prozeßablauf nichts zu tun haben.

12.1.3.1 Prozeßsignaleingabe, Pulteingabe. Diese Programmierungsbausteine stellen, ggf. in Verbindung mit dem Unterbrechungssystem (interupt), die Abfragefolgen und -genauigkeit der Prozeßsignaleingabe über Meßstellenumschalter und A/D-Umsetzer sowie über Binärsignal-Eingaberegister her. Die Pulteingabe besteht im allgemeinen aus Tastaturen und Schaltern, die ebenfalls am Eingaberegister angeschlossen sind und entsprechend behandelt werden.

12.1.3.2 Normierung. Der natürliche Zahlenbereich der Prozeßgrößen kann aufgrund der begrenzten Wortlänge der Prozeßrechner häufig nicht im Rechner verwendet werden. Es ist dann eine Transformation in den Festkomma-Zahlenbereich des Rechners bei der Eingabe und eine entsprechende Rücktransformation bei der Ausgabe erforderlich. Ähnliches gilt für die Codierung von Ziffern und Buchstaben.

12.1.3.3 Plausibilitätskontrolle, Glättung, Redundanzreduktion. Zur Steigerung der Betriebssicherheit werden die eingegebenen Werte auf Plausibilität geprüft: zulässiger Wertebereich, maximal mögliche Änderungsgeschwindigkeit, Kontext.

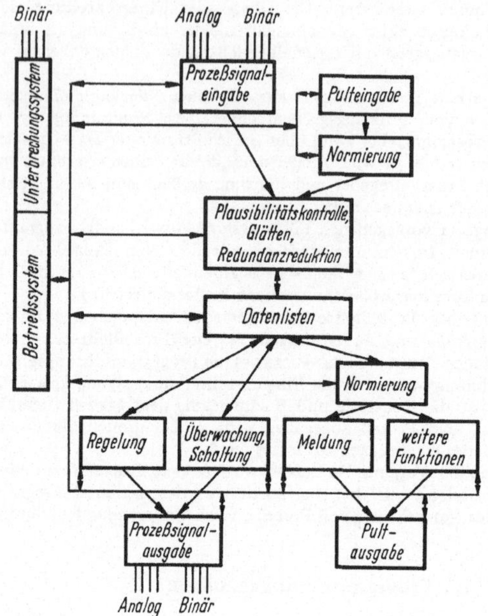

Abb. 12.1-3. Übersicht der Programmierungsbausteine eines Prozeßrechners

Meßwerte können vor oder nach der Plausibilitätskontrolle unter Verwendung früherer Abtastwerte geglättet werden. Zur Begrenzung der Größe der Datenlisten kann auch eine Redundanzreduktion vorgenommen werden, die wenig veränderte Meßwerte ausscheidet.

12.1.3.4 Datenlisten. Dieser Baustein sorgt für die Speicherung der Größen- und Systemparameter (z.B. Normierungskoeffizient, Grenzwerte, Reglerparameter) sowie der jeweils benötigten Abtastwerte je Prozeßsignal und daraus abgeleiteter Größen.

12.1.3.5 Regelung. Anstelle der üblichen Differentialgleichung eines Reglers zur Berechnung der Stellgröße werden Regelungsalgorithmen verwendet, die je nach Größe der Abtastperiode unterschiedlich sind und die in Form von Differenzengleichungen zwischen der Regelgröße x, der Führungsgröße w, der Regelabweichung x_w und der Stellgröße y die Beziehungen angeben, die dem Regelungsprogramm des Prozeßrechners zugrunde zu legen sind.

Quasistetige Algorithmen

Für einen „PID-Schrittrechner" gilt für das i-te Abtastintervall

$$y_i = V\left[x_{w,i} + \frac{1}{T_N}\sum_{j=0}^{i} x_{w,j}\,T + \frac{T_V}{T}\,(x_{w,i} - x_{w,i-1}\right] \qquad (12.1\text{-}1)$$

mit den Reglerparametern V, T_N, T_V und der Abtastfrequenz $1/T$. Die Differentiation kann mit den ersten Gliedern einer Reihenentwicklung verbessert werden [31]:

$$y_i = V\left[x_{w,i} + \frac{1}{T_N} \sum_{j=0}^{i} x_{w,j}\, T + \frac{T_V}{6\,T}\right.$$
$$\left. \cdot (x_{w,i} + 3\,x_{w,i-1} - 3\,x_{w,i-2} - x_{w,i-3})\right]. \tag{12.1-2}$$

Bei Schrittstellgliedern kann die Summenbildung vermieden werden:

$$y_i - y_{i-1} = V\left[x_{w,i} - x_{w,i-1} + \frac{T}{T_N}\, x_{w,i} + \frac{T_V}{6\,T}\right.$$
$$\left. \cdot (x_{w,i} + 2\,x_{w,i-1} - 6\,x_{w,i-2} + 2\,x_{w,i-3} + x_{w,i-4})\right]. \tag{12.1-2a}$$

Digitalfilter-Algorithmen

Häufig reicht ein allgemeiner, linearer Abtastregler 2. Ordnung aus mit

$$y_i = a_0\, x_{w,i} + a_1\, x_{w,i-1} + a_2\, x_{w,i-2} - b_1\, y_{i-1} - b_2\, y_{i-2}, \tag{12.1-3}$$

der nach [32] zur Untersuchung im Bode-Diagramm mit einem Frequenzgang F_R wie folgt dargestellt werden kann

$$F_R(p) = V\, \frac{(1 + p\,T_a)\,(1 + p\,T_b)}{p\,T} \left(\frac{1 - e^{-p\,T}}{p\,T} \right)^2 \frac{1 + c}{1 + c \cdot e^{-p\,T}} \tag{12.1-3a}$$

mit den Parametern eines stetigen Reglers V, T_a, T_b, der Abtastfrequenz $1/T$ und dem Filterkoeffizienten c.

Schließlich lautet die Differenzengleichung eines allgemeinen, linearen Abtastreglers n-ter Ordnung

$$y_i = \sum_{j=0}^{n} a_j\, x_{w,i-j} - \sum_{j=0}^{n} b_j \cdot y_{i-j}. \tag{12.1-4}$$

Werden anstelle der Regelabweichung x_w die Führungs- und Regelgröße w und x selbst eingesetzt, so kann durch Wahl ungleicher Koeffizienten ein Algorithmus mit unterschiedlichem Störungs- und Führungsverhalten aufgestellt werden.

Weiter sind in diesem und dem nächsten Baustein die beschriebenen drei Ebenen der Informationsverarbeitung automatischer Prozeßsteuerungen aufzubauen.

12.1.3.6 Überwachung, Schaltung. Dieser Baustein verknüpft eingegebene Binärsignale sowie hier berechnete Grenzwertüberschreitungen der Prozeßgrößen zu Schaltsignalen. Die Verknüpfung erfolgt gemäß der Booleschen Algebra ggf. unter Verwendung von Weckrufen (interne Uhr). Hierzu werden entweder spezielle Befehle oder Masken mit dualer Addition oder Subtraktion eingesetzt.

12.1.3.7 Meldung. Dieser Baustein stellt die für die Betriebsführung notwendigen Informationen meist in Form eines Blattschreiberprotokolls zusammen.

12.1.3.8 Sonstige Funktionen. Wie erwähnt, werden die sowieso vorhandenen Datenlisten für weitere Aufgaben herangezogen, wie Bilanzierung von Prozeßgrößen, Störungsanalyse, rechnergestützter Handbetrieb, graphische Ausgabe.

12.1.3.9 Prozeßsignalausgabe, Pultausgabe. Mit diesen Bausteinen wird die Information zeitrichtig bereitgestellt und an die D/A-Umsetzer, Schaltverstärker, Ziffernanzeigeröhren, Blattschreiber oder Bildschirmgeräte weitergegeben.

12.1.4 Aufgaben und Lösungskonzepte

Aus den oben angegebenen Funktionsgruppen bauen sich alle automatischen Prozeßsteuerungen je nach dem Schwierigkeitsgrad des zu beherrschenden Prozesses auf. Dabei ist der Anteil der Steuerungs- und Regelungsaufgaben unterschiedlich.

Bei diskontinuierlichen Prozessen, wie Aufzugsteuerung, Reversierwalzwerk oder ähnlichen ist der Steuerungsteil übergeordnet und der Regelungsteil untergeordnet. Bei einer Aufzugsteuerung mit Drehstrommotor entfallen sogar jegliche Regelungsaufgaben, und die automatische Prozeßsteuerung hat hier ebenso wie bei der Steuerung von Transporteinrichtungen reine Steuerungsaufgaben. Das andere Extrem ist ein rein kontinuierlicher Prozeß, wie etwa die Rohstofferzeugung in der chemischen Industrie. Hier sind die Steuerungsaufgaben untergeordnet, dafür ist ggf. ein Prozeßleitrechner vorhanden, der das mathematische Modell des Prozesses gespeichert hat und Führungsgrößen für die Regelkreise vorgibt. Als Beispiel für eine Mischung kann die Kraftwerksautomatisierung dienen. Betrachtet man die Erzeugung elektrischer Energie, so ist dies ein rein kontinuierlicher Prozeß mit entsprechenden Regelkreisen für Frequenz, Spannung usw. Jedoch ist gerade das Anfahren und Abstellen des Kraftwerkes ein Prozeß, der zur Automatisierung auffordert. Dafür ist ein erheblicher Aufwand an Schalthandlungen nötig, wobei Steuerungs- und Regelungsteil zum großen Teil parallel auf den Prozeß arbeiten.

12.1.4.1 Automatische Prozeßsteuerung mit festem Programm. Die einfachsten Fälle einer automatischen Prozeßsteuerung lassen sich mit einem festen Programm beherrschen. Der Programmgeber bildet die oberste Ebene. Abb. 12.1-4 zeigt das Prinzipschaltbild.

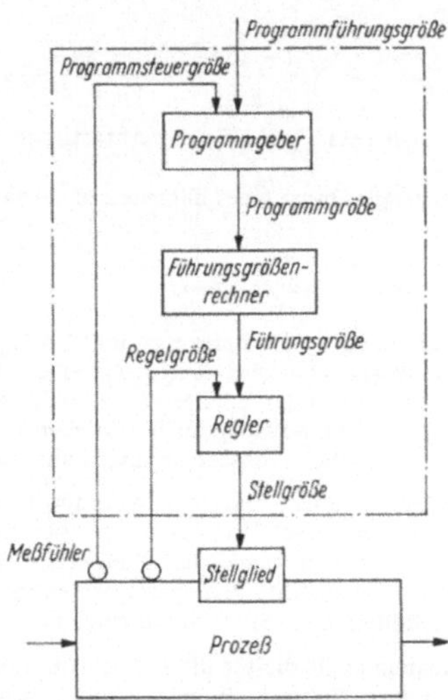

Abb. 12.1-4. Automatische Prozeßsteuerung mit festem Programm

Mit der Programmführungsgröße wird der geforderte Programmablauf vorgegeben. Der Programmgeber gibt die erforderlichen Programmgrößen in Abhängigkeit vom Prozeßzustand aus. Der Abruf der einzelnen Programmgrößen wird durch die vom Prozeß gemeldeten Programmsteuergrößen veranlaßt. Ist der geforderte Endzustand erreicht, dann werden keine neuen Programmgrößen mehr ausgegeben, und der Programmablauf ist beendet (bei einem diskontinuierlichen Prozeß) oder der stationäre Endzustand des Prozesses ist erreicht (bei einem kontinuierlichen Prozeß).

Ein einfaches Beispiel hierfür mit allen kennzeichnenden Merkmalen ist ein Personenaufzug. Der Aufzug soll, in einem bestimmten Stockwerk beginnend, ein vorgewähltes anderes Stockwerk anfahren. Nach dem Betätigen des entsprechenden Drucktasters und dem Schließen der Türen erteilt der Programmgeber den Befehl *Fahrt mit Nenngeschwindigkeit*. In hinreichendem Abstand vor dem angewählten Stockwerk wird durch einen von der Kabine oder einem Kopierwerk betätigten Kontakt eine Programmsteuergröße eingegeben, die den Programmgeber veranlaßt, den Befehl *Fahrt mit Schleichgeschwindigkeit* auszugeben. Kurz vor der Stockwerkstür wird ein weiterer Kontakt betätigt, woraufhin der Programmgeber den Befehl *Halt* erteilt, und die Kabinenunterkante bleibt nahezu bündig mit der Stockwerkstür stehen. Die vom Programmgeber ausgegebenen Programmgrößen *Fahrt mit Nenngeschwindigkeit*, *Fahrt mit Schleichgeschwindigkeit* und *Halt* stehen als Binärbefehle an drei verschiedenen Ausgängen an. Über Umschalttore oder Festwertgeber werden diesen binären Signalen bestimmte analoge Spannungen und damit bestimmte Werte einzelner Prozeßgrößen zugeordnet, auch deren *Führungsparameter* genannt.

Auch von einfachen Prozeßsteuerungen, wie es das betrachtete Beispiel darstellt, erwartet man bereits einen nahezu optimalen Prozeßablauf. Die Forderungen an einen Aufzug lassen sich in zwei Punkten zusammenfassen:

1. die Summe der Wartezeiten aller Benutzer soll ein Minimum sein,

2. die Ausführung der Fahrten soll in der kürzesten Zeit erfolgen, die mit einem angenehmen Fahrgefühl verträglich ist.

Die Durchführung der ersten Forderung läßt sich dadurch erreichen, daß der Aufzug zunächst alle Fahrbefehle ausführt, die für seine augenblickliche Fahrtrichtung erteilt wurden. Nach Beendigung des am weitesten in der bisherigen Fahrtrichtung erteilten Befehls werden alle Befehle in der entgegengesetzten Fahrtrichtung in der Reihenfolge der Stockwerke ausgeführt. Zur Durchführung dieser Aufgabe genügen als Programmspeicher bereits die binären Funktionsgruppen der unteren Ebene [12]. Als analoge Datenspeicher für die verschiedenen Geschwindigkeiten sind festeingestellte Spannungsteiler ausreichend, deren Spannung über Einschalttore an den Führungsgrößenrechner gegeben wird. Ein angenehmes Fahrgefühl läßt sich dadurch erreichen, daß man die auftretende maximale Beschleunigung und Beschleunigungsänderung begrenzt. Bei Begrenzung dieser Werte ist die kürzeste Fahrzeit über eine bestimmte Höhe nur mit einem Übergang der Geschwindigkeit zu erreichen, wie er sich bei einem trapezförmigen Beschleunigungsverlauf ergibt (s. Abb. 12.1-5). Zur Erreichung eines solchen Geschwindigkeitsverlaufes ist ein Führungsgrößenrechner erforderlich, der als Betriebsanalogrechner arbeitet und das rechtzeitige Bremsen mit trapezförmigem Beschleunigungsverlauf einleitet. Der Führungsgrößenrechner überführt dabei die Regelgröße x = Drehzahl in die vorgegebene Programmgröße mit Begrenzung der ersten und zweiten Ableitung $\dot{x}$ und $\ddot{x}$ [13]. Bis auf einen konstanten Faktor, der von der Spannung der Tachodynamo als Istwertgeber der Geschwindigkeit herrührt, bestimmt die Einstellung des Führungsgrößenrechners die maximale Beschleunigung und Beschleunigungsänderung.

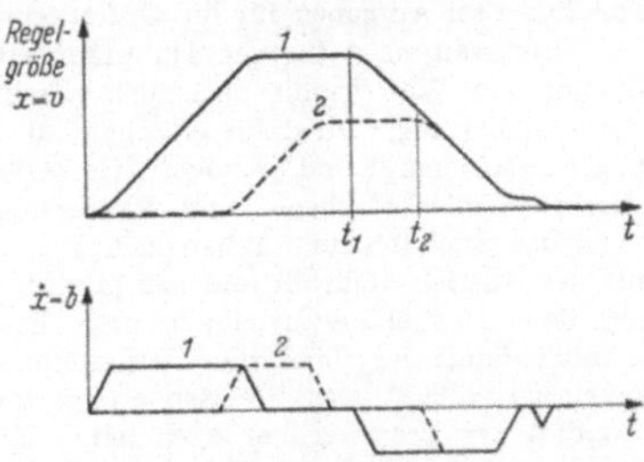

Abb. 12.1-5. Fahrprogramm eines Personenaufzugs, oben Geschwindigkeit, unten Beschleunigung

Die *automatische Prozeßsteuerung* bei einem *Blockwalzwerk* mit optimaler Fahrweise ist ein Beispiel für eine prozeßabhängige Änderung der Führungsparameter. Das Reversiergerüst faßt den vom Drehstromrollgang herantransportierten Block mit einer Eintrittsgeschwindigkeit v_e und beschleunigt ihn auf die Walzgeschwindigkeit v_w, nachdem über die Walzdruckmeßeinrichtung gemeldet wurde, daß die Walzen gefaßt haben. Rechtzeitig vor dem Blockende wird der Antrieb abgebremst, so daß der Block die Walzen mit der Austrittsgeschwindigkeit v_a verläßt. Photozellen melden seine Lage auf dem Rollgang, worauf dieser abgeschaltet wird. Der Programmgeber gibt eine neue Führungsgröße für den Walzspalt aus und läßt den Antrieb reversieren. Hat dieser wieder eine Drehzahl entsprechend v_e erreicht, so beginnt der nächste Stich. Die für ein Stichprogramm nötigen Programmführungsgrößen können etwa an Dekadenschaltern eingestellt oder auf einer Lochkarte gespeichert sein. Nach Beendigung jeweils eines Stiches, der durch die Walzdruckmeßeinrichtung gemeldet wird, werden die für den nächsten Stich benötigten Führungsgrößen vom Programmgeber ausgegeben. Dekadenschalter oder Lochkarte bzw. Lochstreifen mit Leseeinrichtung stellen also den Datenspeicher dar. Dabei werden die Daten Stich für Stich aus dem Datenträger ausgelesen. Es kann auch das ganze Stichprogramm in ein Schieberegister übernommen und von diesem taktweise ausgegeben werden. Der Programmspeicher setzt sich nur aus Schaltwerken zusammen [5, 14, 15].

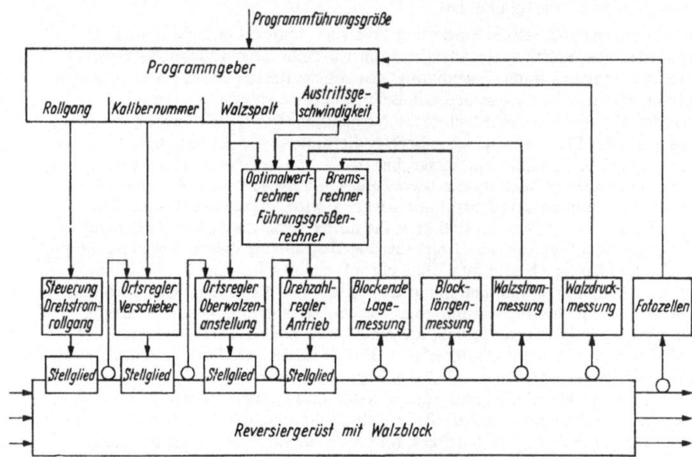

Abb. 12.1-6. Blockschaltbild eines Blockwalzwerkes mit Bremsrechner und Optimalwertrechner

Der Führungsgrößenrechner hat zwei Aufgaben für die Optimierung des Prozesses zu erfüllen. Er soll den Bremszeitpunkt für den Hauptantrieb errechnen (Funktion als Bremsrechner) und ein Walzen mit optimalem Drehzahlverlauf garantieren. Durch eine Integratorschaltung wird dafür gesorgt, daß der Antrieb mit konstanter Beschleunigung b beschleunigt und verzögert. Es besteht ein eindeutiger Zusammenhang zwischen Antriebsdrehzahl und Blockgeschwindigkeit unter Berücksichtigung des von der Stichabnahme abhängigen Rückstaues. Der Bremsrechner kann somit aus der Antriebsdrehzahl und der photoelektrisch gemessenen Lage des Blockendes den Zeitpunkt ermitteln, in dem die elektrische Bremsung eingeleitet werden muß, damit der Block die Walzen mit der vorgegebenen Austrittsgeschwindigkeit v_a verläßt. Das Bremsen erfolgt mit der vorgegebenen Beschleunigung, so daß der Bremsrechner noch keine Koeffizienten verändert.

Für die Wahl eines optimalen Drehzahlverlaufs können verschiedene Optimierungsbedingungen angegeben werden: kürzeste Stichzeit, bester mittlerer Leistungsfaktor, bester elektrischer Wirkungsgrad des Antriebs. Im Hinblick auf eine möglichst gut thermische Ausnutzung des Antriebs kann man den Drehzahlverlauf mit bestem elektrischen Wirkungsgrad als optimal bezeichnen. Die Rechnung ergibt aus dieser Optimierungsbedingung zwei Formeln für b und v_w mit den Größen Blocklänge L, Walzstrom I_w und Austrittsgeschwindigkeit v_a als unabhängige Veränderliche [16]. Die Größe I_w wird bei jedem Anstich erneut gemessen, während die Blocklänge L nach jedem Stich aus der Anfangsblocklänge L_0 und der Stichabnahme errechnet wird. Die Austrittsgeschwindigkeit v_a und die Anfangsblocklänge L_0 werden eingegeben. Der aus Bremsrechner, Optimalwertrechner und Integratorschaltung bestehende Führungsgrößenrechner gibt den optimalen Drehzahlverlauf vor. Abb. 12.1-6 zeigt das Blockschaltbild. Der Führungsgrößenrechner erhält seine wesentlichen Informationen durch Messungen am Prozeß, so daß damit der Informationsträger wesentlich entlastet wird. Die von Stich zu Stich sich ändernde Blocklänge hat auch eine laufende Änderung der Koeffizienten des Programmablaufs zur Folge.

12.1.4.2 Automatische Prozeßsteuerung mit Auswahl aus einer Summe fester Programme. Prozesse, bei denen einzelne wesentliche Prozeßgrößen eine große Variationsbreite aufweisen, lassen sich nicht mehr wirtschaftlich und optimal mit nur einem festen Programm beherrschen. Man benötigt dann eine Summe fester Programme, aus denen je nach Prozeßzustand und -ziel das in Frage kommende Programm selbsttätig ausgewählt wird.

Als erstes Beispiel sei die automatische Prozeßsteuerung eines Kraftwerkblockes mit Kessel, Turbine, Generator und Schaltanlage umrissen. Dabei sei noch einmal darauf hingewiesen, daß auch anstelle der Gerätebaugruppen ein Prozeßrechner mit Programmierungsbausteinen gleicher Funktion verwendet wird [5]. Der Programmgeber ist hierbei als Folgeschaltung in mehreren Stufen aufgebaut, die nacheinander angefahren werden können. Die Überwachung vieler Schalthandlungen, die mit dem Anfahren der nächsten Stufe verbunden sind und erst nach einer gewissen Zeit beendet sind, wie z.B. Öffnen oder Schließen von Schiebern, Ventilen geschieht durch Einführung einer individuell bemessenen Toleranzzeit, innerhalb der die Schalthandlung beendet sein muß. Nach Ablauf dieser Zeit wird geprüft, ob die vom Programmgeber befohlene Schalthandlung durchgeführt wurde. Ist das nicht der Fall, so wird die Turbine wieder in die ursprüngliche Stufe zurückgefahren. Der Programmgeber beinhaltet in diesem Fall noch einen Taktgeber mit Zähler, um die individuellen Toleranzzeiten zu messen (s. Abb. 12.1-7).

Damit entstehen von Fall zu Fall unterschiedliche Programmschleifen, die das feste Programm zu einer endlichen Vielfalt fester Programme aufspalten.

Während des Anfahrens der Turbine wird die Führungsgröße der Drehzahl von einem Temperaturregler vorgegeben, dessen Regelgröße die Turbinengehäuse- oder Wellentemperatur an der empfindlichsten Stelle ist. Damit ist sichergestellt, daß die Turbine in der kürzesten Zeit ihre Nenndrehzahl erreicht, die mit den Materialgrenzwerten vereinbar ist [17, 18, 19].

Zu den *automatischen Prozeßsteuerungen* mit Auswahl aus einer Summe fester Programme gehören auch die Steuerungen *für Transporteinrichtungen*. Transporteinrichtungen haben die Aufgabe, von einem oder mehreren Eingabeplätzen Material zu einem oder mehreren Ausgabeplätzen zu befördern. Dazu kommen gewisse Zusatzforderungen. Im Falle einer Störung in einem Teil der Anlage muß das Fördergut umgeleitet werden. Bei Belegung eines Ausgabeplatzes muß das betreffende Material an einen Reserveplatz weiter- oder umgeleitet werden. Da die Förderbänder rein gesteuert gefahren werden, entfallen Regelkreise und Führungsgrößenrechner in der automatischen Prozeßsteuerung. Programmführungsgröße ist die Kennzeichnung des Fördergutes mit Angabe des Eingabe- und Ausgabeplatzes. Die an den Prozeß ausgegebenen binären Programmgrößen und die zurückgemeldeten Pro-

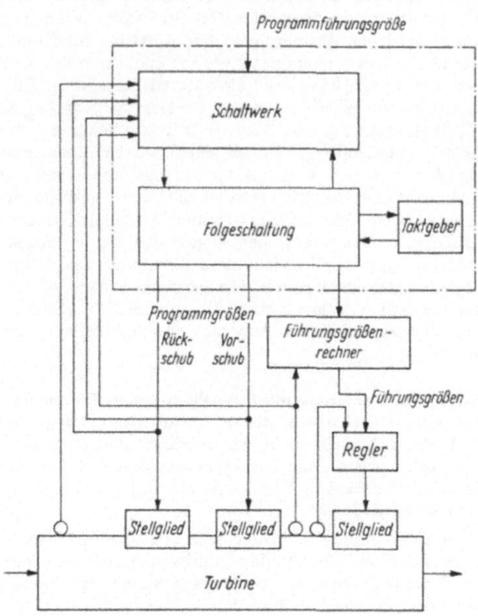

Abb. 12.1-7. Folgesteuerung für eine Turbinenanfahrautomatik

grammsteuergrößen geben die Stellung der einzelnen Abzweigungen auf dem Transportweg an.

Der wesentliche Unterschied der automatischen Prozeßsteuerungen von Förderanlagen gegenüber den vorherigen Beispielen liegt im Transport der zum Fördergut gehörigen *Programmführungsgröße*.

In einem Fall wird als Programmführungsgröße die Adresse des *Ausgabeplatzes* dem jeweiligen Fördergut mitgegeben. Auf diese Weise entfällt der Datenspeicher, da seine Funktion auf alle Fördergüter aufgeteilt ist. An jeder Abzweigung, an die das Fördergut kommt, wird die Adresse abgetastet, und der Programmspeicher gibt die binäre Programmgröße für die Stellung dieser Abzweigung aus. Zur Anbringung der Adresse *Ausgabeplatz* am Fördergut dienen mechanische, magnetische oder optische Hilfsmittel. Ein bekanntes Beispiel sind Briefsortieranlagen [20].

Bei umfangreichen Förderanlagen wird zum Transport der Programmführungsgröße ein als Nachbildung der Anlage wirkendes elektronisches Kopierwerk aufgebaut. Dabei ist für jeden Transportweg ein Schieberegister erforderlich mit so viel Speicherzellen, wie Fördergüter zwischen je zwei Abzweigungen vorhanden sind. Die Menge der Schieberegister stellt den Datenspeicher dar. Die Anzahl der Zeilen des Schieberegisters ist von der den einzelnen Fördergütern mitzugebenden Information bestimmt. Zweckmäßigerweise werden die zu einem Streckenabschnitt gehörigen Speicherzellen aller Fördergüter zusammengefaßt zu einem Speicherabschnitt. Die Zahl der Spalten eines Speicherabschnittes muß so groß sein wie die maximale Anzahl Fördergüter zwischen zwei Abzweigungen. Die Menge aller Speicherabschnitte bezeichnet man als *Schiebespeicher* [21]. Beim Einlaufen eines Fördergutes in einen Streckenabschnitt wird dessen Programmführungsgröße in den entsprechenden Speicherabschnitt eingeschrieben. Das Erreichen der nächsten Abzweigung wird als Programmsteuergröße gemeldet. Die Abzweigung wird entsprechend dem Programmspeicher gestellt und das Fördergut in einen neuen Streckenabschnitt gebracht. Seine Programmführungsgröße wird in den entsprechenden Speicherabschnitt überschrieben. Abb. 12.1-8 zeigt einen Speicherabschnitt.

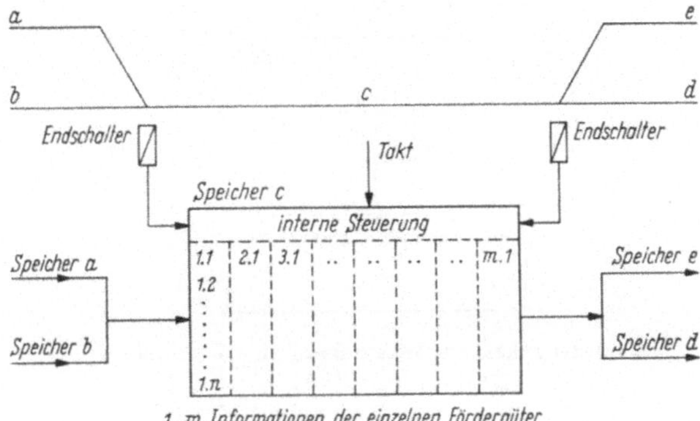

Abb. 12.1-8. Speicherabschnitt eines Schiebespeichers zur Steuerung von Transporteinrichtungen

In den bisher beschriebenen Fällen war der Transport der Programmführungsgröße durch den Schiebespeicher ausgelöst durch den Übergang des Fördergutes von einem Streckenabschnitt zum nächsten. Über die Verweildauer der Fördergüter in den einzelnen Streckenabschnitten ist dabei nichts vorausgesetzt. Man bezeichnet diesen Fall als asynchronen Informationstransport. Hat man eine Transportanordnung mit zwangsweiser Förderung, bei der das Fördergut seine Lage zum Transportmittel nicht ändert (Förderband, Hakenförderer), so ist ein synchroner Informationstransport möglich. Hierbei wird von einem Impulsgeber bei jedem durchlaufenen Wegelement ein Impuls abgegeben und auf diese Weise eine analoge Wegabbildung durchgeführt. Die Genauigkeit der Abbildung ist durch die Länge des Wegelements gegeben [22]. Bei sehr umfangreichem Informationstransport ist der Einsatz eines Kernspeichers anstelle eines Schiebespeichers wirtschaftlich.

12.1.4.3 Automatische Prozeßsteuerung mit Prozeßmodell. Ist der mögliche Ablauf der Prozeßsteuerung nicht durch einige feste Programme mit genügender Güte faßbar, muß die Prozeßsteuerung aus den Daten des Prozeßzieles und dem Prozeßzustand fortlaufend die jeweils besten Werte der Führungs- und Stellgrößen ermitteln. Hierbei ist zweckmäßig möglichst viel A-priori-Wissen, besonders in Form eines *Prozeßmodells*, zu verwenden.

Für den Einsatz eines *Prozeßrechners* zur Prozeßsteuerung mit Prozeßmodell ist entscheidend, daß der von ihm zu beherrschende Prozeß mathematisch beschreibbar ist. Der Rechner muß das Modell in Gestalt seines Rechenprogrammes erhalten. Führt man dem Rechner die Eingangsgrößen des Prozesses zu und kennt er den Zusammenhang zwischen den Eingangs- und Ausgangsgrößen, so kann er den Prozeß so führen, daß für die Ausgangsgrößen geforderte Werte sich ergeben. Änderungen der Eingangsgrößen werden im voraus (feedforward) berücksichtigt und die Führungsgrößen entsprechend korrigiert. Diese Art der Prozeßsteuerung ist eine *Steuerung mit Störgrößenaufschaltung*. Abb. 12.1-9 zeigt die Schaltung, wobei angedeutet ist, daß zur Verbesserung des mathematischen Modells auch Ausgangsgrößen herangezogen werden können [23].

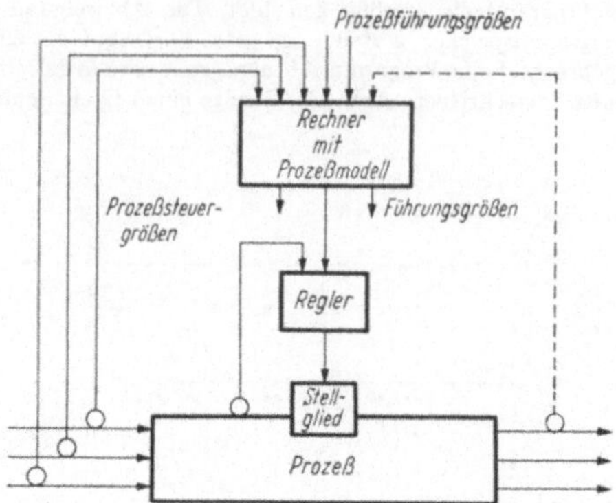

Abb. 12.1-9. Automatische Prozeßsteuerung mit Prozeßmodell

Kennt man durch das mathematische Modell die Zusammenhänge zwischen allen wichtigen Prozeßgrößen, so ist man auch imstande, den Prozeß so ablaufen zu lassen, daß eine interessierende Größe zu einem Optimum wird. Als *Optimierungs*größen kommen beispielsweise in Frage: Wirkungsgrad, Ausbeute oder Gewinn, die zu einem Maximum werden sollen, oder Verluste, Rückstände, die zu einem Minimum werden sollen. Bei der Berechnung des optimalen Zustandes sind eine Reihe von Einschränkungen und Begrenzungen zu beachten, denen die Prozeßgrößen unterworfen sind (z. B. minimaler Reinheitsgrad, maximaler Durchsatz).

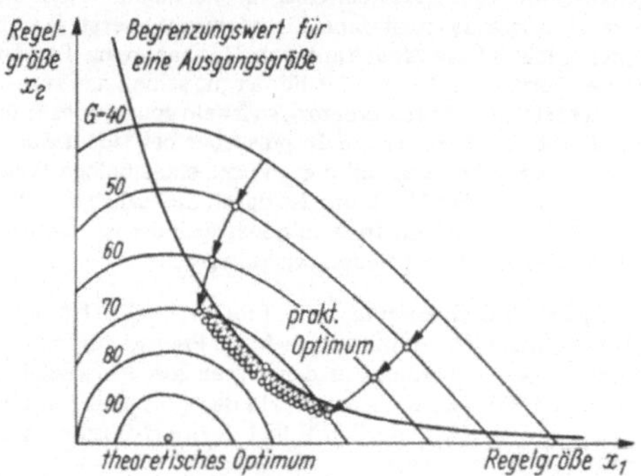

Abb. 12.1-10. Optimierung des Gewinns als Funktion zweier Regelgrößen mit Begrenzungskurve

Abb. 12.1-10 zeigt als Beispiel den Gewinn in willkürlichen Einheiten als Funktion zweier Regelgrößen aufgetragen. Dazu ist eine Begrenzungskurve eingezeichnet. Zweckmäßigerweise werden die einzelnen Schritte zum Optimum in Richtung des Gradienten der Optimierungsgröße vorgenommen, die aufgrund des mathematischen Modells bekannt ist. Nach dem Überschreiten der Begrenzungskurve erfolgt ein Korrekturschritt, anschließend wieder ein Versuchsschritt usw., bis das praktische Optimum gefunden ist. Das schrittweise Vorgeben neuer Führungsgrößen ist im Beispiel durch die diskontinuierliche Arbeitsweise eines Analysengerätes bestimmt. Das aus vier wesentlichen Teilen bestehende Rechenprogramm zeigt Abb. 12.1-11 [24].

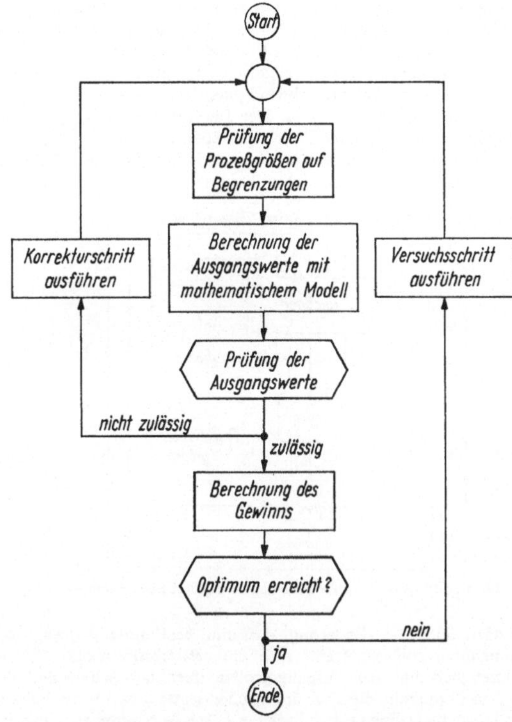

Abb. 12.1-11. Rechenprogramm zur Optimierung

Der Rechner ist imstande, das ihm eingegebene Rechenprogramm zu kontrollieren und auf Anordnung zu korrigieren. Der aus genügend Betriebsdaten errechnete Zusammenhang zwischen den Prozeßdaten läßt sich als Taylor-Reihe formulieren, die durch den Wert der Koeffizienten gekennzeichnet ist. In gewissen Zeitabständen kann der Rechner die zur Bestimmung eines Koeffizienten nötigen Prozeßdaten sammeln, den Koeffizienten kontrollieren und damit die Prozeßgleichungen auf den neuesten Stand bringen.

Das mathematische Modell eines Blockwalzwerkes ist inzwischen so gut bekannt, daß man einen Prozeßleitrechner dazu einsetzen kann, das Stichprogramm zu berechnen. Eingangsgrößen sind dabei die Anfangsabmessungen und Anfangstemperatur des Blockes, die auf dem Weg vom Tiefofen zum Reversiergerüst erfaßt werden müssen. Der Block soll das Gerüst nach Ablauf des errechneten Stichprogrammes mit bestimmten Endabmessungen und bestimmter Endtemperatur verlassen. Begrenzungsgrößen sind dabei z.B. die Leistung des Antriebsmotors und die maximal zulässige Stichabnahme. Auch dabei wird von der Möglichkeit Gebrauch gemacht, durch Messung der Ausgangswerte das mathematische Modell zu korrigieren.

Die bisher auf dem Gebiet des Hochofens, des Stahlwerkes und des Walzwerkes durchgeführten automatischen Prozeßsteuerungen mittels Rechner benutzen ebenfalls ein mathematisches Modell [5, 26].

12.1.4.4 Automatische Prozeßsteuerung mit Such- oder Lernverfahren. Ist der Prozeß weder durch feste Programme genügend gut zu steuern noch sein Modell zu ermitteln, besteht im Prinzip die Möglichkeit mittels Such- oder Lernverfahren die gewünschte Güte zu erreichen. Diese Verfahren sind aber noch nicht sehr weit entwickelt, Konvergenz und Arbeitsgeschwindigkeit lassen Wünsche offen [33]. Die Geräteprinzipschaltung zeigt Abb. 12.1-12. Der Rechner erfaßt hier die Ausgangsgrößen und verstellt die verschiedenen Führungsgrößen systematisch so lange, bis die Ausgangsgrößen die geforderten Werte angenommen haben. Die Rückführungsschaltung und der automatische Suchvorgang charakterisieren das vierte Lösungskonzept.

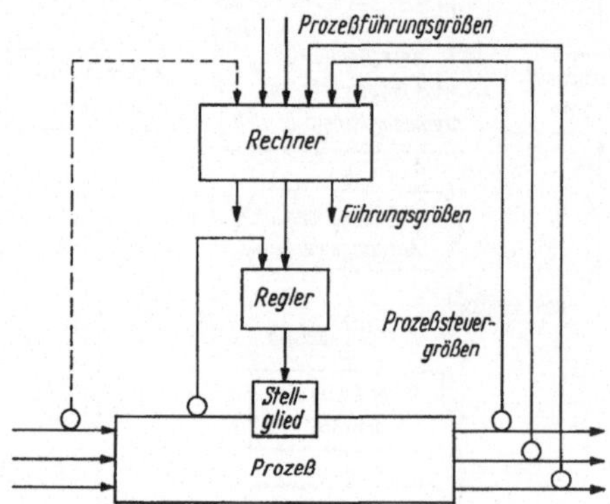

Abb. 12.1-12. Automatische Prozeßsteuerung mit Suchverfahren

Stellt man dazu noch die Forderung, daß eine bestimmte Prozeßgröße einen Extremwert annehmen soll, so ergibt sich ein *selbstoptimierendes System*. Der Rechner berechnet sich aus den Ausgangsgrößen (feedback-Schaltung) die Optimierungsgröße Q und verstellt die Führungsgrößen unter Beachtung der sonstigen Forderungen so lange, bis Q einen Extremwert, z. B. ein Minimum, angenommen hat.

Im Unterschied zur feedforward-Schaltung braucht bei der feedback-Schaltung der Zusammenhang zwischen den Eingangs- und Ausgangsgrößen des Prozesses nicht bekannt zu sein. Die Arbeitsweise entspricht der eines Reglers im geschlossenen Regelkreis, nur tritt hier anstelle einer Regelgröße, die auf einen konstanten Wert geregelt werden soll, eine von vielen Regelgrößen abhängige Optimierungsgröße Q, die auf ein Minimum gebracht werden soll.

Der Unterschied gegenüber dem Regelkreis bedingt auch die Schwierigkeiten dieses Verfahrens. Während beim Regelvorgang immer bekannt ist, in welcher Weise sich die Regelgröße ändern muß, um gleich der Führungsgröße zu werden, müssen hier durch einen systematischen Suchvorgang die zum Minimum der Optimierungsgröße gehörigen Verhältnisse hergestellt werden. Die Zeit für den Suchvorgang nimmt mit der Zahl der zu verstellenden Führungsgrößen sehr rasch zu. Daher kommt dem *Suchverfahren* erhöhte Bedeutung zu [27, 28]. In Abb. 12.1-13 sind die wichtigsten zusammengestellt.

a) Beim statistischen Suchen, etwa mit einem Rauschgenerator zur Vorgabe der verschiedenen Führungsgrößen werden mit Sicherheit alle Minima erfaßt.

b) Der Bereich wird zeilenweise abgetastet, auch dabei werden mit Sicherheit alle Minima erfaßt. Bei beiden Verfahren a) und b) wird jedoch bei vielen Veränderlichen die Suchzeit schnell recht groß.

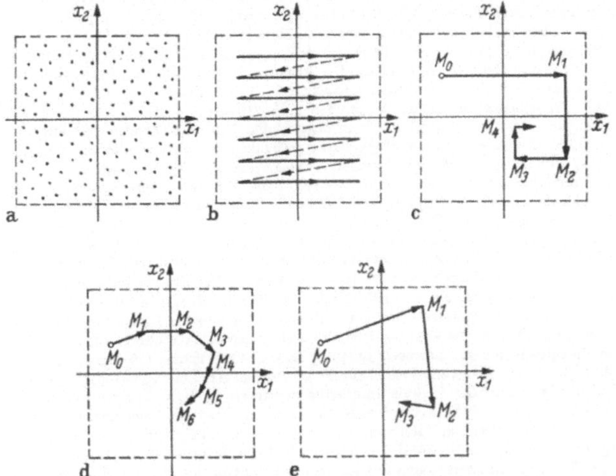

Abb. 12.1-13. Darstellung der wichtigsten Suchverfahren

c) Es werden alle Veränderlichen bis auf x_1 festgehalten und x_1 so lange verändert, bis ein relatives Minimum der Optimierungsgröße Q bezüglich x_1 gefunden ist. Nun wird auch x_1 festgehalten und x_2 geändert, bis man ein relatives Minimum bezüglich x_2 gefunden hat usw. bis alle Veränderlichen durchprobiert sind. Beim Vorhandensein mehrerer Minima und Veränderung des Anfangspunktes ist man nicht sicher, immer beim selben Minimum zu enden.

d) Durch kleine Probebewegungen mit Veränderung von nur je einer Größe x_i werden die partiellen Ableitungen $\dfrac{\partial Q}{\partial x_i}$ und damit die Gradientenrichtung festgestellt. Nach einer Bewegung in entgegengesetzter Richtung bis zum Punkt M_1 wird hier erneut die Gradientenrichtung bestimmt, worauf man zum Punkt M_2 gelangt usw.

e) Bei der Methode des *schnellsten Fallens* geht man wieder von M_0 in entgegengesetzter Richtung des Gradienten, bis die Größe Q ihr Minimum in M_1 erreicht. Hier wird wieder die Gradientenrichtung bestimmt und das neue Minimum in entgegengesetzter Richtung beim Punkt M_2. Dieses Verfahren ergibt für eine große Klasse von Funktionen eine Minimalzahl von Zyklen.

Wegen der mit dem selbstoptimierenden System hier notwendigerweise verbundenen Suchbewegung hat sich dieses Verfahren in der chemischen Industrie nicht durchsetzen können. Der Grund dafür sind die enorm großen Verzögerungszeiten chemischer Reaktionen, die in der Größenordnung von Stunden liegen können. Es sind nur zwei praktische Anwendungsfälle dafür bekannt geworden, alle anderen Verfahren der Prozeßoptimierung chemischer Verfahren arbeiten nach dem unter 12.1.4.2 oder 12.1.4.3 beschriebenen Verfahren. Ein Beispiel zur Optimierung eines Sinterprozesses ist in [29] beschrieben.

Literatur

[1] *Syrbe, M.*: Steuern, Messen, Regeln Rechnen: Entwicklungsschritte der Nachrichtentechnik in der Industrie. BBC-Nachr. 45 (1963) H. 4/5, S. 3—4. — [2] DIN 19226: Regelungstechnik und Steuerungstechnik, Begriffe und Benennungen. — [3] *Stahl, K.*: Begrenzungsregelung bei elektri-

schen Antrieben — Limiting control of electrical drives. Proc. First Internat. Congr. Internat. Federation of Automatic Control, Moscow 1960, London: Butterworth, S. 180—186. — [4] *Kloch, H. F., Schoeffler, J. D.:* Direct digital control at the threshold. Electronics, März 1964, S. 49—55. — [5] *Anke, K., Kaltenecker, H., Oetker, R.:* Prozeßrechner, Wirkungsweise und Einsatz. München: Oldenbourg 1970. — [6] *Sauerbeck, U., Schmudlach, U.:* Erfahrungen mit Automatisierungseinrichtungen in Wärmekraftwerken. Brennstoff, Wärme, Kraft 1965-Interkama-Heft. — [7] *Latzel, W.:* Begrenzungsregelung. Regelungstechnik 1964, S. 151—158 u. S. 210—215. — [8] *Dzung, L. S.:* Entkopplungsbedingungen mehrfacher Regelung. Regelungstechnik, Moderne Theorien und ihre Verwendbarkeit 1957, S. 70—73. — [9] DIN 40700, Bl. 14: Schaltzeichen, digitale Informationsverarbeitung. — [10] DIN 40700, Bl. 18: Schaltzeichen Analogrechen- und Regelungstechnik. — [11] DIN 44300: Informationsverarbeitung, Begriffe. — [12] *Stahl, K.:* Industrielle Steuerungstechnik. München: Oldenbourg 1965. — [13] *Latzel, W.:* Ein neuartiger transistorisierter Führungsgrößenrechner für Aufzugsregelungen. BBC-Nachr 47 (1965) H. 4, S. 171—179. — [14] *Neupert, H. J.:* Elektronische Einrichtungen zur Vollautomatisierung von Blockwalzwerken. BBC-Nachr. 45 (1963) H. 4/5, S. 85—93. — [15] *Thöt, W.:* Inbetriebnahme eines teilautomatisierten Blockwalzwerkes. BBC-Nachr. 45 (1963) H. 4/5, S. 93—98. — [16] *Folgmann, G.:* Der Einsatz von Optimalwertrechnern für Blockwalzwerksregelungen. BBC-Nachr. 45 (1963) H. 4/5, S. 99—106. — [17] *Buchwald, K.:* Aufbau des Programmes einer automatischen Steuerung für Dampfturbogruppen. BBC-Nachr. 46 (1964) H. 3, S. 124—131. — [18] *Ernst, D.:* Entwicklungsbeiträge zur Automatisierung in der Energieversorgung. Siemens-Z. 39 (1965) H. 5, S. 473—482. — [19] *Lauber, R., Sperl, H.:* GEAMATIC 1140 ein Steuerungssystem für Folgeprozesse. AEG-Mitt. 55 (1965) H. 3, S. 215—219. — [20] *Poklekowski, G.:* Digitale Informationsverarbeitung beim Fördern. VDE-Buchreihe Bd. 8, S. 259—270. — [21] *Heckmann, H., Mielentz, P.:* Digitale Steuerungen von Fördereinrichtungen. Werkstatttechnik, Interkama-Heft 1965. — [22] *Vogelsang, H. G.:* Automatische Bandbegichtungsanlagen für Hochöfen. VDE-Buchreihe Bd. 8, S. 271—278. — [23] *Ankel, Th.:* Übergeordnete Regelung verfahrenstechnischer Anlagen mit Digitalrechnern. VDE-Buchreihe Bd. 8, S. 279—301. — [24] *Harders, H., Heller, G., Laurer, P. R.:* Erfahrungen bei der optimierenden Steuerung einer petrochemischen Synthese mit einem Prozeßrechner. Chemie-Ingenieur-Technik 35 (1963) 405—410. — [25] *Ziebolz, H., Paynter, H. M.:* Über Anwendung von Rechengeräten mit verkürzter Zeitskala bei der Regelung und Nachbildung dynamischer Systeme. Regelungstechnik 1954, H. 11, S. 255—259. — [26] *Meredith, R., Ray, D. J.:* Steuerung einer Warmbreitbandstraße mittels Rechner. Vortrag gehalten auf der Internationalen Eisenhüttentagung 1965, Amsterdam—Düsseldorf. — [27] *Feldbaum, A. A.:* Rechengeräte in automatischen Systemen. München: Oldenbourg 1962. — [28] *Herschel, R.:* Automatische Optimisatoren. Elektron. Rechenanl. (1961) H. 1, S. 30—36. — [29] *Lesemann, K. J.:* Optimalwertregelung eines Sinterprozesses mit Hilfe eines Ziffernrechenautomaten. Regelungstechnik 1961, H. 1, S. 17—24. — [30] *Oetker, R.:* Folgeregler als Stellsystem übergeordneter Regelkreise. Regelungstechnik 1961, H. 1, S. 13—17. — [31] *Lauber, R.:* Einsatz von Digitalrechnern in Regelungssystemen. ETZ-A Bd. 88 (1967) 159—164. — [32] *Latzel, W.:* Ein einfaches Verfahren zur Synthese von Abtastregelungen mit Hilfe der logarithmischen Frequenzkennlinien. Beitrag zum IV. IFAC-Kongreß, Warschau, 1969. — [33] *Zypkin, J. S.:* Adaption und Lernen in kybernetischen Systemen. München: Oldenbourg 1970. — [34] *Syrbe, M.:* Messen, Steuern, Regeln mit Prozeßrechnern. Frankfurt: Akadem. Verlagsges. 1972.

12.2 Maschinensteuerung

W. Simon

12.2.1 Einführung

Erst Mitte der 50er Jahre tauchte der Gedanke auf, auch mechanische Produktionseinrichtungen und ihre zugehörigen Organisationsschemen als datenverarbeitende Systeme im allgemeinen Sinne aufzufassen. Wenn in diesem Anfangsstadium auf Maschinensteuerungen aus der Sicht der Nachrichtenverarbeitung näher eingegangen werden soll, so möge das Unterfangen vornehmlich dazu dienen, durch die prinzipielle Kennzeichnung von Gemeinsamkeiten und Besonderheiten, so früh wie möglich eine Brücke des Verständnisses zwischen den ihrer physikalischen Grundlage nach so verschiedenen Techniken zu schlagen. Nur auf dieser Basis ist eine Entwicklung zu einer sinnvollen integrierten Datenverarbeitung und ein rationeller Lernprozeß für alle Beteiligten möglich.

Beim heutigen Stand der Entwicklung dürften erst wenige Arbeitsmaschinen im nachrichtentechnischen Sinne bedeutsam sein; davon wären — in der Reihenfolge ihrer derzeitigen Integrations-Möglichkeiten — zu nennen:

Werkzeugmaschinen.

Druckmaschinen (Setzmaschinen).

Walzwerke.

Textilmaschinen.

Der wesentliche Unterschied gegenüber anderen datenverarbeitenden Systemen liegt bei allen Maschinensteuerungen in der engen Verknüpfung von Nachricht einerseits und großen mechanischen Energieströmen in Verbindung mit trägen Massen andererseits [1]. Die Arbeitsgeschwindigkeiten der Maschinen liegen sowohl durch die großen Massen als auch durch die technologischen Arbeitsbedingungen fest (z. B. Faserarten bei Webstühlen, Gießvorgänge bei Setzmaschinen, Spanabnahme, Magazinierung von Werkzeugen und automatischem Werkzeugwechsel bei Werkzeugmaschinen, Knetbarkeit von Werkstoffen beim Walzen usw.). Die Lösung aller anfallenden Steuerungsprobleme kann daher aus physikalischen Gründen weitgehend mit Hilfe mechanischer, hydraulischer, pneumatischer und elektromechanischer Hilfsmittel erfolgen, an deren Zeitverhalten im allgemeinen keine besonders hohen Ansprüche zu stellen sind. Die Einschleusung rasch arbeitender elektronischer Baugruppen muß daher von Fall zu Fall sorgfältig überprüft werden, um zu wirtschaftlich sinnvollen Lösungen zu kommen.

1949/50 setzte — von den USA ausgehend — zunächst im Werkzeugmaschinenbau infolge neuer Aufgabenstellungen (Großflugzeugbau) und neuer Lösungsmöglichkeiten von seiten der automatischen Informationsverarbeitung (z. B. Aufkommen elektronischer Rechenwerke) eine Entwicklungsphase ein, die durch den Begriff numerische Werkzeugmaschinensteuerung (*numerical control of machine-tools*, kurz *NC-Technik*) bekanntgeworden ist. Es muß jedoch betont werden, daß das Prinzip keineswegs auf Werkzeugmaschinen beschränkt ist. Die Bezeichnung ist insofern irreführend, als es sich dabei nicht nur um Maschinensteuerungen im bisherigen engen Sinne handelt, sondern alle die Fertigungstechnik betreffenden Prozesse (Zeichnungserstellung, Arbeitsvorbereitung, Qualitätskontrolle u. dgl.) ebenfalls davon erfaßt werden. Kennzeichnend für diese Entwicklung und die mit ihr zusammenhängenden Probleme dürfte die Verknüpfung mehrerer datenverarbeitender Systeme, auch physikalisch verschiedener Struktur, zu einem einheitlichen Ganzen sein. Da die Verhältnisse bei den Werkzeugmaschinen bisher am deutlichsten zutage treten und am weitesten vorangeschritten sind, mögen sich die folgenden prinzipiellen Erläuterungen aus Gründen der Platzersparnis auf diese Maschinenart als Modellfall einer in diesem Sinne integrierten Datenverarbeitung beschränken [2, 3, 4]. Eine sinngemäße Übertragung auf andere Maschinenarten ist von Fall zu Fall ohne weiteres möglich. Um den Zusammenhang mit den anderen Buchabschnitten deutlich zu machen, erscheint es zweckmäßig, die Betrachtung geschlossener Organisationssysteme an den Anfang der Erörterungen zu stellen und die Probleme der praktischen Verwirklichung einiger Details an den Schluß.

12.2.2 Werkzeugmaschinen als integrierte Teile datenverarbeitender Systeme

Begriffserläuterungen. Die Formgebung eines Werkstückes mit Hilfe einer Werkzeugmaschine erfolgt stets nach Informationen, die der Mensch in irgendeiner Weise in sie eingibt. Es ist dabei gleichgültig, ob die Maschine nach den Angaben einer Zeichnung handbedient wird oder ob sie nach einem irgendwie gespeicherten Programm selbsttätig arbeitet. Grundsätzlich kann man alle für die Bearbeitung eines Werkstückes benötigten Angaben als Arbeitsinformationen bezeichnen und ihrem Ursprung nach in zwei Hauptgruppen einteilen [2, 3, 4]:

a) Angaben über die *Form des Werkstückes;* d. h. entweder die Festlegung der Bahn des Wirkpunktes, der Wirklinie oder Wirkfläche zwischen Werkzeug und

Werkstück bei spanender Bearbeitung oder die Wahl von Preßformen, Gesenken, Lochstempeln u. dgl., bei der spanlosen Formgebung. Im allgemeinen werden diese *Formangaben (dimensional informations)* von dem Konstrukteur festgelegt und z. Z. meist in einer Zeichnung als einem gewohnten primären Informationsspeicher festgehalten (vgl. Abschnitt 12.3).

b) Angaben über die *Technologie der Erzeugung dieser Form;* d. h. Angaben über die werkstoffabhängigen Bearbeitungsgeschwindigkeiten (Schnitt- und Vorschubgeschwindigkeiten), Werkzeugwahl, Auflösen in einzelne Arbeitstakte und deren zeitliche Folge usw. Im allgemeinen handelt es sich dabei um Daten, die im Bereich der Arbeitsvorbereitung zusätzlich zu den Zeichnungswerten des Konstrukteurs festgelegt werden, man bezeichnet sie kurz als *technologische Angaben (process informations).* Zur Zeit werden sie noch in vielen Fällen in herkömmlicher Weise in Form von Begleitpapieren (Listen, Karteikarten u. dgl.) zu den Zeichnungen in den Betrieb gegeben und dort vom Facharbeiter, Maschineneinrichter oder Meister ausgewertet und ggf. ergänzt. Automatisierte Arbeitsvorbereitung und Datenfernübertragung finden aus wirtschaftlichen und psychologischen Gründen nur sehr langsam Eingang in die betriebliche Wirklichkeit (vgl. Abschnitt 12.2.5).

Faßt man die Werkzeugmaschine selbst als datenverarbeitendes System auf, so erscheint es aus funktionellen Gründen zweckmäßig, die für einen Arbeitszyklus (Herstellung eines Werkstückes als Produktionseinheit) benötigten Arbeitsinformationen nach der Art ihrer Verarbeitung innerhalb der Werkzeugmaschine in zwei Gruppen aufzuteilen. Es läßt sich zeigen, daß ein Teil der Arbeitsinformationen in Form von Schaltvorgängen — aus Sicherheitsgründen meist unter Einschleusung logischer Verknüpfungen (Verriegelungen) — unmittelbar in die Energieströme der Maschine eingreift. Ein anderer Teil wirkt aber erst über eine mehr oder weniger umfangreiche digitale oder analoge Signalverarbeitung auf die Bewegungsabläufe der Maschine ein (z. B. Führungsgrößen für digitale oder analoge Regelkreise, Kleinrechner als Interpolatoren usw.).

Derartige Einrichtungen müssen stets zur Festlegung der Wirkpunktbahn eines Werkzeuges angewandt werden. Man kann daher zur Kurzkennzeichnung der beiden Informationsgruppen und ihrer speziellen Datenverarbeitungstechnik die Begriffe Schaltinformationen und Weginformationen benutzen [4]. Die zahlenmäßige Dateneingabe *(numerical control)* betrifft primär nur die Weginformationen (Maßzahlenangaben zur Festlegung der Werkstückformen und der Maschinen-Schlittenwege); in diesem Sinne sind numerisch gesteuerte Werkzeugmaschinen maßzahlenverstehende Maschinen.

Geht man einen Schritt weiter und betrachtet den ganzen Fertigungsprozeß (von der Erstellung der ersten Zeichnung bis zum fertiggeprüften Werkstück) als Ganzes und gliedert somit die einzelne Werkzeugmaschine in ein größeres datenverarbeitendes System ein, so ist es ratsam, alle im Verlaufe dieses Prozesses anfallenden Arbeitsgänge in zwei deutlich voneinander zu trennende Teile zu zerlegen:

Systemketten- Abschnitt 1: Die Erstellung und Aufbereitung der Arbeitsinformationen von der ersten Formfestlegung in einer Zeichnung, Wertetabelle oder dergleichen und deren Ergänzung durch technologische Angaben; im Grenzfalle führt dieses Vorgehen zur Fixierung aller Arbeitsinformationen in einem geeigneten Datenträger (Lochstreifen oder Magnetband), der unmittelbar zur Steuerung einer automatischen Werkzeugmaschine dienen kann. Alle diese Arbeitsgänge lassen sich zu einer äußeren Datenverarbeitung zusammenfassen.

Systemketten- Abschnitt 2: Die Verarbeitung der Arbeitsinformationen innerhalb der eigentlichen Werkzeugmaschine mit ihren speziellen Steuerungsproblemen. Man kann diese Verarbeitungskomponente sinngemäß mit innerer Datenverarbeitung bezeichnen. Sie beginnt mit der Eingabe der Arbeitsinformationen in die Maschine; dabei ist die Eingabeart — ob manuell oder über Datenträger — vorerst unwichtig.

Diese Aufteilung sagt zunächst nichts darüber aus, ob und inwieweit etwas selbsttätig geschieht; sie trennt nur zwei Bereiche der Datenverarbeitung, die wohl einander ergänzen und sich gegenseitig beeinflussen, aber ihrer Natur nach eine ganz andere Dynamik haben.

Werkzeugmaschine. Diese selbst stellt bei einer derartigen Betrachtungsweise das letzte Glied einer Kette datenverarbeitender Systeme dar. Einen ganz wesentlichen Einfluß auf die Struktur dieser Systemkette hat die Art der angeschlossenen Werkzeugmaschine bzw. ihre technologische Aufgabenstellung. Im Hinblick auf die Maschinenschlitten-Kinematik, die bei der spanenden Formgebung von Werkstücken maßgebend ist, und die Steuerungsbedingungen hierfür lassen sich die spanenden Werkzeugmaschinen in zwei große Gruppen einteilen:

a) Werkzeugmaschinen *ohne* Funktionszusammenhang zwischen den Bewegungen in den einzelnen Koordinatenrichtungen. Zu ihnen gehören u. a. Bohrmaschinen mit Koordinatentischen, Revolverdrehmaschinen, Revolverlochpressen, Punktschweißmaschinen usw.

b) Maschinen *mit* Funktionszusammenhang zwischen den Bewegungen in den einzelnen Koordinatenrichtungen. Zu ihnen gehören alle Profilbearbeitungsmaschinen, wie z. B. Profilfräsmaschinen, Profildrehmaschinen, Brennschneidmaschinen usw.

Diese Unterscheidung nach dem Funktionszusammenhang der Bewegungsabläufe ist sowohl in technischer als auch in wirtschaftlicher Hinsicht bedeutungsvoll.

In vielen Fällen ist es sogar zweckmäßig, bei Maschinenschlittenbewegungen und Steuerungen ohne Funktionszusammenhang noch zwei Untergruppen zu unterscheiden:

Fall a): Es werden immer nur diskrete Koordinatenpunkte angesteuert, ohne daß dabei ein Werkzeug im Eingriff ist; die Verschiebegeschwindigkeiten in den einzelnen Achsrichtungen sind dabei völlig gleichgültig. Vertreter dieser Maschinengattung sind: Koordinaten-Bohrmaschinen, Punktschweißmaschinen u. a. Man nennt diese Steuerung Punktsteuerung oder auch Positioniersteuerung (*position control system*).

Fall b): Die Bewegungen erfolgen immer achsparallel längs einer Strecke von einem bestimmten Anfangspunkt bis zu einem bestimmten Endpunkt so, daß immer nur ein Maschinenschlitten in Bewegung ist. Dabei kann ein Werkzeug im Eingriff sein; die Geschwindigkeit ist jetzt nicht mehr frei, sondern technologisch bestimmt. Da auch hierbei kein *beliebiger* Funktionszusammenhang zwischen den Bewegungen in den einzelnen Achsrichtungen besteht, kann man mit einer solchen Steuerung bei kartesischen Koordinaten (z. B. Fräsmaschinen mit Kreuztisch) nur rechtwinklige Formen oder bei Drehmaschinen nur zylindrische Teile mit senkrechten Ansätzen herstellen. Da man immer längs einer geradlinigen Strecke arbeitet, nennt man eine derartige Steuerung eine Streckensteuerung (*straight cut control system*).

In den meisten Fällen können Punkt- und Streckensteuerungen jedoch zusammengefaßt werden. Sie stehen im Gegensatz zu den Steuerungen bei Profilbearbeitungsmaschinen (mit beliebigem Funktionszusammenhang), bei denen das Werkzeug auf einer beliebig geformten Bahn geführt wird. Man nennt eine solche Steuerung daher kurz Bahnsteuerung (*contour control system*). Um diese Zusammenhänge deutlich zu machen, sind in Abb. 12.2-1 aus einer großen Zahl von Kombinationsmöglichkeiten fünf verschiedene Arbeitsweisen innerhalb von Systemketten schematisch dargestellt. Sie stellen im wesentlichen Datenflußschemen dar und führen zur unbedingt notwendigen Systembetrachtungsweise (*systems engineering*).

Die Linie *k ... l* stellt in allen Fällen die Trennungslinie zwischen innerer und äußerer Datenverarbeitung dar. Zwei der wesentlichsten Gründe für die Zweckmäßigkeit der Unterscheidung zwischen äußerer und innerer Datenverarbeitung liegen in der unterschiedlichen Technik der praktischen Datenverarbeitung und im gänzlich anderen Zeitverhalten.

Die äußere Datenverarbeitung ist ihrer Natur nach vorwiegend eine Bürotätigkeit; sie kann bei passender Organisation und unter Einsatz elektronischer Geräte

Abb. 12.2-1. Beispiele von datenverarbeitenden Systemketten in der Fertigungstechnik

A bei Werkzeugmaschinen mit Punkt- und Streckensteuerungen (z. B. Bohr- und Fräsmaschinen, Revolverlochstanzen u. dgl.)

B bei Werkzeugmaschinen mit Bahnsteuerungen (z. B. Profilfräsmaschinen, Profildrehmaschinen, Brennschneidmaschinen u. dgl.)

I und II Systemvariationen bei Punkt- und Streckensteuerungen

III bis V Systemvariationen bei Bahnsteuerungen:

a_1 Formangaben für Werkstücke zur Bearbeitung auf punkt- und streckengesteuerten Maschinen

a_2 Formangaben für Werkstücke zur Bearbeitung auf bahngesteuerten Maschinen

b_1 technologische Angaben zu a_1

b_2 technologische Angaben zu a_2

c_1 Programmierstelle für manuelles Programmieren

c_2 Programmierstelle für maschinelles Programmieren

d Allzweck-Digital-Rechner

e manuell erstellte Programm-Manuskripte

f, g Übersetzungsprogramm (Compiler) für eine fertigungstechnische Programmiersprache

f Geometrie- und Technologie-Processor

g Anpassungsprogramme, Postprocessoren für verschiedene Werkzeugmaschinen

h handbetätigtes Verschlüsselungsgerät für Lochstreifen (z. B. Fernschreiber)

i_1 Innen-Interpolator

i_2 Außen-Interpolator

k bis l Trennungslinie zwischen innerer und äußerer Datenverarbeitung

m werkstückorientiertes Quellenprogramm

n Hilfsdatenträger (meist Lochstreifen)

o Magnetbandleser

p Lochstreifenleser

q Handeingabestelle von Arbeitsinformationen

r Schaltinformationen

s Weginformationen

t Korrekturwerteingabe für Vorschubgeschwindigkeiten, Werkzeugabmessungen, Nullpunktverschiebungen usw.

u_1 logische Schaltkreise in Halbleiterausführung oder in IC-Technik

u_2 Maschinenanpassungsteil, meist in Relaistechnik

v_1 Lochstreifen für punkt- und streckengesteuerte Maschine

v_2 Lochstreifen für bahngesteuerte Maschine

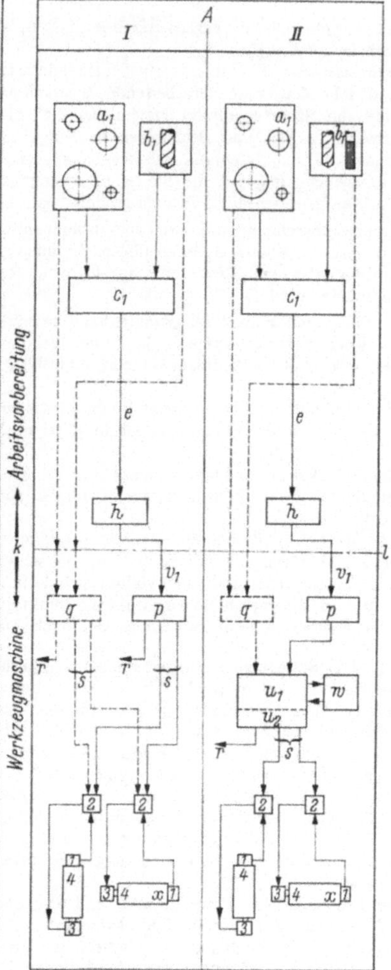

v_3 Magnetband

w Magnettrommelspeicher für Werkzeuglängen, Arbeitszyklen usw.

x und y Koordinatenachsen

Teil 1 Wegmeßsysteme (digital oder analog)

Teil 2 Vergleicher

Teil 3 Antriebe für Schlittenbewegung

Teil 4 Maschinenschlitten, einschließlich Führungsbahnen u. dgl.

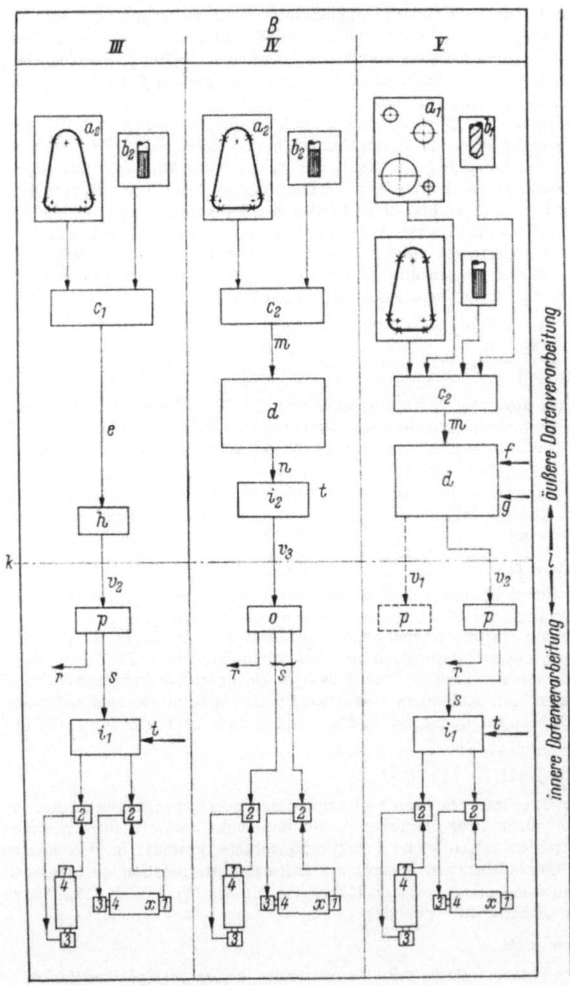

in weiten Grenzen rationalisiert und beschleunigt werden [36]. Energetische Probleme spielen eine untergeordnete Rolle; dagegen müssen Materialfluß, Lagerhaltung, Instandhaltung und Zuführung von Werkzeugen und Vorrichtungen an die Werkzeugmaschinen im Rahmen der äußeren Datenverarbeitung mitbetrachtet werden. Die Informationsflüsse sind mit den Material- und Werkzeugflüssen eng gekoppelt. Die Fertigungssteuerung mit datenverarbeitenden Mitteln ist die nächste Folge der ständigen Entwicklung [4, 36, 40].

Bei der inneren Datenverarbeitung geben die technologischen Bedingungen der Werkstoff-Formgebung, die großen, trägen Massen, nichtlineare Reibungs- und

Viskositätsverhältnisse u. dgl. dem physikalischen Ablauf einen ganz anderen Charakter als die organisatorischen Vorgänge in der äußeren Datenverarbeitung. Hinzu kommt noch, daß die äußere und innere Datenverarbeitung räumlich völlig getrennt sein können und eine äußere Datenverarbeitung als Organisationsform für viele Werkzeugmaschinen tätig ist.

Der Einfachheit und Übersichtlichkeit halber sind in Abb. 12.2-1 alle fünf Systeme auf zweidimensionale Formgebungsarbeiten beschränkt. Wie man unschwer erkennt, tauchen eine ganze Reihe von gleichen oder ähnlichen Komponenten immer wieder auf; nur die Art ihrer Verknüpfung wechselt. Die zweckmäßigste Verteilung von Baueinheiten und deren Funktionen im Rahmen einer Systemkette ist ein wesentliches Anliegen der Systemanalyse und -synthese. Technische und wirtschaftliche Überlegungen spielen dabei eine gleichwertige Rolle; wegen der sich ändernden Arbeitsplatzstrukturen müssen bei der Systemwahl auch betriebssoziologische Komponenten berücksichtigt werden [36].

Zum besseren Verständnis der Abb. 12.2-1 seien folgende Erläuterungen bereits an dieser Stelle gegeben.

Systemkette A I

zeigt eine oft angewandte Kombination von Hand- und Datenträger-Eingabe von Arbeitsinformationen. Für die Einzelfertigung von Werkstücken dominiert die Handeingabe, bei Losgrößen von über 3 bis 5 Werkstücken/Los ist die Lochstreifen-Verwendung vorteilhafter. Die Programmierung erfolgt ohne Zuhilfenahme einer DVA; die Werkzeugmaschine und ihre zugehörigen Steuerungen sind verhältnismäßig einfach, und die Informationsflußverkettung mit anderen Betriebsabteilungen ist relativ gering.

Systemkette A II

zeigt eine Entwicklungsmöglichkeit auf der Basis einer Maschinensteuerung, die schon weitgehend dem Rechenmaschinenbau angelehnt ist [9].

Der eingebaute Magnettrommelspeicher gestattet u.a. die Einhaltung von bestimmten Werkzeugwechselprogrammen bei technologischen Folgeoperationen (z.B. Gewindeschneiden, Passung-Reiben usw.) sowie die leichte Änderung derselben bei Programmwechsel. Außerdem lassen sich leicht Maßunterschiede bei ausgewechselten Werkzeugen durch ein kleines Rechenwerk in Verbindung mit dem Speicher ausgleichen [4, 9].

Systemkette B III

zeigt den z.Z. gebräuchlichsten Fall einer Bahnsteuerung mit Programmierung ohne DVA (manuelle Programmierung). An den meist festverdrahteten Innen-Interpolator werden relativ hohe Funktionsansprüche gestellt; in den meisten Fällen ist er umschaltbar von linearer auf zirkulare Interpolation. Der manuelle Programmieraufwand steigt mit der Kurvenvielfalt des Werkstücks. Als Datenträger werden Lochstreifen verwendet.

Systemkette B IV

zeigt das praktisch relativ selten angewandte Außen-Interpolator-Verfahren. Es führt zu einer starken Planungskonzentration im Büro und wenig Korrekturmöglichkeiten in der Werkstatt. Außerdem müssen die empfindlichen Magnetbänder im rauhen Werkstattbetrieb (meist in staubigen, nicht klimatisierten Hallen) besonders geschützt werden (Kassettenbetrieb).

Systemkette B V

zeigt eine Kompromißlösung zwischen B III und B IV für vielgestaltige Betriebsfälle (viele Werkstückformen) und Programmieren mit Hilfe einer DVA (maschinelles Programmieren, vgl. Abschnitt 12.2.5). Durch Verwendung von fertigungstechnischen Programmiersprachen in Verbindung mit einer Allzweck-Rechenanlage wird die äußere Datenverarbeitung sehr flexibel; durch die Beschränkung des Innen-Interpolators auf lineare Interpolation ist der nachrichtentechnische Geräteaufwand an den Werkzeugmaschinen klein unter Beibehaltung von Korrekturmöglichkeiten (z.B. Korrektur von Werkzeugabmessungen bei Nachschliff). Außerdem können die im rauhen Werkstattbetrieb relativ betriebssicheren Lochstreifen verwendet werden.

Die bisher beschriebenen Systeme sind durch die Verwendung von Datenträgern (Lochstreifen oder Magnetbänder) gekennzeichnet; sie setzen am Eingang zur inneren Datenverarbeitung entsprechende Lesegeräte voraus. Als elektromechanische Peripheriegeräte gehören diese zu den störanfälligsten Teilen der Anlage; durch die rauhen Umweltbedingungen in der metallverarbeitenden Industrie werden auch Lochstreifen-Lesegeräte häufig zu ausgesprochenen Schwachstellen im Betrieb. Durch das Vordringen schneller Rechner mit Time-sharing-Eigenschaften liegt daher der Gedanke nahe, u.U. im Werkstattsbereich auf Datenträger ganz zu verzichten, mehrere NC-Maschinen in Gruppen zusammenzufassen und diese über Kabelverbindungen direkt vom Rechner aus im On-line-Betrieb anzusteuern [4, 31]. Dieser sogenannte DNC-Betrieb (*direct numerical control*) dürfte bezüglich einer verbreiteten technischen Anwendung weniger auf grundsätzliche technische Schwierigkeiten stoßen, sondern mehr die organisatorischen und soziologischen Aspekte der Automatisierung in den Vordergrund treten lassen (Lernprozesse) [4, 36].

Selbstverständlich verwischt sich bei solchen Anlagen die Trennungslinie zwischen innerer und äußerer Datenverarbeitung. Im Prinzip stehen z.Z. zwei Kopplungsmöglichkeiten von Rechnern mit NC-Maschinen im Vordergrund des Interesses; in Abb. 12.2-2 sind die zwei möglichen Schnittstellen innerhalb der Maschinensteuerung skizziert. Im einfachsten Falle liegt die Schnittstelle bei g, d.h., es wird nur der Lochstreifenleser a eliminiert, und die übrige Steuerung einschließlich Inneninterpolator verbleibt in der Maschinensteuerung in unmittelbarer Nähe der Werkzeugmaschine. Der nächste Schritt ist das Herauslösen der Interpolationsaufgabe bei Bahnsteuerungen aus dem Maschinensteuerpult in den Zentralrechner. Dann liegt die Schnittstelle etwa bei h; in der Werkzeugmaschinensteuerung verbleiben dann nur noch die Lageregelkreise für die verschiedenen Maschinenschlitten und die Anpaßelemente zwischen der Elektronik einerseits und den starkstromtechnischen oder hydraulischen Komponenten andererseits [4, 6].

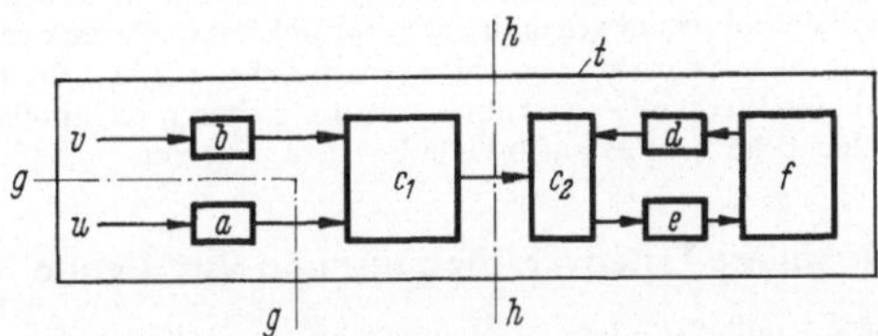

Abb. 12.2-2. Blockschaltbild einer normalen NC-Maschine mit Lochstreifeneingabe und Bahnsteuerung mit Übergangsmöglichkeiten zum DNC-Betrieb. a Lochstreifenleser, b Bedienungsfeld mit Korrekturschaltern, c_1 normale NC-Kombination mit Zeichenprüfer, Entschlüsseler (Decodierer), Zwischenspeichern, Inneninterpolator, c_2 Vergleicher, Anpaßteil für die Außengruppen d und e, d Wegmeßsysteme, e Antriebe, f Maschinenschlitten, g mögliche Schnittstelle 1, h mögliche Schnittstelle 2, t Maschinen-Steuerungs-Kombination, u Lochstreifendaten, v manuell eingegebene Korrekturdaten

Eine weitere Entwicklungstendenz besteht bei NC-Maschinen darin, die technologisch günstigsten Arbeitsbedingungen, die vom jeweiligen zu bearbeitenden Werkstoff in oft unvorsehbarer Weise abhängig sind, von der Maschinensteuerung selbst aufsuchen zu lassen. Solche adaptierenden Systeme (*adaptive control of machine tools*) können im Grenzfall nach frei wählbaren Optimierungsstrategien arbeiten (z.B. höchste Nutzung der Maschinenleistung, niedrigste Kosten, höchste Oberflächengüte u.dgl.); sie würden dadurch aber teuer, so daß man sich vorerst mit einfacheren Lösungen begnügt. In Abb. 12.2-3 ist das Prinzipbild einer Fräsmaschine skizziert, die mit einem analog arbeitenden Adaptionszusatz zur normalen numerischen Steuerung ausgerüstet ist.

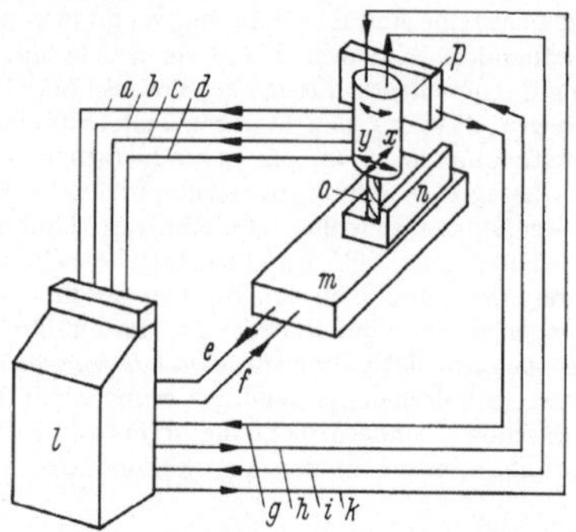

Abb. 12.2-3. Meß- und Stellgrößen an einer numerisch gesteuerten Fräsmaschine mit Adaption [4]. *a* Antriebsleistung, *b* Spindeldrehmoment, *c* Werkzeugauslenkung *y*, *d* Werkzeugauslenkung *x*, *e* Wegmeßwert *x*, *f* Antriebssteuerung *x*, *g* Wegmeßwert *y*, *h* Antriebssteuerung *y*, *i* Spindeldrehzahlmessung, *k* Spindeldrehzahlsteuerung, *l* Steuerungspult, *m* Maschinenschlitten *x*, *n* Werkstück, *o* Werkzeug, *p* Maschinenschlitten *y*

Gemessen wird das Drehmoment (analoge Spannung) an der Frässpindel und die Auslenkung des Fräsers (analoge Spannung) als Maß für die jeweilige Schnittkraft. Über einen kleinen Analogrechner werden die Signale ausgewertet und die Fräserdrehzahl und die Vorschubgeschwindigkeiten der Schlitten so verändert, daß bei optimaler Zerspanung ein Minimum an Werkzeugkosten auftritt [4, 29, 30]. So bestechend die Gedanken der Selbstoptimierung technologischer Arbeitsbedingungen bei spanendem Werkzeugmaschinen auch sind, muß bei der heutigen Gerätetechnik mit einem erheblichen Mehraufwand gegenüber der normalen NC-Technik gerechnet werden. Die praktische Nutzanwendung beschränkt sich daher z. Z. auf die Bearbeitung schwer zerspanbarer Werkstoffe; erst im Laufe der weiteren technischen Entwicklung sind wirtschaftliche Erfolge auf breiter Basis zu erwarten.

12.2.3 Die innere Datenverarbeitung und ihre Geräte

Definitionsgemäß beginnt die innere Datenverarbeitung mit der Eingabe der Arbeitsinformationen in die Werkzeugmaschine. Die wichtigsten Geräte sollen hier kurz erörtert werden.

Eingabegeräte. Es ist zu beachten, daß bei numerischen Punktsteuerungen auch eine Handeingabe möglich ist; sie wird wegen ihrer Wirtschaftlichkeit bei der Einzelfertigung von Werkstücken häufig angewandt [4, 6, 27]. Bei der Handeingabe der Arbeitsinformationen können die Schaltinformationen über Handhebel, Drucktastenfelder u. dgl. festgelegt werden; die numerischen Weginformationen werden meist über dekadisch gestufte Rastenschalter eingegeben. Praktisch liegen Hand- und Datenträgereingabe oft parallel, so daß je nach der zu fertigenden Losgröße wahlfreier Betrieb möglich ist (vgl. Abb. 12.2-1, Systemkette A I). Bei der Eingabe über Datenträger kommen entweder Lochstreifenlesegeräte oder Magnetbandleser (vgl. Abb. 12.2-1, Systemkette B IV) in Frage.

Maschineneigene Speicher. Zur Durchführung der sehr mannigfaltigen Arbeitsaufgaben automatisierter Werkzeugmaschinen (und auch Setzmaschinen) macht man im Rahmen der inneren Datenverarbeitung sehr häufig von Speichern aller

Art Gebrauch. Sofern es sich dabei um in der Datenverarbeitung bekannte Formen handelt, brauchen sie an dieser Stelle nicht näher erörtert zu werden (vgl. Abschnitt 4). Darüber hinaus gelangen hier jedoch eine ganze Reihe von mechanischen Bauelementen zum Einsatz, die man durchaus als Informationsspeicher ansehen kann und die bei Bedarf — ähnlich einem Unterprogramm einer Rechenmaschine — abgerufen werden können [4]. An dieser Stelle seien nur einige Möglichkeiten genannt.

a) Formspeicher. Bei Werkzeugmaschinen sind dies u. a. Werkzeuge, die zur Herstellung eines immer wiederkehrenden Profils verwendet werden; Abb. 12.2-4 zeigt einige Beispiele. In diese Gruppe gehören aber auch alle profilierten Schablonen, Modelle usw., die durch Kopiereinrichtungen vervielfältigt werden können, und die Preßformen der spanlosen Formgebung.

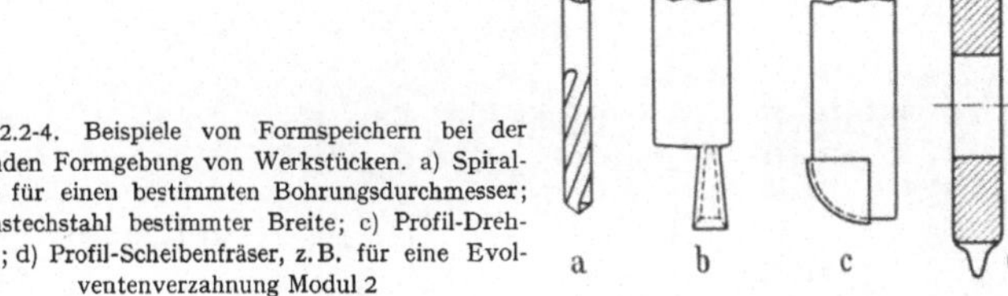

Abb. 12.2-4. Beispiele von Formspeichern bei der spanenden Formgebung von Werkstücken. a) Spiralbohrer für einen bestimmten Bohrungsdurchmesser; b) Einstechstahl bestimmter Breite; c) Profil-Drehmeißel; d) Profil-Scheibenfräser, z.B. für eine Evolventenverzahnung Modul 2

b) Formgruppen-Speicher. Bei Werkzeugmaschinen gehören hierzu Werkzeugspeicher, die mehrere formspeichernde Werkzeuge in leicht abrufbarer Anordnung enthalten. Die wesentlichsten Ausführungsformen sind:

Abb. 12.2-5. Ausführungsbeispiel eines sechsteiligen Sternrevolvers als Werkzeugspeicher an einer Bohr- und Fräsmaschine. *a* Revolverkopf, *b* Bewegungsrichtung (X-Achse) des Schlittens *1*, *c* Bewegungsrichtung (Z-Achse) des Schlittens *2*, *d* achtspurige Nockenleiste mit verschiebbaren Nocken zur wegabhängigen Betätigung von Schaltern (Wegplanspeicher), *e* Leiste mit acht Präzisions-Grenzlagenschaltern (gehärtete und geschliffene Stößelschneiden)

1. Schwenkbare Revolverköpfe (z. B. Abb. 12.2-5); je nach Maschinenart ist ihre Kapazität aus räumlichen Gründen auf 6 bis 8 Werkzeuge begrenzt. Sie haben den Vorteil hoher Arbeitsgenauigkeit und einer relativ kurzen Zugriffszeit.

2. An oder neben der Maschine angebrachte Werkzeugmagazine, aus denen das jeweils gewünschte Werkzeug durch Greifvorrichtungen ausgewählt, in die Arbeitsspindel eingesetzt und nach Gebrauch wieder an seinen Platz gestellt wird (z. B. Abb. 12.2-6). Zur Identifizierung können die Werkzeugschäfte dabei unverwechselbar mit Coderingen ausgerüstet sein [4, 6]. Die Kapazität der Werkzeugmagazine kann 60 bis 100 Werkzeuge betragen bei Zugriffszeiten von 10 s und mehr.

Abb. 12.2-6. Ausführungsbeispiel eines 31teiligen Werkzeugmagazins an einem numerisch gesteuerten Bearbeitungszentrum für Bohr- und Fräsarbeiten. *a* Werkzeugmagazin, *b* automatische Werkzeugwechsel-Einrichtung, *c* Arbeitsspindel, *d* erster Aufspanntisch, *e* zweiter Aufspanntisch (die beiden Tische wechseln über lochstreifengesteuerte Befehle ihre Lage), *f* Lochstreifenleser und Steuerpult für zwei Lochstreifen mit verschiedenen Programmen (für die zwei Aufspanntische)

Bei Setzmaschinen haben Buchstabenzusammenstellungen für bestimmte Schriftarten die gleiche Funktion (vgl. Abb. 12.2-7 und 12.2-8) [10].

c) Zeitplanspeicher. Auf ein bestimmtes Startsignal beginnt sich eine Kontaktwalze (Meisterwalze) oder eine Kurven- oder Nockenscheibe zu drehen, gibt während einer Umdrehung zeitabhängige, aber fest programmierte Signale ab oder betätigt mechanische Stößel, Hebel usw. und bleibt nach Ablauf einer Umdrehung wieder in der Ausgangsstellung stehen bis zum erneuten Abruf; oder sie erzeugt durch einen dauernden Umlauf einen immer wiederkehrenden Bewegungszyklus. Viele mechanisch gesteuerte Drehautomaten herkömmlicher Bauart arbeiten nach diesem Prinzip [41]; ähnlich arbeiten auch alle Spieluhren, Glockenspiele u. dgl.

d) Wegplanspeicher. Auf ein bestimmtes Startsignal beginnt ein Maschinenschlitten sich in Bewegung zu setzen und gibt über Nocken, elektrische Grenzlagen-

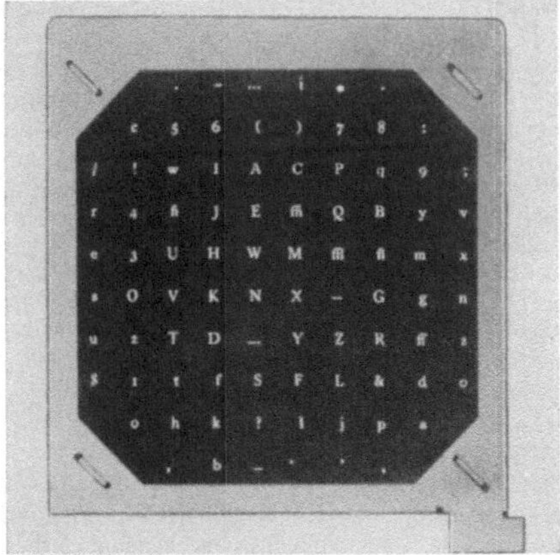

Abb. 12.2-7. Schriftrahmen (Formspeicher für eine bestimmte Schriftart) für eine Linofilm-Setz-
maschine. (Die Glasplatte wird durch einen beweglichen Lichtstrahl abgetastet, der den gewünschten Buchstaben auf einen lichtempfindlichen Film projiziert

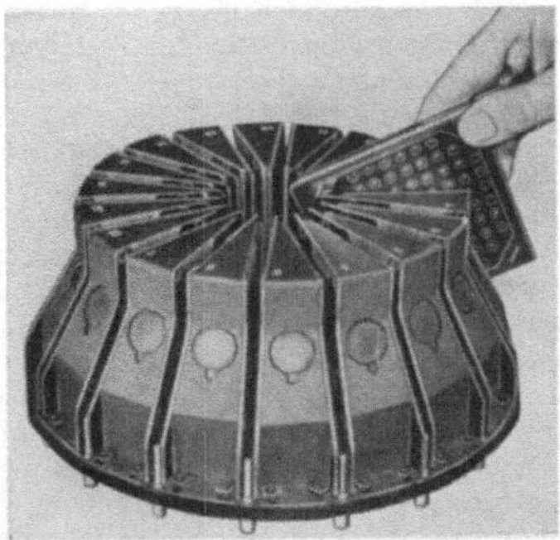

Abb. 12.2-8. Speichertrommel für 18 Schriftrahmen (Schriftarten). Im Linofilm-Photoautomaten
(Lochstreifensteuerung) werden die Schriftarten selbsttätig ausgewechselt

schalter u. dgl. längs seines Weges Signale ab, die wegabhängig zur Steuerung
anderer Anlagenteile verwendet werden können oder auch die Bewegungsgeschwindigkeit des Tisches selbst steuern. Im Arbeitsmaschinenbau wird diese elektromechanische Steuerung sehr häufig angewandt.

In Abb. 12.2-5 ist unter anderem eine mehrspurige Leiste d mit verschiebbaren
Nocken zur Festlegung eines wegabhängigen Programms gezeigt. Bei günstiger
Dimensionierung und Verwendung von Genauigkeits-Grenzschaltern kann eine
wegabhängige Steuerung auf 3 bis 5 µm genau erreicht werden.

Von allen genannten Speicherarten wird speziell im Werkzeugmaschinenbau
häufig Gebrauch gemacht. Auch beim Übergang zu numerischen Steuerungen wird
man aus wirtschaftlichen Gründen immer wiederkehrende Formen und Bewegungs-
läufe oft durch derartige, letzten Endes mechanisch fixierte Unterprogramme

festlegen und sie bei Bedarf im Rahmen der Schaltinformationen vom Datenträger her abrufen.

Die Verarbeitung der Schaltinformationen. Sie erfolgt in Anlehnung an die Schaltkreistechnik (s. Kapitel 3) und die Fernwirktechnik (s. Abschnitt 14.4). Die gleichen Prinzipien finden sich auch bei der bisherigen starkstromtechnischen Betrachtungsweise (z.B. Verriegelungen bei Schützensteuerungen) [12, 13]. In dieses System von Schaltvorgängen mit ihren oft sehr zahlreichen logischen Verknüpfungen zur Erhöhung der Betriebssicherheit fügen sich auf Abruf die genannten mechanischen Speicher ein. Es erübrigt sich, auf Einzelheiten an dieser Stelle näher einzugehen [3, 4, 5]. Wichtigste Geräteformen: Schaltschütze, Relais, Elektromagnetkupplungen, hydraulische und pneumatische Ventile, Kupplungen und Spannelemente, Zugmagnete, Drehmagnete, mechanische, hydraulische oder pneumatische Greifer; elektronische, hydraulische und pneumatische Logikelemente usw.

Verarbeitung der Weginformationen. Sie bildet das Kernstück der inneren Datenverarbeitung jeder numerisch gesteuerten Werkzeugmaschine. Das Zentralproblem ist dabei in den Fällen, bei denen mit geschlossenen Wirkungswegen (Regelkreisen) gearbeitet wird, die Meßwerterfassung mit hinreichend hoher Genauigkeit (im allgemeinen auf $\pm$ 0,002 bis $\pm$ 0,05 mm genau) und Betriebssicherheit. Man kann die gleiche Aufgabe (maßzahlengesteuerte Schlittenverschiebung) auch mit Hilfe von elektrohydraulischen Schrittmotoren in offenen Wirkungswegen (Steuerketten) durchführen [4, 16]; man muß dabei nur Vorkehrungen gegen Maschinenüberlastungen treffen.

In bezug auf den Meßort lassen sich zwei Hauptgruppen unterscheiden:

a) Werkstückmeßsteuerungen. Bei ihnen liegen die Meßstellen unmittelbar am Werkstück; die dort ermittelten analogen oder digitalen Meßwerte können als Istwerte im Rahmen der inneren Datenverarbeitung mit den Sollwerten verglichen und zur Maschinensteuerung herangezogen werden [16, 25]. Praktisch bestehen für diese Verfahren z.Z. noch erhebliche meßtechnische Schwierigkeiten. Die Werkstücke haben oft sehr viele zu überwachende Meßstellen; sie sind u.U. sehr heiß und von groben Spänen von Temperaturen bis 600° C umgeben sowie stark mit Kühlmittel (Wasser oder Öl) benetzt. Die meisten empfindlichen Geräte können unter diesen rauhen Bedingungen beim gegenwärtigen Stand der Technik nicht eingesetzt werden. Das Verfahren wird jedoch z.Z. bereits praktisch bei NC-Rundschleifmaschinen angewandt (kleine Späne, gute Kühlung, wenig verschiedenartige Meßstellen usw.) [4]. Zur Umgehung der genannten meßtechnischen Schwierigkeiten kann man der Bearbeitungsmaschine aber auch einzelne Meßgeräte oder eine ganze Meßmaschine nachschalten, mit deren Hilfe die Werkstücke — zeitlich phasenverschoben — in einem besonderen Arbeitsgang vermessen werden, und erst diese Meßdaten werden der Auswertung und Maschinensteuerung zugeführt [25, 26]. Praktisch wird dieses Verfahren z.Z. bei spitzenlosen Rundschleifmaschinen, Flachschleifen von Massenteilen usw. angewandt und wird voraussichtlich in NC-Maschinenstraßen erweiterte Anwendung finden.

b) Schlittenweg-Meßsteuerungen. In Anbetracht der meßtechnischen Schwierigkeiten bei der Ist-Wert-Erfassung unmittelbar am Werkstück mißt man leichter die Wege bzw. die Lage der Maschinenschlitten und erfaßt auf diese Weise die Relativbewegungen von Werkzeug und Werkstück. Der prinzipielle Nachteil besteht darin, daß die jeweilige Relativlage des Werkzeuges bzw. des Werkstückes zum Schlitten in die Rechnung eingeht. Von seiten des Vorrichtungsbaues muß in diesen Fällen dafür Sorge getragen werden, daß stets die gleichen Ausgangspositionen rasch wiederhergestellt werden können (voreinstellbare Werkzeuge, justierbare Werkzeughalter oder justierbare Skalen-Nullpunkte). Das Problem ist an sich nicht neu; es tritt bei den mit mechanischen Hilfsmitteln automatisierten Maschinen genauso auf (Nachform-Drehmaschinen, Mehrspindelautomaten u.dgl.). Solange die Werkstück-Meßtechnik (Fall a) nicht weiterentwickelt ist, muß man die Schlittenweg-Messung als das kleinere Übel hinnehmen.

Für die praktische Erfassung der Schlittenwege stehen drei Möglichkeiten offen (Abb. 12.2-9):

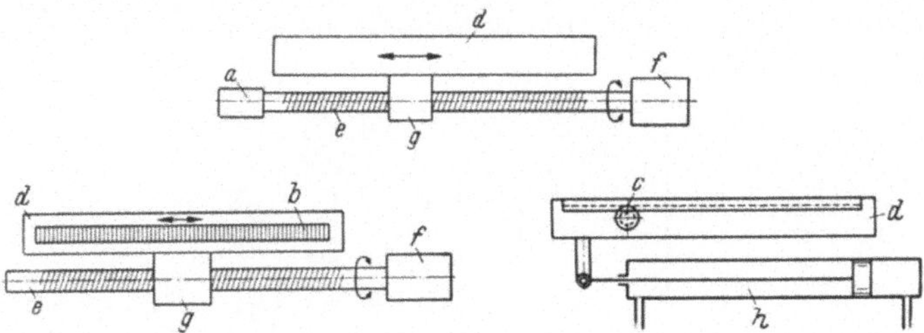

Abb. 12.2-9. Wahl des Meßortes bei Schlittenweg-Meßsteuerungen. *a* Rotierendes Meßsystem, mit Vorschubspindel verbunden, *b* lineares Meßsystem, mit Maschinenschlitten verbunden, *c* rotierendes Meßsystem, über Ritzel und Zahnstange mit Maschinenschlitten verbunden, *d* Maschinenschlitten, *e* Vorschubspindel, *f* rotierendes Antriebssystem (z.B. Gleichstrommotor oder Hydromotor), *g* Mutter für Vorschubspindel (ggf. zur Verringerung der Reibung als spielfreie Kugel-Umlauf-Mutter mit Vorspannung ausgeführt), *h* lineares Antriebssystem (Hydrozylinder für Drucköl)

α) Kopplung des Wegmeß-Systems *a* mit der Vorschubspindel *e* (Meßort Vorschubspindel, indirekte Messung).

β) Kopplung eines linearen Wegmeß-Systems *b* unmittelbar mit dem Maschinenschlitten *d* (Meßort Maschinenschlitten, direkte Messung).

γ) Kopplung des Wegmeß-Systems *c* mit dem Maschinenschlitten *d* über eine Präzisionszahnstange und ein Ritzel (indirekte Messung).

Meßtechnisch anzustreben ist in allen Fällen Verfahren β). Bei großen Maschinenlängen (über 2000 mm Verschiebeweg) und hoher Genauigkeit (Meßstabsauflösung 0,01 mm und weniger) ist das Verfahren z.Z. noch teuer.

Verfahren α) ist demgegenüber wesentlich einfacher und billiger, da die Messung über einen Drehwinkel konstruktiv zu einfacheren Formen führt. Dafür gehen alle elastischen und thermischen Verformungen unter Einwirkung der Vorschubkräfte und der Reibung sowie alle Fertigungsungenauigkeiten der u.U. langen Gewindespindel e in die Messung ebenso ein wie die der Mutter g.

Im Verfahren γ) kann die Meßwerterfassung wohl nicht durch große Kräfte und elastische Verformungen gefälscht werden, jedoch müssen sehr hohe Anforderungen an die Verzahnungsgüte und Verschleißfestigkeit der Zahnstange und des Ritzels gestellt werden. Gleichzeitig sollten die angeschlossenen Meßsysteme möglichst kleine Massen besitzen, um die Zahnbeanspruchung durch dynamische Kräfte klein zu halten. Praktisch angewandt werden alle drei Verfahren [4, 6]. Verständlicherweise gehen aber neben der gewünschten Genauigkeit der Maschine auch deren Größe und die Fertigungsmöglichkeiten der beteiligten Maschinenbaufirmen in die Auswahlkriterien ein.

Die Messung selbst kann analog oder digital erfolgen. Im ersten Fall muß die Umsetzung in digitale Werte im Zuge der übrigen Datenverarbeitung durch eines der bekannten Geräte (vgl. Abschnitt 8.1) erfolgen; im zweiten Fall stellt das Meßgerät selbst einen ADU dar.

Aus der Auswahl analoger Meßgeräte kommt eine verhältnismäßig kleine Zahl für die Anwendung bei Arbeitsmaschinen in Frage. Bevorzugte Systeme für drehende Bewegung (Winkelmessung) sind: Drehfeldgeber mit einer elektrischen Genauigkeit von mindestens 10′ und Kreisinductosyn [15] mit einer elektrischen Genauigkeit von 1″.

Bevorzugte Systeme für lineare Bewegung sind: Linear-Inductosyn mit einer elektrischen Genauigkeit von rd. 0,005 mm [4, 15]. Es handelt sich dabei im wesentlichen um ein in die Ebene abgewickeltes Einphasen/Zweiphasen-Drehfeldsystem (eisenlos für 1 bis 50 kHz) in gedruckter Schaltung und zusammensetzbaren Einheiten von 200 mm Länge (Abb. 12.2-10). Zur Kopplung mit der numerischen Dateneingabe müssen ebenfalls DAU (meist relaisgesteuerte Anzapftransformatoren) eingesetzt werden.

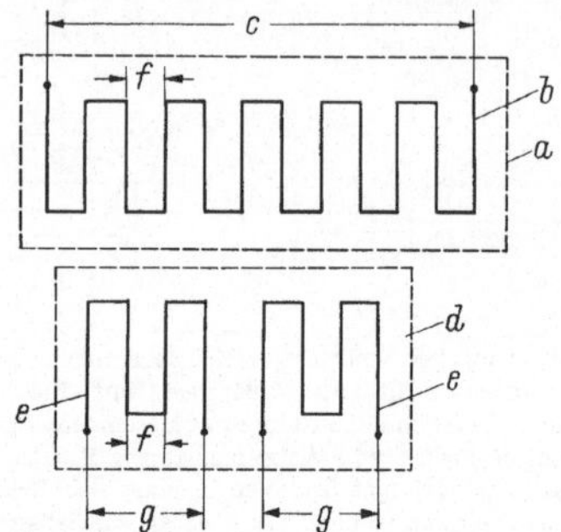

Abb. 12.2-10. Prinzipbild eines Linear-Inductosyns. *a* Feststehende eisenlose Trägerplatte (Skala), *b* eingeätzte, eindrähtige Primärwicklung mit der Polteilung *f*, *c* einphasige Primärspannung (meist > 1 kHz), *d* bewegliche, eisenlose Trägerplatte (Gleiter), *e* zwei um 90° elektrisch gegeneinander versetzte, eindrähtige Sekundärwicklungen (eingeätzt), *f* Polteilung ($^1/_{10}$ Zoll oder 2 mm), *g* Sekundärspannungen eines Zweiphasensystems. Anmerkung: Im montierten Zustand liegen die Platten *a* und *d* mit etwa $^1/_{10}$ mm Abstand übereinander und sind gegeneinander verschiebbar

Die digitalen Wegmeßsysteme sind ihrer Natur nach stets auch ADU, d.h., eine kontinuierlich veränderliche Längs- oder Drehbewegung wird unmittelbar in zählbare Wegelemente Δs oder Winkelelemente $\Delta \varphi$ zerlegt, womit u.U. auch gleich eine Codierung verbunden sein kann. Es gelten somit alle Überlegungen und Konstruktionsmöglichkeiten, wie sie in Abschnitt 8.1 ausführlich behandelt werden. Grundsätzlich bietet die Verlegung der ADU unmittelbar an den Meßort den Vorteil, daß die weitere Datenverarbeitung und Kopplung mit der zahlenmäßigen Eingabe der Weginformationen ohne weitere Umsetzung erfolgen kann. Die konstruktiven Schwierigkeiten liegen in der betriebssicheren und preisgünstigen Erfassung des kleinsten Wegelementes Δs als digitalem Einheitsschritt.

Praktisch muß das Auflösungsvermögen eines linearen Gittermaßstabes bei 0,005 bis 0,02 mm liegen, um den Abnahmebedingungen der meisten Werkzeugmaschinen zu entsprechen. Photoelektrisch im Durchlicht oder Auflicht abtastbare lineare Gittermaßstäbe ohne Codierung werden heute in Längen von 1 000 mm serienmäßig hergestellt und zu größeren Längen zusammengesetzt. Die Teilung liegt meist bei 0,01 bis 0,04 mm und höher. Durch eine passende Abtastung und angeschlossene Auswerteschaltung kann jedes Teilungsintervall auf elektrischem Wege in bis zu 4 Teile aufgeteilt werden; dadurch sinken wohl die Ansprüche an die Teilungsfeinheit beim Maßstab, die Kosten für die Auswerteschaltung steigen jedoch an. Codierte Längsmaßstäbe sind heute noch selten in Anwendung, da die Maßstäbe bei den verhältnismäßig großen Weglängen sehr teuer werden.

Bei der Verwendung rotierender Teilscheiben gehen alle Fehler der Umsetzung einer Längsbewegung in eine Drehbewegung in die Meßgenauigkeit ein. Trotzdem wird in der Maschinenbaupraxis bis heute relativ oft von dieser Möglichkeit Gebrauch gemacht [4, 27], besonders bei rotierenden Codescheiben in Verbindung mit der V-Abtastung (vgl. Abschnitt 8.1).

Sowohl bei der analogen als auch bei der digitalen Erfassung des Weges spielt die Frage des absoluten oder inkrementalen Messens für die konstruktive Gestaltung der ganzen inneren Datenverarbeitung einer Werkzeugmaschine eine ausschlaggebende Roll. Die Prinzipien sind in Abschnitt 8.1 eingehend erläutert; es genügt, an dieser Stelle auf die speziellen Auswirkungen in der Maschinenpraxis hinzuweisen.

Die Codierung unmittelbar an der Meßstelle bietet alle Vorteile der absoluten Wegerfassung. Das heißt, jeder Schlittenstellung entspricht ein bestimmter, jederzeit reproduzierbarer numerischer Wert oder eine bestimmte Phasenlage, Spannung, Frequenz usw. Für das Arbeiten mit der Maschine wirkt sich diese Tatsache so aus, das ein gelegentlicher Meßfehler nur eine örtlich begrenzte Abweichung am Werkstück verursacht. Praktisch angewandt werden bisher über Getriebe verbundene Drehmelder oder rotierende Code-Scheiben [17, 4].

Die spätere Codierung im Rahmen der inneren oder äußeren Datenverarbeitung (inkrementale Messung) bringt eine konstruktive Erleichterung an der Meßstelle. Seiner Natur nach ist das inkrementale (Zuwachs-) Verfahren jedoch immer eine Summenbildung, d.h. jedes Zuviel oder Zuwenig einer Einheit pflanzt sich fort. Ein etwaiger Meß- oder Verarbeitungsfehler hat keine örtliche Störung mehr zur Folge, sondern das ganze Werkstück kann Ausschuß werden. Um diesen Schwierigkeiten zu begegnen, müssen außerordentlich hohe Ansprüche in bezug auf Abschirmung, Betriebssicherheit und Zeitverhalten an alle Elemente der inneren Datenverarbeitung gestellt werden.

Betrachtung eines numerisch gesteuerten Maschinenschlittensystems (Teile 1 bis 4 in Abb. 12.2-1). Im Prinzip kann die Maschinenschlittenverstellung in einem offenen Wirkungsweg (Steuerkette) oder in einem geschlossenen Wirkungsweg (Regelkreis, Abschaltkreis) erfolgen [4, 16]. Die Steuerkette setzt das Vorhandensein von sehr betriebssicheren, impulsgesteuerten Schrittmotoren von kleinem Schwungmoment und hohem Drehmoment voraus. Solche Motoren werden heute als elektrohydraulische Schrittmotoren verwendet [4]. Die verbreitetste Anwendung haben allerdings geschlossene Wirkungswege in Form von Regel- oder Abschaltkreisen [16]. Diese Ausführungsform soll daher hier näher betrachtet werden. Die Wegmeßeinrichtungen bilden in allen Fällen nur einen Teil eines Systems, das sich aus mehreren, recht heterogenen Elementen zusammensetzt. Aus Gründen der Übersichtlichkeit erscheint es zweckmäßig, von einer vierteiligen Grundform auszugehen und dabei die verschiedenartigen Arbeitsbedingungen bei den einzelnen Werkzeugmaschinen zu betrachten.

Bei Punkt- und Streckensteuerungen kann der Kreis als Regelkreis mit kontinuierlichem Soll-Istwert-Vergleich aufgebaut werden, es muß aber nicht so sein. Meist kommt man mit einem einfachen Abschaltkreis [16] aus. Das heißt, um einen Maschinenschlitten von Punkt P_0 zu dem Punkt P_3 zu verschieben (Abb. 12.2-11), genügt es , die beiden Endpunkte genau zu definieren und den Schlitten mit der technologisch zweckmäßigen Geschwindigkeit in Bewegung zu setzen. Der Vergleicher hat nur dafür zu sorgen, daß bei Erreichen des Punktes P_3 ein Signal abgegeben wird, das den Schlitten stillsetzt. Zwischen den beiden Endpunkten findet keine Führung der Schlittenbewegung durch den Vergleicher statt.

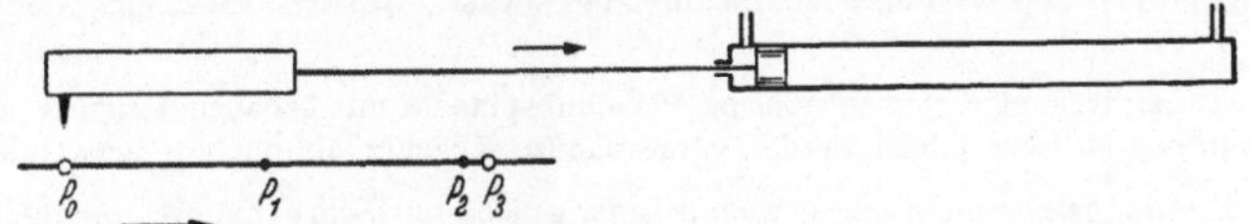

Abb. 12.2-11. Bewegungsablauf beim Positionieren. P_0 Anfangspunkt, P_1 z.B. Umschaltpunkt für den Übergang von einer Eilbewegung auf einen Arbeitsgang, P_2 z.B. Umschaltpunkt für den Übergang von einem Arbeitsgang auf einen Schleichgang, P_3 Endpunkt

Als *Vergleicher* (Teil 2) kommen je nach Meßsystem bei Punkt- und Streckensteuerungen die in Tabelle 12.2-1 dargestellten Anordnungen in Frage.

Bei analoger Messung wird dem Vergleicher der notwendige ADU vorgeschaltet, um die betriebsnotwendige Kopplung mit der numerischen Dateneingabe sicherzustellen.

Tabelle 12.2-1. Vergleicher bei Punktsteuerungen

	Analog	Digital
Absolute Messung	Polarisierte Relais, phasenempfindliche Brückenschaltungen usw., längsverschiebbare Meßmarken mit Schalteinrichtungen, z.B.: Grenzlagenschalter und Nocken, Magnetmarken mit Differential-Transformatoren, Lichtschlitze und Photozellen u. dgl.	Digitalcodierte Koinzidenzprüfer (binär oder dezimal) [4, 17]
Inkrementale Messung		Elektronische Vorwahlzähler [4]

Die *Antriebselemente* (Teil 3) können bei Punkt- und Streckensteuerungen in oft groben Sprüngen gestuft ausgeführt werden. Eilgang (bis rd. 10 m/min) und Schleichgang (bis rd. 4 mm/min) werden meist als Maschinenkonstanten festgelegt. Bei Punktsteuerungen (Positionieren von Koordinatentischen) sind nur diese beiden Geschwindigkeiten notwendig. Bei Streckensteuerungen liegen die — oft in dem Intervall von etwa 40 bis 600 mm/min (je nach Maschinenart, Werkstoff und Werkzeug) variablen — Arbeitsgänge dazwischen. Sie können im Rahmen der Schaltinformationen vorgewählt und durch das erste Vergleichersignal (Punkt P_1) wegabhängig abgerufen werden.

Praktisch angewandte Antriebselemente bei Punkt- und Streckensteuerungen sind [18]:

Kupplungsgetriebe mit Elektromagnetkupplungen für große Stufensprünge

Ölmotoren (hydrostatisch)   }   in Verbindung mit elektro-
Kolben in Druckölzylindern }   hydraulischen Ventilen und Drosseln

Der Stellbereich beträgt oft 1:4000 und mehr. Stufenlose drehzahl- oder geschwindigkeitsveränderliche Antriebe können verwendet werden, müssen jedoch bei Punkt- und Streckensteuerungen aus steuerungstechnischen Gründen allein nicht angewandt werden.

Die Maschinenschlitten, die zugehörigen Führungsbahnen und Vorschubspindeln (Teil 4) müssen bei allen numerisch gesteuerten Maschinen Mindestforderungen genügen, um sie als hoch beanspruchte Maschinenelemente durch den automatischen Betrieb betriebssicher und dauerfest in den Gesamtverband einfügen zu können [7, 8, 11]. Besonders wichtig sind:

a) Starrheit und gute Schwingungsdämpfung zur Sicherstellung der Meßwerterfassung.

b) Möglichst konstante Reibungsverhältnisse, besonders auch im Gebiet sehr langsamer Tischbewegungen, Vermeidung des stickslip-Effektes (ruckendes Gleiten) [4, 8].

c) Leichtgängige, verschleißarme Vorschubspindeln mit genauer Steigung und spielfreien Muttern (meist werden vorgespannte Kugelumlaufmuttern verwendet).

Bei *Bahnsteuerungen* dagegen *muß* (sofern nicht mit Schrittmotoren gearbeitet wird) das Abschlußnetzwerk stets ein Regelkreis mit kontinuierlicher Schlittenführung sein, um die Funktionsabhängigkeit der einzelnen Koordinatenbewegungen jederzeit sicherzustellen.

Als *Meßsysteme* (Teil 1 in Abb. 12.2-1) werden vorwiegend die in Tabelle 12.2-2 aufgeführten Anordnungen verwendet; als Vergleicher (Teil 2 in Abb. 12.2-1) kommen je nach dem gewählten Meßsystem die in Tabelle 12.2-3 genannten Einrichtungen in Frage.

Die *Antriebselemente* (Teil 3 in Abb. 12.2-1) für die Schlittenbewegung bei Bahnsteuerungen müssen stets stufenlos drehzahl- oder geschwindigkeitseinstellbar sein

Tabelle 12.2-2. Meßsysteme bei Bahnsteuerungen

	Analog	Digital
Absolute Messung	Über Präzisionsgetriebe verbundene Drehfeldgeber, Inductosynmaßstäbe (Drehmelder)	Codescheiben, codierte Linearskalen [4, 17]
Inkrementale Messung	1 Drehfeldgeber (Drehmelder) (z. B. Verfahren B IV in Abb. 12.2-1)	Strichgitter mit richtungsempfindlicher Abtastung [4]

Tabelle 12.2-3. Vergleicher bei Bahnsteuerungen

	Analog	Digital
Bei absoluter Messung	Spannungs- oder phasenempfindliche Brückenschaltungen, oft mit D-A-Umsetzern gekoppelt (Abschnitt 1.4)	Digitale Rechenwerke mit angeschlossenen D-A-Umsetzern zur analogen Antriebssteuerung [4]
Bei inkrementaler Messung	Sehr empfindliche Phasendetektoren mit Notabschaltung der Maschine bei Überschreitung einer maximalen Winkelabweichung	Vor- und rückwärtszählende Zähler als Regler [19, 4]

und besonders beim Nulldurchgang im Reversierbetrieb ein lineares und stetiges Drehzahlverhalten aufweisen. Praktisch werden z. Z. bevorzugt angewandt [18]:

a) Hydromotoren oder Hydrozylinder [4] in Verbindung mit elektromagnetisch gesteuerten Drosselventilen und hydraulischen Verstärkern.

b) Gleichstrommotoren in Verbindung mit Thyristor-Steuerungen [4].

Die an der Schlittenbewegung beteiligten mechanischen Bauelemente der Werkzeugmaschine (Teil 4 in Abb. 12.2-1) müssen in noch höherem Maße als bei den Punktsteuerungen im Hinblick auf geringe Reibung und Spielfreiheit konstruiert sein.

Bei Verwendung von Inkremental-Meßsystemen werden besonders hohe Ansprüche an das Zeitverhalten des ganzen Schlittensystems gestellt, da ein Außertrittfallen — ähnlich wie bei Schrittmotoren — irreparabel ist. Die größten kontruktiven Schwierigkeiten liegen dabei in den Antriebselementen von oft 2 bis 5 kW Leistung und den Schlittenführungen. Meist sind Spezialkonstruktionen erforderlich [7, 8, 11].

Gerade bei den Bahnsteuerungen hat es sich zuerst gezeigt, daß es unbedingt notwendig ist, besonders die innere Datenverarbeitung als geschlossenes Ganzes aufzufassen. In der industriellen Praxis ist ein sehr enges Zusammenarbeiten der beteiligten Spezialfirmen (für Elektronik und Maschinenbau) zur Abstimmung der verschiedenartigen Bauelemente für die Weiterentwicklung der NC-Technik im Maschinenwesen unerläßlich.

12.2.4 Die äußere Datenverarbeitung und ihre Geräte

Definitionsgemäß umfaßt die äußere Datenverarbeitung die Aufbereitung von Formangaben und technologischen Angaben zu einer solchen Form, daß damit eine handbediente oder selbsttätige Werkzeugmaschine gesteuert werden kann. Bei handbedienten Maschinen werden die entsprechend vorbereiteten Werkstattzeichnungen und Betriebsanweisungen unmittelbar oder ggf. über einen Meister dem Arbeiter an der Maschine zugeleitet. In Abb. 12.2-1 ist für den Fall der Punktsteuerung (A I) diese Möglichkeit gestrichelt eingezeichnet. Bei selbsttätigem Betrieb müssen die Arbeitsinformationen (Schalt- und Weginformationen) in einem geeigneten Datenträger festgehalten werden. Bei Arbeitsmaschinen kommen hierfür heute vorwiegend Lochstreifen in Frage. Sinngemäß gehört die Herstellung der Spezial-Lochstreifen für Jacquard-Webstühle hierher (bereits seit 1805 zur Herstellung reich gemusterter Stoffe in Gebrauch [20]).

Bei Werkzeugmaschinen dominieren heute eindeutig achtspurige Lochstreifen. Sie werden nach DIN 66024 und nach der EIA-Richtlinie RS-244-A [4] codiert. Im Hinblick darauf, daß alle numerisch gesteuerten Arbeitsmaschinen Sonderformen von Datenverarbeitungsanlagen darstellen, ist jedoch zu erwarten, daß sich über ISO internationale Bestrebungen durchsetzen, den amerikanischen ASC II einheitlich anzuwenden *(American Standard Code for Information Interchange)*; DIN 66024 ist darauf aufgebaut [32].

Bei Maschinen mit Punkt- und Streckensteuerungen (z.B. Koordinaten Bohrmaschinen) ist die Zahl der Arbeitsinformationen im allgemeinen verhältnismäßig klein; sie kann größenordnungsmäßig je nach Werkstückform und Maschinenart etwa zwischen 30 und 500 Befehle betragen. Eine Aufbereitung der Daten mit elektronischen Mitteln lohnt im allgemeinen noch nicht. Man kann sich darauf beschränken, die Daten nach einem Programmschema in ein passendes Codiergerät einzugeben (z.B. lochstreifengesteuerte Schreibmaschine; s. Abschnitt 8.4). Der so erhaltene Datenträger kann unmittelbar der Werkzeugmaschine zur inneren Datenverarbeitung zugeführt werden; wegen der vorwiegend manuellen Programmerstellung spricht man in diesem Falle von einem manuellen Programmieren numerisch gesteuerter Werkzeugmaschinen [33]. In Deutschland sind Programmschemen in Anlehnung an ISO in DIN 66025 [28] und VDI 3255 [21] enthalten.

Erst wenn die Zahl der Arbeitsinformationen größer als etwa 300 bis 500 Einzelbefehle (Wörter) wird oder Aufgabenstellungen aus der Arbeitsvorbereitung in die Rationalisierung der äußeren Datenverarbeitung einbezogen werden sollen, empfiehlt sich der Einsatz von Universal-Digitalrechnern auch für diese Zwecke. Man spricht in diesem Fall von einem maschinellen Programmieren (s. Abschnitt 12.2.5), da wesentliche Teile der Programm- und Lochstreifenerstellung über eine Maschine (Rechenanlage) laufen [34].

Bei Druck- und Textilmaschinen ist eine elektronische äußere Datenverarbeitung noch nicht üblich. Dagegen wird bei Setzmaschinen der Einsatz von Datenverarbeitungsanlagen zur Erleichterung des Überganges vom schreibmaschinengeschriebenen Manuskript in das Druckbild mit konstanter Zeilenlänge in zunehmendem Maße aktuell [22].

Bei Werkzeugmaschinen mit Bahnsteuerungen (z.B. Profilfräsmaschinen) bleibt die Zahl der Schaltinformationen in der Regel relativ klein (wenig Schnittgeschwindigkeitswechsel, Werkzeugwechsel usw.). Die Zahl der Weginformationen steigt jedoch infolge der hohen Dichte der aufeinanderfolgenden Koordinatenangaben (Koordinatenabstände 0,01 mm und weniger) stark an.

Die in Abb. 12.2-1 schematisch dargestellten Verfahren B III bis B V mögen lediglich dazu dienen, gewisse Grundprinzipien übersichtlich zu ordnen. Die Aufstellung erhebt keinen Anspruch auf Vollständigkeit; dafür sind die Variationsmöglichkeiten zu groß. Wesentlich ist in allen Fällen der Einsatz eines heute vorwiegend digital arbeitenden Interpolators, der zwischen verhältnismäßig grobschrittigen Stützpunkten nach festgelegten Funktionen die Sollbahn, z.B. eines Fräsers, definiert.

Die Interpolatoren stellen beim gegenwärtigen Stand der Technik das Bindeglied zwischen einer universell benutzbaren Datenverarbeitungsanlage und den speziellen Erfordernissen einer Werkzeugmaschinensteuerung dar. Die Interpolation wird meist linear und zirkular, seltener parabolisch durchgeführt. Bei Werkstücken mit vielen Krümmungen und bei hohen Genauigkeitsanforderungen führt die lineare Interpolation zu einer großen Zahl von Eingangsinformationen. Dadurch können die Vorteile einer digitalen linearen Interpolation (z.B. wirtschaftliche Einfachheit bei beliebiger Genauigkeit) durch hohe Betriebskosten zunichte gemacht werden. Um die Universalität numerisch gesteuerter Maschinenanlagen voll ausnutzen zu können, ist in vielen Fällen die Anwendung umschaltbar arbeitender Interpolatoren (linear-zirkular) vorzuziehen.

Über die Zweckmäßigkeit und Wirtschaftlichkeit der verschiedenen Verfahren unter veränderlichen Arbeitsbedingungen kann nur die Praxis im Zusammenwirken mit Hochleistungswerkzeugmaschinen entscheiden. Grundsätzlich bestehen zwei Einsatzmöglichkeiten für diese Geräte. Bei dem Verfahren B III (Abb. 12.2-1) gehört der Interpolator zur inneren Datenverarbeitung (Inneninterpolator). Das heißt, jede Werkzeugmaschine besitzt einen kleinen Digitalrechner als Interpolator. Die Dateneingabe in diesen kann über Lochstreifen erfolgen.

Bei dem Verfahren B IV gehört der Interpolator zur äußeren Datenverarbeitung (Außen-Interpolator). Die fertig interpolierten Weginformationen müssen wegen ihrer großen Zahl nunmehr auf Magnetbändern abgespeichert und in dieser Form der inneren Datenverarbeitung zugeführt werden. Im Falle B IV werden in einem digitalen Universalrechner aus geometrischen Kenndaten und Werkzeugabmessungen grobschrittige Stützpunkte der Werkzeugbahn errechnet und über einen Zwischenspeicher der nachgeschaltete Interpolator gespeist. Dieser speichert anschließend die interpolierten Ausgabedaten auf einem Magnetband (analog als Wechselspannungen verschiedener Frequenz und Phasenlage in bezug auf eine Leitfrequenz [4] oder digital als Zählimpulse, deren Zahl den Weg und deren Dichte die Geschwindigkeit definieren [4]). Der Einsatz von Magnetbändern ist bei numerisch gesteuerten Werkzeugmaschinen jedoch relativ selten. Beim heutigen Stand der Technik bestehen folgende Bedenken:

a) Magnetbänder sind staub- und rauchempfindlich; klimatisierte Räume wie in Rechenzentren sind im Werkstattbetrieb teuer und organisatorisch schwierig einzuplanen.

b) Magnetbänder sind leicht löschbar; die Möglichkeit zur Sabotage ist gegeben; schadhafte Bänder sind schwer erkennbar.

c) Durch den Wegfall des Innen-Interpolators entfallen auch die einfachen Korrekturmöglichkeiten in bezug auf Werkzeugabmessungen, Geschwindigkeitsänderungen und Nullpunkt-Justierung.

d) Bei komplizierten Werkstücken müssen oft Programmkorrekturen durchgeführt werden, deren Notwendigkeit sich aus geometrischen und technologischen Gründen erst am eingespannten Werkstück in der Werkzeugmaschine ergeben. Bei großer räumlicher Entfernung zwischen Rechenzentrum (Außen-Interpolator) und Produktionsbetrieb können häufige Programmkorrekturen zu unangenehmen Verlustzeiten und Kosten führen, die gerade bei der Einzel- und Kleinserienfertigung besonders störend sind.

Die Gesichtspunkte a) bis d) dürften in ihrer Gesamtheit triftige praktische Gründe dafür sein, daß das Verfahren B IV, trotz seiner theoretischen Vorteile, beim heutigen Stand der Technik nicht die erwartete Verbreitung gefunden hat.

12.2.5 Spezielle Programmiersprachen in der Fertigungstechnik

Zur Rationalisierung des Programmiervorganges (Datenreduktion) und zur Erhöhung der Programmiersicherheit werden beim maschinellen Programmieren numerisch gesteuerter Werkzeugmaschinen spezielle Programmiersprachen benutzt. Die in Kapitel 9 erläuterten Symbolsprachen (z.B. ALGOL und FORTRAN) sind im allgemeinen nicht ohne weiteres brauchbar, da dort geometrische und technologische Beschreibungsmöglichkeiten fehlen. Nach anfänglich weit divergierenden Ansätzen in den Jahren 1957 bis 1963 machen sich z.Z. Tendenzen zur Sprachvereinheitlichung bemerkbar; sie scheinen sich vornehmlich auf APT (*A*utomatically *P*rogrammed *T*ool) und einige Untermengen davon zu konzentrieren [24, 34, 38]. Die Grundzüge der APT-Sprache wurden etwa in den Jahren 1955 bis 1958 am MIT (*Massachusetts Institute of Technology*) entwickelt; die derzeitige Verwaltung liegt beim IITRI (*Illinois Institute of Technology, Research Institute*/Chicago). APT ist gekennzeichnet durch [37]:

a) Beschreibungsmöglichkeiten von zwei- und dreidimensionalen Werkstückformen beliebiger Oberflächengestalt.

b) Beschreibungsmöglichkeiten für Werkzeuge zur Erzeugung dieser Formen unter Berücksichtigung der Werkzeuggeometrie.

c) Enge Anlehnung an USASI-FORTRAN (*United States of American Standardization Institute*).

d) Bildung von MACROS als Unterprogramme bei mehrfach sich wiederholenden Bearbeitungsvorgängen.

e) Zweiteiligen Compiler (Processor und Postprocessor).

f) Die APT-Sprache ist vorwiegend geometrisch orientiert ohne nennenswerte Bezugnahme auf die Werkzeugmaschine, auf der das Werkstück später bearbeitet werden soll. Das Programm wird als sogenanntes Quellenprogramm in die Datenverarbeitungsanlage eingegeben, nachdem diese mit dem entsprechenden Processor geladen wurde. In einem sogenannten Nachverarbeitungsprogramm (Postprocessor, Werkzeugmaschinen-Anpassungsteil) werden erst später die Kenndaten einer speziellen Werkzeugmaschine eingefügt und so die Voraussetzungen für die automatische Ausgabe eines speziellen Steuerlochstreifens für eine definierte Werkzeugmaschine geschaffen. Auf diese Weise ist die Betriebsleitung in der Lage, möglichst lange freie Hand bei Maschinenbelegungsplänen zu behalten. Damit ist auch der Brückenschlag zur integrierten Datenverarbeitung und Fertigungssteuerung mit Mitteln der automatischen Datenverarbeitung möglich [27, 36]. Der Gesamt-Wortschatz und die Syntaxregeln von APT sind recht umfangreich; sie werden nur bei sehr komplizierten Werkstück-Formgebungsaufgaben auf bahngesteuerten Werkzeugmaschinen in vollem Umfange benötigt.

Diese Tatsache hat im Laufe weniger Jahre zur Bildung von APT-Untermengen (z.B. ADAPT/USA, IFAPT/Frankreich, 2C, L/England [23], MINIAPT/Deutschland) oder selbständiger Sprachen (z.B. SPLIT/USA, AUTOMAP/USA, AUTOSPOT/ USA u.a.) geführt [4, 34]. Eine entscheidende Erweiterung erfolgte 1964/65 durch die Einbeziehung allgemeingültiger technologischer Komponenten in den Processorteil. Das in Deutschland entwickelte EXAPT-System (Extended subset of APT) besteht aus 3 Teilen: EXAPT 1 für Bohrbearbeitungen, EXAPT 2 für Drehbearbeitung, EXAPT 3 für Fräsbearbeitungen. Auf diese Weise ist es möglich, allgemeine Aufgaben der Arbeitsplanung (z.B. Werkzeugwahl, Schnittwertermittlung u.dgl.) an Datenverarbeitungsanlagen zu delegieren und so die Arbeitsvorbereitung zu entlasten.

Das Aufkommen leistungsfähiger und preisgünstiger Kleinrechner scheint seit etwa 1968 jedoch auch auf diesem Gebiet neue, von APT unabhängige Entwicklungen auszulösen [4], die auch den Zentralisierungstendenzen von seiten der Großrechner entgegenwirken.

12.2.6 Zusammenfassung

Die numerische Steuerung von Arbeitsmaschinen stellt ein völlig neues Konzept der industriellen Fertigung dar. Es darf jedoch niemals verkannt werden, daß dieses neue Verfahren einer harten wirtschaftlichen Auslese unterworfen ist, denn es steht, besonders bei größeren Werkstückzahlen, in scharfer Konkurrenz zu älteren Verfahren. Zum Vergleich ist es zweckmäßig, die wesentlichsten von ihnen gedanklich in die Schemen von Abb. 12.2-1 einzuordnen [4]:

a) Speichert man die Koordinatenangaben für Bohrlöcher (Weginformationen) im Rahmen der äußeren Datenverarbeitung (in diesem Falle in speziellen Vorrichtungswerkstätten) in Form von Bohrlehren, Anreißschablonen usw., so hat man das Bild der bisherigen konventionellen Arbeitsweise bei Herstellung größerer Werkstückserien. Neu ist bei der numerischen Dateneingabe die Flexibilität bei Maßänderungen von Bohrbildern.

b) Rüstet man dagegen z.B. ein Bohrwerk mit geeigneten Speichern (Flipflopspeicher, Magnetbandspeicher u.dgl.) derart aus, daß beim ersten handbetätigten

Durchlauf eines Werkstückes nach den Zeichnungsangaben alle Positionen zunächst mit Hilfe der vorhandenen optischen Maßstäbe eingestellt und dann in der Maschinensteuerung gespeichert werden können, dann ist die Maschine für alle weiteren Arbeitsgänge programmiert, so daß sie selbsttätig weiterarbeiten kann (Repetier- oder Playbackverfahren) [3, 42]. Die äußere Datenverarbeitung ist bei diesem Verfahren auf ein Minimum beschränkt, die Kosten für geeignete Speicherverfahren sind relativ gering, und das Programmieren der Anlage erfolgt selbsttätig während des ersten Produktionsganges. Die erreichbaren Repetiergenauigkeiten liegen bei rd. 3 bis 4 μm [42].

c) Speichert man die Weginformationen einer Drehmaschine, Profilfräsmaschine, Brennschneidmaschine u. dgl. in Form einer profilierten Schablone, eines Holzmodells oder einer lichtelektrisch abtastbaren Zeichnung, und rüstet man die Maschine mit einer passenden Abtasteinrichtung und einem Folgeregelkreis aus, so erhält man eine Nachformmaschine, die weitgehend selbsttätig arbeitet, wenn auch das Herstellen von Modellen und Schablonen im Rahmen der äußeren Datenverarbeitung umständlich und kostspielig sein kann.

Die numerische Steuerungstechnik erfordert im Vergleich mit den genannten Alternativlösungen einen verhältnismäßig großen Investitionsaufwand. Wie bereits aus den Systemkettenbeispielen der Abb. 12.2-1 hervorgeht, wirken sich numerisch gesteuerte Werkzeugmaschinen meist stark auf andere Betriebsbereiche und ihre Organisationsformen aus; eine exakte Kostenerfassung pro Maschine oder Werkstück ist daher umständlicher als bei konventionellen Verfahren. Wirtschaftlichkeitsbetrachtungen als Verfahrensvergleiche zwischen den geschilderten konkurrierenden Lösungen müssen daher mit besonderer Sorgfalt durchgeführt werden [36]. Im allgemeinen kann man sagen, daß mit der Einführung der Digitaltechnik in die Maschinensteuerungen auch deren Flexibilität erheblich zugenommen hat. Sie wird durch mechanisch arbeitende Werkzeug- und Werkstück-Wechseleinrichtungen naturgemäß begrenzt. In der Fertigungstechnik sind numerisch gesteuerte Werkzeugmaschinen daher ein gutes Mittel zur Rationalisierung und Automatisierung der Einzel- und Kleinserienfertigung. Kennzeichnend für diese Form der integrierten Datenverarbeitung ist jedoch die enge Vermischung von Informationsfluß, Materialfluß, Werkzeugbereitstellung und Vorrichtungsdisposition [4, 40]. Ähnlich liegt der Fall bei numerisch gesteuerten Walzwerken. Dort dominiert unter Umständen die über Rechner gesteuerte Materiallenkung; die numerisch gesteuerte Walzenstraße (Zustellung des Walzenabstandes ähnlich einer Streckensteuerung an Werkzeugmaschinen) ist nur eine betriebsnotwendige Baugruppe innerhalb einer umfangreichen Prozeßsteuerung (vgl. Abschnitt 11.4).

Ein spezielles Anwendungsgebiet der NC-Technik ist deren Einsatz bei Meßmaschinen, um komplizierte, fertig bearbeitete Werkstücke selbsttätig auf ihre Maßhaltigkeit zu überprüfen [26]. Dabei werden, ähnlich wie bei dem Bearbeitungsvorgang, die Werkstückformen als Sollmaße zahlenmäßig festgelegt und in Loch- oder Magnetbändern gespeichert. Das auf dem Tisch der bandgesteuerten Meßmaschine festgeklemmte Werkstück wird dann mit einem Fühlhebel abgetastet. Der Fühler erfaßt dabei lediglich die Abweichungen zwischen Soll- und Istwerten und führt sie einer entsprechenden Registrier- und Auswertestelle zu [4, 36]. In Anbetracht der bei komplizierten Werkstücken oft sehr langen Prüfzeiten sowie der Notwendigkeit, gerade für die handbetätigte Inspektion sehr hochwertige Fachkräfte einsetzen zu müssen, dürften numerisch gesteuerte Meßmaschinen in absehbarer Zeit eine erhebliche Bedeutung gewinnen. Auch die Rückführung von Meßwerten in NC-Fertigungsstraßen ist auf diese Weise möglich.

Eine andere Möglichkeit der Weiterentwicklung umfassender numerischer Steuerungssysteme zur geometrischen Datenverarbeitung ist der Einsatz von Meßmaschinen als ADU bei umständlich numerisch beschreibbaren Werkstückformen (z. B. Ur-Entwürfen von neuen Automobilformen u. dgl., die mehr von Künstlern als von Ingenieuren festgelegt werden, s. Abschnitt 12.3). In diesen Fällen können automatisch arbeitende Meßmaschinen unter Beachtung des

Shannonschen Abtastgesetzes auf relativ einfache Art grobschrittige, numerische Abbilder dieser Formen liefern. Die auf diese Weise gewonnenen Zahlenwerte können über eine Datenverarbeitungsanlage interpoliert und im Rahmen einer äußeren Datenverarbeitung in Steuerlochstreifen für numerisch gesteuerte Werkzeugmaschinen umgesetzt werden, die ihrerseits die vereinfachte Gesenkherstellung zur raschen Großserienproduktion des neuen Modells ermöglichen. Die numerisch gesteuerten Werkzeugmaschinen sind bei einer solchen Entwicklung tatsächlich nur Glieder im Rahmen einer integrierten Datenverarbeitung.

Literatur

[1] *Kupfmüller, K.:* Nachricht und Energie. Regelungstechnik 5 (1957) 226—231. — [2] *Simon, W.:* Die Werkzeugmaschine als Glied einer datenverarbeitenden Kette. VDI-Z. 102 (1960(1171—1177. — [3] *Simon, W.:* Steuerungsprinzipien an Werkzeugmaschinen. Werkstatt und Betrieb 90 (1957) 791—798. — [4] *Simon, W.:* Die numerische Steuerung von Werkzeugmaschinen. 2. Aufl. München: Hanser 1970. — [5] RKW-Bericht A 30: Numerische Steuerung von Werkzeugmaschinen. Berlin: Beuth-Vertrieb 1964. — [6] *Wilson, F. W.:* Numerical control in Manufacturing. New York: McGraw-Hill 1963. — [7] *Saljé, E.:* Elemente der spanenden Werkzeugmaschinen. München: Hanser-Verlag, 1968. — [8] *Stromberger, C.:* Die Automatisierung der Fertigung: Grenzen und Möglichkeiten. Werkstatt und Betrieb 92 (1959) 225—234. — [9] Sperry Gyroscope Comp. of Canada Montreal/Canada: UMAC 5 — Druckschrift: A new concept in multiaxis numerical control for point-to-point and straight cut machine-tool applications, Montreal/Canada 1964. — [10] N.N.: Linofilm. Linotype-Post (1958) H. 39, S. 9—16. Linotype GmbH., Frankfurt (Main). — [11] *Koenigsberger, F.:* Berechnungen, Konstruktionsgrundlagen und Bauelemente spanender Werkzeugmaschinen. Berlin-Göttingen-Heidelberg: Springer 1961. — [12] *Zühlsdorf, W.:* Grundlagen der Steuerungstechnik. 2. Aufl. Berlin: VEB Technik 1957. — [13] *Simon, W.:* Werkzeugmaschinensteuerung, Theorie und Praxis einiger Weiterentwicklungen. Werkstatt und Betrieb 92 (1959) 793—803. — [14] *Caldwell, S. H.:* Der logische Entwurf von Schaltkreisen. München: Oldenbourg 1964. — [15] Druckschrift: Inductosyn — Grundbegriffe und Anwendungen Inductosyn Corporation, Carson City, Nev./USA, März 1960. — [16] *Oppelt, W.:* Kleines Handbuch technischer Regelvorgänge, 4. Auflage. Weinheim: Verlag Chemie 1964. — [17] *Lott, H.-G.:* Lagemessung bei der Lageregelung mit digitalem Sollwert. AEG-Mitt. 51 (1961) H. 1/2, S. 45—49. — [18] *Volk, P.:* Antriebstechnik in der Metallverarbeitung. Berlin: Springer 1966. — [19] *Leonhard, W., Müller, H.:* Ein stetig wirkender digitaler Drehzahlregler ETZ-A, 1962, H. 11. — [20] *Johannsen, O.:* Die Geschichte der Textil-Industrie. Zürich/Leipzig: Süd-Verlag 1932. — [21] VDI-Richtlinie 3255. Ausgabe 1968: Programmieren numerisch gesteuerter Werkzeugmaschinen — Festlegung der Koordinatenachsen und Zuordnung der Bewegungsrichtungen. Berlin: Beuth-Vertrieb. — [22] *Gronwald, R. D.:* Faster TTS Tape Preparation by Computer. Arch. Druck und Papier 100 (1963) H. 2, S. 253—256. — [23] NEL Report No. 187: Programming of Numerically Controlled Machine Tools. National Engineering Laboratory, Glasgow 1965. — [24] *Jeharow, G. E.:* APTs' Contribution to N/C Manufacturing Efficiency. Western Machinery and Steel World, Febr. 1964. — [25] *Haidekker, A.:* Meßsteuerung — Kontrolle des Fertigungsablaufs durch Meßwerte. Hamburg: R. v. Decker's Verlag, G. *Schenck* 1958. — [26] *Johnson, W. B.:* Numerically controlled inspection. Tool Eng. 43 (1959) H. 5, S. 83—84. — [27] *Simon, W.:* Die numerische Steuerung von Werkzeugmaschinen — Entwicklungsstand 1966. ETZ-A 87 (1966) H. 25, S. 904—910. — [28] DIN 66025 Blatt 1—4: Programmaufbau für numerisch gesteuerte Arbeitsmaschinen (1969). — [29] *Spur, G.:* Betrachtungen zur Optimierung des Fertigungssystems Werkzeugmaschine. Werkstatttechnik, 9 (1967) 411—417. — [30] *Maier, K.:* Anpaß- und Optimierregeleinrichtungen an Werkzeugmaschinen. Steuerungstechnik 2 (1969), H. 6, S. 220—224. — [31] NC-Society: From tape to time-sharing. Annual Conf. Paper 1969, USA. — [32] DIN 66024: Numerische Steuerung von Arbeitsmaschinen — Code für 8-Spur-Lochstreifen (1969). — [33] VDI-Lehrgangshandbuch: Manuelles Programmieren numerisch gesteuerter Werkzeugmaschinen. Düsseldorf: VDI-Bildungswerk 1969. — [34] VDI-Lehrgangshandbuch: Maschinelles Programmieren numerisch gesteuerter Werkzeugmaschinen. Düsseldorf: VDI-Bildungswerk 1969. — [35] *Stute, G.:* EXAPT — Möglichkeiten und Anwendung der automatischen Programmierung für NC-Maschinen. München: Hanser 1969. — [36] *Simon, W.:* Produktivitätsverbesserungen mit NC-Maschinen und Computern. München: Hanser 1969. — [37] IITRI: Introduction to Part Programming APT. IIT Res. Inst. Chicago 1969. — [38] *Mittmann, B.:* Development of Numerical Control Programming Languages in Europe. Proc. A.C.M. Nat. Meeting 1967, S. 479—482. — [39] *Carlson, R. B., Houston, G. E.:* Taking a plunge in DNC. Amer. Mach. 113 (1969) July 28, S. 84—90. — [40] *Baginski, P.:* Fertigungsregelung mit datenverarbeitenden Real-Time-Systemen. VDI-Bericht Nr. 101 (1966) 105—113. — [41] *Jaeger, H.:* Drehautomaten. München: Hanser 1967. — [42] *Kohring, G.:* Grundlagen und Praxis numerisch gesteuerter Werkzeugmaschinen. München: Hanser 1966. —

12.3 Numerische Steuerungen von Zeichenautomaten

W. Weigl

12.3.1 Einleitung

Im Zuge der fortschreitenden Automatisierung wurden Mitte der 50er Jahre die ersten Untersuchungen über maschinelle Zeichnungserstellung durchgeführt. Da der eigentliche Zeichenvorgang, der beim manuellen Zeichnen aus einer Folge ständig wiederholter Handgriffe besteht, hervorragend zur maschinellen Bearbeitung geeignet ist, entstanden bereits wenige Jahre später die ersten praktisch verwendungsfähigen Anlagen. Inzwischen hat die Gerätetechnik einen Stand erreicht, der es ermöglicht, beliebig komplexe Zeichnungen in bester Qualität und mit hoher Zeichengeschwindigkeit automatisch zu erstellen.

Neben der Gerätetechnik verdient jedoch die Problematik der Dateneingabe für die Steuerung besondere Beachtung. Es zeigt sich, daß in vielen Einsatzgebieten von Zeichenautomaten der hohe Informationsgehalt der Zeichnungen, im wesentlichen bedingt durch Beschriftung, Vermaßung, Signaturen und mitunter geometrisch nicht einfach definierte Linienführungen, die Formulierung der Eingabedaten erschwert, so daß diese im Regelfall nur mit Hilfe von Datenverarbeitungsanlagen wirtschaftlich vertretbar zusammengestellt werden können.

Da Technik und Anwendungen numerisch gesteuerter Zeichenautomaten noch weitgehend unbekannt sind, scheint es zweckmäßig, den prinzipiellen Aufbau der Geräte und die Einsatzmöglichkeiten bereits an dieser Stelle kurz zu umreißen: Bei Zeichenautomaten in der gebräuchlichsten Bauform kann über einer ebenen Zeichenfläche ein Zeichenkopf in jeder beliebigen Bahn verfahren werden (Abb. 12.3-1). Der gewünschte Linienverlauf setzt sich dabei aus einer Bewegung der gesamten Traverse in X-Richtung und einer Verstellung des Zeichenkopfes in Y-Richtung zusammen. Den Bewegungsablauf, entsprechend den Eingabedaten, kontrolliert eine Bahnsteuerung. Sie verarbeitet auch die Schaltinformationen, die im einfachsten Fall das Heben bzw. Senken des Zeichenwerkzeuges verursachen. Die Eingabeinformationen beschreiben durch Koordinaten und Steuerzeichen Linienelemente, die in ihrer Gesamtheit die gewünschte Zeichnung ergeben.

Die Anwendung numerisch gesteuerter Zeichenautomaten konzentriert sich auf Problemkreise, die die Erstellung vieler Zeichnungen nach gleichbleibendem

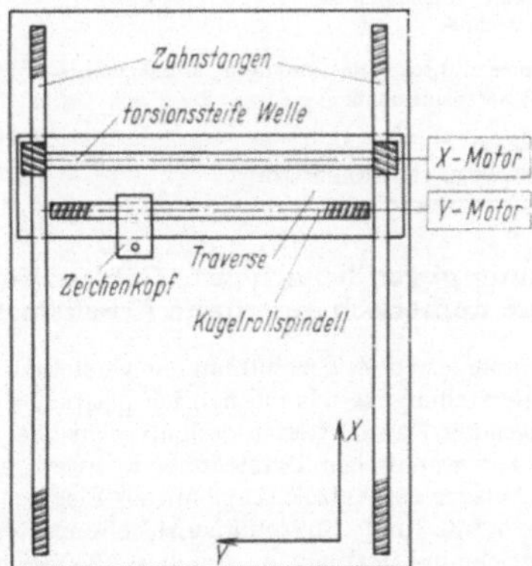

Abb. 12.3-1. Mechanischer Aufbau eines Zeichenautomaten (Prinzipbild)

Schema, jedoch mit abgewandelten Daten verlangen. Obwohl das automatische Zeichnen gerätetechnisch jeder Zeichenaufgabe gerecht wird, ist für Einsatzgebiete ohne Systematik im Aufbau der verlangten Zeichnungen wegen des in jedem Einzelfall notwendigen Aufwands in der Datenaufbereitung ein wirtschaftlicher Betrieb von Zeichenautomaten nicht möglich. Anwendungsgebiete, in denen sich Zeichenautomaten bereits in der Praxis bewährt haben, sind in Tabelle 12.3-1 zusammengefaßt, wobei bereits eine an anderer Stelle erläuterte Gliederung in Gerätetypen mit unterschiedlichem technischen Konzept vorgenommen wurde [1 bis 7].

Tabelle 12.3-1. Anwendungsgebiete für Zeichenautomaten

Branche	Anwendungen	Plotter	Programmgesteuerte Zeichenmaschinen
Allgem. Maschinenbau	Verifikation für NC-Maschinen; Perspektiven und Explosionszeichnungen; Betriebsstatistiken; Netzplantechnik	×	
	Konstruktionszeichnungen; unvermaßte Zeichnungen	×	×
Automobilindustrie	wie allgem. Maschinenbau	×	×
	zusätzlich Risse, Schnitte und Perspektiven der Karosserie		×
Schiffbau, Flugzeugbau	wie allgem. Maschinenbau	×	×
	zusätzlich Schnitte sowie Abwicklungen der Außenhaut		×
Elektroindustrie	Schaltpläne; Betriebsstatistiken; Netzplantechnik	×	
	gedruckte Schaltungen; Photomasken für Mikrotechnik		×
Optikindustrie	Präzisionsteilungen		×
Chemieanlagenbau	Isometrische Rohrleitungspläne; Netzplantechnik	×	
Textilindustrie	Größenveränderung von Schnittmustern		×
Rechenzentren	Darstellung von Rechenergebnissen und Meßwerten; Statistiken	×	
Meteorologie	Wetterkarten	×	
Kartographie	Statistische Karten		×
Tiefbau	Querprofile, Längenschnitte, Trassen, Perspektiven; Netzplantechnik	×	
Hochbau	Diagramme statischer Berechnungen; Montagezeichnungen; Netzplantechnik	×	
Vermessungswesen	Kartierungen		×
	Risse, Höhenschichtlinien, Seekarten	×	

12.3.2 Abgrenzung gegen benachbarte Gebiete, insbesondere gegen andere numerisch gesteuerte Arbeitsmaschinen

Unter numerisch gesteuerten Zeichenautomaten versteht man im allgemeinen Geräte zur Zeichnungserstellung mittels mechanisch positionierter Werkzeuge. Die Ausführungen der folgenden Kapitel treffen deshalb nicht oder nur bedingt zu für einige andere Geräte zur graphischen Darstellung, wozu auf andere Kapitel verwiesen wird; nämlich Anlagen zur Aufzeichnung mittels Elektronenstrahlablenkung, d.h. Bildschirmgeräte (8.8) und Mikrofilmaufzeichnungsgeräte), Anlagen zur elektrostatischen Aufzeichnung (8.7), analog gesteuerte X-Y-Schreiber.

Welcher Gerätetyp zur graphischen Darstellung am besten geeignet ist, hängt von der Problemstellung ab [8].

Die nachfolgend näher beschriebenen numerisch gesteuerten Zeichenautomaten haben demnach mit numerisch gesteuerten Werkzeugmaschinen (s. Abschnitt 12.2) ein Charakteristikum in der Arbeitsweise gemeinsam; die Bearbeitung der Zeichnung bzw. des Werkstücks geschieht mittels mechanisch positionierter Werkzeuge. Dies führt teilweise zu ähnlichen Lösungen im mechanischen Aufbau, im Antriebs- und Positionsmeßsystem sowie der Steuerung beider Maschinengruppen. Es sind jedoch auch einige wesentliche Unterschiede in der Arbeitsweise und der Eingliederung in integrierte Datenverarbeitungssysteme zu beachten, die die Entwicklung spezieller Tischmechaniken und Steuerungen notwendig machten:

Im Gegensatz zur Werkzeugmaschine wird beim Zeichenautomaten dem Werkstück, also der Zeichnung, praktisch keine mechanische Energie zugeführt. Der gesamte mechanische Aufbau kann deshalb leichter ausgeführt werden, insbesondere können die trägen Massen bewegter Teile klein gehalten werden. Das kommt wiederum der Forderung nach hoher Bahngeschwindigkeit zugute, die nur in Ausnahmefällen durch die Technologie des Zeichenvorganges begrenzt und im allgemeinen durch das dynamische Verhalten der Tischmechanik bestimmt wird.

Die Unterschiede im mechanischen Konzept haben ihrerseits Auswirkungen auf Antrieb und Steuerung. Es können Antriebe mit geringer Leistung verwendet und mit Steuerungen in Halbleitertechnik betrieben werden. Da auch Hilfsfunktionen zum Schalten von Spindeldrehzahlen und Vorschubgeschwindigkeiten nicht benötigt werden und Vorrichtungen zur Anwahl und Kontrolle der Werkzeuge mit geringer Leistung auskommen, gibt es praktisch keine Schütze, Relais, hydraulische oder pneumatische Schaltventile, sondern statt dessen transistorisierte Schalter für elektromagnetische Stellglieder. Vom Steuerungsprinzip her kommen für Zeichenautomaten, bedingt durch die Zusammensetzung üblicher Zeichnungen aus geraden und gekrümmten Linien, ausschließlich Bahnsteuerungen in Betracht.

Zeichenautomaten werden unter normalen Bürobedingungen und in Rechenzentren betrieben. Während sich für Werkzeugmaschinensteuerungen wegen der rauhen Umgebungsbedingungen bisher nur der Lochstreifen als Datenträger durchgesetzt hat, wird für die Kommunikation zwischen Datenverarbeitung und Zeichenautomat ein großes Spektrum peripherer Geräte gefordert. Im Interesse einer möglichst flexiblen Anpassung an unterschiedliche Eingabegeräte geht deshalb bei größeren Anlagen der Trend von der festverdrahteten zur frei programmierbaren Steuerung durch Verwendung von Kleinrechnern. Da für Zeichenautomaten noch keine Normen für die Informationseingabe bestehen, erleichtert dies auch die Verarbeitung unterschiedlicher Datenformate und Codes und die Steuerung komplexer Zeichenwerkzeuge.

12.3.3 Zeichenautomaten als Glieder
von Datenverarbeitungssystemen

Zeichenautomaten können mit anderen Arbeitsabläufen in mehr oder weniger enger Verbindung stehen, wie Abb. 12.3-2 zeigt. Sie können eingesetzt werden

als integrierte Rechen- und Zeichensysteme,
als Peripheriegeräte zur graphischen Ausgabe an übergeordneten Datenverarbeitungssystemen (On-line-Betrieb)
und als Zeichenautomaten mit Eingabegerät in zeitlicher und räumlicher Trennung von der Datenverarbeitungsanlage (Off-line-Betrieb).

Allen Betriebsarten ist gemeinsam, daß die Zeicheninformation in problemorientierten Programmen errechnet und nicht manuell zusammengestellt wird. Die manuelle Datenaufbereitung ist im allgemeinen so aufwendig, daß sie den rationellen Einsatz von Zeichenanlagen in Frage stellt.

Integrierte Rechen- und Zeichensysteme werden zur Bearbeitung in sich abgerundeter Problemstellungen kleineren Umfangs und ohne Verknüpfungen mit anderen Datenverarbeitungsprozessen verwendet. Die Rechen- und Speicherkapazität frei programmierbarer Steuerungen wird dabei zur Aufbereitung der Eingabe-

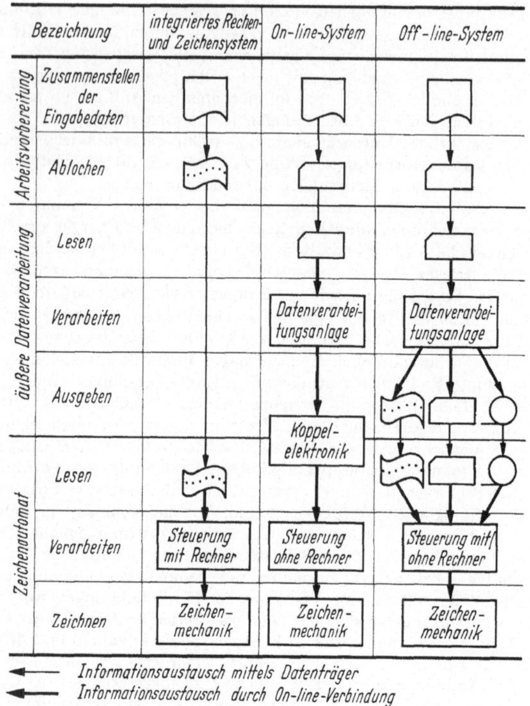

Abb. 12.3-2. Einordnung von Zeichenautomaten in datenverarbeitende Systeme

daten und zur Ergänzung der variablen Zeichnungsteile durch Symbole, Detailzeichnungen und Beschriftung benutzt. Ein Beispiel hierfür ist die Berechnung und Zeichnung des Bahnenverlaufs, der Lötaugen und Steckerbelegungen von Druckvorlagen für Leiterplatten aus Entwurfsskizzen.

Zeichenautomaten als Peripheriegeräte zur graphischen Ausgabe an übergeordneten Datenverarbeitungssystemen dienen vorwiegend der Ergänzung numerischer Resultate durch übersichtlichere Diagramme und Statistiken. Die automatische Zeichnungserstellung ist hierbei nur ein letztes Glied von untergeordneter Bedeutung in einem beliebig komplexen System; es kommen deshalb Geräte mit einfacher Mechanik und Steuerung zum Einsatz (vgl. Abb. 12.3-3).

Zeichenautomaten als Off-line-Stationen bieten den Vorteil der zeitlichen und räumlichen Trennung vom Rechner. Diese Betriebsart empfiehlt sich, wenn die Zeichnung nicht nur ein zufälliges Nebenprodukt, sondern das eigentliche Ergebnis des Rechenganges darstellt, was beispielsweise bei technischen Zeichnungen und Druckvorlagen häufig zutrifft. Die Zusammenstellung der Eingabedaten kann dadurch getrennt werden von zeitlicher Folge und Terminsetzung für die Verwendung der fertigen Zeichnung. Da für diese Problemstellung meist große und aufwendige Zeichenautomaten eingesetzt werden (vgl. Abb. 12.3-4), ist der unabhängige Betrieb von Datenverarbeitungssystem und Zeichenanlage auch aus technischen Gründen ratsam.

12.3.4 Mechanischer Aufbau und Steuerung
von Zeichenautomaten

Die Anpassung an die Erfordernisse vielschichtiger Anwendungen hat zur Entwicklung von Zeichenautomaten mit sehr unterschiedlichen technischen Eigenschaften und konstruktiven Merkmalen geführt. Für eine detaillierte Beschreibung scheint deshalb die Klassifizierung in zwei Gruppen sinnvoll. In die eine sind die Geräte mit einfachem technischen Konzept einzuordnen, die vorwiegend als ergänzende graphische Ausgabe zu numerischen Ergebnissen benutzt werden. Zu der anderen Gruppe gehören die technisch aufwendigeren Anlagen, die besonderen Anforderungen an Zeichengenauigkeit und Zeichnungsgröße entsprechen. Obwohl eine eindeutige Regelung nicht existiert, werden im deutschen Sprachgebrauch die zur ersten Gruppe zählenden Geräte meist als *Plotter* bezeichnet; für die Anlagen der zweiten Gruppe sind die Begriffe *automatische* oder *programmgesteuerte Zeichenmaschine, -Zeichenanlage, -Zeichengerät* oder *Zeichenautomat* üblich. Charakteristische Merkmale beider Gerätegruppen sind in Tabelle 12.3-2 zusammengefaßt [9].

Tabelle 12.3-2. Charakteristische Merkmale von Zeichenautomaten

		Plotter	Programmgesteuerte Zeichenmaschinen
1	Zeichenfläche	a) Trommelplotter 0,3 bis 0,9 × 30 m b) Tischplotter 0,3 × 0,45 bis 0,85 × 1,2 m	1,2 × 1,5 bis 2,5 × 10 m
2	Zeichen-genauigkeit	± 0,2 bis ± 0,5 mm	± 0,02 bis ± 0,15 mm
3	Zeichen-geschwindigkeit	2 bis 30 m/Minute	2 bis 15 m/Minute
4	Verstellglieder	Getriebe, Stahlseile	Zahnstangen, Kugelumlaufspindeln
5	Antriebe	Schrittmotore	trägheitsarme Gleichstrom- oder Wechselstrommotore, Schrittmotore
6	Meßsysteme	keine	meist digitale, rotatorische Meßsysteme, inkremental oder absolut arbeitend
7	Steuerung	einfache Vektorsteuerungen	Bahnsteuerungen mit Geraden-, Kreis- und Kurveninterpolation, häufig mit Kleinrechner zur Datenaufbereitung und zur Speicherung von Symbolen
8	Dateneingabe	on-line vom Rechner, Magnetband	Magnetband, Lochstreifen, Lochkarten, on-line vom Rechner
9	Zeichen-einrichtungen	Kugelschreiber, Tuschestifte	Tuschestifte, Gravierwerkzeuge, Kugelschreiber, Photokopf, Symboldrucker
10	Zusatz-einrichtungen	keine	Ansaugvorrichtung, Koordinatenerfassung, Positionsanzeige

12.3.4.1 Plotter

Mechanischer Aufbau. Im Aufbau unterscheiden sich zwei Gerätetypen grundlegend voneinander, der Trommelplotter und der Tischplotter. Beim *Trommelplotter* (vgl. Abb. 12.3-3), der seit längerem und in großer Zahl eingesetzten Bauform, wird nur in Y-Richtung (Querrichtung) der Zeichenkopf an einer feststehenden Traverse verstellt. In X-Richtung (Längsrichtung) wird statt dessen durch Rotation der Trommel das Papier bewegt. An den Rändern perforiertes Papier und entsprechende Transporteinrichtungen an beiden Seiten der Trommel sorgen dabei für exakte, schlupffreie Führung.

Beim *Tischplotter* wird, entsprechend Abb. 12.3-1 über einer ebenen Zeichenfläche in Y-Richtung der Zeichenkopf an der Traverse verfahren, während in X-Richtung die gesamte Traverse bewegt wird. Der Zeichnungsträger selbst wird nicht transportiert, so daß anstelle des perforierten Papiers auch steife Materialien verwendet werden können.

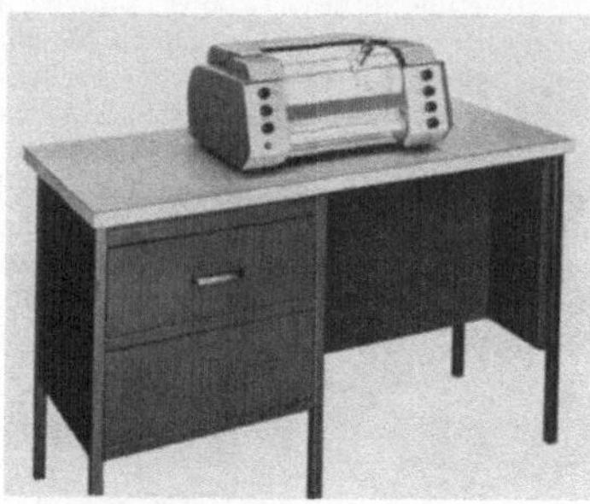

Abb. 12.3-3. Trommelplotter

Beiden Ausführungen ist gemeinsam, daß zugunsten eines niedrigen Preises und hoher Geschwindigkeit einfache und leichte Konstruktionselemente verwendet werden. Die Kraftübertragung zwischen Antrieb und Zeichenkopf erfolgt deshalb beim Tischplotter über Seilzüge und Umlenkrollen; beim Trommelplotter wird für die Y-Richtung ebenfalls der Seilzug verwendet, während die Trommel durch ein Getriebe mit dem Motor verbunden ist. Alle bewegten Teile sind so leicht wie möglich ausgeführt, und der Zeichenkopf kann außer ein bis zwei Tuschestiften oder Kugelschreibern keine schweren Zusatzeinrichtungen aufnehmen. Auf beiden Gerätetypen können ohne manuelle Bedienung mehrere Zeichnungen nacheinander erstellt werden, da Papier von der Vorratsrolle programmgesteuert zugeführt und fixiert werden kann. Dies ist von besonderer Bedeutung, weil Plotter überwiegend on-line von Datenverarbeitungsanlagen gesteuert werden und Zeitpunkt und Reihenfolge der einzelnen Zeichnungen unter Umständen nicht vom Operateur, sondern vom Betriebssystem des Rechners bestimmt werden.

Antrieb. Es werden ohne Ausnahme Schrittmotore verwendet, weil deren Funktionsprinzip einen besonders einfachen Aufbau der Steuerung unter Verzicht auf Meßsysteme und Regeleinrichtungen erlaubt. Schrittmotore [10, 11] sind spezielle Elektromotore mit mehreren Statorwicklungen, denen nach bestimmtem Schema Strom zugeführt wird. Zyklischen Änderungen in der Ansteuerung der Statorwicklungen folgt der Rotor mit einem exakt definierten Winkelschritt. Die Umschaltung der Stromzustände in den Wicklungen übernimmt eine Leistungselektronik in Halbleitertechnik, die an zwei Eingängen, entsprechend der gewünschten Drehrichtung, mit kurzzeitigen Impulsen geringer Leistung angesteuert wird. Jedem Impuls entspricht dabei ein Winkelschritt des Rotors, der in cine lineare Bewegung des Zeichenkopfes von 0,05 bis 0,25 mm Länge umgesetzt wird. Das gewählte Inkrement bestimmt die Relation zwischen Geschwindigkeit und Genauigkeit. Abhängig von der Belastung können leistungsfähige Schrittmotore mit Impulsfrequenzen bis 2 kHz fehlerfrei gestartet und gestoppt werden; wenn Beschleunigung und Verzögerung kontrolliert werden, können Impulsfrequenzen bis 20 kHz erreicht werden. Jedoch erlaubt das mechanische Konzept der Plotter meist nicht die volle Ausnutzung des Antriebs.

Steuerung. Den möglichen Signalen an den Eingängen der Steuerung für X-Motor und Y-Motor entsprechen acht Vektoren als Weg des Zeichenstiftes; je vier fallen zusammen mit den Achsrichtungen und den Diagonalen. Achsparallele und diagonale Strecken entstehen daraus durch Wiederholung des gleichen Eingangssignals, aber auch Zwischenrichtungen können durch geeignete Folge achsparalleler und diagonaler Vektoren sehr gut angenähert werden. Die einfachste Steuerung eines Plotters enthält zusätzlich zur Leistungselektronik der Motore nur noch eine Baugruppe zur Entschlüsselung der Eingabeinformation, die meist parallel als Zeichen aus 6 oder 8 Bits angeboten wird, und eine Baugruppe zum Heben bzw. Senken des Werkzeugs. Nachteile dieser Steuerung sind die notwendige große Informationsmenge für die Dateneingabe — beispielsweise erfordert eine Linie von 1 m Länge bei einem Inkrement von 0,1 mm 10000 Eingabewerte, die bei einer Geschwindigkeit von 0,1 m/s einer Datenrate von 1 000 Zeichen/s entsprechen — und das Fehlen einer Geschwindigkeitskontrolle in Abhängigkeit von den kinematischen Gesetzmäßigkeiten der Bewegungsabläufe.

Zur Reduzierung der Datenmenge auf $^{1}/_{10}$ bis $^{1}/_{100}$ sind deshalb Erweiterungen der einfachen Steuereinheiten üblich, die als Eingabewerte die Beschreibung eines größeren Vektors akzeptieren und nach Zerlegung in Einzelschritte die vorher beschriebene Steuerung ansprechen [12, 13, 14]. Als Vorteile dieser Vektorsteuerungen sind zu erwähnen: Neben Magnetband und On-line-Anschluß an Rechner können wegen der geringen Informationsmenge auch langsamere Peripheriegeräte wie Lochstreifen- und Lochkartenleser zur Dateneingabe verwendet werden. Die Datenverarbeitungsanlage, die die Eingabedaten errechnet, wird entlastet, da nicht mehr jeder Einzelschritt dem Plotter vorgegeben werden muß. Zwischenrichtungen können durch größere Vektoren besser angenähert werden als mit der einfachen Steuerung, wodurch die Zeichnungsqualität verbessert wird.

Das spezielle Eingabeformat dieser Vektorsteuerungen muß mit entsprechenden Postprocessoren auf Datenverarbeitungsanlagen berechnet werden, da die manuelle Zusammenstellung zu aufwendig ist.

Auch zur optimalen Anpassung der Geschwindigkeit an die Bewegungsabläufe gibt es in einigen Steuerungen geeignete Vorkehrungen. Dabei wird aufgrund spezieller Steuersignale die Geschwindigkeit entweder in diskreten Stufen [13, 14, 15] oder kontinuierlich nach in der Steuerung fest vorgegebenem Zeitverhalten erhöht oder reduziert. Beide Verfahren setzen voraus, daß im Programm für die Ermittlung der Steuerdaten durch eine Rechenanlage der Bewegungsablauf vorausschauend geprüft wird. Das Programm erzeugt dann bei längeren geraden oder schwach gekrümmten Linienelementen die Signale zur Geschwindigkeitserhöhung und rechtzeitig vor Haltpunkten oder starken Richtungsänderungen die Kommandos zur Geschwindigkeitsverminderung.

Dateneingabe. Die Dateneingabe kann bei Geräten mit einfacher Steuerung wegen der großen Datenmenge nur im On-line-Betrieb durch eine Rechenanlage oder über eine Magnetbandstation erfolgen. Der On-line-Betrieb setzt eine Koppelelektronik zwischen Datenverarbeitungsanlage und Plotter voraus, die außer der Übertragung der Weg- und Schaltinformationen vom Rechner zum Plotter den Austausch von Kontrollsignalen in beiden Richtungen zur Steuerung der Datenübertragung übernehmen muß. Das Konzept solcher Koppelelektroniken wird so weitgehend von der jeweiligen Rechenanlage und dem verwendeten Plotter bestimmt, daß hierauf nicht näher eingegangen werden kann.

Magnetbandstationen als Dateneingabe von Plottern müssen besonderen Anforderungen genügen und unterscheiden sich in der Betriebsart von Rechnerlaufwerken. Zur Anpassung an die vergleichsweise niedrige Datenübertragungsrate von 100 bis 2000 Zeichen/s werden die Laufwerke entweder mit einem entsprechend langsamen kontinuierlichen Bandtransport oder mit einem internen Pufferspeicher ausgerüstet. Ansonsten sind sie jedoch in bezug auf Spurenzahl, Schreibdichte und Informationsdarstellung kompatibel mit gebräuchlichen Rechnerlaufwerken gemäß Entwurf für DIN 66013 und 66014.

Bei reduzierter Datenmenge können zur Eingabe auch Lochstreifengeräte oder Lochkartenleser verwendet werden. Lochstreifenleser sind in der Praxis weit verbreitet. Im Gegensatz zur Werkzeugmaschinensteuerung kommen überwiegend schnelle Leser ab 300 Zeichen/s zum Einsatz, da die Datenrate entsprechend der großen Zeichengeschwindigkeit höher ist.

Lochkartenleser haben sich in Verbindung mit Plottern nicht durchgesetzt. Dies mag unter anderem dadurch begründet sein, daß mit einfachen Steuerungen eine Kontrolle auf Zahl und Reihenfolge der Karten nicht möglich ist und sich dadurch zusätzliche Fehlerquellen ergeben.

Werkzeuge. Als Werkzeuge sind bei Plottern nur Kugelschreiber und Tuschestifte gebräuchlich. Andere Zeicheneinrichtungen scheiden wegen unzulässiger Belastung der Tischmechanik durch zu große Masse — z. B. Werkzeugrevolver — oder Gegenkräfte — z. B. Graviereinrichtungen — aus. Neben Plottern mit nur einem Stift gibt es Ausführungen mit mehreren Stiften, die gegeneinander versetzt im Zeichenkopf angeordnet sind. Dieser Versatz wird bei Stiftwechsel automatisch per Programm durch eine entsprechende Verstellung des Zeichenkopfes kompensiert.

Die Zeichenwerkzeuge werden in Führungshülsen aus ferromagnetischem Material eingesetzt und durch Tauchspulen gehoben und gesenkt. Die Werkzeugbetätigung soll möglichst schnell erfolgen; charakteristische Werte für Heben oder Senken liegen zwischen 30 und 50 ms. Dem On-line-Betrieb an Datenverarbeitungsanlagen als häufigste Betriebsart von Plottern entspricht am besten der Kugelschreiber. Er ist praktisch wartungsfrei und ermöglicht kontinuierliches Zeichnen über längere Zeit.

12.3.4.2 Programmgesteuerte Zeichenmaschinen

Mechanischer Aufbau. Bei programmgesteuerten Zeichenmaschinen steht im Gegensatz zu Plottern nicht so sehr die Zeichengeschwindigkeit, sondern mehr der Wunsch nach hoher Zeichengenauigkeit und großem Zeichnungsformat im Vordergrund. Zeichenmaschinen werden deshalb ausschließlich als Tischgeräte mit ebener Zeichenfläche gebaut. Im Interesse guter Genauigkeit wird zur Vermeidung statischer und dynamischer Verformungen und zur Unterdrückung von Schwingungserscheinungen ein steifer und stabiler Aufbau bevorzugt. Bei der gebräuchlichen Bauform wird, entsprechend Abb. 12.3-4, der Zeichenkopf über einer stationären

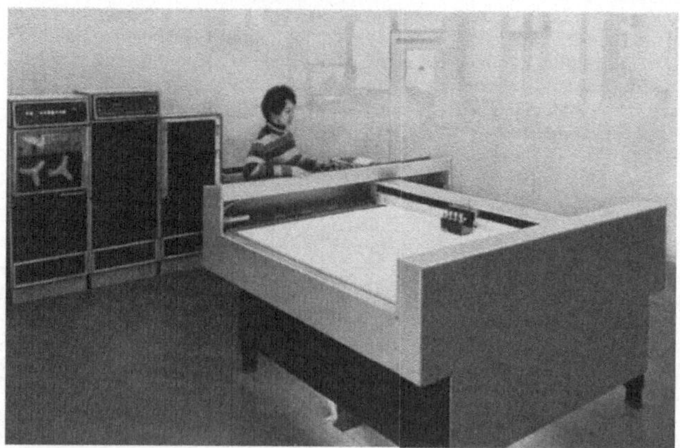

Abb. 12.3-4. Programmgesteuerte Zeichenmaschine

Zeichenfläche verfahren. Für kleinere Zeichnungsformate findet man vereinzelt auch Geräte, bei denen in X-Richtung unter einer feststehenden Traverse die Zeichenfläche bewegt wird, während in Y-Richtung der Zeichenkopf an der Traverse verstellt wird. Dem Vorteil einer stationären Anordnung beider Antriebe steht dabei die träge Masse der bewegten Zeichenfläche als Nachteil gegenüber.

Verstellelemente. Es werden Kugelrollspindeln oder Zahnstangen verwendet, wobei Muttern und Ritzel zur Vermeidung von Spiel gegen Spindel bzw. Zahnstange verspannt werden. Neben anderen Kriterien wie beispielsweise Verschleiß und Präzision sind bei Zeichenmaschinen insbesondere zwei Merkmale bestimmend für die Auswahl: Bei Verwendung von Zahnstangen ist die Baulänge der Maschine durch Aneinanderfügen einzelner Elemente praktisch unbegrenzt; Spindeln sind wegen fertigungstechnischer Probleme und wegen des hohen Trägheitsmomentes nur bis ca. 3 m Länge gebräuchlich. Andererseits muß beim Zahnstangenantrieb der Motor mitverfahren werden, was durch wechselnde Lastverteilung und konstruktiv schwierigere Energiezufuhr zum Motor insbesondere bei Maschinen mit bewegter Traverse problematisch ist.

Neben Ausführungen mit Spindel- oder Zahnstangenantrieb in beiden Achsen findet man deshalb auch Maschinen mit Zahnstangenantrieb in Längsrichtung und Spindelantrieb in Querrichtung. Bei Zeichenmaschinen mit bewegter Traverse wird diese zur Vermeidung dynamischer Verformungen meist beidseitig angetrieben, und zwar entweder durch zwei elektrisch synchronisierte Motore oder durch mechanische Kopplung über eine torsionssteife Querwelle.

Führungen. Als Führungen für die bewegten Teile werden die gleichen Konstruktionselemente wie bei Werkzeugmaschinen verwendet. Die Präzision der Führungen bestimmt maßgeblich die Zeichengenauigkeit, da Führungsfehler vom Meßsystem nicht erfaßt werden und voll in die Zeichnung eingehen.

Antrieb. Antriebsmotore für Zeichenmaschinen müssen reversierbar und stufenlos regelbar sein vom Stillstand bis zur Nenndrehzahl. Zur Erzielung hoher Durchschnittsgeschwindigkeiten sind außerdem kurze Ansprechzeiten, hohes Drehmoment insbesondere bei niedrigen Drehzahlen und geringes Trägheitsmoment von Vorteil. Im Gegensatz zu Werkzeugmaschinen sind jedoch Baugrößen bis ca. 300 Watt ausreichend. Vorwiegend werden Gleichstrommotore mit eisenfreiem Rotor, beispielsweise Scheibenläufenmotore, oder Schrittmotore verwendet. Die Wahl des Antriebmotors bestimmt maßgeblich das Konzept und die technische Realisierung der Steuerung.

Meßsysteme. Es sind Verfahren mit absoluter Positionsmessung gebräuchlich, und zwar sowohl rotatorische als auch lineare Systeme [16, 17, 18]. Rotatorische Meßsysteme sind einfacher im Aufbau, messen aber nicht direkt am bewegten Teil. Wenn nicht separate Meßspindeln oder Meßzahnstangen benutzt werden, sind sie im ungünstigen Fall sogar an die kraftübertragenden Elemente gekoppelt, so daß deren Verformungen, Fertigungstoleranzen und Verschleißerscheinungen in die Messung eingehen. Lineare Meßsysteme vermeiden diese Nachteile; der bei Werkzeugmaschinen konstruktiv schwierige Schutz gegen Umwelteinflüsse ist bei Zeichenmaschinen einfacher oder kann entfallen, da diese Geräte unter normalen Bürobedingungen betrieben werden.

Auf Meßsysteme kann unter besonderen Voraussetzungen ähnlich wie bei Plottern verzichtet werden; bei Schrittmotorenantrieb kann eine Zählung der ausgeführten Schritte anstelle einer Messung zur eindeutigen Bestimmung der Ist-Position dienen. Die Präzision der Verstellelemente ist dann ausschlaggebend für die Zeichengenauigkeit, und die Kontrolle des Bewegungsablaufs erfolgt nicht über einen geschlossenen Regelkreis, sondern als Steuerung ohne Rückmeldung.

Steuerung. Wegen der Koordinierung des Bewegungsablaufs in beiden Achsen werden ausschließlich Bahnsteuerungen verwendet. Ursprünglich wurden die gleichen Geräteausführungen wie bei Werkzeugmaschinen eingesetzt, bis die im Abschnitt 12.3.2 erwähnten unterschiedlichen Anforderungen für den Betrieb von Zeichenmaschinen zur Entwicklung spezieller Steuerungen führten [6, 19, 20]. Die wesentlichen Aufgaben der Zeichenmaschinensteuerung, nämlich die Interpolation von Zwischenwerten, der Vergleich von Ist- und Soll-Position und daraus die Erzeugung von Stellgrößen für die Motore, sind jedoch die gleichen wie bei Werkzeugmaschinensteuerungen, so daß in bezug auf die Konzeption auf Hauptabschnitt 11.10 verwiesen wird. Unterschiede in der technischen Realisierung bestehen im Wegfall vieler Schaltfunktionen, im Aufbau in Halbleitertechnik mit

Tabelle 12.3-3. Verfahren zur graphischen Darstellung

Verfahren	Erläuterungen	
Zeichnen	Vorteile	Wartungsfrei; Zeichengeschwindigkeit praktisch unbegrenzt; richtungsunabhängig
	Nachteile	Linienbreite invariabel ca. 0,3 mm; Linienqualität und Lichtpausfähigkeit schlecht
Zeichnen	Vorteile	Linienbreite 0,18 bis 1,4 mm; gute Linienqualität und Lichtpausfähigkeit; richtungsunabhängig
	Nachteile	Wartungsintensiv; maximale Zeichengeschwindigkeit 100 bis 150 mm/s
Ritzen	Beschreibung	Ritzen der Linien in lichtundurchlässiger Deckschicht; Weiterverarbeitung durch Lichtpausen im Positiv- oder Negativ-Verfahren
	Vorteile	Sehr gute Linienqualität; lichtpausfähig; wartungsfrei; richtungsunabhängig
	Nachteile	Linienbreite bis ca. 0,3 mm; maximale Zeichengeschwindigkeit ca. 100 mm/s
Gravieren	Beschreibung	Wie Ritzen
	Vorteile	Sehr gute Linienqualität; Linienbreite bis ca. 1 mm; lichtpausfähig; wartungsfrei
	Nachteile	Richtungsabhängig; maximale Zeichengeschwindigkeit 50 bis 100 mm/s
Strippen (Cut and Peel)	Beschreibung	Schneiden der Konturen in lichtundurchlässiger Deckschicht; manuelles Abziehen der Flächen; Weiterverarbeitung wie bei Ritzen und Gravieren
	Vorteile	Schwärzung von Flächen; sehr gute Randschärfe; lichtpausfähig; wartungsfrei
	Nachteile	Manuelle Nacharbeit; richtungsabhängig; maximale Zeichengeschwindigkeit 50 bis 100 mm/s
Lichtzeichnen	Beschreibung	Zeichnen von Linien und Abbildung von Symbolen mittels Lichtstrahl
	Vorteile	Sehr gute Linienqualität; Linienbreite 0,05 bis 10 mm; flächenhafte Darstellung von Symbolen; Schwärzen von Flächen; lichtpausfähig; wartungsfrei
	Nachteile	Dunkelkammerbedingungen; hoher Aufwand; richtungsabhängig
Drucken	Beschreibung	Drucken von Symbolen
	Vorteile	Geschwindigkeit; geringe Informationsmenge
	Nachteile	Begrenzter Zeichenvorrat; mindere Qualität; nicht lichtpausfähig; nur bedingt wartungsfrei

Endstufen geringerer Leistung und in höherer Rechengeschwindigkeit des Interpolators entsprechend der größeren Bahngeschwindigkeit von Zeichenmaschinen.

Als Interpolator werden anstelle festverdrahteter Rechenwerke in zunehmendem Maße frei programmierbare Kleinrechner eingesetzt.

Dies bringt wesentliche Vorteile mit sich:

a) Der Kleinrechner kann auch den Vergleich von Ist- und Soll-Position übernehmen und aufgrund von Programmvorgaben Tastaturfunktionen ersetzen, so daß die entsprechenden Baugruppen im festverdrahteten Steuerungsteil entfallen können. Beispielsweise können Informationen über Maßstab, Nullpunkt, Spiegelung und Drehung über das Bedienungselement des Rechners, meistens ein Blattschreiber, eingegeben werden.

mit programmgesteuerten Zeichenmaschinen

Zeichnungsträger	Werkzeug	Zeicheneinrichtungen
Karton Transparent- papier	Kugel- schreiber	a) Zeichenkopf mit einer Werkzeugführung b) Zeichenkopf mit mehreren Werkzeugführungen c) Revolverkopf alle mit Magneten zum Heben und Senken der Werkzeuge; Revolverkopf zusätzlich mit Vorrichtungen zur Werkzeugauswahl
Karton Transparent- papier Folie	Tusche- schreiber	Wie zuvor
Folie; Glas (mit Beschich- tung)	radial- symmetrischer Stichel	Wie für Zeichnen, jedoch mit der Möglichkeit, die Auflagekraft des Werkzeuges zu variieren
Folie; Glas (mit Beschich- tung)	Gravierwerkzeug mit Schneide entsprechend der Linienbreite	Zeichenkopf mit Tangentialsteuerung zur Orientierung des Werkzeugs in Bewegungsrichtung; Auflagekraft des Werkzeugs variabel
Folie mit Beschichtung	Stripping- Messer	Wie für Gravieren
Folie mit licht- empfindlicher Beschichtung	Lichtstrahl	Zeichenkopf mit Lichtquelle und Optik zur Abbildung in der Zeichenebene. Steuerungsfunktion für Verschluß, Blendenwahl, Regelung der Lichtintensität in Abhängigkeit von der Geschwindigkeit
Karton Transparent- papier		Symboldrucker; Zeichenvorrat 10 bis 64 Symbole; Einrichtungen zur Auswahl und zum Abdruck einzelner Symbole oder voreingestellter Zahlen. Meist kombiniert mit einer Führung für ein Zeichenwerkzeug

b) Das Rechnerkonzept erleichtert den Anschluß weiterer Eingabegeräte wie Magnetbandstation und Lochkartenleser und damit die Kommunikation zu übergeordneten Datenverarbeitungssystemen.

c) Der Kleinrechner kann sich an Code und Formataufbau der Eingabedaten durch Programmänderungen anpassen.

d) Durch vorausschauende Prüfung der Eingabedaten auf Haltpunkte und Richtungsänderungen kann der Kleinrechner nach vorgegebenen Kriterien die Zeichengeschwindigkeit regeln.

e) Im Rechner können alphanumerische Zeichen, Symbole und ganze Detailzeichnungen gespeichert und jederzeit wieder abgerufen werden.

f) Zur Kurveninterpolation können frei wählbare Algorithmen verwendet werden. Besondere Anforderungen, beispielsweise nach stetigen höheren Ableitungen, können dadurch berücksichtigt werden.

Dateneingabe. Die Dateneingabe erfolgt bei Zeichenmaschinen mit Rechnersteuerung mit der standardmäßigen Peripherie des verwendeten Kleinrechners; die Eingabegeräte müssen nicht auf technologische Besonderheiten der Zeichenmaschine abgestimmt sein. Bei Zeichenmaschinen mit festverdrahteter Steuerung gelten sinngemäß die Ausführungen über Dateneingabe bei Plottern.

Werkzeuge. Das Spektrum der Werkzeuge ist bei Zeichenmaschinen im Gegensatz zu Plottern sehr vielfältig, da neben dem Zeichnen auch andere Verfahren zur graphischen Darstellung benutzt werden. Eine Zusammenstellung der gebräuchlichen Verfahren, der zugehörigen Werkzeuge und Zeichnungsträger sowie Erläuterungen enthält Tabelle 12.3-3. Da sich die Verfahren technologisch und durch den Bedarf an zusätzlichen Informationen so weitgehend unterscheiden, daß spezielle Zeicheneinrichtungen zur Aufnahme und Betätigung der Werkzeuge und zusätzliche Steuerungsfunktionen benötigt werden, sind diese in der Tabelle ebenfalls angeführt. Diese Zeicheneinrichtungen sind leicht auswechselbar zur Befestigung am Maschinenschlitten vorgesehen.

Zusätzliche Funktionseinheiten. Sie erleichtern die Bedienung der Zeichenmaschine oder erweitern den Anwendungsbereich. Als Beispiel für erhöhten Komfort sei die Ausbildung der Zeichenfläche als Ansaugvorrichtung zur Befestigung des Zeichnungsträgers erwähnt. Erweiterte Einsatzmöglichkeiten bietet insbesondere die Ergänzung der Zeichenmaschine durch Baugruppen zur Koordinatenerfassung [21]. Damit wird es möglich, Zeichnungen zu digitalisieren und einer Weiterverarbeitung in Rechenanlagen zuzuführen.

12.3.5 Programmierung von Zeichenautomaten

Aufgabe der Programmierung ist es, den Zeichnungsinhalt zu berechnen und in einer dem Zeichenautomaten verständlichen Form anzugeben.

Die Berechnung des Zeichnungsinhaltes erfolgt in problemorientierten, für jedes Anwendungsgebiet spezifischen Programmen; das darzustellende Objekt wird dabei durch Koordinaten und Verbindungsanweisungen in allgemeiner Form beschrieben, die von der Steuerung eines Zeichenautomaten normalerweise nicht direkt verarbeitet werden kann. Auf diese Programme, die man beispielsweise mit dem geometrisch beschreibenden Teil von EXAPT für numerisch gesteuerte Arbeitsmaschinen vergleichen könnte, soll hier nicht näher eingegangen werden.

Die darauf aufbauende Weiterverarbeitung der beschreibenden geometrischen Elemente in den Code und Formataufbau für die Zeichenmaschinensteuerung übernimmt eine Grundsoftware, die im Normalfall vom Hersteller mit dem Zeichenautomaten geliefert wird und dem Postprocessor numerisch gesteuerter Arbeitsmaschinen entspricht. Während jedoch für Werkzeugmaschinensteuerungen Code und Formataufbau gemäß EAI RS-273 oder VDI 3259 verwendet werden, hat sich diese Tendenz bei Zeichenautomaten bisher nicht konsequent durchgesetzt. Dies liegt sowohl an den unterschiedlichen Forderungen nach Beschriftung, Symboldarstellung und anderen Besonderheiten aus den diversen Anwendungsgebieten als auch an der Vielfalt technischer Ausführungen von der einfachen Plottersteuerung bis zur leistungsfähigen Steuerung mit integriertem Kleinrechner. Damit Zeichenautomaten in Verbindung mit möglichst vielen unterschiedlichen Datenverarbeitungsanlagen verwendet werden können, muß diese Grundsoftware in einer gebräuchlichen Formelsprache, z. B. FORTRAN oder ALGOL, abgefaßt sein. Sie muß außerdem aus einzelnen, in sich geschlossenen Teilprogrammen bestehen, damit sie dem jeweiligen Anwendungsfall entsprechend zusammengestellt und im Umfang auch kleineren Rechnern angepaßt werden kann. Bei Zeichenmaschinensteuerungen mit eigenem Kleinrechner kann diese Grundsoftware ganz oder teilweise auf den Rechnerteil der Steuerung verlagert werden. Dadurch kann der Zeichenautomat entweder eigenständig ohne übergeordnetes Datenverarbeitungssystem arbeiten oder mindestens dieses hinsichtlich Speicherbedarf und Rechenzeit entlasten [22].

Den Aufbau einer solchen Grundsoftware zeigt Abb. 12.3-5. Die Teilprogramme übernehmen folgende Funktionen:

ORG

Übernahme der Koordinaten und Zeichenanweisungen. Aufruf und Kettung der Teilprogramme. Steuerung der Ausgabe.

Schaltfunktionen

Erzeugung der Signale für Anwahl und Betätigung der Werkzeuge. Papiervorschub. Anfahren des Maschinennullpunktes usw.

Geradeninterpolation

Gemeinsamer Bestandteil für alle Teilprogramme, die eine Weginformation ausgeben. Ermittlung von Stützpunkten in dichter Folge für geradlinige Verbindungen.
Kann entfallen, wenn Geradeninterpolation als Bestandteil der Steuerung vorhanden ist.

Ausgabeteil

Übernimmt die Ausgabe der Steuerdaten für den Zeichenautomat auf Datenträger (Magnetband, Lochstreifen, Lochkarten) oder on-line unter Berücksichtigung der Besonderheiten der Ausgabegeräte bzw. des On-line-Betriebes.

Diese Teilprogramme stellen den Mindestumfang einer Grundsoftware für Zeichenautomaten dar.

Kurveninterpolation

Ermittlung von Stützpunkten für gekrümmte Linien nach frei wählbarem Algorithmus. Übergabe der Stützpunkte zur geradlinigen Verbindung an den Programmteil Geradeninterpolation. Dichte der Stützpunkte und damit Qualität der Kurve wählbar.

Kreisbogen

Ermittlung von Stützpunkten auf dem Kreisbogen und Übergabe an den Programmteil Kurveninterpolation.

Symbole

Definition, Speicherung und Abruf beliebiger Symbole. Auch komplexe, häufig wiederkehrende Detailzeichnungen können als Symbole behandelt werden.

Beschriftung

Schreiben von Zahlen und alphanumerischem Text an vorgegebener Stelle in beliebiger Größe und Richtung. Das Teilprogramm Symbole wird zur Definition des Zeichenvorrats mitbenutzt.

Linienart

Definition beliebiger Linienarten als Strichelemente und Zwischenräume; Ausführung gerader und gekrümmter Linien als periodische Folge dieser Linienelemente.

Polygonzug,
Kurvenzug

Geradlinige bzw. kurvenmäßige Verbindung aller Punkte eines Datenfeldes in der Reihenfolge der Speicherung durch wiederholten Aufruf der Programmteile Geradeninterpolation beziehungsweise Kurveninterpolation.

Achsenkreuz

Zeichnung, Einteilung, Bemaßung und alphanumerische Beschriftung eines orthogonalen Koordinatensystems zur Auftragung von Diagrammen.

Neben diesen Teilprogrammen, die Weg- oder Schaltinformationen für den Zeichenautomaten auslösen, gibt es organisatorische Aufrufe, die den Zeichenvorgang nur indirekt beeinflussen.

Formateinteilung

Verwaltung der Zeichenfläche und Zuteilung definierter Formate an aufeinanderfolgende Zeichnungen. Eine größere nutzbare Zeichenfläche kann dadurch automatisch mit mehreren Zeichnungen belegt werden.

Randabschaltung   Überprüfung aller Koordinaten auf Einhaltung des vorge-
                      gebenen Formats und Unterdrückung aller außerhalb lie-
                      genden Teile.

Maßstabsermittlung Automatische Bestimmung des Maßstabs vor Beginn des
                      Zeichenvorgangs durch Vergleich der Extremwerte der
                      Koordinaten mit dem gewünschten Zeichnungsformat.

Transformation   Definition und Verarbeitung von Konstanten für Nullpunkt-
                      verschiebung, Maßstab, Drehung, Spiegelung. Alle überge-
                      benen Daten werden vor der graphischen Darstellung diesen
                      Transformationen unterzogen.

Die Ergänzung des Programmsystems durch weitere Teile ist möglich. Bei der
Definition der beschreibenden Elemente muß darauf geachtet werden, daß der Umfang der Eingabedaten auf das unumgänglich notwendige Minimum beschränkt
wird und alle Routineaufgaben vom Grundprogramm übernommen werden. Diesem
Umstand kommt wesentliche Bedeutung zu, denn erst dadurch ist in vielen Anwendungsgebieten der Einsatz von Zeichenautomaten mit Kostenvorteilen gegenüber
der manuellen Arbeitsweise möglich.

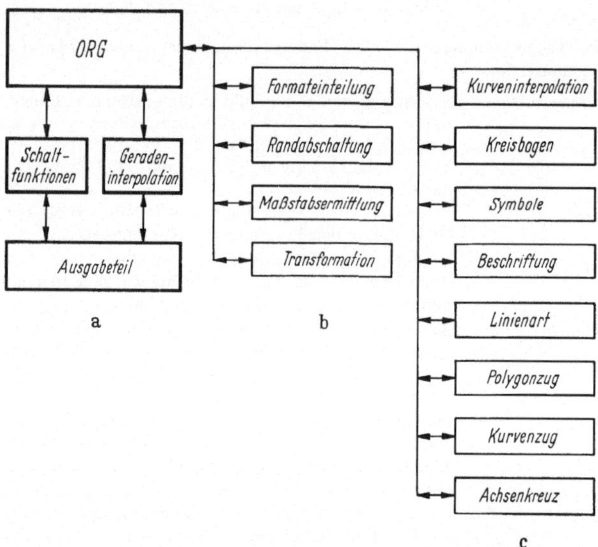

Abb. 12.3-5a—c. Grundprogrammsystem für Zeichenautomaten. a) Mindestumfang; b) Weitere
organisatorische Teilprogramme; c) Weitere Teilprogramme für geometrisch beschreibende Elemente

Literatur

[1] *Hoppe, H., Stiefken, R.:* Über den Einsatz eines numerisch gesteuerten Zeichentisches im
Rechenzentrum. Techn. Mitt. Krupp 27 (1969) 47—52. — [2] *Götz, E., Pabst, W.:* Automatisierte
Herstellung von Unterlagen zur Leiterplattenfertigung für elektronische Schaltungen. Werkstatt
und Betrieb 10 (1968) 597—602. — [3] *Götz, E., Horn, G.:* Geometrische Datenverarbeitung im
Schiffbau. Jahrb. Schiffbautechn. Ges. 1966, S. 262—276. — [4] *Steuckart, H.:* Das Gradieren der
Schnittmuster durch Automaten. Bekleidung und Wäsche 19 (1967) 290—295, 379—383. —
[5] *Lange, R.:* Automatisches Zeichnen im Vermessungswesen mit den neuen Zeichenanlagen der
Firma Zuse. Allg. Vermessungsnachr. 76 (1969) 168—174. — [6] *Weigl, W.:* Das automatische

Reißbrett. Siemens-data report 4 (1969) 2, S. 10—14. — [7] *Weigl, W.:* Programmgesteuerte Zeichenanlagen und ihre Einsatzmöglichkeiten in der Bautechnik und Maschinenindustrie. Haus der Technik (Vortragsveröffentlichungen) (1968) 179, S. 39—52. — [8] *Krause, F.-L., Langebartels, R., Vassilacopoulos, V.:* Geräte zum rechnergestützten Konstruieren — Technischer Stand 1969. — Konstruktion im Maschinen-Apparate- und Gerätebau 22 (1970) 121—132. — [9] The Technical Staff of Auerbach Corporation: Digital Plotters: A State-of-the-art Report 1 (1968). — [10] *Altenbernd, G.:* Schrittmotoren. Techn. Rundsch. 61 (1969) 51, S. 37—39, 53, S. 25—27. — [11] *Derichs, J.:* Das dynamische Verhalten von Schrittmotoren. Ind.-Anz. 86 (1964) 185—188. — [12] *Hirschmann, E.:* Neuartiges Plottersystem spart Rechenzeit. Elektronik 19 (1970) 97—98. — [13] *Enzelmüller, H.:* Automatische Zeichenanlagen und deren Einsatzmöglichkeiten. Konstruktion, Elemente, Methoden 4 (1969) 5, S. 83—93. — [14] *Weigl, W.:* Schneller, exakter und wirtschaftlicher zeichnen, mit der automatischen Zeichenanlage ZUSE Z 92 Graphomat. Das technische Büro 3 (1969) 50—56. — [15] *Haas, G.:* Numerisch gesteuerte Zeichenmaschinen-Elektronik 18 (1969) 293—298. — [16] *Götz, E.:* Direkt, digital und absolut arbeitende Lagemeßsysteme. Steuerungstechnik (1968) 224—229. — [17] *Haxel, K.:* Verfahren zur Umsetzung von Resolverspannungen in Digitalwerte. Elektronik 19 (1970) 261—266. — [18] *Grunwaldt, G.:* Kontaktlose Inkremental-Drehgeber mit gedruckten Schaltungen. Intern. Elektron. Rundsch. 23 (1969) 91—94, 125—129. — [19] *Götz, E.:* Die Lageregelung mit digitalem Lagevergleich — ein wichtiges Mittel zur Automatisierung von Maschinen. AEG-Mitteilungen 54 (1964) 672—677. — [20] *Koch, V.:* Der Dataplotter EAI 430. Elektron. Datenverarb. (1969) 6. — [21] *Wittkowski, G.:* Photoelektrisches Abtasten und Vermessen von Zeichnungen. die elektrische ausrüstung 10 (1969) 19—22. — [22] *Faber, K., Richarz, H. J.:* GEA2D/GEAGR — ein Softwaresystem für maschinelles Zeichnen. Elektron. Rechenanl. 11 (1969) 219—225.

12.4 Verkehrssteuerung

W. Wimmer

12.4.1 Allgemeines

Verkehrssignalanlagen dienen dazu, die Verkehrsleistung zu steigern und gleichzeitig die Verkehrssicherheit zu erhöhen. Dieses Ziel erreicht man dadurch, daß Verkehrsflüsse, die einander gefährden würden, das Wegerecht nacheinander erhalten und damit die Kreuzung ungefährdet überqueren können. Dieses Nacheinander hat natürlich zur Folge, daß die Kreuzung einem Verkehrsstrom nur einen Bruchteil der Zeit zur Verfügung steht. Überschreitet der Zeitbedarf dieses Verkehrsstromes die zugeteilte Zeit, so kommt es zu Stauungen und Wartezeiten. Aufgabe einer EDV bei der Steuerung des Straßenverkehrs ist es, Wartezeiten und Haltevorgänge auf ein Minimum zu beschränken und damit die Verkehrsteilnehmer so wirtschaftlich wie möglich zu ihren Bestimmungsorten zu leiten. Das bedeutet, die Summe der Wartezeiten und die Summe aller Anhaltevorgänge soll ein Minimum sein.

$$A_1 \sum W_z + A_2 \sum H_z \rightarrow \text{Min.} \tag{12.4-1}$$

So einfach diese Forderung zu formulieren ist, so schwer ist sie zu verwirklichen. Das liegt einmal daran, daß weder die Wartezeit noch die Zahl der Haltevorgänge mit wirtschaftlich vertretbarem Aufwand gemessen werden kann, und zum anderen ist bis heute keine umfassende Regelkonzeption bekannt, mit der man den Verkehrsablauf in einem großen komplizierten Straßennetz optimieren kann. Bei allen bisher bekanntgewordenen Einsätzen von EDV-Anlagen hat man das Problem in Teilaufgaben zergliedert und diese Teilaufgaben jeweils mit einem besonderen, nur auf die Teilaufgaben zugeschnittenen Regelverfahren gelöst. Diese Aufgliederung erfolgt dabei nach der Reichweite der Regelmaßnahmen. Man kann unterscheiden zwischen Maßnahmen, die nur die Kreuzung selbst beeinflussen, und solche, die einen ganzen Straßenzug betreffen, und schließlich über Regelverfahren, die für ein ganzes Stadtgebiet gelten. Wenn diese Regelverfahren sinnvoll aufeinander abgestimmt werden, entsteht eine Hierarchie, die den Vorteil hat, daß die einzelnen Verfahren und ihre Auswirkungen verhältnismäßig leicht zu übersehen sind und bei Bedarf durch andere Konzeptionen ersetzt werden können. Außerdem können Optimierungen, deren praktische Durchführung wegen ihres großen Rechneraufwandes nur mit erheblichen Kompromissen möglich wären, durch verkehrsabhängige Auswahlverfahren ersetzt werden. In diesem Fall muß die EDV die Verkehrssituation lediglich mit Hilfe geeigneter Programme analysieren und eine Auswahl aus vorbereiteten Maßnahmen treffen. Die von den Meßdetektoren gelieferten Daten können dabei durch Informationen ergänzt werden, die im Off-line-Betrieb durch Simulation bestimmt wurden. Dies gilt vor allem für Entscheidungen, die ein ganzes Stadtgebiet betreffen. Bei der Steuerung des Straßenverkehrs handelt es sich jedoch nicht nur um die Steuerung eines physikalischen Prozesses, sondern auch darum, den Verkehrsteilnehmer — also den Menschen — zu beeinflussen. Aus diesem Grund sind auch psychologische Momente zu berücksichtigen. Der Verkehrsteilnehmer paßt sich an die Signalisierung nach persönlicher Entscheidung mehr oder weniger gut an. Diese Anpassung ist dann besser und sicherer, wenn er durch Erfahrung und Gewöhnung das Verkehrsgeschehen erfaßt hat und sich dadurch auf die Signalisierung rechtzeitig einstellen kann. Welchen Einfluß die Unsicherheit der Verkehrsteilnehmer auf die Verkehrsabwicklung hat, kann man in der Urlaubszeit, wenn der Anteil der Ortsfremden zunimmt, gut beobachten. Eine optimale Verkehrsregelung muß also auf die Trägheit in den Gewohnheiten der Verkehrsteilnehmer Rücksicht nehmen. Ein Verkehrsteilnehmer, der von einem Punkt eines Straßennetzes zu seinem Ziel fahren will, muß die Fahrt so antreten, daß er unabhängig von zufälligen Störungen rechtzeitig an sein Ziel kommt. Verkürzt sich die Fahrzeit zufällig, so kann er die eingesparte Zeit im allgemeinen nur schlecht ausnützen. Anders ist es dagegen, wenn er grundsätzlich mit kürzeren Fahrzeiten rechnen kann, weil er dann die Fahrt erst später anzutreten braucht. Für die Optimierung des Verkehrs sind deswegen zur Formel (12.4-1) noch folgende Randbedingungen zu beachten:

Die mittleren Warte- und Fahrzeiten sind gleichmäßig zu reduzieren.

Die Streuung der Fahr- und Wartezeiten ist möglichst klein zu halten.

12.4.2 Erfahrungen mit eingesetzten Anlagen

Die ersten Erfahrungen mit einer EDV zur Steuerung von VS-Anlagen wurden im Jahre 1959 mit einer kleinen Versuchsanlage in Toronto (Kanada) gemacht. Die guten Ergebnisse rechtfertigten es, einen Großrechner zu verwenden. 1963 wurde daher eine Univac 1107 und zwei Univac 418, die als Satellitenrechner arbeiten, installiert. Anfang 1966 waren 305 Kreuzungen mit 135 Detektoren in Betrieb. Nach Angaben der Stadt Toronto hat sich dadurch die Verkehrsleistung um ca. 26 % gesteigert [1]. Im Jahre 1964 wurde in San José (Californien) in Zusammenarbeit mit der IBM ein Prozeßrechner IBM 1710 zur Verkehrssteuerung eingesetzt. Auch die damit gemachten Erfahrungen waren so befriedigtend, daß die Anlage gegen einen Prozeßrechner IBM 1800 ausgetauscht wurde. Eine gleiche Anlage kam in Wichita Falls [2] im Jahre 1966 zum Einsatz. Dabei wurden die Verzögerungen um 31 % und die Unfälle um 8 % reduziert. Der erste europäische Verkehrsrechner wurde von der Siemens AG unter der Bezeichnung VSR 16000 entwickelt und Anfang 1965 in Berlin eingesetzt [3]. Im September 1972 waren von dieser Type ca. 75 Anlagen installiert und in Betrieb.

Die großzügigsten Experimente mit EDV zur Steuerung des Straßenverkehrs wurden in Großbritannien durchgeführt. An 2 Stellen, nämlich in West-London [4] und in Glasgow [5] wurde je eine Anlage installiert und im Frühjahr bzw. Herbst 1967 in Betrieb genommen. Mit diesen Anlagen wurde eine Reihe von Betriebsarten, nämlich Festzeitsteuerung und verkehrsabhängiger Betrieb nach den verschiedenen Methoden und Verfahren simuliert und getestet. Die Ergebnisse waren so gut, daß man beschlossen hat, ein weiteres Experiment in London durchzuführen, bei dem

300 Kreuzungen von einer Rechenzentrale aus gesteuert werden sollen. Die Firma Elliot hat im Jahre 1967 in Barcelona und Madrid je eine EDV installiert. Eine weitere Anlage soll in Kürze in Lissabon in Betrieb gehen. Damit liegt Europa, was die Zahl der eingesetzten Anlagen betrifft, mit weitem Vorsprung an der Spitze. Den größten Marktanteil davon hat die Siemens AG mit dem System VSR 16000.

12.4.3 Gerätetechnik

Für die optimale Steuerung des Straßenverkehrs sind folgende Geräte notwendig: Meßdetektoren zur Feststellung des Verkehrsaufkommens, eine EDV, die diese Meßwerte nach vorgegebenen Regelkonzeptionen verarbeitet und Kreuzungsgeräte, die den Verkehr mit Hilfe von Signalgebern so steuern, wie es die EDV ermittelt hat.

Diese 3 Geräte bilden nicht nur ein integriertes System, sondern auch in ihrem Wirkungsablauf eine Kette (Abb. 12.4-1).

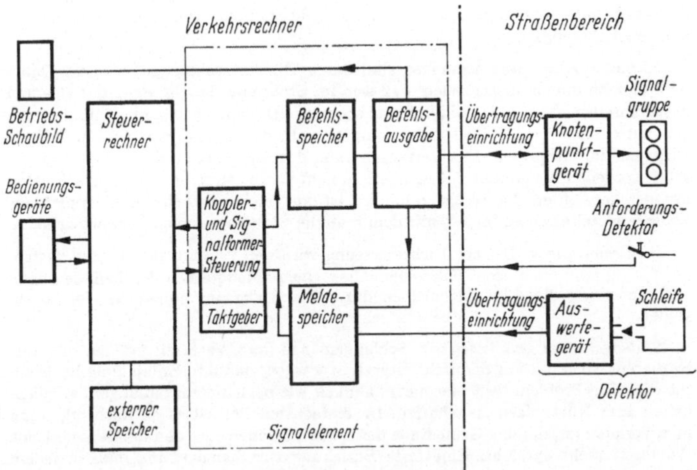

Abb. 12.4-1. Verkehrsrechner

Meßdetektoren. Von den vielen physikalisch möglichen Detektortypen hat sich in der Praxis der Schleifendetektor als der brauchbarste erwiesen [6]. Ultraschalldetektoren spielen daneben eine untergeordnete Rolle. Beim Schleifendetektor wird die Änderung der elektrischen Eigenschaften einer in der Straße eingebetteten Schleife durch ein darüber befindliches Fahrzeug zur Messung benutzt. Das bedeutet aber, daß der Differentialquotient der elektrischen Änderung nach der Zeit zur Anzeige benutzt wird und eine Daueranzeige nicht möglich ist. Ultraschalldetektoren dagegen messen die Laufzeit von Ultraschallimpulsen, die von der Straßenoberfläche bzw. von einem Kraftfahrzeug reflektiert werden. Ultraschalldetektoren können daher die Anwesenheit von Kraftfahrzeugen feststellen, während Schleifendetektoren nur die Pseudo-Anwesenheit messen. Für die Regelung des Straßenverkehrs kommen folgende Meßgrößen in Frage, die durch Detektoren mittelbar oder unmittelbar erfaßt werden:

Querschnittszählungen in Fahrzeug- und Pkw-Einheiten. Querschnittszählungen setzen fließenden Verkehr voraus. Die obere Grenzgeschwindigkeit liegt bei Schleifendetektoren und Ultraschalldetektoren weit über 100 km/h. Als untere Geschwindigkeitsgrenze kann man beim Schleifendetektor annehmen, daß ein Fahrzeug nach ca. 30 sec vergessen wird. Für die Querschnittszählung ist daher der Schleifendetektor ohne weiteres ausreichend. Sollen die Kraftfahrzeuge nicht nur gezählt werden, sondern auch noch zwischen Pkw und Lkw unterschieden werden, so geschieht dies beim Ultraschalldetektor am einfachsten durch die Unterscheidung der Fahrzeughöhe. Beim Schleifendetektor zieht man am besten die unterschiedliche Länge und die geringere elektrische Beeinflussung wegen des höheren Aufbaus von Lkws zur Unterscheidung mit heran. Beide liefern eine für die Praxis ausreichende Genauigkeit.

Geschwindigkeitsmessung. Für Geschwindigkeitsmessungen ist der Ultraschalldetektor ungeeignet. Soll die Geschwindigkeit von Fahrzeugkolonnen festgestellt werden, so besteht die Möglichkeit, die Messung mit einem Schleifendetektor durchzuführen. Soll dagegen die Geschwindigkeit von Einzelfahrzeugen erfaßt werden, so sind zwei Schleifendetektoren notwendig, die in einigem Abstand voneinander in der Fahrbahn verlegt sind. Die Zeitdifferenz zwischen dem Ansprechen des ersten und des zweiten Detektors ist umgekehrt proportional der Geschwindigkeit des Fahrzeugs.

Staumessungen. Staumessungen sind durch Differenzzählungen möglich. Dabei wird einfach davon ausgegangen, daß sich im Stauraum die Differenz der ein- und ausgefahrenen Fahrzeuge befindet. Auch bei großer Zählgenauigkeit läuft hier mit der Zeit ein sehr großer Fehler auf, wenn es nicht möglich ist, von Zeit zu Zeit die Differenz zu überprüfen. Das Verfahren kann deshalb nicht an allen Stellen eingesetzt werden. Eine weitere Möglichkeit besteht darin, an vielen Meßquerschnitten festzustellen, ob ein Fahrzeug vorhanden ist oder nicht, also eine Art Teppich aus Schleifendetektoren zu bilden, mit dem man die Staulänge dann überwachen kann.

Dichtemessungen. Bei der Dichtemessung wird der Prozentsatz der Zeit festgestellt, während dem sich Fahrzeuge über einem Meßquerschnitt befinden. Die Dichtemessung dient im allgemeinen dazu, das Ende von Fahrzeugpulks festzustellen.

Schlangenlänge und Wartezeit. Schlangenlänge und Wartezeit können mit vertretbarem Aufwand nur dadurch festgestellt werden, daß ihre Entstehung beobachtet wird. Das Problem liegt hier darin, ähnlich wie bei Differenzzählungen, Möglichkeiten zum Rücksetzen zu schaffen. Im einfachsten Fall ist es ausreichend, wenn man voraussetzt, daß bei Grün-Ende die Schlangenlänge 0 ist und damit auch keine Wartezeit mehr entsteht. Eine feste Beziehung zur Signalgebung muß in jedem Fall vorhanden sein.

Die EDV zur Steuerung der Schaltgeräte. Die Aufgabe der EDV besteht darin, Meßwerte entgegenzunehmen, sie zu verarbeiten und den Verkehr mit Hilfe der Kreuzungsgeräte nach den Ergebnissen dieser Verarbeitung zu steuern. Diese Aufgabe läßt sich im Prinzip mit jedem Digitalrechner lösen, der groß und schnell genug ist. Da es sich aber um eine Prozeßsteuerung handelt, verwendet man zweckmäßigerweise einen Prozeßrechner, der für Echtzeitbetrieb mit Unterbrechungseinrichtungen ausgerüstet ist. Um diese Aufgabe wirtschaftlich abwickeln zu können, ist eine besondere Peripherie für die Entgegennahme von Meßwerten und die Ausgabe von Steuerbefehlen notwendig (Abb. 12.4-1). Je nachdem, welches der unten beschriebenen Kreuzungsgeräte zum Einsatz kommt, sind bis zu 2000 binäre Ausgabekanäle notwendig. Um bei der Entgegennahme von Meßwerten alle Anforderungen bezüglich der Auswertung erfüllen zu können, ist es zweckmäßig, jeden Eingang alle 20 ms abzufragen. Außerdem soll der Rechner Möglichkeiten besitzen, weitere externe Geräte, z.B. Trommel- der Plattenspeicher und Datensichtgeräte anschließen zu können. Die Rechengeschwindigkeit sollte in der Größenordnung von 200000 Operationen pro Sekunde liegen. Damit bei Netzausfall keine Unterbrechung in der Steuerung eintritt, muß die EDV mit einer unterbrechungsfreien Notstromversorgung ausgerüstet sein.

Verkehrstechnische Maßnahmen betreffen weite Kreise der Bevölkerung und stoßen dabei mitunter auf heftige Kritik. Aus diesem Grunde ist es besonders wichtig, daß die verwendete EDV betriebssicher ist, damit es nur selten und kurz zu Ausfällen kommt. Die Anlage soll deshalb übersichtlich und klar aufgebaut sein, und ein Auftreten der Fehler muß mit Diagnostik-Programmen rasch und leicht abgrenzbar sein. Trotzdem ist es notwendig, daß entweder eine Stand-by-Einrichtung vorhanden ist oder die Geräte ohne die EDV betriebsfähig sind.

Kreuzungsgeräte. Kreuzungsgeräte haben die Aufgabe, die Glühlampen in den Signalgebern einer Kreuzung nach fest vorgegebenen Signalplänen oder in Abhängigkeit von der Verkehrslage zu schalten. Unter einem Signalplan versteht man die graphische Darstellung der Signalabläufe aller Signalgeber einer Kreuzung. Sie können nach drei verschiedenen Prinzipien gebaut sein.

Einsatzpunktsteuerung. Ein derartiges Gerät besteht im Prinzip aus einem Drehwähler mit mindestens acht Schritten. Für jede Glühlampengruppe der Signalgeber ist ein Schleifarm vorhanden. Durch Einlegen von Rangierungen kann bestimmt werden, welche Lampen auf dem betreffenden Schritt brennen. Diese Lampen bilden eine „Signalkombination". Durch Fortschalten des Drehwählers kann ein „Einsatzpunkt" nach dem anderen aufgerufen werden. Das Fortschalten geschieht entweder durch einen örtlichen Zeitgeber oder z. B. durch eine EDV. Durch kürzeren oder längeren zeitlichen Abstand zwischen den Einsatzpunkten können die einzelnen Signalkombinationen und damit das Grün für die betreffenden Verkehrsströme kürzere oder längere Zeit festgehalten werden. Die fest rangierte Reihenfolge der Signalkombinationen kann jedoch nicht ohne weiteres verändert werden. Die Geräte sind einfach und billig im Aufbau, wegen des obenerwähnten Nachteils kommen sie jedoch nur für einfache Kreuzungen in Frage und werden hauptsächlich auf dem amerikanischen Kontinent eingesetzt.

Signalgruppenfernsteuerung. Die Schaltgeräte an den Kreuzungen enthalten für jede Fußgängersignalgruppe ein Schaltrelais, das im eingeschalteten Zustand die Grünlampe und im abgeschalteten Zustand die Rotlampe zum Leuchten bringt. Bei Fahrzeugsignalgruppen werden zusätzlich Zeitkreise verwendet, die dafür sorgen, daß die Signale unter Einfügung von Rot/Gelb bzw. Gelb wechseln. Die Befehle dazu erhält das Schaltgerät von einer Zentrale oder einer EDV. Zu diesem Zweck müssen in der Zentrale bzw. in der EDV ein oder mehrere Signalpläne gespeichert sein. Dabei ist für jede Signalgruppe eine eigene Steuerader oder ein Übertragungskanal notwendig. Die einzelnen Signalgruppen können dadurch völlig unabhängig voneinander gesteuert werden, so daß keinerlei Einschränkungen bezüglich der Dauer oder Reihenfolge von Signalkombinationen bestehen. Diese Geräte sind in beinahe allen deutschen Großstädten eingesetzt.

Vollverkehrsabhängige Geräte. Die vollverkehrsabhängigen Geräte enthalten nicht nur die Einrichtungen zum Schalten der Signalgeber, sondern auch eine Logik, die die Dauer und die Reihenfolge der Grünsignale der Fahrzeugströme (Phasen) in Abhängigkeit vom Verkehr schaltet. Zu diesem Zweck sind Detektoren notwendig, die das Vorhandensein von Fahrzeugen melden. Sollen vollverkehrsabhängige Geräte von einer EDV aus gesteuert werden, so geschieht dies im allgemeinen dadurch, daß diese Phasen künstlich aufgerufen werden. Diese Gerätetypen sind hauptsächlich in Großbritannien, Skandinavien, aber auch in den USA im Einsatz.

12.4.4 Programmierung

Das Hauptproblem bei der Steuerung des Straßenverkehrs mit EDV ist die Programmierung. Während Kreuzungsgeräte, Detektoren und Prozeßrechner zum größten Teil handelsüblich sind, muß die Programmierung einer EDV speziell für diesen Zweck erstellt und entwickelt werden. Ein derartiges Programm ist natürlich modular aufgebaut, d. h. für jede Teilaufgabe ist ein Teilprogramm zu schaffen.

Treten neue Aufgaben auf, dann werden sie durch neue Teilprogramme gelöst, die sich in den Rahmen der übrigen Programme einfügen müssen. Grundsätzlich kann man bei der Programmierung zwei Arten unterscheiden, nämlich Programme für die rein organisatorische Abwicklung des Betriebes und Programme für die eigentliche Optimierung des Verkehrs.

Organisatorische Aufgaben. Den Kern des ganzen Programmes bildet das Betriebssystem. Das Betriebssystem ist ein Programm, das den Ablauf aller übrigen Teilprogramme regelt, die dafür notwendigen Daten abruft und bereitstellt und die Programme selbst in der Reihenfolge ihrer Dringlichkeit zum Ablauf bringt. Da die Verkehrssteuerung im Sekundenraster erfolgt, erhält das Betriebssystem von außen in jeder Sekunde eine Anforderung, die dafür sorgt, daß die Signalisierung an den Kreuzungen auf den neuesten Stand gebracht wird. Diese Aufgabe, die Signale zu steuern, ist die erste und wichtigste Teilaufgabe. Im Anschluß daran erfolgt die Berechnung von Datum und Uhrzeit für Protokollzwecke. Da die Anlage nicht nur verkehrsabhängig laufen soll, sondern auch Eingriffe von Hand möglich sein müssen, sorgt ein weiteres Programm für die Entgegennahme und Quittierung der Ein-, Aus- und Umschaltwünsche. Solche Schaltwünsche sollen auch automatisch in Abhängigkeit von Datum und Uhrzeit durchgeführt werden. Zu diesem Zweck ist ein Wochenzeitprogramm vorhanden, das die gewünschten Schaltvorgänge in Abhängigkeit von der Uhrzeit durchführt. Um gelegentliche Störungen durch Leistungsunterbrechung oder Glühlampenausfall zu melden, ist ein weiteres Programm vorhanden, das die Störung zum Ausdruck und zur Anzeige bringt. Einer der wichtigsten Vorgänge ist die Entgegennahme von Meßwerten der Detektoren. Da diese Meßwerte nach den verschiedensten Kriterien ausgewertet werden sollen, ist es notwendig, die genaue Länge der Impulse zu erfassen. Zu diesem Zweck wird jeder Detektoreingang alle 20 ms abgefragt und geprüft, ob der Detektor belegt ist oder nicht. Per Programm kann dann dieses Ergebnis der Abfrage entweder zur Zählung benutzt werden oder eine Belegungsdichte daraus abgeleitet werden oder beim Vorhandensein von zwei Detektoren zur Geschwindigkeitsmessung die Differenz zwischen dem Ansprechen der beiden Detektoren ermittelt und daraus die Geschwindigkeit errechnet werden. Für den Verkehrsingenieur ist es außerdem wichtig, Angaben über den Verkehrsablauf zu erhalten. Zu diesem Zweck müssen per Programm Tagesganglinien in Lochstreifen oder als Analogwerte graphisch ausgegeben werden. Diese Meßwertaufbereitung bildet dann die Vorstufe für die Optimierung des Verkehrs.

Optimierung des Verkehrsablaufs. Durch den Einsatz eines Rechners kann auch schon bei einer Festzeitsteuerung ein besserer Verkehrsablauf gegenüber alten Systemen erreicht werden. Die Verbesserungen bestehen im günstigeren Verfahren für den Wechsel von Signalplänen und in der Möglichkeit, Signalpläne leichter und schneller zu ändern. Trotzdem liegt das Hauptgewicht auf der verkehrsabhängigen Steuerung. Die verkehrsabhängigen Steuerungen der verschiedenen Hersteller unterscheiden sich im Detail sehr wesentlich. Im folgenden wird daher das Steuerungsverfahren von Elliot und anschließend das der Siemens AG beschrieben, da diese beiden Firmen die meisten Anlagen im Betrieb haben.

Beim System der Firma Elliot stehen drei verschiedene Grünzeitaufteilungen zur Verfügung. Der Versatz des Grünbeginns ist frei wählbar, so daß bei anderen Geschwindigkeiten ein gleitender Übergang auf die neue Geschwindigkeit und damit auch auf die Umlaufzeit möglich ist. In einer Grünen Welle müssen alle Kreuzungen gleiche Umlaufzeit haben. Als erstes wird daher für jede Kreuzung die notwendige Umlaufzeit berechnet. Die größte ermittelte Umlaufzeit ist dann für alle Kreuzungen verbindlich. Als nächstes stellt die EDV fest, welche von den drei verschiedenen Grünzeitverteilungen für jede Kreuzung dem Verkehrsaufkommen am besten entspricht. Die Bestimmung des Versatzes zwischen 2 Kreuzungen geschieht aufgrund der Pulkgeschwindigkeiten. Dabei spielt die Verkehrsmenge eine entscheidende Rolle. Da die Steuerung in einem Straßennetz ablaufen soll, sind mehrere Grüne Wellen notwendig, die sich schneiden, so daß geschlossene

Schleifen entstehen. Das Problem besteht nun darin, beim Bestimmen der Wellengeschwindigkeit keine Stoßstellen zu erhalten. Dabei geht man so vor, daß man zunächst die Geschwindigkeiten für die einzelnen Wellen bestimmt und dann beim Auftreten von Stoßstellen die Geschwindigkeiten so abändert, daß die Stoßstellen verschwinden. Die Änderungen in der Geschwindigkeit der einzelnen Strecken werden dabei nach vorgegebenem Gewicht verteilt. Kriterium für die Güte der Regelung sind die Verzögerungs- und Reisezeiten. Um ein Schwingen des Systems zu vermeiden, wird ein gefundener Zustand für mindestens 3 Umläufe beibehalten. Gemessen werden Menge, Pulkgeschwindigkeit und Warteschlangen. Dabei werden gewogene Mittelwerte verwendet.

Beim System der Siemens AG werden alle bereits für die Festzeitsteuerung vorhandenen Signalpläne zunächst übernommen und damit Meßwertstatistik getrieben. Aufgrund der dabei gemessenen Werte werden die Signalpläne auf die einzelnen Verkehrssituationen stärker zugeschnitten. Diese Signalpläne können dann in der ersten Stufe der Verkehrsabhängigkeit mit Hilfe des Programmes Signalplanauswahl in Abhängigkeit von der Verkehrslage automatisch ausgewählt werden. Dabei sind im allgemeinen Korrekturen an den Schwellwerten notwendig. Ist die Signalplanauswahl abgeglichen, so kann darangegangen werden, an stark belasteten Kreuzungen die ausgewählten Signalpläne zu modifizieren. Im Gegensatz zur Signalplanauswahl, die in langen Zeitabständen reagiert, um ein Schwingen des Systems zu vermeiden, erfolgt die Modifizierung sehr kurzfristig. Die Bedingungen dieser Modifikation werden dabei in einer Art Booleschen Algebra formuliert und dem Rechner eingegeben. Durch diese Darstellung ist es möglich, die Modifikation nach jedem beliebigen Verfahren durchzuführen, das sich in Form von logischen Gleichungen darstellen läßt. Außer diesen beiden Verfahren ist noch eine übergeordnete Situationsauswahl möglich, die zum Teil die gleichen Meßwerte benützt. Auf diese Weise besteht eine Hierarchie von aufeinander abgestimmten Regelverfahren (Abb. 12.4-2, S. 182).

12.4.5 Ausblick

Für den Einsatz von EDV steht bis heute keine umfassende Regelkonzeption zur Verfügung. Man bemüht sich daher, die Aufgaben in Teile zu zergliedern und die Teilaufgaben durch jeweils besonders darauf zugeschnittene Algorithmen zu lösen. Dabei bilden Verkehrsingenieur, EDV und Straßenverkehr ein lernendes System. Der nächste Schritt wird darin bestehen, den Verkehrsingenieur weitgehend zu ersetzen und zu einem lernenden Automaten zu kommen. Dafür sind jedoch nicht nur große und schnelle Rechner notwendig, sondern auch wesentlich mehr Informationen. Bis heute erhält die EDV nur von ganz wenigen Stellen des Straßennetzes Informationen, und vor allem fehlen Angaben über das Ziel der Fahrzeuge. Diesem Mangel könnte das sogenannte „programmierte Fahren" abhelfen. Bei diesem Verfahren stellt jeder Fahrer vor Beginn der Fahrt sein Fahrtziel auf einem Schaltfeld im Kraftfahrzeug ein. Bei der Annäherung an eine Kreuzung wird diese Information an eine Induktivschleife übertragen und an eine EDV gemeldet. Diese kennt so die Ziele und in etwa auch die Standorte aller Fahrzeuge und damit aber auch die voraussichtliche Belegung der betroffenen Straßenabschnitte. Sie ist dadurch in der Lage für ein bestimmtes Fahrzeug eine Route auszuwählen, die es schnell und wirtschaftlich an sein Ziel bringt. Um das Fahrzeug auf diese Route zu leiten, wird über die gleiche Induktivschleife dem Fahrzeug übermittelt, ob es an der Kreuzung links, rechts oder geradeaus fahren soll. Selbstverständlich können auf diese Weise auch noch andere Informationen, wie z.B. Geschwindigkeitsangaben, übertragen werden. Für ortsunkundige Fahrer wird damit das Auffinden seiner Fahrtziele erleichtert und insgesamt das Straßennetz besser und gleichmäßiger ausgelastet. Untersuchungen über probeweisen Einsatz des programmierten Fahrens sind in den USA bereits im Gange.

Bezeichnung der Regelebene Programmnamen	Wirkungs-bereich	Aufgabe	Entscheidungs-Modus	Wesentliche Kriterien	Arbeitstakte A Abfrageintervall B Beobachtungszeit F Festlegungszeit	Haupt-probleme	Optimierung
1 *Strategie*	ganze Straßen-netze oder größere Netzbereiche	Verkehrsführung Grenzen und Kriterien } für 2 Koordinierung von Netzbereichen	Katalog vorberei-teter Maßnahmen Abfrageketten Datenaustausch und -vergleich Taktüberwachung	Zählungen Stau	A 60 bis 90 sec B 3 bis 8 min tendenzabhängig F 10 bis 15 min A 60 bis 90 sec	Stabilität Prognose	durch Planung und Off-line-Simulation
2 *Taktik* *Vlang* Versatz-auswahl	Kreuzungs-gruppen Straßenzüge	Koordinierung von Grünzeitverteilung und Wellengeschwin-digkeiten Grenzen und Kriterien } für 3	Katalog vorberei-teter Maßnahmen Abfrageketten	Zählungen Stau Pulkgeschwindig-keiten	A 60 bis 90 sec B 1 bis 5 min tendenzabhängig F 1 bis 5 min	Aktualität, gleitende Übergänge	durch Planung ergänzt durch Statistik der anfallenden Daten[2]
3 *Fahrzeug-abhängigkeit* Phasenauswahl und -überwachung	Knotenpunkts-bereiche	Grünzeitzumessung durch Überwachung der einzelnen Fahrzeuge	Sollwerte und zeitliche Randbedingung System von Bedin-gungsgleichung Sollwerte und zeitliche Randbedingung Abfrageketten	Anforderungen Zählungen Schlangenlänge Zeitlücken Belegungsgrad Einzelgeschwindig-keiten Wartezeiten	A 1 sec B 1 bis 4 sec bzw. 60 bis 90 sec je nach Kriterium F 1 oder 60 bis 90 sec je nach Entschei-dung	Meßanord-nungen	Das Optimum wird durch Sollwerte und Bedingungs-gleichung defineirt. Parameter Abgleich im Experiment

Abb. 12.4-2. Die wichtigsten Steuerverfahren für den VSR 16000

Literatur

[1] Bericht über die 8. Internat. Studienwoche für Straßenverkehrstechnik. Allgemeiner Deutscher Automobilclub. — [2] *Wilshire, R. L.:* Computer traffic control in Texas. Traffic Engineering & Control (Febr. 1969) S. 505. — [3] *Obermaier, H.:* Das neue Verkehrsrechnersystem 16000. Siemens Straßenverkehrstechnik 3 (1970) 82. — [4] *Williams:* Area traffic control in West-London. Traffic Engineering & Control Juli 69, S. 125. — [5] *Hillier:* The Glasgow experiment in area traffic control. Traffic Engineering & Control Okt. 68, S. 14. — [6] Valdes: Area traffic control by computer in Madrid. Traffic Engineering & Control July 70, S. 132. — [7] *Pavel, G.:* Detektoren für den Straßenverkehr. Straßenverkehrstechnik 9 (1955) H. 7/8.

12.5 Industrielle Steuerungstechnik

V. Kussl

12.5.1 Bedeutung und Abgrenzung

Steuern heißt, Information über den Zustand eines Systems entgegenzunehmen, die Information nach einer Vorschrift zu verarbeiten (Optimieren, Berechnen, Verteilen, Schalten usw.) und die so neu erzeugte Information u. U. zu speichern, um sie dann im geeigneten Zeitpunkt an die zuständigen Aktivitätsträger des Systems als Entscheidung zu verteilen. Den Zeitpunkt der Weitergabe der erzeugten Information zu ermitteln, ist ebenfalls Sache des Steuerns. Regeln ist somit ein Sonderfall des Steuerns. Die Stellgröße (Entscheidungsgröße) in einem Regelkreis wird sofort (ohne Zwischenspeicherung) ausgegeben.

Der Gegenstand des Steuerns ist die *Steuerstrecke*. Die Steuerstrecke besteht aus den Meß- und Meldestellen, den Aktivitätsträgern und den Stellgliedern.

Das Geschehen an einer Steuerstrecke nennen wir einen (technischen) Prozeß.

Nach dem zu bearbeitenden Stoff unterscheiden wir:

a) Material-Prozesse,

b) Energie-Prozesse,

c) Informationsprozesse.

Das Steuern von Materie, Energie oder Information unterliegt den gleichen Gesetzen.

Nach der Stoff-Form gliedern wir in:

a) Mengenprozesse,

b) Stückprozesse.

Das Kennzeichen der Mengenprozesse ist die kontinuierliche Dosierung (Bemessung) der Mengen (z.B. Zement, Papier- und Glasherstellung, Reaktoren, Destillationskolonnen), bei Stückprozessen die zeitliche und räumliche Verwaltung (z.B. Lagertechnik, Verkehr und Transport).

Nach dem Geschehen gliedern wir in:

a) Bearbeitungsprozesse,

b) Verteilungsprozesse,

c) Ordnungsprozesse.

Die *Bearbeitungsprozesse* sind weiter zu gliedern in:

a) Fertigungsprozesse,

b) Verfahrensprozesse.

Bei Fertigungsprozessen wird die geometrische Form des Rohstoffes beeinflußt (Stanzen, Drehen, Pressen usw.), bei Verfahrensprozessen die chemische Zusammensetzung (Mischen, Trennen usw.).

Die *Verteilungsprozesse* betreffen sowohl Material (Briefe, Pakete, Brammen usw.) als auch Energie (Netze für elektrische Energie, Gas- und Wasserversorgung usw.) oder Information (Berichtswesen).

Ordnungsprozesse dienen dazu, die räumliche und zeitliche Ordnung von Mengen oder Stücken zu bestimmen (Belegung von Lagerregalen, Terminisierung von Aufträgen, Bahnsteuerungen von Raketen, Steuerung von Zügen usw.).

12.5.2 Steuerungs-Algorithmen

Alles Geschehen in einer Steuerung kann durch folgende Grundalgorithmen zusammengesetzt werden:

a) Zuordnen,

b) Verknüpfen,

c) Halten,

d) Warten,

e) Speichern.

Zuordnen. Sobald eine digitale oder analoge Eingangsgröße einen bestimmten Wert oder Wertebereich annimmt, soll ihr ein Binärsignal oder Digitalsignal zugeordnet werden (s. Abschnitt 5.1), zum Melden analoger Eingänge jedoch Bereichsmelder (auch Grenzwertgeber genannt). Eine Sonderform des Zuordnens ist das Verteilen.

Verknüpfen. Zu den Verknüpfungen gehören logische als auch arithmetische Operationen analoger oder digitaler Größen. Beispiele für Verknüpfungen sind: Zählen, Vergleichen und Verformen (z. B. Negation, Integration).

Halten. Zum Halten analoger Größen dient der Halteverstärker (Integrator), zum Halten binärer Größen das Flipflop, zum Halten digitaler Größen das Register.

Warten. Warten heißt, ein Zeitintervall abstecken, innerhalb dem ein Ereignis u. U. auftritt. Das Zeitintervall wird durch zeitabhängige Schaltnetze (Monoflop) bestimmt.

Speichern. Speichern ist ein Vorgang, der Daten unter einer Adresse aufbewahrt. Halten ist ein Sonderfall des Speicherns.

12.5.3 Folgesteuerungen

Folgesteuerungen bestimmen das Nacheinander des Geschehens, *Parallelsteuerungen* das Nebeneinander. Folgesteuerungen und Parallelsteuerungen sind oft vermischt: Folgesteuerungen für Anfahr-Manipulationen, Parallelsteuerungen für Betriebsmanipulationen. Ein Anwendungsfall der Folgesteuerungen sind die Anfahrautomatiken in Kraftwerken, aber auch Pressensteuerungen. Parallelsteuerungen werden z. B. bei Verteilungs-Vorgängen benötigt.

Die Zustände innerhalb einer Ablaufsteuerung wechseln wie folgt:

a) alternierend (zeitlich nacheinander),

b) überdeckend (z. T. gleichzeitig),

c) gestreut [sowohl a) als auch b)].

Das Geschehen in einer Steuerstrecke teilt man in Zeit-Intervalle ein, die wir *Momente* nennen (andere Bezeichnung: Schritte).

Die Steuerungseinrichtung gliedern wir in Stufen. Nach der Struktur (Topologie) wollen wir zwischen

a) einwegigen,

b) mehrwegigen,

c) geschachtelten

Folgesteuerungen unterscheiden.

Ein Weg ist eine Menge von Stufen.

Einstufige Folgesteuerungen

Ein Moment (Schritt) einer Stufe (Steuerstufe) besteht aus:

a) Anstoß (Einsprung, Schritt),

b) Ein-Zustand,

c) Beendigung.

Anstoß. Damit die Steuerstufe in einen Ein-Zustand übergeht (eine Aktivität angestoßen wird), muß:

a) ein Fortschaltesignal (Auslösung) eintreffen,

b) eine Vorbedingung und

c) eine Randbedingung erfüllt sein.

Das *Fortschaltsignal* legt den Zeitpunkt des Beginns einer Aktivität fest, es kann aber nur wirksam werden, wenn alle Primärbedingungen (Vorbedingungen und Randbedingungen) erfüllt sind.

Zu den *Vorbedingungen* gehören alle flüchtigen Bedingungen, die nur beim Start des Momentes (Schrittes) erfüllt zu sein brauchen.

Sind die *Randbedingungen* (Verriegelungen, Sicherheitsbedingungen) nicht mehr erfüllt, so wird der eingeleitete Zustand (Schritt) unterbrochen.

Ein-Zustand. Die Steuerstrecke wird nun eine bestimmte Manipulation erledigen, z.B. eine Position anfahren, ein Zeichen von Lochstreifen lesen, ein Ventil öffnen oder auf ein Prozeß-Ereignis warten (z.B. auf Kontakt Ein).

Beendigung. Der Ein-Zustand wird entweder von einem internen oder externen Signal beendet. Interne Endesignale stammen von Bereichsmeldern oder Kontakten, externe von Tasten oder Zeitgebern. Das Endesignal kann, aber muß nicht als Fortschaltesignal für den nächsten Zustand benutzt werden.

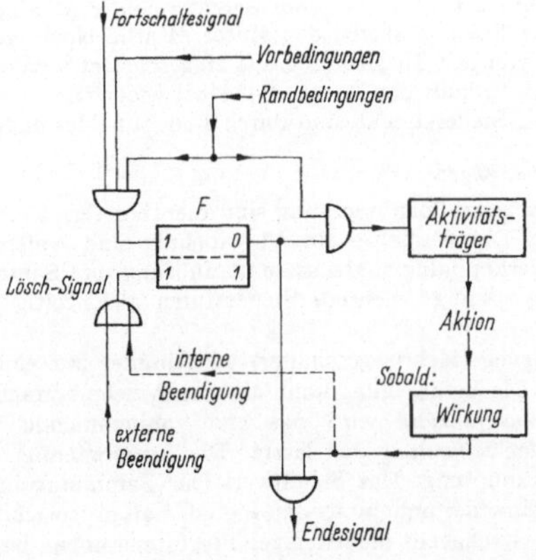

Abb. 12.5-1. Signallaufplan einer einstufigen Folgesteuerung

Abb. 12.5-1 zeigt den Prinzip-Signallaufplan einer einstufigen Folgesteuerung: Dem Aktivitätsträger ist ein Flipflop F zugeordnet. Da im Notfall der Aktivitätsträger ausgeschaltet sein soll, hat das Flipflop einen dominierenden Löscheingang. Abb. 12.5-2 zeigt ein Beispiel einer einstufigen Folgesteuerung: Ein Motor M ist einschaltbar, wenn Druck- und Temperaturbedingungen erfüllt sind. Der Motor wird von einer Steuerbühne ein- oder ausgeschaltet. Not-Aus-Taster in der Anlage (z.B. Haubentaster, die im Notfall durch Ellbogen oder Knie betätigt werden) setzen das Flipflop $F2$. Das Stufen-Flipflop $F1$ wird darauf gelöscht und bleibt so lange gesperrt, bis der Meister über Schlüsselschalter S das Flipflop $F2$ wieder löscht. Einschaltversuche auf der Steuerbühne bleiben, solange $F2$ gesetzt ist, unwirksam.

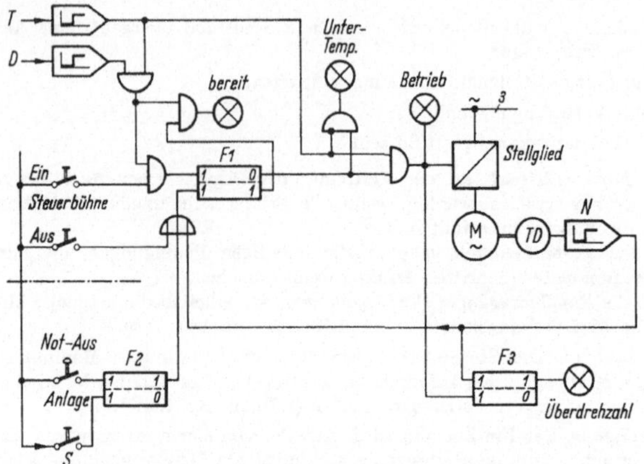

Abb. 12.5-2. Einstufige Folgesteuerung in der Antriebstechnik

Bei Überdrehzahl wird der Motor vom Bereichsmelder N ausgeschaltet. Untertemperaturen an der Stelle T setzen den Motor M still. Nach einer Überdrehzahl muß der Motor M von der Steuerbühne aus eingeschaltet werden. Ist die Untertemperatur beseitigt, so läuft der Motor von selbst wieder an.

Die Zustände der Steuerstrecke sind durch Leuchtmelder angezeigt.

Mehrwegige Folgesteuerungen

Bei einer mehrwegigen Folgesteuerung sind mehrere vermaschte Stufen hintereinander geschaltet. Die Elemente zur Vergabelung sind Aufspaltung und Verzweigung, die der Verkopplung sind Zusammenführung und Sammlung.

Die *Aufspaltung* versorgt mehrere Steuerstufen gleichzeitig mit Fortschaltesignalen.

Bei der *Verzweigung* (Mehrwegeschalter) wird immer nur einer von mehreren Wegen ausgewählt. Die Verzweigung kann als eine Weiche betrachtet werden.

Bei der *Zusammenführung* wird das erste ankommende Fortschaltesignal weitergeleitet, bei der *Sammlung* das letzte. Die Zusammenführung ist identisch mit der ODER-Verknüpfung. Das Schaltwerk zur Sammlung muß Flipflops besitzen, die die nacheinander ankommenden Signale halten (speichern).

Den Ablauf des Geschehens mehrwegiger Folgesteuerungen beschreibt man am besten mit Programmablaufplänen nach DIN 66001 [6]: Als Beispiel sei eine Steuerung zum An- und Abfahren in Kraftwerken betrachtet. Abb. 12.5-3 zeigt den Programmablaufplan: Ist die Vorbedingung (eine Funktion der Größen $P1$ bis $P7$) erfüllt, so kann die Stufe 5 eingeschaltet werden. Den Einschaltimpuls (Fortschaltimpuls) liefert dazu entweder die Stufe 4 (Weitersprung) oder die Stufe 10 (Rücksprung).

Mit dem Einschalten der Stufe 5 setzt eine zeitliche Überwachung ein: Tritt die Wirkung der Stufe 5 bereits vor Ablauf der ersten 5 min ein, so soll Stufe 7 eingeschaltet werden (Vorsprung). Im Normalfall ist die Wirkung innerhalb 5 min aber vor 10 min nach dem Einschalten der Stufe 5 zu erwarten. In diesem Fall wird Stufe 6 eingeschaltet (Weitersprung). Ist jedoch nach 10 min immer noch keine Wirkung eingetroffen, dann ist je nach Zustand der Anlage entweder eine Hilfspumpe einzuschalten, die Anlage stillzusetzen (Schutz-Halt) oder nach Stufe 2 zurückzuspringen.

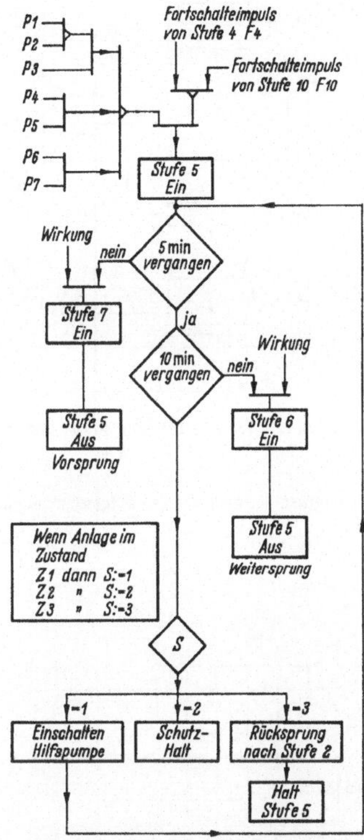

Abb. 12.5-3. Programmablaufplan einer mehrwegigen Folgesteuerung mit Zeitüberwachung

Abb. 12.5-4 zeigt den dazugehörigen Signallaufplan: Für die zeitliche Überwachung dienen Monoflops oder elektronische oder mechanische Zeitgeber.

Die Verzweigung des 10-min-Fortschalteimpulses besorgt ein Zuordner im Verein mit einer elektronischen Weiche (S).

Zeitplan-Steuerungen

Eine besondere Form der Folgesteuerungen sind die Zeitplan-Steuerungen. Sollen mehrere Aktivitätsträger ($A\,1$, $A\,2$ und $A\,n$) zu bestimmten Zeiten ein- oder ausgeschaltet werden, so benutzt man die Signale eines Zeitgebers oder eines Schieberegisters zum Setzen oder Löschen der Flipflops (Abb. 12.5-5). Diese Art der Steuerung wird z.B. bei Digitalrechnern benutzt (asynchroner Rechnerbetrieb).

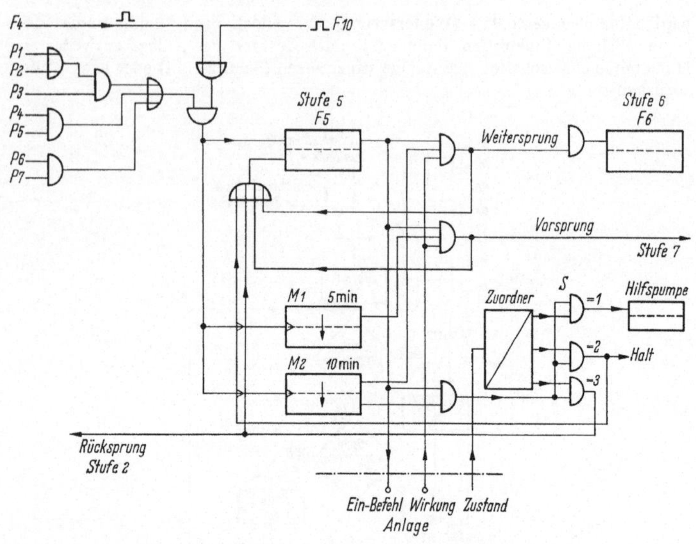

Abb. 12.5-4. Signallaufplan der mehrwegigen Folgesteuerung nach Abb. 12.5-3

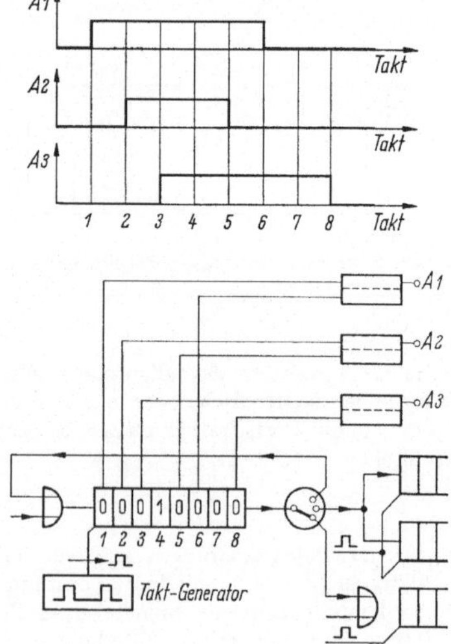

Abb. 12.5-5. Zeitplansteuerung mit Schieberegister

12.5.4 Parallelsteuerungen

Bei Parallelsteuerungen ist in jedem Schritt (Moment), eine bestimmte Gruppe von Aktivitätsträgern einzuschalten. Die Verteilung der Aktivitätsträger über die Momente wird mit der Momententabelle (Tabelle 12.5-1) und der Zustandstabelle (Tabelle 12.5-2) beschrieben.

<table>
<tr><td colspan="3">Tabelle 12.5-1. Momententabelle</td></tr>
<tr><td>Moment</td><td>Beginn</td><td>Ende</td></tr>
<tr><td>M_1</td><td>$e1$</td><td>$e2$</td></tr>
<tr><td>M_2</td><td>$t_\mathrm{E}(M_1)+T_1$</td><td>$t_\mathrm{A}(M_2)+T_2$</td></tr>
<tr><td>M_3</td><td>$t_\mathrm{A}(M_2)+T_3$</td><td>$e3$</td></tr>
<tr><td>M_4</td><td>$e3$</td><td>$t_\mathrm{A}(M_4)+T_4$</td></tr>
</table>

Tabelle 12.5-2. Zustandstabelle

Aktiv	$M1$	$M2$	$M3$	$M4$
$A1$	1	0	1	0
$A2$	0	1	1	0
$A3$	1	1	1	1

Die Momententabelle nennt Beginn und Ende der einzelnen Momente, die Zustandstabelle den Zustand der Aktivitätsträger innerhalb der Momente.

Kernstück der Parallelsteuerungen ist eine Verteiler-Matrix (Abb. 12.5-6). Die Spalten der Matrix sind dem Beginn und Ende der Momente zugeordnet, sie werden von vorgeschalteten Zuordnern versorgt. Die Matrix liefert an die Aktivitätsträger Stellsignale. Jedem Aktivitätsträger wird ein Flipflop zugeordnet.

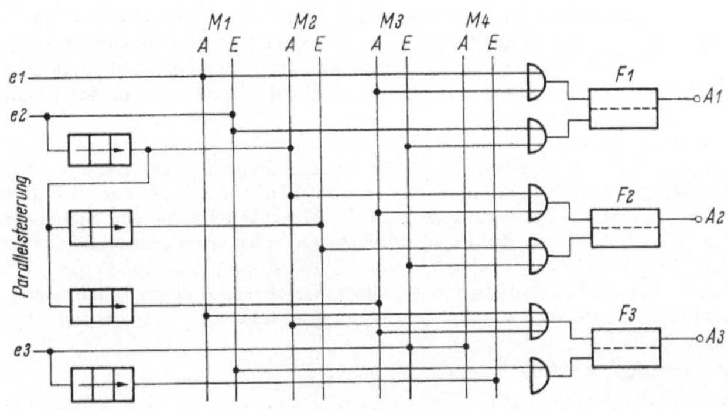

12.5-6. Parallelsteuerung

Ein Aktivitätsträger wird im Verlauf eines Algorithmus mehrmals in Tätigkeit treten. Das zugehörige Flipflop ist daher mehrmals zu setzen oder zu löschen. Dem Setz- oder Löscheingang sind daher ODER-Glieder vorgesetzt. Beispiele für Parallelsteuerungen sind Steuerungen für Aufzüge, Verteilsteuerungen für Briefe und Brammen.

12.5.5 Steuerungen mit Datenträgern

Ist die Reihenfolge der Prozeduren zum Zeitpunkt des Entwurfes der Steuerungseinrichtung noch nicht bekannt, oder soll sie mehrmals geändert werden (z.B. numerische Steuerungen von Werkzeugmaschinen), so kann das zuständige Arbeits-Programm nicht fest verdrahtet in die Steuerungseinrichtung eingebaut werden. Das Arbeits-Programm ist nun austauschbar unterzubringen. Dazu benutzt man Reliefkarten (Profilkarten, Lochkarten, Lochschablonen oder Lochstreifen (Datenträger).

Die Steuerungseinrichtung besteht aus der Lesersteuerung und dem Befehlsverteiler (Abb. 12.5-7).

Die *Lesersteuerung* veranlaßt den Lochstreifen zum Vor- und Rücklauf. Sie liefert die gelesenen und geprüften Daten des Lochstreifens an den Befehlsverteiler. Die Lesersteuerung ist mit einem Bedienungspult verbunden.

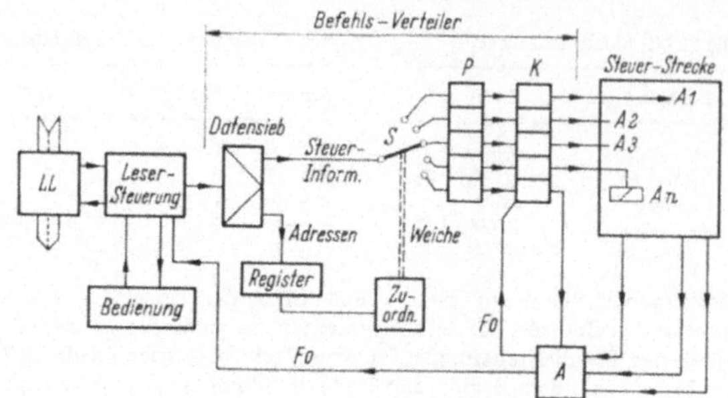

Abb. 12.5-7. Steuerung mit Datenträgern

Der *Befehlsverteiler* hat die aus dem Lochstreifen entnommenen Daten u. U. zwischenzuspeichern und sie an die Aktivitätsträger der Steuerstrecke zu verteilen (A 1 bis An). Die Steuerstrecke liefert nach jedem Schritt (Moment) einen Fortschalteimpuls (Fo) sowohl an die Lesersteuerung als auch an den Befehlsverteiler.

Fortschaltesignale liefern z. B. Endschalter (Kontakte, magnetische Schalter usw.) aber auch Ortsregelkreise.

Ein Steuerwerk (A), das nun vom Befehlsverteiler mit Information versorgt wird, hat nun zu entscheiden, welche der von der Steuerstrecke gelieferten Signale als Fortschalte-Signale anerkannt werden (Auswahl der Endschalter). Bei Positionierungen in mehreren Koordinaten wird der Fortschalteimpuls von Steuerwerk A nur dann gegeben, wenn die Regelabweichungen aller Ortsregelkreise verschwunden sind.

Ein Satz ist die Informationsmenge, die das Geschehen in einem Schritt (Moment) bestimmt. Die Information wird man also satzweise vom Lochstreifen abrufen. Ein Satz enthält nun:

a) Steuerinformation,

b) Adressen,

c) Regieinformation.

Die *Steuerinformation* beinhaltet die Art der Manipulation. Wir können sie wiederum unterteilen, z. B.:

a) in Wegeinformation (Zahlen) und

b) Schaltinformation (Bitketten).

Sagt die Steuerinformation, *was* zu geschehen hat, so sagt die *Adreß*-Information, *wo* etwas zu geschehen hat, sie nennt den Aktivitätsträger.

Die *Regieinformation* ist für den internen Ablauf der Steuerungseinrichtung verantwortlich, sie versorgt die Lesersteuerung [z. B. mit Signalen über Programmanfang (PA) oder Satzende (SE) usw.].

12.5.6 Steuerungen von Fördereinrichtungen

Fördereinrichtungen transportieren Stück- oder Schüttgut. Ein *Stückgut* ist ein fester Stoff (z. B. Behälter, Bramme), bei dem die Berandung (Anfang, Ende usw.) eindeutig markiert ist. Ein *Schüttgut* hat keine markierte Berandung. Die Berandung muß durch technische Mittel (z. B. Zähler und Mengenmesser) erkannt werden.

Förderer für Stückgut

Beim Fördern von Stückgut muß jedem Stück Zielort und Bearbeitungsinformation mitgegeben werden. Der Zielort kann nun am Transportgut selbst aufgebracht sein. Zur Markierung (Codierung) des Zielortes oder anderer Kenngrößen dienen mechanisch, elektrisch oder magnetisch lesbare Zeichen, die unmittelbar am Stückgut angebracht sind.

In vielen Fällen verbieten sich codierte Marken (z. B. zu hohe Temperaturen, ungeeignete Oberflächen oder undefinierte räumliche Lage des Transportgutes). Dann muß man den Zielort in Schieberegistern verwalten. Eine Steuerung mit Schieberegistern für einen Verteilförderer zeigt die Abb. 12.5-8.

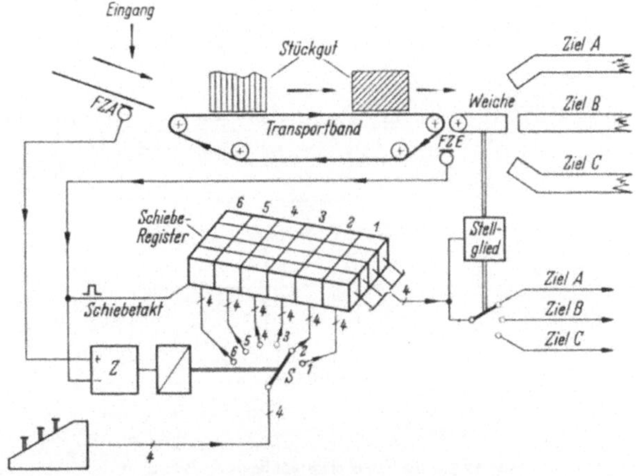

Abb. 12.5-8. Steuerung eines Förderers für Stückgut

Zu Beginn sei der Schalter S auf die Klemme 1 gesetzt. Sobald das Stückgut vor dem Transportband erscheint (Eingangsmarke), wird über ein Eingabegerät (z. B. Tastatur, Lochstreifenleser, Qualitätsprüfgerät) der Zielort in die erste Zelle des Schieberegisters eingegeben (synchrone Transporttechnik, Power-Strecken).

Betritt das Transportgut die Transportbahn, so erhöht der Impuls der Fotozelle FZA den Zählerinhalt um Eins, der Schalter S wird auf Zelle 2 gerastet. Der Zielort des folgenden Transportgutes gelangt dann in die benachbarte Zelle des Schieberegisters. Damit erhält das Stellglied die Zielinformation und kann die Weiche stellen. Gleichzeitig wird der Zielort an das folgende, der nächsten Transportstrecke zugeordnete Schieberegister weitergereicht. Außerdem wird der Inhalt des Zählers Z um EINS vermindert, dadurch bekommt der Schalter S wieder Anschluß an die nächste freie Zelle des Schieberegisters.

Im Schieberegister ist also die Reihenfolge der Stückgüter auf dem Transportband abgebildet, nicht aber deren Umfang und Abstand. Das Schieberegister muß mindestens so viel Zellen besitzen, als Stücke auf dem zugehörigen Transportband Platz haben.

Die Länge jeder Zelle ist von der Anzahl der Zielorte abhängig und von der Anzahl der beigefügten Bearbeitungsinformationen.

Bei Entnahmen von Stücken ist der entsprechende Zellinhalt zu löschen, die nachfolgenden Zellinhalte sind nach rechts zu verschieben (Schiebespeicher).

Förderer für Schüttgut

Das lockere Schüttgut ist durch Fotozellen nicht mehr erfaßbar. Wir benötigen nun ein geographisches (geometrisches) Abbild des Schüttgutes.

Als (elektronisches) Bild des Förderbandes benutzen wir ein Schieberegister (1 Bit je Zelle). Die Länge des Schieberegisters ist dabei proportional der Länge des Förderbandes. Der Abbildungsmaßstab bestimmt die Genauigkeit der Abbildung Man kann z.B. einer Länge von 10 m der Transportstrecke ein Bit des Schieberegisters zuordnen. Befindet sich an einer bestimmten Stelle des Förderbandes Schüttgut, dann soll das entsprechende Bit des Schieberegisters mit einer EINS (1) belegt sein. Das Belegt-Signal liefert dabei die dem Transportband vorgeschaltete Schüttelrinne oder ein Mengenmesser.

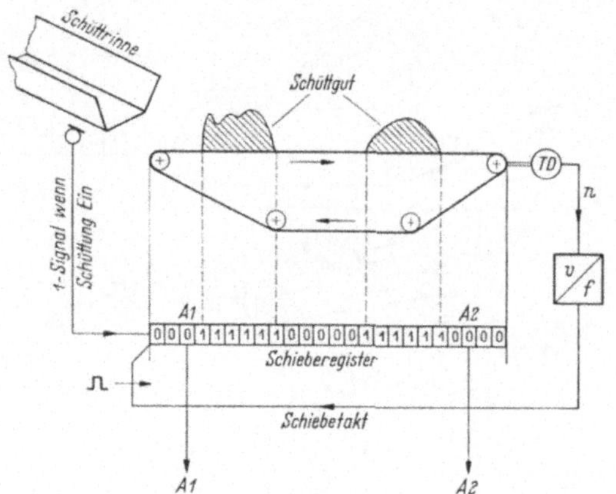

Abb. 12.5-9. Steuerung eines Förderers für Schüttgut

Das Belegt-Signal im Schieberegister muß nun mit einer Geschwindigkeit verschoben werden, die der Transportgeschwindigkeit des Schüttgutes proportional ist. Den Schiebetakt gewinnt man deshalb über einen Spannungs-Frequenz-Wandler, der von einer Tachodynamo gespeist wird, die an einer Rolle der Transporteinrichtung angeflanscht ist (Abb. 12.5-9).

Das Schieberegister ist an zwei Stellen $A1$ und $A2$ angezapft. $A1$ und $A2$ ersetzen dann die Fotozelle *FZA* und *FZE*. Eine Steuerungseinrichtung, wie wir sie vom Stückgut-Förderer kennen, kann nun die Zielsteuerung übernehmen.

Wird jedes Bit des Schieberegisters mit einer Anzeigelampe verbunden, so kann in einer Warte die Belegung des Transportbandes angezeigt werden.

12.5.7 Steuerung von Registriereinrichtungen

Im folgenden sollen zwei Beispiele die Steuerung von Registriereinrichtungen zeigen.

Zeitfolgemelder

Um schnell nacheinander Vorgänge zu registrieren, benutzen wir Zeitfolgemelder (Abb. 12.5-10).

Kernstück des Zeitfolgemelders ist ein Arbeitsspeicher (z. B. Ferritkernspeicher). In aufeinanderfolgende Zellen des Arbeitsspeichers AS sollen die Ereignisse in der Reihenfolge eingespeichert werden, in der sie auftreten.

Die Ereignisse (z. B. Schalter $S1$ gefallen) sollen durch eine Kennung markiert werden.

Die Adressierung für den Arbeitsspeicher wird einem umschaltbaren oder zwei getrennten Zählern übergeben, die die Schreib- oder Leseadressen enthalten.

Zu Beginn der Registrierung wird der Adressenzähler (Schreibadresse für AS) $AZ1$ auf den Wert 1 gesetzt.

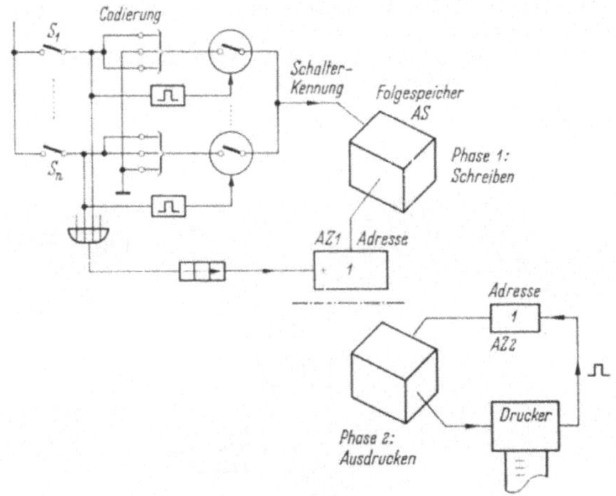

Abb. 12.5-10. Zeitfolgemelder

Ein eintreffendes Ereignis schaltet sich mit seiner Kennung vorübergehend an den Eingang des Folgespeichers, in den auch noch die Uhrzeit mit eingegeben werden kann. Das erste Ereignis gelangt in Zelle 1. Dann wird der Adressenzähler um 1 hochgezählt: die nächste Zelle ist vorbereitet und kann das nächste Ereignis aufnehmen.

Bei Bedarf werden die Speicherzellen der Reihe (von 1 bis n) nach gelesen. Vorher wird der Zähler mit den Leseadressen $AZ2$ auf 1 gesetzt. Die Ereignisse können dann in der Reihenfolge ihres Auftretens (mit Uhrzeit) ausgedruckt werden.

Abrechnungs-Automat für Tank-Fahrzeuge

Als Beispiel einer automatischen Betankung von Fahrzeugen in der Petro-Chemie sei ein Kommissionierungsautomat betrachtet.

Der Fahrer des zu betankenden Fahrzeuges erledigt folgende Vorarbeiten:

a) Füllposition (Zapfstelle) anfahren und Fahrzeug erden.

b) Fahrerkarte in Kartenleser einlegen (Fahrerkarte enthält Kunden-Nr., Sorten-Nr., Kfz-Kennzeichen, Spediteur-Name usw.). Für jede Sorte wird u. U. eine gesonderte Fahrerkarte ausgestellt.

c) Sorten-Anwahl über Tastatur (falls nichts schon durch Fahrerkarte erfolgt).

d) Füllrohr einführen.

e) Zu zapfende Menge anwählen (Tastatur).

Der Füllvorgang wird über Druckknopf gestartet und über Druckknopf oder die Mengen-Steuerung beendet.

200 Liter vor der Sollmenge wird meist ein Vorsignal an den Fahrer abgegeben, die Füllgeschwindigkeit wird gedrosselt.

Sobald das Füllrohr wieder vom Fahrzeug abmontiert ist und sich in Ruhestellung befindet, wird der Lieferschein ausgedruckt.

Die Betankungs-Daten (Meßwerte und Kundendaten) werden außerdem an eine zentrale DVA gemeldet, dort wird die Rechnung erstellt.

Zur Realisierung benötigen wir:

a) Steuerungseinrichtung zum Ein- und Ausschalten der Förderpumpe,

b) Datenerfassungsanlage.

Die Steuerungseinrichtung ist eine mehrstufige, aber einwegige Folgesteuerung, die mit der Datenerfassungsanlage integriert ist.

Zur Datenerfassung (Abb. 12.5-11) wird jedem Tankfahrzeug ein Objekt-Vektor zur Einzelstück-Verfolgung zugewiesen.

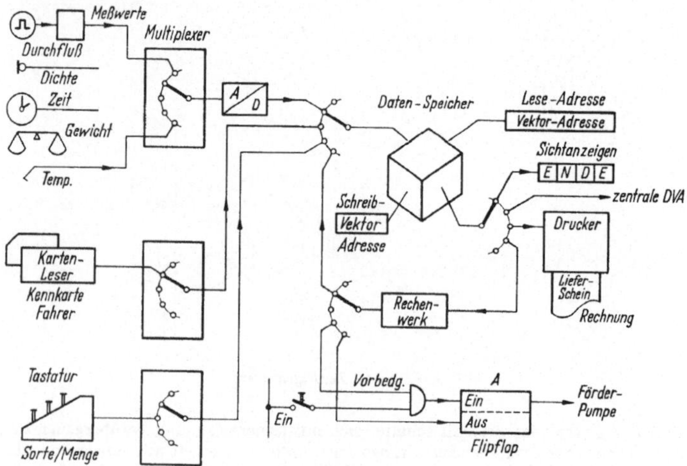

Abb. 12.5-11. Datenerfassungsanlage für Abfüllvorgänge (Betanken von Fahrzeugen, Signallaufplan)

Die Objekt-Adresse (Name des Objekt-Vektors) ist die Nummer des Tankfahrzeuges (u. U. erweitert durch die Kammer-Nr., bei Mehrkammerfüllung. Die Komponenten des Objektvektors sind die temporären und permanenten Eigenschaften des Objektes).

Sobald eine Abfüllstelle alle Vor- und Randbedingungen (Füllrohr eingeführt, Fahrzeug geerdet, usw.) meldet, wird die Fahrerkarte abgefragt, damit die Objekt-Adresse ermittelt werden kann. Dann werden die Start-Komponenten des Objekt-Vektors (Sorte und Menge) abgefragt und geprüft, der Füllvorgang wird gestartet.

Während des Füllvorganges wird fortwährend durch Messung und Rechnung das Ist-Volumen (oder Ist-Gewicht) ermittelt und mit dem gespeicherten Soll-Volumen verglichen. Bei Gleichheit von Soll-Wert und Ist-Wert wird das Aktivitätsträger-Flipflop A der Pumpe gelöscht, die Füllung ist beendet.

Nunmehr werden über einen Meßzyklus alle weiteren Komponenten des Objekt-Vektors erfaßt. Darauf kann der Druck-Zyklus gestartet werden.

Literatur

[1] *Kussl, V.:* Steuerungstechnik mit elektronischen Funktionselementen. Düsseldorf: VDI-Verlag 1973. — [2] *Stahl, K.:* Industrielle Steuerungstechnik in schaltalgebraischer Behandlung. München/Wien: Oldenbourg 1965. — [3] DIN 44300: Informationsverarbeitung. Begriffe. 1965. — [4] DIN 66001: Informationsverarbeitung. Sinnbilder 1966. — [5] VDI-Richtlinien 3260: Funktionsdiagramme von Arbeitsmaschinen und Fertigungsanlagen. 1970. — [6] *Backes, H.-W.,*

Neulist, K., Schaffernak, A.: Der Programmablaufplan — ein Mittel zur Behandlung festverdrahteter Prozeßsteuereinrichtungen. BBC-Nachrichten Bd. 51 (1969) H. 12, S. 674—680. —[7] *Grabbe, E. M., Ramo, S., Wooldridge, D. E.:* Handbook of automation. Computation und Control, Vol. 3: Systems and Components. New York: Wiley 1961. — [8] *Busacker, R. G., Saaty, T. L.:* Endliche Graphen und Netzwerke. München/Wien: Oldenbourg 1968. — [9] *Backes, H.-W., Neulist, K., Schaffernack, A.:* Systemgrundlagen des elektronischen Steuersystems. Sigmatronic, BBC-Nachrichten, Bd. 52, Juli 1970. — [10] *Backes, H.-W., Neulist, K.:* Projektierung mit dem elektronischen Steuersystem. Sigmatronic, BBC-Nachrichten, Bd. 52, August 1970. — [11] *Heckmann, H., Schaffernack, A.:* Die Geräte des elektronischen Steuersystems. Sigmatronic. BBC-Nachrichten, Bd. 52 (1970). — [12] *Heckmann, H.:* Methoden für den Entwurf und die Dokumentation von Anlagen der industriellen Steuerungstechnik. VDE-Fachberichte 1970.

12.6 Digitale Signalverarbeitung

W. Giloi

12.6.1 Diskrete Systeme

12.6.1.1 Diskrete Signale. Bei diskreten Systemen sind die Eingangs- und Ausgangsgrößen als Folgen diskreter Zahlenwerte gegeben. Das Übertragungssystem muß im Gegensatz zum kontinuierlichen System und zum Abtastsystem keinen unmittelbaren physikalischen Charakter mehr haben, sondern es kann in einem Algorithmus bestehen, d.h. einer Rechenvorschrift, durch die bestimmten Eingabewerten bestimmte Ausgabewerte zugeordnet werden. Das typische diskrete Übertragungssystem besteht damit in einem Computer-Programm. Natürlich können diese Algorithmen aber auch durch eine spezielle „Hardware" realisiert werden.

Bei der *digitalen Signalverarbeitung* sind aber — wie der Name sagt — bestimmte Operationen auf Signale anzuwenden, die zunächst von Natur aus kontinuierlich sind. Das durch den digitalen Algorithmus gegebene System ist also letztlich immer in eine Umwelt mit bestimmtem physikalischem Charakter eingebettet. Das Modell für eine digitale Signalverarbeitung ist damit ein diskretes System, dem eine Folge äquidistanter Zahlenwerte zugeführt wird, die aus einer kontinuierlichen Funktion mit Hilfe eines Analog/Digital-Umsetzers (ADU) gewonnen wird. Das System liefert als Ergebnis der zugrunde liegenden Rechenvorschrift eine Ausgabefolge äquidistanter Zahlenwerte, die über einen Digital/Analog-Umsetzer (DAU) wieder in ein geglättetes Signal mit physikalischem Charakter zurückverwandelt werden können (Abb. 12.6-1).

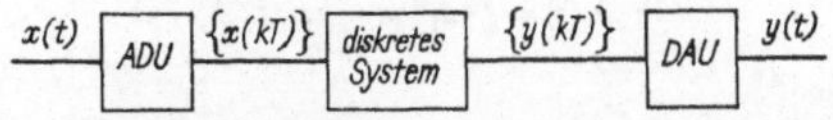

Abb. 12.6-1. Verarbeitung kontinuierlicher Signale durch ein diskretes System

Wir gehen daher bei der digitalen Signalverarbeitung stets davon aus, daß die Eingabefolgen des diskreten Algorithmus *Probenwerte* eines Signals $x(t)$, genommen zu den äquidistanten Zeitpunkten kT, $k = 0, 1, 2, \ldots$, sind. Der Einfachheit halber nehmen wir an, daß

$$x(kT) \equiv 0 \quad \text{für} \quad k < 0 \tag{12.6-1}$$

ist[1]. Unsere Eingabefolge besteht somit nur aus den Zahlenwerten

$$x(0), \quad x(T), \quad x(2T), \ldots$$

---

[1] Es sei darauf hingewiesen, daß man die Beschränkung (12.6-1) auch fallenlassen kann. Ähnlich wie man bei den kontinuierlichen Funktionen in diesen Fällen eine zweiseitige Laplace-Transformation definiert, bei der man die Teile einer Funktion $x(t)$ für $t < 0$ und für $t > 0$ getrennt behandeln muß, kann man auch eine zweiseitige Z-Transformation definieren. Auch hier muß man die Teilfolgen x_k für $k < 0$ und für $k > 0$ getrennt betrachten.

Da wir annehmen, daß diese Zahlen mit Hilfe eines Analog/Digital-Umsetzers (ADU) aus einem kontinuierlichen Signal gewonnen werden, haben sie — bedingt durch die Arbeitsweise des ADUs — eine feste Wortlänge, d.h. das ursprüngliche Signal wird nicht nur durch eine Folge diskreter Zahlenwerte ersetzt, sondern diese Werte sind auch noch — u.U. recht grob — quantisiert.

Die Ausgabefolge $y(kT)$ eines linearen, diskreten Signalverarbeitungssystems nach dem Modell von Abb. 12.6-1 kann analog zu den linearen kontinuierlichen Systemen durch eine diskrete Faltung erhalten werden[1].

$$y(kT) = h(kT) * x(kT) = \sum_{i=0}^{k} h(iT) \cdot x(kT - iT) = \sum_{i=0}^{k} h(kT - iT) \cdot x(iT), \quad (12.6\text{-}2)$$

d.h. als eine gewichtete Summe aller vorhergehenden Eingabegrößen. Die Gewichtsfaktoren $h(kT)$ bestimmen das System. Wie man unmittelbar aus Gl. (12.6-2) ersehen kann, wird $y(kT) \equiv h(kT)$, wenn speziell die Eingabefolge $x(kT) = \begin{cases} 1 & \text{für } k=0 \\ 0 & \text{für } k \neq 0 \end{cases}$ wirkt. Diese Folge spielt damit die Rolle der Dirac-Funktion bei den kontinuierlichen Systemen. Die Stabilitätsbedingung für ein diskretes System lautet

$$\sum_{k=0}^{\infty} |h(kT)| < \infty. \quad (12.6\text{-}3)$$

Der einfacheren Schreibweise zuliebe werden wir im folgenden das *Abstastintervall* T (willkürlich) zu Eins setzen, d.h. die Eingabe- und Ausgabefolgen des diskreten Systems als reine Zahlenfolgen $\{x_k\}_0^\infty$ bzw. $\{y_k\}_0^\infty$ schreiben. Damit vollziehen wir auch den Schritt zum allgemeinen diskreten System hin, bei dem die reale Zeit kein bestimmender Parameter sein muß (wie z.B. bei räumlichen Transformationen in der Bildverarbeitung und anderen Anwendungen). Bei den Anwendungen der diskreten *Signalverarbeitung* werden wir dabei aber immer im Gedächtnis behalten, daß eine Größe x_i nur eine Abkürzung für den Signalwert $x(iT)$ bedeutet und daß die Einheit des Parameters T die physikalische Zeit ist.

Für diskrete Systeme läßt sich eine Transformation definieren, die eine starke formale Ähnlichkeit mit der für Abtastfolgen definierten Z-Transformation hat[2] und deshalb auch Z-Transformation genannt wird:

Definition: Es sei $\{x_k\}_0^\infty$ eine Folge diskreter Zahlenwerte. Ihre *Z-Transformation* wird dann durch den Ausdruck

$$X(z) = \mathcal{Z}\{x_k\} = \sum_{k=0}^{\infty} x_k z^{-k} \quad (12.6\text{-}4)$$

definiert [1, 2, 3, 14].

Unter der Bedingung, daß die x_k beschränkt sind, d.h. $|x_k| < \infty$ für alle k, ist $X(z)$ nach Gl. (12.6-4) eine in $|z| > 1$ reguläre Funktion der komplexen Variablen z. Damit ist der Einheitskreis der z-Ebene der kleinste Kreis, der noch in das Konvergenzgebiet aller stabilen (beschränkten) Folgen fällt. Auf dem Einheitskreis lassen sich andererseits die Berechnung von Betrag und Winkel einer Bildfunktion wie auch der inversen Z-Transformation nach dem Cauchyschen Integralsatz besonders leicht durchführen.

---

[1] Wenn zwischen kontinuierlicher und diskreter Faltung zu unterscheiden ist, verwendet man für letztere auch das Symbol $\circledast$.

[2] Die Z-Transformation für Abtastsysteme wird bekanntlich aus dem Ausdruck

$$f^*(t) = \sum_{n=0}^{\infty} f(nT)\, \delta(t - nT)$$

durch Anwendung der Laplace-Transformation auf die Distribution $\delta(t - nT)$ (durch die die Wirkungsweise des Abtasters in mathematischer Abstraktion beschrieben wird) abgeleitet.

Für die inverse Z-Transformation gilt

$$x_k = \frac{1}{2\pi i} \oint\limits^{L} X(z)\, z^{k-1}\, dz, \quad i = \sqrt{-1}. \tag{12.6-5}$$

Der praktischen Berechnung der Z-Transformation nach der Summenformel (12.6-4) steht die Tatsache im Wege, daß unendlich viele Zahlenwerte x_k zu berücksichtigen sind. Eine praktische Berechnung kann natürlich nur über endlich viele Werte erfolgen. Wir nehmen daher an, daß bei den zu transformierenden Folgen entweder nur N Werte von Null verschieden sind oder daß wir — falls dies nicht erfüllt ist — nur die ersten N Werte zur Berechnung heranziehen. Letzteres entspricht der Bildung einer neuen Funktion

$$\tilde{x}_k = \begin{cases} x_k & \text{für} \quad k \leqq N-1 \\ 0 & \text{sonst} \end{cases}. \tag{12.6-6}$$

Anstelle von Gl. (12.6-4) bildet man jetzt den Ausdruck

$$\tilde{X}(z) = \sum_{k=0}^{N-1} \tilde{x}_k\, z^{-k}. \tag{12.6-7}$$

Ebenso, wie man die Z-Transformation nach Gl. (12.6-7) nur aus N Werten x_k berechnet, kann man jetzt $\tilde{X}(z)$ auch nur für endlich viele Werte von z berechnen. Es seien z_i diese Werte und

$$\tilde{X}_i = \sum_{k=0}^{N-1} \tilde{x}_k\, z_i^{-k} \tag{12.6-8}$$

die Z-Transformation an diesen Stellen. Der am häufigsten gebrauchte Spezialfall ist, daß man genau N Werte z_i heranzieht, die äquidistant auf dem Einheitskreis der z-Ebene verteilt sind

$$z_j = \exp(-2\pi j i/N), \quad j = 0, 1, \ldots, N-1, \quad i = \sqrt{-1}. \tag{12.6-9}$$

Wenn wir Gl. (12.6-9) in Gl. (12.6-8) einsetzen, erhalten wir die sogenannte *diskrete Fouriertransformation* (DFT), die wir noch ausführlicher betrachten wollen.

Die Berechnung von Werten der Z-Transformation auf dem Einheitskreis ist aber nicht die einzige Möglichkeit. Von *Rabiner* und *Schafer* wurde vorgeschlagen [4, 10, 11], eine allgemeinere Kontur zu verwenden und Punkte zu berechnen, die durch den Ausdruck

$$z_j = A\, W^{-j} \tag{12.6-10a}$$

mit

$$A = A_0\, e^{2\pi i\, \Phi_0} \quad \text{und} \quad W = W_0\, e^{2\pi i\, \Theta_0} \tag{12.6-10b}$$

$$\tag{12.6-10c}$$

gegeben sind.

Diese Werte liegen auf einer logarithmischen Spirale in der z-Ebene, und die entsprechende Kontur in der s-Ebene ist eine Gerade beliebiger Lage in der linken Halbebene. *Rabiner* und *Schafer* gaben dieser speziellen Transformation den Namen *Chirp-Z-Transformation* (CZT); und sie konnten zeigen, daß diese Transformation in einigen Anwendungsfällen bestimmte Vorteile bietet [11]. Aus Platzgründen ist es uns an dieser Stelle nicht möglich, auf die CZT näher einzugehen; wir verweisen daher auf die zitierte Literatur.

12.6.1.2 Die Beschreibung linearer diskreter Systeme. Es sei $\{x_k\}_0^\infty$ die Eingabefolge eines diskreten Systems und $\{y_k\}_0^\infty$ die zugehörige Ausgabefolge. Ein lineares diskretes System liegt dann vor, wenn als Rechenvorschrift für die Bildung der Ausgabewert aus den Eingabewerten eine lineare Differenzengleichung angesetzt werden kann, d.h. wenn sich ein Wert y_k als Linearkombination vorhergehender Eingabe- und Ausgabewerte ergibt[1].

$$y_k = \sum_{i=0}^{m} A_i x_{k-i} - \sum_{j=1}^{n} B_j y_{k-j}. \qquad (12.6\text{-}11)$$

Wir haben damit einen iterativen Algorithmus gegeben, bei dem im Gegensatz zu Gl. (12.6-2) zu jedem hinzukommenden Eingabewert unmittelbar der zugehörige Ausgabewert berechnet werden kann, der also für eine „on-line"-Verarbeitung geeignet ist.

Die nach Gl. (12.6-4) definierte Z-Transformation auf Gl. (12.6-11) angewandt, ergibt mit der Beziehung

$$\mathfrak{z}\{x_{k-i}\} = z^{-i}\,\mathfrak{z}\{x_k\}$$

und mit $Y(z) = \mathfrak{z}\{y_k\}$ und $X(z) = \mathfrak{z}\{x_k\}$ die Z-Übertragungsfunktion des Algorithmus Gl. (12.6-11)

$$H(z) = \frac{Y(z)}{X(z)} = \frac{\sum\limits_{i=0}^{m} A_i z^{-i}}{\sum\limits_{j=0}^{n} B_j z^{-j}}, \qquad B_0 = 1. \qquad (12.6\text{-}12)$$

Damit ergibt sich die Z-Transformierte der Ausgabefolge eines linearen diskreten Systems als Produkt der Z-Transformierten der Eingabefolge und der System-Übertragungsfunktion $H(z)$

$$Y(z) = X(z) \cdot H(z). \qquad (12.6\text{-}13)$$

Die Ausgabefolge $\{y_k\}_0^{\infty}$ selbst kann dann durch *inverse Z-Transformation* ermittelt werden.

Für die bereits früher betrachtete Folge

$$x_k = \begin{cases} 1 & \text{für } k = 0 \\ 0 & \text{für } k \neq 0 \end{cases} \qquad (12.6\text{-}14)$$

wird $X(z) = 1$ und damit $Y(z) = H(z)$. Damit ist die Z-Übertragungsfunktion $H(z)$ eines diskreten Systems gleich der Z-Transformierten der System-Gewichtsfunktion in Gl. (12.6-2). Man kann ferner zeigen, daß der Multiplikation im Bildbereich der Z-Transformation eine Faltung im Originalbereich entspricht (Faltungssatz der Z-Transformation), d.h. daß die Beziehungen (12.6-11) und (12.6-2) äquivalent im Sinne der Z-Transformation diskreter Systeme sind.

Für den durch Gl. (12.6-12) beschriebenen Algorithmus lassen sich verschiedene Blockdiagramme herleiten. Die unmittelbare Darstellung des Differenzenschemas führt auf die sogenannte *direkte Form* nach Abb. 12.6-2a. Die mit z^{-1} bezeichneten Blöcke sind dabei Verzögerungsglieder (Speicherzellen).

Um die sogenannte *kanonische Form* (Abb. 12.6-2b) des linearen diskreten Systems zu erhalten, spaltet man Gl. (12.6-11) in das System auf

$$w_k = x_k - \sum_{j=1}^{n} B_j w_{k-j}, \qquad y_k = \sum_{i=0}^{m} A_i w_{k-i}. \qquad (12.6\text{-}15)$$

Das Nennerpolynom in Gl. (12.6-12) kann sich auf den Wert $B_0 = 1$ reduzieren; d.h. es gilt dann $H(z) = \sum\limits_{i=0}^{m} A_i z^{-i}$. Für den zugehörigen Differenzen-Algorithmus bedeutet dies, daß sich ein Wert y_k nur aus dem Wert x_k und den zurückliegenden Werten $x_{k-1}, x_{k-2}, \ldots, x_{k-m}$ berechnet. Werden, wie im allgemeinen Falle der Differenzengleichung (12.6-12), auch vorhergehende Werte $y_{k-1}, y_{k-2}, \ldots$ zur

---

[1] Die Heranziehung des Wertes x_k zur Berechnung von y_k ist nur dann möglich, wenn die Ausführungszeit des Algorithmus vernachlässigbar klein gegen die Abtastperiode T ist; andernfalls ist $A_0 = 0$ zu setzen.

Berechnung herangezogen, so nennt man das System wegen der rekursiven Bildung der Ausgabewerte *rekursives System*. Werden nur Eingabewerte für die Berechnung der Ausgabewerte berücksichtigt, so spricht man von *nichtrekursiven Systemen*. Nichtrekursive Systeme bringen naturgemäß keine Stabilitätsprobleme mit sich.

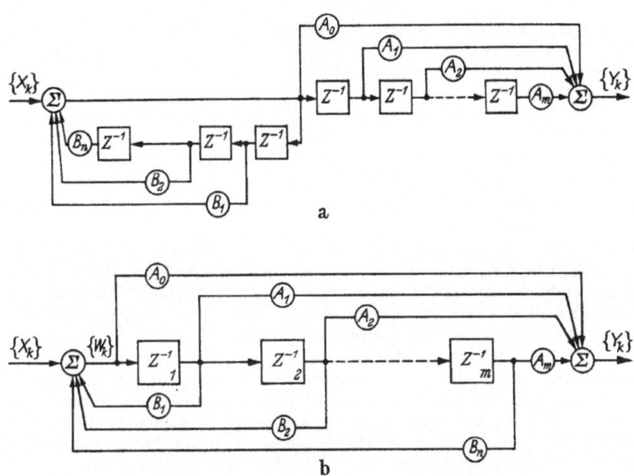

Abb. 12.6-2 a Direkte Form eines diskreten Systems
12.6-2 b Kanonische Form eines diskreten Systems

Die direkte Form und die kanonische Form sind nicht die einzigen Darstellungsmöglichkeiten diskreter Systeme. Man kann ein solches System vielmehr auch noch in eine Summe oder in ein Produkt einfacherer Teilsysteme aufspalten, was im ersten Fall zu einer Gesamt-Blockschaltung führt, die aus der Parallelschaltung der Blockschaltungen der Teilsysteme besteht, und im zweiten Fall aus der Hintereinanderschaltung der Teilsysteme. Besteht das diskrete System in einem Computer-Programm, so ist das Blockdiagramm allenfalls eine Veranschaulichung. Es kann aber auch die Aufgabe gestellt sein, den Algorithmus in einer speziellen „Hardware" zu realisieren, d.h. das diskrete System wirklich aufzubauen. In diesen Fällen unterscheiden sich die verschiedenen Formen u. U. erheblich in ihrem Aufwand (vgl. Abb. 12.6-2a und 12.6-2b, ebenfalls aber auch in ihrer Empfindlichkeit gegenüber den Quantisierungsfehlern).

12.6.1.3 Einfluß der Quantisierungsfehler bei digitalen Systemen[1]. Kennzeichnend für digitale Systeme ist die Quantisierung der Zahlenwerte, gegeben durch die endliche Stellenzahl (Wortlänge) der Analog/Digital-Umsetzer und der Rundung in den Multiplizierwerken.

Analog/Digital-Umsetzer führen normalerweise nicht eine echte Rundung durch, sondern sie ersetzen die aktuelle Eingangsgröße immer durch die nächstniedrigere Quantisierungsstufe. Dies führt zu einer Wahrscheinlichkeitsdichte mit dem Mittelwertsbetrag $Q_0/2$ und der Varianz $\mathrm{Var}\,(q) = {}^1/_{12}\,Q_0^2$.

Damit kann man sich die Eingangswerte eines diskreten Systems vorstellen als Überlagerung der exakten Werte $\hat{x}_k$ mit den durch den Quantisierungseffekt gege-

---

[1] Zu dem Problemkomplex der Quantisierung gehört bei rekursiven Systemen auch die Frage der Entstehung von Grenzzyklen „im großen" durch Übersteuerung und „im kleinen" durch die Quantisierungsschwelle. Wir können hierauf aus Platzgründen nicht eingehen.

benen stochastischen Störwerten q_k. Entsprechend besteht die System-Ausgangsgröße wegen der Linearität des Systems aus der Summe der ungestörten Werte $\hat{y}_k$ und der Rauschgrößen

$$r_k = \sum_{i=0}^{k} h_i q_{k-i}. \tag{12.6-16}$$

Wenn man die einzelnen Werte der Störgröße als unkorreliert annimmt, hat jeder der Werte q_k die (konstante) Varianz $Q_0^2/12$, und die Varianz der Summe ist die Summe der Varianzen ihrer Terme

$$\mathrm{Var}\,(r_k) = \frac{Q_0^2}{12} \sum_{i=0}^{k} h_i^2. \tag{12.6-17}$$

Die Varianz der Ausgabefolge von Rauschwerten ist also nicht konstant, sondern wächst von einem Minimalwert monoton an und nähert sich für stabile Systeme asymptotisch einem Endwert.

Die Einflüsse der Rundungsfehler bei der Multiplikation sind nicht anhand eines so einfachen Modells zu betrachten. Man kann zwar auch hier den Einfluß der Rundung bei der Multiplikation durch eine stochastische Störgröße ausdrücken, die jeweils zu den Produkten $A_i x_{k-i}$ bzw. $B_i y_{k-i}$ in der das System beschreibenden Differenzengleichung hinzugefügt wird. In dem Blockdiagramm des Systems bedeutet dies jedoch, daß eine solche Störgröße zu dem Ausgang eines jeden Koeffizientenelements (Multiplizierers) zu addieren ist. Damit wirken die einzelnen Störgrößen an verschiedenen Stellen des Systems ein, so daß ihre Auswirkung auf eine Ersatz-Störgröße am Systemausgang verschieden ist und auch stark von der jeweiligen Konfiguration abhängt. Dieses Modell wird ausführlich bei *Gold* und *Rader* [3] diskutiert. Schließlich ist das Modell einer additiven stochastischen Störgröße nicht in dieser Form anwendbar, wenn die Rechenoperationen eines digitalen Systems in Gleitkomma-Form durchgeführt werden.

Quantisierungsfehler in den Koeffizienten der Differenzengleichung (bzw. der entsprechenden z-Übertragungsfunktion) wirken sich aber nicht nur in einer Fehlergröße im Ausgabesignal des Systems aus, sondern sie können die Charakteristik des Systems selbst mehr oder weniger verändern, da sie die exakte Lage der Pole und Nullstellen der Übertragungsfunktion beeinflussen [3]. Im allgemeinen sind die direkte und die kanonische Form anfälliger gegen Koeffizientenabweichung als die Serien- oder Parallelschaltung von Teilsystemen.

12.6.2 Die Approximation kontinuierlicher Übertragungssysteme durch diskrete Systeme

12.6.2.1 Aufgabenstellung. Ausgangspunkt für den Entwurf diskreter Systeme ist häufig die Aufgabenstellung, ein diskretes „Quellsystem" so zu synthetisieren, daß es ein vorgegebenes kontinuierliches „Zielsystem" möglichst gut in seinem Verhalten annähert.

Kontinuierliche Signale können im Hilbert-Raum $L^2(-\infty, \infty)$ definiert werden [d.h. dem Raum der komplexwertigen, quadratisch integrierbaren und Lebesgue-meßbaren Funktionen $f(t)$]. Die Menge aller diskreten Folgen von komplexen und quadratisch summierbaren Werten konstituiert hingegen den Raum l_2. Allgemein kann nun die vorliegende Aufgabenstellung so formuliert werden [17], daß eine Abbildung Φ zu finden ist, die einer kontinuierlichen Funktion $f(t) \in L^2$ umkehrbar eindeutig (oder *eineindeutig*) eine Folge $\{f_k\} \in l_2$ zuordnet und die außerdem *isomorph* ist, d.h. für die mit $f, g \in L^2$ und $\{f_k\}, \{g_k\} \in l_2$ gilt:

$$\Phi\,[f(t) * g(t)] = \Phi\,[f(t)] \circledast \Phi\,[g(t)] = \{f_k\} \circledast \{g_k\}. \tag{12.6-18}$$

Da die Laplace-Transformation kontinuierlicher Funktionen und die Z-Transformation diskreter Folgen eineindeutig sind, genügt es natürlich auch, wenn eine entsprechende Abbildung zwischen den Transformierten von $f(t)$ und $\{f_k\}$ hergestellt werden kann:

$$f(t) \leftrightarrow F(s) \leftrightarrow \Phi F(s) = F(z) \leftrightarrow \{f_k\}$$

(das Zeichen $\leftrightarrow$ soll dabei eine eineindeutige Abbildung bezeichnen). Auch die Funktionen $F(s) = L\{f(t)\}$ sind wieder in einem Raum L^2 definiert bzw. die Funktionen $F(z) = 3\{f_k\}$ in einem Raum l_2. Der naheliegendste Gedanke wäre, für die Abbildung $F(s) \leftrightarrow F(z)$ die aus der Theorie der Abtastsysteme gegebene Relation $z = e^{sT}$ zu verwenden. Diese Relation ist jedoch nicht eineindeutig und führt damit auch nicht auf den gewünschten Isomorphismus. Abbildungen, die das Gewünschte leisten, können im Zeitbereich oder im Frequenzbereich definiert werden.

12.6.2.2 Annäherung im Zeitbereich.

Eine logische Konsequenz der bisherigen Ausführung ist sicher eine Forderung folgender Art:

Es sei $f_e(t)$ die Eingangsgröße und $f_a(t)$ die Ausgangsgröße eines Quellsystems, und es sei $\{x_k\}_0^\infty$ die Eingabefolge und $\{y_k\}_0^\infty$ die Ausgabefolge eines Zielsystems. Es seien ferner der Einfachheit halber die Anfangswerte beider Systeme zu Null angenommen, so daß gilt $f_e(t) = f_a(t) \equiv 0$ für $t < 0$. Die Eingabefolge $\{x_k\}_0^\infty$ werde so gewählt, daß sie den Abtastwerten von $f_e(t)$, genommen mit der Abtastperiode T, entspricht

$$\{x_k\}_0^\infty = f_e(kT), \qquad k = 0, 1, 2, \ldots$$

Wegen der prinzipiellen Verschiedenartigkeit kontinuierlicher und diskreter Systeme ist die absolute Gleichheit $\{y_k\}_0^\infty = f_a(kT)$ für alle k nur für eine ganz bestimmte Eingangsgröße zu erreichen. Aus diesen Gründen kann eine realistische Synthesevorschrift z.B. darin bestehen, daß man eine möglichst günstige Eingangsfunktion wählt. Hierfür zeichnet sich die „Impulsfunktion" Gl. (12.6-14) ganz besonders aus.

Das Impulsinvarianz-Verfahren. Die Synthese eines solchen Systems kann unmittelbar dadurch erfolgen, daß man zu der s-Übertragungsfunktion des Quellsystems die korrespondierende z-Übertragungsfunktion aufstellt. Ist insbesondere das Quellsystem durch einfache Pole beschrieben, so gilt die Korrespondenz

$$G(s) = \sum_{i=1}^{n} \frac{A_i}{s + s_i} \Rightarrow \sum_{i=1}^{n} \frac{A_i}{1 - e^{-s_i T} z^{-1}} = H(z). \qquad (12.6\text{-}19)$$

Besitzt das Quellsystem Mehrfach-Pole, d.h. treten in seiner Übertragungsfunktion $G(s)$ Terme der Art auf

$$\frac{A_i}{(s + s_i)^k}, \qquad (12.6\text{-}20)$$

so entsprechen dem in der zugehörigen Übertragungsfunktion des diskreten Systems Terme der Art

$$\frac{(-1)^{k-1} \partial^{k-1}}{(k-1)! \, \partial a^{k-1}} \left. \frac{A_i}{1 - e^{-aT} z^{-1}} \right|_{a = s_i}. \qquad (12.6\text{-}21)$$

Korrespondenzen zwischen den wichtigsten s-Übertragungsfuntkionen und den zugehörigen z-Übertragungsfunktionen sind in jedem Buch über Abtastsysteme zu finden. Die Impulsinvarianz-Methode wurde bereits 1947 von *Hurewicz* [19] angegeben. Die Erfahrung hat gelehrt, daß dieses Verfahren in den meisten Fällen zu recht guten Ergebnissen führt, was sich auch theoretisch begründen läßt. Eine Aussage über die Approximationsgüte ist uns jedoch nicht bekannt.

Grundsätzlich sollte ein jedes Approximationsverfahren möglichst die folgenden Forderungen erfüllen:

1. Der digitale Algorithmus sollte konsistent sein; d.h. wenn die Abtastperiode T gegen Null geht, sollte die diskrete Approximation in das analoge Mustersystem übergehen.

2. Die Approximation sollte eine Fehlerabschätzung erlauben.

3. Die Approximationsordnung sollte möglichst erhöhbar sein; d.h. durch Erhöhung der Ordnung des approximierenden diskreten Systems sollte die Approximationsgüte verbessert werden können.

Methode der optimalen Anpassung im Nyquist-Bereich [13]. Dieses von *Grebe* vorgeschlagene Verfahren [13] erfüllt alle oben aufgestellten Forderungen. Die Methode geht von einer Eingabefolge des Zielsystems

$$\{x_k\}_0^\infty = e^{ik\omega T} \tag{12.6-22}$$

aus und fordert, daß die resultierende Ausgabefolge $\{y_k\}_0^\infty$ die abgetastete Ausgangsfunktion des Quellsystems $f_a(kT)$ im gesamten Nyquist-Intervall möglichst gut annähert, wenn als Eingangsgröße des Quellsystems die Funktion

$$f_e(t) = \begin{cases} 0 & \text{für } t < 0 \\ e^{i\omega t} & \text{für } t \geqq 0 \end{cases} \tag{12.6-23}$$

wirkt.

Dieses Verfahren ähnelt sehr der Approximation im Frequenzbereich. Da aber der durch die sprungförmig aufgeschaltete Eingangsgröße hervorgerufene instationäre Einschwingvorgang ebenso approximiert wird wie der stationäre Anteil, ist es wohl besser bei den Methoden der Approximation im Zeitbereich einzureihen.

Für das Quellsystem kann die Partialbruch-Entwicklung

$$G(s) = \sum_{\mu=1}^{p} \sum_{\nu=1}^{q} \frac{C_{\mu\nu}}{(s - s_\mu)^\nu}. \tag{12.6-24}$$

angeschrieben werden (d.h. es wird der allgemeinste Fall angenommen, daß das System Mehrfachpole bis zur Ordnung q hat).

Auch die Übertragungsfunktion des Zielsystems kann durch eine Partialbruch-Entwicklung dargestellt werden

$$H(z) = \sum_{\mu=1}^{k} \sum_{\nu=1}^{l} \frac{D_{\mu\nu}}{(z - z_\mu)^\nu} \tag{12.6-25}$$

Aus der Approximationsbedingung folgt für die gesuchten Koeffizienten des Zielsystems unter der Voraussetzung, daß die Polvielfachheit des Quellsystems nicht größer als 2 ist

$$z_\mu = e^{s_\mu T} \tag{12.6-26a}$$

$$D_{\mu\nu} = C_{\mu\nu} \cdot e^{s_\mu T} \cdot T^\nu. \tag{12.6-26b}$$

Der Unterschied zwischen der Abtastfolge der Ausgangsgröße des Quellsystems $f_a(kT)$ und der Ausgabefolge des Zielsystems $\{y_k\}_0^\infty$ bei den gegebenen Eingangsgrößen $f_e(t)$ nach Gl. (12.6-23) bzw. $\{x_k\}_0^\infty$ nach Gl. (12.6-22) ist

$$\{y_k\}_0^\infty = f_a(kT) \cdot (1 - R_1), \quad k = 0, 1, \dots \tag{12.6-27}$$

Es besteht also Gleichheit bis auf ein Fehlerglied R_1, für das gilt

$$R_1 = -\frac{1}{2} T(j\omega - z_\mu) + \sum_{k=1}^{\infty} (-1)^{k+1} \frac{B_k^*}{(2k)!} T^{2k}(j\omega - s_\mu)^{2k} \tag{12.6-28}$$

(B_k^* sind die Bernoullischen Zahlen).

Es ist möglich, für R_1 eine obere Schranke — unabhängig von s_μ — anzugeben [13].

Durch die explizite Angabe von R_1 ist die oben aufgestellte Forderung an einen guten Approximationsalgorithmus, eine Fehlerabschätzung zu ermöglichen, erfüllt. Die Konsistenz des Verfahrens ist (wie auch bei der Impulsinvarianz-Methode) ebenfalls gewährleistet, da für $T \to 0$ auch $R_1 \to 0$ geht.

Eine Einschränkung stellt die Voraussetzung dar, daß die Polvielfachheit nicht größer als 2 ist. Bei höheren Polvielfachheiten entsteht zwischen den instationären Anteilen von $f_a(kT)$ bzw. $\{y_k\}_0^\infty$ ein zeitlich anwachsender Fehler. Hat man es aber mit hinreichend stabilen Systemen zu tun, so läßt sich das Verfahren damit auch auf Systeme mit Polen beliebiger Vielfachheit anwenden.

Schließlich zeigt sich auch, daß durch Erhöhung der Ordnung der angesetzten z-Übertragungsfunktion für die Approximation des *stationären Anteils* (d.h. Frequenzgangs) eine *Erhöhung der Fehlerordnung* — ähnlich wie bei den mehrschrittigen Integrationsformeln — erreicht werden kann. Das bedeutet, daß die durch die Erhöhung der Ordnung entstehenden zusätzlichen Freiheitsgrade für die Wahl der Koeffizienten dazu benutzt werden können, um in der Fehlerreihe R_1 entsprechend viele Glieder niedrigster Ordnung zum Verschwinden zu bringen, wodurch die Konsistenz verbessert wird. Eine Verbesserung bezüglich der Approximation des instationären Anteils tritt jedoch nur bei Systemen mit einfachen Polen auf; bei einer höheren Polvielfachheit wird die Nachbildung des instationären Anteils hingegen schlechter.

Numerische Verfahren [16]. Die klassischen Formeln für Interpolation und Differentiation entsprechen immer einer nichtrekursiven Differenzengleichung [17]; die klassischen mehrschrittigen Integrationsformeln entsprechen immer einer rekursiven Differenzengleichung [18]. Aus der (nichtrekursiven oder rekursiven) Differenzengleichung für Extrapolation (Vorhersage), Interpolation (Glättung), Differentiation und Integration oder einer beliebigen Kombination dieser Operationen kann eine entsprechende Z-Übertragungsfunktion aufgestellt werden. Näheres findet man bei *Monroe* [16].

12.6.2.3 Approximation im Frequenzbereich.

12.6.2.3 Approximation im Frequenzbereich. Bei dieser Methode wird versucht, die Frequenzgänge des kontinuierlichen und des diskreten Systems möglichst gut einander anzunähern. Der Frequenzgang eines kontinuierlichen Systems ist bekanntlich definiert als der Verlauf der s-Übertragungsfunktion $G(s)$ auf der imaginären Achse ($s = j\omega$). Den Frequenzgang eines diskreten Systems erhält man, wenn man in der Übertragungsfunktion $H(z)$ $z = e^{j\omega T}$ setzt, d.h. als Verlauf der z-Übertragungsfunktion auf dem Einheitskreis. Dieser Frequenzgang ist periodisch in $\omega_s = 2\pi/T$. Eine Approximation von $G(j\omega)$ durch $H(e^{j\omega T})$ ist nur dann sinnvoll, wenn das kontinuierliche System *bandbegrenzt* ist, d.h. wenn der Betrag seines Frequenzgangs $G(j\omega)$ nur im Nyquist-Intervall $-\dfrac{\omega_s}{2} < \omega < +\dfrac{\omega_s}{2}$ existiert, da nur so gewährleistet wird, daß beim Übergang auf das diskrete System die periodischen Teilspektren getrennt bleiben.

Methode der Fourier-Reihe. Bei dieser Methode setzt man zunächst den Betragsverlauf im Nyquist-Intervall des Frequenzgangs $G(j\omega)$ des Quellsystems mit der Periode $\omega_s = 2\pi/T$ nach beiden Seiten periodisch fort und entwickelt die solcherart erhaltene periodische Funktion dann in eine Fourier-Reihe. Ist $G(s) \approx K \cdot s^m$ für $s \to 0$, so setzt man dabei eine Cosinus-Reihe an, wenn m gerade ist, und eine Sinus-Reihe, wenn m ungerade ist

$$H^*(\omega) = \sum_{k=0}^\infty a_k \cos kT \quad \text{für } m \text{ gerade} \tag{12.6-29a}$$

$$H^*(\omega) = \sum_{k=0}^\infty b_k \sin kT \quad \text{für } m \text{ ungerade.} \tag{12.6-29b}$$

Mit $z^{-1} = e^{-j\omega T}$ folgt daraus

$$H(z) = a_0 + \tfrac{1}{2}\sum_{k=0}^\infty a_k(z^k + z^{-k}) \quad \text{für } m \text{ gerade} \tag{12.6-30a}$$

$$H(z) = \tfrac{1}{2}\sum_{k=0}^\infty b_k(z^k - z^{-k}) \quad \text{für } m \text{ ungerade.} \tag{12.6-30b}$$

Die Gln. (12.6-30) können als die z-Übertragungsfunktionen eines nichtrekursiven Systems interpretiert werden, wenn man die Summen nach endlich vielen Gliedern abbricht. Falls die Reihen nicht sehr rasch konvergieren, so daß die Abbrechfehler nicht klein bleiben, tritt allerdings das Gibbssche Phänomen auf. Dieser Effekt kann durch Einführung sogenannter Fensterfunktionen [12, 20] gemildert werden. Eine ausführliche Behandlung dieser Methode ist bei *Kuo* und *Kaiser* [12] zu finden.

Methode der bilinearen Transformation und anderer Transformationen. Man sucht bei dieser Methode eine konforme Abbildung, die die s-Ebene in die z-Ebene eindeutig abbildet und insbesondere die imaginäre Achse der s-Ebene auf den Einheitskreis der z-Ebene.

Das muß nicht bedeuten, daß sich die entsprechenden Frequenzgänge genau entsprechen, da mit der konformen Abbildung eine Änderung des Frequenzmaßstabs verbunden ist. Die einfachste Abbildung mit dieser Eigenschaft ist die sogenannte *bilineare Transformation*

$$s = \frac{z-1}{z+1}. \tag{12.6-31}$$

Es sei ω_k die unabhängige Variable des Frequenzgangs des Quellsystems und $\omega_D T$ die unabhängige Variable des Frequenzgangs des Zielsystems. Es gibt dann die aus Gl. (12.6-31) resultierende Beziehung

$$\omega_D T = 2 \arctan \omega_A, \tag{12.6-32}$$

d. h. die Verzerrung der Frequenzskala ist durch eine Arcustangens-Funktion gegeben.

Die Transformation (12.6-31) führt eine rationale Funktion $G(s)$ in eine rationale Funktion $H(z)$ über, wobei die linke s-Halbebene in das Innere des Einheitskreises in der z-Ebene abgebildet wird. Ein stabiles kontinuierliches System führt also auch auf ein stabiles diskretes System.

Es gibt noch weitere konforme Abbildungen, die man zum Ausgangspunkt eines Verfahrens zur Approximation kontinuierlicher Quellsysteme durch diskrete Zielsysteme nehmen kann, wie z.B. das Verfahren von *Unbehauen* [22]. Aus Platzgründen können wir hierauf nicht näher eingehen.

12.6.3 Digitale Filter

Eine der wichtigsten Anwendungen diskreter Systeme ist die digitale Filterung von Signalen. Im folgenden seien einige Entwurfsprinzipien digitaler Filter zusammengestellt.

12.6.3.1 Approximation analoger Filter. Eine Möglichkeit des Entwurfs digitaler Filter besteht darin, von bekannten analogen Filtern wie: Potenzfilter, Tschebyscheff-Filter, elliptische Filter usw. auszugehen und diese dann nach einer der im vorhergehenden Abschnitt behandelten Methoden durch ein diskretes System zu ersetzen. Als Approximationsverfahren bieten sich insbesondere die Impulsinvarianz-Methode (bzw. die optimale Annäherung im Nyquist-Intervall) und die bilineare Transformation an.

Die Impulsinvarianz-Methode ist vor allem dann vorteilhaft, wenn relativ schmalbandige Filter zu approximieren sind, d.h. Filter, bei denen der Durchlaßbereich klein im Verhältnis zum Nyquist-Intervall $-\omega_s/2 < \omega < +\omega_s/2$ ist. In diesem Falle tritt keine Faltung der Filter-Spektralfunktion beim Übergang zu dem diskreten System auf und damit keine unzulässige Verzerrung der Frequenzcharakteristik.

Für breitbandige Filter sind die Transformationsverfahren, wie z. B. die bilineare Transformation, günstiger. Da die Transformationsverfahren (wie alle Approximationsverfahren im Frequenzbereich) im Gegensatz zu den Invarianzmethoden nicht von dem dem kontinuierlichen Quellsystem zugehörigen Abtastsystem ausgehen, tritt eine Faltung der Spektren grundsätzlich nicht auf.

Bei der bilinearen Transformation muß man jedoch die damit verbundene Verzerrung der Frequenzskala berücksichtigen. Dies kann dadurch geschehen, daß man zunächst alle kritischen Frequenzbereiche festlegt (Durchlaß- und Sperrbereiche, Dämpfungspole etc.), wodurch man eine Anzahl von „Eckfrequenzen" $\omega_{\mathrm{D}i} T$, $i = 1, 2, \ldots$, erhält. Danach berechnet man über die Beziehung $\omega_{\mathrm{A}i} = \tan(\omega_{\mathrm{D}i} T/2)$ die korrespondierenden Eckfrequenzen $\omega_{\mathrm{A}i}$ und entwirft mit diesen ein geeignetes analoges Filter nach den Regeln der klassischen Filtertheorie. Auf die erhaltene Übertragungsfunktion des analogen Filters wendet man dann die bilineare Transformation an und erhält damit das gesuchte digitale Filter.

12.6.3.2 Direkter Entwurf digitaler Filter. Wir haben dargelegt, daß die Übertragungsfunktion $H(z)$ eines diskreten Systems immer eine rationale Funktion in z^{-1} ist und daß der Frequenzgang damit immer eine rationale Funktion von $e^{j\omega T}$ sein muß. Daraus folgt, daß das Betragsquadrat des Frequenzgangs $|H(e^{j\omega T})|^2$ immer als der Quotient zweier trigonometrischer Funktionen von ωT geschrieben werden kann.

Eine Funktion, die sich sehr für die Synthese von Tiefpaß-Filtern eignet, ist

$$|H(e^{j\omega T})|^2 = \frac{1}{1 + \dfrac{\tan^{2n}(\omega T/2)}{\tan^{2n}(\omega_g T/2)}}. \tag{12.6-33}$$

Abb. 12.6-3 zeigt den Verlauf dieser Funktion für verschiedene Werte von n. Die Grenzfrequenz ω_g hat dabei die gleiche Bedeutung wie in der Theorie der Potenz- und Tschebyscheff-Filter. Wegen der Ähnlichkeit des Frequenzgangs mit dem der Potenzfilter nennt man ein System nach Gl. (12.6-33) auch *diskretes Potenzfilter*.

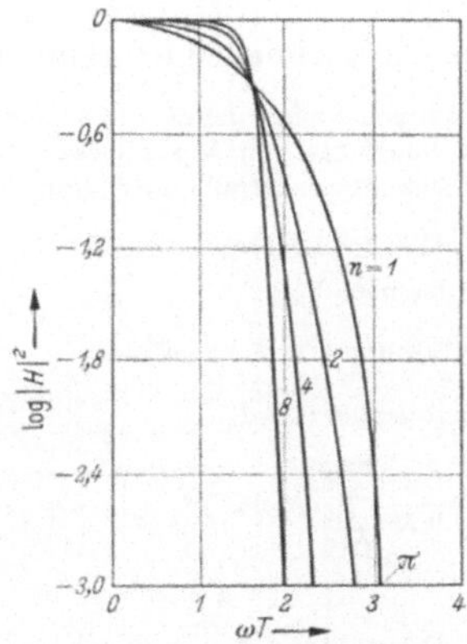

Abb. 12.6-3. Betrag der Übertragungsfunktion Gl. (12.6-33)

Für $z = e^{j\omega T}$ folgt aus Gl. (12.6-33)

$$|H(z)|^2 = \frac{\tan^{2n}(\omega_g T/2)}{\tan^{2n}(\omega_g T/2) + (-1)^n [(z-1)/(z+1)]^{2n}}. \tag{12.6-34}$$

Es ist nun eine Funktion $H(z)$ zu finden, deren Betragsquadrat auf Gl. (12.6-34) führt, was dadurch geschehen kann, daß wir die zugehörige Pol-Nullstellen-Konfiguration bestimmen. Näheres findet man bei *Gold* und *Rader* [3].

Selbstverständlich kann man auch von anderen Ausdrücken als Gl. (12.6-33) ausgehen. Da die resultierende z-Übertragungsfunktion aber immer eine rationale Funktion sein muß, kommen nur die in der folgenden Tabelle angegebenen Terme in Frage, die durch die 4 Grundrechenarten verbunden sein können.

$$\sin^2(\omega T/2) \qquad (z-1)^2/(-4z)$$
$$\cos^2(\omega T/2) \qquad (z+1)^2/4z$$
$$\tan^2(\omega T/2) \qquad -(z-1)^2/(z+1)^2$$
$$\cot^2(\omega T/2) \qquad -(z-1)^2/(z-1)^2$$
$$\sec^2(\omega T/2) \qquad 4z/(z+1)^2$$
$$\csc^2(\omega T/2) \qquad -4z/(z-1)^2$$

Weitere Beispiele für die Synthese von nichtrekursiven und rekursiven Filtern, deren Betragsquadrat des Frequenzgangs durch trigonometrische Funktionen von ωT gegeben sind, findet man z. B. bei *Blackman* und *Tukey* [20].

Nichtrekursive Filter kann man natürlich auch dadurch bilden, daß man das Filter durch seine Gewichtsfunktion $h(kT)$ beschreibt und als Algorithmus die diskrete Faltung nach Gl. (12.6-2) benutzt. Je schmalbandiger jedoch ein solches Filter ist, d.h. je langsamer der Einschwingvorgang zu Null abklingt, um so aufwendiger wird eine unmittelbare Durchführung der Faltung (gemessen in der Zahl der notwendigen Multiplikationen und Additionen). Da nach *Stockham* [9] jedoch auch die aperiodische Faltung durch die dreimalige Durchführung der diskreten Fouriertransformation (DFT) ersetzt werden kann und die DFT mit Hilfe des besonders günstigen Algorithmus der „schnellen Fouriertransformation" (FFT) gebildet werden kann, hat auch dieses Verfahren praktische Bedeutung erlangt. Wir werden hierauf im letzten Abschnitt eingehen. Eine weitere interessante Synthesemethode, die von *Gold* und *Rader* unter dem Namen „Frequenz-Abtastmethode" eingeführt wurde, kann hier nur erwähnt werden. Wir verweisen dazu auf die Literatur [3, 22].

12.6.4 Diskrete und „schnelle" Fouriertransformation

12.6.4.1 Definitionen und Eigenschaften der diskreten Fouriertransformation. Es sei $X(j)$, $j = 0, 1, 2, \ldots, N-1$ eine Folge von N komplexen Zahlen (die Behandlung reeller Zahlenfolgen ergibt sich als Sonderfall dieser allgemeineren Betrachtung).

Definition: Diskrete Fouriertransformation (DFT)

Als DFT definieren wir die neue Folge

$$A(n), \quad n = 0, 1, 2, \ldots, N-1$$

die nach folgender Vorschrift gebildet wird,

$$A(n) = \frac{1}{N} \sum_{j=0}^{N-1} X(j)\, e^{\frac{-2\pi i}{N} nj}, \quad i = \sqrt{-1}, \tag{12.6-35}$$

oder mit der Abkürzung[1]

$$W_N = e^{\frac{2\pi i}{N}} \tag{12.6-36a}$$

$$A(n) = \frac{1}{N} \sum_{j=0}^{N-1} X(j)\, W_N^{-nj}. \tag{12.6-36b}$$

---

[1] In manchen Darstellungen wird $W_N = \exp(-2\pi i/N)$ definiert, so daß dieser Faktor im Ausdruck für die DFT mit positivem und im Ausdruck für die inverse DFT mit negativem Exponenten auftritt. Ebenso kann der Faktor $1/N$ statt vor die Summe (12.6-36) vor die Summe (12.6-37) geschrieben werden. Am besten wäre es, wenn die Euklidsche Norm durch den Faktor $1/\sqrt{N}$ sowohl in Gl. (12.6-36) als auch in Gl. (12.6-37) hergestellt würde, da dann die Symmetrie zwischen DFT und inverser DFT besser zum Ausdruck käme.

Der „Gewichtsfaktor" $W_N = \exp(2\pi i/N)$ wird durch die Anzahl N der Zahlenwerte $X(j)$ festgelegt, über die die Transformation durchzuführen ist. Deshalb führen wir diesen Parameter immer als Index an. Durch diese Definition lassen sich nur N unterscheidbare Werte von $A(n)$ berechnen, d.h. die DFT ist eine Operation modulo N.

Zu der DFT läßt sich umgekehrt auch eine inverse Transformation definieren.

Definition: Inverse DFT

Sei $A(n)$ $n = 0, 1, \ldots, N - 1$ eine Folge komplexer Zahlen, die die DFT einer Folge $X(j)$, $j = 0, 1, \ldots, N - 1$ darstellt. $X(j)$ kann aus $A(n)$ durch die *inverse* DFT

$$X(j) = \sum_{n=0}^{N-1} A(n)\, W_N^{nj} \tag{12.6-37}$$

erhalten werden.

Die Beziehungen (12.6-36) und (12.6-37) bilden ein Transformationspaar, was wir durch folgende symbolische Schreibweise zum Ausdruck bringen

$$A(n) \xleftrightarrow{\text{DFT}} X(j).$$

Die Gewichtsfunktion W_N^{nj} ist sowohl als Funktion von n als auch als Funktion von j periodisch in N.

Damit kann man die Funktionen $X(j)$ und $A(n)$ nach Gln. (12.6-37) und (12.6-36) für alle ganzzahligen Werte $j = 0, \pm 1, \pm 2, \ldots$ bzw. $n = 0, \pm 1, \pm 2, \ldots$ definieren, und es gilt

$$X(j) = X(kN + j)$$
$$A(n) = A(kN + n), \quad k = 0, \pm 1, \pm 2, \ldots. \tag{12.6-38}$$

$X(j)$ und $A(n)$ sind also ebenfalls periodisch mit der Periode N.

Die diskrete Fouriertransformation ist eine lineare Transformation, für die eine Reihe von Sätzen gilt, die denen der normalen Fouriertransformation äquivalent sind.

Als besonders wichtig betrachten wir hier den Faltungssatz: Für zwei Transformationspaare $X_1(j) \leftrightarrow A_1(n)$ und $X_2(j) \leftrightarrow A_2(n)$ gilt mit der wie folgt definierten Faltung

$$X_1(j) * X_2(j) = \frac{1}{N} \sum_{k=0}^{N-1} X_1(k)\, X_2(j-k) = \frac{1}{N} \sum_{k=0}^{N-1} X_1(j-k)\, X_2(k) \tag{12.6-39}$$

$$X_1(j) * X_2(j) \leftrightarrow A_1(n) \cdot A_2(n). \tag{12.6-40}$$

Ebenso ist

$$X_1(j) \cdot X_2(j) \leftrightarrow A_1(n) * A_2(n). \tag{12.6-41}$$

Bei der Faltung ist zu beachten, daß diese zyklisch durchzuführen ist, d.h. wenn eine der beiden miteinander gefalteten Folgen ihren letzten Wert erreicht, so sind die darauf folgenden Werte nicht null, sondern die periodische Fortsetzung der Folge.

Es sei schließlich noch mit $\tilde{X}(j)$ der konjugiert komplexe Wert von $X(j)$ bezeichnet, und es gelten die folgenden Beziehungen.

Satz: Sei $X(j) \leftrightarrow A(n)$ ein Transformationspaar der DFT. Es gilt dann

$$X(-j) \leftrightarrow A(-n) = A(N-n) \tag{12.6-42 a}$$

und

$$\tilde{X}(j) \quad \leftrightarrow \tilde{A}(-n) \tag{12.6-42b}$$

bzw.

$$\tilde{X}(-j) \leftrightarrow \tilde{A}(n). \tag{12.6-42c}$$

Die Beziehungen (12.6-42) sagen aus, daß die DFT von der Richtung des Zeitablaufs abhängt.

12.6.4.2 Der Grundgedanke der „schnellen" Fouriertransformation. Die „schnelle" Fouriertransformation (im folgenden abgekürzt FFT genannt von „fast fourier transform"), die 1965 erstmals von *Cooley* und *Tukey* [5] angegeben wurde, hat ein Verfahren zum Ausgangspunkt, das bereits auf *Runge* [24, 25] zurückgeht.

Die Fragestellung ist dabei die folgende: Gegeben sei eine Folge von N Werten $X(j)$, zu der nach Gl. (12.6-36) eine diskrete Fouriertransformierte (DFT) $A(n)$, $n = 0, 1, \ldots, N-1$, gehören möge. Wir zerlegen nun die Folge $X(j)$, $j = 0, 1, \ldots, N-1$, in 2 Teilfolgen halber Länge, indem wir einmal alle Werte für gerade j aus $X(j)$ und zum anderen alle Werte für ungerade j nehmen. Wir nennen die Folge der geraden Werte:

$$X(2j), \qquad j = 0, 1, \ldots, \frac{N}{2} - 1,$$

die Folge der ungeraden Werte:

$$X(2j+1), \qquad j = 0, 1, \ldots, \frac{N}{2} - 1.$$

Diese solcherart gebildeten Teilfolgen mögen die DFT $A_0(n)$ bzw. $A_1(n)$ haben, d.h. es soll gelten

$$X(2j) = \sum_{n=0}^{\frac{N}{2}-1} A_0(n)\, W_{N/2}^{jn} \tag{12.6-43a}$$

$$X(2j+1) = \sum_{n=0}^{\frac{N}{2}-1} A_1(n)\, W_{N/2}^{jn}. \tag{12.6-43b}$$

Nun kehren wir zur Ausgangsfolge $X(j)$, $j = 0, 1, \ldots, N-1$, zurück und stellen uns die Frage, ob und wie deren DFT $A(n)$, $n = 0, 1, \ldots, N-1$, durch die Folgen $A_0(n)$ und $A_1(n)$ ausgedrückt werden kann. Um diese Frage zu beantworten, nehmen wir $A(n)$ als gegeben an, definieren damit nach Gl. (12.6-37) $X(j)$ als inverse DFT und spalten die solcherart definierte Folge $X(j)$ wieder in die Teilfolgen aller geraden Werte $X(2j)$ und die Teilfolgen aller ungeraden Werte $X(2j+1)$ auf.

$$X(2j) = \sum_{n=0}^{N-1} A(n)\, W_N^{2jn} \tag{12.6-44a}$$

$$X(2j+1) = \sum_{n=0}^{N-1} A(n)\, W_N^{(2j+1)n} = \sum_{n=0}^{N-1} A(n)\, W_N^{2jn} \cdot W_N^{n}. \tag{12.6-44b}$$

Wie sich leicht nachprüfen läßt, ist $W_N^{2jn} = W_{N/2}^{jn}$. Wir spalten nun ferner noch die Summe in Gl. (12.6-43a) und Gl. (12.6-43b) in zwei Teilsummen auf, deren Summationsindex einmal von 0 bis $N/2 - 1$ und zum anderen von $N/2$ bis $N-1$ läuft. Wenn wir in den zweiten Teilsummen noch die Substitution $n = n' + N/2$ einführen, erhalten wir

$$X(2j) = \sum_{n=0}^{\frac{N}{2}-1} A(n)\, W_{N/2}^{jn} + \sum_{n'=0}^{N-1} A\left(n' + \frac{N}{2}\right) W_{N/2}^{j(n'+N/2)} \tag{12.6-45a}$$

$$X(2j+1) = \sum_{n=0}^{\frac{N}{2}-1} A(n)\, W_{N/2}^{jn}\, W_N^{n} + \sum_{n'=0}^{\frac{N}{2}-1} A(n' + N)\, W_{N/2}^{j(n'+N/2)}\, W_N^{(n'+N/2)}.$$

$$\tag{12.6-45b}$$

Nun benennen wir in den zweiten Summen in den Gln. 12.6-45a, b) n' in n um und berücksichtigen ferner noch, daß

$$W_{N/2}^{j(n+N)} = W_{N/2}^{jn} \quad \text{und} \quad W_N^{(n+N/2)} = (-1)\, W_N^{n}$$

ist. Damit folgt schließlich

$$X(2j) = \sum_{n=0}^{\frac{N}{2}-1} [A(n) + A(n+N/2)]\, W_{N/2}^{jn} \qquad (12.6\text{-}46\,\text{a})$$

$$X(2j+1) = \sum_{n=0}^{\frac{N}{2}-1} [A(n) - A(n+N/2)\, W_N^n]\, W_{N/2}^{jn}. \qquad (12.6\text{-}46\,\text{b})$$

Ein Vergleich der Gln. (12.6-46) mit den Gln. (12.6-43) zeigt, daß

$$A_0(n) = A(n) + A(n+N/2) \quad \text{und} \quad A_1(n) = [A(n) - A(n+N/2)] \cdot W_N^n$$

ist. Daraus folgt umgekehrt

$$A(n) = \tfrac{1}{2}\,[A_0(n) + A_1(n)\, W_{\overline{N}}^{-n}]$$

$$A\left(n + \frac{N}{2}\right) = \frac{1}{2}\,[A_0(n) - A_1(n)\, W_{\overline{N}}^{-n}], \quad n = 0, 1, \ldots, \frac{N}{2} - 1. \qquad (12.6\text{-}47)$$

Damit haben wir als Ergebnis, daß man die DFT $A(n)$ einer Folge $X(j)$, $j, n = 0, 1, \ldots, N - 1$, auch dadurch bilden kann, daß man $X(j)$ in zwei Teilfolgen halber Länge $X(2j)$ und $X(2j+1)$, $j = 0, 1, \ldots, N/2 - 1$, aufspaltet, indem man einmal alle geraden und zum anderen alle ungeraden Werte von $X(j)$ nimmt, die DFT der Teilfolgen berechnet und dann nach Gl. (12.6-47) $A(n)$ aus der DFT der Teilfolgen zusammensetzt.

12.4.3 Verschiedene Algorithmen der „schnellen"Fouriertransformation.

Cooley und *Tukey* haben dieses Verfahren unter dem Gesichtspunkt der Minimierung der benötigten Zahl von Rechenoperationen weiterentwickelt. Diesen Gesichtspunkt erkennt man sofort, wenn man in beiden Fällen die Zahl der Rechenoperationen, die zur Berechnung von $A(n)$ aus $X(j)$ benötigt werden, betrachtet. Im Falle der unmittelbaren Berechnung von $A(n)$ nach Gl. (12.6-36) sind dies N^2 Multiplikationen und Additionen. Im Falle der Berechnung über die Teilfolgen kann man natürlich diese wieder jeweils in Teilfolgen halber Länge aufteilen, usw. Wenn wir annehmen, daß wir eine Folge transformieren wollen, deren Länge N eine Potenz von 2 ist, dann läßt sich diese Folge genau $\log_2 N$-mal halbieren, und wir erhalten als Gesamtzahl der Multiplikationen

$$Z_N = \tfrac{1}{2}\, N \log_2 N. \qquad (12.6\text{-}48)$$

Dieser Wert ist mit $Z_N = N^2$ der unmittelbaren DFT zu vergleichen. Man sieht, daß die Ersparnis an Rechenoperationen und damit an Rechenzeit bei großem N sehr groß werden kann.

„*Decimation in Time*" und „*Decimation in Frequency*". Für das durch die Gl. (12.6-47) konstituierte FFT-Verfahren gibt es eine sehr anschauliche Darstellung durch einen Graphen, bei dem jedem Knoten ein (komplexer) Ausgangs-, Zwischen- oder Endwert der Transformation entspricht und jeder Kante einer Multiplikation mit dem (komplexen) Gewichtsfaktor $1/2\, W_{\overline{N}}^{-n}$ bzw. mit $1/2$ (Abb. 12.6-4). Wegen der charakteristischen Form des zugehörigen Graphen nennt man einen solchen Rechenvorgang auch mitunter einen „FFT-Butterfly". Die gesamte schnelle Fouriertransformation von $N = 2^M$-Werten erfordert dann die ($M = \log_2 N$)-malige Durchführung des „FFT-Butterfly".

Wir sehen dies am besten an einem einfachen Beispiel. Zu transformieren seien $N = 8$ Werte $X_0, X_1, \ldots, X_7$. Die halbe Länge der Folge ist dann $N/2 = 4$. Wir entwickeln am anschaulichsten den Algorithmus von hinten nach vorne, wobei wir in jedem Schritt sinngemäß die Gl. (12.6-47) anwenden. Insgesamt haben wir $\log_2 8 = 3$ Schritte (Iterationen) durchzuführen.

Die Transformation führt auf 8 Ergebniswerte $A_0, A_1, \ldots, A_7$, wobei nach Gln. (12.6-47) gilt (den Faktor 1/2 lassen wir der Einfachheit halber zunächst weg):

$$A(i) = [A'(2i) + A'(2i+1)\, W_N^{-i}]$$

$$A(N/2+i) = [A'(2i) - A'(2i+1)\, W_N^{-i}].$$

(12.6-49)

Der hintere Teil des Graphen Abb. 12.6-5 veranschaulicht dieser 3. Iterationsschritt, bei dem durch viermaliges Durchführen eines „FFT-Butterfly" die Werte $A(0), \ldots, A(7)$ aus den Zwischenwerten $A'(0), \ldots, A'(7)$ nach den Gln. (12.6-56) berechnet werden.

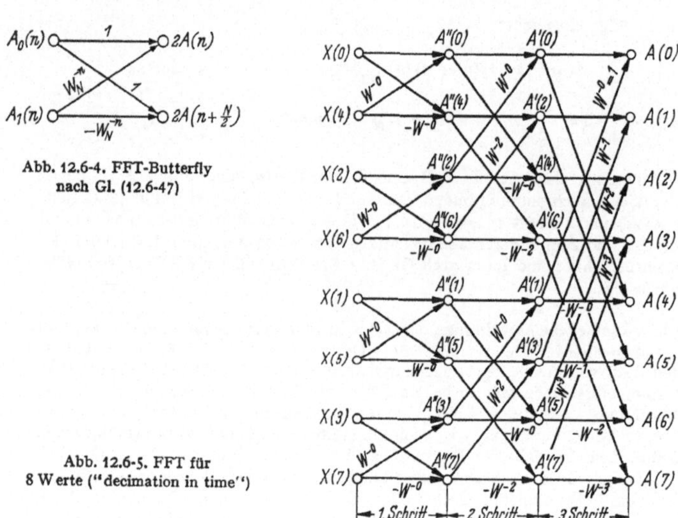

Abb. 12.6-4. FFT-Butterfly nach Gl. (12.6-47)

Abb. 12.6-5. FFT für 8 Werte ("decimation in time")

Für den 2. Iterationsschritt teilen wir die Teilfolgen $A'(0)$, $A'(2)$, $A'(4)$, $A'(6)$ wieder in 2 Teilfolgen $A''(0)$, $A''(4)$ und $A''(2)$, $A''(6)$ auf [indem wir zuerst die „geraden" Indexwerte der A'-Folge (0, 4) und dann die „ungeraden" Indexwerte (2, 6) nehmen). Ebenso wird die Teilfolge $A'(1)$, $A'(3)$, $A'(5)$, $A'(7)$ in 2 Teilfolgen $A''(1)$, $A''(5)$ und $A''(3)$, $A''(7)$ aufgespalten. Die Transformation wird sinngemäß wieder durch die Gl. (12.6-56) gegeben, wobei jetzt nur A durch A' und A' durch A'' zu ersetzen ist. Die nochmalige Iteration (1. Schritt) führt schließlich zu den Ausgangswerten $X(0)$, $X(1)$, $\ldots$, $X(7)$.

Bei diesem Verfahren wird also in jedem Iterationsschritt eine Abtastfolge in 2 Teilfolgen (der geraden und ungeraden Werte) zerlegt, *die die doppelte Abtastperiode haben*. Die zugehörigen Teilspektren *haben die halbe Periodenlänge*. Man nennt dieses Verfahren daher auch *„decimation in time"*. Wegen der völligen Reziprozität von Zeit und Frequenz bei der DFT muß es auch möglich sein, das Verfahren umzukehren, d.h. die Folgen von Abtastwerten einfach in 2 Folgen halber Länge zu zerlegen (z.B. eine Folge von N Werten $X(j)$ in eine Teilfolge der Werte von 0 bis $(N/2)-1$ und eine Teilfolge der Werte von $N/2$ bis $N-1$). Die zugehörigen Teilspektren haben dadurch den doppelten Abstand zwischen 2 Frequenzpunkten. Tatsächlich läßt sich auch hieraus ein FFT-Algorithmus entwickeln, den man *decimation in frequency* nennt[1].

Der Grundalgorithmus besteht bei der „decimation in frequency"-Methode also darin, eine Wertefolge $X(j)$, $j = 0, 1, \ldots, N-1$, in 2 Teilfolgen

$$X_1(j) = X(j) \quad \text{und} \quad X_2(j) = X\left(j + \frac{N}{2}\right), \quad j = 0, 1, \ldots, \frac{N}{2} - 1 \quad (12.6\text{-}50)$$

aufzuteilen. Für die DFT von $X(j)$ gilt dann

$$A(n) = \sum_{j=0}^{\frac{N}{2}-1} [X_1(j)\, W_N^{jn} + X_2(j)\, W_N^{(j+N/2)n}]$$

$$= \sum_{j=0}^{\frac{N}{2}-1} [X_1(j) + e^{-i\pi n} X_2(j)]\, W_N^{jn}, \quad i = \sqrt{-1}. \quad\quad (12.6\text{-}51)$$

Wir betrachten jetzt die geraden und ungeraden Werte von $A(n)$ getrennt (daher der Name „decimation in frequency"). Durch Ersetzen von n durch $2n$ und $W_{N/2}^{jn} = W_N^{2jn}$ in Gl. (12.6-51) folgt

$$A(2n) = \sum_{j=0}^{\frac{N}{2}-1} [X_1(j) + X_2(j)]\, W_{N/2}^{jn}, \quad\quad (12.6\text{-}52)$$

und durch Ersetzen von n durch $(2n+1)$ in Gl. (12.6-51) folgt

$$A(2n+1) = \sum_{j=0}^{\frac{N}{2}-1} [X_1(j) - X_2(j)]\, W_N^{j}\, W_{N/2}^{jn}. \quad\quad (12.6\text{-}53)$$

Damit ist ein anderer Weg gefunden, eine N-Werte-FFT durch 2 $N/2$-Werte-FFT zu ersetzen. Die iterative Fortsetzung dieses Verfahrens führt wieder zu einem vollständigen FFT-Algorithmus mit der gleichen Anzahl von Rechenoperationen wie bei der „decimation in time". Für den Fall $N = 8$ gibt Abb. 12.6-6 den entsprechenden Graphen an. Wir sehen aus Abb. 12.6-6, daß jetzt die Eingabewerte $X(j)$ in der natürlichen Ordnung auftreten, und die Ausgabewerte $A(n)$ in einer anderen Reihenfolge.

Dieser Unterschied ist jedoch nicht charakteristisch für die beiden Algorithmen der „decimation in time" und der „decimation in frequency". Man kann beide Algorithmen so umformen, daß entweder die Eingabewerte in der natürlichen Reihenfolge auftreten und die Ausgabewerte dann nicht, oder umgekehrt.
Der Unterschied zwischen „decimation in time" und „decimation in frequency" liegt damit nur in der Reihenfolge des Auftretens der Koeffizienten. Wendet man schließlich außer dem Speicher für die Eingabewerte und dem Speicher für die Resultatwerte noch einen 3. Speicher zur Speicherung von Zwischenergebnissen der Iteration auf, so kann man Algorithmen aufstellen, bei denen sowohl die Eingabewerte als auch die Ausgabewerte in der natürlichen Ordnung vorliegen können. Auf alle diese Modifikationen des FFT-Algorithmus können wir hier aus Platzgründen nicht eingehen. Eine sehr gute Übersicht hierüber findet man bei *Gold* und *Rader* [3].

Für die Implementierung eines FFT-Programms (oder eines FFT-Spezialrechners) bedeutet die Umkehr der Reihenfolge bei den Eingabe- oder Ausgabedaten keine wesentliche Erschwernis, da zwischen der Indizierung der Ausgangs-

---

[1] Im Originalaufsatz von *Cooley* und *Tukey* [5] wird nur das Verfahren der „decimation in time" angegeben. Algorithmen, die auf dem „decimation in frequency" beruhen, werden in der Literatur manchmal auch Cooley-Sande-Algorithmus genannt, da das Verfahren unabhängig von *Cooley* und *Sande* vorgeschlagen wurde.

daten und der Endresultate der Transformation eine Gesetzmäßigkeit besteht, die bei der Darstellung der Indizes durch Dualzahlen zu einer einfachen Methode zur Umkehr der Stellenfolge führt.

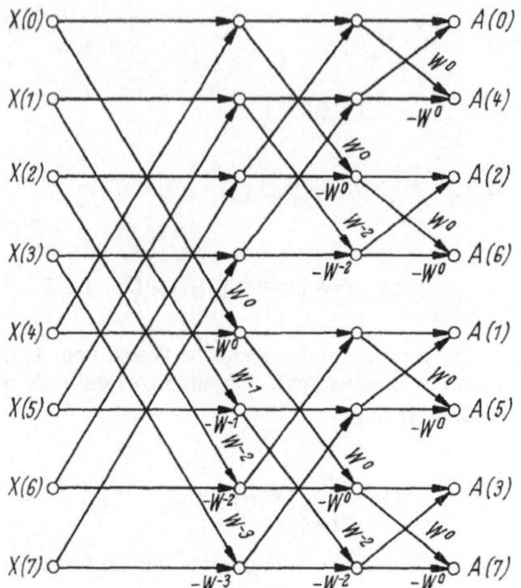

Abb. 12.6-6. FFT für 8 Werte („decimation in frequency")

Es sei $N = 2^M$ nach wie vor eine Potenz von 2. Um alle Indexzahlen $n = 0, 1, \ldots, N-1$ darstellen zu können, benötigen wir also genau eine M-stellige Dualzahl $n = n_{M-1} n_{M-2} \cdots n_1 n_0$, wobei die einzelnen Stellen von n die Werte 0 oder 1 annehmen können.

Wir bezeichnen nun mit n' die Dualzahl, die sich aus n jeweils durch Umkehr der Reihenfolge der Stellen von n ergibt.

$$n' = n_0 n_1 \cdots n_{M-2} n_{M-1}. \tag{12.6-54a}$$

Es gilt dann für die Indexzuordnung zwischen Ausgangsdaten und Ergebniswerten der FFT die Beziehung

$$n \xleftrightarrow{\text{FFT}} n', \tag{12.6-54b}$$

d.h., stehen die Ausgangsdaten in der natürlichen Ordnung ihrer Indizes $n = 0, 1, 2, \ldots, N-1$, so wird die Ordnung der Indizes der konsekutiven Folge von Ergebniswerten durch n' gegeben und umgekehrt. Eine solche Indextransformation läßt sich natürlich leicht programmieren.

Verallgemeinerung. Bisher wurde immer angenommen, daß die Zahl der zu transformierenden Werte eine Potenz von 2 sei. Da der Digitalrechner intern immer binär arbeitet, ist dieser Fall auch der einfachste und für die Programmorganisation effektivste. In den meisten Anwendungsfällen kommt man auch damit aus, die günstigste nächste Zweierpotenz von Datenwerten zu transformieren. Man ist bei der schnellen Fouriertransformation jedoch nicht unbedingt an eine solche Zweierpotenz gebunden, sondern kann das Verfahren auf jede Zahl von zu transformierenden Daten ausweiten, die nicht selbst Primzahl ist, sondern sich aus mehreren Primfaktoren zusammensetzt. Wir betrachten dies an dem Verfahren der „decimation in time".

Es sei die Zahl der zu transformierenden Werte N keine Potenz von 2, aber durch den Faktor p teilbar. Wir können dann die Gesamtfolge $X(j)$ in p Teilfolgen $X_i(j)$ aufspalten, derart daß

$$X_i(j) = X(p \cdot j + i), \quad i = 0, 1, \ldots, p-1, \quad j = 0, 1, \ldots, \frac{N}{p} - 1. \quad (12.6\text{-}55)$$

Die DFTs dieser Teilfolgen seien $A_i(n) \leftrightarrow X_i(j)$, und aus diesen DFTs läßt sich die DFT der Gesamtfolge $A(n) \leftrightarrow X(j)$ zusammensetzen, wobei gilt

$$A\left(n + m\,\frac{N}{p}\right) = \sum_{i=0}^{p-1} A_i(n)\, W_N^{i(n+m\,N/p)}; \quad \begin{cases} m = 0, 1, \ldots, p-1 \\ n = 0, 1, \ldots, p-1. \end{cases} \quad (12.6\text{-}56)$$

[Für $p = 2$ ergeben sich die Beziehungen (12.6-50).] Anstelle von N^2 Operationen für die direkte DFT werden bei dieser Aufspaltung nur $(N^2/p) + p$ Operationen (und damit weniger) benötigt. Diese Aufspaltung setzt man fort, sooft N in Primfaktoren zerlegbar ist. Bei dem Verfahren der „decimation in frequency" kann sinngemäß vorgegangen werden. Sind die zu transformierenden Werte Zahlen einer beliebigen Basis B, so hängt die Gesamtzahl der Rechenoperationen auch von B ab. Man kann zeigen, daß das Minimum bei $B = 3$ liegt, jedoch sehr flach ist. Deshalb wählt man bei den üblichen FFT-Programmen wie auch bei FFT-Spezialrechnern [27, 28, 29] wegen der daraus resultierenden einfachen binären Organisationsform entweder $B = 2$ oder $B = 8$.

Transformation reeller Daten. Wir sind bisher davon ausgegangen, daß die zu transformierenden Werte komplex sind. FFT-Programme oder -Spezialrechner legt man aus Gründen der allgemeinen Anwendbarkeit in der Regel für diesen Fall aus. Sind reelle Daten zu transformieren (z.B. bei der Berechnung des Spektrums einer Zeitfunktion), so wird man den Imaginärteil dieser Werte nicht einfach Null setzen, da dadurch das Programm an Effektivität einbüßen würde. Man benutzt die Möglichkeit, komplexe Werte transformieren zu können, beim Vorliegen reeller Werte vielmehr dazu, um entweder gleichzeitig 2 Folgen von N reellen Werten oder 1 Folge von $2N$ reellen Werten zu transformieren.

Beide Fälle werden von *Cooley*, *Lewis* und *Welsh* behandelt [6]. Wir wollen hier nur das Ergebnis des für die praktische Anwendung wichtigeren zweiten Falles angeben und bezüglich der Herleitung auf die zitierte Darstellung [6] verweisen. Es seien $2N$ reelle Werte $Y(j)$ zu transformieren, und die zugehörige DFT sei $C(n)$. Für die inverse DFT gilt also in komplexer Schreibweise

$$Y(j) = \sum_{n=0}^{2N-1} C(n)\, W_{2N}^{jn}, \quad (12.6\text{-}57\,\text{a})$$

bzw. in reeller Schreibweise

$$Y(j) = \frac{a(0)}{2} + \sum_{n=1}^{N-1} \left\{ a(n) \cos\frac{jn\pi}{N} + b(n) \sin\frac{jn\pi}{N} \right\} + \frac{(-1)^j}{2}\, a(N). \quad (12.6\text{-}57\,\text{b})$$

Aus den reellen Werten der Folge $\{Y(j)\}_0^{2N}$ wird eine neue Folge $\{X(j)\}_0^{N}$ von komplexen Werten definiert, indem man alle geraden Werte $Y(j)$ dem Realteil und alle ungeraden Werte $Y(j)$ dem Imaginärteil von $X(j)$ zuweist.

$$X(j) = Y(2j) + i \cdot Y(2j+1), \quad j = 0, 1, \ldots, N-1, \quad i = \sqrt{-1}. \quad (12.6\text{-}58)$$

Sodann führt man die FFT von $X(j)$ aus

$$X(j) \leftrightarrow A(n).$$

Für die Werte $n = 0, 1, \ldots, N/2 - 1$ berechnet man dann die neuen Folgen[1]

$$A_1(n) \quad = \frac{1}{2}\,[A(n) + \tilde{A}(N - n)] \tag{12.6-59a}$$

$$\tilde{A}_2(N - n) = \frac{1}{2i}\,[A(n) - \tilde{A}(N - n)], \tag{12.6-59b}$$

und hieraus

$$2C(n) \quad = A_1(n) + \tilde{A}_2(N - n) \cdot W_{2N}^{-n},$$

$$2\tilde{C}(N - n) = A_1(n) - A_2(N - n) \cdot W_{2N}^{-n}$$

$$2C(0) \quad = \operatorname{Re} A(0) + \operatorname{lm} A(0),$$

$$2C(N) \quad = \operatorname{Re} A(0) - \operatorname{lm} A(0).$$

Für die Koeffizienten der reellen DFT gilt schließlich

$$a(0) = 2C(0), \qquad a(N) = 2C(N),$$

$$a(n) = 2\operatorname{Re} C(n), \tag{12.6-60}$$

$$b(n) = -2\operatorname{lm} C(n).$$

Es werden zu den $N \log N$ Operationen für die Transformation $X(j) \leftrightarrow A(n)$ noch N weitere Operationen benötigt — ein geringer Mehrpreis für den erzielten Vorteil.

Um eine reelle Fourier-Reihe nach Gl. (12.6-57) zu berechnen, kann man dieses Verfahren umkehren, d.h. man nimmt die Werte $a(n)$ und $b(n)$ als gegeben an und sucht die DFT $C(n)$, aus der durch inverse DFT $Y(j)$ folgt. Es ergibt sich für $n = 1, \ldots, \dfrac{N}{2} - 1$

$$A_1(n) = C(n) + \tilde{C}(N - n), \quad A_2(N - n) = [C(n) - \tilde{C}(N - n)]\,W_{2N}^{n} \tag{12.6-61}$$

und hieraus

$$A(n) = A_1(n) + i\,\tilde{A}_2(N - n), \quad A(N - n) = A_1(n) - i\,\tilde{A}_2(N - n). \tag{12.6-62}$$

Außerdem ist

$$A(0) = C(0) + C(N) + i\,[C(0) - C(N)] \quad \text{und} \quad A(N/2) = 2\tilde{C}(N/2).$$

Damit liegt $A(n)$, $n = 0, 1, \ldots, N - 1$, vollständig vor, und $X(j)$ kann berechnet werden.

12.6.4.4 Aperiodische Faltung und Korrelation. Das Produkt der DFT zweier Wertefolgen führt im Zeitbereich auf die periodische Faltung, d.h. eine Faltung, bei der die beiden miteinander gefalteten Folgen periodisch fortzusetzen sind. Man kann aber die periodische Faltung und damit die FFT auch zur Berechnung einer gewünschten aperiodischen Faltung heranziehen, wenn man durch geeignete Maßnahmen dafür sorgt, daß die zu faltenden aperiodischen Folgen außerhalb eines endlichen Intervalls Null sind.

Besondere Bedeutung erhält die aperiodische Faltung als eine Methode zur digitalen Filterung, bei der die Abtastfolge eines Signals mit der diskreten Gewichtsfunktion eines Filters gefaltet wird. Solche Filter (die von Natur aus nichtrekursiv sind) nennt man *Transversalfilter* oder auch „moving average filter". Sie sind naturgemäß nur sinnvoll, wenn die Filter-Gewichtsfunktion $h(k)$ eine endliche Länge hat, die klein gegen die Länge der zu filternden Eingabefolge ist.

---

[1] Die Tatsache, daß nur $N/2$ Werte zu berechnen sind, folgt aus den Symmetriebedingungen, die nach Abschnitt 12.6.4.1 durch die Eigenschaft von $\{Y(j)\}_0^{2N}$ als Folge reeller Werte gegeben sind.

Es sei $\{X(j)\}_0^{M-1}$ die Folge der zu filternden Eingabewerte und $\{H(j)\}_0^{L-1}$ die Gewichtsfunktion des Filters. Es sei ferner $L < M$. Die Ausgabegröße des Filters sei $Y(j) = X(j) * H(j)$. Bei der Ausführung der Faltung sind zwei ausgezeichnete Fälle zu unterscheiden. Im *ersten Falle* soll $Y(j)$ für die Werte $j = L-1$, $L, L+1, \ldots, M-1$ berechnet werden, d.h. es werden nur die $M-L+1$ Werte betrachtet, für die die Folge $H(j)$ sich ganz mit der Folge $X(j)$ überdeckt. Im *zweiten Falle* sollen auch die Werte berechnet werden, die sich ergeben, wenn $H(j)$ den Anfang und das Ende der Folge $X(j)$ überstreicht; d.h. man fügt am Anfang und Ende der Folge $X(j)$ je $L-1$ Nullen an und berechnet $Y(j)$ für die $M+L-1$ Werte $j = 0, \ldots, M+L-2$. Abb. 12.6-7a illustriert den ersten Fall und Abb. 12.6-7b den zweiten.

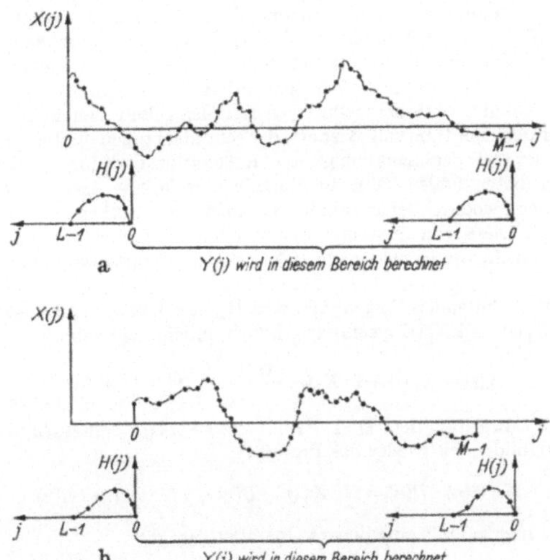

Abb. 12.6-7a u. b. Faltung einer Folge $X(j)$ mit der System-Gewichtsfunktion $H(j)$. a) 1. Fall; b) 2. Fall

Im ersten Fall läßt sich die Faltung mit Hilfe der FFT in folgenden Schritten durchführen:

1. Man wählt die kleinste Zahl $N \geq M$, die eine Potenz von 2 ist, und definiert eine neue, erweiterte Eingabefolge $\{X_e(j)\}_0^{N-1}$ wie folgt

$$X_e(j) = \begin{cases} X(j) & \text{für} \quad j = 0, \ldots, M-1 \\ 0 & \text{für} \quad j = M, \ldots, N-1. \end{cases}$$

2. Mit Hilfe der FFT berechnet man die DFT von $X_e(j)$:
Sei $A(n) \leftrightarrow X_e(j)$.

3. Man definiert eine neue Gewichtsfunktion $\{H_e(j)\}_0^{N-1}$ wie folgt:

$$H_e(j) = \begin{cases} H(j) & \text{für} \quad j = 0, \ldots, L-1 \\ 0 & \text{für} \quad j = L, \ldots, N-1. \end{cases}$$

4. Mit Hilfe der FFT berechnet man die DFT von $H_e(j)$:
Sei $B(n) \leftrightarrow H_e(j)$.

5. Man berechnet zunächst das Produkt $N \cdot A(n) \cdot B(n)$ und dann seine inverse DFT:

Sei $N \cdot A(n) \cdot B(n) \leftrightarrow Y_e(j)$. Die gesuchte Ausgabefolge des Filters ist dann

$$Y(j) = Y_e(j) \quad \text{für} \quad j = L - 1, \ldots, M - 1.$$

Im zweiten Fall wendet man das gleiche Schema an mit dem Unterschied, daß man mindestens $L - 1$ Nullen an die Folge $\{X(j)\}_0^{M-1}$ anhängt; d.h., N ist jetzt als Potenz von 2 so zu wählen, daß $N \geq M + L - 1$. Die gesuchte Folge $Y(j)$ ist dann $Y(j) = Y_e(j)$ für $j = 0, \ldots, M + L - 1$.

Damit ist die Faltung $X(j) * H(j)$ zwar immer noch zyklisch, d.h. $Y(j)$ ist in N periodisch. Im zweiten Falle tritt jedoch keine Überlappung der sich periodisch wiederholenden Funktionen $Y(j)$ auf, und die periodische Funktion ist in jedem Intervall $(kN, (k+1)N)$ die getreue Wiedergabe der aperiodischen Faltung.

In vielen Fällen ist die Länge der beiden Folgen, deren Faltung oder deren „lagged products" zu berechnen sind, sehr unterschiedlich (d.h. es gilt z.B. $L \ll M$). Solche Fälle treten auf bei nichtrekursiven digitalen Filtern, bei denen die Gewichtsfunktion nur in einem Intervall existiert, das sehr klein gegen die Länge der Eingabefolge ist, oder bei der Schätzung von Korrelationsfunktionen oder Leistungsspektren. In diesen Fällen kann die Eingabefolge in eine Anzahl von Segmenten zerlegt werden, wodurch eine weitere Ersparnis an Rechenoperationen erreicht werden kann. Diese von *Stockham* entwickelten Verfahren können wir hier aus Platzgründen nicht weiter behandeln. Wir verweisen statt dessen auf die Literatur [3, 6, 9].

Wenn die zu faltenden Folgen $X(j)$ und $H(j)$ reell sind, dann lassen sich 2 Eingabefolgen $X_1(j)$ und $X_2(j)$ gleichzeitig filtern, indem man setzt

$$X(j) = X_1(j) + \mathrm{i} \cdot X_2(j) \xleftrightarrow{\text{DFT}} A_1(n) + \mathrm{i} \cdot A_2(n). \tag{12.6-63}$$

Wegen der Linearität der DFT ist $A_1(n) \leftrightarrow X_1(j)$ und $A_2(n) \leftrightarrow X_2(j)$. Mit $B(n) \leftrightarrow H(j)$ bilden wir wieder das Produkt

$$N \cdot A(n) \cdot B(n) = N \cdot A_1(n) \cdot B(n) + \mathrm{i}\, N \cdot A_2(n) \cdot B(n). \tag{12.6-64}$$

Da auch die inverse DFT eine lineare Operation ist, gilt

$$N \cdot A_1(n) \cdot B(n) + \mathrm{i}\, N \cdot A_2(n) \cdot B(n) \leftrightarrow X_1(j) * H(j) + \mathrm{i}\, X_2(j) * H(j). \tag{12.6-65}$$

Bei der Berechnung von Schätzwerten für die *Korrelation* zweier Wertefolgen (bzw. der zugrundeliegenden Signale) sind die sogenannten „lagged products" der Folgen zu bilden und aufzusummieren.

Definition: Es seien $\{U(j)\}_0^{M-1}$ und $\{V(j)\}_0^{L-1}$ 2 Wertefolgen. Die aufsummierten „lagged products" sind definiert als

$$Y(j) = \sum_{k=0}^{L-1} U(k) \cdot V(k-j). \tag{12.6-66}$$

Für 2 Folgen $\{X_1(j)\}_0^{N-1}$ und $\{X_2(j)\}_0^{N-1}$ mit den DFT $A_1(n) \leftrightarrow X_1(j)$ und $A_2(n) \leftrightarrow X_2(j)$ gilt, wenn wir beide Folgen außerhalb des Intervalls $(0, N-1)$ periodisch fortsetzen,

$$\sum_{k=0}^{N-1} X_1(k+j) \cdot X_2(k) = \sum_{k=0}^{N-1} X_1(k) \cdot X_2(k-j) \leftrightarrow N \cdot A_1(n) \cdot A_2(N-n). \tag{12.6-67}$$

Für reelle Folgen ist $A_2(N-n) = A_2(n)$.

Damit können wir $Y(j)$ nach Gl. (12.6-66) auf die gleiche Weise wie die Faltung berechnen, wobei wir die Berechnung wieder über ein Intervall $N = M + L$ erstrecken, das dadurch entsteht, daß wir an das Intervall $(0, M-1)$ noch L Nullen anfügen. Wir berechnen dann analog zu den Schritten 1 bis 5 wieder $Y_e(j)$, wobei jetzt gilt

$$Y(j) = Y_e(j) \quad \text{für} \quad j = -(L-1), \ldots, M.$$

Dabei ist $Y_e(-j) = Y_e(N-j)$.

Literatur

[1] *Doetsch, G.:* Einführung in die Theorie und Anwendung der Laplace-Transformation. Basel: Birkhäuser 1958. — [2] *Vich, R.:* Z-Transformation. Theorie und Anwendung. Berlin: VEB Verlag Technik 1964. — [3] *Gold, B., Rader, C. M.:* Digital processing of signals. New York: McGraw-Hill 1969. — [4] *Oppenheim, A. V.* (ed.): Papers on digital signal processing. Cambridge: MIT Press 1969. — [5] *Cooley, J. W., Tukey, J. W.:* An algorithm for the machine computation of complex fourier series. Math. Comput. Vol. 19 (April 1965) 297—301. — [6] *Cooley, J. W., Lewos, P., Welsh, P.:* The fast fourier transform and its applications. IBM Res. Paper RC-1743, T. J. Watson Res. Center (Febr. 1967). — [7] *Cooley, J. W., Lewis, P., Welsh, P.:* Application of the fast fourier transform to computation of fourier integrals. Fourier Series, and Convolution Integrals. IEEE Trans. Audio, Vol. 15 (2) (June 1967) 79—84. — [8] *Gentleman, W. M., Sande, G.:* Fast fourier transform — For fun and profit. AFIPS Proc. FJCC 1966, Vol. 29 (Nov. 1966) 563—578. — [9] *Stockham, T. G.:* Highspeed convolution and correlation. AFIPS Proc. SJCC 1966, Vol. 28 (May 1966) 229—233. — [10] *Rabiner, L. R., Schafer, R. W., Rader, C. M.:* The chirp Z-Transform algorithm. IEEE Trans. Audio, vol. AU-17, No. 2 (June 1969) 86—92. — [11] *Rabiner, L. R., Schafer, R. W., Rader, C. M.:* The chirp Z-Transform and its applications. Bell Syst. Tech. J., Vol. 48 (May 1969) 1249—1292. — [12] *Kuo, F. K., Kaiser, J. F.* (eds.): System analysis by digital computer (Kap. 7) New York: Wiley 1967. — [13] *Grebe, H.:* Synthese digitaler Systeme für die Zwecke der digitalen Simulation. Diss. TU Berlin. Inst. f. Inf. Verarbeitg., Berlin 1969. — [14] *Ragazzini, J. R., Franklin, G. F.:* Sampled-data control systems. New York: McGraw Hill 1958. — [15] *Schwarz, R. J., Friedland, B.:* Linear systems. New York: McGraw Hill 1965. — [16] *Monroe, A. J.:* Digital processes for sampled data systems. New York: Wiley 1962. — [17] *Steiglitz, K.:* The equivalence of digital and analog signal processing. Inform. Control. Vol. 8, No. 5 (Oct. 1965) 455—467. — [19] *Henrici, P.:* Discrete variable methods in ordinary differential equations. New York: Wiley 1962. — [19] *James, H. M., Nichols, N. B., Phillips, R. S.:* Theory of servomechanism. New York: McGraw Hill 1947, 231—261. — [20] *Blackman, R. B., Tukey, J. W.:* The measurement of power spectra. New York: Dover Publications 1958. — [21] *Boxer, R., Thaler, S.:* A simplified method of solving linear and non-linear systems. Proc. IRE 44 (1956), 89—101. — [22] *Unbehauen, R.:* Zur Synthese digitaler Filter. AEÜ 24, H. 7/8 (Juli/Aug. 1970) 305—313. — [23] *Gold, B., Rader, C. M.:* Effects of quantization noise in digital filters. Proc. AFIPS SJCC 28 (1966) 213—219. — [24] *Knowles, J. B., Edwards, R.:* Complex cascade programming and associated computational errors. Electronic Letters. Vol. 1, No. 6 (August 1965) 160—161. — [25] *Knowles, J. B., Edwards, R.:* Effects of a finite word length computer in a sampled-data feedback system. Proc. Inst. Electr. Engrs. London, Vol. 112, No. 6 (June 1965). — [26] *Rader, C. M., Gold, B.:* Effects of parameter quantization on the poles of a digital filter. Proc. IEEE. Vol. 55, No. 5 (May 1967) 688—689. — [27] *Sandberg, I. W.:* Floating-point-roundoff accumulation in digitalfilter realization. Bell System Tech. J., Vol. 46 (Oct. 1967) 1775—1791. — [28] *Oppenheim, A. V., Weinstein, C.:* A bound on the output of a circular convolution with application to digital-filtering. IEEE Trans. on Audio and Electroacoust. Vol. AU-17, No. 2 (June 1969) 120—124. — [29] *Kaiser, J. F.:* Some practical considerations in the realization of linear digital filters. Proc. 3rd Allerton Conf. on Circuit and Systems Theory (Oct. 1965) 621—633. — [30] *Weinstein, C., Oppenheim, A. V.:* A comparison of roundoff noise in floating point and fixed point digital filter realization. Proc. IEEE, Vol. 57, No. 6 (June 1969) 1181—1183. — [31] *Oppenheim, A. V.:* Realization of digital filters using block-floating point arithmetic. In: Papers on Signal Processing, The MIT Press, Cambridge/Mass. 1969. — [32] *Kaneko, T., Liu, B.:* Roundoff error of floating-point digital filters. Proc. 6th Allerton Conf. on Circuit and System Theory (Oct. 1968) 219—227. — [33] *Knowles, J. B., Olcayto, E. M.:* Coefficient accuracy and digital filter response. IEEE Trans. on Circuit Theory. Vol. CT-15, No. 1 (March 1968) 31—41. — [34] *Mantey, P. E.:* Eigenvalue sensitivity and state-variable selection. IEEE Trans. on automatic control. Vol. AC-13, No. 3 (June 1968) 263—269. — [35] *Avenhaus, E.:* Zur Realisierung digitaler Filter mit günstigem Nutz-Störsignalverhältnis. NTZ 23, H. 5 (Mai 1970) 217—272. — [36] *Herrmann, O.:* On the approximation problem in nonrecursive digital filter design. IEEE Trans. CT-18 (1971), 411—413. — [37] *Golden, R. M., Kaiser, J. F.:* Design of wideband sampled data filters. Bell System Techn. J. 43 (4) (July 1964). — [38] *Rader, C., Gold, B.:* Digital filter design techniques in the frequency domain. Proc. IEEE 55 (1967) 149—171. — [39] *White, W. D., Ruvin, A. E.:* Recent advances in the synthesis of comb filters. IRE Natl. Conv. Record 5 (1957) 186—199. — [40] *Runge, C.:* Z. Mathematik und Physik, Vol. 48 (1903) 443;

Vol. 53 (1905) 117. — [41] *Runge, C., König, H.:* Die Grundlehren der mathematischen Wissenschaften, Band XI: Vorlesungen über numerisches Rechnen, Berlin: Springer 1924. — [42] *Welch, P. D.:* On the use of the fast fourier transform algorithm for the estimation of power spektra. — A Method Based on Sectioning the Record and Time Averaging. IBM Research Report. — [43] *Weinstein, C.:* Roundoff noise in floating point fast fourier transform computation. IEEE Trans. on Audio and Electroacoust., Vol. AU-17, No. 3 (Sept. 1969). — [44] *Welch, P.:* A fixed-point fourier transform error analysis. IEEE Trans. on Audio and Electroacoust., Vol. AU-17, No. 2 (June 1969) 151—157. — [45] *Bergland, G.:* Fast fourier transform hardware implementation. — An Overview. IEEE Trans. Audio and Electroacoust., Vol. AU-17, No. 2 (June 1969) 104—119. — [46] *Klahn, R., Shively, R. R., Gomez, E., Gilmartin, M. J.:* The timesaver: FFT Hardware, Electronics. June 24, 1968, 92—97. — [47] *Giloi, W.:* A hybrid special purpose computer for high-speed FFT Proc. 1970 IEEE Comp. Group Conf. (June 1970) 165—167. — [48] *Bogert, B., Healy, M., Tukey, J.:* The quefrency analysis of time series for echoes. Proc. of the Sympos. on Time Series Analysis (ed. *M. Rosenblatt*). New York: Wiley 1963, Chap. 15, pp. 209—243. — [49] *Oppenheim, A.:* Superposition in a class of nonlinear systems. MIT Techn. Report 432 (March 1965). — [50] *Noll, A. M.:* Cepstrum pitch determination. J. Acoust. Soc. Am., Vol. 41, No. 2 (1967) 293—309. — [51] *Oppenheim, A. V., Schafer, R. W., Stockham, T. G.:* Nonlinear filtering of multiplied and convolved signals. Proc. IEEE, Vol. 56, No. 8 (Aug. 1968) 1264—1291. — [52] *Stockham, T. G.:* The application of generalized linearity to automatic gain control. IEEE Trans. Audio and Electroacoust. AU-16 (June 1968) 267—270. — [53] *Schafer, R. W.:* Echo removal by generalized linear filtering, nerem record (1967) 118—119. — [54] *Schafer, R. W.:* Echo removal by discrete generalized filtering. Ph. D. Thesis, MIT Dept. of EE, Cambridge/Mass. 1968. — [55] *Oppenheim, A. V., Schafer, R. W.:* Homomorphic analysis of speech. IEEE Trans. Audio and Electroacoust. AU-16 (June 1968) 221—226.

13. Spezielle Aufgaben der Nachrichtenverarbeitung

13.1 Automatische Zeichenerkennung

H. Kazmierczak

13.1.1 Einleitung

13.1.1.1 Maschinelle Schriftzeichen-Erkennung. Die Eingangsinformationen nachrichtenverarbeitender Systeme werden gelegentlich durch andere nachrichtenverarbeitende Systeme, Meßwertgeber oder Telegraphieübertragungssysteme in maschinell auswertbarer Form angeliefert. Oft liegen diese Informationen jedoch als Schriftzeichen vor, die primär für das menschliche Sehsystem und weniger für die maschinelle Auswertung geeignet sind. Um solche Informationen nachrichtenverarbeitenden Systemen zuzuführen, werden diese im allgemeinen zuerst durch Menschen abgelesen und dann in eine maschinell auswertbare Form gebracht (z.B. durch unmittelbare Eintastung, durch Codierung von Lochkarten oder Lochstreifen).

Die Einschaltung des Menschen zwischen schriftlicher Information und nachrichtenverarbeitendem System ist zeitraubend und verursacht Fehler. Meist muß die eingetastete Information durch einen zweiten Menschen überprüft werden. Dieser Umweg bildet einen Engpaß in der Anwendung nachrichtenverarbeitender Systeme. Die technische Entwicklung sucht nach Möglichkeiten, den Umweg über den Menschen entweder zweckmäßiger zu gestalten oder ganz zu vermeiden. Das Problem besteht darin, daß Mensch und Maschine *dieselbe* Schrift lesen sollen. Um dieses Ziel zu erreichen, werden Zeichenleser [4, 7, 11, 20, 25] als spezielle Nachrichtenwandler eingesetzt, die schriftliche Informationen wie z.B. einen alphanumerischen Text in codierte elektrische Signale umsetzen *(character recognition)*. Man kann hierzu maschinell leicht auswertbare Zeichen (z.B. Codes) in bisher ungewohnter Schriftform anwenden (also dem Menschen die Unbequemlichkeit aufbürden) oder Zeichenleser entwickeln, welche normale Schrift lesen können (also der Maschine die Schwierigkeiten aufbürden), oder schließlich normale Schriftzeichen mit Hilfszeichen für die maschinelle Auswertung vorsehen (Abb. 13.1-1),

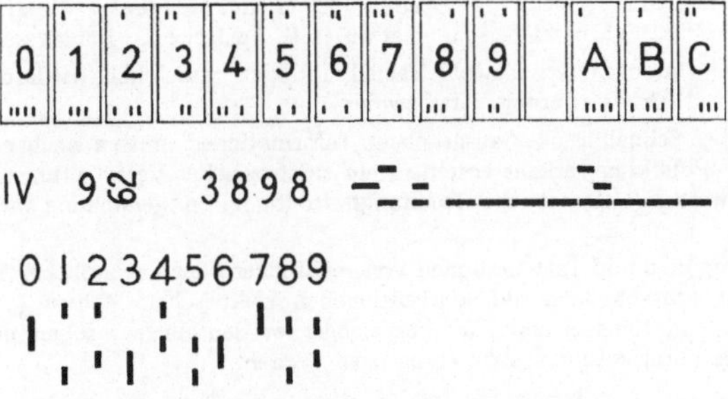

Abb. 13.1-1. Normale Zeichen dupliziert mit Codezeichen

oder Sonderzeichen entwickeln (Komplikation der Schrifterstellung). Zusätzlich kann noch der optische Zeichenkontrast magnetisierbar (magnetische Tinte) oder fluoreszierend (fluoreszierende Kennung) gemacht werden. Bei der Belegverarbeitung werden heute hauptsächlich optische Sonderzeichen (OCR A, OCR B) angewandt.

Verwandt mit der automatischen Zeichenerkennung ist das Sonderproblem der Lesehilfe für Blinde [1, 24]. Die Zeichen werden nicht maschinell *erkannt*, sondern lediglich so in akustische oder fühlbare Signale (Reize) *umgewandelt*, daß der Blinde sie dann erkennen kann.

13.1.1.2 Belegverarbeitung mit Lesemaschinen Zeichenleser haben als peripheres Computer-Eingabegerät für die Verarbeitung von Daten auf Schriftträgern (Belegen) oder als Geräte zum Sortieren von Belegen auf Grund bestimmter abgelesener Daten Bedeutung. Die maschinell zu lesenden Daten bestehen aus Zeichen wie Ziffern, großen und kleinen Buchstaben, Symbolen, Interpunktions- und Sonderzeichen in der Bedeutung von Steuer- und Trennzeichen. Als Schriftträger kommen Vorlagen wie Karten, Etikette, Formulare, Seiten, Registrierstreifen, Filme usw. zur Anwendung.

Die Aufgabe des Zeichenlesers besteht darin, jedem vom Beleg abgetasteten Zeichen *die* Bedeutung (Musterklasse) zuzuordnen, die *der Mensch* dem Zeichen gibt. Die Zeichenerkennung besteht im wesentlichen aus einem Vergleich des abgetasteten Zeichens mit Vergleichszeichen oder Erkennungsmerkmalen, die in der Maschine (im allgemeinen elektrisch) gespeichert sind. Die gelesenen Zeichen können (evtl. nach Zwischenspeicherung im Puffer des Zeichenlesers) die Weichen für die Fächer einer Sortiervorrichtung steuern oder für die Eingabe entweder direkt verwendet oder zunächst auf Magnetband, Lochstreifen oder Lochkarte (z.B. der Beleg selbst, Beleglochung) zwischengespeichert werden.

Zeichenleser für optisch oder magnetisch maschinell lesbare Schriften können als Lese-, Sortier- oder als Eingabe-Vorrichtung unter folgenden Voraussetzungen zweckmäßig sein:

a) Große Datenmengen auf Schriftträgern fallen an, die mit großer Geschwindigkeit und hoher Lesesicherheit verarbeitet werden sollen (Ausschalten des visuell-manuellen Umsetzens der Daten, vernünftiges Zeitverhältnis zwischen Datenerfassung und Datenverarbeitung).

b) Die Original-Schriftstücke (z.B. Schecks, Überweisungen, Registrierstreifen usw.) sollen direkt als Datenträger eines elektronischen Verarbeitungssystems dienen. Die aufwendige Duplizierung der Belege (z.B. durch Lochkarten) entfällt. Dabei kann es zweckmäßig sein, die Originalzeichen auf dem Beleg durch maschinell leichter lesbare Schriftzeichen zu ersetzen (z.B. Postscheck-, Bankwesen).

c) Die Daten müssen sowohl visuell als auch maschinell wiederholt gelesen werden (z.B. Briefsortierung, Kreditwesen).

d) Über Schnelldrucker ausgegebene Informationen müssen nach evtl. durchlaufenem Publikumsverkehr erneut in ein elektronisches Verarbeitungssystem eingegeben werden (automatische Rechnungsschreibung, Belegerstellung und Zahlungseingang).

e) Vorgänge und Informationen von rechtlicher oder urkundlicher Bedeutung, die nicht ausschließlich auf konventionellen elektrischen Medien (z.B. Kern-, Trommel-, Plattenspeicher u.a.) gespeichert werden dürfen, sollen in ein elektronisches Verarbeitungssystem einbezogen werden.

13.1.1.3 Mustererkennung mit Computern. Im Gegensatz zur Belegverarbeitung mit ihren Zeichenlese- und Sortiermaschinen stehen für die Erkennung geschriebener Zeichen und allgemeiner optischer Muster, abgesehen von Sonderfällen, keine speziellen Maschinen zur Verfügung. Für handgedruckte Ziffern wurden einige Maschinen realisiert (z.B. auf der Grundlage einer teilparallelen Abtastung [7], eines Konturfolge- [26] und eines Potentialverfahrens [27]). Verschiedene Verfahren zur Erkennung von Zeichen unterschiedlicher Druckarten *(multifont* bzw. *omnifont)* werden auf Computern simuliert *(pattern recognition)* [3, 7, 9, 12, 15, 16, 17, 28, 29].

Da die einzelnen Operationen und Entscheidungen hier nicht teilweise parallel wie bei den speziellen Lesemaschinen ablaufen, sondern seriell, sind die Erkennungszeiten verhältnismäßig lang. Während bei der Belegverarbeitung heute in der Sekunde 10 bis 20 Belege bzw. 1000 bis 3000 Zeichen maschinell gelesen werden (begrenzt durch den Belegtransport), betragen die typischen Erkennungszeiten bei der Simulation für ein Zeichen bzw. Wort Sekunden bis einige Minuten. Da es sich bei diesen Untersuchungen um keine Echtzeitprobleme, sondern um grundlegende Studien zur Zeichenerkennung handelt, sind die erforderlichen langen Rechenzeiten unerheblich. Die Erkennungssicherheit der untersuchten Verfahren ist zur Zeit noch gering, da kein Kontext ausgenutzt wird, wie es der Mensch besonders bei handschriftlichen Informationen macht. Abb. 13.1-2 zeigt einige typische Operationen bei der Simulation eines Erkennungssystems.

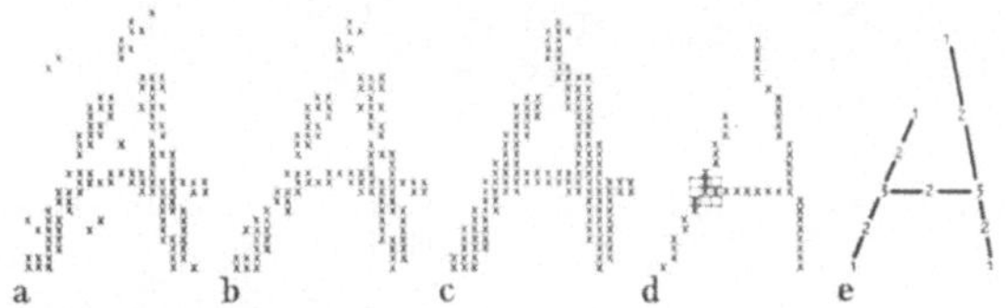

Abb. 13.1-2a—e. Typische Operationen bei der Simulation eines Erkennungsprogramms auf einem Computer. a) Originalzeichen; b) Fleckenbeseitigung; c) Fehlstellen-Beseitigung; d) Erzeugung von Linienstrukturen oder Kontrastgrenzen; e) Graphen-Darstellung mit Verknüpfungswerten

13.1.1.4 Maschinelle Bildverarbeitung. Die Forschungstätigkeit der automatischen Zeichenerkennung erstreckt sich außer auf die z.Z. für die Anwendung besonders wichtige Schriftzeichen-Erkennung auch auf die Auswertung bildlicher Informationen *(picture processing)*. Zeichen sind hier z.B. geometrische Figuren, nukleare Ereignisse auf Blasenkammeraufnahmen, Schatten auf Schirmbildaufnahmen, Blutkörperchen oder Chromosomen auf Mikroskopaufnahmen, Wolkenbild-Strukturen, die von Wettersatelliten aufgenommen und zur Erde übertragen werden, bildliche Darstellungen auf Luftbildern, die nach kartographischen oder militärischen Gesichtspunkten ausgewertet werden sollen, Objekterkennung und Orientierung bei der unbemannten Raumfahrt [3, 8, 13, 17, 30] u.ä. Unter Bildverarbeitung wird allgemein nicht nur die vollständige Auswertung bis zur Mustererkennung verstanden, sondern auch einzelne Bildverarbeitungsschritte wie z.B. Bildkontrastverbesserung *(image enhancement)*, Bildcodierung und Kompression für die Bildübertragung, spezielle Formen der Bildspeicherung und Darstellung, welche z.B. für graphische Datenbänke von Bedeutung sind, u.ä.

Speziellere Auswertesysteme sind für die Unterwasserschallerkennung (automatische Spracherkennung s. 13.2) und für die Luftüberwachung [31] zur Erkennung bewegter Flugkörper untersucht worden. Die kartographische Auswertung von Luftbildern erfordert die Erkennung und Lokalisierung konjugierter Punkte des Stereobildpaares [32]. Einige analog oder digital arbeitende Auswertegeräte sind für die automatische Kartenerstellung vorgeschlagen und z.T. realisiert worden. Spezielle oder universelle Digitalrechner zusammen mit einer speziellen Datenerfassung (Abtastung und Steuerung) werden auch für die Blasenkammerauswertung [33] und Luftbildobjekterkennung entwickelt und untersucht.

Objekte bildlicher Darstellungen liegen nicht wie einfache Druckzeichen mit ihrer umgebenden Weißfläche bereits isoliert vor, sondern sind ähnlich wie Schreib-Schriftzeichen eines Wortes in einem Bildverband integriert. Abb. 13.1-3 zeigt schematisch drei unterschiedliche typische Bildszenen. In allen drei Fällen besteht die Objektseparierung darin, zunächst ein Linienmuster zu erzeugen, welches im Gegensatz zum grauwertmäßig quantisierten Bild binär und linienhaft generalisiert ist, d.h. jedem Flächenelement wird nur die Aussage Linienelement „vorhanden" bzw. „nicht vorhanden" zugeordnet.

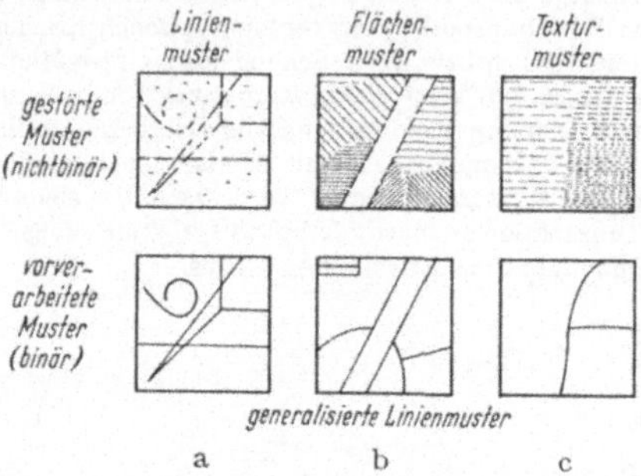

13.1-3 a—c. Typische Bildszenen. a) Teilchenspuren einer Blasenkammeraufnahme; b) Objekte eines Luftbildes; c) Texturflächen einer Mikroaufnahme

Das informationstragende und objektbestimmende Element eines Musters ist im allgemeinen nicht der Grauwert einer Objektfläche, sondern die Form der Musterkontur. Ein einfaches Objekt ist daher durch eine die Musterfläche umschließende Kontur und ein komplexes Objekt durch mehrere geschlossene Konturlinien gegeben.

Das Objekt „Viereck" in der linienhaften Szene nach Abb. 13.1-4 kann z.B. aus mehreren Flächen komponiert sein. In Abb. 13.1-4 sind verschiedene mögliche Darstellungsformen des Objekts „Viereck mit Dreieck" gezeigt. Die Formvariationen werden noch größer, wenn sich Viereck und Dreieck durchdringen. Die Verarbeitung einer linienhaften Szene mit dem Ziel der Speicherung, Beschreibung und Objektlokalisation wird auch als Szenenanalyse *(scene analysis)* bezeichnet [42].

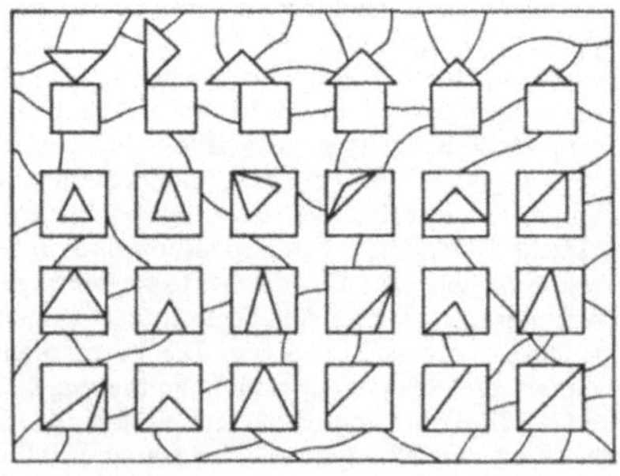

Abb. 13.1-4. Darstellung verschiedener Objekte „Viereck mit Dreieck"

Abweichend von der Schriftzeichenerkennung kann die Aufgabe bei der maschinellen Bildauswertung dadurch weiter gesteckt sein, daß nicht nur die Klasse eines Musters erkannt, sondern daß das Bild teilweise bzw. mit einem durch die Anwen-

dung bestimmten Grad an Informationsreduktion beschrieben werden soll. Formal
kann

$$I_0(Z) > H(Z) \gg I_0(K) \geqq H(K) \quad \text{mit} \quad I_0 = \operatorname{ld} N = n \operatorname{ld} r \qquad (13.1\text{-}1)$$

die Mustererkennung als Nachrichtenübertragungsmodell mit der Zeichenmenge
$Z = \{z_1, z_2, \ldots, z_N\}$ als Sendealphabet und der Klassen- oder allgemeiner Satz-
menge $K = \{k_1, k_2, \ldots, k_m\}$ als Empfangsalphabet betrachtet werden. Der potentielle Informationsgehalt I_0 eines Bildes z_i wird nach Gl. (13.1-1) durch die Anzahl
der Bildelemente n und der Grauwerte r bei quantisierter Bildvorlage (Raster)
bestimmt (s. Tabelle 13.1-1). Entsprechendes gilt für die Bildbeschreibung bei
n Satzelementen und r unterscheidbaren Wörtern. Wegen der Bildredundanz, die
durch die Abweichung von der Grauwertgleichverteilung und der Grauwert-
abhängigkeit besonders benachbarter Bildelemente gegeben ist, wird die Bild-
entropie $H(Z)$ in Gl. (13.1-1) kleiner als der maximal mögliche Bildinformations-
gehalt $I_0(Z)$.

$$H_t(K)_{\text{Maschine}} \gg H_t(K)_{\text{Mensch}} \quad \text{wegen} \quad v_K I_0(K) \gg 50 \text{ bit/s.} \qquad (13.1\text{-}2)$$

Tabelle 13.1-1. Erforderliche typische Auflösung für die Erkennung veschiedener Muster

	Grauwerte r	Flächenelemente n	Bildinformation $I_{\text{Bild}} = n \operatorname{ld} r$
α-numerisches Zeichen (gedruckt)	2	500	$5 \cdot 10^2$ bit
Handschriftliches Zeichen	2	1 000	10^3 bit
Handschriftliches Wort	2	20 000	$2 \cdot 10^4$ bit
Fernsehbild	8	400 000	10^6 bit
Luftbild (typisch)	8…64	4 000 000	$1 \ldots 2 \cdot 10^7$ bit
(max. Information bei 9×9 Quadratzoll)			10^{11} bit

Kennzeichnend für die Mustererkennung ist die große Informationsreduktion:
Die Entropie der Bildbeschreibung $H(K)$ muß stets sehr viel kleiner als die Bild-
entropie $H(Z)$ sein [Gl. (13.1-1)]. Die Effizienz der maschinellen Mustererkennung
ist z.Z. noch gering. Auch die Rezeptorleistung des menschlichen Auges wird abgesehen von Sonderfällen kaum durch seriell arbeitende Wandleranordnungen über-
troffen. Die Bedeutung der maschinellen Mustererkennung liegt jedoch in den
bereits heute erzielten größeren Informationsflüssen H_t. Bei einer Zeichenlese-
geschwindigkeit von $v_K = 3\,000$ Z/s und Zeichensätzen mit $I_0 = 6 \ldots 8$ bit ergibt
sich z.B. ein Informationsfluß $H_t(K) = 20\,000$ bit/s, welcher erheblich größer ist
als der vom Menschen bewußt aufgenommene Informationsfluß [Gl. (13.1-2)].

13.1.2 Struktur technischer Erkennungssysteme

Jedes Erkennungssystem besteht hauptsächlich aus 3 Funktionsgruppen
(Abb. 13.1-5). Das zur Erkennung angebotene Muster $z_\nu(i)$ der Bedeutungsklasse
$k = i$ und der laufenden Nummer ν wird zunächst durch den *Abtaster* in elektrische
Signale umgewandelt, da beim heutigen Stand der Technik die mit der Erkennung
verbundene Entscheidungsleistung (Erkennungslogik) wegen der erforderlichen

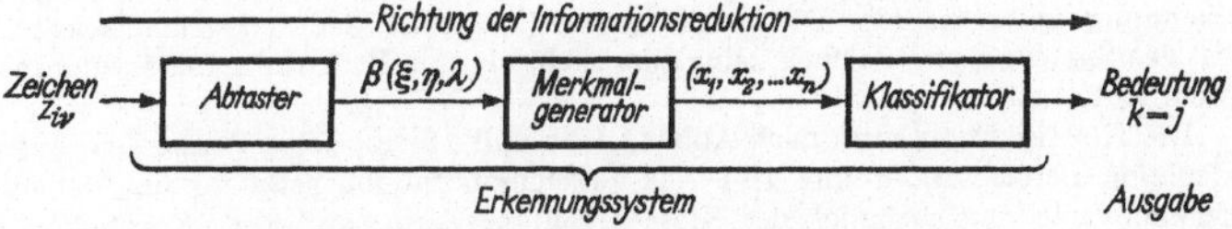

Abb. 13.1-5. Struktur eines technischen Erkennungssystems

hohen Lesegeschwindigkeit am besten durch *elektrische* Schaltkreise realisiert wird. Die zu erkennenden Muster werden bei Schriftzeichen durch die flächenhafte Verteilung (Kontrast) des optischen spektralen Remissionsgrades β_λ, bei Filmmaterialien durch die Transparenz T oder bei magnetisierbaren Schriftzeichen durch die relative magnetische Permeabilität μ_r dargestellt. Durch geeignete Wandler werden die Kontraste in elektrische Signale umgewandelt, aus denen im allgemeinen Merkmale (Kriterien) x_l gebildet werden, die für die Erkennung eines Zeichens besonders geeignet sind *(Merkmalgenerator)*. Nachgeschaltet ist die eigentliche Erkennungsschaltung *(Klassifikator)*, die die Zuordnung eines gemessenen Merkmalsatzes $(x_1, x_2, \ldots, x_n)^t = X$ zu einer Bedeutungsklasse $k = j$ ausführt. Grundlage bildet der Vergleich des Merkmalsatzes mit den im System gespeicherten und für eine Bedeutungsklasse charakteristischen Merkmalen und die daraus resultierende Entscheidung. Die Musterklassifikation wird zweckmäßig in drei Methoden gegliedert:

Klassifikation im Nachrichtenraum.

Klassifikation durch Graphen.

Linguistische Klassifikation.

13.1.2.1 Methoden der Musterklassifizierung. Die Klassifizierung der Merkmalsätze X kann im n-dimensionalen Nachrichtenraum geometrisch dargestellt werden (Abb. 13.1-6). Jedem Raum- bzw. Merkmalpunkt oder Vektor X kann eine binäre Entscheidung p_k^* über die Zuordnung einer Bedeutungsklasse $k = 1, 2, \ldots, m$ beigeordnet werden [6]. Es gilt $p_k^*(x_1, x_2, \ldots, x_n) = 1$ bei Zuordnung von X zur

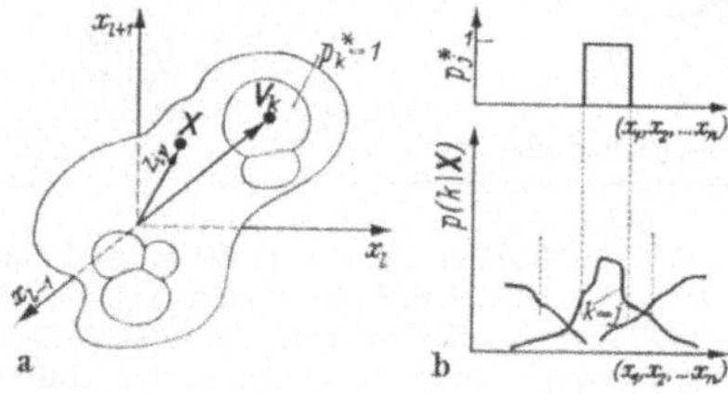

Abb. 13.1-6. a) Darstellung eines Merkmalsatzes $X = (x_1, x_2, \ldots x_n)$ im n-dimensionalen Nachrichtenraum; b) Klassifikation

Klasse k und $p_k^* = 0$ bei Nichtzuordnung. Bei der Entscheidung e_j über die Klassenzuordnung k_i eines durch seinen Merkmalsatz gegebenen Zeichens, formal als $p_j^* = p^*(e_j|k)$ angeschrieben, sind 3 Fälle und 2 Klassifikationsmöglichkeiten zu unterscheiden. Jede Entscheidung verursacht dabei Kosten $c(e, k)$, die wie folgt angenommen werden können:

a) Erkennung: $j = i$ oder $p_j^*(X) = 1$ mit $c(e_i, k_i) = 0$

b) Fehler
(Substitution): $j \neq i$ oder $p_j^*(X) = 1$ mit $c(e_j, k_i) = c \geqq c_0$

c) Nichterkennung $j = 0$
(Rückweisung): $j = i_1, i_2, \ldots$ $\Big\}$ oder $\ ^*(X) = 1$ mit $c(e_0, k_i) = c_0 \geqq 0$

Das System kann nur zwischen Erkennung einschließlich Fehler und Nichterkennung unterscheiden. Die Rückweisung ($k = 0$) ist dadurch gekennzeichnet, daß das System einem Zeichen keine oder mehr als eine Bedeutungsklasse zuordnet (Mehrdeutigkeit).

Die Klassifikation kann nach Abb. 13.1-7a und 7b eine reine Punkt-für-Punkt- oder eine Bereichszuordnung sein. Die Bereichszuordnung setzt voraus, daß die Merkmalverteilung bezüglich der Klassen Ballungsräume aufweist *(Kompaktheitshypothese* [34]). Die Bereichszuordnung kann speziell noch durch repräsentative

Zeichenklassen-Vektoren (Ähnlichkeitsprinzip) erfolgen (s. Abb. 13.1-7c). Nachstehend sind einige Klassifikationsmethoden zusammengestellt. Die erforderlichen gespeicherten Vergleichszeichen, die die Grundlage des Klassifikators bilden, müssen dabei vorab durch eine Zeichenanalyse ermittelt werden.

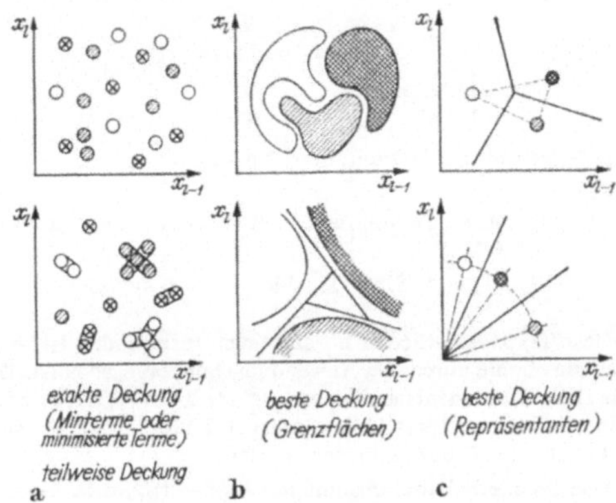

Abb. 13.1-7a—c. Geometrische Darstellung der Klassifikationsmethoden. a) Punkt-für-Punkt-Zuordnung; b) Bereichszuordnung; c) Repräsentanten-Zuordnung

1. Punkt-Zuordnung (Vergleichszeichen: Ein Satz von m Funktionen f_k).

$$p_j^* = f_j(x_1, x_2, \ldots, x_n) \quad \text{mit} \quad \sum_{k=1}^{m} f_k = 1$$

(z. B. binäre Merkmale).

2. Bereichs-Zuordnung (Vergleichszeichen: Ein Satz von Grenzflächen) durch

a) krumme Hyperflächen,

b) Approximation mit Hyperebenen,

c) lineare Separierung (Schwellwertlogik) mit Hyperebenen.

$$L_\varkappa \equiv \sum_{l=1}^{n} w_{\varkappa l}\, x_l + w_{\varkappa 0} = 0 \quad \text{bzw.} \quad \boldsymbol{WY} = 0 \quad \text{mit} \quad \boldsymbol{Y} = \begin{bmatrix} 1 \\ x_1 \\ x_2 \\ \vdots \\ x_n \end{bmatrix}$$

$$p_j^* = 1 \quad \text{für bestimmte Codewörter} \quad C = (c_1, c_2, \ldots, c_\mu)$$

$$\text{mit} \quad c_\varkappa = \begin{cases} 1 \\ 0 \end{cases} \text{für} \quad L_\varkappa(x_1, x_2, \ldots, x_n) = \begin{cases} \geqq 0 \\ < 0 \end{cases}$$

3. Repräsentanten-Zuordnung (Vergleichszeichen: Ein Satz von m repräsentativen Vektoren $\boldsymbol{V}_k = (v_1, v_2, \ldots, v_n)_k$ durch

a) Abstand d (Euklid oder Hamming)

$$p_j^* = 1 \quad \text{für} \quad \operatorname*{Min}_{k=j} |\boldsymbol{V}_k - \boldsymbol{X}| \quad \text{bzw.} \quad \operatorname*{Max}_{k=j} L_k(x_1, x_2, \ldots, x_n)$$

mit

$$w_{kl} = v_{kl} \quad \text{und} \quad w_{k0} = -\tfrac{1}{2} \sum_{l=1}^{n} v_{kl}^2 .$$

b) Winkelabstand α (Bogenmaß)

$$p_j^* = 1 \quad \text{für} \quad \underset{k=j}{\text{Min}}\, \alpha(V_k, X) \quad \text{bzw.} \quad \underset{k=j}{\text{Max}}\, \frac{\sum\limits_{l=1}^{n} v_{kl}\, x_l}{\sqrt{\sum\limits_{l=1}^{n} v_{kl}^2}}$$

mit

$$\frac{v_{kl}}{\sqrt{\sum\limits_{l=1}^{n} v_{kl}^2}} = w_{kl} \quad \text{und} \quad 0 = w_{k0}.$$

c) Sonderfälle (gewichtete HD mit Gewichten g_{kl})

$$p_j^* = 1 \quad \text{für} \quad \underset{k=j}{\text{Max}} \sum\limits_{l=1}^{n} g_{kl}(v_{kl} \equiv x_l) \quad \text{(Operation: log. Äquivalenz)}$$

$$\text{mit} \quad g_{kl}\left(v_l - \tfrac{1}{2}\right) = w_{kl} \quad \text{und} \quad -\tfrac{1}{2}\sum\limits_{l=1}^{n} g_{kl} v_{kl} = w_{k0}.$$

Welche der Klassifikationsmethoden im einzelnen anzuwenden ist, hängt von der Merkmalverteilung ab, die durch den Anwendungsfall vorgegeben ist. Die Methoden sind durch spezielle Klassenentscheidungen p_k^* für $k = 1, 2, \ldots, m$ charakterisiert.

Bei der linearen Separierung [36] können 3 Fälle bezüglich der Anzahl der Stellen μ der Codewörter C unterschieden werden:

1. Allgemeine lineare Separierung mit $\mu = m(m-1)/2$, d.h. jedes Klassenpaar wird durch eine Hyperebene getrennt.

2. Spezielle lineare Separierung $m(m-1)/2 > \mu \geqq \mathrm{ld}\, m$.

3. Sonderfälle (z.B. Abstandsähnlichkeit) mit $\mu = m$.

Das Netzwerk für eine Klassifikation im Nachrichtenraum wird technisch realisiert als Zuordner (z.B. in TTL-Technik) oder als matrixförmiger Klassifikator mit linearen Bauelementen in Schwellwertlogik (TRL) oder mit Extremwert-Auswertung (s. Abb. 13.1-8). Die technischen Realisierungen des letzteren Klas-

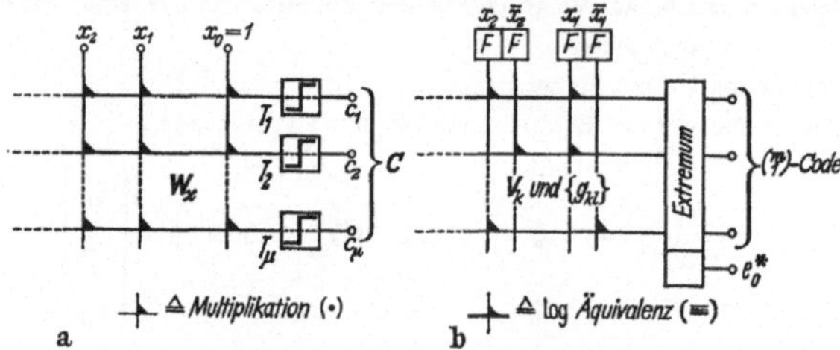

Abb. 13.1-8a u. b. Realisierung eines Klassifikators als matrixförmiger Decordierer mit (a) Schwellwertlogik oder (b) Extremwertbestimmung mit entsprechender Knotenpunktsrealisierung (z.B. in kontradiktorischer Ausführung)

sifikatortyps unterscheiden sich in der Ausführung des Knotenpunktes (elektrische, magnetische, kapazitive oder optische Realisierung), in der Wirkungsweise des Knotenpunktes (arithmetische, logische oder kontradiktorische Operation) und in der Darstellung der binären Merkmale.

Merkmalsatz (parallel) $X = (x_1, x_2, x_3, \ldots, x_n)$

Merkmalsatz (seriell) $X = (x_1, x_2, x_3, \ldots, x_{n'})$ mit $n' \leqq n$ (13.1-3)

Merkmalfolge $X = \langle x_5, x_1, x_3, x_3, x_2, \ldots, x_1 \rangle$

Nach Abb. 13.1-7 ist ein Muster z im Merkmalraum nach Gl. (13.1-3) durch einen Merkmalsatz gegeben, wobei ein Merkmal $x_l \in \{s_1, s_2, \ldots, s_r\}$ einen bestimmten Wert s_λ annehmen kann. Eine Musterklasse wird als Menge von Merkmalsätzen dargestellt. Die Reihenfolge der Merkmale ist dabei für die Klassifikation irrelevant. Der Merkmalsatz kann nach Gl. (13.1-3) parallel oder seriell verarbeitet werden. Bei serieller Verarbeitung ist bei Abbruch der Entscheidungskette für $n' < n$ die Merkmalreihenfolge relevant in Hinblick auf die Klassifikations-Fehlerrate. Die Merkmale werden bei serieller Verarbeitung zweckmäßig nach ihrer mittleren Aussagekraft geordnet (z.B. nach Eigenwerten bei Orthonormal-Merkmalfilterung). Der Vorteil der seriellen Merkmalverarbeitung und Entscheidung besteht bei großer Merkmalanzahl n darin, bereits bei $n' < n$ abzubrechen, wenn die Fehlerwahrscheinlichkeit unter die vorgegebene Schwelle absinkt.

Im allgemeinen Fall ist auch die Folge der Merkmale für die Klassenzugehörigkeit eines Musters relevant. Eine Musterklasse wird als Ereignis von Merkmalfolgen dargestellt. Die wesentlichen Kennzeichen der sequentiellen Merkmalverarbeitung sind die nicht konstante Länge der Folge und das mögliche mehrmalige Auftreten eines bestimmten Merkmals x_l. Den Merkmalen $x_l \in \{a, b, \ldots, z\}$ werden im allgemeinen keine Werte, sondern Symbole zugewiesen. Die sequentiellen Merkmale bilden im allgemeinen positionsunabhängige Eigenschaften, deren gegenseitige Lage durch die Merkmalfolge bestimmt wird, die durch das Abtastprogramm und Muster festgelegt ist. Dagegen können die Merkmale, die innerhalb eines Merkmalsatzes geordnet sind, als positionsgebundene Merkmale interpretiert werden (z.B. Formelement wie: Linienende mit Lageangabe „oben rechts" innerhalb der Zeichen-Rechteckbegrenzung).

Wenn Muster als Merkmalfolge vorliegen, ist eine Klassendarstellung im Nachrichtenraum unzweckmäßig. Bestimmte Folgen nach Gl. (13.1-3) können bei entsprechender Musterverteilung einfacher durch einen Graphen abgebildet werden. Die Merkmale bestimmen die Übergänge, die Endzustände die Musterklassen. Durch den in Abb. 13.1-9 vorliegenden Graph wird z.B. die Folge $X = \langle a, b, e, e, d, a \rangle$ der Klasse i und $X = \langle d, b, b, a \rangle$ der Klasse j zugeordnet.

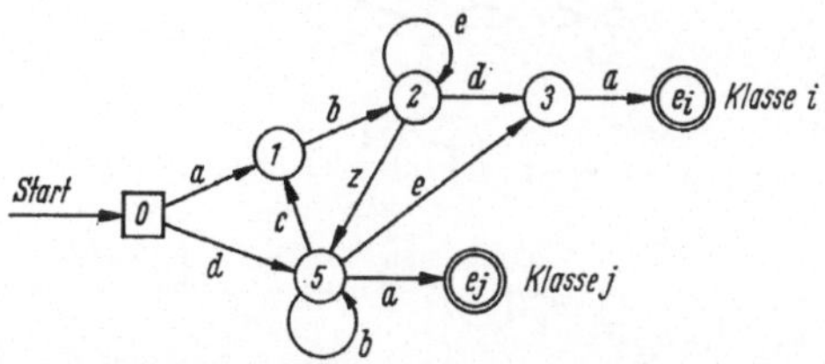

Abb. 13.1-9. Beispiel für die Klassifikation durch Graphen

Die linguistische Klassifikation erlaubt eine weitere Verallgemeinerung der Musterklassendarstellung. Formale Sprachen werden durch eine Grammatik $G = (M_v, M_x, P, A)$ formuliert, wobei M_v die Menge der Variablen, M_x die Menge der Merkmale oder Endvariablen, P die Sprachgenerierung (Produktion) und A die Anfangsvariable ist. Das Modell des Graphen bzw. der endliche Automat bilden nur im Falle einer regulären Grammatik eine geeignete komprimierte Musterklassen-Beschreibung. Die Produktion für den in Abb. 13.1-9 gezeigten Graphen mit der Zustandsmenge $M_v = \{0, 1, 2, 3, 5\}$, der Merkmalmenge $M_x = \{a, b, c, d, e, z\}$ und dem Anfangszustand 0 lautet z.B.

$$P: \quad 0 \to a1 \quad 1 \to b2 \quad 2 \to e2 \quad 3 \to a(i) \quad 5 \to c1$$
$$0 \to d5 \qquad\qquad 2 \to z5 \qquad\qquad\quad 5 \to b5 \qquad (13.1\text{-}4)$$
$$2 \to d3 \qquad\qquad\quad 5 \to e3$$
$$5 \to a(j)$$

Die in P isoliert stehenden Merkmale (Endvariablen) zeigen einen Endzustand an, der einer Klasse zugeordnet wird, Die Endzustände sind in P zur besseren Kennzeichnung und wegen der unterschiedlichen Klassenzuordnung zusätzlich mit (i) und (j) belegt. Um eine Grammatik sowohl für die Mustererzeugung als auch für die Musterklassifikation anwenden zu können, wird sie zweckmäßig um die Klassenendzustandsmenge $K = \{k_1, k_2, \ldots, k_m\}$ erweitert in der Form $G = (M_v, M_x, P, A, K)$. Die k_i werden dabei den in Frage kommenden Endbariablen oder Merkmalen als Endezeichen zugeordnet. Eine andere Möglichkeit besteht darin, jeder Klasse eine eigene Grammatik $G(k)$ zuzuordnen. In [37] ist ein Schema angegeben, um die Zugehörigkeit einer vorgelegten Merkmalfolge X zu einer kontextfreien Sprache zu erkennen, die durch eine bestimmte Grammatik $G(k)$ vorgegeben ist.

Im Beispiel nach Gl. (13.1-4) erfolgt die Sprachgenerierung auf der Grundlage einer linearen Verkettung. Für die Bildverarbeitung sind allgemeinere nichtlineare Verkettungen erforderlich (s. z.B. Webb-Grammatik [38] u.ä.). Ohne die zugrunde liegende komplexe Sprache zu formulieren, sei in Abb. 13.1-10 ein vereinfachtes Schema zur Linienszenen- und Objektdarstellung angedeutet. Jede von einer Linie umschlossene Fläche wird durch eine Zahl gekennzeichnet und in einer Graphik als Knoten wiedergegeben. Die Grenzlinie zweier Flächen wird einfach durch den Verzweigungstyp der Endpunkte charakterisiert und als Knotenverbindung graphisch dargestellt. Im Beispiel werden nur zwei Symbole T und V für eine etwa rechtwinklige und tangentielle Verzweigung angewandt. Bei Berücksichtigung aller möglichen Kombinationen sind insgesamt 36 gerichtete Knotenübergänge für die Beschreibung einer Flächenberührung möglich. In Gl. (13.1-5) sind die Kombinationen mit der Anzahl ihrer möglichen Orientierungen (Drehung um die horizontale oder vertikale Achse) angegeben. Man sieht, daß bei einer Erweiterung der Verzweigungstypen die Flächenberührungen und damit die Szenengestaltung extrem vielfältig wird. In Abb. 13.1-10a ist eine einfache Szenenanalyse mit korrespondierender Graphik nach der beschriebenen Methode dargestellt [5]. Jede zusammenhängende Knotenuntermenge kann ein Objekt bilden (Abb. 13.1-10b).

VV-Typ:

TT-Typ:

$$(13.1\text{-}5)$$

VT-Typ:

Die formale Bildbeschreibung [39, 40] steht in engem Zusammenhang zur Klassifikation. Wenn eine für einen bestimmten Anwendungsfall entwickelte Sprache geeignet organisiert ist, lassen sich Muster einfach analysieren und speichern, Objekte beschreiben und Fragestellungen bezüglich Objekterkennung und Klassifizierung einfach formulieren. Zur Ausführung der Aufgabe ist die Sprache oder Notierung zweckmäßig so ausgelegt, daß sie durch einen Interpreter oder Compiler direkt in ein Computerprogramm übersetzt werden kann.

Das Cyclops-Modell [41] bildet ein einfaches Beispiel für eine Notierung von Fragestellungen und Objektfakten [Gl. (13.1-6)]. Beispielsweise bedeutet Q_1-4-Rechteck die Speicherangabe für die Tatsache, daß ein Rechteck vier rechte Winkel hat. Ein erweitertes Cyclops-Modell akzeptiert allgemeinere Notierungen geradliniger geometrischer Figuren, bei denen ein Schnittpunkt z.B. A mit seiner Verknüpfungsliste z.B. der Punkte (BC) als atomares Beschreibungselement fungiert. Die Notierung Gl. (13.1-7) charakterisiert z.B. alle Dreiecke, deren Steigung der Seite AB gleich 3 und deren Seitenlänge CA gleich 5 Einheiten ist. Weiter sind

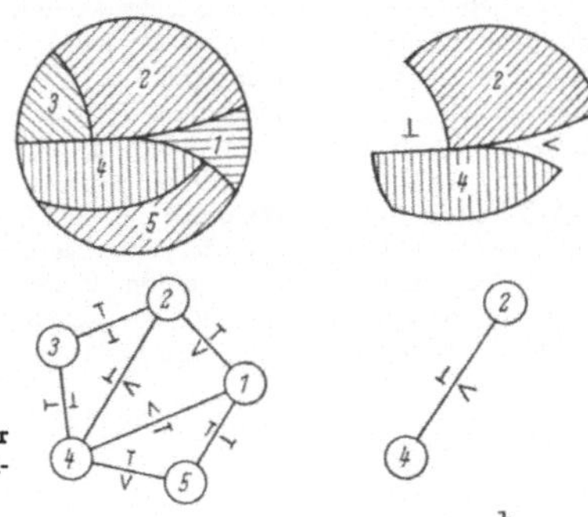

Abb. 13.1-10a u. b. Einfaches Beispiel zur linguistischen Klassifikation. a) Linienszenen-Beschreibung; b) Objektdarstellung

freie Variable, symbolische Objektdefinitionen und Objektkombinationen und Kompositionen zulässig.

Fragestellung:

Q_1　　(Finde rechte Winkel)　　　　　　　　　　　　　　　　　　(13.1-6)

Q_2　　(Finde Gleichschenkligkeit)

Zusammengesetzte Frage:

Q_1 AND Q_2

Objektfaktoren:

$Q_i - n - k$　　(n Elementeanzahl bezüglich Q_i, k Objektklasse)

$(A(BC)\ B(CA)\ C(AB))$ (SLOPE AB 3.0) (LENGTH CA 5.0)　　(13.1-7)

13.1.2.2 Wahrscheinlichkeitsmodell, Invarianz und Merkmaltransformation. Bei der automatischen Zeichenerkennung treten zwei Probleme auf, die eine allgemeine und konstruktionsmäßige Lösung einer bestimmten Aufgabe schwierig machen. Das erste Problem besteht darin, daß keine Idealzeichen (ungestörte Zeichen, Zeichenprototype), sondern gestörte (reale) Zeichen $z_{i\,\nu}$ erkannt werden müssen und daß Art und Größe der Störungen im allgemeinen *a priori* nicht bekannt sind. Ein vollständiges Zeichenerkennungssystem kann als Nachrichtenmodell mit der sende-seitigen Schreibanweisung, mit der Übertragungsstrecke aus Zeichenerstellung, Belegumlauf und Zeichenverarbeitung und mit der empfangsseitigen Klassenzuordnung aufgefaßt werden. Die Übertragungsstrecke ist gekennzeichnet durch die Wahrscheinlichkeitsfunktion $p(x_1, x_2, \ldots, x_n, k)$ [6] (Übergangswahrscheinlichkeit). Für ein Zeichen einer bestimmten Bedeutungsklasse k stellt $p(X|z_k)$ die Wahrscheinlichkeit für das Ereignis X dar, d.h. daß der Kriteriensatz X gemessen wird unter der Voraussetzung, daß ein Zeichen der Klasse k vorgelegen hat (*bedingte* Wahrscheinlichkeit). Störursachen im obengenannten Sinne sind z.B. Variationen in der Zeichendarstellung, gegeben durch die Freizügigkeit in der Ausführung handschriftlicher Zeichen, oder Typenvariationen bei Schreibmaschinen- bzw. Druckschriften.

Die Zeichen können weiter im üblichen Sinne gestört sein, wobei unter Störung eine Beeinflussung eines Zeichens verstanden wird, die eine Formabweichung be-züglich eines oder mehrerer Zeichenprototypen einer bestimmten Bedeutungsklasse bewirkt (z.B. Fehler beim Drucken, Fehler des Druckwerkes, des Zeichenträgers, Störungen durch Publikumsverkehr oder durch den mechanischen Transport). Zusätzliche Störungen treten im allgemeinen noch im Erkennungssystem selbst auf (Informationsverlust durch Quantisierung, Merkmalbeschränkung u. ä.).

Da jedes reale Zeichen wegen der genannten Störungen vom Idealzeichen oder Prototyp abweichen kann, über die Verteilung der Störung aber nur Wahrscheinlichkeitsaussagen vorliegen, sind die vom Erkennungssystem getroffenen Entscheidungen p^* über die Zuordnung eines Zeichens zu einer bestimmten Bedeutungsklasse im allgemeinen in ihrem Wahrheitsgehalt von bestimmten Wahrscheinlichkeitswerten $p(k|X)$ abhängig. Die Zuordnungs- oder Rückschlußwahrscheinlichkeit $p(k|X)$ ist die bedingte Wahrscheinlichkeit für das Ereignis k, d.h. daß ein Zeichen der Klasse k angehört unter der Voraussetzung, daß der Merkmalsatz X gemessen wurde. Das gesamte System von der Klassenschreibanweisung k_i bis zur Klassenentscheidung e_i wird durch eine Wahrscheinlichkeitsfunktion nach Gl. (13.1-8) beschrieben. Zu beachten ist, daß die Zufallsvariablen k und e unabhängig voneinander sind.

$$p(x_1, x_2, \ldots, x_n, e, k) = p(X, e, k) = p(k)\, p(X|k)\, p(e|X)$$
$$= p(X)\, p(k|X)\, p(e|X) \tag{13.1-8}$$

Das zweite Problem bei der automatischen Zeichenerkennung besteht darin, geeignete Meßgrößen bzw. Erkennungsmerkmale zu ermitteln, die eine Zeichenbeschreibung liefern, die — wie vom menschlichen Sehsystem bekannt — weitgehend invariant gegenüber den genannten Störungen sind. Abb. 13.1-11 zeigt am Beispiel der Ziffer *vier*, daß das menschliche Sehsystem ein gegenüber dem Zeichenprototyp verschobenes, verdrehtes, maßstabverändertes, kontrastgeändertes, mit Flecken und Fehlstellen versehenes und verformtes Zeichen mühelos erkennt. Konventionelle Lesemaschinen können ohne besonderen Aufwand nur Lageverschiebungen in größerem Umfange berücksichtigen.

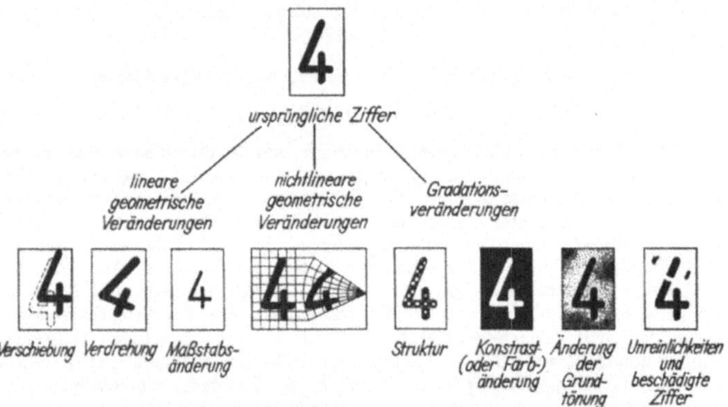

Abb. 13.1-11. Beispiele für die Gestaltsveränderung eines Zeichens

Aus Aufwandsgründen kann nur eine beschränkte Zahl von Merkmalen x_i für die Erkennung herangezogen werden. Eine optimale Merkmalauswahl muß so vorgenommen werden, daß jedes Merkmal eine möglichst große *Aussagekraft* hat, für möglichst viele Zeichenklassen verwendbar ist *(Wirkungsgrad)* und daß die damit gebildeten Merkmalsätze eine gute *Unterscheidbarkeit* bei Störungen zulassen. Die Merkmalerzeugung bedeutet eine Transformation der Wahrscheinlichkeit p_1 (z.B. für die Remissionssignale) in die Störungswahrscheinlichkeit p_2 (für die Merkmale) durch Abtaster und Merkmalgenerator. Die Transformation bietet die Möglichkeit der besseren Anpassung an einen in seiner Struktur z.B. vorgegebenen Klassifikator.

Eine Theorie der erkennungsinvarianten Merkmale ist z.Z. nicht bekannt. Die aus der Mathematik bekannten Transformationen mit ihren Invarianten sind im allgemeinen wenig geeignet. Die algebraischen Invarianten leiten sich z.B. aus der Grundform $S(h, k)$ und den Momenten M^{ab} der Ordnung $(a+b)$ ab [Gl. (13.1-9)]. $S(h, k)$ ist die Fouriertransformierte der Grauwert- oder Schwärzungsverteilung $s(\xi, \eta)$ im Ortsbereich mit den Ortsfrequenzen $h = j\omega_\xi$ und $k = j\omega_\eta$. Die Invarianten Gl. (13.1-10) können z.B. als Merkmale für bestimmte Zeichenklassen dienen. Aus der Vorgabe von Invarianten lassen sich aber auch Transformationsgleichungen für Zeichenkoordinaten gewinnen, welche die Muster einer Klasse auf ein Einheitsmuster (Idealzeichen) abbilden. In Gl. (13.1-11) ist eine zeichenabhängige lineare Transformation für eine Größen- und Scherungsinvarianz angegeben. Diese Transformation wird zweckmäßig von Schwerpunktskoordinaten (ξ_1, η_1) aus vorgenommen. In Gl. (13.1-12) sind noch die Transformationsgleichungen für die auf den Schwerpunkt (ξ_0, η_0) bezogenen Momente dargestellt.

$$s(\xi, \eta) \; \circ\!\!=\!\!\bullet \; S(h, k) = \int\!\!\int_{-\infty}^{+\infty} s(\xi, \eta) \, e^{-(h\zeta + k\mu)} \, d\xi\, d\eta$$

$$M^{ab} = \int\!\!\int_{-\infty}^{+\infty} \xi^a\, \eta^a\, s(\xi, \eta)\, d\xi\, d\eta \tag{13.1-9}$$

$$S(h, k) = \sum_a \sum_b (-1)^{a+b}\, M^{ab}\, \frac{h^a}{a!}\, \frac{k^b}{b!} = \int\!\!\int s(\xi, \eta) \sum \frac{(-1)^c}{c!}\, (h\xi + k\eta)^c\, d\xi\, d\eta$$

$$\binom{\xi_2}{\mu_2} = \begin{pmatrix} \alpha & \beta \\ \gamma & \delta \end{pmatrix} \binom{\xi_1}{\eta_2} \quad \text{mit z.B.} \quad \frac{M_2^{20}\, M_2^{02} - (M_2^{11})^2}{(M_2^{00})^4}$$

$$= \frac{M_1^{20}\, M_1^{02} - (M_1^{11})^2}{(M_1^{00})^4} \tag{13.1-10}$$

$$\alpha = \frac{1}{\sigma_\xi \sqrt{1-\varrho^2}} \qquad \beta = -\frac{\varrho}{\sigma_\eta \sqrt{1-\varrho^2}} \qquad \gamma = 0 \qquad \delta = \frac{1}{\sigma_\eta} \tag{13.1-11}$$

$$\text{mit} \quad \sigma_\xi = \sqrt{\frac{M_1^{20}}{M_1^{00}}} \qquad \sigma_\mu = \sqrt{\frac{M_1^{02}}{M_1^{00}}} \qquad \varrho = \frac{M_1^{11}}{\sqrt{M_1^{20}\, M_1^{02}}}$$

$$\begin{aligned} \xi_1 &= \xi - \xi_0 \quad \text{mit} \quad M_1^{00} = M^{00} & M_1^{20} &= M^{20} - \xi_0^2\, M_{00} \\ \eta_1 &= \eta - \eta_0 \qquad\qquad M_1^{10} = 0 = M^{10} - \xi_0\, M^{00} & M_1^{11} &= M^{11} - \xi_0\, \eta_0\, M_{00} \\ & \qquad\qquad\quad M_1^{01} = 0 = M^{01} - \eta_0\, M^{00} & M_1^{02} &= M^{02} - \eta_0^2\, M_{00} \end{aligned} \tag{13.1-12}$$

13.1.2.3 Optimale Klassifikation.

Optimale Klassifikation bedeutet, eine Entscheidung e auf Grund der Statistik von Zeichenerzeugung $p(k)$ und Zeichenstörung $p(X \mid k)$ so zu treffen, daß die Risikofunktion R, d.h. der Erwartungswert E der Kosten $c(e, k)$ ein Minimum wird. Bei Annahme unterschiedlicher Kosten für jeden Erkennungskanal j und jede Zeichenklasse i liefert die Entscheidungstheorie die Bedingung [Gl. (13.1-13)] für die beste Entscheidung e_j, wobei die Annahme $c_{ji} > c_{0i} > c_{ii}$ gelten soll.

$$R(e) = E[c(e, k)] = \sum_X \sum_e \sum_k c(e, k)\, p(X, e, k) = \text{Min} \tag{13.1-13}$$

mit

$$p_j^* = p(e_j \mid X) = 1 \quad \text{für} \quad \underset{k=j}{\text{Min}} \left[\sum_{i=1}^m (c_{ki} - c_{0i})\, p(i \mid X) \right].$$

Bei Annahme gleicher Fehler- bzw. Rückweisungskosten $c = c_{ji}$ und $c_0 = c_{0i}$ kann die Risikofunktion einfach mit Hilfe der Fehlerrate p_s bzw. Erkennungsrate p_e

und der Rückweisungsrate (Wahrscheinlichkeit) p_r formuliert werden [Gl. (13.1-14)].

$$p_s(e) = 1 - p_e - p_r \qquad p_e(e) = \sum_k \sum_X p_k^*(k, X) \tag{13.1-14}$$

$$p_r(e) = \sum_k \sum_X p_0^* \, p(k, X) = \sum_X p_0^*(X)$$

$$R(e) = c p_s + c_0 \, p_r = c(1 - p_e - \beta p_r) \quad \text{mit} \quad \beta = \frac{c - c_0}{c} < 1$$

Die optimale Entscheidungsregel ergibt sich nach Gl. (13.1-15). Ein Muster wird, wenn keine Rückweisung erfolgt, einfach der Klasse zugeordnet, deren Zuordnungswahrscheinlichkeit $p(k \,|\, X)$ am größten ist. Für $\beta = 0$ ergibt sich aus Gl. (13.1-15) die Bayes-Entscheidung. Wenn die Übergangswahrscheinlichkeit $p(X \,|\, k)$ und die Wahrscheinlichkeit $p(k)$ bekannt sind, lassen sich die empfangsseitigen Wahrscheinlichkeiten nach Gl. (13.1-16) berechnen. Die Wahrscheinlichkeit $p(X)$ ist für jede Entscheidung eine Konstante und kann bei der Extremwertbetrachtung unberücksichtigt bleiben. Anstelle von $p(k \,|\, X)$ kann eine beliebige monotone Funktion d_k nach Gl. (13.1-17) zur Maximumauswertung herangezogen werden. Bei Bayesscher Entscheidung können die m-Komponenten d_k zu einem Unterscheidungsvektor D zusammengestellt werden, der eine Funktion von X ist.

$$p_j^* = p(e_j \,|\, X) = 1 \quad \text{für} \quad \underset{k=j}{\text{Max}}\; p(k \,|\, X) \geqq \beta \tag{13.1-15}$$

$$\text{bzw.} \quad \underset{k=j}{\text{Max}}\; p(X \,|\, k) \, p(k) \geqq \beta \sum_k p(k) \, p(X \,|\, k)$$

sonst $\quad p_j^* = p(e_0 \,|\, X) = 1$

$$p(X) = \sum_k N \, p(k, X) = \sum_k N \, p(k) \, p(X \,|\, k) \quad \text{und} \quad p(k \,|\, X)$$

$$= \frac{p(X \,|\, k) \, p(k)}{p(X)} \tag{13.1-16}$$

$$D(X) = \begin{bmatrix} d_1 \\ d_2 \\ \vdots \\ d_m \end{bmatrix} \quad \text{mit} \quad d_k = a(X) + b(X) \cdot f_{\text{monoton}}[p(k \,|\, X)]. \tag{13.1-17}$$

Die dargestellte optimale Klassifikation gilt für den Fall, daß die Merkmalsätze X parallel verarbeitet werden. Bei serieller Verarbeitung entstehen zusätzliche Kosten $c(l)$ dadurch, daß z.B. nach der l-ten Merkmalmessung ($l < n'$) noch keine Klassenentscheidung getroffen, sondern ein zusätzliches $(l+1)$-tes Merkmal zur Klassenentscheidung herangezogen wird. Man unterstellt hier also, daß auch jede Merkmalmessung Kosten (bzw. Zeit) verursacht. In der l-ten Merkmalverarbeitungsstufe sind folgende Risiken zu betrachten:

$\varrho(l)$ Das bis zur Merkmalmessung x_l vorliegende minimale Risiko.
$R(l)$ Das bei Messung von x_l entstehende Risiko.
$R(e, k, l)$ Das Klassenentscheidungsrisiko in der Verarbeitungsstufe l.

In der Verarbeitungsstufe l ist $R(e, k, l)$ mit der Summe von $R(l)$ und dem Erwartungswert $\varrho(l+1)$ über alle möglichen x_{l+1} zu vergleichen. Das Minimum bestimmt die Entscheidung für die Messung eines weiteren x_{l+1} oder für die Klassenentscheidung e_k. Die Strategie der optimalen seriellen Entscheidung läßt sich mit Hilfe der dynamischen Optimierung formulieren [14]. In Gl. (13.1-18) ist die serielle Entscheidungsregel für ein Zweiklassenproblem ($k = i, j$) dargestellt. Dabei ist p_{ji} die Fehlerwahrscheinlichkeit für falsche Entscheidung e_j wenn $X(i)$ vorgelegen hat.

$$e(i) \quad \text{für} \quad \lambda_l \geqq A \qquad \text{mit} \quad \lambda_l = \frac{p(x_1, x_2, \ldots, x_l \mid j)}{p(x_1, x_2, \ldots, x_l \mid i)}$$

$$e(j) \quad \text{für} \quad \lambda_l \leqq B$$

$$e(x_{l+1}) \quad \text{für} \quad B < \lambda_l < A \qquad \text{und} \quad A = \frac{1 - p_{ij}}{p_{ji}} \tag{13.1-18}$$

$$B = \frac{p_{ij}}{1 - p_{ji}}$$

$$\text{mit} \quad p_s = p(i)\, p_{ji} + p(j)\, p_{ij} \quad \text{mit} \quad p_{ji} = \sum_{X(e_j)} p(X \mid i).$$

Die optimale Klassifikation führt nur in Sonderfällen auf einfache lineare oder quadratische Klassifikatorstrukturen [43]:

a) Statistische Unabhängigkeit der x_l bezüglich $p(X \mid z_k) = \prod_l p(x_l \mid z_k)$

$$p_j^* = 1 \quad \text{für} \quad \underset{k=j}{\text{Max}}\, [w_{k0} + w_{kl}\, x_l] \tag{13.1-19}$$

mit

$$w_{k0} = \log p(z_k) + \sum_l \log p(x_l = 0 \mid z_k)$$

und

$$w_{kl} = \log \frac{p(x_l = 1 \mid z_k)}{p(x_l = 0 \mid z_k)}.$$

b) Statistische Abhängigkeit von Nachbarmerkmalen z.B. Nachbarflächenelementen $p(X \mid z_k) = \prod p(x_l \mid x_{l+1}, z_k)$

$$p_j^* = 1 \quad \text{für} \quad \underset{k=j}{\text{Max}}\, \left[w_{k0} + \sum_l w_{kl}^{(1)}\, x_l + \sum_l w_{kl}^{(2)}\, x_l\, x_{l+1} \right] \tag{13.1-20}$$

mit

$$w_{k0} = \log p(z_k) + \sum_l \log p(x_l = 0 \mid x_{l+1} = 0, z_k)$$

$$w_{kl}^{(1)} = \log \frac{p(x_l = 1 \mid x_{l+1} = 0, z_k)\, p(x_{l-1} = 0 \mid x_l = 1, z_k)}{p(x_l = 0 \mid x_{l+1} = 0, z_k)\, p(x_{l-1} = 0 \mid x_l = 0, z_k)}$$

$$w_{kl}^{(2)} = \log \frac{p(x_l = 1 \mid x_{l+1} = 1, z_k)\, p(x_l = 0 \mid x_{l+1} = 0, z_k)}{p(x_l = 1 \mid x_{l+1} = 0, z_k)\, p(x_l = 0 \mid x_{l+1} = 1, z_k)}$$

(als einfache Randbedingung wird $p(x_n \mid x_{n+1}, z_k)$, $p(x_0 \mid x_1, z_k) = 1$ und x_{n+1} bzw. $w_{k,n+1}^{(2)} = 0$ gesetzt).

Bei statistisch unabhängigen binären Merkmalen x_l besteht die Struktur des Klassifikators aus einer matrixförmigen Anordnung linearer Knotenpunktselemente und einer Extremwertbestimmung ähnlich wie in Abb. 13.1-8b. Bei statistischer Abhängigkeit müssen auch die Produkte höher als der ersten Ordnung der x_l berücksichtigt werden. Für binäre Merkmale bedeutet dies eine nichtlineare Merkmaltransformation $p(X) \to p(Y)$, die bei binären Merkmalen nach Abb. 13.1-12 eine konjunktive Verknüpfung der x_l dargestellt [Gl. (13.1-20)]. Bei einer Abhängigkeit der Nachbarelemente x_{l-1}, x_l, x_{l+1} wird die Anzahl der Merkmale y_l verdoppelt, bei Nachbarflächenelementen $x_{\xi, \eta-1}, x_{\xi-1, \eta}, x_{\xi, \eta}, x_{\xi, \eta+1}, x_{\xi+1, \eta}$ z.B. verfünffacht. Die letzte Entscheidungsebene für die transformierten Merkmale y_l kann als linearer Klassifikator mit Maximumbestimmung ausgeführt werden.

Von den parametrischen Merkmalstatistiken führt die Normalverteilung mit der klassenabhängigen symmetrischen Kovarianzmatrix $K_k = (k_{ll'k})$ bzw. ihrer Kehrmatrix $K_k^{-1} = (k_k^{ll'})$ auf eine quadratische Klassifikatorstruktur [Gl. (13.1-21)]. Die quadratische Unterscheidungsfunktion ist in Gl. (13.1-22) angegeben. Im Sonderfall klassenunabhängiger Kovarianzmatrix entartet die quadratische in eine lineare

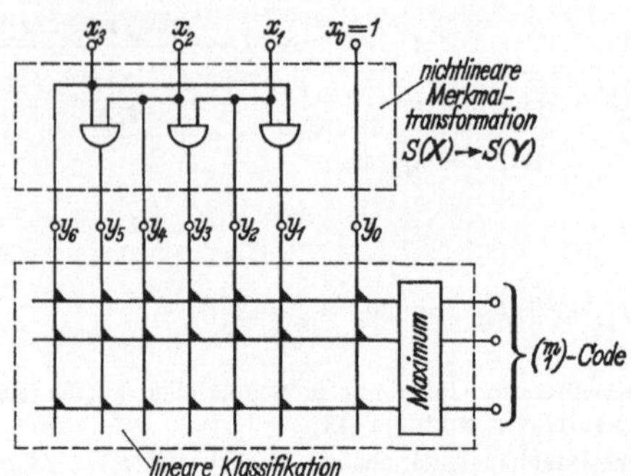

Abb. 13.1-12. Optimaler Klassifikator für statisch abhängige binäre Merkmale x_l (einfache Nachbarschaftsabhängigkeit), bestehend aus einem nichtlinearen Generator für die Erzeugung der transformierten Merkmale y_l und einem linearen Klassifikator mit Maximumauswertung für die Merkmale y_l

Struktur [Gl. (13.1-23)].

$$p(X|k) = \sqrt{\frac{|K_k^{-1}|}{(2\pi)^n}}\; \exp\left[-\frac{1}{2}(X-V_k)^t\, K_k^{-1}(X-V_k)\right] \qquad (13.1\text{-}21)$$

$$d_k = \ln p(k)\, p(X|k) + \frac{n}{2}\ln 2\pi = w_{k0} + \sum_l w_{kl}\, x_l$$
$$+ \sum_{l=1}^{n} \sum_{l'=l+1}^{n} w_{kll'}\, x_l x_{l'} + \sum_l w_{kll}\, x_l^2 \qquad (13.1\text{-}22)$$

mit

$$w_{k0} = \ln p(k) - \tfrac{1}{2}\ln|K_k| - \tfrac{1}{2}\sum_l \sum_{l'} k_k^{ll'}\, v_{kl}\, v_{kl'}$$

$$w_{kl} = \sum_{l'} k_k^{ll'}\, v_{kl'} \qquad w_{kll'} = -k_k^{ll'} \qquad w_{kll} = -\tfrac{1}{2} k_k^{ll}$$

$$d_k = \ln p(k)\, p(X|k) + \frac{n}{2}\ln 2\pi + \frac{1}{2}\sum_l \sum_{l'} k^{ll'} x_l x_{l'} + \frac{1}{2}\ln|K|$$
$$= w_{k0} + \sum_l w_{kl}\, x_l. \qquad (13.1\text{-}23)$$

13.1.2.4 Optimierung technischer Erkennungssysteme. Die optimale Klassifikationsregel Gl. (13.1-15), die auf die optimale Fehlerrate $p_{s,\,\mathrm{opt}}$ führt, kann auf praktische Mustererkennungsaufgaben im allgemeinen nicht ohne weiteres angewandt werden. Einerseits ist die Messung der Musterstatistik $p(k|X)$ wegen der großen Zahl $m r^n$ der zu bestimmenden relativen Häufigkeitswerte $h_r(k|X) \triangleq p(k|X)$ undurchführbar. Zum anderen sind der technischen Realisierbarkeit des erforderlichen Klassifikators Grenzen gesetzt.

Eine Möglichkeit zur Lösung der Aufgabe besteht darin, das Erkennungssystem mit vorgegebener Klassifikatorstruktur zu optimieren, d.h. in der Weise an eine repräsentative Musterstichprobe anzupassen, daß die mit der Probe gewonnene Fehlerrate $p_s > p_{s,\,\mathrm{opt}}$ ein Minimum wird. Eine zweite Möglichkeit besteht in der Vorgabe einer bestimmten parametrischen Statistik. Nach der optimalen Klassifikationsregel liegt damit ebenfalls die Klassifikatorstruktur fest. Aus der Stichprobe werden die Parameter der angenommenen Statistik bestimmt, welche die wahre Musterverteilung approximieren soll. Bei einer Normalverteilung nach Gl. (13.1-21) sind die Parameter z. B. die Mittelwerte V_k und Streuungen $\sigma^2_{lk} = k_{llk}$ bzw. die Varianzen k_{iik} und Kovarianzen k_{ijk}, die als Erwartungswerte [Gl. (13.1-24)] aus der Musterverteilung gewonnen werden können. Die Parameter des Klassifikators können dann mit Hilfe von Gl. (13.1-22) nach Kehrwertbildung aus der Kovarianzmatrix K_k^{-1} berechnet werden.

$$\sigma^2_{lk} = k_{llk} = \mathrm{E}\,[(x_l - v_{kl}{}^2] \quad \text{und} \quad k_{ll'k} = \mathrm{E}\,[(x_l - v_{kl})\,(x_{l'} - v_{kl'})] \quad (13.1\text{-}24)$$

Bei beiden Methoden wird die Struktur des Klassifikators vorgegeben. Eine dritte mögliche Methode setzt weder Parameter noch Struktur voraus. Ausgehend von einer möglichst einfachen Struktur wird durch iterative Parameterbestimmung und minimale Strukturerweiterung versucht, die Fehlerrate bezüglich der Stichprobe zu $p_\mathrm{s} = 0$ zu machen. Derartige Strukturerweiterungen lassen sich z. B. auf der Grundlage des logischen Schwellwertelements, welches einer Zeile eines linearen Klassifikators $L_\varkappa \lessgtr 0$ (auch Adaline [adaptive linear network] genannt) entspricht, durchführen.

Nach Abb. 13.1-13a läßt sich die lineare Struktur des Schwellwertelements T_1 durch Produktbildungen f_α bestimmter Merkmale des angebotenen Musters X nichtlinear durch Berücksichtigung weiterer Schwellwerteingänge, oder stückweise linear durch logische Verknüpfung mehrerer Schwellwertausgänge (Abb. 13.1-13b) erweitern [44] (s. auch Abb. 13.1-12). Abb. 13.1-13c zeigt eine andere Strukturerweiterung durch rückkopplungsfreie Kaskadierung von Schwellwertelementen T_β, welche ebenfalls als stückweise lineare (nichtlineare) Klassifizierung bezeichnet wird.

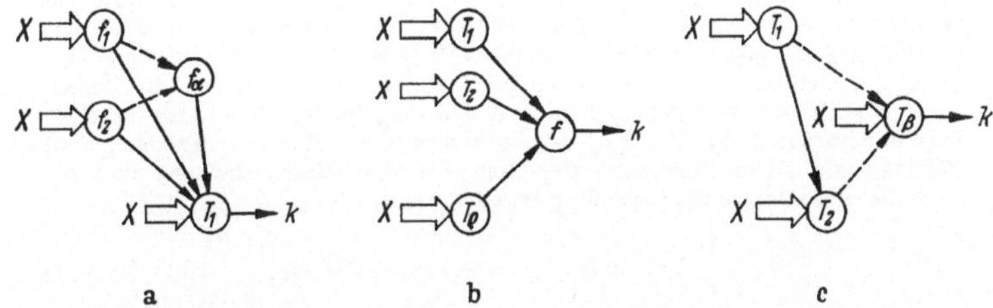

Abb. 13.1-13 a—c. Nichtlineare Strukturerweiterung von Klassifikatoren. a) Produktbildung bzw. logische Verknüpfung von nichtbinären bzw. binären Merkmalen; b) Logische Verknüpfung von Schwellwertelementen (ϱ Adalines) zu einem Madaline; c) Kaskadierung von Schwellwertelementen

Gegenüber den beiden zuerst genannten Methoden wird hier eine besondere Behandlung von gleichen Mustern der Stichprobe erforderlich, die unterschiedlichen Klassen angehören. Da bei praktischen Erkennungssystemen durch Wahl geeigneter Merkmale zumindest der Mustervorrat möglichst „deterministisch" vorliegen soll, können derartige Klassenüberschneidungen den Rückweisungen zugeordnet werden. Damit auch stichprobenfremde Muster mit großer Wahrscheinlichkeit richtig klassifiziert werden, muß für die Musterverteilung, die durch die Merkmale bestimmt wird, die Kompaktheitshypothese unterstellt werden.

Die Klassifikatoroptimierung nach einer der genannten Methoden erfordert zunächst eine Musteranalyse. Die Musteranalyse besteht darin, Muster bestimmter Klassen zu erzeugen, die für die Optimierung erforderlichen Paare (X, k) zusammenzustellen und z. B. je nach Methode und Ansatz die Häufigkeiten von Merkmalprodukten und der Merkmale selbst klassenbezogen und unabhängig zu bestimmen. Da für eine Optimierung die Musteranzahl der Stichprobe groß sein muß, die verfügbare Speicherkapazität jedoch im allgemeinen begrenzt ist, wurden neben den mathematischen Methoden einfache Strategien entwickelt, die bei serieller Ver-

arbeitung der (X, k) keine Speicherung der (X, k) erfordern. Derartige Adaptationsregeln (sogenannte Lernstrategien) sind für linear und stückweise linear klassifi-
zierende Strukturen (Adaline, Lernmatrix, Madaline [44]) bekanntgeworden.

Die Adaptation auf der Grundlage von Paaren (X, k) wird auch als Lernen durch
Belehrung (supervised learning) bezeichnet. Bei der Adaptation ohne Belehrung
(nonsupervised learning) wird aufgrund eines Bewertungskriteriums ohne Kenntnis
der Mustererzeugungsstatistik versucht, den Mustern (X) ein Klassenschema zuzuordnen. Zur Bewertung kann z.B. ein Abstandskriterium im Nachrichtenraum
dienen, durch welches z.B. Musterballungen festgestellt und Musterrepräsentan-
ten bestimmt werden können (clustering [14]).

Das Erkennungssystem wird im allgemeinen nicht unmittelbar zur Optimierung
verwendet, sondern das Prinzip wird simuliert, und die als optimal erhaltenen Vergleichszeichen (Masken, Verdrahtung, Speicherinhalte usw.) werden nachträglich
realisiert. Im Gegensatz hierzu können Lernsysteme (z.B. Erkennungssysteme mit
adaptivem Klassifikator) ihre Vergleichszeichen aufgrund der Erfahrung selbst
formen. Interessante Versuche zur Verwirklichung von Lernsystemen zur Zeichenerkennung sind z.B. das Perceptron, die Lernmatrix, das Madaline und ähnliche
Strukturen [44]. Da bei der Zeichenerkennung (stationäre Außenwelt) ein permanentes Anpassen des Systems nicht erforderlich ist im Gegensatz z.B. zu Prozeßsteuerungen, ist eine Simulation bei allerdings größerem Zeitbedarf zweckmäßiger.

Adaptationsregeln für lineare und stückweise lineare Klassifikation. Bei Repräsen-
tantenzuordnung kann der klassenbezogene momentane Mittelwert $X_\nu^{(k)}$ bei ν
vorgelegten Paaren (X, k) aus dem vorausgegangenen Mittelwert $V_{\nu-1}^{(k)}$ und dem
zuletzt angebotenen Muster X_ν nach Gl. (13.1-25) berechnet werden. Wenn die
Koeffizienten in Gl. (13.1-25) unabhängig von ν gewählt werden, ist auch ein
permanentes Anpassen (Umlernen) bei Änderung der Musterstatistik möglich. Bei
Speicherung von mehreren Repräsentanten $V_\varkappa^{(k)}$ je Klasse und Klassifizierung aufgrund des kleinsten Abstandes spricht man von Nächster-Nachbarschafts-Zuord-
nung (NN). Es läßt sich zeigen, daß das Risiko R_{NN} bei NN-Zuordnung für große
Repräsentantenzahl je Klasse $\mu_k \to \infty$ mit dem Bayes-Risiko vergleichbar wird
[Gl. (13.1-26)]. Die NN-Zuordnungsregel kann bei Mehrheitsentscheidung auch auf
mehr als eine Nachbarschaftsprüfung erweitert werden [45].

$$V_\nu^{(k)} = \frac{\nu-1}{\nu} V_{\nu-1}^{(k)} + \frac{1}{\nu} X_\nu^{(k)} \quad \text{mit} \quad V_0^{(k)} = 0 \quad \text{und} \quad V_N^{(k)} = \frac{1}{N_k} \sum_{\nu=1}^{N_k} X_\nu^{(k)} \quad (13.1\text{-}25)$$

bzw.

$$V_\nu^{(k)} = \alpha V_{\nu-1}^{(k)} + (1-\alpha) X_\nu^{(k)} \quad \text{mit} \quad 0 < \alpha < 1$$

$$p^*(e_j | X) = 1 \quad \text{für} \quad d = \underset{\varkappa = \varkappa_1}{\text{Min}} |X - V_\varkappa^{(k)}| \quad \text{mit} \quad V_{\varkappa_1}^{(j)} \qquad (13.1\text{-}26)$$

$$\text{und} \quad R_{\text{Bayes}} \leqq R_{\text{NN}} < 2 R_{\text{Bayes}} \quad \text{für} \quad \mu_k \to \infty.$$

Für ein Adaline (Zwei-Klassen-Problem) mit $L(Y) = WY$ und $Y = (1, X^t)^t$ gilt folgende Adaptationsregel:

1. Keine Gewichtsänderung $\Delta W = 0$, wenn gewünschte Reaktion c bei Anbieten
eines Musters X bzw. Y erzielt wird.

2. Gewichtsänderung $\Delta W = W_\nu - W_{\nu-1}$, wenn das angebotene Muster Y_ν mit
der vorliegenden Gewichtsmatrix W (hier Zeilenvektor) eine unerwünschte Reaktion
c bewirkt, die aus der Prüfung $W_{\nu-1} Y_\nu \lessgtr 0$ resultiert.

Die verschiedenen Adaptationsregeln sind in Gl. (13.1-27) dargestellt. Es kann
bewiesen werden, daß die „fixed-increment"-Regel für $\alpha > 0$, die „fractional-
correction"-Regel für $0 < \lambda < 2$ „konvergiert". Das heißt in diesem Zusammenhang, daß bei einer linear klassifizierbaren Musterverteilung oder Stichprobe die
fortgesetzte Anwendung einer Adaptationsregel nach einer endlichen Zahl ν_e von
Adaptationsschritten einen Endzustand der Gewichtseinstellung ergibt, der die

Muster der Stichprobe mit $p_s = 0$ richtig klassifiziert. Um den Endzustand der Gewichtseinstellung zu erreichen, müssen die Muster der Stichprobe im allgemeinen iterativ angeboten werden. Die Anzahl der Adaptationsschritte ν_e, die auch als „Trainingszeit" bezeichnet wird, hängt von der jeweils vorliegenden Musterverteilung ab und kann nur als Erwartungswert ν_{adap} angegeben werden. Zur Abschätzung der erforderlichen Klassifikatorgröße dient die Maschinenkapazität C. Die Maschinenkapazität gibt die Musteranzahl an, die mit der Wahrscheinlichkeit $p = 0,5$ linear beim Adaline oder stückweise linear beim Madaline klassifizierbar ist. In Gl. (13.1-28) ist C für ein m-Klassen-Madaline mit n Merkmaleingängen (Spalten) und $\mu = \varrho$ ld m Adalines (Zeilen) zusammen mit ν_{adap} dargestellt.

$$W_\nu = W_{\nu-1} \pm \alpha Y_\nu \quad \text{für} \quad W_{\nu-1} Y \lessgtr 0 \tag{13.1-27}$$

mit

$$\alpha = \text{const} \qquad \text{(fixed increment, z. B. } \alpha = 1)$$

$$\alpha = \lambda \frac{|W_{\nu-1} Y_\nu|}{Y_\nu^2} \qquad \text{(fractional, } \lambda = 1 \text{ absolute correction)}$$

$$C = 2\varrho(n+1) \quad \text{mit} \quad \nu_{adap} = 20\varrho(n+1). \tag{13.1-28}$$

Anpassung bei Vorgabe einer parametrischen Musterstatistik. Diese Methode wurde bereits für den angenommenen Fall einer Normalverteilung diskutiert. Wenn sich die resultierende Klassifikatorstruktur nicht realisieren läßt, kann eine einfachere Struktur approximiert werden. Als Beispiel soll die optimale lineare Separierung bei vorgegebener Musterstatistik $p(X|k)$ für ein Zwei-Klassen-Problem $k = i, j$ betrachtet werden. Die Struktur bestimmt sich aus der Minimisierung der Fehlerrate p_s. Dabei ist der Erwartungswert von $p^*(e|X)$ wegen $p = 1$ oder 0 für i und j nur über den klassenfremden Halbraum H_j und H_i zu erstrecken, der durch die separierende Hyperebene $L \equiv 0$ gebildet wird [Gl. (13.1-29)]. Die explizite Lösung der Gl. (13.1-29) ist im allgemeinen umständlich, wie Gl. (13.1-31) am Beispiel einer zweidimensionalen Normalverteilung mit unabhängigen Merkmalen zeigt [Gl. (13.1-30)].

$$p_s = \int_{H_i} p^*(e_j|X)\, p(i, X)\, dX + \int_{H_j} p^*(e_i|X)\, p(j, X)\, dX$$

$$= p(i) \int_{-\infty}^{+\infty} \cdots \int_{-\infty}^{x_n} p(X|i)\, dX + p(j) \int_{-\infty}^{+\infty} \cdots \int_{x_n}^{+\infty} p(X|j)\, dX = \text{Min} \tag{13.1-29}$$

mit $\quad x_n = \sum_{l=1}^{n-1} a_l x_l + a_0 \quad$ und $\quad \dfrac{\partial p_s}{\partial a_l} = 0 \quad$ für $\quad l = 0, 1, \ldots, n-1$

für $\quad y = a x + b \quad$ mit $\quad \gamma_k = \dfrac{(a v_{kx} - v_{ky} + b)^2}{\sigma_{ky}^2 + a^2 \sigma_{kx}^2}, \tag{13.1-30}$

$$\beta_k = \sigma_{ky}^2 + a^2 \sigma_{kx}^2 \quad \text{und} \quad \delta_k = \sigma_{ky}^2 v_{kx} + \sigma_{kx}^2 a(v_{ky} - b)$$

wird $\quad \beta_i \exp \gamma_i = \beta_j \exp \gamma_j \quad$ und $\quad \beta_i \delta_j = \beta_j \delta_i. \tag{13.1-31}$

Anpassung bei nichtparametrischer Musterstatistik (Regressionsanalyse). Die optimale Klassifikationsregel kann nach Abb. 13.1-14 anschaulich geometrisch interpretiert werden. Jedes Muster X des Merkmalraumes wird in einen Entscheidungsraum abgebildet, dessen m Koordinaten die bedingten Wahrscheinlichkeiten $p(k|X)$ darstellen. Jedes Muster wird dadurch auf einen Spaltenvektor $P(X) = [p(k_1|X), p(k_2|X), \ldots, p(k_m|X)]^t$ abgebildet. Die Koordinatenabschnitte der Länge 1 können als Entscheidungsvektoren $P_k^* = [p^*(e_1|X), p^*(e_2|X), \ldots, p^*(e_m|X)]^t$ bzw. als Klassenrepräsentanten angesehen werden. Alle Musterpunkte im Entscheidungsraum liegen auf einer Entscheidungsebene, welche die Koordinatenachsen in den Klassenrepräsentanten P_k^* schneidet. Die

durch die optimale Klassifikation bestimmten Klassenbereiche in der Entscheidungsebene werden durch die Mittelsenkrechten je zweier Klassenrepräsentanten gebildet.
Es kann einfach gezeigt werden, daß die Minimierung des mittleren Abstands-

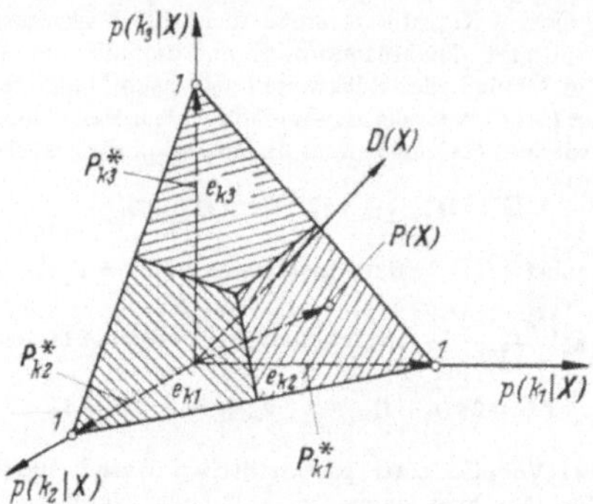

Abb. 13.1-14. Abbildung eines Musters X im Entscheidungsraum als $P(X)$

quadrates zwischen Klassenzuordnung $P_k^* = (p_1^*, p_2^*, \ldots, p_m^*)$ und Unterscheidungs-
vektor D über alle Klassen k und Muster X gleichbedeutend ist mit der optimalen
Bayes-Entscheidung (für $\beta = 0$). Die Variationsrechnung nach Gl. (13.1-32) ergibt
$D = P$ als optimale Funktion für D.

$$s_R^2 = \mathrm{Min}\{E \mid P^* - D \mid^2\} = \mathrm{Min}\left\{\int_X \sum_k \mid P_k^* - D \mid^2 p(k, X)\, dX\right\} \quad (13.1\text{-}32)$$

für $\partial f/\partial d_k = 0$ mit $f(X, d_1, d_2, \ldots, d_m) = \sum_k \mid P_k^* - D \mid^2 p(k, X)$ ergibt $D = P$.

In praktischen Fällen wird für D eine Strukturnebenbedingung Y nach Gl. (13.1-33)
eingeführt, die eine Parametermatrix A festlegt. Die Klassifikatorstruktur ist durch
die Elemente des Spaltenvektors Y vorgegeben. Die Strukturparameter werden
durch die Elemente der Matrix A gebildet. Bei linearem Ansatz wird $Y = (1, X^t)^t$,

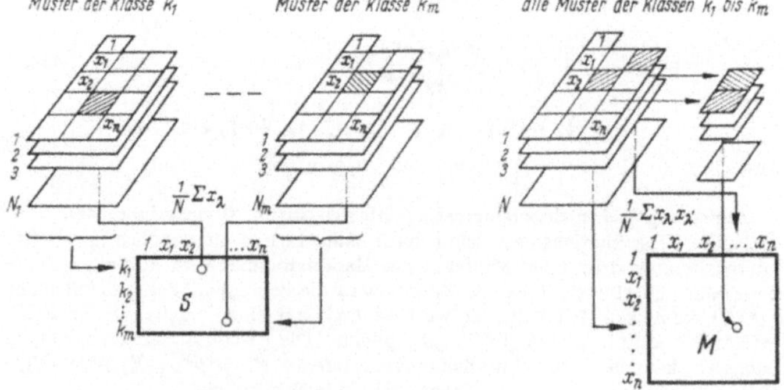

Abb. 13.1-15. Schematische Darstellung und Erzeugung der Streumatrix S und der Momentenmatrix M aus der Musterstichprobe

während bei nichtlinearem Ansatz die Elemente von Y aus den entsprechenden Produkten der Merkmale X bestehen. Die Minimierung des Abstandsquadrates bei vorgegebener Struktur $D=AY$ führt auf eine Extremwertaufgabe, deren Lösung Gl. (13.1-33) angibt. Aus der Musterstatistik müssen zunächst nach Abb. 13.1-15 die Streumatrix S und die Momentenmatrix M bestimmt werden. Die Parametermatrix A der Unterscheidungsfunktion ist aus S und M berechenbar. Zur Ermittlung der Streumatrix werden die Mittelwerte der Elemente von Y (bzw. der Merkmale im linearen Fall) je Musterklasse bestimmt. Für die Momentenmatrix müssen die Mittelwerte aller Kombinationen aus je zwei Elementen von Y ermittelt werden. Für die Entscheidung der Muster-Klassen-Zuordnung gilt Gl. (13.1-34).

$$D=AY \quad \text{mit} \quad Y=(y_1, y_2, \ldots, y_l, \ldots)^t = (1,\, x_1,\, x_2,\, \ldots,\, x_n,\, x_1^2,\, x_1 x_2,\, \ldots$$
$$\ldots x_1^3,\, x_1 x_2 x_3 \ldots)^t \tag{13.1-33}$$

$$\frac{\partial s_R^2}{\partial a_{kl}} = 0 \quad \text{ergibt} \quad A=SM^{-1} \quad \text{mit} \quad M=(m_{l'l}) \quad \text{und} \quad S=(s_{kl})$$

$$\text{mit} \quad m_{l'l} = \frac{1}{N}\sum_{\nu=1}^{N} y_{l'}^{(\nu)}\, y_l^{(\nu)} \quad \text{und} \quad s_{kl} = \sum_{\nu_k=1}^{N_k} y_l^{(\nu_k)} \tag{13.1-34}$$

$$p_j^* = 1 \quad \text{für} \quad \operatorname*{Max}_{k=j} d_k\,.$$

Stichprobenanpassung bei Punktzuordnung (binäre Merkmale). Bei binären Merkmalen kann die logische Funktion p_k^* als disjunktive Normalform aller Muster X (Minterme) der Stichprobe angeschrieben werden [Gl. (13.1-35)]. Außer einer evtl. Minimierung ist im allgemeinen eine Reduktion möglich, wenn die $2^n - N$ unberücksichtigten Musterpunkte nicht alle der Rückweisungszone zugeordnet, sondern als „don't-care"-Terme auf die m-Gleichungen p_k^* verteilt werden. Die algorithmisierbaren Verfahren für die Minimierung (z. B. nach *W. V. Quine* und *E. I. McClusky*) sind für das vorliegende Mustererkennungsproblem wegen des Rechenaufwandes nicht geeignet. Praktisch anwendbar ist ein Verfahren nach [35]. Die als 1-aus-m-Code dargestellten Klassenentscheidungen p_k^* werden nach Gl. (13.1-36) zunächst zu einem μ-stelligen Dualcode C zusammengezogen. Je nach gewünschter Lesesicherheit wird eine untere Grenze für die Hamming-Distanz zweier Muster unterschiedlicher Klasse oder unterschiedlichem Codewort C vorgegeben. Je Codewortstelle $c_\varkappa = 1$ werden 50 % der Muster, die zu den entsprechenden Klassen gehören, auf gemeinsame Merkmalbelegung geprüft. Aus einer Folge von Mustern $X_\alpha, X_\beta, X_\gamma, \ldots$ wird eine allen Mustern gemeinsame Zeichenfläche gebildet und ihre Hamming-Distanz zu den restlichen 50 % der Muster bestimmt. Die Länge der Musterfolge wird so lange vergrößert, bis die vorgegebene minimale Hamming-Distanz für die Klassenunterscheidung erreicht ist. Die resultierende gemeinsame Fläche $X_{\alpha\beta\gamma}$ für Merkmalbelegung 1 stellt einen Minterm für die betreffende Codewortstelle $c_\varkappa$ dar. Aus den noch nicht betrachteten Mustern mit $c_\varkappa = 1$ werden neue Folgen und weitere Minterme für $c_\varkappa$ gebildet, bis alle Muster mit $c_\varkappa = 1$ berücksichtigt sind [Gl. (13.1-37)]. Auf die übrigen $c_\varkappa$ wird der gleiche Algorithmus angewandt.

$$p_k^* = X_1^{(k)} \vee X_2^{(k)} \vee \cdots \vee X_{N_k}^{(k)} \quad \text{mit} \quad N=\sum_k N_k \quad \text{und} \quad X=\bigwedge_{l=1}^{n} x_l \tag{13.1-35}$$

$$C=(c_1, c_2, \ldots, c_\mu) \quad \text{mit} \quad 1+\operatorname{ld} m > \mu \geq \operatorname{ld} m$$

$$\text{mit z. B.} \quad c_1 = \bigvee_{1,3,5,7,\ldots} p_k^*, \quad c_2 = \bigvee_{1,2,5,6,\ldots} p_k^*, \ldots \quad c_\mu = \bigvee_{1,2,3,4,\ldots} p_k^* \tag{13.1-36}$$

$$c_\varkappa = X_{\alpha\beta\gamma}\ldots \vee X_{\delta\varepsilon\eta}\ldots \vee X_{\varrho\sigma\tau}\ldots \tag{13.1-37}$$

Stichprobenanpassung bei Bereichszuordnung (lineare Separierung). Zur Vereinfachung sei ein Zweiklassen-Problem vorausgesetzt. Ein m-Klassen-Problem kann durch Separierung der Muster jeweils einer Klasse gegen die der $(m-1)$ restlichen Klassen auf ein Zweiklassen-Problem zurückgeführt werden. Die Aufgabe besteht darin, die Muster $X^{(i)}$ und $X^{(j)}$ der Klasse i und j nach Gl. (13.1-38) durch über- bzw. unterschwelliges Ansprechen eines Schwellwertelementes richtig bzw. bei nichtlinearem Problem mit minimaler Fehlerrate zu klassifizieren. Gesucht wird ein Gewichtsvektor $W = (w_0, w_1, \ldots, w_n)$, der für alle X_ν die genannte Bedingung erfüllt. Zur Lösung des Ungleichungssystems nach Gl. (13.1-38) kann die Theorie der Linearplanung herangezogen werden. Die Ungleichungen werden durch Einführung von Schlupfvariablen y_ν in ein Gleichungssystem umgewandelt.

$$w X_\nu^{(i)} \geqq -w_0 \quad \text{bzw.} \quad w X_\nu^{(i)} + w_0 = y_\nu^{(i)} \quad \text{mit} \quad w = (w_1, w_2, \ldots, w_n)$$
$$w X_\nu^{(j)} < -w_0 \qquad -w X_\nu^{(j)} - w_0 = y_\nu^{(j)}. \tag{13.1-38}$$

Ein möglicher Endgewichtsvektor $W = (w_0, w)$ liegt dann vor, wenn alle $y_\nu^{(i)} > 0$ und $y_\nu^{(j)} > 0$. Die Schlupfvariable kann als Schwellwertabweichung interpretiert werden und korrespondiert geometrisch mit dem Abstand $y/|w|$ von der Ebene W in Normalenrichtung $w/|w|$. Bei der Linearplanung ist die Optimierung einer Zielfunktion die Hauptaufgabe (z. B. Simplex-Methode), während bei der Klassifikation primär die Lösung des Ungleichungssystems nach Gl. (13.1-38) interessiert. Eine Zielfunktion kann jedoch für die Iterationsgeschwindigkeit der Rechnung oder für die Endlage des Gewichtsvektors zweckmäßig sein. Die Schlupfvariablen können bei der Gewichtsadaption durch die Muster der Stichprobe z. B. durch Änderung des l-ten Gewichtes w_l um Δw_l und des Schwellwertes w_0 um $\beta \Delta w_l$ nach Gl. (13.1-39) während des $(\alpha+1)$-ten Iterationsschrittes um Δy_ν modifiziert werden. Die Modifikation ist zweckmäßig so vorzunehmen, daß möglichst viele falsch klassifizierte Muster ihren Abstand zur Ebene $W^{(\alpha)}$ des α-ten Iterationsschrittes verbessern. Als zu optimierende Zielfunktion kann die Summe aller Abstandsänderungen Δz der falsch klassifizierten Muster einer Klasse nach Gl. (13.1-39) dienen.

$$w_l^{(\alpha+1)} = w_l^{(\alpha)} + \Delta w_l \quad \text{und} \quad -w_0^{(\alpha+1)} = -w_0^{(\alpha)} + \beta \Delta w_l$$
$$\text{mit} \quad \Delta y_\nu^{(i)} = -(\beta - x_l) \Delta w_l \quad \text{und} \quad \Delta z = \sum_{y_\nu^{(j)} < 0} \Delta y_\nu^{(j)} \tag{13.1-39}$$
$$\Delta y_\nu^{(j)} = (\beta - x_l) \Delta w_l.$$

Zur Bestimmung des musterseparierenden Gewichtsvektors W eignet sich z. B. folgende Prozedur. Anfangsgewichtsvektor $W^{(0)}$ ist eine Ebene senkrecht zur Verbindungslinie der Musterschwerpunkte der Klassen i und j. Die Ebene $W^{(0)}$ verläuft durch den Musterpunkt $X_\gamma^{(i)}$ der Klasse i, der die minimale Schlupfvariable $y_\gamma^{(i)} = 0$ besitzt [Gl. (13.1-40)]. In der Anfangsphase sind also alle $y_\nu^{(i)} \geqq 0$, so daß alle Muster der Klasse i der Stichprobe richtig klassifiziert werden. Von den Mustern der Klasse j wird im allgemeinen eine Untermenge mit $y_\nu^{(j)} < 0$ falsch klassifiziert. Damit alle $\Delta y_\nu^{(i)} \geqq 0$ bleiben, wird $\beta = x_l^{(\gamma)}$ gleich dem Merkmalwert des Musters $X_\gamma^{(i)}$ auf der Ebene W gesetzt, welches mit dem l-ten zu modifizierenden Gewicht korrespondiert. Damit ändern sich alle Schlupfvariablen der Muster mit $x_l \neq x_l^{(\gamma)}$. Für binäre Merkmale ist $\Delta w_l > 0$ für $\beta = 1$ und $\Delta w_l < 0$ für $\beta = 0$ zu setzen, damit die $y_\nu^{(j)}$ positiver werden. Gleichzeitig nehmen die $y_\nu^{(i)}$ mit den entsprechenden Merkmalen $x_l \neq x_l^{(\gamma)}$ gegen Null ab. Modifiziert wird das Gewicht l, welches nach Gl. (13.1-39) das größte Δz ergibt. Wenn nur noch ein $\Delta z \equiv 0$ möglich ist, wird die Ebene $W^{(\delta)}$ parallel so verschoben, daß alle $y_\nu^{(j)} \geqq 0$ und im allgemeinen einige $y_\nu^{(i)} < 0$ werden. Anschließend wird die Prozedur mit vertauschtem i und j in gleicher Weise fortgeführt. Dieser Umtauschprozeß wird so lange fortgesetzt, bis der Mustervorrat separiert ist oder die Prozedur keine Verbesserung mehr ergibt. Im letzteren Fall wird nach Abb. 13.1-13 eine teil- bzw. nichtlineare Klassifizierung durch Einführung eines weiteren Gewichtsvektors oder durch eine funktionelle Merkmalkopplung vorgenommen.

$$w^{(0)} = \text{const} \left(\sum X^{(i)} - \sum X^{(j)} \right)$$
$$-w_0^{(0)} = \operatorname*{Min}_{\nu = \gamma} w^{(0)} X_\nu^{(i)} \quad \text{bzw.} \quad y_\gamma^{(i)} = 0. \tag{13.1-40}$$

13.1.2.5 Mustervorverarbeitung und Bildverarbeitung. Die Klassifikatorstruktur ergibt sich aufgrund der gewählten Merkmale und der durch sie bedingten Musterstatistik. Wenn die Merkmale geeignet gewählt werden, kann eine Strukturvereinfachung erzielt werden. Eine Verarbeitung der Musterfläche (Rasterelemente und Schwärzungsgrad) kann zur Musterentstörung und Merkmalerzeugung dienen *(preprocessing)*. Zur Mustervorverarbeitung werden meistens heuristische Methoden angewandt.

$$B^{(a)} = f(B^{(b)}, B^{(c)}; \text{ Parameter}). \tag{13.1-41}$$

Eine Folge musterverarbeitender Prozesse, die eine eingegebene zweidimensionale $B^{(i)}$ in eine bestimmte andere auszugebende Bildmatrix $B^{(0)}$ umwandelt, wird Bildprozedur $B^{(i)} \rightarrow B^{(0)}$ genannt. Die Bildprozedur besteht im allgemeinen aus einer Folge einzelner Grundoperationen $S^{(i)}, S^{(1)}, S^{(2)}, \ldots, S^{(0)}$, wobei jede Grundoperation z.B. nach Gl. (13.1-41) auf die Argumentbildmatrix $B^{(b)}$ ausgeübt wird. Als Nebenbedingung kann eine binäre Auswahlmatrix $B^{(c)}$ die lokal auszuführende Operation bzw. die Ergebnisbildmatrix $B^{(a)}$ beeinflussen. Die im allgemeinen nachbarschaftsabhängigen lokalen Operationen werden nach Abb. 13.1-16a für jedes Element der Ergebnisbildmatrix $B^{(a)}$ auf bestimmte Matrixelement-Positionen der Argumentbildmatrix $B^{(b)}$ angewandt, die durch die Parameter λ_i spezifiziert werden.

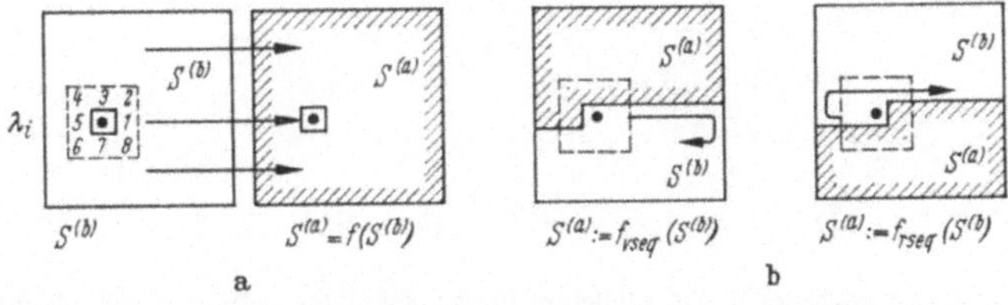

Abb. 13.1-16a u. b. Schematische Darstellung von paralleler (a) und sequentieller lokaler bildverarbeitender Operation (b)

Die lokale Operation ist homogen, wenn die Funktion f und die Parameter λ_i über die gesamte Bildmatrix gleich sind. Bei der Ausführung von Bildprozeduren mit einem Computer haben auch sequentielle lokale Operationen Bedeutung, bei denen Argument- und Ergebnismatrix zum gleichen Speicherbereich zugreifen (Abb. 13.1-16b). Bei der Simulation von Bildprozeduren auf Computern werden die Grundoperationen zweckmäßig als Makroinstruktionen in einer Assemblersprache programmiert, oder es wird eine Programmiersprache auf Compiler- oder Interpreter-Niveau als Bildverarbeitungssprache formuliert [3]. Beispiele für homogene lokale Operationen sind in Gl. (13.1-42) angedeutet.

$$B^{(a)} = \text{Booleanfunction } (B^{(b)}, B^{(c)}; \text{ Parameter}). \tag{13.1-42}$$

Parameter: disjunktive Normalform der betroffenen Nachbarelemente

$$B^{(a)} = \text{Threshold } (B^{(b)}, B^{(c)}; \text{ Parameter}).$$

Parameter: Summenbildung über betroffene Nachbarelemente, Größer/kleiner-Operator, Schwellwert.

Als Ergebnis einer Bildprozedur mit lokaler Musterverarbeitung entstehen Muster gleicher Auflösung (Verarbeitung von Mikrostrukturen, Bildkontrastverschärfung, Merkmalgenerierung). Eine übergeordnete Sprache mit globaler Musterverarbeitung, wie sie z.B. für die Mustererkennung erforderlich ist, muß anschließend die Makrostrukturverarbeitung und Musterbeschreibung durchführen. Das Kennzeichen dieser Stufe ist die Listenverarbeitung. Die Entwicklung auf diesem Gebiet ist z. Z. noch nicht abgeschlossen. Im folgenden werden einige einfache spezielle lokale Methoden beschrieben.

Bildübertragung und Kompression. Um den Informationsfluß für die Bildübertragung zu reduzieren, können Methoden auf der Grundlage der Grauwertstatistik, des psychophysiologischen Effektes oder der Mustererkennung entwickelt werden. Im ersten Fall wird die Reduktion durch Unterdrückung der Bildredundanz erzielt. Für die komprimierte Bildübertragung wird der Bitreduktionsfaktor r_B gegenüber Analogsignal- oder gleichwertiger direkter PCM-Übertragung angegeben (typisch $r_B = 5$ bis 20). Während im ersten Fall die Bildsignale sendeseitig manipuliert werden, kann man im zweiten Fall empfangsseitig das Auge bei der Bilddarstellung überlisten. Für die Bewertung des übertragenen Bildes ist der Erwartungswert des Fehlerquadrates ε^2, die Streuung σ^2 des Ausgangssignals und der Erwartungswert des Abweichungsquadrats δ^2 nach Gl. (13.1-43) von Bedeutung. Dabei ist $x(t)$ das Eingangssignal, $y = y(x, t)$ das komprimierte Signal, $\bar{y}_x = \bar{y}(x)$ das mittlere Signal für das Eingangssignal $x(t)$ und $p(y \mid x)$ die Übergangswahrscheinlichkeit. In Gl. (13.1-44) ist die Bildgüte bei Anwendung direkter PCM und bei Überlagerung von Pseudo-Rauschen bei Wiedergabe von r-Graustufen gegenübergestellt. Die Bildgüte wird durch Reduktion von δ^2 verbessert, wobei ε^2 möglichst wenig zunehmen darf.

$$\varepsilon^2 = \mathrm{E}\,(x - y)^2 = \iint p(x, y)\,(x - y)^2\,\mathrm{d}x\,\mathrm{d}y = \sigma^2 + \delta^2$$

$$\sigma^2 = \mathrm{E}\,(y - \bar{y}_x)^2 = \iint p(x, y)\,(y - \bar{y}_x)^2\,\mathrm{d}x\,\mathrm{d}y \qquad (13.1\text{-}43)$$

$$\delta^2 = \mathrm{E}\,(x - \bar{y}_x)^2 = \int p(x)\,(\bar{y}_x - x)^2\,\mathrm{d}x$$

$$\varepsilon^2 = \left(1 + \frac{1}{r}\right) \varepsilon^2_{\text{PCM}}, \qquad \delta^2 = \frac{1}{r}\,\varepsilon^2_{\text{PCM}} \quad \text{und} \quad \sigma^2 = \varepsilon^2_{\text{PCM}}\,. \qquad (13.1\text{-}44)$$

Eine andere Möglichkeit der Bildkomprimierung besteht darin, z. B. das Signal geradlinig zu approximieren oder Hochpaß- und Tiefpaß-Bildinformation bezüglich der Ortsfrequenzen getrennt codiert zu übertragen. In Abb. 13.1-17 ist das Prinzip dargestellt (s. auch nächsten Abschnitt). Nach Übertragung beider Bildanteile und

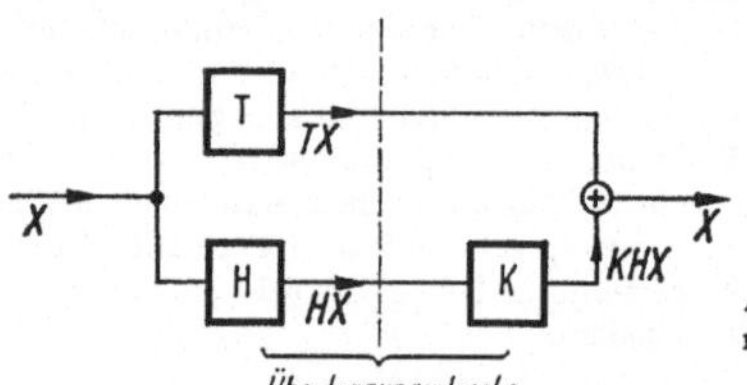

Abb. 13.1-17. Bildkompression durch Trennung und Codierung hoch- und niederfrequenter Bildinformationen

Korrektur durch das Korrekturfilter K kann das Originalbild regeneriert werden [Gl. (13.1-45). Die Kompression macht davon Gebrauch, daß die Bildinformation X zwischen einer oberen H- und unteren T-bedingten Frequenzgrenze für die Darstellung im allgemeinen irrelevant ist.

$$TX + KHX = X \quad \text{bzw.} \quad K = (1 - T)\,H^{-1} \qquad (13.1\text{-}45)$$

Lokale lineare homogene Operation. Operationen dieses Typs stellen eine Fourierfilterung bzw. eine Faltung einer Bildmatrix B mit einer Gewichtsmatrix W dar. Die Faltung kann im diskreten Fall als Matrixmultiplikation zwischen einer Gewichtsmatrix G und der Bildmatrix, die als Spaltenvektor X anzuschreiben ist, formuliert werden [Gl. (13.1-46)].

diskret: $B^{(y)} = \mathrm{SUM}(B^{(x)};\ W)$ (13.1-46)

bzw. $Y = GX$ mit $G = f(W)$

kontinuierlich: $Y = GX$ mit $G(h, k)\ \bullet\!\!=\!\!\circ\ g(\xi, \eta)$

$\qquad\qquad\qquad\qquad X(h, k)\ \bullet\!\!=\!\!\circ\ x(\xi, \eta)$

$\qquad\qquad\qquad\qquad Y(h, k)\ \bullet\!\!=\!\!\circ\ y(\xi, \eta)$

(Ortsfrequenzen $h = \mathrm{j}\omega_\xi$, $k = \mathrm{j}\omega_\eta$ und Ortskoordinaten ξ, η).

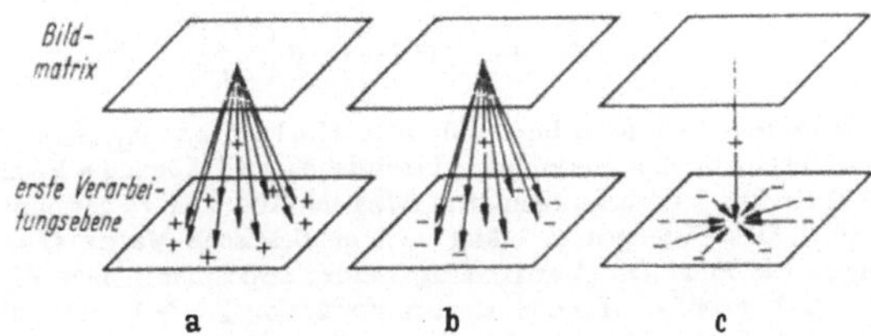

Abb. 13.1-18a—c. Spezielle Operationen bei neuronaler Verarbeitung. a) Streuungskopplung; b) Vorwärtshemmung; c) Rückwärtshemmung

Die Informationsverarbeitung in neuronalen Netzen kann in erster Näherung durch lineare homogene lokale Operationen beschrieben werden. Abb. 13.1-18 zeigt 3 Arten von Kopplungen zwischen zwei Netzebenen, die als Streuungskopplung, Vorwärtshemmung und Rückwärtshemmung (laterale Inhibition) bezeichnet werden [Gl. (13.1-47)]. Netzebenen mit Rückwärtshemmung (Rückkopplung) können instabil werden.

$$\text{Streuungskopplung:}\quad Y = G_1 X \quad \text{mit}\quad g_{ij} > 0$$

$$\text{Vorwärtshemmung:}\quad Y = G_2 X \quad \text{mit}\quad g_{ij} > 0,\ g_{ij} < 0$$

$$\text{Rückwärtshemmung:}\quad X = G_3 Y \quad \text{mit}\quad g_{ij} > 0$$

$$\text{bzw.}\quad Y = G_3^{-1} X. \tag{13.1-47}$$

Bildrestaurierung. Bilder Y, die durch einen homogenen linearen Störprozeß verändert worden sind, lassen sich bei Kenntnis der Störung G rekonstruieren. Um zufällige Störungen auszuschalten, die bei der Restaurierung stark bewertet werden und die Rekonstruktion in Frage stellen, darf das Korrekturfilter R nur bis zu einer bestimmten Grenzfrequenz wirksam sein. Die Grenzfrequenzlinie $f(h_0, k_0) = 0$ ist durch Vorgabe der kleinsten zu korrigierenden Störung G_0 bestimmt. Das Rekonstruktionsfilter ergibt sich aus Gl. (13.1-48).

$$Y = GX \quad X = \begin{cases} \dfrac{1}{G_0}\,Y - \left(\dfrac{1}{G_0} - \dfrac{1}{G}\right)Y & \text{für}\quad G(h, k) \geqq G_0 \\[2ex] \dfrac{1}{G_0}\,Y & \text{für}\quad G(h, k) < G_0 \end{cases} \tag{13.1-48}$$

$$\text{mit}\quad R = \begin{cases} \dfrac{1}{G_0} - \dfrac{1}{G} & \text{für}\quad h \leqq h_0 \quad \text{und}\quad k \leqq k_0 \\[2ex] 0 & \text{für}\quad h > h_0 \quad \text{und}\quad k > k_0 \end{cases}$$

$$\text{und}\quad x(\xi, \eta) = \frac{1}{G_0}\,y(\xi, \eta) - r(\xi, \eta) \circledast y(\xi, \eta) \quad \text{mit}\quad R\ \bullet\!\!=\!\!\circ\ r.$$

Als erste Näherung für eine Bildrestauration kann auch das Machsche Gesetz dienen. Es liefert bereits für eine Bildkontrastverschärfung brauchbare Ergebnisse, wenn die Schrittweite für die Näherung des Laplace-Operators geeignet gewählt wird [Gl. (13.1-49)].

$$X = \frac{1}{G}\, Y \approx \left[1 - \frac{1}{2}\, h^2 G_{hh}(0,0) - \frac{1}{2}\, k^2 G_{kk}(0,0)\right] Y$$

$$\text{mit} \quad G(0,0) = G_h(0,0) = G_k(0,0) = 0$$

$$\text{bzw.} \quad x \approx y - c\left(\frac{\partial^2}{\partial \xi^2} + \frac{\partial^2}{\partial \eta^2}\right) y \tag{13.1-49}$$

$$\text{mit} \quad c = \frac{1}{2}\, \sigma^2 \quad \text{für} \quad G = \exp\left[-\pi \left(\frac{f}{\varDelta f}\right)^2\right] \quad \text{(Gaußsche Störung)}$$

Orthonormalfilter (Self-featuring). Für eine Mustermenge $X_1, X_2, \ldots, X_N$, von denen jedes Muster durch n Merkmale x_l beschrieben wird, können n Eigenvektoren als lineare Filter aus der Momentenmatrix M_x nach Abb. 13.1-15 gewonnen werden [Gl. (13.1-50)]. Das Filtersystem bildet eine quadratische Matrix $G = (g_{l'l})$ aus n^2 Elementen. Die Filter $G_{l'}$ (Matrixzeilen) werden zweckmäßig nach Eigenwerten $\lambda_1 > \lambda_2 > \cdots > \lambda_n$ geordnet. Eine Mustertransformation $Y = GX$ bildet die Mustermenge X in Y ab. Während die Muster X_ν korrelierte Merkmale haben, besitzen die Muster Y_ν unkorrelierte Merkmale $y_{l'}$ und y_l, d.h. die Momentenmatrix M_y ist eine Diagonalmatrix [Gl. (13.1-51)]. Die Rücktransformation kann einfach mit der transponierten Filtermatrix erfolgen [Gl. (13.1-52)]. Die Eigenwerte erlauben entsprechend ihrer Größe eine Klassifizierung der Merkmale in relevante und irrelevante Merkmale und damit eine Merkmalreduktion. Es gibt kein anderes lineares Transformationssystem, welches einen kleineren mittleren quadratischen Fehler bezüglich der Musterdarstellung bzw. der Signalamplituden ergibt. Wenn die Muster mit Hilfe des Teilfiltersystems mit $n' < n$ nach Abb. 13.1-19 transformiert und rücktransformiert werden, ergibt sich der Amplitudenfehler als Summe der Eigenwerte der nicht benutzten Eigenfilter [Gl. (13.1-53)].

$$Y = GX \quad \text{mit} \quad M_x G^t = G^t \varLambda \quad \text{bzw.} \quad |M_x - \lambda \mathbf{1}| = 0 \quad \text{und} \quad \varLambda = \begin{pmatrix} \lambda_1 & 0 & \cdots & 0 \\ 0 & \lambda_2 & \cdots & 0 \\ \vdots & \vdots & & \vdots \\ 0 & 0 & & \lambda_n \end{pmatrix}$$

$$\tag{13.1-50}$$

$$G^2 = 1 \quad \text{bei Filternormierung mit } |G_{l'}| \quad \text{und} \quad M_y = \varLambda \tag{13.1-51}$$

$$X = G^t Y \quad \text{bzw.} \quad X' = G'^t Y' \quad \text{mit} \quad Y' = G' X' \quad \text{mit} \quad G' = \begin{pmatrix} G_1 \\ G_2 \\ \vdots \\ G'_n \end{pmatrix} \tag{13.1-52}$$

$$E\{|X - X'|^2\} = \sum_{l=n'+1}^{n} \lambda_l \quad \text{für} \quad n' \leq n. \tag{13.1-53}$$

13.1.2.6 Prozessoren für die Muster- und Bildverarbeitung. Komplexere Systeme für die Bildverarbeitung und Mustererkennung bestehen im allgemeinen aus einem Computer mit spezieller Peripherie nach Abb. 13.1-20. Dabei dient der Computer für Steuer- und Verwaltungszwecke und für die Simulation der globalen Musterverarbeitung. Für die lokale Musterverarbeitung werden zweckmäßig parallel arbeitende elektronische oder optische Prozessoren angewandt. Weiter sind für eine effektive Listenverarbeitung und Musterklassifikation spezielle Hardware-Einheiten erforderlich. Die Realisierung der parallelen Musterverarbeitung ist die Voraussetzung für eine effektive Simulierung und Realisierung menschlicher Intelligenzfunktionen.

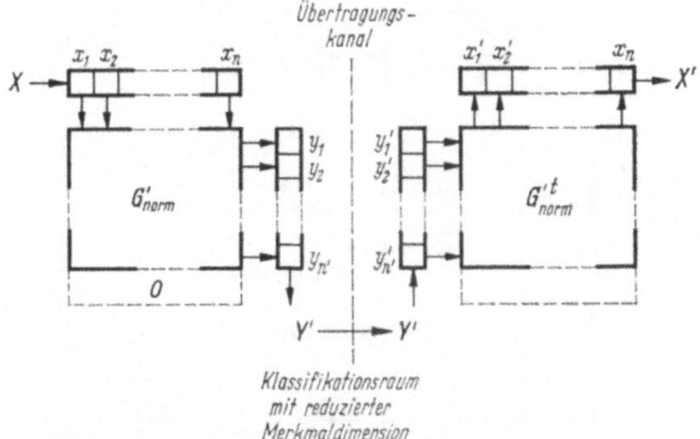

Abb. 13.1-19. Schematische Darstellung der teillinearen Orthonormal-Merkmaltransformation und Rücktransformation

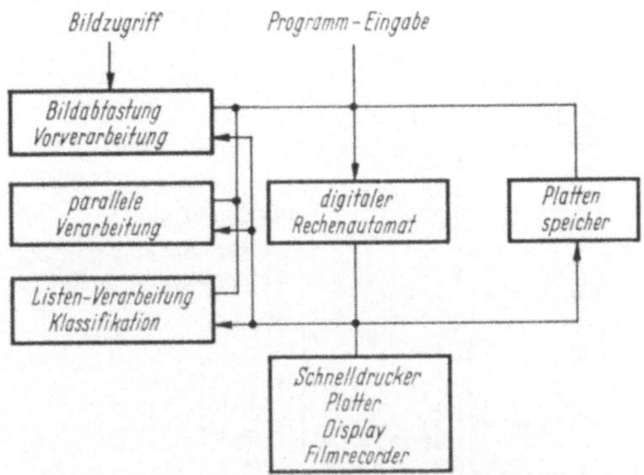

Abb. 13.1-20. Konfiguration eines bildberarbeitenden Computers

Für die Musterabtastung werden Lichtpunktabtaster oder lichtablenkende Einheiten angewandt, die von einem Computer gesteuert werden können (Abb. 13.1-21). Bei nichtbinärer Auswertung der Transparenz- oder Remissionssignale muß sichergestellt werden, daß die Lichtintensität des abtastenden Strahls konstant ist.

Für die lokale elektrische Parallelverarbeitung der abgetasteten Signale kann eine Verarbeitungseinheit nach Abb. 13.1-22 mit parallelem Zugriff zum Musterspeicher konzipiert werden. Die Prozessorebene besteht aus einer zweidimensionalen Anordnung von einfachen arithmetischen Prozessoren, welche z.B. Zugriff zu den acht Nachbar-Bildrasterelementen haben und die Operationen nach Gl. (13.1-42) ausführen.

Optische Prozessoren (Abb. 13.1-23) arbeiten vorwiegend auf der Grundlage des kohärenten Lichtes. Gegenüber den elektrischen Parallelprozessoren können diese bei sehr großer Bildauflösung einfacher realisiert werden. Nachteilig ist jedoch, daß Nichtlinearitäten, Auswertung der Bildausgangsebene und Steuer- und Programmierbarkeit schwerer zu realisieren sind. In Verbindung mit elektronischen und

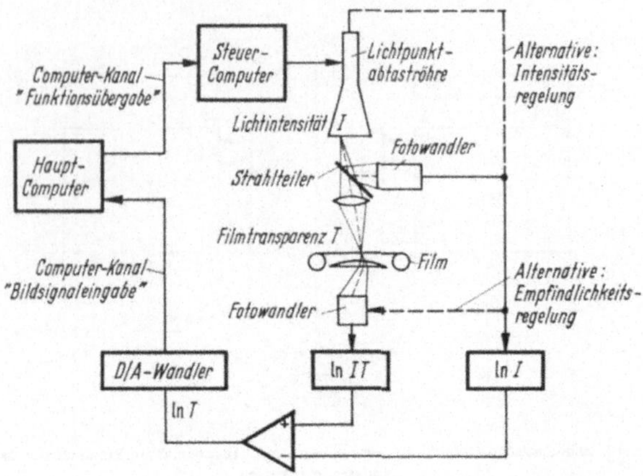

Abb. 13.1-21. Schematische Darstellung eines computergesteuerten Filmabtasters

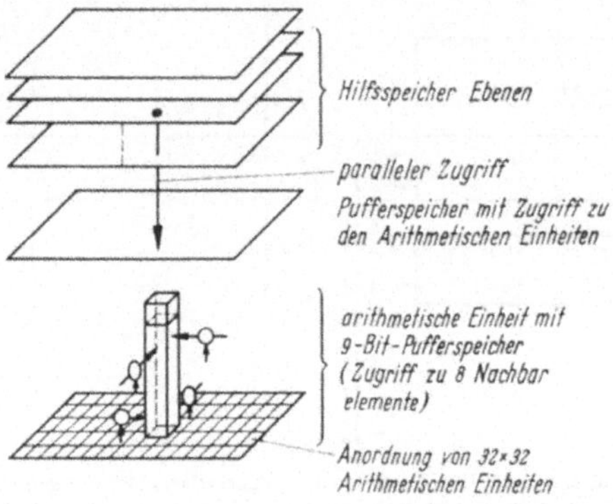

Abb. 13.1-22. Parallelprozessor für lokale Binäroperationen (ILLIAC III)

elektro-optischen Hilfsmitteln und optischen Bild-Fouriertransformationen, Holo-
grammen und Punkthologrammen werden Anordnungen vorgeschlagen und untersucht, die eine effektive Musterverarbeitung ermöglichen können.

13.1.3 Sonderformen von Zeichen

Um den technischen Aufwand bei Zeichenlesern in tragbaren Grenzen zu halten
und um die bei der Datenverarbeitung erforderliche hohe Sicherheit im maschinellen
Lesen zu erzielen, werden bestimmte spezielle Druckschriften für die automatische
Belegverarbeitung angewendet. Dadurch werden Zeichenform und Zeichenkontrast
eingeschränkt. Die konventionellen Schriften von Schreib- oder Buchungsmaschinen
oder der Buchdruck (ganz abgesehen von Handschriften) sind für die einfache
maschinelle Erkennung wenig geeignet.

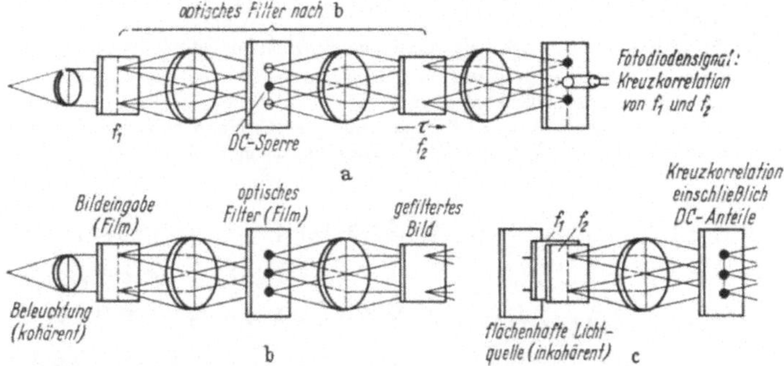

Abb. 13.1-23a—c. Optische Parallelprozessoren. a) Korrelator; b) Filter mit kohärentem Licht;
c) Korrelator mit Hilfe inkohärenten Lichtes

Im Gegensatz zu den normalen Schriftzeichen bedingt die Anwendung von Sonderzeichen Eingriffe in den Erstellungsmechanismus, beispielsweise die Auswechslung von Typensätzen oder die Verwendung spezieller Druckgeräte oder z.B. vorgedruckter Raster, in die handschriftlich hineingeschrieben werden soll. Diese Eingriffe sind um so schwieriger zu verwirklichen, je umfangreicher der Kreis der Zeichenerzeuger ist. Leicht ist es beispielsweise bei einem internen System ohne Belegaustausch, die Salden auf Kontokarten, die immer von gleichartigen Geräten ausgedruckt werden, mit geeigneten Sonderzeichen zu erstellen oder Belege mit Markierungszonen handschriftlich auszufüllen.

An die zu entwickelnden Schriftsätze sind folgende Forderungen zu stellen:

a) Druckbar mit möglichst vielen Druckgeräten (insbesondere mit üblichen Schreib-, Buchungs-, Tabellier-Maschinen, Registrierkassen, Adreß-Platten, Plastikkarten und Schnelldruckern).

b) Einfache charakteristische Erkennungsmerkmale (einfache Erkennungsverfahren).

c) Große maschinelle Lesesicherheit (möglichst großer Unterschied in den Erkennungsmerkmal-Sätzen von Zeichen unterschiedlicher Bedeutung).

d) Gute visuelle Lesbarkeit.

Die in Frage kommenden Druckverfahren sind der Formulardruck (Vorcodierung, pre-printing wie Hoch-, Flach-, Tiefdruck) und die Nachcodierung (postprinting). Hier können mechanische Druckverfahren (impact-printing, mit Typenhebel, -kugel, -stange, -rad, -scheibe, -trommel, -kette oder Drahtmosaik) und nicht mechanische Druckverfahren (non-impact-printing, Xerographie) unterschieden werden (s. Band II, Abschnitt 8.5).

13.1.3.1 Darstellungsformen von Sonderzeichen. Die einfachste, mit den Forderungen 3a) und d) allerdings in Widerspruch stehende Zeichendarstellung ist die Verschlüsselung (Codierung) von Zeichen mittels optisch oder magnetisch auswertbarer Marken. Sie wird z.B. bei der Briefadressen-Codierung für die Briefsortierung benutzt. In Briefverteilerämtern der DBP werden an Codierplätzen [28] die Postleitzahlen in einem 2-aus-5-Code dupliziert, wobei jede Dezimalstelle z.B. aus 2 Strichen in 5 möglichen Positionen besteht [33]. Der Code gestattet $\binom{5}{2} = 10$ Ziffern darzustellen.

Die vorgeschlagenen Sonderschriften können in 3 Gruppen eingeteilt werden:

a) Normale Zeichen dupliziert mit Codezeichen (Zeichen mit externem Code, z.B. Abb. 13.1-1).

b) Spezielle (stilisierte) Zeichen mit internem unverdecktem Code (z.B. Abb. 13.1-27).

c) Spezielle (stilisierte) Zeichen mit internem verdecktem Code (z.B.Abb. 13.1-28).

Die Zeichen werden noch danach unterschieden, ob die maschinelle Auswertung des Zeichencodes digital oder analog erfolgt. Die z.Z. angewandten Sonderschriften (Firmenentwicklungen s. Abb. 6.1-8 in [2]) und die zur Norm erhobenen Schriftvorschläge sind alle vom Typ b) und c) (s. Abb. 13.1-24 und 27).

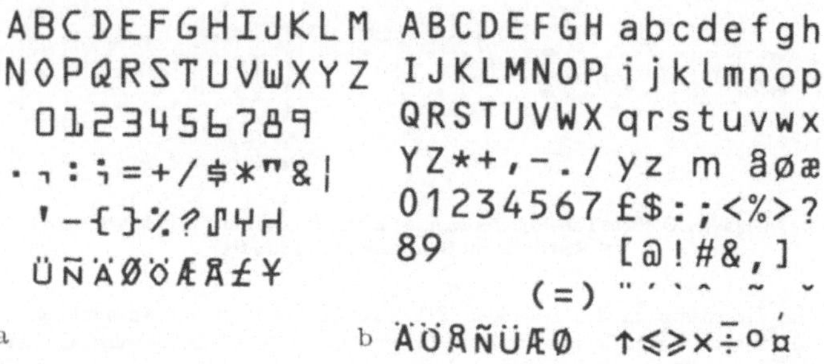

Abb. 13.1-24 a u. b. Mit Maschinen lesbare optische Normschriften. a) Schrift A (OCR A); b) Schrift B (OCR B)

Ein weiteres Kennzeichen für Sonderschriften ist die Art der möglichen Abtastung und Auswertung bezüglich der Zeichendimension. Die größte Erkennungssicherheit bei allerdings höherem Maschinenaufwand bieten Schriftzeichen mit erforderlicher zweidimensionaler Auswertung. Ein Beispiel für eindimensionale Verarbeitung zeigt Abb. 13.1-25. Hier wird z.B. die Remission bzw. Magnetisierung eines Zeichens über einen schmalen Vertikalspalt aufsummiert, so daß nur eine eindimensionale Remissions- bzw. Magnetisierungs-Verteilung in x-Richtung (bei der sequentiellen Abtastung ersetzt durch die Zeitkoordinate) abgetastet und registriert wird (Einspur-Abtastung).

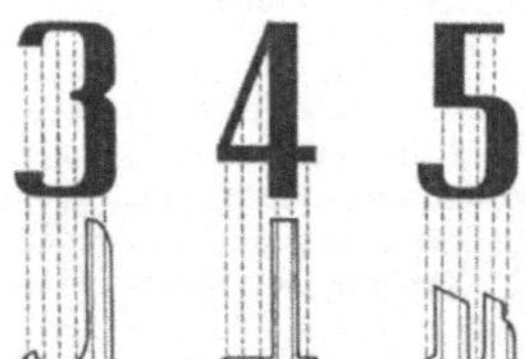

Abb. 13.1-25. Ziffernentwurf des Stanford Research Institute für eindimensionale Auswertung (Schwärzungssummierung über einen Vertikalspalt, Vorstufe zur magnetischen E13B-Schrift)

13.1.3.2 Darstellungsformen maschine- und handgeschriebener Zeichen. Unter Variationsbreite eines Zeichens wird der Umfang der zulässigen Form-Variation eines Zeichens innerhalb einer Bedeutungsklasse verstanden. Beim heutigen Stand der Technik sind spezielle Zeichenleser für Druckschriften mit einer großen Variationsbreite (multifontreader) möglich [35]. Bei Zeichen, die von Hand gedruckt, oder bei Ziffern, die von Hand geschrieben werden, ist die Variationsbreite wegen der Freizügigkeit beim Schreiben nicht angebbar. Um die Zeichenauswertung und Erkennung zu vereinfachen und damit den erforderlichen Aufwand zu verringern, wurde versucht, die Freizügigkeit beim Schreiben einzuengen (Abb. 13.1-26). Ein

Hiltsrahmen zum Hineinschreiben eines Zeichens muß in einer Farbe gedruckt werden, die etwa den gleichen Remissionsgrad wie das Papier hat (z.B. blau bei Lichtpunktabtastung mit P11- oder P16-Leuchtschirmen). Damit bleibt der vorgedruckte Rahmen für die Maschine unsichtbar und stört die Zeicheninformation nicht. Die Erkennung eines umrandeten und evtl. durchkreuzten Zeichens ist mit einfachen Mitteln nicht möglich.

Abb. 13.1-26a u. b. Vorschläge zur Einengung der Freizügigkeit beim Schreiben von Ziffern durch Schablonen in Form tinteabstoßender Papierzonen (a) oder zweier Richtpunkte (b)

Bei internem, abgeschlossenem Zeichenerzeugerkreis finden heute Markierungsleser Anwendung. Mit diesen Lesern können z.B. vorgedruckte Belege mit angekreuzten, durchstrichenen oder ausgefüllten Feldern (z.B. Rechteck oder Kreis) maschinell ausgewertet werden. Zeichen werden entweder durch Anordnungen von vorgedruckten Zeichen oder durch Zeichen mit untergesetztem Markierungsfeld ersetzt [65].

Die Auswertung handgeschriebener Zeichen wird komplizierter, wenn die einzelnen Zeichen nicht voneinander getrennt, sondern bei einer Schreibschrift als Wörter zusammenhängend auftreten. Schwierigkeiten bereitet zunächst das Trennen der einzelnen Zeichen innerhalb eines Wortes, d.h. das Aufsuchen von Zeichenanfang und Ende [36]. Zweckmäßiger als die Zeichen-für-Zeichen-Erkennung ist die Worterkennung [38]. Verwandt hiermit ist das Problem der automatischen Prüfung von Unterschriften (Schreiberkennung) [39]. Die Worterkennung wird verhältnismäßig einfach, wenn der Umfang der Wortbedeutungen gering ist, z.B. wenn nur die handschriftlich ausgeschriebenen Ziffernnamen *eins, zwei* usw. betrachtet werden.

Verhältnismäßig einfach werden die Verfahren auch, wenn die geschriebenen Zeichen oder Worte gleich bei ihrer Erstellung aufgezeichnet werden [59], so daß die zeitliche Schreibfolge der Zeichenlinien festliegt (wie z.B. bei einigen Verfahren der light-pen-Eingabe), vorausgesetzt, daß eine einheitliche Schreibweise der Zeichen angenommen werden darf. Optische Zeichen liegen im allgemeinen zeitlich *stationär* vor als zweidimensionale spektrale Remissionsverteilung. Um die genannten einfachen Verfahren anwenden zu können, müßte z.B. zunächst ein Linien-Verfolgungsprozeß durchgeführt werden [43].

13.1.3.3 Spezielle Zeichensätze. Wegen der in 13.1.3 genannten Gründe wurden für die automatische Belegverarbeitung in Zusammenarbeit von Maschinenherstellern, Druckwerksherstellern und Anwendern Schriftsätze genormt, die den außerbetrieblichen Belegaustausch ermöglichen und erleichtern sollen. Wegen der unterschiedlichen Forderungen hinsichtlich der Komplexität der Maschinen, Art der Druckwerke und des Zeichenumfangs der Schriften bei geforderter hoher maschineller Erkennungssicherheit wurden mehrere Schriftsätze mit z.T. unterschiedlichen Zeichengrößen genormt. Während im allgemeinen zum maschinellen Lesen die optischen Eigenschaften der Schriftzeichen und ihrer nächsten Umgebung ausgenutzt werden (Optical character recognition OCR), stehen für Sonderzwecke (z.B. für das Kreditwesen) auch magnetisierbare Zeichen für die maschinelle magnetische Zeichenerkennung (Magnetic ink character recognition MICR) zur Verfügung. Hier wurden die stilisierten magnetisch lesbaren Schriften CMC7 (Deutsche Normempfehlung s. Abb. 13.1-27a) und E13B zur internationalen Norm empfohlen. Die E13B-Schrift (Abb. 13.1-27b) wird besonders in den angloamerikanischen

Ländern benutzt. Für die optische Zeichenerkennung werden zwei Klassen Schrift A und Schrift B zur Norm vorgeschlagen. Die Schrift A (auch OCR-A, s. Abb. 13.1-24 und 28) besteht aus einem Satz stilisierter Ziffern und einigen Sonderzeichen. Dieser Satz erlaubt bei hoher Erkennungssicherheit eine Belegverarbeitung mit einfachen Lesemaschinen. Eine Erweiterung der Schrift A umfaßt die großen Alphabetzeichen (Majuskeln) und Interpunktionszeichen in stilisierter Form, wobei die Ziffern der Schrift A eine Untermenge des erweiterten Satzes darstellen [31]. Dabei können numerische Zeichen, wenn sie auf einem Beleg zonenmäßig z.B. durch Trenn- oder Sonderzeichen markiert sind, mit einer größeren Erkennungssicherheit maschinell gelesen werden als gemischte alphanumerische Daten. Von einigen Maschinenherstellern wurden auch Minuskeln für die erweiterte Schrift A entwickelt, die mit dem ganzen Satz verträglich sind und unter Umständen maschinell gelesen werden können. Ein besonderes Kennzeichen der numerischen Zeichen einschließlich der drei Sonderzeichen der Schrift A ist die rechte Führungskante (mehr als 30 % Schwärzung in der äußersten rechten Abtastspalte). Zusammen mit dem Zeichenzwischenraum ist dadurch ein einfaches Zeichen-Trennkriterium für einfache Zeichenleser mit einer Leserichtung von rechts nach links bzw. von niedriger zu höherer Stellenwertigkeit von Zahlen gewährleistet.

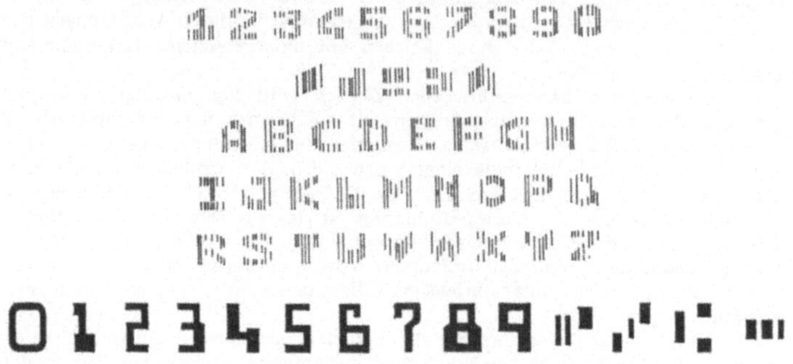

Abb. 13.1-27a u. b. a) Schrift E13B und b) Schrift CMC7 für die maschinelle magnetische Zeichenerkennung. Die CMC7-Zeichen bestehen aus 7 z.T. unterbrochenen Vertikalstrichen gleicher Dicke mit zwei möglichen unterschiedlichen Strichabständen e (eng) und w (weit). Der zeicheninterne binäre Code wird durch die Strichabstände $e \triangleq 0$ und $w \triangleq 1$ gebildet (Ziffern als 2-aus-6-, Alphazeichen als 1-aus-6- und 2-aus-6-Code)

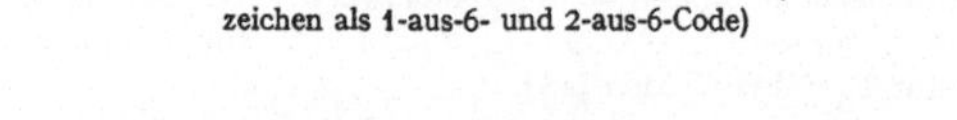

Abb. 13.1-28. Schrift A für die maschinelle optische Zeichenerkennung. Der zeicheninterne binäre Code wird durch die Matrixelemente des Konstruktionsgitters aus 5×9 Gitterelementen gebildet

Neben dem Satz A existieren noch einige stilisierte und konventionelle Zeichensätze als Firmenentwicklungen, die als Ausgangspunkt die Schriftnormung für die Belegverarbeitung z.T. beeinflußt haben. Für jede Schrift wurden spezielle einfache Lesemaschinen entwickelt. Derartige Zeichenzätze sind z.B. in Abb. 13.1-8 in [2] dargestellt.

Die Schrift B (Normvorschlag) hat ein mehr konventionelles Aussehen und besteht aus Groß- und Kleinbuchstaben, Ziffern, Interpunktionszeichen, Sonderzeichen und nationalen Sonderzeichen (Abb. 13.1-24).

Zeichen, Nennmaße und Strichtoleranzen. Die Zeichenformen der Schriften für die automatische Belegverarbeitung sind so entwickelt, daß bei magnetischer Zeichenerkennung eindimensionales, bei optischer Zeichenerkennung ausschließlich zweidimensionales maschinelles Lesen möglich ist. Die magnetischen Zeichen können maximal mit einer Zeichendichte (Teilung) von 8 Zeichen/25,4 mm, die optischen Zeichen maximal mit 10 Zeichen/25 mm gedruckt werden. Bei den stilisierten numerischen optischen Zeichensätzen sind die Strichdicken der Zeichenlinien konstant und einheitlich und die Teile eines Zeichens zusammenhängend im Gegensatz zu den beiden magnetischen Schriften (s. DIN 66007 und 66008).

Eigenschaften des Zeichenträgers und des gedruckten Zeichens. Die Zeichen unterscheiden sich vom Zeichenträger aufgrund ihrer Kontraste (Zeichenabtastung, s. 13.1.5). Die Kontraste müssen im allgemeinen durch äußere Hilfsmittel wie Vormagnetisierungskopf oder Lichtquelle (graue oder selektive Strahler) erregt werden. Die Kontraste können entweder aktiv nach Erregung weiter bestehen, oder erfordern Dauererregung (passive Kontraste).

Die Definition des Remissionsgrades β ergibt sich aus Abb. 13.1-29. Die Messung des Remissionsgrades kann vorgenommen werden [40]

a) über einer vollständig absorbierenden Unterlage: β_0

b) über einer weißen Unterlage mit dem Remissionsgrad $\beta(w)$: β_w

c) über einem lichtundurchlässigen Stapel aus gleichem Material (Eigenremission): β_∞

Bei lichtdurchlässigem Material gilt im allgemeinen $\beta_w > \beta_\infty > \beta_0$

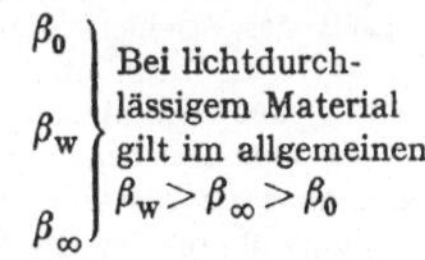

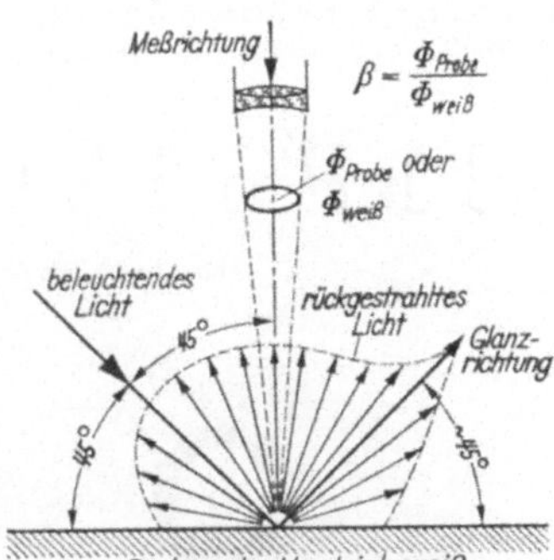

Abb. 13.1-29. Zur Definition des Remissionsgrades $\beta = \Phi_{Probe}/\Phi_{weiß}$ (eine für die Zeichenerkennung geeignete Meßanordnung)

Der Remissionsgrad β ist erst zusammen mit der spektralen Verteilung der Leuchtdichte B_λ der Lichtquelle (üblich ist z.B. Wolfram-Glühlicht Normlichtart A), der Durchlässigkeit T_λ des Farbfilters (Schwerpunktswellenlänge λ_S, Bandbreite $\Delta\lambda$ oder Grenzwellenlänge λ_G bei Tiefpaßcharakter) und der Empfindlichkeit ε_λ des Photowandlers (üblich ist z.B. ein Silizium-Photoelement oder Photodiode) definiert.

Die Abtastung eines Zeichens wird beeinträchtigt bei Lichtdurchlässigkeit des Papiers und wird abhängig vom Untergrund. Ein Maß für die Lichtundurchlässigkeit ist die Opazität (bzw. Transparenz). Opazität O und Transparenz T werden durch Messungen des Remissionsgrades bestimmt (s. [2]).

Der auswertbare Kontrast eines gedruckten Zeichens wird durch die Druckkontrastzahl K beschrieben. Der mit einer Meßapertur der Fläche F bestimmte Remissionsgrad β_M ist dabei der Mittelwert der Remissionsgrade von den geschwärzten und ungeschwärzten Flächen mit den Anteilen F_S/F und F_W/F.

$$K_M = \frac{(\beta_P)_0 - (\beta_M)_0}{(\beta_P)_0} = \frac{F_S}{F}\left\{1 - \frac{(\beta_D)_0}{(\beta_P)_0}\right\} \quad \text{mit} \quad \beta_M = \frac{F_S}{F}\beta_D + \frac{F_W}{F}\beta_P. \quad (11.5\text{-}54)$$

Unter einem bestimmten Abstand auf dem Zeichenträger darf das Verhältnis $(\beta_M)_{0\,max}/(\beta_M)_{0\,min}$ einen Grenzwert nicht überschreiten. Weitere Eigenschaften des Zeichenträgers wie Glanz, Gehalt an Fremdkörpern und mechanische Eigenschaften (Faltwiderstand, Reißfestigkeit) müssen bei der Belegverarbeitung beachtet werden.

Anordnung der Zeichen auf dem Zeichenträger. Mit einfachen Zeichenlesern ist das Aufsuchen einer Zeichenzeile bzw. einzelner Zeichen im allgemeinen nicht möglich. Daher wird die Zeilenanordnung von Zeichen je nach Belegart (s. DIN 66008) auf dem Träger vorgegeben.

13.1.4 Numerische Bewertungsverfahren für die Unterscheidbarkeit von Zeichen

Die erzielbare maschinelle Lesesicherheit wird durch den Grad der Unterscheidbarkeit der Zeichen aufgrund der im allgemeinen binären Erkennungsmerkmale $x_1, x_2, \ldots, x_n$ bestimmt. Eine quantitative Aussage kann nur dann gemacht werden, wenn die Störungsverteilung der realen Zeichen bezüglich der Bedeutungsklassen (Idealzeichen) bekannt ist. Ohne die Verteilung im einzelnen zu kennen, kann aber die Lesesicherheit verbessert werden, wenn eine geeignet gewählte Bewertungszahl für den Grad der Unterscheidung von Idealzeichen eines Zeichensatzes bei gleicher zugrunde liegender Klasse von Merkmalen optimiert wird. Als Merkmale x_i können z. B. die binären Schwärzungsstufen ($x = 1$ für schwarz: Zeichen; $x = 0$ für weiß: Zeichenträger) der gerasterten Zeichenfläche dienen, oder eine geeignet

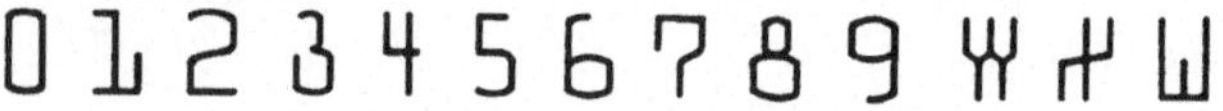

$$0\,1\,2\,3\,4\,5\,6\,7\,8\,9\,\text{Ψ}\,\text{Ⴑ}\,\text{Ш}$$

Abb. 13.1-30. Bicode-Ziffernsatz CZ13 (SEL)

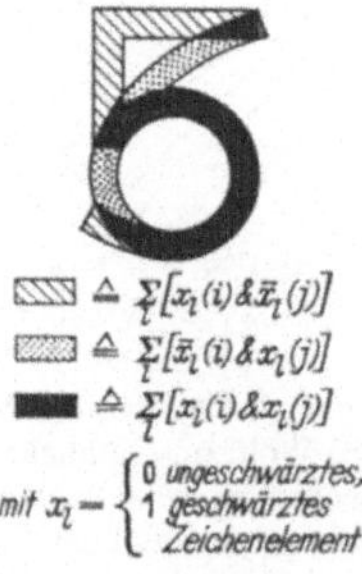

$$\text{⬚} \triangleq \sum_l [x_l(i)\,\&\,\bar{x}_l(j)]$$

$$\text{⬚} \triangleq \sum_l [\bar{x}_l(i)\,\&\,x_l(j)]$$

$$\text{■} \triangleq \sum_l [x_l(i)\,\&\,x_l(j)]$$

$$\text{mit } x_l = \begin{cases} 0 & \text{ungeschwärztes,} \\ 1 & \text{geschwärztes} \\ & \text{Zeichenelement} \end{cases}$$

Abb. 13.1-31. Flächenunterschied
$$d_{HD} = \sum_l |x_l(i) - x_l(j)| \text{ zweier}$$
Zeichen der Klasse i und j
als Maß für die Unterscheidbarkeit

zusammengefaßte und definierte Anzahl von Rasterelementen (z. B. als Strichelemente oder Formelemente). Zur Prüfung der eindeutigen Unterscheidbarkeit können auch Entscheidungsbäume (logische Diagramme) herangezogen werden. Bewertungszahlen sind besonders für die Entwicklung von Zeichensätzen erforderlich. In Tabelle 13.1-3 sind z. B. die Strichelement-Unterschiede der CZ13-Zeichen durch die Hamming-Distanz in Form einer Unterscheidungsmatrix dargestellt (s. auch Tabelle 13.1-2 und Abb. 13.1-30). Nachstehend sind einige theoretische Bewertungsmethoden angegeben. Die Betrachtungen beziehen sich im allgemeinen auf Zeichenpaare (i, j) unterschiedlicher Klassen. Wenn als Merkmale x_l z.B. die Flächenelemente des Konstruktionsgitters benutzt werden, kann der Flächenunterschied zweier Zeichen (Abb. 13.1-31) als Bewertung dienen.

Tabelle 13.1-2. Codetabelle für die CZ13-Zeichen (die Strichpositionen sind durch die Abtastfolge bei einer Leserichtung von rechts nach links fortlaufend durchnumeriert, 1 ≙ Strichelement vorhanden, 0 ≙ Strichelement fehlt; s. auch Abb. 13.1-30)

Zeichen		obere Bicodezone					untere Bicodezone				
		5	4	3	2	1	5	4	3	2	1
Ziffer	0	0	1	0	0	1	0	1	0	0	1
	1	0	0	1	0	0	0	0	1	0	1
	2	0	0	0	0	1	1	0	0	0	0
	3	0	0	0	1	0	0	1	0	0	1
	4	0	0	1	0	1	0	0	0	0	1
	5	0	1	0	0	0	0	0	0	0	1
	6	1	0	0	0	0	1	0	0	0	1
	7	1	0	0	0	1	0	0	1	0	0
	8	0	1	0	1	0	1	0	0	0	1
	9	1	0	0	0	1	0	0	0	0	1
Sonder-	S_1	1	0	1	0	1	0	1	0	1	0
zeichen	S_2	0	0	1	0	1	1	0	1	0	0
	S_3	1	0	0	0	1	1	0	1	0	1

Tabelle 13.1-3. Strichelement-Unterschiede der CZ13-Zeichen, dargestellt durch die Hamming-Distanzen in Form einer Unterscheidungsmatrix (* ≙ d_{MHD}; s. auch Tabelle 13.1-2)

1	2	3	4	5	6	7	8	9	S_1	S_2	S_3	
5	4	3	3	2*	5	5	4	3	5	6	5	0
	5	4	2*	3	4	4	5	4	6	3	4	1
		5	3	4	3	3	4	3	5	2*	3	2
			4	3	4	6	3	4	6	7	6	3
				3	4	4	5	2*	4	3	4	4
					3	5	2*	3	7	6	5	5
						4	3	2*	6	5	2*	6
							7	2*	4	3	2*	7
								5	9	6	5	8
									4	5	2*	9
										5	6	S_1
											3	S_2

Mittlere Zellen-Entropie

$$\bar{H}(i) = -\frac{1}{n} \sum_{l=1}^{n} [p_l \operatorname{ld} p_l + (1 - p_l) \operatorname{ld}(1 - p_l)] \quad \text{mit} \quad p_l = h_{\mathrm{rel}}(x_l) = \frac{1}{m} \sum_{i=1}^{m} x_l(i).$$

Relative minimale Hamming-Distanz

$$d_{\mathrm{MHD, rel}} = \frac{1}{n} \operatorname*{Min}_{i,j} d_{\mathrm{HD}}(i, j) \qquad d_{\mathrm{HD}}(i, j) = \sum_{l=1}^{n} \{[x_l(i) \wedge \bar{x}_l(j)] + [x_l(j) \wedge \bar{x}_l(i)]\}.$$

Flächendifferenz-Methode
(WAD, ungünstigste Berücksichtigung der Strichdicketoleranzen $s_{\max}$ und $s_{\min}$)

$$d_{\mathrm{WAD}}(i, j) = \sum_{l=1}^{n} \{[x_l(i_{s,\min}) \wedge \bar{x}_l(j_{s,\max})] + [x_l(j_{s,\min}) \wedge \bar{x}_l(i_{s,\max})]\}.$$

Gütezahl (COM, mit allgemeiner Berücksichtigung der Strichdicke s

$$R(s) = \sqrt{s}\, M(s) \quad \text{mit} \quad M(s) = \operatorname*{Min}_{ij}\,(\sin \alpha_{ij})$$

und

$$\sin^2 \alpha_{ij} = 1 - \frac{[\boldsymbol{V}_i(s)\, \boldsymbol{V}_j(s)]^2}{\boldsymbol{V}_i^2(s)\, \boldsymbol{V}_j^2(s)}.$$

mit Zeichenvektor bzw. Vergleichszeichen V_k nach Punkt 3b des Abschnitts 13.1.2.1.

13.1.5 Verfahren zur Zeichenabtastung

Zeichen, die in magnetisierbaren Kontrasten gedruckt vorliegen, können mit Leseköpfen ähnlich den Magnettonköpfen, die in dichtem Abstand oder schleifend zum vorbeilaufenden Zeichenträger angebracht sind, abgetastet werden. Für die Abtastung rein optisch vorliegender Zeichen sind spezielle Wandleranordnungen oder Bildabtaströhren erforderlich. Nach Tabelle 13.1-4 sind für die zweidimensionale Zeichenabtastung neben den Verfahren der indirekten Abtastung über Ladungsbild-Speicherung (Fernsehtechnik) noch Verfahren der direkten Abtastung gebräuchlich, die für die Zeichenerkennung u. U. zweckmäßiger sind (eindimensionale Abtastung, s. Abb. 13.1-25). Bei direkter Abtastung können Verfahren der mechanischen (Nipkow-Scheibe) oder elektronische Bildpunktausblendung und der Lichtpunktabtastung unterschieden werden. Weiter besteht noch die Möglichkeit der voll- oder teilparallelen Bildabtastung (je Bildpunkt ein Wandler) und der optischen Bildaufspaltung durch Mehrfach-Spiegelungen [7, 23] (je Teilbild und Vergleichsmaske ein Wandler).

Tabelle 13.1-4. Bild- und Zeichenabtastgeräte

Abtastgerät	Abtastprogramm	Auflösung	Abtastgeschwindigkeit (Trägheitseffekt)
Superorthikon	starr (Zeilen, Spalten)	700 ... 800 Zeilen je Bild	25 Bilder/s (Ladungsspeicherung)
Vidikon	starr (Zeilen, Spalten)	600 ... 900 Zeilen je Bild	25 Bilder/s (Ladungsspeicherung)
Image Dissector	flexibel (beliebige Punkt- und Linienführung)	500 ... 600 Zeilen je Bild	mehr als 10^7 Bildepunkte/s (Photo- und Sekundärelektronen-Emission)
Loch- oder Schlitz-Drehscheibe	starr (Zeilen, Spalten, Unterzeilen)	30 Zeilen je Zeichen oder 68 Unterzeilen je Abtastspalte	250 ... 500 Zeichen/s (elektromechanischer Antrieb)
Lichtpunkt-Abtaster	flexibel (beliebige Punkt- und Linienführung)	Oszillograph: 300×300 Punkte je Bild TV-Röhre $600 ... 800$ Zeilen je Bild Abtaströhre: 4000×4000 Punkte je Bild	blauer Phosphor: $10^6 ... 10^7$ grüner Phosphor: $10^5 ... 10^6$ Bildpunkte/s (Schirm-Nachleuchten)
Photowandler-Spalte oder Matrix	starr	30 ... 80 Bildpunkte je Spalte oder 50 ... 400 Bildpunkte je Bild	entsprechend der flächenhaften Wandleranordnung
Optische Bildvervielfachung und Zeichenkorrelation (inkohärentes oder kohärentes Licht)	Parallelverarbeitung	entsprechend der Filmauflösung 10^8 bit/cm^2	

13.1.5.1 Wandlerelemente. Die wichtigsten lichtelektrischen Wandler (s. Abschnitt 3.3.4.4) für die direkte Abtastung sind der Photovervielfacher (Photozelle), die Photodiode und das Photoelement. Um möglichst starke Kontraste zwischen dem unbeschriebenen Untergrund und den Schriftzeichen und damit großen Störabstand zu erhalten, ist es evtl. zweckmäßig, die Remission von Zeichen, Untergrund und Störungen nur in einem bestimmten Lichtwellenlängenbereich auszuwerten. Der geeignete Spektralbereich ist durch Lichtquelle, lichtelektrischen Wandler und Farbfilter entsprechend einzustellen. Für die indirekte Abtastung (mit Ladungsbild als Zwischenstufe) steht eine Reihe von Kameraröhren der Fernsehtechnik zur Verfügung.

13.1.5.2 Abtastprogramm. Die durch den Linienzug vorliegende Information muß den elektrischen Erkennungsschaltungen zugeführt werden. Hierfür gibt es mehrere Möglichkeiten. Das Abtastprogramm kann fest vorgegeben, umschaltbar oder steuerbar sein.

a) Abtastung ohne Rücksicht auf das Zeichen.

α) Vollparallele Abtastung (hoher Aufwand an Wandlern und Verstärkern, sehr hohe Abtastgeschwindigkeit).

β) Teilparallele Zeilenabtastung gemäß Abb. 13.1-32 (günstig bei kontinuierlichem Durchlauf der Zeichen, Speicher je Zeile, z.B. lineares Schieberegister, verhältnismäßig hohe Abtastgeschwindigkeit).

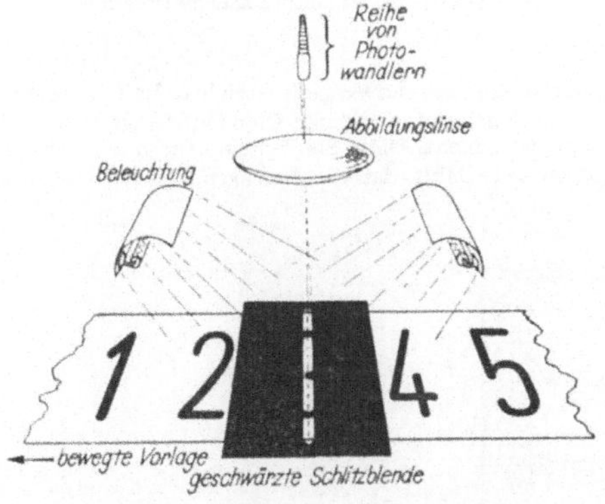

Abb. 13.1-32. Teilparallele Zeichenabtastung

γ) Serienmäßige Punktabtastung gemäß Abb. 13.1-33 (entweder unter Verwendung einer Katodenstrahlröhre und verdunkelter Vorlage oder ohne verdunkelte Vorlage mit Drehscheibe, Dissector-Röhre oder anderen Kameraröhren).

b) Abtastprogramm vom vorliegenden Zeichen gesteuert. Unter Verwendung einer Punktabtastung ähnlich Abb. 13.1-33 können die Konturen des vorliegenden Zeichens abgefühlt werden. Hierzu wird durch eine elektrische Rückführung vom Signalausgang auf die Ablenkmittel das Abtastprogramm beeinflußt. Aus dem zeitlichen Verlauf der Ablenkspannungen kann auf die geometrische Form des Zeichens geschlossen werden. Abb. 13.1-34 zeigt ein Verfahren, bei dem die Konturverfolgung durch einen Lichtfleck dadurch erzielt wird, daß der Kreisbahndurchmesser des rotierenden und auf das Zeichen abgebildeten Lichtflecks bei Eintritt in eine schwarze Zeichenlinie auf einen kleineren Wert umgeschaltet wird [26] (s. Tabelle 13.1-5, IBM 1287).

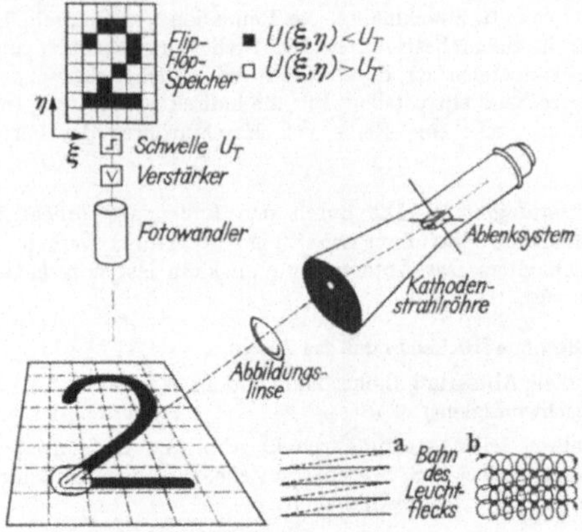

Abb. 13.1-33. Serienmäßige Lichtpunktabtastung

c) Abtastprogramm angepaßt an Vergleichszeichen. Im Gegensatz zum Verfahren *b* wird hier auf vorausbestimmten Bahnen (Sonden) festgestellt, ob der Linienzug durchschnitten wird oder nicht. Diese Sonden sind für eine bestimmte Auswahl zu erkennender Zeichen so gewählt, daß die Aussagen, welche Sonden vom Linienzug

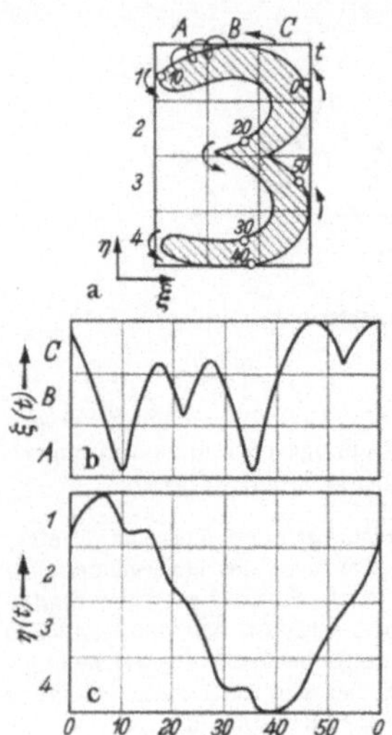

Abb. 13.1-34 a u. b. a Zeichenabtastung durch Konturverfolgung [46] und b zonenweise Darstellung des Zeichens durch die Abtastsignale $\xi(t)$ und $\eta(t)$

durchschnitten wurden und welche nicht, über eine einfache Codetabelle unmittelbar zur Bedeutung des Linienzuges führen (s. auch Abb. 13.1-26).

Beim Vergleich der Verfahren *a*, *b* und *c* ist zu erkennen, daß durch Wahl eines geeigneten Abtastprogramms die eigentliche Erkennung schon weitgehend vorbereitet werden kann. Bei geeigneter Zusammenschaltung von Photowandlern bei teilparalleler Abtastung kann z.B. direkt eine Erkennung von Strichelementen durchgeführt werden (s. Bicode-Ziffernerkennung Abb. 13.1-30).

Falls bei den zu erkennenden Zeichen das Vorzeichen des Kontrastes nicht voraus bekannt ist (z.B. Schwarz auf Weiß oder Weiß auf Schwarz) oder die Zeichen eine innere Struktur haben oder aber die Grundtönung sich ändert, ist es evtl. zweckmäßig, nicht die Absolutwerte der remittierten Lichtströme auszuwerten, sondern ihre Änderungen. Im Falle der serienmäßigen Lichtpunktabtastung (Abb. 13.1-33) wird der linear verlaufenden, zeilenmäßigen Abtastung eine kreisförmige Bewegung überlagert. Nur solche Abtaststellen, die beträchtliche Schwärzungsunterschiede vorfinden, ergeben ein elektrisches Signal. Damit werden also die Konturen der zu erkennenden Zeichen elektrisch reproduziert, invariant gegen Kontraständerungen (z.B. Schwarz auf Weiß oder Weiß auf Schwarz usw.). Da in den Konturen alle Information liegt (aber im allgemeinen nicht in der Strichdicke), sind die Voraussetzungen für die Erkennung gegeben.

Nach einem anderen Verfahren kann die Kontur dadurch ermittelt werden, daß ein Lichtpunkt alternierend fokussiert und defokussiert je Abtaststelle auf die Zeichenvorlage abgebildet wird [7]. Die Kontur ist durch einen Remissionsunterschied bei Fokussierung und Defokussierung (Lichtpunktvergrößerung) gekennzeichnet, wenn der gesamte ausgestrahlte Lichtstrom des Lichtpunktes für beide Betriebsarten gleich gemacht wird.

Bei entsprechender Modifizierung kann außer der Kontur noch die Richtung der Kontur ermittelt werden. Zur Richtungsermittlung wird z.B. das betreffende Zeichen durch ein Lichtpunkt-Verfahren mit Untermatrizen als Abtastprogramm abgetastet (Abb. 13.1-35). Die Remissionssignale von den Bildpunkten werden nach einem bestimmten Schema in Abhängigkeit der Elemente jeder Untermatrix mit den Gewichten $+1$ oder -1 bewertet, in einem Analogsummierverstärker über eine Untermatrix mit den Bewertungsfaktoren aufsummiert und einer Amplituden-Schwellwertschaltung zugeführt [44]. Je nach Bewertungsschablone für 0°, 45° oder 90° und Richtung der Kontur nimmt die Summe einen entsprechenden Wert an, der bei Deckung von Kontur und zugehöriger Schablone ein Maximum wird.

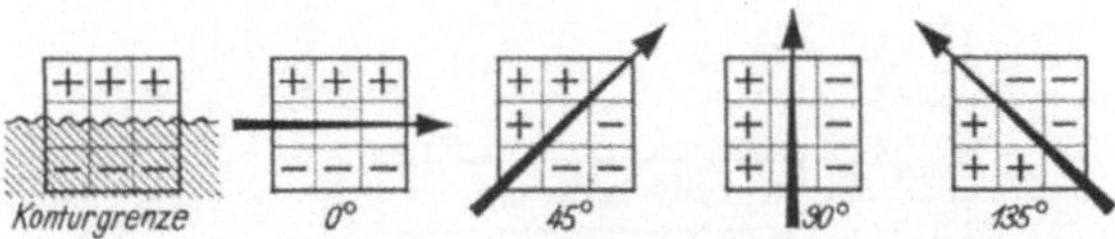

Abb. 13.1-35. Schema für die Richtungsermittlung einer Zeichenkontur

13.1.5.3 Vorabtastung und Vorverarbeitung. Bevor die eigentliche Abtastung eines einzelnen Zeichens durchgeführt werden kann, müssen im allgemeinen die informationstragenden und maschinell auszuwertenden Zonen und die Schriftzeichen auf dem Zeichenträger (z.B. Brief, DIN-A4-Blatt usw.) lokalisiert und unter Umständen Bezugslinien festgelegt werden (z.B. für Strichanalyse-Verfahren).

Anstelle der Bezugslinie kann auch jedes einzelne Zeichen maschinenintern (bei Matrix-Verfahren z.B. im Reproduktionsspeicher) zentriert, d.h. in eine definierte und reproduzierbare Lage bezüglich der Erkennungsschaltung gebracht werden (s. Abb. 13.1-40b).

Bei komplexeren Lesemaschinen besteht die Zeichenabtastung im allgemeinen aus 5 Abtastzyklen, die mit unterschiedlicher Auflösung der Zeichenfläche vorgenommen werden können:

a) Aufsuchen des informationstragenden Ausschnittes auf einem Zeichenträger,

b) Lokalisierung der Zeilen innerhalb des Ausschnittes,

c) Trennung der Zeichen innerhalb einer Zeile und Zentrierung,

d) Normierung der Zeichengröße und

e) Abtastung für die eigentliche Zeichenerkennung.

Lesemaschinen mit festem Abtastkopf je maschinell auswertbarer Druckzeile können im allgemeinen nur die Funktionen c und e ausführen. Voraussetzung ist hier, daß die maschinellen Lesezonen auf dem Beleg fest vorgegeben sind und daß eine für die einfache Zeichentrennung geeignete Schriftart benutzt wird.

Vor der eigentlichen Zeichenerkennung wird im allgemeinen noch eine Vorverarbeitung der Abtastsignale zur Beseitigung oder Reduzierung äußerer (Verschmutzungen oder Kontrastschwankungen von Zeichen und Zeichenträger) oder innerer, maschinenbedingter Störungseinflüsse (Beleuchtungsänderungen, Abtastung, Quantisierung) durchgeführt. Zur Vorverarbeitung zählt weiter die Bestimmung einfacher Grundelemente, die der eigentlichen Zeichenerkennung dienen, wie geschwärzte Rasterelemente, Strichelemente usw. Kontrastunabhängige Abtastverfahren erfordern eine geringere Signalvorverarbeitung bei höherem Aufwand in der Abtastung (s. 13.1.5.2). Sind für die Erkennung allein die Relativlagen von z.B. vertikalen Strichelementen wie bei Bicode-Schriftzeichen ausreichend, so genügt die zeitliche Bestimmung der Schwärzungsmaxima aus dem Abtastsignal (peak detection).

Die Kriterien für die Unterscheidung zwischen Untergrund, Flecken und Zeichenlinie sind die Größe des Schwärzungskontrastes und die flächenhafte Ausdehnung. Da für die Erkennung von Schriftzeichen keine Grauwerte erforderlich sind, wird das Abtastsignal einem zweiwertigen Amplitudendiskriminator zugeführt. Dadurch können Schwankungen des Abtastsignals über- und unterhalb des Schwellenwertes, dem z.B. der Wert von 50% des maximalen Kontrastsignals zugeordnet ist, unterdrückt werden. Wenn der Kurzzeit-Mittelwert des Abtastsignales stark schwankt, wird zweckmäßig der Signalpegel durch Steuerung oder Regelung dynamisch verschoben oder der Schwellenwert dynamisch nachgestellt (Abb. 13.1-36).

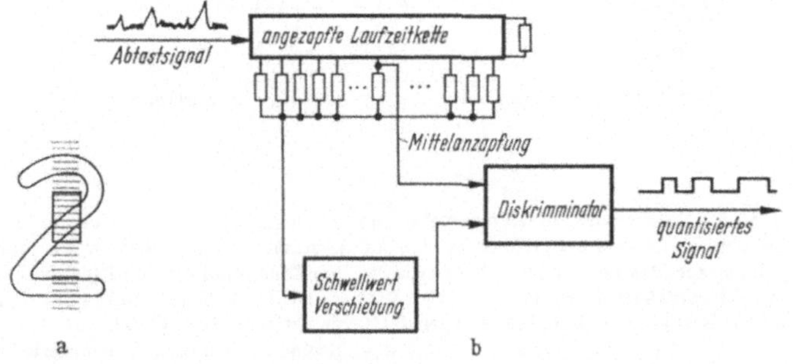

Abb. 13.1-36. a) Abtastprogramm (Spalten, aufgelöst in Unterzeilen) und b) Prinzip der dynamischen Schwellenregelung (IBM 1428)

13.1.6 Verfahren zur Zeichenerkennung

Die Zeichenerkennungs-Verfahren bei konventionellen Lesemaschinen [2, 7, 20] (speziell für die Belegverarbeitung) können nach folgenden Gesichtspunkten und Erkennungsmerkmalen gegliedert werden:

Verfahren ohne Zeichenabtastung

    a) optischer Masken-Vergleich

Verfahren bei eindimensionaler Auswertung der Abtastsignale

    b) Korrelationsanalyse (E 13 B)

    c) Frequenzanalyse (CMC 7)

Verfahren bei zweidimensionaler Auswertung der Abtastsignale

    d) Bicode-Vertikalstrichanalyse (CZ 13, NOF)

    e) Vertikalstrichanalyse

    f) Orthogonalstrichanalyse (OCR-A)

    g) Strichelement-Analyse (OCR-A, X 3.1, 7 B, 9 B, 12 F)

    h) Matrixelement-Analyse (OCR-A, X 3.1, 407, 1428)

    i) Formelement-Analyse (OCR-A erweitert, 12 H, 12 L, OCR-B)

Eine eindimensionale Auswertung ist nur bei Magnetschriften mit sehr spezieller Zeichenform sinnvoll. Die optische Masken-Korrelationsanalyse ist das wohl älteste Verfahren zur automatischen Zeichenerkennung. Für eine Vertikalstrichanalyse müssen die Zeichen so konstruiert sein, daß eine eindeutige Unterscheidung der Zeichen eines Satzes allein durch vertikale Halb- oder Langstriche gewährleistet ist. Bei der Bicode-Analyse wird noch einschränkend vorausgesetzt, daß die Vertikalhalbstriche nur in der oberen oder unteren Zone vorkommen, die durch die horizontale Zeichenmittellinie abgetrennt werden. Bei der Orthogonalstrichanalyse werden sowohl Horizontal- als auch Halb- und Langvertikalstriche als Erkennungsmerkmale ausgewertet. Bei der allgemeinen Strichanalyse tragen nicht nur gerade, sondern auch schräge und runde Zeichenlinien zur Unterscheidung bei. Die Definition von Strichelementen ergibt sich z. B. aus einem Konstruktionsgitternetz durch Auswahlregeln für bestimmte erlaubte Anordnungen von schwarzen Matrixelementen. Diese Auswahlregeln sind für die Beurteilung der Erkennungssicherheit von Zeichensätzen bei Strichauswertung wichtig (s. auch Tabellen 13.1-2 und 13.1-3).

Bei einem Matrixverfahren dienen die schwarzen Matrixelemente direkt ohne Weiterverarbeitung als Erkennungsmerkmale. Abgesehen von Sonderfällen und Überschneidungen unterscheiden sich die Strich- und Matrixanalyseverfahren durch den erforderlichen Speicheraufwand und die Art der logischen Auswertung der Erkennungsmerkmale. Für eine Strichanalyse werden im allgemeinen sequentielle logische Schaltkreise bei verhältnismäßig wenig speichernden Elementen eingesetzt. Matrix-Analyseverfahren erfordern dagegen Reproduktionsspeicher (zweidimensionale Anordnungen von Schieberegistern) und Zuordner zur Decodierung.

Eine allgemein anwendbare und für konventionelle Zeichen zweckmäßige Art der Auswertung ist die Formelement-Analyse. Dieses Verfahren bietet im allgemeinen eine hohe Erkennungssicherheit bei allerdings größerem Schaltungsaufwand.

Eine einfache Zeitabstandsanalyse wird bei der Zeichenerkennung der CMC 7-Magnetschrift angewandt. Die Abb. 13.1-37 zeigt einen typischen Signalverlauf eines CMC 7-Zeichens, welches mit einem breiten Magnetlesekopf abgetastet wurde (s. Abb. 3.3-3). Ausgewertet wird nur der lange oder kurze Abstand und die Folge der Abstände zwischen den Impulsen je Zeichen. Hierzu ist nur *eine* Polarität der Lesesignale erforderlich (Begrenzung).

13.1.6.1 Korrelationsanalyse. Der Korrelationskoeffizient K ist ein Maß für die Ähnlichkeit eines z. B. als Spannungssignal vorliegenden Zeichens $x_1 = u(t_1)$, $x_2 = u(t_2), \ldots, x_n = u(t_n)$ mit einem Vergleichszeichen V_k und kann daher als Er-

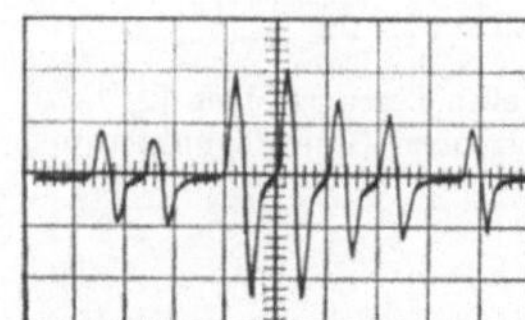

Abb. 13.1-37. Typischer Signalverlauf eines CMC7-Zeichens (Ziffer 1), abgetastet mit einem breiten Magnetlesekopf (Einspur)

kennungskriterium dienen. (Invarianz gegenüber affiner Transformation, d.h. gegen Verstärkung und Pegel.)

$$K'(k) = \frac{{}^z\!X\,{}^z\!V}{|{}^z\!X|\,|{}^z\!V|} \quad \text{oder allgemeiner} \quad K(k) = \frac{\sum\limits_{l=1}^{n}(x_l - \bar x)\,(v_l - \bar v)}{\sqrt{\sum\limits_{l=1}^{n}(x_l - \bar x)^2 \sum\limits_{l=1}^{n}(v_l - \bar v)^2}}$$

$$= \frac{\overline{x_l v_l} - \bar x \bar v^2}{\sqrt{(\overline{x_l^2} - \bar x^2)\,(\overline{v_l^2} - \bar v^2)}} \quad \text{mit} \quad \bar x = \frac{1}{n}\sum x_l,\; \overline{x v} = \frac{1}{n}\sum x_l v_l \quad \text{usw.}$$

$(-1 \leqq K \leqq 1;\ \text{Kontravarianz für} -1,\ \text{Kovarianz für} +1).$　　　　　　　(13.1-55)

Eine vereinfachte Korrelationsanalyse wird bei der Zeichenerkennung der E13B-Magnetschrift angewandt. (Eine Ausnahme bildet die Mehrspur-Abtastung und Matrixauswertung von IBM, s. Abb. 3.3-5). Die E13B-Zeichen werden mit einem breiten Magnetlesekopf einspurig abgetastet. Dadurch werden typische analoge, zeitliche Signalverläufe erzeugt (s. Abb. 3.3-4). Wegen der technisch nicht einfach zu realisierenden Normierung wird anstelle des Korrelationskoeffizenten nur das skalare Produkt als Prüfkriterium benutzt. Die für die E13B-Schrift erforderlichen 14 Sollkurven sind als Widerstandsnetze unter Berücksichtigung ihres Mittelwertes und Normierungsfaktors verdrahtet. Die fehlende Signalnormierung

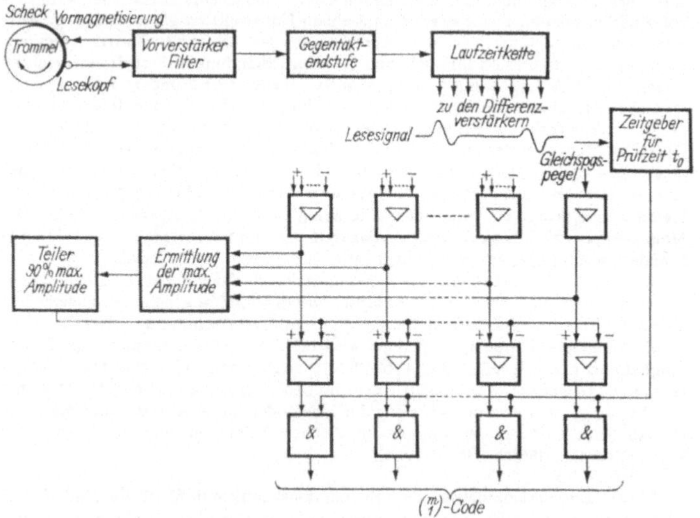

Abb. 13.1-38. Prinzip-Blockschaltung eines E13B-Magnetschriftlesers

wird durch eine Extremwertbildung und Auswertung ersetzt. In Abb. 13.1-38 ist das Prinzip eines E 13 B-Magnetschriftlesers dargestellt. Das verstärkte Lesesignal wird in einer Laufzeitkette zwischengespeichert und an 8 Anzapfstellen abgenommen.

13.1.6.2 Strichanalyse. Bei einem Leseverfahren nach Abb. 13.1-39 von SEL werden nur die horizontalen und die vertikalen Strichelemente für OCR A-Ziffern abgetastet bzw. ausgewertet. Dies geschieht bei teilparalleler Abtastung dadurch, daß je 3 oder mehr Photodioden über einen Summierverstärker überlappend zusammengefaßt sind. Die nachfolgenden Schwellenschaltungen bestimmen wegen der filternden Abtastung für jeden Spaltenpunkt, ob ein Vertikalstrichelement vorgelegen hat. Die horizontalen Strichelemente werden entsprechend durch einen zeitlichen Integrationsvorgang aus dem analogen Abtastsignal herausgefiltert. Die Strichelement-Aussagen von jeder Abtastspalte werden in ein Schieberegister parallel eingelesen und zur Zentrierung (Registrier-Höhenversatz) und Stricharterkennung bis zur Registerbegrenzung geschoben, bevor die nächste Spaltenabtastung erfolgt. Durch eine disjunktive Auswertung der Strichelemente je Spalte

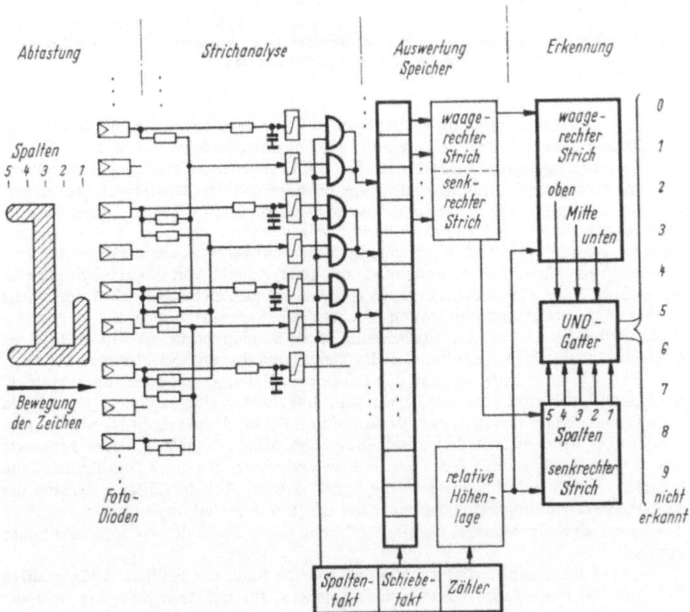

Abb. 13.1-39. Prinzip-Blockschaltung eines optischen Strichanalyse-Lesers für OCR A-Zeichen (ODS3 der SEL)

kann die Startkante eines Zeichens ermittelt werden, die den Taktgeber für die 5 Bicode-Strichzonen freigibt. Durch die Anzahl der Zentriertakte kann die Höhenlage eines Striches bezüglich der vorausgegangenen Strichelemente bestimmt werden.

Nach Abb. 13.1-40a können bei einer Strichelement-Analyse durch spaltenweise Abtastung eines Zeichens nicht nur die Halb- und Langvertikal-Strichelemente ermittelt, sondern bei Zwischenspeicherung und Vergleich des Abtastergebnisses benachbarter Spalten auch Aussagen über horizontal und schräg verlaufende Strichelemente gewonnen werden. Dazu werden die Zeichen z.B. in 20 bis 30 Abtastspalten zerlegt (mehrere Spalten entfallen auf eine Strichdicke).

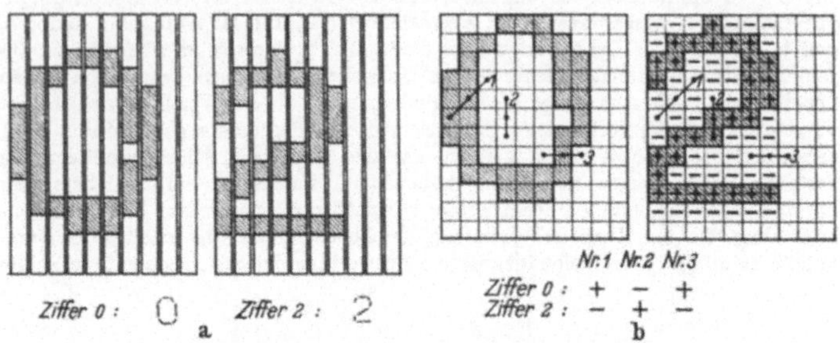

Abb. 13.1-40a u. b. Gegenüberstellung der sequentiellen bzw. parallelen Arbeitsweise bei einer Strichelement- (a) bzw. Matrixelementanalyse (b)

13.1.6.3 Matrixanalyse. Eine Matrixelement-Analyse ist sowohl für die Erkennung von Zeichen einer Schriftart als auch für Zeichen verschiedener Schriftarten (multifont, omnifont) geeignet. Im letzteren Fall muß für jeden zu erkennenden Zeichensatz eine besondere Erkennungslogik vorgesehen werden. Das Matrixverfahren unterscheidet sich von einem Strichanalyse-Verfahren dadurch, daß ein Speicher (z.B. Flipflop-Schieberegister) zur elektrischen Reproduktion des optisch vorliegenden Zeichens erforderlich ist. Zur Erkennung dienen entweder Sonden oder Teilflächen innerhalb der Matrixfläche, bestehend aus einer Anzahl von Matrixelementen in bestimmter Lage, deren Bedeckung (Sonde von einem Zeichenteil belegt oder nicht belegt) oder Bedeckungsgrad (durch Korrelation) ausgewertet wird.

In Abb. 13.1-40b ist die Realisierung eines Sondenverfahrens mit Hilfe eines Registers schematisch dargestellt. Jedes kleine Quadrat entspricht einem Flipflop; ein weißes Quadrat bedeutet, daß das Flipflop in Stellung weiß steht, ein schraffiertes Quadrat bedeutet schwarz. Ferner sind drei Sonden eingezeichnet. Jede Sonde besteht aus einer disjunktiven Verknüpfung dreier Matrixelemente durch drei Dioden. Die Aussagen von den einzelnen Sonden, Matrixelement *1*, *2* oder *3* schwarz bzw. weiß bei Negation, werden konjunktiv verknüpft. Bei der Ziffer *0* müssen die Sonden *1* und *3* schwarz melden, die Sonde *2* weiß; bei der Ziffer *2* müssen die Aussagen gerade umgekehrt lauten. Eine konjunktive Verknüpfung der drei Sonden liefert also die Aussage, ob eine „0" oder eine „2" im Reproduktionsspeicher vorliegt.

Entsprechend zum optischen Maskenvergleich kann die Prüffläche für positive Belegung über die ganze Gestalt eines Zeichens, für negative Belegung über die ganze übrige Matrixfläche ausgedehnt werden (Verfahren von Rabinow Electronics [7] / Control Data). Um bestimmte Zeichenteile besonders hervorzuheben, können einzelne Matrixelemente oder Zonen in bestimmten Lagen durch unterschiedliche Widerstandswerte besonders gewichtet werden. Zur besseren Unterscheidung des Q von dem O kann z.B. der untere Schrägstrich des Q bei der Prüfung Q gegen O stärker gewichtet werden, so daß er zur Abstandsbildung in stärkerem Maße beiträgt als die übrige Zeichenfläche. Wegen der verhältnismäßig einfachen Realisierungsmöglichkeit durch eine RTL-Logik kann die Erkennungslogik z.B. für jede Zeichenhöhenlage vorgesehen werden, so daß u.U. die Zeichenzentrierung und der Reproduktionsspeicher bei vollparalleler Abtastung fortfallen kann (Verfahren von Rabinow Electronics [7]).

In Abb. 13.1-41 ist ein Matrixverfahren mit 10 in Serie geschalteten 17stelligen linearen Flipflop-Schieberegistern (A bis K) und einem Zuordner zur Auswertung der Matrixmarkierungen dargestellt (Zeichenleser IBM 1418 [7]). Die Zeichen werden z. B. optomechanisch mit einem Unterzeilenprogramm spaltenweise überlappend abgetastet, die Signale nach analoger Störungs- und Datenreduktion in Schwarz-Weiß-Signale gemäß der Anzahl der Matrixelemente quantisiert und seriell in den Flipflop-Speicher $A\,1$ eingeschrieben. Bei der dargestellten zweidimensionalen Anordnung der 10 Schieberegister ist keine Zeichenzentrierung erforderlich, da die seriell eingelesene und mit einem Takt weitergeschobene Zeicheninformation nach 170 Schiebetakten in jede mögliche Lage innerhalb der Matrix gebracht worden ist.

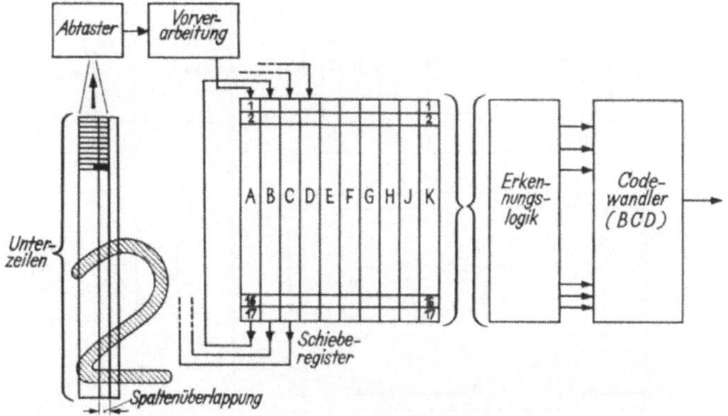

Abb. 13.1-41. Prinzip-Blockschaltung eines optischen Zeichenlesers (IBM 1418) für die Schrift IBM 407 [7]

Da auf ein Zeichen (z. B. Tabelliermaschine 407) etwa 7×8 Matrixelemente entfallen, beträgt der zulässige Höhenversatz eines Zeichens maximal $\pm\,{}^{1}/_{2}\,h$ einer Zeichenhöhe. Die Erkennungslogik prüft in jeder der 170 Verschiebelagen, ob das eingeschriebene Zeichen eine der gespeicherten logischen Funktionen $f_i = 1$ erfüllt, welches das Erkennungskriterium darstellt. Die logischen Funktionen bestehen z. B. aus disjunktiven, konjunktiven Verknüpfungen, Mehrheitsentscheidungen und Negationen mit den Matrixelementen als Variablen (Merkmalen) oder mit den durch Merkmale logisch gebildeten Zonenaussagen, die für mehrere Zeichenklassen gemeinsam benutzt werden.

In Abb. 13.1-42 ist noch das Prinzip einer Lesemaschine gezeigt, bei der eine Matrixanalyse auf der Grundlage von Wahrscheinlichkeitsmasken (Unterscheidungsfunktionen) realisiert ist. Die Unterscheidungsfunktionen sind nach (13.1-34) gebildet.

13.1.6.4 Formanalyse. Bei entsprechender Abwandlung des Strichanalyse-Verfahrens können nach Abb. 13.1-43 auch Formelemente wie Bögen, Verzweigungen, Kreuzungen usw. ermittelt werden (Verfahren von Siemens [45]. Die Abtastergebnisse zweier nebeneinanderliegender Abtastspalten werden z. B. synchron einem Vergleicher der Erkennungslogik zugeführt, der die Folge der Schwarz(1)-Weiß(0)-Signalpaare benachbarter Spalten prüft. Ein charakteristisches Merkmal für die gekrümmte Zeichenlinie (Bucht) ist das Auseinanderlaufen ($D \triangleq$ Divergenz) einer Zeichenlinie und das Zusammenlaufen ($K \triangleq$ Konvergenz). Die Divergenz drückt sich, abgesehen von Störungen, durch die Signalpaarfolge 11, 10, 11, die Konvergenz

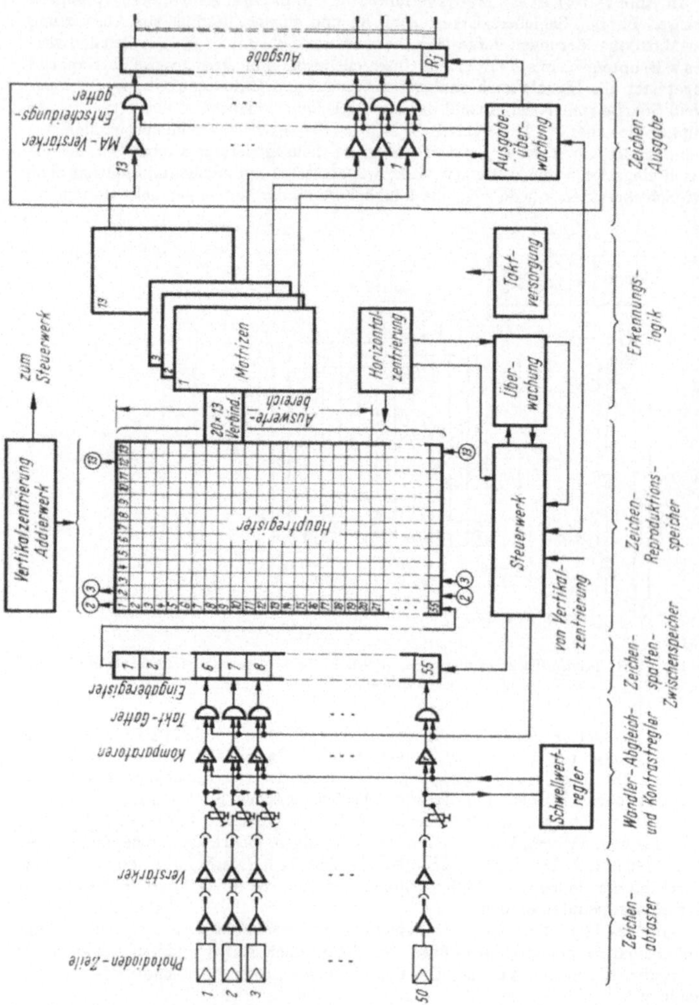

Abb.13.1-42. Optische Leseeinrichtung der AEG-Telefunken für OCR A-Ziffern

durch 11, 01, 11 aus. Durch die Kriterien Divergenz und Konvergenz können noch Merkmale wie geschlossene Zeichenlinie (Kreis) oder endende Zeichenlinie als Formelemente gewonnen werden. Verfahren, die auf der Grundlage der Formelement-Auswertung arbeiten, sind besonders für die Zeichenerkennung unterschiedlicher Schriftarten (multifont) geeignet. Die Zeichenbeschreibung mit Hilfe von Formelementen ist nämlich im Gegensatz zu einem Matrixverfahren weitgehend unabhängig von der exakten Form der Zeichen. Eine Formanalyse ist auch auf der Grundlage eines Matrixverfahrens möglich bei entsprechender Vorverdrahtung und Gewichtung von Formelementen.

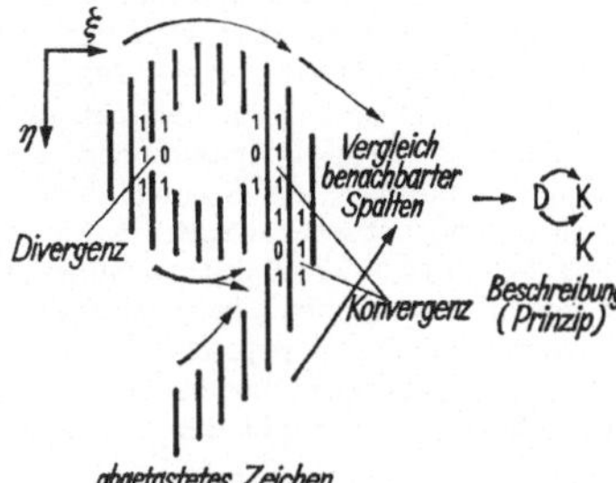

Abb. 13.1-43. Prinzip einer Formanalyse auf der Grundlage eines Strichanalyseverfahrens (Siemens) [45]

13.1.7 Lesemaschinen und Anwendungen

Lesemaschinen können durch verschiedene Merkmale charakterisiert werden, wie z. B. durch die Art des maschinell lesbaren Kontrastes, der lesbaren Schrift, des transportierbaren Belegformates, der lesbaren Zone und der Ausgabefunktion. Zwei Grundtypen von Lesemaschinen werden dargestellt durch den

a) magnetischen Zeichenleser (ursprünglich im Einsatz bei Kreditbetrieben wie z. B. Bank, Sparkasse, Postscheckamt usw.) und den

b) optischen Zeichenleser (übrige Anwendungen).

Entsprechend der Belegart können Zeichenleser für Kontokarten, Film-, Registrierstreifen, Formulare, Briefe und Blätter unterschieden werden.

Die zulässigen Belegformate können je nach Lesemaschine in engen (Festformat) oder weiten Grenzen variieren, wobei u. U. auch ein gemischter Betrieb zulässig ist. In Sonderfällen kann der Beleg während der Abtastung stationär vorliegen. Dies erfordert zweidimensionale Abtastprogramme mit hoher Auflösung (Lichtpunktabtastung, Vidikon). Dabei werden u. U. große Lesegeschwindigkeiten erzielt.

Bei fester Lesestation können einzelne Lesezonen wie z. B. Betragsfeld, Kontonummernfeld usw. innerhalb einer Lesezeile entweder durch Steuer-(Sonder-)Zeichen oder durch Programmierung (unter Leser- oder Rechnerkontrolle) geöffnet und geschlossen werden (Feldbegrenzung). Entsprechend der Zeichenausgabe können schließlich noch folgende Klassen von Zeichenlesern unterschieden werden:

a) Zeichenleser ohne Rechnerüberwachung (selbständige Einheit z. B. für offline-Rechenbetrieb);

α) Belegleser mit eigenständiger Auswertung (z. B. Markierungsleser für Fragebogenauswertung, Buchungsleser für Kontokarten u. ä.),

β) Belegleser mit Anschluß einer Lochkarten-, Lochstreifen- oder Magnetband-Ausgabe,

γ) Belegleser mit Beleglochung,

δ) Belegleser mit Belegsortierung;

b) Zeichenleser mit Rechnerüberwachung;

α) Belegleser für on-line-Rechenbetrieb,

β) Belegleser und Sortierer.

Das Sortieren von Belegen ist bei automatischen Buchungsvorgängen erforderlich (Rechnersystem mit Kontenspeicher). Durch das Sortieren nach einem bestimmten Sortierbegriff kann eine Neuordnung der Belege entsprechend einer vorgegebenen Rangfolge erzielt werden. Dazu werden die Belege in bestimmte Ablagefächer gesteuert (s. Tabelle 13.1-5). Zeichenleser mit Sortierfunktion besitzen zwischen 4 und 18 Ablagefächer. Dagegen haben einfache Zeichenleser im allgemeinen nur ein

Ablagefach, u. U. ein Sonder- oder Ausweichfach (z. B. für Fachüberlauf) und ein Rückweisungsfach für fehlerhafte oder nicht auswertbare Belege.

Zu unterscheiden ist das Sortieren nach festen Begriffen (z. B. bestimmter Kontonummer, Bankkennzeichen, Belegart, Datum usw.), die durch Tastatur oder über Lochkarte einstellbar sind, und das Sortieren nach dezimal aufsteigenden Kontonummern. Um in einem Durchlauf nach einer Dezimalstelle sortieren zu können, sind 11 Sortierfächer einschließlich des Rückweisungsfaches erforderlich.

Die größte Gruppe der zeichenerkennenden Maschinen wird gebildet durch die Belegleser, Sortierer und Stanzer. Eine Übersicht der Lesemaschinen für Magnetschriften und optische Schriften sowie ihrer Spezifikationen und Leistungen gibt die Tabelle 13.1-5. Die Belegleser bilden im allgemeinen einen Teil (Periperie-, Eingabegerät) eines größeren belegverarbeitenden Systems.

Durch Vorgabe entsprechender Zeichenleser können die zu verarbeitenden Daten im allgemeinen schon bei der Erstellung (an der Erzeugerquelle) in maschinell auswertbarer Form erfaßt werden, so daß eine weitgehende Automatisierung z. B.

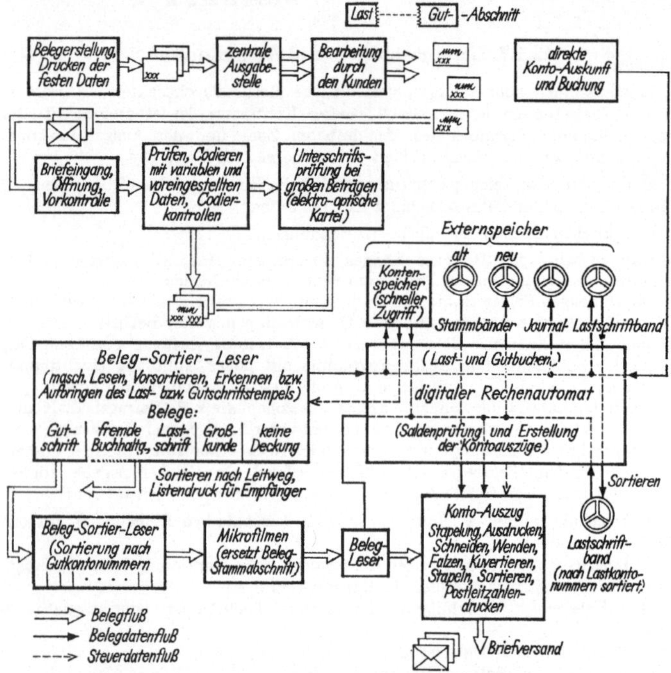

Abb. 13.1-44. Beispiel für den Beleg- und Datenfluß durch ein Kreditinstitut (z. B. Postscheckamt) bei elektronischer Kontenführung und Buchung

folgender Vorgänge möglich wird: Last- und Gutbuchen im Kreditwesen, Verteilung und Sortierung von Belegen in Clearing, Girostellen oder Briefverteilämtern, Abrechnung, Zahlungsverbuchung, Rechnungsschreibung bei Kreditkäufen und sonstigen Leistungen (Energieversorgung, Tanken, Krankenhausbehandlung), Kontrolle, Statistik und Analyse (Bestellung, Lagerhaltung, Verkaufskontrolle), Nachrichtenübertragung gedruckter Texte und Textübersetzung. Den Beleg- und Datenfluß durch ein Kreditinstitut (z. B. Postscheckamt) zeigt Abb. 13.1-44.

Der Zeichenleser kann unmittelbar keine Substitutionsfehler melden. Damit Fehlbuchungen weitgehend vermieden werden (sicherer als 1 Fehler auf 10^5 Belegen), muß eine Belegeintragung (Feld mit festen Daten wie z. B. eine Scheckkontonummer) durch eine zusätzliche Ziffernkontrolle oder durch eine Verschlüsselung der vollständigen Kontobezeichnung besonders gesichert werden. Gleichzeitig werden dadurch auch manuelle Codierfehler berücksichtigt, die z. B. durch Bedienungsfehler an tastengesteuerten Druckgeräten vorkommen.

Tabelle 13.1-5. Lesemaschinen für die automatische Belegverarbeitung

Belegformate: Karte K, Formular F, Blatt B, Registrierstreifen R.

Ausgabe: on-line-Computereingabe ON, Belegsortierung mit Anzahl Sortierfächer S, Lochkarte LK, Lochstreifen LS, Magnetband MB, Beleglochung BL, eigenständige Auswertung AW.

Hersteller, Maschinentyp	Schriftart	Belege/Std. (Lesegeschwindigkeit)	Ausgabe
AEG-Telefunken			
BLM 2051	num.: OCR A,	75000 F	16S
BLM 2061	OCR B, Handschrift	(2100 Z/s)	ON
BBK 2010, 2011	CMC7		MB, S
Burroughs			
B 102, 103	E13B, CMC7	94000 F (3200 Z/s)	13S, ON
B 9134	num.: E13B, CMC7, OCR A, OCR B	98000 F (3000 Z/s)	13S, ON
Control Data			
915	α-num.: OCR A	10800 B (370 Z/s)	
935	7B, 12F, 407, 1428, α-num.: OCR A	12000 F (750 Z/s)	
Farrington			
3020	7B, 12F, 1428, OCR A	30000 K	BL
3010	7B, 12F/L, 1428, OCR A, OCR B	26400 F	LK, MB, ON
2030	12F/L	B (400 Z/s)	LS, MB, ON
3030	12F/L, OCR A	B (400 Z/s)	LK, LS, MB, AW
4040	12F, 1428, NOF, OCR A, OCR B	R (2200 Z/s)	MB, ON
GE			
MRS 200/205	E13B, CMC7, COC5	72000 F	12S, ON
DRD 200	COC5	(2400 Z/s)	ON
GE/Bull			
MDR 100	CMC7	39000 F (700 Z/s)	ON
Honeywell			
H-LM 2051, 2061	s. AEG-Telefunken		
IBM			
1230, 1231, 1232	Markierung	2000 B	LK, ON, AW
1259, 1412, 1419	E13B, CMC7	96000 F (2112 Z/s)	13S, ON
1240	E13B	72000 F	7S, AW
1418	407	25000 F (500 Z/s)	13S, ON
1428	1428	24000 F (480 Z/s)	13S, ON
1282	1428, 7B	12000 K (300 Z/s)	BL
1285	num.: 1428	R (365 Z/s)	ON
1287	num.: 1428, OCR A, Handschrift, Gothic, α-num.: OCR A	48000 F R (2000 Z/s)	ON
1288	α-num.: OCR A, num.: Handschrift Gothic	960 B (1000 Z/s)	ON
1270	num.: OCR A	45000 F	6S, 12S, ON
1275	num.: OCR A, OCR B	96000 F	13S, ON
1975	omnifont (200)	B (1280 Z/s)	ON

Tabelle 13.1-5. (Fortsetzung)

Hersteller, Maschinentyp	Schriftart	Belege/Std. (Lesegeschwindigkeit)	Ausgabe
NCR			
420	NOF	R (1 664 Z/s)	LK, LS, ON
670	E13B	36000	12S, ON
671	E13B, CMC7	72000	18S, ON
Optical Scanning			
288	num.: 7B, 1428, OCR A, Handschrift	72000 F (800 Z/s)	
Philco			
P6600	α-num.: Futura, 1403	36000 (1000 Z/s)	AW
P6700	Ziffern	Film (1000 Z/s)	
GPPR	multifont	10800 B (1000 Z/s)	
Recognition Equipment			
Retina DR	multifont, Handschrift	36000 F (2400 Z/s)	
Retina PR	multifont, Handschrift	1800 B (2400 Z/s)	
Scan Data			
100, 300	multifont, Handschrift	B (600 Z/s)	
200	α-num.: OCR A, OCR B, 1403, einige Schreibm., Handschrift		
SEL			
ODS 2	num.: OCR A	33000 F	
ODS 3, 4	num.: OCR A	54000 F	
Siemens			
4250, 4251	s. AEG-Telefunken		

Literatur

[1] *Steinbuch, K.*: Automatische Zeichenerkennung, Taschenb. d. Nachrichtenverarbeitung (Hrsg. *K. Steinbuch*). Berlin, Göttingen, Heidelberg: Springer 1962, 1. Aufl., 800—830. — [2] *Kazmierczak, H.*: Automatische Zeichenerkennung, in *K. Steinbuch:* Taschenb. d. Nachrichtenverarbeitung, 2. Aufl. Berlin, Heidelberg, New York: Springer 1967, 754—787. — [3] *Kazmierczak, H., Holdermann, F., Hartenstein, R.*: Verarbeitung, Erkennung und Erzeugung von Zeichenmustern, in *R. Gunzenhäuser*: Nichtnumerische Informationsverarbeitung. Wien: Springer 1968, 400—432. — [4] *Steinbuch, K., Kazmierczak, H.*: Grundlagen und Anwendungen der automatischen Zeichenerkennung, in Jahrb. des elektr. Fernmeldewes. 1960/61, Hrsg. Dr. *K. Herz.* Bad Windsheim. Verlag für Wissenschaft und Leben Georg Heidecker 1962. — [5] *Kazmierczak, H.*: Image processing and pattern recognition. IFIP-Kongreß Edinburgh 1968. — [6] *Sebestyen, G. S.*: Decision-Making Processes in Pattern Recognition. New York: Macmillan 1962. — [7] *Fischer, G. L., Pollock, D. K., Raddack, B., Stevens, M. E.*: Optical Charakter Recognition. Washington: Spartan Books 1962. — [8] *Tippett, J.T., Berkowitz, D. A., Clapp, L. C., Koester, C. J., Vanderburgh, A.*: Optical and Electro-optical information Processing. Cambridge/Mass.: MIT Press 1965. — [9] *Uhr, L.*: Pattern Recognition. New York: Wiley 1966. — [10] *Fogel, L. J., Owens, A. J., Walsh, M. J.*: Artificial intelligence through simulated evolution. New York: Wiley 1966. — [11] The British Computer Society: Character Recognition 1967. — [12] *Kanal, L. N.*: Pattern Recognition. Washington: Thompson 1968. — [13] *Cheng, G. C., Ledley, R. S., Pollock, D. K., Rosenfeld, A.*: Pictorial Pattern Recognition. Washington: Thompson 1968. — [14] *Fu, K. S.*: Sequential methods in pattern recognition and machine learning. New York: Academic Press 1968. — [15] *Watanabe, W.*: Methodologies of pattern recognition. New York: Academic Press 1969. — [16] *Meyer-Brötz, G., Schürmann, J.*: Methoden der automatischen Zeichenerkennung. München-Wien: Oldenbourg 1970. — [17] *N. N.*: The Journal of the Pattern Recognition Society. New York: Pergamon Press 1968, 1969, 1970 (erscheint einmal im Quartal). — [18] *Groh, G.*: Multiple imaging by means of point holograms. Applied Optics, Vol. 7 (Aug. 1968) 1643. — [19] *Groh, G.*: Optical multiplex system for pattern recognition utilizing point holograms. Optics Communications, Vol. 1, No. 9 (Apr. 1970). — [20] *N. N.*: Optical character recognition and the years ahead. Elmhurst, Ill.: The Business Press 1969. — [21] *Harger, R. O.*: Synthetic aperture radar systems. Theory and design. New York, London: Academic Press. — [22] *DeVelis, J. B., Reynolds, G. O.*: Theory and applica-

tions of holography. Reading,Mass.: Addison-Wesley 1967. — [23] *Shulman, A. R.:* Optical data processing. New York, London, Sydney, Toronto: Wiley 1970. — [24] *Kazmierczak, H.:* Entwicklungsstand der Blindenleit- und Lesegeräte in USA. Umschau 61 (1961 H. 18. S. 566—569. — [25] *Hennis, R. B.,* et al.: The IBM 1975 Optical. Page Reader. IBM J. Res. Develop. (Sept. 1968) 346—371. — [26] *Greanias, E. C.,* et al.: The recognition of handwritten numerals by contour analysis. IBM J. Res. Develop. 7 (Jan. 1963) 14—21. — [27] *Kazmierczak, H.:* Konstruktion eines ziffern-erkennenden Automaten auf der Grundlage des Potentialverfahrens. Dissertation TH Karlsruhe (1965). — [28] *Grimsdale, R. L., Bullingham, J. M.:* Character recognition by digital computers using a special flying-spot scanner. Computer-J. 4 (1961) 129—135. — [29] *Niemann, H., Winkler, G.:* Eine Theorie zur quantitativen Beschreibung und Erkennung von Mustern. NTZ (1969) H. 2, S. 94—100. — [30] *Kazmierczak, H.:* Automatische Zeichenerkennung und Raumfahrt. Jahrb. 1964 der WGLR, S. 139—145. — [31] *Springer, H.:* Automatische Auswertung von Radarinformationen unter Berücksichtigung lernender Systeme. Jahrestagung 1964 der deutschen Ges. f. Raketentechnik und Raumfahrt und der wiss. Ges. f. Luft- und Raumfahrt, Berlin 1964. r— [32] *Sharp, J. V.,* et al.: Automatic map compilation using digital techniques. Tenth Congress Int. Soc. Photogrammetry, Lisbon/Portugal, Sept. (1964). — [33] *N. N.:* 1967 International Conference on programming for flying spot devices, München 1967. — [34] *Arkadjew, A. G., Braverman, E.M.:* Zeichenerkennung und maschinelles Lernen. München: Oldenbourg 1966. — [35] *Stearns, S. D.:* A method for the design of pattern recognition logic. IRE Trans. EC-9 (1960) H. 1, S. 48—53. — [36] *Highleyman, W. H.:* Linear Decision Functions, with Application to Pattern Recognition. Proc. IRE 50 (1962) 1501—1514. — [37] *Hopcroft, J. E., Ullmann, J. D.:* Formal languages and their relation to automata. Reading, Mass.: Addison-Wesley 1969. — [39] *Banerji, R. B.:* A language for pattern recognition in [17] Vol. 1 (1968) 63—74. — [40] *Narasimhan, R.:* On the description, generation and recognition of classes of pictures. NATO Summer School, Pisa 1968. — [41] *Blom, H., Marill, T.:* Cyclops-Z: A computer systems that learns to see. Comp. Corp. of America, Techn. Rep. TR65-RD1-1. — [42] *Guzmán, A.:* Scene analysis using the concept of model. Comp. Corp. of America, Techn. Rep. AFCRL-67-0133. — [43] *Chow, C. K.:* A recognition method using neighbor dependence. IRE Trans. EC-11 (Oct. 1962) 683—690. — [44] *Nilsson, N. J.:* Learning Machines. New York: McGraw-Hill 1965. — [45] *Cover, T. M.:* Nearest neighbor pattern classification. IEEE Trans. IT-13, H. 1 (1967) 21—27. — [46] *Nadler, M.:* An analog-digital character recognition system-IEEE Trans. EC-12 (1963) 814—821. — [47] *Jurk, R.:* Postleitzahlen, automatisch gelesen.Siemens. Z. 39 (1965) H. 7, S. 800—803.

13.2 Automatische Spracherkennung und synthetische Sprache

W. Meyer-Eppler †

Neu bearbeitet von **W. Endres**

13.2.1 Automatische Spracherkennung

Verfahren zur automatischen Spracherkennung (vgl. [1, 35, 36, 37, 74]) sollen die Aufgabe lösen, einem *Sprachsignal* (z.B. Sprachschall oder seinem elektrischen Äquivalent) die für das *Verstehen* notwendigen und hinreichenden Merkmale zu entnehmen und diese für das Verständnis wesentlichen Parameter (d.h. zeitabhängige Signalfunktionen) einem der folgenden Zwecke dienstbar zu machen (vgl. [107]):

a) die zur Übermittlung von gesprochener Sprache erforderliche Kanalkapazität verringern (z.B. bei den verschiedenen Formen des *Vocoders* [= *Voice Coder*] und der *Analysis-Synthesis-Telephonie*) [9, 16, 18, 31 bis 34, 38, 42, 56, 57, 66, 110];

b) die Tatsache der Sprachübermittlung *verschleiern* oder den Sprechtext verschlüsseln [53, 102];

c) gesprochenen Text automatisch in *Drucktext* oder sonstige vereinbarte optische Figuren umsetzen (phonetische Schreibmaschine) [8, 48, 49, 86, 100];

d) sprachgesteuerte Schalthandlungen auslösen (*automatische Nummernwahl* bei Fernsprechnetzen [20], *Informationseingabe in elektronische Rechner* [18], *automatische Steuerung* von Auskunftssystemen u.a.m.);

e) Verständigung mit Gehörlosen durch Umsetzung des Sprachsignals in ein lesbares Bild (*Visible Speech* [92, 113]) oder in Zeichen, die mittels des *Tastsinnes* erkannt werden [54, 63, 111] und

f) aus Sprachproben automatisch diejenigen Merkmale extrahieren, daß der Sprecher von anderen Sprechern mit hinreichender Genauigkeit unterschieden werden kann *(automatische Sprecheridentifizierung)* [5, 39, 50, 65, 93, 94].

In den Fällen a) und b) soll das Sprachsignal auch nach der Übertragung wieder als Sprachsignal empfangen werden, wozu ein Gerät zur *Sprachsynthese* (s. Abschnitt 13.2.2) erforderlich ist. In den Fällen c), e) und f) wird für die Wahrnehmung jeweils ein anderes Sinnesorgan angesprochen, während bei d) der Mensch als Signalempfänger ausscheidet.

Die bisher bekanntgewordenen Spracherkennungsgeräte sind über das Entwicklungsstadium noch nicht hinausgelangt. Die Schwierigkeiten beruhen im wesentlichen auf unseren unvollständigen Kenntnissen über den sich im Gehör und Gehirn des Menschen vollziehenden Erkennungsvorgang (vgl. [36, 37, 55]).

13.2.1.1 Die sprachlichen Bereiche. Um die eigentümlichen Schwierigkeiten verständlich zu machen, die sich der automatischen Spracherkennung entgegenstellen, müssen einige Begriffe der Sprachtheorie erklärt werden (vgl. [90, 91]). Bei jeder lautsprachlichen Verständigung zwischen Menschen sind die physikalisch definierbaren *Sprachsignale* Träger von *Sprachzeichen*, die bestimmten, geistig erfaßbaren Gegenständen und Sachverhalten zugeordnet sind. Eine solche Verständigung ist nur möglich, wenn der physikalisch-physiologische *Signalweg* intakt ist und wenn der individuelle *Zeichenbesitz* (z.B. Wörter, Satzbaupläne) der beiden Gesprächspartner eine ausreichende Zahl gemeinsamer Elemente aufweist ([78], S. 2). Sprachsignale übermitteln jedoch nicht nur Sach- und Sinnverhalte [7]; sie identifizieren auch darüber hinaus den Sprecher und geben Aufschluß über seinen jeweiligen Gemütszustand. Man unterscheidet daher zwischen dem sogenannten *semantischen* Bereich, in dem mit sprachlichen Zeichen ein Gegenstand oder eine Handlung beschrieben wird, und den Bereichen, die durch Merkmale des Gemütszustandes gekennzeichnet sind.

Für die automatische *Sprach*erkennung spielt nur die *Wortbedeutung* eine Rolle; sie soll unabhängig sein von Alter, Geschlecht, Mundart und Gemütszustand der sprechenden Person (vgl. [94]); bei der automatischen *Sprecher*erkennung kommt es dagegen meistens nicht auf die Wortbedeutung, sondern vornehmlich auf individuelle Spracheigenschaften an.

13.2.1.2 Allophone und Phoneme; Rechtschreibung. Die Sprachzeichen niedrigster Ordnung (d.h. Zeichen, die nicht selbst wieder aus Zeichen bestehen) heißen *Phoneme* ([78], S. 335). Phoneme sind abstrakte Gebilde. Sie werden durch die von unseren Sinnesorganen wahrnehmbaren *Sprechlaute* realisiert und als solche *Allophone* des betreffenden Phonems genannt. Die Lautschriftzeichen für Phoneme werden üblicherweise in schräge Striche //, die für Allophone dagegen in eckige Klammern [ ] gesetzt. Einige der gebräuchlichsten Lautschriftsymbole (Symbole der Association Phonétique Internationale, API [114]) sind in Tabelle 13.2-1 aufgeführt.

Welches Allophon jeweils zur Realisierung eines Phonems verwendet wird, hängt von verschiedenen Umständen ab. Man unterscheidet zwischen *freien Varianten*, die von der individuell unterschiedlichen Sprechweise, der mundartlichen Färbung u.a. abhängen, und sogenannten *kombinatorischen Varianten*, die durch die Nachbarlaute des Phonems bedingt sind (z.B. wird das Phonem /k/ des Hochdeutschen vor dem Laut [u] wie in *Kuh* durch ein anderes Allophon wiedergegeben als das /k/ vor [i] wie in *Kiel*; beide Allophone [k_1] und [k_2] sind jedoch Realisationen eines einzigen Phonems, nämlich des Phonems $_{\text{deutsch}}$/k/).

Zu beachten ist weiterhin, daß in den Allophonen sorglos gesprochener (Umgangs-)Sprache nicht alle theoretisch zu erwartenden Phonem-Merkmale enthalten sein müssen, wie sie sich bei sorgfältiger Sprechweise finden würden. Die *Redundanz* der gesprochenen Sprache erlaubt dem Sprecher, so undeutlich zu sprechen, d.h. so viele informative Merkmale beiseite zu lassen, wie er seinem Gesprächspartner zumuten kann. Bei einem Gespräch zwischen Partnern, die miteinander bekannt sind, genügen zur Erreichung voller Verständlichkeit weit weniger Merkmale als in dem Fall, da sie nicht miteinander bekannt sind. Während bei einem allgemein verwendbaren Spracherkennungsgerät der Sprecher stets eine bestimmte Sprechdisziplin einzuhalten hat [12], kann für die Sprecheridentifizierung gerade das Nichteinhalten der Sprechdisziplin bei sorglos gesprochener Umgangssprache zum Erfolg führen.

Tabelle 13.2-1. Lautschriftsymbole der API

Lautschrift-symbol	Wort-beispiel	Sprache	Lautschrift-symbol	Wort-beispiel	Sprache
Vokale:			*Turbulenzlaute:*		
			Explosivlaute:		
a	*a*cht	deutsch	p	*p*as	französisch
ɑ	p*as*	französisch	t	*t*oi	französisch
ɔ	oft	deutsch	k	*c*oup	französisch
ʌ	b*u*t	englisch	b	*B*ild	deutsch
o	*so*	deutsch	d	*d*as	deutsch
ʊ	L*u*ft	deutsch	g	gut	deutsch
u	d*u*	deutsch			
ə	th*e*	englisch	Reibelaute:		
ʒ	h*er*	amerikanisch	f	*f*ür	deutsch
œ	zw*ö*lf	deutsch	θ	ba*th*	englisch
ø	sch*ö*n	deutsch	s	na*ß*	deutsch
Y	Gl*ü*ck	deutsch	ʃ	*sch*ön	deutsch
y	k*ü*hl	deutsch	ç	i*ch*	deutsch
æ	h*a*d	englisch	x	Na*ch*t	deutsch
ɛ	h*e*ll	deutsch	v	*v*ery	englisch
e	S*ee*	deutsch	ð	*th*is	englisch
ɪ	m*i*t	deutsch	z	*s*ehr	deutsch
i	d*ie*	deutsch	ʒ	*j*eu	französisch
			j	*j*a	deutsch
Vokalähnliche Laute:			h	*h*ier	deutsch
l	*l*aut	deutsch			
ɫ	ca*ll*	englisch	*Sonstige Symbole:*		
m	*m*it	deutsch	:		Langvokal
n	*n*ie	deutsch	'		Betonung
ɲ	ni*ñ*o	spanisch			
ŋ	Ri*ng*	deutsch			
r	*R*oma	italienisch			
ʀ	*R*om	deutsch			

Ein einwandfrei arbeitendes Spracherkennungsgerät ist günstigstenfalls in der Lage, die einzelnen Allophone (oder Phoneme) des Sprachsignals in Lautschrift auszugeben oder entsprechende Schalthandlungen zu steuern (vgl. [100]). Die Umsetzung der Allophone in Phoneme setzt u.U. die Existenz eines Speichers voraus, mit dessen Hilfe die einzelnen Allophone durch Berücksichtigung der lautlichen Umgebung bestimmten Phonemen zugeordnet werden können. Aber selbst wenn es gelingen sollte, einen gesprochenen Text einwandfrei in Lautschrift zu übertragen, ist im allgemeinen nicht ohne weiteres eine befriedigende Darstellung in Schriftsprache möglich, weil zwischen der Schreibweise in Lautschrift und der orthographischen Schreibweise oftmals kein eindeutiger Zusammenhang besteht und dann zusätzlich linguistische Merkmale mit berücksichtigt werden müssen.

Ein die Rechtschreibung berücksichtigendes Erkennungsgerät müßte in der Lage sein, *Zeichen höherer Ordnung*, z.B. einfachste Phonemfolgen mit selbständiger Bedeutung (sogenannte *Morphe*), zu identifizieren. Hierbei ergeben sich weitere Schwierigkeiten, z.B. bei der Bestimmung der Wortabgrenzung oder bei der Unterscheidung verschiedenartig geschriebener Wörter gleicher Aussprache (Weise — Waise, write — right usw.).

13.2.1.3 Unterscheidungsmerkmale. Zur Kennzeichnung jedes bekannten Sprechlautes genügt es, zwölf sich gegenseitig ausschließende Entscheidungen (distinctive features) zu treffen [75]; in Tabelle 13.2-2 sind 12 binäre Merkmale nach *R. Jakobson* und *M. Halle* ([13, 61, 62]; vgl. [78], S. 404ff.) zusammengestellt. Da diese Merkmale nicht in allen Sprachen als Unterscheidungskriterien herangezogen werden können und dazu oftmals voneinander abhängen, genügen zur Kennzeichnung von Phonemen einer bestimmten Sprache stets weniger als 12 Merkmale (z.B. für Englisch 9, für Französisch 6). Dabei sucht man jeweils die kleinste notwendige Anzahl aus (vgl. [89]). Die verschiedenen Phonem-Merkmale erfordern sehr unterschiedliche Verfahren zu ihrer Gewinnung aus dem Sprachsignal. Ein automatischer *Phonem-Erkenner* setzt sich daher aus mehreren (gleichzeitig oder zeitlich nacheinander arbeitenden) *Merkmal-Erkennern* zusammen. *Wort-Erkenner* enthalten wiederum mehrere Phonem-Erkenner, deren Anzahl von der Zahl der Phoneme abhängt, die das Wort bilden [20, 43].

Es ist jedoch nicht notwendig, Phonem- und Wort-Erkennung auf einer vorhergehenden Merkmalserkennung aufzubauen. Vielmehr ist es auch möglich, das dem Erkennungsgerät angebotene Sprachsignal mit einem Satz bereitstehender Signale zu vergleichen, die für den zur Erkennung zugelassenen Wort- oder Phonemvorrat als repräsentativ angesehen werden [6, 18, 19, 20, 34, 74, 104, 105] (s. 13.2.1.5 Simultanverfahren).

Will man feststellen, ob alle für ein Phonem oder Wort gefundenen Merkmale für dessen Erkennung wesentlich sind, so kann man etwa folgendermaßen verfahren:

a) Man läßt das zu untersuchende Phonem oder Wort von mehreren Personen sprechen und ermittelt die allen Sprachsignalen gemeinsamen Merkmale; b) man entfernt durch einen Eingriff in die Sprachsignale ein Merkmal und ermittelt den Einfluß dieser Maßnahme auf die Verständlichkeit (vgl. [78], S. 474ff.); c) man baut aus den für die Erkennung als wesentlich angesehenen Parametern ein neues, synthetisches Sprachsignal auf (vgl. Abschnitt 13.2.2) und bestimmt dessen Verständlichkeit; d) man vergleicht das Ergebnis der automatischen Lauterkennung mit der Darstellung des Sprechtextes in Lautschriftsymbolen.

13.2.1.4 Merkmal-Erkenner. *Anmerkung:* Auf die in Tabelle 13.2-2 angeführten binären Merkmale wird im folgenden durch Mm mit nachfolgender Nummer (wie in Tabelle 13.2-2) hingewiesen.

Tonhöhe und Stimmhaftigkeit. Jeder *Tonhöhen-Erkenner*, der z.B. ein der Stimmtonfrequenz proportionales Gleichspannungssignal erzeugt, gestattet zugleich auch das Merkmalpaar *stimmhaft/stimmlos* (Mm 5) zu isolieren [9, 73]. Zur Bestimmung der Tonhöhe mißt man z.B. den Abstand zwischen aufeinanderfolgenden gleichphasigen Stellen (beispielsweise den absoluten Höchstwerten) der Grundschwingung des Sprachsignals, die durch nichtlineare Verzerrung und Glättung durch einen Tiefpaß besonders hervorgehoben wird [9, 16, 101, 115]. Sie läßt sich auch direkt aus dem analogen Sprachsignal gewinnen, das hierzu durch Anwendung des Abtasttheorems (s. 1.3) zunächst in eine Folge quantisierter, binär codierter Amplitudenwerte verwandelt werden muß. Durch Festlegung von Amplitudenschwellwerten ist es mit Hilfe von Elektronenrechnern möglich, stimmhafte Laute von stimmlosen zu trennen. Zur Ermittlung der Sprachgrundfrequenz wird der zeitliche Abstand zwischen mehreren aufeinanderfolgenden gleichartigen positiven oder negativen Amplitudenwerten bestimmt [52].

Eine sehr genaue, in Echtzeit durchführbare Ermittlung der Sprachgrundfrequenz und des Merkmalpaares *stimmhaft/stimmlos* ist durch Anwendung der „Cepstrum"-Technik [84, 85] möglich: Das Kurzzeit-Leistungsspektrum eines Sprachsignals $|F(\omega)|$ läßt sich als Produkt aus dem Spektrum $|S(\omega)|$ der Erregungsfunktion der impulsartig schwingenden Stimmlippen und der Spektralfunktion des

Tabelle 13.2-2. Unterscheidungsmerkmale nach Jakobson und Halle

Klangmerkmale

1. *vokalisch/nicht-vokalisch:* Anwesenheit/Abwesenheit einer scharf definierten Formantstruktur.
2. *konsonantisch/nicht-konsonantisch:* Geringe/hohe Gesamtintensität.
3. *kompakt/diffus:* Höhere/geringere Energiekonzentration in einer verhältnismäßig schmalen zentralen Region des Spektrums bei gleichzeitiger Vergrößerung/Verminderung der Gesamtintensität und deren zeitlicher Erstreckung.
4. *gespannt/ungespannt:* Mehr/weniger scharfe spektrale Resonanzgebiete mit größerer/geringerer Energieerstreckung in Frequenz und Zeit.
5. *stimmhaft/stimmlos:* Anwesenheit/Fehlen einer tieffrequenten periodischen Komponente.
6. *nasal/oral:* Ausbreitung der verfügbaren Energie über breitere Frequenzgebiete durch Reduktion meist des ersten Formanten und Einführung zusätzlicher (nasaler) Formanten bzw. Antiformanten / Fehlen dieses Merkmals.
7. *abrupt/dauernd:* Unterbrechung, gegebenenfalls mit vorhergehender oder nachfolgender Energieausbreitung über ein weites Frequenzgebiet (Rauschimpuls oder schnelle Änderung von Vokalformanten) / kein abrupter Übergang zwischen Schallsignal und Unterbrechung.
8. *scharf/mild:* Höhere/geringere Geräuschintensität.
9. *gehemmt/ungehemmt:* Starke Energieabstrahlung in kurzer Zeit / geringe Energieabstrahlung in langer Zeit, d. h. geringere/höhere Schwingungsdämpfung.

Tönungsmerkmale

10. *dunkel/hell:* Energiekonzentration im unteren/oberen Teil des Spektrums.
11. *tief/nicht-tief:* Erniedrigung oder Schwächung höherer Frequenzkomponenten / Fehlen dieses Merkmals.
12. *spitz/nicht-spitz:* Erhöhung oder Verstärkung höherer Frequenzkomponenten / Fehlen dieses Merkmals.

Stimmbildungssystems $|V(\omega)|$ auffassen:

$$|F(\omega)| = |S(\omega)| \cdot |V(\omega)|. \tag{13.2-1}$$

Durch Logarithmieren von Gl. (13.2-1) ist es möglich, $|S(\omega)|$ von $|V(\omega)|$ zu trennen:

$$\log |F(\omega)| = \log |S(\omega)| + \log |V(\omega)|. \tag{13.2-2}$$

$|S(\omega)|$ hat für stimmhafte Laute den Charakter eines Linienspektrums, deren Linienabstand durch die Sprachgrundfrequenz $\nu_0 = 1/T_0$ gegeben ist. Die Fouriertransformierte von $\log |S(\omega)|$ liefert dann die zur Sprachgrundfrequenz reziproke Zeit T_0 (*Quefrency* genannt), die wesentlich höher liegt als die durch die Fouriertransformierte von $\log |V(\omega)|$ gegebenen Zeitkomponenten des Stimmbildungssystems. Abb. 13.2-1 zeigt das logarithmierte Kurzzeit-Amplitudenspektrum des Wortes (r)azor (männlicher Sprecher) und das zugehörige Kurzzeit-Cepstrum. Die Sprachgrundfrequenz ist deutlich erkennbar.

Eine Erkennung des Merkmalpaares *stimmhaft/stimmlos* unter Verzicht auf die Messung der Tonhöhe gelingt dadurch, daß man die Schallschwingung durch Hoch- und Tiefpaßfilter auf zwei Spektralbereiche aufteilt und die Spannungswerte an den beiden Filterausgängen ermittelt (s. auch Abb. 13.2-2). Bei Über- oder Unterschreiten bestimmter Spannungswerte werden die Digitalsymbole O und L angezeigt, aus deren Kombinationen sich u. a. das Merkmalpaar stimmhaft/stimmlos ergibt [68]. Bei einem weiteren in [22, 23] beschriebenen Verfahren werden die absolut genommenen Spannungswerte der unterhalb der Nullachse verlaufenden Hüllkurve des Sprachsignals von der oberhalb der Nullachse verlaufenden subtrahiert. Die Resultierende zeigt bei stimmhaften Lauten eine eindeutig erkennbare Verschiebung gegenüber der Nullachse.

Merkmale des Energiedichte-Spektrums. Die meisten der für die Spracherkennung wesentlichen Merkmale lassen sich aus dem auf die Zeitkonstante des Ohres bezogenen Energiedichte-Spektrum $f^2(\nu)$ des Sprachsignals $F(t)$ ableiten [18].

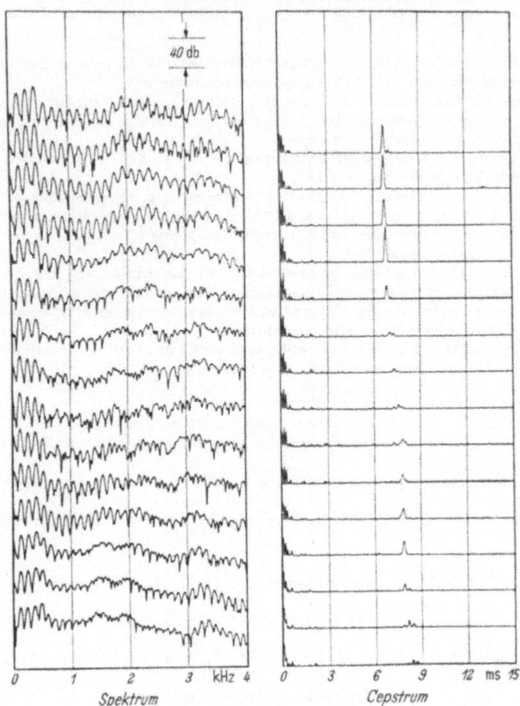

Abb. 13.2-1. Logarithmisches Kurzzeit-Spektrum und Kurzzeit-Cepstrum des Wortes (r)azor (amerikanische Aussprache, männlicher Sprecher). Sechste bis neunte Zeile (v. oben) zeigen Spektrum und Cepstrum des Frikativlautes /z/, nach [85], wobei die zeitliche Zuordnung in Ordinatenrichtung von oben nach unten gewählt wurde

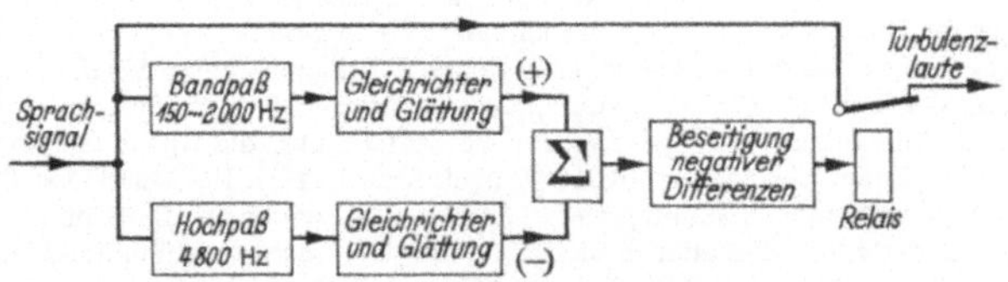

Abb. 13.2-2. Turbulenzlaut-Erkenner nach *C. R. Howard* [57]. Σ=Addition

Die spektralen Eigenschaften der *Vokale* (und der vokalähnlichen Laute) werden durch die *Formanten* [10], diejenigen der sogenannten *Turbulenzlaute (Explosiv- und Reibelaute)* durch den *Frequenzschwerpunkt* des Energiedichtespektrums und die *Streuung* um diesen Schwerpunkt bestimmt [58, 59]. Abb. 13.2-2 zeigt das Blockschaltbild eines einfachen Turbulenzlaut-Erkenners [57]. Die wichtigste Bestimmungsgröße eines Vokalformanten ist die *Formantfrequenz* v_F; sie ist weitaus bedeutsamer als die Formantamplitude (die z.T. aus anderen Daten berechnet werden kann [40]) und die Formantdämpfung bzw. -bandbreite [9].

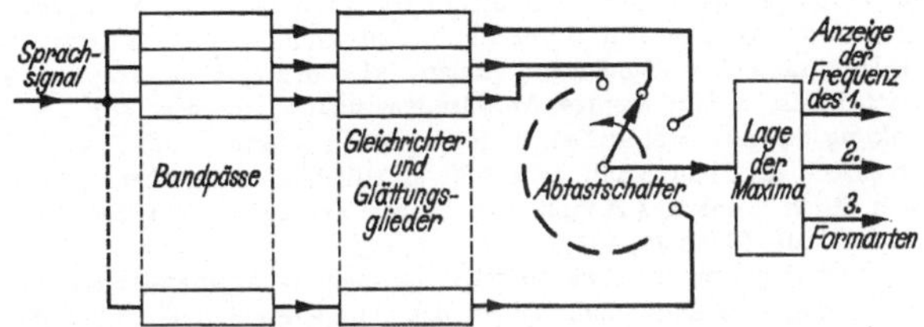

Abb. 13.2-3. Formant-Erkennungsteil eines Abtast-Vocoders (Erkennung der Formantfrequenzen)

Formantfrequenzen können gemessen werden a) durch Abtasten der Ausgänge von Bandfiltern, die lückenlos aneinanderschließend das gesamte in Betracht kommende Frequenzband überdecken [44] (Abb. 13.2-3, z.B. beim Abtast-Vocoder [18, 41, 110] Abb. 13.2-3), b) durch Energiedifferenzfilter [104], c) durch breitbandige spektrale Vorzerlegung und Bestimmung der Nullstellendichte $\varrho_0(t)$ durch Zählung der Nulldurchgänge [9, 41, 88] (z.B. beim *Resonanz-Vocoder* [16, 18]), d) durch elektronisch gesteuerte Hoch- und Tiefpässe [24] nach Abb. 13.2-4 und e) durch Bestimmung der *Momente* M_n der Ordnung n des Energiedichtespektrums $f^2(v)$ bei positiven Frequenzen v:

$$M_n = 2 \int\limits_0^\infty v^n f^2(v) \, dv.$$

Zur Bestimmung der Momente M_1 (Schwerpunkt) und M_2 (Streuung) verwendet man z.B. Hochpässe, die mit abnehmender Frequenz bei M_1 um 10 dB/Dekade und bei M_2 um 20 dB/Dekade abfallen. Beide Momente liefern zusammen mit M_0, der Umhüllenden der Sprachenergie-Kurve, Aussagen über das Vorhandensein der binären Merkmale Mm 3, 6 und 10 [9, 20, 112].

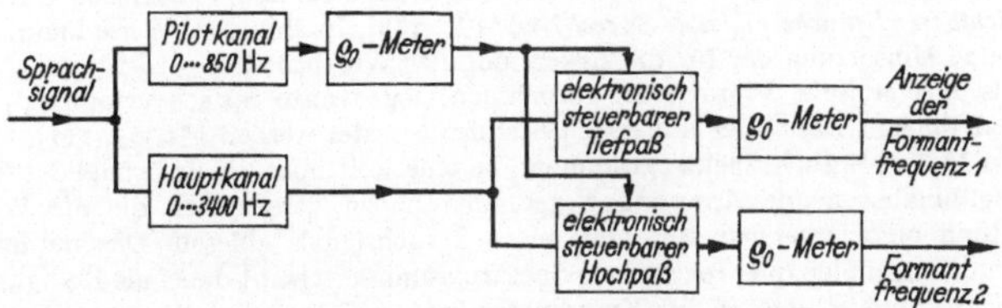

Abb. 13.2-4. Erkennung der Formantfrequenzen durch elektronisch gesteuerten Hoch- und Tiefpaß (nach *L. O. Dolanský* [24])

Daneben gibt es noch kombinierte Verfahren. In [82, 83] werden z.B. aus dem durch eine Filterbank gewonnenen Frequenzspektrum eines Sprachsignals jeweils die energiereichsten Spektralkomponenten zur Vorhersage des wahrscheinlichen Formantverlaufs ausgewertet und Korrekturgrößen durch Iteration aus der Differenzbildung des tatsächlichen und des durch Vorhersage gewonnenen Spektralverlaufs abgeleitet.

Für alle Apparaturen der Schwingungsanalyse gilt die Beziehung zwischen der Ungenauigkeit Δt in der zeitlichen Wiedergabe und der Ungenauigkeit Δv in der frequenzmäßigen Wiedergabe [117]

$$\Delta t \cdot \Delta v \approx 1.$$

Zur Erfassung der Bedeutung des Sprachsignals reicht es aus, die Nullstellendichte $\varrho_0(t)$ des Sprachsignals $F(t)$ zu bestimmen, ggf. ergänzt durch die Dichte $\varrho_0'(t)$ der Extremwerte von $F(t)$, d.h. durch die Nullstellendichte von $dF(t)/dt$ [2, 3, 11, 76, 101]. Dies hat sich bei Versuchen gezeigt, bei denen man die Amplitudenwerte des Sprachsignals in nur wenige Amplitudenstufen quantisiert [67]. Sogar bei Beschränkung auf nur zwei Stufen, nämlich auf die Werte 0 und $F_0 \ll F_{max}$ (d.h. auf ein rechteckiges Binärsignal), ist die Verständlichkeit noch überraschend hoch, wobei sich durch vorheriges Anheben der hohen Frequenzen die Verständlichkeit noch steigern läßt [69 bis 72, 103].

Wenn man den Sprachfrequenzbereich in mehrere aneinander anschließende Teilbänder zerlegt, so kann man die an den Ausgangsklemmen der zugehörigen Bandfilter gemessenen Hüllkurvenverläufe der Ausgangsspannungen ebenfalls als Erkennungsparameter ansehen, auch wenn diese keine unmittelbaren Rückschlüsse auf die Phoneme zulassen. Aus den Bandpässen und einem zusätzlichen Tonhöhen-Erkenner läßt sich ein Sprachcoder bauen, der, durch einen entsprechenden Synthesator auf der Empfangsseite ergänzt, zur Sprachübertragung mit verringerter Frequenzbandbreite eingesetzt werden kann (Kanalvocoder [18], Analysis-Synthesis-Telepohnie [56], vgl. Abschnitt 13.2.2).

Die Merkmale des Energiedichte-Spektrums werden heute weitgehend durch Rechneranalyse gewonnen, wobei die diskrete Fouriertransformation (DFT) und die schnelle Fouriertransformation (im anglistischen Schrifttum FFT) angewendet werden [4, 15, 87, 118].

Zeitliche Merkmale. Aus der Geschwindigkeit, mit der sich der zeitabhängige Effektivwert des Sprachsignals $F(t)$ ändert, lassen sich Merkmale gewinnen, die Sprachsignale z.B. gegen Musiksignale (Sprach-Musik-Schalter [60]) abzugrenzen gestatten [80, 81] und durch die es möglich ist, das Sprachsignal in Abschnitte zu zerlegen, die den aufeinanderfolgenden Allophonen entsprechen [28, 49].

13.2.1.5 Phonem-Erkenner. Da das Auge die Fähigkeit hat, die charakteristischen Gestalteigenschaften von optischen Figuren leicht zu erkennen, hat man versucht, durch Übertragung der Funktion des Schallsinnesorgans auf den Lichtsinn die gesprochene Sprache auch Gehörlosen zugänglich zu machen. Eine Signalübertragung in den Empfindlichkeitsbereich des Auges liegt bei den verschiedenen Arten von *sichtbarer Sprache (Visible Speech)* vor [92, 113]. In ähnlicher Weise kann man auch eine Umsetzung der für die Erkennung der Wortbedeutung wichtigen Merkmale in mechanische Vibrationen vornehmen (sogenannte Sprachvertastung), die mit den Fingerspitzen oder mit dem Unterarm ertastet werden [54, 63, 111].

Aus Visible-Speech-Spektrogrammen, die eine weit über die ursprüngliche Zielsetzung hinausgehende Anwendung gefunden haben, lassen sich die die Wortbedeutung beschreibenden Merkmale eines Sprachsignals ablesen. Das normalerweise auf Faksimilepapier registrierte Spektrogramm erscheint dabei als Helligkeits- oder Schwärzungsmuster in den Koordinaten Zeit t und Frequenz (Gruppenfrequenz [77]) v; die Helligkeiten bzw. Schwärzungen sind den jeweiligen effektiven Spektralamplituden $A(v, t)$ proportional (der Zusammenhang zwischen Helligkeit [Schwärzung] und Spektralamplitude ist allerdings stark nichtlinear). Abb. 13.2-5a zeigt das Visible-Speech-Spektrogramm eines gesprochenen englischen Textes. Die Schwärzungsempfindlichkeit des Registrierpapiers reicht normalerweise nicht aus, um die in Sprachsignalen vorkommenden Amplitudenunterschiede aufzuzeichnen. Diesem Nachteil begegnet man dadurch, daß man die Amplitudenwerte der eingegebenen akustischen Signale durch Schwellwertschalter in Stufen von 6 dB Abstand quantisiert, innerhalb jeweils einer Stufe durch Flächen gleicher Schwärzung kenntlich macht und diese Flächen wiederum durch Niveaulinien umrandet [93]. Es lassen sich in derartigen Konturspektrogrammen die Koordinaten der Energieschwerpunkte leicht ermitteln.

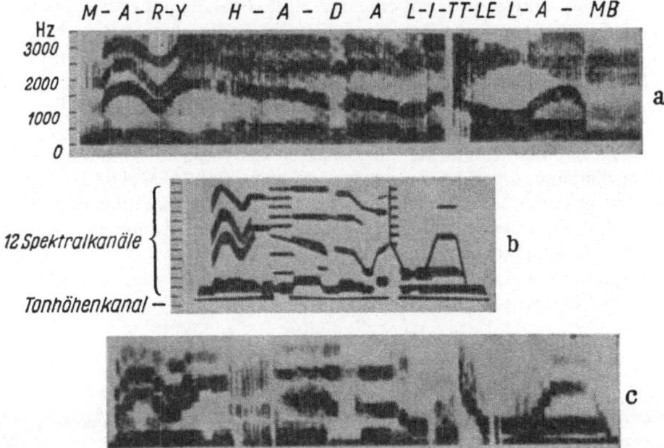

Abb. 13.2-5. Playback-Verfahren. a) Visible-Speech-Diagramm eines gesprochenen Satzes; b) vereinfachtes Schwarzweiß-Muster mit Aufteilung in 13 Kanäle; c) Diagramm des synthetisch erzeugten Satzes

Neuerdings werden Sprachspektrogramme auch durch Rechner hergestellt, mit denen sich dann eine höhere zeitliche und frequenzmäßige Auflösung erreichen läßt. Von Vorteil ist außerdem, daß sich auch Phasenverläufe ermitteln lassen, die bei einer Analyse durch Filter verloren gehen. Will man nachprüfen, ob die in den Visible-Speech-Spektrogrammen rein optisch als invariant festgestellten Schwärzungsmuster [96] die für die Sprachbedeutung wesentlichen Merkmale enthalten, so zeichnet man die Spektrogramme in vereinfachter Form um und verwandelt sie sodann durch Anwendung eines sogenannten *Playback-Verfahrens* in (synthetische) Sprache zurück (Abb. 13.2-5b, c) (s. Abschnitt 13.3.3). Abb. 13.2-6 zeigt in stilisierter Form die Spektren der Vokale (amer. Umgangssprache) und deren Pegelwerte, bezogen auf den 1. Formanten des Vokals /ɔ/ [43, S. 154].

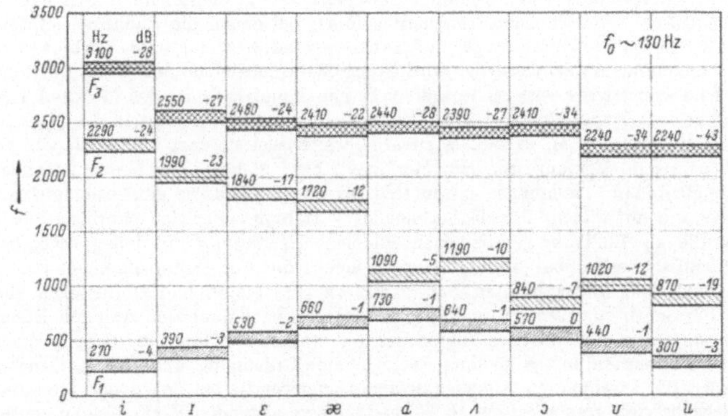

Abb. 13.2-6. Die drei Hauptformanten F_1, F_2, F_3 von 9 Vokalen; Zahlenangaben links: Mittenfrequenzen der Formanten, rechts: Pegelwerte in dB gegenüber dem Formanten F_1 von /ɔ/ als Bezugspegel Null, nach [43]

Bei einem von *Dreyfus-Graf* entwickelten und ebenfalls auf der Spektralanalyse beruhenden Gerät, dem *Steno-Sonographen,* werden die Phoneme in handschrift-ähnliche optische Zeichen verwandelt [25, 26, 27]. Das als sogenannter *Typo-Sonograph* [28, 29, 30] weiterentwickelte Gerät ist in der Lage, die erkannten Laute mit Hilfe einer Schreibmaschine unter Anpassung an die französische Rechtschreibung in Lautschriftzeichen auszudrücken. Es gibt ferner Verfahren, bei denen die Phonemerkennung nicht direkt auf einer Spektralanalyse, sondern auf einer Analyse des analogen Zeitsignals beruht. So werden bei einem von *H. Mol* und *E. M. Uhlenbeck* [79] angegebenen Verfahren unter Ausnutzung von Erkenntnissen der Hörphysiologie die Unterscheidungsmerkmale aus der Häufigkeit, mit der die Maximalwerte der Sprachschallschwingungen aufeinanderfolgen, gewonnen (Abb. 13.2-7). Von den Maximalwerten F_1, F_2, F_3 usw. des Sprachsignals werden nur diejenigen gezählt, die der Bedingung

$$F_\lambda > F_\varkappa \, e^{-(t_\lambda - t_\varkappa)/Z}$$

$$(\varkappa, \lambda = \text{laufender Index})$$

(13.2-3)

für jedes beliebige Paar $\varkappa < \lambda$ genügen. Mit den Zeitkonstanten $z_1 = {}^1/_{800}$ s, $z_2 = {}^1/_{400}$ s, $z_3 = {}^1/_{200}$ s und $z_4 = {}^1/_{40}$ s erhielten die Verf. für eine Reihe untersuchter Vokale charakteristische Werte.

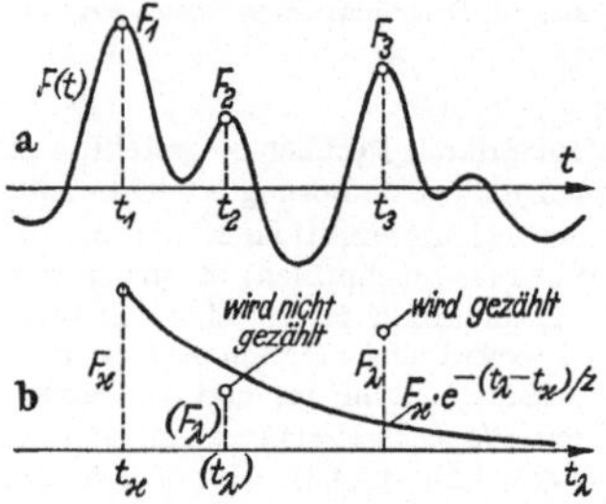

Abb. 13.2-7. Zum Verfahren nach *Mol* und *Uhlenbeck* [79]; a) Ausschnitt aus einem Sprachsignal; b) Bewertung nach Gl. 13.2-3

Verfahren mit wiederholter Zweierschrittentscheidung (Dichotomie). Wie in Abschnitt 13.2.1.3 ausgeführt, sind die einzelnen Phoneme durch das Vorhandensein bzw. Nichtvorhandensein bestimmter Binärmerkmale gekennzeichnet. Dies hat zur Konstruktion von Phonem-Erkennern geführt, bei denen die Phoneme aufgrund von Zweierschrittentscheidungen in Klassen eingeteilt werden [59, 112] (Abb. 13.2-8). Das ankommende Sprachsignal wird durch Merkmaltrenner MT nach Abschnitt 13.2.1.4 schrittweise zerlegt. Enthält z.B. ein Signalabschnitt das Merkmal 1, so wird es zum Merkmaltrenner MT_2 weitergeleitet, enthält es dagegen das Merkmal *Nicht-1* (abgekürzt $\bar{1}$), so wird es zu MT_2' weitergeleitet; dort wiederholt sich der entsprechende Vorgang mit dem Merkmal 2 bzw. 2' usw. Durch n aufeinanderfolgende binäre Trennungen lassen sich bis zu 2^n Phoneme eindeutig festlegen. Durch ein auf diesem Prinzip beruhendes Verfahren lassen sich sämtliche Vokale und die als Endlaute gesprochenen Phoneme /f/ und /θ/ mit hoher Sicherheit automatisch erkennen [44, 45]. Hierbei liefern die Ausgangsspannungen von 35 lückenlos aneinandergereihten Bandpaßfiltern (115 bis 10000 Hz) Aussagen über die Formantfrequenzen ν_{F_1} und ν_{F_2}, die unter Hinzunahme von weiteren Erkennungskriterien (z.B. mittlere Vokaldauer u.a. statistische Daten, mittlere Frequenz des 3. Formanten) mit Hilfe eines Rechners eine Erkennung ermöglichen. Daneben werden die sogenannten *Simultanverfahren* angewandt, bei denen alle Merkmale gleichzeitig mit gespeicherten, als Norm-Phoneme geltenden Merkmalskombinationen verglichen werden.

Zur automatischen Übertragung von gesprochener Sprache in phonetische Schrift müssen die einlaufenden Sprachsignale zunächst in Signalelemente unterteilt und diese dann den einzelnen Phonemklassen zugeordnet werden. Der Segmentationsprozeß bereitet z. Z. noch erhebliche Schwierigkeiten. Nach einem von *Reddy* angegebenen Verfahren [97] gelingt dies dadurch, daß das Sprachsignal in Ab-

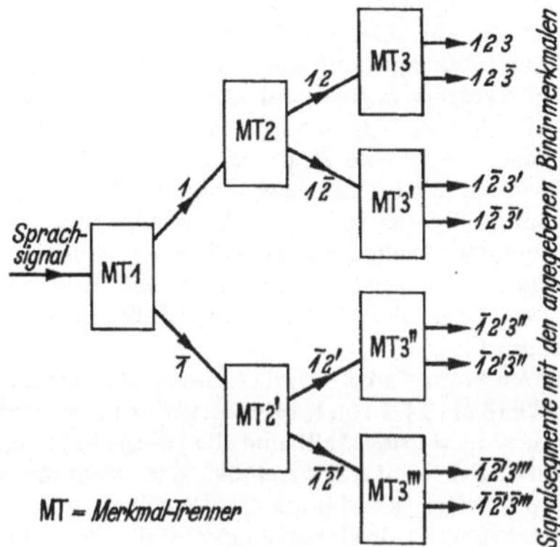

Abb. 13.2-8. Zum Prinzip der Klasseneinteilung von Lauten durch wiederholte Zweierschrittentscheidung (Dichotomie)

schnitte von 10 ms Dauer unterteilt wird. Aus dem Vergleich der Amplitudenmaxima und der Nulldurchgänge der Zeitfunktion innerhalb eines einzelnen Abschnittes mit den entsprechenden Werten benachbarter Zeitabschnitte ist die

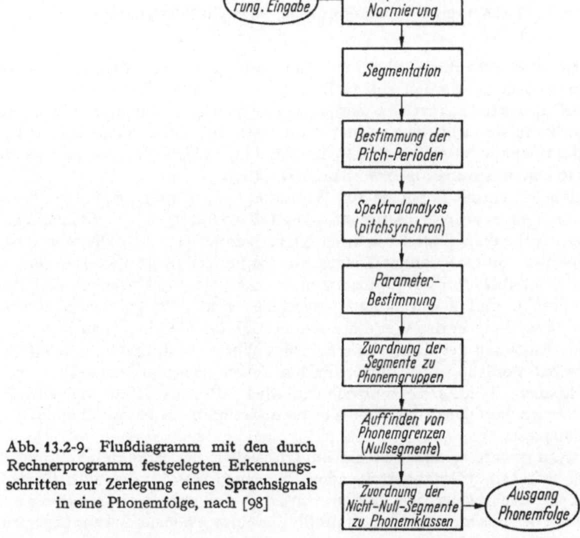

Abb. 13.2-9. Flußdiagramm mit den durch Rechnerprogramm festgelegten Erkennungsschritten zur Zerlegung eines Sprachsignals in eine Phonemfolge, nach [98]

Entscheidung *Phonem/Phonemgrenze* möglich [14]. Eine Zuordnung der als Phonemsegmente erkannten Zeitabschnitte zu den einzelnen Phonemgruppen geschieht durch Hinzuziehung physikalischer Parameter (Lautdauer, Intensität und Standardabweichung der Intensität, Nulldurchgangsdichte und Standardabweichung der Nulldurchgangsdichte, Sprachgrundfrequenz [99], Frequenzen und Amplituden der Formanten u.a.). Die einzelnen durch Rechnerprogramm festgelegten Erkennungsschritte zeigt das Flußdiagramm Abb. 13.2-9 [98] (s. hierzu auch [52]).

Bei der *spektralen Kreuzkorrelation* wird aus dem mit Hilfe von Filtern gewonnenen Spektrum $f(\nu)$ des Sprachsignals $F(t)$ und einem Satz von Modellspektren $f_k(\nu)$ aller zu erwartenden Phoneme $F_m(t)$ ein Satz von Korrelationsfaktoren K_m gewonnen. Nach Normierung wird dasjenige Phonem als erkannt angezeigt, dessen Korrelationsfaktor am größten ist [86, 104]. Da in einer Sprache die Spektralfunktionen der Allophone auch voneinander verschiedener Phoneme oftmals eine ähnliche spektrale Struktur besitzen, ist die eindeutige Erkennung der Phoneme häufig gefährdet. Den Grad der Gefährdung erfaßt man übersichtlich durch Verwechslungsschemata [20].

In verallgemeinerter Form findet sich das Prinzip der Kreuzkorrelation bei den *Selektormatrizen* wieder (Abb. 13.2-10). Im Merkmal-Erkenner werden die im Sprachsignal enthaltenen Merkmale festgestellt und die diesen Merkmalen entsprechende Signalkombination der Selektormatrix zugeführt. Hier wiederum wird diese Kombination mit allen gespeicherten Kombinationen korreliert, wobei nach Normierung der größte der entstehenden Korrelationsfaktoren das als erkannt anzuzeigende Phonem angibt.

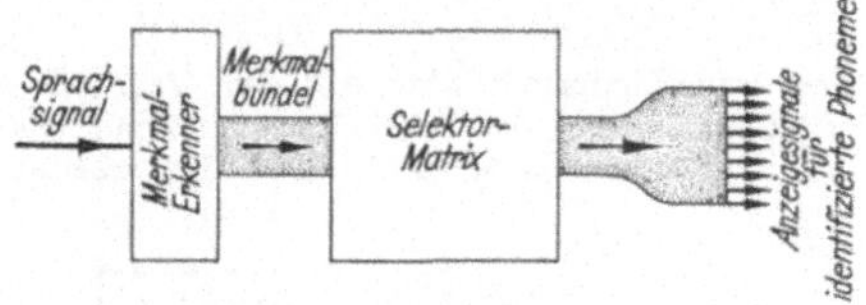

Abb. 13.2-10. Phonem-Erkennung durch eine Selektormatrix

13.2.1.6 Wort-Erkenner. Wenn nur ein verhältnismäßig kleiner, feststehender Wortschatz erkannt werden soll (z.B. die gesprochenen Ziffern 1, 2. ..., 9, 0 und einige Befehlswörter), so ist eine Zerlegung der Wörter in Phoneme nicht erforderlich; man kann sie vielmehr als Muster auffassen und durch Vergleiche mit Prototypen identifizieren, etwa wie in [21, 22, 23, 115, 116], wobei nur wenige charakteristische Daten herangezogen werden, z.B. [109].

Werden jedoch die Phoneme zur Worterkennung herangezogen, so braucht — wie bei dem *Audrey*-Gerät (Automatic Digit Recognizer) — die Reihenfolge ihres Auftretens nicht unbedingt berücksichtigt zu werden [17, 20]. Die Wirkungsweise dieses Gerätes läßt sich anhand eines Formantnetzes (Abb. 13.2-11) erläutern, in das die in den Zahlwörtern 0 (oh) bis 9 (nine) vorkommenden Vokale durch Frequenzangabe ihrer 1. und 2. Formanten eingetragen sind. Ein gegebenes Sprachsignal wird auf dieses Netz in der Weise abgebildet, daß die verschiedenen Zellen in einer durch das Auftreten der Laute innerhalb des Wortes bestimmten Reihenfolge und Dauer *besetzt* werden, wobei auch einzelne Zellen mehrmals nacheinander belegt werden können. Jedes Besetzungsschema wird mit einem Satz von eingebauten Modellschemen korreliert, das dem Korrelationsmaximum entsprechende Wort als erkannt angezeigt.

Es ist zu erwarten, daß sich die Zuverlässigkeit der Erkennung erhöhen läßt, wenn die zwischen aufeinanderfolgenden Phonemen bestehenden statistischen Bindungen berücksichtigt werden. In dem von *D. B. Fry* und *P. Denes* [46 bis 49] entwickelten Wort-Erkenner wird deshalb die jeweilige Phonem-Erkennung nicht nur

Abb. 13.2-11.
Zur Selektion im Audrey-Gerät

von den gerade einlaufenden Signalmerkmalen, sondern auch vom jeweils vorhergehenden identifizierten Phonem und dessen *Übergangswahrscheinlichkeiten* zu einem folgenden Phonem abhängig gemacht. Das Blockschema eines derartigen Wort-Erkenners ist in Abb. 13.2-12 angegeben. Sein Inventar ist, im Gegensatz etwa zum *Audrey*-Gerät, offen.

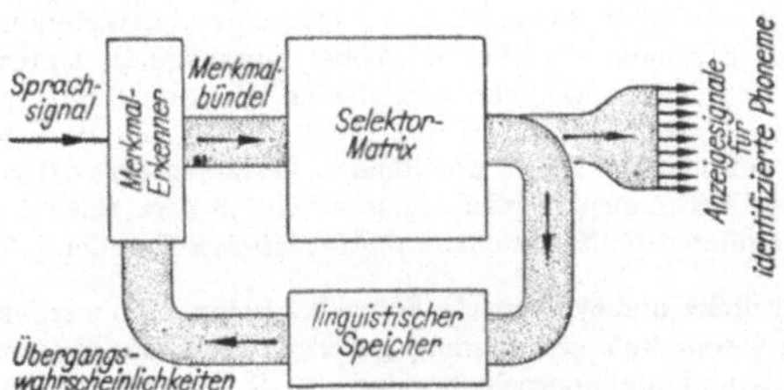

Abb. 13.2-12. Wort-Erkenner mit eingebauter linguistischer Information (nach *Fry* und *Denes*, schematisiert)

Bei dem in [64] beschriebenen Verfahren werden zur Erkennung nur acht auf die Formantstruktur von *stimmhaften Lauten* bezogene Merkmale benutzt, die zu drei verschiedenen Zeitpunkten während des Sprachablaufs ermittelt werden, und zwar zu Beginn und am Ende des Wortes sowie 100 ms nach Beginn des ersten stimmhaften Wortabschnitts. Die Erkennung erfolgt unter Heranziehung von A-posteriori-Wahrscheinlichkeiten anhand der Bayesschen Entscheidungsregel.

In dem Verfahren von Teacher et al. [108] werden zur Erkennung nur drei Parameter herangezogen: der aus den Formantfrequenzen ν_{F1}, ν_{F2}, ν_{F3} gebildete Mittelwert, der dazugehörige mittlere Amplitudenwert und das Merkmal stimmhaft/stimmlos, das aus der Anregungsfunktion des Kehlkopfes gewonnen wird. Die Bewertung der Parameter und die Erkennung selbst geschieht mit Hilfe eines Rechners. Die Erkennungsrate (für männliche Sprecher) beträgt ca. 90 %.

13.2.2 Synthetische Sprache

Unter synthetischer Sprache [172] soll ein Schallvorgang verstanden werden, der der menschlichen Sprache physikalisch und linguistisch ähnlich ist und auf mechanisch-akustischem, auf lichtelektrischem oder auf elektronischem Wege erzeugt wird. Die nachfolgenden Betrachtungen beziehen sich vornehmlich auf die beiden letztgenannten Methoden, die reine Umwandlung elektrischer Sprachsignale in Schall soll jedoch nicht berücksichtigt werden.

Synthetisch erzeugte Sprache wird angewendet

1. zur Erweiterung unserer Kenntnisse über den physikalischen und linguistischen Aufbau von Sprache (s. z. B. [151, 167, 172, 176, 192, 197, 202, 214, 216, 226]),

2. zur Darstellung analog oder digital codierter Sprachsignale aus Sprechlauten, z. B. bei der Analysis-Synthesis-Telephonie [259, 56]) oder bei sonstigen Verfahren, durch die die Redundanz von Sprachsignalen zum Zwecke der Frequenzbandkompression verringert wird [201, 204, 269], bei Vorlesegeräten für Blinde [160], bei Hörhilfen für Schwerhörige [238], bei Übersetzermaschinen oder sonstigen automatischen Sprecheinrichtungen, z. B. bei automatischen Auskunftssystemen (Fernsprechdienst, Bankwesen u. a. [155, 156, 194, 229, 241, 242, 270]) und in der elektronischen Musik [228] (s. auch [153, 201], [9, 66]).

Nach den bisherigen Erfahrungen ist es leichter, die Sprache synthetisch aufzubauen, als die zum Aufbau erforderlichen Parameter aus natürlichen Sprachsignalen abzuleiten (s. 13.2.1, s. auch [234]).

Die Synthese erfolgt mit Hilfe eines durch kontinuierliche oder quantisierte Signale gesteuerten *Sprachgenerators (Synthesator, Decoder)*. Diese Signale werden entweder a) von einem Spracherkennungsgerät (s. Abschnitt 13.2.1.4 bis 13.2.1.6) *(sprachgesteuerte Synthese)* oder b) von manuell betätigten Einrichtungen *(manuell gesteuerte Synthese)* oder c) von Speichern (z. B. Lochstreifen, Lichtspur oder Magnetband) *(signalgesteuerte Synthese)* geliefert. Sie müssen die erforderlichen akustischen und die für die richtige Aussprache wichtigen (artikulatorischen) Merkmale der gewünschten synthetischen Laute oder Lautverbindungen *eindeutig* beschreiben. Zur Erzielung einer befriedigenden Sprachqualität müssen generatorseitig notfalls linguistisch weniger bedeutsame Merkmale hinzugefügt werden. Während bei den Verfahren nach a) nur akustische Merkmale verwendet werden können, ist bei den nach b) und c) arbeitenden Verfahren eine Steuerung auch mit artikulatorischen Merkmalen möglich. Man spricht in dem einen Falle von einem *akustischen*, im anderen Falle von elnem *physiologischen* Decoder [255].

13.2.2.1 Natürliche und synthetische Sprachbausteine. Zum menschlichen Stimmbildungssystem (*Stimmtrakt*, vocal tract) gehören der Kehlkopf (Larynx) mit dem aus Stimmlippen und Stellknorpeln bestehenden Stimmapparat (Glottis) und das aus Rachen-, Mund- und Nasenhöhle bestehende Ansatzrohr. Der Stimmapparat dient als Schallerzeugungsorgan *(Phonationsorgan)*, das Ansatzrohr als Lautbildungsorgan *(Artikulationsorgan)* (vgl. auch Abb. 13.2-14). Bei der Spracherzeugung wird das Stimmbildungssystem durch den aus den *Lungen* kommenden Luftstrom erregt. Im *Stimmapparat* werden sowohl quasiperiodische Trägerschwingungen, die zur Bildung der stimmhaften Laute (z. B. [l, m, n, r, v, ð, z, ʒ, j, b, d, g][1]) erforderlich sind, als auch unperiodische (rauschähnliche) Trägerschwingungen zur Bildung von Flüsterlauten und des Hauchlautes [h] erzeugt.

Das für die Entstehung sämtlicher stimmhaften und stimmlosen Laute wesentliche Modulationsorgan ist das *Ansatzrohr*. Da das Ansatzrohr in der Lage ist, seinen Querschnitt in weiten Grenzen zu ändern und durch Bildung eines Verschlusses die Durchströmung durch Atemluft zu verhindern, trägt es außerdem zur Erzeugung der Geräuschlaute, d. h. der Explosiv-, der Reibe- und der Affrikatlaute (z. B. [pf, ts, dz, tʃ, dʒ]), bei.

Ein Sprachsignal läßt sich in Abschnitte zerlegen, die je nach seiner Erzeugungsart aus einer nahezu rein periodischen Schwingung (wie bei stimmhaften Lauten) oder aus einer unperiodischen (rauschähnlichen) Schwingung (wie bei den Flüster- und Reibelauten) bestehen können oder sich als kurzzeitige Ausgleichsvorgänge (wie bei den Explosiv- und Affrikatlauten) beschreiben lassen. Dabei ist es möglich, daß Abschnitte mit völlig unterschiedlicher Spektralstruktur unmittelbar aufein-

---

[1] Vgl. Tabelle 13.2-1.

anderfolgen oder auch fließend und ohne erkennbare Grenzen ineinander übergehen [159]. Wegen dieser Übergänge ist es oftmals nicht möglich, dem Signal einen nur ein einziges Allophon enthaltenden Abschnitt zu entnehmen, da das Spektrum eines Einzellautes im allgemeinen zugleich auch die spektralen Eigenschaften der unmittelbaren (und entfernteren) Nachbarlaute enthält (vgl. [184]).

Die Lautübergänge spielen für die Spracherkennung eine ausschlaggebende Rolle. Dies zeigt sich z. B. dann, wenn man versucht, aus einem auf Magnettonband gespeicherten Sprachsignal eines Wortes oder Satzes einzelne Lautabschnitte herauszuschneiden und in anderer Reihenfolge wieder zu einem verständlichen Wort oder Satz zusammenzufügen [195, 196, 197], etwa aus dem [t] von *Tal*, dem [ɪ] von *mild* und dem [ʃ] von *Schlag* das Wort *Tisch* [tɪʃ]. In den meisten Fällen erhält man mit einer solchen Synthese weder eine voll verständliche noch eine natürlich klingende Sprache [206]. Vielmehr treten charakteristische, von der Muttersprache des Hörers abhängende Fehldeutungen auf [195], etwa derart, daß ein aus der Silbe [pu] herausgeschnittenes [p] mit dem Rumpf [ɪk] der Silbe [kɪk] vereinigt, von englischsprechenden Hörern nicht als [pɪk, sondern meist als [tɪk] erkannt wird (vgl. [78] S. 394f.). Allein durch Austausch eines vorangehenden [207] oder nachfolgenden Lautes [162] durch ein gleiches, jedoch anderer lautlicher Umgebung entnommenes Phonem kann bei einem gegebenen Sprachsignal zu einer völlig falschen Deutung führen. Abb. 13.2-13 zeigt, in welchem Maße ein synthetisch erzeugter Explosivlaut durch nachfolgende, ebenfalls synthetisch erzeugte Vokale (mit nur zwei ausgeprägten Formantbereichen) beeinflußt wird. Ein durch einen Rauschvorgang nachgebildeter Explosivlaut, dessen spektraler Schwerpunkt etwa bei 1 800 Hz liegt, wird vor [i], [e], [o] und [u] als [p] erkannt, vor [ɛ], [a] und [ɔ] dagegen als [k]. Die Spektralbereiche der verschiedenen Phoneme können sich beträchtlich überlappen [224]; (vgl. auch [62], S. 6). Es ist nicht möglich, ein von der Lage innerhalb des Wortes bzw. Textes und von den speziellen linguistischen Gegebenheiten unabhängiges Schema zur Darstellung einer synthetischen Sprache aufzustellen (vgl. [235] und [237]).

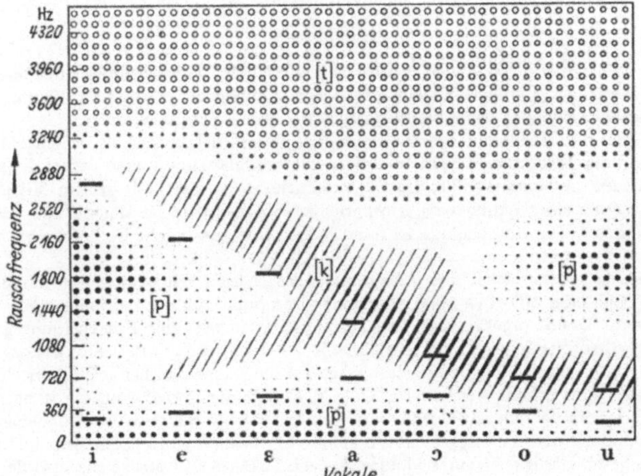

Abb. 13.2-13. Zum Einfluß synthetischer Vokale auf die Interpretation vorangehender synthetischer Explosivlaute. Ordinatenachse: Lage der Frequenzschwerpunkte der zur Synthese der Explosivlaute verwendeten farbigen Rauschsignale. — Die schwarzen waagerechten Striche zeigen die Lage der Vokalformanten an (nach [162])

13.2.2.2 Synthese aus Sprachbausteinen. Wenn man Wörter oder Sätze synthetisch aus Sprachelementen zusammensetzen will, so müssen diese Bausteine der lautlichen Umgebung entsprechend gewählt und nach gewissen Regeln miteinander verbunden werden [163, 200, 201, 237]. Als Bausteine kann man entweder

a) die in der jeweiligen Position vorkommenden *Allophone* (vgl. Abschnitt 13.2.1.2) des betreffenden Phonems nehmen [236] oder

b) die *Verbindung* von zwei oder mehr Elementen [206, 265] oder

c) Lautgruppen, die jeweils aus einem Allophon bestehen, dem die Übergangslaute [ə], [ɪ], [ʊ] u.a. voran- und/oder nachgestellt sind [164, 178].

Wählt man wie in b) die spektral ineinander verflochtenen Allophonpaare (*Diphone*) (jeweils von der Mitte des einen bis zur Mitte des anderen Allophons gerechnet), so hätte man das Wort *Radio* [Ra:dio:] aus den Bausteingruppen [Ra:], [ad], [di], [io:], entsprechend c) etwa aus den Gruppen [Rə], [əa:ə], [əd], [iə], [əo:] zu bilden.

Durch eine solche Synthese kann man jeden in der betreffenden Sprache vorkommenden Text zusammensetzen; ihr Wort- und Satzinventar ist *offen*. Der Vorgang läßt sich jedoch wesentlich vereinfachen, wenn es sich um ein *geschlossenes* Wort- bzw. Satzinventar handelt, d.h. wenn nur eine endliche und nicht allzu große Zahl von verschiedenen Nachrichten übermittelt werden muß [155]. Die Synthese kann sich dann z.B. darauf beschränken, die auf Tonband oder Magnettrommeln gespeicherten Sprachsignale im gewünschten Augenblick auszulösen (etwa bei der Zeit- oder Ortsansage im Fernsprechverkehr). Für automatisierte Auskunftssysteme lassen sich akustisch ausgegebene Ziffernfolgen dadurch synthetisieren, daß man zwei Sätze der Ziffern *Null* bis *Neun* speichert (davon einen Satz mit abfallender Tonhöhe gesprochen) und die gewünschte Ziffernkombination durch Rechner abruft (s. auch [156, 241]).

Durch Anwendung derartiger Syntheseverfahren ist es möglich, die Kanalkapazität des Übertragungsweges besser auszunutzen, da man sich allein auf die Übermittlung der Daten beschränken kann, die für die Sprachbedeutung wesentlich sind. Wenn sich die Sprache aus insgesamt z Bausteinen aufbauen läßt, so beträgt der Entscheidungsgehalt dieses Bausteinvorrats

$$b = \mathrm{ld}\, z \text{ bit}$$

(vgl. [268]); hierin ist ld der dyadische Logarithmus (Logarithmus zur Basis 2). Zur Übertragung sind dann höchstens pro Lautsignal $b^* = [\mathrm{ld}\, z]$ Binärschritte erforderlich, wobei [ ] bedeutet: nächstgrößere ganze Zahl.

Wegen der Redundanz der Sprache, d.h. wegen der unterschiedlichen Häufigkeit, mit der die einzelnen Sprachbausteine vorkommen, und wegen der statistischen Verkettung aufeinanderfolgender Sprachbausteine ist die Zahl der im Mittel zur Übertragung eines Lautsignals erforderlichen Binärschritte im allgemeinen wesentlich geringer. Zur Übertragung ist dann jedoch eine zusätzliche Codierung erforderlich.

Die Verkehrssprachen des Abendlandes lassen sich mit etwa 8000 Allophonen (vgl. [264]) oder mit etwa 2000 Allophonpaaren (vgl. [206]) in befriedigender Weise aufbauen. Damit ergeben sich folgende Abschätzungen: der Entscheidungsgehalt beträgt theoretisch je Allophon 13 bit, je Allophonpaar 11 bit. Sollen noch Betonungseffekte und Melodie berücksichtigt werden, so müssen beide Werte nochmals um etwa 3 bit erhöht werden. Im Falle c) gelingt die Sprachsynthese je nach gewünschter Sprachqualität durch Verwendung von 40 bis etwa 250 Phonemen, so daß sich der Entscheidungsgehalt auf etwa 6 bis 8 bit erniedrigt. Bei einer mittleren Sprechgeschwindigkeit von 15 Lauten/s (vgl. [232, 233]) beträgt die erforderliche Kanalkapazität zur Übertragung von Sprache aus Sprachbausteinen hiernach höchstens 260 bit/s ohne und 320 bit/s mit Berücksichtigung von Betonungsmerkmalen. Dieser Wert ist klein, wenn man ihn mit demjenigen vergleicht, den eine Fernsprechübertragung erfordert und für den sich unter Zugrundelegung eine Bandbreite von 3,1 kHz und eines Störabstandes von 50 dB ohne Codierung ein Wert von etwa 56000 bit/s ergibt. Zum Vergleich sei die mit Hilfe von psychologischen Tests ermittelte Aufnahmekapazität des menschlichen Gehirns mit etwa 25 bit/s angegeben. Bei Umwandlung von Sprache in gedruckten Text, z. B. mit einer phonetischen Schreibmaschine (s. 13.2.1.5), müßte man mit einer noch geringeren Kanalkapazität als 25 bit/s auskommen.

Für die Sprachsynthese aus *natürlichen* Sprachbausteinen benötigt man Speicher, denen die fertigen Sprachsignale entnommen werden können. Sprachbausteine, die selbst wieder synthetisch erzeugt werden müssen, können dagegen sowohl als fertige Signale vorrätig gehalten, als auch aus einer kleineren Zahl von Komponenten im Augenblick der Synthese zusammengesetzt werden, wobei die Art der Zusammensetzung von der Lautart abhängen kann. Am bekanntesten ist hierbei das Verfahren der *Synthesis by rule* [163, 200, 215, 241], bei dem die Veränderungen des menschlichen Stimmbildungssystems bei der Spracherzeugung, die sich u.a. in zeitlichen Veränderungen der Formantfrequenzen, -amplituden und -schwerpunkten ausdrücken, durch ein Rechnerprogramm erfaßt werden und für die Spracherzeugung zur Steuerung des Synthesesystems dienen. Der benötigte Informationsfluß liegt bei etwa 50 bit/Laut [179].

13.2.2.3 Physiologische Decoder. Man hat schon früh versucht, Sprache durch mechanische Nachbildung des Stimmtrakts synthetisch zu erzeugen (s. z. B. [152, 174] und [35]). Diese mechanischen Modelle geben Aufschluß über die Artikulationsparameter, die für die Erkennung der Laut- oder Sprachbedeutung wesentlich sind [175, 199, 220, 226, 256]. Mit Hilfe dieser Kenntnisse lassen sich elektrische Ersatzschemata (*Leitungs-Analoga* genannt) für den Bau von Sprachgeneratoren aufstellen [157, 175, 182, 253, 257, 258]. Dem Schalldruck entspricht dabei normalerweise die elektrische Spannung, der Schallschnelle die elektrische Stromstärke. Man beschränkt sich zumeist auf den Frequenzbereich, in dem die Querabmessungen des Ansatzrohres noch klein gegenüber der Wellenlänge des Sprachsignals sind, d.h. auf den Frequenzbereich unterhalb 4 kHz.

Abb. 13.2-14 zeigt ein Leitungs-Analogon (Electrical Vocal Tract, EVT [175, 246]) für den Vokal [u] und einen Längsschnitt durch das menschliche Stimmbildungssystem im Augenblick der Artikulation dieses Vokals. Veränderliche Artikulationsmerkmale sind: die Lage der Artikulationsstelle in der Längsrichtung des Ansatzrohres, die Stärke der Verengung, d.h. die Größe der Zungenerhebung, und die Lippenöffnung. Trotz der geringen Zahl der veränderlichen Größen kann man mit diesem Gerät zahlreiche Lautbildungsformen des Ansatzrohres nachbilden.

Ähnlich ist auch der manuell steuerbare Sprachgenerator LEA (Electrical Line Analog) von *G. Fant* [180 bis 186, 257] aufgebaut. Er besteht aus einer Kette von 45 Filtern, von denen jedes eine senkrecht zur Achse des Ansatzrohres *herausgeschnittene* 0,5 cm dicke *Scheibe* darstellt. Das Gerät, das auch die Schalldämpfung im Ansatzrohr berücksichtigt und alle Laute außer den Nasallauten zu erzeugen gestattet, läßt sich auch auf dem Rechner simulieren [194, 203].

Zur Synthese fortlaufender Sprache mittels eines Leitungs-Analogons muß die manuelle Steuerung durch eine elektronische ersetzt werden, was wiederum mit Hilfe von Rechnerprogrammen leicht realisierbar ist [194, 203].

Das elektrische Analogon zur Schallquelle des Kehlkopfes ist in erster Näherung ein Pulsgenerator, dessen Spektrum dem des natürlichen Stimmtons ähnlich ist ([190, 221, 257, 271]; s. auch [43], S. 229ff.). Neuere Arbeiten ergaben, daß die Wellenform der Stimmbandschwingungen von der Dreiecksform erheblich abweicht [192, 193, 260]. Zisch- und Reibelaute werden von einem Generator für weißes (elektrisches) Rauschen erzeugt, das an der entsprechenden *Artikulationsstelle* in den Analog-Synthesator eingespeist wird [257].

13.2.2.4 Akustische Decoder. Der Aufbau akustisch gesteuerter Sprachgeneratoren wird besonders einfach, wenn bei der Spracherzeugung nur die Merkmale berücksichtigt werden, die für die Sprachbedeutung wesentlich sind (vgl. Abschnitt 13.2.1.1). Man benötigt hierzu nur wenige Bandpaßfilter oder Resonanz-

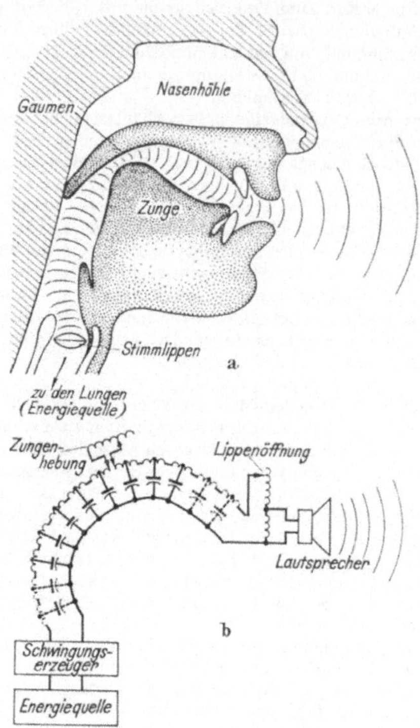

Abb. 13.2-14. a) Stimmtrakt bei der Artikulation des Vokals [u]; b) Leitungs-Analogon von a
(nach [246])

kreise, die entweder in Serie [182, 183, 188] oder — wie üblich — parallel geschaltet
sind [170, 171, 263, 266; 31 bis 33, 56].

Vokale lassen sich hinreichend eindeutig durch Angabe der zwei (bei Vorder-
zungenvokalen drei) niedrigsten Formantfrequenzen und ihrer Amplitudenwerte
beschreiben [203]. Die Amplitudenwerte hängen von den Formantfrequenzen ab,
werden aber bei Kettenschaltung der Filter automatisch mit der richtigen Stärke
geliefert [188]. Weiterhin werden die Vokale durch die Amplituden und die Frequenz
des Stimmtones charakterisiert, die beide nicht unabhängig voneinander sind
[169, 239].

Ein zur Erzeugung von Vokalen verwendeter Generator besteht daher in seiner
einfachsten Ausführungsform aus drei oder vier einstellbaren Bandfiltern oder
Resonanzkreisen, die von einem Impulsgenerator für Impulsfolgefrequenzen
zwischen 80 und 300 Hz gleichzeitig gespeist und deren Ausgangsspannungen nach
Verstärkung einem Lautsprecher zugeführt werden ([263]; s. auch [217], S. 116ff.).

Wenn man die Zahl der Filter vergrößert und zusätzlich wahlweise noch das
von einem Rauschgenerator erzeugte Spektrum ausnutzt, so lassen sich auch Reibe-,
Explosiv- und Affrikativlaute erzeugen. Ihre Qualität nähert sich der der natürlichen Sprache um so mehr, je größer die Zahl der benutzten Filter ist.

Die einzustellenden Formantfrequenzen sind innerhalb der einzelnen *Stimmkategorien* (Männer-, Frauen- und Kinderstimmen) von der Stimmtonfrequenz nahezu unabhängig. Beim Übergang von einer Stimmkategorie zu einer anderen ergeben sich jedoch erhebliche Unterschiede [183, 231, 242]. Dies zeigen die sogenannten *Formantkarten* (Abb. 13.2-15), in die jeder Vokal durch die Frequenzangaben seines Unter- und Oberformanten eingetragen ist. Für die drei Stimmkategorien entstehen drei sogenannte *Vokaldreiecke* (hier unter Berücksichtigung amerikanisch-englischer Aussprache). Es ist somit nicht möglich, z. B. allein durch Erhöhung der Stimmtonfrequenz einen von einer männlichen Stimme gesprochenen Vokal in einen von einer weiblichen Stimme gesprochenen umzuwandeln, ohne entsprechend auch die Formantfrequenzen zu ändern.

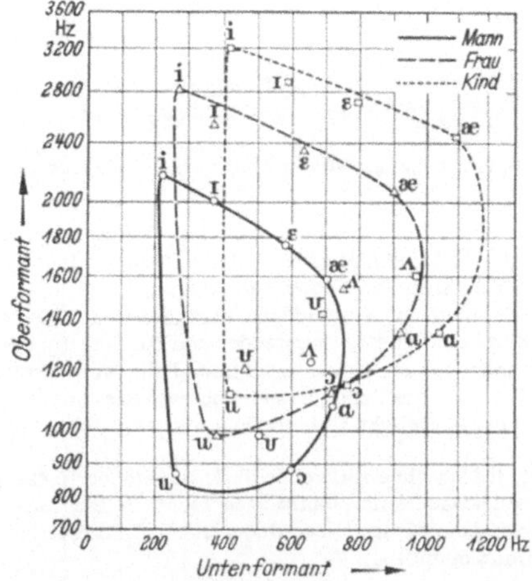

Abb. 13.2-15. Lage der Vokaldreiecke (amerikanisches Englisch) bei Männer-, Frauen- und Kinderstimme (nach [231])

Zur Synthese von Vokalen genügen drei Filter, deren Durchlaßbereiche durch manuelle oder elektrische Steuerung geändert werden. Falls zusätzlich die zeitlich genau festliegenden *Formantbewegungen* berücksichtigt werden, ist auch die Synthese stimmhafter Halbvokale (wie [j]) und der stimmhaften Explosivlaute [b], [d], [g] möglich (vgl. u. a. [168, 198, 209 bis 214, 227]).

Für wissenschaftliche Untersuchungen hat sich ein Syntheseverfahren als zweckmäßig erwiesen, bei dem die Laute (insbesondere die stimmhaften Laute) aus einer großen Anzahl von Harmonischen zu einer als Stimmtonfrequenz gewerteten Grundfrequenz aufgebaut werden. Neben dem elektrischen Vielton-Generator [221, 267] wurde für grundlegende Untersuchungen lange Zeit vor allem ein lichtelektrisch arbeitendes *Playback*-Gerät eingesetzt, das Abb. 13.2-16 (nach [161] bzw. [209]) zeigt (s. auch [154, 161, 162, 167, 168, 198, 209 bis 214, 227]; vgl. [35]). Hierbei wird ein vereinfachtes Muster eines den Sprechtext darstellenden Visible-Speech-Spektrogramms (z. B. Abb. 13.2-5a) mit weißer Farbe auf ein endloses, mit gleichförmiger Geschwindigkeit bewegtes Kunststoffband aufgezeichnet. Ein breites ebenes Lichtbündel wird durch ein rotierendes Tonrad, auf das 50 konzentrisch angeordnete Tonspuren mit sinusförmigem Dichteverlauf aufgebracht sind, moduliert. Es entstehen dann 50 nebeneinanderliegende Lichtbänder, deren Frequenzen bei einer bestimmten Umdrehungsgeschindigkeit des Tonrades die ganzzahligen Vielfachen zum Grundton 120 Hz im Bereich zwischen 120 und 6000 Hz umfassen. Die Lichtbänder werden auf einen Spalt senkrecht zur Bewegungsrichtung des

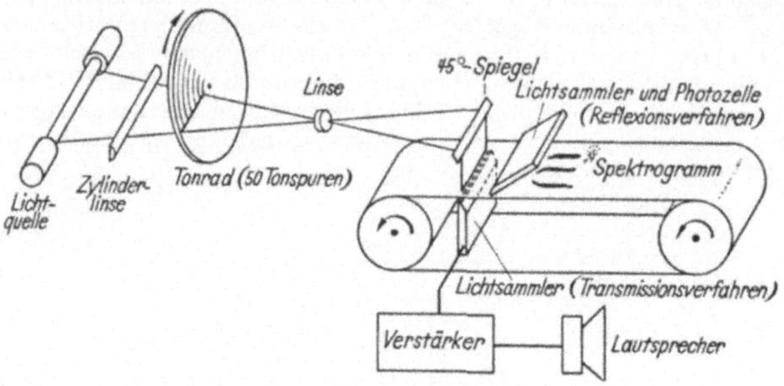

Abb. 13.2-16. Signalgesteuerte Synthese (nach [161] bzw. [209])

Filmes projiziert und von dort reflektiert, sobald das aufgezeichnete Spektrogrammmuster den Weg des Lichtbündels kreuzt. Das reflektierte Licht wird einer Photozelle zugeführt, der entstehende Photostrom verstärkt und in einem Lautsprecher hörbar gemacht. Es entstehen verständliche, aber monoton klingende Sprachsignale. Wenn man eine durchsichtige Folie verwendet und das Negativ des Spektrogramms aufbringt, kann man Sprachsignale auch mit Hilfe von durchfallendem Licht erzeugen. Mit Hilfe einer zusätzlich aufgebrachten Spur für die Sprachmelodie ist es möglich, den Monotonieeffekt zu beseitigen und natürlich klingende Sprache zu erzeugen.

Ein ähnlicher, jedoch ohne rotierende Teile arbeitender piezooptischer Synthesator (ADP-Schwingkristalle im polarisierten Licht als Lichtmodulatoren) ist von *O. Fujimura* beschrieben worden. Neuerdings lassen sich derartige Verfahren durch Rechnerprogramme simulieren.

13.2.2.5 Manuel gesteuerte Synthese. Das nachweisbar erste Gerät, mit dessen Hilfe es möglich war, manuell ausgelöste, aber elektrisch erzeugte Vokale über Leitungen zu übertragen, war das Vokaltelegraphiergerät von *W. H. Eccles* und

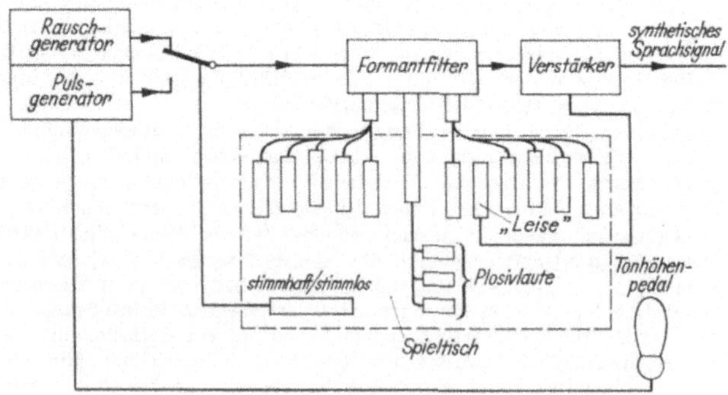

Abb. 13.2-17. Schema des Voders

C. F. A. Wagstaffe [177]. Aber erst das unter dem Namen *Voder* (*Voice Operation Demonstrator*) ([173]; s. [217, S. 118f.]) bekanntgewordene Gerät (als Erweiterung des *Vokalsynthesators* von *K. W. Wagner* [263]) ermöglichte es, zusammenhängende Sprache zu erzeugen. Es wird mit den Fingern beider Hände, mit dem linken Handgelenk und dem rechten Fußgelenk betätigt, wodurch die für die Lautbeschreibung charakteristischen Merkmale: *stimmhaft/stimmlos, Formantfrequenzen, Lautstärke, Tonhöhe* und *Einschwingvorgang* ausgelöst werden. Abb. 13.2-17 zeigt das Schema des Voders.

Das Prinzip eines weiteren Verfahrens, bei dem verständliche Sätze synthetisch erzeugt werden können, die keine Reibe- und Explosivlaute enthalten, zeigt Abb. 13.2-18. Es beruht darauf, daß zwei Formantfrequenzen unabhängig voneinander kontinuierlich verändert werden. Hierzu wird ein auf einem Reißbrett in einer Formantkarte eingetragener Linienzug in artikulatorisch richtiger Geschwindigkeit von einem Zeiger durchlaufen, wobei mit dieser Bewegung die Resonanzfrequenzen von Schwingungskreisen so variiert werden, daß bei Erregung der Filter verständliche Sprache entsteht (OVE I (*Orator Verbis Electricis*) von *G. Fant* [180, 182, 183] und Gerät von *M. Joos* [202]). (Mit den unter Abschnitt 13.2.2.6 beschriebenen weiterentwickelten Geräten OVE II und OVE III lassen sich außer den Vokalen und den vokalähnlichen Lauten auch stimmlose Laute synthetisch erzeugen.)

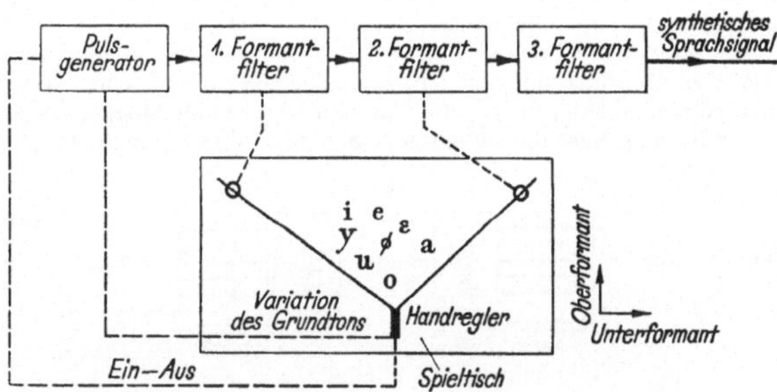

Abb. 13.2-18. Schema des manuellen Synthesators OVE I (nach [180])

13.2.2.6 Signalgesteuerte Synthese. Die im Abschnitt 13.2.2.5 angeführten Synthesegeräte erfordern eine beträchtliche manuelle Geschicklichkeit. Durch Weiterentwicklung wurde daher ihre bisherige Steuerung durch eine automatische ersetzt (z.B. mit Hilfe geeigneter elektrischer oder magnetischer Funktionsgeneratoren, mit Hilfe von Rechnern oder durch Lochstreifen). Das Gerät OVE II [(182, 185, 186] wird z.B. lichtelektrisch durch 9 Tonspuren (Stimmtonfrequenz und -amplitude, Rauschamplitude, 3 Vokal- und 3 Konsonantfrequenzen) gesteuert. Zu dieser Art von Geräten gehört auch das in Abschnitt 13.2.2.4 beschriebene Playback-Gerät, das erstmals von *L. O. Schott* eingesetzt wurde ([245]; vgl. [161, 162, 167, 168, 198, 208 bis 214, 227]). Eine Weiterentwicklung von OVE II stellt das (rechnergesteuerte) Gerät OVE III dar [213].

Daneben existieren noch weitere Synthese-Geräte, die mit Lochstreifen gesteuert werden (Gerät von *K. N. Stevens, R. P. Bastide* und *C. P. Smith* [254] mit 4 Resonanzkreisen und der Sprach-Musik-Generator von *H. F. Olson* und *H. Belar* [228]). Schließlich gehören hierzu auch einige Modelle von Blindenlesegeräten. Sie wurden entwickelt, um Drucktexte durch Erkennungseinheiten buchstabenweise zu identifizieren und die erkannten Laute durch Sprachgeneratoren *vorlesen zu lassen*. Der Vorlesevorgang beschränkte sich jedoch im wesentlichen auf ein reines Buchstabieren. Darüber hinaus sind neuerdings Programmsysteme zur automatischen Umwandlung gedruckter *Texte* in synthetische Sprache erstellt worden: Die einzelnen Wörter des Textes werden dabei in drei Kategorien unterteilt, und zwar in sogenannte Hauptwörter (wozu auch Adjektive, Verben und Attribute gehören), in (meist einsilbige) Funktionswörter (Artikel, Präpositionen, Konjunktionen und Personalpronomina) und in „Füllwörter", denen keine besondere Bedeutung im Satzverband zukommt. Ein Syntax-Analysator hat die Aufgabe, die Natur der auftretenden Sprachpausen zu ermitteln, Aussprachegewohnheiten zu registrieren und dafür zu sorgen, daß Betonungsakzente richtig gesetzt werden. Unter Zuhilfenahme eines Wörterbuches, in dem die Wörter nach Wortklassen geordnet sind, ist es möglich, die Wörter in Satzverbände einzuordnen. Außerdem werden die Sprachgrundfrequenz und die Lautdauer für eine synthetische Sprachausgabe (also der Sprachrhythmus) mit Hilfe der Syntax-Analyse festgelegt. Die bisher vorliegenden Ergebnisse sind zufriedenstellend [194].

13.2.2.7 Sprachgesteuerte Synthese. Bei der sprachgesteuerten Synthese wird die Sprache zunächst mit Hilfe eines akustischen Erkennungsgerätes oder wenigstens mit Hilfe eines auf bestimmte Merkmale reagierenden Gerätes in elektrische Signale codiert. Diese aus der Sprache selbst gewonnenen Signale steuern dann nach Durchlaufen eines Tonfrequenz- oder Hochfrequenz-Übertragungskanals eine Decodiereinrichtung (einen sogenannten quasisynthetischen Sprachgenerator) und werden so wieder in verständliche Sprache zurückverwandelt (vgl. [249]) (Abb. 13.2-19). Mit diesem recht umständlichen Nachrichtenübertragungsverfahren (auch als Analysis-Synthesis-Telephonie bekannt) versucht man die für die Übertragung von Sprache notwendige Frequenzbandbreite einzuengen und so zu einer besseren wirtschaftlichen Ausnutzung des Übertragungskanals (z.B. eines Transozean-Kabels) zu gelangen [153]; [9, 37, 66]. Daneben bietet es die Möglichkeit zur wirksamen Durchführung einer Sprachverschlüsselung (s. [53, 102] und [243, S. 106ff.]).

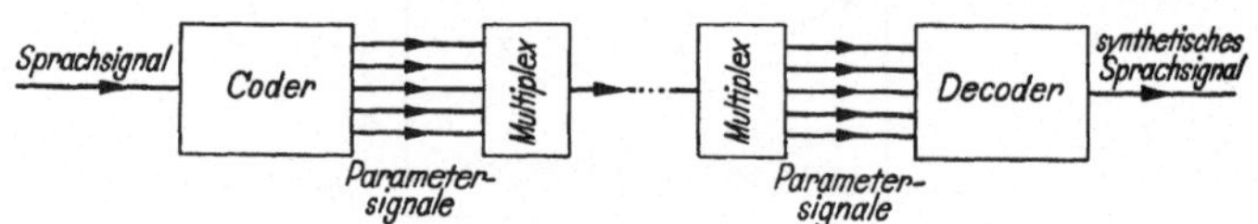

Abb. 13.2-19. Schema der sprachgesteuerten Synthese (Analysis-Synthesis-Telephonie)

Für die sprachgesteuerte Synthese gibt es verschiedenartige Verfahren, die sich in der Funktionsweise der Erkennungsgeräte unterscheiden. Nach einem rein *physikalischen* Syntheseverfahren arbeitet der Vobanc (Voice Band Compressor) [153]; [66]. Er verwendet drei Bandfilter mit den Durchlaßbereichen 0 bis 1 kHz, 1 bis 2 kHz und 2 bis 3,6 kHz. Innerhalb jedes dieser Bereiche wird die Frequenz derjenigen Schwingung, die mit der höchsten Amplitude auftritt, halbiert und damit die Gesamtbandbreite des Sprachspektrums auf 1,8 kHz eingeengt. Auf der Decodierungsseite werden durch Frequenzverdoppelung die ursprünglichen Verhältnisse annähernd wiederhergestellt.

Eine erheblich größere Einengung der Frequenzbandbreite erreicht man mit einigen der zur Klasse der sogenannten Vocoder (*Voice Coder*) gehörenden Geräte. Bei den meisten von ihnen werden nur wenige für die Spracherkennung wesentliche Parameter übertragen, wie z.B. die Stimmtonfrequenz und das Merkmal stimmhaft/stimmlos. Die verschiedenen Ausführungsformen der Vocoder sind bekanntgeworden unter den Namen:

a) Kanal-Vocoder, b) Abtast-Vocoder (Scan Vocoder), c) Puls-Vocoder, d) Resonanz- oder Formant-Vocoder, e) Formant-Moment-Vocoder *(Formoder)*, f) Zeitbereich-Vocoder (Kreuz- und Autokorrelations-Vocoder), g) Erkennungs-Vocoder (Recognition Vocoder), h) Voice-Excited-Vocoder und Digital-Vocoder.

Das Blockschema eines *Kanal-Vocoders* [31, 32, 33, 170, 171, 205, 244][1], von dem man annimmt, daß er bei der Analysis-Synthesis-Telephonie [56, 259] anwendbar ist, ist in Abb. 13.2-20 wiedergegeben. Bei ihm wird das Sprachsignal durch eine größere Anzahl von Bandpässen (10 und mehr) mit aneinander anschließenden und an den Frequenzgrenzen sich überlappenden Frequenzbereichen (Abstände der Bandmitten z. B. konstant 300 Hz oder mit der Bandmittenfrequenz ansteigend entsprechend den Werten einer *Koenig*- bzw. mel-Skala [222, 261]) spektral zerlegt. Die nach Gleichrichtung an den Ausgängen von Tiefpässen gewonnenen schmalbandigen spektralen Hüllkurven werden dem Coder als Parametersignale entnommen. Außerdem bestimmt ein Frequenzmesser die Stimmtonfrequenz. Alle Parametersignale werden entweder durch ein Multiplex-Verfahren in einem einzigen Kanal vereinigt und erst empfangsseitig wieder getrennt oder in getrennten Kanälen parallel übertragen.

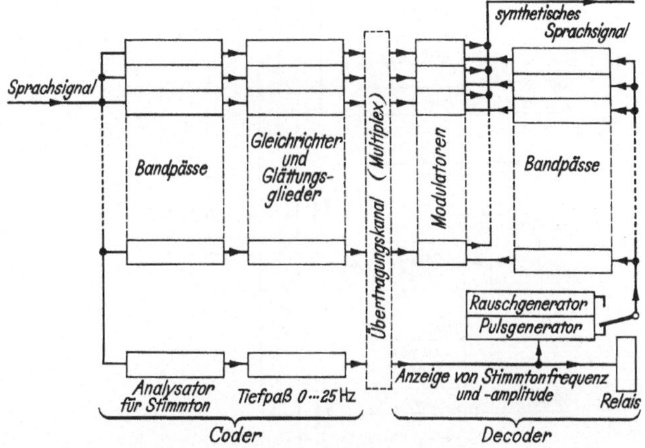

Abb. 13.2-20. Schema eines Kanal-Vocoders

Aufbau und Funktionsweise des Empfangsteiles — des Decoders — entsprechen im wesentlichen denen des Voders (s. Abschnitt 13.2.2.5): Trifft im Decoder ein Stimmtonsignal ein, so wird über ein Relais ein in seiner Frequenz durch das Stimmtonsignal gesteuerter Pulsgenerator, bei Fehlen des Signals aber stets ein Rauschgenerator eingeschaltet. Von dem jeweils gerade eingeschalteten Generator werden Bandpässe, die in gleicher Anzahl und Art vorhanden sind wie auf der Senderseite, parallel angesteuert. Die an den Filterausgängen auftretenden Signale werden sodann von den tieffrequenten Parametersignalen amplitudenmoduliert und ergeben nach Addition das synthetische Sprachsignal, dessen Verständlichkeit und Naturtreue hauptsächlich von der Art und Anzahl der Kanäle abhängen.

Der *Abtast-Vocoder* [110] unterscheidet sich vom Kanal-Vocoder nur dadurch, daß bei ihm die niederfrequenten Parametersignale an den Filterausgängen des Coderteiles nacheinander etwa 30- bis 60mal je Sekunde abgetastet werden und dadurch nur ein einziges Funktionssignal übertragen zu werden braucht. Es wird auf der Empfangsseite synchron wieder auf die einzelnen Kanäle verteilt. Eine praktische Anwendung hat das Verfahren bisher nicht gefunden.

Bei einer Variante des Abtast-Vocoders — dem *Puls-Vocoder* — wird das Funktionssignal in Form von Impulsgruppen übertragen.

---

[1] Der Kanal-Vocoder wurde 1932 von *K. O. Schmidt* zum Patent angemeldet [244] und 1936 von *H. Dudley* erstmals vorgeführt [172].

Beim *Formant-Vocoder* [9, 10]; [191, 230] werden die Frequenzlage und ggf. auch die Amplitudenschwankungen der Maxima der drei tiefsten Vokalformanten ermittelt und diese als Parametersignale übertragen [189] (vgl. Abb. 13.2-6, 13.2-15). Zur Synthese benötigt man elektrisch steuerbare Bandfilter mit variabler Bandmitte (Abb. 13.2-21) [57]. Beim *Formant-Moment-Vocoder* [58] werden außerdem die spektralen Momente niederer Ordnung (insbesondere effektive Amplitude und Frequenz-Schwerpunkt, vgl. Abschnitt 13.2.1.4) von stimmhaften Reibelauten erfaßt und zur Steuerung von Moment-Synthesatoren verwendet (Abb. 13.2-21) ([9, 10]; vgl. auch [216, 225]).

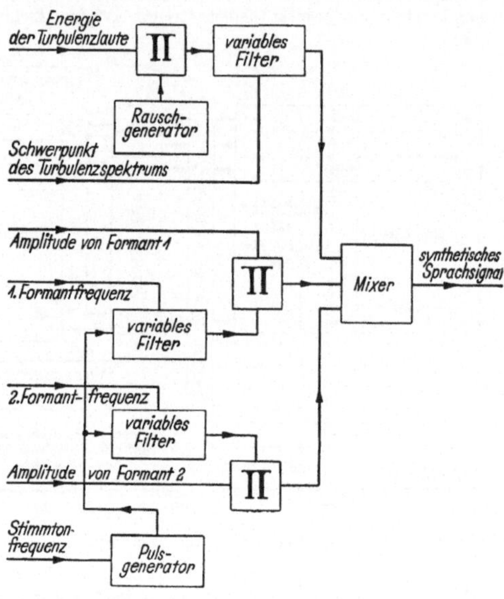

Abb. 13.2-21. Schema des Sprachgenerators eines Formant- bzw. Formant-Moment-Vocoders (nach [57])

An die Stelle diskreter Spektralbereiche treten bei den Zeitbereichs-Vocodern diskrete Verzögerungszeiten τ_n der Kurzzeit-Korrelationsfunktion $\psi(\tau, t)$ zweier aus dem Sprachsignal $s(t)$ abgeleiteter Zeitfunktionen $s_1(t)$ und $s_2(t)$, d.h. man überträgt die Parametersignale

$$\psi(\tau_n, t) = \int_{t-T}^{t} s_1(\vartheta)\, s_2(\vartheta - \tau_n)\, \mathrm{d}\vartheta$$

(mit einem Integrationsintervall T von 50 ms). Abb. 13.2-22 zeigt den Aufbau eines derartigen Vocoders. Da $\psi(\tau, t)$ auf die gleiche Bandbreite beschränkt ist wie $s_1(t)$ und $s_2(t)$, ist die Funktion $\psi(\tau, t)$ vollständig bestimmt durch ihre Werte zu diskreten Zeitpunkten im jeweiligen Abstand $\Delta\tau = 1/2f_g$ mit f_g als oberer Grenzfrequenz von $s_{1,2}(t)$. Für $f_g < 5$ kHz genügt dann $\Delta\tau = 0,1$ ms. Durch die maximale Verzögerungszeit τ_N wird die Sprachqualität bestimmt. Für $\tau_N = 2,5$ ms ergeben sich insgesamt 26 Kanäle, von denen jeder einen sich zeitlich relativ langsam ändernden Probewert $\psi(\tau_n, t)$ zu übertragen hat. Bei einer Bandbegrenzung jedes

Kanals auf 20 Hz erhält man eine erforderliche Übertragungsbandbreite von etwa 520 Hz. — Auf der Syntheseseite erfolgt eine Parallel-Abtastung aller Kanäle im Takte der Sprachgrundfrequenz. Die hierbei gewonnenen Probewerte werden in eine Verzögerungsleitung eingespeist, die derjenigen auf der Sendeseite entspricht,

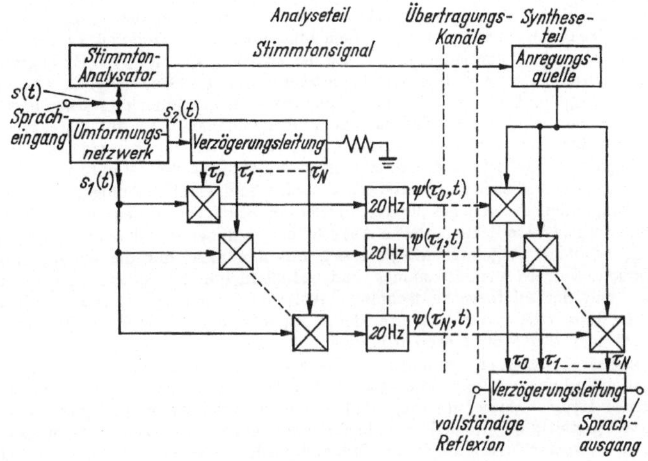

Abb. 13.2-22. Schema des Zeitbereichs-Vocoders

an einem Ende aber so abgeschlossen ist, daß vollständige Reflexion eintritt. Auf diese Weise entsteht eine der Sprachgrundfrequenz angepaßte Folge von symmetrischen Abbildern der Kurzzeit-Korrelationsfunktion, die als verständliche Sprache wahrgenommen wird. — Kreuz- und Autokorrelations-Vocoder unterscheiden sich im wesentlichen durch die Art, in der $s_1(t)$ und $s_2(t)$ aus $s(t)$ gewonnen werden. Wählt man unmittelbar $s_1(t) = s_2(t) = s(t)$, so wird das Amplitudenspektrum der Korrelationsfunktion gleich dem Leistungsspektrum von $s(t)$. Dieser Quadrierungseffekt führt zu einer unnatürlich klingenden Sprache. Durch eine Umformung von $s(t)$ versucht man diese Störungen zu vermeiden. Im Fall des *Kreuzkorrelations-Vocoders* wird $s_1(t) = s(t)$ gesetzt und $s_2(t)$ aus $s(t)$ durch eine derartige nichtlineare Verzerrung gewonnen, daß das Amplitudenspektrum von $s_2(t)$ weitgehend abgeflacht ist. Beim *Autokorrelations-Vocoder* dagegen wird das Eingangssignal in der Weise umgeformt, daß $s_1(t) = s_2(t) \approx \sqrt{s(t)}$ gilt [248, 249, 250].

Ein *Erkennungs-Vocoder* besitzt als Coder einen Phonem-Erkenner (vgl. Abschnitt 13.2.1.5), der für jedes identifizierte Phonem ein digitales Codesignal aussendet. Auf der Empfangsseite lösen diese Signale entweder gespeichert vorrätig gehaltene fertige Lautsignale aus oder steuern einen Puls- bzw. einen Rauschgenerator, der die gewünschten Laute mittels fest eingestellter Filterkombinationen erzeugt [33].

Wenn es weniger auf eine drastische Reduktion der Bandbreite ankommt als auf eine bei Fernsprechbandbreite (z.B. 3 kHz) bessere Sprachqualität, dann kann ein *Halbvocoder* angemessen sein, bei dem der Bereich unter 3 kHz unverändert übertragen, der anschließende Bereich bis etwa 10 kHz dagegen komprimiert und zwischen 3 und 3,5 kHz eingeschoben wird [219, 247]. Eine solche Kompression ist praktisch ohne Qualitätseinbuße möglich, weil der Sprachfrequenzbereich oberhalb von 3 kHz relativ informationsarm ist [218].

Eine wirksamere Bandbreiteneinengung läßt sich mit einer Variante des Halb-vocoders, dem spracherregten Vocoder *(Voice-Excited Vocoder)*, erzielen. Hierbei wird ein Grundband von 720 Hz Bandbreite (250 bis 970 Hz) direkt übertragen und das restliche, zwischen 970 und 3700 Hz liegende Band in 17 Teilbänder auf-geteilt, für die nach Gleichrichtung und Filterung jeweils nur eine Übertragungs-bandbreite von 25 Hz erforderlich ist. Auf der Empfangsseite wird das Grundband durch nichtlineare Verzerrung derart verbreitert, daß bei stimmhaften Lauten ein breites Spektrum harmonischer Komponenten und bei stimmlosen Lauten ein breites Rauschspektrum entsteht. Es wird der zwischen 970 und 3700 Hz liegende Frequenzbereich (entsprechend der Unterteilung auf der Sendeseite) in 17 Teil-bänder zerlegt und in jedem der Teilbänder zur Unterdrückung zu starker Pegel-schwankungen eine Amplitudenbegrenzung vorgenommen. Das auf diese Weise erhaltene Spektrum wird in den einzelnen Kanälen durch die übertragenen Para-metersignale moduliert, wodurch man nach Hinzufügen des Grundbandes eine relativ natürlich klingende Sprache erhält. Bei diesem Verfahren umgeht man die Schwierigkeiten, die sich bei der Extraktion der Stimmtonfrequenz beim Kanal-Vocoder ergeben [166]. Es bestehen Aussichten, daß dieser Vocoder eines Tages im Fernsprechdienst eingesetzt wird, da sich mit ihm nicht nur die semantischen Merkmale, sondern auch Betonungs- und Gefühlseffekte der Sprache übertragen lassen und der erforderliche technische Aufwand vertretbar ist. Beim *Digital-Vocoder* werden die an den Ausgängen der Bandpaßfilter (Analyseseite) auftretenden Signale nach dem Abtasttheorem in eine Folge von (in ihrem Amplitudenwerten quantisierten) Impulsen verwandelt und wie PCM-Signale übertragen, wobei der Nachrichtenfluß etwa 2400 bit/s beträgt. Auf der Syntheseseite werden die über-tragenen Impulse durch (inverse) Digital-Analogwandler wieder in Sprachsignale rückverwandelt [262]. Anstelle der üblicherweise verwendeten Bandpaßfilter lassen sich auch Operationsverstärker und Integrierglieder einsetzen, was zu einer Ver-besserung der Sprachqualität führt [251].

Ein Vocoder ermöglicht offensichtlich nur dann eine Bandbreite-Reduktion, wenn die Summe der von den Parametersignalen beanspruchten Bandbreiten ein-schließlich der für die Multiplexübertragung erforderlichen Sicherheitsabstände kleiner ist als die Bandbreite des ursprünglichen Sprachsignals. Für die Beurteilung der erzielbaren Ersparnis an Übertragungsbandbreite genügt allerdings nicht allein die unmittelbar sich ergebende Bandbreite-Reduktion. Von entscheidender Bedeu-tung ist vielmehr die für die Übertragung benötigte Kanalkapazität, die außer von der Bandbreite des Signals auch von dem für eine einwandfreie Übertragung er-forderlichen Signal-Rausch-Abstand abhängt [252]. Sind die Anforderungen an den Signal-Rausch-Abstand geringer als die dem Übertragungskanal entsprechenden Werte, läßt sich durch geeignete Codierung erreichen, daß unter Erhöhung der An-forderungen an den Signal-Rausch-Abstand die benötigte Übertragungsbandbreite verringert wird. Auf diese Weise kann z.B. allein schon dadurch eine beträchtliche Bandbreite-Reduktion erzielt werden, daß die Zahl der Ordinatenstufen des über-tragenen Signals vermindert wird (wie in Abschnitt 13.2.1.4 ausgeführt worden war, reichen u.U. bereits zwei Stufen [Binärsignal] aus). Um die Brauchbarkeit der einzelnen Verfahren beurteilen zu können, muß selbstverständlich außer der durch sie ermöglichten Ersparnis an Bandbreite auch die Qualität der Sprachübertragung berücksichtigt werden [165].

Theoretische Erwägungen, die sich nur auf die semantisch relevanten Sprach-parameter beziehen, machen wahrscheinlich, daß man für die Vokale eine Kanal-kapazität des Übertragungskanals von 400 bit/s [187] und für Sprachsignale schlecht-hin eine solche von etwa 800 bit/s benötigt, wenn die innere Redundanz der Sprache und ihre Nutzbarmachung durch den Hörer (Erratenkönnen unklarer Stellen) unberücksichtigt bleiben. Bei einer Beschränkung auf vier digitale Parametersignale ist Sprache jedoch bereits auf einen Informationsfluß von 35 bit/s komprimiert worden [254], einen Wert, der der Aufnahmekapazität des menschlichen Gehirns von etwa 25 bit/s nahekommt (s. Kapitel 15).

Literatur

zu Abschnitt 13.2.1

(Die Abkürzung JASA steht im folgenden für Journ. Acoust. Soc. Amer.)

[1] *Barney, H. L., Dunn, H. K.:* Speech analysis. In *L. Kaiser:* Manual of Phonetics, Amsterdam: North Holland 1957, S. 180—201. — [2] *Bezdel, W.:* Discriminators of sound classes for speech recognition purposes. Proc. 1967 Conf. on Speech Communication and Processing, Cambridge, Mass. USA, Vortrag B 8, S. 104—108. — [3] *Bezdel, W., Chandler, T. C.:* Results of an analysis and recognition of vowels by computer using zero-crossing data. Proc. IEE 112 (1965) Nr. 11, S. 2060. — [4] Bibliography in IEEE Trans. on Audio and Electroacoustics. AU 17 (1969) Nr. 2, S. 166—169. — [5] *Bolt, R. H., Cooper, F. S.,* et al.: Identification of a speaker by speech spectrograms. Sci. 166 (1969) 338—343 und JASA 47 (1970) 597—612. — [6] *Booth, A. D.:* Recognizing spoken sounds by means of a computer. Computers & Autom. 4 (1955) H. 2. — [7] *Bühler, K.:* Sprachtheorie. Jena: Fischer 1934. — [8] *Challier, L.:* Le sonographe phonétique ou «phonétographe» de *M. Jean Dreyfus-Graf.* In: I. Congrès International de Cybernétique, Namur 1956, Paris u. Namur 1958, S. 200—223. — [9] *Chang, S.-H.:* Two schemes of speech compression system. JASA 28 (1956) 565—572. — [10] *Chang, S.-H., Bach, R.:* A demonstration of the representation of speech by poles and zeros. IRE Nat. Conv. Rec. Pt. 7 (1957) No. 5, S. 135—142. — [11] *Chang, S. H., Pihl, G. E., Wiren, J.:* The intervalgram as a visual presentation of speech sounds. JASA 23 (1951) 675—679. — [12] *Chao, Y. R.:* Linguistic prerequisites for a speech writer. JASA 28 (1956) 1107—1109. — [13] *Cherry, E. C., Halle, M., Jakobson, R.:* Toward the logical description of languages in their phonemic aspect. Language 29 (1953) 34—46. [14] *Chiba, S.:* Spoken word recognition by multiple linear separation. Proc. 6. Intern. Congr. on Acoustics Tokyo, Vortrag B-4-4. — [15] *Cooley, J. W., Tukey, W.:* An algorithm for the machine calculation of complex Fourier series. Mathem. of Computation 19 (1965) 279—301. — [16] *David jr., E. E.:* Signal theory in speech transmission. IRE Trans. CT-3 (1956) No. 4, S. 232—244. — [17] *David jr., E. E.:* Voice-actuated machines: problems and possibilities. Bell Lab. Rec. 35 (1957) 281—286. — [18] *David jr., E. E.:* Artificial auditory recognition in telephony. IBM-J. Res. & Dev. 2 (1958) 295—309. — [19] *Davis, K. H.:* Automatic recognition of phonetic elements in speech. JASA 25 (1953) 832. — [20] *Davis, K. H., Biddulph, R., Balashek, S.:* Automatic recognition of spoken digits. JASA 24 (1952) 637—642; auch abgedruckt in *W. Jackson* (Ed.): Communication Theory, S. 433—441. London: Butterworths 1953. — [21] *Denes, P., Mathews, M. V.:* Spoken digit recognition using timefrequency pattern matching. JASA 32 (1960) 1450—1455. — [22] *Dersch, W. C.:* A decision logic for speech recognition. IBM — Techn. Rep., Dez. 1961. — [23] *Dersch, W. C.:* Shoebox, a voice responsive machine. Datamation Magazine, Juni 1962. — [24] *Dolanský, L. O.:* Electronically controlled audio filters. Proc. IRE 43 (1955) 1580—1586. — [25] *Dreyfus-Graf, J.:* Le sonographe: éléments et principes. Schweizer Arch. angew. Wiss. u. Technik 14 (1948) 353—362. — [26] *Dreyfus-Graf, J.:* Le sténosonographe phonétique. Techn. Mitt. PTT 28 (1950) 89—95. — [27] *Dreyfus-Graf, J.:* Der phonotechnische Steno-Sonograph. Schweiz. Bau-Ztg. 1950, Nr. 15. — [28] *Dreyfus-Graf, J.:* Phonétographe et subformants. Techn. Mitt. PTT 35 (1957) 41—59 (dort weitere Lit.). — [29] *Dreyfus-Graf, J.:* Phonétographe: présent et futur. Techn. Mitt. PTT 39 (1961) 160—172. — [30] *Dreyfus-Graf, J.:* Phonetograph and quantization of sound waves. Proc. Speech Comm. Seminar 1962, Stockholm; 2 (1963) E1. — [31] *Dudley, H.:* The Vocoder. Bell Lab. Rec. 18 (1939) 122—126. — [32] *Dudley, H.:* The Vocoder remakes speech. Proc. IRE 28 (1940) 1—47. — [33] *Dudley, H.:* Phonetic pattern recognition vocoder for narrowband speech transmission. JASA 30 (1958) 733—739. — [34] *Dudley, H., Balashek, S.:* Automatic recognition of phonetic patterns in speech. JASA 30 (1958) 721—732. — [35] *Endres, W.:* Methoden der Sprachanalyse und Sprachsynthese und ihre Bedeutung für die Nachrichtentechnik. Fernmelde-Ing. 11 (1957) H. 11. — [36] *Endres, W.:* Automatische Spracherkennung. In: *H. Franck:* Kybernetik, 4. Aufl. Frankfurt/M.: Umschau-Verl. 1965. — [37] *Endres, W.:* Probleme der Analyse und Synthese von Sprache durch Automaten, Jb. d. elektr. Fernmeldewesens, 18 (1967) 132—190. — [38] *Endres, W.:* Untersuchungen zur Einengung des Frequenzbandes für die Sprachübertragung. Acustica 21 (1969) H. 3, S. 125—133. — [39] *Endres, W.,* et al.: Voice spectrograms as a function of age, voice disguise, and voice imitation. JASA 49 (1971) Pt. 2, S. 1842—1848. — [40] *Fant, C. G. M.:* On the predictability of formant levels and spectrum envelopes from formant frequencies. Festschrift „For Roman Jakobson" S. 109—120. Mouton, The Hague 1956. — [41] *Flanagan, J. L.:* Automatic extraction of formant frequencies from continuous speech. JASA 28 (1956) 110—118. — [42] *Flanagan, J. L., House, A. S.:* Development and testing of a formantcoding speech compression system. JASA 28 (1956) 1099—1106. — [43] *Flanagan, J. L.:* Speech analysis, synthesis and perception. 2. Aufl. Berlin, Heidelberg, New York: Springer 1972, S. 192—204. — [44] *Forgie, J. W., Forgie, C. D.:* Results optained from a vowel recognition computer program. JASA 31 (1959) H. 11, S. 1480—1489. — [45] *Forgie, J. W., Forgie, C. D.:* A computer program for recognizing the English fricative consonants /f/ and /θ/. Vortrag 4. Int. Congr. on Acoustics 1962 Kopenhagen. — [46] *Fry, D. B., Denes, P.:* Mechanical speech recognition. In: *W. Jackson:* Communication Theory, S. 426—432, London: Butterworths 1953. — [47] *Fry, D. B., Denes, P.:* Experiments in mechanical speech recognition. In: *C. Cherry:*

Information Theory, S. 206—212, London: Butterworths 1956. — [48] *Fry, D. B., Denes, P.:* On presenting the output of a mechanical speech recognizer. JASA 29 (1957) 364—367. — [49] *Fry, D. B., Denes, P.:* The solution of some fundamental problems in mechanical speech recognition. Language and Speech (1958) 35—58. — [50] *Glenn, J. W., Kleiner, N.:* Speaker identification based on nasal phonation. JASA 43 (1968) 368—372. — [51] *Gold, B.:* Computer program for pitch extraction. JASA 34 (1962) H. 7, S. 916—921. — [52] *Gold, B.:* Word-recognition computer program. Res. Lab. for Electronics, MIT, Dept. No. 452, June 1966. — [53] *Guanella, G.:* Verfahren zur automatischen Sprachverschleierung. Druckschrift 1648D (1942) der AG Brown, Boveri & Cie., Baden (Schweiz). — [54] *Guelke, R. W., Huyssen, R. M. J.:* Development of apparatus for the analysis of sound by the sense of touch. JASA 31 (1959) 799—809. — [55] *Halle, M., Stevens, K. N.:* Speech recognition: A model and a program for research. IRE Trans. IT-8, No. 2 (1962) 155—159. — [56] *Halsey, R. J., Swaffield, J.:* Analysis-synthesis telephony, with special reference to the Vocoder. J. Inst. Electr. Eng. III 95 (1948) 391—411. — [57] *Howard, C. R.:* Speech analysis-synthesis scheme using continuous parameters. JASA 28 (1956) 1091—1098. — [58] *Howard, C. R., Chang, S. H., Carrabbes, M. J.:* Analysis and synthesis of formants and moments of speech spectra. JASA 28 (1956) 768. — [59] *Hughes, G. W., Halle, M.:* Spectral properties of fricative consonants. JASA 28 (1956) 303—310. — [60] *Ives, R. L.:* Music pulse analyzer rejects voice signals. Electronics 30 (1957) H. 4, S. 183—185. — [61] *Jakobson, R., Fant, C. G. M., Halle, M.:* Preliminaries to speech analysis. The distinctive features and their correlates. MIT Acoust. Lab. Techn. Rep. No. 13, 3. Druck 1955. — [62] *Jakobson, R., Halle, M.:* Fundamentals of Language. S. 28 ff. 's-Gravenhage 1956. — [63] *Kandler, G.:* Sprachvertastung, die Zukunftslösung der Taubstummenfrage? Neue Blätter für Taubstummenbildung 1954, Nr. 6/7. — [64] *Kato, Y. S., Chiba, S., Nagata, K.:* Spoken digit recognizer. J. Inst. Electr. Comm. Eng. of Japan 47 (1964) Nr. 9, S. 31—40. — [65] *Kersta, L. G.:* Voiceprint identification. Nature 196 (1962) 1253—1257. — [66] *Kock, W. E.:* Speech bandwidth compression. Bell Lab. Rec. 34 (1956) 81—85. — [67] *Küpfmüller, K., Andrich, W.:* Sprachübertragung mit Quantisierung in wenigen Stufen. Nachrichtentechn. Z. 11 (1958) 389—392. — [68] *Kusch, H.:* Automatische Erkennung gesprochener Zahlen (Ziffern). Nachrichtentechn. Z. 18 (1965) H. 2, S. 57—62. — [69] *Lacy, R. E., Saxe, R. K.:* Nonlinear commutation systems: some aspects of clipped speech. IRE Convention Rec. 2, Pt. 6 (Audio, Ultrasonics) (1954) 9—11. — [70] *Licklider, J. C. R.:* The intelligibility of amplitude-dichotomized, timequantized speech waves. JASA 22 (1950) 820—823. — [71] *Licklider, J. C. R., Bindra, D., Pollack, I.:* The intelligibility of rectangular speech waves. Amer. J. Psychol. 61 (1948) 1—20. — [72] *Licklider, J. C. R., Pollack, I.:* Effects of differentiation, integration, and infinite peak clipping upon the intelligibility of speech. JASA 20 (1948) 42—51. — [73] *Liljencrants, J.:* A few experiments of voiced-voiceless identification and time segmentation of speech. Proc. Speech Communic. Seminar 1962, Stockholm; 1 (1963). — [74] *Lindgren, N.:* Machine recognition of human language, Pt. I: Automatic speech recognition. IEEE Spectrum March 1965, S. 114—136. — [75] *Locke, W. N.:* Speech typewriters and translating machines. Publ. Modern Language Assoc. Amer. 70 (April 1955) 23—32. — [76] *Marcou, P., Daguet, J.:* Une nouvelle méthode de transmission de la parole. Ann. Télécommun᾿ 11 (1956) 118—126. — [77] *Meyer-Eppler, W.:* Experimentelle Schwingungsanalyse. Ergebn᾿ exakt. Naturwiss. 23 (1950) 53—126. — [78] *Meyer-Eppler, W.:* Grundlagen und Anwendungen der Informationstheorie. Berlin, Heidelberg, New York: Springer 1969. — [79] *Mol, H., Uhlenbeck, E. M.:* The analysis of the phoneme in distinctive features and the process of hearing. Lingua 4 (1954) 167—193. — [80] *Moles, A.:* Comment peut-on «mesurer» le message parlé? Folia Phoniatrica 4 (1952) 169—198. — [81] *Moles, A., Corsain, G.:* Un détecteur de transitoires et ses applications à l'étude du signal musical et phonétique. Radio française 1952, H. 3, S. 1—7. — [82] *Nakatsui, M., Suzuki, J.:* Formant frequency extraction using inverse filtering and moment calculation and its evaluation by synthesized speech. J. Radio Res. Labs. 16 (1969) 95—98. — [83] *Nakatsui, M., Suzuki, J.:* Vowel analysis-synthesis system for speech research. J. Radio Res. Labs. 17 (1970) 169—173. — [84] *Noll, A. M.:* Short-time spectrum and "cepstrum" techniques for vocal-pitch detection. JASA 36 (1964) H. 2, S. 296—302. — [85] *Noll, A. M.:* Cepstrum pitch determination. JASA 41 (1967) 293—309. — [86] *Olson, H. F., Belar, H.:* Phonetic typewriter. JASA 28 (1956) 1072—1081. — [87] *Oppenheim, A. V.:* Speech spectrograms using the fast Fourier transform. IEEE Spectrum 1970, H. 8, S. 57—62. — [88] *Peterson, E.:* Frequency detection and speech formants. JASA 23 (1951) 668—674. — [89] *Peterson, G. E.:* The information-bearing elements of speech. In: *W. Jackson:* Communication Theory, London: Butterworth 1953. — [90] *Peterson, G. E.:* Automatic speech recognition procedures. Language and Speech 4 (1961) 200—219. — [91] *Peterson, G. E.:* Basic problems in automatic speech recognition. Proc. Speech Comm. Seminar 1962, Stockholm: 3 (1963). — [92] *Potter, R. K., Kopp, G. A., Green, H. C.:* Visible Speech. 2. Aufl. New York: Dover Publications Inc. 1966. — [93] *Prestigiacomo, A. J.:* Amplitude contour display of sound spectrograms. JASA 34 (1962) 1684—1688. — [94] *Pruzansky, S.:* Pattern-matching procedure for automatic talker recognition. JASA 35 (1963) 354—359. — [95] *Pruzansky, S., Mathews, M. V.:* Talker-recognition procedure based on analysis of variance. JASA 36 (1964) 2041—2047. — [96] *Pulgram, E.:* Introduction to the spectrography of speech. 's-Gravenhage 1959. — [97] *Reddy, D. R.:* Segmentation of speech sounds. JASA 40 (1966) 307—312. —

[98] *Reddy, D. R.:* Computer recognition of connected speech. JASA 42 (1967) H. 2, S. 329—347. — [99] *Reddy,* D. R.: Pitch period determination of speech sounds. Comm. ACM 10 (1967) 343—348. — [100] *Sakai, T., Doshita, S., Nagata, K., Sekimoto, T.:* Phonetic Typewriter. Proc. Speech Comm. Seminar 1962, Stockholm; 2 (1963) E3. — [101] *Scarr, R. W. A.:* Zero crossings as a means of obtaining spectral information in speech analysis. Proc. 1967 Conf. on Speech Communication and Processing, Cambridge, Mass. USA. Vortrag C13, S. 232—238. — [102] *Schmidt, K. O.:* Einige Betrachtungen zu Sprach-Verschlüsselungsanlagen. Fernmeldetechn. Z. 7 (1954) 57—65. — [103] *Schneider, H.:* Die Verständlichkeit amplitudenbegrenzter Sprache. Frequenz 10 (1956) 97—106, 152—161. — [104] *Smith, C. P.:* A phoneme detector. JASA 23 (1951) 446—451. — [105] *Smith, C. P.:* The analysis and automatic recognition of speech sounds. Electron. Engng. London 24 (1952) 368—372. — [106] *Sondhi, M. M.:* New methods of pitch extraction. IEEE Trans. on Audio and Electroacoustics AU-16 (1968) H. 2, S. 262—266. — [107] *Steinbuch, K.:* Automatische Spracherkennung. Nachrichtentechn. Z. 11 (1958) 446—454. — [108] *Teacher, C. F., Kellett, H., Focht, L.:* Experimental, limited vocabulary, speech recognizer. IEEE Intern. Conv. Record 1967, Pt. III — Speech, S. 169—173. — [109] *Tillmann, H. G.,* et al.: DAWID I — ein Beitrag zur automatischen „Spracherkennung". 5e Congrès International d'Acoustique, Liège 1965, Vortrag Nr. A12. — [110] *Vilbig, F., Haase, K. H.:* Über einige Systeme zur Sprachbandkompression. Nachrichtentechn. Fachber. 3 (1956) 81—92. — [111] *Wagner, P.:* Theoretischer und praktischer Beitrag zur Sprachvertastung für Taubstumme. Neue Blätter für Taubstummenbildung 13 (1959) 173—183. — [112] *Wiren, J., Stubbs, H. L.:* Electronic binary selection system for phoneme classification. JASA 28 (1956) 1082—1091. — [113] Mehrere Autoren: Technical aspects of visible speech. JASA 17 (1946) 1—89. — [114] The principles of the International Phonetic Association. Int. Phonet. Assoc. London 1949. — [115] Automatic speech recognition system for voice-operated type-writers etc. Computers & Automat. 10 (1961), 8, S. 9B. — [116] Konstruktion eines Automaten zur Identifikation von Wortsignalen, 1. Entwicklungsstufe. Interner Bericht des Inst. f. Phonetik u. Kommunikationsforschung der Universität Bonn, 1964. — [117] *Fischer, F. A.:* Einführung in die statistische Übertragungstheorie, Mannheim, Zürich: Bibliographisches Institut 1969, Hochschultaschenbuch 130/130a, S. 36. — [118] *Fuss, P. S., Stuart, J. C. jr.:* Making the Fast Fourier Transform really fast. Bell Lab. Rec. 51 (1973) H. 2, S. 48—54.

Weitere Literaturangaben in: *Otten, K.:* Simulation and evaluation of phonetic speech recognition techniques; Vol. 4: An indexed bibliography of speech analysis, synthesis, and processing. Techn. Document. Rep. No. RTD-TDR-63-4005 Vol. 4. April 1964. Prepared by The National Cash Register Comp., Dayton, Ohio, USA (über 1 000 Quellenangaben).

Literatur

zu Abschnitt 13.2.2

[151] *Arnold, G. F., Denes, P.,* et al.: The synthesis of English vowels. Language and Speech 1 (1958) 114—125. — [152] *Barney, H. L., Dunn, H. K.:* Speech synthesis, in: *L. Kaiser:* Manual of Phonetics. Amsterdam: North Holland 1957, S. 202—212. — [153] *Bogert, P. B.:* The Vobanc — A two-to-one speech band-width reduction system. JASA 28 (1956) 399—404. — [154] *Borst, J. M.:* The use of spectrograms for speech analysis and synthesis. J. Audio Eng. Soc. 4 (1956) 14—23. — [155] *Buron, R. H.:* Generation of a 1000-word vocabulatory for a pulse-excited vocoder operating as an audio response unit. IEEE Trans. on Audio and Electroacoustics AU-16 (1968) H. 1, S. 21—25. — [156] *Chapman, W. D.:* Techniques for Computer voice response. 1970 IEEE Conv. Digest, Paper 2F. 2, S. 98—99. — [157] *Chiba, Ts., Kajiyama, M.:* The vowel, its nature and structure. Phonet. Soc. Jap. Tokyo 1941, Nachdruck 1958. — [158] *Christiansen, A. M., Schweizer, L., Séthy, A., Hoffenreich, F.:* New correlation vocoder. JASA 40 (1965) Nr. 3, S. 614—620. — [159] *Cohen, A., 't Hart, J.:* Speech synthesis of steady-state segments. Proc. Speech Comm. Seminar, Stockholm 1962, B. 2 (1963) F. 1. — [160] *Cooper, F. S.:* Research on reading machines for the blind, in: *F. Zahl:* Blindness. Princeton: Press 1950, S. 512—543. — [161] *Cooper, F. S., Liberman, A. M., Borst, J. M.:* The interconversion of audible and visible patterns as a basis for research in the perception of speech. Proc. nat. Acad. Sci., Washington 37 (1951) 318—325. — [162] *Cooper, F. S.,* et al.: Some experiments on the perception of synthetic speech sounds. JASA 24 (1952) 597—606. — [163] *Cooper, F. S., Liberman, A. M., Lisker, L., Gaitenby, J. H.:* Speech synthesis by rules. Proc. Speech Comm. Seminar, Stockholm 1962, 2 (1963) F. 2. — [164] *Cramer, B.:* Sprachsynthese zur Übertragung mit sehr geringer Kanalkapazität. Nachrichtentechn. Z. 17 (1964) 413—424. — [165] *David jr., E. E.:* Naturalness and distortion in speech-processing devices. JASA 28 (1956) 586—589. — [166] *David jr., E. E., Schroeder, M. R., Logan, B. F., Prestigiacomo, A. J.:* Voice-excited vocoders for practical speech bandwidth reduction. Trans. 1962 Internat. Symp. on Information Theory, Brüssel (1962) 101—105. — [167] *Delattre, P.,* et al.: An experimental study of the acoustic determinants of vowel color; observations on one- and two-formant vowels synthesized from spectrographic patterns. Word 8 (1952) 195—210. — [168] *Delattre, P. C., Liberman, A. M., Cooper, F. S.:* Acoustic loci and transitional cues for consonants. JASA 27

(1955) 769—773. — [169] *Denes, P.:* A preliminary investigation of certain aspects of intonation. Language and Speech 2 (1959) 106—122. — [170] *Dudley, H.:* The automatic synthesis of speech. Proc. Nat. Acad. Sci. 25 (1939) 377—383. — [171] *Dudley, H.:* Remaking speech. JASA 11 (1939) 169—177. — [172] *Dudley, H.:* Fundamentals of speech synthesis. J. Audio Eng. Soc. 3 (1955) 170—185. — [173] *Dudley, H., Riesz, R. R., Watkins, S. S. A.:* A synthetic speaker. J. Franklin Inst. 227 (1939) 739—764. — [174] *Dudley, H., Tarnóczy, G. H.:* The speaking machine of Wolfgang von Kempelen. JASA 22 (1950) 151—166. — [175] *Dunn, H. K.:* The calculation of vowel resonances, and an electrical vocal tract. JASA 22 (1950) 740—753. — [176] *Dunn, H. K., Barney, H. L.:* Artificial speech in phonetics and communications. J. Speech and Hearing Res. 1 (1958) 23—39. — [177] *Eccles, W. H., Wagstaffe, C. F. A.:* Demonstration of an electrical method of producing vowel sounds and its application to wireless telegraphy. Proc. Phys. Soc. London 37 (1924) 72—74. — [178] *Endres, W.:* The transitional sounds of the German language as link elements for a speech synthesis. Acustica 26 (1972) 33—36. — [179] *Endres, W., Strecker, F.:* Ein Verfahren zur Codierung von Sprachsignalen durch stilisierte Visible-Speech-Spektrogramme. Nachrichtentechn. Z. 21 (1968) H. 6, S. 337—340. — [180] *Fant, G.:* Speech communication research. IVA, Roy. Swedish Acad. Eng. Sci. 24 (1953) 331—337. — [181] *Fant, G.:* Acoustic theory of speech production. Rep. No. 10 (1958) Roy. Inst. Technology, Division of Telegraphy-Telephony, Stockholm. — [182] *Fant, G.:* Modern instruments and methods for acoustic studies of speech. Acta Polytechn. Scand. (Physics) 1 (1958). — [183] *Fant, G.:* Acoustic analysis and synthesis of speech with applications to Swedish. Ericsson Technics 15 (1959) Nr. 1, S. 3—108. — [184] *Fant, G.:* Acoustic theory of speech production. 's Gravenhage/Netherlands: Mouton 1960. — [185] *Fant, G.:* Acoustics in speech, in: *L. Cremer:* Proc. Third Internat. Congress on Acoustics, Stuttgart 1959. Amsterdam, London, New York, Princeton: Elsevier 1961, S. 188—201. — [186] *Fant, G., Mártony, J., Rengman, U., Risberg, A.:* OVE II synthesis strategy. Proc. Speech Communication Seminar, Stockholm 1962, Bd. 2 (1963) F. 5. — [187] *Flanagan, J. L.:* Band width and channel capacity necessary to transmit the formant information of speech. JASA 28 (1956) 592—596. — [188] *Flanagan, J. L.:* Note on the design of "terminal-analog" speech synthesizers. JASA 29 (1957) 306—310. — [189] *Flanagan, J. L.:* Estimates of the maximum precision necessary in quantizing certain "dimensions" of vowel sounds. JASA 29 (1957) 533—534. — [190] *Flanagan, J. L.:* Some properties of the glottal sound source. J. Speech and Hearing Res. 1 (1958) 99—116. — [191] *Flanagan, J. L.:* A resonance-vocoder and baseband system for speech transmission, in *L. Cremer:* Proc. Third Internat. Congress on Acoustics, Stuttgart 1959. Amsterdam, London, New York, Princeton: Elsevier 1961, S. 211—213. — [192] *Flanagan, J. L.:* Use of an interactive laboratory computer to study an acoustic-oscillator model of the vocal cords. IEEE Trans. on Audio and Electroacoustics AU-17 (1969) Nr. 1, S. 2—6. — [193] *Flanagan, J. L., Landgraf, L. L.:* Self-oscillating source for vocal-tract synthesizers. IEEE Trans. on Audio and Electroacoustics AU-16 (1968) H. 1, S. 57—64. — [194] *Flanagan, J. L., Coker, C. H., Rabiner, L. R., Schafer, R. W., Umeda, N.:* Synthetic voices for computers. IEEE Spectrum 7 (1970) H. 10, S. 22—45. — [195] *Harris, C. M.:* A study of the building blocks in speech. JASA 25 (1953) 962—969. — [196] *Harris, C. M.:* A speech synthesizer. JASA 25 (1953) 970—975. — [197] *Harris, K. S.:* Cues for the discrimination of American English fricatives in spoken syllables. Language and Speech 1 (1958) 1—7. — [198] *Harris, K. S., et al.:* Effect of third formant transitions on the perception of the voiced stop consonants. JASA 30 (1958) 122—126. — [199] *House, A. S.:* Analog studies of nasal consonants. J. Speech and Hearing Disorders 22 (1957) 190—204. — [200] *Ingemann, F.:* Speech synthesis by rule. JASA 29 (1957) 1255. — [201] *Johnson, O.:* High-quality speech compression-expansion method. JASA 34 (1962) 725 (Abstr.). — [202] *Joos, M.:* Acoustic Phonetics. Language 24 (1948) No. 2 Supplement (=Language Monograph No. 23). — [203] *Kadokawa, Y., Suzuki, J.:* A simple calculation method for the vocal-tract configuration from the first three formant frequencies. Electronics and Communications in Japan 52-C (1969) Nr. 9, S. 123—130. — [204] *Kramer, H. P., Mathews, M. V.:* A linear coding for transmitting a set of correlated signals. IRE Trans., IT-2 (1956) Nr. 3, S. 41—46. — [205] *Krocker, E.:* Aufbau und Untersuchung eines Übertragungssystems für synthetische Sprache. Wiss. Z. T. H. Dresden 6 (1956/1957) 757—776. — [206] *Küpfmüller, K., Warns, O.:* Sprachsynthese aus Lauten. Nachrichtentechn. Fachber. Bd. 3 (Informationstheorie) (1956) 28—31. — [207] *Ladefoged, P., Broadbent, D. E.:* Information conveyed by vowels. JASA 29 (1957) 98—104. — [208] *Liberman, A. M.:* Some results of research on speech perception. JASA 29 (1957) 117—123. — [209] *Liberman, A. M., Delattre, P., Cooper, F. S.:* The rôle of selected stimulus-variables in the perception of the unvoiced stop consonants. Amer. J. Psychol. 65 (1952) 497—516. — [210] *Liberman, A. M., Delattre, P., Cooper, F. S., Gerstman, L. J.:* The rôle consonant-vowel transitions in the perception of the stop and nasal consonants. Psychol. Monogr. 68 (1954) Nr. 8. — [211] *Liberman, A. M., Delattre, P., Gerstman, L. J., Cooper, F. S.:* Tempo of frequency change as a cue for distinguishing classes of speech sounds. J. Exper. Psychol. 52 (1956) 127—137. — [212] *Liberman, A. M., et al.:* The discrimination of speech sounds within and across phoneme boundaries. J. Exper. Psychol. 54 (1957) 358—368. — [213] *Liljencrants, J. C. W. A.:* The OVE III speech synthezizer. IEEE Trans. on Audio and Electroacoustics AU-16 (1968) H. 1, S. 137—140. — [214] *Lisker, L.:* Minimal cues for separating (w, r, l, y) in intervocalic position. Word 13 (1957) 256—267. —

[215] *Mattingly, I. G.:* Experimental method for speech synthesis by rule. IEEE Trans. on Audio and Electroacoustics AU-16 (1968) Nr. 2, S. 198—202. — [216] *Meeks, W. W., Borst, J. M., Cooper, F. S.:* Syllable synthesizer for research on speech. JASA 26 (1964) 137. — [217] *Meyer-Eppler, W.:* Elektrische Klangerzeugung; elektronische Musik und synthetische Sprache. Bonn: Dümmler 1949. — [218] *Meyer-Eppler, W.:* Einige Probleme und Methoden der Kommunikationsforschung. Fernmeldetechn. Z. 5 (1952) 514—522. — [219] *Meyer-Eppler, W., Enkel, P.:* Improving the speech intelligibility in channels of reduced bandwidth. URSI-Kongress Den Haag 1954, Paper 65/VI. — [220] *Meyer-Eppler, W., Ungeheuer, G.:* Die Vokalartikulation als Eigenwertproblem. Z. Phonetik 10 (1957) 245—257. — [221] *Miller, R. L.:* Auditory tests with synthetic vowels. JASA 25 (1953) 114—121. — [222] *Miller, R. L.:* Improvements in the Vocoder. JASA 25 (1953) 832. — [223] *Miller, R. L.:* Nature of the vocal cord wave. JASA 31 (1959) 667—677. — [224] *Mol, H., Uhlenbeck, E. M.:* Hearing and the concept of the phoneme. Lingua 8 (1959) 161—185. — [225] *Munson, W. A., Montgomery, H. C.:* A speech analyser and synthesizer. JASA 22 (1950) 678. — [226] *Nakata, K.:* Synthesis and perception of nasal consonants. JASA 31 (1959) 661—666. — [227] *O'Connor, J. D.,* et al.: Acoustic cues for the perception of initial (w, j, r, l) in English. Word 13 (1957) 24—43. — [228] *Olsen, H. F., Belar, H.:* Electronic music synthesizer. JASA 27 (1955) 595—612. — [229] *Olson, H. F., Belar, H., de Sobrino, R.:* Demonstration of a speech processing system consisting of a speech analyzer, translator, typer and synthesator. JASA 32 (1962) 1535—1538. — [230] *Otten, K. W.:* The formant vocoder and its use for automatic speech recognition, in: *L. Cremer:* Proc. Third Internat. Congress on Acoustics, Stuttgart 1959. Amsterdam, London, New York, Princeton: Elsevier 1961, 214—217. — [231] *Peterson, G. E.:* Vocal gestures. Bell Labor. Rec. 29 (1951) 500—503, 510. — [232] *Peterson, G. E.:* Applications of information theory to research in experimental phonetics. J. Speech and Hearing Discorders 17 (1952) 175—188. — [233] *Peterson, G. E.:* Basic physical systems for communication between two individuals. J. Speech and Hearing Disorders 18 (1953) 116—120. — [234] *Peterson, G. E.:* Fundamental problems in speech analysis and speech synthesis. Proc. Eighth Internat. Congress of Linguists Oslo Univ. Press. 1958, 267—281. — [235] *Peterson, G. E., Barney, H. L.:* Control methods used in a study of the vowels. JASA 24 (1952) 175—184. — [236] *Peterson, G. E., Wang, W. S.-Y., Sivertsen, E.:* Segmentation techniques in speech synthesis. JASA 30 (1958) 739—742. — [237] *Pike, K. L.:* Operational phonemics in reference to linguistic relativity. JASA 24 (1952) 618—625. — [238] *Pimonow, L.:* La parole conditionnée et son application. Proc. Speech Comm. Seminar, Stockholm 1962, 2 (1963) G. 7. — [239] *Potter, R. K., Steinberg, J. C.:* Toward the specification of speech. JASA 22 (1950) 807—820. — [240] *Rabiner, L. R.:* A model for synthesizing speech by rule. IEEE Trans. on Audio and Electroacoustics AU-17 (1969) H. 1, S. 7—13. — [241] *Rabiner, L. R., Schafer, R. W., Flanagan, J. L.:* Computer voice response using low bit rate synthetic speech. 1970 IEEE Conv. Digest, Paper 2 F. 1, S. 96—97. — [242] *Rosen, G.:* Dynamic analog speech synthesizer. JASA 30 (1958) 201—209. — [243] *Sacco, L.:* Manuel de cryptographie. Payot, Paris 1951. — [244] *Schmidt, K. O.:* Verfahren zur besseren Ausnutzung des Übertragungsweges. D.R.P. Nr. 594976 vom 27. 2. 1932, Zusatzpatent Nr. 722607 vom 14. 1. 1939, s. auch *Schmidt, K. O.:* Frequenzbandbreite, Übermittlungszeit und Amplitudenstufenzahl (Geräuschabstand) bei verschiedenen Nachrichtenarten im Rahmen der Shannon-Theorie. Fernmeldetechn. Z. 6 (1953) 555—563 und 7 (1954) 33—43. — [245] *Schott, L. O.:* A playback for visible speech. Bell Labor. Rec. 26 (1948) 333—339. — [246] *Schott, L. O.:* An electrical vocal system. Bell Labor. Rec. 28 (1950) 549—555. — [247] *Schröder, M., David, E. E.:* Ein Vocoder und seine Anwendung zur Übertragung von Sprache hoher Qualität durch schmalbandige Kanäle. Phys. Verh. 9 (1958) 25—26. — [248] *Schroeder, M. R.:* Auto-correlation vocoder. JASA 32 (1960) 913 (Abstr.). — [249] *Schroeder, M. R.:* Recent progress in speech coding at Bell Telephone Laboratories, in *L. Cremer:* Proc. Third Internat. Congress on Acoustics, Stuttgart 1959. Amsterdam, London, New York, Princeton: Elsevier 1961, 201—210. — [250] *Schroeder, M. R., Logan, B. F., Prestigiacomo, A. J.:* New methods for speech analysis-synthesis and bandwidth compression. Proc. Speech Comm. Seminar, Stockholm 1962, 2 (1963) G. 8. — [251] *Schweizer, L. K.:* Problems in realizing a digital vocoder and novel solutions. IEEE Trans. on Audio and Electroacoustics AU-19 (1971) H. 1, S. 94—96. — [252] *Shannon, C. E.:* Recent developments in communication theory. Electronics 23 (1950) H. 4, S. 80—83. — [253] *Stevens, K. N.:* Synthesis of speech by electrical analog devices. J. Audio. Eng. Soc. 4 (1956) 2—8. — [254] *Stevens, K. N., Bastide, R. P., Smith, C. P.:* Electrical synthesizer of continuous speech. JASA 27 (1955) 207. — [255] *Stevens, K. N., House, A. S.:* Development of a quantitative description of vowel articulation. JASA 27 (1955) 484—493. — [256] *Stevens, K. N., House, A. S.:* Studies of formant transitions using a vocal tract analog. JASA 28 (1956) 578—585. — [257] *Stevens, K. N., Kasowski, S., Fant, C. G. M.:* An electrical analog of the vocal tract. JASA 25 (1953) 734—742. — [258] *Stewart, J. O.:* An electrical analogue of the vocal organs. Nature, London 110 (1922) 311—312. — [259] *Swaffield, J.:* The potentialities of the vocoder for telephony over very long distances. Post Office Electr. Eng. J. 41 (1948) 22—28. — [260] *Takasugi, T., Suzuki, J.:* Speculation of glottal waveform from speech wave. J. Radio Res. Labs. of Japan 15 (1968) Nr. 82, S. 279—293. — [261] *Trendelenburg, F.:* Einführung in die Akustik, 3. Aufl., Berlin, Göttingen, Heidelberg: Springer 1961, 108. — [262] *Voiers, W. D.:* The present state of digital vocoding technique: A

diagnostic evaluation. IEEE Trans. on Audio and Electroacoustics AU-16 (1968) H. 2, S. 275—279. — [263] *Wagner, K. W.:* Ein neues elektrisches Sprechgerät zur Nachbildung der Vokale. Abh. preuß. Akad. Wiss., Phys.-Math. Kl. 1936, Nr. 2. — [264] *Wang, W. S.-Y., Peterson, G. E.:* Segment inventory for speech synthesis. JASA 30 (1958) 743—746. — [265] *Warns, O.:* Die Veränderlichkeit synthetischer Sprache. Frequenz 11 (1957) 169—175. — [266] *Weibel, E. S.:* Vowel synthesis by means of resonant circuits. JASA 27 (1955) 858—865. — [267] *Wente, E. C., Lovell, C. A., Muller, J. F.:* A hundred-element tone synthesizer. JASA 18 (1946) 253. — [268] Informationstheorie, Begriffe. NTG-0102, Empfehlung 1965, Nachrichtentechn. Z. 19 (1966) 231—234. — [269] *Jayant, N. S.:* Delta modulation of pitch, formant, and amplitude signals for the synthesis of voiced speech. IEEE Trans. on Audio and Electroacoustics AU-21 (1973) H. 3, S. 135—140. — [270] *Coker, C. H., Umeda, N., Browman, C. P.:* Automatic synthesis from ordinary English text. IEEE Trans. on Audio and Electroacoustics AU-21 (1973) H. 3, S. 293—298. — [271] Holmes, *J. N.:* The influence of glottal waveform on the naturalness of speech from a parellel formant synthesizer. IEEE Trans. on Audio and Electroacoustics AU-21 (1973) H. 3, S. 298—205.

13.3 Automatische Verarbeitung natürlicher und formaler Sprachen

A. G. Oettinger [1]

13.3.1 Theorie

In jüngster Vergangenheit wurde die Verbindung zwischen Sprach- und Automatentheorie hergestellt; sie kam zustande einmal durch eine Reihe von Theoremen über Hierarchien wachsender Kapazität innerhalb eines jeden Fachgebietes, zum anderen durch eine Reihe von Theoremen über die Beziehung von Maschinen mit den Sprachen, die von diesen Maschinen erzeugt oder erkannt werden [1 bis 4].

Maschinen können hinsichtlich ihrer Verarbeitungskapazität ⟨computing power⟩[2] geordnet werden; eine Maschine wird über einer anderen angeordnet, wenn alles, was die untere Maschine berechnen kann, ebenfalls von der oberen berechenbar ist, es jedoch eine Berechnung gibt, welche die obere leisten kann, die untere aber nicht. Die beiden bekanntesten Typen von Maschinen — endliche Automaten ⟨finite state automata⟩ und Turingmaschinen — geben die obere und untere Grenze der Verarbeitungskapazität an. Ein endlicher Automat ist eine Maschine, deren Zustand zu jedem beliebigen Zeitpunkt aus einer endlichen Zahl möglicher Zustände auswählbar ist. Liegen keine weiteren Beschränkungen vor, dann hat jede Maschine die Verarbeitungskapazität einer Turingmaschine, die eine unendliche Zahl von Zuständen besitzt bzw. eine *wachsende Speicherkapazität.* Eine wachsende Speicherkapazität ist eine solche, die über alle Grenzen wachsen kann, so wie es der Lauf der Operation verlangt, die jedoch zu jedem beliebigen Zeitpunkt endlich bleibt.

Zwar sind reale Rechenmaschinen offenbar immer endlich, ihre Beschreibung im Formalismus der Theorie endlicher Automaten verschafft jedoch nicht die wünschenswerte Klarheit über ihre Eigenschaften. Dies ist auch einer der Gründe für die Zunahme von Maschinenbeschreibungen im Rahmen der Automatentheorie, in denen eine Zentraleinheit mit einer im Grunde endlichen Zahl von Zuständen ⟨finite state control element⟩ ergänzt wird durch ein tatsächlich oder potentiell unendliches Speichergerät. Ein solches Speichergerät stellt in der Regel eine Abstraktion von n Magnetbändern dar, die über alle Grenzen wachsen können und die einer Vielzahl von Einschränkungen bezüglich der Lese- und Schreibfähigkeit und der Bewegungsrichtung unterworfen sind.

---

[1] Übersetzt von *D. Krallmann.*

[2] Bei der Übersetzung der Fachausdrücke wurde versucht, die in der deutschsprachigen Literatur schon vorhandenen Entsprechungen mit zu berücksichtigen. Um trotzdem Fehlinterpretationen zu vermeiden, wurden die englischen Termine in spitzen Klammern hinzugefügt. Anm. d. Übersetzers.

Unter diesen ist der Automat nach dem sogenannten Stapelprinzip ⟨pushdown store automaton⟩ besonders interessant. Ein solcher Automat ist im Prinzip ein endlicher Automat, ergänzt durch ein Band (Stapel von Symbolen), auf dem sowohl Lesen als auch Schreiben sowie Bewegung in beiden Richtungen erlaubt sind, die Abfrage jedoch eingeschränkt ist auf das oberste Symbol zu Beginn des Bandes; das Band kann als nach unten potentiell unendlich tief aufgefaßt werden [3]. Ein Symbol, das weiter unten auf dem Band steht, kann nur dadurch erreicht werden, daß alle vor diesem stehenden Symbole gelöscht werden. Diese Zugriffstechnik wird oft als LIFO-(*last in — first out*)Speicherung bezeichnet.

Man unterscheidet darüber hinaus deterministische und nichtdeterministische Maschinen. Man kann sagen, daß eine Maschine deterministisch sei, wenn die Bestimmung des nächsten Zustandes und der nächsten Lese- und Schreibaktion eine eindeutige Funktion des gegenwärtigen Zustandes und der gegenwärtigen Eingangsdaten ist, und daß sie nichtdeterministisch sei, wenn diese Funktion mehrdeutig ist.

Zu den Einschränkungen bzüglich des Speicheranfanges bzw. der Zahl der zulässigen Zustände können Einschränkungen in bezug auf die für einen Rechenvorgang zulässige Zeit hinzukommen (deren Messung in der Regel in Anzahl von Schritten erfolgt). Eine besondere Kategorie von Maschinen mit Zeiteinschränkungen ⟨*time-restricted machines*⟩ ist gegenwärtig von Interesse, nämlich die *Realzeit-Maschinen* ⟨*real-time machines*⟩. Hierunter versteht man Maschinen, die innerhalb einer festen Verzögerungsdauer nach Eingabe des jeweils zuletzt aufgetretenen Eingangsdatums ein Resultat geliefert haben müssen, wobei die Eingangsdaten in einer gleichbleibenden Folge vorgegeben werden. In den letzten Jahren hat die Untersuchung über Maschinen mit System- und Zeiteinschränkungen ⟨hardware-restricted machines and time-restricted machines⟩ ergeben, daß die Verarbeitungskapazität derartiger Maschinen eine etwas verwirrende Halbordnung bildet. Da mit der Untersuchung von Maschinen mit Zeiteinschränkungen erst begonnen wurde, können auf diesem Gebiete weitere Entwicklungen erwartet werden.

Zugleich verbreitet sich zunehmend die Beschreibung von Grammatiken und abstrakten Maschinen mit Hilfe von *Produktionen* ⟨productions⟩, wie es die Logiker nennen, *Ersetzungsregeln*[1] ⟨rewrite rules⟩, wie die Linguisten sagen, und der *Backus-Normal-Form* ⟨Backus normal form⟩, wie es in der Terminologie der Programmierungsfachleute heißt. Eine Produktion ist ein Ausdruck der Form

$$\alpha_1 \, \omega \, \alpha_2 \rightarrow \alpha_1 \, \chi \, \alpha_2, \tag{13.3-1}$$

in dem $\alpha_1, \alpha_2, \omega$ und χ beliebige Ketten von Symbolen darstellen, die, mit Ausnahme von ω, auch Nullketten sein können.

Eine Grammatik $G = (I, T, S, P)$ hat disjunkte Mengen von Zwischensymbolen (I) und Endsymbolen (T), ein ausgezeichnetes Startsymbol ($S \in I$) sowie eine Menge von Produktionen (P).

Es stellt sich heraus, daß die Allgemeinheit des Ansatzes nicht verlorengeht, wenn in Gl. (13.3-1) ω auf ein einzelnes Symbol beschränkt wird. Eine Grammatik, die Produktionen dieses Typs enthält, stellt den allgemeinsten Typ einer Grammatik dar. Die Klasse der CS-Grammatiken ⟨context dependent phrase structure grammars⟩[2] wird durch die Einschränkung beschrieben, daß χ (ebenso wie ω) eine nichtleere Kette sein soll. Die bekannten CF-Grammatiken ⟨context free phrase structure grammars⟩ besitzen Produktionen mit der zusätzlichen Einschränkung, daß α_1 und α_2 Nullketten sind. Eine Grammatik mit Produktionen des CF-Typs ist eine FS-Grammatik ⟨finite state grammar⟩, wenn sie der zusätzlichen Einschränkung genügt, daß — in allen Produktionen — χ entweder eine Kette aus Endsymbolen ist oder eine Kette aus genau einem Nicht-Endsymbol, gefolgt von Endsymbolen (bzw. — in allen Produktionen — eine Kette von Endsymbolen, gefolgt von genau einem Nicht-Endsymbol).

---

[1] Zu einer elementaren Einführung sei auf *Chomsky* [5] und *Chomsky* und *Miller* [6] verwiesen.

[2] context dependent = context sensitive.

Im folgenden sei der Zusammenhang zwischen Automatentheorie und formaler Linguistik aufgezeigt. Die enge Beziehung zwischen endlichen Automaten und FS-Sprachen wird sofort plausibel, wenn wir eine typische Produktion $X \rightarrow a\,Y$ einer FS-Sprache ⟨finite state language⟩ als Spezifizierung dafür betrachten, daß eine Maschine im Zustand X beim Übergang in den Zustand Y ein Symbol a aussendet. In der Tat sind die FS-Sprachen genau die regulären Mengen, die *Kleene* in seiner klassischen Untersuchung über endliche Automaten definierte [7]. In ähnlicher Art sind die Sprachen, die durch Grammatiken mit uneingeschränkten Produktionen beschrieben werden, genau diejenigen, die durch uneingeschränkte Turingmaschinen ⟨unrestricted turing machines⟩ erzeugt werden können.

Das fundamentale theoretische Interesse solcher Äquivalenzresultate liegt darin, daß linguistische Ergebnisse in den Beweisgängen der Automatentheorie konsequent verwendet werden können und umgekehrt. Ein interessanter und auch praktisch bedeutsamer Zusammenhang zwischen den beiden Gebieten wurde unabhängig voneinander von *Chomsky* [2] und *Evey* [3] aufgezeigt. *Chomsky* und *Evey* bewiesen, daß die Menge aller Sprachen, die von nichtdeterministischen Automaten nach dem Stapelprinzip ⟨nondeterministic pushdown store automata⟩ entweder akzeptiert oder erzeugt werden kann, genau die Menge aller CF-Sprachen ist. Grammatiken dieses Typs sind deswegen besonders bedeutsam, weil

1. sie, obwohl keineswegs vollständig, der Beschreibung der meisten gegenwärtigen höheren Programmiersprachen zugrunde liegen, wie z.B. ALGOL;

2. alle z.Z. in Funktion befindlichen Systeme der syntaktischen Analyse natürlicher Sprachen auf CF-Grammatiken basieren;

3. sie die einzigen Grammatiken sind, deren Theorie in hohem Grade erschlossen und deren Praxis gut fundiert ist;

4. sogar transformationelle Grammatiken ⟨transformational grammars⟩ auf einer Basis von CF-Grammatiken aufbauen. Dies ist der Fall, weil bei der Erzeugung der Anwendungsbereich einer Transformation bestimmt wird durch eine Satzmarke ⟨phrase marker⟩, die die Struktur derjenigen Sätze spezifiziert, auf die die Transformation anwendbar ist; ebenso erfordert bei der Analyse oder Erkennung die Anwendung einer inversen Transformation eine vorherige Zuordnung einer oder mehrerer potentieller Satzgliederungen (Oberflächenstrukturen) zu dem zu analysierenden Satz.

Die letzten Jahre sind somit durch einen interessanten dreiseitigen Austausch zwischen Logikern, Automatentheoretikern und mathematischen Linguisten gekennzeichnet. Unentscheidbarkeitsbeweise, die auf dem *Post*schen Beweis der Unentscheidbarkeit des Korrespondenzproblems [8] beruhen, haben in der Linguistik und in der Automatentheorie Verbreitung gefunden. Fragen über das Problem der Mehrdeutigkeit in Grammatiken oder über die Art von Durchschnitten oder Vereinigungen von Klassen von Sprachen, die sich als unlösbar herausstellten oder beweisen ließen, haben durch Uminterpretation äquivalente Ergebnisse über Automaten ergeben und umgekehrt.

Das schnell wachsende Interesse an der algebraischen Formulierung linguistischer Probleme verspricht interessante Entwicklungen auf diesem Gebiet [9]. Allerdings scheint, verglichen mit der fruchtbaren Wechselwirkung zwischen mathematischer Linguistik und Automaten mit Systemeinschränkungen, die Wechselwirkung zwischen Linguistik und Maschinen mit Zeiteinschränkungen seltsamerweise nicht sehr vielversprechend zu sein. Beispielsweise akzeptieren sehr einfache Realzeit-Maschinen CS-Sprachen, jedoch nicht CF-Sprachen, während es CF-Sprachen zu geben scheint, die willkürlich hoch in gewissen Realzeit-Hierarchien sind [10].

13.3.2 Automatische Sprachübersetzung

Die automatische Sprachübersetzung bildet nicht länger das Hauptinteresse der Forschung. Die gegenwärtige Entwicklung richtet sich auf maschinelle Übersetzungshilfen. Niemand glaubt heute jedoch ernsthaft daran, daß eine vollautomatische, qualitativ hochwertige maschinelle Übersetzung unmittelbar bevorsteht [4, 11]. Die automatische Analyse des Englischen, Russischen und anderer Sprachen bleibt weiterhin in der gesamten Welt Gegenstand aktiver Forschung.

Einige durchaus ernst zu nehmende Wissenschaftler [12] glauben weiterhin daran, daß eine ökonomische, vollautomatische Übersetzung schließlich möglich sein wird, jedoch sehen sie ein, daß zuvor noch beträchtliche Grundkenntnisse erarbeitet werden müssen, um dieses Ziel zu erreichen. Sie weigern sich allerdings, irgendwelche Vermutungen anzustellen, in welcher Zeit solche Kenntnisse erworben sein werden und widmen sich weiterhin der Erlangung der Grundkenntnisse und Anwendung derselben, wo immer es möglich und lohnend erscheint. In dieser Hinsicht unterscheiden sich diese Forscher nicht von jenen, die daran festhalten, daß im allgemeinen auch in Zukunft die menschliche Hilfestellung durchaus erforderlich sein wird und daß eine maschinell unterstützte oder, allgemeiner formuliert, eine Sprachbearbeitung mit maschinellen Hilfsmitteln ein vernünftigeres Fernziel ist.

Währenddessen fahren einige wenige Außenseiter fort, in regelmäßigen Abständen zu proklamieren, daß eine perfekte Übersetzung unmittelbar bevorstehe; und viele, die mit der Übersetzung vom Russischen ins Englische, vom Englischen ins Russische oder in eine andere Richtung keinen Erfolg hatten, stürzen sich jetzt auf die Übersetzung vom oder ins Chinesische [13, 14]. Ein System, das lang und lautstark als ein automatisches Übersetzungsverfahren angekündigt worden war, ist jetzt versuchsweise bei der US-Air-Force in Betrieb genommen, doch funktioniert es mehr oder weniger nur als maschinelles Hilfssystem bei der Übersetzung. Die Übersetzungsergebnisse dieses Systems gehen durch die Hände von zweisprachigen Textredakteuren ⟨post-editors⟩, die anhand des Originaltextes, der maschinellen Ergebnisse und einer Reihe von anderen, zu ihrer Verfügung stehenden Hilfsmitteln die endgültigen Übersetzungen fertigstellen.

Währenddessen wurden von der Deutschen Regierung[1] und der Gemeinschaft für Kohle und Stahl[2] Projekte unternommen, die wohlüberlegt darauf abgestimmt sind, menschlichen Übersetzern geeignete Hilfestellung zu leisten. Man hat erkannt, daß Fachkenntnis von dem zu übersetzenden Thema die wichtigste Eigenschaft eines guten Übersetzers ist; aber selbst für jemanden, der über gute Grundkenntnisse der Sprache verfügt, ist eine präzise Beherrschung eines breiten Spezialvokabulars sehr schwierig. Ein Ziel ist deshalb, den Übersetzern mit zeitgemäßen und genauen Definitionen sehr spezieller technischer Wörter und Begriffe zu versorgen, die ihm höchstwahrscheinlich nicht geläufig sind. Die Tätigkeit eines solchen halbautomatischen Wörterbuchsystems scheint auch geeignet, die Genauigkeit und Einheitlichkeit von Übersetzungen zu verbessern, indem es mit Hilfe dieses Systems möglich ist, jedem in einer Gruppe tätigen Übersetzer die Lösungen technischer Probleme zuzuleiten. Gleichzeitige Fortschritte in der Parallelverarbeitungstechnik[3], im On-Line-Betrieb[4] und der Informationsdarstellung eröffnen weitere Wege für die Untersuchung einer sinnvollen Wechselwirkung Mensch—Maschine bei ähnlichen Vorhaben.

Die folgenden Hinweise sind als Einführung in die Geschichte der automatischen Sprachübersetzung bis zur Gegenwart gedacht [4, 11, 15—19]. Eine ausführliche Bibliographie sowie Angaben zu weiteren Bibliographien sind in [11] wiederge-

---

[1] Vgl. *Fr. Krollmann* et al.: Herstellung textbezogener Fachwortlisten mit einem Digitalrechner — ein Verfahren der automatischen Übersetzungshilfe; Beitr. Sprachkunde u. Informationsverarbeitung 5 (1965) S. 7—30. Anm. d. Übers.

[2] Dieses Verfahren ist bekannt unter dem Namen DICAUTOM. Consultation automatique de dictionnaires pour traducteurs humains. U.L.B. Bruxelles, Février 1963. Anm. d. Übers.

[3] Im englischen Original steht "time-sharing"; hierunter versteht man das gleichzeitige Arbeiten mehrerer Teile eines Computers. Anm. d. Übers.

[4] On-Line ist ein Ausdruck für einen Rechenbetrieb, bei dem die Ein- und Ausgabe direkt über die Hauptanlage geht; im Gegensatz dazu steht der Off-Line-Betrieb, bei dem die Ein- und Ausgabe durch kleinere, der Hauptanlage als Satelliten zugeordnete Rechner geregelt wird. Anm. d. Übers.

geben. Eine linguistische Analyse von Problemen, die bei der Übersetzung wissenschaftlicher und technischer Literatur auftreten, ist von *Jumpelt* [20] angegeben worden.

13.3.3 Syntax

Syntax und die Konstruktion von Satzgliederungssystemen bleiben weiterhin aktive Forschungsobjekte. Da ein kürzlich veröffentlichter Überblick [21] die verschiedenen Ansätze in aller Ausführlichkeit beschreibt, soll hier kein Versuch gemacht werden, die Einzelheiten zu wiederholen.

Die wertvollste theoretische Einsicht in diese verschiedensten Systeme, die man vor kurzem gewann, ist die Erkenntnis, daß ihre Verschiedenheit in gewisser Hinsicht nur oberflächlicher Art ist: Man hat erkannt, daß alle bis heute entwickelten syntaktischen Erkennungs- und Analysesysteme (als Gegensatz zur Synthese) die Kapazität von CF-Grammatiken besitzen. Zum Beispiel weiß man heute, daß die Einführung diskontinuierlicher Konstituenten ⟨discontinous constituents⟩ normalerweise keinen Einfluß auf die abstrakte Stärke einer Grammatik hat, in der Weise, daß jede Sprache, die durch eine derartige Grammatik beschrieben werden kann, ebenso durch eine andere Grammatik beschreibbar ist, bei der diese Regeln fehlen. In ähnlicher Weise sind Abhängigkeitsgrammatiken ⟨dependency grammars⟩ und Voraussagegrammatiken ⟨predictive grammars⟩ im wesentlichen CF-Grammatiken [22], obwohl die letzteren als Prototyp von IC-Grammatiken ⟨immediate constituent grammars⟩ interpretiert werden.

Diese abstrakte Verwandtschaft unter den Grammatiken bedeutet, daß jede Sprache, die durch eine solche beschreibbar ist, ebenso durch die anderen beschrieben werden kann, und daß in diesem Sinne keine von ihnen gegenüber irgendeiner anderen vorzuziehen ist. Das heißt nicht, daß alle CF-Grammatiken genau dieselben Eigenschaften besitzen. Während kein genereller Unterschied bezüglich der abstrakten Beschreibbarkeit besteht, bleiben doch einige Unterschiede bezüglich der relativen Verständlichkeit der Eigenschaften einer Sprache, von denen einige in einer Grammatik einleuchtend, in einer anderen jedoch dunkel bleiben und umgekehrt. Weiterhin bleiben Unterschiede in der Wirksamkeit des Bearbeitungsprozesses.

Betrachtet werde z. B. die einfache (kontext-unabhängige) Satzgliederungsgrammatik ⟨simple phrase structure grammar⟩ der Abb. 13.3-1a, die eine rudimentäre *(Lukasiewicz)* Präfix-Notation erzeugt, wie beispielsweise die Formel

$$\alpha = + y + y\,y = \big((y + y) + y\big). \tag{13.3-2}$$

Diese Form der CF-Grammatik ist eindeutig interpretierbar als IC-Grammatik: Die Struktur von α, wie sie von der Grammatik nach Abb. 13.3-1a erzeugt wird, ist durch die durchgezogenen Linien der Abb. 1c dargestellt. Es ist einleuchtend, daß in dieser Figur α ein S ist, das sich zusammensetzt aus einem „$+$", welches zwei S verbindet, von denen jedes der Reihe nach eine feinere Strukturierung besitzt. Ein Abhängigkeitsbaum, der dieselbe Formel beschreibt, ist in Abb. 1d wiedergegeben. Dieser Baum läßt sich wie folgt interpretieren: α besitzt ein Hauptelement „$+$", welches das „y" mit einem zusammengesetzten Element verbindet, dessen eigenes Hauptelement wiederum ein „$+$" ist. Abb. 1d gewinnt man aus Abb. 1c, indem man jedes Zwischensymbol durch das unmittelbar danebenstehende Endsymbol ersetzt und den Endknoten streicht, wie durch die gestrichelten Linien angedeutet ist.

Die Leichtigkeit, mit der man von Abb. 1c zu 1d und wieder zurückgelangt, läßt sich nicht verallgemeinern. Verallgemeinern läßt sich dagegen die Korrespondenz zwischen beiden, wenn auch der verschiedenartige Eindruck beider Darstellungen bleibt. Wo eine IC-Analyse ⟨immediate constituent analysis⟩ im allgemeinen eine Hierarchie abstrakter Konstruktionen einführt, die keine eindeutigen Zuordnungen in den Endketten selbst besitzen, erscheinen in einem Abhängigkeitsbaum nur Endsymbole. So ist es typisch, daß eine IC-Analyse auf Termini wie

Satz, Objekt, Nominalphrase, Präpositionalphrase usw. verweist, während bei einem Abhängigkeitsbaum nur Ausdrücke wie *Substantiv, Verb, Adjektiv* usw. vorkommen. Wo an der Spitze eines IC-Baumes ein Symbol für *Satz* steht, ist an der Spitze eines Abhängigkeitsbaumes das Hauptverb des Satzes aufgeführt. Diese verschiedenen Darstellungen betonen auf diese Weise verschiedene Aspekte der Satzstruktur: die IC-Analyse richtet sich auf eine Satzkonstruktion, die Abhängigkeits-Analyse auf die Spitze dieser Konstruktion; z.B. wird das Hauptverb eines Satzes als die Spitze dieses Satzes angesehen, alle anderen Wörter oder Konstruktionen hängen von ihm ab.

Im Beispiel der Abb. 13.3-1 stehen die Spitze einer Konstruktion und die Konstruktion selbst so eng in Beziehung, daß die gegenseitige Abbildung trivial ist. In der allgemeinen Praxis ist es jedoch nicht immer klar, wie die Spitze einer Konstruktion zu wählen ist oder welche Konstruktionen zu erkennen sind. Ob man eine Abhängigkeitsanalyse aufbauen, sich mit einer IC-Analyse befassen oder noch andere Varianten wählen soll, ist eine Sache des Geschmacks und des Ziels.

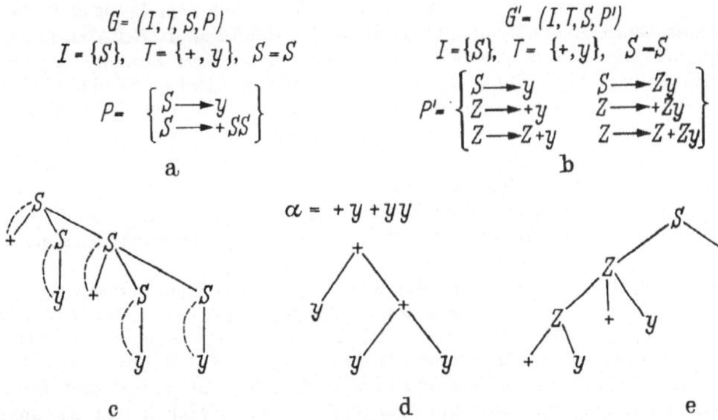

Abb. 13.3-1. Darstellungsformen einer Präfix-Notation nach Gl. (13.3-2)

Die Sprache, die von der Grammatik nach Abb. 13.3-1a erzeugt wird, kann ebenso gemäß Abb. 1b erzeugt werden; die Gliederung von α aus 1b ist in 1c wiedergegeben. Bei einem Vergleich von 1c mit 1e läßt sich erkennen, daß, während die Grammatik G α eine Links-Rechts-Struktur zuschreibt, die Grammatik G' eine Rechts-Links-Struktur vermittelt.

Diese Beobachtung ist aus zwei Gründen interessant: Erstens zeigt sie, daß es Aussagen wie unbedingt links nach rechts oder rechts nach links über eine Sprache nicht geben kann, welche eine Grammatik besitzt, die *irgendeinen der beiden Wege begeht*. Streitigkeiten darüber, ob die Abfrage und Gliederung von links nach rechts oder rechts nach links, von innen nach außen oder oben nach unten gehen soll, entscheiden sich dahingehend: Jeder Weg ist *möglich*. Es ist jedoch auch klar, daß die Grammatik G' komplexer ist als die Grammatik G, in der Hinsicht, daß sie dreimal so viele Produktionen besitzt. Von diesem Standpunkt aus könnte man deshalb argumentieren, daß die Sprache, zu der α gehört, grundsätzlich eine Links-Rechts-Sprache ist. Man könnte weiterhin folgern, daß die meisten natürlichen Sprachen aus einem Gemisch von eigentlich linksorientierten und eigentlich rechtsorientierten Konstruktionen bestehen. Auf diese Weise seien sie auch verantwortlich für einige der Streitfragen über ein bevorzugtes Vorgehen der Abfrage, die in jüngster Vergangenheit aufgetreten sind. Obgleich bereits einige Versuche unternommen wurden, diesen Fragen intensiver nachzugehen [22 bis 25], scheinen weitere Untersuchungen wünschenswert.

Mit Ausnahme von Einzelheiten der Notierung ist die Grammatik G in einer kürzlich beschriebenen Standardform [22, 23, 24] abgefaßt, in die jede CF-Grammatik gebracht werden kann. Bei Grammatiken der Standardform ⟨standard form grammars⟩ ist die rechte Seite der Produktionen dadurch charakterisiert, daß Endsymbole überall fehlen, ausgenommen in der ersten Position, in der ein Endsymbol bindend ist. Jede Methode der Strukturbestimmung vorgegebener Sätze kann als die Umkehrung einiger generativer Grammatiken aufgefaßt werden. Es gibt eine besonders einfache Lösung des Umkehrungsproblems für generative Gramatiken, die in der Standardform vorliegen. Der Erkennungsalgorithmus für Sätze, die von einer solchen Grammatik erzeugt werden, erfordert eine besonders unkomplizierte Form einer Maschine nach dem Stapelprinzip.

Da die gebräuchliche Grammatik für Präfix-Notation (z.B. Abb. 13.3-1a) als der besondere Prototyp einer Grammatik der Standardform aufgefaßt werden darf, ist es leicht einzusehen, warum Speicher oder Ablagen nach dem Stapelprinzip eine hervorragende Stellung beim Entwurf von Compilern für Maschinensprachen bekommen haben [23, 26 bis 29]. Die Theorie der Standardformgrammatiken ist ebenfalls voll verantwortlich für das Verfahren des Erkennungsalgorithmus nach dem Voraussageprinzip [23, 24, 30, 31, 32]. In der Darstellungsweise der Abb. 13.3-1a ist die gegenwärtige Voraussage dem linksseitigen Symbol einer Produktion gleichgesetzt, die gerade abgefragte Wortform oder Wortklasse dem einen und einzigen Endsymbol, das die rechte Hälfte der Produktion eröffnet, und die neuen Voraussagen, die zum Stapelspeicher oder Voraussagefach hinzugefügt werden, den Zwischensymbolen der rechten Hälfte der Produktion. Liegt eine bestimmte CF-Grammatik in der Standardform vor, dann sind, wie aus Abb. 13.3-1a und 1c klar zu ersehen ist, die IC-Struktur ⟨immediate constituent structure⟩ und die Struktur, die durch eine prediktive Analyse ⟨predictive analysis⟩ gewonnen wurde, ununterscheidbar.

Im allgemeinen ist nicht nur gezeigt worden, daß eine Standardform für jede willkürliche CF-Grammatik existiert, sondern auch, daß es einen konstruktiven Algorithmus gibt, mit dem von einer gegebenen Grammatik eine der Standardform gewonnen werden kann. Darüber hinaus lassen sich Mehrdeutigkeiten dadurch ausschalten, daß man von einer willkürlichen Form zur Standardform übergeht. Damit ist folgendes gemeint: Wie groß die Zahl der Strukturen auch immer sein mag, die eine gegebene Kette gemäß der Originalgrammatik besitzen kann, sie wird dieselbe Zahl von Strukturen gemäß der entsprechenden Standardformgrammatik besitzen. Allerdings würde, genauso wie die drei Bäume der Abb. 1c, 1d und 1e voneinander abweichen, der Baum, der von einem Analyseverfahren der Standardform erzeugt worden wäre, sich von allen drei unterscheiden, obwohl er in diesem speziellen Fall praktisch ununterscheidbar von dem der Abb. 1c und *erst recht* dem der Abb. 1d sein würde.

Das unbearbeitete Ergebnis eines prediktiven Analyseverfahrens ⟨predictive analyzer⟩ ist konsequenterweise die strukturelle Beschreibung eines Typs, der Aspekte der Satzstruktur hervorhebt, die sich von den in anderen Darstellungen betonten unterscheiden. Nichtsdestoweniger können in praxi Eigenheiten, die in einer Form einer strukturellen Darstellung klar ersichtlich sind, ohne großen Aufwand aus jeder anderen äquivalenten Form gewonnen werden. Zum Beispiel wird das unbearbeitete Ergebnis des prediktiven Analyseverfahrens von *Kuno/Oettinger* mit Hilfe eines Ausgabeprogrammes nicht nur von der internen Maschinendarstellung in Drucksymbole umgewandelt, sondern auch in eine Form, die der konventionellen Darstellung einer IC-Analyse nahekommt.

Das syntaktische Mehrweganalyseverfahren ⟨multiple path predictive analyzer⟩ von *Kuno/Oettinger*, das zum erstenmal öffentlich auf dem IFIP-Kongreß 1962 vorgestellt wurde [30], ist seitdem ständig verbessert worden. Grammatische Regeln wurden ersetzt, erweitert und verfeinert, das Wörterbuch vergrößert. Das signifikanteste eines Analyseverfahrens, das so entworfen ist, daß es alles über die Strukturen eines mehrdeutigen Satzes liefert, was implizit in einer gegebenen Grammatik enthalten ist, ist das Ausmaß an Kontrollen, die von der Unzahl der in dem Verfahren enthaltenen Kombinationen erlangt werden. Sie machen im wesentlichen das aus, was man eine nichtdeterministische Maschine nach dem Stapelprinzip nennt, bei der alle möglichen Analysewege sondiert werden (Tabelle 13.3-1). Die Bearbeitungszeit wurde ständig verringert, und dadurch, daß dauernd Regeln eingeführt werden, um wohlgeformte Unterketten zu erkennen, wenn sie das erstemal auftreten und nicht später, erreichte das Analysenprogramm kürzlich die Grenzen der Bandkapazität einer IBM 7094.

Einzelheiten des Analyseverfahrens hier zu erläutern, ist zu kompliziert. Die Grundidee des Verfahrens ist in Abb. 13.3-2 wiedergegeben. Betrachtet werde z.B. ein Satz, der als Hauptsatz mit einem eingeschobenen Nebensatz analysiert wurde. Besitzt der Hauptsatz m und der Nebensatz n mögliche Strukturen, wird es $m \cdot n$ verschiedene Analysen geben. Es ist jedoch klar, daß diese $m \cdot n$ Analysen durch die Angabe der m Analysen des Hauptsatzes und die n Analysen des Nebensatzes vollständig beschrieben werden. Der Analyseaufwand sollte deshalb von $m + n$ statt $m \cdot n$ bestimmt werden. Die Schwierigkeit ist nur, daß die Existenz des Nebensatzes erst nach der Analyse des ganzen Satzes offenkundig ist. *A priori* steht nicht fest, daß der eingeschobene Gliedsatz unabhängig und mit weniger Aufwand als zur Analyse des gesamten Satzes erforderlich entdeckt und analysiert werden kann. Anders ausgedrückt heißt das: Um zu erkennen, daß ein Satz gegliedert ist, muß möglicherweise ein Arbeitsaufwand getrieben werden, der von $\left(m \cdot n - (m + n)\right)$ bestimmt wird. Wie Tabelle 13.3-1 zeigt, braucht dies jedoch glücklicherweise nicht der Fall zu sein.

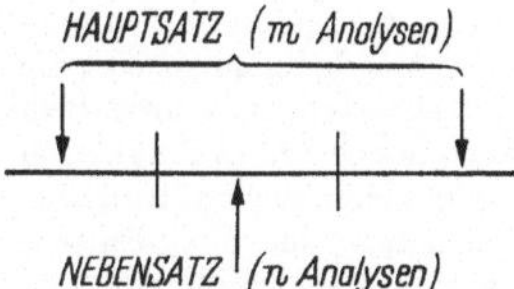

Abb. 13.3-2.
Komplexer Satz mit $m \cdot n$ Analysen

Tabelle 13.3-1. Prediktives Analyseverfahren: Vergleichende Bearbeitungszeiten

Anzahl der Wörter im Testsatz	Anzahl der Analysen	1963-FJCC [31] (SHARE-Version) min	Identifikation mit Hilfe wohlgeformter Unterketten [32] min
38	94	42,4	0,2
32	18	9,8	0,1
35	12	9,0	0,1
30	118	7,6	0,3
25	136	7,2	0,3
20	71	2,7	0,2
27	1	1,7	0,1
23	31	1,5	0,1
29	2	1,5	0,1
30	17	1,2	0,2
25	5	1,1	0,1
20	16	0,7	0,1
25	72	0,5	0,2
23	7	0,2	0,1
16	3	0,1	0,0
17	4	0,1	0,0
18	1	0,1	0,1
17	1	0,0	0,0
14	4	0,0	0,1
		87,4	2,4

Weder die Theorie noch die Praxis dieser neuen Entwicklung sind bis jetzt völlig erforscht. Nichtsdestoweniger werden durch die Fähigkeit, Sätze von ungewöhnlicher Länge und Komplexität in wenigen Sekunden zu bearbeiten, zusammen mit den jüngsten Entwicklungen in der Parallelverarbeitungstechnik, in On-Line-Operationen und den Darstellungsweisen interessante Möglichkeiten erschlossen. Als erstes könnte die Bearbeitungszeit dadurch weiter verkürzt werden, daß ein menschlicher Bearbeiter eine erste Untersuchung des Satzes vornimmt, um irrelevante Homographe auszuschalten. Während beispielsweise ein automatisches Wörterbuch angeben müßte, daß das englische Wort *time* in einem Satz wie *time flies like an arrow* sowohl als Substantiv, Attribut oder als Imperativ eines Verbs verwendet werden kann, wäre es für einen Bearbeiter bei einem ersten Blick auf den Satz ein leichtes, die letzten beiden Möglichkeiten schon vor der Analyse auszuschließen. Wird dies für einen ganzen Satz gemacht, läßt sich die Zahl der Suchschritte und damit die gesamte Bearbeitungszeit gewaltig verringern. Deshalb wären weitere Untersuchungen über Ausgabeverfahren im On-Line-Betrieb für dieses Vorhaben von größtem Interesse.

Als nächstes könnten wohlgeformte Unterketten, so wie sie im Laufe der Analyse ermittelt werden, einem Bearbeiter zugeführt werden, der ebenfalls den ganzen Text vor sich hat. Die Ausschaltung syntaktisch möglicher, semantisch jedoch sinnwidriger Konstruktionen könnte hierbei im On-Line-Betrieb ausgeführt werden; dadurch würde nicht nur die Schnelligkeit der Ergebnis-Ausgabe erhöht, sondern auch die Analysezeit ökonomisiert, indem nämlich das Analyseverfahren so programmiert wird, daß jede Konstruktion ausgeschaltet wird, in der eine bereits ausgeschlossene wohlgeformte Unterkette vorkommt. Benutzen mehrere Übersetzer dieselbe Maschine, so scheint die Idee, die Analyse bei einer menschlichen Entscheidung abzustoppen, während andere die Analyse nicht unterbrechen wollen, auf eine ökonomische Praxis reduzierbar zu sein. Die Maschine könnte ebenso dazu beitragen, den menschlichen Bearbeiter über frühere Entscheidungen auf dem laufenden zu halten, und diese Entscheidungen dazu benutzen, ihn bei denselben oder ähnlichen Situationen im weiteren Verlauf des Textes zu unterstützen. Stehen Mensch und Maschine in einer derartigen Wechselbeziehung, scheint ein erster Schritt zur Realisierung einer unbeschränkten Eingabe natürlicher Sprache in Datenverarbeitungsanlagen getan zu sein.

Während das Problem der syntaktischen Mehrdeutigkeit oft kritisch beurteilt wird, hat das prediktive syntaktische Analyseverfahren seine Fähigkeit, mehrdeutige Konstruktionen zu erkennen, bei zumindest einer experimentellen Anwendung von internationalem Interesse unter Beweis gestellt [33]: Als bei einer Version dieses Verfahrens Sätze der „Nuclear Test Ban Treaty" vorgelegt wurden, wurden interessante Mehrdeutigkeiten aufgedeckt und riefen die Achtung der Fachleute hervor. Die Möglichkeit, die Technik des Verfahrens zu verfeinern und es auf andere Rechts- und Wirtschaftsdokumente auszudehenen, ist eine attraktive Spekulation.

Viele der erwünschten Eigenschaften des prediktiven Analyseverfahrens trifft man in einem System einer IC-Analyse wieder, das bei der RAND Corporation von *Robinson* [34] entwickelt wurde. Soweit dem Verfasser bekannt, ist dieses System das einzige z. Z. einsatzfähige System, das auf einer ausführlichen und einer allgemeinen Grammatik basiert; es kombiniert eine von *Robinson* entwickelte IC-Grammatik mit einer Art von Rechenbetrieb, die ursprünglich von *Cocke* [35] und unabhängig davon von *Sakai* [36] vorgeschlagen wurde.

Robinsons Grammatik ist eine IC-Grammaitk, die auf Erzeugungsregeln der Form $Z \to A\,B$ basiert, in denen Z ein Zwischensymbol und A, B entweder Zwischen- oder Endsymbole darstellen. Das Verfahren beginnt damit, für die Wortklassen der Wörter im Satz Endsymbole zu setzen. Anschließend wird jedes zusammenhängende Paar (A, B), für das in der Grammatik eine Regel $Z \to A\,B$ existiert, durch Z ersetzt. Der Prozeß wird alsdann für jedes Paar von Symbolen, das ursprünglich vorhanden war oder in den vorhergehenden Schritten erzeugt wurde, wiederholt. Hieraus werden zweiteilige Strukturen für drei-wortige Ketten gebildet, dann vier-wortige Ketten und so fort, bis für den gesamten Satz von n Wörtern eine Struktur abgeleitet ist, die sich als ein aus zwei Teilen mit je n_1 und n_2 Wörtern bestehendes Gebilde $n_1 + n_2 = n$ darstellt.

Ähnlich dem prediktiven Analyseverfahren legt dieses System bei mehrdeutigen Sätzen mehrere Analysenergebnisse vor. Fragen einer effektiven Speicherung, Probleme der zeitlichen Ökonomisierung sowie Überlegungen zur eindeutigen Darstellung der verschiedensten Eigenschaften der Satzelemente sind in den beiden Systemen in etwas anderer Art gelöst worden. Ein detaillierterer Vergleich ist von *Kuno* [32] durchgeführt worden.

13.3.4 Semantik

In dem Maße, in dem kontextunabhängige Satzgliederungserkenner praktikabler werden, vergrößeren sich die Chancen, die Möglichkeit einer zusätzlichen Transformationssuperstruktur ernsthaft experimentell zu prüfen und zu beurteilen. Soweit bekannt, werden zumindest zwei Versuche in dieser Richtung unternommen [37, 38]. Es wäre wünschenswert, wenn die Theorie der Transformationsgrammatiken in ein ebenso starkes Licht gerückt würde wie jenes, das jetzt auf CF-Grammatiken zu fallen scheint. Die Schwierigkeit ist nur, daß für jede Transformationsgrammatik, die die Kapazität unbeschränkter Turingmaschinen besitzt, die wichtigsten Fragen theoretisch unentscheidbar sind. Welche Position beschränkte Transformationsgrammatiken ⟨restricted transformational grammars⟩ in der Hierarchie zwischen CF-Grammatiken und unbeschränkten Produktionsgrammatiken ⟨unrestricted production grammar⟩ einnehmen, ist bisher nicht recht erkannt worden.

Der Beginn einer intensiven experimentellen Untersuchung semantischer Probleme scheint dann sinnvoll, wenn es syntaktische Erkennungsverfahren gibt, die, als Voraussetzung für genügendes Material zu weiteren Untersuchungen, in der Lage sind, syntaktische Strukturen hinreichend schnell und ausreichend ökonomisch zu liefern. Die Literatur über semantische Untersuchungen besteht bis jetzt auf der einen Seite hauptsächlich aus philosophischen Analysen, z.B. [39, 40, 41] und fragmentarischen linguistischen Spekulationen, z.B. [42, 43], zum anderen aus Berichten begrenzter Versuche mit sehr scharf eingeschränkten Grundkonzeptionen.

Der letztgenannte Typ von Untersuchungen wurde hauptsächlich in der Hoffnung unternommen, Mittel zur Beantwortung von Fragen zu entwickeln, die in irgendeiner Weise von einer in hohem Grade formatgebundenen Sprache an eine Form des Englischen gestellt werden, die so unbeschränkt ist, wie die in Verbindung mit solchen Experimenten gewöhnlich konstruierten, sehr beschränkten (syntaktischen) Spezialzweckanalyseverfahren es zulassen. In den letzten Jahren sind mehr als 15 nach derartigen Richtlinien vorgehende Untersuchungen bekanntgeworden; sie in aller Ausführlichkeit hier zu referieren, ist leider nicht möglich. Als Einführung in die wachsende Literatur dieses Themenkreises sei der interessierte Leser auf einen kürzlich erschienenen Überblick [44] verwiesen, der sich ausschließlich auf dieses Gebiet beschränkt. Dadurch, daß mehrere dieser Experimente ausgesprochen interessant sind, während bei anderen zumindest die Möglichkeit nicht ausgeschlossen werden kann, daß sie innerhalb der strengen praktischen und theoretischen Beschränkungen wertvoll sind, ist es im Augenblick äußerst schwierig, zu beurteilen, wie wenigstens einige der gegenwärtig von den Versuchsleitern gesetzten Grenzen überwunden werden können. Nichtsdestoweniger ist dies ein Gebiet, das wesentlich mehr Aufmerksamkeit verdient und zweifellos auch erhalten wird.

Ein Problem, das Frage-Antwort-Systeme aufwerfen, das aber kaum schon untersucht worden sein dürfte, ist das der Stabilität von beschränkten Untermengen natürlicher Sprachen. Aufgrund oberflächlicher Beobachtung einzelner oder weniger anekdotenhaft anmutender Aussagen wird vermutet, daß Versuche, eine reguläre und leicht zu handhabende Untermenge einer natürlichen Sprache zu definieren, an einer Unstabilität scheitern, aufgrund der diese Untermengen sich entweder in die Richtung einer der Muttersprache so unähnlich wie möglichen formalen mathematischen Notation oder in die Gegenrichtung der vollen Benutzung der unbeschränkten Muttersprache entwickeln. Im ersten Fall ist die maschinelle Behandlung stark vereinfacht, jedoch auf Kosten aller erwarteten Vorteile einer Kommunikation mit der Maschine in der Muttersprache. Im letzten Fall stößt man wieder auf all die Probleme, die bei der Behandlung unbeschränkter natürlicher Sprachen auftreten.

Trotzdem ist noch immer unklar, ob stabile Untermengen einer natürlichen Sprache definiert und aufrechterhalten werden können oder nicht, wenn auch nicht in vollständiger Stabilität, so doch wenigstens in einem Zustand von Quasi-Stabilität, dessen Veränderung sich in kontrollierbaren und realisierbaren Grenzen bewegt. Immerhin scheint es sinnvoll, von naturwissenschaftlicher und technischer Seite einen vernünftigen Ansatz zu suchen, Fragen der Richtlinien für die Erzeugung oder Abgrenzung synthetischer Sprachen wenigstens weiter zu beleuchten, wenn nicht sogar zu lösen. Wiederholte, nicht gerade erfolgreiche Versuche, solche Sprachen zu erfinden, haben inzwischen schon genügend Zeit, Energie und Geld gekostet, so daß vernünftigere Ansätze verdienstvoll wären. Selbst in dem bekannteren Gebiet der Formal- und Programmiersprachen bleiben viele praktische und theoretische Probleme ungelöst. So ist z.B. die Wiederherstellung des alten Zustandes nach einem Fehler im Verlauf der automatischen Codierung [28] immer noch in einem quasi-mystischen Experimentierstadium, obgleich einige frühere Ergebnisse, die allerdings nur auf einfachste Sprachen anwendbar sind, weitere formale Untersuchungen lohnend erscheinen ließen.

13.3.5 Allgemeine Linguistik

Die vorhergehenden Kapitel beschäftigen sich hauptsächlich mit einer innigen Beziehung zwischen Linguistik und Rechenautomaten. Es gibt noch eine flüchtigere Beziehung, die von jenen Linguisten gesehen wird, die traditionelle linguistische Interessen verfolgen; für sie ist die Rechenmaschine ein Instrument, das für ihre Vorhaben ganz nützlich sein kann, jedoch weder der primäre Gegenstand ihrer Studien noch der Anlaß ihrer linguistischen Untersuchungen ist [79].

Inzwischen existiert schon eine ungeheure Fülle an Literatur über Untersuchungen von Methoden zur automatischen oder halbautomatischen Dokumentation und Klassifikation ⟨information storage and retrieval⟩ (s. Abschnitt 10.3). In dieser Literatur werden Techniken zur Indizierung und Herstellung von Inhaltsangaben ⟨indexing and abstracting⟩ vorgelegter Dokumente behandelt, weiterhin das Wiederauffinden solcher Dokumente aus einer Sammlung, die in bezug auf eine spezifische Anfrage relevant sind, sowie die Organisation großer Datenmengen, die für eine wirksame Ausübung dieser Funktion notwendig ist [45, 46]. Zur Warnung muß jedoch betont werden, daß vieles auf dem Gebiet der Informationserschließung ⟨information retrieval⟩ wie der Computer-orientierten Linguistik ⟨computational linguistics⟩ spekulativ ist und daß nur wenige Verfahren erprobt und zuverlässig sind. *Caveat emptor!*

Ein Problem, das häufig für Linguisten und Literaturforscher von direktem Interesse ist, ist die Herstellung einer Konkordanz für einen Textkorpus. Liegt der Text in einer Form vor, die die Maschine verarbeiten kann, z.B. als Lochkartenpaket oder auf Magnetband, bereitet die Automatisierung des Prozesses der Konkordanzherstellung wenig begriffliche oder praktische Schwierigkeiten. Es ist nicht sehr schwierig, ein Programm zu schreiben, das einen Text zerlegt und für jedes interessierende Wort einen Datenkomplex bildet, der aus dem Wort, einer vernünftigen Kontextmenge zu beiden Seiten und einigen Angaben zur genauen Lokalisierung des Wortes im Text besteht. Diese Datenkomplexe können dann von Sortierprogrammen, die heutzutage gewöhnlich bei jedem Rechner angemessener Größe mitgeliefert werden, alphabetisch nach den Stichwörtern sortiert werden. Das Ergebnis des Sortierprozesses stellt dann eine Konkordanz dar. In der Literatur sind mehrere allgemein gehaltene Konkordanzprogramme beschrieben [47, 48, 49].

Die Anfertigung eines Wortverzeichnisses, gleichgültig ob eines großen oder kleinen, ist ein weiteres Problem der praktischen linguistischen Analyse, dem man häufig begegnet. Die vorhin zitierte Literatur über automatische Sprachübersetzung enthält zahlreiche Hinweise zu Untersuchungen über die Anfertigung und Handhabung von Wortverzeichnissen. Eine besonders detaillierte Analyse lexikalischer Fragen einschließlich einer Behandlung der Frage, ob vollständig flektierte Formen abgespeichert werden sollen oder Stämme, eine Frage, die bei in hohem Grade flektierten Sprachen auftritt, ist in [16] wiedergegeben.

Die Realisierung einer sehr leistungsfähigen Wörterbuchspeicherung und des entsprechenden Suchprozesses ist schon eine ziemlich komplexe Aufgabe, die von den spezifischen Eigenschaften der für die Wörterbuchbearbeitung zur Verfügung stehenden Maschine abhängt. So verlangt das Zustandebringen eines wirklich leistungsfähigen Wörterbuchsystems eine sehr gründliche Kenntnis der Maschinentechnik. Immerhin wird sich für viele experimentelle Vorhaben der Prozeß der Wörterbuchspeicherung in alphabetischer Reihenfolge auf Magnetband, Trommel- oder Plattenspeicher als vollkommen adäquat erweisen. Der Text, der mit dem Wörterbuch verglichen werden soll, muß zunächst in alphabetische Reihenfolge gebracht werden. Die alphabetisch geordnete Textwortliste wird dann mit den Wörterbucheinheiten verglichen; bei jedem Vergleich werden die sich entsprechenden Einheiten aus dem Wörterbuch übernommen und auf ein neues Magnetband übertragen. Waren die Wörter im Originaltext vor dem Sortiervorgang durchnumeriert — eine Sache, die leicht automatisch gemacht werden kann —, dann kann die resultierende Liste der Wörterbucheinheiten wieder in die ursprüngliche Textreihenfolge gebracht werden. Dieses Verfahren ist so lange wirksam, wie die Textlänge klein im Vergleich zum Wörterbuchumfang ist.

Das schwerwiegendste Hindernis und die größte Mühe auf dem Wege der Konkordanzherstellung oder der Wörterbuchaufsuche ist die Übertragung des Textes in eine für die maschinelle Behandlung brauchbare Form. Die für die meisten Maschinen gültigen Tastaturen besitzen gewöhnlich nur eine begrenzte Anzahl von Symbolen, die aus den Buchstaben des Alphabetes, den zehn Ziffern und ein paar Satzzeichen und anderen Spezialzeichen bestehen. Der zu bearbeitende Text enthält normalerweise eine wesentlich größere Anzahl von Symbolen, die in irgendeiner Weise durch die vorhandenen wiedergegeben werden müssen. Werden weiterhin Unterschiede zwischen Kursiv- und Fettdruck für wichtig gehalten, sind zusätzliche Spezialvorkehrungen erforderlich. Sollen phonetische oder phonemische Transkriptionen, exotische Alphabete oder ähnliche Spezialprobleme behandelt werden, müssen gut ausgearbeitete Codierungsschemata erfunden werden; zudem wird das Problem der Übertragung von Texten dadurch vergrößert, daß das Abschreiben sehr lange dauert und die Wahrscheinlichkeit von Schreibfehlern ziemlich groß ist. Das Bestreben, Büchereien von aufgenommenen Texten einzurichten, ist ein Schritt zur Erleichterung dieser Probleme. Ist der Text erst einmal in eine für die Maschine brauchbare Form gebracht, können Kopien dieser Aufzeichnungen leicht angefertigt und verbreitet werden. Das Problem der Kompatibilität verschiedener Maschinencodes und individueller Codierungskonventionen darf nicht zu leicht genommen werden, da hierdurch oft verhindert wird, daß Texte, die von einer Forschungsgruppe aufgenommen wurden, von einer anderen ohne beträchtlichen zusätzlichen Aufwand verwendet werden können.

Das wachsende Interesse von Philologen an der Benutzung von Rechenmaschinen als Untersuchungshilfe spiegelt sich in den ungefähr 20 Beiträgen zu einer Konferenz über literarische Datenverarbeitung wider, die im September 1964 von der „International Business Machines Corporation" [49] veranstaltet wurde. Auch die Sozialwissenschaftler haben durch Analysen des semantischen Gehalts von Dokumenten, wie z. B. Notizen von Selbstmördern oder Protokollen psychiatrischer Sitzungen, zur Entwicklung der sprachlichen Nachrichtenverarbeitungstechnik beigetragen [50]. Eine kürzlich veröffentlichte Arbeit erläutert die Anwendung von Simulierungsverfahren, die in den Naturwissenschaften schon häufig benutzt und auch in einigen Sozialwissenschaften zum Studium des historischen Wandels in einer Sprache Verwendung gefunden haben. Außerdem existiert noch einige Literatur etwas älteren Datums, die die Anwendung von — meist der mathematischen Kommunikationstheorie entnommenen — statistischen Methoden und Begriffen zur Untersuchung linguistischer Phänomene behandelt. Zu diesem Gebiet wurde anläßlich des Neunten Internationalen Linguistenkongresses ein umfassender Überblick gegeben [52].

An dieser Stelle seien noch kurz die Programmiersprachen erwähnt, die besonders für die Bearbeitung linguistischer Daten geeignet sind. Hiervon ist eine der ältesten und der am meisten benutzten die COMIT-Sprache, die von *Yngve* am „Massachusetts Institute of Technology" [53] entwickelt wurde. Daneben findet die jüngere, von den „Bell Telephone Laboratories" entwickelte Programmiersprache SNOBOL [54] immer mehr Verwendung, neuerdings auch FORTRAN II.

13.3.6 Bibliographisches; Anmerkungen zu einzelnen Projekten

Da das Studium der automatischen Verarbeitung natürlicher und formaler Sprachen ein lebendiges und wachsendes Gebiet darstellt, ist es vielleicht angebracht, auf Informationsquellen aufmerksam zu machen, die in den vorhergehenden Kapiteln nicht erwähnt wurden, sei es, weil sich keine Gelegenheit ergab, auf sie zu verweisen, sei es, weil es sich hierbei um informelle Literatur in Berichtsform handelt, die gewöhnlich nicht zugänglich ist, es sei denn durch direkten Kontakt mit den Forschungszentren.

Die auf diesem Gebiet aktiven amerikanischen Forschungsgruppen umfassen im einzelnen die Synthetic Intelligence Department der Gesellschaft The Bunker-Ramo Corp., Canoga Park, California [55], die Gruppe der automatischen Datenverarbeitung am Thomas J. Watson Research Center der IBM Corp., Yorktown Heights, New York [48, 56, 57], das Computation Laboratory der Havard-Universität Cambridge, Mass. [23, 24, 30, 31], eine Gruppe an der RAND Corp., Santa Monica, Calif. [58, 59], das Linguistic Research Center der Universität Texas, Austin, Texas [60, 61], und die Wayne State University, Abteilung für slavische und östliche Sprachen, Detroit, Michigan [62, 63]. Die Association for Machine Translation and Computational Linguistics publiziert eine Zeitschrift [64] und ein Rundschreiben [65].

Eine ausführliche Zusammenstellung der aktiven sowjetischen Forschungszentren existiert nicht, doch veröffentlicht die sowjetische Zeitschrift für Mathematik, *Referativnyj Zhurnal*, regelmäßig einen Abschnitt über theoretische Kybernetik, der als Untertitel Beiträge zur Maschinentheorie und zur mathematischen Linguistik enthält. Sammlungen sowjetischer Forschungsbeiträge sind kürzlich in Buchform [66, 67] erschienen, zudem enthalten eine Reihe von fortlaufend oder vereinzelt erscheinenden Veröffentlichungen Berichte über die neuesten Entwicklungen [68 bis 72]. Die Karls-Universität in Prag und das Institut für Instrumentelle Mathematik der tschechoslowakischen Akademie der Wissenschaften geben einschlägige Schriften heraus [73, 74]. Außerdem existieren in Rumänien aktive Forschungsgruppen [75].

Frankreich hat aktive Forschungszentren an der Universität von Grenoble und am Centre National de la Recherche Scientifique in Marseille; die Association pour l'Etude et le Développement de la Traduction Automatique et de la Linguistique Appliquée gibt eine Zeitschrift heraus [76]. Deutschland besitzt an verschiedenen Universitäten Forschungszentren, hauptsächlich jedoch an den Universitäten Bonn und Saarbrücken. In Japan publiziert die Mathematical Linguistics Society regelmäßig eine Zeitschrift [77].

Literatur

[1] *Fischer, P. C.:*On computability by certain classes of restricted turing machines. Switching Circuit Theory and Logical Design, Proc. 4th Annual Symp., IEEE, New York (1963). — [2] *Chomsky, N.:* Formal properties of grammars, Handbook of Mathematical Psychology (*R. R. Bush, E. H. Galanter, R. D. Luce,* Eds.), Vol. 2. New York: Wiley 1963. — [3] *Evey, R. J.:* The Theory and applications of pushdown store machines, doctoral thesis. Harvard Univ. (1963). — [4] *Bar-*

Hillel, Y.: Language and Information. Reading, Mass.: Addison-Wesley 1964. — [5] *Chomsky, N.:* Syntactic structures. The Hague: Mouton 1957. — [6] *Chomsky, N., Miller, G. A.:* Introduction to the formal analysis of natural languages, Handbook of Mathematical Psychology (*R. R. Bush, E. H. Galanter, R. D. Luce,* Eds.), Vol. 2. New York: Wiley (1963). — [7] *Kleene, S. C.:* Representation of events in nerve nets and finite automata, Automata Studies (*C. E. Shannon, J. McCarthy* Eds.). Princeton: University Press 1956. — [8] *Post, E. L.:* A variant of a recursively unsolvable problem. Bull. Amer. Math. Soc. 52 (1946) 264—268. — [9] *Greibach, S.:* Notes on language and automata colloquium in Jerusalem. Commun. ACM 8 (1965) No. 1, pp. 73—74. — [10] *Fischer, P. C.:* Private Communication. — [11] *Oettinger, A. G.:* The state of the art of automatic language translation. Beitr. Sprachkunde und Informationsverarbeitung 2 (Nov. 1963) 17—32. — [12] *Yngve, V. H.:* Implications of mechanical translation research. Proc. Amer. Philos. Society 108 (Aug. 4, 1964) No. 4, pp. 275—281. — [13] *King, G. W., Chang, H. W.:* Machine translation of Chinese. Sci. Amer. (June 1963) 124—135. — [14] *King, G. W., Oettinger, A. G.:* Letters to the Editor on [13]. Sci. Amer. (Oct. 1963) 8—11. — [15] *Locke, W. N., Booth, A. D.* (Eds.): Machine translation of languages. New York: Wiley (1955). — [16] *Oettinger, A. G.:* Automatic language translation: lexical and technical aspects. Cambridge, Mass.: Harvard Univ. Press 1960. — [17] *Edmundson, H. P.* (Ed.): Proc. Nat. Symp. on Machine Translation. Englewood Cliffs, N. J.: Prentice-Hall 1961. [18] Nat.Phys.Laboratory: 1961 International Conference on Machine Translation of Languages and Applied Language Analysis. Her Majesty's Stationery Office, London 1962. — [19] *Revzin, I. I., Rozentsvejg, V. Ju.:* Osnovy obshchego i mashinnogo perevoda, Izdatel'stvo, Vysshaja Shkola, Moscow 1964. — [20] *Jumpelt, R.:* Die Übersetzung Naturwissenschaftlicher und Technischer Literatur. Berlin: Langenscheidt (1961). — [21] *Bobrow, D. G.:* Syntactic analysis of english by computer—A Survey. AFIPS Conf. Proc., Vol. 24, Baltimore: Spartan 1963. — [22] *Greibach, S.:* Inverses of phrase structure generators, Doctoral Thesis. Harvard Univ. 1963. — [23] *Greibach, S.:* Formal parsing systems. Commun. ACM 7 (1964) 499—504. — [24] *Greibach, S.:* A new normalform theorem for context-free phrase structure grammars. J. ACM 12 (1965) No. 1, pp. 42—52. — [25] *Griffiths, T. V., Petrick, S. R.:* On the relative efficiencies of context free grammar recognizers, submitted for publication. — [26] *Oettinger, A. G.:* Automatic syntactic analysis and the pushdown store, Structure of Language and its Mathematical Aspects (*R. Jakobson,* Ed.). Proc. Symp. App. Math., Vol. XII, American Mathematical Society, Providence, Rhode Island, 1961. — [27] *Samelson, K., Bauer, F. L.:* Sequential formula translation. Commun. ACM 3 (1960) No. 2, pp. 76—83. — [28] *Floyd, R. W.:* The syntax of programming languages—A survey. IEEE Trans. EC-13 (Aug. 1964) 346—353. — [29] The following two periodical issures are devoted entirely to questions of computer languages: 1. Commun. ACM 7 (Febr. 1964) No. 2. — 2. IEEE Trans. EC-13 (Aug. 1964) No. 4. — [30] *Kuno, S., Oettinger, A. G.:* Multiple-Path syntactic analyzer. Information Processing-62. Amsterdam: North-Holland (1963). — [31] *Kuno, S., Oettinger, A. G.:* Syntactic structure and ambignity of english. AFIPS (Conference Proceedings, Vol. 24. Baltimore: Spartan (1963). — [32] *Kuno, S.:* The predictive analyzer and a path elimination technique submitted for publication. — [33] *Langevin, R. A., Owens, M. F.:* Computer analysis of the nuclear test ban treaty. Science 146 (Nov. 27, 1964) 1186—1189. — [34] *Robinson, J.:* Preliminary codes and rules for the automatic parsing of english. Memo RM-3339-PR The RAND Corp. Santa Monica, Calif., Dec. 1962. — [35] Reported by *D. Hays* in Automatic language data processing in *H. Borko* (Ed.): Computer applications in the behavioral sciences. Englewood Cliffs, N. J.: Prentice Hall 1962. — [36] *Sakai, I.:* Syntax in universal translation in [18]. — [37] *Petrick, S. R.:* Recognition procedure for transformational grammars, to appear in: Information System Sciences: Proc. of the Second Congr., Washington, D.C.: Spartan 1965. — [38] *Hall, B.:* Private Communication. — [39] *Martin, R. M.:* Truth and denotation. Univ. of Chicago Press (1958). — [40] *Quine, W. V.:* From a logical point of view. Harvard University Press, Cambridge, Mass. (1953). — [41] *Quine, W. V.:* Word and object. New York: Wiley 1960. — [42] *Lyons, J.:* Structural semantics. Oxford: Blackwell 1963. — [43] *Katz, J. J., Fodor, J. A.:* The structure of a semantic theory. Language 39 (1963) 170—210. — [44] *Simmons, R. F.:* Answering english questions by computer—A survey. Commun. ACM 8 (Jan. 1965) 53—70. — [45] *Becker, J., Hayes, R. M.:* Information storage and retrieval: tools, elements, theories. New York: Wiley 1963. — [46] *Kent, A.:* Textbook on mechanized information retrieval. New York: Interscience 1963. — [47] *Lamb, S. M., Gould, L.:* Concordances from computers. Mechanolinguistics Project. Univ. of California, Berkeley (1964). — [48] *Scharfenberg, K. F., Smith, P. H., Villain, R. D.:* A concordance generator. IBM Systems Journal 3 (1964) No. 1. — [49] Literary data processing conference proceedings, Sept. 9, 10, 11, 1964, Available from: Materials Center, Modern Language Association, 4 Washington Place, New York, N.Y. 10003. — [50] *Stone P. J.:* A computer approach to content analysis. Studies using the General Inquirer System. AFIPS Conf. Proc., Vol. 23, Spartan, Baltimore (1963). — [51] *Klein, S.:* Dynamic simulation of historical change in language using Monte Carlo Techniques SP-1908 System Development Corporation, Santa Monica, Calif. (Dec. 30, 1964). — [52] *Plath, W.:* Mathematical Linguistics, in: Trends in European and American linguistics 1930—1960 (*Mohrmann, C., A. Sommerfelt, J. Whatmough,* Eds.).Utrecht: Spectrum 1961. — [53] *Yngve, V. H.:* An introduction to COMIT programming, Cambridge, Mass.: MIT Press 1962. — [54] *Farber, D. J., Griswold, R. E., Polonsky, I. P.:* SNOBOL a string manipulation language. J. ACM 11 (1964) No. 1, pp. 21—30. — [55] *Garvin, P.:* Natural language and the computer. New York: McGraw-Hill 1963. — [56] *Damerau, F. J.:* A technique for computer detection and correction of spelling errors. Commun. ACM 7 (March 1964) No. 3. — [57] *Abraham, C. T.:* Techniques for thesaurus organization and evaluation. Proc. Amer. Documentation Institute, Vol. 1, Philadelphia, Pennsylvania (Oct. 5—8, 1964). — [58] *Hays, D. G.:* Annotated bibliography of RAND publications in computational linguistics RM-3894-PR. RAND Corp. Santa Monica, Calif. (March 1964). — [59] *Hays, D. G.:* Dependency Theory: A formalism and some observation. Language (in press). — [60] *Tosh, L. W.:* Machine Translation and Linguistic Data Processing. Linguistics (May 1964) 35—40. — [61] *Tosh, L. W.:* Syntactic translation. Mouton, The Hague (in press). — [62] *Josselson, H.:* Linguistic basis of mechanical translation: Contributions of Standard Linguistic Theory OTS PB 16624. Office of Techn. Services, U.S. Dep. of Commerce, Washington, D.C. 20230 (1964). — [63] *Josselson, H.:* Research on machine translation in [18]. — [64] Mechanical Translation. — [65] The Finite String. — [66] *Akhmanova, O. S., Frumkina, R. M., Mel'chuk, I. A., Paducheva, E. V.* (*Hays* and *Mohr, Translators*): Exact methods of linguistic research. University of California, Berkely (1963). — [67] *Sushkova, L. A.* (Ed.): The transformational method in structural linguistics. Academy of Sciences, Moscow (1964). — [68] Problemy kibernetiki. Izdatel'stvo „Nauka", Moscow. — [69] Voprosy Jazykoznanija. Izdatel'stvo „Nauka", Moscow. — [70] Predvaritel'nye publikatsii sectora strukturnoj i prikladnoj lingvistiki. Institute of Linguistics, Academy of Sciences, USSR (occasional). — [71] Mashinnyj perevod i prikladnaja lingvistika, 1st Moscow State Pedagogical Institute of Foreign Languages (occasional). — [72] Materialy po matematicheskoj lingvistike i mashinnomu perevodu. Leningrad University (occasional). — [73] The prague bulletin of mathematical linguistics. Charles University (occasional). [74] Stroje na zpracování informací (Information Processing Machines). Ceskoslovenská Ved. — [75] *Marcus, S.:* Gramatici si automate finite. Editura Academici Republicii Populare Romine. Bucharest (1964). — [76] La traduction automatique. Mouton, The Hague. — [77] Mathematical Linguistics. Mathematical Linguistics Society of Japan, Nihon University, Setagaya, Tokyo. — [78] *Pierce, J. R.,* Editor: Computers in translations and linguistics. ALPAC-Report, Washington D.C., 1966. — [79] ICRH Newsletters. Inst. for Computer Res. in the Humanities, New York Univ., Univ. Heights, Bronx/N.Y. 10453.

13.4 Lehrautomaten

H. Frank

13.4.0 Grundbegriffe

Ausgabealphabet: Die Menge $\mathfrak{Y}$ aller Ausgabebuchstaben y_i.

Ausgabebuchstabe y_i: Oberbegriff zu *(eigentlicher) Lehrschritt* S_i, *Anfangsschritt* α und *Schlußschritt* ω.

Eingabealphabet: Die Menge $\mathfrak{R}$ aller Eingabebuchstaben r_i.

Eingabebuchstabe r_i: Eine bestimmte, von einem Lehrautomaten registrierbare Reaktion r_i des Adressaten, meist Druck einer Antworttaste.

Eingabewort: Folge $\mathfrak{r} = r(1)\, r(2) \ldots r(t)$ von Eingabebuchstaben in den Zeitintervallen $1, 2, \ldots, t$.

Ergebnisfunktion λ: Funktion, die den Ausgabebuchstaben angibt, wenn im Automatenzustand z_i der Eingabebuchstabe r_k geliefert wird.

Lehralgorithmus Λ: Algorithmus, nach welchem in Abhängigkeit von der Folge $\mathfrak{r} = r(1)\, r(2) \ldots r(t)$ von Adressatenreaktionen (dem *Eingabewort*) eine Folge $\alpha\, S(1)\, S(2) \ldots S(t)$ von Ausgabebuchstaben zu liefern ist (vgl. Abb. 13.4-2). Der Lehralgorithmus kann formal als Tripel $\Lambda = (\mathfrak{Y}, \mathfrak{R}, \varphi)$ dargestellt werden, mit dem Ausgabealphabet $\mathfrak{Y}$, dem Eingabealphabet $\mathfrak{R}$ und der Makrostruktur φ.

Lehrprogramm: Codierung eines Lehralgorithmus in einer speziellen Sprache, insbesondere der Maschinensprache eines Lehrautomaten.

Lehrschritt S_i: Nachricht, die zwischen zwei Reaktionen eines Adressaten diesem geliefert wird.

Lehrweg $\mathfrak{w}$: Mit dem *uneigentlichen* Lehrschritt α (Anfangsschritt) beginnende, durch das Adressatenverhalten (also durch das Eingabewort) determinierte Folge von Ausgabebuchstaben.

Makrostruktur φ: Die einen Lehralgorithmus kennzeichnende Zuordnungsfunktion $\mathfrak{w} = \varphi(\mathfrak{r})$ von Lehrwegen zu Eingabewörtern.

Markierungsfunktion μ: Funktion, die bei mooreschen Lehrautomaten jedem Zustand des Lehrautomaten denjenigen Lehrschritt zuordnet, der in diesem Zustand dem Adressaten ausgegeben wird.

Mealy-Lehrautomat: Lehrautomat, bei welchem der ausgegebene Lehrschritt vom Übergang zwischen zwei Automatenzuständen und nicht nur vom erreichten Zustand allein abhängt.

Moore-Lehrautomat: Lehrautomat, für welchen eine Markierungsfunktion definierbar ist, der also kein Mealy-Lehrautomat ist.

Überführungsfunktion δ: Funktion, die angibt, in welchen Zustand der Automat übergeht, wenn im bisherigen Zustand z_i ein Eingabebuchstabe r_k geliefert wird.

13.4.1 Einleitung

Der Begriff des Lehrens ist mindestens vorläufig nicht schärfer umrissen als der Begriff des Lernens. Man kann formal definieren: *Lehren heißt Lernprozesse bewirken.* Oder aber man faßt Lehren auf als Oberbegriff zu mehreren (im folgenden fünf) verschiedenen, präziser faßbaren Sonderfällen des Lehrens, die sich bei den verschiedenen Typen von Lehrsituationen (Abb. 13.4-1) unterscheiden lassen. Diese Typen von Lehrsituationen unterscheiden sich durch die zwischen dem *lehrenden System* (kurz: Lehrsystem) als Oberbegriff zu Lehrern, Lehrmaschinen und anderen Trägern von Lehrfunktionen und den *Lernenden* (*Adressaten*, z. B. Schüler, Studenten, Berufstätige bei der Umschulung oder Weiterbildung) bestehenden *Nachrichtenflüsse*, die in Abb. 13.4-1 durch Pfeile dargestellt sind.

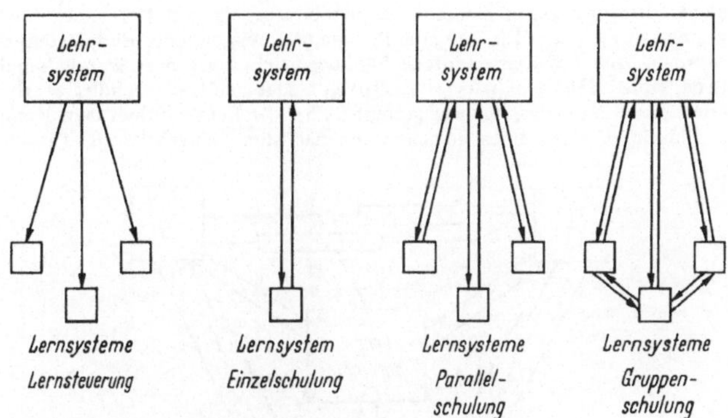

Abb. 13.4-1. Die Informationsflüsse bei den wichtigsten Lehrsituationen (nach [1])

Bei der *Lernsteuerung* (klassische Vorlesung, Tonbildschau, Bildungsfernsehen) fehlt ein unmittelbarer Informationsrückfluß zum Lehrsystem und damit eine Möglichkeit der fortwährenden Anpassung an den Adressaten. Bei der *Einzelschulung* wechselt eine Nachrichtenausgabe des Lehrsystems mit einer Reaktion des Adressaten (Antwort; evtl. Frage) ab. Durch diese Reaktionen erscheint der vom Lehrsystem gelieferte Nachrichtenfluß in Segmente unterteilt (Abb. 13.4-2), die als *Lehrschritte* (oft auch als Inhaltseinheiten, Ausgabebuchstaben oder frames) bezeichnet werden. Der im t-ten Zeitintervall dem Adressaten gelieferte Lehrschritt $S(t)$ hängt dabei im allgemeinen von der im selben Zeitintervall erfolgten Adressatenreaktion $r(t)$ auf den vorangegangenen Lehrschritt $S(t-1)$ ab. Dasselbe gilt bei der *Parallelschulung*.

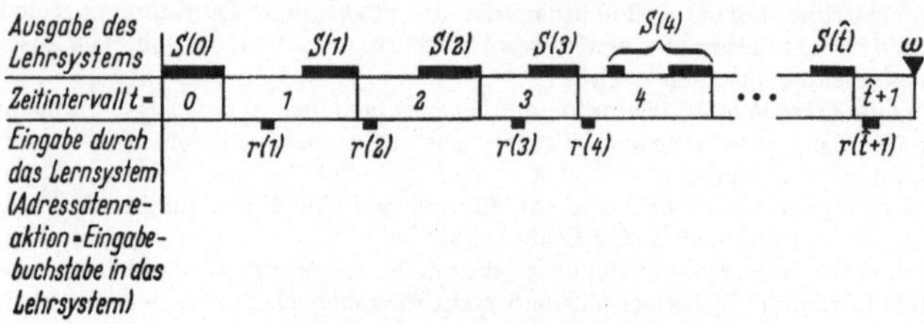

Abb. 13.4-2. Nach dem Startschritt $S(0)=\alpha$ wechseln sich Lehrschritte (Ausgabebuchstaben des Lehrsystems) und Adressatenreaktionen (Eingabebuchstaben in das Lehrsystem) ab, bis nach dem letzten Zeitintervall t die weitere Nachrichtenausgabe des Lehrsystems gestoppt werden kann (Ausgabebuchstabe ω), vgl. [2]

Die Besonderheit der Einzelschulung gegenüber der Parallelschulung besteht darin, daß bei der Einzelschulung der Informationsfluß zum Adressaten inhaltlich und zeitlich ausschließlich vom Verhalten des jeweils zu schulenden Adressaten und vom Lehrprogramm abhängt, nicht auch vom Verhalten anderer, evtl. simultan zu schulender Adressaten. Auch wenn dasselbe Lehrsystem gleichzeitig mehrere Adressaten belehrt, liegt („simultane") Einzelschulung vor.

Hierbei liefert das Lehrsystem aufgrund der Reaktionen $r^1(t)$, $r^2(t)$, ..., $r^n(t)$ der n Adressaten diesen beziehentlich die Lehrschritte $S^1(t)$, $S^2(t)$, ..., $S^n(t)$. Diese Lehrsituation, die formale Ähnlichkeit mit dem Spiel eines Schachmeisters auf verschiedenen Brettern gegen mehrere Partner besitzt, kann mittels eines Rechenautomaten mit mehreren Ein-Ausgabe-Plätzen (Adressaten- oder Endplätzen) realisiert werden. Teile des Klassenunterrichts lassen sich dagegen als Parallelschulung auffassen, wobei $S^1(t) \equiv S^2(t) \equiv \cdots \equiv S^n(t)$ gilt. Das heißt, die Schüler bearbeiten die ihnen gestellten Aufgaben zwar getrennt, aber der Lehrer ordnet dem Komplex dieser Einzelreaktionen einen gemeinsamen nächsten Lehrschritt zu. Tatsächlich

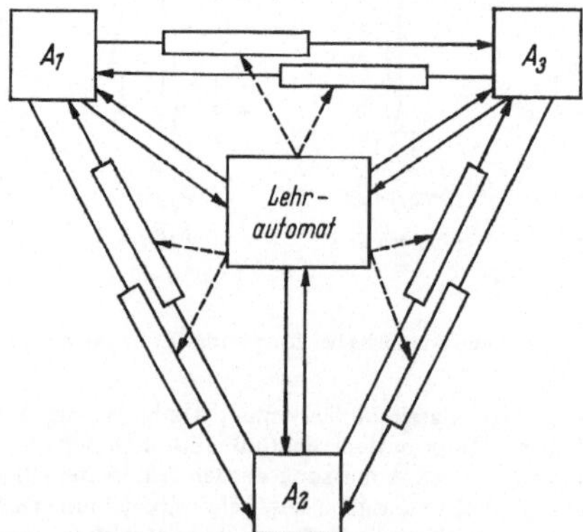

Abb. 13.4-3. Lehrautomaten für Gruppenschulung liefern außer Lehrschritten auch noch Signale zur Kontrolle der Nachrichtenübertragung zwischen den Adressaten (aus [3])

wird jedoch in der Schulpraxis wie auch vielfach bei der betrieblichen Unterweisung die Situation der *Gruppenschulung* angestrebt. Hierbei sind Nachrichtenflüsse wenigstens zwischen einem Teil der Adressaten vorgesehen. Ist das Lehrsystem speziell ein Lehrautomat, so kann dieser (evtl. in Abhängigkeit vom bisherigen Verhalten der Adressatengruppe) durch Öffnen und Schließen der Nachrichtenübertragungskanäle zwischen den Adressaten deren Zusammenarbeit zweckdienlich beeinflussen (vgl. [3] und Abb. 13.4-3).

Die beschriebenen Formen der Einzel-, Parallel- und Gruppenschulung werden wegen der Anpassung des Lehrsystems an das Lernverhalten während des Lehrprozesses als Fälle von Lernregelung bezeichnet.

Die Leistung des Lehrsystems bei der Lern*steuerung* kann als *Lehren durch Vermitteln von Lehrstoff* bezeichnet werden, wobei die Vermittlung sowohl in einem Bereithalten (wenn das Lehrsystem im konkreten Fall ein Lehrbuch ist) als auch in einem Übermitteln (Lehrfilm! Fachreferent!) des Stoffes bestehen kann. — Für die als Lern*regelung* bezeichneten Lehrsituationen kommen vier weitere Sonderfälle des Lehrens hinzu, die am einfachsten bei der Einzelschulung studiert werden können.

Beim *Lehren durch Simulieren des Lehrgegenstandes* wird der Adressat nicht durch Zeichen (Sprache, Schrift, Bildmaterial) über den Lehrgegenstand unterrichtet, sondern der Lehrgegenstand wird durch ein Modell in seinem Verhalten simuliert, so daß der Adressat gefahrlos bzw. kostensparend am Modell durch Versuch und Irrtum lernen kann. Beispiele hierfür sind die Leistungen des Fechtlehrers, zu dessen Lehrfunktionen das Simulieren eines potentiellen Gegners gehört, oder eines Flugsimulators, in welchem Piloten die Flugzeugsteuerung üben können. — Ein didaktisch wichtiger Gesichtspunkt dieses Sonderfalles des Lehrens besteht darin, daß jedes Modell ein vom Unwesentlichen abstrahierendes, also *vereinfachendes* Abbild eines Wirklichkeitsbereiches ist, und daß letzterer durch eine Folge immer komplexerer Modelle approximiert werden kann. So simuliert ein Sprachlehrer bei der Konversationsübung den Sprachausländer (native speaker), jedoch z. B. mit zunächst stark, später weniger reduziertem Wortschatz.

Das *Lehren durch Prüfen* entspricht etwa der *sokratischen Methode*, bei welcher durch eine geschickt aufgebaute Folge von Fragen der Adressat *die Wahrheit selbst findet*. Auch das Lehrgerät von *S. Pressey* aus den zwanziger Jahren, das den Anfang der (heute) sogenannten Programmierten Instruktion darstellt, leistet diesen Sonderfall des Lehrens. Es stellt dem Adressaten die Frage, welche von den (damals wie heute meist maximal vier) angegebenen Antworten oder Ergänzungen ein Problem richtig löse. Der Adressat codiert seine Entscheidung durch Druck von einer von vier Tasten. Das Gerät prüft die Richtigkeit und geht zur nächsten Frage dann und nur dann über, wenn diese Prüfung positiv ausfällt. Andernfalls muß der Adressat einen anderen Tastendruck versuchen. (Diese Methode fällt unter die heute sogenannten „Iterations-Lehrprogramme".)

Das *Lehren durch prüfungsabhängige Lehrstoffvermittlung*, ein vierter Sonderfall des Lehrens, entspricht etwa dem *entwickelnden Unterricht*, bei welchem der Fortgang durch das Verhalten der Schüler, insbesondere durch eingestreute Fragen, mitbestimmt wird. Im Gegensatz zum *Lehren durch Prüfen* wird hier die Reihenfolge der Lehrschritte durch das Adressatenverhalten beeinflußt, d. h. das Lehrprogramm ist *weganpassend*. Dieser Sonderfall des Lehrens spielt, zumindest in Europa, bei der Programmierten Instruktion die größte Rolle.

Es kann bezweifelt werden, ob auch nur im Prinzip alle Funktionen eines Lehrers durch Lehrautomaten objektivierbar sind, denn die innere Haltung des Adressaten zum Lehrsystem ist nicht ohne Einfluß auf den Lernprozeß. Diese Haltung ist aber gegenüber dem Lehrautomaten eine Subjekt-Objekt-Relation anstelle der personalen Grundbeziehung (Ich-Du-Relation) zum Lehrer. Man kann dessen Lehrwirkung, sofern sie ausschließlich auf der andersartigen inneren Einstellung des Adressaten und nicht auf besonderen Verhaltensweisen des Lehrers beruht, als *Lehren durch personale Ausstrahlung* bezeichnen. Dieser Sonderfall des Lehrens fand in der schöngeistigen Literatur seine wohl knappste Darstellung auf der letzten

Textseite von Hesses „Glasperlenspiel". Er kann nicht durch Lehrmaschinen geleistet werden.

Als *Lehrmaschine* bezeichnet man jedes Gerät, das einen der ersten vier Sonderfälle des Lehrens (Lehren durch Vermitteln von Lehrstoff, durch Simulieren des Lehrgegenstands, durch Prüfen oder durch prüfungsabhängige Lehrstoffvermittlung) leistet. Lehrmaschinen, welche durch Prüfen oder durch prüfungsabhängige Lehrstoffvermittlung lehren, heißen insbesondere *Lehrautomaten*. Sie erfüllen an sich bzw. bei geeigneter Programmierung die sechs Grundforderungen der Programmierten Instruktion [4].

o: Die Lehrfunktion übernimmt nicht (wie im Direktunterricht) der Lehrende direkt, vielmehr ist sie im Sinne der Kybernetik „objektiviert", d.h. an ein technisches Objekt (z.B. an eineLehrmaschine) delegiert (Forderung der *Lehrobjektivation*).

e: Der Nachrichtenfluß zum Adressaten ist gegliedert in Segmente, die sogenannten Lehrschritte, zwischen welchen vom Adressaten je eine Eigentätigkeit (Antwort, Reaktion) erwartet wird (Forderung der *Eigentätigkeit*).

z: Die Vermittlung der einzelnen Lehrschritte bzw. der Teile von Lehrschritten beginnt zu Zeitpunkten, die mindestens teilweise vom Verhalten des Adressaten abhängen (Forderung der *Zeitanpassung* an die individuelle Lerngeschwindigkeit des Adressaten).

k: Der Adressat soll die Beurteilung (Bestätigung oder Berichtigung) seiner Reaktion noch innerhalb der Gegenwartsdauer erfahren, d.h. bei Erwachsenen zwischen dem 18. und 21. Lebensjahr nach längstens 6 bis 10 sec. bei Kindern vor dem 10. Lebensjahr und Erwachsenen über dem 45. Lebensjahr möglichst schon nach weniger als 5 sec [4, 5], damit die eigene Antwort noch bewußtseinsgegenwärtig ist und sie sich, falls sie falsch ist, nicht einprägt (Forderung der *Kürzlichkeit*).

s: Jeder Lehrschritt muß kurz sein (Durcharbeitungszeit im Mittel zwischen 20 und 40 sec), darf über den zu vermittelnden Lehrstoff nur sehr wenig neue Transinformation enthalten (Größenordnung 10 bis 20 bit) und muß mit einer an dieser Stelle subjektiv einfachen (d.h. von wenigstens 90 bis 95 % der Adressaten richtig beantwortbaren) Frage enden (Forderung der Kleinstschritte von *B. F. Skinner*).

w: Der Lehrweg, d.h. die Reihenfolge der gebotenen Lehrschritte, muß für unterschiedlich reagierende Adressaten verschieden sein können (Forderung der *Weganpassung* an die individuelle Lernart nach *N. A. Crowder*).

Die Forderungen *o*, *e* und *z* werden von allen Fachvertretern der Programmierten Instruktion unterstützt. Die Forderung *k* wird im Falle des Erfülltseins von *s* bisweilen als überflüssig erachtet, da die durchschnittliche Information in der Beurteilung dann minimal ist. Die Forderung *s* ist mit der Forderung *w* meist schwer zu vereinbaren, so daß ihr Erfülltsein nicht gleichzeitig gefordert werden kann. Die Definition für das Vorliegen der Programmierten Instruktion kann daher in Anlehnung an die Symbolik der logischen Algebra (5.1) lauten:

$$PI =_{\text{Df}} o \wedge e \wedge z \wedge (s \vee w \wedge k).$$

Diese Definition ist nicht nur auf Lehrautomaten, sondern auch auf einfachere Lehrmaschinen (sogenannte Darbietungsgeräte) sowie auf Lehrprogrammbücher anwendbar.

13.4.2 Grenzen der Kommunikation zwischen Lehrautomat und Adressat

Die Kommunikation zwischen dem Lernenden und einem Lehrautomaten ist einerseits durch die Kennzeichen des jeweiligen Automaten bzw. Automatenprogramms, andererseits durch die psychologischen Parameter des Adressaten eingeschränkt.

Die schärfste Einschränkung bewirkt beim heutigen Stand der Technik der Umfang des Repertoires der vom Automaten unterscheidbaren Adressatenreaktionen. Während für den Lehrer zwei nur in der grammatischen Formulierung verschiedene Antworten gleichwertig sind, müßte ein Lehrautomatenprogramm, damit es dasselbe leisten kann, entweder sämtliche zulässigen Formulierungen derselben Antwort vorsehen, oder der Lehrautomat müßte imstande sein, bloß grammatische Umformungen als solche zu erkennen. Die erste Möglichkeit (*schlichte* oder *Wort*-Freiwahlmethode) würde einen unerträglich hohen Aufwand an Programmierarbeit und Speicherplatz bedingen, während der zweite Weg (*echte* oder *Ereignis*-Freiwahlmethode) mittels digitaler Universalrechenautomaten erst gangbar wird, wenn die entsprechenden linguistischen Fragen, die auch bei der automatischen Sprachübersetzung (Abschnitt 13.3) anstehen, gelöst sind. Die *Freiwahlmethode*, bei welcher der Adressat seine Antworten selbständig formulieren und beispielsweise mit dem Fernschreiber dem Lehrautomaten übermitteln soll, spielt daher vorläufig noch eine sehr geringe Rolle, jedoch zielen die Bestrebungen auf dem Gebiet der Grundlagenforschung zur Programmierten Instruktion hauptsächlich in diese Richtung. Damit verknüpft ist der ebenfalls noch unerfüllte Wunsch nach Lehrautomaten, welche *sprachliche* oder *handschriftliche* Reaktionen des Adressaten prüfen. Hier muß die weitere Entwicklung auf den Gebieten der automatischen Sprach- und Schriftzeichenerkennung (Abschnitt 13.1 und 13.3) abgewartet werden.

Fast sämtliche Lehrautomaten verfügen daher über ein Reportoire von Drucktasten, von denen der Adressat nach jedem Lehrschritt genau eine drücken soll. Die Tasten sind Antworten zugeordnet, die dem Adressaten zur *Auswahl* gestellt werden. (Die Methode heißt daher *Auswahlmethode*.) Die Zahl der vorhandenen Tasten liegt bei den heute schon existierenden Geräten zwischen 2 und 11; meist sind 4 Tasten vorgesehen. Bei einigen Modellen erscheinen die zur Auswahl gestellten Antworten in einem Sichtfeld oder auf einem Bildschirm unmittelbar neben den zugeordneten Drucktasten. Das Repertoire $\mathfrak{R}$ der vom Lehrautomaten unterschiedenen Adressatenreaktionen (das *Eingabealphabet*) ist also auf das Repertoire möglicher Tastendrücke beschränkt. Da bei n Tasten die Zahl der vorgeschlagenen Antworten höchstens n und damit die Wahrscheinlichkeit der *zufällig* richtigen Antwort mindestens $1/n$ ist, wird bei einigen wenigen Lehrautomatentypen versucht, mehrere Fragen *zugleich* durch Antwortauswahl beantworten zu lassen, so daß mehrere Tastenfelder vorgesehen sind. Die wesentlich geringere Wahrscheinlichkeit zufällig richtiger Lösungen wird hierbei freilich durch eine Verletzung des Postulats der *sofortigen* Bestätigung oder Berichtigung jeder einzelnen Antwort erkauft. Didaktisch vorzuziehen aber bisher kaum genutzt ist das (medientechnisch nicht unbedingt andersartige) Verfahren der *Verbundantworten:* hier besteht die richtige Antwort im Druck einer Teilmenge der vorhandenen Tasten, was bei 4 Tasten 15 verwertbare Möglichkeiten gibt. Die inhaltliche Belegung dieser Möglichkeiten kann über mehrere Lehrschritte hinweg gleichbleiben, wodurch der Aufwand der Formulierung von Auswahlantworten vermieden wird. Insofern kann in der Verbundmethode eine Synthese aus Freiwahl- und Auswahlmethode gesehen werden.

Wegen der Einschränkung des Eingabealphabets $\mathfrak{R}$ ist die Menge $\mathfrak{Y}$ der erforderlichen Lehrschritte (das sogenannte *Ausgabealphabet*) in der Praxis kaum jemals so groß, daß durch den Lehrautomaten eine neue fühlbare Einschränkung entstünde. (Zu $\mathfrak{Y}$ gehören außer den *eigentlichen* Lehrschritten S_i auch die *uneigentlichen* Lehrschritte α und ω.) Bei einfachsten Lehrmaschinen werden die Lehrschritte auf einen Papierstreifen gedruckt und erscheinen in rechteckigen Sichtfeldern. Durch Lochkombinationen auf demselben Papierstreifen kann bei einem Lehrautomaten die Steuerung zu einem passenden nächsten Lehrschritt in Abhängigkeit von der vom Adressaten ausgewählten Antworttaste erfolgen. Daneben wird dem Adressaten meist noch durch Aufleuchten einer roten bzw. grünen Lampe oder durch akustische Signale unmittelbar ein *Urteil* über seine Antwort geliefert. Als Programmträger eignet sich auch ein Filmstreifen, wobei durch ein Linsensystem der jeweils ausgewählte Lehrschritt (bzw. bei Laufbildeinblendungen eine Filmbildfolge) auf einen

Bildschirm projiziert wird. Der Filmtransport ist bei älteren Typen von Lehrautomaten durch feste Verdrahtung den entsprechenden Antworttasten zugeordnet, jedoch werden dazu neuerdings auch photoelektrisch registrierbare Schwärzungen am Filmrand (die natürlich nicht mitprojiziert werden) verwendet. Schallplatten werden gegenwärtig als Lehrschrittspeicher in kommerziellen Geräten nur für sehr einfache Lehrprogrammtypen verwendet.

Das Tonband hat sich dagegen bei einigen kommerziellen Lehrautomaten schon durchgesetzt und spielt neben audiovisuellen Informationsträgern bei den in verschiedenen Forschungslaboratorien laufenden Prototypen von Lehrautomaten eine wichtige Rolle. Die hauptsächliche technologische Schwierigkeit ist hierbei augenblicklich noch die Zugriffszeit, die aus psychologischen Gründen die Gegenwartsdauer nicht übersteigen sollte.

Naturgemäß können die Einschränkungen, die der *Adressat* aus *psychologischen Gründen* der Kommunikation mit Lehrautomaten bereitet, vorläufig weit weniger klar umrissen werden. Werden Lehrschritte akustisch ausgegeben, dann bezieht sich die Geschwindigkeitsadaptivität nur noch auf die vom Adressaten abhängigen Zeitintervalle zwischen den einzelnen Lehrschritten (Abb. 13.4-2). Daher muß beachtet werden, daß die Geschwindigkeit der Informationsausgabe nicht das Aufnahmevermögen C_k des Adressaten übersteigt. Um das 20. Lebensjahr liegt C_k nach der großen Mehrheit der Untersuchungen zwischen 15 und 18 bit/s [4]. Dieser Wert wird etwa im 14. Lebensjahr erreicht und ab dem 30. Lebensjahr wieder unterschritten. Für Siebenjährige wurde eine Apperzeptionsgeschwindikeit C_k von durchschnittlich erst 9 bit/sec gemessen, ein Wert, auf den C_k etwa bis zum 65. Lebensjahr wieder sinkt [4, 5]. Für die Erstellung von Lehrprogrammen ist das Verhältnis von C_k zur Lerngeschwindigkeit (Aufnahmegeschwindigkeit in das vorbewußte Gedächtnis) C_v entscheidend. C_v beträgt im siebten Lebensjahr durchschnittlich erst etwa 0,2 bit/s, bei Erwachsenen das Zwei- bis Vierfache [5]. Das Produkt aus C_k und der schon erwähnten Gegenwartsdauer T kann als obere Grenze der gleichzeitig bewußtseinsgegenwärtigen Information angesehen werden. Das Produkt wächst in der angegebenen Zeitspanne von ca. 40 bit bis ca. 160 bit. Nach *Weltner* [6] ist hierin ein Richtwert für den Umfang der einzelnen Lehrschritte zu sehen. Für die Ermittlung des (auf den durchschnittlichen Adressaten bezogenen) Informationsgehalts wenigstens der verbalen Teile der Lehrschritte erwies sich eine Abwandlung des *Shannon*schen Ratetests als nützlich [6, 7].

13.4.3 Lehralgorithmen

Wie in anderen Bereichen der Kybernetik erweist sich für die Beurteilung der prinzipiellen technischen Möglichkeiten auch auf dem Lehrautomatensektor eine mathematische Fassung des Problems als zweckmäßig. Der zentrale Begriff einer solchen Theorie [3, 4] ist der Begriff des *Lehralgorithmus*. Unter einem Lehralgorithmus ist ganz allgemein jener Algorithmus zu verstehen, nach welchem das Lehrsystem mit dem Adressaten bzw. der Adressatenmehrheit kommuniziert. Dabei können verschiedenartige Lehrsysteme nach demselben Lehralgorithmus lehren, wobei derselbe *Algorithmus* in verschiedener Form zu einem Lehr*programm* konkretisiert wird. Genauer heißt *Lehralgorithmus* jedes Tripel

$$A = (\mathfrak{Y}, \mathfrak{R}, \varphi),$$

wobei $\mathfrak{Y}$ und $\mathfrak{R}$ die bereits in 13.4-2 behandelten Mengen von Lehrschritten bzw. von unterscheidbaren Adressatenreaktionen sind, und φ die darauf bezogene und noch zu definierende *Makrostruktur* des Lehralgorithmus bezeichnet.

Es sei $F(\mathfrak{R})$ die Menge aller endlichen Folgen *(Eingabewörter)* $\mathfrak{r} \in F(\mathfrak{R})$ von Elementen $r_i \in \mathfrak{R}$, entsprechend $F(\mathfrak{Y})$ die Menge aller endlichen Folgen *(Ausgabewörter)* $\mathfrak{y} \in F(\mathfrak{Y})$ von Elementen $y_i \in \mathfrak{Y}$. Bezeichne ferner $|\mathfrak{r}|$ mit $\mathfrak{r} \in F(\mathfrak{R})$ die Länge der Folge $\mathfrak{r}$, $|\mathfrak{y}|$ die um das erste Element verminderte Zahl der Lehrschritte in der Folge $\mathfrak{Y}$. Dann entnimmt man aus Abb. 13.4-2, daß jeder Folge $\mathfrak{r} \in F(\mathfrak{R})$ von Verhaltensweisen des Adressaten eine Folge $\eta = \varphi(\mathfrak{r}) \in F(\mathfrak{Y})$ von Lehrschritten zugeordnet sein muß, falls man festsetzt, daß auf ω bei jeder Reaktion wieder ω folgt. Die Zuordnungsfunktion $\varphi(\ldots)$, die sogenannte *Makrostruktur*, erfüllt u.a. folgende Bedingungen:

1. Für alle $\mathfrak{r}$ mit $|\mathfrak{r}| = 1$ ist $\varphi(\mathfrak{r}) = \alpha S(1)$. (Alle Lehrwege stimmen also im ersten, eigentlichen Lehrschritt überein.)

2. $|\varphi(\mathfrak{r})| = |\mathfrak{r}|$. (Abgesehen vom *uneigentlichen* Lehrschritt α ist die Zahl der Eingabebuchstaben gleich der Zahl der Ausgabebuchstaben.)

3. Zu jedem $\mathfrak{r}_1 \in F(\mathfrak{R})$ und jedem $\mathfrak{r}_2 \in F(\mathfrak{R})$ existiert eine Folge $\varPhi_{\mathfrak{r}_1}(\mathfrak{r}_2) \in F(\mathfrak{Y})$ derart, daß $\varphi(\mathfrak{r}_1 \cdot \mathfrak{r}_2) = \varphi(\mathfrak{r}_1) \cdot \varPhi_{\mathfrak{r}_1}(\mathfrak{r}_2)$. ($\mathfrak{r}_1 \cdot \mathfrak{r}_2$ bezeichnet die Aneinanderfügung der Folgen $\mathfrak{r}_1$ und $\mathfrak{r}_2$.)

4. Zu jedem von α verschiedenen $y_i \in \mathfrak{Y}$ gibt es mindestens ein $\mathfrak{r}_i \in F(\mathfrak{R})$, so daß $\varphi(\mathfrak{r}_i)$ mit y_i endet.

5. Zu jedem eigentlichen Lehrschritt $S_i \in \mathfrak{Y}$ gibt es mindestens ein $\mathfrak{r}_k \in F(\mathfrak{R})$, so daß gilt: Endet $\varphi(\mathfrak{r}_i)$ mit S_i, dann endet $\varphi(\mathfrak{r}_i \cdot \mathfrak{r}_k)$ mit ω. (Es können in einem Lehralgorithmus auch verschiedene solche uneigentlichen Schlußschritte, w_k, vorgesehen sein. Zu mindestens einem davon muß stets ein Weg führen.)

Die Bedingungen (2) und (3) sind die bekannten Automatenbedingungen der Theorie abstrakter Automaten [8].

Die Eingabewörter $\mathfrak{r}_1$ und $\mathfrak{r}_2$ aus $F(\mathfrak{R})$ nennen wir äquivalent in Λ, symbolisch: $\mathfrak{r}_1 \cong_\Lambda \mathfrak{r}_2$, wenn $\varphi(\mathfrak{r}_1)$ und $\varphi(\mathfrak{r}_2)$ mindestens im letzten Lehrschritt übereinstimmen. Wegen der vierten genannten Bedinung, der die Makrostruktur φ genügen muß, erzeugt also jedes von α verschiedene $y_i \in \mathfrak{Y}$ genau eine nichtleere Äquivalenzklasse $\langle \mathfrak{r}(y_i) \rangle$ von Eingabewörtern.

Wir nennen einen Lehralgorithmus Λ einen Markoff-Algorithmus (markoffschen Lehralgorithmus), wenn seine Makrostruktur φ der Bedingung genügt:

Wenn $\mathfrak{r}_1 \cong_\Lambda \mathfrak{r}_2$, dann $\varPhi\mathfrak{r}_1(\ldots) \equiv \varPhi\mathfrak{r}_2(\ldots)$.

Dabei bezeichnet $\varPhi\mathfrak{r}_i(\ldots)$ die von $\mathfrak{r}_i$ abhängige Fortsetzungsfunktion, die einem anstelle der Punkte einzusetzenden Eingabewort $\mathfrak{r}_k$ die Ergänzung des Ausgabewortes $\varphi(\mathfrak{r}_i)$ zum Ausgabewort $\varphi(\mathfrak{r}_i \mathfrak{r}_k)$ zuordnet.

Ein Markoff-Algorithmus ist also insbesondere dadurch gekennzeichnet, daß der nächste Lehrschritt stets eindeutig bestimmt ist durch den vorangegangenen Lehrschritt und die Adressatenreaktion auf diesen, d.h. es existiert eine Funktion L, so daß gilt:

$$y(t+1) = L\big(y(t);\, r(t+1)\big). \tag{13.4-1}$$

Die bei der Programmierten Instruktion früher üblichen Lehralgorithmen waren fast ausschließlich Markoff-Algorithmen. Nicht-Markoff-Algorithmen galten meist als typisch für die Lehrprogramme für Rechenautomaten (z.B. [1] und [9]). Wenn zwei verschiedene Adressaten dieselbe Frage gleich beantworten, wird ein als Lehrautomat programmierter Rechner normalerweise wie der Lehrer *verschieden* fortfahren, weil er die *verschiedenen* früheren Erfahrungen mit diesen Adressaten berücksichtigt, weil er also während des Lehrprozesses *selbst* etwas über den Adressaten *lernt*. Demnach ist von einem *lernfähigen Lehrautomaten* zu fordern, daß er nicht-markoffsche Lehralgorithmen auszuführen vermag.

13.4.4 Abstrakte Lehrautomaten

Unter einem abstrakten Lehrautomaten verstehen wir die Struktur eines Automaten, der einen gegebenen Lehralgorithmus $\Lambda = (\mathfrak{Y}, \mathfrak{R}, \varphi)$ anwenden soll. Jeder solche Automat muß über die Mengen $\mathfrak{Y}$ und $\mathfrak{R}$ verfügen. Damit der Automat nicht zu einem bloßen Zuordner entartet, d.h. damit er nicht jedem $r_i \in \mathfrak{R}$ stets denselben Lehrschritt $y_i \in \mathfrak{Y}$ zuordnet (was den für φ formulierten Bedingungen widerspräche!), muß er über ein Reportoire $\mathfrak{Z}$ von Automatenzuständen verfügen; im allgemeinen erfolgt in zwei verschiedenen Automatenzuständen eine verschiedene Zuordnung der Elemente von $\mathfrak{R}$ zu Elementen aus $\mathfrak{Y}$. Der Übergang aus einem

Automatenzustand in einen anderen aufgrund eines Eingabebuchstabens wird durch die Überführungsfunktion δ beschrieben:

$$z(t+1) = \delta\big(z(t);\ r(t+1)\big). \tag{13.4-2}$$

Präsentiert der Lehrautomat in jedem Zustand genau einen Lehrschritt, d.h. existiert eine eindeutige Zuordnung der Elemente von $\mathfrak{Z}$ zu den Elementen von $\mathfrak{Y}$, dann liegt ein moorescher Lehrautomat vor. Es gilt dann:

$$y(t+1) = \mu\big(z(t+1)\big) = \mu\big(\delta(z(t);\ r(t+1))\big), \tag{13.4-3}$$

also durch Zusammenfassung der *Markierungsfunktion* $\mu(\ldots)$ und der Überführungsfunktion $\delta(\ldots)$ zur *Ergebnisfunktion* $\lambda(\ldots)$:

$$y(t+1) = \lambda\big(z(t);\ r(t+1)\big). \tag{13.4-4}$$

Aus dem Vergleich der Gln. (13.4-1, -2 und -4) ergibt sich, daß ein Markoff-Algorithmus Λ durch einen mooreschen Lehrautomaten anwendbar ist, der zu jedem Lehrschritt y_i einen mit y_i markierten Automatenzustand besitzt und dessen Überführungsfunktion bzw. Ergebnisfunktion gerade der Funktion $L(\ldots)$ von Gl. (13.4-1) entspricht.

Die Funktionen $\delta(\ldots)$ und $\lambda(\ldots)$ werden am zweckmäßigsten durch einen Graphen dargestellt (Abb. 13.4-4). $\mathfrak{Z}$ entspricht dabei der Menge der Punkte des Graphen. Von jedem Punkt führen so viele Pfeile (gerichtete Kanten) ab, wie $\mathfrak{R}$ Elemente enthält. Den Kanten sind Ausgabebuchstaben y_i zugeordnet. Stimmen die Ausgabebuchstaben, die den zum selben Punkt führenden Pfeilen zugeordnet sind, stets überein (wie in Abb. 13.4-4), dann markieren diese Ausgabebuchstaben den jeweiligen Automatenzustand, d.h. der Lehrautomat ist ein moorescher Lehrautomat. Andernfalls heißt er mealyscher Lehrautomat. Hat ein abstrakter mealyscher Lehrautomat $|\mathfrak{Z}|$ verschiedene Zustände und unterscheidet er $|\mathfrak{R}|$ Adressatenreaktionen, dann existiert ein abstrakter moorescher Lehrautomat mit höchstens $1 + |\mathfrak{R}| \cdot |\mathfrak{Z}|$ verschiedenen Zuständen, der denselben Lehralgorithmus anwendet [3, 4].

Ein abstrakter Lehrautomat kann also durch das Quintupel $(\mathfrak{Z}, \mathfrak{Y}, \mathfrak{R}, \delta, \lambda)$ vollständig beschrieben werden.

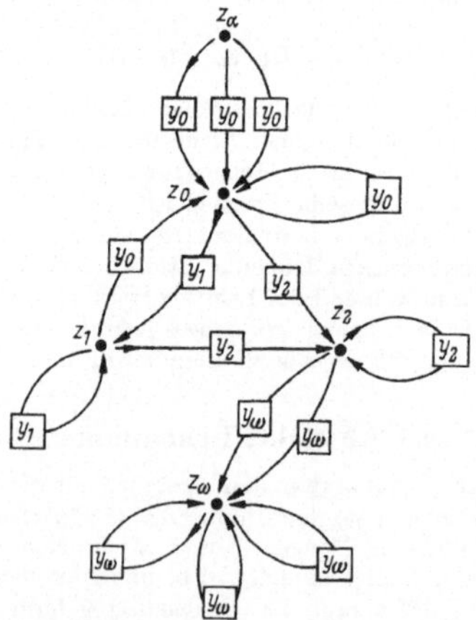

Abb. 13.4-4. Durch einen Graphen läßt sich die vom bisherigen Automatenzustand abhängige Zuordnung eines Ausgabebuchstabens und eines neuen Automatenzustandes zu einem Eingabebuchstaben (also einer Adressatenreaktion) darstellen

Grundsätzlich kann auch zu jedem nicht-markoffschen Lehralgorithmus $(\mathfrak{Y}, \mathfrak{R}, \varphi)$ ein abstrakter moorescher Lehrautomat angegeben werden [3], der also als *lernfähiger Lehrautomat* bezeichnet werden könnte. Dazu bestimmt man aus φ die Menge der Fortsetzungsfunktionen $\Phi_{\mathfrak{r}_i}(\ldots)$ und ordnet jeder solchen Funktion einen Automatenzustand $\Phi_{\mathfrak{r}_i}$ zu. Da für $\mathfrak{r}_i \neq \mathfrak{r}_k$ die Fortsetzungsfunktionen übereinstimmen können, besteht die Möglichkeit, daß die Menge $\langle \Phi_{\mathfrak{r}_i} \rangle$ endlich ist, obgleich die Menge $F(\mathfrak{R})$ abzählbar unendlich ist. Der Lehrautomat ist dann endlich und wird beschrieben durch

$$(\{\Phi_{\mathfrak{r}_i}\}, \mathfrak{Y}, \mathfrak{R}, \delta, \lambda)$$

mit

$$\delta(\Phi_{\mathfrak{r}_i}; \; r(t+1)) = \Phi_{\mathfrak{r}_i \cdot r(t+1)}$$

und

$$\lambda(\Phi_{\mathfrak{r}_i}; \; r(t+1)) = \Phi_{\mathfrak{r}_i}(r(t+1)).$$

13.4.5 Möglichkeiten der technischen Realisierung

Fast alle bisher entwickelten Lehrautomaten sind Konkretisierungen des Typs der abstrakten mooreschen Lehrautomaten. Dabei handelt es sich um *programmierbare* Automaten, d. h. jeder reale Automat kann je nach dem eingelegten Programm verschiedene Lehralgorithmen anwenden. Dem abstrakten Lehrautomaten entspricht also als Konkretisierung ein realer Lehrautomat *zusammen mit einem bestimmten Lehrprogramm.*

Im einfachsten Falle ist die Menge der Automatenzustände identisch mit der Menge der möglichen Positionen des Programmträgers, also beispielsweise den Positionen eines Filmbandes oder eines Papierstreifens. In jeder Position wird ein Lehrschritt sichtbar, der demnach diese Position markiert. Für die Anwendung nicht-markoffscher Lehralgorithmen durch einen Lehrautomaten ist notwendig und hinreichend, daß derselbe Lehrschritt verschiedene Automatenzustände markieren kann, daß also beispielsweise dasselbe Filmbild sich an verschiedenen Stellen des Filmbandes wiederholen kann.

Die einfachste und im Augenblick noch verbreitetste Konkretisierung eines abstrakten Lehrautomaten ist das Lehrprogrammbuch. Der jeweilige Automatenzustand entspricht hier der gerade aufgeschlagenen Seite, auf welcher ein bestimmter Lehrschritt steht und damit diesen Zustand markiert. Die Überführungsfunktion δ wird bei Lehrprogrammtexten durch Angabe der jeweiligen Seite realisiert, auf welcher der Adressat weiterarbeiten soll, sofern er eine bestimmte der angebotenen Antworten für richtig hält.

Bei eigentlichen Lehrautomaten ist den Drucktasten oft durch eine feste Verdrahtung ein bestimmter Transportweg des Programmträgers zugeordnet. In selteneren Fällen findet eine Modifikation dieser festen Verdrahtung durch Signale statt, die am Rande des Programmträgers angebracht sind (Löcher, Schwärzungen), so daß δ teilweise festverdrahtet, teilweise programmierbar ist. Die Ergebnisfunktion λ ist bei mooreschen Lehrautomaten durch δ zusammen mit der Markierung der Automatenzustände schon bestimmt.

Lehrautomaten mit (evtl. zusätzlicher) akustischer Ausgabe bzw. mit Ausgabe bewegter Bilder sind in der Regel *Mealy*-Automaten. Während vom bewegten Programmträger dem Adressaten der Lehrschritt übermittelt wird, können von weiteren Spuren desselben Programmträgers Signale an eine Steuereinheit übermittelt werden, welche diese in einen bestimmten Zustand überführen. Dieser Zustand legt die Zuordnung je eines nächsten Automatenzustandes und eines Ausgabebuchstabens zu den unterscheidbaren Adressatenreaktionen fest. Hier sind also auch die Überführungsfunktion δ und die Ergebnisfunktion λ programmierbar, was diesen Typ von Lehrautomaten besonders flexibel, aber auch entsprechend aufwendig macht.

13.4.6 Ausblick

Während international sich bereits in Schule und betrieblicher Unterweisung Lehrautomaten durchsetzen [10], spielen in Deutschland vorläufig Lehrprogrammbücher und einfachste Darbietungsgeräte eine vorherrschende Rolle. Gegenüber Lehrautomaten sind Lehrprogrammbücher preisgünstiger, allerdings auch weniger *mogelsicher;* zudem sind sie auf die optische Informationsvermittlung beschränkt. Inwiefern einfache Darbietungsgeräte gegenüber Lehrprogrammbüchern einen echten Vorteil bieten, ist strittig.

Lehrautomaten sind notwendig, wo eine *Mogelsicherheit* gefordert wird, ferner dort, wo zu Forschungszwecken die Folge von Adressatenreaktionen festgehalten werden muß, und schließlich bei Lehralgorithmen, die Ton oder bewegtes Bild benutzen. Sie bieten ferner den Vorteil, daß der Adressat keine an sich unwesentlichen Manipulationen (Aufsuchen von Seiten!) durchführen muß.

Rechenautomaten beginnen auch in Deutschland für die Parallelschulung ebenso wie für die simultane Einzelschulung eines größeren Adressatenkreises eine wachsende Rolle zu spielen. Dabei wird in Zusammenarbeit zwischen Hochschulinstituten und der Industrie an einem modularen System (*Bakkalaureus* [4, 11]) gearbeitet, welches einen stufenweisen Aufbau bis zum Anschluß an Kleinrechner vorsieht. Die internen Speicher des Rechners werden dabei im wesentlichen nur durch die δ-Funktion belastet, während die eigentlichen Lehrschritte (die Elemente von $\mathfrak{Y}$) in ansteuerbaren, externen Bild- und Tonspeichern untergebracht sind. Großrechner dürften sich erst wesentlich später als Lehrautomaten durchsetzen, sobald Lehralgorithmen, welche die Freiwahlmethode vorsehen, eine größere Bedeutung erlangen. Sie werden schon heute auch für die automatische Vorprüfung und Erstellung von Lehrprogrammen (für das sogenannte „algorithmische Lehralgorithmieren" mittels einer „Formaldidaktik") benutzt [4, 12].

Literatur

[1] *Frank, H.:* Kybernetik und Lehrmaschinen, in: *H. Frank* (Hsg.): Lehrmaschinen in kybernetischer und pädagogischer Sicht, Bd. I. Stuttgart und München: Klett und Oldenbourg 1963, 13—26. — [2] *Frank, H.:* Zur Makrostrukturtheorie von Lehralgorithmen. GrKG 5, Heft 3/4 (1964) 101—114. — [3] *Frank, H.:* Lehrautomaten für Einzel- und Gruppenschulung, in: *H. Frank:* Lehrmaschinen usw. Bd. III. Stuttgart und München: Klett und Oldenbourg 1965. — [4] *Frank, H.:* Kybernetische Grundlagen der Pädagogik — eine Einführung in die Pädagogistik für Analytiker, Planer und Techniker des didaktischen Informationsumsatzes in der Industriegesellschaft, 2. Aufl. 1969. Baden-Baden: Agis 1962. — [5] *Riedel, H.:* Die Altersabhängigkeit informationspsychologischer Parameter und ihre mögliche Bedeutung für Lehralgorithmen, in: *H. Frank:* Lehrmaschinen usw. Bd. II. Stuttgart und München: Klett und Oldenbourg 1964, 99—109. — [6] *Weltner, K.:* Zur empirischen Bestimmung subjektiver Informationswerte von Lehrbuchtexten mit dem Ratetest nach *Shannon.* GrKG 5, Heft 1 (1964) 3—11. — [7] *Weltner, K.:* Zum Ratetest nach *Shannon.* GrKG 6, Heft 3 (1965). — [8] *Gluschkow, W. M.:* Theorie abstrakter Automaten (russisch). Uspechi mat. nauk Bd. 16, Heft 5 (1961). (Deutsche Übersetzung 1963.) — [9] *Berger, M.:* Universalrechenautomaten als Lehrmaschinen, in: *H. Frank:* Lehrmaschinen usw. Bd. I. Stuttgart und München: Klett und Oldenbourg 1963, 27—35. — [10] *Vogt, H.:* Probleme des programmierten Unterrichts in pädagogisch-vergleichender Sicht, in: *H. Frank* (Hsg.): Lehrmaschinen usw. Bd. III. Stuttgart und München: Klett und Oldenbourg 1965. — [11] *Mayerhöfer, R.* (Hrsg.): Bakkalaureus, Braunschweig: Vieweg, 1969. — [12] *Frank, H.:* Ansätze zum algorithmischen Lehralgorithmieren, in: *H. Frank* (Hsg.): Lehrmaschinen in kybernetischer und pädagogischer Sicht, Bd. IV. Stuttgart und München: Klett und Oldenbourg 1966, 70—112. — [34] *Englert, L., Frank, H., Schiefele, H., Stachowiak, H.* (Hrsg.): Lexikon der kybernetischen Pädagogik und der Programmierten Instruktion. Quickborn: Schnelle 1966.

Fachzeitschriften

GrKG (Grundlagenstudien aus Kybernetik und Geisteswissenschaft) 1960—1971: Schnelle, 2084 Quickborn, Heinrich-Lohse-Str. 69, seit 1972: Hermann Schroedel Verlag KG, 3 Hannover, Zeißstraße 10.

mpi (Mitteilungen über Programmierte Instruktion), Marianne Hitz, 61 Darmstadt, Jahnstr. 101, 1963—1966.

La pédagogie cybernétique. Gauthier-Villars, Paris; seit 1963.

pl (Programmiertes Lernen und programmierter Unterricht), Cornelsen, 1 Berlin 31, Binger Str. 62; seit 1964.

Deutsche Lehrprogramme für Schule und Praxis. Manz, 8 München 8, Anzinger Str. 1; 1964—1966.

Zeitschrift für erziehungswissenschaftliche Forschung. Manz-Verlag, 8 München 8, Anzinger Str. 1; seit 1967.

Zentralblatt der Gesellschaft für Programmierte Instruktion. Schnelle, 2084 Quickborn, Heinrich-Lohse-Str. 69, seit 1967. (Seit 1970: Verlagsgesellschaft Rudolf Müller, Köln.)

Einführungen

H. G. Frank und *B. S. Meder:* Einführung in die kybernetische Pädagogik. dtv (WR 4108) München, 1971.

H. G. Frank: Kybernetische Grundlagen der Pädagogik. Gekürzte Taschenbuchausgabe, bearbeitet und herausgegeben von *B. S. Meder.* Kohlhammer (Urban Bd. 137) Stuttgart, 1971.

H. Frank und *G. Hollenbach* (Hrsg.): Begriffswörterbuch der kybernetischen Pädagogik. Schroedel, Hannover, 1973.

Quellensammlungen

W. Schöler (Hrsg.): Pädagogische Technologie I (Apparative Lernhilfen). Akademische Verlagsgesellschaft (EWR Bd. 12), Frankfurt am Main, 1971.

B. S. Meder und *W. F. Schmid* (Hrsg.): Kybernetische Pädagogik-Schriften 1958—1972. Dünndruckausgabe in 5 Bänden. Kohlhammer, Stuttgart, 1973/74.

14. Datenübertragung

14.1 Grundbegriffe digitaler Übertragung

W. Reger und W. Vollmeyer

14.1.1 Aufgaben der Datenübertragung

Die an einem Orte, der *Datenquelle* (Fernschreibmaschine, Lochstreifengerät, Meßwertgeber), anfallenden oder erzeugten Daten können nicht immer am selben Orte ausgewertet oder verarbeitet werden. Oftmals fehlen dazu die technischen, räumlichen, organisatorischen oder wirtschaftlichen Voraussetzungen. Manchmal sind z. B. zu einer Auswertung die Informationen vieler geographisch weit auseinanderliegender Quellen erforderlich, die erst in einer zentralen *Datenverarbeitungsanlage* (DVA) gesammelt werden müssen. Gelegentlich lassen sich auch die in einer DVA gewonnenen Daten nur an einem weit abgelegenen Orte, der *Datensenke*, verwerten, in diesen Fällen wird die Datenverarbeitungsanlage selbst zur Datenquelle. Datenverarbeitung und Datenübertragung sind also eng miteinander verbunden.

Vom *Übertragungssystem* aus (vgl. Abb. 14.1-1) erscheinen also primär Maschinen — *Datenendgeräte* — als Nachrichtenquellen bzw. Nachrichtensenken und erst sekundär Menschen.

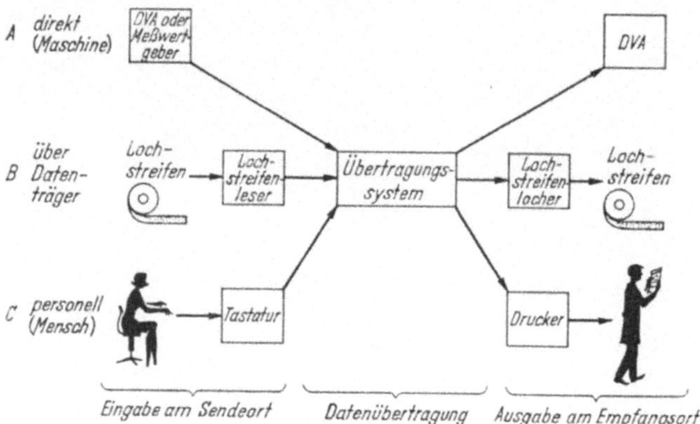

Abb. 14.1-1. Grundprinzip einer Datenübertragung mit Eingabe- und Ausgabemöglichkeiten

Zur Eingabe von Daten in das Übertragungssystem dienen *Datenträger*, das sind maschinell lesbare Einrichtungen, z. B. Lochstreifen oder Lochkarten. Die Daten müssen in *digitaler* Form vorliegen; bestehen die Aussagen zunächst aus *Analogwerten*, so sind sie erst in Digitalwerte umzusetzen, bevor sie dem Übertragungssystem zugeführt werden.

Da hier *Maschinen* direkt miteinander Nachrichten austauschen können, ergeben sich für die Datenübertragung andere Gesichtspunkte als für die Fernsprechübertragung. Dies gilt vor allem für den zeitlichen Ablauf des Nachrichtenflusses und der Zuordnung seiner Richtung. Außer dem zweiseitig gerichteten Nachrichtenfluß — analog zum Fernsprechen — ist z. B. auch die Übermittlung von Informationen in *einer* Richtung von Bedeutung.

Verkehrsarten (Abb. 14.1-2)

Ist die Endstelle A eine Datenquelle und die Endstelle B eine Datensenke und besteht keine Notwendigkeit zur unmittelbaren Rückantwort, so reichen *einseitig gerichtete Verbindungen* (Einwegbetrieb; one way connections) aus. Beispiele: Übermittlung von Telegrammen, Fernwirkinformationen, Lagermeldungen an zentrale Buchungsplätze. Erfordern die Verhältnisse einen *Austausch* der Nachrichten, z.B. in Form von Frage und Antwort oder Befehl und Bestätigung, so benötigt man dazu *duplexfähige* Verbindungen, das sind *zweiseitig gerichtete* Verbindungen.

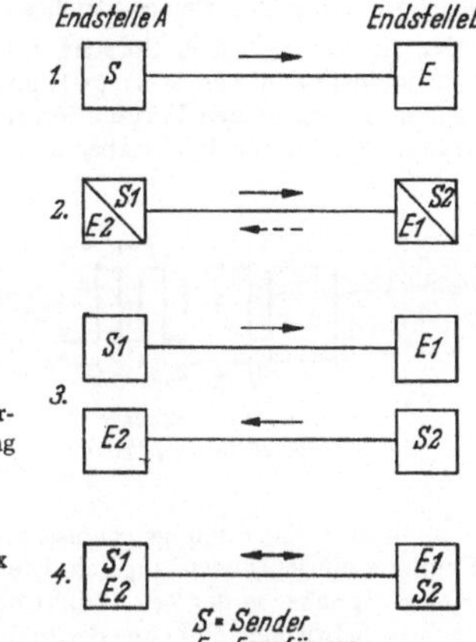

Abb. 14.1-2. Verkehrsarten. *1* Einseitig gerichtete Verbindung. *2* Wechselschreiben: Benutzung einer Leitung abwechselnd in beiden Richtungen (Halbduplex). *3* Richtungsschreiben: Jede Richtung hat eine eigene Leitung. *4* Gegenschreiben: Eine Leitung wird gleichzeitig in beiden Richtungen benutzt, z.B. in getrennten Frequenzlagen } Duplex

Duplex: Die Übertragung der Information von der Stelle A nach der Stelle B ist *zeitlich unabhängig* von der Übertragung der Information von der Stelle B zur Stelle A. Das bedeutet, daß außer dem Kanal AB — *Kanal* ist eine gerichtete Verbindung, z.B. von A nach B — gleichzeitig auch ein Kanal BA zur Verfügung stehen muß. Der *Schreibkreis* ist definiert als die Übertragungsstrecke in der Hin- *und* in der Rückrichtung, in vorgenanntem Beispiel besteht der Schreibkreis also aus den Kanälen $AB + BA$.

Unter *Halbduplex* (Wechselbetrieb) versteht man einen zweiseitig gerichteten Übertragungsweg, der für *abwechselnden* Betrieb geeignet ist.

Darf zwischen dem Aussenden und Empfangen einer Nachricht keine zeitliche Verzögerung entstehen — außer der elektrischen Laufzeit des Signals —, so ist diese Aufgabe nur durch eine *Direktübertragung* (real time operation) lösbar. Ein Beispiel ist die Übermittlung von Radarinformationen. Die Direktübertragung setzt voraus, daß *alle* Einrichtungen zwischen Datenquelle und Datensenke der Nachrichtenkapazität der Quelle genügen. Ist diese Voraussetzung nicht erfüllt oder können die möglichen oder erwünschten Zeitpunkte für die Ausgabe aus der Quelle an die Übertragungsmedien — oder von diesen an die Datensenke — zeitlich nicht zur Übereinstimmung gebracht werden, so verwendet man die Methode der *abschnitts-* oder *etappenweisen* Übertragung. Durch die zwischen der Quelle und der Senke eingesetzten Umsetzer- oder Speicherstellen dauert die Übermittlung der Nachricht länger als bei der Direktübertragung.

14.1.2 Alphabete für Telegraphie und Datenübertragung, Code

Das Alphabet der Sprache wird durch den *Code* in das übertragungstechnische Alphabet umgesetzt. Der Code ist somit ein *System* von *Regeln und Übereinkünften, nach denen die einem Text entsprechenden Telegraphierzeichen gebildet, ausgesandt, empfangen und übersetzt (rückgewandelt) werden.* Weitere Bestimmungen vgl. Abschnitt 1.2, Band I.

Das älteste Telegraphenalphabet von Bedeutung ist das *Morse-Alphabet*. Es ist aus den beiden binären Grundeinheiten *Punkt* und *Strich* aufgebaut, weil diese sich bei dem damaligen manuellen Tastbetrieb am leichtesten unterscheiden ließen. Bezeichnend für das Morse-Alphabet sind zwei Eigenschaften:

1. Die einzelnen Zeichen (Buchstaben, Ziffern, Interpunktionszeichen) haben unterschiedliche Dauer. Der Buchstabe *e* hat z.B. nur die Dauer eines Punktes, der Buchstabe *n* die Dauer eines Striches und eines Punktes.

2. Den in der englischen Sprache am häufigsten vorkommenden Buchstaben wurde die kleinste Zahl von *Schritten* (Punkten oder Strichen) zugeordnet. Dadurch erzielte man den optimalen Informationsfluß pro Zeiteinheit.

Abb. 14.1-3 zeigt den Buchstaben *Z* im Morse-Alphabet.

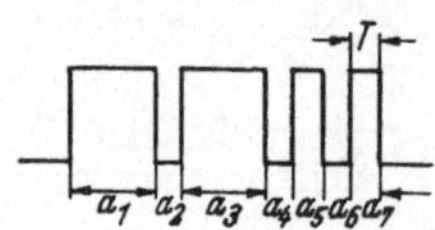

Abb. 14.1-3.
Buchstabe „Z" im Morse-Alphabet

Die modernen übertragungstechnischen Alphabete sind für maschinelle Sende- und Empfangseinrichtungen zugeschnitten. Die digitale Aussage liegt nicht wie beim Morse-Alphabet in der Zeit (Punkt oder Strich), sondern in dem Aussagewert der einzelnen Schrittelemente, aus denen die Zeichen aufgebaut sind, vgl. Abb 14.1-4 und Tabelle 14.1-1. Jedes Zeichen ist gleich lang und besteht aus der gleichen Anzahl von Schrittelementen, die ohne zeitlichen Abstand aneinandergereiht sind. Jeder Schritt hat gleichen Informationsgehalt, im binären Übertragungsprinzip z.B. die Aussage 0 oder 1.

Das derzeit wichtigste Telegraphenalphabet ist vom CCITT[1] als *Internationales Telegraphenalphabet Nr. 2* festgelegt, vgl. Abb. 14.1-4. Es ordnet jedem Zeichen 5 Schritte zu, von denen jeder einen der beiden Kennzustände des binären Übertragungsmodus einnehmen kann. Man nennt diesen Code den *Fünfercode*. Der Fünfercode hat $2^5 = 32$ Kombinationen. Diese 32 Kombinationen reichen nicht

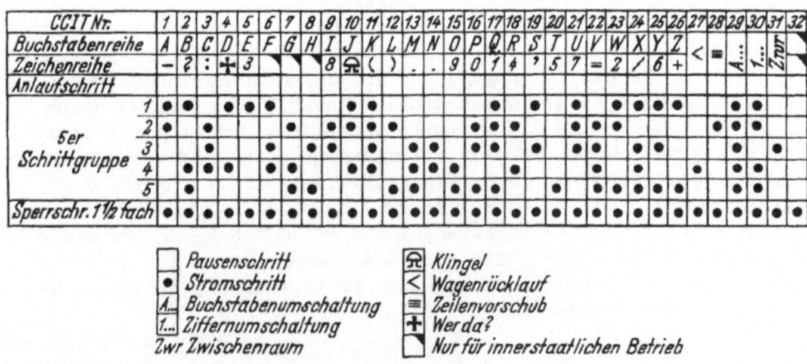

CCIT Nr.	1	2	3	4	5	6	7	8	9	10	11	12	13	14	15	16	17	18	19	20	21	22	23	24	25	26	27	28	29	30	31	32
Buchstabenreihe	A	B	C	D	E	F	G	H	I	J	K	L	M	N	O	P	Q	R	S	T	U	V	W	X	Y	Z	<	=	A...	1...	Zwr	
Zeichenreihe	−	?	:	✚	3				8	🔔	(	)	.	,	9	0	1	4	'	5	7	=	2	/	6	+						
Anlaufschritt																																
5er Schrittgruppe — 1	●	●		●	●	●				●	●						●		●		●		●	●	●	●			●	●		
2	●		●				●		●	●	●	●				●	●	●			●	●						●	●	●		
3			●			●		●	●		●		●	●		●	●		●		●	●		●	●				●		●	
4		●	●	●		●	●			●	●		●	●	●			●				●		●			●		●	●		
5		●					●	●				●	●		●	●	●			●		●	●	●	●	●			●	●		
Sperrschr. 1½ fach	●	●	●	●	●	●	●	●	●	●	●	●	●	●	●	●	●	●	●	●	●	●	●	●	●	●	●	●	●	●	●	●

Legende:

☐ Pausenschritt   🔔 Klingel
● Stromschritt   < Wagenrücklauf
A... Buchstabenumschaltung   = Zeilenvorschub
1... Ziffernumschaltung   ✚ Wer da?
Zwr Zwischenraum   ◣ Nur für innerstaatlichen Betrieb

Abb. 14.1-4. Internationales Telegraphenalphabet Nr. 2

[1] CCITT = Comité Consultatif International Télégraphique et Téléphonique.

aus, alle Symbole einer Schrift (Buchstaben, Ziffern, Interpunktionen) aufzunehmen. Man verwendet deshalb zwei der 32 Kombinationen für die Operationen *Umschaltung Buchstaben auf Ziffern* und *Umschaltung Ziffern auf Buchstaben* und gewinnt dadurch genügend Möglichkeiten für Buchstaben, Ziffern, Satzzeichen sowie für Befehle (bei der Fernschreibmaschine z. B. *Zeilenvorschub* und *Wagenrücklauf*). Wie Abb. 14.1-4 in Verbindung mit Tabelle 14.1-1 zeigt, ist der Code so gewählt, daß die am häufigsten vorkommenden Buchstaben des Alphabetes die geringste Zahl von Stanzlöchern der Lochstreifen oder Lochstreifenkarten erfordern. Den fünf Nachrichtenschritten jedes Zeichens, der 5er-Schrittgruppe, sind oftmals noch zwei weitere Schritte fest vorgegebener Polarität zugesetzt, weil sich dadurch die Endgeräte einfach realisieren lassen. Hierzu sei kurz auf die Begriffe *Synchronbetrieb* und *Start-Stop-Betrieb* eingegangen.

Tabelle 14.1-1. Bezeichnungen und Festlegungen bei Datenendgeräten und auf Verbindungsleitungen

	Zustand während des	
	Startschrittes (Anlaufschrittes)	Stopschrittes (Sperrschrittes) und Pause
Bezeichnung nach CCITT	A	Z
Frühere Bezeichnung nach CCITT	Startpolarität	Stoppolarität
Alte deutsche Bezeichnung	Zeichen-Zustand	Trenn-Zustand
Alte englische Bezeichnung [1]	space	mark
Binärziffer	0	1
Strom in Einfachstromkreisen (Ruhestrombetrieb), z. B. 40 mA	kein Strom	Strom
Gleichspannung (auf a-Ader) bei Doppelstromtelegraphie [2]	−	+
Datenschnittstelle nach CCITT-Empf. V. 24: Doppelstrom 5 bis 15 V	+	−
Sendekontakt	offen	geschlossen
Lochstreifen	kein Loch	Loch
Amplitudenmodulation (Ruhestrom-AM-WT)	kein Ton	Ton
Frequenzmodulation	hohe Frequenz	niedere Frequenz
Phasenmodulation	Gegenphase	Bezugsphase
Phasendifferenzmodulation	Phasenumkehr	keine Phasenumkehr

[1] Bei Doppelstrombetrieb umgekehrt.   [2] Nur in Europa ohne England.

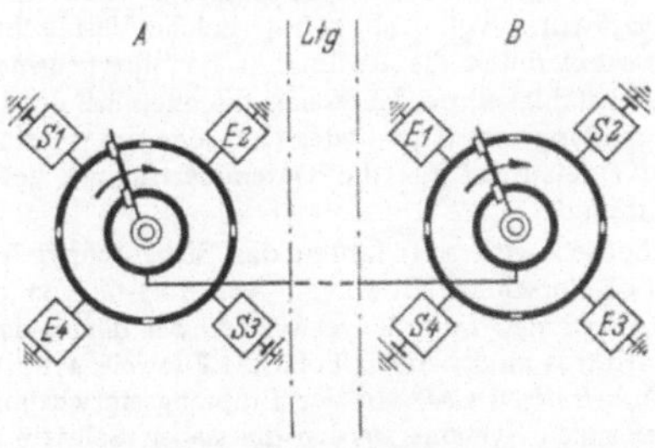

S1 bis S4 Sender, E1 bis E4 Empfänger, A und B sind Endstellen

Abb. 14.1-5. Prinzip einer Synchronübertragung

Ohne auf Details eingehen zu wollen, ist in Abb. 14.1-5 der *Synchronbetrieb* durch ein Prinzip gezeigt, das *Baudot* im Jahre 1874 angab. Bei den Endstellen A und B sind z.B. je zwei Sender und zwei Empfänger den Kreissegmenten eines Verteilers zugeordnet. Rotierende Verteilerfinger tasten die Kreissegmente ab und stellen im Betrachtungsaugenblick, den die Abbildung darstellt, die Verbindung zwischen dem Sender $S\,1$ der Endstelle A und dem Empfänger $E\,1$ der Endstelle B her. Es ist verständlich, daß der Betrieb nur sichergestellt ist, wenn

1. die Finger der Endstellen A und B mit gleicher Winkelgeschwindigkeit rotieren,

2. die Finger gleiche Phasenlage besitzen.

Sind diese Forderungen nicht erfüllt, so laufen die Nachrichten falschen Empfangsorganen zu. Für ein Synchron-Übertragungssystem ist somit die richtige Phasenlage von größter Wichtigkeit. Eine Endstelle, die *master station*, steuert bei modernen Systemen den Umlauftakt der anderen Endstelle, der *slave station*. Für dieses *Einphasen* sorgen bei Inbetriebnahme eines Synchron-Systems — oder nach dem Taktverlust, z.B. bei Leitungsunterbrechungen — automatisch wirkende Schaltungen, die *Phasenfang-Einrichtungen*.

Da Sender und Empfänger starr zugeordnet sind, müssen außer dem Phasenkriterium keine zusätzlichen Kriterien übertragen werden, die den Anfang oder das Ende des einzelnen Zeichens charakterisieren. Daraus folgt: Zur Übertragung eines Zeichens benötigt man nur die 5 Schritte, die die eigentliche Information enthalten.

Gewöhnlich wird bei der langsamen Datenübertragung das *Start-Stop-Verfahren* angewandt. Der 5er-Gruppe sind der *Anlaufschritt* (Startschritt) mit A-Polarität und der *Sperrschritt* (Stopschritt) mit Z-Polarität zugesetzt. (Die internationalen Bezeichnungen A und Z sind vom CCITT empfohlen.) Der Startschritt löst bei der Empfangsmaschine den Vorgang *Empfang des Zeichens* aus, d.h. die Bereitstellung zum Auswerten von fünf nachfolgenden Informationsschritten. Der Stopschritt beendet die Auswertung und bereitet den Empfänger auf den Empfang des nächsten Zeichens vor. Übertragungs-Endeinrichtungen mit Start-Stop-Charakter arbeiten also nur während der Übertragungsdauer von jeweils einem Zeichen synchron, über mehrere Zeichen hinweg gesehen jedoch nicht. Man nennt die Start-Stop-Arbeitsweise deshalb auch *arrhythmischen* Betrieb.

Tabelle 14.1-1 gibt die Zuordnung der A- bzw. Z-Polarität zu den Strömen und Spannungen bei den Endgeräten und auf den Verbindungsleitungen an.

Ein Fernschreibzeichen im Fünfer-Code umfaßt bei Start-Stop-Betrieb sieben Schritte und enthält — in der Schrittgruppe von fünf Informationsschritten — keine Redundanz, da alle möglichen 32 Kombinationen besetzt sind.

Wird durch eine Störung, z.B. durch Störspannungen auf der Leitung, eine Binärstelle verfälscht, so druckt die Empfangseinrichtung ein falsches Zeichen. Beispielsweise wird aus dem Buchstaben D der Buchstabe E, wenn die Störung den vierten Informationsschritt trifft, vgl. Abb. 14.1-4. Solche Verfälschungen lassen sich gelegentlich bei Klartext durch die Redundanz der übertragenen Nachricht und durch die Kombinationsfähigkeit der Menschen erkennen, bei der Übermittlung von Daten und bei Verwendung von Kurz-Codes (z.B. dem internationalen Hotelschlüssel) jedoch nicht. Deshalb ist für die Datenübertragung gewöhnlich der Fünfer-Code nicht ausreichend.

Vor allem im Funkbetrieb wird seit Jahren das Siebenschritt-Alphabet verwendet, nach dem CCITT-Vorschlag Nr. 3, vgl. Abb. 14.1-6. Von den $2^7 = 128$ möglichen Kombinationen werden nur die verwendet, bei denen das Verhältnis der Schritte mit der Polarität A zu denen der Polarität Z jeweils 4:3 ist. Man nennt diesen Code einen *gleichgewichtigen Code*. In der Empfangseinrichtung eines nach diesem 4:3-Prinzip arbeitenden Systems werden die sieben Schritte des Zeichens auf ihre Polarität geprüft. Stimmt das im Code festgelegte Verhältnis, so gilt das Zeichen als richtig übertragen. Bei Störungen, die zu einer Verfälschung des Verhältnisses 4:3 führen, wird das Zeichen im Empfänger als falsch erkannt, der Abdruck blockiert und vom Sender vollautomatisch Wiederholung des Zeichens angefordert. Störungen, die zwei Schrittelemente eines Zeichens so verfälschen, daß das Verhältnis 4:3 erhalten bleibt, werden nicht erkannt.

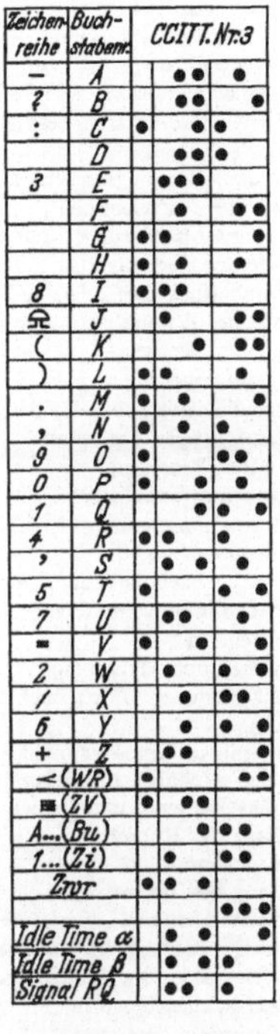

Zeichenreihe	Buchstabenreihe	CCITT Nr. 3
—	A	●● ●
?	B	●● ●
:	C	● ●●
	D	●●●
3	E	●●●
	F	● ●●
	G	●● ●
	H	● ● ●
8	I	●●●
⍾	J	● ●●
(	K	● ●●
)	L	●● ●
.	M	● ● ●
,	N	● ● ●
9	O	● ●●
0	P	● ● ●
1	Q	● ●●
4	R	●● ●
’	S	●● ●
5	T	● ●●
7	U	●● ●
=	V	● ● ●
2	W	● ●●
/	X	● ●●
6	Y	● ● ●
+	Z	●● ●
< (WR)		● ●●
= (ZV)		● ●●
A... (Bu)		● ●●
1... (Zi)		● ●●
Zwr		● ● ●
		●●●
Idle Time α		● ● ●
Idle Time β		● ● ●
Signal RQ		●● ●

Abb. 14.1-6. Siebenschritt-Alphabet

Werden Daten mit einem Code, der von dem normalen Fünfer-Code abweicht, über Einrichtungen des öffentlichen Teilnehmer-Fernschreibnetzes gegeben, so benötigt man an den Schnittstellen zu diesen Netzen Code-Umsetzer (z. B. Umsetzer 7:5 bzw. 5:7).

Es gibt jedoch auch Einrichtungen, die ohne Code-Umsetzer eine gewisse Fehlererkennung erlauben, z. B. durch die Methode der Paritätsprüfung. Dazu wird den fünf Nachrichtenschritten eines Zeichens ein weiterer Schritt zugesetzt, dessen Polarität so gewählt wird, daß z. B. die Anzahl der Schritte mit *Z-Polarität* ungerade ist (ungerade Parität). Im Empfänger wird das Zeichen durch Paritätsauswertung geprüft. Ist die Anzahl der Schritte mit *Z-Polarität* als gerade erkannt, so wird dies dem Sender als Fehler zurückgemeldet. Die als gestört gemeldeten Zeichen werden daraufhin nochmals übertragen.

Der CCITT/ISO-Code ist ein Siebenschritt-Code, bei dem z. B. die Umschaltung *Buchstaben auf Ziffern* vermieden wird und bei dem neben den Kombinationen für Buchstaben, Ziffern und Interpunktionen eine Reihe von Kombinationen für Steuerzwecke vorgesehen sind, vgl. Abb. 14.1-7.

Erklärungen der Abkürzungen von Abb. 14.1-7
CCITT-ISO-Code No. 5

ACK	— Acknowledge	Positive Rückmeldung (Empfangsstation meldet ordnungs-gemäßen Empfang)
BEL	— Bell	Klingel
BS	— Backspace	Rückwärtsschritt
CAN	— Cancel	Ungültig (vorausgehende Zeichen enthalten Fehler)
CR	— Carriage Return	Wagenrücklauf
DC	— Device Control	Gerätesteuerung
DEL	— Delete	Löschen (fehlerhafte Zeichen in Lochstreifen durch Über-lochen löschen)
DLE	— Data Link Escape	Datenübertragungsumschaltung
EM	— End of Medium	Ende der Aufzeichnung
ENQ	— Enquiry	Stationsaufforderung, Kennungabfrage
EOT	— End of Transmission	Ende der Übertragung
ESC	— Escape	Umschaltung. Das folgende Zeichen liegt außerhalb des Codes
ETB	— End of Transmission Block	Ende des Datenübertragungsblocks
ETX	— End of Text	Ende des Textes
FE	— Format Effector	Formatsteuerung
FF	— Form Feed	Formularvorschub
FS	— File Separator	Hauptgruppen-Trennung
GS	— Group Separator	Gruppen-Trennung
HT	— Horizontal Tabulation	Horizontal-Tabulator
IS	— Information Separator	Informationstrennung
LF	— Line Feed	Zeilenvorschub
NAK	— Negative Acknowledge	Negative Rückmeldung (Empfangsstation meldet, daß Daten nicht ordnungsgemäß empfangen werden)
NUL	— Null	Füllzeichen
RS	— Record Separator	Untergruppen-Trennung
SI	— Shift-in	Rückschaltung (führt nach SO wieder in das Alphabet zu-rück)
SO	— Shift-out	Dauerumschaltung (die folgenden Zeichen sind nicht nach diesem Alphabet zu interpretieren, Ausnahme Steuerzeichen in den Spalten 0 und 1 sowie DEL)
SOH	— Start of Heading	Anfang des Kopfes
Space	— Space	Zwischenraum
STX	— Start of Text	Anfang des Textes
SUB	— Substitute	Substitution (dient zum Korrigieren von Zeichen)
SYN	— Synchronous Idle	Synchronisierung (bei Synchron-Systemen zum Herstellen oder Erhalten des Synchronismus)
TC	— Transmission Control	Übertragungssteuerung
US	— Unit Separator	Teilgruppen-Trennung
VT	— Vertical Tabulation	Vertikal-Tabulator
@		Dieses Zeichen bedeutet kommerzielles a.

Position 5/15 in der Codetafel bedeutet Unterstreichung
Position 7/14 in der Codetafel bedeutet Überstreichung
Die vorstehenden Erklärungen sind z.T. aus Normblatt DIN 66003 und CCITT-Grünbuch Bd. VIII, V. 3 entnommen.

Nach Empfehlungen des CCITT (Studiengruppe Sp. A) gilt für den ISO-Code folgendes:

1. Der 7er-Code wird grundsätzlich mit Paritätsschritt übertragen.

2. Die Endgeräte geben *gerade* Parität ab. Bei Synchron-Übertragungssystemen ist die Parität *ungerade*, damit in jedem Zeichen mindestens *ein* Polaritätswechsel enthalten und damit die Synchronisierung sichergestellt ist. Zur Anpassung der geraden Parität der Endgeräte an die ungerade Parität des Übertragungssystems ist eine Umsetzung erforderlich. Beim Start-Stop-Betrieb dagegen ist die Parität *immer gerade*. Die (z.T. mechanischen) Endgeräte können also unmittelbar — d.h. ohne Paritätsumsetzung — auf das Übertragungssystem geschaltet werden.

b_7	b_6	b_5	b_4	b_3	b_2	b_1	Zeile \ Spalte	0	1	2	3	4	5	6	7
								0	0	0	0	1	1	1	1
								0	0	1	1	0	0	1	1
								0	1	0	1	0	1	0	1
0	0	0	0	0	0	0	0	NUL	(TC$_7$) DLE	SPACE ESPACE	0	@	P	`	p
0	0	0	0	0	0	1	1	(TC$_1$) SOH	(DC$_1$)	!	1	A	Q	a	q
0	0	0	0	0	1	0	2	(TC$_2$) STX	(DC$_2$)	"	2	B	R	b	r
0	0	0	0	1	1	1	3	(TC$_3$) ETX	(DC$_3$)	#	3	C	S	c	s
0	0	0	1	0	0	0	4	(TC$_4$) EOT	(DC$_4$)	¤	4	D	T	d	t
0	0	0	1	0	1	1	5	(TC$_5$) ENQ	(TC$_8$) NAK	%	5	E	U	e	u
0	0	0	1	1	0	1	6	(TC$_6$) ACK	(TC$_9$) SYN	&	6	F	V	f	v
0	0	0	1	1	1	1	7	BEL	(TC$_{10}$) ETB	'	7	G	W	g	w
1	0	0	0	0	0	0	8	(FE$_0$) BS	CAN	(	8	H	X	h	x
1	0	0	0	0	1	1	9	(FE$_1$) HT	EM	)	9	I	Y	i	y
1	0	0	1	0	1	0	10	(FE$_2$) LF	SUB	*	:	J	Z	j	z
1	0	1	1	0	1	1	11	(FE$_3$) VT	ESC	+	;	K	([) (Ä)	k	{(ä)
1	1	0	1	0	0	1	12	(FE$_4$) FF	(IS$_4$) FS	,	<	L	\(Ö)	l	|(ö)
1	1	0	1	1	0	1	13	(FE$_5$) CR	(IS$_3$) GS	—	=	M	(]) (Ü)	m	}(ü)
1	1	1	1	1	1	0	14	SO	(IS$_2$) RS	.	>	N	^	n	— (ß)
1	1	1	1	1	1	1	15	SI	(IS$_1$) US	/	?	O	—	o	DEL

Abb. 14.1-7. Alphabet für Datenübertragung (CCITT-ISO-Alphabet Nr. 5)

3. Der Stop-Schritt hat — unabhängig von der Übertragungsgeschwindigkeit und der Art des Übertragungsnetzes — *immer* die Dauer von zwei Einheitsschritten. (Stopschritte mit der Dauer eines Einheitsschrittes können von den einzelnen Verwaltungen bei gegenseitiger Absprache unter gewissen Umständen zugelassen werden.)

Wie gezeigt, entstehen die Codes für Fehlererkennung oder Fehlerbeseitigung durch Zugabe von Redundanz. Zugabe von Redundanz heißt, daß der Informationsfluß geringer ist, als er bei der vorgegebenen Schrittgeschwindigkeit theoretisch möglich wäre.

14.1.3 Übertragungsgeschwindigkeit

Der wichtigste Begriff für die Übertragungsgeschwindigkeit ist die *Schritt-* oder *Telegraphiergeschwindigkeit* v_S (engl.: *modulation rate* oder *telegraph speed*), auch Modulationsfluß genannt. Die Schrittgeschwindigkeit ist der Reziprokwert der Dauer des kürzesten Modulations-Zeitabschnittes *(Einheitsschritt)* T_0, oder, was das gleiche bedeutet, sie gibt die Anzahl der Schritte an, die in einer Sekunde übertragen werden können. Der Modulations-Zeitabschnitt ist der zeitliche Abstand zwischen zwei aufeinanderfolgenden Änderungen des Modulationszustandes, im Gleichstromkreis z. B. von $+$ auf $-$ oder umgekehrt (vgl. Abschnitt. 14.1.4, B).

Also ist

$$v_S = \frac{1}{T_0} \quad \text{in Baud (Bd)} \quad \left(1 \text{ Baud} = 1 \text{ Schritt/s} = \frac{1}{s}\right).$$

Das CCITT hat für Telegraphie und langsame Datenübertragung folgende Werte empfohlen: 50, 100, 200 Baud, wobei in internationalen Telex- und Gentex-Netzen[1] z. Z. 50 Baud üblich sind.

Derzeit sind weiterhin in Verwendung: 75, 150, 300 Baud; in den USA auch 45,45, 56,88 und 74,2 Baud.

Für Datenübertragung im Fernsprechband wird derzeit (auf gemieteten Verbindungen) empfohlen: *200, 600, 1200, 2400*, 3600, 4800, 7200, 9600 bit/s. — 600 bit/s und alle Vielfache bis 10800 bit/s sind zulässig[2], die kursiv gesetzten auch auf Wählverbindungen.

Bei der Telegraphie ist außer der Schrittgeschwindigkeit auch der Ausdruck *Punktfrequenz* oder *Schrittfrequenz* üblich. Man versteht darunter die Grundfrequenz f_p, die in einem Signal unmittelbar enthalten ist, bei dem jeweils ein Schritt positiver und negativer Polarität aufeinanderfolgen. Signale dieser Art werden in der Fernschreibtechnik auch zu Prüfzwecken verwendet (Gleichstrom-Prüfsignal *Wechsel*), vgl. Abb. 14.1-8.

Somit gilt:

$$f_p = \frac{1}{2 \cdot T_0} = \frac{v_S}{2}.$$

Die Schrittgeschwindigkeit v_S (und natürlich auch die Punktfrequenz f_p), die zwischen den beiden Endstellen einer Übertragung erzielt werden kann, hängt ab von den Eigenschaften der Endgeräte und denen des Übertragungskanales, z. B. von der nutzbaren Bandbreite des Systems, den Dämpfungs- und Phasenverzerrungen.

Im Basisband wählt man gewöhnlich die Grenzfrequenz des Übertragungskanales als das ungefähr 1,6fache der Punktfrequenz, woraus sich für eine trägerfrequente Zweiseitenbandmodulation die Bandbreite

$$B = 2 \cdot 1{,}6 \cdot f_p$$

ergibt.

---

[1] Telex = Teleprinter Exchange (öffentliches Fernschreibselbstwählnetz); Gentex = General telegraph exchange (Behördennetz).

[2] Zusammenhang zwischen Bd und bit/s: vgl. S. 335.

Die *Datenübertragungsgeschwindigkeit* v_D in bit/s (data signalling rate), auch Signalfluß genannt, ist das Produkt aus Schrittgeschwindigkeit v_S und Entscheidungsgehalt je Schritt.

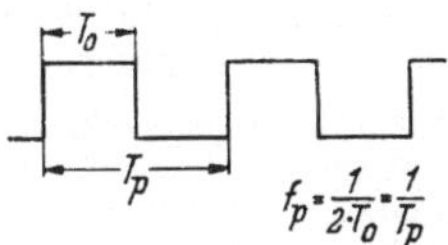

Abb. 14.1-8.
Erklärung der Punktfrequenz f_p

Bei Modulationsverfahren mit zwei Kennzuständen, d.h. *binärem* Code, z.B. *Strom, kein Strom; „+, —"; Ton, kein Ton; Frequenz 1, Frequenz 2; Ton mit Phase 1, Ton mit Phase 2*, gilt: Die Schrittgeschwindigkeit ist identisch mit der Übertragungsgeschwindigkeit. Für Modulationsverfahren mit mehr als zwei Kennzuständen, z.B. drei (ternäre) oder vier (quaternäre) gilt: Die Übertragungsgeschwindigkeit (bit/s) ist größer als die Schrittgeschwindigkeit (Bd). Bei quaternärer Übertragung ist

$$v_D = 2 \cdot v_S,$$

da mit jedem Schritt zwei Binärstellen übertragen werden können. Für n Modulationszustände pro Schrittelement gilt:

$$v_D = \mathrm{lb}\, n \cdot v_S \quad (\mathrm{lb} = \text{Logarithmus zur Basis 2}).$$

Im Telegraphierbetrieb ist es üblich, die in der Zeiteinheit theoretisch übertragbaren Zeichen oder Wörter anzugeben.

Ist z die Anzahl der Schritte je Zeichen, und beträgt die Dauer des einzelnen Schrittes T_0, so ergeben sich

$$N = \frac{1}{z \cdot T_0} \text{ Zeichen pro Sekunde.}$$

Bei Synchronbetrieb (vgl. Abschnitt 14.1.2) und 50 Bd ist

$$N = \frac{1}{5 \cdot 20 \cdot 10^{-3}\,\mathrm{s}} = 10 \text{ Zeichen/s.}$$

Endeinrichtungen, die im Start-Stop-Betrieb, d.h. mit arrhythmischer Zeichenfolge senden, z.B. Fernschreibmaschinen, haben je Zeichen 7 Schrittelemente, vgl. Abschnitt 14.1.2. Gewöhnlich legt man für den Stopschritt die Dauer $1{,}5 \cdot T_0$ fest. Für diesen Fall ist für $v_S = 50$ Bd

$$N = \frac{1}{7{,}5 \cdot 20 \cdot 10^{-3}\,\mathrm{s}} = 6\tfrac{2}{3} \text{ Zeichen/s.}$$

Ordnet man im Durchschnitt einem Wort 6 Zeichen zu, einschließlich eines Zwischenraumzeichens, so werden bei 50 Baud und arrhythmischem Betrieb maximal $66\tfrac{2}{3}$ Wörter pro Minute übertragen.

Bei der Übertragung von Daten wird der wirkliche *Informationsfluß* durch die *Transfergeschwindigkeit* (data transfer rate) ausgedrückt. Darunter versteht man die Datenmenge (Bits, Zeichen, Datenübertragungsblöcke, Nachrichteninhalt von Lochkarten usw.), die in der Zeiteinheit (z.B. Sekunde, Minute oder Stunde) zwischen zwei korrespondierenden Einrichtungen, z.B. Quelle und Senke, durchschnittlich übertragen und als brauchbar akzeptiert wird. Die Transfergeschwindigkeit ist also durch Redundanz und Verlustzeiten (Aufforderung zur Wiederholung,

Rückfragen der Fehlerschutzeinrichtungen) immer kleiner als der theoretisch mögliche Informationsfluß. Sie wird außerdem beim Vorhandensein von Störungen weiter herabgesetzt.

14.1.4 Meßgrößen für die Qualität der Übertragung, Übertragungsgüte

Die Qualität von Telegraphie- oder Datenübertragungssystemen läßt sich durch zwei Meßgrößen angeben:

A Fehlerhäufigkeit,
B Verzerrungsgrad.

Zu *A:* Als *Fehlerhäufigkeit* (error rate) bezeichnet man das Verhältnis aus der Anzahl von Fehlern zu der Menge der ausgesandten Information. Je nach dem Bezugswert unterscheidet man zwischen

Bitfehlerhäufigkeit
Zeichenfehlerhäufigkeit und
Blockfehlerhäufigkeit.

Bei der *Bitfehlerhäufigkeit* wird die Zahl der falsch übertragenen Bits auf die Gesamtzahl aller gesendeten Bits bezogen. Wenn die Bits mit *A-Polarität* und die Bits mit *Z-Polarität* getrennt ausgewertet werden, so ergibt sich aus der Verschiedenheit der beiden Werte der *Einseitigkeitsgrad* der Bitfehlerhäufigkeit.

Bei der *Zeichenfehlerhäufigkeit* bezieht man die Zahl der falsch übertragenen Zeichen auf die Gesamtzahl aller gesendeten Zeichen. Treten die durch Störungen verursachten Zeichenfehler nach statistischen Gesetzen verteilt auf — und ist die Zahl der Fehler klein —, so läßt sich die Zeichenfehlerhäufigkeit als das Produkt aus der Bitfehlerhäufigkeit und der Anzahl der Bits pro Zeichen berechnen. Erscheinen die Störungen jedoch in gebündelter Form, so ist die Zeichenfehlerhäufigkeit kleiner als das vorgenannte Produkt.

Die *Blockfehlerhäufigkeit* ist das Verhältnis der Anzahl der falsch übertragenden Blöcke zur Gesamtzahl der gesendeten Blöcke. Bei stochastischer (d.h. rein zufälliger) Verteilung der Störungen und bekannter Bit- bzw. Zeichenfehlerhäufigkeit läßt sich die Blockfehlerhäufigkeit als das Produkt aus Zeichenfehlerhäufigkeit und Anzahl der Zeichen je Block berechnen.

Das Messen der Fehlerhäufigkeit ist derzeit vor allem bei der *schnellen Datenübertragung* das einfachste Beurteilungsmaß. Erfaßt man dabei nicht nur die Anzahl der Fehler, sondern auch ihre zeitliche Verteilung, so lassen sich daraus oftmals über die Art der Störungsquellen Schlüsse ziehen.

Neuerdings werden als Beurteilungsmaß für die Qualität von Verbindungen für Datenübertragung, vor allem bei Einsatz von Modems über Fernsprechkanäle, die Störimpulse auf der Leitung bewertet. Man verwendet dazu Störimpulszähler, die parallel zur unbelegten Leitung geschaltet sind und nach Empfehlungen des CCITT die Störimpulse nach Amplitude und Frequenzanteilen bewerten. Dabei wird die Amplitude durch eine veränderbare Ansprechschwelle gemessen, sie ist gewöhnlich in Stufen von ≤ 3 dB im Pegel-Bereich von -50 dB bis 0 dB (bezogen auf 1 mW) einstellbar. Zur Beurteilung der Frequenzanteile der Störimpulse dienen umschaltbare Bandfilter verschiedener Bandbreite. Ein „Datenbandfilter" unterdrückt Frequenzanteile, die außerhalb des für die Datenübertragung liegenden Frequenzbereiches liegen, es hat den Durchlaßbereich von 750 Hz bis 2300 Hz. Ein anderes Bandfilter, als „Flachfilter" bezeichnet, schaltet Netzbrumm und sehr kurze Störimpulse kleiner Energie aus und hat den Durchlaßbereich von etwa 275 bis 15000 Hz. Weitere, den speziellen Übertragungsbedingungen angepaßte Bandfilter, lassen sich gewöhnlich dem Zähler vorschalten.

Da die Datenübertragung gewöhnlich blockweise erfolgt — jeder Datenblock ist in sich durch geeignete Maßnahmen gesichert —, mißt man bei der Störimpulszählung nicht die absolute Anzahl der Störimpulse, sondern nur die, die jeweils einen Datenblock gestört hätten. Das geschieht dadurch, daß nach der Registrierung eines Störimpulses während einer der Datenblocklänge nachgebildeten „Totzeit" (125 ms) die Registrierung weiterer Störimpulse unterbunden wird. Das Meßergebnis ist somit eine direkte Aussage über die zu erwartende Blockfehlerrate, vor allem, wenn man sich den unterschiedlichen Blocklängen durch geänderte Totzeiten des Meßverfahrens anpaßt.

Zu *B:* Obwohl das Messen der Fehlerhäufigkeit unter betriebsgerechten Verhältnissen eine unmittelbare Qualitätsbetrachtung ergibt, lassen sich damit noch nicht alle Einflußgrößen und Randbedingungen des Übertragungssystems erfassen. Dies soll kurz erklärt werden:

Der Empfänger eines Datenübertragungssystems setzt die als Tonfrequenzzeichen ankommenden Signalelemente in Gleichstromschritte (meist Doppelstromschritte) um, vgl. Tabelle 14.1-1. Ein Abtastorgan (digitale Auswertung) prüft danach ihre Polarität und bildet dem Code entsprechende Schriftzeichen. Wird die Dauer der Gleichstromschritte durch Störungen verfälscht, z. B. durch Störspannungen auf dem Übertragungsweg, so entsteht erst dann ein Fehlzeichen, wenn das Abtastorgan nicht mehr die richtige Polarität des einzelnen Schrittes zu erkennen vermag.

Die Telegraphie- und Datenübertragung weist also gegen Störungen eine typische *Schwarz-Weiß-Schwelle* auf; auch bei einer großen Anzahl von *unterschwelligen* Störungen ist die Übertragung fehlerfrei.

Die Fehlerhäufigkeitsmessung registriert aber nur die Störungen, die zu einem Überschreiten vorgenannter Schwelle führen, sie gibt jedoch kein Bild über die echte zeitliche Verfälschung der Schrittdauer und den Abstand zur Schwelle.

An der Übertragung von Daten ist gewöhnlich eine ganze Reihe von Einrichtungen beteiligt, z. B. End- und Modulationsgeräte, Übertragungsstrecken usw., jedes davon kann die Dauer der Schritte verfälschen; die Übertragungsstrecke z. B. durch Dämpfungs- und Laufzeitverzerrungen. Selbst wenn die einzelne Einrichtung nur eine geringe Verfälschung der Schrittdauer verursacht, so kann durch das Zusammenschalten aller Einrichtungen eine Addition aller Schrittdauerverfälschungen auftreten, so daß die Summe die Schwarz-Weiße-Schwelle des Empfängers überschreitet.

Die Telegraphentechnik mißt deshalb gewöhnlich nicht die Fehlerhäufigkeit, sondern die Verfälschung der Schrittdauer — *Verzerrungsmessung* — und leitet daraus eine Aussage über die Qualität der Übertragung ab. Als *Verzerrung* wird die Zeit definiert, um die die charakteristischen Zeitpunkte des Signals, d. h. die Zeitpunkte des plötzlichen Übergangs von der einen auf die andere Polarität (Kennzeitpunkte der Wiedergabe) von den ihnen zugeordneten Kennzeitpunkten des unverzerrten Zeichens abweichen. Gewöhnlich wird diese Zeit in Prozent der Soll-Schrittdauer angegeben und heißt dann *Verzerrungsgrad.* Bei rhythmisch arbeitenden Übertragungssystemen (Gleichlauf- oder Synchronsysteme) mißt man die *Isochronverzerrung*, bei arrhythmischen Systemen die *Start-Stop-Verzerrung.* (Diese ist auf das Prinzip der im Start-Stop-Betrieb arbeitenden Fernschreibmaschine zugeschnitten.)

Nach CCITT ist die *Isochronverzerrung* δ_I gegeben durch den Abstand der von den Soll-Zeitpunkten nach beiden Richtungen abweichenden Kennzeitpunkte Δt, bezogen auf die Solldauer des Einheitsschrittes. Dabei ergeben sich die Soll-Zeitpunkte durch Anlegen eines Zeitmaßstabes der Teilung T_0, wobei es ohne Bedeutung ist, zu welchem Zeitpunkt sein Nullpunkt angelegt wird (Abb. 14.1-9).

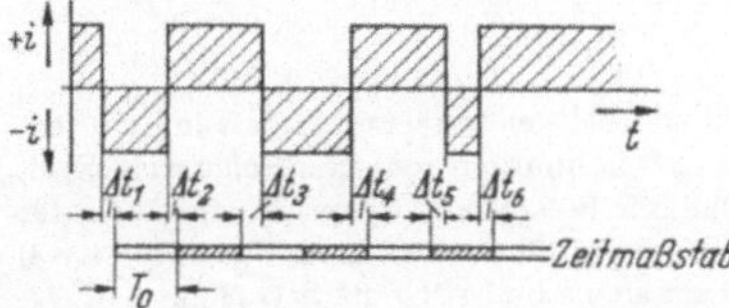

Abb. 14.1-9. Isochronverzerrung

Δt_1, Δt_2, Δt_4, Δt_6: voreilend (Δt_v);
Δt_3, Δt_5: nacheilend (Δt_n)

$$\delta_I = \frac{\Delta t_{v\,\mathrm{max}} + \Delta t_{n\,\mathrm{max}}}{T_0} \cdot 100\% .$$

Der „individuelle Verzerrungsgrad" eines *einzelnen* Kennzeitpunktes erfaßt das Verhältnis des algebraischen Wertes der Abweichung des Kennzeitpunktes vom idealen Kennzeitpunkt (des unverzerrten Zeichens) zur Dauer der Einheitsschrittes T_0

$$\delta_{\mathrm{ind}} = \frac{\Delta t}{T_0} \cdot 100\% .$$

Die Abweichung ist als positiv einzusetzen, wenn der Kennzeitpunkt später als der ideale Kennzeitpunkt eintritt.

Fernschreibgeräte (Fernschreiber, Lochstreifengeräte) arbeiten im Start-Stop-Verfahren. Der Startschritt jedes Zeichens löst bei der Empfangseinrichtung den Abtastmechanismus aus und legt damit die zeitliche Lage der Abtastpunkte für alle Schritte eines Zeichens fest. Ist der Startschritt aber bereits verzerrt, so verschiebt sich für die Dauer eines Zeichens das gesamte Abtastraster. Die Sicherheit gegen Übertragungsfehler ist also durch die Kennzeitpunkte der Informationsschritte des Zeichens *und* durch die Verzerrung des Startschrittes gegeben. Diese für Start-Stop-Geräte charakteristische Verkopplung wird durch die Start-Stop-Verzerrung erfaßt.

Die *Start-Stop-Verzerrung* läßt sich so definieren: Als Grad der Start-Stop-Verzerrung δ_{st} gilt der auf die Soll-Schrittdauer bezogene absolute Betrag der größten zeitlichen Abweichung Δt der Kennzeitpunkte von ihrer theoretischen Lage auf dem Schrittmaß. (Der Maßstab ist nach Vielfachen von T_0 unterteilt.) Der Nullpunkt des Zeitmaßstabes liegt am Beginn des unmittelbar vorausgegangenen Startschrittes.

Kennzeitpunkte der Wiedergabe, die *vor* ihren Sollzeitpunkten liegen, führen zu voreilenden Verzerrungen δ_v, Kennzeitpunkte der Wiedergabe, die *nach* ihren Sollzeitpunkten liegen, führen zu nacheilenden Verzerrungen δ_n.

Als Grad der Start-Stop-Verzerrung wird der Größtwert der beiden Aussagen

$$\delta_{\mathrm{v\,st}} = \frac{\Delta t_{\mathrm{v}}}{T_0} \cdot 100\% , \qquad \delta_{\mathrm{n\,st}} = \frac{\Delta t_{\mathrm{n}}}{T_0} \cdot 100\%$$

bewertet, vgl. Abb. 14.1-10.

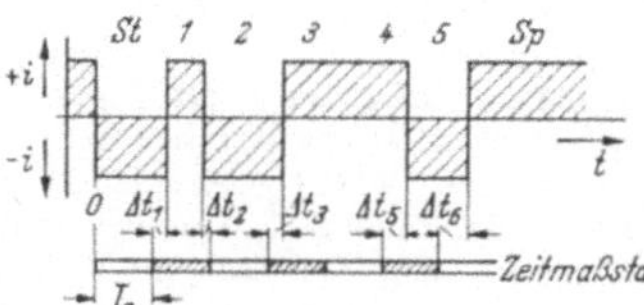

Abb. 14.1-10.
Start-Stop-Verzerrung

Nach den Empfehlungen des CCITT soll bei der Verzerrungsmessung ein festgelegter Prüftext verwendet werden, der sich in ununterbrochener Folge wiederholt. Oftmals wird die Isochronverzerrung auch mit *Wechseln* 1 : 1 geprüft, einer ununterbrochenen Folge von Schritten wechselnder Polarität der Zeitdauer T_0 (Abb. 14.1-8). Die Beobachtungsdauer (Meßdauer) soll etwa eine halbe Minute betragen.

Literatur

[1] *Schönhammer, K., Voss, H. H.:* Fernschreib-Übertragungstechnik. München: Oldenbourg 1966, 20—24. — [2] *Schiweck, F.:* Fernschreibtechnik, 4. Aufl. Prien/Chiemsee: C. F. Winter'sche Verlagsbuchhandlung 1962, 22—41. — [3] *Küpfmüller, K.:* Die Systemtheorie der elektrischen Nachrichtenübertragung, 2. Aufl. Stuttgart: Hirzel 1952, 149—157. — [4] *Jendra, H.:* Die Verzerrungen der Telegraphiezeichen. Unterrichtsbl. Dtsch. Bundespost 16 (1963) 67—72.

14.2 Übertragungstechnik

W. Reger und W. Vollmeyer

Auf den Datenträgern, wie z. B. Lochstreifen, Lochkarten, Magnetband, ist die Nachricht in der Regel in *paralleler Form* aufgezeichnet, d.h. die Elemente (Bit) eines Zeichens oder Wortes sind — quer zur Bewegungsrichtung des Datenträgers — nebeneinander aufgezeichnet. Die Datensender greifen diese Nachricht Zeichen für Zeichen parallel ab und bieten sie zur Übertragung an.

Grundsätzlich gibt es die Möglichkeit, die Nachricht auch parallel zu übertragen (Näheres in Abschnitt 14.2.2). In den weitaus meisten Fällen aber wird in *Serienform* übertragen, bei der die Bit eines Zeichens oder Wortes in zeitlicher Folge nacheinander gesendet werden. Hierzu benötigt man auf der Sendeseite einen *Parallel-Serien-Umsetzer* (s. Abschnitt 14.3). Solche Umsetzer können, besonders wenn sie mechanisch arbeiten, in den Datensender eingebaut sein, wie es z. B. bei der Fernschreibmaschine der Fall ist. Auf der Empfangsseite werden die Zeichen vor der Verarbeitung in der Regel durch einen *Serien-Parallel-Umsetzer* in die parallele Form zurückgeführt.

Für die Übertragung werden die Signale meist als Gleichstromsignale angeboten. Je nach Art der Leitung müssen die Signale für die Übertragung umgesetzt werden oder nicht. Man unterscheidet daher Wechselstromtelegraphie und Gleichstromtelegraphie.

14.2.1 Prinzipien der Gleichstrom- und Wechselstromtelegraphie

Gleichstromsignale können nur dann über eine Leitung gegeben werden, wenn sich im Zuge der Leitung keine Übertrager befinden, wenn also eine galvanische Verbindung zwischen Sende- und Empfangsort besteht. Dies ist heute praktisch nur noch auf Leitungen innerhalb eines Ortes der Fall, und nur hier wird — von wenigen Ausnahmen abgesehen — Gleichstromtelegraphie eingesetzt. Man unterscheidet zwei Formen:

a) Bei der *Doppelstromtelegraphie* werden für die beiden Kennzustände positive und negative Spannung an das nachfolgende Übertragungsmedium gelegt. Der Strom fließt also bei dem einen Kennzustand in der einen und beim anderen Kennzustand in der anderen Richtung.

b) Bei der *Einfachstromtelegraphie* ist bei einem Kennzustand ein mechanischer oder elektronischer Kontakt geschlossen und beim anderen geöffnet. Im einen Fall kann der Strom fließen, im anderen nicht (Zuordnung der Zustände zu den Übertragungskriterien s. Abschnitt 14.1.2).

Im heutigen Fernschreibnetz, in dem mit einer Schrittgeschwindigkeit von 50 Baud gearbeitet wird, spielt die Gleichstromtechnik eine wichtige Rolle. Das Einfachstromverfahren wird auf den *Teilnehmer-Anschlußleitungen* innerhalb eines Ortes benutzt. Die zu überbrückenden Entfernungen zwischen Amt und Teilnehmer betragen im allgemeinen nur wenige Kilometer. So kann, wenn sich der Teilnehmer auf Wechselverkehr beschränkt, auf eine Gleichstromquelle beim Teilnehmer verzichtet werden (Abb. 14.2-1). Sendekontakt und Empfangsmagnet der Fernschreibmaschine werden in Reihe in die Leitungsschleife geschaltet. Den Abschluß beim

Amt bildet eine Telegraphie-Gabelschaltung (Umsetzung: Zweidraht-Einfachstrom/ Vierdraht-Doppelstrom), die die beiden Übertragungsrichtungen trennt. Der Leitungsstrom wird auf 40 mA eingestellt.

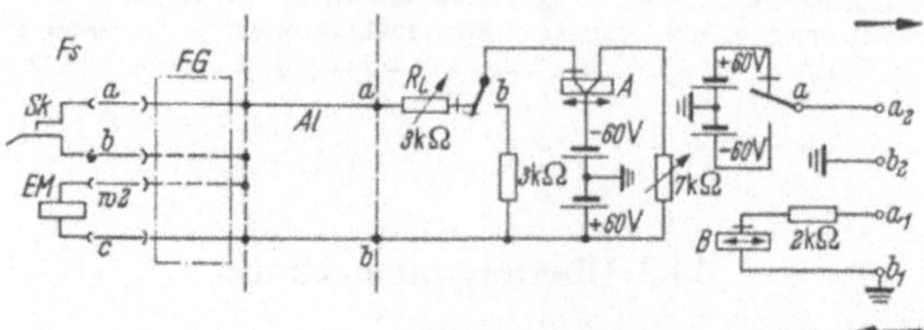

Abb. 14.2-1. Teilnehmer-Anschlußschaltung (vereinfachte Darstellung). *Fs* Fernschreibmaschine, *FG* Fernschaltgerät, *Sk* Sendekontakt, *Al* Anschlußleitung, *EM* Empfangsmagnet, *A*, *B* Telegraphenrelais, R_L Leitungsverlängerungswiderstand

Dieses bewährte und einfache Verfahren hat eine Reihe von Eigenarten, die der stärkeren Konzentration von Datenkanälen nach dem Telegraphieprinzip, mit der in Zukunft zu rechnen ist, entgegenstehen. Solche sind:

1. Die rechteckige Form der Signale, die mit einer großen Leistung (120 V/40 mA) auf die Leitung gegeben werden, verursacht starke Oberwellen, so daß sich schon bei 50 Bd (Telexnetz) wahrnehmbare Geräuschspannungen in Nachbarleitungen ergeben.

2. Der Leitungsergänzungswiderstand R_L (vgl. Abb. 14.2-1) muß *manuell* — je nach Länge der Leitungsschleife — so eingestellt werden, daß ein Strom von 40 mA fließt.

3. An diesem Widerstand wird — vor allem bei kurzen Leitungen — ein beachtlicher Teil der elektrischen Leistung in Wärme umgesetzt.

4. Die im Leitungszug liegenden Telegraphenrelais sind nicht wartungsfrei und unterliegen dem Verschleiß.

Eine neue Anschlußtechnik für Telegraphie- und Datenübertragung beseitigt diese Nachteile. Bei dieser geht man weiter davon aus, daß Fernschaltgeräte (vgl. Abb. 14.2-1), die zum Aufbauen von Verbindungen dienen, in großer Zahl vorhanden sind und somit die Schnittstellen für diese festliegen. Unter diesen Voraussetzungen bieten sich zwei Möglichkeiten an, die beide realisiert sind und technisch hochwertige Lösungen ergeben:

A. Bei der *direkten Betriebsweise* wird, wie bisher, der Empfangsmagnet der Fernschreibmaschine direkt aus der Amtsbatterie gespeist. Durch elektronische Schaltungen werden aber die Signale so abgeflacht, daß die zulässige (effektiv und mit dem Bewertungsfilter nach [11] gemessene) Geräuschspannung von 0,2 mV in den benachbarten Kabeladern nicht überschritten wird. Außerdem wird der Leitung — unabhängig von der Leitungslänge — ein konstanter Strom eingeprägt. Abb. 14.2-2 zeigt das Prinzipschaltbild einer Telegraphie- und Datenanschlußtechnik. Diese Technik vermeidet die oben in 1. bis 4. genannten Nachteile. Sie ist verwendbar für Zweidraht-Einfachstrom-(Stand- oder Vermittlungsbetrieb) bzw. für Vierdraht-Doppelstrombetrieb. Bei dieser Betriebsart erlaubt sie die Übertragung von Datensignalen bis 300 Bd. Dargestellt ist in Abb. 14.2-2 „Zweidraht-Einfachstrom, Vermittlungsbetrieb".

Funktionsbeschreibung der Abb. 14.2-2: Durch den Spannungswandler SW wird eine erdfreie individuelle Speisung des Teilnehmerkreises TL erreicht. Die Spannung stellt sich automatisch so ein, daß bei dem vorhandenen Teilnehmer-Schleifenwiderstand der erforderliche Linienstrom fließt. (Keine manuellen Einstellungen erforderlich, selbsttätige Anpassung an die Leitungslänge.) Durch den Tastzusatz TZ paßt sich das Tastprinzip (Unterbrechungs- oder Kurzschlußtastung) selbsttätig der Leitungslänge an, wodurch eine gleichbleibende Übertragungsqualität erreicht wird. Durch galvanisch trennende elektronische Relaisschaltungen A und B werden die Teilnehmer- und Ortskreise verkoppelt. Durch diese symmetrische Anschaltung an die Teilnehmerkreise ergibt sich eine große Sicherheit gegen Störungen.

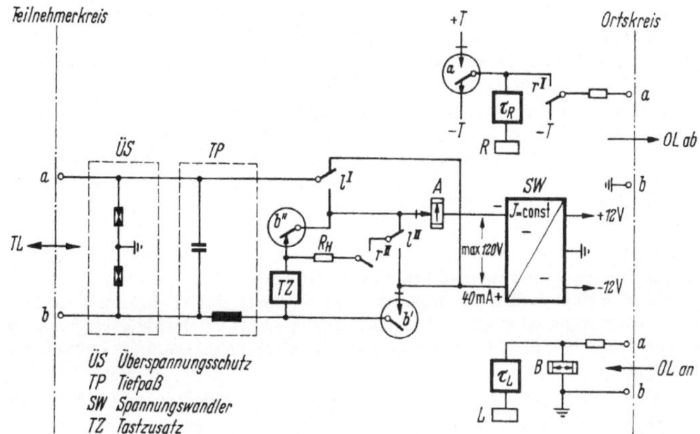

Abb. 14.2-2. Prinzipschaltbild der Telegraphie- und Datenanschlußtechnik bei Zweidraht-Einfachstrom Vermittlungsbetrieb. (Darstellung zeigt ausgelöste Verbindung)

Zeitglieder τ_R und τ_L dienen zur Auswertung und Umsetzung der Auf- und Abbaukriterien. Der Tiefpaß TP flacht die Kurvenform der gesendeten Zeichen so ab, daß in den Nachbaradern nur eine — psophometrisch gemessene — Spannung von höchstens 0,2 mV auftritt. Ein Überspannungsschutz ÜS verhindert Beschädigung der Schaltung durch Stoßspannungen, wie sie beispielsweise durch Schaltvorgänge oder atmosphärische Entladungen entstehen können.

B. Bei der *indirekten Betriebsweise* speist man den Empfangsmagneten der Fernschreibmaschine aus einer lokalen Stromquelle beim Teilnehmer. So ist es möglich, die Sendeleistung auf der Leitung so weit abzusenken, daß die erwähnte Geräuschleistungsforderung schon ohne Abflachung erfüllt ist. Auf der Empfangsseite hebt man dann die Signale so weit an, daß die gewohnten oder gewünschten Werte erreicht werden. Als Übertragungssysteme eignen sich Wechselstromtelegraphie-Systeme oder Gleichstromtastverfahren in einfachster Ausführung.

Wechselstrom-Telegraphieverfahren. Die „Einkanal-Datenübertragungseinrichtung" (Abb. 14.2-3) wurde von der Deutschen Bundespost als Anschlußtechnik für Übertragungsgeschwindigkeiten bis 300 Bd für das neue elektronische Vermittlungssystem festgelegt. Es arbeitet mit Frequenzmodulation im Zweidraht-Getrenntlage-Verfahren und ist somit für Duplex-Betrieb geeignet.

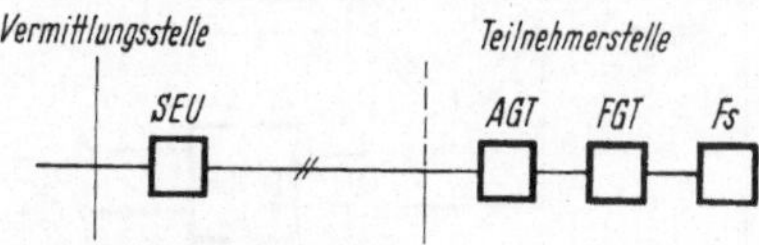

SEU Sende-Empfangs-Umsetzer
AGT Teilnehmeranschlußgerät
FGT Fernschaltgerät
Fs   Fernschreibmaschine

Abb. 14.2-3. Blockdarstellung der Einkanal-Datenübertragungseinrichtung

Zur Vereinfachung des Filteraufwandes werden zwei im Bereich des Sprachbandes weit auseinanderliegende Mittenfrequenzen verwendet (von der Betriebsstelle zum Teilnehmer 600 Hz und vom Teilnehmer zur Betriebsstelle 2700 Hz).
Der relative Frequenzhub ist für diese beiden Übertragungskanäle gleich.

Das System besteht, wie Abb. 14.2-3 zeigt, aus einer Übertragungseinheit in der
Betriebsstelle (SEU = Sende-/Empfangs-Umsetzer) und einem Teilnehmeranschlußgerät AGT. Dieses AGT deckt in drei verschiedenen Ausführungen die Teil-
nehmer-Anschlußarten „Zweidraht-Einfachstrom" (z.B. Telex), „Vierdraht-Ein-
fachstrom" und „Vierdraht-Doppelstrom" ab.

Die Gleichstromschnittstellen des SEU sind so gewählt, daß sie sowohl zu
elektronischen Vermittlungen passen als auch für WT-Zubringersysteme.

Bei unbespulten Kabeln lassen sich — je nach Durchmesser der Leitungen —
bis zu etwa 20 km Leitungslänge überbrücken, bei bespulten Leitungen ergeben
sich — je nach Leiterdurchmesser und Bespulungsart — Reichweiten bis ca.
150 km.

Gleichstromtastverfahren. Da die Telegraphie mit Einfachstrom wegen der verschiedenen Einschwingvorgänge beim Ein- und Ausschalten des Stroms nur bis zu
etwa 100 Baud anwendbar ist, wird für höhere Schrittgeschwindigkeiten die Doppelstromtelegraphie verwendet. Bei dieser ist die Schrittgeschwindigkeit durch die
Kabelkapazität begrenzt, so daß man oberhalb etwa 10000 Baud die Leitung entzerren muß.

In Abb. 14.2-4 sind Gleichstrom-Datenübertragungseinrichtungen (im folgenden
kurz GDN genannt, GDN = Gleichstrom-Datenübertragungssystem mit niedriger
Sendespannung) für Schrittgeschwindigkeiten bis 9600 Bd dargestellt [32]. Die
Stationen A und B sind mit einer 2-Drahtleitung verbunden. In beiden Richtungen
ist unabhängig voneinander eine Übertragung von binären Signalen möglich
(Duplex). Sender und Empfänger jeder Station sind an den Diagonalen einer
Brückenschaltung angeschlossen, deren Zweige aus der Leitung, der Leitungs-
nachbildung und den beiden gleich großen Widerständen R bestehen. Die Brücke
wird mit Hilfe der Nachbildung abgeglichen. Wegen des niedrigen Innenwider-
standes der Brückenschaltung an den Leitungsklemmen (ca. 120 Ω) hat der Abgleich der Nachbildung in der einen Station keinen Einfluß auf den Abgleich der
Nachbildung in der Gegenstation.

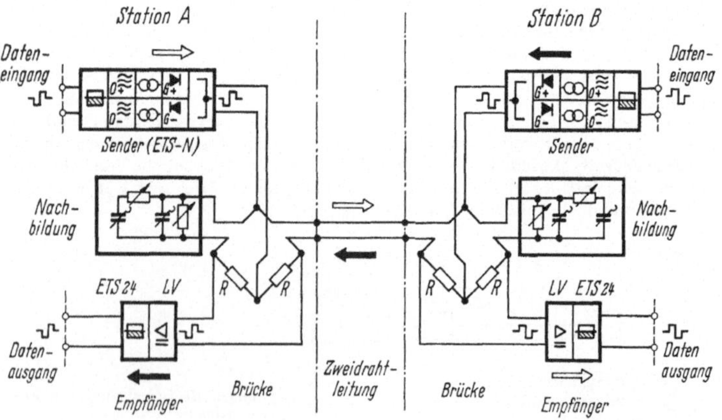

Abb. 14.2-4. Prinzipschaltbild des GDN-Systems bei Zweidraht-Duplex-Betrieb

Der Sender ist ein *Elektronischer Telegraphie-Signalübertrager* (kurz ETS) mit niedriger Ausgangsspannung. Die Eingangssignale steuern je nach Polarität zwei Oszillatoren (O+ und O−), die je eine Wechselspannung ($f \approx 100$ kHz) über je einen Übertrager auf je einen Gleichrichter (G+ und G−) geben. Die Übertrager trennen galvanisch den Eingangskreis vom Ausgangskreis. Die gleichgerichteten Wechselspannungen bilden (gegeneinander geschaltet) das Doppelstromausgangssignal.

Der Empfänger setzt sich aus einem empfindlichen Gleichstromverstärker und einem ETS zusammen. Dieser ETS, der in Abb. 14.2-4 symbolisch als Kippstufe dargestellt ist, arbeitet nach dem gleichen Prinzip wie derjenige auf der Sendeseite. Er liefert aber an seinem Ausgang eine größere Leistung.

Hat man eine *4-Drahtleitung*, werden Sender und Empfänger ohne Brückenschaltung über je eine 2-Drahtleitung verbunden.

Das eben beschriebene Gleichstrom-Datenübertragungssystem ist durch vier Hauptmerkmale gekennzeichnet:

a) Es arbeitet nach dem Doppelstromprinzip und erlaubt daher eine Übertragung mit kleiner Telegraphie-Verzerrung bis zu Schrittgeschwindigkeiten von 9600 Bd und über Anschlußleitungen normaler Länge.

b) Die Sendespannung beträgt nur etwa ± 0,4 V. Die in Nachbarleitungen durch Nebensprechen erzeugten Geräuschspannungen sind daher kleiner als 0,2 mV an 600 Ω, wenn mit einem Bewertungs-Filter nach [11] gemessen wird.

c) Die Leitung ist erdfrei und symmetrisch abgeschlossen; dadurch ist die GDN trotz geringer Signalspannung unempfindlich gegen Störspannungen, die auf der Leitung eingekoppelt werden. Fehlerhäufigkeiten kleiner als 10^{-8} sind erreichbar.

d) Bei Anwendung des Brückenprinzips ist Vollduplexverkehr über eine 2-Drahtleitung möglich.

e) Das System ist wenig aufwendig.

Als überbrückbare Leitungslänge für unpupinisierte Kabel mit 0,8 mm Aderndurchmesser kann, abhängig von Schrittgeschwindigkeit, zulässiger Telegraphieverzerrung und der Betriebsart, folgendes angegeben werden:

	Zulässige Telegraphie-verzerrung	Schrittgeschwindigkeit in kBd			
		$\leq 0,6$	1,2	2,4	4,8
2-Draht Duplex	5% 20%	14 km 18 km	11 km 16 km	7 km 13 km	— 10 km
4-Draht Duplex	5% 20%	30 km 30 km	21 km 25 km	14 km 19 km	— 16 km

Bei Kabeln mit geringerem Aderndurchmesser gelten entsprechend geringere Reichweiten. Für Schrittgeschwindigkeiten > 9600 Bd müssen die Ortsleitungen entzerrt werden.

Bei Pupinkabeln (0,8 mm ⌀, 80 mH Bespulung) ergibt sich im 4-Draht-Duplex-Betrieb bei einer Telegraphieverzerrung $\leq 15\%$ und einer Schrittgeschwindigkeit $\leq 3,6$ kBd eine Reichweite von 50 km [58].

Überall dort, wo Leitungen mit Übertragern abgeschlossen werden müssen (z.B. wegen Starkstrombeeinflussung), und besonders auch, wenn eine Leitung mehrfach für Telegraphie ausgenutzt werden soll, wird die *Wechselstromtelegraphie* (WT) eingesetzt. Sie benutzt Fernsprechkanäle als *Grundleitungen*, die zu diesem Zweck von der Telephonie freigestellt werden müssen, und unterteilt sie — je nach der erforderlichen Schrittgeschwindigkeit — in bis zu 24 Telegraphiekanäle. Sie eignet sich besonders zur Schaffung starker Kanalbündel, wie sie in Wählnetzen (z.B. Telex) als Verbindungsleitungen zwischen Ämtern erforderlich sind.

Für normale 50-Baud-Fernschreibverbindungen hat sich den CCITT-Empfehlungen [14] entsprechend eine Aufteilung in 24 Kanäle mit 120 Hz Trägerabstand eingeführt. Daneben haben viele Verwaltungen auch WT-Systeme mit 240 Hz Trägerabstand in Betrieb genommen [15]. Diese für Schrittgeschwindigkeiten von 100 Bd geeigneten Kanäle werden häufig auch in 50-Baud-Fernschreibverbindungen eingesetzt, wo sie insbesondere bei der Hintereinanderschaltung vieler WT-Abschnitte den Vorteil geringerer auflaufender Telegraphieverzerrungen haben und geringere Anforderungen an die Wartung stellen [33].

Insbesondere für Zwecke der Datenübertragung ist ein 6-Kanal-WT-System mit 480 Hz Trägerabstand festgelegt [16]; die Kanäle sind für Schrittgeschwindigkeiten von 200 Bd vorgesehen.

Eine abweichende Reihe von WT-Systemen sind diejenigen mit 170 Hz Trägerabstand und maximal 100 Bd Schrittgeschwindigkeit; sie sind vor allem in Amerika eingeführt, haben aber auch für Europa Bedeutung, weil sie auf Kurzwellenverbindungen sowohl nach Übersee als auch innerhalb Europas eingesetzt werden. Die Systeme sind an sich für 18 Kanäle geplant, können aber wegen der geringeren Bandbreite der Kurzwellen-Fernsprechkanäle höchstens bis zum Kanal 15 (2805 Hz) ausgebaut werden. Dem Bedarf an Kanälen für höhere Schrittgeschwindigkeiten von z.B. 200 Bd auf Funkstrecken wird durch ein 6-Kanal-System mit 340 Hz Trägerabstand entsprochen.

Bei WT-Systemen läßt sich leicht ein *Staffel-* oder *Abzweigbetrieb* durchführen. Wenn z.B. entlang einer Fernversorgungsleitung für Gas oder Wasser mehrere Stationen liegen, die einer Kontrollstation unterstehen, so teilt man eine Fernsprechleitung in WT-Kanäle auf und ordnet jeder Station einen oder mehrere Kanäle zu. Um an den Abzweigstellen die Leitungsverhältnisse nicht zu stören, verwendet man hier Verstärker, die an der Leitungsseite einen großen Widerstand aufweisen. Jede Frequenzlage ist meist nur einmal zu verwenden, da man normalerweise keine Sperrfilter setzt.

Verfahren und Technik der WT werden in Abschnitt 14.2.3.1 und 14.2.3.2 behandelt.

Bei Schrittgeschwindigkeiten von 600 oder 1200 Bd teilt man den Fernsprechkanal im allgemeinen nicht mehr auf. Für *M*odulation und *Dem*odulation der Gleichstrom-Datensignale verwendet man sogenannte Modems (s. 14.2.3.2, 14.2.3.3).

Bei Schrittgeschwindigkeiten von 2400 Bd und darüber ist der Fernsprechkanal zu schmal für eine code- und taktunabhängige Zweiseitenbandübertragung von Datensignalen. Die nächstbreitere genormte Verbindung ist die Primärgruppenverbindung (Bandbreite: 48 kHz), die man mit 12 Datenkanälen zu 2400 Bd, 6 Datenkanälen zu 4800 Bd oder 2 Datenkanälen zu 9600 Bd ausnutzen kann. Auch gemischte Belegung mit solchen Datenkanälen sind möglich. Für die Modulation und die Demodulation verwendet man sogenannte Datenumsetzer (s. 14.2.3.2).

14.2.2 Bündelungsverfahren, Parallelübertragung

Die Aufteilung eines Übertragungsweges mit relativ großer Frequenzbandbreite in Übertragungskanäle geringerer Bandbreite mit verschiedenen Trägerfrequenzen, wofür die in Abschnitt 14.2.1 beschriebenen Mehrkanal-WT-Systeme typische Beispiele sind, bezeichnet man auch als *Frequenzmultiplex*. Die Signale in den Einzelkanälen sind *unabhängig* voneinander, d.h. sie müssen weder gleichen Code noch gleiche Telegraphiergeschwindigkeit haben. Derartige Systeme sind flexibel, d.h. sie können teilausgebaut und bei Bedarf aufgestockt werden.

Ein anderes Bündelungsprinzip ist das *Zeitmultiplexverfahren*, bei dem die von den Datenquellen kommenden Nachrichten zeitlich verschachtelt übertragen werden (vgl. Abb. 14.1-5). Die Zeitmultiplex-Einrichtung auf der Sendeseite sendet im breiten Frequenzband einen *isochronen Multiplex-Bitfluß* zur Zeitmultiplex-Einrichtung auf der Empfangsseite. Isochron bedeutet, daß der Bitfluß aus Schritten genau gleicher Dauer besteht. Der Multiplex-Bitfluß ist in Gruppen von ein oder mehreren Schritten *(Zeitschlitze)* eingeteilt, die zyklisch den verschiedenen

Nachrichten zugeordnet sind. Den Teil des Bitflusses, der zu einem Zyklus gehört, nennt man einen *Rahmen*. Der Rahmen beginnt i.a. mit einem verabredeten *Synchronisierwort*, das beispielsweise aus 12 bit besteht und mit dem die Zeitmultiplex-Einrichtung auf der Empfangsseite sich auf die Sendeseite synchronisieren kann, und zwar auch dann, wenn der Synchronismus vorübergehend (beispielsweise durch eine Störung) verloren gegangen sein sollte. Aus dem zeitlichen Abstand zum Synchronisierwort ergibt sich auf der Empfangsseite auch die Zuordnung der Zeitschlitze zu den Nachrichten.

Die *Datensignale*, die der Zeitmultiplex-Einrichtung auf der Sendeseite angeliefert werden, sind nach [59] *isochron*, wenn es sich um Signale mit Schrittgeschwindigkeiten (vgl. Abschnitt 14.1.3) von 600 Bd oder mehr handelt, oder *anisochron* (Datenübertragung im Start-Stop-Verfahren, s. Abschnitt 14.1.2), wenn die Signale eine Schrittgeschwindigkeit von 200 Bd oder weniger haben.

Isochrone Datensignale können genau den Takt des Zeitmultiplexsystems aufweisen. Das ist dann der Fall, wenn Datenquelle und -senke vom Takt des Zeitmultiplexsystems gesteuert werden: Von den Datenquellen kommen dann immer so viele Bit an, wie das Zeitmultiplexsystem übertragen kann. Zwei kleine Zwischenspeicher je Kanal am Eingang und am Ausgang des Zeitmultiplexsystems sorgen für das zeitrichtige Hineinschachteln der Nachrichten in den Multiplex-Bitfluß bzw. für die isochrone Aussendung der Nachricht zu den Datensenken.

Senden die Datenquellen jedoch jeweils mit einem eigenen Takt isochrone Datensignale aus, so werden diese Takte mit dem Takt des Zeitmultiplexsystems nicht genau kompatibel sein, sondern in einem gewissen Toleranzbereich liegen. Selbst wenn man den Toleranzbereich genügend klein wählt, wird es immer wieder einmal vorkommen, daß ein Bit verloren geht (wenn der Takt einer Datenquelle höher ist als der Kanaltakt des Zeitmultiplexsystems) oder ein Bit doppelt übertragen wird (wenn der Takt einer Datenquelle niedriger ist als der Kanaltakt des Zeitmultiplexsystems). Dies nennt man *Bitschlupf*.

Dasselbe Problem tritt auf, wenn im Zuge einer Datenverbindung mehrere Zeitmultiplexabschnitte hintereinandergeschaltet werden und die Takte der beiden Abschnitte nicht genau übereinstimmen. Allerdings kann man hier durch Atomuhren sicherstellen, daß ein Bitschlupf nur sehr selten vorkommt. Man sagt dann, die beiden Abschnitte arbeiten *plesiochron*, die Datenverbindung oder das Datennetz arbeitet mit „*spilling*".

Will man Bitschlupf vermeiden, so muß man *Stopfverfahren* anwenden. Das Prinzip des Stopfens besteht darin, daß man den Kanaltakt des Zeitmultiplexsystems um 5 bis 25 % höher wählt als die Nenngeschwindigkeit des isochronen Datensignals. Im Rahmen des Multiplex-Bitflusses werden jedem Zeitschlitz zwei *Füllstellen* und eine *Stopfinformation* zugeordnet. Mit der gesicherten Stopfinformation wird dem Zeitmultiplexempfänger mitgeteilt, ob die Füllstellen mit einem oder mit zwei Bit des Datensignals belegt sind oder keine Information enthalten. Auf diese Weise kann der Datenfluß jedes Zeitschlitzes in der Geschwindigkeit der Quelle angepaßt werden.

Ein Beispiel: Wenn der Multiplex-Bitfluß von 64 kbit/s in Rahmen von 400 bit ($\widehat{=}$ 50 8-bit-Worte) eingeteilt ist und jeder Rahmen mit einem Synchronisierwort von 12 bit beginnt und weitere 4 bit für andere Zwecke benötigt werden, bleiben noch 384 bit je Rahmen übrig. Zur Übertragung von sechs 9600-bit/s-Datensignalen teilt man diese in sechs Zeitschlitze zu 64 bit. Von diesen sind 59 bit immer dem Datensignal zugeordnet und 1 oder 2 bit nur dann, wenn die aus 3 bit bestehende Stopfinformation dies anzeigt. Da je Sekunde 160 Rahmen im Multiplex-Bitfluß übertragen werden, darf die Geschwindigkeit der Datensignale somit zwischen 160 · 59 bit/s = 9440 bit/s und 160 · 61 bit/s = 9760 bit/s liegen.

In verschiedenen Datennetzen werden die von der Quelle stammenden Daten von der nachgeschalteten Übertragungseinrichtung in sogenannten „envelopes" (Hüllen) verpackt: Je 8 Datenbits werden von einem Synchronisier- und einem Statusbit eingeschlossen. Das Statusbit gibt der Vermittlungseinrichtung an, ob die 8 Datenbits zur Senke weitergegeben werden sollen oder eine für die Vermittlung bestimmte Information enthalten. Die Übertragungsgeschwindigkeit erhöht sich dadurch um den Faktor 10/8. — In anderen Netzen ordnet man je 6 Datenbit ein Synchronisier- und ein Statusbit zu. Dann erhöht sich die Übertragungsgeschwindigkeit um den Faktor 8/6.

Anisochrone Datensignale können eine beliebige Geschwindigkeit unterhalb einer durch das Übertragungssystem vorgegebenen haben. Ein Zeitmultiplexsystem muß daher in der Zeit quasianalog übertragen. Man tastet dazu (Abb. 14.2-5) einen Datenschritt mit Nenndauer ③ ca. 50mal mit einem Abtast-Takt ① ab. Die Zu-

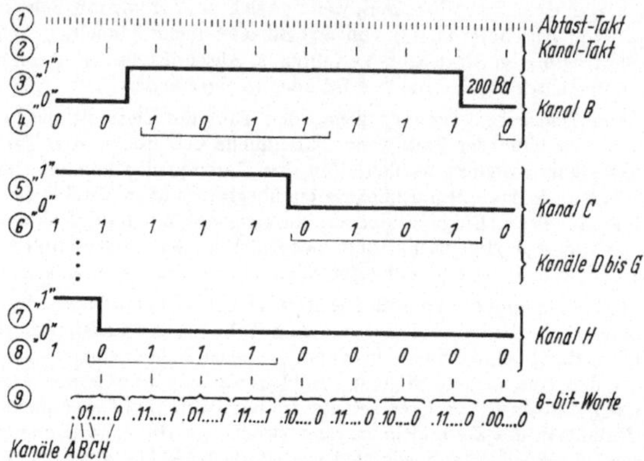

Abb. 14.2-5. Quasianaloge Zeitmultiplex-Übertragung von acht binären Datensignalen (in den Kanälen A bis H) über einen gemeinsamen Zeitmultiplexkanal

standsänderung eines Datensignals wird dem Multiplex-Empfänger durch ein „Telegramm" ④ angezeigt, für dessen Übertragung jedem der 8 Kanäle (A bis H) 1 bit der 8-bit-Worte ⑨ zur Verfügung stehen. Diese 8-bit-Worte werden mit dem Abtast-Takt ausgesendet. Bei 200-Bd-Kanälen kann man als Übertragungskanal für die 8-bit-Worte im 400-bit-Rahmen den aus 64 bit bestehenden Zeitschlitz (s. oben) für ein isochrones 9600-bit/s-Datensignal verwenden ($160 \cdot 64$ bit/s = 10240 bit/s). Das „Telegramm" besteht hier aus 4 bit. Das erste Bit ist ein Startbit. Es hat die Polarität des neuen Zustandes im Datensignal. Die drei folgenden Bit zeigen dem Multiplex-Empfänger an, bei welchem der zwischen zwei Kanal-Takt-impulsen ② liegenden acht Abtast-Taktimpulsen ① der neue Datenzustand erkannt wurde. Der Multiplexempfänger ist somit in der Lage, mit Hilfe eines Zwischenspeichers die Zustandsänderung mit einer Rasterunschärfe von ca. 2% der Nenndauer eines Datenschrittes an den Datenempfänger weiterzugeben. Nach dem „Telegramm" werden — bis zum Eintreffen des nächsten „Telegramms" zur Anzeige der folgenden Zustandsänderung — Bits mit dem Zustand des Datensignals ausgesendet. Die „Telegramme" können auch gegen Übertragungsfehler gesichert werden (s. z.B. [60]).

Das eben beschriebene Verfahren ergibt Zeitmultiplexkanäle, die „transparent" sind, d.h. unabhängig sind von Coderahmen und Geschwindigkeit des Datensignals. Sie übertragen das Datensignal in der Zeit quasianalog und fügen sich daher in ein Netz genauso ein wie Kanäle der Wechselstrom-Telegraphie. Man muß aber, um die Transparenz verwirklichen zu können, im Multiplexkanal je Datensignal einen Bitfluß bereitstellen, der vier- bis sechsmal größer ist als der des Datensignals.

Mit einem wesentlich geringeren Bitfluß je Datensignal kann man auskommen, wenn man Coderahmen und Geschwindigkeit des Datensignals festlegt, wie es z.B. im Telexnetz der Fall ist. Dann kann man ein Zeitmultiplexsystem mit „Kanälen für zeichenrahmengebundene Datensignale" bilden. Die auf der Sendeseite eines

Zeitmultiplexübertragungsabschnittes ankommenden Start-Stop-Zeichen werden empfangen, gespeichert, bitweise in den Multiplex-Bitfluß eingeschachtelt und auf der Empfangsseite des Abschnittes aus einem Speicher wieder ausgegeben.

Wir haben bisher stets die Serienübertragung eines Daten-Zeichens oder -Wortes zugrunde gelegt; ein Gegenstück dazu bildet die *Parallelübertragung*, bei der die Bit eines Zeichens auf mehrere Teilkanäle, die jeweils verschiedene Mittenfrequenzen haben, verteilt übertragen werden. Die Anzahl der Teilkanäle könnte gleich der Anzahl der Bit eines Zeichens gewählt werden, so daß z.B. auf den Teilkanal Nr. 1 stets das erste Bit, auf Nr. 2 stets das zweite Bit usw. trifft. In jedem Teilkanal entsteht so ein neues Seriensignal, das in jeder zweckentsprechenden Modulationsart in binärer oder höher codierter Form übertragen werden kann. Wenn der Schrittrhythmus empfangsseitig aus den Signalen der Teilkanäle nicht unmittelbar ableitbar ist, kann ein zusätzlicher Kanal zur Taktübermittlung vorgesehen werden.

Allgemein ist die Parallelübertragung gegenüber impulsartigen Störungen und gegen Laufzeitverzerrungen auf dem Übertragungsweg weniger störanfällig als die Serienübertragung. Nachteilig ist dagegen, daß die Anzahl der Teilkanäle durch den Code festgelegt ist; diese Kanäle müssen im Übertragungsband so plaziert werden, daß eine Übertragung auch bei stark pupinisierten Leitungen mit sehr eingeengtem Übertragungsband (z.B. 900 bis 2000 Hz) noch möglich ist. Mit der Serienübertragung ist man flexibler.

Die Parallelübertragung ist vor allem für Datensammelsysteme interessant, weil ein verhältnismäßig großer Aufwand nur beim (zentralen) Empfänger auftritt und die Sender bei den Außenstationen billig gemacht werden können. Vorteilhaft ist auch, daß man bei Modulation und Demodulation ein einfaches, aber verhältnismäßig wirksames Fehlerschutzverfahren anwenden kann. Vom CCITT wird ein System empfohlen, das sich mehr oder weniger an das ehemalige amerikanische TOOT-(three out of twelve-)System anlehnt. Zur Übertragung von maximal 64 unterscheidbaren Zeichen sind 12 Frequenzen in 3 Gruppen zu je vier unterteilt; gesendet wird stets nur eine Frequenz aus jeder Gruppe (3mal 1 aus 4). Das Grundsystem begnügt sich sogar mit zwei Frequenzgruppen (2mal 1 aus 4). Man kann damit 16 verschiedene Zeichen übertragen, was für numerische Übertragung ausreicht. — Die auf viele Außenstellen verteilten billigen Sender enthalten je zwei oder drei aus dem Schleifenstrom versorgte Oszillatoren, die durch die Kontakte z.B. eines Lochkartenabtasters oder einer Tastatur auf eine von vier Frequenzen umgetastet werden. In der relativ aufwendigen Datensammel-Zentrale wird jedes empfangene Zeichen auf die Codebedingung (2mal 1 aus 4 oder 3mal 1 aus 4) geprüft; im Falle eines Fehlers, der durch ein Signal gemeldet wird, kann eine Wiederholung verlangt werden.

Nach der CCITT-Empfehlung V.30 [34] sind für die Parallelübertragung folgende Frequenzen vorgesehen:

    Gruppe I: 920, 1000, 1080, 1160 Hz
    Gruppe II: 1320, 1400, 1480, 1560 Hz
    Gruppe III: 1720, 1800, 1880, 1960 Hz

Für die numerische Übertragung werden nur die Frequenzgruppen I und III verwendet. Die höchste Frequenz in jeder Gruppe ist die Ruhefrequenz. Töne mit diesen Frequenzen werden ausgesendet, wenn — bei aufgebauter Wählverbindung — gerade kein Zeichen übertragen wird, sowie jeweils zwischen zwei Zeichen. Es handelt sich also hier um eine mehrstufige Frequenzmodulation, bei der mit den Ruhetönen zusätzlich so etwas Ähnliches wie ein Takt übertragen wird. Von den maximal unterscheidbaren Zeichen geht hierfür eines verloren, so daß im numerischen Fall nur 15 und im alphanumerischen Fall nur 63 zur Verfügung stehen. Über den Modulationsvorgang s. 14.2.3.2.

In naher Zukunft wird es — vor allem in Nebenstellenanlagen — Fernsprechapparate geben, die mit einer numerischen Tastatur statt mit einer Wählscheibe ausgerüstet sind und die die Wählinformation ebenfalls mit zwei Frequenzgruppen im Code 2mal 1 aus 4 zur Vermittlung übertragen. Nach CCITT-Empfehlung Q.23 [36] sind hierfür die folgenden beiden Frequenzgruppen vorgesehen:

Gruppe I: 697,   770,   852,   941 Hz
Gruppe II: 1 209, 1 336, 1 477, 1 633 Hz

Mit diesem Parallelübertragungsverfahren können 16 verschiedene Zeichen übertragen werden, da keine Ruhetöne vorgesehen sind. Im Ruhezustand werden keine Töne ausgesendet. Es handelt sich also um eine kombinierte Amplituden- und Frequenzmodulation. Tabelle 14.2-1 zeigt die Zuordnung der Ziffern zu den Frequenzkombinationen.

Tabelle 14.2-1

	1 209 Hz	1 336 Hz	1 477 Hz	1 633 Hz
697 Hz	1	2	3	
770 Hz	4	5	6	
852 Hz	7	8	9	
941 Hz	*	0	#	

Nach Aufbau der Verbindung läßt sich die Fernsprechtastatur auch für einfache Datenübertragung nutzen [35]. Dies ist jedoch zunächst nur innerhalb einer Nebenstellenanlage (beispielsweise zu einem zentralen Rechner) erlaubt. Bei Übertragung über das öffentliche Fernsprechnetz sind die oben aufgeführten Frequenzen nach CCITT-Empfehlung V.30 zu verwenden, weshalb man am Ausgang aus der Vermittlungsanlage zum öffentlichen Netz Umsetzeinrichtungen vorsehen muß.

Mit dem Parallelübertragungsverfahren nach CCITT-Empfehlung Q.23 können zunächst nur die 10 Ziffern und einige Steuerzeichen übertragen werden (vgl. Tabelle 14.2-1). Will man einen größeren Zeichenvorrat übertragen, gibt es dafür mehrere Möglichkeiten. Eine ist folgende: Die Zeit, in der zwei Töne ausgesendet werden, wird in zwei Teil-Zeitabschnitte geteilt. Sollen — im rein numerischen Fall — die in Tabelle 14.2-1 angegebenen Zeichen übertragen werden, so sendet man in beiden Teil-Zeitabschnitten dieselbe Tonkombination. Sollen dagegen andere Zeichen übertragen werden, so wechselt man im zweiten Teil-Zeitabschnitt die Frequenz der oberen Frequenzgruppe. Auf diese Weise können 64 verschiedene Zeichen übertragen werden.

14.2.3 Modulationsverfahren, Systemübersicht

Die *Modulation* ist der Vorgang, durch den das als Gleichstromsignal vorliegende primäre Signal unmittelbar oder in abgewandelter, d.h. umcodierter Form dem Träger aufgeprägt wird. Das primäre Signal wird bei Telegraphie und Datenübertragung stets als ein binäres Signal mit nur zwei unterscheidbaren Zuständen 0 und 1 (A und Z, vgl. Abschnitt 14.1.2) vorausgesetzt. — Als *Demodulation* wird der umgekehrte Vorgang bezeichnet, der ggf. mit einer Decodierung verbunden ist, damit sich das dem primären Signal entsprechende binäre Signal ergibt. Zum Zwecke der Modulation kann jede der drei Bestimmungsgrößen (Amplitude, Frequenz oder Phase) desTräger-Wechselstromes im Signalrhythmus verändert werden.

14.2.3.1 Die Amplitudenmodulation (AM), und zwar diejenige mit zwei Seitenbändern, wird praktisch nur noch im 24-Kanal-WT-System mit 120 Hz Trägerabstand (AM-WT120) angewandt. Sie arbeitet in den meisten Ländern in *Ruhestrombetriebsweise,* d.h. beim Zustand 1 (Stoppolarität) fließt (Wechsel-)Strom über die Leitung, beim Zustand 0 (Startpolarität) nicht. Der Modulationsvorgang besteht aus Schaltvorgängen, durch die der Träger (Ton) ein- und ausgeschaltet wird. Hierfür verwendet man durch Gleichstrom gesteuerte Dioden. Diese Diodenschaltungen müssen so dimensioniert sein, daß beim Ausfall des Steuer-Gleichstroms *(Ortsstroms)* der Träger ausgeschaltet ist (man spricht von *großer Ruhedämpfung)*. Trägerfrequenzen und Pegel s. Tabelle 14.2-2.

Tabelle 14.2-2. Übersicht über genormte Systeme für Telegraphie

Modulationsverfahren	AM	FM	FM	FM	FM
CCITT-Empfehlungen	R31	R35		R35 bis, R37	R38A
Anzahl N der Kanäle im Sprachband	24	24	15	12	6
Nenn-Schrittgeschwindigkeit in Baud	50	50	100	50 oder 100	200
Mittenfrequenzen in Hz ($n=$ Kanal-Nr.; $n\leq N$)	$420+$ $+(n-1)120$	$420+$ $+(n-1)120$	$425+$ $+(n-1)170$	$480+$ $+(n-1)240$	$600+$ $+(n-1)480$
Frequenzhub in Hz	–	±30	$\pm42,5$	±60	±120
Nennpegel in dB [1]	$-20,2$	$-22,5$	$-21,6$	$-19,5$	$-16,5$
Zugehörige Spannung in mV an 600 Ohm	72,1	58,1	67	82,2	116,5
Pegelbereich in dB beim Empfänger, bezogen auf den Nennpegel	±6	$+9$ -17	$+9$ -35	$+9$ -17	$+9$ -17
Hauptsächlichste Anwendung	Telexnetz	Telegraphie auf Freileitung	Telegraphie auf Kurzwelle	Telexnetz	Datennetz

[1] bezogen auf 1 mW und auf den Punkt des relativen Pegels Null.

In der Empfangsschaltung für AM-WT folgt auf das Empfangsfilter im allgemeinen zunächst ein Vorverstärker, hierauf eine Gleichrichteranordnung mit Regeleinrichtung und daran anschließend eine Endstufe, die meist aus einer Kippstufe und einer Leistungsstufe besteht und die ein Gleichstromsignal der geforderten Leistung ($\pm$ 20 mA an einem Verbraucherwiderstand von 1 000 Ω) abzugeben vermag.

Die Regeleinrichtung hat die Aufgabe, die Telegraphieverzerrungen bei langsamen Schwankungen des Empfangspegels um $\pm$ 6 dB gegenüber dem Normalpegel in den geforderten Grenzen zu halten (Näheres [19]).

14.2.3.2 Die Frequenzmodulation (FM) hat heute für die digitale Signalübertragung die größte Bedeutung. Sie ist das Modulationsverfahren, das für die Datenübertragung im Fernsprechnetz vom CCITT zuerst empfohlen wurde [20]. In zunehmendem Maße verwendet man auch in Fernschreibnetzen statt der früher gebräuchlichen Systeme mit Amplitudenmodulation solche mit Frequenzmodulation. Die Gründe sind:

a) Der Regelbereich von FM-Systemen, d.h. der Arbeitsbereich, in dem Änderungen des Pegels zu keinen zusätzlichen Telegraphie-Verzerrungen führen, ist größer als bei AM-Systemen (25 bis 40 dB gegenüber 12 dB). Somit erhält man insbesondere auch bei Verbindungswegen mit starken Dämpfungsschwankungen, wie z.B. Freileitungen oder Kurzwellen-Funkstrecken, eine hohe Übertragungsgüte. Das gleiche gilt, wenn man im Fernsprechnetz beim Wählen auf Verbindungen mit verschiedener Grunddämpfung trifft.

b) FM-Systeme haben Doppelstromeigenschaften; auf der Leitung ist immer Ton, unabhängig von der Polarität der Schritte und dem Belegungszustand des Kanales. Somit lassen sich Unterbrechungen der *Grundleitung* leicht erkennen; spezielle Pilotkanäle sind nicht erforderlich.

c) Bei gleicher Frequenzbandbreite eines Kanales erlauben FM-Systeme die Übertragung etwas höherer Schrittgeschwindigkeiten als AM-Systeme.

d) Systeme mit Frequenzmodulation sind gegen Störspannungen weniger empfindlich als Systeme mit Amplitudenmodulation (s. Abschnitt 14.2.4).

Bei FM für digitale Übertragung werden die Signalzustände durch Wechselströme verschiedener Frequenz dargestellt, die als Kennfrequenzen bezeichnet werden. Im binären FM-Signal bedeutet die tiefere Kennfrequenz den Zustand 1 und die höhere den Zustand 0 (vgl. Tabelle 14.1-1). Die Trägerfrequenz f_0 liegt in der Mitte zwischen beiden. Als Frequenzhub h wird der Frequenzabstand zwischen der Trägerfrequenz und einer Kennfrequenz bezeichnet. Die Größe des Frequenzhubs in Mehrkanal-WT-Systemen beträgt ein Viertel des Trägerabstandes von benachbarten Kanälen. Genaue Werte sind aus Tabelle 14.2-2 zu entnehmen.

Abb. 14.2-6 zeigt den Aufbau eines WT-Systems.

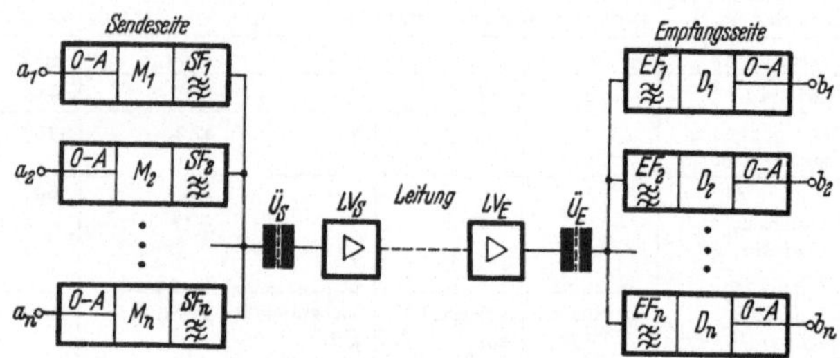

Abb. 14.2-6. Blockschaltbild einer Übertragungsrichtung der WT. *O-A* Ortskreisanschlußschaltung, *M* Sendemodulator, *SF* Sendefilter, $Ü_S$ sendeseitiger Anpassungsübertrager, *LV* Leitungsverstärker, $Ü_E$ empfangsseitiger Anpassungsübertrager, *EF* Empfangsfilter, *D* Demodulator, *a* Sender-Eingänge, *b* Empfänger-Ausgänge

In Tabelle 14.2-3 sind die vom CCITT empfohlenen Systeme für die Datenübertragung im Fernsprechnetz angegeben. Es sind zwei FM-Systeme zu unterscheiden:

α) Ein System zur Übertragung mit Schrittgeschwindigkeiten bis 600 oder bis 1 200 Bd. Für den größeren Bereich der Schrittgeschwindigkeit ist die Trägerfrequenz 1 700 Hz und der Hub $\pm$ 400 Hz empfohlen worden. Dem kleineren Bereich, der vor allem für Verbindungen mit stark pupinisierten Niederfrequenzabschnitten (S. 366) gedacht ist, sind die Trägerfrequenz 1 500 Hz und der Hub $\pm$ 200 Hz zugeordnet. — Für Quittungssignale (s. Abschnitt 14.2.6.4) ist ein schmaler Rückkanal vorgesehen: Trägerfrequenz 420 Hz, Hub $\pm$ 30 Hz, Schrittgeschwindigkeit 75 Bd.

β) Ein System zur Übertragung mit Schrittgeschwindigkeiten bis 300 Bd, das zum Unterschied zum ersten System mit gleichwertigen Kanälen in beiden Richtungen arbeitet. Als Trägerfrequenz zum Senden benutzt der rufende Teilnehmer die Frequenz 1 080 Hz und der gerufene Teilnehmer 1 750 Hz. Der Hub ist in beiden Fällen $\pm$ 100 Hz.

Der Sender für ein FM-Signal besteht im allgemeinen aus einem einzigen Oszillator, dessen Frequenz im Rhythmus des zu übertragenden Signals umgetastet wird. Gebräuchlich sind vor allem rückgekoppelte LC-Oszillatoren, bei denen die Induktivität (L) oder die Kapazität (C) des frequenzbestimmenden Schwingkreises geändert wird. In Abb. 14.2-7 ist als Beispiel ein Schaltungsprinzip angegeben, das auch für relativ große Frequenzhübe geeignet ist (z. B. ist ein Verhältnis von Hub zu Trägerfrequenz von mehr als 20 % möglich). Zum Umschalten der Induktivität L des frequenzbestimmenden Schwingkreises dienen zwei Schalttransistoren. Um einen störungsfreien Übergang von einer Frequenz auf die andere zu erreichen,

Tabelle 14.2-3. Übersicht über genormte Systeme für Serien-Datenübertragung im Sprachband

Modulationsverfahren	FM	FM		4 PhM	FM
CCITT-Empfehlungen	V21	V23		V26	
Anzahl N der Kanäle im Sprachband	2	1 Datenkanal	1 Hilfs-kanal	1 Daten-kanal	1 Hilfs-kanal
Nenn-Übertragungs-geschwindigkeit in bit/s	300	600	1200	75	2400	75
Mittenfrequenzen in Hz	1080, 1750	1500	1700	420	1800	420
Frequenzhub in Hz	± 100	± 200	± 400	± 30	–	± 30
Nennpegel in dB [1]	-13 [2]	-10 [2]	-10 [2]	-13 [2]	-10 [2]	-13 [2]
Zugehörige Spannung in mV an 600 Ohm	173	245	245	173	245	173
Pegelbereich in dB beim Empfänger,	0 -43	0 -43	0 -43	0 -43	0 -43	0 -43
Hauptsächlichste Anwendung	Fernsprechnetz				Mietleitungen, später auch Fernsprechnetz	

[1] bezogen auf 1 mW und auf den Punkt des relativen Pegels Null.

[2] -13 dB bei Verwendung des Hilfskanals (vgl. CCITT-Empf. V2B). In Deutschland in allen Fällen: -15 dB.

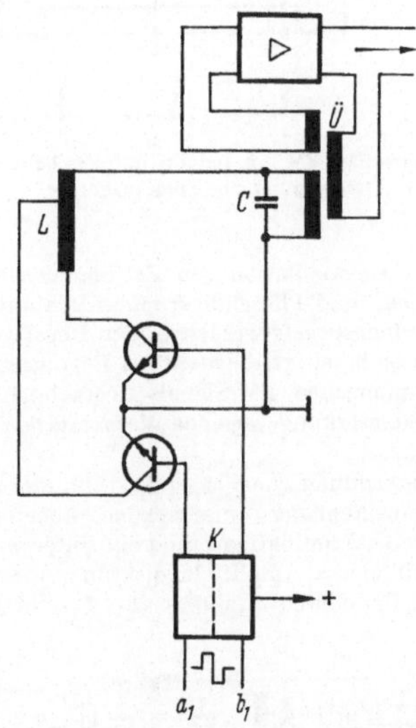

Abb. 14.2-7. FM-Sender mit Induktivitätsumschaltung

darf die Energiebilanz des Schwingkreises im Augenblick des Umschaltens nicht gestört werden. Dazu ist es erforderlich, die Umschaltung sehr schnell zu vollziehen. Durch die Kippstufe K wird dies auch in den Fällen gewährleistet, in denen die an den Punkten a_1 und b_1 anliegenden Telegraphiesignale nicht die erforderliche Flankensteilheit besitzen.

Dieses Schaltungsprinzip läßt sich auch in dem Fall anwenden, wenn — wie beim Parallelmodem — von einer Ruhefrequenz auf mehrere verschiedene Arbeitsfrequenzen umgeschaltet werden soll (s. Abb. 14.2-8).

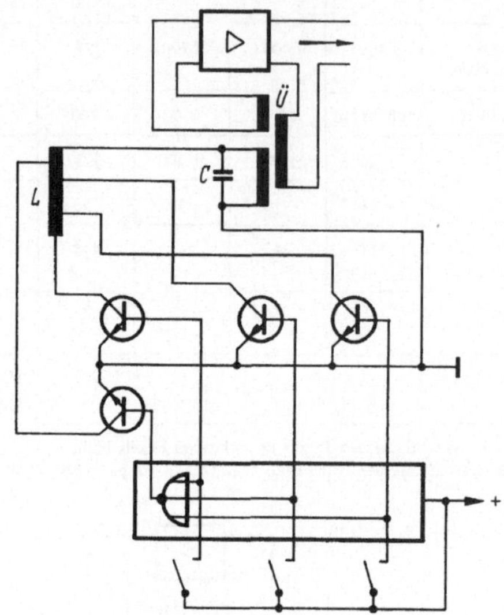

Abb. 14.2-9. Sender für mehrstufige FM mit Induktivitätsumschaltung (für Daten-Parallelübertragung, nur eine Frequenzgruppe)

Zur empfangsseitigen Demodulation von FM-Signalen benutzt man Diskriminatoren, die in Amplituden- und Phasendiskriminatoren unterteilt werden können. Schwankungen des Empfangspegels werden in der Regel vor dem Diskriminator durch Amplitudenbegrenzer beseitigt, die meist als Begrenzerverstärker zugleich die Vorverstärkung des empfangenen FM-Signals übernehmen; gelegentlich werden auch automatisch die Verstärkung regelnde Vorverstärker (Regelverstärker) benutzt.

Vor allem bei der Verwendung von Phasendiskriminatoren ist es notwendig, die ggf. durch Amplitudenbegrenzung entstehenden höheren Harmonischen der Signalfrequenzen vor der Diskrimination durch ein Filter wieder zu beseitigen.

Das Prinzip eines einfachen Amplitudendiskriminators geht aus Abb. 14.2-9 hervor. Zwei bedämpfte Parallelschwingkreise (L_1, C_1 und L_2, C_2) sind auf unter-

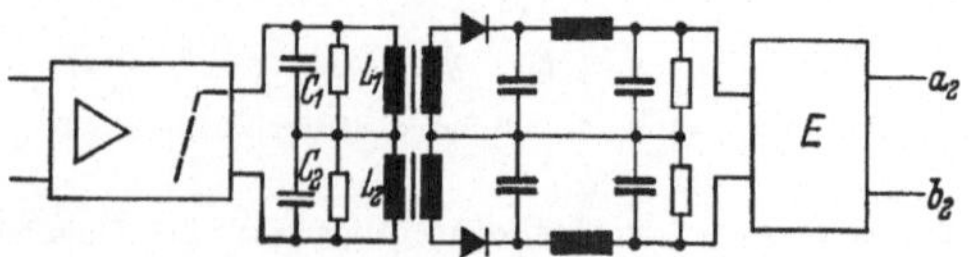

Abb. 14.2-8. FM-Empfänger mit Amplituden-Diskriminator

schiedliche Frequenzen abgestimmt; die daran abfallenden Spannungen werden in entgegengesetzter Polarität gleichgerichtet (vgl. u_1 und u_2 inAbb. 14.2-10) und durch geeignete Siebungsmittel von den höherfrequenten Anteilen befreit; sie ergeben als Summe die in der Abb. 14.2-10 stark ausgezogene Diskriminatorkennlinie. Der Abstand der symmetrisch zur Trägerfrequenz liegenden Resonanzfrequenz der beiden Schwingkreise wird meist etwa gleich der 6-dB-Bandbreite des Übertragungskanals gewählt. Da dieser Diskriminator selbst Selektionseigenschaften hat, kann er im allgemeinen mit einem amplitudenbegrenzten Signal unmittelbar beaufschlagt werden.

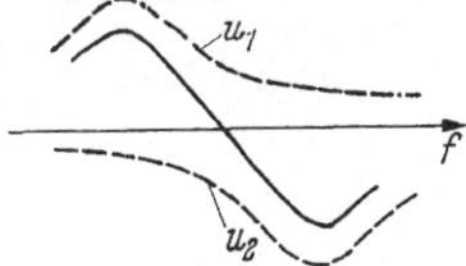

Abb. 14.2-10. Kennlinie des Amplituden-Diskriminators nach
Abb. 14.2-9

Abb. 14.2-11 zeigt das Prinzip eines Phasendiskriminators. Der vorverstärkte und auf konstante Amplitude gebrachte Signalstrom wird in einen Serienschwingkreis (L, C) eingeprägt. Einerseits wird von der Spule eine gegen den Strom um 90° voreilende Spannung abgegriffen, verstärkt (evtl. mit Amplitudenbegrenzung) und einem Modulator M über ein erstes Klemmenpaar zugeführt. Andererseits wird die am ganzen Schwingkreis abfallende Spannung in gleicher Weise verstärkt und dem Modulator über ein zweites Klemmenpaar zugeführt. Diese Spannung ist oberhalb

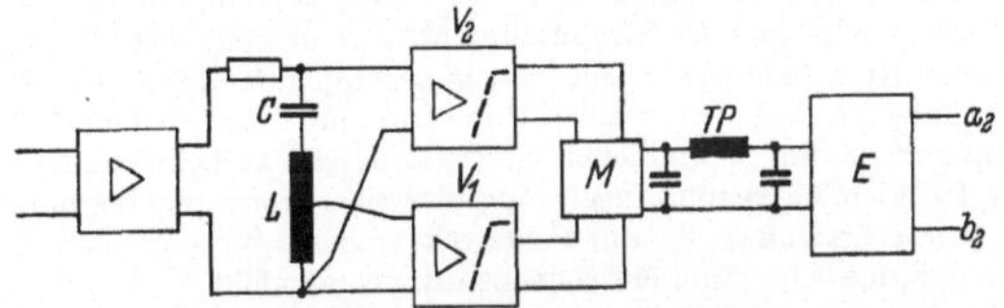

Abb. 14.2-11. FM-Empfänger mit Phasen-Diskriminator

der Resonanzfrequenz des Schwingkreises gegenüber dem Strom voreilend, im Grenzfall um 90°. Unterhalb der Resonanzfrequenz ist sie nacheilend, im Grenzfall wieder um 90°. Der Modulator M, der als Doppelgegentaktmodulator, z.B. als Ringmodulator, ausgeführt ist, erhält also bei Frequenzen, die oberhalb bzw. unterhalb der Resonanzfrequenz liegen, zwei zur Gleich- bzw. Gegenphasigkeit tendierende Spannungen und gibt als Produkt neben höherfrequenten Anteilen, die im Tiefpaß (TP) wieder beseitigt werden, positiven bzw. negativen Gleichstrom an die Endschaltung (E). Die Charakteristik des Diskriminators läßt sich durch Bedämpfung des Schwingkreises beeinflussen; in Abb. 14.2-12 sind als Beispiel zwei Kurven angegeben.

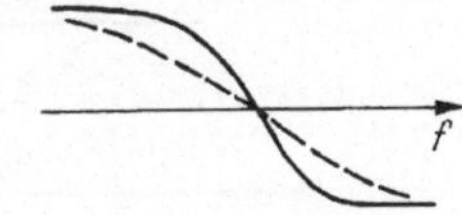

Abb. 14.2-12. Kennlinie des Phasen-Diskriminators nach
Abb. 14.2-11

Zur Demodulation von mehrstufigen frequenzmodulierten Signalen, wie sie bei der Daten-Parallelübertragung vorkommen, verwendet man am besten sogenannte Filterdemodulatoren; in Abb. 14.2-13 ist für eine Frequenzgruppe der Daten-

Parallelübertragung ein Empfänger-Blockschaltbild angegeben [37]. Von der Leitung her gelangt das Signal zunächst auf ein Gruppenfilter, das die Töne der anderen Frequenzgruppen aussperrt. Hinter dem Filter sollte immer ein und nur ein Ton vorhanden sein. Dieser Ton wird durch einen Regel- oder Begrenzerverstärker ver-

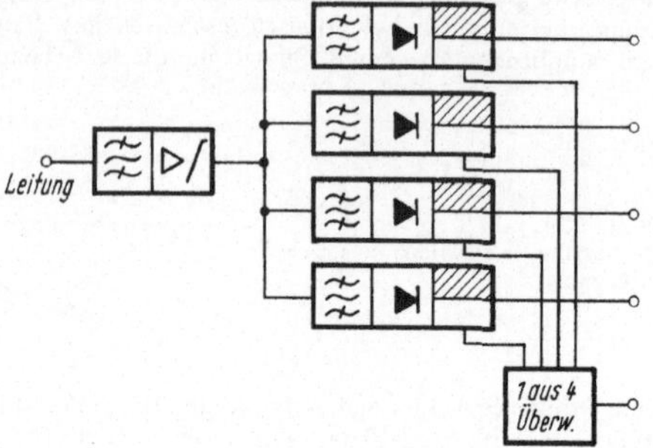

Abb. 14.2-13. Filterdemodulator für Daten-Parallelübertragung (nur eine Frequenzgruppe)

stärkt und dann auf die Eingänge von vier schmalen Filtern gegeben. Das Filter, dessen Mittenfrequenz mit der Frequenz des Tons übereinstimmt, läßt den Ton durch; in einem nachfolgenden Gleichrichter wird er demoduliert und seine Amplitude als Gleichstromsteuersignal einer Ausgangskippstufe zugeführt. Der Vorteil dieser Anordnung ist, daß die schmalen Filter nur einen sehr kleinen Teil der Spektren von auf der Leitung befindlichen Störspannungen aufnehmen. Nur so ist der Vorteil der Parallelübertragung, gegen impulsartige Störungen besonders unempfindlich zu sein, zu gewinnen. — Zur Fehlererkennung kann man noch überwachen, ob eine und nur eine Kippstufe je Frequenzgruppe anspricht.

Beim Empfang von Signalen des Parallelübertragungsverfahrens nach der CCITT-Empfehlung Q.23 ergibt sich noch eine besondere Schwierigkeit. Da es sich hier um sehr einfache Sendestationen handelt, beispielsweise um einen ungeänderten Fernsprechapparat, wird während der Datenübertragung die Sprechkapsel nicht abgeschaltet. In den Zeitabschnitten ohne Ton können daher Raumgeräusche oder Sprache über die Sprechkapsel in die Datenleitung eindringen. Sie sollten als Störung beim Empfänger erkannt werden (sogenannter „Sprach-

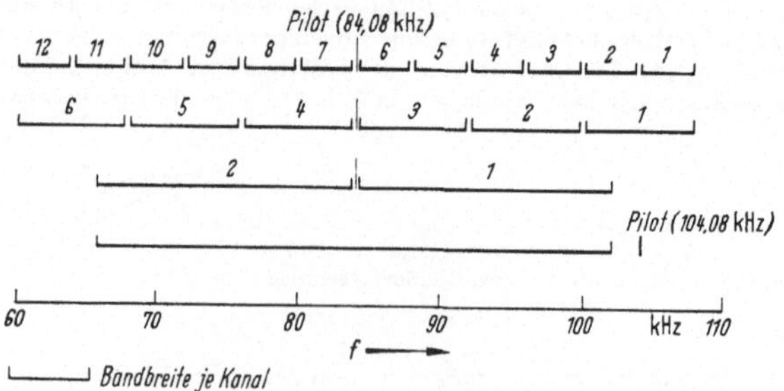

Abb. 14.2-14. Aufteilung der Primärgruppe in Datenkanäle für 2,4, 4,8, 9,6 und 48 kBd

schutz"). Dazu genügt aber die beschriebene Fehlererkennung durch Codeprüfung auf 2mal (1 aus 4) nicht. Vielmehr wertet man die für die Datenübertragung nicht benutzten Frequenzbereiche (300 bis 600 und 1700 bis 3400 Hz) aus. Genügend große Spektralanteile in diesen Frequenzbereichen sollten nicht die Ausgabe der Zeichen unterdrücken, sondern zu einer speziellen Anzeige führen, die die Datenendeinrichtung auswerten kann.

Zur Aufteilung der Primärgruppe (s. auch Abschnitt 14.2.5.4) in Datenkanäle für 2400, 4800 oder 9600 Bd besteht die Möglichkeit, *Datenumsetzer* zu verwenden, die nach einem ähnlichen Prinzip wie die WT arbeiten. Verwendet wird wieder die Frequenzmodulation. Die Lage der Datenkanäle in der Primärgruppe zeigt Abb. 14.2-14. Zu bemerken ist, daß der Pilot, der der Restdämpfungsregelung der Primärgruppen dient, in seiner Regellage bei 84,08 kHz verbleiben kann, solange die Primärgruppe in Datenkanäle unterteilt wird. Erst wenn sie als Ganzes mit nur einem Datenkanal für z.B. 48000 Bd ausgenutzt wird, muß der Primärgruppenpilot auf 104,08 kHz verlegt werden (s. unterste Zeile in Abb. 14.2-14).

14.2.3.3 Die Phasenmodulation (PhM) hat sich trotz vieler übertragungstechnischer Vorteile in der Telegraphie bisher nicht durchsetzen können; sie gewinnt aber für Datenübertragung zunehmend an Bedeutung, da sie das gegenüber Störspannungen unempfindlichste Modulationsverfahren ist. Ihr Hauptnachteil ist (bei Phasenzustands-Modulation) die Mehrdeutigkeit, bei binärer Übertragung also die Zweideutigkeit der Empfangspolarität. Diese Zweideutigkeit ist in bestimmten Fällen von blockweiser Datenübertragung mit automatischer Fehlererkennung und Korrektur durch Wiederholung der fehlerbehafteten Blöcke unschädlich, weil bei Blockbeginn die richtige Polarität leicht eingestellt werden kann und weil jeder Übertragungsfehler sowieso eine Wiederholung erforderlich macht, so daß es gleichgültig ist, ob die den Fehler verursachende Störung eine Polaritätsvertauschung zur Folge hat oder nicht. In anderen Fällen kann ein Verfahren zur automatischen Polaritätskorrektur benutzt oder — bei rhythmischer Sendung (s. unten) — die gegen Polaritätsvertauschungen unempfindliche Phasendifferenzmodulation angewandt werden.

Bei digitaler Phasenmodulation wird der Gesamtphasenwinkel zwischen zwei Kennzuständen als Maß für den Modulationsgrad benutzt und mit *Phasensprung* oder *Phasensprungwinkel* bezeichnet, ungeachtet dessen, daß der sprunghafte Charakter des Phasenübergangs meist durch die Eigenschaften des Übertragungskanals verlorengeht.

Die einfachste Art digitaler Phasenmodulation ist die binäre (180°-)Phasen-Modulation. Wie der Gleichstrom bei Doppelstrombetriebsweise wird hier der Wechselstromträger im Signalrhythmus umgepolt. Als Sendemodulator dient beispielsweise ein normaler Ringmodulator (Abb. 14.2-15). Das Spektrum entspricht demjenigen eines AM-Signals mit unterdrücktem Träger; um daraus das ursprüngliche Signal wieder zu gewinnen, muß auf der Empfangsseite ein Demodulationsträger in einer definierten Bezugsphase zugesetzt werden, der entweder aus dem trägerfrequenten Empfangssignal abgeleitet oder örtlich erzeugt und mit dem Empfangssignal synchronisiert wird.

Abb. 14.2-15.
Sendemodulator für PhM

Ein Beispiel eines Empfängerprinzips ist aus Abb. 14.2-16 ersichtlich. Hier wird ein abgezweigter Teil des trägerfrequenten Signalstromes nach Beseitigung der durch die Amplitudenbegrenzung entstehenden Oberwellen (im Filter F_1) mit Hilfe eines

Doppelweggleichrichters G in der Frequenz verdoppelt; damit verschwinden auch die Phasenumkehrungen; kleine Unstetigkeiten beseitigt das schmalbandige Filter F_2; der nachfolgende Frequenzhalbierer $(2f_0/f_0)$ liefert den Demodulationsträger, der anschließend verstärkt und zweckmäßig auch amplitudenbegrenzt wird.

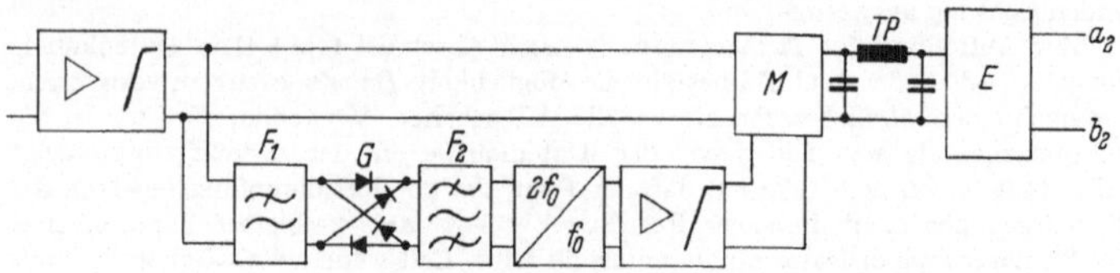

Abb. 14.2-16. PhM-Empfänger mit Trägerrückgewinnung durch Frequenzhalbierung des frequenzverdoppelten Signals

Es ist offensichtlich, daß sich die Anfangspolarität mit einfachen Mitteln (z.B durch Aussendung einer vereinbarten Polarität während einer kurzen Dauer am Beginn der Übertragung) automatisch richtig einstellen läßt. Zur Korrektur von Polaritätsvertauschungen, die z.B. als Folge von Übertragungsstörungen auftreten können und in längeren durchlaufenden Sendungen untragbar sind, gibt es jedoch bei dieser sogenannten *Phasenzustands-Modulation* kein allgemein anwendbares Mittel.

Bei *rhythmischer Sendung* läßt sich dazu die *Phasendifferenzmodulation* anwenden, bei der die Information nicht durch Zustände, sondern durch Zustandsänderungen ausgedrückt wird. Die auf der Sende- und Empfangsseite erforderlichen Signalumwandlungen sind aus Abb. 14.2-17 ersichtlich. Das zu übertragende Signal (Zeile *b*) wird mit Hilfe des Taktpulses (Zeile *a*) z.B. in Schrittmitte abgetastet. Trifft ein Abtastimpuls auf den Zustand 0, so soll die Trägerphase um 180° gedreht werden. Das Sekundärsignal (entsprechend Zeile *c*) tastet, um die Phasendrehung zu erreichen, den Träger. Beim Empfänger entsteht es bei der Demodulation wieder. Es erzeugt bei jedem Phasensprung einen Impuls. Diese Impulse (Zeile *d*) ergeben nach Verlängerung auf die Schrittdauer das dem ursprünglichen Sendesignal entsprechende Empfangssignal (Zeile *e*) in eindeutiger Polarität.

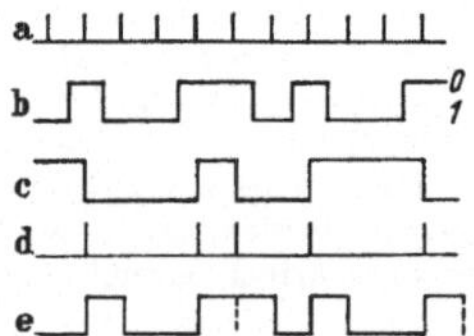

Abb. 14.2-17.
Signalumwandlungen bei binärer
Phasendifferenzmodulation

Mit der rhythmischen Sendung verbindet man meistens *Synchronempfang*, das ist z.B. bei Zeitmultiplex- und sehr vielen automatischen Fehlerkorrekturverfahren notwendig, außerdem auch, wenn die Signale bei aufgetretenen großen Telegraphieverzerrungen vor der Weitergabe entzerrt werden sollen. Hierzu ist empfangsseitig ein Schritt-Takt erforderlich, der meist von einem lokalen quarzstabilisierten Oszillator höherer Frequenz durch Frequenzteilung abgeleitet und mit Hilfe von Impulsen, die aus den Signalumschlägen gebildet werden, auf den Takt des empfangenen Signals synchronisiert wird. Insbesondere, wenn der Synchronismus auch über längere Intervalle, in denen im Übertragungssignal keine Umschläge vorkommen, aufrechterhalten werden muß, erfordern solche Synchronisiereinrichtungen sehr viel Aufwand und sind dementsprechend teuer; sie werden jedoch relativ einfach, wenn dem übertragenen Signal laufend eine Taktinformation mitgegeben wird.

Wenn Phasenmodulation eingesetzt wird, ist es immer von Interesse, mit einem Übertragungssystem eine möglichst große Datenübertragungsgeschwindigkeit zu erreichen. Bei binärer Übertragung entspricht diese der bei gegebenen Eigenschaften des Übertragungskanals erreichenbaren Schrittgeschwindigkeit. Eine Steigerung darüber hinaus ist durch den Übergang auf eine höher (als binär) codierte Signalform möglich. Vorzugsweise werden jeweils zwei (oder drei) aufeinanderfolgende Bit des in Serienform angelieferten binären Signals zu einer Schrittgruppe (Dibit bzw. Tribit) zusammengefaßt und als ein Modulationsvorgang übertragen. Bezeichnet man mit m die Anzahl der zusammengefaßten Bit, so sind dazu rein formal 2^m unterscheidbare Modulationsvorgänge (oder Modulationszustände) erforderlich; es ist aber auch möglich, mit nur $(1 + \frac{1}{2} \cdot 2^m)$ unterscheidbaren Modulationsvorgängen auszukommen. Wir wollen das erstgenannte Verfahren als *normal codiert*, das letztere als *reduziert codiert* bezeichnen. Zugrunde gelegt wird rhythmische Sendung und Anwendung der Phasendifferenzmodulation; unterscheidbare Modulationsvorgänge sind dabei unterschiedlich große Phasensprungwinkel, die jeweils von der zuletzt vorhandenen Trägerphase ausgehen. Mit $m = 2$ in normaler Codierung entsteht somit eine quaternäre Phasenmodulation [38]:

$$
\left.
\begin{array}{l}
\text{Dibit 00:} \qquad 0° \text{ Phasensprung} \\
\text{Dibit 01:} + \;\; 90° \text{ Phasensprung} \\
\text{Dibit 11:} + 180° \text{ Phasensprung} \\
\text{Dibit 10:} + 270° \text{ Phasensprung (s. Abb. 14.2-18)}
\end{array}
\right\} \text{Verfahren A}
$$

Um dem zu übertragenden Signal laufend eine Taktinformation mitgeben zu können, ist es nach CCITT [38] zulässig, zu jedem der o. a. Phasensprünge noch 45° zu addieren, so daß sich auch beim Dibit 00 ein Phasensprung ergibt. Die Zuordnung der Dibit zu den Phasensprüngen lautet dann:

$$
\left.
\begin{array}{l}
\text{Dibit 00:} + \;\; 45° \text{ Phasensprung} \\
\text{Dibit 01:} + 135° \text{ Phasensprung} \\
\text{Dibit 11:} + 225° \text{ Phasensprung} \\
\text{Dibit 10:} + 315° \text{ Phasensprung}
\end{array}
\right\} \text{Verfahren B}
$$

Mit $m = 2$ in reduzierter Codierung entsteht eine ternäre Phasenmodulation:

$$
\begin{array}{l}
\text{Dibit 10:} + 120° \text{ Phasensprung,} \\
\text{Dibit 11:} + 240° \text{ Phasensprung (s. Abb. 14.2-18).}
\end{array}
$$

Intervalle mit dem Zustand 0, die nicht zu einem Dibit gehören, das mit 1 beginnt, werden durch den unmodulierten Träger in der zuletzt vorhandenen Phasenlage übermittelt.

Die Aufteilung eines binären Signals in Dibit für die normale und für die reduzierte Codierung ist aus Abb. 14.2-18 ersichtlich.

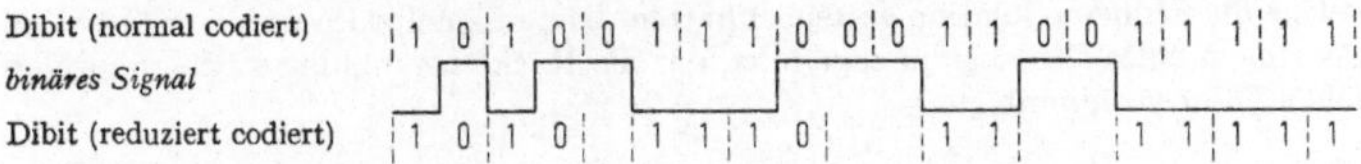

Abb. 14.2-18. Normale und reduzierte Codierung mit $m = 2$

Mit $m = 3$ ergibt sich entsprechend bei normaler Codierung eine oktonäre und bei reduzierter Codierung eine quinäre Phasenmodulation.

Die reduzierte Codierung hat gegenüber der normalen einen Nachteil: Der theoretische Grenzbetrag der zulässigen Telegraphieverzerrung vermindert sich auf den m-ten Teil. Wie schwer dieser Nachteil wiegt, hängt von den Übertragungsverhältnissen·ab. Ist z.B. vorzugsweise mit impulsartigen Störungen zu rechnen, die den Signalpegel weit übersteigen, so wird jede Störung mit großer Wahrscheinlichkeit zur Totalfälschung eines Dibit (oder Tribit) führen; d.h. in diesem Falle ist die Einschränkung der Verzerrungstoleranz von untergeordneter Bedeutung. Andererseits hat die reduzierte Codierung den Vorteil, daß bei vergleichbaren Demodulationsverfahren der zur Realisierung erforderliche Aufwand im allgemeinen kleiner ist.

Zur Demodulation bei der reduzierten Codierung kann nämlich ein Frequenzdiskriminator verwendet werden; dieser gibt für $m=2$ bei einem positiven Phasensprung einen positiven und bei einem negativen Phasensprung einen negativen Impuls ab. Der nachgeschaltete Decodierer muß dann für einen positiven Impuls einen Schritt und für einen negativen Impuls zwei Schritte mit der Polarität 1 erzeugen. In der übrigen Zeit gibt er die Polarität 0 ab [39].

Bei normaler Codierung mit $m=2$ kann man beim Modulationsvorgang beispielsweise so vorgehen: Die Dibit werden in einen Codierer eingespeist, der die bei Phasendifferenzmodulation übliche Signalumwandlung (vgl. Abb. 14.2-17) vornimmt und der zwei orthogonale Schwingungen $\cos \omega t$ und $\cos(\omega t + \pi/2)$ in der Phase um 180° tastet. Die Gleichstromeingänge der beiden dazu erforderlichen Modulatoren werden taktgebunden mit Signalpaaren $+1, +1$; $+1, -1$; $-1, +1$; oder $-1, -1$ gesteuert.

Die beiden Schwingungen werden addiert. Je nach Modulationszustand der beiden Schwingungen hat die Summenschwingung, die auf die Leitung gegeben wird, eine der vier möglichen Phasen:

$$1 \cos \omega t \pm 1 \cos\left(\omega t + \frac{\pi}{2}\right) = +\sqrt{2} \cos\left(\omega t \pm \frac{\pi}{4}\right)$$

$$-1 \cos \omega t \pm 1 \cos\left(\omega t + \frac{\pi}{2}\right) = +\sqrt{2} \cos\left(\omega t \pm \frac{3\pi}{4}\right).$$

Zur Demodulation dieses Signals kann man sich beispielsweise die vierte Oberwelle des Empfangssignals, nämlich $\cos(4\omega t + \pi)$ herstellen, welche die Phasensprünge nicht mehr enthält. Durch Frequenzteilung lassen sich dann die beiden orthogonalen Referenzträger $2 \cos \omega t$ und $2 \cos(\omega t + \pi/2)$ erzeugen, mit denen das eintreffende Signal in zwei Modulatoren moduliert wird:

$$\sqrt{2} \cos(\omega t + \varphi) \cdot 2 \cos \omega t = \sqrt{2}\,[\cos(2\omega t + \varphi) + \cos \varphi]$$

$$\sqrt{2} \cos(\omega t + \varphi) \cdot 2 \cos\left(\omega t + \frac{\pi}{2}\right) = \sqrt{2}\left[\cos\left(2\omega t + \varphi + \frac{\pi}{2}\right) + \cos\left(\varphi - \frac{\pi}{2}\right)\right]$$

$$\text{mit} \quad \varphi = \frac{\pi}{4}, \quad \frac{3\pi}{4}, \quad -\frac{3\pi}{4} \quad \text{oder} \quad -\frac{\pi}{4}.$$

Nach Unterdrückung der zweiten Oberwellen durch zwei Tiefpässe ergibt sich an deren Ausgängen je nach Wert von φ eines der vier Gleichstrom-Signalpaare, welche die Sendemodulation gesteuert hatten. Diese Signalpaare werden den beiden Eingängen eines Decodierers zugeführt, der die Rückumwandlung in die ursprünglichen Dibit vornimmt.

14.2.3.4 Die AM-Einseitenbandmodulation.

Die AM-Einseitenbandmodulation wird für schnelle Datenübertragung mit 48 kBd über Primärgruppenverbindungen verwendet. In der CCITT-Empfehlung V35 [34] ist ein solches System in seinen Grundeigenschaften gekennzeichnet. Es handelt sich um ein Einseitenbandsystem, dessen Träger (mit der Frequenz 100 kHz) unterdrückt und mit definiertem Phasenwinkel künstlich zugesetzt wird. Dieser Träger wird über die Leitung übertragen, auf der Empfangsseite ausgefiltert und dann als Demodulationsträger benutzt. Nur mit Hilfe eines übertragenen Trägers ist es nämlich möglich, ein Binärsignal, das im Einseitenbandverfahren übertragen wurde, auf der Empfangsseite zu demodulieren.

Damit auf der Sendeseite der Träger vom Signalspektrum getrennt werden kann, müssen auch die untersten Frequenzen des Signalspektrums abgeschnitten werden. Die Folge davon ist, daß die Dauerzustände 0 und 1 nicht übertragen werden können. Um längere Folgen von 0 oder 1 zu vermeiden, empfiehlt das CCITT, bei Synchronübertragung auf Sende- und Empfangsseite einen „Verwürfler" (Scrambler) anzuwenden, der nach einem bestimmten Programm die auf die Leitung zu sendende Nachricht mit einem pseudo-stochastischen Text mischt und diesen Vorgang auf der Empfangsseite rückgängig macht. Um auch unrhythmische Nachrichten, wie Faksimile, übertragen zu können, ist der Verwürfler abschaltbar.

Ein Dienstkanal der Breite eines üblichen Fernsprechkanals ist bei diesem System im Frequenzband 104,6 bis 107,7 kHz wahlweise vorgesehen. Er kann der Sprachverständigung oder der Signalisierung dienen.

Als Signalpegel (bezogen auf 1mW und auf den relativen Pegel 0) sind bei diesem System vorgesehen

für das Signalspektrum: $-5\,\mathrm{dB}$
für den Träger: $-9\,\mathrm{dB}$

14.2.4 Wirkung äußerer Einflüsse auf die Übertragungseigenschaften von Telegraphie- und Datenübertragungssystemen

Anhand einiger Beispiele, vor allem aus dem Gebiet der Wechselstromtelegraphie, sollen wichtige Eigenschaften der Modulationsverfahren geschildert werden, die aber ganz allgemein gelten. Es handelt sich vor allem um die Beeinflussung der isochronen Telegraphie-Verzerrung (s. Abschnitt 14.1.4) und der Fehlerhäufigkeit durch verschiedene Ursachen. Um die einzelnen Einflüsse möglichst allgemein zu kennzeichnen, werden soweit wie möglich theoretisch abgeleitete Formeln angegeben, die jedoch nur bei gewissen Idealisierungen gelten. Einige Meßwerte aus der Praxis sollen daher die theoretischen Werte ergänzen.

Bei der Phasenmodulation werden heute fast ausschließlich mehr als zwei Modulationszustände verwendet. Daher ist auf der Sendeseite eine Umcodierung von einer binären in eine ternäre, quaternäre oder oktonäre Darstellung des Signals und auf der Empfangsseite eine entsprechende Rückcodierung erforderlich. Wie in Abschnitt 14.2.3.3 geschildert, arbeiten derartige Systeme taktgebunden und geben — unabhängig von störenden Leitungseinflüssen — die empfangenen Signale unverzerrt weiter. Als Qualitätsmerkmal für die Übertragung kann daher die Verzerrung nur bei Amplituden- und Frequenzmodulation dienen.

Im folgenden werden zur Abkürzung die WT-Systeme durch die Modulationsart und durch den Abstand von Kanalmitte zu Kanalmitte gekennzeichnet: AM 120, FM 120 [14], FM 240 [15], FM 480 [16]. Alle Meßkurven gelten bei Übertragung des CCITT-Prüftextes (Empfehlung R. 51) mit der in Tabelle 14.2-2 angegebenen Nenn-Schrittgeschwindigkeit.

14.2.4.1 Abhängigkeit der isochronen Telegraphie-Verzerrung vom Empfangspegel. Wie in Abschnitt 14.2.5.3 ausgeführt, ist bei Übertragung in einem einzelnen TF-Abschnitt mit langsamen, zeitlichen Schwankungen des Empfangspegels um etwa $\pm 2\,\mathrm{dB}$ zu rechnen, bei mehreren Abschnitten entsprechend mehr. Während FM-Systeme hiergegen in weiten Grenzen unempfindlich sind, müssen bei AM-Systemen Regelschaltungen vorgesehen werden. Nach dem Pflichtenheft der Deutschen Bundespost sollen AM-WT-Empfänger im Bereich $\pm 6\,\mathrm{dB}$ um den Nennpegel keine größeren Verzerrungen als 5 % verursachen. Abb. 14.2-19 zeigt Meßwerte von AM- und FM-WT-Systemen.

14.2.4.2 Telegraphie-Verzerrungen durch Frequenzverwerfung des Trägers beim Empfänger. Bei der Übertragung über Trägerfrequenzkanäle ist gemäß CCITT-Empfehlung [41] eine Frequenzverwerfung (s. S. 368) bis zu 2 Hz zugelassen. Hinzu

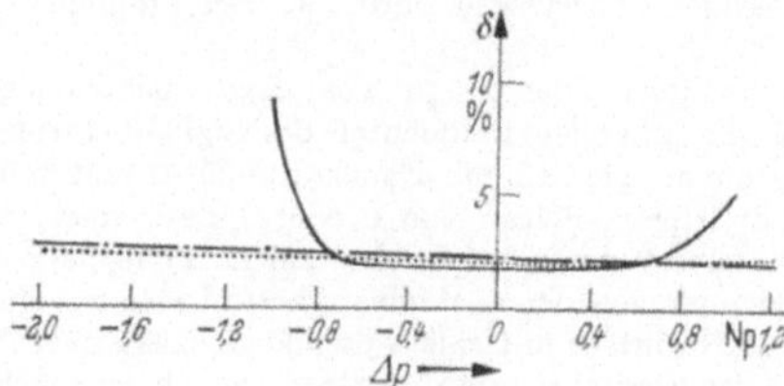

Abb. 14.2-19. Isochrone Telegraphie-Verzerrung δ abhängig von der Pegelabweichung Δp vom Nennpegel (——— AM ···· FM 120, — · — · FM 480)

kommen die zulässigen Frequenzverwerfungen der Sendegeneratoren von etwa 2 bis 6 Hz bei schmalbandigen Systemen und etwa 10 Hz bei breitbandigen Kanälen [14, 15, 16, 20]. Die Auswirkung auf die isochrone Telegraphie-Verzerrung δ wird durch folgende Formeln beschrieben:

$$\text{AM: } \Delta\delta = 1{,}6(\Delta f/B)^2 \cdot 100\% \ [21] \ (\text{gilt nur für AM-WT nach } [14])$$

$$\text{FM: } \Delta\delta = \frac{v \cdot \Delta f}{h \cdot B} \cdot 100\%.$$

Hierin ist $\Delta\delta$ die Telegraphie-Verzerrungszunahme, Δf die Frequenzverwerfung, v die Schrittgeschwindigkeit, h der Frequenzhub und B die 6-dB-Bandbreite des Datenkanals. Abb. 14.2-20 zeigt Meßwerte. Es zeigt sich, daß AM-Systeme relativ unempfindlich gegen Frequenzverwerfungen sind; schmalbandige FM-Systeme sind sehr empfindlich, die Empfindlichkeit nimmt aber mit zunehmender Bandbreite ab. Es liegt deshalb nahe, dem schmalbandigen FM-System Schaltungen beizugeben, welche die Frequenzabhängigkeit beseitigen oder abschwächen. Diese können entweder mittels eines zusätzlichen Pilotkanals von 300 Hz die Frequenzverwerfungen eines vollständigen WT-Kanalbündels ausgleichen (*Frequenz-Korrektor*, Korrekturbereich $\pm$ 30 Hz), oder man ordnet die Korrekturschaltung direkt dem Empfänger des Einzelkanals zu. Bei dieser *Einzelkanal-Korrektur* wird im Empfänger aus der Frequenzverwerfung Δf eine Regelspannung aus den Kennfrequenzen des eigenen Kanals abgeleitet, und zwar sowohl für die statischen als auch für die dynamischen Betriebszustände. Die Regelspannung wird gewöhnlich im Gleichstromkreis mit großer Zeitkonstante erzeugt [22]. — PhM-Systeme haben ähnliche Charakteristik wie AM-Systeme. Die Schwierigkeit liegt hier in der Rückgewinnung des Trägers für die Demodulation: Um den Demodulationsträger möglichst störungsfrei einspeisen zu können, muß das Selektionsfilter (vgl. Abb. 14.2-16) möglichst schmal sein. Wählt man es zu schmal, so fällt bei Frequenzverwerfungen der Träger nicht mehr in den Durchlaßbereich.

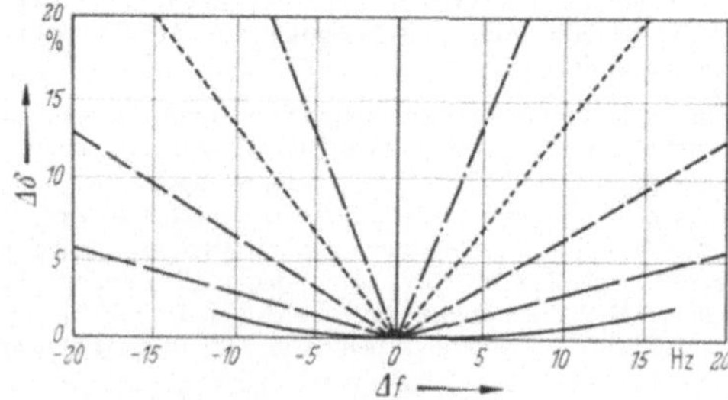

Abb. 14.2-20. Zunahme $\Delta\delta$ der isochronen Telegraphie-Verzerrung δ abhängig von der Frequenzabweichung Δf des Trägers beim Empfänger bei Nenngeschwindigkeit. ——— AM-WT, — · — · — FM 120, - - - - FM 240, — — — FM 480, ——— ——— FM 1200

14.2.4.3 Der Einfluß von Störspannungen auf die Telegraphie-Verzerrung. Um die Empfindlichkeit von Übertragungssystemen gegen Störspannungen zu prüfen, benutzt man häufig weißes Rauschen oder definierte kurze Gleichstromimpulse, da sich der Einfluß dieser künstlichen Störungsquellen verhältnismäßig leicht theoretisch nachprüfen läßt. Den Unterschied des tatsächlichen zum theoretischen Wert definiert man als Gütefaktor oder Demodulationsfaktor eines Systems. Auf diesen *Demodulationsfaktor* wird in Abschnitt 14.2.4.4 noch eingegangen.

Der Einfluß des weißen Rauschens (s. Abschnitt 14.2.5.2) auf die isochrone *Telegraphie-Verzerrung* wird durch folgende Formeln beschrieben [23, 24, 25]:

$$\text{AM:}\quad \delta_I = \sqrt{2}\;\frac{U_R \cdot \alpha}{U}\sqrt{\frac{B}{3100\,\text{Hz}}}\;\frac{v}{B}\cdot 100\,\%.$$

$$\text{FM:}\quad \delta_I = \frac{1}{2\sqrt{6}}\;\frac{U_R \cdot \alpha}{U}\sqrt{\frac{B}{3100\,\text{Hz}}}\;\frac{v}{h}\cdot 100\,\%,$$

Darin sind U die effektive Spannung des Signals bei Dauerstrich, U_R die effektiv und unbewertet an demselben Punkt gemessene Rauschspannung im Sprachband 0,3 bis 3,4 kHz, α der in Abschnitt 14.2.5.2 erläuterte Spitzenfaktor [1] des Rauschens, v die Schrittgeschwindigkeit, h der Frequenzhub und B die Bandbreite des Datenkanals. Abb. 14.2-21 zeigt sowohl die Meßwerte als auch die nach obigen Formeln berechneten theoretischen Werte. Der zugrundegelegte Signalpegel ist jeweils angegeben.

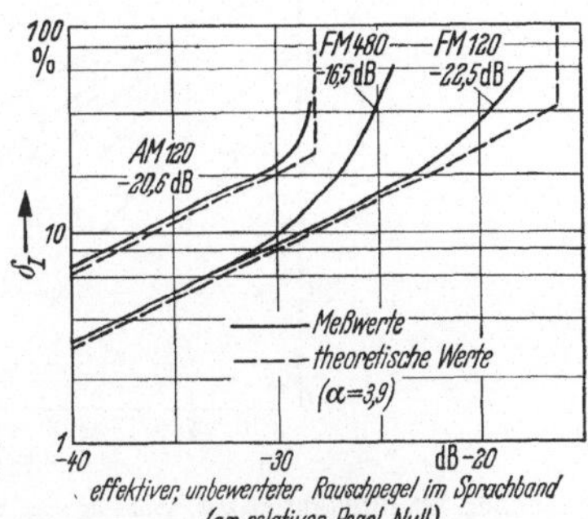

Abb. 14.2-21. Isochrone Telegraphie-Verzerrung δ_I durch weißes Rauschen bei Nennschrittgeschwindigkeit

Im Gegensatz zum weißen Rauschen, das hinter einem Bandfilter eine Wirkung proportional zur Wurzel der Bandbreite aufweist [26], wirken kurze Gleichstromimpulse direkt proportional zur Bandbreite, wie aus den folgenden Formeln für die Störung durch einen sehr kurzen Gleichstromknack hervorgeht:

$$\text{AM:}\quad \delta_I = 2 \cdot \sqrt{2}\,\frac{U_i \cdot T_i \cdot v}{U}\cdot 100\,\%,$$

$$\text{FM:}\quad \delta_I = \frac{1}{2\sqrt{2}}\,\frac{U_i \cdot T_i \cdot v}{U}\cdot \frac{B}{h}\cdot 100\,\%,$$

wobei die Einschränkung $T_i < 0{,}1/f_0$ gilt. Hierin ist U die effektive Spannung des Signals bei Dauerstrich, U_i die Spannung des Störimpulses, T_i die Dauer des Stör-

---

[1] Der vierfache Effektivwert ($\alpha = 4$) wird bei weißem Rauschen z. B. mit der Wahrscheinlichkeit 10^{-4} überschritten. Diese Wahrscheinlichkeit wird praktisch bei der üblichen Messung der Telegraphie-Verzerrung noch erfaßt.

impulses, f_0 die Mittenfrequenz des Datenkanals, v die Schrittgeschwindigkeit, h der Frequenzhub, B die Bandbreite.

14.2.4.4 Der Einfluß von weißem Rauschen auf die Schrittfehlerhäufigkeit[1]. *Schrittfehler* entstehen, wenn die Spitzen der Störspannung im Datenkanal die *Ansprechschwelle* überschreiten. Diese liegt bei FM-Systemen bei der Nutzamplitude und bei AM-Systemen wegen der erforderlichen Pegelregeleinrichtung bei etwa einem Viertel der Nutzamplitude. Beim weißen Rauschen ist ein fester Zusammenhang gegeben zwischen dem Verhältnis des Effektivwertes der Signalspannung zum Effektivwert der Rauschspannung und der Schrittfehlerhäufigkeit p_S [27]. Es gilt: nach [29] und [57] für ein theoretisch ideales PhM-System mit trägersynchroner (kohärenter) Demodulation (PhM$_c$)

$$p_S = \tfrac{1}{2}\, \mathrm{erfc}\, \sqrt{R},$$

nach [29] für ein binäres Phasen*differenz*modulationssystem mit kohärenter Demodulation (2PhDM)

$$p_S = \tfrac{1}{2}\, \exp(-R),$$

nach [29] für ein quaternäres Phasendifferenzmodulationssystem mit kohärenter Demodulation (4PhDM), daß es für kleine Schrittfehlerhäufigkeiten im Signalstörabstand um 2,3 dB schlechter als PhM$_c$ ist,

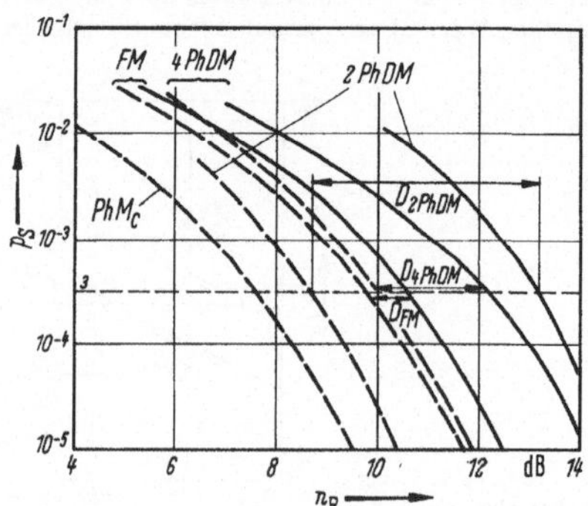

Abb. 14.2-22. Schrittfehlerhäufigkeit, abhängig vom Signalstörabstand n_R (bei weißem Rauschen) im Frequenzband B_N, dessen Breite zahlenmäßig gleich der Datenübertragungsgeschwindigkeit v_D am Eingang der Datenübertragungseinrichtung (Gleichstromseite) ist.

$$n_R = 10 \cdot \log R, \qquad R = \frac{U^2/v_D}{U_R^2/B_N}$$

- - - theoretische Kurven, vgl. z.B. [29] und [57], ——— Meßkurven (Beispiele).
D   Demodulationsfaktor,
PhMc   binäre oder quaternäre, theoretisch ideale Phasenmodulation mit kohärenter Demodulation,
2PhDM binäre Phasendifferenzmodulation mit kohärenter Demodulation,
4PhDM quaternäre Phasendifferenzmodulation mit kohärenter Demodulation,
FM   theoretisch optimale, binäre Frequenzmodulation mit kohärenter Demodulation.

nach [57] für ein theoretisch optimales, binäres Frequenzmodulationssystem mit kohärenter Demodulation (FM)

$$p_S = \tfrac{1}{2}\, \mathrm{erfc}\, \sqrt{0,6\,R},$$

also im Signalstörabstand um $-10 \cdot \log 0,6 = 2,2$ dB schlechter als PhM$_c$.

---

[1] Die Abschnitte 14.2.4.4 und 14.2.4.5 sind von Herrn Dr. Ing. *D. Heidner* (Inst. f. Nachr.-Techn. der TU München) verfaßt und seiner Dissertation entnommen.

Hierin ist

$$\mathrm{erfc}\ x = \frac{2}{\sqrt{\pi}} \int\limits_{x}^{\infty} \exp(-t^2)\,\mathrm{dt}, \qquad R = \frac{U^2/v_\mathrm{D}}{U_\mathrm{R}^2/B_\mathrm{N}},$$

U die effektive Spannung des Signals bei Dauerstrich, U_R die effektiv und unbewertet an demselben Punkt gemessene Rauschspannung im B_N breiten Frequenzband und v_D die Datenübertragungsgeschwindigkeit.

Die theoretischen Kurven sowie drei Meßkurven (als Beispiele) sind in Abb. 14.2-22 angegeben. Wie man sieht, laufen die Kurven bei kleinen Fehlerhäufigkeiten etwa parallel. Der horizontale Abstand der gemessenen Kurven von den entsprechenden theoretischen wird als *Demodulationsfaktor* bezeichnet. Er ist ein Maß für die Güte der technischen Ausführung des Datenübertragungsgerätes. Zweckmäßigerweise wird er für den Bereich angegeben, in dem die Kurven parallel verlaufen. Als Beispiel sind in Abb. 14.2-22 die Demodulationsfaktoren für drei Datenübertragungsgeräte der Datenübertragungsgeschwindigkeit 1200 bit/s mit FM (D_FM), 600 bit/s mit binärer Phasendifferenzmodulation ($D_\mathrm{2\,PhDM}$, als sehr schlechtes Beispiel) und 2400 bit/s mit quaternärer Phasendifferenzmodulation ($D_\mathrm{4\,PhDM}$) eingezeichnet.

14.2.4.5 Der Einfluß von linearen Leitungsverzerrungen auf die Schrittfehlerhäufigkeit. Die linearen Leitungsverzerrungen (Dämpfungs- und Laufzeitverzerrung, Frequenzverwerfung) verändern die Qualität des Datenkanals. Da sie den Einschwingvorgang verzerren, wird der Entscheidungsspielraum der Ansprechschwelle am Empfänger mindestens einseitig verkleinert und damit die Schrittfehlerhäufigkeit beeinträchtigt. Es ändert sich also durch die Verzerrung der Signalstörabstand n_R, was zu einer Verschiebung der Meßkurven in Abb. 14.2-23 nach rechts führt. Dort sind die Kurven für verschiedene Verzerrungen gezeichnet. Man erkennt: je größer die lineare Leitungsverzerrung, desto größer ist bei gleicher Schrittfehlerhäufigkeit der Verlust an Signalstörabstand n_R, oder anders ausgedrückt: Bei gleichem Signalstörabstand nimmt durch die lineare Verzerrung die Schrittfehlerhäufigkeit zu. Die neue Schrittfehlerhäufigkeit p_Sv läßt sich nach der Formel

$$p_\mathrm{Sv}(n_\mathrm{R}) = \tfrac{1}{2} \cdot [p_\mathrm{S}(n_\mathrm{R} - \varDelta n_\mathrm{R0}) + p_\mathrm{S}(n_\mathrm{R} - \varDelta n_\mathrm{R1})]$$

berechnen, wobei p_S die Schrittfehlerhäufigkeit der Kurzschlußverbindung nach Abb. 14.2-22, $\varDelta n_\mathrm{R0}$ die Signalstörabstandsänderung für den gesendeten Datenzustand „0" und $\varDelta n_\mathrm{R1}$ für den gesendeten Datenzustand „1" durch lineare Leitungsverzerrung sind.

Im folgenden wird diese Auswirkung auf die Schrittfehlerhäufigkeit bei der am meisten benutzten Frequenzmodulation näher diskutiert.

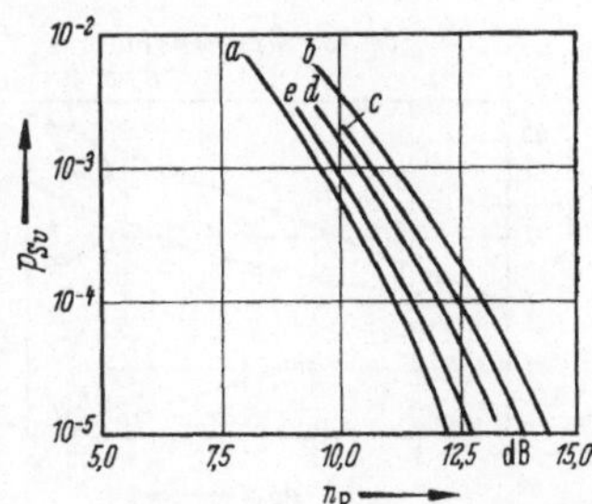

Abb. 14.2-23. Schrittfehlerhäufigkeit eines 1200-Bd-Modems mit FM, abhängig vom Signalstörabstand n_R (bei weißem Rauschen) im Frequenzband $B_\mathrm{N}=v$ bei verschiedenen Verzerrungen: *a* Kurzschlußverbindung, *b* Dämpfungs- und Laufzeitverzerrung entsprechend 4 Trägerfrequenzabschnitten, *c* Dämpfungs- und Laufzeitverzerrung entsprechend 150 km Pupinkabel (leicht bespult: 80 mH/1,7 km), *d* Verzerrungen entsprechend 10% Echo bei 0,7 ms Laufzeit, *e* Dämpfungsverzerrung entsprechend einem Ortskabel mit 0,9 mm Leitungsdurchmesser (5 km beim Sender, 5 km beim Empfänger), $v =$ Schrittgeschwindigkeit

Einfluß der Frequenzverwerfung Δf.

Die Frequenzverwerfung Δf (s. S. 368) verursacht bei Frequenzmodulation eine lineare Versetzung des Frequenzspektrums um den Betrag Δf, was eine Verschiebung auf der Diskriminatorkennlinie (Abb. 14.2-10) bewirkt, wohingegen der Diskriminatornullpunkt konstant bleibt. Damit wird der maximal zulässige Signalstörabstand bei positivem Δf für die hohe Frequenz größer und für die niedrige kleiner, bei negativem Δf umgekehrt. Der Binärkanal wird also unsymmetrisch. Der Zusammenhang zwischen der Frequenzverwerfung und der Signalstörabstandsänderung wird in Abb. 14.2-24 gezeigt.

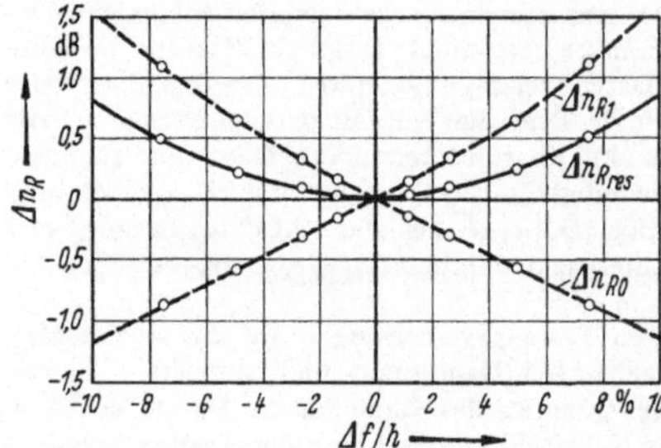

Abb. 14.2-24. Signalstörabstandsänderung Δn_R, abhängig von der relativen Frequenzverwerfung $\Delta f/h$, gemessen bei weißem Rauschen. Δn_{R1} Signalstörabstandsänderung für den gesendeten Datenzustand „1", Δn_{R0} Signalstörabstandsänderung für den gesendeten Datenzustand „0", Δn_{Rres} resultierende Signalstörabstandsänderung für Näherungsformel

Für kleine Schrittfehlerhäufigkeiten kann eine resultierende maximal zulässige Signalstörabstandsänderung Δn_{Rres} angegeben werden (s. Abb. 14.2-24), die dann für folgende Näherungsformel gilt:

$$p_{Sv}(n_R) = p_S(n_R - \Delta n_{Rres}).$$

Einfluß der Dämpfungsverzerrung Δa

Die Dämpfungsverzerrung der Anschlußleitungen (Ortskabel) steigt mit der Frequenz linear an (s. Abschnitt 14.2.5.2). Dadurch ist am Punkt der Störeinspeisung die hohe Frequenz stärker gedämpft als die niedrige. Der maximal zulässige Signalstörabstand wird also für den Datenzustand „0" kleiner, für den Datenzustand „1" größer gegenüber einer Kurzschlußverbindung, der Binärkanal wird also wiederum unsymmetrisch, s. Abb. 14.2-25. Für Δa ist der Wert bis zur Störeinspeisung einzusetzen.

Auch hier läßt sich für kleine Schrittfehlerhäufigkeiten die oben angeführte Näherungsformel anwenden.

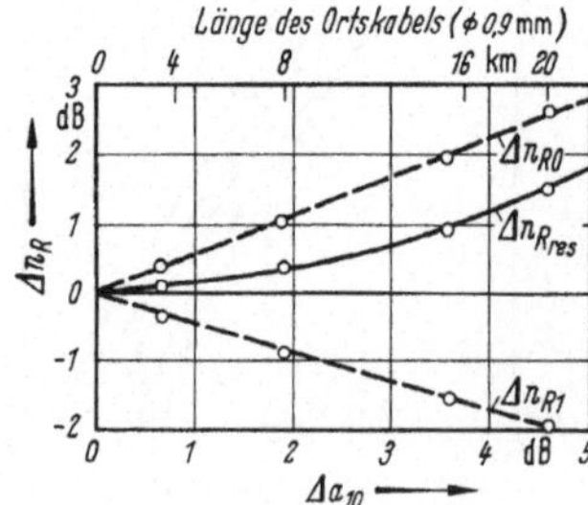

Abb. 14.2-25. Signalstörabstandsänderung Δn_R, abhängig von der Dämpfungsdifferenz Δa_{10} zwischen niedriger und hoher Kennfrequenz, gemessen bei weißem Rauschen

Die Dämpfungsverzerrungen von Trägerfrequenzsystemen liegen symmetrisch zum Datenträger und betragen maximal 0,5 dB für die beiden Kennfrequenzen bei 5 Abschnitten in Kette. Sie beeinflussen daher die Schrittfehlerhäufigkeit kaum spürbar.

Einfluß der Laufzeitverzerrung $\Delta\tau$

Die Laufzeitverzerrung der Trägerfrequenzsysteme und der pupinisierten Leitungen (Abschnitt 14.2.5.2) beeinflußt die Qualität der Datenverbindung am meisten. Der Binärkanal bleibt zwar symmetrisch, jedoch wird der Signalstörabstand für beide Datenzustände in gleichem Maße verschlechtert. Bei den hier zu betrachtenden Größenordnungen der linearen Verzerrungen ist hauptsächlich die Laufzeitdifferenz $\Delta\tau$ zwischen den beiden Kennfrequenzen maßgebend und weniger die Form der Laufzeitverzerrungskurve. Die Auswirkung von $\Delta\tau$ auf die Signalstörabstandsänderung Δn_R zeigt Abb. 14.2-26.

Da der Binärkanal symmetrisch bleibt, gilt hier $\Delta n_\mathrm{R0}=\Delta n_\mathrm{R1}=\Delta n_\mathrm{Rres}$ und für alle Schrittfehlerhäufigkeiten die angegebene Näherungsformel.

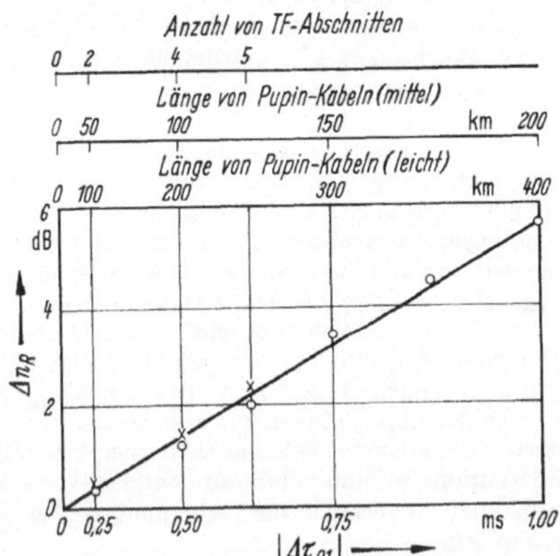

Abb. 14.2-26. Signalstörabstandsänderung Δn_R, abhängig vom Betrag der Laufzeitdifferenz $\Delta\tau_{01}$ zwischen niedriger und hoher Kennfrequenz, gemessen bei weißem Rauschen. ✗ Meßpunkte von Trägerfrequenzsystemen, ○ Meßpunkte von pupinisierten Kabeln (leicht:80 mH/ 1,7 km; mittel: 140 mH/1,7 km)

14.2.5 Eigenschaften von Verbindungen für Datenübertragung

14.2.5.1 Leitungs- und Verbindungstypen. Daten kann man entweder über vorhandene öffentliche Netze, wie über das öffentliche Fernsprech-, das Datex- oder das Telexnetz übertragen, oder über eigens einzurichtende Datennetze. Öffentliche Netze sind international und weitverzweigt. Jeder Teilnehmer, also auch der Datenteilnehmer, muß sich an die für den Gebrauch des Netzes getroffenen Vereinbarungen halten und den Gegebenheiten anpassen. Betriebsinterne Datennetze bestehen aus gemieteten Leitungen und speziellen, im Bereich des Teilnehmers aufgebauten Vermittlungseinrichtungen. Solche Datennetze kann man so dimensionieren, daß sie den besonderen Betriebsverhältnissen der zusammengeschlossenen Datenteilnehmer Rechnung tragen [40].

Das *Telexnetz* und das Datexnetz sind nur für binäre Übertragung geschaffen und dafür besonders geeignet. Die über Wähler aufgebaute Verbindung besteht aus mehreren Vermittlungsabschnitten. Das Signal wird sowohl beim Teilnehmer als auch von Abschnitt zu Abschnitt in der Gleichstromlage (meist mit Telegraphenrelais) übergeben. Wenn innerhalb eines Abschnitts die Nachricht beispielsweise tonfrequent übertragen wird, so wird am Ende dieses Abschnitts wieder demoduliert — das Gleichstromsignal wieder hergestellt *(Telegraphie-Prinzip)*.

Die Deutsche Bundespost beabsichtigt, in den nächsten Jahren ein öffentliches Datenwählnetz für Geschwindigkeiten bis 9600 Bd und ein zunächst handvermitteltes Datennetz für 48000 Bd einzurichten.

Das öffentliche *Fernsprechnetz* ist für das Gespräch von Mensch zu Mensch eingerichtet. Sprechkreise in diesem Netz weisen ein Übertragungs-Frequenzband von 300 bis 3400 Hz auf, die Übertragung von Gleichstrom scheidet somit aus. Die Datennachricht muß daher im Gegensatz zum Telexnetz und zum Datexnetz schon beim Teilnehmer auf eine Trägerschwingung moduliert werden. Sie wird tonfrequent über die Leitungen und Vermittlungen bis zum anderen Teilnehmer übertragen. Bei den Teilnehmern müssen also Modulations- und Demodulationseinrichtungen vorhanden sein, man nennt sie *Modem* (vgl. Abschnitt 14.3.).

Neben Telegraphieleitungen für 50, 100 und 200 Bd kann man für die Datenübertragung Leitungen mit der Frequenzbandbreite des Sprachbandes (300 bis 3400 Hz), der Primärgruppe (60 bis 108 kHz) und der Sekundärgruppe (312 bis 552 kHz) mieten. Solche Leitungen lassen sich, falls erforderlich, für die Datenübertragung besonders herrichten.

Es sind also zwei Arten von Verbindungen grundsätzlich zu unterscheiden, nämlich solche, bei denen ein bestimmtes Frequenzband zur Verfügung gestellt wird (die bekannteste ist die Fernsprechverbindung), und Verbindungen nach dem Telegraphieprinzip, die durch die höchstzulässige Schrittgeschwindigkeit bei binärer Übertragung gekennzeichnet sind.

14.2.5.2 Fernsprechverbindungen. Als Fernsprechverbindungen sollen hier alleVerbindungen (einschließlich eventueller Schaltstellen) bezeichnet werden, die ein Gespräch übertragen können, unabhängig davon, ob es sich um festgeschaltete Verbindungen (sogenannte „Standverbindungen") oder um gewählte Verbindungen handelt. Im folgenden sollen die wichtigsten Eigenschaften solcher Verbindungen angegeben werden, die für die Datenübertragung von Interesse sind:

Längs der 2-Draht-Verbindung von Datenstation zu Datenstation läuft eine *Dämpfung* auf, die abhängig von der Länge und dem Aufbau der Verbindung ist. Für die Frequenz 1700 Hz ist mit einer Dämpfung von 0 bis 35 dB zu rechnen.

Die (Gruppen-)*Laufzeit* eines Signals von der Sende- zur Empfangsstation dürfte im Fernsprechnetz der Deutschen Bundespost höchstens 20 ms betragen. Auf internationalen und interkontinentalen Verbindungen muß man mit Laufzeiten bis zu 250 ms rechnen, bei Verbindungen über Satelliten treten noch größere Laufzeiten auf.

Das *Frequenzband* der Fernsprechverbindungen reicht — wie gesagt — im allgemeinen von 300 bis 3400 Hz. Nur wenn ältere, mit 140 oder mit 200 mH bespulte Kabel im Leitungszug liegen, wird das Frequenzband auf 2500 oder gar auf 2000 Hz an der oberen Frequenzbandgrenze eingeschränkt. Diese Fälle sind im Fernsprechnetz der Deutschen Bundespost selten, und ihre Anzahl nimmt weiter ab.

Die *Laufzeitverzerrung* im Netz der Deutschen Bundespost wird im wesentlichen durch Trägerfrequenzsysteme verursacht. In Abb. 14.2-27 ist die mittlere Laufzeitverzerrung eines Trägerfrequenzabschnittes in Deutschland angegeben. Bei Verbindungen über *n* Abschnitte ist sie etwa *n*-mal so groß. Sie steigt insbesondere an den Frequenzbandgrenzen sehr stark an, weshalb man diesen Bereich für die Datenübertragung möglichst nicht verwendet. — Die Laufzeitverzerrung von Pupin-

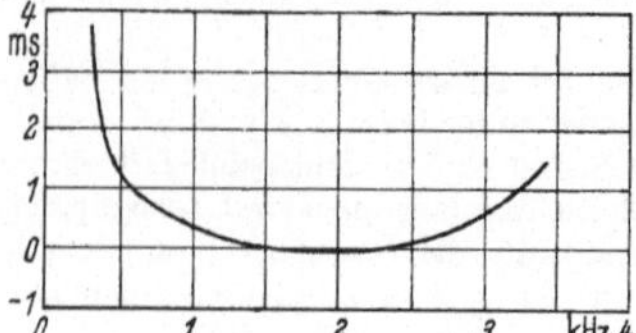

Abb. 14.2-27. Abhängigkeit der Gruppenlaufzeit von der Frequenz, bezogen auf den Minimalwert der Gruppenlaufzeit, für einen mittleren TF-Fernsprechkanal

leitungen nimmt ähnlich, jedoch nur zur oberen Bandgrenze hin zu. Die Größe der Laufzeitverzerrung $\Delta\tau$ an der oberen Bandgrenze gegenüber $f=0$ ist proportional der Länge l der Leitung und umgekehrt proportional der oberen Bandgrenze f_g:

$$\Delta\tau/\text{ms} \approx 50 \cdot \frac{l/\text{km}}{f_g/\text{Hz}}\ .$$

Für eine Leitung mit der oberen Bandgrenze von 3400 Hz beträgt die Laufzeitverzerrung an dieser Stelle also etwa 15 µs/km. Da bei der Deutschen Bundespost nur noch im Bezirksnetz relativ kurze Pupinleitungen (meist kürzer als 40 km) in Betrieb sind, tritt diese Verzerrung gegenüber denen bei Trägerfrequenzsystemen in den Hintergrund.

Die *Dämpfungsverzerrungen* entstehen vor allem auf unpupinisierten Niederfrequenz-Kabelleitungen, die innerhalb der Ortsbereiche als Verbindungsleitungen zwischen den Vermittlungsämtern und als Teilnehmer-Anschlußleitungen zu finden sind. Die Dämpfung steigt im Bereich von 800 bis 3200 Hz an, und zwar beträgt die Schräglage abhängig von der Leitungslänge im Mittel etwa 1 dB/km; hierbei sind besonders kurze Leitungen nicht berücksichtigt, bei denen die Steigung der Dämpfung kleiner ist. Beim Hintereinanderschalten von Leitungen verschiedener Art ergeben sich *Stoßstellen*, die sowohl den Dämpfungs- als auch den Laufzeitverlauf zuweilen wellenartig werden lassen.

Dämpfungs- und Laufzeitverzerrungen kann man durch *Leitungsentzerrer* verringern. Bei Standverbindungen lassen sich solche Entzerrer weitgehend an die Verbindung anpassen. Hier lohnt sich ein gewisser Aufwand, mit dem man die Schrittgeschwindigkeit manchmal wesentlich erhöhen kann. Anders ist es bei gewählten Verbindungen, deren Eigenschaften sich von Verbindung zu Verbindung stark ändern können; hier läßt sich nur eine mittlere Entzerrung durchführen, die meist den Zweck hat, die genormte Schrittgeschwindigkeit von 1200 Bd zu ermöglichen.

Echoerscheinungen. Zum Übergang von den 2drähtigen (unverstärkten) Leitungen des Ortsnetzes auf die 4drähtigen (verstärkten) des Fernnetzes werden auf beiden Seiten des 4-Draht-Abschnittes *Gabeln* eingesetzt (Abb. 14.2-28), die im

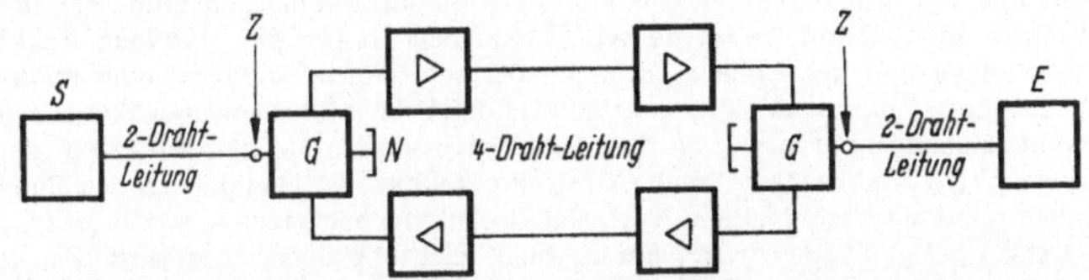

Abb. 14.2-28. Zusammenschaltung von Zweidraht- und Vierdraht-Leitungen zu einer Verbindung mit Zweidraht-Charakter. S Sendestation, E Empfangsstation, G Gabel, N Nachbildung

Idealfall die Signale der einen Übertragungsrichtung von denen der anderen Richtung trennen. Diese Trennung ist aber in der Praxis nicht vollkommen; so entstehen Echos, deren Amplitude im Frequenzbereich der Datenübertragung bis zu 10 % der Signalamplitude erreichen kann, und zwar vor allem zwei Arten:

1. Das Signal wird bei der empfängernahen Gabel reflektiert und läuft zum Sender zurück (Sprecherecho). Es stört, wenn die Sendestation nach jedem Nachrichtenblock von der Empfangsstation ein Quittungssignal in demselben Frequenzband erwartet, in dem auch die Nachricht gesandt wurde (*Verfahren A*, s. Abschnitt 14.2.6.4). In dieser Hinsicht ist ein Datenübertragungsverfahren günstiger, bei dem die Quittung in einem schmalen Hilfskanal übertragen wird, dessen Frequenzband außerhalb des Datenfrequenzbandes liegt (*Verfahren R*, s. Abschnitt 14.2.6.4).

2. Das Signal, das bei der empfängernahen Gabel reflektiert wurde, wird bei der sendernahen Gabel abermals reflektiert und läuft als Echo dem Ursprungssignal nach (Hörerecho). Es stört vor allem eine FM-Sendung, weil durch die unpupinisierte Ortsleitung zwischen der Sendestation und der sendernahen Gabel der Ton mit hoher Frequenz stärker gedämpft wird als derjenige mit der tiefen Frequenz. Die Störung ist dann besonders groß, wenn ein Echo mit tiefer Frequenz auf ein Nutzsignal mit hoher Frequenz fällt.

Gegen Echos kann man sich nur bei Standverbindungen schützen, indem man entweder die Verbindung durchweg vierdrähtig ausführt oder die Nachbildung bei der Gabel an die Leitung individuell anpaßt.

Bei normalen 2-Draht-Verbindungen, z.B. innerhalb Europas, stört das Echo ein Gespräch kaum. Wenn die Entfernung sehr groß wird, wie bei interkontinentalen Verbindungen, *hinkt* das Echo wegen der größeren Laufzeit erheblich mehr *nach*, wird dadurch hörbar und stört das Gespräch. Um dies zu vermeiden, setzt man bei Bedarf Echosperren ein, die (bei Vorhandensein eines Nachrichtenflusses in der einen Richtung eines Vierdrahtkreises) den Nachrichtenfluß in der Gegenrichtung sperren. Über eine solche Verbindung ist ein Datenbetrieb nach *Verfahren A* (s. Abschnitt 14.2.6.4) möglich. Will man jedoch die Quittung gleichzeitig mit der Datensendung in einem schmalen Hilfskanal *(Verfahren R)* zurücksenden, so muß man die Echosperren unwirksam machen. Beim CCITT ist hierfür ein Ton mit einer Frequenz von etwa 2100 Hz vorgeschlagen worden, der mindestens 400 ms anliegt [3].

Nach [41] darf durch eine 2500 km lange TF-Verbindung eine *Frequenzverwerfung* von maximal 2 Hz entstehen. TF-Systeme arbeiten nämlich mit Einseitenband-Modulation und unterdrücken den Träger vollkommen. Der auf der Empfangsseite zum Demodulieren zugesetzte Träger weicht naturgemäß in seiner Frequenz etwas vom Träger der Sendeseite ab.

Zur Beurteilung der Störspannungen müssen die *Pegel der Datensignale* berücksichtigt werden. Vom CCITT werden als maximale Sendespannung 775 mV empfohlen [1]. Die Deutsche Bundespost hat, um ein Nebensprechen in benachbarten mit Telephonie belegten Kabeladern zu verhindern, nur 400 mV zugelassen. Geht man von diesem Wert aus, so ist die kleinste Empfangsspannung etwa 7 mV.

Störspannungen auf Leitungen mit Verstärkern sind — je nachdem, an welchem Punkt man mißt — verschieden zu bewerten, da man ja die Größe der Störspannung jeweils mit der zu erwartenden Spannung des Signals vergleichen muß. Bei allen Leitungen mit Verstärkern sowie bei TF-Kanälen ist für die einzelnen Punkte der Leitungen und der Endeinrichtungen der sogenannte *Meßpegel* oder *relative Pegel* für einen Ton mit der Frequenz 800 Hz definiert. Alle genormten Signalpegel sowie die zulässigen Grenzen von Störspannungen werden auf den Punkt mit dem relativen Pegel Null bezogen. Nach CCITT-Empfehlung V2 [34] darf an den Punkt mit dem relativen Pegel Null ein Datensignalpegel von höchstens — 10 dB (bezogen auf 1 mW) gelegt werden, wenn nur in einer Richtung übertragen wird. Bei der Übertragung gleichzeitig in beiden Richtungen (auch wenn in der Gegenrichtung nur ein schmaler Quittungskanal betrieben wird) sind für jede Richtung an demselben Punkt nur — 13 dB zugelassen. Die Deutsche Bundespost dagegen läßt in beiden Fällen nur — 15 dB zu. Dieser Wert entspricht nämlich 32 µW, dem Mittelwert der Leistung eines mit Sprache belegten Kanals im Fernsprechwählnetz am Punkt mit dem relativen Pegel Null.

Das als Störspannung bereits in Abschnitt 14.2.4.3 erwähnte *Rauschen* entsteht als thermisches Rauschen in ohmschen Widerständen, Halbleitern, Röhren usw. und als Intermodulationsgeräusch beim Durchgang von Frequenzgemischen durch nichtlineare Übertragungsmittel. Die Bezeichnung *weißes* Rauschen deutet an, daß das Spektrum der Rauschspannung über einen weiten Frequenzbereich gleichmäßig verteilt ist. Die regellos auftretenden Teilschwingungen mit verschiedenen Frequenzen sind nicht miteinander korreliert. Daher läßt sich das Rauschen durch seine Leistung bzw. durch den Effektivwert der Spannung (quadratischer Mittelwert) beschreiben. Dieser ist hinter einem Bandfilter proportional der Wurzel der Bandbreite. Derjenige Spannungswert u, der von dem Momentanwert der Rauschspannung nur mit der Wahrscheinlichkeit $P(u)$ überschritten wird, ist um einen Faktor α größer als der Effektivwert der Rauschspannung (Tabelle 14.2-4).

Tabelle 14.2-4. Verhältnis α des Spannungswertes u, der vom Momentanwert der Rauschspannung nur mit der Wahrscheinlichkeit $P(u)$ überschritten wird, zum Effektivwert der Rauschspannung U_{eff}

$P(u)$	10^{-3}	10^{-4}	10^{-5}	10^{-6}	10^{-7}	10^{-8}
$\alpha = u/U_{eff}$	3,291	3,891	4,417	4,892	5,327	5,731

Thermisches Rauschen dringt bei Nachrichtenverbindungen vor allem an den Stellen mit dem geringsten Signalpegel in den Übertragungskanal ein, so z. B. am Eingang von Verstärkern, während Intermodulationsgeräusch dort entsteht, wo der Signalpegel hoch ist (z. B. Endstufen von Verstärkern, Sendefilter).

Das CCITT hat empfohlen, daß am Ende einer Fernsprechverbindung von 2500 km Länge eine störende mittlere Leistung von 10000 pW, bezogen auf den Punkt des relativen Pegels Null und mit dem physiologisch bewertenden CCI-Fernsprechfilter [11] gemessen, nicht überschritten werden soll. Unbewertet ist mit einer Störleistung von 17500 pW (bezogen auf 1 mW entspricht das einem Pegel von -48 dB) zu rechnen. Bei TF-Verbindungen über Freileitungen sind z. T. etwas größere Werte zulässig. Diese Werte gelten, wenn keine Störimpulse vorhanden sind.

Für die Messung der *Störimpulse* hat CCITT ein besonderes Meßgerät empfohlen (Empfehlung V 55 [34]). Es ist in Abschnitt 14.1.4 näher beschrieben. Die Schwelle des Störimpuls-Zählers ist

bei gewöhnlichen festgeschalteten Datenleitungen auf -18 dB,

bei festgeschalteten Datenleitungen spezieller Qualität auf -21 dB

(bezogen auf 1 mW und den relativen Pegel Null) einzustellen. In einem Zeitraum von 15 min darf die entsprechende Schwelle höchstens 18mal überschritten werden.

Störspannungen durch *Starkstrombeeinflussung* dürfen nach CCITT-Empfehlung G. 123 [8] den Wert von 0,5 mV nicht überschreiten, wenn die Leitung beiderseits mit ihrem Wellenwiderstand abgeschlossen ist und man am Ort des empfangenden Teilnehmers psophometrisch mißt.

Eine sehr unangenehme Störung ist die *Brummodulation*. Sie entsteht beispielsweise dadurch, daß die Träger im TF-System mit 50, 100, 150 Hz oder davon abgeleiteten Frequenzen in der Amplitude oder in der Phase moduliert sind. Modulation der Versorgungsspannungen von Verstärkern hat dieselbe Wirkung. Infolge dieser Brummodulation sind alle Schwingungen, die im Sprachband übertragen werden, brummoduliert. Bei einer Schwingung mit der Frequenz f treten Seitenschwingungen mit den Frequenzen $f \pm 50$ Hz, $f \pm 100$ Hz, $f \pm 150$ Hz usw. auf, welche die Datenübertragung stören. CCITT hat festgelegt, daß die größte unerwünschte Seitenschwingung eines Tones mit der Leistung von 1 mW ($\hat{=} 0$ dB) am Punkt mit dem relativen Pegel Null höchstens einen Pegel von -45 dB aufweisen darf [4].

Die *Störungen auf Freileitungen* sind durch Gewitter, Lang- und Mittelwellensender verursacht. Sie müssen meist hingenommen werden.

Kurzzeitige Unterbrechungen der Leitungen entstehen meist durch irgendwelche Ersatzschaltungen und Wartungsarbeiten in den Ämtern, zuweilen auch durch schlechte Kontakte, kalte Lötstellen u. a. m. [6]. Ihre Dauer schwankt zwischen 0,1 ms bis zu einigen hundert ms. Je nach Länge der Verbindung muß man mit 2 bis 10 kurzen Unterbrechungen je Tag rechnen. Längere Unterbrechungen kommen meist durch Betriebsstörungen zustande. Sie sind selten (einige Male je Monat) und lassen sich kaum vermeiden. Für eine wichtige Datenverbindung muß daher eine Ersatzleitung über eine andere Trasse als die Betriebsleitung bereitgestellt werden.

Bei *Fernsprechwählverbindungen* muß man mit Knackstörungen rechnen. Wie in Abschnitt 14.2.5.1 ausgeführt, ist das Fernsprechnetz für das Gespräch von

Mensch zu Mensch eingerichtet worden und das zu einer Zeit, in der noch niemand an Datenübertragung dachte. Daher finden sich darin heute ältere Wähler, welche — vor allem bei Erschütterungen durch benachbarte Wähler — kurze Folgen von Störspannungsspitzen verursachen, die ein Gespräch kaum stören, in der Datenübertragung jedoch zuweilen Fehler erzeugen. Auch in Zukunft wird noch lange mit solchen Wählern im Fernsprechnetz zu rechnen sein, da sie heute in großer Anzahl vorhanden sind und aus wirtschaftlichen Gründen nicht schnell durch moderne Wählsysteme ersetzt werden können. Moderne Wählsysteme vermeiden solche Störungen weitgehend. Die Störungen durch ältere Wähler sind vom Verkehr im Vermittlungsamt abhängig. Dieser Verkehr ist klein während der Mittagszeit und insbesondere nachts. Es ist deshalb empfehlenswert, wenn möglich, diese Zeiten für eine Datenübertragung zu bevorzugen.

Als Beispiel sind in Tabelle 14.2-5 einige Blockfehlerhäufigkeiten angegeben, die, verursacht durch derartige impulsartige Störspannungen, auf Verbindungen im öffentlichen Fernsprechnetz gemessen wurden [30].

Tabelle 14.2-5. Blockfehlerhäufigkeit im Fernsprechwählnetz bei verschiedenen Blocklängen

Blocklänge etwa	1000 bit	500 bit	10 bit	1 bit
Blockfehlerhäufigkeit p_B auf gewählten Fernsprechverbindungen als Vielfache der Schrittfehlerhäufigkeit p_S	140 bis 1000 p_S	80 bis 500 p_S	5 bis 10 p_S	p_S

14.2.5.3 Verbindungen nach dem Telegraphie-Prinzip. Das *Telegraphie-Prinzip* wurde bereits in Abschnitt 14.2.5.1 beschrieben. Wenn man es für die Datenübertragung in speziellen Netzen verwendet, ergeben sich verschiedene Vorteile: Der wohl wichtigste ist der, daß man im Gegensatz zum Fernsprechwählnetz mit hohen Signalströmen über die Wähler geht. Innerhalb des Amtes wird mit einem Gleichstrom von heute noch ± 20 mA gearbeitet, der auch zur Übertragung der Vermittlungszeichen dient. Durch Erschütterung von Wählerkontakten kann der Signalstrom daher nicht gestört werden [31]. — Ein weiterer Vorteil ist, daß das Signal nach jedem Abschnitt in seiner Amplitude regeneriert wird. Es unterschreitet bestimmte Spannungswerte nicht und ist daher gegenüber äußeren Störungen wenig anfällig. Die Signalleistung am Empfänger schwankt nur in kleinen Grenzen. — Auf der Teilnehmerleitung kann man meist mit getastetem Gleichstrom arbeiten, einem relativ billigen Übertragungsverfahren. Das Spektrum der Gleichstromimpulse liegt im tiefen Frequenzbereich, wo die Nebensprechdämpfung zwischen Adernpaaren im Kabel die größten Werte hat. Die Arbeitsbedingungen für Einfach- oder Doppelstrombetrieb auf Teilnehmerleitungen sind in Abschnitt 14.2.1 näher beschrieben worden. — Als letzter Vorteil sei genannt, daß man in Wählnetzen nach dem Telegraphie-Prinzip die einzelnen Vermittlungsabschnitte, falls erforderlich, hinsichtlich Dämpfung und Laufzeit so entzerren kann, daß eine bestimmte zulässige Schrittgeschwindigkeit im ganzen Netz sichergestellt ist (s. auch Abschnitt 14.2.5.2).

Wie in Abschnitt 14.2.1 erwähnt, werden für die Verbindungen nach dem Telegraphie-Prinzip als *Grundleitungen* die Leitungen des allgemeinen Fernmeldenetzes benutzt, Leitungen also, wie sie in Abschnitt 14.2.5.2 beschrieben sind, nur ohne Fernsprechvermittlungen. Es sind dies unpupinisierte oder pupinisierte Niederfrequenzleitungen in Kabeln sowie Trägerfrequenzleitungen über Kabel oder Richtfunk. Diese Leitungen sind in erster Linie den Forderungn des Fernsprechens angepaßt. Sie können deshalb, wenn sie als *Grundleitungen* für die Datenübertragung verwendet werden, nicht in allen Eigenschaften den Wünschen entsprechen, die man an eine eigens dafür gebaute Leitung stellen würde. Man muß ihre Eigenschaften in Kauf nehmen oder geeignete Maßnahmen zu ihrer Verbesserung an den Endpunkten der Leitung treffen.

Diese Grundleitungen werden an ihren Enden mit Telegraphie- oder Datenübertragungseinrichtungen abgeschlossen, die Ortsleitungen also beispielsweise mit GDN

(s. Abschnitt 14.2.1), die Fernleitungen mit WT (s. Abschnitt 14.2.3.2), mit Modems (s. Abschnitt 14.3) oder mit Datenumsetzern (s. Abschnitt 14.2.3.2). Die Fernleitungen werden ausnahmslos vierdrähtig betrieben.

Im folgenden werden noch einige Eigenschaften genannt, die von Bedeutung sind, wenn Fernleitungen als Grundleitungen betrieben werden:

Die Dämpfung spielt in Vierdrahtabschnitten nur eine geringe Rolle, da diese mit der nominellen Restdämpfung von etwa 0 dB betrieben werden. Es brauchen also nur die zeitlichen Schwankungen des Pegels und die Dämpfungsverzerrungen betrachtet zu werden. Bei n hintereinandergeschalteten, unabhängig voneinander gewarteten Fernleitungsabschnitten rechnet man im deutschen Dämpfungsplan bei der Frequenz 800 Hz mit einer Pegelschwankung von maximal $\pm \sqrt{n} \cdot 2$ dB. Für die Dämpfungsverzerrung ist in Abb. 14.2-29 ein Toleranzschema angegeben [7].

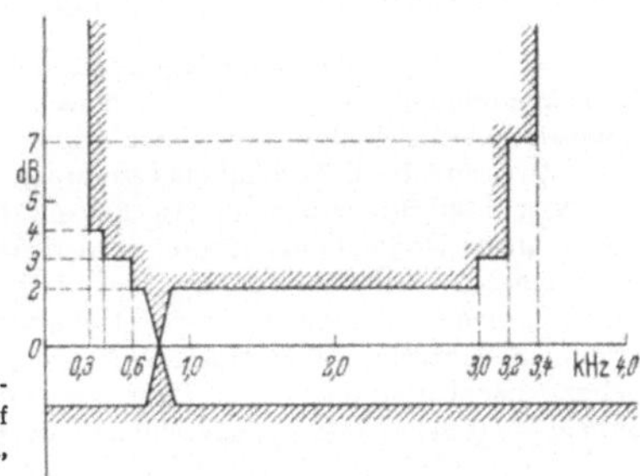

Abb. 14.2-29. Zulässige Grenzen für den Frequenzgang der Restdämpfung (bezogen auf den Wert bei 800 Hz) für Grundleitungen, die für 24 WT-Kanäle vorgesehen sind

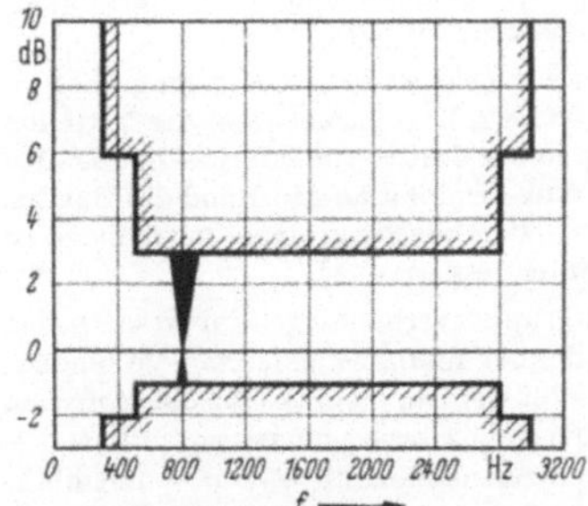

Abb. 14.2-30. Zulässige Dämpfungsverzerrung als Funktion der Frequenz bei Daten-Grundleitungen spezieller Qualität

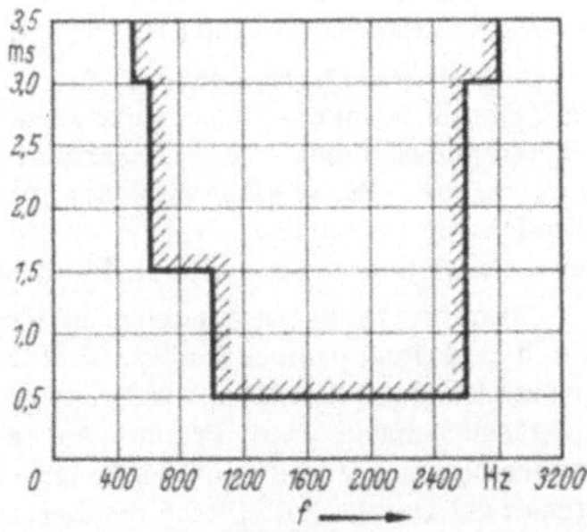

Abb. 14.2-31. Zulässige Laufzeitverzerrung als Funktion der Frequenz bei Daten-Grundleitungen spezieller Qualität

Die Laufzeitverzerrung von TF-Fernleitungen ist in Abb. 14.2-27 bereits angegeben worden. Bei Datenübertragung über schmalbandige WT-Kanäle spielt diese praktisch keine Rolle, wohl aber bei Datenübertragung mit Schrittgeschwindigkeiten über 600 Bd, wo man die Grundleitung nicht mehr aufteilt, sondern den gesamten Sprachkanal verwendet. Hingegen ist zu beachten, daß schmalbandige WT-Kanäle eine erheblich größere Laufzeit als die breiten Sprachkanäle haben, die als Grundleitungen benutzt werden. Je WT-Abschnitt muß man mit einer Laufzeit von 15 bis 40 ms rechnen.

An *Daten-Grundleitungen*, über die mit Datenübertragungsgeschwindigkeiten von 2400 oder 4800 bit/s übertragen werden soll, werden besondere Anforderungen hinsichtlich linearer Verzerrungen gestellt, wenn der Modem nicht mit geeigneten Entzerrern ausgerüstet ist. CCITT hat in [2] zulässige Grenzen der Dämpfungs- und Laufzeitverzerrungen für derartige „Leitungen besonderer Qualität" angegeben. Diese Toleranzkurven sind in den Abb. 14.2-30 und 14.2-31 wiedergegeben und gelten für die gesamte Leitung, also einschließlich der an beiden Enden angefügten Ortsleitungsabschnitte.

Für die Klirrfaktoren 2. und 3. Ordnung schreiben die Pflichtenhefte der Fernsprechleitungen mit Rücksicht auf die WT vor, daß am Ausgang eines Leitungsabschnittes $k_2 \leqq 3\%$ und $k_3 \leqq 1\%$ sein sollen, wenn man am Ort des relativen Pegels Null einen 800-Hz-Meßton mit der Leistung 1 mW einspeist. Bei Überschreitung dieser Werte stören sich — bei Aufteilung des Sprachbandes in schmale Bänder für die Datenübertragung — die WT-Kanäle durch ihre Klirrtöne gegenseitig.

14.2.5.4 Primär- und Sekundärgruppenverbindungen als Grundleitungen für die Datenübertragung.

Fernsprechverbingungen mit ihrem Frequenzband von 300 bis 3400 Hz lassen sich ohne aufwendige Entzerrungsmaßnahmen und bei Anwendung eines Zweiseitenband-Modulationsverfahrens nur bis zu einer Schrittgeschwindigkeit von 1200 Bd ausnutzen. Mit Leitungsentzerrung und bei Anwendung von mehrstufigen Modulationsverfahren (s. Abschnitte 14.1.3 und 14.2.3.3) erreicht man bei taktgebundener Übertragung eine Übertragungsgeschwindigkeit von 4800 bit/s, mit adaptiver Entzerrung eine Geschwindigkeit von 9600 bit/s. Zur Realisierung von nicht-taktgebundener Übertragung mit mehr als 1200 bit/s oder von taktgebundener Übertragung von mehr als 9600 bit/s sind als Grundleitungen die Primär- und Sekundärgruppenverbindungen der TF-Systeme zu verwenden.

Primärgruppenverbindung

Die Primärgruppe ist ein 48 kHz breites *Frequenzband*. An den Eingangs- und Ausgangsklemmen (am sogenannten Primärgruppenverteiler) hat diese Verbindung die *Frequenzlage* 60 bis 108 kHz (Grund-Primärgruppe) [42].

In jeder Primärgruppenverbindung wird ein *Pilot* zur Pegel-Regelung übertragen. Dessen Frequenz ist normalerweise 84,08 kHz, liegt also etwa in der Mitte des Übertragungsbandes. Wenn die Primärgruppe als Ganzes für breitbandige Datenübertragung (z. B. 48 kBd) verwendet wird, muß der Pilot an den Rand des Bandes, nämlich auf 104,08 kHz, verschoben werden. Die Umgebung der Pilotfrequenz ist für die Datenübertragung durch Bandsperrfilter gesperrt [43].

Laufzeitverzerrungen entstehen in Primärgruppenverbindungen im wesentlichen durch die Primärgruppendurchschaltefilter, die bei zusammengesetzten Verbindungen zwischen die einzelnen Abschnitte geschaltet werden, damit kein Nebensprechen zwischen benachbarten Primärgruppen auf dem Übertragungsweg auftritt. — Innerhalb einer Verbindung wird man — von Ausnahmen abgesehen — mit höchstens zwei Durchschaltefiltern rechnen müssen.

Die starke Zunahme der Laufzeitverzerrungen an den Bandgrenzen durch die Durchschaltefilter setzt die für die Datenübertragung nutzbare Bandbreite herab. Für die Primärgruppenverbindung ist der Wert $5\ \mu s + n \cdot 10\ \mu s$ als maximal zulässige Laufzeitverzerrung für das 32 kHz breite Band zwischen den Eckfrequenzen 68 und 100 kHz empfohlen [44]. Hierbei ist eine Entzerrung jedes der n Primärgruppendurchschaltefilter im angegebenen Band auf maximal 10 μs vorausgesetzt. Die Primärgruppen 1 und 5 (vgl. Abb. 14.2-32) im Sekundärgruppenband sind wegen ihrer Randlage und der damit verbundenen zusätzlichen Laufzeitverzerrungen durch Sekundärgruppen-Durchschaltefilter für die Datenübertragung nicht zu empfehlen.

Dämpfungsverzerrungen werden ebenfalls im wesentlichen durch die Durchschaltefilter hervorgerufen, dürften aber im Frequenzbereich 68 bis 100 kHz nicht größer als 2 dB sein [44].

Im Fernmeldenetz der Deutschen Bundespost sind am Primärgruppenverteiler folgende *relativen Leistungspegel* festgelegt:

sendeseitig $-36{,}5$ dB
empfangsseitig $-30{,}5$ dB

Die *Impedanz* beträgt dort $150\,\Omega$ (symmetrisch).

Unter der Voraussetzung, daß eine für die Datenübertragung geschaltete Primärgruppenverbindung nach Länge und Zusammensetzung höchstens einem Drittel des CCITT-Bezugskreises entspricht, kann man die *maximal auftretende unbewertete Geräuschleistung* einer solchen Verbindung, die durch Geräusche der TF-Einrichtung und durch Leitungsgeräusche hervorgerufen wird, angeben. Sie beträgt in einem 40 kHz breiten Band und bezogen auf den relativen Pegel Null ca. 70000 pW (oder bezogen auf 1 mW: $-41{,}5$ dB).

Neben diesen Geräuschen, die den Charakter von weißem Rauschen haben, treten einzelne Störfrequenzen auf, die hauptsächlich von Trägerresten aus Vorgruppen- und Primärgruppenumsetzern benachbarter Primärgruppen herrühren. Für jetzt im Einsatz befindliche TF-Einrichtungen ist in den Pflichtenheften der Deutschen Bundespost als Pegelhöchstwert jedes Trägerrests -26 dB (bezogen auf 1 mW und den relativen Pegel Null) festgelegt. Das CCITT hat in [44] für neue Systeme den Wert -40 dB empfohlen. — Bei der Fernsprechübertragung stören diese Trägerreste nicht, weil ihre Frequenzen Vielfache der Frequenz 4 kHz sind und deshalb immer in die Kanallücken fallen. Bei der Breitband-Datenübertragung dagegen liegen die Trägerreste im Übertragungsband und können zu Störungen führen. Man kann aber, solange nicht genügend neue TF-Systeme mit hinreichend kleinen Trägerresten zur Verfügung stehen, trägerrestarme Primärgruppen auswählen [45]:

Eine Grund-Primärgruppe nämlich, die in die Primärgruppenlage 1 oder 2 der Grund-Sekundärgruppe umgesetzt wird, ist im Datenübertragungsband 68 bis 100 kHz frei von Trägerresten der *Primärgruppen*umsetzer. Die Primärgruppenlage 1 scheidet wegen der zusätzlichen Laufzeitverzerrungen der Sekundärgruppen-Durchschaltefilter aus (s. oben); für die Breitbanddatenübertragung sollte daher vorzugsweise die Primärgruppe 2 innerhalb der Sekundärgruppe verwendet werden.

Dann müßte allerdings ein *Vorgruppen*trägerrest, der von der Primärgruppe 3 herrührt und in der Primärgruppe 2 in ihrer Grundfrequenzlage bei 72 kHz erscheint, falls erforderlich, durch ein Sperrfilter in der Primärgruppe 3 vermindert werden.

Als maximale *Leistung des Datensignals* wird der Wert von ca. 0.4 mW, bezogen auf den Punkt mit dem relativen Pegel Null, zugelassen ($\hat{=} -4$ dB) [46]. Vorausgesetzt ist hierbei, daß die Leistung des Datensignals annähernd gleichmäßig über das gesamte Frequenzband verteilt ist. Als *Störabstand gegenüber dem weißen Rauschen* ergibt sich daher im ungünstigsten Fall -4 dB $+ 41{,}5$ dB $= 37{,}5$ dB.

Sekundärgruppenverbindung

Die Sekundärgruppe belegt ein 240 kHz breites *Frequenzband;* an den Eingangs- und Ausgangsklemmen (am sogenannten Sekundärgruppenverteiler) haben Sekundärgruppenverbindungen die *Frequenzlage* 312 bis 552 kHz (Abb. 14.2-32) [42]. In dieser Lage hat der *Sekundärgruppenpilot* normalerweise die Frequenz 411,92 kHz. Er kann für die Datenübertragung auf die Frequenz 547,92 kHz verschoben werden.

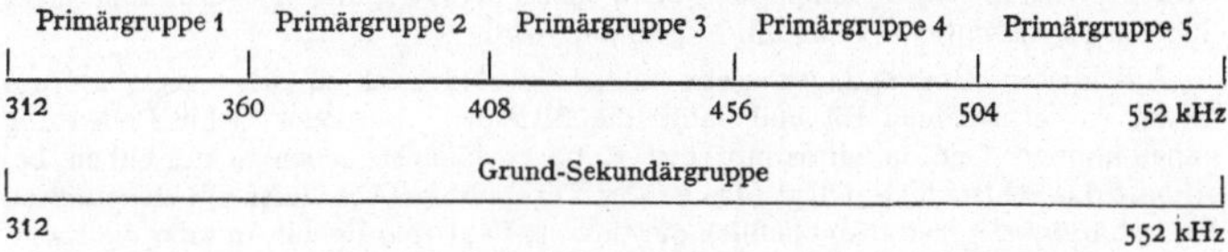

Abb. 14.2-32. Die Zusammensetzung der Grundsekundärgruppe aus Primärgruppen

Die *Laufzeitverzerrungen* entstehen in Sekundärgruppenverbindungen ebenfalls im wesentlichen durch die Sekundärgruppen-Durchschaltefilter. Nach Entzerrung soll die Laufzeitverzerrung im Band 352 bis 512 kHz höchstens 1 µs $+ n \cdot 2$ µs betragen, wenn eine Sekundärgruppe für Datenübertragung zur Verfügung gestellt wird. Dabei ist vorausgesetzt, daß jedes Sekundärgruppen-Durchschaltefilter im Verbindungszug auf höchstens 2 µs Laufzeitverzerrung im angegebenen Frequenzband entzerrt ist [47].

Die *Dämpfungsverzerrungen* sind im angegebenen Frequenzband kleiner als ± 2 dB.

Bei der Deutschen Bundespost sind am Sekundärgruppenverteiler folgende (gegenüber dem Pegelpunkt Null) *relativen Leistungspegel* festgelegt:

sendeseitig	$-34{,}8$ dB
empfangsseitig	$-30{,}4$ dB

Die *Impedanz* beträgt dort 75 Ω (unsymmetrisch).

Unter den gleichen Voraussetzungen wie bei der Primärgruppe beträgt die maximal auftretende *unbewertete Geräuschleistung* in einem 160 kHz breiten Band und bezogen auf den relativen Pegel Null etwa 268000 pW ($\,\widehat{=}\, - 36$ dB).

Für die *Trägerreste* ist in den Pflichtenheften der Deutschen Bundespost am relativen Pegel ein Störpegel-Höchstwert von -35 dB festgelegt. In [47] ist ein Höchstwert von -40 dB empfohlen. Die Sekundärgruppe 1 im Frequenzplan für das V 960-System [48] ist frei von Trägerresten und sollte daher vorzugsweise für die Breitband-Datenübertragung verwendet werden.

Als maximale *Leistung des Datensignals* wird der Wert von ca. 2 mW, bezogen auf den Punkt mit dem relativen Pegel Null, zugelassen ($\,\widehat{=}\, + 3$ dB) [49]. Vorausgesetzt ist hierbei wieder, daß die Leistung des Datensignals annähernd gleichmäßig über das gesamte Frequenzband verteilt ist. Als *Störabstand gegenüber dem weißen Rauschen* ergibt sich daher im ungünstigsten Fall $+ 3$ dB $+ 36$ dB $=$ 39 dB.

14.2.6 Die Sicherheit der Übertragung

14.2.6.1 Anforderungen an die Übertragungssicherheit. Die zu übertragenden Daten haben — je nach Anwendungsfall — sehr verschiedenen Charakter und stellen daher auch verschiedene Anforderungen an die Sicherheit des Übertragungssystems. Beispielsweise wird die Übertragung eines Rechnerprogramms einen erheblich größeren Aufwand an Sicherung gegen Übertragungsfehler erfordern als das Sammeln von Lagerbestandsangaben, die ohne besondere Sicherung von Menschen eingegeben werden; denn die mittlere Fehlerwahrscheinlichkeit eines Rechners liegt bei etwa 10^{-9}, die des Menschen bei 10^{-3}. Wenn die *Ursprungsfehlerhäufigkeit* der Nachricht bei 10^{-3} liegt, braucht die Fehlerhäufigkeit bei der Übertragung sicher nicht besser als 10^{-5} zu sein. Andererseits reicht eine Fehlerhäufigkeit von 10^{-5} für die Übertragung eines Rechnerprogramms nicht aus.

Man kann daneben auch noch die *Auswirkung von Fehlern* betrachten. Bei der Übertragung einer Wetterkarte beispielsweise stört ein fälschlich eingetragener Punkt kaum. Man wird sicherlich keine falschen Schlüsse daraus ziehen. Größer wird die Wirkung eines Fehlers sein, wenn bei der Übertragung eines Kontoauszuges durch ein gefälschtes Bit eine Ziffer geändert wird.

Aus diesen Überlegungen sieht man, daß Nachrichten sehr verschiedenes Gewicht, die einzelnen Bit und damit die Bitfehler große oder kleine Bedeutung haben können. Und da wir es mit einer Kette von Fehlerquellen zu tun haben, bestimmt das schlechteste Glied (das ist der Verbindungs-Abschnitt mit der größten Fehlerhäufigkeit) fast ausschließlich die Gesamt-Fehlerhäufigkeit, mit der die Nachricht nach der Auswertung dem Menschen wieder zugänglich gemacht wird.

Wenn die Verbindung eine größere Fehlerhäufigkeit aufweist als zulässig, so muß man durch ein geeignetes Fehlerschutzverfahren die Fehlerhäufigkeit auf den zulässigen Wert vermindern. Keinesfalls braucht die Fehlerhäufigkeit bei der Übertragung kleiner zu sein als etwa 1 % der zulässigen Fehlerhäufigkeit bei der Senke, während sie andererseits höchstens diese erreichen darf.

14.2.6.2 Die Fehlerhäufigkeit der Verbindung. Bei der Datenübertragung ist durch die in den Abschnitten 14.2.4 und 14.2.5 beschriebenen Einflüsse mit Fehlern zu rechnen. Die Fehlerhäufigkeit ist allerdings — je nach Art der Verbindung — verschieden. In Tabelle 14.2-6 sind Fehlerhäufigkeiten von Verbindungen und von Einrichtungen der Datenstationen zusammengestellt und mit den Forderungen bei einigen Anwendungen verglichen. Zur Verringerung der Fehlerhäufigkeit kann man Fehlerschutzverfahren — auch Datensicherungs-Verfahren genannt — anwenden.

Tabelle 14.2-6. Fehlerhäufigkeiten von Verbindungen und von Einrichtungen der Datenstationen sowie Forderungen bei einigen Anwendungen

Übertragungs-organ	Mittlere Zeichen-fehler-häufigkeit etwa	Mittlere Nach-richtenmenge zwischen zwei Fehlern	Mittlere Dauer der feh-lerfreien Inter-valle bei 300 Zeichen/min	Mittlere Dauer der feh-lerfreien Inter-valle bei 7500 Zeichen/min	Forderung tritt auf bei
Schlechte KW-Funkverbindung	10^{-2}	2 Zeilen	20 s	—	offener Text, ohne Zahlen
Gewählte Fern-sprechverbindung	10^{-3} [2])	$^1/_2$ Schreib- oder Buchseite	—	8 s	
Stenotypistin	$3 \cdot 10^{-4}$	1 Seite	10 min	—	geschäftliche Korrespon-denz
Telexnetz	$5 \cdot 10^{-5}$ [2])	1 Aufsatz	1 Stunde	—	
Standverbindung	$2 \cdot 10^{-6}$	Sonntagsaus-gabe einer großen Zeitung	—	1 Stunde	verschlüssel-ter Text, Zahlen
Fernschreib-maschine	$< 10^{-6}$	1 Buch (500 Seiten)	6 Tage[1])	—	
Elektronische Rechenmaschine	$< 10^{-8}$	1 Bücher-schrank (100 Bücher)	—	—	Buchungen, Scheckdienst

[1] Arbeitszeit 8 Std. pro Tag.

[2] Die Fehlerhäufigkeit streut je nach Verbindung. Bei 80 bis 90% aller Verbindungen ist die Fehlerhäufigkeit kleiner oder gleich dem angegebenen Wert.

14.2.6.3 Die Redundanz auf der Übertragungsstrecke. Ein Fehlerschutzverfahren muß dem jeweiligen Anwendungsfall angepaßt sein. Es sind eine große Anzahl von Verfahren denkbar, praktisch haben aber nur wenige Bedeutung erlangt. Sie sollen hier von der Anwendung her betrachtet werden, während die Theorie der Sicherungs-verfahren in Abschnitt 1.6 behandelt wird.

Allgemein unterscheidet man drei Stufen der Sicherung, nämlich die Fehler-anzeige, die Fehlerkorrektur durch Wiederholung sowie die Fehlerkorrektur durch selbstkorrigierenden Code. In jedem Falle ist es erforderlich, der Nachricht zusätz-liche Information, die *Redundanz*, mitzugeben, mit deren Hilfe man auf der Emp-fangsseite feststellen kann, ob die Nachricht wahrscheinlich richtig übertragen wurde oder nicht (Abb. 14.2-33). Die auf der Sendeseite für die Übertragung zuge-fügte Redundanz wird auf der Empfangsseite meist nicht zur Datensenke weiter-gegeben, sondern vorher von der Nachricht getrennt und speziell ausgewertet.

Hieraus erkennt man, daß der Datenfluß von der Quelle zur Senke durch Hinzufügen von Redundanz vermindert wird, da ja der Fluß auf der Leitung durch die
zulässige Schrittgeschwindigkeit begrenzt ist.

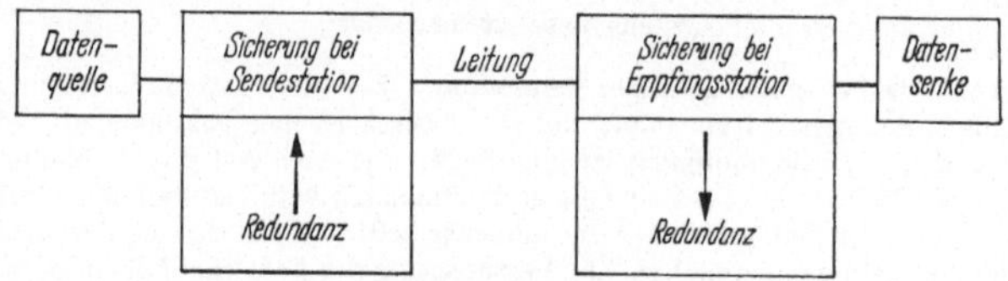

Abb. 14.2-33. Prinzip der Datensicherung

14.2.6.4 Maßnahmen bei erkannten Fehlern. Bei der *Fehleranzeige* beschränkt
man sich häufig darauf, auf der Empfangsseite den Fehler zu markieren. Ist es
darüber hinaus erforderlich, den Fehler zu berichtigen, so muß dieBedienungsperson
entweder sofort beim Auftreten des Fehlers oder später eingreifen. Die Fehleranzeige ist meist einfach und wenig aufwendig. Man wird, wenn die Fehler berichtigt
werden müssen, solche Verfahren jedoch nur dort einsetzen, wo Fehler selten vorkommen (z. B. ein Fehler je Stunde und seltener). Damit etwaige Fehler berichtigt
werden können, muß jedenfalls auch ein Kanal in der Gegenrichtung vorhanden
sein, entweder während der Datenübertragung oder später.

Bei der *Fehlerkorrektur durch Wiederholung* wird immer dann ein Nachrichten-
abschnitt *automatisch* wiederholt, wenn ein Fehler bei der Übertragung festgestellt
wurde, und dafür gesorgt, daß nur die richtige Nachricht ausgegeben wird. Die
Nachricht wird zur Übertragung häufig auf der Sendeseite in kleinere Abschnitte,
die *Datenübertragungsblöcke*, eingeteilt. Diese können länger oder kürzer sein als die
Datenblöcke, die von der Datenquelle kommen. Bei der Sende- und bei der Empfangsstation sind meist Zwischenspeicher erforderlich. Es handelt sich also um
komfortable und wesentlich aufwendigere Verfahren als bei der Fehleranzeige. Die
Block-Wiederholungsverfahren stellen die Redundanz vielfach mit Hilfe eines rück-
gekoppelten Schieberegisters her. Sie sind auch für stärker gestörte Verbindungen
verwendbar, da der Mensch nicht bei jedem Fehler eingreifen muß.

Die Datensicherungsverfahren, die eine Fehlerberichtigung durch Wiederholung
vornehmen, setzen im allgemeinen eine festgelegte *Prozedur* voraus, nach der die
Datenübertragung abläuft. Diese Prozedur ist je nach Verfahren verschieden. Es
gibt drei Prinzipien, nämlich *Entscheidungsrücksendung* (decision feedback), *Redundanzrücksendung* (redundancy feedback) und *Informationsrücksendung* (information
feedback). Diese Prinzipien sind in Abschnitt 14.3 näher erläutert. Ihnen ist gemeinsam, daß zwischen den korrespondierenden Datenstationen eine Übertragung in
beiden Richtungen möglich sein muß. Bei der Informationsrücksendung ist der
Informationsfluß in beiden Richtungen gleich groß. Dieses Prinzip ist daher nur
anwendbar, wenn eine Vierdraht-Verbindung zur Verfügung steht oder eine Zwei-
draht-Fernsprechverbindung in zwei gleiche Bänder für die beiden Richtungen aufgeteilt wird. Bei der Redundanz- und der Entscheidungsrücksendung dagegen ist
der Informationsfluß vom Sender zum Empfänger erheblich größer als auf dem
Rückweg. Wenn nur eine Zweidraht-Verbindung, wie beispielsweise im öffentlichen
Fernsprechnetz, vorhanden ist, gibt es zwei Möglichkeiten für die Prozedur, die
hier mit A und R bezeichnet werden sollen:

Verfahren A. Die Sendestation teilt die angelieferten Daten zum Zwecke der
Übertragung in Blöcke ein, die sie nacheinander sendet. Nach jedem Block unter-
bricht sie die Sendung, um im gleichen Frequenzband von der Empfangsstation ein
Quittungssignal entgegenzunehmen.

Verfahren R. Die Sendestation teilt die angelieferten Daten ebenfalls in Blöcke
ein, die sie jedoch ohne Unterbrechung nacheinander sendet. Das Quittungssignal

wird in einem schmalen Kanal (Rückkanal oder Hilfskanal) außerhalb des Daten-Frequenzbandes in der Gegenrichtung übertragen.

Selbstkorrigierende Codes enthalten so viel Redundanz, daß die Empfangsstation auch im Falle der Störung meistens selbständig erkennen kann, welche Nachricht gesendet wurde. Es ist unmittelbar einzusehen, daß die Redundanz in diesem Falle ziemlich groß sein muß. Deshalb verwendet man selbstkorrigierende Codes nur dann, wenn der Rückweg von der Empfangsstation zur Sendestation nicht zur Verfügung steht (z. B. bei Speichervermittlungen oder bei Rundstrahlbetrieb) oder wenn der Wert der Nachricht schnell abnimmt, wie bei bestimmten *Meßwert-Übertragungen* (z. B. Raketenpositionen). Bei langzeitig gestörten Verbindungen sind diese Codes nicht zu verwenden; beispielsweise kann die Empfangsstation trotz gesendeter großer Redundanz die Zeichen nicht erkennen, wenn die Leitung unterbrochen ist, während bei Verfahren mit Rückmeldung die Sendeseite wenigstens merkt, daß die Übertragung gestört ist.

Bei kurzzeitigen Störungen jedoch — wie sie bei Kurzwellenverbindungen vorkommen — hat man mit selbstkorrigierenden Codes, wie beispielsweise mit den konvolutionellen Codes, gute Erfahrungen gemacht.

14.2.6.5 Die Wirksamkeit von Datensicherungsverfahren. Die *Wirksamkeit* von Datensicherungsverfahren kann nicht ausschließlich theoretisch, beispielsweise unter der Voraussetzung stochastisch verteilter Fehler, ermittelt werden. Auch die Annahme reiner Bündelstörungen führt meist zu keiner befriedigenden Voraussage. Während die erste Angabe im allgemeinen zu günstig ist, führt die zweite häufig zu einem zu ungünstigen Ergebnis. Beide Ergebnisse liegen meist so weit auseinander, daß man die tatsächliche Wirksamkeit nicht abschätzen kann. Eine endgültige Klärung kann hier die Messung der Restfehlerhäufigkeit (das ist die verbleibende Fehlerhäufigkeit nach Anwendung des Sicherungsverfahrens) bringen. Zumindest bei einfachen Fehlerschutzverfahren ist das ein gangbarer Weg. Bei hochwirksamen Verfahren versagt meist auch diese Methode, da eine solche Messung eine Meß-apparatur erfordert, deren Fehlerhäufigkeit um mindestens zwei Zehnerpotenzen kleiner sein muß als die zu messende. Zudem ist in diesem Falle die Fehlerhäufig-keitsmessung sehr zeitraubend und langwierig, weil man ja, um eine hinreichende statistische Sicherheit zu haben, mindestens 50 Fälle zählen muß, wo das Fehler-schutzverfahren versagt hat. Man begnügt sich daher meist mit der Angabe, daß die Wirksamkeit größer ist als ein bestimmter Wert.

Der *Verbesserungsfaktor R* eines Sicherungsverfahrens ist derjenige Faktor, um den die Restfehlerhäufigkeit kleiner ist als die Fehlerhäufigkeit ohne Anwendung des Sicherungsverfahrens. Beispiele:

Paritätssicherung	$R > 10^1$ *)
Kombinierte Quer- und Längsparitätssicherung	$R > 10^3$ *)
Sicherung durch zyklischen Code	
16 Kontroll-Bits (Blocklänge $< 32\,000$ bit)	$R > 10^5$ *)
20 Kontroll-Bits (Blocklänge $< 500\,000$ bit)	$R > 10^6$ *)

14.2.6.6 Zusätzliche Möglichkeiten der Datenprüfung. Zur Wahrscheinlichkeit, mit der man Übertragungsfehler beim Empfänger erkennt, tragen außer der eigent-lichen Sicherung noch andere Faktoren bei, was an drei Beispielen gezeigt werden soll:

Beispiel 1. Das Verfahren mit Fehleranzeige kann man im Telexnetz anwenden wo man mit einer Fehlerhäufigkeit durch die Leitungseinflüsse von $5 \cdot 10^{-5}$ rechnen muß. Fügt man jedem Start-Stop-Zeichen jeweils einen *Paritätsschritt* hinzu und prüft auf der Empfangsstation sowohl diesen als auch den Stopschritt, so können von 20 Übertragungsfehlern etwa 19 erkannt werden. Bei Auswertung von Messungen im Telexnetz konnte weiterhin festgestellt werden, daß insbesondere mehrfach gestörte Zeichen, die durch Paritätssicherung teilweise nicht entdeckt werden,

---

*) Die angegebenen Verbesserungsfaktoren sind typische Werte.

meist gebündelt und in Verbindung mit erkannten einfach gestörten Zeichen vorkommen. Daraus folgt, daß man weitere Fehler erkennen kann, *wenn man bei jedem erkannten Fehler etwa 100 Zeichen wiederholt.* Die Anzahl der unerkannten Fehler vermindert sich durch diese einfache Maßnahme um einen weiteren Faktor 4. Durch das beschriebene Sicherungsverfahren mit Fehleranzeige ist man also in der Lage, im Telexnetz die Anzahl unerkannter Fehler um den Faktor 70 bis 80 zu vermindern, und es bleibt somit eine Restfehlerhäufigkeit von etwa $7 \cdot 10^{-7}$, das ist im Mittel etwa ein Fehler in 50 bis 60 Betriebsstunden.

Beispiel 2. Die zu übertragende Datennachricht enthält meist eine *natürliche Redundanz*, die man zur Fehlererkennung heranziehen kann. Beispielsweise liegt in der Datumsspalte in folgenden Fällen ein Fehler vor: 14.22.71, 45.06.71, 07.07871.

Beispiel 3. Störungen, wie z.B. Störspannungen oder kurze Unterbrechungen, verursachen meist eine starke Verformung des Empfangssignals. Mit Hilfe eines *Amplituden- und Zeit-Toleranzdetektors*, der das Empfangssignal darauf prüft, ob seine Form der Mindestanforderung genügt (Beispiel s. Abb. 14.2-34), lassen sich viele Störungen erkennen. Vor allem in Zusammenarbeit mit einfachen Sicherungsverfahren ist ein solcher Detektor sehr wirksam. Für das Herstellen des Zeit-Toleranzrasters benötigt man allerdings den Takt der Nachricht. Dieses schränkt in manchen Fällen die Freizügigkeit in der Verwendung des Demodulationsteils ein, und daher begnügt man sich manchmal mit der Tolerierung der Amplitude: Bei Frequenz- oder Phasenmodulation muß ja die Amplitude des Trägers, wenn keine Störung vorliegt, immer innerhalb eines bestimmten Toleranzbereiches liegen (Näheres hierzu s. Abschnitt 14.3 und [61]).

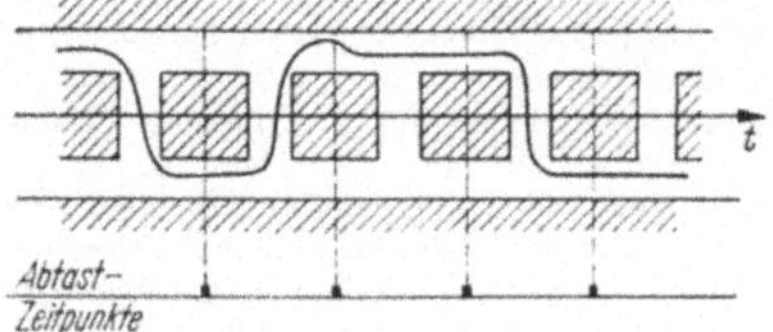

Abb. 14.2-34. Beispiel für die Wirkungsweise eines Amplituden- und Zeit-Toleranzdetektors: Das Empfangssignal darf nicht in schraffierte Bereiche fallen

14.2.6.7 Klassen der Übertragungssicherheit. Um einen Überblick zu vermitteln, welche Fehlerhäufigkeit $p_{ü}$ in verschiedenen Anwendungsfällen für das Übertragungssystem angemessen ist, werden im folgenden vier Klassen der Übertragungssicherheit angegeben.

a) Einfache Übertragungssicherheit: Zeichenfehlerhäufigkeit des Übertragungssystems $p_{ü} \leqq 10^{-4}$. Die einfache Übertragungssicherheit ist in einem gut gewarteten Fernschreib- oder Datennetz und auf festgeschalteten Verbindungen ohne jede Sicherung erreichbar. — Sie ist ausreichend, wenn Informationen mit großer eigener Redundanz oder wenn Informationen von geringem Wert übertragen werden; beispielsweise einfache von Hand im Klartext geschriebene Mitteilungen, prüfbare Zahlen als Bestellnummern oder Lagerpositionen sowie Fernmeßinformationen, die auf ein Anzeigeinstrument ausgegeben und in recht kurzen Zeitabständen wiederholt werden.

b) Mittlere Übertragungssicherheit: Zeichenfehlerhäufigkeit des Übertragungssystems $p_{ü} \leqq 10^{-6}$. Die mittlere Übertragungssicherheit ist manchmal auf *Standverbindungen* noch ohne Sicherung erreichbar. Häufig genügt eine einfache Sicherung mit einem Paritätsbit je Zeichen. Auf schlechteren Verbindungen ist eine mittlere Sicherung, wie z.B. die kombinierte Quer- und Längsparitätssicherung (ein Paritätsbit je Zeichen und ein Paritätszeichen je Übertragungsblock) zu empfehlen. Auf *gewählten Fernsprechverbindungen* ist zweckmäßig eine Blocksicherung durch zyklischen Code anzuwenden.

Die mittlere Übertragungssicherheit ist bei Empfehlungen von Datenverarbeitungsanlagen, die als Grundlage für Entscheidungen eines Menschen dienen, bei ungeschützten Zahlenangaben von mittlerem Wert und bei unkritischen Steuerungsvorgängen anzuwenden. Als Beispiele sind zu nennen: Angaben für Disponenten, Platzbuchung bei Luftverkehrsgesellschaften und Eisenbahnen, Änderung eines einfachen Rechnerprogramms.

c) Hohe Übertragungssicherheit: Fehlerhäufigkeit des Übertragungssystems $p_\text{ü} \leqq 10^{-8}$. Die hohe Übertragungssicherheit erreicht man auf *Standverbindungen* meist mit einer mittleren Sicherung, z.B. mit der kombinierten Quer- und Längsparitätssicherung. Auf *gewählten Fernsprechverbindungen* ist eine Blocksicherung durch zyklischen Code mit mindestens 20 Sicherungs-Bits je Block zu verwenden.

Die hohe Übertragungssicherheit sollte nur für Nachrichten besonderer Wichtigkeit angewendet werden, so, wenn es um Geld geht wie im Giroverkehr bei Banken, desgleichen bei Datenaustausch zwischen zwei Rechnern und bei wichtigen Steuerungsvorgängen (bei Ölleitungen, in Walzwerken).

d) Höchste Übertragungssicherheit: Zeichenfehlerhäufigkeit des Übertragungssystems $p_\text{ü} \leqq 10^{-10}$. Die höchste Übertragungssicherheit dürfte nur auf *besten Standverbindungen* und mit hochqualifizierten Sicherungsverfahren erreicht werden können. Es kommen praktisch nur solche in Frage, die mit zyklischem Code arbeiten, wobei mindestens 16 Sicherungsstellen je Block verwendet werden müssen.

Die höchste Übertragungssicherheit sollte man nur fordern, wenn durch Fehler Menschenleben unmittelbar gefährdet sind. Solche Fälle kommen bei der Eisenbahn vor, wenn Signale oder Weichen ferngesteuert werden sollen, oder bei Elektrizitätswerken, wo Leistungsschalter in Unterwerken von der Zentrale aus betätigt werden sollen.

In Abb. 14.2-35 ist zusammengestellt, wie man bei den verschiedenen Verbindungstypen mittels verschiedener Übertragungs-Sicherungsverfahren die vier Klassen der Übertragungssicherheit realisieren kann.

	Verbesserungs-faktor R					
						höchste ÜS
zyklischer Code mit 16 Kontroll-Bits	$\geqq 10^5$	10^{-11}	10^{-10}	10^{-9}	10^{-8}	hohe ÜS
kombinierte Quer- u. Blockparitätssicherung	$\geqq 10^3$	10^{-9}	10^{-8}	10^{-7}	10^{-6}	mittlere ÜS
Zeichenparitätssicherung	$\geqq 10^1$	10^{-7}	10^{-6}	10^{-5}	10^{-4}	einfache ÜS
Fehlerhäufigkeit der Verbindung p_V		10^{-6}	10^{-5}	10^{-4}	10^{-3}	
		Standverbindungen, Datengrundleitungen	Wählverbindungen in einem Fernschreib- oder Datennetz		Wählverbindungen in einem Fernsprechnetz	

Abb. 14.2-35. Klassen der Übertragungssicherheit (ÜS) und Fehlerhäufigkeit des Übertragungssystems $p_\text{ü}$ abhängig von der Zeichenfehlerhäufigkeit der Leitung p_V und vom Verbesserungsfaktor R des Fehlerschutzverfahrens

Literatur

[1] Grünbuch des CCITT, Bd. VIII, V.2.B. — [2] Grünbuch des CCITT, Bd. IV, M. 102. — [3] Grünbuch des CCITT, Bd. III, Empf. G. 161 und Bd. VIII, Empf. V. 21, 5. — [4] Grünbuch des CCITT, Bd. III, Empf. H. 22, Aj. — [5] *Hebel, M., Vollmeyer, W.*: Das Fernmelderelais, 2. Aufl. München: Oldenbourg 1961. — [6] *Jansen, H.*: Pegelschwankungen und Unterbrechungen

im deutschen TF-Netz. Ing. dtsch. Bundespost 8 (1959) 162—166. — [7] Grünbuch des CCITT, Bd. IV, M. 81. — [8] Grünbuch des CCITT, Bd. III. — [9] *Schönhammer, K., Voss, H. H.:* Fernschreibübertragungstechnik. München: Oldenbourg 1966. — [10] *Lang, J., Sanders, J.:* Probleme der Datenübertragung auf Fernsprech- und Breitband-Leitungen. Jahrb. Elektr. Fernmeldewes. 13 (1962) 386—437. — [11] Grünbuch des CCITT, Bd. III, Empf. G. 223. — [12] *Kaden, H.:* Theoretische Grundlagen der Datenübertragung. München: Oldenbourg 1968. — [13] *Fülling, H.:* Fernschreibübertragungstechnik. München: Oldenbourg 1957. — [14] Grünbuch des CCITT, Bd. VII, Empfehlungen R. 31 und R. 35. — [15] do., Empfehlung R. 37. — [16] do., Empfehlung R. 38.A. — [17] *Schiweck, F.:* Die Wähltechnik im deutschen Telexnetz. Fernmelde-Ing. 13 (1953) H. 9, S. 1—32. — [18] *Roßberg, E., Korta, H.:* Fernschreibvermittlungstechnik. München: Oldenbourg 1959. — [19] *Schiweck, F.:* Fernschreibtechnik. Prien: Wintersche Verlagsbuchh. 1962. — [20] Grünbuch des CCITT, Bd. VIII, V.21 und V.23. — [21] *Kaden, H.:* Impulse und Schaltvorgänge in der Nachrichtentechnik. München: Oldenbourg 1957, 188. — [22] *Jakob, L.:* Ein Frequenzkorrektor für FM-Telegrafiesysteme. Siemens-Z. 36 (1962) 454—456. — [23] *Voss, H. H.:* Eigenschaften von Telegrafie-Übertragungssystemen mit Frequenzmodulation bei Störungen durch weißes Rauschen. Frequenz, Bd. 12, Sonderheft (Okt. 1958) 31—37. — [24] *Crosby, M. G.:* Frequency Modulation Noise Characteristics. Proc. IRE 25 (1937) 472—514. — [25] *Hässler, G.:* Frequenzmodulation für drahtgebundene Übertragung. Fernmeldetechn. Z. 3 (1950) 445—454. — [26] *Küpfmüller, K.:* Systemtheorie der elektrischen Nachrichtenübertragung, 2. Aufl. Stuttgart: Hirzel 1952. — [27] Report des CCIR, Nr. 195 — [28] *Sunde, E. D.:* Ideal Binary Pulse Transmission by AM and FM, Bell Syst. Techn. J., 38 (Nov. 1959) 1357—1462. — [29] *Bennett, W. R., Davey, J. R.:* Data Transmission. New York: McGraw-Hill 1965. — [30] Data Transmission Tests on Switched Telephone Circuits, Dokument 23 der Studienkommission Sp. A des CCITT (1961—1964). — [31] *Hummel, E., Schneider, H.:* Übertragungsversuche im Telexnetz mit höheren Schrittgeschwindigkeiten. NTZ (1965) 657—663. — [32] *Horst, H., Lang, M.:* Datenübertragung im Ortsnetz durch Gleichstromtastung — Ergebnisse eines Versuchsbetriebes. NTZ (1969) 353—363. — [33] Grünbuch des CCITT, Bd. VII, Empfehlung R. 35 bis — [34] Grünbuch des CCITT, Bd. VIII. — [35] *Fahrenschon, F., Strobelt, W.:* Datentechnik in Fernsprech-Nebenstellenanlagen. Siemens-Z. (1969) Beiheft Datenfernverarbeitung. — [36] Grünbuch des CCITT, Bd. VI. — [37] *Fischer, G., Grunow, D.:* Modems für die Parallelübertragung von Daten über Fernsprechwählnetze. Siemens-Z. (1969) Beiheft Datenfernverarbeitung. — [38] Grünbuch des CCITT, Bd. VIII Empfehlung V.26. — [39] *Bacher, W.:* Modems für die Serienübertragung von Daten über Fernsprechwege, Siemens-Z. (1969) Beiheft Datenfernverarbeitung. — [40] *Ertel, M., Vollmeyer, W.:* Datennetze — Bestimmungsgrößen und Planungsgrundlagen. Siemens-Z. (1969) Beiheft Datenfernverarbeitung. — [41] Grünbuch des CCITT, Bd. III, Empfehlung G. 225a. — [42] Grünbuch des CCITT, Bd. III, Empfehlung G.211. — [43] Grünbuch des CCITT, Bd. VIII, Empfehlung V.35. — [44] Grünbuch des CCITT, Bd. III, Empfehlung H. 14. — [45] Beitrag der Deutschen Bundespost zur Frage 14/XV des CCITT, Oktober 1965. — [46] Grünbuch des CCITT, Bd. III, Empfehlung H. 52. — [47] Grünbuch des CCITT, Bd. VIII, Empfehlung H. 15. — [48] Grünbuch des CCITT, Bd. III, Empfehlung G.338. — [49] Grünbuch des CCITT, Bd. VIII, Empfehlung H. 53. — [50] Datenübertragung (Vorträge der Fachtagung Datenübertragung in Mannheim 1969). Nachr. techn. Fachberichte, Bd. 37 (1969). — [51] *Schiweck, F., Schomburg, K.:* Einführung in die Fernschreibvermittlungstechnik, Teile I und II. Goslar: Herzog 1962/64. — [52] *Marko, H., Heidner, D.:* Ein Meßplatz zur Prüfung von Datenübertragungssystemen. NTZ 22 (1969) 78—84. — [53] *Hölzler, E., Thierbach, D.:* Nachrichtenübertragung. Berlin, Heidelberg, NewYork: Springer 1966. — [54] *Das Gupta, P. C.:* Übertragung von binär frequenzmodulierten Signalen über die Analogklemmen eines PCM-Systems NTZ 7 (1969) 424—428. — [55] *Zuhrt, H., Reger, W., Vollmeyer, W.:* Telegrafieverzerrungen und Fehlerhäufigkeit bei Wechselstromtelegrafie infolge von Unterbrechungen und Phasensprüngen. NTZ (1959) 311—317, 347—351. — [56] *Horak, W.:* Telegrafieverzerrungen und Fehlerhäufigkeit bei FM-WT infolge von Phasensprüngen auf der Übertragungsstrecke. NTZ (1970). — [57] *Kotel'nikov, V. A.:* The theory of optimum noise immunity. New York: McGraw-Hill 1959. — [58] *Horak, W., Lang, Max:* Datenübertragung auf bespulten Kabelleitungen — Ergebnisse eines Versuchsbetriebes NTZ 9 (1971) 329—335. — [59] Grünbuch des CCITT Bd. VIII X. 1. — [60] *Sauer, A.,* Einfache Fehlersicherung bei Übertragung von anisochronen Datensignalen über Zeitmultiplexsysteme, NTZ 11 (1973) 161—164. — [61] *Unterberger, H.:* Die Anwendung von Toleranzdetektoren zur Datensicherung bei FM-Datenübertragung, NTZ 25 (1972) 481—485.

14.3 Datenfernverarbeitung

W. Noack

14.3.1 Übersicht und Betriebsweisen

Datenfernverarbeitung (teleprocessing) ist eine Form der Datenverarbeitung, bei der Datenquelle und Verarbeitungseinrichtung räumlich weit voneinander entfernt sind und bei der für den Datentransport Mittel der elektrischen Übertragungstechnik eingesetzt werden. Die Rückmeldung der Verarbeitungsergebnisse erfolgt normalerweise in der gleichen Art. Die Anwendung der analogen Datenfernverarbeitung (Übertragung von Analogdaten einschließlich analoger Fernwirktechnik) hat im Gegensatz zur digitalen Datenfernverarbeitung bislang eine geringere Bedeutung erlangt [1 bis 3].

Historisch gesehen stand am Anfang der Datenfernverarbeitung der Transport der Datenträger (Listen, Lochkarten, Lochstreifen) per Paket vom Ort der Entstehung bzw. Erfassung zum Ort der Auswertung, dem Standort der Datenverarbeitungsanlage (DVA). Dort erfolgte dann eine stapelweise Verarbeitung der Daten und ggf. anschließend die Rücksendung der Ergebnisse mit der Post. Dieses auch heute noch angewandte Verfahren des Datentransports stellt nach wie vor eine im allgemeinen kostengünstige Lösung des Problems dar. Eine erhebliche Wartezeit zwischen Datenerfassung und Datenverarbeitung muß hierbei in Kauf genommen werden.

Der Nutzen der Datenfernverarbeitung liegt vor allem darin, daß zentral oder dezentral anfallende Daten vom Entstehungsort ohne Zeitverzug zu dem Ort der Weiterverarbeitung oder dem Datenerfassungszentrum übertragen werden können. Neben der Schnelligkeit ist die Sicherheit der Datenübertragung über Fernmeldewege ein wesentliches Argument für die Konzeption eines Datenfernverarbeitungssystems, weil wichtige Daten während der Übertragung nicht verloren gehen können. Die räumliche Distanz spielt dank der Fortschritte in der Übertragungstechnik eine untergeordnete Rolle. So kann z.B. über große Entfernungen hinweg die Kapazität einer DVA von abgesetzten Datenstationen (DSt) ausgenutzt werden, wie etwa bei Klein- und Mittelbetrieben, für die aus wirtschaftlichen Erwägungen heraus der Betrieb einer eigenen Anlage nicht in Frage kommt; der Zusammenschluß derartiger Betriebe zu einer Benutzergemeinschaft ermöglicht die optimale Nutzung auch großer Rechenanlagen mit Hilfe der Datenfernverarbeitung. Sind bereits große DVA vorhanden, ist deren Hardware und Software nur selten voll ausgenutzt. Durch Datenfernverarbeitung läßt sich hier eine optimale Auslastung erreichen.

In vielen Fällen macht man sich die Tatsache zunutze, daß die Ein-/Ausgabestationen am Ursprungs- bzw. Bestimmungsort der Daten eingerichtet werden können. Hierdurch entfällt das Zwischenspeichern mit allen seinen Fehlermöglichkeiten und dem damit verbundenen Zeitaufwand. Die Daten werden am Entstehungsort eingegeben und dabei gleich geprüft ob sie sinnvoll sind. Die Dateneingabe kann dann auch im Entstehungszeitpunkt erfolgen. So ergeben sich wesentliche Vorteile und Einsparungen im Datenerfassungsbereich: ein erfahrener Sachbearbeiter nimmt die Datenerfassung gleich am Arbeitsplatz vor indem er die automatischen Plausibilitätskontrollen mit Korrekturmöglichkeiten ausnutzt, die ihm moderne Systeme bieten. Bei den Datenstationen kann es sich sowohl um Ein- und Ausgabegeräte handeln als auch um Kombinationen mit Geräten, die ein Verdichten der Daten bewirken [4 bis 8].

Die Entwicklung großer elektronischer Rechenanlagen mit ihren technischen Möglichkeiten für Time-Sharing und Realzeitbetrieb haben der Datenfernverarbeitung einen großen Auftrieb gegeben. Hier sind Teilnehmer-Rechenzentren zu erwähnen, die ihre Rechenkapazität Interessenten als Dienstleistung anbieten. Teilnehmer-Rechenzentren werden auch als Informationsquellen konzipiert, z.B. als Datenbanken. Durch Verknüpfen und Analysieren von Daten können diese Informationsquellen auch gleichzeitig Informationsempfänger sein [9, 10].

Ein weiterer Nutzen der Datenfernverarbeitung liegt in der Verbindung und somit direktem Zusammenschluß von mehreren Rechenanlagen über Nachrichtenkanäle. Bei diesem Computerverbund findet der Datenaustausch ebenfalls über große Entfernungen statt. In der Raketen- und Satellitentechnik erfolgt die Überwachung der Flugbahn sowie Kurskorrekturen mittels Datenfernverarbeitung. Weil der Entstehungsort der Daten nicht zugänglich ist, werden die Daten automatisch erfaßt und über den Funkweg zur DVA übertragen. Weiter ergeben sich Anwendungsmöglichkeiten für die Datenfernverarbeitung in der Prozeßtechnik durch das Einbeziehen von Steuerungs- und Regelvorgängen (Regelung von Fertigungsprozessen, Einsatz von Verkehrsrechnern) [7].

Ein Datenfernverarbeitungssystem besteht im wesentlichen aus den Datenstationen (Datenendeinrichtung [DEE] und Datenübertragungseinrichtung [DÜE]) und dem dazwischenliegendem Übertragungsweg (Abb. 14.3-1), wobei eine DVA auch als DEE anzusehen ist. Hauptaufgabe der Datenendeinrichtung (data terminal equipment [DTE]) ist das Senden und der Empfang von Daten. Die Datenübertragungseinrichtung (data communication equipment [DCE]) bildet den Leitungsabschluß. Zur Abgrenzung der Funktion sowie der administrativen Zuständigkeiten ist zwischen DEE und DÜE eine Schnittstelle (interface) definiert. Die Anforderungen an diese Schnittstelle sind in verschiedenen Empfehlungen internationaler Gremien und in Normen niedergelegt. Rund 50 vereinbarte Schnittstellenleitungen können in ihren elektrischen Werten und ihrer Bedeutung der ausgetauschten Signale festgelegt werden. Die internationale Normung erfolgt durch die ISO (International Organization for Standardization) und das CCITT (Comité Consultatif International Télégraphique et Téléphonique). Durch diese weitgehende Normung ist die fehlerfreie Zusammenarbeit und die direkte Zusammenschaltung von Geräten verschiedener Hersteller auch auf internationaler Ebene ermöglicht; eine genaue Abgrenzung für Bedienung und Wartung ist durch die Trennung in verschiedene Verantwortungsbereiche sichergestellt [11].

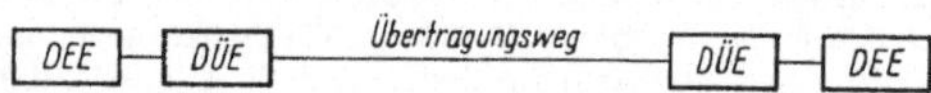

Abb. 14.3-1. Datenfernverarbeitungssystem

Wenn sich sowohl Datenquelle als auch Datensenke auf einem Grundstück befinden, handelt es sich nach den Bestimmungen der Deutschen Bundespost (DBP) um eine genehmigungsfreie Privatfernmeldeanlage, hier können private Übertragungswege benutzt werden. In diesem Fall sind die Probleme, die mit dem Übertragungsweg zusammenhängen einfacher, man braucht sich nicht an den Gegebenheiten öffentlicher Fernmeldenetze zu orientieren [1].

Das klassische Wählnetz für die Übertragung von Nachrichten in digitaler, binär codierter Form ist das *öffentliche Fernschreibnetz*, es erlaubt einen internationalen Nachrichtenaustausch zwischen Fernschreibern. Es bot als erstes öffentliches Wählnetz die Möglichkeit ohne zusätzlichen technischen Aufwand „Daten" zu übertragen. Weiter vorteilhaft für den Datenaustausch ist die große Zahl und die weltweite Verbreitung der bereits vorhandenen Fernschreibanschlüsse zwischen denen der Verbindungsaufbau zum größten Teil automatisch in Teilnehmerselbstwahl erfolgt. Eine wichtige Forderung der Datenfernverarbeitung, nämlich das Abrufen und Senden von Nachrichten von und zu unbedienten Stationen, ist in dem Telexnetz bereits erfüllt. Die Frage der Fehlersicherheit auf dem Übertragungsweg ist bei der Fernschreibübertragung im Telexnetz wegen der Redundanz der Sprache nicht von der Bedeutung wie bei Datenübertragung. International festgelegt ist der nicht prüfbare CCITT-Code Nr. 2 (Internationales Telegrafenalphabet Nr. 2), dieser nutzt die Übertragungskanäle optimal [12].

Es gibt berschiedene *Betriebsweisen*, nach denen die Kommunikation zwischen Datenstationen stattfinden kann. Bei den nachfolgenden Begriffen läßt sich eine inhaltliche Überschneidung nicht immer vermeiden. In der Praxis kommt es ohnehin nur in seltenen Fällen vor, daß ein Datenfernverarbeitungssystem ausschließlich einem der Begriffe zugeordnet werden kann, es kommen vielmehr eine große Anzahl von Übergangsformen vor. Eine Betrachtung kann aus der Perspektive des Systems oder des Benutzers erfolgen [4, 6, 7, 10].

Beim *Stapelbetrieb* (batch processing) werden die Daten an ihrem Entstehungsort zunächst in Lochstreifen, Lochkarten, Magnetbändern oder dgl. gesammelt sowie ggf. geordnet und dann zu einem vorgegebenen Zeitpunkt über einen Fernmeldeweg in einem Stapel zum Ort der DVA übertragen. In diesem Fall muß also [14]: eine Aufgabe vollständig gestellt sein, bevor mit ihrer Abwicklung begonnen werden kann und vollständig abgewickelt werden, bevor eine neue Aufgabe gestellt werden kann. Ein steuerndes Eingreifen in den Verarbeitungsprozeß ist nicht möglich, ferner ist unmittelbar anschließend im allgemeinen keine Rückübertragung der Ergebnisse vorgesehen. Die zu übertragende Datenmenge ist bei jedem Übertragungsvorgang im Gegensatz zum Dialogbetrieb meistens sehr groß.

Bezüglich der Anschaltung der Datenstation an den entfernt gelegenen Rechner werden zwei Möglichkeiten unterschieden: die *indirekte* (off-line) und die *direkte* (on-line) *Stapelfernverarbeitung* [10]. Die indirekte Stapelfernverarbeitung sieht die Erstellung eines maschinenlesbaren Datenzwischenträgers am Ort der DVA sowie am Ursprungsort der Daten vor, es besteht also keine direkte Verbindung zwischen der Außenstation und der DVA. Die Daten des Zwischenträgers müssen dann stapelweise über periphere Einheiten (central peripherie) in den Rechner eingegeben werden. Nach der Verarbeitung wird das Ergebnis auf einem Datenträger wieder ausgegeben, wo es bis zum Rücksenden zu der Außenstation zwischengespeichert wird. Der Unterschied zu dem oben erwähnten, früher angewandten Verfahren des Datentransports per Briefpost besteht hier in der wesentlich schnelleren Informationsübermittlung in Form elektrischer Signale über Nachrichtenkanäle. Bei der indirekten Stapelfernverarbeitung erfolgt keine Kontrolle des Datenübertragungsvorganges durch die Zentraleinheit des Rechners.

Die direkte Stapelfernverarbeitung kennt keine Datenzwischenträger am Ort der DVA: der Benutzer hat von seiner Außenstation aus einen direkten Kontakt mit dem Verarbeitungssystem, eine sofortige Reaktion des Rechners auf die Datenübertragung ist hier möglich. Die Daten werden wie bei der indirekten Stapelfernverarbeitung bei der Außenstation gesammelt und auf einem Datenträger gespeichert. Unter der Kontrolle der Zentraleinheit wird der Stapel von dort abgerufen und direkt in den Speicher der DVA eingegeben.

Stapelbetrieb ist da sinnvoll, wo eine Zentrale große Datenmengen von Außenstationen sammelt und verarbeitet und wo die Frage der schnellen Verfügbarkeit der Verarbeitungsergebnisse hinter wirtschaftlichen Überlegungen zurücksteht. Von den Datenstationen zur DVA ist der Datenfluß einseitig gerichtet, auf dem Übertragungsweg ist nur Halbduplexbetrieb notwendig oder unsymmetrischer Duplexbetrieb mit einem Hilfskanal für verminderte Übertragungsgeschwindigkeiten in Rückrichtung zur Übermittlung von Quittungs- und Steuersignalen. Eine typische, bei Stapelbetrieb häufig verwandte Netzkonfiguration ist das Sternnetz aufgebaut mit Mietleitungen, wenn sehr große Datenmengen übertragen werden müssen. Für kleinere Datenvolumina sind Wählnetze wie Telex- und Datexnetz mit einer Übertragungsgeschwindigkeit von z. Z. maximal 200 bit/s oft ausreichend; zudem stehen in diesen Wählnetzen die tarifgünstigen Nachtstunden zur Verfügung.

Beim *Dialogbetrieb* (conversational mode) wird Frage-Antwort-Verkehr zwischen Datenstation und DVA durchgeführt, ein Mensch-Maschine-Dialog. Es ist nach [14] ein Betrieb eines Rechensystems, bei dem zur Abwicklung einer Aufgabe Wechsel zwischen dem Stellen von Teilaufgaben und den Antworten darauf stattfinden können. Für diese Betriebsart ist der direkte Anschluß (on-line) der Datenstation an die DVA unerläßlich, damit unmittelbar nach Eingabe einer bestimmten Datenmenge die Antwort zur Außenstation übertragen werden kann. Im Vordergrund steht hier nämlich die schnelle Verarbeitung einer meist geringen Datenmenge und die sofortige Rücksendung des Verarbeitungsergebnisses. Die Ein-/Ausgabegeräte bei den Außenstellen sind anders gestaltet als für Stapelbetrieb. Sie müssen die direkte Dateneingabe — meist manuell — vor der Übertragung und die Datenausgabe nach übermittelter Rückantwort gestatten, wobei letztere z.B. auf einem Bildschirm erfolgen kann. Die Datenstationen sind häufig dort aufgestellt, wo die Daten entstehen und erfaßt werden können. Der Übertragungsweg muß duplexfähig sein.

Man spricht von *Realzeitbetrieb* (Echtzeitbetrieb, real-time-processing), wenn die einzelnen Teilaufgaben schritthaltend mit dem auslösenden Vorgang von direkt (on-line) an der DVA angeschlossenen Datenstationen gesteuert werden. Nach [14] ist Realzeitbetrieb definiert als ein Betrieb eines Rechensystems, bei dem Programme zur Verarbeitung anfallender Daten ständig betriebsbereit sind derart, daß die Verarbeitungsergebnisse innerhalb einer vorgegebenen Zeit verfügbar sind. Die Daten können je nach Anwendungsfall nach einer zeitlich zufälligen Verteilung oder zu vorbestimmten Zeitpunkten anfallen.

Die Eingabedaten müssen sofort nach deren Entstehung in die DVA gelangen, dort verarbeitet werden und die Ergebnisse so rechtzeitig am Ursprungsort der Information wieder zur Verfügung stehen, daß von dort her eine steuernde Beeinflussung des Verarbeitungsvorganges möglich ist. Bei dieser Betriebsart gibt es kein Sammeln von Bearbeitungsfällen, jede Aufgabe wird unmittelbar nach ihrem Auftreten bearbeitet. Eine für alle Anwendungsfälle gültige Reaktionszeit des Systems läßt sich nicht angeben, da bei der Prozeßsteuerung oder der Raketensteuerung Bruchteile von Sekunden entscheiden, während bei kommerziellen Anwendungen Reaktionszeiten von wenigen Minuten vertretbar sind.

Realzeitsysteme lassen sich bezüglich des Informationskreises in zwei Gruppen einteilen [10]: Der Informationsfluß bildet gerätemäßig einen geschlossenen Kreis *(closed loop)*, wenn Informationen ohne menschliches Zutun dem System mitgeteilt und von dort zurückgegeben werden (Anwendung bei automatischen Prozessen). Bei der zweiten Gruppe ist der Mensch in den Informationskreis eingeschaltet *(open loop)*. Informationen werden von dem Menschen an der Datenstation eingegeben, wo nach kurzer Verarbeitungszeit die Ergebnisse zur Verfügung stehen. Bei Realzeitbetrieb wird meistens auf Datenzwischenträger verzichtet.

Beim *Teilnehmerbetrieb* [37] werden von vielen gleichberechtigten Datenstationen aus gleichzeitig voneinander unabhängige Aufgaben zur Bearbeitung in das System eingegeben und die Resultate auf umgekehrtem Weg wieder bei den Außenstationen ausgegeben. Der Benutzer hat den Eindruck, daß ausschließlich ihm die volle Kapazität der DVA zur Verfügung steht, als sei er Alleinbenutzer. Eine Voraussetzung für diese Betriebsweise ist eine angemessene, d.h. nicht zu lange Antwortzeit, die aber von der Systembelastung abhängt. Teilnehmerbetrieb ist im Gegensatz zum Teilhaberbetrieb eine allgemeine Nutzungsform eines Rechners [6, 15]. Der Datenteilnehmer gibt von seiner Station aktiv alle Anweisungen ein, die für die Lösung der Aufgabe benötigt werden, wie das Programm, die Daten und die für die Aufgabenabwicklung erforderlichen Steueranweisungen. Er erhält neben den Ergebnissen auch Mitteilungen des Betriebssystems. Er kann von seiner Datenstation aus seine Benutzerprogramme erstellen, modifizieren, testen oder seine Programme aus der Programmbibliothek abrufen. Von fremden Datenstationen aus ist der Zugriff zu seinen Benutzerprogrammen nicht möglich.

Teilnehmerbetrieb ist bei Teilnehmer-Rechensystemen (Time-Sharing-Systeme) verwirklicht. Herstellerfirmen von EDV-Anlagen und Dienstleistungsunternehmen betreiben Teilnehmer-Rechensysteme mit großen, sehr leistungsfähigen DVA und bieten Rechnerkapazität als Dienstleistung zur Bearbeitung ganz unterschiedlicher Probleme an. Es ist sowohl Dialog- als auch Stapelbetrieb möglich. Mitunter ist aber auch möglich, daß verschiedene Datenstationen mit ein und demselben Programm zusammenarbeiten [16 bis 20].

Im Gegensatz zum Teilnehmerbetrieb werden beim *Teilhaberbetrieb* [6, 37] von den Systembenutzern Aufgaben desselben Aufgabengebietes bearbeitet, die dazu erforderlichen, für alle gültigen Benutzerprogramme sind bereits im zentralen Rechner gespeichert. Ein Verändern der Benutzerprogramme von den Datenstationen aus ist nicht möglich, es können nur die Daten und Steueranweisungen eingegeben werden. Vom System ist vorbestimmt, in welcher Form und in welcher Reihenfolge welche Aufgaben bearbeitet werden. Ein Teilhabersystem ist, verglichen mit Teilnehmersystemen, ein Spezialsystem, bei dem viele Benutzer zur Lösung einer zentral organisierten Aufgabenstellung beitragen, nicht eigenverantwortlich, sondern unter Systemverantwortung.

Beispiele sind Systeme zur Datenerfassung, Auskunftsbearbeitung und Nachrichtenverteilung. Der Nachrichtenfluß zwischen den abhängigen Datenstationen des Netzes wird vom zentralen Rechner gesteuert, die Informationen können auch zwischengespeichert und geprüft werden.

14.3.2 Datenfernverarbeitungssysteme

Jeder Anwendungsfall erfordert ein für die spezielle Aufgabe und Gegebenheit besonderes Datenfernverarbeitungssystem. So vielfältig die Wünsche der Anwender sind, so unterschiedlich sind die Forderungen an die Organisation eines Systems. Die Aufstellung einer Systematik der Systeme bereitet Schwierigkeiten, da eine klare Abgrenzung selten möglich ist. In der Praxis findet man häufig Kombinationen der einzelnen Systeme. Die folgende Aufzählung soll nur beispielhaft sein [4, 6, 7, 13].

In *Datensammelsystemen*, auch als Systeme für die Datenerfassung bezeichnet, werden bei den Außenstationen die Daten gesammelt und, wenn erforderlich, geprüft. Anschließend werden sie gespeichert und zu gegebener Zeit zur Rechenzentrale übertragen. Der Speichervorgang erübrigt sich, wenn die Information sofort zum Rechner übertragen werden kann. Die Hauptrichtung des Datenflusses verläuft von den Außenstationen zur DVA, während bei *Datenverteilsystemen* der eigentliche Datenfluß umgekehrt gerichtet ist. In der entgegengesetzten Richtung müssen nur Quittungs- und Steuersignale übertragen werden. Eine Kombination stellen die Datensammel- und -verteilsysteme dar, bei denen in ihrem Volumen vergleichbare Datenmengen in beiden Richtungen übertragen werden.

Frage-Antwort-Systeme werden eingesetzt, um durch eine Anfrage Informationen aus dem Datenbestand der DVA abzurufen und, wenn notwendig, zu ändern oder zu ergänzen. Das zu übertragende Datenvolumen ist in beiden Richtungen gering. Wichtig ist hier die Aktualität der gespeicherten Informationen. Zu dieser Gruppe gehören die Buchungssysteme für den Verkauf von Dienstleistungen (Zentrale Platzbuchung bei Reisebüros und Luftverkehrsgesellschaften).

Keine Änderung oder Ergänzung des Datenbestandes findet bei *Auskunftsystemen* statt, wie sie für die Auskunft über Börsenkurse oder Abfahrts- und Ankunftszeiten von Verkehrsmitteln eingesetzt werden. Es handelt sich hier nicht um klassische Datenverarbeitung, sondern um eine Informationsverteilung, gesteuert von einem zentralen Rechner. Sie dienen dazu, den Benutzern bei Bedarf angeforderte Informationen zur Verfügung zu stellen.

Ähnlich aufgebaut sind *Abfragesysteme*, wo auch der schnelle Zugriff auf einen großen Datenbestand der DVA von entfernten Datenstationen aus im Vordergrund steht. Eine eventuelle Änderung oder Ergänzung des Datenbestandes spielt bei einfachen Abfragesystemen eine untergeordnete Rolle, sie wird im lokalen Rechenzentrumsbetrieb durchgeführt. Bei den Außenstellen können einfache und preiswerte Datenendgeräte verwandt werden. Bei größeren Anforderungen an das System bezüglich Aktualität der gespeicherten Informationen muß die Möglichkeit vorgesehen werden, die Bestandsdaten auch von den außenliegenden Datenstationen her in einem Dialog mit der Zentrale ändern zu können. Die Bedienungsperson gibt an ihrem Terminal Daten ein, ergänzt sie bei Rückfragen der Zentrale oder ändert sie ggf. ab.

Bei *Dialogsystemen* findet ebenfalls ein relativ geringer Datenfluß in beiden Richtungen über längere Zeit hin statt. Wichtigste Anwendung: Teilnehmer-Rechensysteme im Time-Sharing-Betrieb.

Austauschsysteme werden für den unmittelbaren Datenaustausch zwischen räumlich getrennten DVA eingesetzt. Die Anforderungen an das verbindende Leitungsnetz sind hoch: die Bandbreite der Nachrichtenkanäle muß annähernd an die sehr hohe Verarbeitungsgeschwindigkeit moderner DVA angepaßt werden. Ein Computer-Netz besteht aus mehreren gleichberechtigten DVA. Der Vorteil eines solchen Systems liegt in einer gleichmäßigen Aufgabenverteilung und damit besseren Auslastung der einzelnen DVA, weiter in der Möglichkeit, die Systemzuverlässigkeit zu erhöhen. Fällt hier eine Anlage aus, können bestimmte, sehr wichtige Funktionen von einer anderen, weniger beanspruchten Anlage übernommen werden.

14.3.3 Datenstation

Die Dateneingabe in ein Datenfernverarbeitungssystem und die Datenausgabe erfolgt bei der *Datenstation* (terminal, data station). Die Geräte von diesen entfernten Außenstationen werden auch als *Fernperipherie* (remote peripher) oder „zweite Peripherie" bezeichnet, während die *Nahperipherie* (central peripher) oder „erste Peripherie" die Geräte umfaßt, die im Rechenzentrum in unmittelbarer Nähe der DVA im Lokalbetrieb zur Datenein- und Datenausgabe benutzt werden. Eine Datenstation (DSt), oft auch als Datenendstelle bezeichnet, ist häufig mit verschiedenen Geräten ausgestattet, von denen jedes eine bestimmte Funktion erfüllt, wie Lochen oder Drucken. Ein wichtiger Unterschied zu Geräten der Nahperipherie ist die zusätzliche Fehlerschutzeinheit: entsprechend den Anforderungen an die Fehlersicherheit des Systems müssen bei der DSt Maßnahmen getroffen werden, die es gestatten, Übertragungsfehler zu erkennen und zu korrigieren [21 bis 27].

Die Auswahl der richtigen DSt ist für den wirtschaftlichen Betrieb eines Datenfernverarbeitungssystems von besonderer Bedeutung. Aus den organisatorischen Anforderungen ergeben sich die Anforderungen an die Datenstation. Bei ihrer Auslegung ist zu berücksichtigen: Form, Menge und Dringlichkeit der Daten sowie deren Häufigkeit. Außerdem ist die Qualifikation des Bedienungspersonals und der Aufstellungsort der Geräte wegen evtl. Umwelteinflüsse zu berücksichtigen. Um eine schnelle und fehlerfreie Dateneingabe vor allem bei Dialogstationen zu gewährleisten, müssen arbeitsphysiologische Gesichtspunkte beachtet werden, hierzu gehören Geräuscharmut und eine ermüdungsfreie Bedienung [4].

Die für ein Datenfernverarbeitungssystem benötigten Daten liegen in einer bestimmten, ursprünglichen Form vor, wie z.B. in Zahlen und Wörtern, d.h. in Schriftform auf visuell lesbaren Urbelegen, als Strichmarkierungen auf Speziallochkarten, in Sprachform oder als optische Anzeige. Ferner können zu verarbeitende Informationen als elektrische Impulse aufkommen. Erst nach Umwandlung in eine maschinenlesbare Form (z.B. Lochkarten, Lochstreifen, Magnetband) können diese Informationen von einer DVA verarbeitet werden. Das Herstellen von Datenzwischenträgern wird überflüssig durch den Einsatz optischer Belegleser, die die Daten der Urbelege unmittelbar in das System einzugeben vermögen. Diese automatische Datenerfassung schließt Erfassungsfehler beim Erstellen von Datenzwischenträgern weitgehend aus. Für den Einsatz optischer Belegleser ist jedoch Voraussetzung, daß der Urbeleg in Format, Aufbau und Schrift bestimmten Anforderungen entspricht.

Die Gesamtheit der Datenstationen zerfällt bei anwendungsbezogener Betrachtung in zwei Gruppen: die universell einsetzbaren, organisationsneutralen und die für Spezialfälle entwickelten Stationen mit beschränkter Anwendungsbreite. Zu der ersten Gruppe zählen alle Geräte, die im Lokalbetrieb der Rechenzentren auch als Eingabe- und Ausgabegeräte eingesetzt werden wie Fernschreiber, Locher, Drucker.

Die zweite Gruppe umfaßt die Geräte, die in ihrer Funktion auf einen besonderen Betriebsablauf abgestimmt sind. Diese Geräte sind speziell für den Einsatz in Datenfernverarbeitungssystemen entwickelt. Es handelt sich hier um organisationsgebundene Datenstationen, meistens sind es Weiterentwicklungen oder Kombinationen von Geräten der ersten Gruppe. In vielen Fällen kann man schon von einem „intelligenten Terminal" oder auch „Terminal Computer" sprechen, weil die Stationen Aufgaben erledigen, für die im Normalfall Kleinrechner eingesetzt werden. Beispiele für diese Geräte sind Buchungsplätze wie sie bei Reisebüros, Fluggesellschaften und Eisenbahnverwaltungen benutzt werden. Hier ist eine anwendungsspezifische Tastatur (Sondertasten kombiniert mit Zehnertasten oder alphanumerischer Tastatur) mit einer Bildschirmeinheit zu einer Baugruppe vereinigt. Die Sondertasten dienen zur Steuerung des Übertragungsvorganges. Die Bildschirmeinheit hat für die Bedienungsperson den Vorteil, daß diese aus einer großen Datenmenge, die die DVA zu einer Zeit auf dem Bildschirm anbietet, eine ganz spezielle Information gleichsam mit einem Blick heraussuchen kann. Die Verfügbarkeit der Daten ist zeitlich begrenzt, was bei Buchungsplätzen kein Nachteil ist.

Unter Berücksichtigung ihrer Funktion im Gesamtsystem kann man zwischen Stapelstationen und Dialogstationen unterscheiden. Die *Stapelstation* wird für die Übertragung großer Datenmengen in die DVA (on-line-Betrieb) oder zumindest zum Ort der DVA (off-line-Betrieb) von Datenträger zu Datenträger eingesetzt. Vor der Übertragung muß es möglich sein, daß die Daten erst gesammelt werden können um dann zu einem späteren Zeitpunkt in einem Stapel zur Verfügung zu stehen. Eine wesentliche Voraussetzung für den Einsatz von Stapelstationen ist, daß die Daten in maschinell lesbaren Datenträgern gespeichert sind. Die Datenendgeräte arbeiten dann wirtschaftlich, wenn sie die Übertragungsgeschwindigkeit des angeschlossenen Fernmeldeweges voll ausnutzen. Eine Bedienkraft ist während des Übertragungsvorganges nicht erforderlich.

Ein Dialog, d.h. ein ständiger Wechsel von Datenein- und -ausgabe zwischen der Bedienungskraft an der Außenstelle und der DVA ist nur über eine *Dialogstation* möglich. Sie wird eingesetzt, wenn kleine Datenmengen sofort erfaßt und so schnell wie möglich verarbeitet werden müssen. Im Gegensatz zur Stapelstation muß während des Übertragungsvorgangs die Dialogstation ständig bedient werden. Diese Terminals werden meistens am Entstehungsort der Daten installiert, z.B. dort, wo die Daten einem visuell lesbaren Urbeleg entnommen und manuell in das System eingegeben werden; dadurch ermöglichen sie auch die Datenerfassung im Entstehungszeitpunkt. Ein Überprüfen der eingegebenen Daten vor dem Senden läßt sich mit einem Bildschirmgerät leicht durchführen. Die eingetasteten Daten werden im Gerät erst zwischengespeichert und vor der Übertragung sichtbar gemacht um eine unmittelbare Fehlerkorrektur zu ermöglichen. Durch Tastendruck wird dann der geprüfte Datenblock zur Empfängerstation gesendet [6, 10, 13].

Die Informationsausgabe kann neben dem Bildschirm auch über Drucker oder akustisch erfolgen. Die Ausgabedaten sind beim Drucker unbegrenzt, beim Bildschirm zeitlich begrenzt und bei akustischer Ausgabe nur momentan verfügbar. Die Informationsausgabe muß über einen Fernsprechapparat oder einen Lautsprecher kurz, klar verständlich und eindeutig sein. Bei Bildschirmgeräten stellt sich mitunter während des Dialogs mit dem Rechner heraus, daß bestimmte Daten ausgewählt und auf einem lesbaren, jederzeit verfügbaren Beleg ausgedruckt werden müssen. Hierfür wurden Geräte entwickelt, die als sogenannter Hardcopy-Zusatz die Datenstation vervollständigen.

Der einfachste Fall einer Außenstation ist der im Telexnetz benutzte *Fernschreiber*. Er ist als DEE für die Datenübertragung universell einsetzbar und kann, wenn er als Dateneingabegerät nicht benötigt wird, für Fernschreibverkehr benutzt werden. Die Minimalausstattung einer derartigen Station besteht aus einer Fernschreibmaschine und einem Fernschaltgerät. Die Möglichkeiten sind jedoch begrenzt, u.a. wegen der geringen Ein- und Ausgabegeschwindigkeit und des beschränkten Bedienungskomforts. Hinzu kommt, daß der für Fernschreibverkehr international festgelegte Code fast keine Datensicherung ermöglicht. Durch Zusatzgeräte wie Lochstreifengeräte können die Möglichkeiten des Fernschreibers als Datenstation erweitert werden.

Auch der *Fernsprechapparat* mit Nummernschalter- oder Tastenwahl kann in einfachen Anwendungsfällen für die Dateneingabe benutzt werden, wie z. B. zur Erfassung kleiner Datenmengen oder auch im Dialogverkehr zur Abfrage zentral gespeicherter Daten. In Zukunft wird sicher auch das Fernsehtelefon seine Eignung als einfache Datenstation unter Beweis stellen.

Einen vollständig anderen Aufbau haben Datenendgeräte, die für die *Meßwert-erfassung* (automatische Ein-/Ausgabe) gebraucht werden. Sie werden für die Erfassung von Produktions- und Prozeßdaten eingesetzt und steuern durch die Ausgabegeräte Fertigungsprozesse. Die hier auftretenden Probleme greifen über in das Gebiet der Fernwirktechnik und der Prozeßrechner. Die Dateneingabe erfolgt über Kontakte, Impulszähler, Thermoelemente, Meßgeräte usw., während die Ausgabedaten Relais, Stellmotoren, Kontakte usw. steuern. Gleichzeitig können wichtige Unterlagen erstellt werden, wie sie für die Betriebsführung unerläßlich sind, z. B. Betriebs- und Störungsprotokolle.

Schnittstelle. Datenendeinrichtung und Datenübertragungseinrichtung sind durch Schnittstellenleitungen untereinander verbunden [11, 25]. Die deutschen Bezeichnungen der Funktion der über die Schnittstelle geführten Leitungen und die Eigenschaften der auf diesen Leitungen ausgetauschten Signale sind vom Fachnormenausschuß Informationsverarbeitung (FNI) im Deutschen Normenausschuß (DNA) bestimmt worden (Schnittstelle bei Modem Tabelle 14.3-1). Die Schnittstelle wird durch eine Steckvorrichtung gebildet, mit der die Leitungsverbindung hergestellt wird. Die Funktion der einzelnen Schnittstellenleitungen läßt sich in folgenden Gruppen zusammenfassen [25, 28]:

1. Datenleitungen (D) zur Übertragung der Datensignale.

2. Steuerleitungen (S) über die die Steuerung der Funktion der DÜE von der DEE aus erfolgt.

3. Meldeleitungen (M) zur Meldung der Betriebszustände der DÜE an die DEE.

4. Taktleitungen (T) zur Übertragung des Schrittaktes zwischen DEE und DÜE.

5. Wählleitungen (W) zur Übertragung der Wählinformation von der DEE zu der automatischen Wähleinrichtung (AWD).

6. Erdleitungen (E) zur Schutzerdung der Geräte (Schutzerde) und zur Rückleitung der Schnittstellensignale (Betriebserde).

7. Hilfskanalleitungen (H).

Die Unterteilung der Schnittstellenleitungen hat der CCITT in seinen V-Empfehlungen nach dreistelligen Ziffernserien vorgenommen:

100er-Serie für allgemeine Anwendung

200er-Serie für automatische Wählvorgänge

300er-Serie für Außenstationen in Parallelübertragungssystemen.

Entgegen den älteren V-Empfehlungen werden beim CCITT, ausgelöst durch die Entwicklung neuer digitaler Datennetze, in jüngster Zeit die X-Empfehlungen erarbeitet, die mit weniger Schnittstellenleitungen zwischen DEE und DÜE auszukommen versuchen.

Datenübertragungseinrichtung. Die Datenübertragungseinrichtung (DÜE) hat eine Anpassungsfunktion zwischen der Datenendeinrichtung und dem Übertragungsweg, sie bildet den Leitungsabschluß (Abb. 14.3-2) [14].

Für den Betrieb an Fernmeldenetzen der DBP werden folgende DÜE eingesetzt [1, 28, 30]:

Bei Telegraphen-Stromwegen und im Datexnetz sind *Fernschaltgeräte* notwendig, bei Fernsprechleitungen sowie Breitbandstromwegen *Modem* (*M*odulator-*D*emodulator).

Die erste Gruppe, die *Telegraphenkanäle,* sind unmittelbar für digitale Signalübertragung geeignet. Deshalb kann die DÜE in ihrem Aufbau und technischen Aufwand einfacher sein. Fernschaltgeräte ermöglichen den Auf- und Abbau von

Tabelle 14.3-1

Schnittstellenleitungen bei Modem

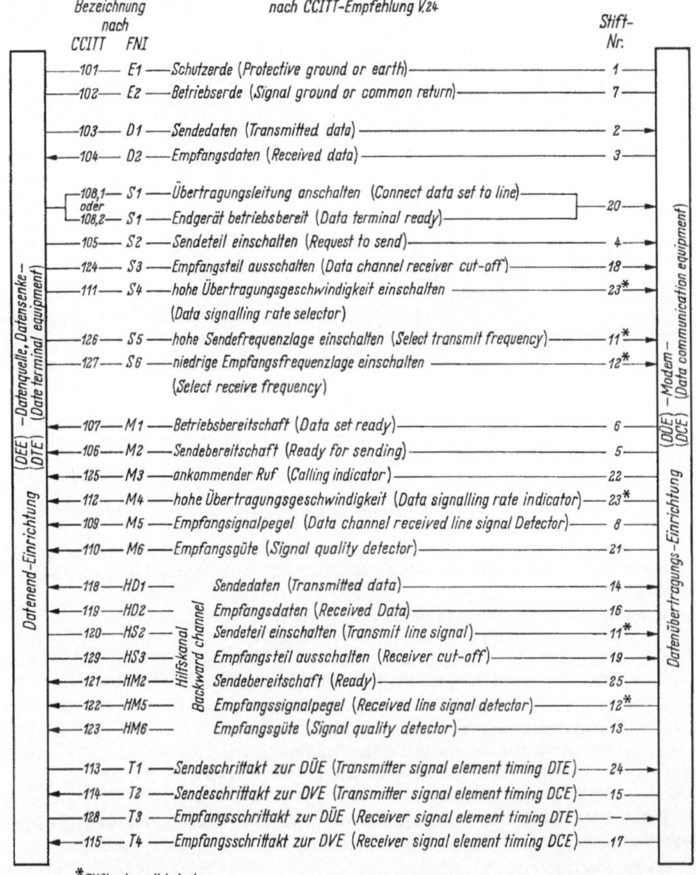

Wählverbindungen sowie das Ein- und Ausschalten der Gegenstation, außerdem senden sie im Datexnetz die Anschlußkennung aus und zeigen diese auch an.

Die zweite Gruppe, die *Fernsprechleitungen*, sind für die Übertragung von Sprache, von Analogsignalen konzipiert. Deshalb müssen Fernsprechleitungen und Breitbandstromwege zur Umwandlung von Gleichspannungssignalen in Tonfrequenzsignale und umgekehrt mit einem Gerät zur Modulation und Demodulation (Modem) abgeschlossen sein. Diese Modem entsprechen den international geltenden Bedingungen. Im Fernsprechnetz der DBP werden Modem für Übertragungsgeschwindigkeiten von 200 bit/s (D 200 S), 1200 bit/s (D 1200 S) und 2400 bit/s (D 2400 S) eingesetzt. Im Gegensatz zu diesen Serienmodem werden bei dem Modem D 20 P (40 Zeichen/s) alle Bit eines Zeichens gleichzeitig übertragen (bit-parallel und zeichen-seriell). Der DÜE kann, wenn automatischer Übertragungsbetrieb

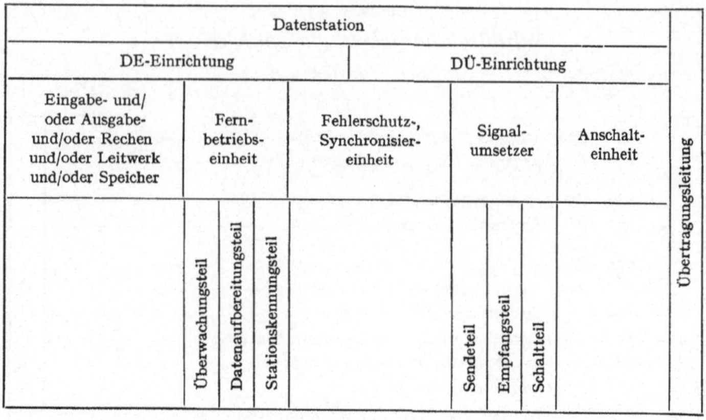

Datenstation					Übertragungsleitung
DE-Einrichtung		DÜ-Einrichtung			
Eingabe- und/ oder Ausgabe- und/oder Rechen und/oder Leitwerk und/oder Speicher	Fern-betriebs-einheit	Fehlerschutz-, Synchronisier-einheit	Signal-umsetzer	Anschalt-einheit	
	Überwachungsteil / Datenaufbereitungsteil / Stationskennnungsteil		Sendeteil / Empfangsteil / Schaltteil		

Abb. 14.3-2. Schematische Einteilung der DSt nach [14]

vorgesehen ist, eine automatische Wähleinrichtung für Datenverbindungen (AWD) zugeordnet sein. Sie wird über dafür vorgesehene Schnittstellenleitungen von der angeschlossenen DEE aus gesteuert [1].

14.3.4 Übertragungsweg

Für Datenübertragung bietet die DBP im Rahmen der Dateldienste (*Data Tele*communication) Fernmeldewege für unterschiedliche Übertragungsgeschwindig-keiten an [1]:

1. öffentliche Fernmeldewählnetze
   Telexnetz: 50 bit/s
   Datexnetz: bis zu 200 bit/s
   Fernsprechnetz: bis zu 1200 bit/s und 2400 bit/s

2. überlassene Stromwege
   Telegrafen-Stromwege: bis zu 200 bit/s
   Fernsprech-Stromwege mit einer Bandbreite von 3100 Hz
   Breitband-Stromwege mit einer Bandbreite von 48 kHz, 240 kHz
   und größer.

Jedes Datenfernverarbeitungssystem stellt an den Übertragungsweg gewisse Anforderungen, die bestimmt sind durch:

die zu übertragende Datenmenge;

die an den Datenendstellen anfallende Information bezüglich Menge pro Zeit-einheit (z.B. mittlere Datenmenge pro Tag);

die zeitliche Verteilung des Datenanfalls (kontinuierlich, stoßweise, zufallsver-teilt);

die zulässige Übertragungszeit (wegen der erforderlichen Bandbreite des Über-tragungsweges und der Belegung der DVA-Eingänge);

die zulässige durchschnittliche Bit-Fehlerwahrscheinlichkeit;

die erforderliche jederzeitige Verfügbarkeit des Übertragungsweges und somit die zulässige Wartezeit während des Verbindungsaufbaus. Steht die Zeit für die Verbindungsherstellung bei Wählnetzen in einem vertretbaren Verhältnis zu der effektiven Datenübertragungszeit?

die Leistungsfähigkeit der angeschlossenen DEE.

Die Kosten steigen bei Wählleitungen proportional mit der Betriebszeit, während sie bei Mietleitungen unabhängig von der Benutzungszeit stets in gleicher Höhe anfallen. Mietleitungen sind bei sehr großen zu übertragenden Datenmengen kostengünstiger als Wählleitungen [15]. Bei geringem Datenvolumen ist das Telexnetz, bei mittleren das Datexnetz wegen seiner höheren zulässigen Übertragungsgeschwindigkeit wirtschaftlicher. Bei großen Informationsmengen wird die Entscheidung in diesem Zusammenhang zugunsten des Fernsprechnetzes ausfallen. Die Kosten je übertragenes Bit fallen mit steigender Leistungsfähigkeit der Datenleitung. Man ist jedoch von den Gegebenheiten der Wählnetze abhängig: vor dem Übertragungsvorgang muß erst eine Leitungsverbindung hergestellt werden, manuell oder auch automatisch. Während der Hauptverkehrsstunden, den Spitzenzeiten des Verkehrs, kann es mitunter infolge Überlastung der technischen Einrichtungen zu Verzögerungen beim Verbindungsaufbau kommen. Durch „gassenbesetzt" oder „teilnehmerbesetzt" können nicht mehr vertretbare Wartezeiten entstehen. Andererseits kann man den Konzentrationseffekt von Wählnetzen nutzen: für jede einzelne Datenstation ist kein gesonderter Anschluß an der DVA notwendig.

Bei Wählverbindungen muß mit einer größeren Störanfälligkeit des Übertragungsweges u. a. wegen der über Wählkontakte verbundenen Leitungsabschnitte gerechnet werden [2]. Hier sind Störimpulse zu nennen, die als Störbüschel (bursts) vor allem dann die Datenübertragung negativ beeinflussen, wenn einzelne Leitungsabschnitte über ältere Wählereinrichtungen führen. Ferner gehören hierher kurzzeitige Unterbrechungen für Sekundenbruchteile, Dämpfungs- und Gruppenlaufzeitverzerrungen, Nebensprechen, Echosignale, Brummodulation in Übertragungsgliedern usw. [25]. Die auf dem Übertragungsweg zu erwartende Fehlerhäufigkeit muß mit der für das Gesamtsystem zulässigen Fehlerrate abgestimmt werden. Wenn erforderlich müssen Datensicherungsverfahren eingesetzt werden.

Die Aktualität der Daten sowie die Forderung nach einer Sofortantwort durch die DVA bestimmen die Häufigkeit des Übertragungsvorgangs. Dialog- und Realzeitbetrieb erfordern immer eine rasche Verbindungsherstellung zwischen den Datenendstellen. Mietleitungen zeichnen sich durch ständige Betriebsbereitschaft aus, Verzögerungen durch den Verbindungsaufbau entfallen. Zudem bieten Mietleitungen Übertragungsgeschwindigkeiten, die in öffentlichen Netzen noch nicht zur Verfügung stehen. Nimmt der Informationsgehalt der Daten mit der Zeit nur langsam ab, d.h. ist ein Sammeln der anfallenden Daten möglich, kann bei der Inanspruchnahme öffentlicher Wählnetze vorteilhaft der kostengünstige Nachttarif genutzt werden. Beispiel: Zentrale DVA ruft in den Nachtstunden von den Außenstationen die dort gespeicherten Daten stapelweise ab.

Unter Berücksichtigung der Kosten für den Übertragungsweg kann eine Grenzlänge errechnet werden, bei deren Überschreiten Datenfernverarbeitung unwirtschaftlich wird, die Anschaffung einer zweiten, selbständigen DVA ist dann kostengünstiger, wenn nicht betriebliche oder organisatorische Gründe dagegen sprechen. Bei geringen Entfernungen sind die Gerätekosten der Außenstellen bei einem Wirtschaftlichkeitsvergleich entscheidend, die Leitungskosten treten dagegen zurück.

Im deutschen Telexnetz, es ist das größte dieser Art, können mehr als 100 000 Teilnehmer geschriebene Nachrichten und auch Daten austauschen. Auch über die nationalen Grenzen hinweg ist Datenübertragung möglich. Das Fernschreibgerät kann mit dem im Telexverkehr üblichen Internationalen Telegraphenalphabet Nr. 2 für die Datenübertragung benutzt werden. Auch höherwertige Codes (bis zum 8-Bit-Code), die eine Fehlererkennung gestatten, können nach Aussenden eines besonderen Datenumschaltesignals benutzt werden. Durch das Datenumschaltesignal wird außerdem veranlaßt, daß in den Endstellen von Telex- auf Datenendeinrichtung manuell oder automatisch umgeschaltet wird [12, 31]. Ebenso wie auch im Datexnetz ist der direkte Anschluß von DVA als automatische Teilnehmereinrichtung erlaubt. Sie kann den Auf- und Abbau der Wählverbindung selbständig durchführen.

Ebenfalls nach dem Telegraphieprinzip arbeitet das Datexnetz (*data ex*change) [12, 32, 33, 34]. Dieses Netz, das hohe Übertragungssicherheit bietet, erfüllt weitgehend die Anforderungen des modernen Datenverkehrs, es gestattet duplexfähige Wählverbindungen über Vierdrahtleitungen bei Übertragungsgeschwindigkeiten bis zu 200 bit/s (Geschwindigkeitstransparent). Code sowie Alphabet sind weitgehend frei wählbar (Codetransparent). Grundsätzlich kann jeder angeschlossene Teilnehmer jeden anderen über eine Wählverbindung erreichen, vorausgesetzt, daß beide Datenstationen in Übertragungsgeschwindigkeit, Code und Gleichlaufverfahren übereinstimmen. Lediglich der Kennungsaustausch muß geschwindigkeits- und codeneutral sein.

Eine Besonderheit in der ständigen Betriebsbereitschaft des angewählten Teilnehmers ist, daß bei Lokalbetrieb der Datenstation der ankommende Ruf nicht abgenommen werden muß, wenn die betreffende DEE dazu nicht in der Lage ist. In diesem Fall wird von dem Fernschaltgerät das Freizeichen ausgesendet und die Kennung zurückübermittelt. Danach wird die Verbindung ausgelöst. Dadurch ist die klare Information an den Rufenden gegeben, daß der Gerufene richtig erreicht wurde, aber den Anruf nicht akzeptieren will [1].

Im Gegensatz zu Telex- und Datexnetz ist das öffentliche Fernsprechnetz sowohl für die Übertragung von analoger als auch — mit einer Zusatzeinrichtung — von digitaler Information geeignet. Die Bitfehlerrate ist größer als bei den beiden zuerst genannten Netzen. Datenübertragung ist nur unter Verwendung besonderer DÜE (Modem) möglich [1]. Vorteilhaft ist die sehr große Zahl bisher installierter Anschlüsse durch den hohen Ausbaugrad des Fernsprechnetzes; es ist möglich mit all den Stellen Daten auszutauschen, die einen Fernsprechanschluß besitzen. Bis zu einer Übertragungsgeschwindigkeit von 9600 bit/s können unter voller Ausnützung der verfügbaren Bandbreite festgeschaltete Leitungen des Fernsprechnetzes benutzt werden, darüber sind Breitbandstromwege notwendig. Im öffentlichen Fernsprechnetz bietet die DBP bei großen Entfernungen den äußerst kostengünstigen Nachttarif II an, der gegenüber dem Tagtarif eine Gebührenermäßigung bei größeren Entfernungen von über 80 % bedeutet. Dies muß bei Wirtschaftlichkeitsuntersuchungen berücksichtigt werden.

14.3.5 Netzkonfiguration

Ständige Betriebsvereitschaft, bessere Übertragungsqualität und große zu übertragende Datenmengen sprechen für den Einsatz von Mietleitungen und deren Zusammenschaltung zu privaten Datensondernetzen. Sondernetze aus festgeschalteten Leitungen werden meistens innerhalb großer Organisationen aufgebaut. Ein Beispiel hierfür sind die über 50 derzeitigen großen Fernschreib-Sondernetze in der BRD, die u. a. für die Nachrichtenübermittlung von Presseagenturen, Flugsicherung, Fluggesellschaften, Wetterdienst, Polizeibehörden, Versorgungsunternehmen sowie Rundfunk- und Fernsehgesellschaften eingerichtet sind.

Dem Aufbau eines privaten Datennetzes muß eine sehr sorgfältige Betrachtung zur Minimierung der Leitungskosten vorangehen, damit die Kapazität jeder Leitung und des Gesamtnetzes optimal genutzt wird. Die Kosten für eine Mietleitung sind unabhängig von deren tatsächlicher Benutzung.

Bei *Punkt-Punkt-Verbindungen* sind Datenquelle und Datensenke, d. h. zwei Datenstationen direkt über eine Stand- oder Wählverbindung miteinander verbunden. Ein *sternförmiger Netzaufbau* aus Mietleitungen (Abb. 14.3-3) wird gewählt, wenn eine geringe Anzahl von Stationen wegen der Höhe des Datenaufkommens und wegen der Dringlichkeit der Informationsübertragung direkt an eine zentrale DVA angeschlossen werden müssen und wenn die Leitungen jederzeit zur Verfügung stehen sollen (ständige Betriebsbereitschaft). Alle Außenstationen verkehren ausschließlich mit der Zentrale. Für jede Datenstation ist ein eigener Eingang bei der DVA notwendig. Eine gegenseitige Beeinträchtigung des Betriebes der Datenstationen ist unmöglich, die Zentrale ist jederzeit erreichbar (kein „teilnehmerbesetzt"). Bei Ausfall eines Übertragungsweges ist nur die daran angeschlossene

Endstelle betroffen. Bei einem sternförmigen Netzaufbau ist das Minimum an Verbindungswegen erreicht. Die Station im Netzknoten hat eine hervorgehobene Position und auch im Betriebsablauf eine Sonderstellung. Von der Zentralstation aus wird der Betrieb gesteuert, das schließt nicht aus, daß der Anstoß für einen Übertragungsvorgang von der Außenstation ausgehen kann.

Im Gegensatz zu einem Sternnetz sind bei einem *Maschennetz* alle gleichrangigen Datenstationen untereinander und jede für sich mit der DVA verbunden, jede Datenstation stellt einen Netzknotenpunkt dar (Abb. 14.3-4). Ein hohes Verkehrsaufkommen zwischen den Stationen muß dieses aufwendige Netz rechtfertigen. Es können auch Maschennetze mit vollkommen gleichrangigen Datenstationen gebildet werden, wie z.B. bei einem Rechner-Verbundnetz. Bei Ausfall einer Leitung ist nur der unmittelbare Verkehr zwischen den beiden angeschlossenen Stationen

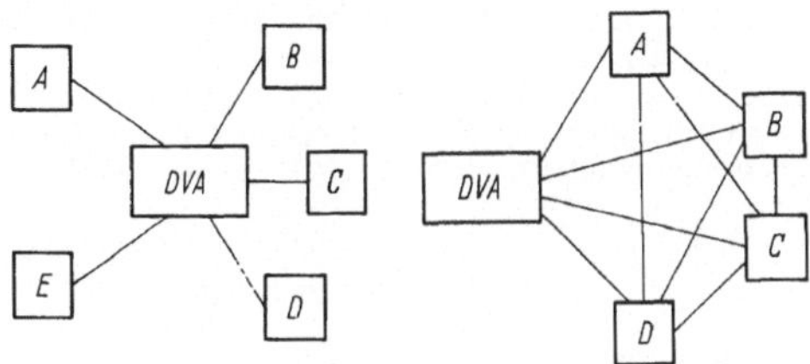

Abb. 14.3-3. Sternnetz   Abb. 14.3-4. Maschennetz

gestört, der Datenfluß kann ggf. über einen anderen Netzknotenpunkt geleitet werden, der Verkehr wird also verlagert. Hierdurch ergibt sich nur eine geringe Beeinflussung des Verkehrs zwischen den anderen Datenstationen (hohe Ausfallsicherheit des Netzes). Bei einer großen Zahl von Netzknotenpunkten, bzw. Datenstationen ist der Aufwand für die Übertragungswege ganz erheblich. Netzerweiterungen können nur mit einem hohen Kostenaufwand erfolgen. Aus einem Stern- und einem Maschennetz läßt sich ein kombiniertes Netz, ein *Stern-Maschennetz* bilden, das die Vorzüge beider Netze in sich vereinigt. Häufig handelt es sich da um ein Maschennetz, dessen Netzknoten zentrale Punkte für eine sternförmige Erweiterung darstellen.

Bei dem *Liniennetz* (Abb. 14.3-5) werden die Stationen mit einer für alle gemeinsamen Leitung, einer *Gruppenverbindung* (party-line) an die DVA angeschlossen. Da nur eine Leitung für sämtliche Datenstationen zur Verfügung steht, kann jeweils nur eine Stelle mit der Zentrale Daten austauschen, während die anderen in der Zeit gesperrt sind. Der Vorteil auf der Seite der Leitungskosten ist umso entscheidender, je länger die Leitung ist, dies aber nur bis zu gewissen Grenzen, da aus übertragungstechnischen Gründen eine beliebige Aneinanderschaltung von

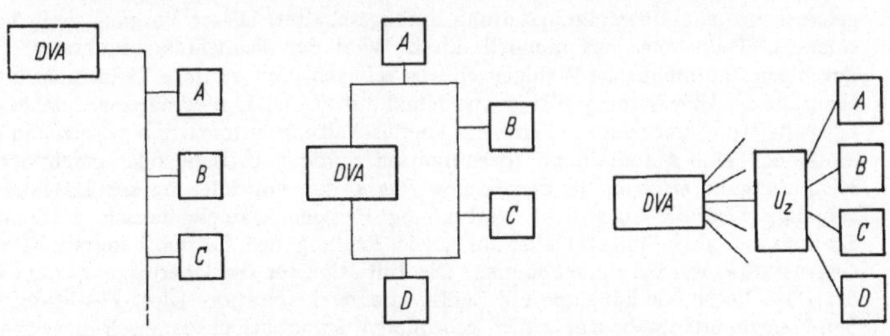

Abb. 14.3-5. Liniennetz   Abb. 14.3-6. Ringnetz   Abb. 14.3-7. Netz mit Unterzentrale

Leitungen erhebliche Schwierigkeiten bezüglich Verzerrung und Dämpfung mit sich bringt. Die Anforderungen an die Ausfallsicherheit des gemeinsamen Übertragungsweges sind besonders hoch. Eine gewisse Abhilfe bietet das *Ringnetz* (Abb. 14.3-6).

Um den Nachrichtenfluß mehrerer Teilnehmer zusammenzufassen, können deren Datenleitungen parallel geschaltet mit einer *Unterzentrale* (Konzentrator, Leitungsreduktor) verbunden werden, diese wird dann mit einer Leitung größerer Kapazität, evtl. auch mit mehreren an die DVA angeschlossen (Abb. 14.3-7). Die Aufgabe der Unterzentrale ist das Verdichten großer Datenmengen schon in der Nähe der Datenstationen; hinzu kommt die Ersparnis an DVA-Eingängen. Die Unterzentrale kann in ihrer Funktion als eine private Vermittlungseinrichtung angesehen werden, sie hat u. U. auch die Aufgabe eines Zwischenspeichers, der die empfangenen Daten speichert und zu gegebener Zeit mit wesentlich höherer Geschwindigkeit zur DVA sendet (Speichervermittlungsnetz). Derartige Netze werden vorteilhaft eingesetzt, wenn in mehreren von der zentralen DVA weit entfernten Gebieten eine Vielzahl von Außenstationen sich befinden. Es wird so die Anzahl der langen Fernleitungen auf ein Minimum reduziert und die Kapazität der wenigen Leitungen besser ausgenutzt.

14.3.6 Betriebsablauf

Für die Übermittlung von Daten müssen zwischen den Datenteilnehmern Übertragungsprozedur, Übertragungsgeschwindigkeit, Fehlerschutzverfahren, Codierung und Übertragung der Zeitbezugsinformation vereinbart werden. Gesteuert wird der Übertragungsablauf durch die Übertragungssteuerzeichen, besondere Zeichen, die aus dem Zeichenvorrat des Alphabets gebildet werden und nicht anderweitig verwendet werden dürfen [4, 5, 10, 35]. Derartige Steuerzeichen mit der deutschen Benennung entsprechend DIN 66003 sind z. B. die Blockbegrenzungszeichen STX (start of text) für „Anfang des Textes" und ETB (end of transmission block) für „Ende des Datenübertragungs-Blocks". Dazwischen stehen die Textzeichen. Durch die Übertragungsprozedur muß sichergestellt werden, daß die Information sowie Teile davon weder verloren gehen noch durch Störungen auf der Übertragungsstrecke verfälscht werden. Entsprechend den Fehlereinflüssen auf dem Übertragungsweg und den Anforderungen an den Betriebsablauf kann die Übertragungsprozedur stufenweise ausgebaut werden.

Der Zeitablauf der Übertragung erfolgt in *fünf Phasen:* Verbindungsaufbau, Aufforderung zur Datenübertragung, Textübermittlung, Beenden der Datenübermittlung und Verbindungsabbau [10, 36]. In den Sonderfällen, in denen die Verbindung nicht über öffentliche oder private Vermittlungseinrichtungen geführt wird, entfallen die erste und letzte Phase, die Leitung muß dann nur in den Betriebszustand versetzt werden, was z. B. durch Drücken der Anruftaste erfolgen kann.

In der *ersten Phase* wird eine Verbindung zwischen den Datenteilnehmern aufgebaut und eine Übertragungsleitung durchgeschaltet. Dieser Vorgang kann vom rufenden Teilnehmer aus manuell durch Wahl der Teilnehmerrufnummer oder durch eine automatische Wähleinrichtung erfolgen. Der gerufene Teilnehmer kann ebenfalls die Übertragungsleitung von Hand mit der DÜE verbinden und dabei die Identifizierung vornehmen. Wird die Durchschaltung automatisch vorgenommen, muß auch eine automatische Identifikation durch akustische oder geschriebene Kennungsgabe erfolgen. In der *zweiten Phase*, der Aufforderung zur Datenübertragung, wird die eigentliche Verbindung für den Datenaustausch aufgebaut, Stationsauswahl, Endgeräteauswahl sowie Prüfung der Betriebsbereitschaft der Gegenstation werden vorgenommen. Die Initiative für die Übertragung kann bei der DVA liegen, sie hat dann die Funktion einer Leitstation. Diese Festlegung ist bei Mehrpunktverkehr für einen geordneten Informationsaustausch notwendig. Bei Punkt-Punkt-Verbindungen dagegen ist es sinnvoll, daß die Datenstation aktiv wird, die Daten senden will. Anschließend folgt als *dritte Phase*, die Textübermittlung, wobei die Funktion der Sende- und Empfangsstation festgelegt sind und beibehalten bleibt. Die *vierte Phase* leitet das Beenden der Übertragung ein. Die Verbindung zwischen den Datenstationen bleibt noch bestehen. Eine *fünfte Phase*, der Verbindungsabbau, schließt sich an, wenn die über Vermittlungseinrichtungen durchgeschaltete Verbindung nicht mehr benötigt wird. Bei Standleitungen ist dies der Übergang vom Betriebs- zum Ruhezustand.

14.3.7 Datensicherung

Bei der Datenfernverarbeitung liegen die Probleme in der praktischen Durchführung zum großen Teil auf dem Gebiet der Informationssicherung gegen ungewollte äußere Einflüsse. Fehlerquellen sind der bei der Datenerfassung beteiligte Mensch, das Datenerfassungsgerät, die DÜE, der Übertragungsweg sowie die DVA. Im allgemeinen läßt sich nicht verhindern, daß Fehler entstehen, es muß aber versucht werden, daß Erfassungs- und Übertragungsfehler angezeigt und sofort korrigiert werden bevor die eigentliche Datenverarbeitung beginnt [10, 13]. Die Datensicherung beginnt bereits bei der Datenerfassung und Dateneingabe und endet bei der Datenausgabe. Unter Datenerfassung sei hier auch die Datenaufbereitung verstanden, d.h. die Umwandlung von Daten in eine maschinell verarbeitbare Form. Bisher ist der Mensch in den meisten Fällen an der Datenerfassung aktiv beteiligt, so z.B. bei der Eingabe von Daten über Tastaturen (manuelle Eingabe). Er ist dabei die größte Fehlerquelle. Eintastfehler beruhen häufig auf Lese- oder Hörfehler der Bedienungsperson oder auf unordentlich geschriebenen Ursprungsbelegen. Die Fehler, die auf die Eingabe falscher Ursprungsdaten zurückzuführen sind, können u.U. nur sehr schwer oder gar nicht mehr korrigiert werden. Deshalb sollten so viele Erfassungsvorgänge wie möglich automatisiert werden. Gegen manuelle Verfahren sprechen neben der hohen Fehlerquote die hohen Personalkosten und der erhebliche Zeitbedarf.

Die Summe der Fehlerhäufigkeiten der einzelnen Systemteile (Datenstation, Übertragungsweg usw.) ergibt die Fehlerhäufigkeit des gesamten Datenfernverarbeitungssystems, sie wird also im wesentlichen durch den Systemteil bestimmt, der gegen Fehler am anfälligsten ist. So ist die Fehlerhäufigkeit eines Elektronenrechners von 10^{-9} vernachlässigbar gegenüber der des Übertragungsweges und erst recht gegenüber der manuellen Eingabe.

Neben der Sicherung gegen Eingabefehler ist der Fehlerschutz auf dem Übertragungsweg ʹebenso bedeutend, es soll eine möglichst verzerrungsund störungsarme Übertragung der Signale erfolgen [36]. In diesem Zusammenhang mögen Störungen, die in den DÜE erfolgen unberücksichtigt bleiben, da sie um mehrere Zehnerpotenzen unter denjenigen liegen, die auf dem Übertragungsweg zu Fehlern führen. Zuerst wird man versuchen, zur Verringerung der Fehlerursachen die Güte des Übertragungsweges zu erhöhen. Eine Verbesserung ergibt die Verwendung von Standverbindungen anstatt der Benutzung öffentlicher Wählnetze; außerdem bringen bestimmte Techniken, wie der Einsatz von Entzerrern Qualitätsverbesserungen. Grundsätzlich muß bei der Wahl eines Fehlerschutzverfahrens oder der Kombination mehrerer beachtet werden, daß jedes Verfahren nur eine Sicherung gegen spezifische Fehler darstellt. Die nachfolgend beschriebenen Maßnahmen zur Datensicherung auf dem Übertragungsweg erfordern mitunter aufwendige Zusatzeinrichtungen bei den DEE sowie besondere Überlegungen bei der Übertragungsprozedur.

Fehlerkorrektur durch Wiederholung. System mit Rückkanal. Die einfachste Art der Fehlerkorrektur durch Wiederholung ist die sofortige Rücksendung der in Datenblöcke unterteilten Nachricht zum Sendeort, die *Informationsrücksendung* (Echoverfahren, information feedback, massage feedback) [4, 10]. Dort wird die Ursprungsnachricht mit der zurückgesendeten Nachricht verglichen und, wenn kein Fehler vorliegt, die Übertragung des nächsten Blocks ausgelöst. Im Fehlerfall wird derselbe Block noch einmal übertragen. Wegen des großen Nachrichtenflusses in beiden Richtungen ist die Kapazität des Übertragungsweges sehr schlecht ausgenutzt und die nutzbare Übertragungsgeschwindigkeit sehr klein. Auf der Sendeseite muß der jeweils letzte Block gespeichert werden, dies ist auch auf der Empfangsseite zweckmäßig, damit fehlerhafte Blöcke dort gar nicht erst in einen Datenträger übernommen werden.

Bei der *Redundanzrücksendung* (redundancy feedback), einer Abart der Informationsrücksendung, wird nur ein kleiner Teil der Information zur Sendeseite zurück übertragen, und zwar die zur Fehlererkennung hinzugefügten Kontrollzeichen (Redundanz). Diese Kontrollzeichen sind eine aus den Daten am Sendeort abgeleitete Sicherungsinformation. Sie werden auf der Sendeseite mit der dort gespeicherten Prüfinformation verglichen. Hierfür braucht der Rückkanal nicht die volle Kapazität des Sendekanals zu haben. Der Informationsfluß im Sendekanal ist größer als im Rückkanal.

Bei der *Entscheidungsrücksendung* (decision feedback) wird die mit der Nutzinformation übertragene Kontrollinformation in der Empfangsstation einem Prüfgerät zugeführt, dessen Entscheidung, ob Wiederholung oder nicht, dann zurück zur Sendestation übermittelt wird. Eine Gut-Quittung löst dann die Übertragung des nachfolgenden Datenblocks aus während eine Schlecht-Quittung bewirkt, daß der verfälschte Block wiederholt wird. In der Praxis wird diese empfangsseitige Überprüfung der Nachricht sehr oft durchgeführt.

Weiter ist die zeichenweise und die blockweise Sicherung zu nennen [4, 7]. Bei der *Zeichenparitätssicherung* wird jeder Zeichenkombination eine vereinbarte Anzahl von Prüfbits (meist eins) zugefügt und mit übertragen. Bei höheren Ansprüchen an die Übertragungssicherung wird zusätzlich die *Blockparitätssicherung* eingesetzt [36]. Beide Sicherungsmethoden bringen eine Verbesserung um etwa vier Zehnerpotenzen. Die Nachricht wird in Blöcke fester oder variabler Länge unterteilt, aus deren Inhalt die Prüfnachricht abgeleitet wird, die als Blockprüfzeichen BCC (block check character) dem Textblock angefügt und ebenfalls mitübertragen wird. Die Länge dieser Datenblöcke ist entscheidend für die Ausnutzung des Übertragungskanals [7, 10].

Die maximal mögliche Übertragungsgeschwindigkeit wird mit großen Blocklängen nahezu erreicht, dagegen werden aber die Blöcke anfälliger gegen den Einfluß von Störungen. Die Folge sind wachsende Verlustzeiten durch Wiederholung. Es läßt sich eine optimale Blocklänge unter Berücksichtigung der Fehlerwahrscheinlichkeit und der Schleifenlaufzeit (Zeit zwischen Aussenden des Blocks und Empfang der Quittung) bestimmen. Eine Art der zeichenweisen Datensicherung ist das zweimalige Senden jedes Zeichens mit Bitvergleich am Empfangsort. Bei einem hiervon etwas abgewandelten Verfahren werden die 1- und 0-Schritte für den zweiten Sendevorgang vertauscht und vom Empfänger entsprechend ausgewertet.

Fehlerkorrektur durch selbstkorrigierende Codes. System ohne Rückkanal. Dies ist das aufwendigste Sicherungsverfahren. Die sehr große Redundanz des Codes wird für die Fehlererkennung und -korrektur benötigt (Rekonstruktion von verfälschten Zeichen bei der Empfangsstelle) [36]. Dadurch wird die effektive Geschwindigkeit der Nachrichtenübertragung u. U. erheblich vermindert. Der zusätzliche Aufwand für die Decodierung erhöht die Kosten für die Übertragungseinrichtungen. Diese Verfahren wird vor allem dann eingesetzt, wenn kein Rückkanal zur Verfügung steht (Steuerung unbemannter Flugkörper), oder wenn die Aktualität der Information mit der Zeit schnell abnimmt.

Fehlerschutz durch Störungserkennung. Das Fehlerschutzverfahren der Störungserkennung durch Toleranzdetektoren (Amplituden- oder Zeittoleranzdetektoren) erkennt und korrigiert nicht die fehlerhaft übertragenen Zeichen durch Auswerten von Korrekturinformation, sondern stellt anhand charakteristischer Merkmale des empfangenen Signals (z. B. Signalamplitude und Schrittlänge) fest, ob auf dem Übertragungskanal Störungen vorhanden sind, und verwirft als wahrscheinlich fehlerhaft die Nachricht, die während der Störung empfangen wurde.

Literatur.

[1] Datel-Dienste der Deutschen Bundespost. Merkblätter für die Datenübertragung auf Fernmeldewegen. Herausgeber: FTZ Darmstadt. — [2] *Bergmann, K.:* Lehrbuch der Fernmeldetechnik. Berlin: Schiele & Schön 1973. — [3] *Tietz, W., Cassens, H., Kaltenbach, A., Schallert, G.:* Dateldienste. Der Dienst bei der Deutschen Bundespost 6/11 I. Hamburg-Berlin: R. v. Decker 1971. — [4] *Kraushaar, R., Jakob, L., Goth, D.:* Datenfernverarbeitung. München: Siemens AG 1972. — [5] *Hofer, H.:* Datenfernverarbeitung. Berlin-Heidelberg-New York: Springer 1973. — [6] *Nolle, F. K.:* Datenfernverarbeitung. Köln-Braunsfeld: R. Müller 1970. — [7] Colloque international sur la téléinformatique. Paris: Chiron 1969. — [8] *Bennett, W. R., Davy, J. R.:* Data Transmission. New York: McGraw-Hill 1965. — [9] *Graef, M., Greiller, R., Hecht, G.:* Datenverarbeitung im Realzeitbetrieb. München: Oldenbourg 1970. — [10] Siemens-Zeitschrift, Beiheft Datenfernverarbeitung 43. München: Siemens AG 1969. — [11] DIN-Norm 66020. — [12] *Schneider, H.:* Möglichkeiten der Datenübertragung im Telex- und Datexnetz. Unterrichtsblätter (B) der DBP, 24 (1971) 49—56. — [13] Siemens Firmenschrift: Datenfernverarbeitung. München: Siemens AG Dezember 1970. — [14] DIN 44300 und DIN 44302. — [15] *Hoffmann, M. J. A.:* Datenfernverarbeitung. Berlin: de Gruyter 1973. — [16] *Letsche, D.:* Datenübertragung. IBM-Nachrichten, 19, H. 197, 876—882; H. 198, 959—967; H. 199, 84—90; H. 200, 176—183; H. 201, 266—272. — [17] *Giloi, W.:* Das Zauberwort Time-Sharing. Computer-Praxis 7 (1968) 130—134. — [18] *Fischer, U. E.:* Teilnehmerbetrieb — eine moderne Nutzungsform von Computern. IBM-Nachrichten 20, H. 203, 459—462. — [19] *Kümmerle, K.:* Aufbau und Wirkungsweise von Teilnehmer-Rechensystemen. ETZ-B Bd. 21 (1969) H. 22, 511—515. — [20] *Kohl, H. W.:* Teilnehmer-Systeme. Z. f. Datenverarbeitung. 6, 2 (1968) 88—94. — [21] *Tietz, W.:* Dateldienste. Z. f. Datenverarbeitung. 5, (1967) H. 4, 218ff. — [22] *Villiger, R. M.:* Möglichkeiten, Probleme und Auswirkungen der Datenfernverarbeitung. Hamburg-Berlin: v. Decker 1969. — [23] *Bödeker, H.:* Einführung in die Datenübertragungstechnik. Fernmeldepraxis. Bd. 49 (1972) Nr. 10, 411—437; Nr. 11, 481—494; Nr. 14, 605—635; Nr. 19, 829—851; Bd. 50 (1973) Nr. 1, 21—43; Nr. 6, 237—264; Nr. 8, 347—360. — [24] *Letsche, D.:* Neue Möglichkeiten der schnellen Datenübertragung. Der Ingenieur der DBP (1969) 52—57. — [25] *Bödeker, H.:* Technik der Datenübertragung auf Fernsprech- und Breitbandwegen. Jahrb. des elektr. Fernmeldewesens (1969) 219—251. — [26] *Schreiber, F.:* Außenstationen und Unterzentralen in Teilnehmer-Rechensystemen. Elektronische Rechenanlagen, 10 (1968) H. 18—26. — [27] *Rauch, W., Forstmeyer, U.:* Eine Datensichtstation als Außenstelle in Datenfernverarbeitungssystemen. Elektron. Rechenanl. 10 (1968) H. 6, 286—291. — [28] *Kaltenbach, A.:* Modems der Deutschen Bundespost für Fernsprechwege. Taschenbuch der Fernmelde-Praxis. Berlin: Schiele & Schön (1972) 277—313. — [29] *Herper, H.:* Datenendgeräte. Taschenb. der Fernmelde-Praxis. Berlin: Schiele & Schön (1967), 309—322. — [30] *Cassens, H., Kaltenbach, A., Schallert, G., Tietz, W.:* Datenübertragungstechnik. Der Dienst bei der DBP 6/11 II. Hamburg-Berlin: v. Decker-Schenk 1971. — [31] *Schmutz, W.:* Datenübertragung auf Telegraphenleitungen. PTT Technische Mitteilungen (1970) 68—73. — [32] *Schomburg, K.:* Datexnetz der Bundesrepublik Deutschland. Fernmelde-Praxis (1967) 251—273. — [33] *Herper, H.:* Datenendeinrichtungen im Datexnetz. Taschenbuch der Fernmelde-Praxis. Berlin: Schiele & Schön 1968, 327—343. — [34] *Tietz, W.:* Das Datexnetz. Fernmelde-Praxis (1967) 296—306. — [35] *Herrmann, G., Kraus, W.:* Absicherung von Stamm- und Bewegungsdaten mit Hilfe von Prüfziffern, Kontrollbuchstaben und Kennbuchstaben. Stuttgart: IBM Form F 12-1586, 1973. — [36] *Kaiser, W.* (Hrsg.): Nachrichtentechnische Fachberichte. Bd. 37 Datenübertragung. Berlin: VDE-Verlag. 1969 — [37] *Fischer, U. E.:* Teilnehmerbetrieb. Köln-Braunsfeld: R. Müller 1973.

14.4 Fernmeß- und Fernwirktechnik

B. Waibel

Als Gliederung der Fernwirktechnik kann folgendes Schema dienen (Abb. 14.4-1). Obwohl das Fernmessen in der Gliederung ein Teil der Fernwirktechnik ist, wird es in diesem Hauptabschnitt hervorgehoben, da es besondere Bedeutung hat.

14.4.1 Nachrichtenquellen der Fernwirktechnik

Die Nachrichtenquellen der Fernwirktechnik können sowohl kontinuierlich (nach der Zeit) veränderliche als auch diskrete Werte liefern. Die Quellen des Fernmessens liefern fast ausschließlich kontinuierliche, die Quellen des Ferneinstellens kontinuier-

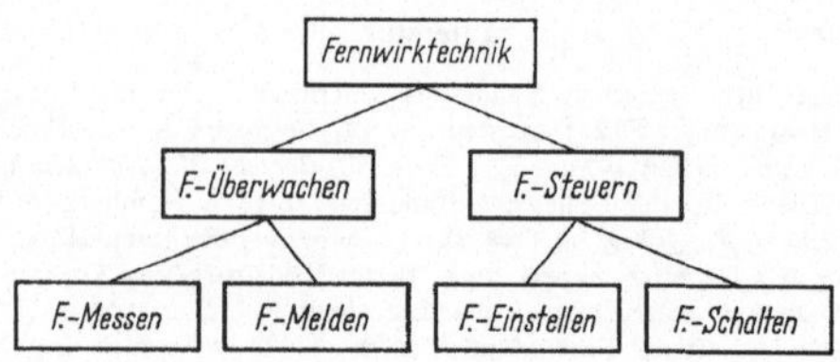

Abb. 14.4-1. Gliederung der Fernwirktechnik (Anmerkung: F-Melden nur für Übertragung von diskreten Werten)

liche und diskrete Größen, Fernmelden und Fernschalten ausschließlich diskrete Werte.

In einem *Fernwirksystem* (Abb. 14.4-2) wird auf der Sendeseite der Nachrichtenfluß der Nachrichtenquellen in den für die Übertragung geeigneten und den auf der Empfangsseite zweckmäßigen Signalfluß umgeformt.

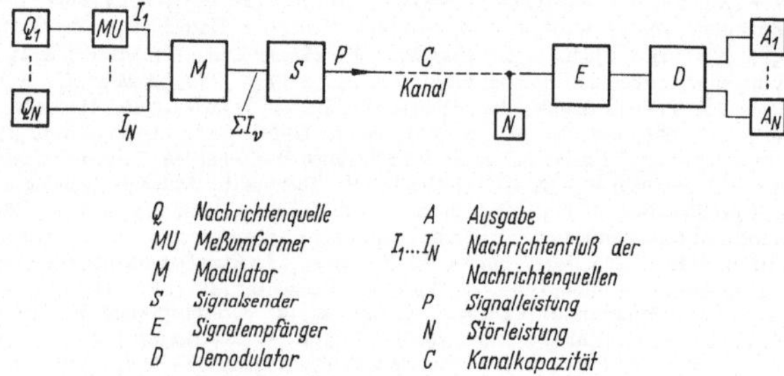

Q Nachrichtenquelle	A Ausgabe
MU Meßumformer	$I_1...I_N$ Nachrichtenfluß der
M Modulator	Nachrichtenquellen
S Signalsender	P Signalleistung
E Signalempfänger	N Störleistung
D Demodulator	C Kanalkapazität

Abb. 14.4-2. Schema eines Fernwirksystems

Werden die Informationen der Nachrichtenquellen auf dem Übertragungskanal (durch Störungen) in nicht mehr zulässiger Weise verändert, so sind besondere Maßnahmen und Einrichtungen notwendig, um dies zu verhindern: Methoden und Einrichtungen der Fernwirktechnik. Die tatsächliche Entfernung ist kein Merkmal der Fernwirktechnik [15].

Kennzeichnend für die Fernwirktechnik ist außerdem, daß die Abläufe der überwachten und gesteuerten Vorgänge sich vom Menschen of nicht mehr unmittelbar überblicken oder verarbeiten lassen. (Der maximale menschliche Informationszufluß beträgt ca. 10^2 bit/s [60].) Aus diesem Grunde werden geeignete, automatisch arbeitende Einrichtungen und Geräte notwendig [16].

Der Nachrichtenfluß soll ohne Verluste in den Signalfluß umgeformt werden. Der maximale Nachrichtenfluß der Nachrichtenquellen ist bestimmt durch Bandbreite und Amplitudenstufenzahl. Da in den meisten Fällen die Nachrichtenflüsse geräte- oder anlagenintern sind, braucht man nicht mit Störungen zu rechnen. Damit wird der maximale Nachrichtenfluß [3]:

$$I_{N\,max} = 2 B_N \, \mathrm{ld}\, D \qquad (14.4\text{-}1)$$

B_N Bandbreite der Nachrichtenquelle

D Amplitudenstufenzahl.

Der Nachrichtenfluß wird durch Modulation in den Signalfluß überführt und auf den Übertragungskanal gegeben. Die Kapazität des Übertragungskanals ist, da man hierbei mit Übertragungsstörungen rechnen muß [3]:

$$C_K = B_K \, \mathrm{ld}\left(1 + \frac{P}{N}\right) \qquad (14.4\text{-}2)$$

wobei

B_K Bandbreite des Übertragungskanals

P Signalleistung

N Störleistung

Um eine vollständige Darstellung auf der Empfangsseite zu gewinnen, muß man fordern:

$$\sum_{\nu=1}^{N} \cdot I_{\nu\max} \leqq C_K \qquad (14.4\text{-}3)$$

ν Anzahl der Nachrichtenquellen

In der Praxis wird oft auf eine vollständige Darstellung verzichtet und nur ein mehr oder weniger angenäherter Verlauf mit Haltekreisen erzeugt.

Der Signalfluß kann ebenso wie der Nachrichtenfluß kontinuierlich oder diskret sein; je nachdem, ob beide gleich oder verschieden sind unterscheidet man kontinuierliche, diskrete oder gemischte Nachrichtensysteme [1].

14.4.2 Signalfluß der Fernmeßtechnik

Zwischen Nachrichtenquelle und Übertragungskanal befinden sich Meßumformer und Modulatoren (Abb. 14.4-2). Der Meßumformer liefert eine dem physikalischen Wert proportionale oder von ihm gesetzmäßig abhängige elektrische Größe. Der Meßumformer legt Frequenzband und Amplitudenstufenzahl fest. Meßumformer bilden meist Tiefpaßsysteme für die Nachrichtenquellen. Ihr Frequenzbereich liegt meistens zwischen 0 und 2 Hz, maximal ca. 1000 Hz. *Einstellzeit* und *Meßfehler* bestimmen aber den maximalen Nachrichtenfluß [17].

Die Einstellzeit bestimmt das Frequenzband B_0, der Fehler die Anzahl der unterscheidbaren Amplitudenstufen (Signal/Geräuschverhältnis). Zwischen Einstellzeit und Frequenzbandbreite besteht der Zusammenhang: $\tau = 1/2 B_0$. Der Fehler in Prozent vom Endwert bestimmt die Amplitudenstufenzahl D [18, 19]:

$$D = 1 + 100/2F \qquad (14.4\text{-}4)$$

also

$$\mathrm{ld}\, D = \mathrm{ld}\,(1 + 100/2F)\ \text{bit.} \qquad (14.4\text{-}5)$$

Hierzu Tabelle 14.4-1 $\tau = 1/2 B_0$ gilt nur für Dämpfungsgrade zwischen 0,7 und 0,9 mit guter Näherung [6].

Tabelle 14.4-1

Meßgerät der Klasse	Fehler F $\pm\%$	$\mathrm{ld}\, D$ bit
5	5	3,5
2,5	2,5	4,4
1,5	1,5	5,2
1,0	1,0	5,7
0,5	0,5	6,7
0,2	0,2	8,0
0,1	0,1	9,0

Fehler entstehen durch Meßfehler der Meßumformer, Fehler der Modulatoren, bei der Übertragung und Fehler bei der Demodulation und im Empfangsgerät. Die

Fehler können systematische Fehler oder zufällige Fehler sein. Systematische Fehler lassen sich meist korrigieren und bei der Auswertung berücksichtigen.

Als *Träger* der Fernmeßnachricht werden verwendet:

Gleichstrom und Gleichspannung, Schwingungen, Impulse.

Diese Fernmeßträger brauchen nicht unmittelbar übertragen zu werden, sondern sie können weitere Träger modulieren. Die Gründe hierzu sind hauptsächlich Mehrfachausnutzung und Anpassung an den Übertragungskanal. Welcher Nachrichtenfluß maximal erzielt werden kann, bestimmen die Modulationsverfahren, nach denen der vom Meßumformer gelieferte Nachrichtenfluß den Trägern aufgedrückt wird und wie der Signalfluß im Empfänger wieder demoduliert wird. Die für die Übertragung des Signalflusses gewählte Modulationsart soll so wirken, daß Fehler auf dem Übertragungsweg im Durchschnitt unterhalb der Meßfehler bleiben. Fehlerhafte Ergebnisse von Messungen können auf der Empfangsseite im allgemeinen nicht erkannt werden. Die zu wählende Modulationsart hängt außer vom Übertragungskanal wesentlich davon ab, in welcher Weise die Meßwerte weiterverarbeitet werden. Die Fernmeßverfahren haben auch aus letzterem Grund sehr stark Eingang in die örtliche Meßtechnik gefunden.

Tabelle 14.4-2. Modulationsverfahren

Träger der Nachricht	Nachricht ist abgebildet auf	Benennung	Abkürzung
a) Analoge Modulations-Verfahren			
Gleichstrom, Gleichspannung, Schwingungen	Amplitude	Intensitätsverfahren Amplituden-Modulation	AM
Schwingungen	Frequenz	Frequenz-Modulation Frequenz-Variation	FM
	Phase	Phasen-Modulation	PM
	Laufzeit-Differenz	(Anwendung für Entfernungs- und Lage-Messung)	—
Impulse	Frequenz	Puls-Frequenz-Verfahren *Pulse-Rate Modulation*	—
	Dauer der Impulse	Puls-Dauer-Modulation *Pulse-Duration-Modulation*	PDM
		Impuls-Abstand oder Impuls-Lage-Modulation *Pulse-Position-Modulation*	PPM
	Verhältnis der Dauer der Impulse zum Abtastintervall	Puls-Verhältnis-Modulation	—
	Zahl der Impulse	Pulszahl-Verfahren *Pulse-Count-Modulation*	—
	Laufzeit-Unterschied	(Anwendung für Entfernungs- und Lage-Messung)	—
b) Digitale Modulations-Verfahren			
Impulse	Anordnung der Impulse in einem Schema	Puls-Code-Modulation	PCM
	Summe der Impulse	Delta-Modulation	—

Wir betrachten jetzt die Modulationsverfahren, die im Anschluß an die Meßgröße selbst oder an den Meßumformer den primären Signalfluß herstellen.

Es stehen drei Größen zur Verfügung, durch welche die Meßnachricht ausgedrückt werden kann. Es sind dies: die *Amplitude*, die *Frequenz* und die *Zeit*. Damit erhält man die analogen Fernmeßverfahren (Tabelle 14.4-2).

Für Probleme der Datenverarbeitung besonders wichtig sind die digitalen Modulationsverfahren der PCM, die von der Grundvorstellung der Informationstheorie vom Wesen einer Nachricht Gebrauch machen (Tabelle 14.4-2) [3, S. 63—66; 4, 5].

Intensitätsverfahren (Beeinflussung der Amplitude) spielen auch heute noch eine bedeutende Rolle, da fast alle Meßwerte erst durch solche Verfahren dargestellt werden müssen, bevor sie weiteren Modulationsverfahren unterzogen werden. Meßgerät und Modulator bilden meist eine konstruktiv miteinander verbundene Einheit, z.B. Potentiometer an einem Druckmesser, Drehmomentkompensator, so daß Frequenzband und Genauigkeit des Primärmeßgerätes erhalten bleiben.

Die **Frequenz-Modulation (FM) und Phasen-Modulation (PM)** sind eng miteinander verwandt. Geändert wird bei FM nur die Frequenz einer Schwingung, Amplitude und Phase bleiben erhalten. Bei der Phasen-Modulation wird nur die Phasenlage proportional dem Meßwert gemodelt (Abb. 14.4-3). Bei FM müssen auf die kürzeste Modulationsperiode $T_m = 1/f_m$ (f_m Frequenz der höchsten in einer Meßgröße enthaltenen Teilschwingung) mindestens zwei Abtastperioden kommen. Diese Bedingung ist erfüllt, wenn die Augenblicksfrequenz der frequenzmodulierten Schwingung stets größer als die höchste Modulationsfrequenz f_m ist [3, S. 138—146]. Es muß dann der Frequenzhub ΔF sein: (f_0 unmodulierte Trägerfrequenz):

$$\Delta F \leqq f_0 - f_m . \tag{14.4-6}$$

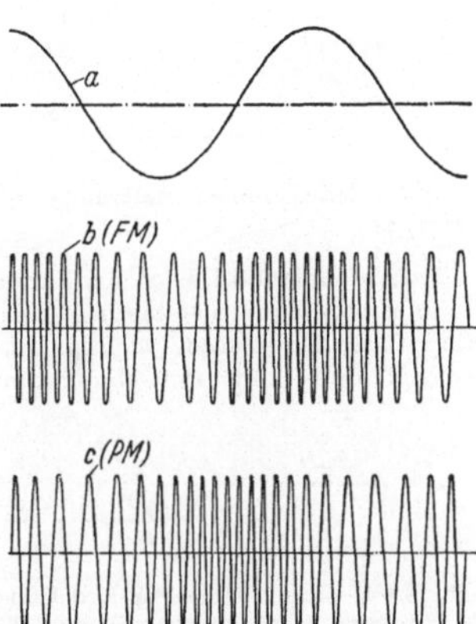

Abb. 14.4-3. Modulation einer Schwingung durch eine Frequenz (Kurve *a*), *b* Frequenzmodulation (FM), *c* Phasenmodulation (PM)

Kennzeichnend sind die beiden Werte *Hubverhältnis* (Modulationsindex) $\eta = \dfrac{\Delta F}{f_m}$ und der *Modulationsgrad* $m = \dfrac{\Delta F}{f_0} \cdot m$ erreicht für $f_m \to 0$ den Wert $=1$ (100 % Modulation) [3, S. 20]. In der Fernmeßtechnik wird die Frequenz-Modulation oft als Frequenz-Variations-Verfahren bezeichnet. Der Modulationsgrad m schwankt bei ausgeführten Anlagen etwa zwischen 7 und 50 %, während das Hubverhältnis zwischen 2 und ≈ 100 liegt. Große ΔF ergeben kurze Einstellzeiten und werden deshalb für Zeitmultiplexbetrieb angewendet. η ist ein Maß für die geräuschmindernde Wirkung der FM, große η sind günstig. Orientierungswerte nach verschiedenen Veröffentlichungen sind in Tabelle 14.4-3 zusammengestellt.

Für die Datenübertragung von Satelliten und Raumfahrzeugen wurden die in Tabelle 14.4-4 genannten Kanäle festgelegt bzw. vorgeschlagen.

Tabelle 14.4-3

Nr.	f_0 Hz	$\pm \Delta F$ Hz	m %	η	f_m Hz	Bemerkungen
1	26	8	31	4	2	angenommen
2	90	10	11	5	2	angenommen
3	400	100	25	50	2	angenommen für Zeitmultiplex
4	480	240	50	120	2	angenommen für Zeitmultiplex

Tabelle 14.4-4 [20]

Kanal Nr.	f_0 Hz	m %	η	f_m Hz	Kanal Nr.	f_0 Hz	m %	η	f_m Hz
1	400			6	16	40000			600
2	560			8	17	52500			790
3	730			11	18	70000			1050
4	960			14	19	93000			1400
5	1300			20	20	124000			1900
6	1700			25	21	165000			2500
7	2300			35					
8	3000			45	A	22000			660
9	3900			60	B	30000			900
10	5400	$\pm 7{,}5$	4 … 6	80	C	40000			1200
11	7350			110	D	52500			1600
12	10500			160	E	70000	± 15	4 … 6	2100
13	14500			220	F	93000			2800
14	22000			330	G	124000			3700
15	30000			450	H	165000			5000

Puls-Modulations-Verfahren [3 (S. 73—164), 4, 7 (S. 977—1004 und S. 1048 bis 1147), 11].

Puls-Modulation. Die meisten Fernmeßverfahren beruhen schon von jeher auf Puls-Modulation. Zum Verständnis der Puls-Modulations-Verfahren ist die Puls-Amplituden-Modulation wichtig. In Abb. 14.4-4 ist das Schema einer Nachrichtenverbindung mit Puls-Modulation angegeben. Notwendig ist ein Abtaster,

Abb. 14.4-4. Schema einer Puls-Modulation. a Nachrichtenfunktion $s_1(t)$, b synchron laufende Abtaster [$s_0(t)$], c Übertragungskanal [$s_1(t) \cdot s_0(t)$], d Tiefpaßfilter, e Empfänger [$s_1(t)$]

der in bestimmten Zeitabständen die Nachrichtenfunktion $s_1(t)$ abtastet. Nach dem Abtasttheorem ist es möglich, eine kontinuierliche Zeitfunktion durch eine Folge diskontuierlicher Proben vollständig wiederzugeben. Eine sinusförmige Zeitfunktion $s_1(t) = \cos \omega_m t$ werde abgetastet, d.h. mit der Zeitfunktion $s_0(t)$ der unmodulierten Impulsfolge multipliziert. $s_0(t)$ läßt sich schreiben:

$$s_0(t) = \sum_{n=-\infty}^{+\infty} a_n \cdot \cos n \omega_0 t \qquad (14.4\text{-}7)$$

mit

$$\omega_0 = 2\pi f_0 \equiv 2\pi / T_0;$$

damit wird

$$s(t) = s_1(t) \cdot s_0(t) = \cos \omega_m t \cdot \sum_{n=-\infty}^{+\infty} a_n \cdot \cos n \omega_0 t,$$

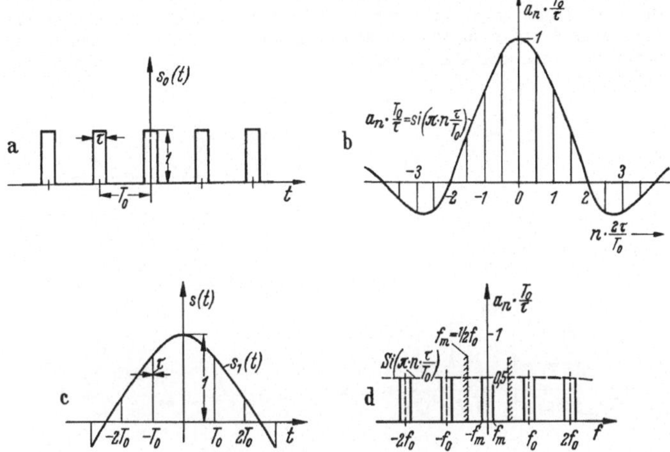

Abb. 14.4-5a—d. Abtastung einer sinusförmigen Zeitfunktion. a) Unmodulierte Impulsfolge $s_0(t)$ $\dfrac{\tau}{T_0} = \dfrac{1}{4}$; b) Zugehöriges Frequenzspektrum; c) Abtastung von $s_1(t) = \cos\omega_m t$; d) Zugehöriges Frequenzspektrum

das ergibt

$$s(t) = \sum_{n=-\infty}^{+\infty} \frac{a_n}{2} \cdot \{\cos(n\omega_0 - \omega_m)\,t + \cos(n\omega_0 + \omega_m)\,t\}. \qquad (14.4\text{-}8)$$

Es wird also jede Spektrallinie des unmodulierten Impulses in zwei Linien halber Amplitude bei den Frequenzen $nf_0 \pm f_m$ aufgespalten. Für $n = 0$ ergibt sich die Amplitude der Grundschwingung. Die Amplitude der Spektrallinien ist unabhängig von der Frequenz der modulierenden Größe. Die modulierende Größe läßt sich am Empfangsort durch einen Tiefpaß ausfiltern. Die Filterflanke muß dabei bei $f_m = \frac{1}{2}f_0$ liegen. Da sich nur Filter endlicher Flankensteilheit herstellen lassen, muß f_m stets kleiner als $\frac{1}{2}f_0$ sein [11, S. 122—125].

Die amplitudenmodulierten Impulse enthalten wenig Energie und müssen entsprechend verstärkt werden. Das Spektrum enthält keine Gleichkomponente mehr, die jedoch bei dem einseitig amplitudenmodulierten Impuls auftritt (Abb. 14.4-6). Es ist hier:

$$s(t) = s_0(t) \cdot (1 + m \cdot s_1(t)), \qquad (14.4\text{-}9)$$

$m =$ Modulationsgrad.

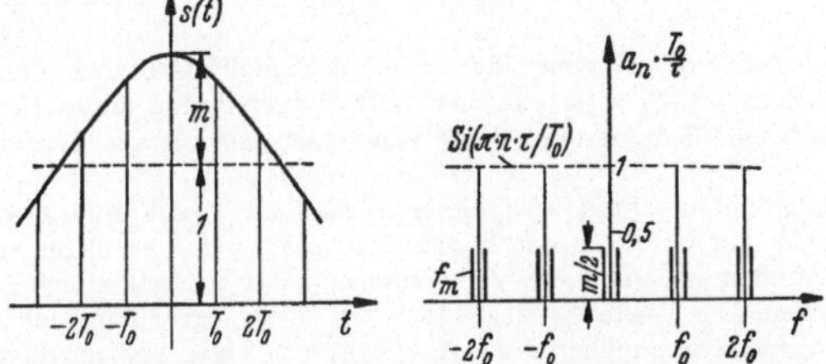

Abb. 14.4-6. Einseitig amplituden-modulierter Impuls und Frequenzspektrum

Die Berandungskurve der Spektrallinien der Abtastimpulsfolge verläuft nach einer sin x/x-Funktion. Entweder schon bei der Modulation oder bei der Demodulation läßt man häufig die Höhe eines Abtastimpulses bis zum nächsten Abtastpunkt bestehen. Es entsteht dann eine Treppenkurve nach Abb. 14.4-7. Wenn dieses

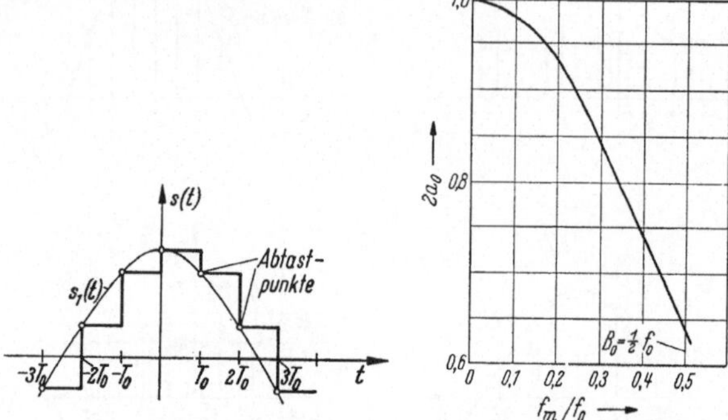

Abb. 14.4-7. Entstehung der Haltekreis-Kurve [3]   Abb. 14.4-8. Frequenzgang beim Haltekreis

Verfahren auf der Empfangsseite zur Demodulation angewendet wird, so hält man den Wert bis zum Eintreffen des nächsten Wertes fest, und wir bezeichnen die Treppenkurve deshalb als *Haltekreiskurve*. Dadurch treten Verzerrungen im Frequenzgang der modulierenden Frequenzen auf. Für eine Zeitfunktion $s_1(t) = \cos\omega_m t$ ergibt sich für die Haltekreiskurve die Beziehung [11, S. 127]:

$$s(t) = \sum_{n=-\infty}^{+\infty} \frac{1}{T_0}\left[\frac{\sin(n\omega_0 - \omega_m)}{n\omega_0 - \omega_m} \cdot \frac{T_0}{2} \cdot \cos(n\omega_0 - \omega_m)\, t \right.$$

$$\left. + \frac{\sin(n\omega_0 + \omega_m)}{n\omega_0 + \omega_m} \cdot \frac{T_0}{2} \cdot \cos(n\omega_0 + \omega_m)\, t. \right] \tag{14.4-10}$$

Bei der reinen PAM traten die Frequenzen $nf_0 \pm f_m$ auf, deren Amplituden für f_m unabhängig von der Frequenz sind, hier haben aber nach Gl. (14.4-10) die Amplituden einen Verlauf nach

$$a_n = \frac{1}{2}\,\mathrm{si}\left(\pi \cdot \frac{nf_0 \pm f_m}{f_0}\right). \tag{14.4-11}$$

Die Amplituden der Modulationsschwingung $n = 0$ sind stark hervorgehoben. Für a_0 ergibt sich

$$a_0 = \frac{1}{2}\,\mathrm{si}\left(\pi \cdot \frac{f_m}{f_0}\right). \tag{14.4-12}$$

Die modulierende Schwingung (das primäre Signal) darf nach dem Abtasttheorem höchstens bis $B_0 = {}^1\!/_2 f_0$ reichen. Der Frequenzgang dieses Bereiches ist genauer in Abb. 14.4-8 dargestellt, da er von Bedeutung für alle Fernmeßverfahren ist.

In der Nachrichtentechnik wird dieser Verlauf auf der Empfangsseite durch Entzerrer wieder korrigiert. In der Fernmeßtechnik ist das im allgemeinen nicht üblich. Hier muß man, wenn die Verzerrungen nicht zulässig sind, die Abtastfrequenz erhöhen. Der Faktor 10 gegenüber $2f_m$ für f_0 ergibt dann bis zur Bandgrenze einen Fehler von annähernd 2 %, der Faktor 20 einen Fehler von annähernd 1 % [21].

Puls-Frequenz-Verfahren *(Pulse-Rate-Modulation)*. Das Modulations-Verfahren ist in Abb. 14.4-9 dargestellt für eine Sinusfunktion $s_1(t)$. Durch den Modulator werden Impuls und Pause von solcher Zeitdauer erzeugt, daß der Flächeninhalt aus dem Mittelwert der Zeitfunktion über die Dauer eines Impulses bzw. einer Pause konstant bleibt. Die ursprüngliche Zeitfunktion wird also durch die eingezeichnete Treppenkurve ersetzt. In der Mitte der Treppenstufen hat man sich die Abtastpunkte vorzustellen. Durch dies Modulation entsteht eine Verzerrung, die aus Abb. 14.4-8 abgelesen werden kann. Man überträgt die Impulse in der Form von Abb. 14.4-9b meist durch Tastung des Trägers eines Telegraphiekanals. Diese Impulsfolge enthält die nach der Haltekreiskurve veränderte Information der ursprünglichen Zeitfunktion. Als Pulsfrequenz bezeichnet man die Anzahl der Impulse pro Sekunde (I/s). Die Information steckt in den beiden Impulsflanken, die deshalb auch zeitlich genau übertragen werden müssen. Diese Flanken werden daher zur

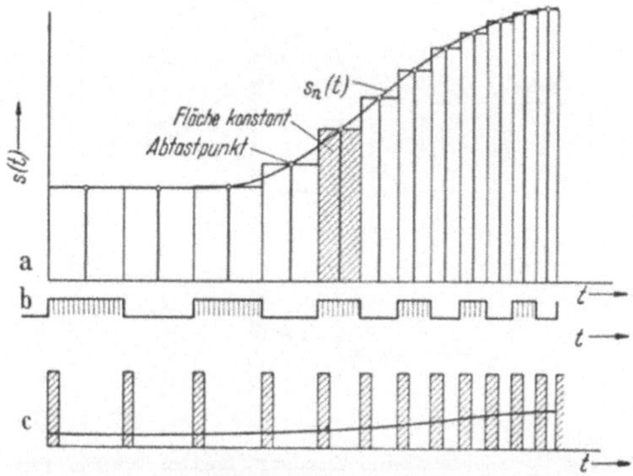

Abb. 14.4-9a—c. Puls-Frequenz-Modulation. a) Abtastung von $s_1(t)$ nach der Pulsfrequenz-Modulation; b) Übertragene Impulsfolge; c) Demodulation durch Mittelwertbildung

Demodulation ausgenutzt. Wenn zu den Zeitpunkten der Impulsflanken Impulse gleicher Größe bei der Demodulation erzeugt werden, so ist der Mittelwert dieser Impulse dem Wert der Haltekreiskurve auf der Sendeseite proportional. Die Pulsfrequenz wird heute stets etwa 10mal höher gewählt als nach dem Abtasttheorem notwendig wäre, z.B. $f = f_0 \pm \Delta F = 25 \pm 10$ I/s, 10 ± 5 I/s oder 8 ± 4 I/s. Höhere Impulszahlen ergeben bessere Mittelwertbildung. Über 35 I/s kommen nicht vor und haben wegen der maximalen Modulationsfrequenz der Meßumformer auch keinen Nutzen. Mit 120 Hz breiten Telegraphiekanälen, die meist angewendet werden, lassen sich maximal 25 I/s übertragen.

Puls-Dauer-Modulation (PDM) *(Pulse-Duration-Modulation oder Pulse-Width-Modulation (PW)*. Es gibt hierbei zwei Möglichkeiten der Modulation. Entweder tastet man die Meßgröße in äquidistanten Abständen ab und verwandelt die so ermittelte Amplitude nach einem Sägezahnverfahren in einen dauermodulierten Impuls *(Äquidistanz-Verfahren)*, oder man wendet das *Sägezahnverfahren* nach Abb. 14.4-10 an. Dieses hat fast ausschließlich in der Fernmeßtechnik Eingang gefunden. Der Sägezahn läuft im Takte der Abtastfrequenz von einem meist unter dem Nullpunkt der Meßgröße liegenden Punkt aus bis zu einem Höchstwert durch. Die Impulslänge ist bestimmt durch den Schnittpunkt der Sägezahnkurve mit dem Verlauf der Meßgröße. Die Anfangspunkte der Impulse sind äquidistant, die Rückflanken werden moduliert. Bei PAM enthält das Spektrum die Mudolationslinien an den Stellen $nf_0 \pm f_m$, bei PDM an den Stellen $nf_0 \pm qf_m$, n und q ganze Zahlen

[3, S. 139; 11]. Das Spektrum erstreckt sich ähnlich wie bei FM sehr weit nach rechts und links von den Spektrallinien nf_0. Nur bei kleinem Modulationsgrad ($\approx 3\%$) [11, S. 62] wird der Fehler durch die Überdeckung der f_m-Linien im Spektrum klein genug, daß an der Empfangsstelle Demodulation durch Tiefpaßfilter bei $f_0/2$ möglich ist. Bei der üblichen Ausführung ist das nicht der Fall. Auch sind die Abtastfrequenzen f_0 vielfach tief, so daß zur Demodulation Haltekreise angewendet werden. Über die Eigenschaften von Haltekreisen für die Wiedergabe s. PAM (Abb. 14.4-8).

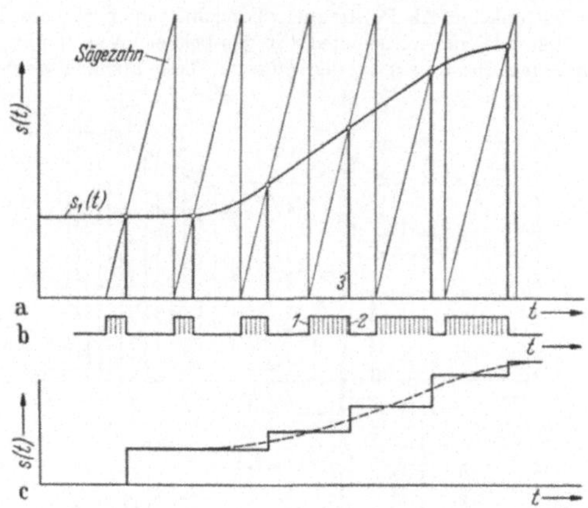

Abb. 14.4-10a—c. Puls-Dauer-Modulation. a) Abtastung mit einem Sägezahn, *1* feste Impulsflanke, *2* modulierte Impulsflanke, *3* Abtastordinate; b) Übertragene Impulsfolge; c) Demodulation durch Haltekreis

Pulslage-Modulation (PPM), Puls-Position-Modulation oder Impuls-Abstand-Modulation. Bei der PDM enthalten ebenso wie bei der Puls-Frequenz-Modulation nur die Impulsflanken die Nachricht, das Impulsdach ist ohne Bedeutung. Bei hochfrequenter Übertragung ist es wegen der höheren Sendeleistung nachteilig.

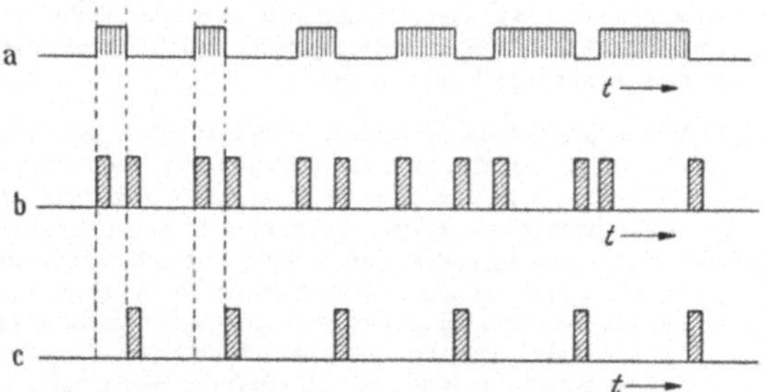

Abb. 14.4-11a—c. Puls-Lagen-Modulation. a) PDM-Impulsfolge; b) PPM mit Übertragung beider Impulsflanken; c) PPM mit Übertragung der modulierten Rückflanke

Man kann also auch nur Vorder- und Rückflanke durch einen Impuls übertragen und erhält so die Pulslage-Modulation, deren meßtechnische Eigenschaften also aus der PDM hervorgehen. Statt Pulslage-Modulation kann man auch Pulsphasen-Modulation sagen. Eine Rekonstruktion der Nachricht auf der Empfangsseite durch Tiefpaßfilter ist hier nicht möglich, da der Mittelwert der Impulse über eine Abtastperiode konstant ist. Deshalb wird auf der Empfangsseite aus den beiden Flanken-Impulsen wieder ein PDM-Impuls erzeugt. Der äquidistante Impuls braucht nicht übertragen zu werden, wenn auf der Sendeseite und der Empfangsseite synchronlaufende Verteiler vorhanden sind. Die verbleibende Impulsfolge zeigt dann deutlich das Bild einer Phasen-Modulation (Abb. 14.4-11).

Pulsverhältnis-Modulation. Hier wird das Verhältnis der Dauer eines Impulses zu der Periodendauer der Abtastfrequenz gebildet. Bei konstanter Abtastfrequenz erhält man also eine PDM. Bei Pulsfrequenz-Verfahren, bei PDM und PPM, kommt es stets darauf an, die Impulsflanken zeitlich genau bei der Demodulation festzustellen. Damit das möglich ist, braucht man eine ausreichende Übertragungsbandbreite und die Zeitpunkte der Flanken werden meist in halber Höhe der Impulse bestimmt, weil sie da am steilsten sind und der Einfluß von Störungen am geringsten wird *(slicing)* [3, 4, 11].

Puls-Zahl-Modulation *(Pulse-count-Modulation).* Die Puls-Zahl-Modulation ist ihrem Wesen nach eine Pulsfrequenz-Modulation. Jeder Festmengenimpuls, der also stets die gleiche *Menge* einer Meßgröße darstellt, wird übertragen. Die Pulsfrequenz ist sehr klein. Man will bei diesem Verfahren auch weniger den Verlauf einer Meßgröße übertragen als vielmehr das Integral einer Meßgröße über längere Zeitintervalle bilden. Auf der Empfangsseite werden die Impulse deshalb gezählt. Hauptanwendung in dieser Form: Fernzählung [14]. Stellt der Festmengenimpuls nicht wie bei der Fernzählung eine Arbeitsmenge dar, sondern eine Längenänderung, z.B. 1 cm, so lassen sich mit diesen Verfahren Höhenstandsmessungen ausführen, wenn die Impulse für eine Abnahme der Meßgröße auch abgezogen werden (Schrittschaltverfahren für Höhenstandsmessung [8]). Ein solches Verfahren belegt dauernd einen Übertragungskanal und überträgt dabei nur einen sehr kleinen Informationsfluß. Außerdem ist ein solches Verfahren gegen Übertragungsstörungen sehr empfindlich, da sich alle Fehler addieren. Aus diesem Grunde überträgt man häufig auch den Summenwert durch ebenso viele Impulse, wie der betreffende Summenwert als Zahl angibt. Hierbei handelt es sich um eine Code-Modulation. — Bei der Gebührenerfassung in der Fernsprech- und Fernschreibvermittlungstechnik handelt es sich auch um eine Puls-Zahl-Modulation. Die Pulse sind hier Zeiteinheiten (meist Zeitzonenzählung). Die Zählung wird von den Teilnehmern ausgelöst.

Puls-Code-Modulation. Von den bisher beschriebenen Modulationsverfahren werden hauptsächlich angewendet: AM, FM, PDM, PPM, Puls-Frequenz-Modulation. Hinsichtlich des Verhaltens dieser Verfahren gegenüber Störungen auf dem Übertragungsweg vergleicht man mit AM. Bei AM werden nämlich alle Störungen im Signalband vollständig auf die demodulierte Nachricht übertragen. Während bei AM eine vergrößerte Übertragungsbandbreite keinen Gewinn, sondern sogar einen Verlust für den Abstand Signal gegen Geräusch bringt, kann sich bei den anderen Verfahren der Geräuschabstand verbessern. Erhöhte Bandbreite ergibt eine Verbesserung der Übertragungsgüte. Jedoch ist der Austausch von Bandbreite gegen Signal-Geräuschabstand nicht sehr vollkommen. Das gilt für alle analogen Verfahren. Im Gegensatz hierzu ist bei PCM die Übertragungsgüte allein vom Bandbreitenaufwand abhängig [22]. Eine Verdopplung der Bandbreite bringt bei FM einen Gewinn von 6 dB im Signal/Geräusch-Abstand, bei PCM dagegen ebenfalls eine Verdopplung [23]. Meßtechnisch ist wichtig, daß allein bei PCM grundsätzlich eine vollständig fehlerfreie Übertragung von Werten möglich ist. Die Ursache hierzu liegt eben in der Art der Modulation. Die Quantisierungsfehler sind in der Meßtechnik ohne Bedeutung, wenn die Quantisierung an die Meßgenauigkeit angepaßt ist.

Jeder Amplitudenwert einer Meßgröße läßt sich als Zahl darstellen. Wegen der beschränkten Meßgenauigkeit sind das stets endlich viele Zahlen. Wie Tabelle 14.4-1 angibt, kommen mehr als 1 000 Amplitudenstufen kaum vor. Bei einem Codeverfahren stellt man diese Zahlen mit Impulsen gleicher Amplitude, Form und zeitlicher Stellung dar (Abb. 14.4-12). Es kommt dabei nur darauf an, ob ein Impuls da ist

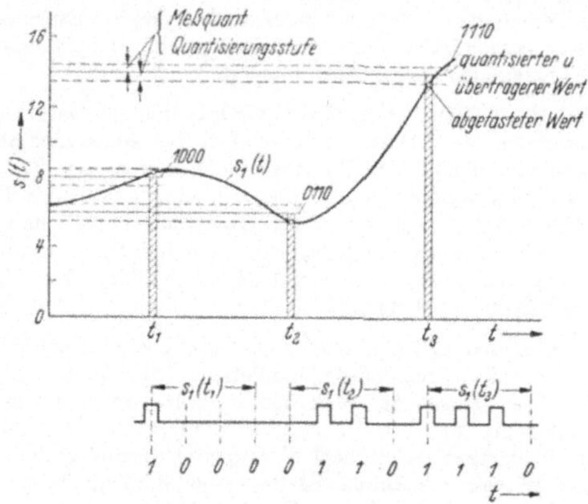

Abb. 14.4-12. Abtastung einer Zeitfunktion, Darstellung und Übertragung der Abtastwerte mit einem Dual-Code. $s_1(t)$ Zeitfunktion; t_1, t_2, t_3 Zeitpunkte, zu denen $s_1(t)$ abgetastet wird; $s_1(t_1)$, $s_1(t_2)$, $s_1(t_3)$ Werte der Abtastpunkte im Dual-Code. (Anmerkung: Um den Verlauf von $s_1(t)$ auf dem Bild richtig zu bekommen, müßte öfter abgetastet werden)

oder fehlt. Nichtlineare Verzerrungen der Impulse und Störungen haben deshalb nur geringen Einfluß. Erst, wenn eine Störung so groß wird, daß entweder ein Impuls nicht mehr erkannt wird oder ein Fehlimpuls hinzukommt, entstehen Fehler, die dann allerdings im Gegensatz zu den analogen Verfahren zu einer völligen Verfälschung des Wertes führen können [4, 5]. Dagegen kann man sich durch entsprechende Codierung schützen (s. Abschnitt 5.3). Die Wiedergabegenauigkeit ist auf der Modulationsseite durch die notwendige Anzahl der Amplitudenstufen (Meßgenauigkeit) und die Anzahl der Abtastpunkte bestimmt. Es handelt sich um eine PAM, deren Abtastwerte als Codewort übertragen werden. Zur Modulation werden Analog-Digital-Umsetzer und zur Demodulation Digital-Analog-Umsetzer benutzt (s. Abschnitt 8.1). Die Nachricht wird auf der Empfangsseite selten über Tiefpaßfilter, meist über Haltekreise, gebildet, sofern sie analog dargestellt werden soll.

Delta-Modulation. Bei der Delta-Modulation werden die Impulse periodisch wiederholt. Jeder Impuls hat denselben Wert. Ist bei der Abtastung der Wert größer als der vorhergehende Wert, so wird ein Impuls gesendet. Ist der Wert kleiner, so fehlt der Impuls und der Empfänger zieht in diesem Fall den Wert eines Impulses ab. Die Bandbreite ist bei der Delta-Modulation auch nicht kleiner als bei PCM [4].

Mehrfachausnutzung von Übertragungswegen. Bei den allerersten Fernmessungen (Wasserstand-Schrittschaltverfahren) kam es nur darauf an, den Meßwert ohne Rücksicht auf Wirtschaftlichkeit überhaupt richtig zu übertragen. Es fanden deshalb auch zunächst Impulsverfahren die größte Beachtung. Die Anzahl der zu übertragenden Werte stieg jedoch bald erheblich und es entstand die Notwendigkeit der Mehrfachausnutzung der Übertragungswege. Eine Mehrfachausnutzung ist in dreifacher Weise möglich:

a) Verbindung mehrerer Fernmeßmodulationen miteinander. Diese Methode wurde 1930 in Deutschland erstmalig für die Fernmessung von Druck, Feuchtigkeit und Temperatur der Luft mit Hilfe von Wetterballons angewendet. Das Verfahren arbeitete nach Abb. 14.4-13. Die von einem Druckgeber erzeugte Pulsfrequenz wird mit Hilfe von zwei Frequenzen übertragen. Der Impuls wird mit einer Frequenz f_1 gegeben, die z.B. der Feuchte, die Pause mit einer Frequenz f_2, die der Temperatur proportional ist. Wenn die beiden Frequenzbereiche genügend weit auseinanderliegen, so ist ein solches Verfahren gut anwendbar. Eine ähnliche Methode ist in erweiterter Form für die Fernmessung von Erdsatelliten neuerdings vorgeschlagen worden [24]. Dieses Verfahren beruht auf einer Verbindung von Frequenzmodulation mit Pulsdauermodulation, wobei auf eine Frequenzmodulation eine reine PDM folgt. Auf diese Weise werden 6 Meßwerte in einem Zyklus untergebracht. Auch die Verbindung von Impulsverhältnis- mit Pulsfrequenz-Modulation ist möglich [25].

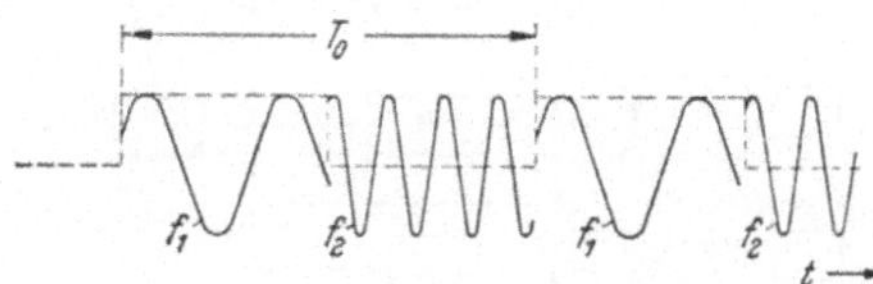

Abb. 14.4-13. Mehrfach-Modulation. Impulsfolgefrequenz: Meßwert I proportional $1/T_0$, Frequenz Modulation: Impuls: Meßwert II proportional f_1, Pause: Meßwert III proportional f_2

b) Frequenz-Multiplexverfahren. Für die Drahtnachrichtentechnik sowie die drahtlose Übertragung ist dies wohl die am häufigsten angewendete Methode, die großen Einfluß auf die Entwicklung der Fernmeß- und Fernsteuertechnik gehabt hat [26]. Da für Drahtübertragungen in der Fernmessung Pulsverfahren angewendet werden, benutzt man die Methoden der Wechselstromtelegraphie entweder in der Form der Amplitudenmodulation mit Träger oder der Frequenzmodulation mit je einer Frequenz für Impuls und Pause. Jedem Meßwert wird ein bestimmter Kanal der Bandbreite B_0 zugeordnet, die ausreicht, um den Signalfluß zu übertragen. Die so modulierten Signale können weiter, z.B. durch Frequenzmodulation, zu größeren Bündeln vereinigt werden.

c) Zeitmultiplexverfahren. Bei den Impulsverfahren ist es grundsätzlich möglich, in den zeitlichen Lücken zwischen aufeinanderfolgenden Impulsen die Impulse anderer Werte zu übertragen. An die Stelle der Frequenzsiebe bei den Frequenz-Multiplexverfahren treten hier zur Aufteilung der Nachrichten Synchronverteiler und Abtastgeräte [27, 4]. Es handelt sich also hier um eine zeitliche Bündelung der

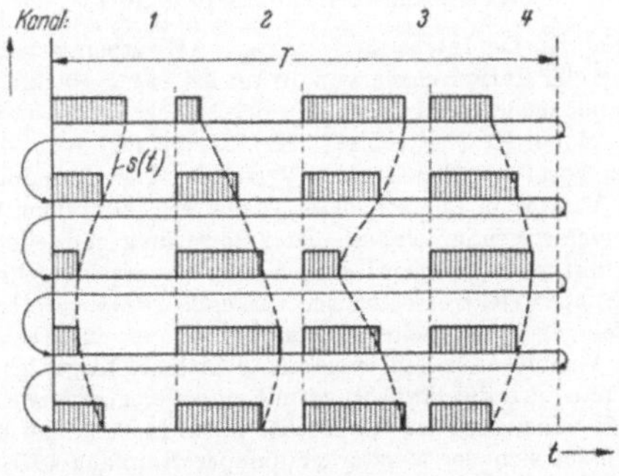

Abb. 14.4-14. Zeitschema einer Zeitmultiplexübertragung bei PDM mit 4 Kanälen; T Pulsrahmen

Werte. Man nennt die Zeitdauer, die für einen Abtastzyklus für die zu übertragende Anzahl von Werten zur Verfügung steht, den *Pulsrahmen (frame)*, Abb. 14.4-14. Von den Zeitmultiplexsystemen sind für Fernmessung die FM, PDM, PPM und die PCM besonders geeignet. Bei PCM kommen ihre Vorteile der Geräuschverbesserung besonders bei Übertragung über Kabel voll zur Geltung [4].

d) Verbindung von Frequenz- und Zeitmultiplexverfahren. Nach Abb. 14.4-15 und 14.4-16 lassen sich Zeit- und Frequenzmultiplex miteinander verbinden. Entweder man moduliert mit den Ausgängen der Meßumformer die Schwingkreise mit den Mittelfrequenzen $f_1, f_2, \ldots, f_n$ zeitlich nacheinander, oder FM-modulierte Signale werden zeitlich nacheinander auf den Übertragungskanal gegeben.

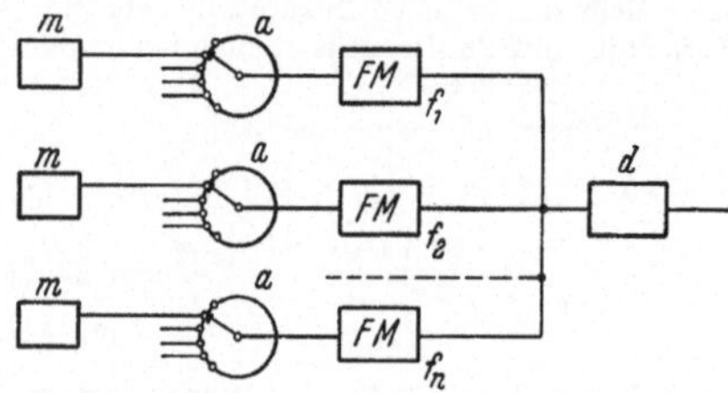

Abb. 14.4-15. Abtastung von Meßgrößen und ihre Übertragung durch FM. *m* Meßumformer, *a* Abtaster, *FM* FM-Modulator, *d* Signalsender

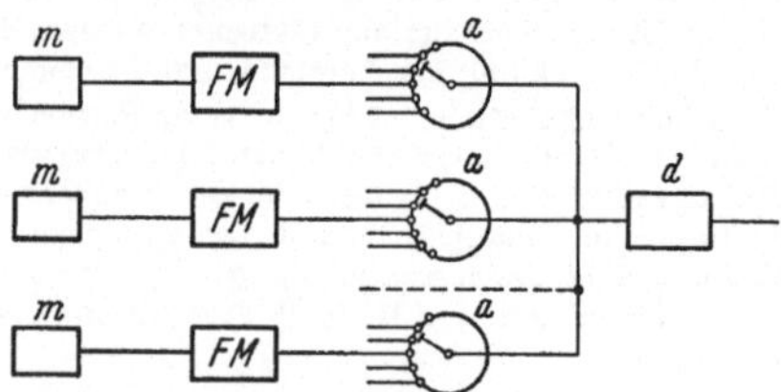

Abb. 14.4-16. Frequenzmodulation durch die Meßgrößen und darauffolgende Zeitmultiplex-Übertragung *m* Meßumformer, *FM* FM-Modulator, *a* Abtaster, *d* Signalsender

14.4.3 Technische Ausführung

Übersichtsaufsätze: [34 bis 39, 8 bis 13]

Intensitätsverfahren. Die Intensitätsverfahren (AM) arbeiten vielfach auch über verhältnismäßig große Entfernungen von 30 km bis sogar 100 km recht störungsfrei, weil infolge der niederen Einstellzeiten der Meßgeräte das benutzte Übertragungsband sehr schmal ist (ca. 1 bis 10 Hz). Ausgeführt wird die Amplituden-Modulation in der Form von Gleichrichter-Verfahren, Thermoumformer-Verfahren, Motor-Generator-Verfahren, Potentiometer-Verfahren, Induktions-Verfahren [8].

Für die Datenverarbeitung von besonderer Bedeutung sind jedoch die Kompensationsverfahren mit selbstkompensierenden oder gegengekoppelten Verstärkern Es werden sowohl noch elektromechanisch wirkende *Drehmomentkompensatoren* als auch in neuerer Zeit gegengekoppelte Verstärkerschaltungen mit *Operationsverstärker* angewendet. Die Verstärker liefern eingeprägte Ströme. Liegt der Verstärker auf der Sendeseite, dann wird die Fernleitung mit einem eingeprägten Strom gespeist. Möglichst hohe Signalleistung ist erwünscht. (Abb. 14.4-17) Bei der Spannungsmeßmethode befindet sich der Verstärker auf der Empfangsseite (Abb. 14.4-18). Im ersten Fall ist pro Meßwert eine Verstärker notwendig, im letzten Fall für alle

Kanäle nur ein, allerdings umschaltbarer, Empfangsverstärker. Der ideale Operationsverstärker ist durch folgende Eingenschaften ausgezeichnet (s. Abb. 14.4-19a):

$$R_E \to \infty, \quad I_E \to 0, \quad V \to \infty, \quad R_i \to 0.$$

Die tatsächlichen Parameter des Operationsverstärkers weichen von denen des idealen so wenig ab, daß er mit Vorzug bei den analogen Fernmeßgeräten eingesetzt wird. Minimale Ungenauigkeiten von ca. 10^{-3} können erreicht werden [61]. (Abb. 14.4-19b).

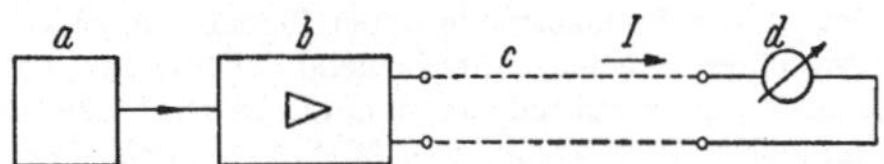

Abb. 14.4-17. Fernmessung über Verstärker mit eingeprägtem Strom auf der Fernleitung. *a* Signalquelle, *b* Verstärker, *c* Leitung, *d* Empfänger, *I* eingeprägter Strom

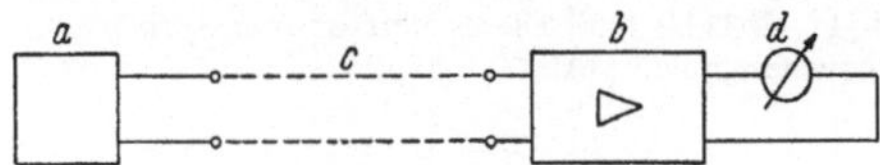

Abb. 14.4-18. Fernmessung durch Spannungsmessung mit Verstärker. *a* Signalquelle, *b* Verstärker, *c* Leitung, *d* Empfänger

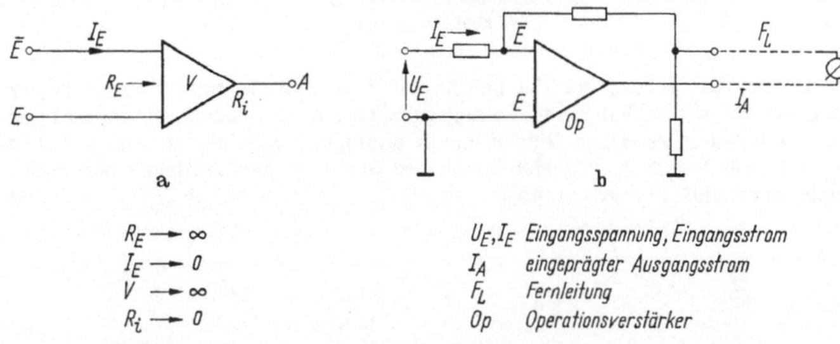

Abb. 14.4-19. a) Idealer Operationsverstärker; b) Prinzip des gegengekoppelten Operationsverstärkers als Meßwertverstärker

Durch entsprechende Dimensionierung können sowohl kleine Eingangsspannungen als auch kleine Eingangsströme in eingeprägte Ausgangsströme umgewandelt werden. Bei Fernmessung von kleinen Eingangsleistungen werden im Gegenkopplungszweig Tiefpaßfilter eingefügt, um Störungen auf dem Übertragungskanal zu eliminieren.

Die am Verstärkerausgang erzielbaren Leistungen (maximal ca. 0,5 Watt) reichen sowohl zur Modulation von Trägersignalen als auch von Analog-Digital-Umsetzer (s. Kapitel 8.1).

Frequenzmodulation (FM). Die Hauptprobleme der Frequenzmodulation bestehen darin, eine für Meßzwecke ausreichende Linearität und Frequenzstabilität zu erhalten. Es wird immer die Frequenz eines schwingungsfähigen Kreises verändert. Als Schwingungserzeuger werden verwendet: *LC*-Schwingkreise, *RC*-Generatoren und Multivibratoren. Welche Methode anzuwenden ist, hängt im wesentlichen davon ab, ob unmittelbar von einem Meßgerät der Schwingkreis zu verstellen ist oder ob durch einen vorhergehenden Meßumformer ein der Meßgröße proportionaler eingeprägter Strom oder eine eingeprägte Spannung zur Verfügung stehen. Man kann z.B. mit einem Instrumentenzeiger ein Variometer oder einen Kondensator in einem Schwingkreis verstellen [8, 9, 34]. Für die Datenverarbeitung größere Bedeutung haben die Verfahren, die Ströme und Spannungen zum Steuern von Schwingkreisen benutzen. Die Induktivität eines Schwingkreises kann in bekannter Weise durch Steuerdrosseln verändert werden. Mit FM-Modulatoren, die aus einem Miller-Integrator in Verbindung mit einem Trigger bestehen, können extrem kleine Meßfehler ($< 0,1\,\%$) und große Frequenzbereiche (> 50 kHz) erzielt werden [29].

Die Demodulation von frequenzmodulierten Signalen geschieht nach dem in Abb. 14.4-20 dargestellten Schema. Entscheidend wichtig für die Demodulation ist der Begrenzer, der jede Amplitudenmodulation entfernt. Die Diskriminatoren sind frequenzempfindliche Stromkreise, z.B. LC-Schwingkreis, die auf die empfangene Frequenz über Phasendiskriminatoren nachgestellt werden. Es wird auch für jeden Null-Durchgang der empfangenen Frequenz ein Impuls konstanter Fläche erzeugt. Der Mittelwert der Impulse, der über ein Tiefpaßfilter gemessen wird, ist dann dem Meßwert proportional, wenn ein dem Meßwert 0 entsprechender Wert abgezogen wird [11, S. 335—336]. Dieses Verfahren entspricht dem der Demodulation von Pulsfrequenzsignalen [30].

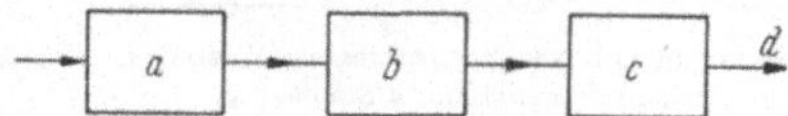

Abb. 14.4-20. Schema einer FM-Demodulation. *a* Begrenzer, *b* Diskriminator, *c* Tiefpaßfilter, *d* zum Empfänger

Die Hauptbedeutung der FM beruht auf ihrer Anwendung für Zeitmultiplexverfahren. Bei den in Tabelle 14.4-4 angegebenen Kanälen lassen sich hohe Abtastgeschwindigkeiten erreichen. Für Kanal E ergibt sich z.B. eine zulässige Abtastgeschwindigkeit von ca. 900 Meßwerten pro Sekunde. Den Aufbau einer solchen Anlage zeigt Abb. 14.4-21 [31, 40].

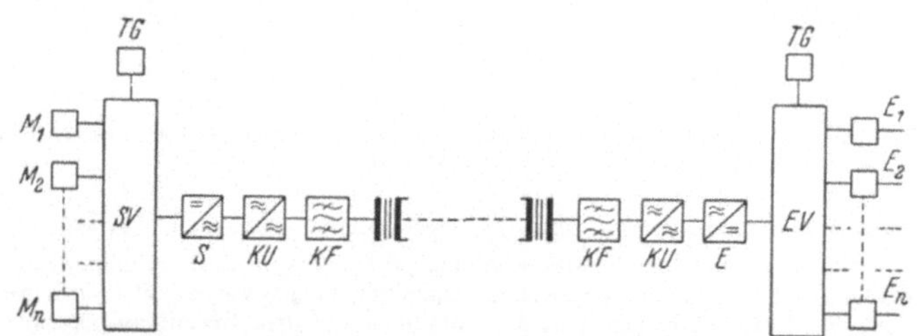

Abb. 14.4-21. Schema einer Zeitmultiplexübertragung mit FM. $M_1 \ldots M_n$ Meßumformer, TG Taktgeber, SV Sendeverteiler, S FM-Sender, KU Kanalumsetzer, KF Kanalfilter, E FM-Empfänger, EV Empfangsverteiler, $E_1 \ldots E_n$ Empfänger

Für alle Zeitmultiplexverfahren ist der *Verteiler* eines der wichtigsten Geräte. Er hat auf der Sendeseite die Aufgabe, die Meßwerte nacheinander eine vorgegebene Zeit lang auf den gemeinsamen Sender zu schalten. Auf der Empfangsseite müssen die empfangenen Signale zum richtigen Zeitpunkt an die zugehörigen Empfänger weitergeleitet werden. Infolge von Einschwingvorgängen darf dabei nur die Umgebung der Mitte der Impulse bewertet werden. Der Empfänger schneidet also nur in der Mitte ein Stück von dem empfangenen Impuls zur Auswertung heraus, Abb. 14.4-22 *(blanking)*. Die Verteiler müssen unter Berücksichtigung der Laufzeit auf den Übertragungskanal synchron laufen. Auf die Synchronisierung von Verteilern wird unter den PCM-Verfahren noch näher eingegangen. Bei FM kann der Synchronisierschritt durch eine besondere Frequenz übertragen werden. Man erhält dann für eine solche Übertragung ein Frequenzbild nach Abb. 14.4-23. Die Verteiler selbst werden heute in der Regel als Ringzähler mit Kippstufen aus Transistoren aufgebaut.

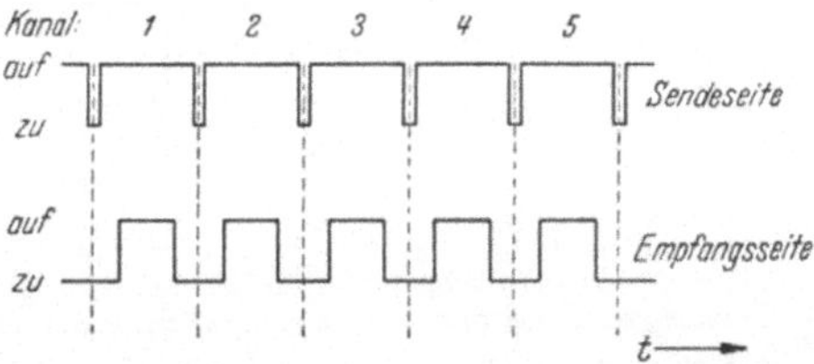

Abb. 14.4-22. Abtastschema der Meßwerte bei einem Zeitmultiplex-Verfahren. Oben: Öffnungszeiten der Kanäle auf der Sendeseite, unten: Öffnungszeiten auf der Empfangsseite

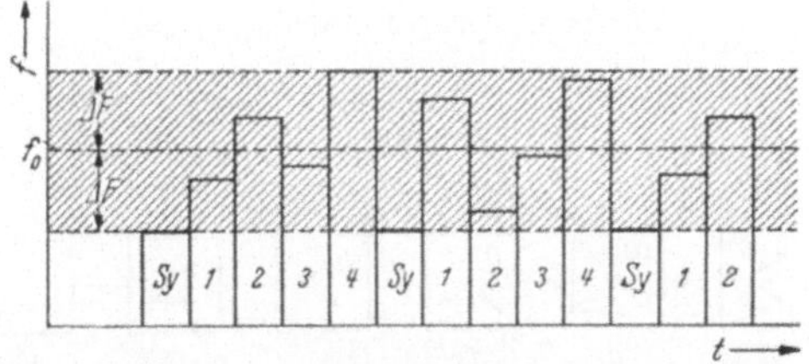

Abb. 14.4-23. Frequenzbild einer Zeitmultiplex-Übertragung von FM-Signalen für vier Kanäle. f_0 Mittelfrequenz für die Meßwerte, ΔF Frequenzhub für die Meßwerte, Sy Synchronisier-Kanal *1 ... 4* Meßkanäle

Pulsfrequenzverfahren. Das Pulsfrequenzverfahren ist in Europa weit verbreitet. Für die Modulation verwendete man früher rotierende Impulsgeber, oft in Verbindung mit Zählermotoren. Heute sind die Pulsfrequenzgeber und Pulsfrequenzempfänger aus elektronischen Bauelementen aufgebaut. Auch hier wird das Kompensationsprinzip angewendet (Abb. 14.4-19b und Abb. 14.4-24) [8].

Der am Eingang des Pulsfrequenzgebers angelegte Meßwert wird mit einem Operationsverstärker (s. Abb. 14.4-19b und 14.4-24) verstärkt und einem spannungsgesteuerten Multivibrator zugeführt. Die dem Meßwert proportionale Pulsfrequenz f_E, die aus schaltungstechnischen Gründen höher liegt als die Ausgangsfrequenz f_A, wird untersetzt und verstärkt ausgegeben. Die Kompensation besteht aus einem Frequenz-Strom-Umsetzer (Kondensator-Ladeschaltung), der auf den Eingang gegengekoppelt zurückwirkt.

Zur Demodulation werden Impulse gleichen Energieinhalts erzeugt, deren Mittelwert der Pulsfrequenz und damit dem Meßwert proportional ist (s. Abb. 14.4-25).

Nach einer evtl. notwendigen Eingangsverstärkung wird die Pulsfrequenz differenziert und über eine Kondensator-Ladeschaltung in einen Strom umgesetzt, durch einen Tiefpaß von den Oberwellen befreit und auf eine notwendige Ausgangsleistung verstärkt. Dabei entstehen die Impulsformen nach Abb. 14.4-26.

Wie schon bei der FM erwähnt, handelt es sich hier um dieselben Methoden der Mittelwertbildung von Impulsen bei beiden Verfahren. (Es ist auch der Versuch unternommen worden, das Pulsfrequenzverfahren zeitmultiplex zu übertragen. Es wird dabei jeder Impuls der Pulsfrequenzfernmessung mehrfach durch die Wiederholfrequenz abgetastet [33].)

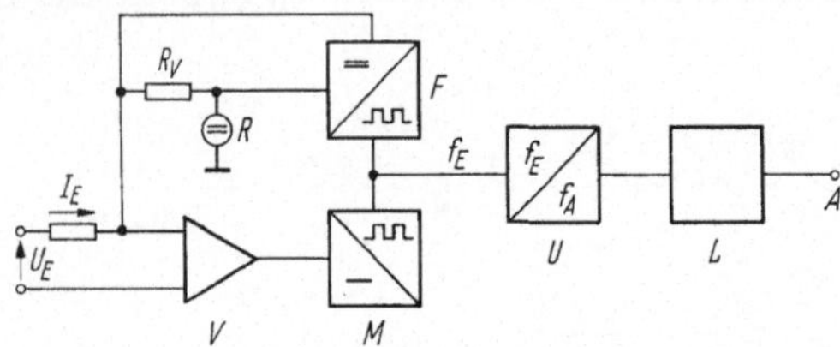

U_E, I_E Eingangsspannung, Eingangsstrom R Referenz-Spannungs-Quelle
V Verstärker R_V Widerstand für
M Spannungsgesteuerter   Vortriebsfrequenz
           Multivibrator U Untersetzer
F Frequenz-Spannungs-Umsetzer L Leistungsendstufe

Abb. 14.4-24. Prinzip des Pulsfrequenzgebers

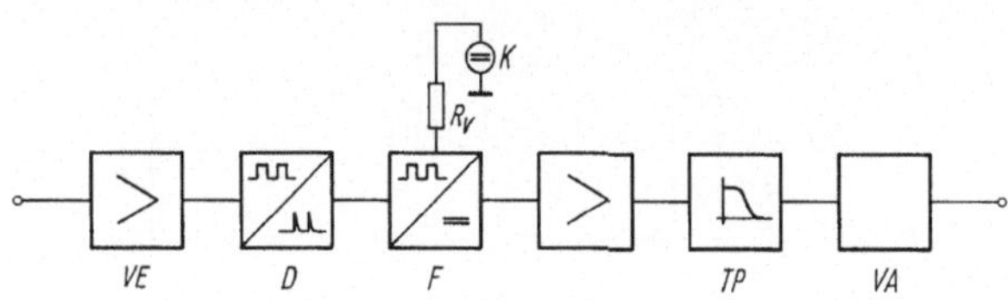

VE Eingangsverstärker TP Tiefpaß
D Pulsflankendifferenzierung V_A Ausgangsverstärker
F Frequenz-Spannungs-Umsetzer K Konstantspannung
      (Kondensator-Ladeschaltung) R_V Widerstand für Vortriebsfrequenz

Abb. 14.4-25. Prinzip des Pulsfrequenzempfängers

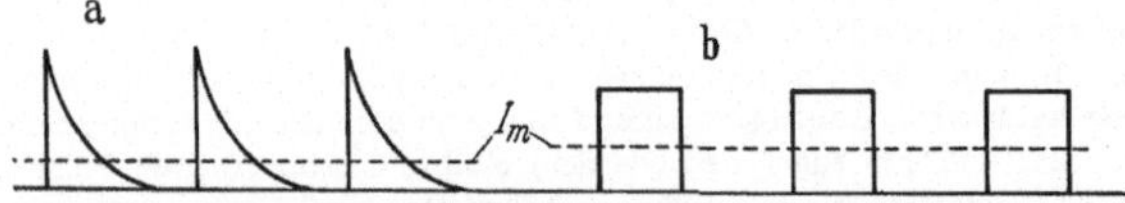

Abb. 14.4-26a u. b. Impulsformen zur Demodulation beim Pulsfrequenzverfahren. a) Kondensator-Ladungen; b) Durch monostabile Kippschaltungen oder induktive Schaltkreise erzeugte Impulse gleicher Größe. I_m arithmetischer Mittelwert, der der Meßgröße proportional ist

Pulsdauermodulation. Die Pulslängenmodulation wird größtenteils durch mechanische Abtastung der Stellung des Zeigers eines Meßgerätes ausgeführt. Die stetig umlaufende Abtasteinrichtung entspricht dem Sägezahn. Der Abtastbeginn ist unveränderlich, während die Zeigerstellung das Impulsende angibt. Bei dieser Methode sind sowohl PDM als auch PPM möglich. In ähnlicher Weise läßt sich auch das Impulsverhältnisverfahren verwirklichen. Da diese Verfahren mit mechanischen Abtastern arbeiten, sind hohe Geschwindigkeiten nicht möglich. Mit Hilfe von elektronischen Sägezahngeneratoren ist es ohne weiteres möglich, auch eine für Zeitmultiplexsysteme geeignete, genügend schnelle Modulation zu erhalten. Bei mechanischen Empfängern, die eine mit dem Sendeabtaster synchron laufende Stelleinrichtung besitzen müssen, geschieht die Demodulation nach dem Haltekreisverfahren. Der Zeiger des Empfangsinstrumentes wird entsprechend der Impulslänge nachgestellt und verbleibt bis zum Empfang des nächsten Impulses in dieser Stellung. Bei höheren Übertragungsfrequenzen ist Demodulation sowohl durch Haltekreise als auch durch Mittelwertbildung möglich.

Puls-Code-Modulation. PCM-Anlagen stellen in der Meßtechnik meist gemischte Nachrichtensysteme nach Abb. 14.4-27 dar. Auf der Sendeseite müssen die Meßwerte durch A-D-Umsetzer in die Digitalform gebracht werden. Es sind hierbei

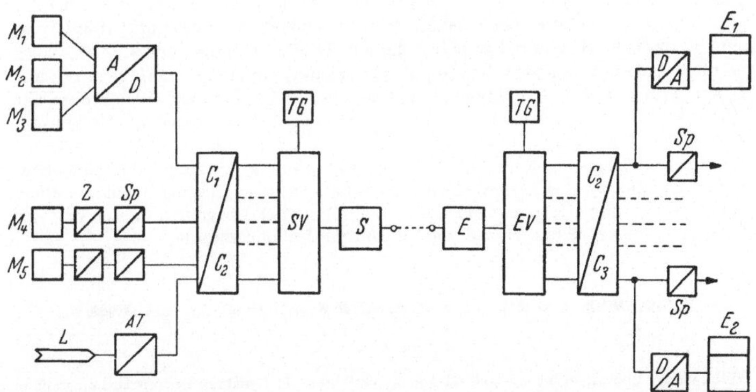

Abb. 14.4-27. Schema einer PCM-Anlage (gemischtes System). M_1, M_2, M_3 Meßwerte (Momentanwerte); A/D Analog-Digital-Umsetzer; M_4, M_5 Meßwerte, die mit Zählketten Z gezählt und über Speicher Sp abgefragt werden; L, AT Lochstreifen mit Lochstreifenabtaster AT; C_1/C_2, C_2/C_3 Code-Umsetzer; TG Taktgenerator; SV Sendeverteiler; S Signalsender; E Signalempfänger; EV Empfängerverteiler; D/A Digital-Analog-Umsetzer; E_1, E_2 analoge Empfangsinstrumente

grundsätzlich verschiedene Arten von Werten zu unterscheiden: Momentanwerte, die meist mit einem Umsetzer der Reihe nach umgesetzt werden, und Ergebnisse von Zählungen, die aus Zählspeichern abgelesen werden. Eingabe von digitalen Werten aus Lochstreifen oder Magnetbändern ist ebenfalls möglich. Der Umsetzervorgang kann auch während des Sendens im gleichen Takt vorgenommen werden. In der Regel wird der Code der Eingabegeräte nicht unmittelbar benutzt, sondern Codeumsetzer sind zwischenzuschalten, um eine Anpassung an den Übertragungskanal vorzunehmen. Zweck dieser Anpassung ist hauptsächlich, eine Sicherung gegen Störungen zu erreichen. In dieser Möglichkeit besteht einer der Hauptvorteile von PCM-Anlagen. Die Codeumsetzer haben also die Aufgabe, sowohl auf der Sende- als auch auf der Empfangsseite Eingabe- und Ausgabegeräte an die Fernübertragung anzupassen. Der Signalsender erhält die Werte über den Pulsverteiler. Auf der Empfangsseite muß der Signalfluß ebenfalls über Pulsverteiler an die Empfangsgeräte verteilt werden. Bei einer Weiterverarbeitung der empfangenen Werte ist ein digitaler Ausgang an den Empfangsgeräten erforderlich.

Die Pulsverteiler müssen miteinander synchron laufen. Bei den analogen Modulationsverfahren enthält jeder Kanal eines Pulsrahmens einen Abtastwert. Bei der PCM gehört zu diesem Abtastwert eine ganze Anzahl von Codewörtern, die in zeitlich richtiger Staffelung gesendet und empfangen werden müssen. In der Regel wählt man deshalb für einen Pulsrahmen bei PCM die Dauer eines Wertes mit den zugehörigen Codewörtern, die die Fehlererkennbarkeit sichern. Es ist aber auch möglich, die Codewörter parallel im Frequenzmultiplex-Betrieb zu übertragen und den Pulsrahmen für mehrere Abtastwerte zu benutzen. Die Pulsverteiler könen dann bei gleicher Übertragungszeit für ein Wort (entsprechend einem Meßwert) langsamer laufen. Bei PCM werden im Gegensatz zu den analogen Modulationsverfahren an den Synchronimus keine besonders hohen Anforderungen gestellt, da es ja nur notwendig ist, das Vorhandensein oder Nichtvorhandensein eines Impulses an einer bestimmten Stelle zu erkennen. Aus der Fernschreibtechnik ist bekannt, daß bei geeigneter Ausführung Zeichenverzerrungen bis zu 45 % tragbar sind.

Für die Synchronisierung werden zwei verschiedene Verfahren angewendet. Man gibt entweder für jeden oder auch mehrere Pulsrahmen einen Synchronisierimpuls oder man sendet für jeden Pulsrahmen einen Synchronisierimpuls und für jeden Kanal einen Fortschaltimpuls, Abb. 14.4-28 zeigt das Impulsbild des Impulstelegramm-Verfahrens, wie es für die Wasserstandsfernmessung bekannt geworden ist [41, 42]. Der Sender gibt bei einer Änderung des Meßwertes oder auf Aufforderung vom Empfänger eine Impulsserie ab, die auf der Empfangsseite den Pulsverteiler Schritt um Schritt mitführt. Die Impulsserie beginnt mit einem sehr langen Impuls. Dieser wird auf der Empfangsseite ausgewertet und stellt den Pulsverteiler auf Null. Die Information wird durch eine Langimpuls- bzw. Langpausen-Modulation übertragen. Ein fester Zeitrahmen besteht hier nicht, trotzdem ist strenger Synchronismus vorhanden. Kontrollen der Codewörter sind in vielfacher Weise möglich, z. B. nach Abb. 14.4-29. Hier werden Impuls und Pause in gleicher Weise moduliert [43]. Die Prüfung erfolgt auf die Übereinstimmung der Länge der Pausen und der Impulse sowie auf deren Anzahl und die Anzahl der Telegramme.

Abb. 14.4-28. Impulsbild beim Impulstelegramm-Verfahren. *Sy* Synchronisierimpuls, Langimpuls-Modulation gibt im ersten Wort mit einem $\binom{1\ 0}{1}$-Code den Wert 7, Langpausen-Modulation den Wert 3

Für die Aufgaben der Meßwert-Verarbeitung ist der *Staffelbetrieb* von besonderer Bedeutung. Das heißt, eine Empfangsstelle muß in der Regel mit zahlreichen Sendestellen eines größeren Netzes verkehren können. Die Schritt-um-Schritt-Synchronisierung ist dann auch mit einem Takt ausführbar, der nur von einer zentralen Empfangsstelle gegeben wird. Je nachdem, ob für die Übertragung Hin- und Rückweg gleichzeitig oder wechselzeitig zur Verfügung stehen, können die Modulationsimpulse der Nachricht mit Eintreffen eines Taktschrittes (Abb. 14.4-30) oder in der darauffolgenden Pause übertragen werden [44]. Der zentrale Takt bietet den Vorteil, daß vom Empfänger als falsch erkannte Wörter sofort wiederholt werden können. Neben der Fehlererkennbarkeit oder sogar Korrigierbarkeit der übertragenen Codewörter ist also auch eine Fehlerbeseitigung durch Rückfrage leicht möglich.

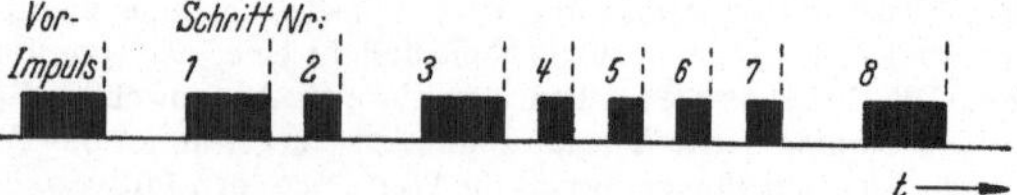

Abb. 14.4-29. Impulstelegramm, bei dem Impuls und Pause stets in gleicher Weise verändert werden

Die Synchronisierung mit einem Synchronisierzeichen für jeden Pulsrahmen wird als Start-Stop-System ausgeführt. Sende- und Empfangseinrichtungen verfügen über Puls-Erzeugungs- und Puls-Verteiler-Einrichtungen, die voneinander unabhängig arbeiten können. Die Eigenfrequenzen der Taktgeneratoren müssen jedoch möglichst gut übereinstimmen. Wie genau diese Frequenzen übereinstimmen müssen, hängt davon ab, wie viele Codewörter ohne Synchronisierzeichen nacheinander übertragen werden sollen. Zwei Systeme sind voneinander zu unterscheiden:

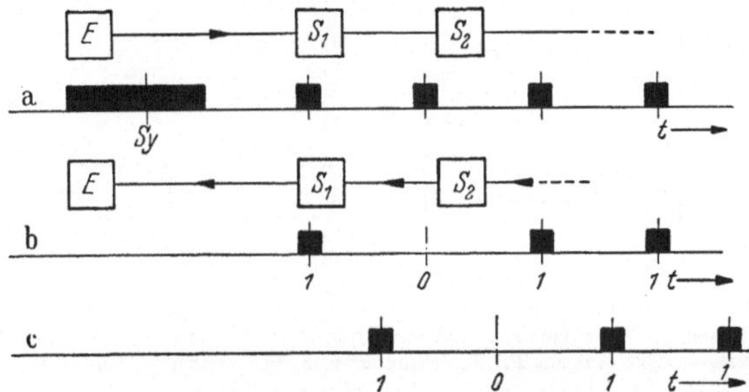

Abb. 14.4-30a—c. Impulsbild einer PCM-Übertragung mit Schritt-um-Schritt-Fortschaltung der Pulsverteiler und Zweirichtungsverkehr. a) Fortschaltimpulse, Richtung Empfänger—Sender; b) Informationsimpulse, Richtung Sender—Empfänger bei gleichzeitigem Betrieb für beide Richtungen, übertragener Wert: 1011; c) Informationsimpulse, Richtung Sender—Empfänger bei wechselseitigem Betrieb für beide Richtungen. *Sy* Synchronisierimpuls

Die Taktfrequenz ist ebenso groß wie die Schaltfrequenz der Puls-Verteiler oder sie ist wesentlich größer. Als Beispiel für eine niedrige Taktfrequenz sei die Fernschreibverbindung angeführt. Es ist hier notwendig, am Ende eines Wortes einen längeren *Stop*-Schritt einzufügen, damit der Empfänger die Abweichungen vom Gleichlauf ausgleichen kann, Stop-Schritt hier = 1,5mal Zeichenschritt.

Ein Übertragungsvorgang umfaßt eine größere Anzahl von Meßwerten. Es ist deshalb notwendig, noch Synchronisierzeichen einzuführen, die wenigstens den Anfang der ganzen Folge festlegen, um eine feste zeitliche Zuordnung auch für längere Wortfolgen zu erhalten. Meist werden zusätzlich noch Synchronzeichen für ein oder mehrere Wörter benutzt. Es werden fast ausschließlich Langimpulse, die 3- bis 5mal so groß wie ein normaler Verteilerschritt sind, angewendet, da diese Methode einfach und sicher ist [11]. Statt eines Lang-Impulses sind je nach dem Übertragungsverfahren auch höhere Impulsamplituden (z. B. bei AM) oder eine besondere Frequenz oder auch ein sonst nicht vorkommendes Codewort [45] möglich.

Ist die Taktfrequenz wesentlich höher als die Abtastfrequenz, so braucht mit Eintreffen eines Signals vom Sender über ein Gatter der Taktgenerator nur eingeschaltet zu werden. Durch Abzählen der Schwingungen des Taktgenerators wird die zeitliche Zuordnung erreicht. Die Taktgeneratoren werden von Schwingquarzen konstant gehalten. Es sind dann Taktuntersetzer notwendig, um den Puls-Verteiler steuern sowie um das gesamte Übertragungsprogramm in Abschnitte einteilen zu können (Abb. 14.4-31).

Sender und Empfänger lassen sich auch mit einer Zeitvergleichsschaltung synchronisieren. Der Empfänger vergleicht über einen Phasendiskriminator den eigenen Takt mit dem empfangenen Synchronisiersignal und regelt seine Frequenz über eine Reaktanzröhre nach (Abb. 14.4-32) [3, S. 447; 11, S. 109].

Von den am Empfänger eintreffenden Impulsen wird der Synchronisierimpuls durch Differenzieren oder Integrieren abgetrennt [4, Bruch: *Die Impulstechnik des Fernsehens*]. Die restlichen Impulse, die den Meßwert enthalten, müssen über den Pulsverteiler ausgewertet werden. Das am häufigsten verwendete Verfahren ist die Mittenabtastung. Der Empfänger benutzt dabei nur einige Prozent des ganzen Impulses zur Auswertung (hierdurch die große Verzerrungssicherheit) und jeder Verteilerschritt kann mit einer Information belegt werden.

Eine PCM-Anlage besteht außer aus den A-D- und D-A-Umsetzern aus Code-Umsetzern, Taktgebern, Taktuntersetzern, Pulsverteilern und Speichern. Taktuntersetzer und Pulsverteiler lassen sich aus monostabilen und bistabilen Multivibratoren aufbauen.

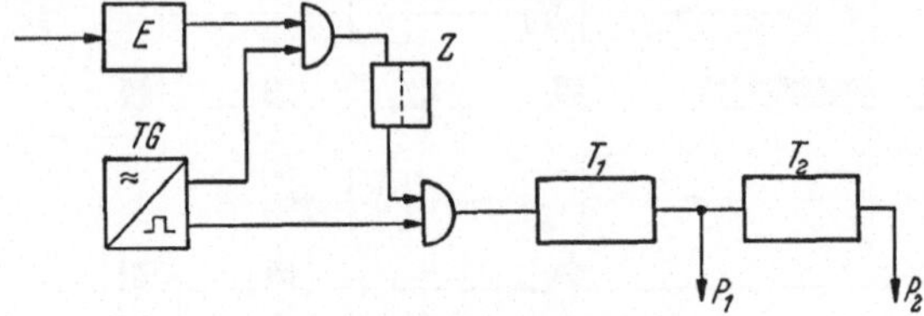

Abb. 14.4-31. Schema einer Taktsynchronisierung und Taktuntersetzung für eine PCM-Anlage. E Signalempfänger, TG Taktgeber, Z Zyklusschalter, T_1 Taktuntersetzung auf den Takt des Pulsverteilers, Ausgang P_1, T_2 Taktuntersetzung für Wortlänge, Ausgang P_2

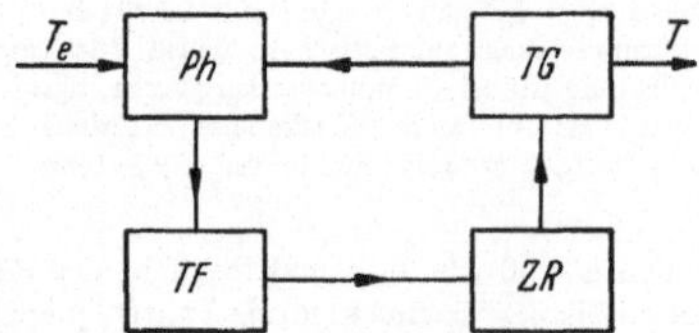

Abb. 14.4-32. Synchronisierung mit Zeitvergleichsschaltung. Ph Phasendiskriminator, TF Tiefpaßfilter, ZR Reaktanzröhre, TG örtlicher Taktgenerator, Te Eingangssynchronisierzeichen, T synchronisierter Takt

14.4.4 Fernsteuerung

[9, 12, 13, 43, 46 bis 53, 59]

Die Fernsteuerung umfaßt die Aufgaben des Fernschaltens und Ferneinstellens (s. Abb. 14.4-1). Beide arbeiten mit Nachrichtenquellen, die meistens nur diskrete Werte liefern. Der wesentliche Unterschied zwischen beiden besteht dabei nicht in der Eingabe sondern in der Ausgabe der Informationen: Beim Fernschalten werden nur diskrete Werte ausgegeben (Befehle), während beim Ferneinstellen die Ausgabe oft auch analog (kontinuierlich) ist (Sollwerte z. B. für Fernregelung). Die Aufgaben des Ferneinstellens treten in der Praxis zahlenmäßig hinter denen des Fernschaltens zurück. Das dürfte auch der Grund dafür sein, daß man unter Fernsteuerung meistens nur das Fernschalten versteht.

In der Regel werden die Informationen von einer Zentrale an mehrere Stationen übertragen (s. Abb. 14.4-33). Die Informationen werden sowohl parallel als auch

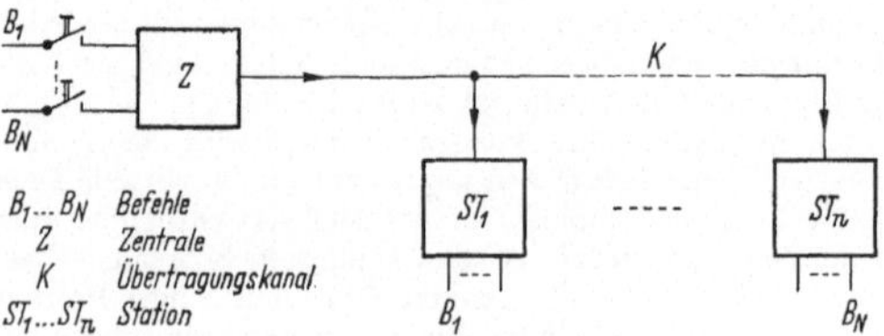

Abb. 14.4-33. Grundprinzip einer Fernsteuerstrecke

seriell übertragen. Die einfachste Art der Übertragung ist die Mehrdraht- und die häufiger angewandte Mehrkanalsteuerung (Frequenzmultiplex, s. Abschnitt 14.4.2) [9, 12].

Zur Sicherung der Übertragung werden Sicherheits-Codes benutzt (s. Kapitel 5.3). In den meisten Fällen wird der parity-check-Code oder ein (gleichgewichtiger) m-aus-n-Code verwendet. Damit wird der Hammingabstand $d = 2$ erreicht. Durch Auswahl von Kombinationen (Redundanzerhöhung) werden größere Hammingabstände erzielt. Die Zahl der übertragbaren Befehle ist bei n-Kanälen und binären Signalen

$$N_B = 2^{n-1} - 1 \tag{14.4-13}$$

für den Code mit Paritätssicherung

$$N_{Komb} = \frac{n!}{m!\,(n-m)!} \tag{14.4-14}$$

für den gleichgewichtigen m-aus-n-Code.

Zusätzliche Sicherung wird durch geeignete Verzögerung der Signale oder der Decodierung (durch Tiefpaß oder Zeitverzögerung) erreicht. Damit werden kurzzeitige Impulsstörungen, die ein breites Frequenzband belegen, ausgesiebt bzw. ausgeblendet.

Fernsteuerungen mit großen Datenmengen werden vorwiegend mit Zeitmultiplex-Verfahren durchgeführt. Zur Sicherung der Übertragung gegen Übertragungsstörungen und gegen Gerätefehler werden meistens kombinierte Sicherungsverfahren verwendet: Bei Fernsteuerungen im Bahnbetrieb wird ein Bit durch 2 Impulse gesichert [63]. Zur Sicherung der Informationen werden praktisch nur Sicherheitscodes mit einem Hammingabstand $d \geq 3$ benutzt. In neuerer Zeit werden dafür auch Hamming-Codes genommen [62]. Bei PDM (der Bit) kommen auch Codes mit $d = 2$ vor, die zusammen mit einer Pulslängenkontrolle (und evtl. Pulspausenkontrolle) eine gute Übertragungssicherung ergeben. Eine gleichzeitige Sicherung der Übertragung und der Geräte leisten die gleichgewichtigen Codes.

Eine große Erhöhung der Übertragungssicherung erzielt man mit dem Verfahren des information-feedback und des Vergleichs an der sendenden Stelle [63] und damit auch eine Sicherung gegen Gerätestörungen. Hierbei muß allerdings ein größerer Aufwand an Geräten und eine längere Übertragungszeit in Kauf genommen werden. Wird auf der Station nur in 1-aus-n decodiert, kann dies ebenfalls kontrolliert werden.

Beim Ferneinstellen werden sowohl analoge (kontinuierliche) als auch diskrete Werte übertragen. Diese dienen meistens als Führungsgrößen für Regelungen oder als Vorgabewerte für Zählungen. In beiden Fällen werden die Werte digital übertragen und an der Station abgespeichert. Für die analoge Ausgabe werden Digital-Analog-Umsetzer den Speichern nachgeschaltet.

Zur Kontrolle der Ferneinstellwerte sollten diese immer zyklisch zur Zentrale zurückgegeben werden, damit bei unerkannt gestörter Übertragung des Einstellwertes eine Korrektur vorgenommen werden kann.

Eine besondere Technik der Fernsteuerung stellt die Rundsteuerung dar. Sie benutzt die Leitungen des (Orts-)Starkstromnetzes als Übertragungsleitungen. Die Übertragungssignale liegen im Tonfrequenzbereich (300 bis 800 Hz). Die Systeme arbeiten im Zeitmultiplexbetrieb [12].

Grundsätzlich gilt für alle Fernsteueranlagen die Forderung, daß, zusätzlich zu den bekannten Übertragungs- und Gerätesicherungen, an der sendenen und an den empfangenden Stellen, die Eingabe bzw. die Ausgabe von sinnlosen Befehlen und Ferneinstellwerten durch eine örtliche (semantische) Logik verhindert wird. In komplizierten Anlagen wird diese Aufgabe eine EDV übernehmen müssen [59].

Literatur

Bücher allgemeinen Inhaltes: [1] *Shannon, C. E., Weaver, W.:* The mathematical theory of communication. Urbana: The University Of Illinois Press 1949, S. 6. — [2] *Küpfmüller, K.:* Die Systemtheorie der elektrischen Nachrichtenübertragung, 2. Aufl. Stuttgart: Hirzel 1952, S. 55. —

[3] *Hölzler, E., Holzwarth, H.:* Theorie und Technik der Pulsmodulation. Berlin, Göttingen, Heidelberg: Springer 1957. — [4] *Winkel, F.:* Impulstechnik (Vortragsreihe). Berlin, Göttingen, Heidelberg: Springer 1956. „Probleme der Mehrfachausnützung von Nachrichtenwegen mit Pulsmodulation" von *H. Holzwarth.* — [5] *Mayer, H. F.:* Prinzipien der Puls-Code-Modulation. Siemens & Halske, Berlin/München, 1952. — [6] *Blamberg, E.:* Elektrische Meßgeräte. Bücher der Technik. Wolfenbüttel: Wolfenbütteler Verlagsanst. 1948, 22—23. — [7] *Meinke, H. H., Gundlach, F. W.:* Taschenbuch der Hochfrequenztechnik. Berlin, Göttingen, Heidelberg: Springer 1956.

Bücher über Fernmeß- und Fernwirktechnik: [8] *John, S.:* Die Fernmessung, I und II. Karlsruhe: Braun 1957. — [9] *Venzke, W. P.:* Fernbedienungsanlagen im Energieversorgungsbetrieb. Essen: Girardet 1950. — [10] *Bordon, P. A., Thynell, G. M.:* Principles and methods of telemetering. New York: Reinhold 1948. — [11] *Nichols, M. U., Rauch, L. L.:* Radio Telemetry. New York: Wiley 1956. — [12] *Henning, W.:* Die Fernbedienungstechnik im Dienste der Elektrizitätsversorgung. München: Oldenbourg 1959. — [13] *Malow, W. S.:* Fernmessung, Fernmeldung, Fernsteuerung in elektrischen Anlagen. Berlin: VEB Verlag Technik 1954. — [14] *Kuhn, F.:* Fern- und Summenfernzählung. Karlsruhe: Braun 1957.

Zeitschriftenaufsätze: [15] *McKenzie, Manoogian:* Telemetering-electronic data transmission, an electronics special report. Electronics Vol. 29 (April 1956) Nr. 4, S. 153—180. Hier auch gute Bibliographie. — [16] *Dennhardt, A.:* Betrachtungen über den Aufgabenbereich der Fernwirktechnik und die Systematik ihrer Anwendung in der Elektrizitätsversorgung. Nachrichtentechn. Fachber. Bd. 7 (1957) S. III/1—III/8. — [17] VDE-0410: Regeln für elektrische Meßgeräte. — [18] *Swoboda, G.:* Die Bedeutung der Informationstheorie für die Fernmeßtechnik. Arch. techn. Mess. Juni 1958, S. R85—R89 und Juli 1958, S. R97—R101. — [19] *Klein, M. L., Williams, F. K., Morgan, H. G.:* Information Theory. August 1956, Instruments and Automation, S. 1519—1524. — [20] IRIG: Doc. No. 106—60. — [21] *Weber, E.:* Betrachtungen der Methoden der Fernwirktechnik, insbesondere der Fernmeßtechnik mit Hilfe der Informationstheorie. Nachrichtentechn. Fachber. Band 16 (1959) 9—14. — [22] *Kettel, E.:* Der Störabstand bei der Nachrichtenübertragung durch Code-Modulation. AEÜ Bd. 3 (1949) 161 ff. — [23] *Oxford, A. J.:* Pulse-code-modulation systems. Proc. IRE 41 (Juli 1953) H. 7, S. 859—865. — [24] *Matthews, W.:* Telemetering in earth satellites. electr. Engng. 76 (Nov. 1957) 976—981. — [25] *Nickel, L.:* A remote control system for an airbone test vehicle. IRE Trans. on Telemetry And Remote Control TRC-3 (April 1957) H. 1, S. 1—4. — [26] *Dennhardt, A.:* Über Bedeutung, Formen und Wachstumsumfang der Trägerfrequenztechnik im Bereich der Elektrizitäts-Versorgung. ETZ-A 80 (1959) H. 8, S. 238—243. — [27] *Prokott, E.:* Impulsmodulation. AEÜ 4 (1950) H. 1. — [28] *Merz, L.:* Theorie der selbstkompensierenden Gleichstromverstärker mit direkt wirkender mechanischer Steuerung. Arch. Elektrotechnik 31, Bd. 1 (1937) H. 1, S. 1—23. — [29] *Högner, F., Unger, E.:* Fernmeßeinrichtung mit Transistoren nach dem Frequenzvariationsverfahren. Arch. techn. Mess. Okt. 1957, V 3823-1. — [30] *Smith, J. H.:* Transistor circuits applied to telemetering, und *Barnes, G. H., Tillmann, R. M.:* A new transistor-magnetic FM/FM subcarrier discriminator. IRE Trans. Telemetry and Remote Control, TRC-3 (1957) H. 1. — [31] *Kunze, H., Muschik, A., Aulmann, A.:* Zeitmultiplex-Fernmessung. Siemens-Z. 31 (Okt. 1957) H. 10, S. 550—554. — [32] *Harris, L. D.:* A universal telemetering system. Electr. Engng. 67 (1948) 995. — [33] *Eigl, H.:* Polytel, ein Zeitstaffelsystem für Impulsfrequenz-Fernmessung. Elektrotechnik u. Masch.-Bau 76 (1959) H. 6, S. 121—125. — [34] *Boesch, W.:* Fernmeßverfahren. Microtecnic (Lausanne/Schweiz) 8 (1954) 27, 70, 149. — [35] *Dupen, V. C.:* Telemetering and remote supervisory control. Instrum. Pract. Juli 1953, S. 683—695. — [36] *Dunn, R. H.:* Telemetering for system operation. Proc. Inst. Electr. Engrs. Part B 100 (1953) Nr. 122, S. 39—51. — [37] *Whitehead, E. D., Walsh, J.:* Radio telemetering. Proc. Inst. Electr. Engr. Part B 100 (1953) Nr. 64, S. 45—56. — [38] *Goldstein, A.:* Impulstechnik in der Fernmessung. Bull. SEV 46 (1955) Nr. 20, S. 937—944. — [39] *Kraushaar, E.:* Zusammenfassende Betrachtungen der Siemens-Fernmeßverfahren für Elektrizitätswirtschaft. Siemens-Z. 31 (1957) H. 6, S. 325—329. — [40] *Quervain, A. de:* Das Einseitenbandverfahren und seine Mehrfachausnutzung für trägerfrequente Verbindungen längs Hochspannungsleitungen. Brown Boveri Mitt. 1951, H. 3. — [41] *Eigl, H.:* Die Fernmessung nach dem Wählerprinzip. Siemens-Austria-Z. 1949, H. 1. — [42] *Weber, E.:* Wasserstands-Fernmessung nach dem Impulstelegramm-Verfahren. Siemens-Z. 27 (1953) H. 7, S. 369—375. — [43] *Willrett, H.:* Anwahlfernmessung nach dem Impuls-Code-Verfahren. SEG-Nachr. 1958, H. 1, S. 61—64. — [44] *Türk, B.:* Fernmessung nach dem Puls-Code-Verfahren. Siemens-Z. 30 (1956) H. 5—7, S. 351—357. — [45] *Bayliss, A. J.:* A ten channel pulse code telemetering system. Electron. Engng. London 1952, S. 485—489. — [46] *Glünder, G., Pietrzik, G.:* Fernbedienungs-Anlagen für Nachrichten-Übertragungssysteme I und II. NTZ 11 (1958) H. 11, S. 591—595; H. 12, S. 614—618. — [47] *Muschik, A., Pumpe, G.:* Ein elektronisches Fernsteuersystem. Siemens-Z. 33 (1959) H. 8, S. 486—492. — [48] *Gillon, L. R.:* Centralized supervision of a 65-Kilovolt power network. Electr. Commun. 35 (1958) H. 1, S. 3—12. — [49] *Rehschuh, G.:* Die Fernwirktechnik bei den Grubenbahnen. Nachrichtentechn. Fachber. Bd. 10 (1958), „Fernwirktechnik II". — [50] *Sobotta, K.:* Probleme bei spontanen Meldungen in Fernwirkanlagen mit einer Vielzahl von Meldestellen. Nachrichtentechn. Fachber. Bd. 16 (1959), „Fernwirktechnik III". — [51] *Goldstein, A.:* Die Ausbreitung tonfrequenter Steuersignale in Starkstromnetzen. Bull. Schweiz,

elektrotechn. Verein 45 (1954) 313—321. — [52] *Grob, O.:* Probleme der Übertragung von ton-
frequenten Steuerimpulsen auf vorhandenen Starkstromnetzen. Scientia Electrica 1 (1954) 103—
112. — [53] *Podszek, H. K.:* Fernwirktechnik in Energieversorgungsanlagen. Elektrotechn. Z.-B. 10
(1958) 261—266. — [54] *Dittmann, J.:* Die Anwendung der Transistoren in der Fernmeßtechnik.
Arch. techn. Mess. 1960, Lfg. 292, S. R65—R68. — [55] Allgemeine Elektrizitätsgesellschaft:
Transistoren und ihre Anwendung in der Industrie. Nach Veröffentlichungen in den AEG Mitt. 50
(1960) H. 1/2. Verlag: Allgemeine Elektrizitätsgesellschaft 1960. — [56] *Hartmann, Braun:* Sonderheft Interkama 1960. — [57] *John, S.:* Neue Geräte für die Fernmessung mit Transistoren. Siemens-Z. 34 (Okt. 1960) H. 10, S. 674—679. — [58] *Brown Boveri:* Interkama-Heft 1960, Brown
Boveri-Elektronik in Industrie und Betrieb. — [59] *Powell, J. T.:* Saturn Flight. Instrumentation
11 (1964) No. 11. — [60] *Keidel, W. D.:* Kybernetische Leistungen des menschlichen Organismus.
ETZ A Bd. 85 (1964) H. 24, S. 772—773. — [61] *Günzel, K.:* Operations-Verstärker in integrierter
Schaltkreistechnik für Geräte und Anlagen der Fernmeßtechnik. Siemens-Z. 44 (1970) H. 2, S. 80—
87. — [62] *Peterson, W.:* Prüfbare und korrigierbare Codes. München: Oldenbourg 1967. —
[63] *Ackermann, F.:* Übertragen von Inform. ml elektron. Fernsteuermitteln. Signal und Draht
(1967) H. 10.

14.5 Rechnergesteuerte Vermittlungstechnik

M. Ertel

14.5.1 Zum Stande der Vermittlungstechnik

Vermittlungen sind Anlagen, die der schnellen und flexiblen Zusammenschaltung
von Verbindungen dienen, über die man Informationen wie z. B. Telefongespräche,
Fernschreiben, sonstige Daten in elektrischer Form überträgt. Die Verbindungen
werden in verschiedenen Formen realisiert, z. B. als niederfrequent betriebene
Leitungspaare oder als trägerfrequent betriebene Breitbandkabel oder Richtfunk-
strecken. In Zukunft werden es zusätzlich informationstragende Pulse von puls-
codemodulierten (PCM-) Übertragungssystemen sein.

Die Vermittlungstechnik hat sich, ausgehend von den Direktwahlsystemen, bei
denen die mit der Auswahl und dem Durchschalten von Verbindungen betrauten
Steuerelemente dezentral angeordnet sind, zu immer stärker zentralisierter Steuerung der Vermittlungsfunktionen weiterentwickelt. Zur Zeit arbeitet man daran,
durch den Einsatz von speicherprogrammierten Spezialrechnern die bisher erreichte
Vielseitigkeit noch weiter zu steigern. Ein Ziel ist dabei, mit vertretbarem Aufwand
neue Möglichkeiten zu bieten, wie z. B. Kurzwahl, freizügige Rufnummernzuteilung,
Rufweiterleitung, Teilnehmerklassen. Man strebt weiter an, die Betriebsführung
und Abrechnung in der Weise zu erweitern, daß die wesentlichen Vorgänge laufend
protokolliert werden und damit stärker als bisher automatisch weiterverarbeitet
werden können.

Bis jetzt haben sich im wesentlichen zwei Vermittlungsprinzipien herausgebildet:

Das *Durchschaltevermittlungsprinzip*, bei dem eine durchgehende Verbindung von
der Quelle der Information bis zu ihrer Senke zur Verfügung gestellt wird.

Das *Speichervermittlungsprinzip*, bei dem eine in digital-codierter Form vorliegende Nachricht abschnittsweise weitergeleitet wird und bei jedem Eintreffen in
einer Vermittlung teilweise und im Bedarfsfalle auch ganz zwischengespeichert
wird, ehe sie zur nächsten Vermittlung bzw. zum Empfänger weitergeleitet wird.

14.5.2 Die Vermittlungen für Durchschaltebetrieb

Durchschaltevermittlungen gliedern sich funktionsmäßig und aufwandsmäßig
in zwei große Komplexe:

Das *Koppelfeld*, das als Anschlußeinheit für die Nachrichtenleitungen und die
Verbindungssätze und als Schaltorgan für die Zusammenkopplung der gewünschten Verbindung dient. Von Bedeutung sind das Raumvielfach und das Zeitvielfach in seiner synchronen und asynchronen Form.

Die *Steuerung*, die die Informationen über die Leitungszustände analysiert und in Steuer- bzw. Archivierungsinformationen umsetzt.

Das Raumvielfach hat man sich als matrixförmige Anordnung von Leitungen und Kopplern vorzustellen (s. Abb. 14.5-1). Beim Durchschalten einer Verbindung werden entsprechende Koppelschalter geschlossen. Technisch interessiert im vorliegenden Zusammenhang die Struktur der Gesamtanordnung und die Art der Koppler.

Bei den in der Praxis vorkommenden Anschlußzahlen wird die in Abb. 14.5-1 gezeigte Rechteckmatrix aus Aufwandsgründen in einer Vielzahl von kleinen Matrizen eingesetzt, die durch Zwischenleitungen in systematischer Weise miteinander verbunden werden [1, 2]. Nach der Art der Anordnung der Anschlüsse unterscheidet man dabei die zweiseitige Koppelanordnung und die Umkehrgruppierung (s. Abb. 14.5-2).

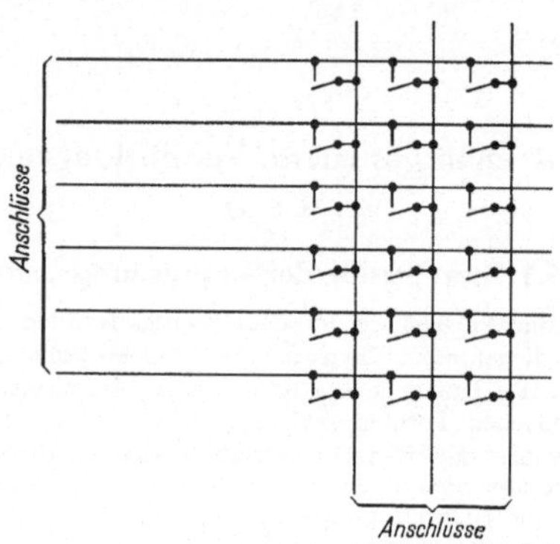

Abb. 14.5-1. Rechteckförmige Koppelmatrix

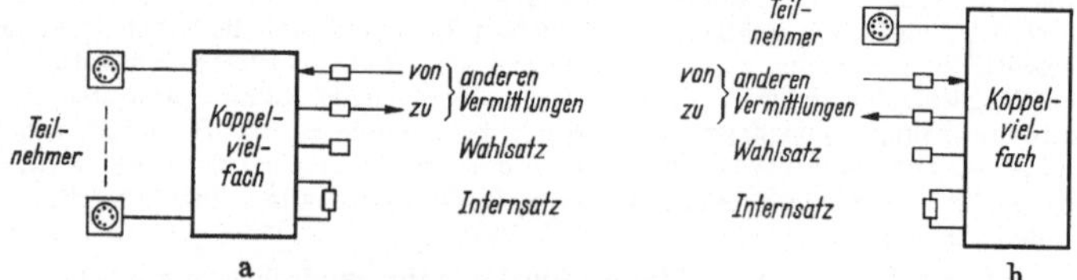

Abb. 14.5-2. a) Zweiseitige Koppelanordnung; b) Umkehrgruppierung für Vermittlungen in Analogtechnik

In einem Koppelfeld muß die Wahrscheinlichkeit dafür, daß ein belegter Eingang nicht mit einem bestimmten Ausgang verbunden werden kann, sehr klein sein. Es gibt Anordnungen, in denen diese Wahrscheinlichkeit mit Sicherheit Null ist [3]. Solche sogenannten nichtblockierenden Vielfachanordnungen sind in der in Abb. 14.5-3 angegebenen Form und mit den dort angegebenen Bezeichnungen in folgender Weise bestimmt:

Anzahl der Anschlüsse mn

Anzahl der Zwischenleitungen $m(2n-1)$

Anzahl der Schaltelemente $(2n-1)\left(mn+\dfrac{m^2}{2}-\dfrac{m}{2}\right)$

Nichtblockierende Koppelanordnungen sind mit einfachen mathematischen Ausdrücken zu dimensionieren. So erhält man z.B. sehr einfach aus den obigen Gleichungen als wichtige Dimensionierungsgröße die Anzahl der Schaltelemente pro Anschluß. Nichtblockierende Anordnungen werden jedoch selten verwendet, da sie

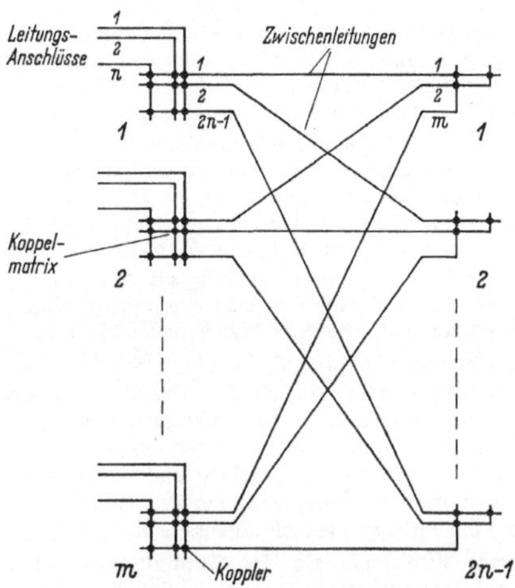

Abb. 14.5-3. Prinzipbild eines nichtblockierenden Raumvielfaches als Umkehrgruppierung

für die in der Praxis meist interessierenden Fälle zu viele Koppelelemente benötigen. Man dimensioniert daher in der Praxis im allgemeinen für sehr kleine Blockierungswahrscheinlichkeit. Die Berechnung solcher „nahezu blockierungsfreier" Koppelanordnungen ist nur näherungsweise möglich. Da analytische Verfahren relativ ungenau sind, ergänzt man die Berechnung in den Fällen, wo auf optimale Dimensionierung Wert gelegt werden muß, häufig durch Verkehrssimulationen in einem Digitalrechner.

Als Koppelelemente werden in den Fällen, in denen Analogsignale übermittelt werden, vorwiegend elektromechanische Kontakte (z.B. Relais) verwendet, weil mit diesen — insbesondere bei größeren Vermittlungen — bei vertretbarem Aufwand die Übertragungsbedingungen und die Prüftechnik leichter beherrscht werden können und keine hohen Anforderungen an die Schaltgeschwindigkeit der Koppler gestellt werden. Besondere Bedeutung für rechnergesteuerte Vermittlungen erlangten Kontakte mit bistabiler Arbeitsweise. Wo für die Vermittlung digitaler Nachrichten Raumvielfach und Zeitvielfach zu einer Einheit zusammengefügt werden (s. unten), bedingt die hohe Geschwindigkeit den Einsatz elektronischer Koppler. Bei Pulscodemodulation sind die Anforderungen an ihre Übertragungseigenschaften zu beherrschen.

Das Zeitvielfach ist dadurch charakterisiert, daß bestimmte elektronische Schalter stets für kurze Augenblicke geschlossen werden, während denen die Informationen zwischen den gewünschten Verbindungen übergeben werden. Das Zeitvielfach setzt dabei voraus, daß die Nachrichten vor dem Vermittlungsvorgang durch Abtasten in eine Folge kurzzeitiger Impulse umgewandelt wurden.

Das *asynchrone* Zeitvielfach wird mit Erfolg bei der Telexvermittlung und bei den an sie anschließenden Weiterentwicklungen für höhere Übertragungsgeschwindigkeiten angewendet. Beim asynchronen Vielfach werden nur die Zeitpunkte der Polaritätswechsel und ihre Richtung, von 0 nach 1 oder von 1 nach 0, erfaßt. Man wird dadurch geschwindigkeits- und code-unabhängig. Es wird weiterhin ausgenützt, daß bei binärcodierten Nachrichten im Mittel nur halb so viele Zustandsänderungen auftreten wie Nachrichtenschritte. Dies ist darin begründet, daß eine Zustandsänderung zwischen zwei Signalschritten mit der Wahrscheinlichkeit 0,5 auftritt [4]. Diesen Zusammenhang kann man sich auch anschaulich durch einen Blick auf übliche Codetabellen vergegenwärtigen.

Da nicht vorausgesetzt wird, daß auf den angeschlossenen Leitungen die einzelnen Impulse in einer starren Beziehung zueinander stehen, muß damit gerechnet werden, daß auf mehreren Leitungen gleichzeitig eine Zustandsänderung auftritt. Diese Änderungen kann die Vermittlung nur nach dem Warteprinzip, d.h. nacheinander bearbeiten. Dabei entstehen durch unterschiedlich lange Verzögerungen von Signalflanken Verzerrungen, die klein gehalten werden müssen. Erreicht wird dies dadurch, daß man die Bearbeitungszeit der Impulse, die die Polaritätswechsel kennzeichnen, sehr kurz macht. Ein Beispiel, entnommen aus [4], möge den zahlenmäßigen Zusammenhang verdeutlichen. Ein Zeitvielfach soll gleichzeitig 100 Verbindungen mit einer Übertragungsgeschwindigkeit von 2400 bit/s vermitteln. Die Bearbeitungszeit der Impulse habe eine Dauer von 0,5 µs. Dann treten Verzerrungen, die 1 % und größer sind, mit einer Wahrscheinlichkeit von nur 10^{-17} auf.

Das *synchrone* Zeitvielfach herrscht dort vor, wo über eine Leitung mehrere Nachrichten zeitmultiplexmäßig ineinander verschachtelt übermittelt werden. Innerhalb des Vielfaches benützen alle Schaltglieder einen festen Zeittakt. Im Falle von Synchronnetzen herrscht auf den Übertragungsstrecken derselbe Zeittakt wie in der Vermittlung. Arbeiten Vermittlung und Übertragung zueinander asynchron, sind die Laufzeitunterschiede, die in der Praxis nicht sehr groß sein werden, durch Puffer am Eingang zum Vielfach aufzufangen.

Einer Nachricht wird innerhalb des Zeitmultiplexrahmens ein bestimmter Bereich, ihr Kanal, zugewiesen, und zwar so, daß die kommende und gehende Richtung einer Verbindung dieselbe Kanalnummer hat. Da die Wahrscheinlichkeit, daß man für eine Verbindung denselben Kanal benützen kann, nicht groß genug ist, sind im Vielfach Schaltglieder nötig, mit deren Hilfe man Nachrichtenimpulse von dem Kanal der kommenden Leitung' auf einen anderen für die gehende Leitung umsetzen kann.

Die Entwicklung synchron arbeitender Koppelfelder für große Vermittlungen ist noch stark im Fluß [5, 6]. Es herrschen Mischformen von Zeit- und Raumvielfachen vor. Bei der einen Gruppe wird ein Raumvielfachkern von Zeitvielfachschaltungen eingefaßt, bei einer anderen ist es umgekehrt, Raumvielfachanordnungen umgeben einen Zeitvielfachkern. Ein weiteres Unterscheidungskennzeichen ist, ob wortseriell oder wortparallel vermittelt wird, wobei ein Wort die Menge der Impulse umfaßt, die in der codierten Form zur Kennzeichnung eines Amplitudenwertes nötig sind. Das Schema für eine Raum-Zeit-Raum-Serienvermittlung zeigt Abb. 14.5-4. Zwischen den Raumvielfachmatrizen in der oberen und unteren Hälfte des Bildes sieht man Verbindungen unterschiedlicher Laufzeit, die über elektronische Koppler anschaltbar sind. Im gezeichneten Beispiel gelten die Laufzeitglieder für Übertragungssysteme mit 32 Kanälen. Die angegebenen Zeiten sind relative Laufzeiten, bezogen auf $^1/_{32}$ der Dauer des Zeitmultiplexrahmens. Die ankommenden Leitungen befinden sich am oberen Teil, die abgehenden am unteren Teil des Koppelfeldes. Zur Verdeutlichung der Arbeitsweise diene folgendes Beispiel. Ein aus Richtung A auf der ersten Leitung und Kanal 20 ankommender Impuls wird über das Glied mit der Laufzeit 1 in die Richtung B auf Leitung n und Kanal 21 durchvermittelt. Die in der umgekehrten Richtung kommenden Impulse auf Kanal 21 werden mit Hilfe des Laufzeitgliedes mit der Laufzeit 31 auf den Kanal 20 umgesetzt.

Die Steuerung. In Abb. 14.5-5 sind die wesentlichen Informationsflußverknüpfungen zwischen den leitungsbezogenen Einrichtungen des Koppelfeldes, der Teilnehmerschaltungen und der Relaissätze mit einer speicherprogrammierten Steuerung schematisiert dargestellt [7, 8, 9]. Von den peripheren Einrichtungen werden der

Steuerung Zustandsänderungen in dichter Folge und großer Zahl über Schaltungen zugeführt, die die Funktion eines „Eingabetrichters" haben. Solche Informationen besagen z. B., daß ein Anschluß frei oder belegt ist, daß es sich um Wählinformation handelt usw. Die Steuerung hat diese Informationen, die zeitdrängend oder zeitraubend sein können, innerhalb vorgegebener Zeitschranken auszuwerten und als

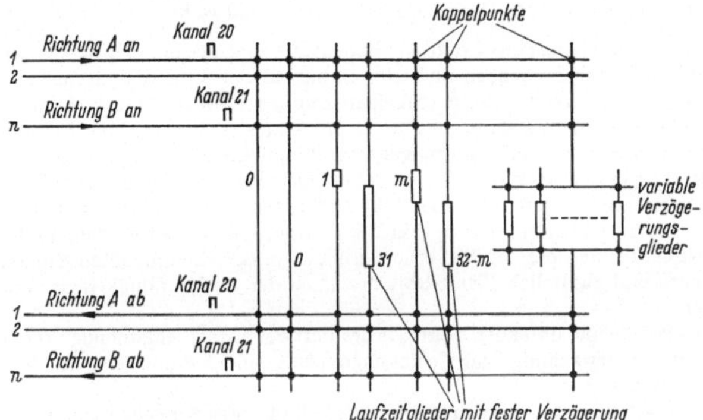

Abb. 14.5-4. Koppelfeld für eine Raum-Zeit-Raum-Serienvermittlung

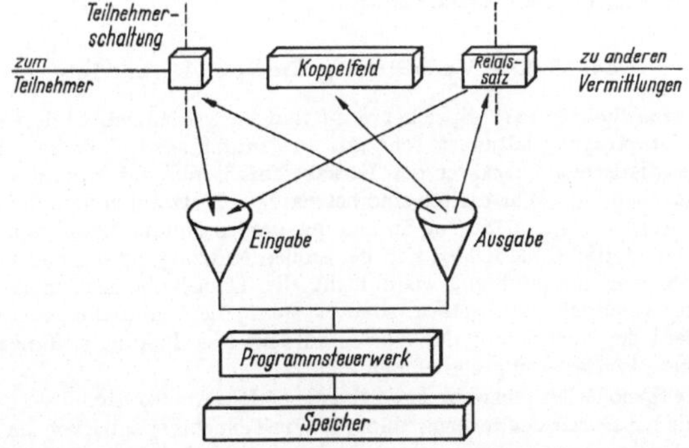

Abb. 14.5-5. Prinzip einer speicherprogrammierten Durchschaltevermittlung

Einstellinformation an den richtigen Punkt der Peripherie zu leiten, z. B. die Einstellung eines Weges im Koppelfeld. Diese Funktion ist im Bild 14.5-5 durch einen „Ausgabetrichter" versinnbildlicht. In der Abbildung ist nicht eingezeichnet der Informationsaustausch zwischen der Steuerung und Magnetplatten- bzw. Magnetbandgeräten, die erforderlichenfalls als Sekundärspeicher benützt werden, da dieser Austausch in derselben Weise wie in der Computertechnik vor sich geht.

Beim Bau speicherprogrammierter Steuerungen für Vermittlungen sind eine Reihe von Randbedingungen zu beachten, die aus dem Einsatz der Vermittlungen folgen:

Nicht nur die Peripherie, sondern auch die Größe der Steuerung soll mit der Vermittlung wachsen können.

Wesentliche zentrale Teile dürfen praktisch nicht ausfallen.

Den Kosten der Steuerung sind durch die vorhandenen herkömmlichen Vermittlungen obere Grenzen gesetzt. Hohe Grundkosten für die Steuerung wirken sich vor allen Dingen auf die Wirtschaftlichkeit für kleine Anlagen aus.

Dies hat zur Folge, daß sich in der rechnergesteuerten Vermittlungstechnik einige Akzentverschiebungen gegenüber der heutigen Computer- und Prozeßrechnertechnik beobachten lassen. Die wichtigsten sind wohl:

Dem modularen Aufbau wird große Bedeutung zugemessen. Mit ihm lassen sich die obigen Randbedingungen am besten einhalten. Dabei wird davon ausgegangen, daß die zu bearbeitenden logischenAufgaben unterschiedlich häufig und kompliziert sind. Dies kann man ausnützen und die Steuerung in einer solchen Weise hierarchisch strukturieren, daß zeitdrängende und logisch einfache Aufgaben in Schaltungen bearbeitet werden, die Teilen der im allgemeinen umfangreichen Peripherie zugeordnet sind, und daß die logisch komplizierten, aber zeitraubenden Aufgaben zentralisiert bearbeitet werden. Auf diese Weise erhält man größere Freiheit in der Ausgestaltung der aus Sicherheitsgründen nötigen redundanten Steuerungselemente und zusätzlich Flexibilität bezüglich der Ausbaufähigkeit der Vermittlungen.

Umfangreiche und unter der Kontrolle des Betriebssystems ablaufende Programme zur Fehlerüberwachung und Fehlereingrenzung sind Bestandteile der Vermittlungsprogramme.

Als Programmspeicher werden neben den sonst üblichen Schnellspeicherelementen auch permanente Speicher, z. B. Fädelspeicher, verwendet. Sie sind billiger als die anderen Speicherelemente, und es stört nicht, daß Programmänderungen nicht so einfach sind, da sich die Vermittlungsprogramme, wenn überhaupt, nur innerhalb längerer Zeitabstände ändern.

14.5.3 Die Vermittlung für Speicherbetrieb

Das Vermittlungsprinzip. Speichervermittlungen werden einmal dort eingesetzt, wo teure Übertragungsleitungen sehr gut ausgenützt werden müssen. Dies kann bei dem statistischen Charakter des Verkehrsanfalls nur auf Kosten von Wartezeiten geschehen [10]. Wartezeiten sind bei geringen Nutzungsgraden der Leitungen klein und werden bei Annäherung an den maximalen Nutzungsgrad sehr groß. Ein praktikabler Betriebsablauf läßt sich bei großen Nutzungsgraden und kleiner Leitungsanzahl nur durchführen, wenn nicht die Teilnehmer mehrmals versuchen müssen, die Nachricht abzusetzen, sondern wenn die Vermittlungen durch Zwischenpuffern der Nachrichten das Warten auf eine freie Leitung auffangen und die zielgerichtete Weiterleitung vornehmen.

Für die Speicherbetriebsweise hat sich eine andere Art der Signalisierung herausgebildet als bei Durchschaltevermittlungen. Der Teilnehmer setzt vor die Nachricht einen Nachrichtenkopf, aus dem die Vermittlung entnimmt, in welcher Weise die Nachrichten behandelt und weitergeleitet werden sollen [11].

Da der Inhalt der Nachrichten in der Vermittlung zwischengespeichert wird, kann sich eine Speichervermittlung nicht nachrichtenneutral verhalten. Sie hat außerdem eine Reihe von Überwachungsfunktionen auszuführen. Sie muß z. B. darauf achten, daß die übergebenen Nachrichten vollständig weitergeleitet werden; bei Nachrichten, die Vorrang vor anderen haben, muß gegebenenfalls die Reihenfolge des Aussendens geändert werden. In bestimmten Situationen muß auch der Weg, auf dem eine Nachricht normalerweise weitergeleitet wird, geändert werden. Hierzu muß unterscheidbar sein, was Nachrichtenkopf und was die Nachricht selbst ist. Dies bedingt eine datenmäßige Behandlung der Nachrichten. Es ist daher nur eine graduelle Aufgabenerweiterung, wenn die Vermittlung die Nachrichten, die mit verschiedenem Code und Format und mit verschiedener Geschwindigkeit angeliefert werden können, im Bedarfsfalle in Nachrichtenströme mit einheitlichen Eigenschaften umformt. Diese Vereinheitlichung des Nachrichtenstromes ist das vorherrschende Charakteristikum von Vermittlungen, die in unmittelbarer Nähe einer Großrechenanlage oder als Konzentrator im Vorfeld einer Großrechenanlage arbeiten. Die oben angegebene gute Leitungsausnützung tritt dann als Bewertungsfaktor zurück. Selbstverständlich gibt es Fälle, besonders bei räumlich weit voneinander entfernten Datenfernverarbeitungssystemen, wo alle geschilderten Aufgaben, möglicherweise mit unterschiedlichem Gewicht, den Einsatz elektronischer Speichervermittlungen bedingen.

Die Anlagenkonfiguration. Rechnergesteuerte Speichervermittlungen haben folgende wesentliche Systemteile [12]:

Datenübertragungseinheit mit den Leitungsabschlüssen, die als Multiplexer arbeitet und die den bitseriellen Arbeitsmodus, der üblicherweise auf den Leitungen vorherrscht, in den bitparallelen Modus im Rechner überführt.

Zentraleinheit mit Kernspeicher und Steuerwerk bzw. Steuerwerken.

Sekundärspeicher in Form von Magnettrommel-, Magnetplatten- und Magnetbandeinheiten (Sie fallen meist weg beim Einsatz als Konzentrator oder Vorrechner).

Überwachungsgeräte in Form von Konsolen, Druckern, Lesern.

Die Systemteile sind erforderlichenfalls mehrfach vorhanden, also redundant, um im Falle von Ausfällen die Kontinuität des Betriebsablaufes zu ermöglichen.

Der Programmablauf unterscheidet sich wesentlich von dem einer Durchschaltevermittlung. Folgende, für Speichervermittlungen etwa typische Abläufe gehen vor sich (s. Abb. 14.5-6).

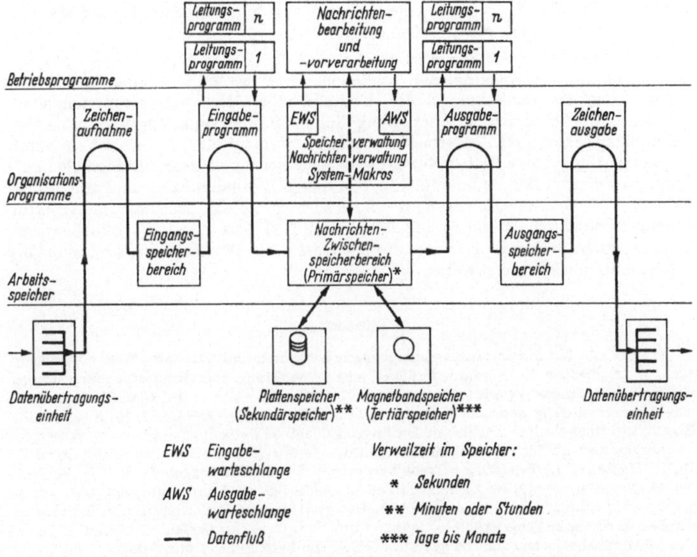

Abb. 14.5-6. Datenfluß in einer elektronischen Speichervermittlung

Die Datenübertragungssteuerung fragt den Zustand der Leitungen zyklisch ab; ist ein Zeichen eingegangen, so wird die Zentraleinheit veranlaßt, das Zeichen in einen Eingangsspeicherbereich zu übernehmen. Es ist im allgemeinen davon auszugehen, daß die Zeichen der einzelnen Nachrichten ineinander verschachtelt vor-

liegen werden. Die Zeichen werden daher von einem Eingabeprogramm nachrichten-
weise in Blöcken sortiert zusammengefaßt in Kernspeicherzellen bereitgestellt.
Diese Zellen werden dem Primärspeicherbereich entnommen und nur vorübergehend zugeteilt. Sind sie wieder frei geworden, kehren sie in den Verfügungsbereich
des Primärspeichers zurück. Das Eingabeprogramm bedient sich zusätzlich der
Hilfe von Leitungsprogrammen, die die Eigenschaften der Leitungstypen berücksichtigen.

Die sich anschließende Bearbeitung besteht aus den verschiedenen Formen der
Nachrichtenbehandlung, wie z.B. Analyse des Nachrichtenkopfes, Codewandlung,
Leitwegfestlegung und, falls angewendet, nochmaliges Zwischenpuffern der Nach-
richten auf Sekundär- und Tertiärspeicher, z.B. zum Zwecke der Archivierung und
Statistik.

Für das Ausgeben der Zeichen stehen Kernspeicherzellen bereit, aus denen die
„Zeichenausgabe" die Zeichen an die Datenübertragungseinheit übergibt. Das
Ausgabeprogramm stellt hierfür den Kernspeicherzellen, wenn sie aufnahmebereit
sind und auszugebende Nachrichten vorliegen, die Daten wieder zur Verfügung.

Eine im Bild nicht dargestellte Ablaufsteuerung bildet das Bindeglied zwischen
den verschiedenen Programmen und dem Personal, das den Betriebsablauf überwacht.

Neben dem Vermittlungsprogramm, das die Größe des Programmspeichers
festlegt, bestimmen Art und Größe der Datenspeicher das Verhalten einer Speichervermittlung. Die z.Z. zur Verfügung stehenden Speichermedien verhalten sich so,
daß die Zugriffszeit zu Daten und die Kosten für ihre Speicherung gegenläufig sind.
Man verlagert daher, wo es zeitlich verträglich oder wegen der Menge der Informationen zweckmäßig ist, vorübergehend Daten aus dem Kernspeicher auf Magnettrommeln, Magnetplatten oder Magnetbänder.

Die Unterteilung der Speicherbereiche wird durch eine Vielzahl von Faktoren
beeinflußt. Im wesentlichen sind es: Schnelligkeit der Zentraleinheit, Höhe und
Schwankung des Verkehrsangebotes, Kompliziertheit der Verarbeitungsaufgaben,
die neben der Nachrichtenweiterleitung durchzuführen sind, Zugriffszeit zu den
Sekundärspeichern und Forderungen über die Durchlaufzeit der Nachrichten durch
die Vermittlung unter Einbeziehung der Möglichkeit, die Aussendereihenfolge aufgrund von Prioritäten zu ändern. Ein Teil dieser Einflußfaktoren sind statistische
Größen. Für die Dimensionierung der Speicherbereiche und der Programmstruktur
werden stochastische Verkehrsmodelle benutzt [13]. Wo diese die wirklichen Verhältnisse nicht genügend genau beschreiben, wird die Dimensionierung durch Verkehrssimulationen unterstützt.

Literatur

[1] *Bininda, N.:* Zwischenleitungsanordnungen. Verkehrstheorie. München, Wien: Oldenbourg
1966. — [2] *Bininda, N., Hofstetter, H.:* Die Umkehrgruppierung, eine Gruppierung für moderne,
elektronisch gesteuerte Vermittlungssysteme. NTZ (1969) 588—596. — [3] *Clos, C.:* A study of
non-blocking switching Networks. Bell System Techn. J. 32 (1953) 406—424. — [4] *Kammerl, A.:*
Eine vollelektronische Fernschreib- und Datenvermittlung" NTZ (1966) 322—330. — [5] *Böhme,E.:*
Vermittlungstechnik für PCM-Signale. Fernmeldetechnik 9 (1969) 147—152. — [6] *Duerdoth,
W. T., Hughes, C. J., Bond, D. J.:* Trunking systems for PCM-exchanges. Proc. IEE, Vol. 114,
No. 11, Nov. 1967. — [7] No 2 ESS. The Bell Technical System Journal 48 (1969) Oktoberaus-
gabe. — [8] System IV, ein Fernsprechvermittlungssystem mit Rechnersteuerung. Information
der Fernsprechvermittlungstechnik 6. Jahrg. (1970) H. 1—2. — [9] *Goßlau, K., Bacher, A.,* u.a.:
Das elektronische Datenvermittlungssystem EDS, ein System für Datenverkehr. NTZ (1969)
444—463. — [10] *Störmer, H.:* Wartesysteme in: Verkehrstheorie. München, Wien: Oldenbourg
1966. — [11] *Thurmann, J.:* Der Einsatz vollautomatischer Fernschreibspeichervermittlungen im
Nachrichtenverkehr für die Luftfahrt. Interavia (1964) H. 2, S. 243—245. — [12] *Pusch, R.:*
DC 100 — Ein System für das rechnergesteuerte Sammeln, Verteilen und Vermitteln von Daten.
Siemens-Z., Beiheft Datenfernverarbeitung (1969) 44—50. — [13] *Weingarten, A.:* Storage require-
ments for a message switching computer. IEEE Trans. on Communications Systems 1964, S. 191—
195.

15. Nachrichtenverarbeitung im Menschen

K. Küpfmüller

Jede sinnvolle Handlung oder Äußerung des Menschen beruht auf einer Nachrichtenverarbeitung. Die Nachrichten fließen dem Menschen durch seine Sinnesorgane zu. Aus den *Wahrnehmungen* der Sinnesorgane werden die *Erfahrungen* abgeleitet, die während der Entwicklung und des Lebens des Menschen ausgewertet und bewahrt werden können. Die Wahrnehmungen stellen eine nach bestimmten Gesetzmäßigkeiten durchgeführte Auswahl aus den Nachrichten der Sinnesorgane dar. Schon mit den Wahrnehmungen sind daher sehr verwickelte Nachrichtenverarbeitungen verknüpft. Die Wahrnehmungen sind wesentlich aktive Vorgänge, die bereits bestimmte Erfahrungen voraussetzen. Die Stellung des Zeigers auf einer Skala z.B. würden wir nur als optisches Bild mit vielen Einzelheiten ohne Bedeutung empfinden können, wenn wir nicht bereits Kenntnisse, d.h. Erfahrungen, über das Wesentliche von Zeiger und Skala besäßen. Das Wechselspiel zwischen Erfahrung und Wahrnehmung gibt überhaupt erst die Möglichkeit zur Gewinnung von Wahrnehmungen; man kann es sich etwa durch ein Rückkopplungsschema nach Abb. 15-1 veranschaulichen.

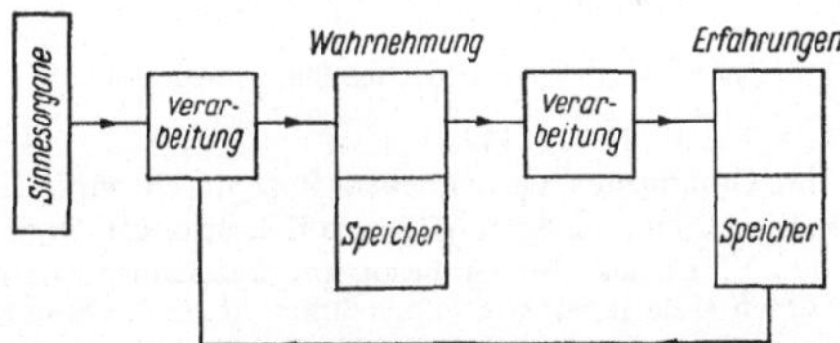

Abb. 15-1. Rückkopplungsschema zur Gewinnung von Wahrnehmungen und Erfahrungen

Über die Vorgänge der Nachrichtenverarbeitung im Organismus ist heute nur sehr wenig bekannt. Diese Vorgänge, die sich im Zentralnervensystem abspielen, sind der Beobachtung nur äußerst schwer zugänglich, hauptsächlich wegen der feingliedrigen und empfindlichen Struktur des Zentralnervensystems.

15.1 Wahrnehmungen

15.1.1 Die Sinnesorgane des Menschen als Nachrichtenwandler

Die Sinnesorgane enthalten *Rezeptoren*, die jeweils auf bestimmte Reize ansprechen, z.B. auf Lichtwellen bestimmter Wellenlänge, auf mechanische Bewegungen, auf Temperatur oder auf bestimmte chemische Stoffe [1, 2, 87, 88, 89]. Von den Rezeptoren gehen Nervenfasern aus. In diesen entstehen bei Anregung der Rezeptoren Folgen von kurzen elektrischen Impulsen. Die Zeitintervalle zwischen den Impulsen und damit die Pulsfrequenz sind von der Stärke des Reizes abhängig sowie von der Zeitdauer der Einwirkung des Reizes. Bei den meisten Rezeptorenarten nimmt die Pulsfrequenz mit der Stärke des Reizes zu und mit der Zeitdauer der Einwirkung des Reizes, besonders am Anfang, ab. Abb. 15-2 zeigt diese Eigenschaften der Sinnesrezeptoren im Prinzip an einem Beispiel. S bedeutet die Reizstärke, f_p die Pulsfrequenz, t die Zeit nach dem Einsetzen des Reizes. Die Sinnesrezeptoren sind also Nachrichtenwandler, die die Reizstärke durch eine Pulsfrequenz darstellen (man spricht gewöhnlich von Pulsfrequenzmodulation; wegen des großen Frequenzbereiches wäre die Bezeichnung *Pulsintervallmodulation* zweckmäßiger). Die Abnahme der Pulsfrequenz mit der Zeit wird als *Adaptation* bezeichnet. Hinsichtlich der Abhängigkeit der Pulsfrequenz von der Reizstärke gibt es verschiedene, in Abb. 15-2 durch A und B gekennzeichnete Typen von Rezeptoren. Typ A zeigt bereits im Ruhezustand eine bestimmte Ruhefrequenz. Typ B zeigt dagegen eine Reizschwelle S_0. Meist sind in ein und demselben Organ Rezeptoren mit verschieden hoher Reizschwelle feststellbar. Dadurch ergibt sich ein großer Umfang der meßbaren Reizstärken, da sowohl die Anzahl der erregten Nervenfasern als auch die in ihnen entstehenden Pulsfrequenzen mit der Reizstärke wachsen.

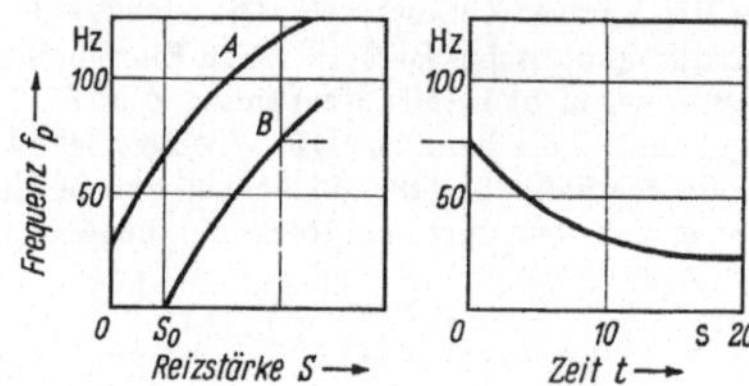

Abb. 15-2. Eigenschaften von Sinnesrezeptoren

Ein Teil der im Organismus vorhandenen Rezeptoren wirkt unmittelbar und ohne unser Bewußtsein und unseren Willen auf bestimmte Organe ein, z.B. die Rezeptoren für den Blutdruck. Als Sinnesorgane bezeichnen wir solche Gruppen von Rezeptoren, deren Meldungen wir wahrnehmen können. Diese liefern daher die Nachrichten, die dem Menschen für die bewußte Auswertung zur Verfügung stehen. Es sind Nachrichten, die aus der Umwelt oder auch aus dem Körper selbst stammen können. Man unterscheidet dementsprechend zwischen Exterorezeptoren und Interorezeptoren, obwohl es sich dabei um Nachrichtenwandler gleicher Art handeln kann. Nach der Art der aufgenommenen Nachricht ergibt sich die bekannte Einteilung der Sinnesorgane; die wichtigsten Sinnesorgane, die im folgenden kurz betrachtet werden, sind:

1. Der Gesichtssinn	5. Die Thermorezeptoren
2. Das Gehör	6. Die Muskelfühler
3. Die Berührungs- und Druckrezeptoren	7. Der Geruchssinn
4. Die Schmerzrezeptoren	8. Der Geschmackssinn

Der Gesichtssinn. Durch die Augenlinse wird ein optisches Bild der Umwelt auf der Netzhaut des Auges hergestellt, also eine bestimmte Zuordnung zwischen den Gegenständen im Raum und der Fläche der Netzhaut. In der Netzhaut befinden sich die lichtempfindlichen Rezeptoren. Nach der äußeren Form werden *Zapfen* (etwa 30 bis 90 μm lang und 2 bis 8 μm Durchmesser) und *Stäbchen* (etwa 40 bis 60 μm lang und 2 μm Durchmesser) unterschieden. Die ersteren sind für das Sehen bei Tage und das Farbsehen maßgebend, während die letzteren bei sehr schwacher Beleuchtung das farblose *Dämmerungssehen* ermöglichen. Im optischen Zentrum der Netzhaut (fovea centralis) überwiegen die Zapfen; nach außen nimmt die Dichte der Zapfen rasch ab und die der Stäbchen zu. Die Dichte der Rezeptoren in der Netzhaut ist in Abb. 15-3 gezeigt [3]. α bedeutet den Abstand vom optischen Zentrum in Winkelgraden. Insgesamt werden in der menschlichen Netzhaut etwa $6,5 \cdot 10^6$ Zapfen und 10^8 Stäbchen geschätzt [4]. Der Abstand zwischen zwei Zapfen an der Stelle größter Dichte beträgt ca. 2 μm. Das ist etwas kleiner als der Radius des Beugungskreises der Pupille. Von den rund 10^8 Rezeptoren eines Auges führen im optischen Nerven ungefähr 10^6 Nervenleitungen zum Zentralnervensystem [5]. Innerhalb der Netzhaut liegt bereits eine Verknüpfung der Nervenbahnen in mehreren Schichten vor.

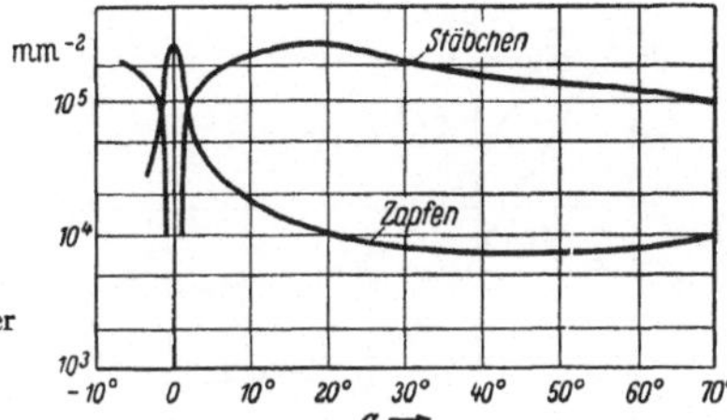

Abb. 15-3. Dichte der Rezeptoren in der Netzhaut

Die räumliche Auflösungsfähigkeit des Auges wird durch die *Sehschärfe* gemessen. Dazu wird der Winkel festgestellt, unter dem der Abstand zwischen parallelen Balken erscheint, wenn sie gerade noch getrennt wahrgenommen werden können [6]. Die Sehschärfe S ist definiert als Kehrwert dieses in Minuten ausgedrückten Grenzwinkels; sie hängt stark von der Beleuchtung ab. Bei heller Beleuchtung liegt die normale Sehschärfe in der Größenordnung von 1. Außerhalb des optischen Zentrums der Netzhaut nimmt sie rasch ab, wie es Abb. 15-4 zeigt [7].

Die maximale Sehschärfe wird etwa in einem Gebiet zwischen $\alpha = -2°$ und $\alpha = +2°$ erreicht. In diesem Hauptsehgebiet ist die Zahl der unterscheidbaren Bildpunkte rund $6 \cdot 10^4$. In einem Winkelbereich bis $\pm 10°$ liegen etwa $4 \cdot 10^5$ unterscheidbare Bildpunkte.

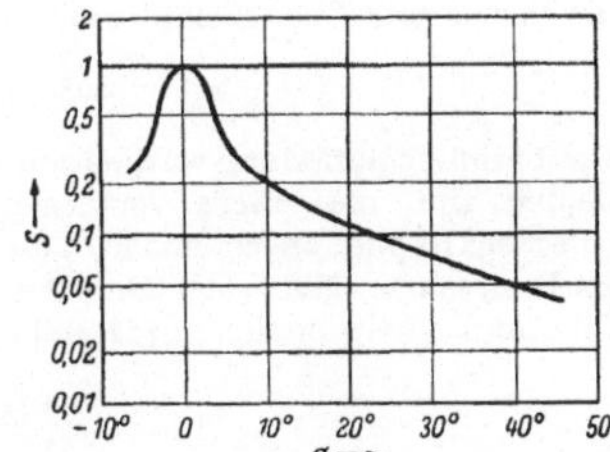

Abb. 15-4. Abnahme der Sehschärfe außerhalb des optischen Zentrums

Die Zahl der vom Auge unterscheidbaren Helligkeitsstufen ergibt sich aus der sogenannten *Unterschiedsschwelle*. Darunter versteht man die gerade noch wahrnehmbare Schwankung ΔI der Beleuchtungsstärke I des das Auge treffenden Lichtes. Diese Schwelle hängt stark von der Beleuchtungsstärke I selbst ab sowie von der Abweichung α vom optischen Zentrum. Abb. 15-5 zeigt die relative Unterschiedsschwelle $\Delta I/I$ für $\alpha = 0,5°$ und $\alpha = 2,2°$ [8].

Die Zahl der wahrnehmbaren Intensitätsstufen beträgt $1/\lg (1 + \Delta I/I)$ je Dekade der Intensität I. Benützt man die Werte von $\Delta I/I$ für $\alpha = 0,5°$, so ergibt sich, daß unterhalb 1 Lux etwa 250 Intensitätsstufen, entsprechend 8 bit, wahrgenommen werden können. Bei raschen Änderungen der Helligkeit verringert sich die Wahrnehmbarkeit der Helligkeitsunterschiede. Sie verschwindet ganz bei der sogenannten *Verschmelzungsfrequenz*. Diese liegt bei einer Beleuchtung von 1 µlx bei etwa 10 Hz und steigt mit wachsender Beleuchtung auf etwa 60 Hz bei 1 lx an [9].

Die *Farbtonempfindung* hängt von der Wellenlänge des Lichtes und der Beleuchtungsstärke ab. Bei gewöhnlicher Beleuchtung wird Licht mit Wellenlängen zwischen 380 bis 760 nm vom Auge wahrgenommen. Außerhalb dieses Bereiches steigt die Schwellenintensität sehr rasch an. Bei sehr hoher Intensität erweitert

sich der Bereich auf etwa 312 bis 1050 nm. Die Schwelle für die unterscheidbaren
Wellenlängen liegt zwischen etwa 1 nm und 5 nm.

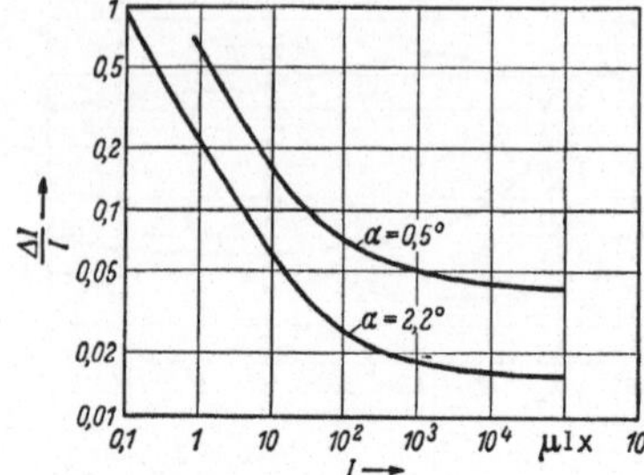

Abb. 15-5. Relative Unterschiedsschwelle für
$\alpha = 0,5°$ und $\alpha = 2,2°$ nach [8]

Für drei bestimmte Wellenlängen ist die Farbtonempfindung unabhängig von
der Intensität [69], nämlich für

$$\lambda = 572 \text{ nm} \quad \text{(gelb)}$$
$$\lambda = 503 \text{ nm} \quad \text{(grün)}$$
$$\lambda = 478 \text{ nm} \quad \text{(blau)}.$$

Besonders stark von der Intensität abhängig ist die Rotempfindung. Zum Beispiel gibt

$$650 \text{ nm} \quad \text{mit} \quad 2000 \,\mu\text{lx}$$

die gleiche rote Farbtonempfindung wie

$$605 \text{ nm} \quad \text{mit} \quad 10 \,\mu\text{lx}.$$

Die Farbtonempfindung wird darauf zurückgeführt, daß es verschiedene Arten von
Zapfen gibt, die jeweils vorwiegend auf bestimmte Wellenlängenbereiche an-
sprechen. Es wird angenommen, daß es im menschlichen Auge mehrere verschiedene
Farbempfänger gibt [11]. Die drei wichtigsten Farbempfänger [10] haben ihr
Empfindlichkeitsmaximum [67, 68] etwa bei

$$440 \text{ nm} \quad \text{(blau)}$$
$$535 \text{ nm} \quad \text{(grün)}$$
$$570 \text{ nm} \quad \text{(gelb)}.$$

Die Farbtonempfindungen lassen sich bis zu einem gewissen Grad durch Addition
und Subtraktion aus diesen 3 Rezeptorarten deuten [90, 91]. Ferner können alle
Farbtonempfindungen durch Mischungen aus drei verschiedenen Farben (rot, grün,
blau) erzeugt werden. Für diese drei Farben sind international Spektralkurven
genormt worden [12].
   Für den vom optischen Nerv eines Auges *maximal übertragbaren Nachrichtenfluß* (*Informationskapazität* des Auges) läßt sich nur eine obere Grenze angeben;
sie ergibt sich bei Schwarz-Weiß-Bildern als Produkt der (bei großen Flächen ermittelten) Anzahl der unterscheidbaren Bildpunkte mit der Anzahl der wahrnehmbaren Intensitätsstufen und der Verschmelzungsfrequenzgrenze. Mit $6 \cdot 10^5$ Bildpunkten für den ganzen Winkelbereich, 250 Helligkeitsstufen (8 bit) und einer
Grenzfrequenz von 20 Hz folgt die *obere Grenze* für die Informationskapazität *bei
Schwarz-Weiß-Bildern*

$$6 \cdot 10^5 \cdot 8 \text{ bit} \cdot 20 \text{ Hz} \approx 10^8 \text{ bit/s}.$$

Bei bester Helligkeit (und großen Flächen) können etwa 10^3 Farbtöne voneinander unterschieden werden [92, 93]. Die obere Grenze für die Stufenzahl eines

Bildpunktes ist daher ld $250 \cdot 10^3 = 18$ bit. Die Auflösung benachbarter Farbtöne ist jedoch schlechter als bei Schwarz-Weiß; nach den darüber vorliegenden Untersuchungen [94] dürfte die Anzahl der unterscheidbaren Farbpunkte höchstens $^1/_6$ der Anzahl für Schwarz-Weiß sein. Der *Beitrag der Farbe* hat daher bei gleichen Annahmen über die Verschmelzungsfrequenz *die obere Grenze*

$$10^5 \cdot 18 \text{ bit} \cdot 20 \text{ Hz} = 0,4 \cdot 10^8 \text{ bit/s}.$$

Der Gesamtwert der Informationskapazität von rund $1,4 \cdot 10^8$ bit/s entspricht damit auch etwa der oberen Grenze für den in dem Bündel von 10^6 Nervenfasern maximal übertragbaren Informationsfluß (s. Abschnitt 15.1.2).

Das Gehör. Die Rezeptoren für das Hören sitzen auf der Basilarmembran, die die Schnecke des Innenohrs der Länge nach teilt; sie werden als Haarzellen bezeichnet und haben eine freie Länge von etwa 50 bis 100 µm. Ihre Zahl wird zu 12000 bis 24000 geschätzt [1, 2, 13, 95, 96]. Die Haarzellen gelten als die eigentlichen Wandler, die Schallbewegungen in elektrische Impulse umsetzen. Auch hier stehen wie beim Auge mehrere Rezeptoren in Verbindung mit einer Nervenfaser, und jede Nervenfaser teilt sich auf mehrere Rezeptoren auf. Von jedem Ohr führt das Nervenbündel mit etwa 10^4 Nervenfasern zum Zentralorgan.

Die Wahrnehmbarkeit der sinusförmigen Teiltöne in einem zusammengesetzten Klang ist wahrscheinlich nicht durch Eigenschaften des Ohres selbst bedingt. Vielmehr sprechen die einzelnen Haarzellen auf Töne eines breiten Frequenzbereiches an, der um so breiter ist, je größer die Lautstärke des Tones ist [14]. Jeder Schall erzeugt ein bestimmtes Erregungsmuster der Basilarmembran (fortschreitende, stark gedämpfte Welle [95]) und damit ein räumliches Muster verschiedener Impulsfrequenzen und -phasen in dem Faserbündel des zum Ohr gehenden Gehörnervs. Dieses *Raum-Frequenz-Phasen-Muster* wird dem Zentralorgan zugeleitet. Daß wir trotz der breiten Anregung einer Vielzahl von Haarzellen bei Sinustönen einen *reinen* Ton hören, wird auf einen Verschärfungsprozeß, also einen besonderen Prozeß der Nachrichtenverarbeitung im Zentralnervensystem, zurückgeführt [16] (s. auch Abschnitt 15.1.3c).

Die Abgabe eines Impulses durch eine Haarzelle scheint jeweils in einer bestimmten Phase der erregenden Schallschwingung stattzufinden, so daß bei tiefen Tönen die Impulsfolgen mit dem Ton synchron sind. Bei wachsender Frequenz unterschreitet aber schließlich die Periodendauer die notwendige Erholungszeit einer Nervenzelle, so daß die Nervenzelle nicht mehr der Schwingung folgen kann. Trotzdem können aber in Bündeln von Nerven mit Hilfe von dünnen Sonden elektrische Impulsfolgen festgestellt werden, die auch bei hohen Frequenzen die Frequenz der erregenden Schwingung enthalten. Dies wird durch die *Salventheorie* erklärt [15]. Der einzelne Rezeptor zündet zwar bei hoher Frequenz nicht während jeder Periode, aber immer in einer bestimmten Phase der Schallschwingung; daher werden von einem genügend großen Bündel von Rezeptoren wegen der statistischen Verteilung doch während jeder Periode Impulse ausgeliefert.

Abb. 15-6 zeigt die sogenannte *Hörfläche*, die einerseits von den Schwellenwerten des Schalldruckes, andererseits durch die Schmerzschwelle begrenzt ist. Die dB-Werte beziehen sich auf den Bezugswert von $2 \cdot 10^{-4}$ µbar ($= 20$ µN/m²). Die Kurve 1 gibt Mittelwerte nach amerikanischen Messungen [17] (Durchschnittswerte), die Kurve 2 nach deutschen Messungen [18] (Mittelwerte bei gesunden Menschen zwischen 20 und 25 Jahren) an. Einige Kurven gleicher Lautstärke nach [18] sind gestrichelt eingetragen. Die Schmerzgrenze, Kurve 3, ist aus [19] entnommen.

Der *Lautstärkepegel* ist durch den 1-kHz-Ton gleichen Lautstärkeeindrucks definiert; ist dessen effektiver Schalldruck p, so gilt für den Lautstärkepegel

$$L = 20 \lg \frac{p}{2 \cdot 10^{-4} \text{ µbar}} \text{ phon.} \qquad (15\text{-}1)$$

Die Lautstärke*empfindung* folgt nicht dem durch Gl. (15-1) dargestellten logarithmischen Gesetz (*Weber-Fechner*sches Gesetz). Sie wird durch die sogenannte *Lautheit* gemessen. Die Skala der Lautheit wird so erhalten, daß man von einer Schallwelle mit der Frequenz 1 kHz und dem Lautstärkepegel 40 Phon ausgeht. Die

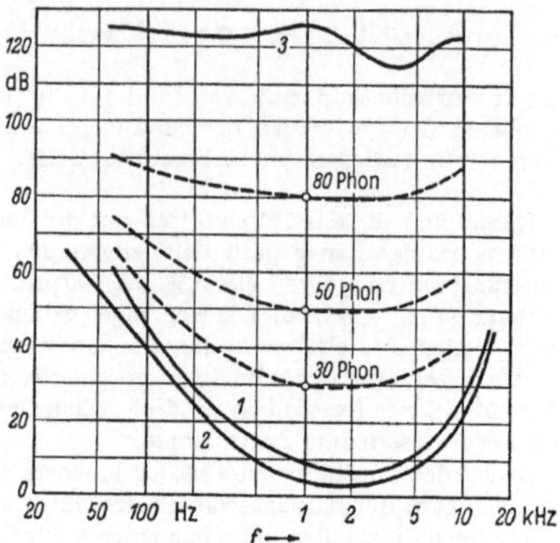

Abb. 15-6. Hörfläche (Kurven gleicher Lautstärke)

Lautheit einer solchen Schallwelle wird als Bezugswert mit 1 *sone* bezeichnet. Dann wird festgestellt, wie groß die Lautstärke gemacht werden muß, damit der Schall jeweils doppelt so laut oder halb so laut erscheint. Damit ergeben sich die Lautstärken, die einer Lautheit von 2, 4, 8 usw. sone sowie von $^1/_2$, $^1/_4$, $^1/_8$ usw. sone entsprechen. Ist die Lautheit eines Schalls N sone, so erscheint der Schall N-mal so laut wie der Bezugsschall von 40 Phon. Abb. 15-7 zeigt nach [19] den experimentell im Durchschnitt gefundenen Zusammenhang.

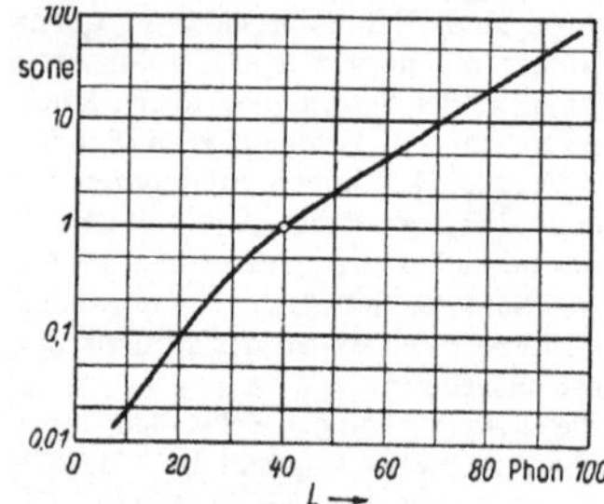

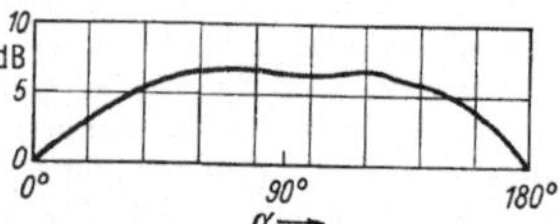

Abb. 15-8. Lautstärkenunterschiede zwischen beiden Ohren bei verschiedenen Einfallswinkeln

Abb. 15-7. Zusammenhang zwischen Lautstärkepegel und Lautheit nach [19]

Die Lautstärkeempfindung setzt sich aus den Beiträgen der sogenannten *Frequenzgruppen* zusammen [97, 98]. Diese Frequenzgruppen sind dadurch definiert, daß die Lautheit eines beliebigen Geräusches mit bestimmter Schalleistung unabhängig von der Frequenzbandbreite des Geräusches ist, solange diese nur kleiner als die Bandbreite einer Frequenzgruppe ist. Der ganze Hörfrequenzbereich umfaßt aneinander gereiht etwa 24 solche Frequenzgruppen. Ihre Breite ist bei hohen Frequenzen größer als bei tiefen; bei 1 000 Hz beträgt sie rund 200 Hz.

Die *Unterschiedsschwelle der Lautstärke* hängt von der Frequenz, von der Lautstärke und von der Schnelligkeit der Lautstärkeänderungen ab. Genaue Messungen siehe [18]. Die höchste Unterschiedsempfindlichkeit ergibt sich bei *Tönen* großer Lautstärke mit Frequenzen um 1 kHz; sie beträgt 3 % der Tonamplitude. Bei *weißem Rauschen* liegt die Unterschiedsschwelle in einem großen Lautstärkenbereich bei 12 %. In dem Bereich zwischen 20 Phon und 100 Phon gibt es daher rund 80 unterscheidbare Lautstärkestufen des weißen Rauschens.

Die *Tonhöhenempfindung* ist in der Hauptsache durch die Frequenz der Schwingung bestimmt und wird etwas durch die Lautstärke beeinflußt. Dieser Einfluß ist am geringsten bei ungefähr 2000 Hz. Töne unter 2000 Hz erscheinen bei steigender Lautstärke tiefer, während höhere Töne bei steigender Lautstärke höher erscheinen.

Die *Unterschiedsschwelle für die Tonhöhe* hängt ebenfalls von Lautstärke und Frequenz ab. Sie beträgt bei großer Lautstärke rund 3 Hz für Töne mit Frequenzen unter 500 Hz und rund 0,3 % für Töne über 500 Hz [18]. Bei großer Lautstärke können etwa 850 Tonhöhen unterschieden werden.

Aus den Unterschiedsschwellen kann die Zahl der insgesamt nach Lautstärke und Tonhöhe unterscheidbaren Töne ermittelt werden [21]. *Jacobsen* [22] hat daraus den maximalen Signalfluß *(Informationskapazität)* des Ohres zu 50000 bit/s geschätzt. *Fack* [21] kommt auf 35000 bit/s.

Die Ausbildung des Tonhöhen-Unterscheidungsvermögens dauert etwa 0,25 s [20]. Rechnet man mit der oben genannten neueren Zahl von 850 unterscheidbaren Tonhöhen und mit 80 bis 200 Amplitudenstufen entsprechend 6,3 bis 7,6 bit, so ergibt sich eine *Informationskapazität des Ohres* von 21000 bis 26000 bit/s.

Das *Richtungshören* wird durch die Unterschiede zwischen den Schallaufnahmen der beiden Ohren ermöglicht. Maßgebend sind *Zeitdifferenzen, Lautstärkedifferenzen* sowie die *spektrale Verschiedenheit* der Schalleindrücke der beiden Ohren. Diese Unterschiede hängen vom Einfallswinkel α gegen die Medianebene des Kopfes ab. Für Sprache ergeben sich die in Abb. 15-8 gezeigten Lautstärkeunterschiede zwischen den beiden Ohren bei verschiedenen Einfallswinkeln; sie sind relativ gering.

Infolge des Unterschiedes der Schallwege zu den beiden Ohren ergibt sich eine Zeitdifferenz. Das Gehör ist in der Lage, solche Zeitunterschiede bis herab zu etwa 30 μs auszuwerten. Die Zeit, die zum Erkennen einer Schallrichtung benötigt wird, ist zu 100 bis 130 ms gemessen worden [24].

Die Verschiedenheit des Spektrums an beiden Ohren wird am größten bei $\alpha = 90°$. Kommt der Schall z. B. von rechts, so ergibt sich für das linke Ohr eine Amplitudenverzerrung des Spektrums gegenüber dem rechten Ohr, wie sie Abb. 15-9 zeigt [19]. Hohe Frequenzen werden also wesentlich stärker abgeschattet als tiefe.

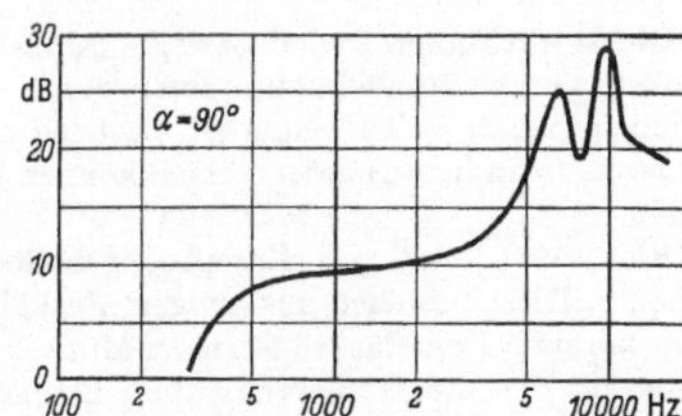

Abb. 15-9. Verschiedenheit des Spektrums an beiden Ohren bei α=90°

Die *Raumwahrnehmung* mit dem Gehör benützt

a) das Richtungshören,
b) die bekannte Lautstärke bekannter Schallquellen,
c) bei bekannten Schallquellen den Frequenzgang der Schallübertragung,
d) die Reflexionen des Schalles an Gegenständen und Wänden.

Die Raumwahrnehmung stellt daher einen relativ komplexen Vorgang dar [23].

Berührungs- und Druckrezeptoren der Haut. In der Haut befinden sich verschiedene Arten von empfindlichen Nervenenden. Ein Teil davon liefert die Nervenerregungen, die zu Berührungs- und Druckempfindungen gehören. Diese Berührungs-

und Druckrezeptoren sind in verschiedener Dichte angeordnet. Ihre Gesamtzahl auf der Hautoberfläche des Menschen wird auf $5 \cdot 10^5$ geschätzt. Die Zahl der die Meldungen dieser Rezeptoren weiterführenden Nervenbahnen ist jedoch wesentlich kleiner. Der für eine getrennte Druckwahrnehmung erforderliche Mindestabstand zweier Punkte ist auf den verschiedenen Teilen der Körperoberfläche verschieden groß, z.B. 1 mm auf der Zungenspitze, 60 bis 70 mm auf dem Rücken [1]. Daraus läßt sich abschätzen, daß etwa 10^4 Nervenbahnen von den Druckrezeptoren wegführen. Der Schwellwert der Druckempfindung liegt bei etwa 1 mN [2]. Die Druckrezeptoren der Haut sind wesentlich beteiligt an der internen Rückmeldung der Stellung unserer Gliedmaßen.

Der Tastsinn ist im Hinblick auf die Möglichkeiten der Aufnahme von Nachrichten durch die Haut in den letzten Jahren verschiedentlich genauer untersucht worden. Bei Anregung der Haut durch Sinusvibrationen hängt die Empfindungsschwelle ähnlich wie beim Gehör stark von der Frequenz ab. In dem Frequenzbereich zwischen 2 und 50 Hz sinkt die Schwellenamplitude von etwa 300 μm auf 60 μm. Sie durchläuft ein Minimum von 1 bis 2 μm in dem Frequenzbereich zwischen 200 und 400 Hz und steigt dann bis zu einer Grenze der Vibrationsempfindung bei etwa 1000 Hz an. Das Erkennen räumlicher Muster kann erlernt werden; die größte Empfindlichkeit ergibt sich mit den Fingerspitzen [25, 95, 99 bis 102].

Schmerzrezeptoren. Die Zahl der für die Schmerzempfindung maßgebenden Rezeptoren der Haut ist wesentlich größer als die der Druckrezeptoren; sie liegt bei etwa $3 \cdot 10^6$. Es handelt sich hier nicht um eine besondere Form von Wandlern, sondern um freie Nervenenden. Daher sprechen diese Nerven auf alle möglichen Reize an, allerdings mit wesentlich geringerer Empfindlichkeit.

Die Thermorezeptoren. Nach der dadurch ausgelösten Empfindung werden zwei Arten von Rezeptoren unterschieden: Kaltrezeptoren und Warmrezeptoren. Die letzteren sitzen etwas tiefer unter der Hautoberfläche als die ersteren. Ihre Zahl ist wesentlich kleiner als die der Druckrezeptoren. Es gibt etwa 10^4 Warmrezeptoren und 10^5 Kaltrezeptoren auf der Körperoberfläche [2].

Physikalisch unterscheiden sich die beiden Rezeptorenarten dadurch, daß die von den Rezeptoren ausgehenden Impulsfolgen bei den Kaltrezeptoren mit wachsender Temperatur eine sinkende Frequenz, bei den Warmrezeptoren eine steigende Frequenz zeigen [26].

Die Muskelfühler. In den Bewegungsmuskeln sind die Sehnen einiger bestimmter Muskelfasern zu Bündeln zusammengefaßt, an denen sich Rezeptoren (Golgiorgan) befinden [27, 28]. Die Sehne ist elastisch dehnbar, so daß diese *Sehnenrezeptoren* die Zugkraft in dem Bündel messen können (Pulsfrequenz wächst mit zunehmender Kraft).

Eine zweite Art von Rezeptoren befindet sich in den sogenannten Muskelspindeln. Diese bestehen aus einigen Muskelfasern, die von einer besonderen Hülle umgeben sind. Den Muskelfasern der Muskelspindeln werden über besondere Nervenfasern aus dem Zentralnervensystem Erregungsimpulse zugeführt. Die Erregungsimpulse kontrahieren die Muskelfasern mehr oder weniger, abhängig von der einlaufenden Pulsfrequenz f_1. Dadurch werden in Reihe mit den Muskelfasern liegende elastische Organe mehr oder weniger stark gedehnt. Auf diesen Organen sitzen nun Rezeptoren, die sogenannten *Spindelrezeptoren*. Diese zeigen die Länge der elastischen Dehnung der Sehne an. Je stärker die Dehnung ist, um so höher wird die Frequenz f_2 der von den Rezeptoren gelieferten Impulse.

Die Dehnung kann aber auch dadurch bewirkt werden, daß der gesamte Muskel verlängert wird. Dies läuft darauf hinaus, daß die von den Spindelrezeptoren erzeugte Pulsfrequenz f_2 sowohl mit der Länge l des Muskels als auch mit der einlaufenden Erregungsfrequenz f_1 wächst, etwa in erster Näherung gemäß

$$f_2 = (k_1 + k_2 f_1)\, l. \tag{15-2}$$

Die Spindelrezeptoren messen also die Länge l des Muskels; die Empfindlichkeit der Messung wird aber durch die einlaufenden Erregungsimpulse (f_1) verstellt.

Eine andere bei den Spindelrezeptoren besonders ausgeprägte Rezeptoreigenschaft besteht darin, daß bei zeitlichen Änderungen der Länge l die Geschwindigkeit dieser Änderung in die gelieferte Pulsfrequenz f_2 eingeht. Eine plötzliche Verlängerung des Muskels steigert die Pulsfrequenz f_2, eine plötzliche Verkürzung erniedrigt die Pulsfrequenz f_2 gegenüber dem nach Gl. (15-2) gegebenen Wert. Der Zusammenhang zwischen der Frequenz f_2 und der veränderlichen Länge l ist ungefähr der gleiche wie der zwischen den Spannungen u_2 und u_1 in Abb. 15-10; dabei ist u_2 analog f_2 und u_1 analog der Länge l. Bei konstanter Länge l (konstantes u_1) ergibt sich eine konstante Frequenz f_2 (konstantes u_2). Zu einer Vergrößerung von l um Δl gehört im Endzustand ein bestimmter Zuwachs der Frequenz Δf_2. Wird l *plötzlich* um Δl vergrößert oder verkleinert, so wird die Frequenz gemäß Abb. 15-10

$$f_2 \pm \Delta f_2 \left(1 + k e^{-\frac{t}{\tau}} \right),$$

wobei k größer als 1 ist. Am Anfang entsteht also eine Überhöhung der Frequenzänderung.

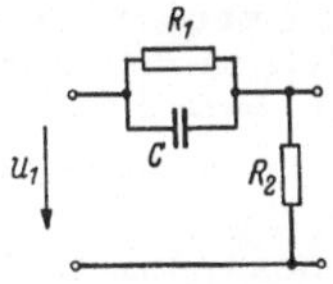

Abb. 15-10.
Elektrisches Modell für den Übertragungsfaktor
von Sinnesrezeptoren

Wird l *sehr langsam* um Δl vergrößert oder verkleinert, dann stellt sich die neue Frequenz

$$f_2 \pm \Delta f_2$$

allmählich ein, ohne die Überhöhung mit dem Faktor k. Diese Möglichkeit des *Einschleichens* spielt auch bei anderen Arten von Rezeptoren eine Rolle.

Die Signale der Spindelrezeptoren gelangen wahrscheinlich nicht bis zum Großhirn und damit nicht ins Bewußtsein; sie dienen zur Steuerung des Gesamtmuskels, s. Abschnitt 15.2.1. Für die *bewußte* Wahrnehmung der Gliederstellung sind die Sehnenrezeptoren sowie die Druck- und Berührungsrezeptoren der Haut maßgebend [29]. Die Sehnenrezeptoren sind außerordentlich empfindlich gegen Kraftänderungen; die Unterschiedsschwelle geht bis etwa 0,5 % herab.

Der Geruchssinn. Die Geruchsrezeptoren befinden sich auf einer verhältnismäßig kleinen Fläche im oberen Teil der Nasenhöhle [1]. Sie sprechen auf bestimmte chemische Stoffe mit verschiedener Schwelle an. Der Schwellwert liegt zum Teil bei außerordentlich großer Verdünnung, für Mercaptan (C_2H_5SH) z.B. bei $4,5 \cdot 10^{-14}$g je Liter Luft. Die große Zahl der verschiedenartigen Geruchseindrücke macht es wahrscheinlich, daß für die Geruchsempfindung die räumlichen Muster der angeregten Rezeptoren verschiedener Art und Schwelle maßgebend sind. Nach neueren Untersuchungen [86] gibt es 7 verschiedene räumliche Muster, die 7 Primärgerüchen entsprechen (kampferartig, moschusartig, blumig, minzig, ätherisch, stechend, faulig), aus denen sich also alle Geruchseindrücke zusammensetzen. Die Zahl der Rezeptoren dürfte bei etwa 10^7 liegen. Die Zahl der zum Gehirn führenden Nervenbahnen ist wesentlich kleiner; sie wird auf einige 10^3 geschätzt.

Der Geschmackssinn. Die Geschmacksempfindung ist komplexer Natur, sie wird ausgelöst durch die Signale von Geruchs-, Druck-, Thermo- und Schmerzrezeptoren sowie von besonderen *Geschmacksrezeptoren*.

Die Geschmacksrezeptoren *(Geschmacksknospen)* befinden sich an der Spitze, den Rändern und der Basis der Zunge, ferner im Rachen. Aus den vier deutlich unterscheidbaren Geschmacksqualitäten: süß, sauer, salzig, bitter wird geschlossen, daß es 4 Arten von Geschmacksrezeptoren gibt; sie sind in bestimmter feststellbarer Weise räumlich auf der Zunge verteilt.

Die Empfindlichkeit der Geschmacksrezeptoren hängt von der Temperatur ab. So verdoppelt sich z.B. bei NaCl die für die Schwellenanregung des Geschmacks erforderliche Konzentration, wenn die Temperatur der Salzlösung von 22° auf 42° erhöht wird. Die Empfindlichkeit gegen Änderungen der Konzentration liegt etwa in der gleichen Größe wie bei den Geruchsrezeptoren; die Unterschiedsschwellen liegen zwischen etwa 0,1 und 0,5. Insgesamt werden etwa 10^7 Geschmacksrezeptoren geschätzt, von denen mehrere 10^3 Nervenbahnen zum Gehirn führen.

Weitere Sinnesorgane. Außer den genannten Sinnesorganen gibt es noch weitere Signalquellen des Organismus, die zu bewußten Empfindungen führen können. Hierher gehören das Hungergefühl, das Durstgefühl, der Appetit, das Nahrungsbedürfnis, das Gleichgewichtsgefühl und ähnliche sogenannte Allgemeingefühle, die selbst wieder aus den Signalen einer Vielzahl verschiedener Rezeptoren entstehen. Über diese Vorgänge ist quantitativ fast nichts bekannt.

Sinnesempfindungen. Über die durch die Sinnesorgane ausgelösten subjektiven Empfindungen ist quantitativ nur für wenige Fälle Genaueres bekannt. Dabei hat sich empirisch für den Zusammenhang zwischen der Empfindung E und dem physikalischen Signal S ein Potenzgesetz ergeben [83]:

$$E = k\,S^n.$$

Der Exponent n liegt innerhalb weiter Grenzen. Zum Beispiel ist für die Lautheit in einem ziemlich weiten Bereich $n = 0,4$, wenn mit S die Schalleistungsdichte bezeichnet wird; für eine elektrische Reizung am Finger wurde $n = 3,5$ gefunden, wenn S die Stromstärke bedeutet.

15.1.2 Die Signalübermittlung in den Nerven

Die Fortleitung und Übertragung der Erregungsimpulse geht im Nervensystem in den Nervenfasern vor sich. Diese sind meist in größerer Anzahl zu Bündeln vereinigt und bilden Ausläufer von Nervenzellen. Die Nervenzelle wird auch *Neuron* genannt und besteht aus einem Zellkörper (Durchmesser zwischen etwa 5 µm und 100 µm), der zahlreiche verzweigte Fortsätze aussendet. Von diesen endigen die meisten, die sogenannten *Dendriten*, frei; sie haben Längen unter etwa 1 mm. Ein besonders ausgeprägter starker fadenförmiger Fortsatz mit einem Durchmesser zwischen 2 µm und 16 µm und Längen bis über 1 m ist die eigentliche Nervenfaser, auch *Axon* oder Neurit genannt. Dies ist die Ausgangsleitung der Nervenzelle. Sie endigt entweder (meist mit vielen Verzweigungen) auf anderen Nervenzellen oder auf Muskeln oder Drüsen, die durch die übermittelten Impulse angeregt werden. Auf dem Zellkörper oder den Dendriten münden die Ausgangsleitungen von anderen Neuronen oder von Sinnesorganen ein. Die Endigungen bilden Verbreiterungen, die sogenannten Endknöpfe [30]. Abb. 15-11 soll das allgemeine Schema eines Neurons zeigen. Das Neuron ist ein im gewissen Sinne selbständiges Gebilde, das wie alle Zellen des Körpers von einer Membran umgeben ist. Diese Membran spielt in der Funktion des Neurons eine wichtige Rolle. Mißt man die Spannung des Zellinnern gegenüber dem Äußeren, so findet man im Ruhezustand der Zelle ein bestimmtes Potential, das bei den verschiedenen untersuchten Zellen bei etwa -70 mV liegt. Dieses Potential wird erklärt durch einen Überschuß von Kaliumionen im Innern der Zelle und von Natriumionen außerhalb der Zelle. Entgegen der Diffusion der Ionen durch die Membran wird dieser Überschuß durch eine energetisch aktive Wirkung der Membarn aufrechterhalten. Die Membran befördert ständig entgegen der Wirkung des Potentialgefälles K-Ionen nach innen und Na-Ionen nach außen, eine Tätigkeit, die auch als K-Na-Pumpe bezeichnet wird.

Die Folge dieser Tätigkeit ist das Ruhepotential des Zellinnern von $-70\,mV$ gegenüber dem Äußeren.

Das Neuron kann auf verschiedene Weise zur Aussendung von elektrischen Impulsen angeregt werden (durch elektrische Spannungen oder durch bestimmte chemische Stoffe, s. Abschnitt 15.1.3). Bei einem solchen Impuls verläuft das Potential im Zellinneren etwa wie in Abb. 15-12 gezeigt. Der Impuls wird über das Axon weitergeleitet.

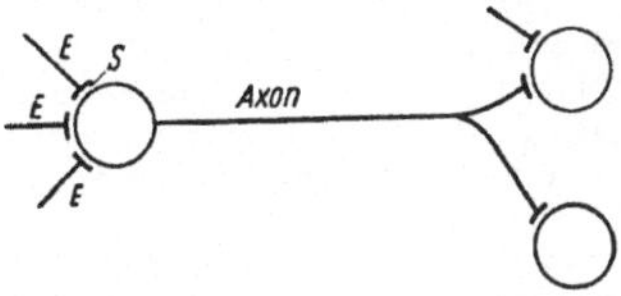

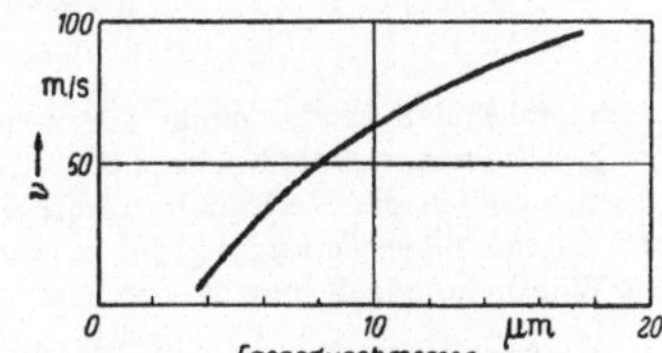

Abb. 15-11. Allgemeines Schema eines Neurons 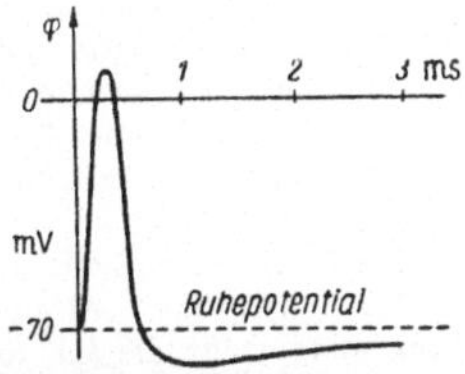   Abb. 15-12. Potentialverlauf im Zelleninnern

Auf die Impulsübertragung in den Nervenfasern sind verschiedentlich die Vorstellungen der Kabeltheorie angewendet worden, da die Nervenfasern ähnlich wie Kabelleitungen durch eine Hülle geringer elektrischer Leitfähigkeit, die sogenannte Markscheide, isoliert sind [30]. Diese Markscheide ist jedoch in bestimmten regelmäßigen Abständen durch Einschnürungen, die *Ranvier*schen Schnürringe, unterbrochen. Die Abstände dieser Einschnürungen sind etwa gleich dem 100- bis 300-fachen des Durchmessers der Nervenfaser, d.h. etwa 0,5 bis 5 mm. Nach den darüber vorliegenden Beobachtungen [31, 48] tritt an den Einschnürungsstellen eine Verstärkung der eintreffenden Impulse auf, so daß also eine lange Nervenfaser dem Bild einer Kabelleitung mit vielen in gleichen Abständen eingeschalteten Zwischenverstärkern entspricht [32], durch die die Impulse verstärkt und regeneriert werden. Die Nervenfasern führen so eine angenähert form- und amplitudengetreue Übertragung der Erregungsimpulse auch über beliebig lange Strecken durch. Die Fortpflanzungsgeschwindigkeit der Impulse ist bei dicken Nervenfasern größer als bei dünnen. Abb. 15-13 zeigt Zahlenwerte für Nervenfasern mit Markscheide, wie sie für die Nachrichtenübertragung im Zentralnervensystem vorwiegend in Betracht kommen [33] (Näheres über den von den Nerven übertragbaren Signalfluß s. Abschnitt 15.1.3 b).

Abb. 15-13. Fortpflanzungsgeschwindigkeit in Nervenfasern mit Markscheide

15.1.3 Zentralnervensystem, Nachrichtenverarbeitung

Die *Signalübertragung* in einer Nervenfaser zeigt das unserem physikalischen Verständnis gut zugängliche Bild der Nachrichtenübertragung mit Pulsfrequenzmodulation. Dies darf nicht darüber hinwegtäuschen, daß es sich in Wirklichkeit um ein äußerst kompliziertes Geschehen handelt. Die Nervenzelle führt z.B. auch ihre Ernährungsfunktionen durch, ja sie hat sogar die Fähigkeit, bei Verletzungen bis zu einem gewissen Grad sich selbst wieder zu regenerieren. Die Aufklärung dieser Funktionen ist wegen der äußerst feingliedrigen, vielfältigen und zarten Struktur der Nervenzellen sehr schwierig. Die Bemühungen der Neurophysiologie haben sehr viel Material über diese Fragen gesammelt und müssen sich trotzdem noch mit sehr bescheidenen Einblicken begnügen.

Noch viel undurchsichtiger erscheint physikalisch das Problem der *Nachrichtenverarbeitung* im Nervensystem, also zunächst die Frage, wie aus den verschiedenen, von den Sinnesorganen einlaufenden Nachrichten die Wahrnehmungen gewonnen werden. Selbst wenn von der sicher noch weit unzugänglicheren Frage abgesehen wird, wie der Mensch aufgrund seiner Wahrnehmungen seine Entscheidungen trifft, haben sich hier bis jetzt nur allererste Hinweise gewinnen lassen.

Man muß annehmen, daß die Vorgänge der Nachrichtenverarbeitung im Zentralnervensystem ablaufen. Dieses besteht aus einer sehr großen Zahl von Neuronen, die zu etwa $10 \dots 20 \cdot 10^9$ geschätzt wird; sie sind in der Hauptsache im Rückenmark und im Gehirn angeordnet.

Die Nachrichtenflüsse, die von den Sinnesorganen in Form von Pulsfrequenzmodulation in das Zentralnervensystem geliefert werden können, sind sehr groß. Abb. 15-14 stellt die im vorigen Abschnitt besprochenen Verhältnisse nochmals kurz zusammen [37]. Gegenüber diesen Informationskapazitäten verlaufen die Wahrnehmungen sehr langsam, so daß im Zentralnervensystem vielfältige *Umwandlungs-* und *Filterungsprozesse* angenommen werden müssen [38].

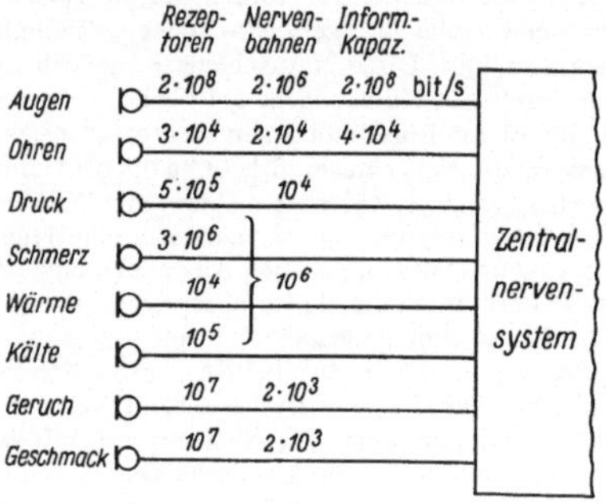

Abb. 15-14. Nachrichtenflüsse der Sinnesorgane, Anzahl der Rezeptoren, der Nervenbahnen und Informationskapazität

Im folgenden werden einige allgemeine Prinzipien angeführt, die nach den bisherigen Kenntnissen der Nachrichtenverarbeitung im Zentralnervensystem zugrunde liegen, nämlich die Nachrichtenverarbeitung des Neurons, die laterale Hemmung und die räumliche Zuordnung; ferner werden eigentümliche Korrekturmechanismen der Wahrnehmungen kurz besprochen.

a) Die Nachrichtenverarbeitung des Neurons. Das Neuron liefert bei Anregung Impulse aus. Für den *Zündvorgang* hat sich folgende Vorstellung aus den Beobachtungen ergeben [1, 40, 41, 42, 70, 79].

An der Zellmembran endigen die Nervenenden E anderer Nervenzellen, Abb. 15-11. Zwischen jedem Nervenende E und der Membran der betrachteten Zelle befindet sich ein synaptischer Spalt S, dessen Dicke die Größenordnung 10 nm hat. In dem synaptischen Spalt spielen sich die Übertragungsvorgänge von einer Zelle zur anderen ab. Läuft nämlich an einem Nervenende E ein elektrischer Impuls ein, so wird dadurch an diesem Ende ein sogenannter Übertragerstoff freigesetzt. Dieser wirkt im synaptischen Spalt auf die Membran der betrachteten Zelle ein und verändert hier die Durchlässigkeit der Membran. Es gibt nun verschiedene Gruppen solcher Übertragerstoffe, erregende und hemmende. Die erregenden Stoffe der Synapsen *erregender Neuronen* können zur Auslösung eines Impulses in der betrachteten Zelle führen, während die hemmenden Stoffe der Synapsen *hemmender Neuronen* dem entgegenwirken. Die erregenden Stoffe, zu denen z. B. Acetylcholin gehört, bewirken wahrscheinlich, daß die Zellmembran für K- und Na-Ionen durchlässig wird. Dadurch ergibt sich ein Potentialausgleich; das Potential im Zellinnern steigt rasch an.

Aufgrund der experimentellen Beobachtungen wird nun angenommen, daß die Durchlässigkeit der Zellmembran auch durch steigendes Potential im Zellinnern gefördert wird. Überschreitet daher das Potential im Zellinnern eine bestimmte Schwelle, dann entsteht infolge des positiven Rückkopplungseffektes der kurzzeitige positive Entladungsimpuls gemäß Abb. 15-12. Er pflanzt sich im Axon, also in der Ausgangsleitung fort, womit die Erregung auf die Synapsen anderer Nervenzellen übertragen wird oder auf die sogenannten Effektoren, die der Anregung der Muskeln und Drüsen dienen.

Nach Aussendung des Impulses kehrt die Zelle wieder in ihren Ruhezustand zurück; sie ist nach Ablauf einer gewissen Zeit, der *Refraktärzeit*, die in der Größenordnung 1 ms liegt, wieder bereit, bei entsprechender Anregung einen neuen Impuls auszusenden.

Bei den hemmend wirkenden Synapsen werden an den betreffenden Nervenenden Übertragerstoffe ausgeschieden, die zu einem Absinken des Potentials im Zellinnern führen. Der Mechanismus scheint darin zu bestehen, daß durch diese zweite Gruppe von Übertragerstoffen die Zellmembran nur für Ionen mit Durchmessern unterhalb einer bestimmten Grenze durchlässig wird (für Kalium- und Chlorionen, aber nicht für die größeren Natriumionen). Dadurch sinkt das Zellpotential unter den Ruhewert von -70 mV, die Zelle wird *überpolarisiert*. Die zur Zündung erforderliche Potentialerhöhung und damit die notwendige Menge der erregenden Substanzen wird größer. Die Erregung der Zelle ergibt sich also jeweils als Resultat des Zusammenwirkens von fördernden und hemmenden Synapsen.

Quantitativ gilt für jede *erregende Synapse*, daß die in einem Zeitelement dt ausgeschiedene Übertragerstoffmenge dm_e proportional der dem Endorgan zufließenden Elektrizitätsmenge $i \cdot dt$ ist, vermindert um einen Betrag infolge Diffusion oder chemischen Abbaus des gebildeten Übertragerstoffes:

$$dm_e = \alpha_e\, i\, dt - \beta_e\, m_e\, dt. \qquad (15\text{-}3)$$

$1/\beta_e = \tau_e$ ist die Zeitkonstante, mit der der Übertragerstoff nach Aufhören des Stromes i abklingt. Entsprechend gilt für jede *hemmende Synapse*

$$dm_h = \alpha_h\, i\, dt - \beta_h\, m_h\, dt. \qquad (15\text{-}4)$$

Die Ionenströme durch die Zellmembran wachsen im positiven bzw. negativen Sinn mit der Menge der gebildeten Übertragerstoffe, in erster Näherung proportional dazu, so daß der in die Zelle fließende Gesamtstrom in der Zeit dt wächst um

$$di_Z = \Sigma \gamma_e\, dm_e - \Sigma \gamma_h\, dm_h. \qquad (15\text{-}5)$$

γ_e und γ_h sind Konstanten für die erregende und hemmende Wirkung der Übertragerstoffe. Infolge des in die Zelle fließenden Stromes i_Z ändert sich das Potential der Zelle mit der Kapazität C_Z und dem Widerstand R_Z der Zellmembran um einen Betrag φ gemäß der Beziehung

$$i_Z = \frac{\varphi}{R_Z} + C_Z\, \frac{d\varphi}{dt}. \qquad (15\text{-}6)$$

Es wird nun angenommen, daß Zündung dann eintritt, wenn φ einen bestimmten Schwellwert φ_0 überschreitet:

$$\varphi > \varphi_0. \qquad (15\text{-}7)$$

Die Aussagen der Gln. (15-3) bis (15-7) kann man in einem *elektrischen Modell* der Nervenzelle zusammenfassen, Abb. 15-15 [24]. Die Spannung an den Kondensatoren C_e und C_h ist ein Maß für die ausgeschiedenen erregenden bzw. hemmenden Übertragerstoffmengen. Der Abbau dieser Stoffe ist durch die Widerstände R_e und R_h dargestellt. Sie werden durch die Zeitkonstanten τ_e und τ_h für die beiden Arten von Übertragerstoffen bestimmt. Für die Änderung des Potentials in der Zelle ist die Zeitkonstante $\tau_Z = R_Z C_Z$ der Zelle maßgebend. Sie hat die Größenordnung von 1 ms. C_Z wird durch einen Strom aufgeladen, der sich aus den Spannungen an den Kondensatoren C_e und C_h ableitet. Dies sei durch die hohen Widerstände W_e und W_h angedeutet. Die an C_Z entstehende Spannung entspricht der Potentialerhöhung im Zellinnern. Sie wirkt auf den monostabilen Impulsschalter IS ein. Beim Überschreiten der Ansprechschwelle φ_0 sendet dieser einen Spannungsimpuls in die Ausgangsleitungen N_3. Gleichzeitig wird über die Rückkopplung K der Kondensator C_Z entladen. Die Rückstellzeit des Impulsschalters veranschaulicht die Refraktärzeit der Nervenzelle. Die hemmenden Nervenenden werden in dem Ersatzbild durch negative Spannungsimpulse an den Eingängen N_2 dargestellt.

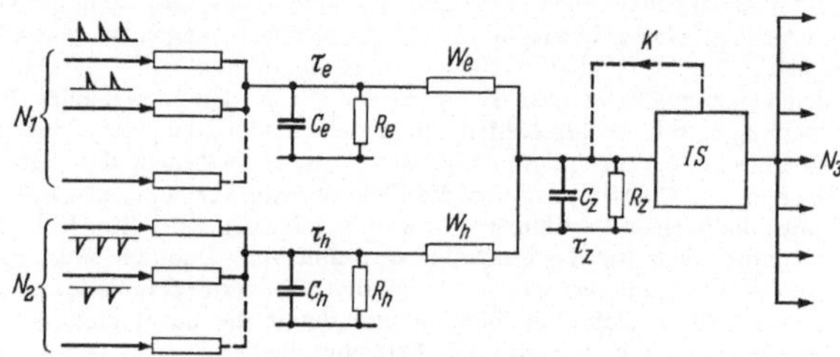

Abb. 15-15. Elektrisches Modell des Neurons

Das Modell kann nur als eine erste Veranschaulichung der Funktion der Nervenzelle angesehen werden. Es berücksichtigt z.B. nicht die stark nichtlinearen Eigenschaften der Zellmembran. Genauere elektronische Modelle aufgrund der von *John C. Eccles* [79] sowie von *A. L. Hodgkin* und *A. F. Huxley* [70] aufgestellten Beziehungen sind insbesondere von *McGrogan* [71], *L. D. Harmon* [72] sowie von *K. Küpfmüller* und *F. Jenik* [66, 73, 85] entwickelt worden; vergleichende Übersicht s. bei *F. Jenik* [74], genaue Berechnungen bei *F. Jenik* und *H. Hoehne* [103]. Untersuchungen mit solchen Modellen haben gezeigt, daß das Neuron sowohl Eigenschaften eines digitalen als auch die eines analog wirkenden Verarbeitungselementes aufweist [74, 75]. Wegen der Abbildung der Reizgröße durch Pulsintervall-Modulation (s. Abschnitt 15.1.1) dürfte jedoch die analoge Verarbeitung die überragende Rolle im zentralen Nervensystem spielen. In Tabelle 15-1 sind die wichtigsten Funk-

Tabelle 15-1. Funktionen eines Neurons

Eingangsfrequenz f_e	Funktion	Ausgangsfrequenz f_a
1 Erregungspuls, f_e	1. Übertragung	$f_a = f_e$
	2. Verzögerung	$f_a = f_e$
	3. Frequenzteilung	$f_a < f_e$
	4. Frequenzvervielfachung	$f_a > f_e$
2 Erregungspulse, f_{e1}, f_{e2}	1. Addition	$f_a = f_{e1} + f_{e2}$
	2. Multiplikation	$f_a = k f_{e1} f_{e2}$
1 Erregungspuls $f_{e1}+$	1. Sperrung	$f_a = \begin{cases} f_{e1} \\ 0 \end{cases}$
1 Hemmungspuls f_{e2}	2. Differenzbildung	$f_a = f_{e1} - k f_{e1} f_{e2}$

tionen zusammengestellt, die durch ein einziges Neuron bei Erregung an einem und an zwei Eingängen erzeugt werden können. Von starkem Einfluß auf das Zustandekommen bestimmter Funktionen sind die Amplituden der Impulse und die Höhe der Ansprechschwelle. Die Verstellung der Ansprechschwellen durch hemmende Neuronen düfte ein wichtiges Hilfsmittel der Signalverarbeitung im Neuronennetz sein; s. auch Abschnitt c).

Durch ein konstantes Potential an einem erregenden Eingang kann am Ausgang eine periodische Impulsfolge erzeugt werden; die Nervenzelle wirkt als *Pulsgenerator*. Ein hemmender Eingang an der gleichen Nervenzelle verursacht eine Erniedrigung der Frequenz des Ausgangspulses bei Erhöhung der Frequenz des Eingangspulses *(Umkehrneuron)*.

Da andere wesentliche Funktionen der Signalverarbeitung in der Nervenzelle bisher nicht bekannt geworden sind, muß man annehmen, daß die gesamte Nachrichtenverarbeitung im Zentralnervensystem sich mit Bauelementen dieser Art vollzieht.

Das Netz der Neuronen ist außerordentlich stark verzweigt. Auf einem Neuron können Hunderte von Endknöpfen anderer Neuronen einmünden, und jede Ausgangsleitung kann sich in ähnlich viele Zweige aufspalten. Nur für ganz einfache Schaltungen von Nervenzellen gibt es bis jetzt Untersuchungen über die Auswirkung der Signalverarbeitungsfunktionen der einzelnen Zelle [74 bis 78, 127].

b) Der Informationsfluß einer Nervenfaser. Die an den Synapsen einlaufenden Impulse werden gemäß Gl. (15-3) über eine gewisse Zeit integriert; die Integrationszeit T_i ist durch die Zeitkonstante $\tau_e = 1/\beta_e$ gegeben. Eine derartige Integration (Glättung) tritt auch an allen Effektoren auf, z.B. durch chemische Prozesse in Muskeln und Drüsen oder mechanisch durch die zu bewegenden Massen. Der kleinste Abstand τ_{min} zweier aufeinander folgenden Impulse ist durch die Refraktärzeit begrenzt. Die Zahl der möglichen Impulszahlen im Intervall T_i ist $1 + T_i/\tau_{min}$. Daher kann jede Nervenfaser den *maximalen Informationsfluß*

$$C = \frac{1}{T_i}\, \mathrm{ld}\,(1 + T_i/\tau_{min})\ \text{bit} \tag{15-8}$$

auf den Effektor übertragen [104, 105]. Für $\tau_{min} = 1$ ms zeigt Abb. 15-16 die danach berechneten Werte von C in dem Hauptbereich der im Zentralnervensystem vorkommenden Integrationsintervalle. Die wirklichen Informationsflüsse sind infolge von Störgrößen und zeitlichen Schwankungen etwas geringer [106, 107].

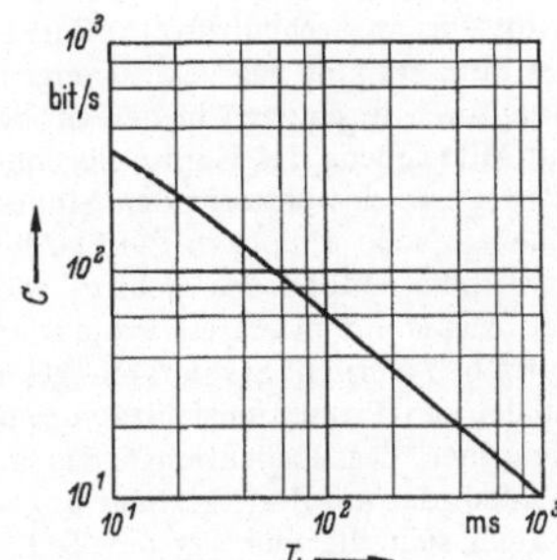

Abb. 15-16. Obere Grenze für den Informationsfluß in einer Nervenfaser; kleinster Abstand zwischen zwei aufeinanderfolgenden Impulsen 1 ms

c) Die laterale Hemmung. Bei Beleuchtung des Auges mit einem sehr feinen Lichtstrahl findet man, daß zu jeder Faser des optischen Nervs ein ganz bestimmtes *rezeptives Feld* auf der Netzhaut gehört. Diese rezeptiven Felder sind etwa kreisförmig mit einem Durchmesser von der Größenordnung 0,2° im zentralen Teil der

Netzhaut. Zwei Arten von Ausgangsneuronen der Netzhaut unterscheiden sich dadurch, daß die Pulsfrequenz in der Nervenfaser bei Beleuchtung im Zentrum des rezeptiven Feldes entweder höher oder niedriger wird, während in einem ringförmigen Umfeld die (allerdings schwächere) entgegengesetzte Wirkung beobachtet wird, Abb. 15-17 (*Kuffler*, 1953). Diese beiden Arten von Neuronen werden als „on-Neuronen" bzw. „off-Neuronen" bezeichnet [108]. Nervenfasern von on-Neuronen weisen daher bei Dunkelheit eine niedrigere, bei Beleuchtung des Auges eine höhere Pulsfrequenz auf, während sich off-Neuronen gegensätzlich verhalten.

Die Struktur der rezeptiven Felder wird dadurch erklärt, daß jedem Ausgangsneuron der Netzhaut nicht nur bestimmte Rezeptoren erregend zugeordnet sind, sondern die benachbarten Rezeptoren eines weiteren kreisförmigen Umfeldes hemmend einwirken [89, 108 bis 112]. Die Abb. 15-18 zeigt schematisch die beiden Möglichkeiten der lateralen Hemmung, Fall a) die Vorwärtshemmung, Fall b) die Rückwärtshemmung.

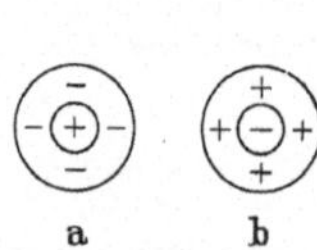

Abb. 15-17a u. b. Rezeptive Felder. a) on-Feld; b) off-Feld

Abb. 15-18a u. b. Laterale Hemmung. a) Vorwärtshemmung; b) Rückwärtshemmung

Durch die laterale Hemmung werden räumliche Kontraste verschärft, Unschärfen infolge von Diffusion und Linsenstreuung korrigiert. Zeitlich konstante Anregungen werden durch die laterale Hemmung geschwächt, zeitliche Änderungen dagegen hervorgehoben [113, 117, 127, 128].

Laterale Hemmung findet sich nicht nur in der Netzhaut und anderen Rezeptorenarten, sondern als ein allgemeines Prinzip auch in den verschiedenen Stationen des Zentralnervensystems [114].

d) Die räumliche Zuordnung. Von den Sinnesorganen führen die Nervenleitungen über mehrere Zwischenstationen, in denen Verknüpfungen stattfinden, bis zur Großhirnrinde, die die letzten Verarbeitungsstufen enthält und als Sitz des Bewußtseins angesehen wird. Auf dem Wege bis zu den sogenannten Projektionsfeldern der Sinnesorgane liegt eine strenge räumliche Ordnung vor. Erregungen von Sinnesrezeptoren erscheinen in der Großhirnrinde zunächst an bestimmten symmetrisch zur Mittelebene des Kopfes liegenden Gebieten, den sogenannten *primären Projektionsfeldern* des betreffenden Sinnesorgans [1, 39]. Die Zuordnung ist jedoch nicht eine einfache Punkt-zu-Punkt-Abbildung. Nach Untersuchungen an Tieren mit ähnlichem Aufbau des Gehirns wie beim Menschen sind z. B. die rezeptiven Felder der Augen im primären Projektionsfeld wesentlich größer als in den Fasern des optischen Nerven. Sie sind langgestreckt und ihre Hauptachse hat an verschiedenen Stellen des Projektionsfeldes verschiedene Richtungen. Ferner sprechen bestimmte Neuronen des Projektionsfeldes auf bestimmte Formen (z. B. Strecken, Ecken, Winkel) der auf der Netzhaut abgebildeten Gegenstände an [114, 115]. Umgekehrt wirken sich die aus engsten Teilbezirken der Netzhaut kommenden Signale auf weite Gebiete in den Projektionsfeldern und anderen Bereichen der Hirnrinde aus. Auf dem Wege der Nachrichtenverarbeitung ist sowohl eine starke Divergenz der Signalübermittlung als auch eine scharfe Konvergenz der Auswertung zu finden [88].

Die Verknüpfung der Signalbahnen in den verschiedenen Stationen (Schichten) des Gehirns zeigt eine große Vielfalt. Häufig finden sich Systeme von parallelen Nervenfasern, die die Ausgangsleitungen von erregenden oder hemmenden Neuronen sind; sie kreuzen die dazu senkrecht stehenden Dendriten von Neuronen, so daß an den Kreuzungsstellen Synapsen gebildet werden können. Als ein Beispiel veranschaulicht die Abb. 15-19 schematisch eine Ausgangszelle des Kleinhirns (Purkinje-Zelle) [116]. Etwa $2 \cdot 10^7$ solche Zellen bilden neben- und hintereinander in Zeilen geordnet eine Schicht der Kleinhirnrinde. Es sind hemmende Neuronen, deren Ausgangsleitungen A auf die Willkürmuskeln des Körpers über deren Nervensystem einwirken. Diese Neuronen werden durch Eingangsnervenfasern E erregt. Durch die Dendritenbäume der Ausgangsneuronen laufen nun mehrere Systeme von parallelen Fasern; es sind Axonleitungen von anderen Neuronen mit Längen bis etwa 3 mm. Jede Purkinje-Zelle wird so von etwa 200 000 bis 300 000 Axonleitungen der in Abb. 15-19 mit E_2 bezeichneten Art durchkreuzt; jede dieser Axonleitungen kann mit etwa 300 bis 400 Purkinje-Zellen Kontakte bilden. Ein zweites System von Eingangsleitungen E_1 dient der lateralen Hemmung der Purkinje-Zellen.

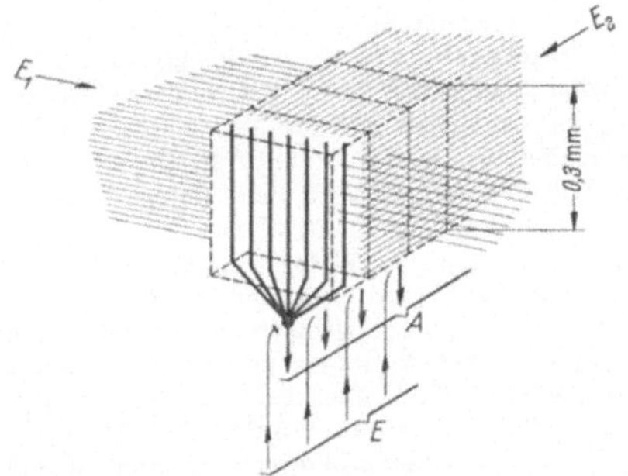

Abb. 15-19. Schema des Aufbaues der Kleinhirnrinde als dreidimensionale Lernmatrix. E Eingänge, A Ausgänge

Das Kleinhirn wird als ein Gegenkopplungs- und Regelungsapparat für die Willkürbewegungen angesehen. Die große Zahl der möglichen Verknüpfungsstellen legt es nahe, darin auch einen Lernapparat für körperliche Geschicklichkeiten zu vermuten. Der Mechanismus, mit dessen Hilfe sich Synapsen gerade an ganz bestimmten der Hunderttausende von Kreuzungs- oder Berührungspunkten zwischen Nervenfasern und Dendriten bilden, ist allerdings unbekannt. Im übrigen entsprechen diese Systeme völlig den Steinbuchschen Lernmatrizen.

Von den neueren Versuchen zur theoretischen Klärung der Vorgänge der Nachrichtenverarbeitung im Gehirn s. besonders [113, 117, 118, 119, 128].

e) Korrekturmechanismen der Wahrnehmungen. Der Mensch ist befähigt, ganz bestimmte Merkmale aus den durch die Sinnesorgane übermittelten Signalen herauszugreifen, auch wenn diese Signale mit starken Störungen, d.h. nicht zu der gewünschten Wahrnehmung gehörigen Signalen, durchmischt sind. Man bezeichnet diese Fähigkeit, besonders bei den Wahrnehmungen des Gehörs, auch als *Filterung*.

Ein sehr allgemeines Prinzip ist von *Holst* und *Mittelstaedt* gefunden worden [43] und als *Reafferenzprinzip* bezeichnet worden. Es besteht in folgendem:

Beobachten wir einen vorüberfahrenden Eisenbahnzug bei stillgehaltenem Kopf, so bewegt sich das Bild des Zuges auf unserer Netzhaut. Beobachten wir einen stillstehenden Eisenbahnzug und drehen unsere Blickrichtung, so bewegt sich das Bild des Zuges in gleicher Weise auf der Netzhaut. Trotzdem stellen wir auch ohne Bezugnahme auf andere stillstehende Gegenstände mit Sicherheit fest, daß es sich im ersten Fall um einen fahrenden, im zweiten Fall, daß es sich um einen stehenden Zug handelt. Die Erklärung ergibt sich daraus, daß wir mit den die Augendrehung bewirkenden Impulsen *(efferente Impulse)* gleichzeitig eine *Efferenzkopie* dieser Impulse senden. Die Efferenzkopie bewirkt eine Rückdrehung der vom Auge einlaufenden Signale *(Afferenzsignale)*. Abb. 15-20 stellt diese schematisch dar.

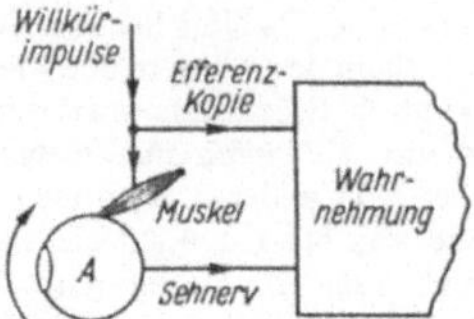

Abb. 15-20.
Zur Erklärung der Efferenzkopie

   Die Rückdrehung kann man sich so vorstellen, daß für das wahrgenommene Bild im Zentralorgan ein größerer Speicherraum zur Verfügung steht, als es dem Bild auf der Netzhaut entspricht, also z. B. der volle Winkel von 360° gegenüber den etwa 180° des Netzhautbildes. Durch die Efferenzkopie werden bei der Kopf- oder Augendrehung die Nervenbahnen des Auges jeweils auf diejenigen Wahrnehmungszellen geschaltet, die dem im Raum feststehenden Bild entsprechen. In Abb. 15-21 ist das Wahrnehmungsfeld im Zentralorgan mit dem vollen Winkel von 360° dargestellt, ferner ein Netzhautfeld von 90° Breite. Bei Blickrichtung geradeaus wird das Netzhautfeld im Wahrnehmungsfeld zwischen *A* und *B* abgebildet. Ein bestimmter Gegenstand erscheine auf der Netzhaut bei *G*; er wird daher im Wahrnehmungsfeld bei *P* abgebildet. Nun werde die Blickrichtung um 30° gedreht. Das Bild des Gegenstandes wandert bei der Drehung von *G* nach *G'*. Gleichzeitig werden nun durch die Efferenzkopie die Nervenfasern zwischen Netzhaut und Wahrnehmungsfeld umgeschaltet. Sie werden sämtlich um 30° nach links verschoben, so daß das ganze Netzhautbild jetzt zwischen *A'* und *B'* liegt. Damit fällt die Abbildung des Gegenstandes wieder auf *P*; der Punkt *P* bleibt also trotz der Augendrehung im Raum stehen. Vielpolige Sperrungen und Schalter müssen auch bei anderen Wahrnehmungen angenommen werden.
   Ein anderer Korrekturmechanismus des Zentralnervensystems besteht darin, daß die Sinnesmeldungen zunächst mit bestimmten eingeprägten Mustern verglichen werden [44]. Ein Beispiel bilden die sogenannten *optischen Täuschungen*. In Abb. 15-22 erscheint z. B. die obere Strecke länger als die in Wirklichkeit gleich lange untere Strecke. Dies beruht darauf, daß beim perspektivischen Sehen eine Korrektur im entgegengesetzten Sinn notwendig ist, damit wir gleich große Gegenstände auch als solche erkennen.

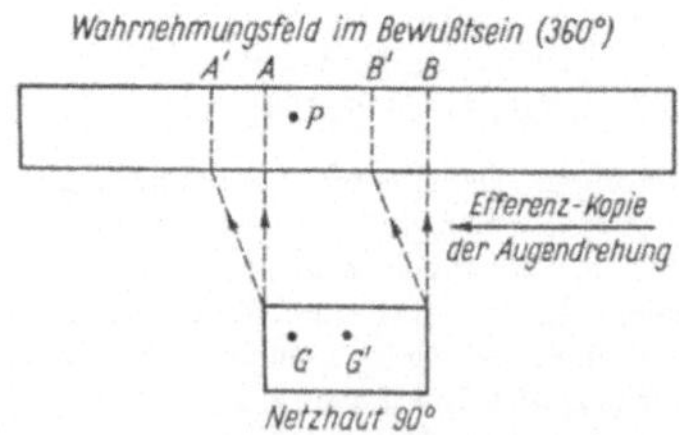

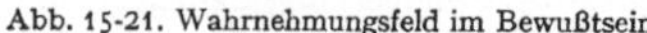

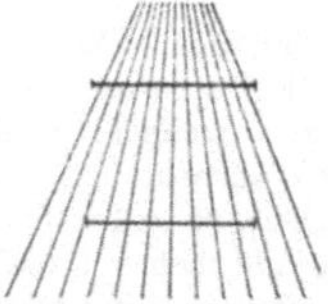

Abb. 15-21. Wahrnehmungsfeld im Bewußtsein   Abb. 15-22. Beispiel einer optischen Täuschung

   Ob bei der Nachrichtenverarbeitung im Zentralnervensystem zentrale *Taktgeber* tätig sind, ist nicht sicher bekannt. Gewisse Anzeichen deuten darauf hin. Bei der Elektro-Encephalographie (EEG) werden die Spannungen zwischen verschiedenen Punkten des Schädels oszillographiert. Sie liegen in der Größenordnung von 5 bis

50 μV und zeigen einen rhythmischen Verlauf mit Frequenzen zwischen etwa 0,5 Hz und 30 Hz. Besonders stark treten Frequenzen in der Umgebung von 10 Hz hervor (α-Band). Das Spektrum verändert sich bei verschiedenen Wahrnehmungen, Tätigkeiten und Störungen [50, 51]. Ein weiterer Hinweis könnte durch das *Zeitgedächtnis* gegeben sein. Hier zeigen sich erstaunliche Leistungen des Zentralnervensystems, die besonders bei Tieren genauer untersucht worden sind [52].

15.1.4 Das Gedächtnis

Nach Abb. 15-1 sind schon für die Ausbildung von Wahrnehmungen Speicher erforderlich. Wahrscheinlich gibt es im Zentralnervensystem Speicher mit ganz verschiedener Speicherfähigkeit in verschiedenen Bereichen. Als Gedächtnis wird meist die Fähigkeit zur Speicherung und Zuordnung von Wahrnehmungen und Erfahrungen über längere Zeiten bezeichnet.

Die Speicherfähigkeit des menschlichen Gehirns ist außerordentlich groß. Allein für die Kenntnis seiner Sprache benötigt der Mensch eine Speicherkapazität von rund $4 \cdot 10^6$ bit [37]. Die gesamte Speicherkapazität ist natürlich wesentlich größer. Aus der Zahl der Neuronen und der Zahl der unterscheidbaren Amplitudenstufen je Synapse wurde ein um 5 bis 6 Zehnerpotenzen höherer Wert geschätzt [47]. Wahrscheinlich ist aber die Speicherkapazität noch größer; aus experimentellen physiologischen und psychologischen Befunden wurde sie zu 10^{12} bis 10^{14} bit geschätzt [120].

Es ist noch nichts Sicheres darüber bekannt, wie die Speicherung im Zentralnervensystem vor sich geht [84]. Aufgrund der anatomischen Befunde ist es denkbar, daß Umlaufspeicher, d.h. geschlossene Ketten von Neuronen, im Zentralnervensystem vorkommen. Sie können aber nicht die einzige Form der Speicher darstellen, da sie mehrere Neuronen je bit erfordern und daher eine viel zu geringe Speicherkapazität ergeben würden. Möglich erscheint ferner eine *Speicherung durch Schaltung*, bei der in irgendeiner Form beim Lernen bestimmte Nervenbahnen und damit bestimmte Synapsen zubereitet werden. Dies entspricht älteren bekannten Vorstellungen der Physiologie, die unter der Bezeichnung *Plastizität* zusammengefaßt werden. Man hat darunter in der Vorstellung des Neuronenmodells, Abb. 15-15, zu verstehen, daß die Konstanten α_e und α_h, γ_e und γ_h in den Gln. (15-3), (15-4) und (15-5) beim Lernen verändert werden, z.B. durch Bilden neuer Synapsen, s. auch Abschnitt 15.1.3 d). Möglich ist aber auch, daß die Nachrichten nach anderen Prinzipien, z.B. durch Umlagerungen in bestimmten Molekülen des Zentralnervensystems gespeichert werden; doch gibt es darüber zur Zeit noch keine klaren Vorstellungen.

Aus experimentellen Beobachtungen kann geschlossen werden, daß alle über die Sinnesorgane einlaufenden Informationen zunächst in *Kurzzeitspeicher* gelangen. Diese ermöglichen das rasche Erkennen der einlaufenden Information, allerdings nur mit begrenzter Kapazität. Beim *Sehen* werden zwei aufeinander folgende Kurzzeitspeicher angenommen [101], ein auf Nachwirkung beruhender Speicher über 30 bis 250 ms (je nach Helligkeit und Zeitdauer des Bildes [124]) und ein eigentlicher Kurzzeitspeicher; für den letzteren hat *D.Trincker* [120] durch Beobachten der Augenbewegungen bei langsamen Sinusvorgängen festgestellt, daß eine Zeitspanne bis zu 20 s überbrückt werden kann. Dies dürfte etwa die obere Grenze für die bei den Sinnesorganen vorkommenden Kurzzeitspeicherungen sein. Aus Versuchen über das Verstehen von gleichzeitig gesprochenen Wörtern hat *Broadbent* [46] gefunden, daß die Speicherzeit im *Gehör* 1 bis 2 s beträgt.

Nach Ablauf der Speicherzeit erlöschen die aufgenommenen Informationen, wenn sie nicht auf Langzeitspeicher, d.h. auf das Gedächtnis, übertragen werden. Dies geschieht durch Lernen, durch wiederholtes Einprägen und Wiedergeben. Für diese *Langzeitspeicherung* hat *H.Förster* eine Hypothese aufgestellt [49], die einen ständigen Zerfallsprozeß voraussetzt, der durch periodische Wiederauffüllung aufgehalten werden kann.

15.2 Äußerungen und Tätigkeiten

Alle Handlungen, Äußerungen und Tätigkeiten des Menschen entstehen dadurch, daß aus dem Zentralnervensystem Erregungsimpulse den Muskeln zugeführt werden. Diese werden dadurch zur Kontraktion gebracht. Zur Signalübertragung zu den Muskeln dienen die efferenten Nerven (motorische Nerven), deren Zahl in der Größenordnung von 10^6 liegt, und die sich in vielfacher Weise zu den Muskelfasern verzweigen, aus denen die Muskeln zusammengesetzt sind. Abb. 15-23 soll das Gesamtschema des organischen Nachrichtensystems veranschaulichen.

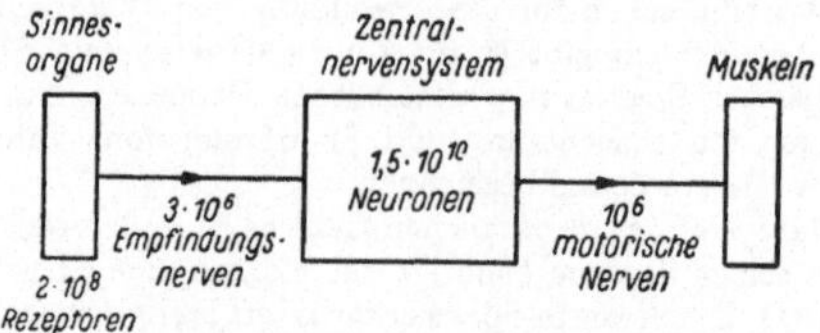

Abb. 15-23. Gesamtschema des organischen Nachrichtensystems

Wie die motorischen Erregungen aus den Signalen der Sinneszellen und den gespeicherten Erfahrungen gebildet werden, übersteigt weit die gegenwärtigen Kenntnisse. Seelische Vorgänge, das Bewußtsein und die Entscheidungsfreiheit des Menschen können bestimmend in dieses Geschehen eingreifen, das daher im Prinzip nicht kausal abläuft, d.h. nicht durch logische Verknüpfungen oder eindeutige Gesetzmäßigkeiten erklärt werden kann. Zu dieser Unbestimmtheit trägt bei, daß das menschliche Gehirn, anscheinend auch biologisch einer relativ raschen Weiterentwicklung unterliegt [80]. Aus prähistorischen Funden kann abgeschätzt werden, daß sich die Zahl der Nervenzellen des menschlichen Gehirns im Laufe der letzten 1 Million Jahre etwa verdoppelt hat [121]. Dies entspricht einer durchschnittlichen Entwicklungsrate von rund 10^{-6}/Jahr. Da es keine Anhaltspunkte dafür gibt, daß die Entwicklung von irgendeinem Zeitpunkt ab aufgehört hat, so würde dies bedeuten, daß sich das menschliche Gehirn im Durchschnitt um 10^4 Neuronen im Jahr oder um einige 10^5 Neuronen je Generation erweitert, allerdings sicherlich mit großen zeitlichen und örtlichen Schwankungen. Nach Untersuchungen von *H. Spatz* [80, 81] bestehen Anzeichen dafür, daß diese Weiterentwicklung in einem Teil des Gehirns vor sich geht (basaler Neocortex), der mit den höchsten geistigen und seelischen Eigenschaften des Menschen, dem *Kern der Persönlichkeit*, eng verbunden ist.

Das Problem des *Bewußtseins* ist noch ungelöst. In den verschiedentlich darüber angestellten Überlegungen spielt das Modell oder Abbild der Außenwelt eine wesentliche Rolle. Dabei bleibt jedoch die Fage offen, wie das *Ich-Bewußtsein*, das *bewußte Denken* und *Betrachten* zu erklären sind. Auch für die seelischen Empfindungen und Gefühle haben sich bis jetzt noch keine physikalischen Vorstellungen entwickeln lassen. Literatur und kritische Betrachtungen darüber bei *R. Jung* [110].

Handlungen, die ohne das Eingreifen des Bewußtseins ablaufen, nennt man Reflexhandlungen oder kurz *Reflexe*. Sie unterliegen bestimmten Gesetzmäßigkeiten und bilden die niedrigste und einfachste Stufe der Nachrichtenverarbeitung.

Bestimmte Gesetzmäßigkeiten finden wir auch bei allen willkürlichen, d.h. mit einem bestimmten Ziel absichtlich durchgeführten Bewegungsvorgängen. Es sind Vorgänge, die man mit den Begriffen *Steuerungs- und Regelungsvorgänge* zusammenfassen kann.

In vielen Fällen handelt es sich bei der Nachrichtenverarbeitung durch den Menschen um die Durchführung bestimmter gesetzmäßiger Aufgaben. Das Ergebnis der Handlung oder Äußerung kann wieder eine Nachricht sein, wie z.B. beim Schreiben oder Rechnen oder Vorlesen. Es kann sich auch um die Betätigung und

Steuerung von Einrichtungen handeln, wie z.B. beim Schreibmaschinenschreiben oder bei der Bedienung von Maschinen. Bei diesen *schematischen Nachrichtenverarbeitungen* können die Nachrichtenflüsse und damit die Verarbeitungsgeschwindigkeiten in gewissen Grenzen gemessen werden.

Im Organismus des Menschen vollzieht sich laufend eine *innere Nachrichtenverarbeitung* im sogenannten vegetativen Nervensystem, das die für das Leben wichtigen Vorgänge regelt und das außerhalb des Bewußtseins tätig ist.

15.2.1 Reflexe

Bekannte einfache Reflexe sind die Abkehrbewegungen bei schmerzhaften Berührungen und der Streckreflex bei plötzlicher Muskeldehnung (z.B. Kniereflex). Diese Reflexe gehen auf kurzen Regelungskreisen, zum Teil nur über eine Zwischenstufe vor sich. Als Beispiel zeigt Abb. 15-24 das Schema der Nervenbahnen eines Muskels. M bezeichnet den Hauptmuskel, Sp eine Muskelspindel. Die erregenden Impulse kommen über E aus einem höheren Zentrum des Zentralnervensystems. Sie wirken über E_1 unmittelbar auf die Muskelspindel und von E_2 über ein Neuron N und E_3 auf den Hauptmuskel. Die erzeugte Muskelkraft wird über S_2 zum Zentralorgan zurückgemeldet.

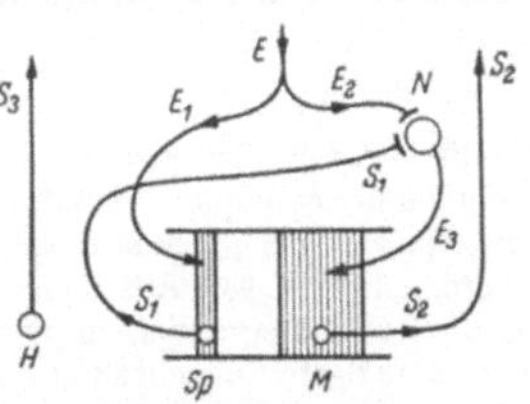

Abb. 15-24.
Schema der Nervenbahnen eines Muskels

Wird der Muskel durch äußere Kräfte plötzlich gestreckt, so werden die Spindelrezeptoren infolge der raschen Längenänderung stark erregt, s. Abschnitt 15.1.1. Sie wirken über S_1 auf das Neuron N ein, so daß unmittelbar durch Kontraktion des Muskels M eine kräftige Gegenwirkung zu der Streckung des Muskels entsteht (Gegenkopplung). Die Erregung der Spindelrezeptoren klingt allmählich gemäß Abb. 15-10 auf den der vergrößerten Länge des Muskels entsprechenden Wert ab. Mittlerweile haben aber die Hautrezeptoren H über S_3 und die Sehnenrezeptoren über S_2 die neue Situation zurückgemeldet, so daß eventeuell E neu eingestellt werden kann. Wesentlich ist, daß zunächst rasch eine vorläufige Korrektur erfolgt, die die Zeit bis zum Eingreifen höherer Instanzen überbrückt [43, 27].

Als *bedingte Reflexe* bezeichnet man erlernte, nicht dem Willen unterworfene Reaktionen auf Reize, besonders bei Tierversuchen. Sie zeigen das plastische Verhalten des Nervensystems, bei Übung neue Schaltungen zu bilden.

15.2.2 Steuerung und Regelung

In makroskopischer Betrachtungsweise stellen alle Handlungen und Äußerungen Steuerungs- oder Regelungsvorgänge dar. Abb. 15-25 soll diese beiden Begriffe in dem hier benützten Sinn erläutern. Unter Steuerung kann man die Einwirkung einer Nachricht auf einen Energiefluß oder einen Transportvorgang verstehen. Das Resultat ist irgendeine Wirkung. Bei der Regelung wirkt eine Nachricht über die erzielte Wirkung wieder auf den Energiefluß zurück. Dadurch ergibt sich das Bild des geschlossenen Regelkreises (s. Kapitel 1.4), und es entstehen Vorgänge, die den Eindruck einer gewissen selbständigen Zielstrebigkeit erwecken.

Regelungsvorgänge spielen besonders im vegetativen Nervensystem eine überragende Rolle [53]. Allgemeine theoretische Zusammenhänge sind von *Wiener* formuliert worden [54]. Unter *Kybernetik* wird die Anwendung der Vorstellungen der Steuerung und Regelung, der Nachrichtenübertragung und Nachrichtenverarbeitung auf biologische Vorgänge und allgemein auf Automaten verstanden.

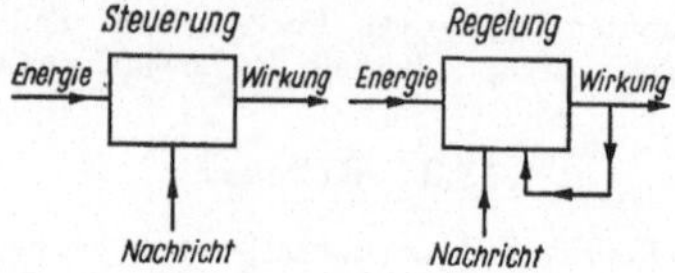

Abb. 15-25. Prinzip von Steuerung und Regelung

Die Regelkreise im Organismus sind mit Laufzeiten behaftet, teils wegen der endlichen Fortpflanzungsgeschwindigkeit der Erregungssignale in den Nervenbahnen, teils wegen der Zeitkonstanten und Refraktärzeiten der auf dem Regelkreis hintereinander angeordneten Neuronen. Der Übertragungsfaktor des offenen Regelkreises läßt sich bei einem linearen Regelsystem mit Laufzeit in der Form schreiben:

$$\mathfrak{A}(p) = \mathfrak{A}_0(p)\, e^{-pt_0}, \qquad (15\text{-}9)$$

wobei p die komplexe Frequenz, t_0 die Laufzeit und $\mathfrak{A}_0(p)$ eine beliebige Funktion von p sein kann. Die Frage, wie $\mathfrak{A}_0(p)$ beschaffen sein muß, damit der Regelvorgang nach einer plötzlichen Störung möglichst rasch abläuft, ist verschiedentlich untersucht worden [55 bis 58]. Aus diesen Untersuchungen folgt, daß für Verhältnisse, wie sie im Zentralnervensystem vorliegen, das sogenannte ideale Integralregelsystem die günstigste Einstellzeit ermöglicht. Dieses ist dadurch gekennzeichnet, daß

$$\mathfrak{A}_0(p) = \frac{K}{p}. \qquad (15\text{-}10)$$

K ist eine Konstante, die durch die Verstärkung auf dem Regelkreis bestimmt ist. Die Einstellzeit wird am kürzesten, wenn

$$K \approx \frac{0{,}45}{t_0}. \qquad (15\text{-}11)$$

Abb. 15-26 zeigt für einige Werte von K als Beispiele den zeitlichen Verlauf der Regelgröße nach einer plötzlichen Sollwertverstellung. Bei günstigster Einstellung des Regelsystems wird der Endwert etwa nach dem 4- bis 5fachen der Laufzeit t_0 erreicht.

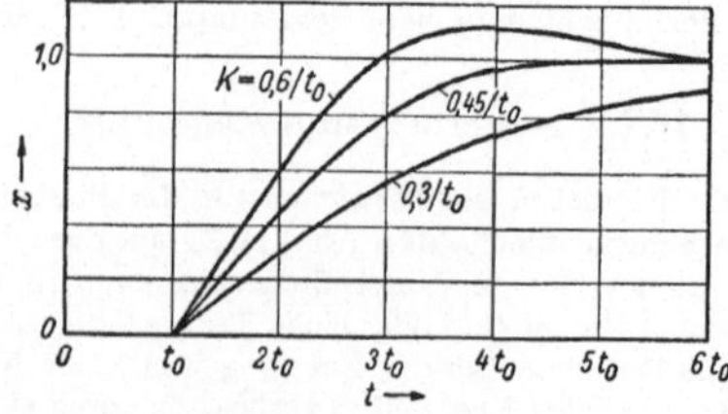

Abb. 15-26. Zeitlicher Verlauf der Regelgröße nach plötzlicher Sollwertverstellung

Bei Aufgaben, bei denen ein bestimmtes Ziel möglichst rasch erreicht werden soll, wird daher angenähert das Verhalten eines idealen Integralregelsystems angestrebt. Dies scheint sowohl für *unbewußte* als auch für *willkürliche Regelungen* zu gelten.

Bei willkürlichen Bewegungen [59, 60] handelt es sich im Prinzip um die Aufgabe, einen Körper möglichst rasch von einem Punkt zu einem anderen bestimmten Zielpunkt zu bringen. Diese Aufgabe kann sowohl durch einen Steuerungsvorgang als auch durch einen Regelungsvorgang gelöst werden.

Beim *Steuerungsvorgang* muß ein bestimmtes Zeitprogramm der wirkenden Kraft befolgt werden. Ist die Kraft, wie im Organismus, auf einen Maximalwert begrenzt, dann ergibt sich für den raschesten Vorgang eine parabolische Weg-Zeit-Kurve, nämlich die Bewegung mit konstanter maximaler Beschleunigung, Abb. 15-27, Kurve 1. Verlangt man, daß am Zielpunkt die Bewegungsgeschwindigkeit wieder Null ist, dann besteht das günstigste Programm darin, daß während des halben Weges die maximal beschleunigende, während des zweiten halben Weges die maximal verzögernde Kraft aufgewendet wird, Abb. 15-27, Kurve 2.

Der *günstigste Regelvorgang* nach Abb. 15-26 würde am Anfang einen Sprung der Geschwindigkeit, eine unendlich hohe Beschleunigung und daher bei endlichen Massen eine unendlich große Kraft erfordern. Infolgedessen geht der günstigste Regelungsvorgang immer aus einer Steuerung mit maximal möglicher Beschleunigung hervor. Erst wenn die notwendige Geschwindigkeit erreicht ist, kann der Vorgang in die Regelung übergehen, bei der nun das Ziel ständig mit der wirklichen Lage verglichen wird, bis das Ziel erreicht ist, Abb. 15-27, Kurve 3. *Die günstigste Regelung dauert daher immer länger als die günstigste Steuerung.* Die Steuerung stellt aber hohe Anforderungen an die genaue Vorbereitung und Einhaltung des Programms, die bei Regelung wegfallen. Durch die Aufnahme von Weg-Zeit-Kurven für die raschest möglichen Bewegungen können also Schlüsse über die Art des Vorganges erhalten werden. Bei günstigster Steuerung liegt der Wendepunkt der Kurven in der zweiten Hälfte des Vorganges, bei wirksamer Regelung dagegen mehr am Anfang. Aus der Form der aufgenommenen Weg-Zeit-Kurven der Regelvorgänge kann ferner die *Laufzeit* der beteiligten Regelkreise abgeschätzt werden. Dazu kann z. B. das in Abb. 15-28 angedeutete Verfahren dienen. Aus den bei 50 % und 80 % des Endwertes erreichten Werten ergeben sich beim günstigsten Verlauf etwa die eingeschriebenen Zahlenwerte, aus denen die Laufzeit t_0 ermittelt werden kann.

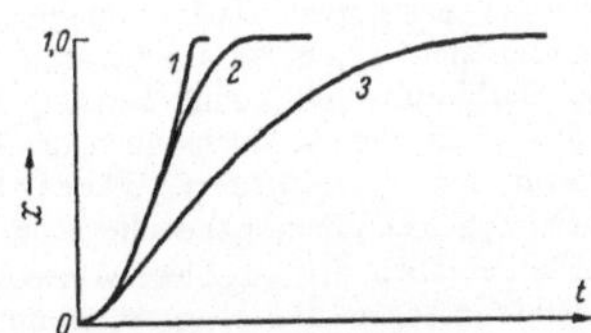

Abb. 15-27. Günstigste Programmsteuerung und günstigste Regelung

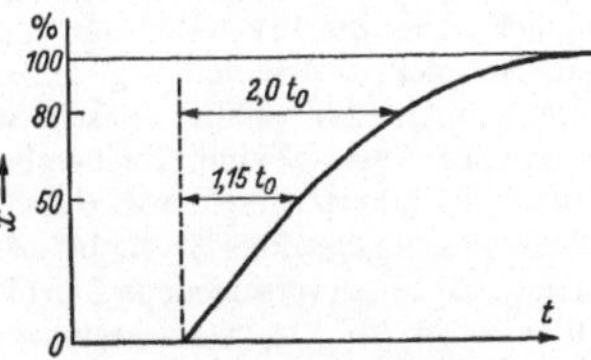

Abb. 15-28. Abschätzung der Laufzeit in Regelkreisen bei optimaler Einstellung

Vielfach handelt es sich um die Laufzeit von Regelkreisen, auf denen das im Zentralorgan aus der Gesichtswahrnehmung abgeleitete räumliche Bild des Zielpunktes verglichen wird mit der aus den Meldungen von Haut- und Muskelrezeptoren abgeleiteten Lage. Solche Laufzeitmessungen können Aufschluß geben über die Zahl der auf dem Regelkreis in Reihe liegenden Synapsen und damit über die Kompliziertheit des Vorganges. Rechnet man für eine Synapse etwa 1 ms, so liegen also auf dem Regelkreis so viele Stufen der Nachrichtenverarbeitung hintereinander, als es die Zahl der ms in der Laufzeit t_0 angibt. Aus Beobachtungen haben sich z. B. die in Tabelle 15-2 angegebenen Laufzeiten ergeben. t_r bedeutet die sogenannte *Reaktionszeit* oder Latenzzeit, die verstreicht, bis auf ein Signal hin die Bewegung beginnt [24].

Tabelle 15-2. Laufzeiten und Reaktionszeiten bei verschiedenen Bewegungsvorgängen

	Handbewegung	Kopfdrehen beim Richtungshören	Kieferbewegung beim Sprechen
$t_r =$	150 ··· 200	350	200 ms
$t_0 =$	40 ··· 50	80	20 ··· 30 ms

Bei der Aufgabe des *Verfolgens einer vorgeschriebenen Spur*, z.B. beim Nachstellen einer Marke auf einen Zeiger oder beim Lenken eines Fahrzeuges, zeigt der Mensch ebenfalls das Bestreben, den gesamten Regelkreis auf das Verhalten des idealen Integralreglers zu ergänzen [122]. Abweichungen von diesem Verhalten ergeben sich, abgesehen von den Grenzen infolge der beschränkten Kräfte, immer dann, wenn die Zieländerungen vorhersehbar sind [123]. Der Mensch versucht dann, diesen *vorhersehbaren Änderungen* rechtzeitig zu begegnen. Der sinusförmigen Bewegung eines Zielpunktes kann man z.B. mit der Hand leicht folgen, ohne daß eine der Laufzeit t_0 entsprechende Phasenverschiebung ωt_0 eintreten muß. Der Mensch lernt rasch, den notwendigen zeitlichen Vorhalt in die Bewegung einzukalkulieren [61, 62].

Nach häufigem Wiederholen von gezielten Bewegungen läßt sich erfahrungsgemäß der Vorgang rascher durchführen als anfänglich. Der Mensch ist befähigt, Programme zu bilden und zu speichern, so daß der Bewegungsablauf aus dem Programm gesteuert werden kann und nur von Zeit zu Zeit durch Sinnesorgane überwacht zu werden braucht. Ein Beispiel bildet die Handschrift [82].

15.2.3 Maximale Nachrichtenflüsse bei schematischer Nachrichtenverarbeitung

Die Schnelligkeit, mit der der Mensch Nachrichtenverarbeitungsaufgaben durchführen kann, ist begrenzt durch die Aufnahmefähigkeit der Sinnesorgane, die Verarbeitungsgeschwindigkeit im Zentralnervensystem und die Grenzen der für die Tätigkeit oder Äußerung erforderlichen Bewegungsvorgänge [65].

Einen gewissen Aufschluß über die *Aufnahmegeschwindigkeit beim Sehen* geben Versuche über die Erkennbarkeit von Wörtern bei sehr kurzen Darbietungszeiten. Zum Beispiel werden von 8 gleichzeitig dargebotenen beliebigen Buchstaben im Durchschnitt 32% richtig gelesen, wenn die Darbietungszeit 40 ms beträgt. Da die richtige Auswahl eines Buchstabens aus den 26 möglichen Buchstaben des Alphabets 4,7 bit erfordert, so wird also eine Information von 8 · 0,32 · 4,7 bit = 12 bit aufgenommen gegenüber 8 · 4,7 bit = 37,6 bit bei richtiger Wiedergabe aller 8 Buchstaben [63]. Für verschiedene Darbietungszeiten ergaben sich auf diese Weise ungefähr die in Abb. 15-29 dargestellten Nachrichtenmengen. Bei einer $^1/_2$ s langen Darbietung wird also erst rund die Hälfte der angebotenen Nachrichtenmenge (37,6 bit) aufgenommen.

Bei sehr kurzen Darbietungen spielt die Speicherung des Bildes eine wesentliche Rolle (s. Abschnitt 15.1.4). Die Zeit, die wir zum Erkennen der Buchstaben brauchen, kann wesentlich länger sein als die Darbietungszeit. Daher kann aus Abb. 15-29 geschlossen werden, daß die Wahrnehmungsgeschwindigkeit des Auges kleiner als 12 bit/40 ms = 300 bit/s ist.

Pierce und *Karlin* [64] haben untersucht, wie rasch Wörter verschiedener Häufigkeit und Länge gelesen werden können. Es ergaben sich maximale Lesegeschwindigkeiten von 43 bit/s. Die zum Lesen eines Wortes durchschnittlich benötigte Zeit hängt für mittelhäufige Wörter nach diesen Versuchen gemäß Abb. 15-30 von der Silbenzahl je Wort ab. Da die maximal mögliche Sprechgeschwindigkeit höher liegt, dürften die so erhaltenen Zahlen ungefähr die *Erkennungszeiten beim Lesen* darstellen. Die Aufnahmefähigkeit liegt also hier zwischen 40 bit/s und 50 bit/s. Zu dem gleichen Ergebnis kommt man bei Versuchen mit leisem Lesen [37].

Die *Erkennungszeiten beim Hören* lassen sich durch Nachsprechversuche ermitteln [24]. Bei Vokalen ergeben sich kürzeste Zeiten von etwa 70 ms entsprechend 30 bis 40 bit/s, bei Wörtern durchschnittlich etwa 250 ms entsprechend 40 bit/s.

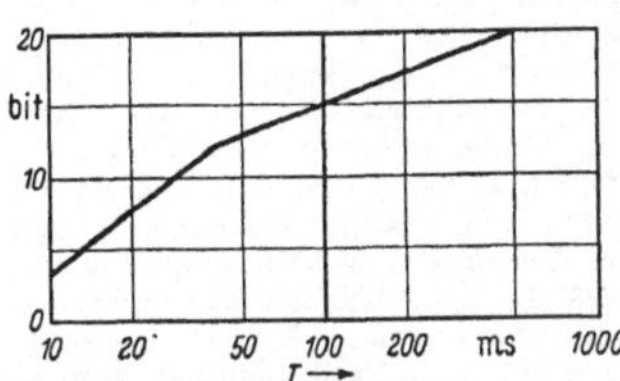

Abb. 15-29. Nachrichtenmenge bei verschiedener Darbietungszeit

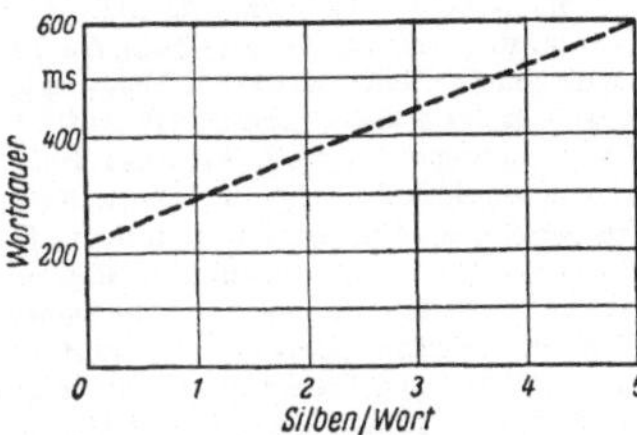

Abb. 15-30. Lesezeit in Abhängigkeit von der Wortlänge

Alle an der Nachrichtenverarbeitung im menschlichen Organismus beteiligten Instanzen scheinen auf diese obere Grenze von etwa 50 bit/s eingerichtet zu sein. Für verschiedene Tätigkeiten sind maximal beobachtete Verarbeitungsgeschwindigkeiten nach [37] in Abb. 15-31 zusammengestellt. Die maximalen Nachrichtenflüsse sind der Reihe nach angegeben für: Lesen ohne zu sprechen, lautes Vorlesen, Korrekturlesen, Schreibmaschinenschreiben, Klavierspielen nach Noten, Addieren von zwei Ziffern, Multiplizieren von zwei Ziffern, Zählen von Gegenständen.

Die Zusammenhänge zwischen den Körperfunktionen und den körperlichen Leistungen werden in der Arbeitsphysiologie behandelt (s. [88, 125, 126]).

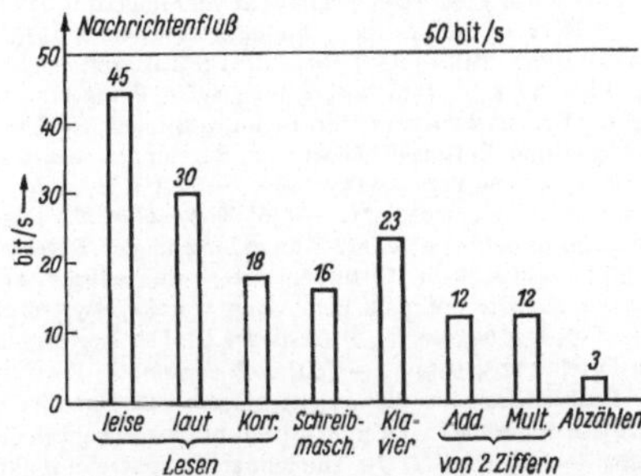

Abb. 15-31. Verarbeitungsgeschwindigkeit für verschiedene Tätigkeiten

Literatur

[1] *Rein, H., Schneider, M.:* Einführung in die Physiologie des Menschen. Berlin, Göttingen, Heidelberg: Springer 1956. — [2] *Geldard, F. A.:* The human senses New York 1956. — [3] *Østerberg, G.:* Acta ophtal. Kopenhagen 61 (1935) 1. — [4] *Lithgoe, R. J.:* The structure of the retina. Proc. Physiol. Soc. 50 (1938) 323. — [5] *Bruesch, S. R., Arey, L. B.:* The number of fibers in the optic nerve. J. Comp. Neurol. 77 (1942) 631. — [6] *v. Studnitz, G.:* Physiologie des Sehens. 1952. — [7] *König, A.:* Physiol. Optik (Handbuch d. Exper.-Physik), Leipzig 1929. — [8] *Steinhardt, J.:* Intensity discrimination in the human eye. J. Gen. Physiol. 20(1936) 185. — [9] *Hecht, S., Shlaer, S.:* Intermittent stimulation by light. J. Gen. Physiol. 19 (1936) 965. — [10] *Granit, T.:* J. Neurophysiol. 8 (1945) 195. — [11] *Lovatt, Evans C.:* Human Physiology. London 1949. — [12] Internat. Konf. für Beleuchtung. 8. Sitzung, 1931. — [13] *Ranke, O. F.:* Physiologie des Gehörs. Berlin, Göttingen, Heidelberg: Springer 1953. — [14] *Galambos, R., Davis, H.:* The response of single

auditory nerve-fibers. J. Neurophysiol. 6 (1943) 39. — [15] *Wever, E. G., Bray, C. W.:* Possibilities for auditory theory. Psychol. Rev. 37 (1930) 365. — [16] *Licklider, J. C. R.:* On the process of speech perception. J. Acoust. Soc. Amer. 24 (1952) 590. — [17] *Sivian, L. J., White, S. D.:* On minimum audible sound fields. J. Acoust. Soc. Amer. 4 (1933) 288. — [18] *Feldtkeller, R., Zwicker, E.:* Das Ohr als Nachrichtenempfänger. Stuttgart: Hirzel 1956. — [19] *Fletcher, H.:* Speech and hearing in communication. New York: Van Nostrand 1953. — [20] *v. Bekesy, G.:* Zur Theorie des Hörens. Phys. Z. 30 (1929) 721. — [21] *Fack, H.:* Informationstheoretische Behandlung des Gehörs, in: Impulstechnik. Berlin, Göttingen, Heidelberg: Springer 1955. — [22] *Jacobsen, H.:* The Informational capacity of the ear science 112 (1950) 143. — [23] *Sayers, M. A., Cherry, E. C.:* Mechanism of binaural fusion. J. Acoust. Soc. Amer. 29 (1957) 973. — [24] *Küpfmüller, K.:* Regelungsvorgänge beim Sprechen und Hören. Int. Akust. Kongr., Vortrag, Stuttgart 1959. — [25] *Geldard, F. A.:* The perception of mechanical vibrations. J. Gen. Psychol. 22 (1940) 291. — [26] *Hensel, H.:* Physiologie der Thermorezeptoren, in „Ergebn. d. Physiol." Berlin, Göttingen, Heidelberg: Springer 1952, S. 116. — [27] *Burkhardt, D.:* Die Sinnesorgane des Skelettmuskels und die nervöse Steuerung der Muskeltätigkeit. Ergebn. d. Biol. 20 (1958) 27. — [28] *Granit, R.:* Receptors and sensory perception. Yale Univ. Press 1955. — [29] *v. Holst, E.:* Zentralnervensystem. Fortschr. d. Zool. 10 (1956) 381. — [30] *v. Muralt, A.:* Die Signalübermittlung im Nerven. Basel: Birkhäuser 1946. — [31] *Stämpfli, R.:* Bau und Funktion isolierter markhaltiger Nervenfasern, in: Ergebn. d. Physiol. Berlin, Göttingen, Heidelberg: Springer 1952. — [32] *Fack, H.:* Die Impulsübertragung im Nervensystem, in: Impulstechnik. Berlin, Göttingen, Heidelberg: Springer 1955. — [33] *Kornmüller, A. E.:* Die Elemente der nervösen Tätigkeit. Stuttgart 1947. — [34] *Cherry, E. C.:* Information Theory. London: Butterworth 1956. — [35] *v. Möllendorff, W. Bargmann, W.:* Handbuch der mikroskopischen Anatomie des Menschen. Bd. 4, Nervensystem. Berlin: Springer 1928/1958. — [36] *Clara, M.:* Das Nervensystem des Menschen. Leipzig 1953. — [37] *Küpfmüller, K.:* Informationsverarbeitung durch den Menschen. NTZ 12 (1959) 68. — [38] *Barlow, H. B.:* Sensory mechanisms. Teddington Symp. 1958. — [39] *Fulton, J. F.:* Physiology of the nervous system. Oxford Univ. Press 1951. — [40] *Eccles J. C.:* The physiology of nerve cells. Baltimore: Johns Hopkins Press 1957. — [41] *Curtis, D. R., Eccles, J. C.:* Time courses of synaptic actions. J. Physiol. 145 (1959) 529. — [42] *Walsh, G.:* Physiology of the nervous system. London 1957. — [43] *v. Holst, E., Mittelstaedt, H.:* Das Reafferenzprinzip. Naturwiss. 37 (1950) 464. — [44] *v. Holst, E.:* Aktive Leistungen der menschlichen Gewichtswahrnehmung. „Studium Generale". Berlin, Göttingen, Heidelberg: Springer 10 (1957) 231. — [45] *Willis, D. G.:* Plastic neurons as memory elements. Int. Conf. on Information Processing, Paris 1959. — [46] *Broadbent, D. E.:* Perception and communication. London: Pergamon Press 1958. — [47] *Good, J.:* How much science can you have at your fingertips. IBM J. Res. Dev. 2 (1958) 282. — [48] *Tasaki, I.:* Nervous transmission. Springfield: Thomas 1953. — [49] *Förster, H.:* Das Gedächtnis. Wien: Deuticke 1948. — [50] *Jung, R.:* Die Tätigkeit des Nervensystems. Handb. der Inneren Medizin, Bd. 5, 1953. — [51] *Walter, W. G.:* The living brain. London: Duckworth 1957. — [52] *Bünning, E.:* Die physiologische Uhr. Berlin, Göttingen, Heidelberg: Springer 1958. — [53] *Wagner, R.:* Probleme und Beispiele biologischer Regelungen. Stuttgart: Thieme 1954. — [54] *Wiener, N.:* Cybernetics. New York: Wiley 1949. — [55] *Küpfmüller, K.:* Die Vorgänge in Regelsystemen mit Laufzeit. AEÜ 7 (1953) 71. — [56] *Küpfmüller, K.:* Regelvorgänge mit Laufzeit, in: Die Laplace-Transformation und ihre Anwendung in der Regelungstechnik. München: Oldenbourg 1955. — [57] *Reswick, J. B.:* Disturbance response feedback. Trans. ASME 78 (1956) 153. — [58] *Schließmann, H.:* Die optimale Bemessung von Regelsystemen mit Laufzeit. Diss. TH Darmstadt 1958. — [59] *Küpfmüller, K., Poklekowski, G.:* Der Regelmechanismus willkürlicher Bewegungen. Z. Naturforsch. 11 b (1956) 1. — [60] *Poklekowski, G., Vossius, G.:* Untersuchungen über den Einfluß der Reaktionszeit auf die gezielte menschliche Handbewegung. Z. Biolog. 109 (1957) H. 6. — [61] *Mayne, R.:* Some engineering aspects of the mechanism of body control. Electr. Eng. N.Y. 70 (1951) 207. — [62] *Fogel, L. J.:* The human computer in flight control. Trans. IRE, EC-6 (1957) 195. — [63] *Miller, G. A., Bruner, J. S., Postman, L.:* Familiarity of letter sequences. J. Genet. Psychol. 50 (1954) 129. — [64] *Pierce, J. R., Karlin, J. E.:* Reading rates of a human channel. Bell Syst. Techn. J. 36 (1957) 497. — [65] *Quastler, H.:* Studies of human channel capacity, in [34]. — [66] *Küpfmüller, K., Jenik, F.:* Über die Nachrichtenverarbeitung in der Nervenzelle. Kybernetik 1 (1961) H. 1, S. 1—6. — [67] *Liebman, P. A.:* Microspectrophotometric studies on single retinal rods. Biophys. J. 2 (1962) 161. — [68] *MacNicol, E. F.:* Retinal mechanism of color vision. Vision Research 4 (1964) 119. — [69] *Purdy, D. M.:* Am. Journ. Psych. 49 (1937) 313. — [70] *Hodgkin, A. L., Huxley, A. F.:* A quantitative description of membrane current. J. Physiol. 117 (1952) 500. — [71] *McGrogan:* Improved transistor neuron models. Proc. Nat. Electronics Conf. Chicago 17, 1961) 302. — [72] *Harmon, L. D.:* Studies with artificial neurons. Kybernetik 1 (1961) 89. — [73] *Jenik, F.:* Elektronische Neuronenmodelle. Die Umschau 1962, S. 530 u. 632. — [74] *Jenik, F.:* Electronic neuron models as an aid to neurophysiological researchs. Ergebn. d. Biologie 25 (1962) 206. — [75] *Küpfmüller, K.:* Die nachrichtenverarbeitenden Funktionen der Nervenzellen, in: Aufnahme und Verarbeitung von Nachrichten durch Organismen. Stuttgart: Hirzel 1961, S. 17. — [76] *Jenik, F.:* Die Überlagerung von Impulsfolgen in Systemen mit einer Schwelle. AEÜ 16 (1962) 173. — [77] *Jenik, F.:* Der Einfluß der Impulsdaten auf die Impulsverarbeitung von Einzelelementen im Nervensystem, in: Neuere Ergebnisse der Kybernetik. München: Oldenbourg 1964, S. 253. — [78] *Jenik, F., Adolphs, D.:* Koinzidenzfilter mit kurzen Impulsen. Kybernetik 2 (1965) 287. — [79] *Eccles, J. C.:* The physiology of synapses. Academic Press 1964. — [80] *Spatz, H.:* Gedanken über die Zukunft des Menschenhirns, in: Der Übermensch. Zürich/Stuttgart: Rhein-Verlag 1961. — [81] *Spatz, H.:* Die Evolution des Menschenhirns und ihre Bedeutung für die Sonderstellung des Menschen. Nachr. Gießener Hochschulgesellsch. 24 (1955) 52. — [82] *van der Gon, Dernier, Thuring, J. Ph.:* The guiding of human writing movements. Kybernetik 2 (1965) 145. — [83] *Keidel, W. D.:* Quantitative Korrelationen zwischen objektiver und subjektiver Sinnesphysiologie, in: Kybernetik, Brücke zwischen den Wissenschaften. Frankfurt/M.: Umschau-Verlag 1964, S. 37. — [84] *Trincker, D.:* Informationsspeicherung bei Lebewesen, in: Kybernetik, Brücke zwischen den Wissenschaften. Frankfurt/M: Umschau-Verlag 1964, S. 45. — [85] *Jenik, F.:* Pulse processing by neuron models, in: *R. F. Reiss:* Neural theory and modeling. Stanford: University Press 1964, S. 190. — [86] *Amoore, J. E., Johnston, J. W.:* The stereochemical theory of odor. Scientific American 1964, S. 42. — [87] *Ruch, T. C., Patton, H. D.:* Physiology and biophysics. Philadelphia: Saunders 1965. — [88] *Keidel, W. D.:* Lehrbuch der Physiologie. Stuttgart: Thieme 1970. — [89] *Gauer, O. H., Kramer, K., Jung, R.:* Lehrbuch der Physiologie des Menschen, Bd. 10: Neurophysiologie. München: Urban & Schwarzenberg 1970. — [90] *Hassenstein, B.:* Modellrechnung zur Datenverarbeitung beim Farbensehen des Menschen. Kybernetik 4 (1968) 209. — [91] *Meesen, A.:* A simple non-linear theory of color perception and contrast effects. Kybernetik, 4 (1967) 48. — [92] *Ilwain, K. Mc., Dean, C. E.:* Principles of color television. New York: Wiley 1956. — [93] *Mac Adam, D. L.:* Specification of small chromaticity differences. J. Opt. Soc. Amer. 33 (1943) 632. — [94] *Hartridge, H.:* The visual perception of fine detail. Philos. Trans. Royal Soc. 232 (1947) 519. — [95] *Bekesy, G. v.:* Experiments in hearing. New York: McGraw-Hill 1960. — [96] *Weiss, T. F.:* A model of the peripheral auditory system. Kybernetik 3 (1966) 153. — [97] *Feldtkeller, R.:* Lautheit und Tonheit. Frequenz 17 (1963) 207. — [98] *Feldtkeller, R.:* Informationsverarbeitung beim Hören. ETZ-A 83 (1962) 837. — [99] *Mountcastle, V. B., Talbot, W. H., Darian-Smith, I., Kornhuber, H. H.:* Neurol. basis of the sense of flutter-vibration. Science 155 (1967) 597. — [100] *Rittmannsberger, N.:* Über die Vibrationsempfindung bei örtlich verteilter Reizung der Haut. Kybernetik 4 (1968) 190. — [101] *Bliss, J. C., Crane, H. D.:* Touch as a means of communication. Stanford Res. Inst. J. Nr. 5 (1969) 2. — [102] *Zwicker, E.:* Möglichkeiten zur Spracherkennung über den Tastsinn mit Hilfe eines Funktionsmodells des Gehörs. Neuere Ergebnisse der Kybernetik. München: Oldenbourg 1964. — [103] *Jenik, F., Hoehne, H.:* Über die Impulsverarbeitung eines mathematischen Neuronenmodells. Kybernetik 3 (1966) 191. — [104] *Grüsser, O. I.:* Die Informationskapazität einzelner Nervenzellen. Kybernetik 1 (1962) 209. — [105] *Barlow, H. B.:* The information capacity of nervous transmission. Kybernetik 2 (1963) 1. — [106] *Marko, H.:* Die Kanalkapazität des Telegraphierkanals und verwandter Übertragungskanäle. NTZ 16 (1963) 480. — [107] *Färber, G.:* Berechnung und Messung des Informationsflusses der Nervenfaser. Kybernetik 5 (1968) 17. — [108] *Kuffler, S. W.:* Discharge patterns and functional organisation of mammalian retina. J. Neurophysiol. 16 (1953) 37. — [109] *Bekesy, G. v.:* Neural inhibitory units of the eye and the skin, J. Opt. Soc. Amer. 50 (1960) 1060. — [110] *Jung, R.:* Neurophysiologie und Psychiatrie, in: Psychiatrie der Gegenwart, Bd. I. Berlin, Heidelberg, New York: Springer 1967. — [111] *Reichardt, W., Ginitie, G. Mac:* Zur Theorie der lateralen Inhibition. Kybernetik 1 (1962) 155 — [112] *Büttner, U, Grüsser, O. J.:* Quantitative Untersuchungen der räumlichen Erregungssummation im rezeptiven Feld retinaler Neurone. Kybernetik 4 (1968) 81. — [113] *Marko, H.:* Die Systemtheorie der homogenen Schichten. Kybernetik 5 (1969) 221. — [114] *Hubel, D. H., Wiesel, T. N.:* Receptive fields. Binocular interaction and functional architecture in the cat's visual cortex. J. Physiol., London, 160 (1962) 106; 165 (1963) 559. — [115] *Creutzfeldt, O. D.:* Physiologie der Hirnrinde. Jahrb. 1968 der Max Planck-Ges. — [116] *Eccles, J. C., Ito, M., Szentagothai, J.:* The cerebellum as a neuronal machine. Berlin, Heidelberg, New York: Springer 1967. — [117] *von Seelen, W.:* Zur Informationsverarbeitung im visuellen System der Wirbeltiere. Kybernetik 7 (1970) 43. — [118] *Kulp, M.:* Menschliches und maschinelles Denken, Göttingen: Vandenhoek & Ruprecht 1968. — [119] *Westlake, P. R.:* The possibilities of neural holographie processes within the brain. Kybernetik 7 (1970) 129. — [120] *Trincker, D.:* Aufnahme, Speicherung und Verarbeitung von Information durch den Menschen. Veröff. d. Schleswig-Holsteinischen Universitätsges. Kiel: Hirt 1966. — [121] *Küpfmüller, K.:* Informationsverarbeitung der Nervenzellen. Scientia 103 (1968) H. 673, S. 1. — [122] *Schmidtlein, H.:* Über den Wissensstand auf dem Forschungsgebiet „Regler Mensch". Jahrb. 1963 der Wiss. Ges. für Luft- und Raumfahrt, Köln, 1964. — [123] *Vossius, G.:* Die Vorhersageeigenschaften des Systems der Willkürbewegung. Neuere Ergebnisse der Kybernetik. München: Oldenbourg 1964. — [124] *Haber, R. N., Standing, L. G.:* Direct measures of short-term-visual storgage. J. Exper. Psychol. 21, I (1969) 43. — [125] *Lehmann, G.:* Handbuch der gesamten Arbeitsmedizin. I: Arbeitsphysiologie. München: Urban & Schwarzenberg 1961. — [126] *Lehmann, G.:* Praktische Arbeitsphysiologie. Stuttgart: Thieme 1962. — [127] *Rosemann, H., Tischner, H.:* Modellversuche zur Signalverarbeitung in Nervennetzen. Der Nervenarzt 41 (1970) 273. — [128] *Grüsser, O., Klinke, R.:* Zeichenerkennung durch biologische und technische Systeme. Berlin: Springer 1971.

Sachverzeichnis